Dr. Michael Dzieia, Dietmar Falk, Heinrich Hübscher, Dieter Jagla, Jürgen Klaue, Peter Krause,
Hans-Joachim Petersen, Günther Tiedt, Harald Wickert

Mechatronik

Tabellenbuch

9. Auflage

Bestellnummer 222620

westermann

Diesem Buch wurden die bei Manuskriptabschluss vorliegenden neuesten Ausgaben der DIN-Normen, VDI-Richtlinien und sonstigen Bestimmungen zu Grunde gelegt. Verbindlich sind jedoch nur die neuesten Ausgaben der DIN-Normen und VDI-Richtlinien und sonstigen Bestimmungen selbst.

Die DIN-Normen wurden wiedergegeben mit Erlaubnis des DIN Deutsches Institut für Normung e.V. Maßgebend für das Anwenden der Norm ist deren Fassung mit dem neuesten Ausgabedatum, die bei der Beuth-Verlag GmbH, Burggrafenstraße 6, 10787 Berlin, erhältlich ist.

Die in diesem Werk aufgeführten Internetadressen sind auf dem Stand zum Zeitpunkt der Drucklegung. Die ständige Aktualität der Adressen kann vonseiten des Verlages nicht gewährleistet werden. Darüber hinaus übernimmt der Verlag keine Verantwortung für die Inhalte dieser Seiten.

Druck: westermann druck GmbH, Braunschweig

service@westermann-berufsbildung.de
www.westermann-berufsbildung.de

Bildungshaus Schulbuchverlage Westermann Schroedel Diesterweg Schöningh Winklers GmbH, Postfach 33 20, 38023 Braunschweig

ISBN 978-3-14-**222620**-0

westermann GRUPPE

DIN EN ISO ...

DIN ISO ...

VDE ...

EN ...

IEC ...

ISO ...

VDE/VDI

Vorwort
Preface

Die Mechatronik ist ein eigenständiges Fachgebiet unter den technischen Disziplinen.

Sie beinhaltet eine Vielzahl von fachspezifischen Grundlagen unter anderem aus den Bereichen der

- klassichen Mechanik,
- Elektrotechnik, Elektronik,
- Informationstechnik,
- Pneumatik,
- Hydraulik.

Die Integration der grundlegenden Kenntnisse aus diesen Bereichen im Fachgebiet Mechatronik ermöglicht somit die Schaffung von Komponenten und Systemen, die einerseits einen optimalen Kundennutzen bieten und andererseits eine globale Wettbewerbsfähigkeit sicher stellen.

Grundsätzlich gehören neben den fachspezifischen Kenntnissen auch die in den technischen Disziplinen bekannten und ausgeübten Prozesse zur Realisierung von Produktentwicklungen.

Speziell im Ausbildungsbereich sind weiterhin Kenntnisse und Fähigkeiten u. a. in den Bereichen

- innerbetriebliche Organisation und Abläufe,
- Präsentation,
- Kundenberatung,

zu erwerben, um eine ansprechende und akzeptierte Präsentation der Produkte zu erreichen.
Die vorliegende 9. Auflage des Mechatronik Tabellenbuches beinhaltet entsprechende Aktualisierungen und Erweiterungen in den jeweiligen Teilbereichen.Die inhaltlichen Schwerpunkte wurden dabei unter dem Blickwinkel der mechatronischen Anwendung ausgestaltet. Die Aufteilung auf einzelne Themengebiete schafft die Möglichkeit des schnellen Zugriffs auf die erforderlichen Informationen. Hervorzuheben ist auch das zweisprachige Sachwortregister, das bei der Auswertung englischsprachiger Literatur hilfreich ist.

Insgesamt ist dieses Tabellenbuch sowohl in der beruflichen Ausbildung, im Studium und natürlich auch in der beruflichen Praxis ein täglicher Begleiter, wenn es um die Mechatronik geht.

Autoren und Verlag
Braunschweig 2018

Grundlagen

1

Mathematik

Physik/Chemie

Elektrotechnik

Akustik

Optik

Allgemeine mathematische Zeichen und Begriffe
General mathematical signs and terms

Zeichen	Verwendung	Sprechweise (Erläuterung) DIN 1302: 94-04
Pragmatische Zeichen (nicht mathematisch im engeren Sinne; Bedeutung von Fall zu Fall präzisieren)		
$\approx$	$x \approx y$	x ist ungefähr gleich y
$\ll$	$x \ll y$	x ist klein gegen y
$\gg$	$x \gg y$	x ist groß gegen y
$\triangleq$	$x \triangleq y$	x entspricht y
…		und so weiter bis; und so weiter (unbegrenzt); Punkt, Punkt, Punkt
Allgemeine arithmetische Relationen und Verknüpfungen		
$=$	$x = y$	x gleich y
$\neq$	$x \neq y$	x ungleich y
$<$	$x < y$	x kleiner als y
$\leq$	$x \leq y$	x kleiner oder gleich y, x höchstens gleich y
$>$	$x > y$	x größer als y
$\geq$	$x \geq y$	x größer oder gleich y, x mindestens gleich y
$+$	$x + y$	x plus y, Summe von x und y
$-$	$x - y$	x minus y, Differenz von x und y
$\cdot$	$x \cdot y$ oder xy	x mal y, Produkt von x und y
– oder / oder :	$\frac{x}{y}$ oder x/y oder $x:y$	x geteilt durch y, Quotient von x und y
$\sum$	$\sum_{i=1}^{n} x_i$	Summe über x_i von i gleich 1 bis n
$\sim$	$f \sim g$	f ist proportional zu g

Winkelfunktionen
Trigonometric functions

Winkelfunktionen (rechtwinklige Dreiecke)

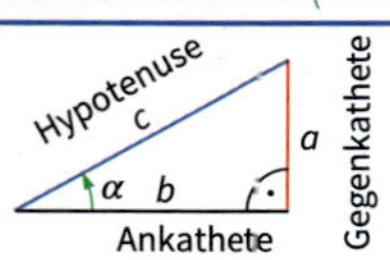

$\sin\alpha = \frac{a}{c}$ Sinus α = $\frac{\text{Gegenkathete}}{\text{Hypotenuse}}$

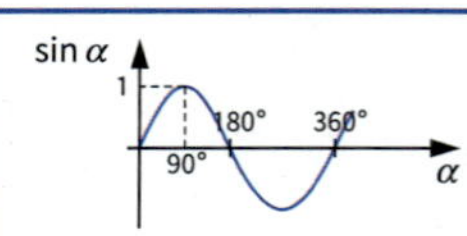

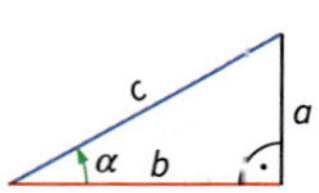

$\cos\alpha = \frac{b}{c}$ Cosinus α = $\frac{\text{Ankathete}}{\text{Hypotenuse}}$

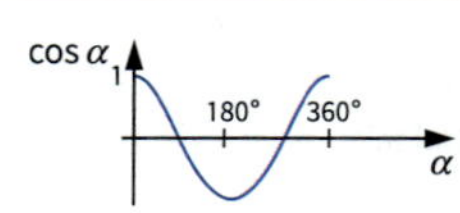

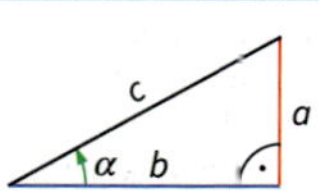

$\tan\alpha = \frac{a}{b}$ Tangens α = $\frac{\text{Gegenkathete}}{\text{Ankathete}}$

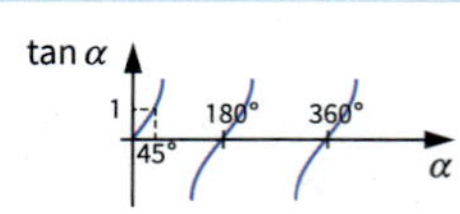

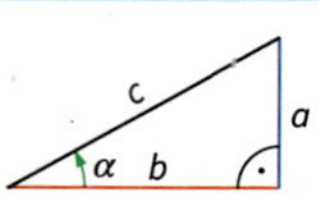

$\cot\alpha = \frac{b}{a}$ Cotangens α = $\frac{\text{Ankathete}}{\text{Gegenkathete}}$

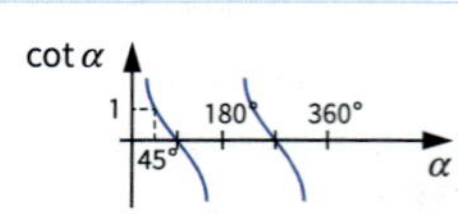

Vorzeichen der Winkelfunktionen in den vier Quadranten

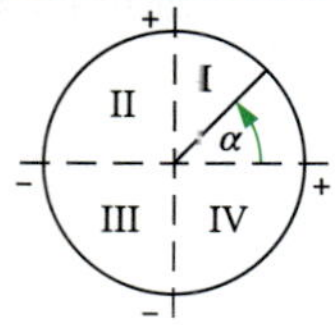

Quadrant	Winkel	sin	cos	tan	cot
I	0° … 90°	+	+	+	+
II	90° … 180°	+	–	–	–
III	180° … 270°	–	–	+	+
IV	270° … 360°	–	+	–	–

Quadrat

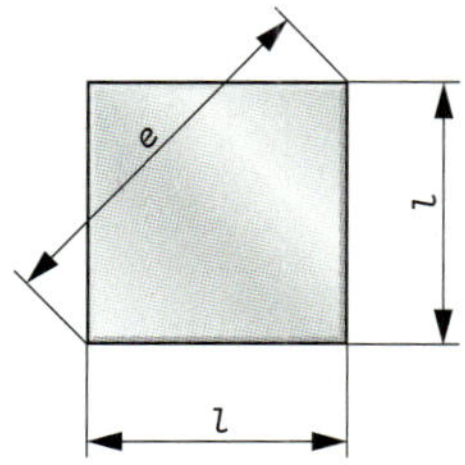

$A = l \cdot l$
$A = l^2$

$U = 4 \cdot l$

$l = \sqrt{A}$

$l = \frac{U}{4}$

$e = l \cdot \sqrt{2}$

A : Fläche
l : Länge
U : Umfang
e : Eckenmaß

Rhombus

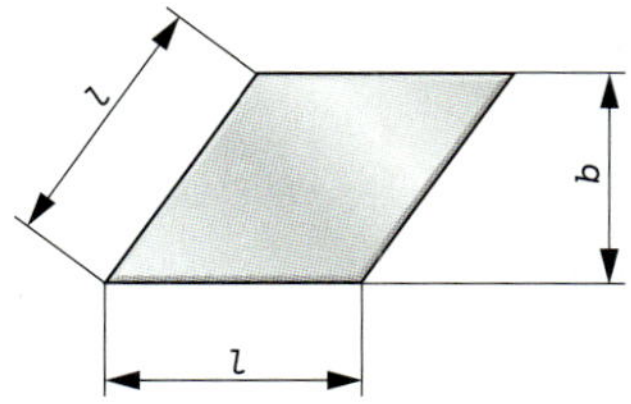

$A = l \cdot b$

$U = 4 \cdot l$

$l = \frac{A}{b}$

$b = \frac{A}{l}$

$l = \frac{U}{4}$

A : Fläche
l : Länge
b : Breite
U : Umfang

Rechteck

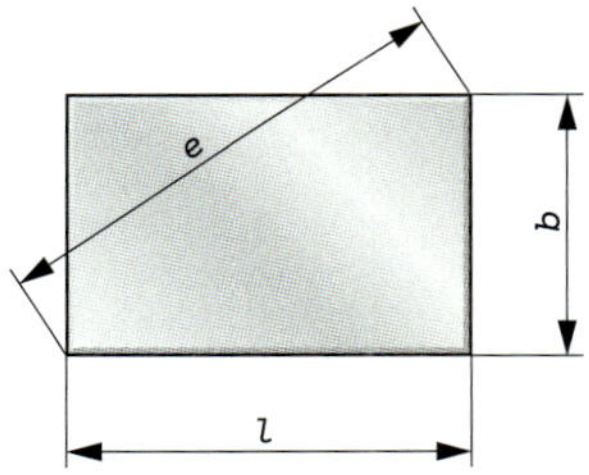

$A = l \cdot b$

$U = 2 \cdot (l + b)$

$l = \frac{A}{b}$

$b = \frac{A}{l}$

$l = \frac{U}{2} - b$

$b = \frac{U}{2} - l$

$e = \sqrt{l^2 + b^2}$

A : Fläche
l : Länge
b : Breite
U : Umfang
e : Eckenmaß

Parallelogramm

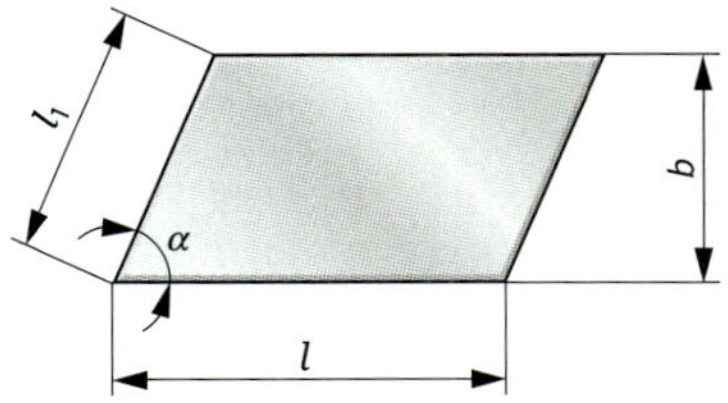

$A = l \cdot b$

$A = l \cdot l_1 \cdot \sin\alpha$

$U = 2 \cdot (l + l_1)$

$l = \frac{A}{b}$

$b = \frac{A}{l}$

$l = \frac{U}{2} - l_1$

$l_1 = \frac{U}{2} - l$

A : Fläche
l : Länge
l_1 : Seitenlänge
b : Breite
U : Umfang
α : Winkel

Dreieck

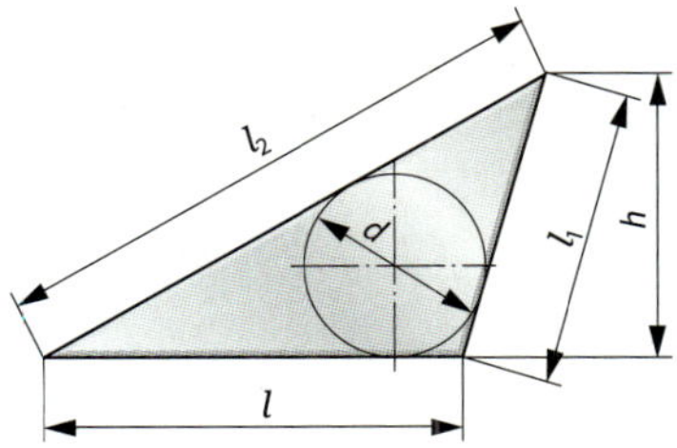

$A = \frac{l \cdot h}{2}$

$A = \frac{d \cdot U}{4}$

$U = l + l_1 + l_2$

$l = \frac{2 \cdot A}{h}$

$h = \frac{2 \cdot A}{l}$

A : Fläche
l : Länge
h : Höhe
l_1 : Dreieckseite
l_2 : Dreieckseite
d : Inkreisdurchmesser
U : Umfang

Trapez

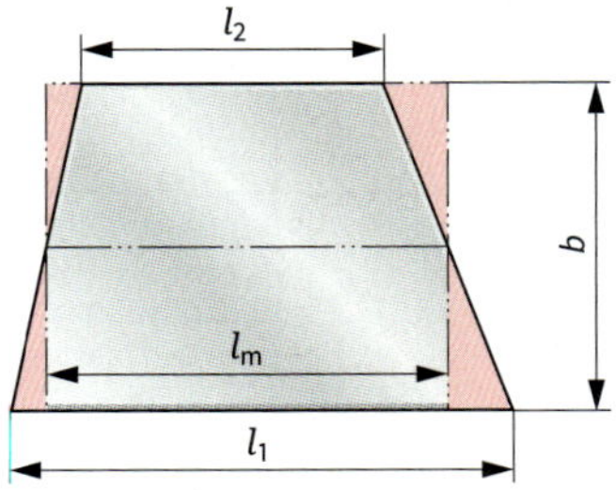

$A = \frac{l_1 + l_2}{2} \cdot b$
$A = l_m \cdot b$

$l_1 = \frac{2 \cdot A}{b} - l_2$

$l_2 = \frac{2 \cdot A}{b} - l_1$

$l_m = \frac{A}{b}$

$b = \frac{A}{l_m}$

$b = \frac{2 \cdot A}{l_1 + l_2}$

$l_m = \frac{l_1 + l_2}{2}$

A : Fläche
l_1 : große Seitenlänge
l_2 : kleine Seitenlänge
l_m : mittlere Seitenlänge
b : Breite

Kreis 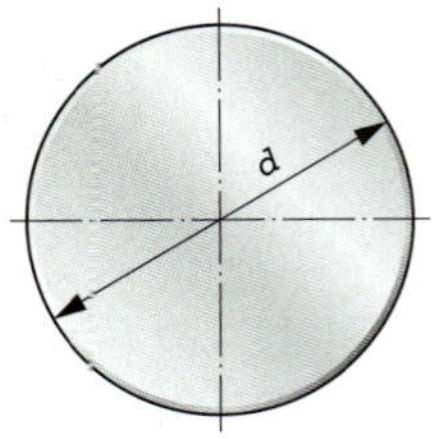	$A = \frac{d^2 \cdot \pi}{4}$ $\quad U = d \cdot \pi$ $d = \sqrt{\frac{4 \cdot A}{\pi}}$ $\quad d = \frac{U}{\pi}$	A : Fläche d : Durchmesser U : Umfang π : Kreiszahl = 3,14159 …[1)]
Kreisausschnitt 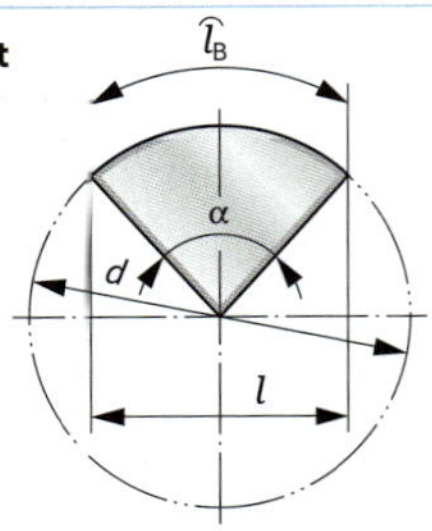	$A = \frac{d^2 \cdot \pi \cdot \alpha}{4 \cdot 360°}$ $\quad l_B = \frac{d \cdot \pi \cdot \alpha}{360°}$ $A = \frac{l_B \cdot d}{4}$ $\quad l = d \cdot \sin\frac{\alpha}{2}$	A : Fläche d : Durchmesser α : Zentriwinkel l_B : Bogenlänge l : Sehnenlänge π : 3,14159 …[1)]
Kreisabschnitt 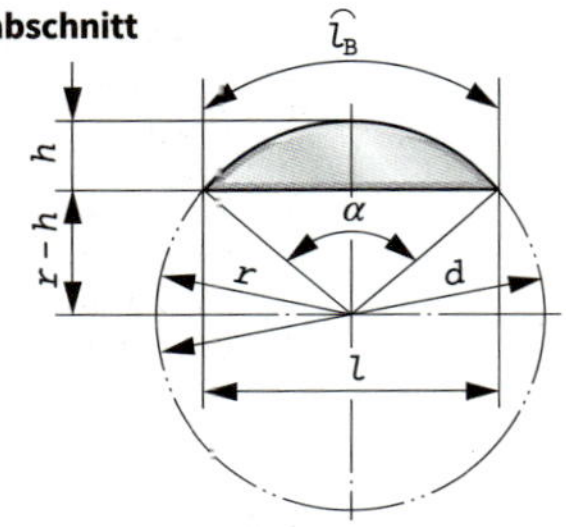	$A = \frac{l_B \cdot r - l(r-h)}{2}$ $\quad l_B = \frac{d \cdot \pi \cdot \alpha}{360°}$ $A \approx \frac{2}{3} \cdot l \cdot h$ $\quad l = d \cdot \sin\frac{\alpha}{2}$ $r = \frac{h}{2} + \frac{l^2}{8h}$ $h = \frac{d}{2} \cdot \left(1 - \cos\frac{\alpha}{2}\right)$ $h = \frac{l}{2} \cdot \tan\frac{\alpha}{4}$	A : Fläche d : Durchmesser α : Zentriwinkel l : Sehnenlänge h : Bogenhöhe l_B : Bogenlänge r : Radius π : 3,14159 …[1)]
Kreisring 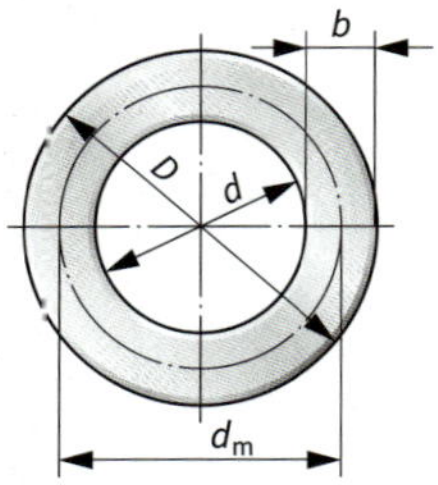	$A = \frac{D^2 \cdot \pi}{4} - \frac{d^2 \cdot \pi}{4}$ $\quad A = d_m \cdot \pi \cdot b$ $A = (D^2 - d^2) \cdot \frac{\pi}{4}$ $\quad d_m = \frac{D+d}{2}$ $d = \sqrt{D^2 - \frac{4 \cdot A}{\pi}}$ $D = \sqrt{\frac{4 \cdot A}{\pi} + d^2}$	A : Fläche D : Außendurchmesser d : Innendurchmesser d_m: mittlerer Durchmesser b : Breite π : 3,14159 …[1)]
Würfel 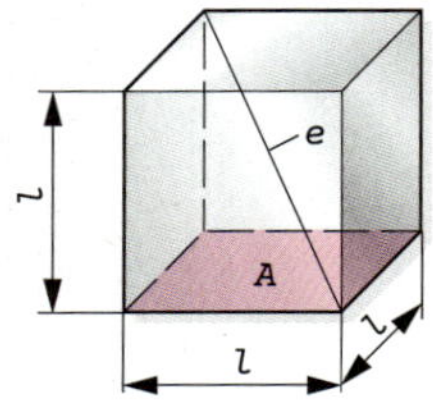	$V = A \cdot l$ $\quad A_0 = 6 \cdot l^2$ $V = l^3$ $l = \sqrt[3]{V}$ $\quad l = \sqrt{\frac{A_0}{6}}$ $e = l \cdot \sqrt{3}$	V : Volumen A : Grundfläche l : Seitenlänge A_0: Oberfläche e : Raumdiagonale
Prisma 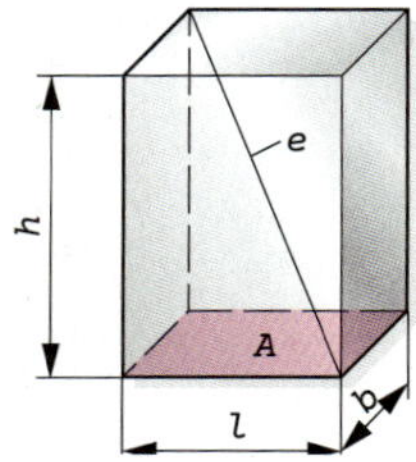	$A_M = 2 \cdot (l \cdot h + b \cdot h)$ $A_O = 2 \cdot (l \cdot h + b \cdot h + l \cdot b)$ $V = A \cdot h$ $V = l \cdot b \cdot h$ $h = \frac{V}{l \cdot b}$ $e = \sqrt{l^2 + b^2 + h^2}$	V : Volumen A : Grundfläche h : Höhe l : Seitenlänge b : Breite A_M: Mantelfläche A_O: Oberfläche e : Raumdiagonale

Zylinder

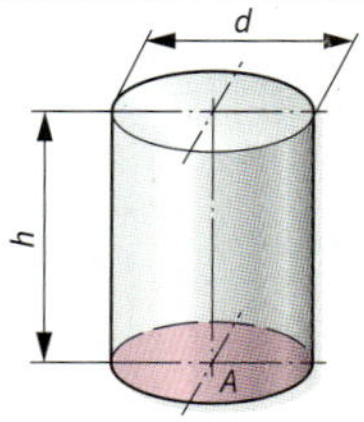

$$V = A \cdot h$$
$$V = \frac{d^2 \cdot \pi}{4} \cdot h$$

$$A_M = d \cdot \pi \cdot h$$
$$A_O = d \cdot \pi \cdot h + 2 \cdot \frac{d^2 \cdot \pi}{4}$$

$$d = \sqrt{\frac{4 \cdot V}{\pi \cdot h}}$$
$$h = \frac{4 \cdot V}{d^2 \cdot \pi}$$

- V : Volumen
- A : Grundfläche
- h : Höhe
- d : Durchmesser
- A_M : Mantelfläche
- A_O : Oberfläche
- π : 3,14159 …

Hohlzylinder

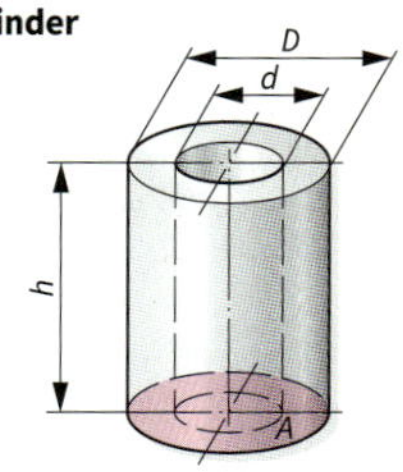

$$V = A \cdot h$$
$$V = \left(\frac{D^2 \cdot \pi}{4} - \frac{d^2 \cdot \pi}{4}\right) \cdot h$$
$$V = (D^2 - d^2) \cdot \frac{\pi \cdot h}{4}$$

$$A_M = D \cdot \pi \cdot h$$
$$A_O = 2 \cdot \left(\frac{D^2 \cdot \pi}{4} - \frac{d^2 \cdot \pi}{4}\right) + D \cdot \pi \cdot h + d \cdot \pi \cdot h$$

- V : Volumen
- A : Grundfläche
- h : Höhe
- D : Außendurchmesser
- d : Innendurchmesser
- A_M : Mantelfläche
- A_O : Oberfläche
- π : 3,14159 …

Pyramide

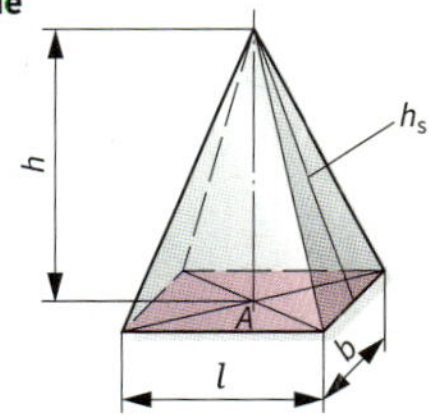

$$V = \frac{A \cdot h}{3}$$
$$V = \frac{l \cdot b \cdot h}{3}$$

$$A_M = 2 \cdot \frac{l \cdot h_s}{2} + 2 \cdot \frac{b \cdot h_s}{2}$$
$$A_M = h_s \cdot (l + b)$$
$$A_O = h_s \cdot (l + b) + l \cdot b$$

$$h = \frac{3 \cdot V}{l \cdot b}$$
$$h_s = \sqrt{h^2 + \frac{l^2}{4}}$$

- V : Volumen
- A : Grundfläche
- l : Länge
- b : Breite
- h : Höhe
- h_s : Seitenhöhe
- A_M : Mantelfläche
- A_O : Oberfläche

Kegel

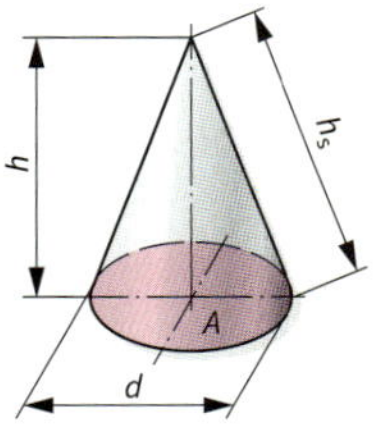

$$V = \frac{A \cdot h}{3}$$
$$V = \frac{d^2 \cdot \pi \cdot h}{4 \cdot 3}$$

$$A_M = \frac{d \cdot \pi}{2} \cdot h_s$$
$$A_O = \frac{d \cdot \pi}{2} \cdot h_s + \frac{d^2 \cdot \pi}{4}$$

$$d = \sqrt{\frac{12 \cdot V}{\pi \cdot h}}$$
$$h = \frac{12 \cdot V}{d^2 \cdot \pi}$$
$$h_s = \sqrt{h^2 + \frac{d^2}{4}}$$

- V : Volumen
- A : Grundfläche
- h : Höhe
- d : Durchmesser
- A_M : Mantelfläche
- h_s : Seitenhöhe
- A_O : Oberfläche
- π : 3,14159 …

Pyramidenstumpf

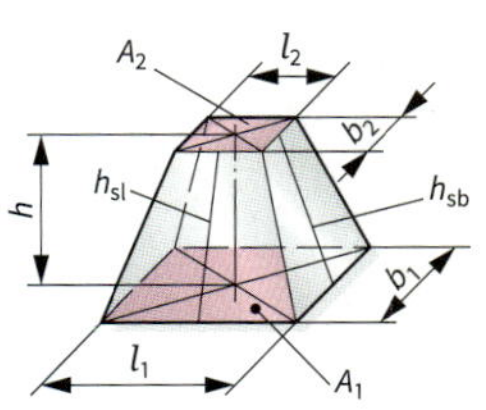

$$V = \frac{h}{3} \cdot \left(A_1 + A_2 + \sqrt{A_1 \cdot A_2}\right)$$
$$V \approx \frac{A_1 + A_2}{2} \cdot h$$

$$A_M = (l_1 + l_2) \cdot h_{sl} + (b_1 + b_2) \cdot h_{sb}$$
$$A_O = A_M + l_1 \cdot b_1 + l_2 \cdot b_2$$

$$h_{sl} = \sqrt{\frac{(b_1 - b_2)^2}{4} + h^2}$$
$$h_{sb} = \sqrt{\frac{(l_1 - l_2)^2}{4} + h^2}$$

- V : Volumen
- A_1 : Grundfläche
- A_2 : Deckfläche
- h : Höhe
- l_1 : untere Länge
- b_1 : untere Breite
- l_2 : obere Länge
- b_2 : obere Breite
- h_{sl} : Seitenhöhe
- h_{sb} : Seitenhöhe
- A_M : Mantelfläche
- A_O : Oberfläche

Kegelstumpf

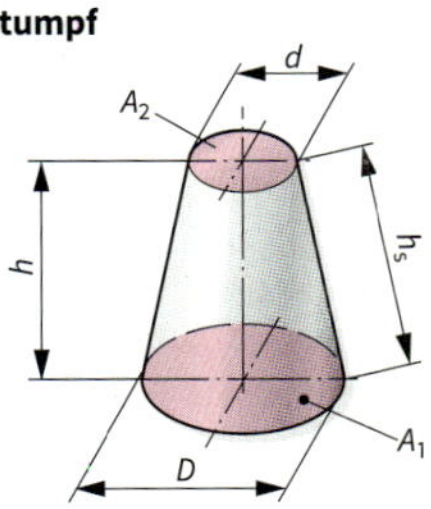

$$V = \frac{h \cdot \pi}{12} \cdot (D^2 + d^2 + D \cdot d)$$
$$V \approx \frac{A_1 + A_2}{2} \cdot h$$

$$A_M = \frac{(D + d)}{2} \cdot \pi \cdot h_s$$
$$A_O = \frac{(D + d)}{2} \cdot \pi \cdot h_s + \frac{(D^2 + d^2) \cdot \pi}{4}$$

- V : Volumen
- h : Höhe
- D : unterer Durchmesser
- d : oberer Durchmesser
- A_1 : Grundfläche
- A_2 : Deckfläche
- h_s : Seitenhöhe
- A_M : Mantelfläche
- A_O : Oberfläche
- π : 3,14159…

Dezimalzahlen-System

- Zeichenvorrat: 0, 1, 2, 3, 4, 5, 6, 7, 8, 9
- Mögliche unterschiedliche Zeichen pro Stelle: 10
- Basis 10 (B = 10)
- Kennzeichnung: Index 10 oder D (dezimal)

Stelle	4.	3.	2.	1.	1.	2.
Wertigkeit	10^3	10^2	10^1	10^0	10^{-1}	10^{-2}
Beispiel:	1000	100	10	1	1/10	1/100
	5	**0**	**3**	**2** ,	**1**	**2**
	$5\cdot10^3$ +	$0\cdot10^2$ +	$3\cdot10^1$ +	$2\cdot10^0$ +	$1\cdot10^{-1}$ +	$2\cdot10^{-2}$

Dualzahlen-System

- Zeichenvorrat: 0 und 1
- Mögliche unterschiedliche Zeichen pro Stelle: 2
- Basis 2 (B = 2)
- Kennzeichnung: Index 2 oder B (binär)

Stelle	4.	3.	2.	1.	1.	2.
Wertigkeit	2^3	2^2	2^1	2^0	2^{-1}	2^{-2}
Beispiel:	8	4	2	1	1/2	1/4
	1	**0**	**0**	**1** ,	**1**	**1**
	$1\cdot2^3$ +	$0\cdot2^2$ +	$0\cdot2^1$ +	$1\cdot2^0$ +	$1\cdot2^{-1}$ +	$1\cdot2^{-2}$

Hexadezimal-Zahlensystem (Sedezimal-System)

- Zeichenvorrat: 0, 1, 2, 3, 4, 5, 6, 7, 8, 9, A, B, C, D, E, F
- Mögliche unterschiedliche Zeichen pro Stelle: 16
- Basis 16 (B = 16)
- Kennzeichnung: Index 16 oder H (hexadezimal)

Stelle	4.	3.	2.	1.	1.	2.
Wertigkeit	16^3	16^2	16^1	16^0	16^{-1}	16^{-2}
Beispiel:	4096	256	16	1	1/16	1/256
	1	**3**	**F**	**C** ,	**5**	**A**
	$1\cdot16^3$ +	$3\cdot16^2$ +	$F\cdot16^1$ +	$C\cdot16^0$ +	$5\cdot16^{-1}$ +	$A\cdot16^{-2}$

Vergleich zwischen Zahlensystemen

dual	dezimal	hexadezimal	dual	dezimal	hexadezimal
0	0	0	10000	16	10
1	1	1	10001	17	11
10	2	2	10010	18	12
11	3	3	10011	19	13
100	4	4	10100	20	14
101	5	5	10101	21	15
110	6	6	10110	22	16
111	7	7	10111	23	17
1000	8	8	11000	24	18
1001	9	9	11001	25	19
1010	10	A	11010	26	1A
1011	11	B	11011	27	1B
1100	12	C	11100	28	1C
1101	13	D	11101	29	1D
1110	14	E	11110	30	1E
1111	15	F	11111	31	1F

Komplementbildung

B-Komplement: Ergänzung der gegebenen Zahl zur ganzen Potenz der Basis des gewählten Zahlensystems.

(B-1)-Komplement: B-Komplement minus 1

Beispiele:

Basis	Zahl	B-Komplement	(B-1)-Komplement
		Zehnerkomplement	Neunerkomplement
B = 10	6	4	3
	73	27	26
		Zweierkomplement	Einerkomplement
B = 2	111	001	000
	101	011	010

Dezimalzahl in Dualzahl (Divisionsverfahren)

Beispiel: $13{,}3_D$

Ganzzahliger Anteil	Nachkommastelle
13 : 2 = 6 Rest 1	0,3 · 2 = 0,6 + 0
6 : 2 = 3 Rest 0	0,6 · 2 = 0,2 + 1
3 : 2 = 1 Rest 1	0,2 · 2 = 0,4 + 0
1 : 2 = 0 Rest 1	0,4 · 2 = 0,8 + 0
	0,8 · 2 = 0,6 + 1
	0,6 · 2 = 0,2 + 1
	· = ·
	· = ·
$13_D = 1101_B$	$0{,}3_D = 0{,}010011\ldots_B$

$13{,}3_D = 1101{,}0\overline{1001}\ldots_B$

Dezimalzahl in Hexadezimalzahl (Divisionsverfahren)

Beispiel: $5116{,}33_D$

5116 : 16 = 319 Rest C	0,33 · 16 = 0,28 + 5
319 : 16 = 19 Rest F	0,28 · 16 = 0,48 + 4
19 : 16 = 1 Rest 3	0,48 · 16 = 0,68 + 7
1 : 16 = 0 Rest 1	0,68 · 16 = 0,88 + A
	0,88 · 16 = 0,08 + E
	· = ·
	· = ·
$5116_D = 13FC_H$	$0{,}33_D = 0{,}547AE\ldots_H$

$5116{,}33_D = 13FC{,}547AE\ldots_H$

Hexadezimalzahl in Dezimalzahl

1. Potenzwert-Verfahren

Beispiel:

$$COA{,}E_H = 12\cdot16^2 + 0\cdot16^1 + 10\cdot16^0 + 14\cdot16^{-1} = 3072 + 0 + 10 + 0{,}875 = 3082{,}875_D$$

2. Horner-Schema

Beispiel: $13FC{,}E8_H$

	1 3 F C			0, E8	
16 ·	1 + 3	=	19	8	: 16 = 0,5
16 · 19	+ 15	=	319	(14 + 0,5)	: 16 = 0,90625
16 · 319	+ 12	=	5116		
$13FC_H$		=	5116_D	$0{,}E8_H$	= 0,90625

$13FC{,}E8_H = 5116{,}90625_D$

Dualzahl in Dezimalzahl

1. Potenzwert-Verfahren

Beispiel:

$$1001{,}11_B = 1\cdot2^3 + 0\cdot2^2 + 0\cdot2^1 + 1\cdot2^0 + 1\cdot2^{-1} + 1\cdot2^{-2}{}_D = 8 + 0 + 0 + 1 + 0{,}5 + 0{,}25_D = 9{,}75_D$$

2. Horner-Schema

Beispiel: $1101{,}0101_B$

	1 1 0 1			0,0101	
2 · 1	+ 1	=	3	1	: 2 = 0,5
2 · 3	+ 0	=	6	(0 + 0,5)	: 2 = 0,25
2 · 6	+ 1	=	13	(1 + 0,25)	: 2 = 0,625
				(0 + 0,625)	: 2 = 0,3125
1101_B		=	13_D	$0{,}0101_B$	= $0{,}3125_D$

$1101{,}0101_B = 13{,}3125_D$

Zahlen und Zahlensysteme
Numbers and number systems

Umwandlung von Zahlen

Hexadezimalzahl in Dualzahl

Jede Ziffer ist durch die entsprechende vierstellige Dualzahl auszudrücken.

Beispiel:

7	C	3
0111	1100	0011

$7C3_H = 0111\ 1100\ 0011_B$

Dualzahl in Hexadezimalzahl

- Dualzahl in „Viererblöcke“ aufteilen
- Jedem Block ist die Hexadezimalzahl zuzuordnen.

Beispiel:

0101	1110
5	E

$0101\ 1110_B = 5E_H$

Römische Zahlen

I = 1	XI = 11	CX = 110
II = 2	XX = 20	CC = 200
III = 3	XXX = 30	CCC = 300
IV = 4	XL = 40	CD = 400
V = 5	L = 50	D = 500
VI = 6	LX = 60	DC = 600
VII = 7	LXX = 70	DCC = 700
VIII = 8	LXXX = 80	DCCC = 800
IX = 9	XC = 90	CM = 900
X = 10	C = 100	M = 1000

Rechnen mit Dualzahlen

Addition

0 + 0 = 0
0 + 1 = 1
1 + 0 = 1
1 + 1 = 10
0,1 + 0,1 = 1,0

Beispiel: Übertrag (Carry)

```
   110,11
+ 1011,01
  1111,10   Carry
 10010,00
```

Subtraktion

0 − 0 = 0
10 − 1 = 1
1 − 0 = 1
1 − 1 = 0
0,1 − 0,1 = 0,0

Beispiel: Entleihung (Borrow)

```
  11000,11
−  1101,01
  11110,00   Borrow
   1011,10
```

Multiplikation

0 · 0 = 0
0 · 1 = 0
1 · 0 = 0
1 · 1 = 1

Beispiel:

```
1010 · 101,1
  1010
+  0000
+   1010
+    1010
 110111,0
```

Division

0 : 0 = nicht definiert
0 : 1 = 0
1 : 0 = nicht definiert
1 : 1 = 1

Beispiel:

$1010 : 11 = 11,\overline{01}$

```
 − 11
  100
 −  11
    10
 −  11
   100
 −   11
     10
```

Standard-Zahlenmengen
Standard number sets

DIN 5473: 92-07

Zeichen	Definition	Sprechweise	Beispiele
ℕ oder **N**	Menge der **nichtnegativen ganzen Zahlen**. Menge der **natürlichen Zahlen**. ℕ enthält die Zahl 0.	Doppelstrich-N	
ℤ oder **Z**	Menge der **ganzen Zahlen**	Doppelstrich-Z	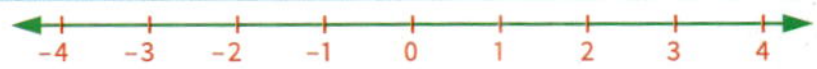
ℚ oder **Q**	Menge der **rationalen Zahlen**	Doppelstrich-Q	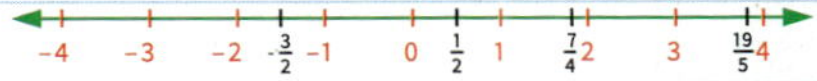
ℝ oder **R**	Menge der **reellen Zahlen**	Doppelstrich-R	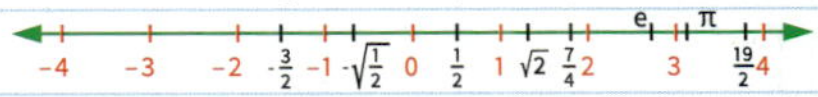
ℂ oder **C**	Menge der **komplexen Zahlen**	Doppelstrich-C	

Zeichen und Begriffe der Mengenlehre
Signs and terms of set theory

Zeichen	Verwendung	Sprechweise (Erläuterungen)
∈	$x \in M$	x ist Element von M
∉	$x \notin M$	x ist nicht Element von M
	$x_1, \ldots x_n \in A$	$x_1, \ldots, x_n$ sind Elemente von A
{ | }	$\{x \mid \varphi(x)\}$	die Klasse (Menge) aller x mit $\varphi(x)$
{, … }	$\{x_1, \ldots x_n\}$	die Menge mit den Elementen $x_1, \ldots, x_n$
⊆	$A \subseteq B$	A ist Teilklasse (Teilmenge) von B, A sub B

Zeichen	Verwendung	Sprechweise (Erläuterungen)
⊂ ‡	$A \subset B$ ‡	A ist echte Teilklasse von B, A echt sub B
∩	$A \cap B$	A geschnitten mit B, Durchschnitt von A und B
∪	$A \cup B$	A vereinigt mit B, Vereinigung von A und B
∅ oder { }		leere Menge

Formelzeichen	Bedeutung	SI-Einheit	Einheitenname, Bemerkungen
Längen und ihre Potenzen, Winkel			
x, y, z	Kartesische Koordinaten	m	Meter
α, β, γ	ebener Winkel, Drehwinkel	rad	Radiant, 1 rad = 1 m/m
ϑ, φ	(bei Drehbewegungen)		1 Vollwinkel = 2π rad Grad: 1° = $(\pi/180$ rad)
Ω, ω	Raumwinkel	sr	Steradiant, 1 sr = 1 m^2/m^2
l, b, h	Länge, Breite, Höhe, Tiefe	m	Meter, 1 int. Seemeile = 1852 m
δ, d	Dicke, Schichtdicke	m	
r	Radius, Halbmesser, Abstand	m	
f	Durchbiegung, Durchhang	m	
d, D	Durchmesser	m	
s	Weglänge, Kurvenlänge	m	
A, S	Flächeninhalt, Fläche, Oberfläche	m^2	Quadratmeter 1 a = 10^2 m^2
S, q	Querschnittsfläche, Querschnitt	m^2	1 ha = 10^4 m^2
V	Volumen, Rauminhalt	m^3	Kubikmeter, 1 l (Liter) = 1 dm^3
Zeit und Raum			
t	Zeit, Zeitspanne, Dauer	s	Sekunde, min, h (Stunde), d (Tag)
T	Periodendauer, Schwingungsdauer	s	
τ, T	Zeitkonstante	s	
f, ν	Frequenz, Periodenfrequenz	Hz	Hertz, 1 Hz = 1 s^{-1}, $f = 1/T$
f_0	Kennfrequenz, Eigenfrequenz im ungedämmpften Zustand	Hz	
ω	Kreisfrequenz, Pulsatanz (Winkelfrequenz)	s^{-1}	$\omega = 2\pi f$
n, f_r	Umdrehungsfrequenz (Drehzahl)	s^{-1}	1 min^{-1} = (1/60) s^{-1}
ω, Ω	Winkelgeschwindigkeit, Drehgeschwindigkeit	rad/s	
α	Winkelbeschleunigung, Drehbeschleunigung	rad/s^2	
λ	Wellenlänge	m	
v, u, w, c	Geschwindigkeit	m/s	1 km/h = 1/3,6 (m/s)
c	Ausbreitungsgeschwindigkeit einer Welle	m/s	
a	Beschleunigung	m/s^2	
g	örtliche Fallbeschleunigung	m/s^2	g_n = 9,80665 m/s^2 (Normfallbeschl.)
Mechanik			
m	Masse, Gewicht als Wägeergebnis	kg	Kilogramm, 1 t (Tonne) = 1 Mg
ϱ, ϱ_m	Dichte, volumenbezogene Masse	kg/m^3	1 g/cm^3 = 1 kg/dm^3 = 1 Mg/m^3
F	Kraft	N	Newton, 1 N = 1 kg · m/s^2 = 1 J/m
F_G, G	Gewichtskraft	N	
M	Drehmoment, Kraftmoment	N · m	
p	Druck	Pa	Pascal, 1 Pa = 1N/m^2, 1 bar = 10^5 Pa
μ, f	Reibungszahl	1	$\mu = F_R/F_N$, F_R: Reibungskraft
W, A	Arbeit	J	Joule, 1 J = 1 N · m = 1 W · s
E, W	Energie	J	1 Wh = 3,6 kJ; eV (Elektronenvolt)
E_p, W_p	potenzielle Energie	J	
E_k, W_k	kinetische Energie	J	
P	Leistung	W	Watt, 1 W = 1 J/s
η	Wirkungsgrad	1	
Thermodynamik und Wärmeübertragung			
T, Θ	Temperatur, thermodynamische Temperatur	K	Kelvin
$\Delta T, \Delta t, \Delta\vartheta$	Temperaturdifferenz	K	
t, ϑ	Celsius-Temperatur	°C	Grad Celsius, $t = T - T_o$; T_o = 273,15 K
α_l	(thermisch) Längenausdehnungskoeffizient	K^{-1}	
α_v, γ	(thermisch) Volumenausdehnungskoeffizient	K^{-1}	
Q	Wärme, Wärmemenge	J	Joule
R_{th}	thermischer Widerstand, Wärmewiderstand	K/W	$R_{th} = \Delta\vartheta/\Phi_{th}$
λ	Wärmeleitfähigkeit	W/(m · K)	
k	Wärmedurchgangskoeffizient	W/(m^2 · K)	
C_{th}	Wärmekapazität	J/K	
c	spezifische Wärmekapazität	J/(kg · K)	auch: massenbezogene Wärmekapazität

Formelzeichen	Bedeutung	SI-Einheit	Einheitenname, Bemerkungen
Elektrizität und Magnetismus			
Q	elektrische Ladung	C	Coulomb, 1C = 1A · s, 1A · h = 3,6 kC
e	Elementarladung	C	
D	elektrische Flussdichte	C/m^2	
P	elektrische Polarisation	C/m^2	
φ, φ_e	elektrisches Potenzial	V	Volt, 1 V = 1 J/C
U	elektrische Spannung, Potenzialdifferenz	V	
E	elektrische Feldstärke	V/m	1 V/mm = 1 kV/m
C	elektrische Kapazität	F	Farad, 1 F = 1 C/V, $C = Q/U$
ε	Permittivität	F/m	früher: Dielektrizitätskonstante
ε_0	elektrische Feldkonstante	F/m	Permittivität des leeren Raumes
ε_r	Permittivitätszahl, relative Permittivität	1	früher: Dielektrizitätszahl
I	elektrische Stromstärke	A	Ampere
J	elektrische Stromdichte	A/m^2	$1\ A/mm^2 = 1\ MA/m^2$, $J = I/A$
Θ	elektrische Durchflutung	A	
H	magnetische Feldstärke	A/m	1 A/mm = 1 kA/m
Φ	magnetischer Fluss	Wb	Weber, 1 Wb = 1 V · s
B	magnetische Flussdichte	T	Tesla, $1 T = 1\ Wb/m^2$, $B = \Phi/S$
L	Induktivität, Selbstinduktivität	H	Henry, 1 H = 1 Wb/A
μ	Permeabilität	H/m	$\mu = B/H$
μ_0	magnetische Feldkonstante	H/m	Permeabilität des leeren Raumes
μ_r	Permeabilitätszahl, relative Permeabilität	1	$\mu_r = \mu/\mu_0$
R_m	magnetischer Widerstand, Reluktanz	H^{-1}	
Λ	magnetischer Leitwert, Permeanz	H	
R	elektrischer Widerstand, Wirkwiderstand, Resistanz	Ω	Ohm, 1 Ω = 1 V/A
G	elektrischer Leitwert, Wirkleitwert, Konduktanz	S	Siemens, $1\ S = 1\ \Omega^{-1}$, $G = 1/R$
ϱ	spezifischer elektrischer Widerstand, Resistivität	Ω · m	$1\ \mu\Omega \cdot cm = 10^{-8}\ \Omega \cdot m$, $1\ \Omega \cdot mm^2/m = 10^{-6}\ \Omega \cdot m = 1\ \mu\Omega \cdot m$
$\gamma, \sigma, \varkappa$	elektrische Leitfähigkeit, Konduktivität	S/m	$\gamma = 1/\varrho$
X	Blindwiderstand, Reaktanz	Ω	
B	Blindleitwert, Suszeptanz	S	$B = 1/X$
$Z, \lvert Z \rvert$	Scheinwiderstand, Betrag der Impedanz	Ω	$\underline{Z}$: Impedanz (komplexe Impedanz)
$Y, \lvert Y \rvert$	Scheinleitwert, Betrag der Admittanz	S	$\underline{Y}$: Admittanz (komplexe Admittanz)
Z_w, Γ	Wellenwiderstand	Ω	
W	Energie, Arbeit	J	Joule
P, P_p	Wirkleistung	W	
Q, P_q	Blindleistung	W	Energietechnik: var (Var), 1 var = 1 W
S, P_s	Scheinleistung	W	Energietechnik: VA (Voltampere)
φ	Phasenverschiebungswinkel	rad	auch Winkel der Impedanz
$\delta_\varepsilon, \delta_\mu$	Verlustwinkel (Permittivität, Permeabilität)	rad	
λ	Leistungsfaktor	1	$\lambda = P/S$, Elektrotechnik: $\lambda = \cos\varphi$
d	Verlustfaktor	1	
N	Windungszahl	1	
Akustik			
p	Schalldruck	Pa	Pascal
c, c_a	Schallgeschwindigkeit	m/s	
L_p, L	Schalldruckpegel		wird in dB angegeben
L_N	Lautstärkepegel		wird in phon angegeben
Licht, elektromagnetische Strahlung			
I_v	Lichtstärke	cd	Candela
Φ_v	Lichtstrom	lm	Lumen, 1 lm = 1 cd · sr
L_v	Leuchtdichte	cd/m^2	
E_v	Beleuchtungsstärke	lx	Lux, $1\ lx = 1\ lm/m^2 = 1\ cd \cdot sr/m^2$
η	Lichtausbeute	lm/W	
c_0	Lichtgeschwindigkeit im leeren Raum	m/s	$c_0 = 2{,}99792485 \cdot 10^8\ m/s$
f	Brennweite	m	

Physikalische Größen und Einheiten
Physical quantities and units of measure

Größen	Erklärungen		Beispiele
Skalare	Zur eindeutigen Festlegung genügt die Angabe des ■ Zahlenwertes und der ■ Einheit.		Masse, *m* Zeit, *t* Arbeit, *W*
Vektoren	Zur eindeutigen Festlegung sind erforderlich: ■ Zahlenwert, ■ Einheit, ■ Richtung im Raum oder in der Ebene, ■ Richtungssinn (Drehsinn)	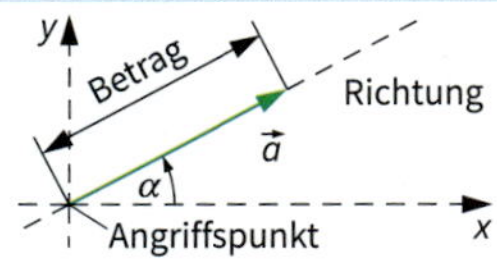	Kraft $\vec{F}$, Geschwindigkeit $\vec{v}$, Elektrische Feldstärke $\vec{E}$

Schreibweise

DIN 1313: 78-04

Beispiel:	Größenwert	=	Zahlenwert	·	Einheit	
	l	=	$\{l\}$	·	$[l]$	Länge = Zahlenwert der Länge · Einheit der Länge
	l	=	3	·	m	

Physikalische Gleichungen

DIN 1313: 78-04

Größengleichungen	Einheitengleichungen	Zahlenwertgleichungen
z. B. $v = \frac{s}{t}$ $m = 8$ kg	z. B. 1 m = 100 cm 1 h = 3600 s 1 kWh = 3,6 · 10^6 Ws	z. B. $\{v\} = 3{,}6 \frac{\{s\}}{\{t\}}$ *v* in m/s *s* in m *t* in s
Zugeschnittene Größengleichung		
z. B. $\frac{v}{\text{km/h}} = 3{,}6 \cdot \frac{s/\text{m}}{t/\text{s}}$		

SI-Basiseinheiten[1]

DIN 1301: 93-12

Größe	Formelzeichen	Einheitenname	Einheitenzeichen
Länge	l	Meter	m
Masse	m	Kilogramm	kg
Zeit	t	Sekunde	s
Elektrische Stromstärke	I	Ampere	A
Thermodynamische Temperatur	T	Kelvin	K
Stoffmenge	n	Mol	mol
Lichtstärke	I_v	Candela	cd

[1] **S**ystème **I**nternational d'Unités (Internationales Einheitensystem)

Vorsätze und Vorsatzzeichen für dezimale Teile und Vielfache von Einheiten

DIN 1301: 93-12

Faktor	Vorsätze	Vorsatzzeichen	Faktor	Vorsätze	Vorsatzzeichen	Faktor	Vorsätze	Vorsatzzeichen
10^{-24}	Yocto	y	10^{-3}	Milli	m	10^{6}	Mega	M
10^{-21}	Zepto	z	10^{-2}	Zenti	c	10^{9}	Giga	G
10^{-18}	Atto	a	10^{-1}	Dezi	d	10^{12}	Tera	T
10^{-15}	Femto	f	10^{1}	Deka	da	10^{15}	Peta	P
10^{-12}	Piko	p	10^{2}	Hekto	h	10^{18}	Exa	E
10^{-9}	Nano	n	10^{3}	Kilo	k	10^{21}	Zetta	Z
10^{-6}	Mikro	µ				10^{24}	Yotta	Y

Griechisches Alphabet
Greek alphabet

Α α	Alpha	Ι ι	Iota	Ρ ϱ	Rho
Β β	Beta	Κ ϰ	Kappa	Σ σ	Sigma
Γ γ	Gamma	Λ λ	Lambda	Τ τ	Tau
Δ δ	Delta	Μ μ	My	Υ υ	Ypsilon
Ε ε	Epsilon	Ν ν	Ny	Φ φ	Phi
Ζ ζ	Zeta	Ξ ξ	Xi	Χ χ	Chi
Η η	Eta	Ο ο	Omikron	Ψ ψ	Psi
Θ ϑ	Theta	Π π	Pi	Ω ω	Omega

Gleichförmige Bewegung

Gleichförmige Bewegung	Eine Bewegung ist gleichförmig, wenn in gleichen Zeiträumen gleiche Wegstrecken zurückgelegt werden.	
Gleichförmige, geradlinige Bewegung 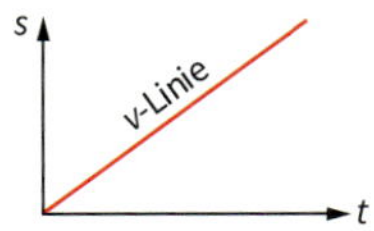	$v = \frac{s}{t}$ $s = v \cdot t$ $t = \frac{s}{v}$	v : Geschwindigkeit s : Weg t : Zeit
Gleichförmige Drehbewegung; Schnittgeschwindigkeit 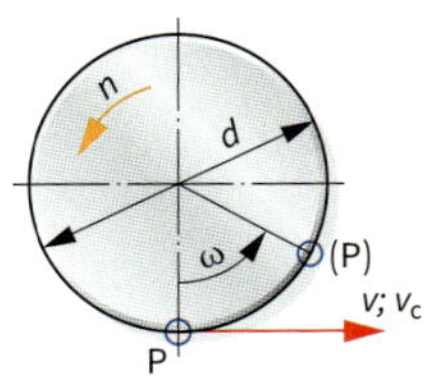	$v = d \cdot \pi \cdot n$ $v = \frac{d}{2} \cdot \omega = r \cdot \omega$ $d = \frac{v}{\pi \cdot n}$ $n = \frac{v}{d \cdot \pi}$ $v_c = d \cdot \pi \cdot n$ $v_c = \frac{d}{2} \cdot \omega = r \cdot \omega$ $d = \frac{v_c}{\pi \cdot n}$ $n = \frac{v_c}{d \cdot \pi}$	v : Umfangsgeschwindigkeit v_c : Schnittgeschwindigkeit d : Durchmesser r : Radius n : Umdrehungsfrequenz ω : Winkelgeschwindigkeit π : 3,14159 …
Winkelgeschwindigkeit 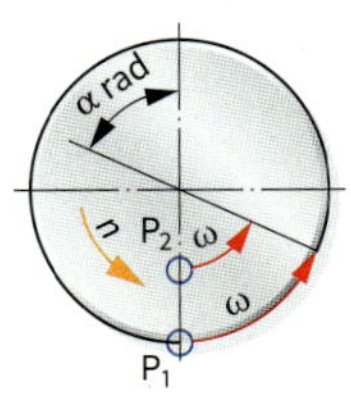	$\omega = 2 \cdot \pi \cdot n$ $n = \frac{\omega}{2 \cdot \pi}$ Winkelgeschwindigkeit ω ist der Winkel (gemessen in Radiant), den ein Punkt auf einem Kreis in einer Zeiteinheit zurücklegt. $[\omega] = \frac{\text{rad}}{\text{s}} = \frac{1}{\text{s}}$	ω : Winkelgeschwindigkeit n : Umdrehungsfrequenz π : 3,14159 …

Gleichmäßig beschleunigte Bewegung

Gleichmäßig beschleunigte Bewegung 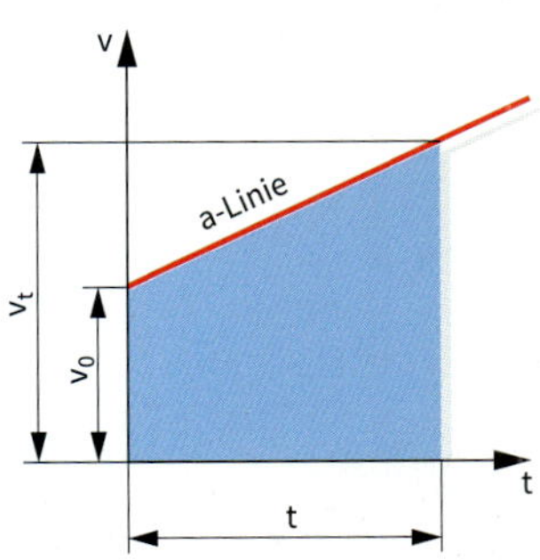	Eine Bewegung ist gleichmäßig beschleunigt, wenn die Geschwindigkeit in gleichen Zeiten um gleiche Beträge zunimmt. $a = \frac{v_t - v_0}{t}$ $s = v_0 \cdot t + \frac{a \cdot t^2}{2}$ $t = \frac{v_t - v_0}{a}$ $v_t = v_0 + a \cdot t$ $v_t = \sqrt{v_0^2 + 2 \cdot a \cdot s}$ Erfolgt die Beschleunigung aus der Ruhelage („aus dem Stand"), so ist $v_0 = 0$. Für verzögerte Bewegungen wird a negativ.	a : Beschleunigung v_0 : Anfangsgeschwindigkeit v_t : Geschwindigkeit nach der Zeit t s : in der Zeit t zurückgelegter Weg t : Zeitabschnitt
Freier Fall* 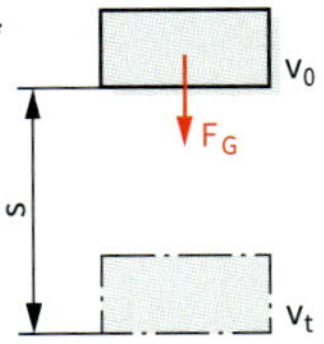 * ohne Berücksichtigung des Luftwiderstandes	$v_t = g \cdot t$ $s = \frac{g \cdot t^2}{2}$ $t = \sqrt{\frac{2 \cdot s}{g}}$	v_t : Geschwindigkeit nach der Fallzeit t g : Fallbeschleunigung s : in der Zeit t zurückgelegter Weg t : Fallzeit Normfallbeschleunigung $g_n = 9{,}80665\ \text{m/s}^2$

Kraft

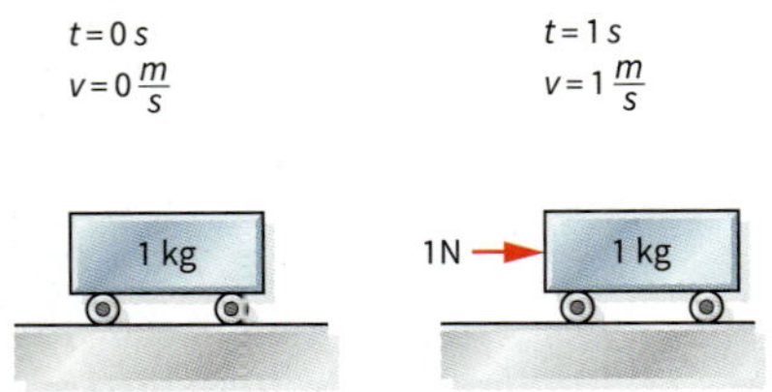

$$F = m \cdot a$$

$$m = \frac{F}{a} \qquad a = \frac{F}{m}$$

Eine Kraft hat die Größe von 1 N, wenn sie einer Masse von 1 kg in 1 s eine Geschwindigkeitszunahme von 1 m/s erteilt.

$$1\,\text{N} = 1\,\text{kg} \cdot \frac{1\frac{\text{m}}{\text{s}}}{\text{s}} = 1\,\frac{\text{kg} \cdot \text{m}}{\text{s}^2}$$

F : Kraft
m : Masse
a : Beschleunigung

Darstellung von Kräften

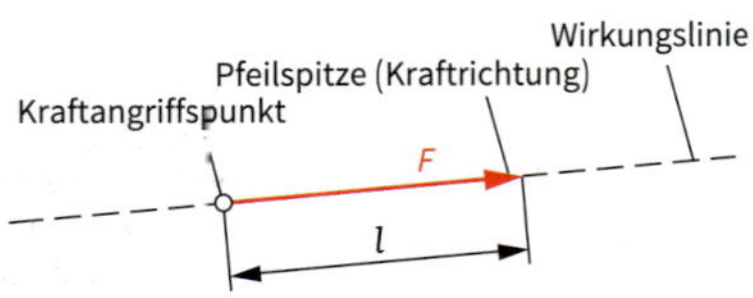

$KM: 10\,\frac{\text{N}}{\text{cm}}$

$$F = l \cdot KM$$

$$l = \frac{F}{KM}$$

$$KM = \frac{F}{l}$$

F : Kraftbetrag
l : Pfeillänge
KM : Kräftemaßstab

Kräfteparallelogramm

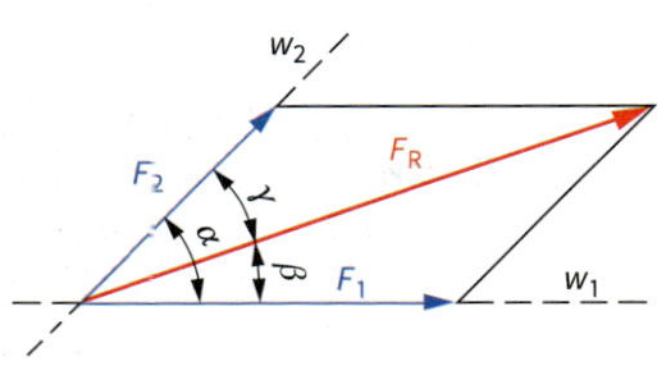

Zusammenfassen der Teilkräfte F_1 und F_2 zur Resultierenden F_R.
Zerlegen der Resultierenden F_R in die Teilkräfte F_1 und F_2 bei vorgegebenen Wirkungslinien w_1 und w_2.

$$F_R = \sqrt{F_1^2 + F_2^2 + 2 \cdot F_1 \cdot F_2 \cdot \cos\alpha}$$

$$\sin\beta = \frac{F_2}{F_R} \cdot \sin\alpha \qquad \sin\gamma = \frac{F_1}{F_R} \cdot \sin\alpha$$

F_1 : Teilkraft
F_2 : Teilkraft
F_R : Resultierende (Ersatzkraft)
w_1 : Wirkungslinie der Kraft F_1
w_2 : Wirkungslinie der Kraft F_2
α, β, γ : Winkel zur Richtungsbeschreibung

Krafteck (Kräftepolygon)

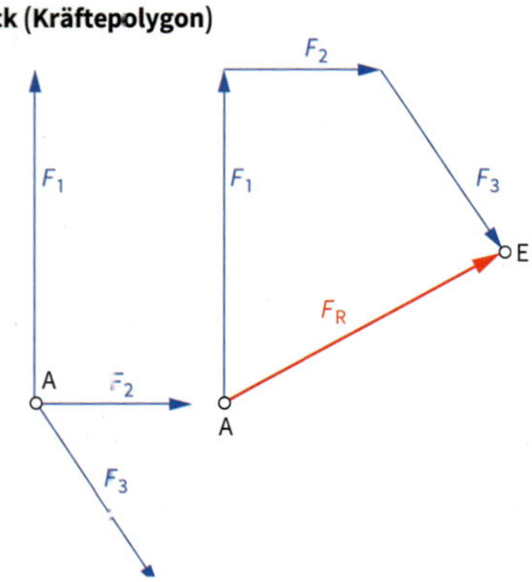

Die Teilkräfte $F_1, F_2 \dots F_n$ werden maßstabgerecht in beliebiger Reihenfolge aneinandergereiht.
Die Resultierende F_R ist die Verbindung vom Kraftangriffspunkt A der zuerst gezeichneten Kraft zum Endpunkt E der zuletzt gezeichneten Kraft.

F_1 : Teilkraft
F_2 : Teilkraft
F_3 : Teilkraft
F_R : Resultierende (Ersatzkraft)
A : Kraftangriffspunkt
E : Endpunkt des Kraftecks

Gewichtskraft

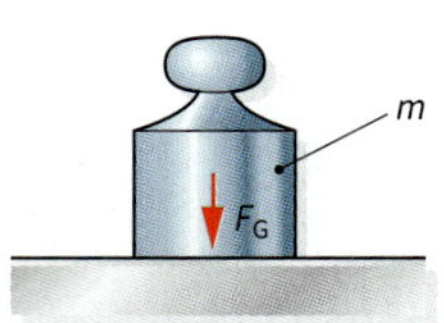

$$F_G = m \cdot g$$

$$m = \frac{F_G}{g} \qquad g = \frac{F_G}{m}$$

Normfallbeschleunigung
$g_n = 9{,}80665\,\text{m/s}^2$

F_G : Gewichtskraft
m : Masse
g : Fallbeschleunigung

Reibung zwischen ebenen Flächen

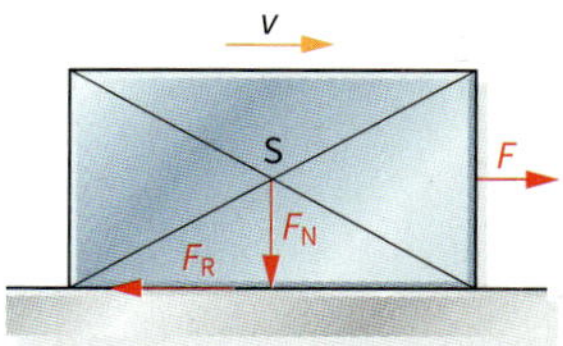

Haftreibung ($v = 0$):

$$F_{Ro} \leq \mu_0 \cdot F_N$$

Gleitreibung ($v > 0$):

$$F_R = \mu \cdot F_N$$

$$F_N = \frac{F_R}{\mu}$$

$$F > F_R$$

Beispiel:

$F_N = 1{,}7$ kN; $\mu = 0{,}12$; $F_R = ?$ N

$F_R = \mu \cdot F_N; = 0{,}12 \cdot 1700 \text{ N} = 204 \text{ N}$

F : Kraft
F_{Ro} : Reibkraft im Ruhezustand
μ_0 : Haftreibungszahl
F_N : Normalkraft
F_R : Reibkraft bei gleichförmiger Bewegung
μ : Gleitreibungszahl
v : Geschwindigkeit

Gleitreibung am Radiallager

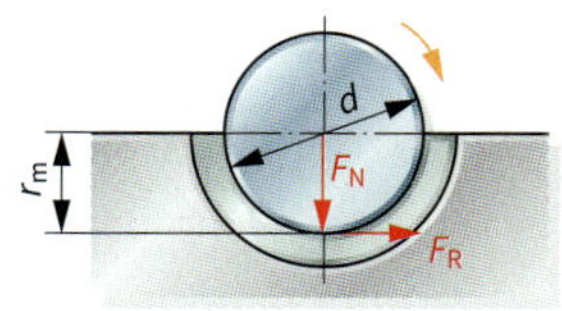

$$F_R = \mu \cdot F_N$$
$$M_R = F_R \cdot r_m$$

$$F_R = \frac{M_R}{r_m} \qquad r_m = \frac{d}{2}$$

Beispiel:

$F_N = 1{,}5$ kN; $\mu = 0{,}12$; $F_R = ?$ N

$F_N = \frac{F_R}{\mu} = \frac{1500 \text{ N}}{0{,}4} = 3750 \text{ N}$

F_R : Reibkraft
μ : Gleitreibungszahl
F_N : Normalkraft
M_R : Reibungsmoment
r_m : Wirkradius
d : Zapfendurchmesser

Gleitreibung am Axiallager

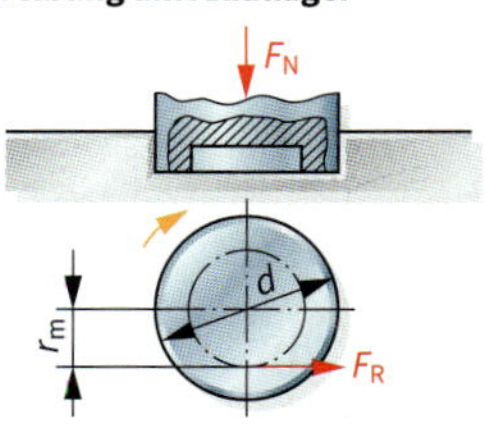

$$F_R = \mu \cdot F_N$$
$$M_R = F_R \cdot r_m$$

$$F_R = \frac{M_R}{r_m} \qquad r_m = \frac{d}{3}$$

Beispiel:

$F_N = 275$ N; $F_R = 15$ N; $\mu = ?$

$\mu = \frac{F_R}{F_N} = \frac{15 \text{ N}}{375 \text{ N}} = 0{,}04$

F_R : Reibkraft
μ : Gleitreibungszahl
F_N : Normalkraft
M_R : Reibungsmoment
r_m : Wirkradius
d : Zapfendurchmesser

Reibungszahlen für Haft- und Gleitreibung

Werkstoffpaarung	Haftreibungszahl μ_0		Gleitreibungszahl μ	
	trocken	geschmiert	trocken	geschmiert
Stahl auf Stahl	0,12 ... 0,30	0,10 ... 0,15	0,10 ... 0,15	0,04 ... 0,10
Stahl auf Gusseisen	0,18 ... 0,24	0,10 ... 0,20	0,15 ... 0,24	0,05 ... 0,15
Stahl auf Cu-Sn-Legierung	0,18 ... 0,20	0,08 ... 0,15	0,10 ... 0,20	0,04 ... 0,10
Stahl auf Polyamid	0,30 ... 0,40	0,10 ... 0,20	0,32 ... 0,45	0,05 ... 0,12
Gusseisen auf Stahl	0,33	–	0,22	0,11
Gusseisen auf Cu-Sn-Legierung	0,3	0,2	0,2	0,08
Gusseisen auf Cu-Zn-Legierung	–	0,18	0,18 ... 0,20	0,15 ... 0,18
Reifen auf griffigem Asphalt	–	–	0,60 ... 0,80	–
Reifen auf nassem Asphalt	–	–	–	0,20 ... 0,30[1]
Bremsbelag auf Stahl	–	–	0,50 ... 0,60	0,20 ... 0,50

[1] bei Wasser und Asphalt

Rollreibung

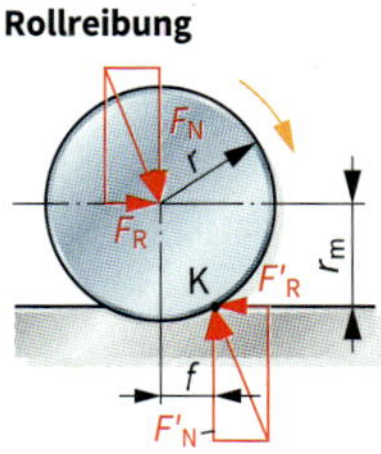

$$F_R \cdot r_m = F'_N \cdot f$$
$$F_R \cdot r_m = F_N \cdot f$$

$$F_R = F_N \cdot \frac{f}{r_m}$$
$$F_R = F_N \cdot \mu_r$$

$$F'_N = F_N \qquad \frac{f}{r_m} = \mu_r$$

Beispiel:

$F_N = 5000$ N; $f = 0{,}05$ cm; $r_m = 10$ cm; $F_R = ?$ N

$F_R = F_N \cdot \frac{f}{r_m} = 5000 \text{ N} \cdot \frac{0{,}05 \text{ cm}}{10 \text{ cm}} = 25 \text{ N}$

F_R : Rollreibungskraft
r_m : Wirkradius
F_N : Normalkraft
f : Hebelarm der Rollreibung; (durch Verformung der Unterlage entstehender Abstand der Wirkungslinie)
μ_r : Rollreibungskoeffizient
K : Kipppunkt

Rollreibungszahlen

Werkstoffpaarung	Hebelarm der Rollreibung f in cm	Wirkradius r_m in cm	Rollreibungskoeffizient μ_r
Stahl auf Stahl, Gusseisen auf Gusseisen	0,05	0,5 1,0 5,0 10,0	0,1 0,05 0,01 0,005
Stahl (gehärtet) auf Stahl (gehärtet)	0,001	0,5 1,0 5,0 10,0	0,002 0,001 0,0002 0,0001
Reifen auf Asphalt	0,42	28,0	0,015

Kraftmoment einer Kraft

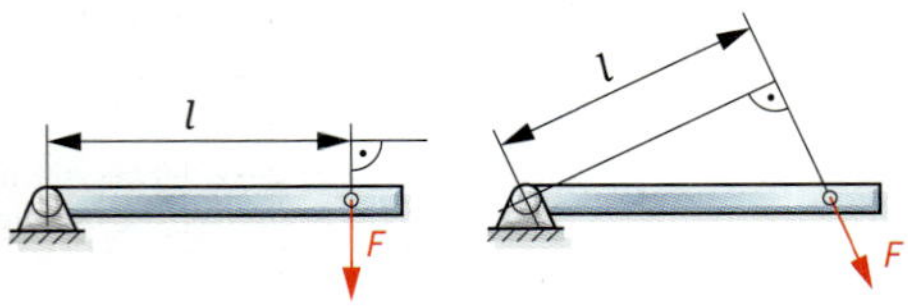

$$M = F \cdot l$$

$$F = \frac{M}{l} \qquad l = \frac{M}{F}$$

Die Länge des wirksamen Hebelarms l entspricht der Länge des Lots vom Drehpunkt auf die Wirkungslinie der Kraft.

M : Kraftmoment
F : Kraft
l : wirksamer Hebelarm
⊾ : rechter Winkel

Hebelgesetz

Einseitiger Hebel

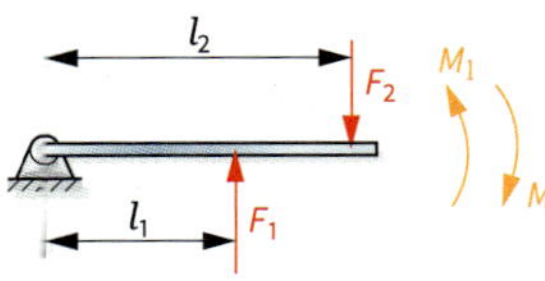

$$M_l = M_r$$
$$F_1 \cdot l_1 = F_2 \cdot l_2$$

M_l : linksdrehendes Kraftmoment
M_r : rechtsdrehendes Kraftmoment
$F_1; F_2$: Kräfte
$l_1; l_2$: wirksame Hebelarme

Zweiseitiger Hebel

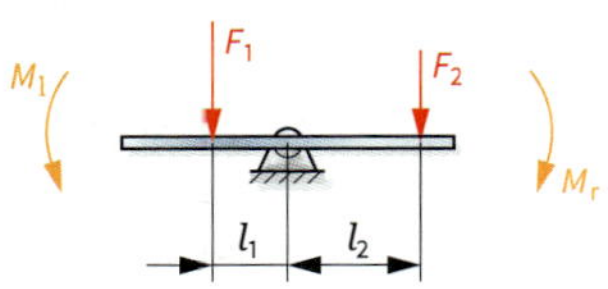

$$M_l = M_r$$
$$F_1 \cdot l_1 = F_2 \cdot l_2$$

M_l : linksdrehendes Kraftmoment
M_r : rechtsdrehendes Kraftmoment
$F_1; F_2$: Kräfte
$l_1; l_2$: wirksame Hebelarme

Winkelhebel

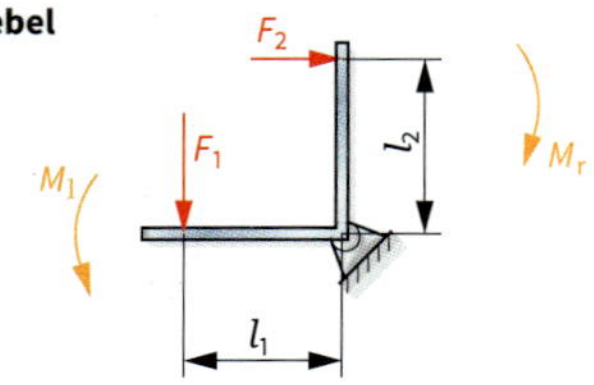

$$M_l = M_r$$
$$F_1 \cdot l_1 = F_2 \cdot l_2$$

M_l : linksdrehendes Kraftmoment
M_r : rechtsdrehendes Kraftmoment
$F_1; F_2$: Kräfte
$l_1; l_2$: wirksame Hebelarme

Zweiseitiger Hebel

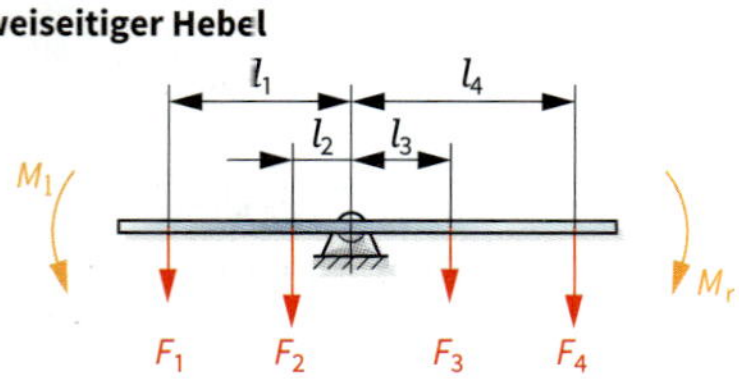

$$\Sigma M_l = \Sigma M_r$$
$$F_1 \cdot l_1 + F_2 \cdot l_2 = F_3 \cdot l_3 + F_4 \cdot l_4$$

ΣM : Summe aller Kraftmomente
$F_1; F_2; F_3; F_4$: Kräfte
$l_1; l_2; l_3; l_4$: wirksame Hebelarme

Auflagerkräfte

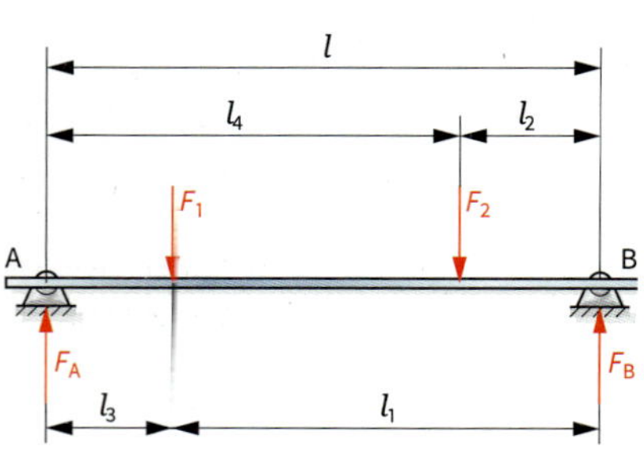

Drehpunkt bei B

$$F_A = \frac{F_1 \cdot l_1 + F_2 \cdot l_2}{l}$$

Drehpunkt bei A

$$F_B = \frac{F_1 \cdot l_3 + F_2 \cdot l_4}{l}$$

$$F_A + F_B = F_1 + F_2$$

F_A : Auflagerkraft
F_B : Auflagerkraft
$F_1; F_2$: Belastungskräfte
$l_1; l_2$: wirksame Hebelarme (Drehpunkt B)
$l_3; l_4$: wirksame Hebelarme (Drehpunkt A)

Kraftmomente an Zahnradgetrieben

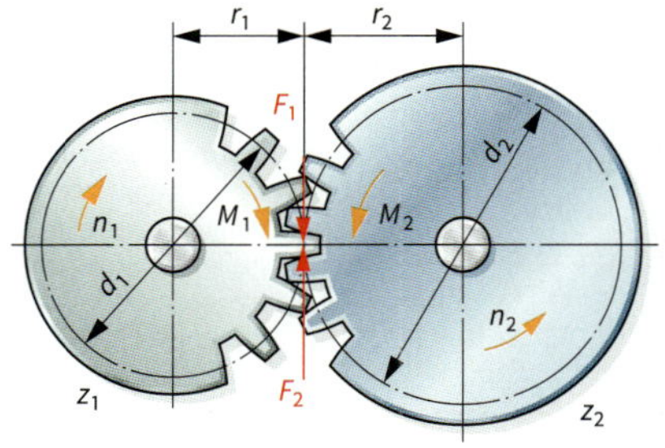

$$\frac{M_2}{M_1} = \frac{d_2}{d_1} = \frac{z_2}{z_1} = \frac{n_1}{n_2} = i$$

$$M_2 = M_1 \cdot i \cdot \eta$$

$M_1; M_2$: Kraftmomente
$F_1; F_2$: Umfangskräfte
$d_1; d_2$: Teilkreisdurchmesser
$z_1; z_2$: Zähnezahlen
$n_1; n_2$: Umdrehungsfrequenz
i : Übersetzungsverhältnis
η : Wirkungsgrad

Seilwinde

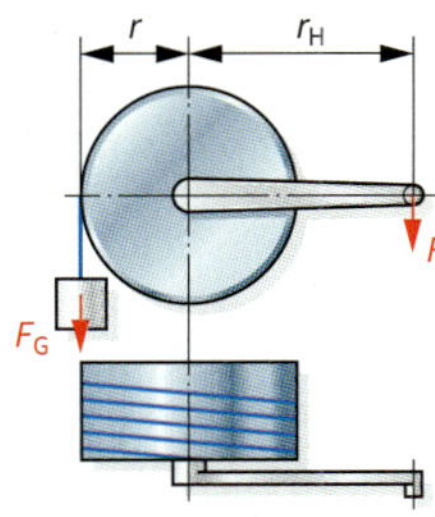

$$F_H \cdot r_H \cdot \eta = F_G \cdot r$$

$$F_H = \frac{F_G \cdot r}{r_H \cdot \eta}$$

$$F_G = \frac{F_H \cdot r_H \cdot \eta}{r}$$

F_G : Gewichtskraft
r : Trommelradius
F_H : Handkraft
r_H : Handhebelradius
η : Wirkungsgrad

Räderwinde

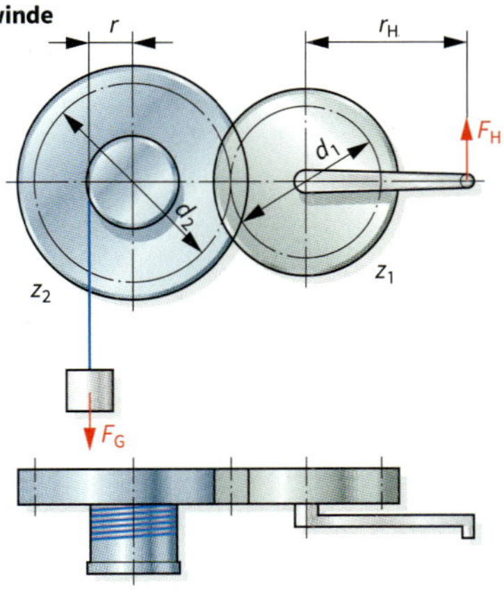

$$F_H \cdot r_H \cdot i \cdot \eta = F_G \cdot r$$
$$i = \frac{d_2}{d_1} = \frac{z_2}{z_1}$$

$$F_H = \frac{F_G \cdot r}{r_H \cdot i \cdot \eta}$$

$$F_G = \frac{F_H \cdot r_H \cdot i \cdot \eta}{r}$$

F_H : Handkraft
F_G : Gewichtskraft
r_H : Handhebelradius
r : Trommelradius
d_1 : Teilkreisdurchmesser am Zahnrad 1
d_2 : Teilkreisdurchmesser am Zahnrad 2
z_1 : Zähnezahl am Zahnrad 1
z_2 : Zähnezahl am Zahnrad 2
i : Übersetzungsverhältnis
η : Wirkungsgrad

Feste Rolle

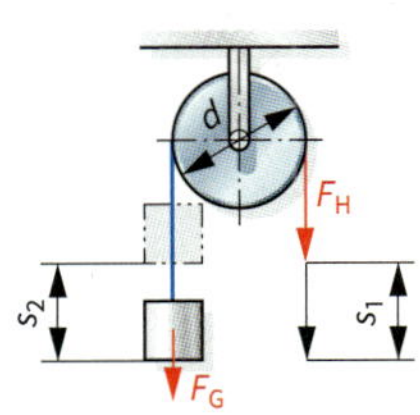

$$F_H \cdot \eta = F_G$$
$$s_1 = s_2$$

$$F_H = \frac{F_G}{\eta} \qquad \eta = \frac{F_H}{F_G}$$

F_H : Handkraft
F_G : Gewichtskraft
s_1 : Kraftweg
s_2 : Lastweg
d : Rollendurchmesser
η : Wirkungsgrad

Lose Rolle

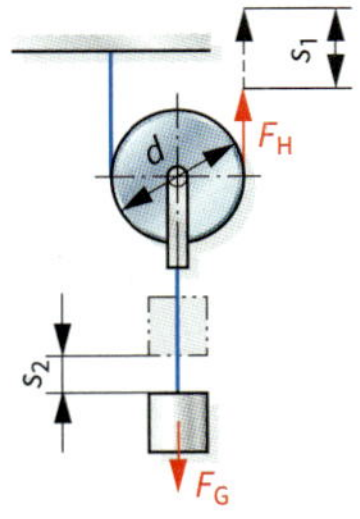

$$F_H \cdot \eta = \frac{F_G}{2}$$
$$s_1 = 2 \cdot s_2$$

$$F_H = \frac{F_G}{2 \cdot \eta} \qquad \eta = \frac{F_H}{2 \cdot F_G}$$

$$F_G = F_H \cdot \eta \cdot 2$$

F_H : Handkraft
F_G : Gewichtskraft
s_1 : Kraftweg
s_2 : Lastweg
d : Rollendurchmesser
η : Wirkungsgrad

Flachriemengetriebe
Einfache Übersetzung

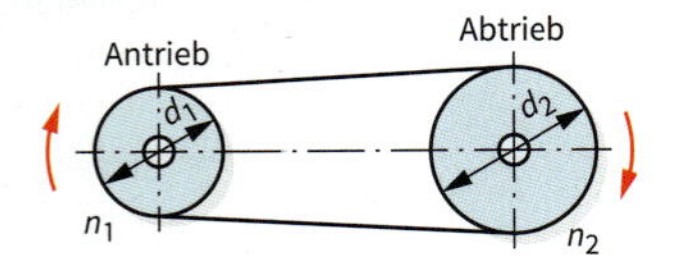

$$d_1 \cdot n_1 = d_2 \cdot n_2$$
$$i = \frac{n_1}{n_2} = \frac{d_2}{d_1} = \frac{M_2}{M_1}$$
$$n_1 = \frac{d_2 \cdot n_2}{d_1} \qquad n_2 = \frac{d_1 \cdot n_1}{d_2}$$

Flachriemengetriebe
Doppelte Übersetzung

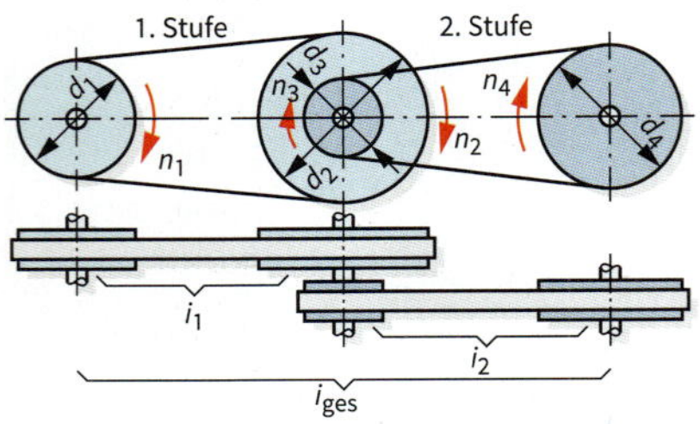

$$n_1 \cdot d_1 \cdot d_3 = n_4 \cdot d_2 \cdot d_4$$
$$n_A \cdot d_1 \cdot d_3 \cdot \ldots = n_E \cdot d_2 \cdot d_4 \cdot \ldots$$

$$i_{ges} = i_1 \cdot i_2 = \frac{n_1}{n_2} \cdot \frac{n_3}{n_4} = \frac{n_1}{n_4}$$
$$i_{ges} = i_1 \cdot i_2 = \frac{d_2 \cdot d_4}{d_1 \cdot d_3}$$
$$i_{ges} = \frac{n_A}{n_E} = \frac{d_2 \cdot d_4 \cdot d_6 \cdot \ldots}{d_1 \cdot d_3 \cdot d_5 \cdot \ldots}$$

$d_1; d_3$: Durchmesser der treibenden Scheiben
$d_2; d_4$: Durchmesser der getriebenen Scheiben
$n_1; n_3$: Umdrehungsfrequenzen der treibenden Scheiben
$n_2; n_4$: Umdrehungsfrequenzen der getriebenen Scheiben
n_A : Anfangsumdrehungsfrequenz
n_E : Endumdrehungsfrequenz
i : Übersetzungsverhältnis
$i_1; i_2$: Teilübersetzungsverhältnisse
i_{ges} : Gesamtübersetzungsverhältnis

Zahnradgetriebe
Einfache Übersetzung

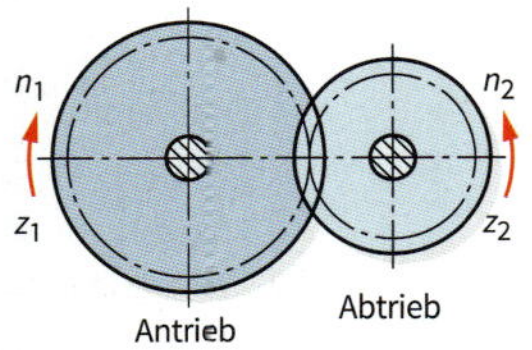

$$z_1 \cdot n_1 = z_2 \cdot n_2$$
$$i = \frac{n_1}{n_2} = \frac{z_2}{z_1} = \frac{M_2}{M_1}$$
$$n_1 = \frac{z_2 \cdot n_2}{z_1}$$
$$n_2 = \frac{z_1 \cdot n_1}{z_2}$$

Zahnradgetriebe
Doppelte Übersetzung

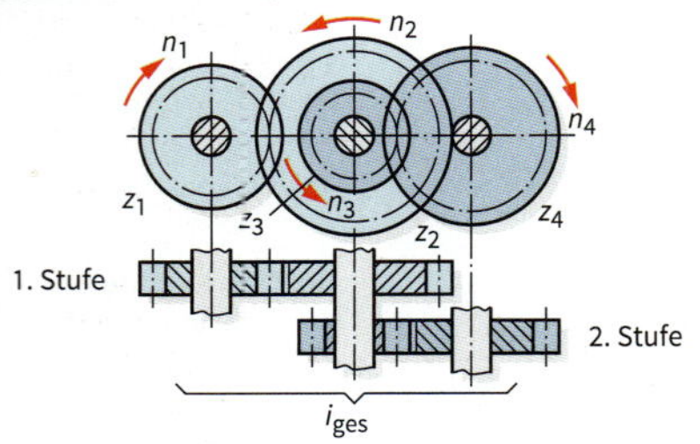

$$n_1 \cdot z_1 \cdot z_3 = n_4 \cdot z_2 \cdot z_4$$
$$n_A \cdot z_1 \cdot z_3 \cdot \ldots = n_E \cdot z_2 \cdot z_4 \cdot \ldots$$

$$i_{ges} = i_1 \cdot i_2 = \frac{n_1}{n_2} \cdot \frac{n_3}{n_4} = \frac{n_1}{n_4}$$
$$i_{ges} = i_1 \cdot i_2 = \frac{d_2 \cdot d_4}{d_1 \cdot d_3}$$
$$i_{ges} = \frac{n_A}{n_E} = \frac{z_2 \cdot z_4 \cdot z_6 \cdot \ldots}{z_1 \cdot z_3 \cdot z_5 \cdot \ldots}$$

$z_1; z_3$: Zähnezahlen der treibenden Räder
$z_2; z_4$: Zähnezahlen der getriebenen Räder
$n_1; n_3$: Umdrehungsfrequenzen der treibenden Räder
$n_2; n_4$: Umdrehungsfrequenzen der getriebenen Räder
n_A : Anfangsumdrehungsfrequenz
n_E : Endumdrehungsfrequenz
i : Übersetzungsverhältnis
$i_1; i_2$: Teilübersetzungsverhältnisse
i_{ges} : Gesamtübersetzungsverhältnis

Zahnradabmessungen siehe Zahnräder

Schneckengetriebe

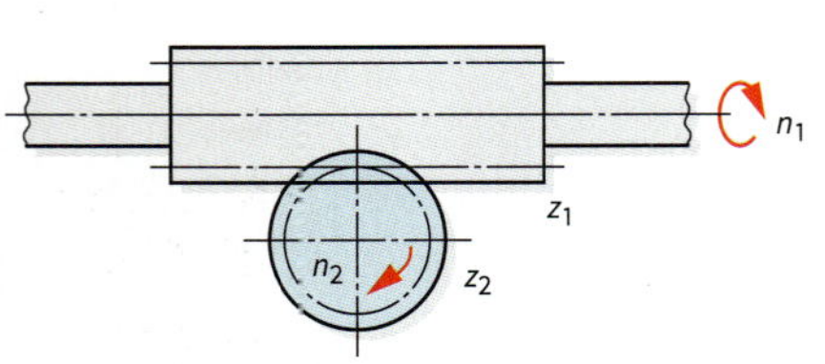

$$z_1 \cdot n_1 = z_2 \cdot n_2$$
$$i = \frac{n_1}{n_2} = \frac{z_2}{z_1} = \frac{M_2}{M_1}$$
$$n_1 = \frac{z_2 \cdot n_2}{z_1} \qquad n_2 = \frac{z_1 \cdot n_1}{z_2}$$

z_1 : Zähnezahl (Gangzahl) der Schnecke
z_2 : Zähnezahl des Schneckenrades
n_1 : Umdrehungsfrequenz der Schnecke
n_2 : Umdrehungsfrequenz des Schneckenrades
i : Übersetzungsverhältnis
$M_1; M_2$: Kraftmomente

Zahnstangengetriebe

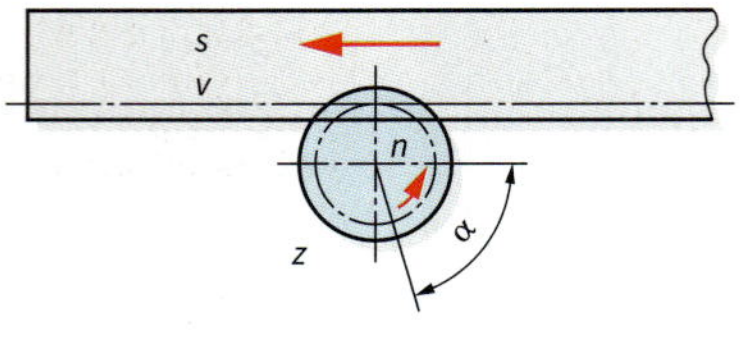

$$s = d \cdot \pi$$
$$s = m \cdot z \cdot \pi$$
$$s = \frac{m \cdot z \cdot \pi \cdot \alpha}{360°}$$
$$v = m \cdot z \cdot \pi \cdot n$$

s : Verschiebeweg der Zahnstange
v : Verschiebegeschwindigkeit der Zahnstange
d : Teilkreisdurchmesser
m : Modul
z : Zähnezahl
n : Umdrehungsfrequenz
α : Verdrehwinkel
π : 3,14159 …

Arbeit, Energie (allgemein) 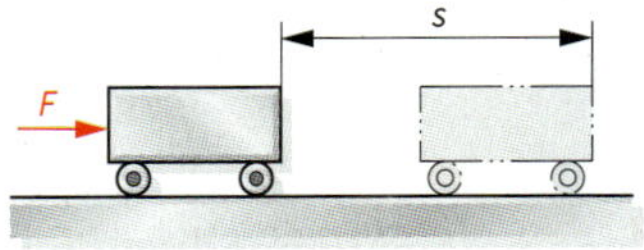	$W = F \cdot s$ $E = F \cdot s$ $F = \frac{W}{s}$ $s = \frac{W}{F}$ 1 N · 1 m = 1 Nm = 1 J = 1 Ws	W : Arbeit E : Energie F : Kraft s : Weg
Hubarbeit; potenzielle Energie (geradlinige Bewegung) 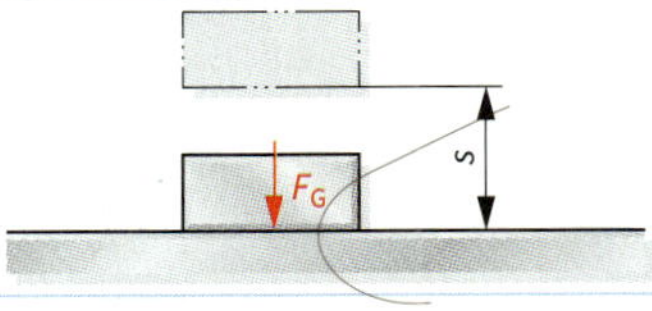	$W_H = F_G \cdot s$ $E_{pot} = F_G \cdot s$ $F_G = m \cdot g$ Normfallbeschleunigung $g_n = 9{,}80665\ \frac{m}{s^2}$	W_H : Hubarbeit E_{pot}: potenzielle Energie F_G : Gewichtskraft s : Weg m : Masse g : Fallbeschleunigung
Rotationsarbeit; Rotationsenergie (kreisförmige Bewegung) 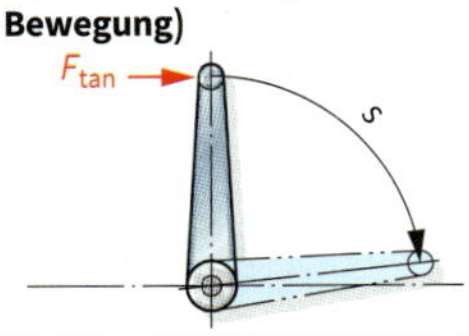	$W_r = F_{tan} \cdot s$ $E_r = F_{tan} \cdot s$ $F_{tan} = \frac{W_r}{s}$ $s = \frac{W_r}{F_{tan}}$	W_r : Rotationsarbeit E_r : Rotationsenergie F_{tan}: Tangentialkraft s : Weg
Beschleunigungsarbeit; kinetische Energie (geradlinige Bewegung) 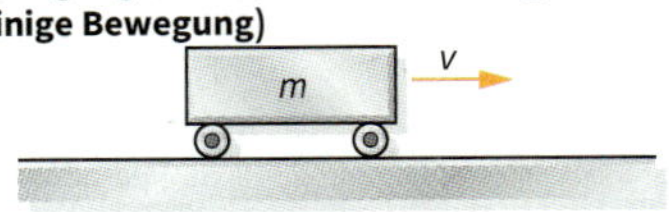	$W_B = \frac{m}{2} \cdot v^2$ $E_{kin} = \frac{m}{2} \cdot v^2$	W_B : Beschleunigungs-arbeit E_{kin}: kinetische Energie m : Masse v : Geschwindigkeit
Beschleunigungsarbeit; kinetische Energie (kreisförmige Bewegung) 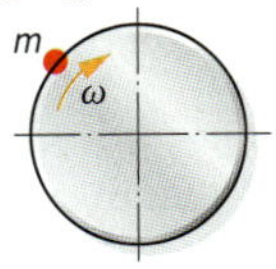	$W_B = \frac{J}{2} \cdot \omega^2$ $E_{kin} = \frac{J}{2} \cdot \omega^2$	W_B : Beschleunigungs-arbeit E_{kin}: kinetische Energie J : Massenmoment 2. Grades ω : Winkel-geschwindigkeit
Federarbeit; Spannenergie 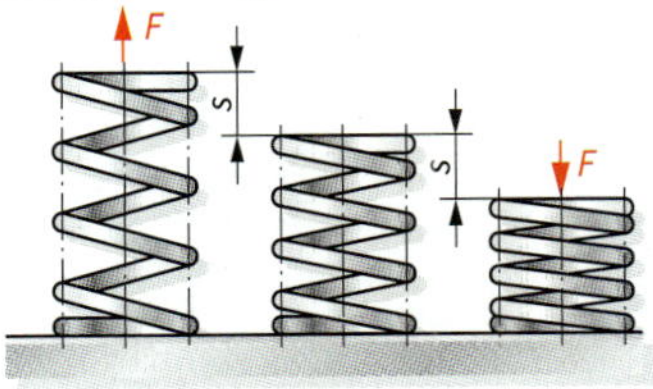	$W_F = \frac{R}{2} \cdot s^2$ $E_s = \frac{R}{2} \cdot s^2$ $R = \frac{F}{s}$ $s = \sqrt{\frac{2 \cdot W_F}{R}}$ $s = \frac{F}{R}$	W_F : Federarbeit E_s : Spannenergie F : Federkraft R : Federrate s : Federweg
Reibungsarbeit; Wärmeenergie 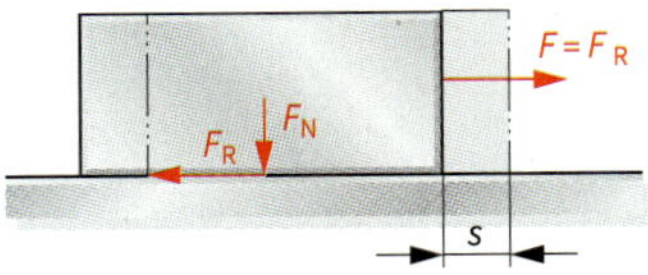	$W_R = F_R \cdot s$ $Q = F_R \cdot s$ $F_R = \mu \cdot F_N$ siehe auch Reibungszahlen	W_R : Reibungsarbeit Q : Wärmeenergie F : Kraft F_R : Reibungskraft F_N : Normalkraft s : Weg μ : Gleitreibungszahl
Wirkungsgrad 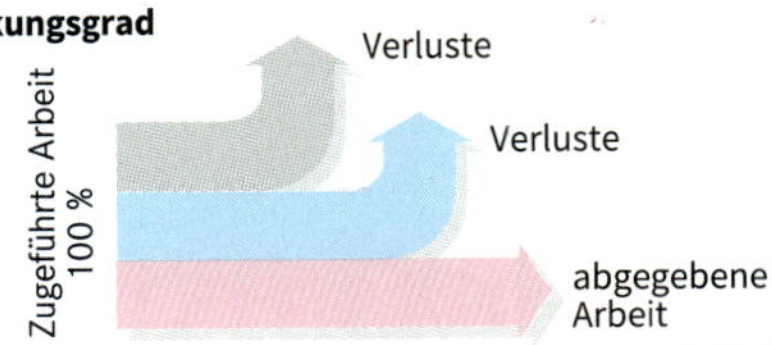	$\eta = \frac{W_{exi}}{W_{ing}} < 1$ $\eta = \eta_1 \cdot \eta_2 \cdot \eta_3 \cdot \ldots$ $W_{exi} = \eta \cdot W_{ing}$ $W_{ing} = \frac{W_{exi}}{\eta}$	η : Wirkungsgrad η_1 : Teilwirkungsgrad W_{exi} : abgegebene Arbeit W_{ing} : zugeführte Arbeit

Leistung (allgemein)

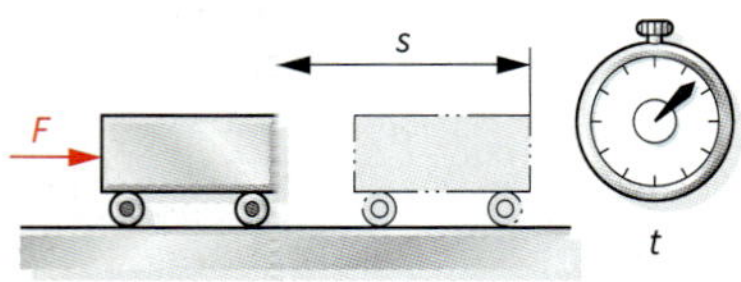

$$P = \frac{W}{t} \qquad P = \frac{F \cdot s}{t} \qquad P = F \cdot v$$

$$F = \frac{P \cdot t}{s} \qquad s = \frac{P \cdot t}{F} \qquad t = \frac{F \cdot s}{P}$$

$$1\,\frac{\text{Nm}}{\text{s}} = 1\,\frac{\text{Ws}}{\text{s}} = 1\,\text{W}$$

P : Leistung
W : Arbeit
s : Weg
t : Zeit
v : Geschwindigkeit

Hubleistung

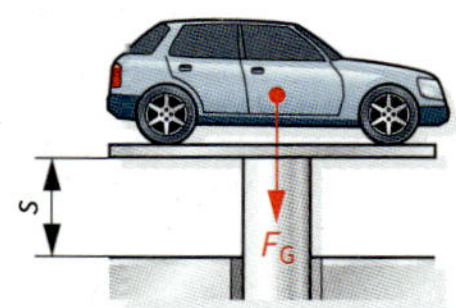

$$P = F_G \cdot v \qquad P = \frac{F_G \cdot s}{t} \qquad P = \frac{m \cdot g \cdot s}{t}$$

$$F_G = \frac{P}{v} \qquad F_G = \frac{P \cdot t}{s} \qquad m = \frac{P \cdot t}{g \cdot s}$$

P : Leistung
F_G : Gewichtskraft
v : Geschwindigkeit
s : Weg
t : Zeit
m : Masse
g : Fallbeschleunigung

Zugleistung

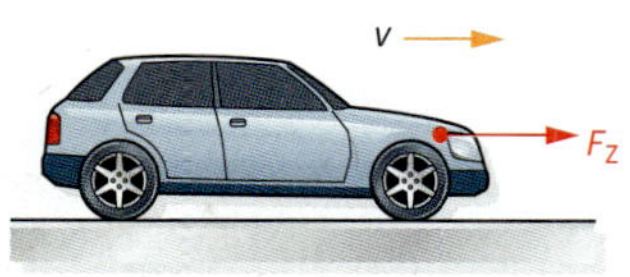

$$P = F_Z \cdot v \qquad P = \frac{F_Z \cdot s}{t}$$

$$F_Z = \frac{P}{v} \qquad v = \frac{P}{F_Z}$$

P : Leistung
F_Z : Zugkraft
v : Geschwindigkeit
s : Weg
t : Zeit

Getriebeleistung

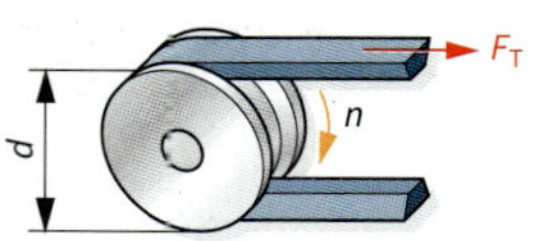

$$P = F_T \cdot v$$
$$P = F_T \cdot d \cdot \pi \cdot n$$
$$P = F_T \cdot 2 \cdot r \cdot \pi \cdot n$$
$$P = M \cdot 2 \cdot \pi \cdot n$$
$$P = M \cdot \omega$$

$$F_T = \frac{P}{2 \cdot r \cdot \pi \cdot n} \qquad n = \frac{P}{F_T \cdot 2 \cdot r \cdot \pi} \qquad M = \frac{P}{\omega}$$

P : Leistung
F_T : Tangentialkraft
v : Geschwindigkeit
d : Durchmesser
r : Radius
n : Umdrehungsfrequenz
M : Kraftmoment
ω : Winkelgeschwindigkeit
π : 3,14159…

Schnittleistung

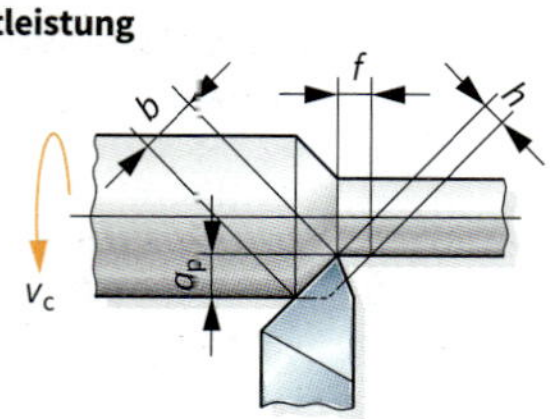

$$P = F_c \cdot v_c$$
$$P = A_c \cdot k_c \cdot v_c$$
$$P = a_p \cdot f \cdot k_c \cdot v_c$$
$$P = b \cdot h \cdot k_c \cdot v_c$$

$$v_c = \frac{P}{A \cdot k_c} \qquad a_p = \frac{P}{f \cdot k_c \cdot v_c} \qquad f = \frac{P}{a_p \cdot k_c \cdot v_c}$$

$$F_c = \frac{P}{v_c}$$

P : Leistung
F_c : Schnittkraft
v_c : Schnittgeschwindigkeit
A : Spanungsquerschnitt
a_p : Schnitttiefe
f : Vorschub
b : Spanungsbreite
h : Spanungsdicke
k_c : spezif. Schnittkraft

Pumpenleistung

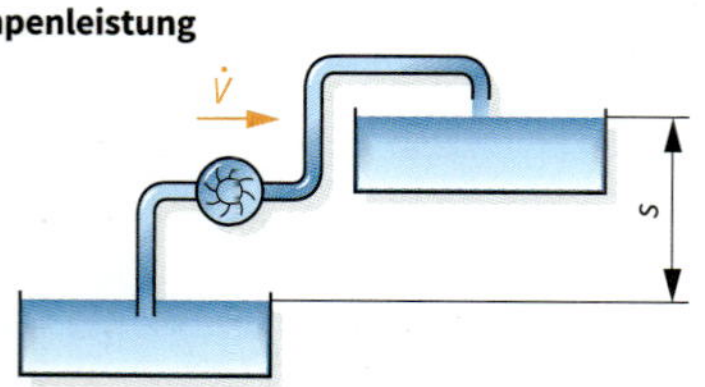

$$P = \dot{V} \cdot \varrho \cdot g \cdot s$$

$$\dot{V} = \frac{P}{\varrho \cdot g \cdot s} \qquad s = \frac{P}{\dot{V} \cdot \varrho \cdot g}$$

P : Leistung
$\dot{V}$: Volumenstrom
ϱ : Dichte
g : Fallbeschleunigung
s : Förderhöhe

Normfallbeschleunigung:
$g_n = 9{,}80665\ \text{m/s}^2$

Wirkungsgrad

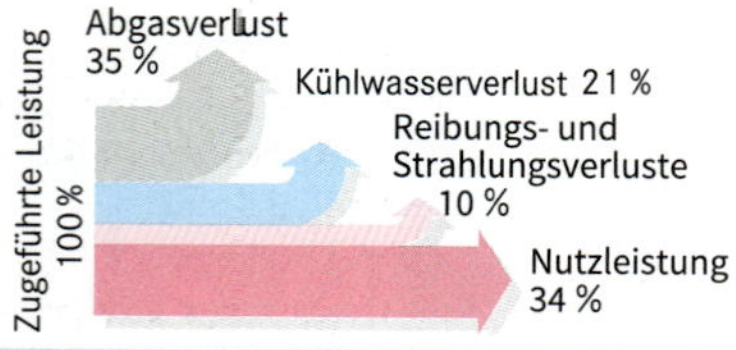

$$\eta = \frac{P_{exi}}{P_{ing}} < 1$$
$$\eta = \eta_1 \cdot \eta_2 \cdot \eta_3 \cdot \ldots$$

$$P_{exi} = \eta \cdot P_{ing} \qquad P_{ing} = \frac{P_{exi}}{\eta}$$

η : Wirkungsgrad
η_1 : Teilwirkungsgrad
P_{exi} : abgegebene Leistung
P_{ing} : zugeführte Leistung

Absoluter Druck, Luftdruck, Überdruck

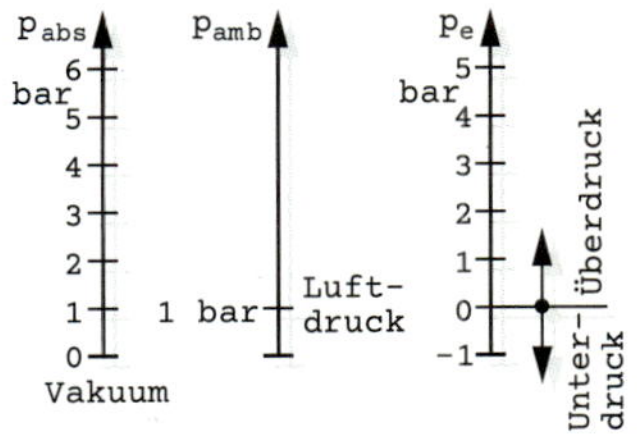

$$p_{abs} = p_{amb} + p_e$$

$$p_e = p_{abs} - p_{amb}$$

$p_{abs} > p_{amb} \Rightarrow$ Überdruck
$p_{abs} < p_{amb} \Rightarrow$ Unterdruck

p_{abs} : absoluter Druck (bezogen auf Vakuum)
p_{amb} : ambienter Druck = Luftdruck = Umgebungsdruck = 1,01325 bar ≈ 1 bar
p_e : Überdruck (Betriebsdruck) = Differenzdruck = atmosphärische Druckdifferenz

Druck

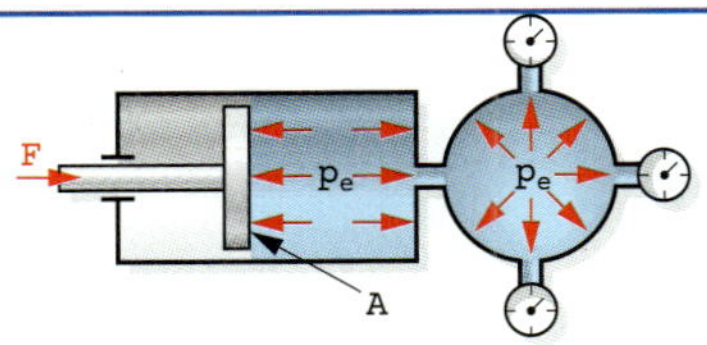

$$p_e = \frac{F}{A}$$

$$F = p_e \cdot A$$

$$A = \frac{F}{p_e}$$

$$1\ \text{Pa} = 1\ \frac{\text{N}}{\text{m}^2}$$

$$1\ \text{Pa} = 10^{-5}\ \text{bar}$$

$$1\ \text{bar} = 10\ \frac{\text{N}}{\text{cm}^2}$$

p_e : Überdruck (Betriebsdruck)
F : Kraft
A : wirksame Kolbenfläche

Hydrostatischer Druck

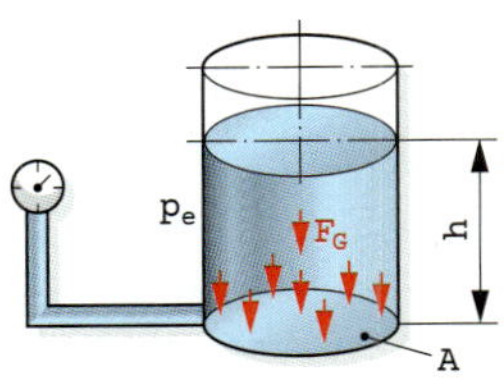

$$p_e = \frac{F_G}{A} \qquad h = \frac{p_e}{\varrho \cdot g}$$

$$p_e = \frac{A \cdot h \cdot \varrho \cdot g}{A} \qquad \varrho = \frac{p_e}{h \cdot g}$$

$$p_e = h \cdot \varrho \cdot g$$

Werte für die Dichte von Flüssigkeiten siehe Stoffwerte

p_e : hydrostatischer Überdruck (= Boden- oder Seitendruck)
F_G : Gewichtskraft
A : Fläche
h : Höhe der Flüssigkeitssäule
ϱ : Dichte der Flüssigkeit
g : Fallbeschleunigung

Auftrieb

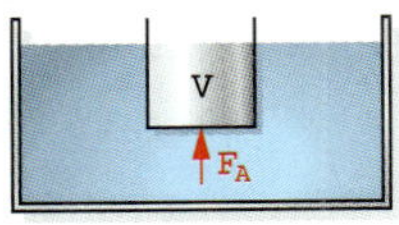

$$F_A = V \cdot \varrho \cdot g$$

Werte für die Dichte von Flüssigkeiten siehe Stoffwerte

F_A : Auftriebskraft
V : eingetauchtes (verdrängtes) Volumen
ϱ : Dichte der Flüssigkeit
g : Fallbeschleunigung

Zustandsänderung von Gasen

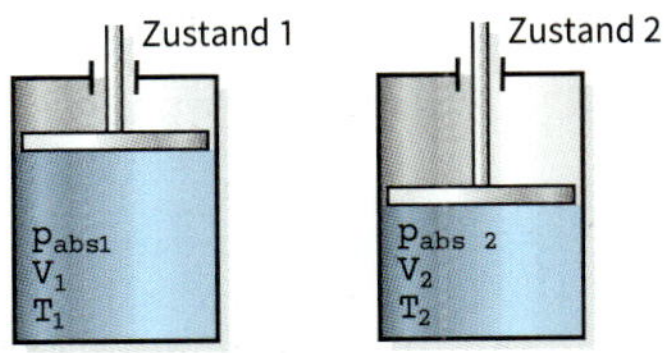

Allgemeine Gasgleichung:

$$\frac{p_{abs1} \cdot V_1}{T_1} = \frac{p_{abs2} \cdot V_2}{T_2} = \ldots = \frac{p_{absn} \cdot V_n}{T_n}$$

Gesetz von Boyle-Mariotte (T = konstant):

$$p_{abs1} \cdot V_1 = p_{abs2} \cdot V_2 = \ldots = p_{absn} \cdot V_n = \text{konstant}$$

p_{abs} : absoluter Druck
V : Volumen
T : Kelvin-Temperatur

Hydraulische Presse

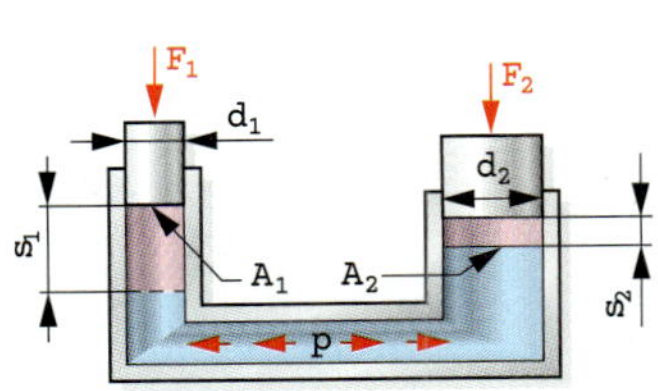

$$\frac{F_1}{F_2} = \frac{A_1}{A_2}$$

$$\frac{F_1}{F_2} = \frac{(d_1)^2}{(d_2)^2}$$

$$\frac{F_1}{F_2} = \frac{s_2}{s_1}$$

$$i = \frac{F_1}{F_2} = \frac{A_1}{A_2} = \frac{s_2}{s_1}$$

F_1 : Kolbenkraft 1
F_2 : Kolbenkraft 2
A_1 : Kolbenfläche 1
A_2 : Kolbenfläche 2
d_1 : Kolbendurchmesser 1
d_2 : Kolbendurchmesser 2
s_1 : Weg des Kolbens 1
s_2 : Weg des Kolbens 2
i : Übersetzungsverhältnis

Druck in Flüssigkeiten und Gasen (Fluidtechnik)
Pressure within fluids and gases (fluid technology)

Kolbenkraft; Kolbengeschwindigkeit

Ausfahren

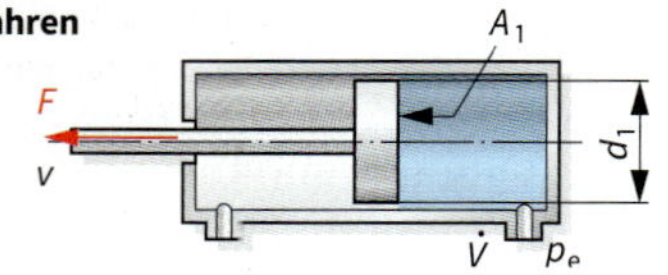

Einfahren

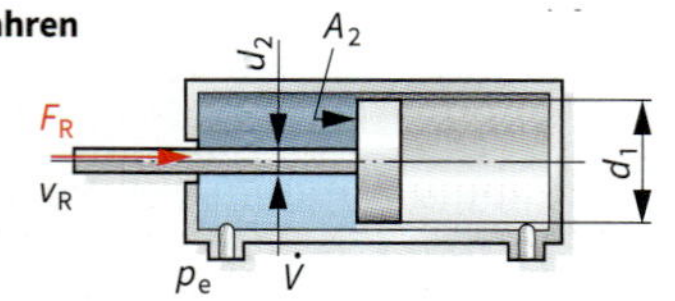

$$F = p_e \cdot A_1 \cdot \eta$$

$$v = \frac{\dot{V}}{A_1}$$

$$A_1 = \frac{d_1^2 \cdot \pi}{4}$$

$$F_R = p_e \cdot A_2 \cdot \eta$$

$$v_R = \frac{\dot{V}}{A_2}$$

$$A_2 = \frac{(d_1^2 - d_2^2) \cdot \pi}{4}$$

- F : Kolbenkraft
- F_R : Rückzugkraft
- p_e : Überdruck (Betriebsdruck)
- A_1; A_2 : wirksame Kolbenflächen
- d_1 : Kolbendurchmesser
- v : Kolbengeschwindigkeit
- v_R : Rückzuggeschwindigkeit
- d_2 : Kolbenstangendurchmesser
- η : Wirkungsgrad
- $\dot{V}$: Volumenstrom[1]

Druckübersetzung

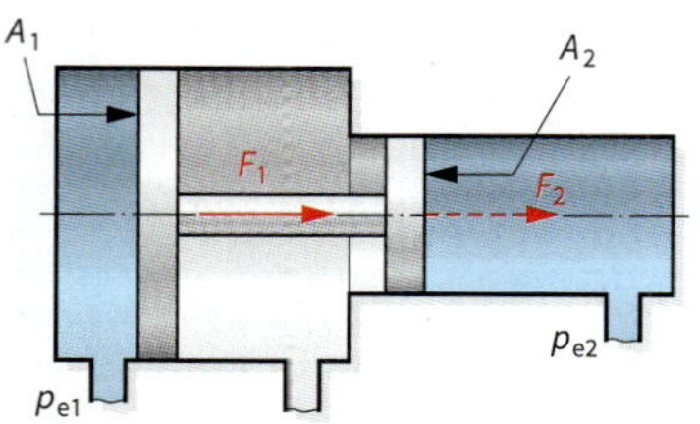

$$p_{e1} \cdot A_1 \cdot \eta = p_{e2} \cdot A_2$$

$$p_{e2} = \frac{p_{e1} \cdot A_1 \cdot \eta}{A_2}$$

$$i = \frac{p_{e1}}{p_{e2}} = \frac{A_2}{A_1}$$

- p_e : Überdruck (Betriebsdruck)
- A_1; A_2 : wirksame Kolbenflächen
- F : Kolbenkraft
- i : Übersetzungsverhältnis
- η : Wirkungsgrad

Hydraulische Leistung

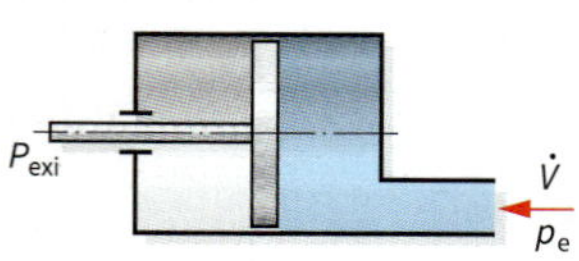

$$P_{exi} = P_{ing} \cdot \eta$$

$$P_{exi} = \dot{V} \cdot p_e \cdot \eta$$

- P_{exi} : Ausgangsleistung
- P_{ing} : Eingangsleistung
- η : Wirkungsgrad
- p_e : Überdruck (Betriebsdruck)
- $\dot{V}$: Volumenstrom[1]

Strömende Flüssigkeiten

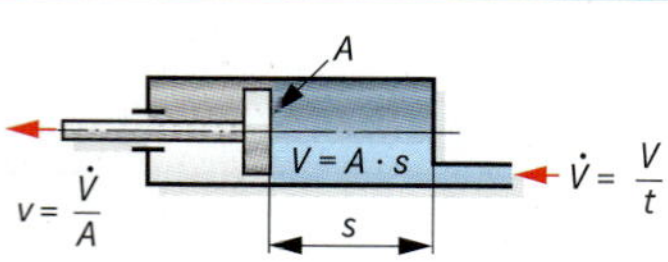

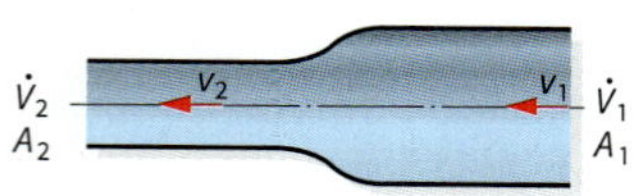

$$\dot{V} = \frac{V}{t} \qquad v = \frac{\dot{V}}{A}$$

$$\dot{V} = \frac{A \cdot s}{t} \qquad \dot{V} = A \cdot v$$

Kontinuitätsgleichung:

$$\dot{V}_1 = \dot{V}_2$$

$$A_1 \cdot v_1 = A_2 \cdot v_2$$

- $\dot{V}$: Volumenstrom[1]
- V : Volumen
- A : wirksame Kolbenfläche
- t : Zeit
- s : Kolbenweg
- V : Kolbengeschwindigkeit
- $\dot{V}_1$; $\dot{V}_2$: Volumenströme[1]
- v_1; v_2 : Strömungsgeschwindigkeiten
- A_1; A_2 : Rohrquerschnitte

Luftverbrauch

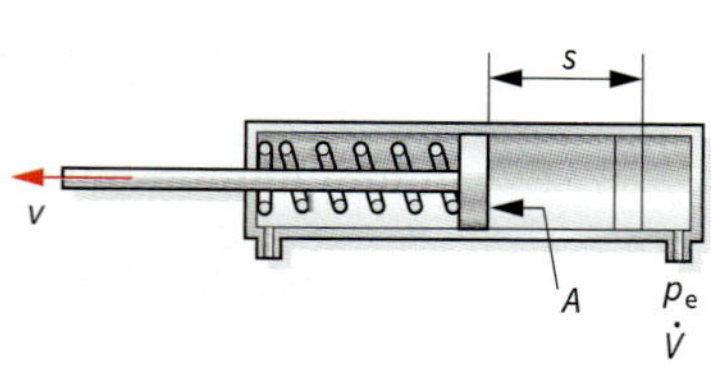

$$\dot{V} = \frac{A \cdot s \cdot (p_e + p_{amb})}{t \cdot p_{amb}}$$

$$\dot{V} = \frac{V \cdot (p_e + p_{amb})}{t \cdot p_{amb}}$$

$$\dot{V} = V \cdot n \cdot \frac{p_e + p_{amb}}{p_{amb}}$$

- $\dot{V}$: Luftverbrauch[1]
- A : Kolbenfläche
- s : Kolbenhub
- t : Zeit
- p_e : Überdruck (Betriebsdruck)
- p_{amb} : Luftdruck
- V : Hubvolumen
- n : Hubfrequenz
- v : Geschwindigkeit

[1] Formelzeichen nach D N 1304-1; ersatzweise auch Q

Temperaturskalen

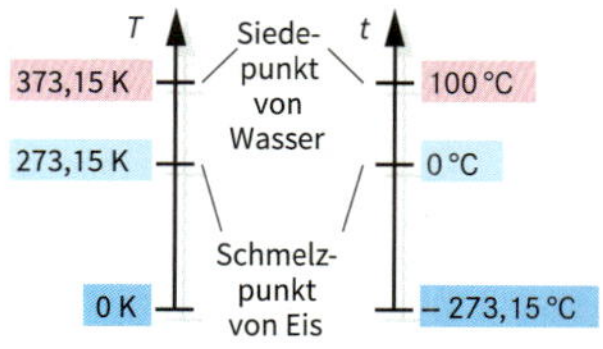

$$T = t + 273{,}15\ °\text{C}$$

$$t = T - 273{,}15\ \text{K}$$

0 K = – 273,15 °C (= absoluter Nullpunkt)

273,15 K = 0 °C
373,15 K = 100 °C

T : Kelvin-Temperatur (thermodynamische Temperatur)
t : Celsius-Temperatur

Längenänderung

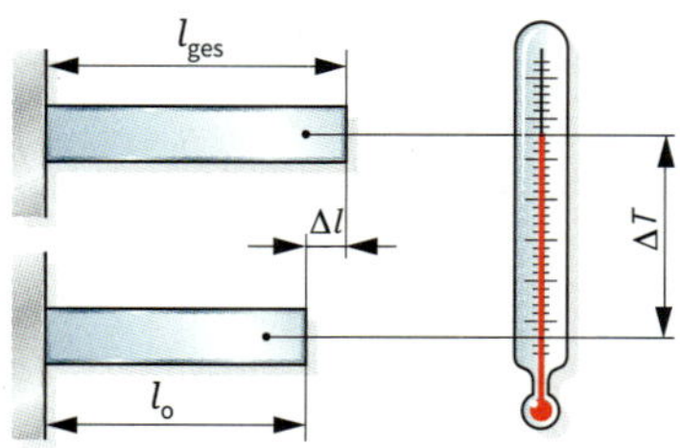

$$\Delta l = l_0 \cdot \alpha \cdot \Delta T$$

$$l_{ges} = l_0 + \Delta l$$

$$l_{ges} = l_0 \cdot (1 + \alpha \cdot \Delta T)$$

Erwärmung: $\Delta T > 0$ Abkühlung: $\Delta T < 0$

Werte für Längenausdehnungskoeffizienten s. Stoffwerte

l_0 : Anfangslänge
l_{ges} : Endlänge
Δl : Längenänderung
α : Längenausdehnungskoeffizient
ΔT : Temperaturdifferenz

Volumenänderung

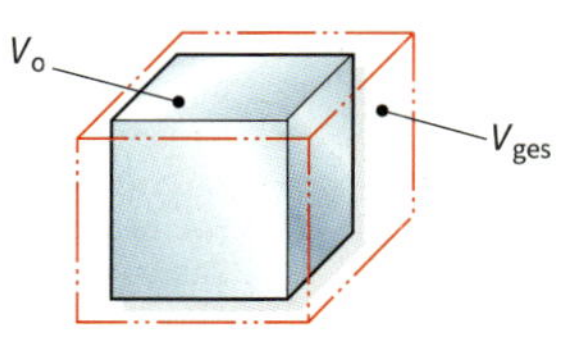

$$\Delta V = V_0 \cdot \gamma \cdot \Delta T$$

$$V_{ges} = V_0 + \Delta V$$

$$V_{ges} = V_0 \cdot (1 + \gamma \cdot \Delta T)$$

$\gamma \approx 3 \cdot \alpha$ (für feste Stoffe)

Erwärmung: $\Delta T > 0$ Abkühlung: $\Delta T < 0$

V_0 : Anfangsvolumen
V_{ges} : Endvolumen
ΔV : Volumenänderung
ΔT : Temperaturdifferenz
γ : Volumenausdehnungskoeffizient
α : Längenausdehnungskoeffizient

Schwindung

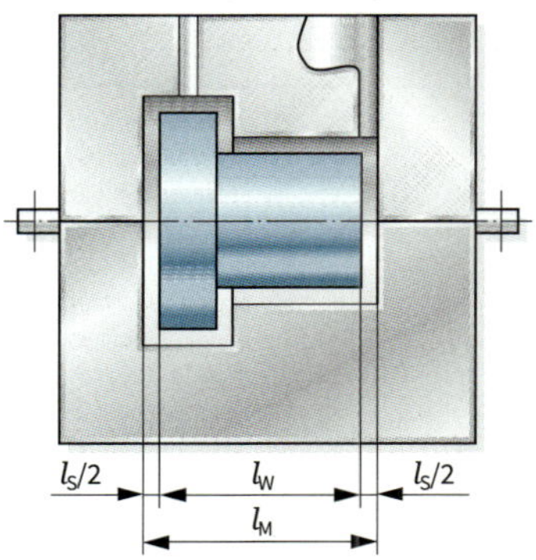

$$l_W = l_M - l_s$$

$$l_s = \frac{l_M \cdot S}{100\ \%}$$

$$l_M = \frac{l_W \cdot 100\ \%}{100\ \% - S}$$

l_M : Modelllänge
l_W : Werkstücklänge
l_s : Schwindung
S : Schwindmaß

Wärmemenge

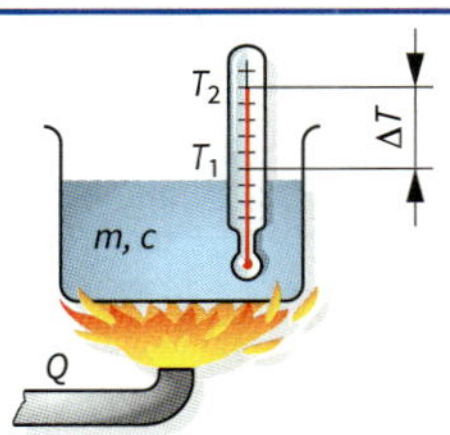

$$Q = m \cdot c \cdot \Delta T$$

$$m = \frac{Q}{c \cdot \Delta T} \qquad \Delta T = \frac{Q}{m \cdot c}$$

Werte für spezifische Wärmekapazität s. Stoffwerte

Q : Wärmemenge
m : Masse
c : spezifische Wärmekapazität
ΔT : Temperaturdifferenz

Schmelz- und Verdampfungswärmemenge

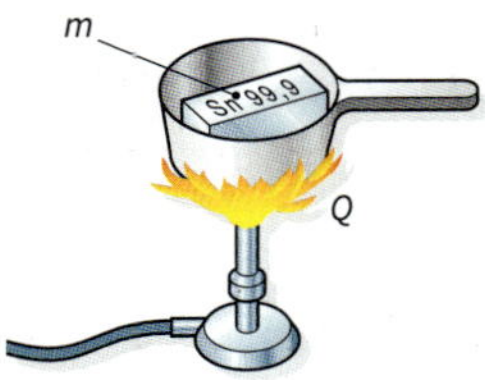

Schmelzen: $Q_s = m \cdot q$

Verdampfen: $Q_v = m \cdot r$

Werte für spezifische Schmelzwärme s. Stoffwerte

- Q_s : Schmelzwärmemenge
- Q_v : Verdampfungswärmemenge
- m : Masse
- q : spezifische Schmelzwärme
- r : spezifische Verdampfungswärme

Verbrennungswärmemenge

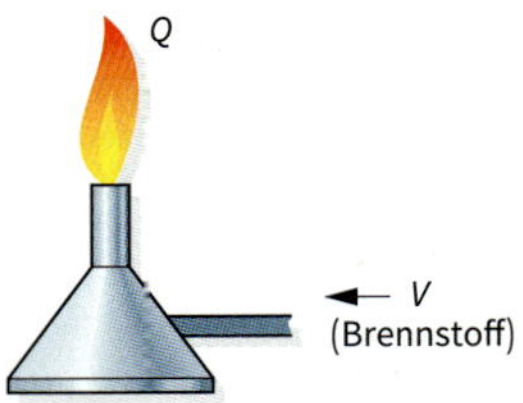

Feste und flüssige Brennstoffe:

$$Q = m \cdot H$$

Gasförmige Brennstoffe:

$$Q = V \cdot H$$

- Q : Verbrennungswärmemenge
- m : Masse
- H : spezifischer Heizwert
- V : Volumen

Wärmemenge aus elektrischer Arbeit

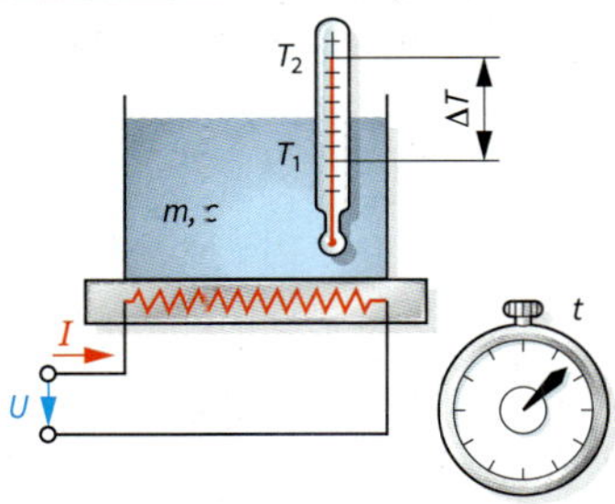

$$Q = W$$

$$m \cdot c \cdot \Delta T = P \cdot t \cdot \eta$$

$$m \cdot c \cdot \Delta T = U \cdot I \cdot t \cdot \eta$$

Werte für spezifische Wärmekapazität s. Stoffwerte

- W : elektrische Arbeit
- Q : Wärmemenge
- P : elektrische Leistung
- t : Aufheizzeit
- m : Masse
- c : spez. Wärmekapazität
- ΔT : Temperaturdifferenz
- U : Spannung
- I : Stromstärke
- η : Wirkungsgrad

Wärmemengenaustausch

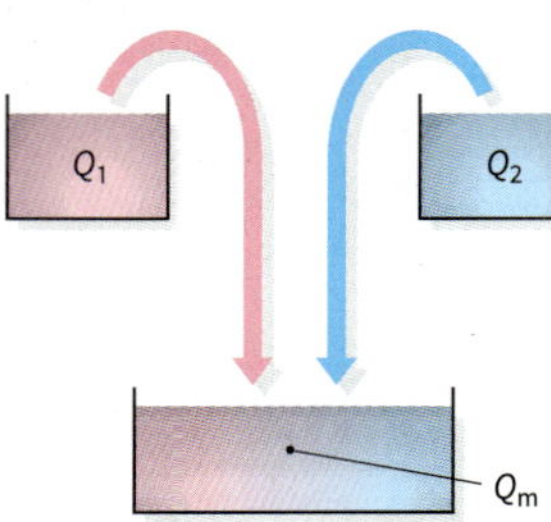

$$Q_m = Q_1 + Q_2$$

Stoffe unterschiedlicher Wärmekapazität:

$$(m_1 \cdot c_1 + m_2 \cdot c_2) \cdot T_m = m_1 \cdot c_1 \cdot T_1 + m_2 \cdot c_2 \cdot T_2$$

$$T_m = \frac{m_1 \cdot c_1 \cdot T_1 + m_2 \cdot c_2 \cdot T_2}{m_1 \cdot c_1 + m_2 \cdot c_2}$$

Stoffe gleicher Wärmekapazität:

$$T_m = \frac{m_1 \cdot T_1 + m_2 \cdot T_2}{m_1 + m_2}$$

- Q_1 : Wärmemenge 1
- Q_2 : Wärmemenge 2
- Q_m : Mischungswärmemenge
- m_1 : Masse 1
- m_2 : Masse 2
- c_1 : spez. Wärmekapazität 1
- c_2 : spez. Wärmekapazität 2
- T_1 : Temperatur 1
- T_2 : Temperatur 2
- T_m : Mischungstemperatur

Wärmestrom

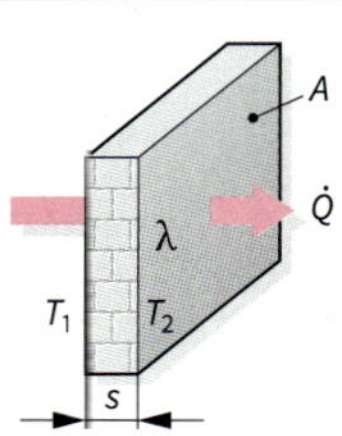

$$Q = \frac{A \cdot \lambda \cdot (T_1 - T_2)}{s}$$

$$\frac{\lambda}{s} = k$$

$$\dot{Q} = A \cdot k \cdot \Delta T$$

- $\dot{Q}$: Wärmestrom
- A : Fläche
- s : Wanddicke
- ΔT : Temperaturdifferenz
- λ : Wärmeleitzahl (Wärmeleitfähigkeit)
- k : Wärmedurchgangszahl

Stoffeinteilung

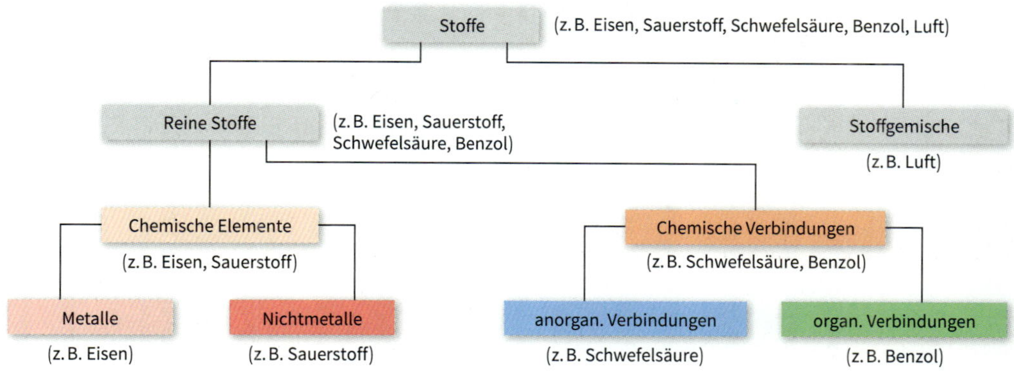

Atomaufbau

Atomkern		Atomhülle
Protonen	Neutronen	Elektronen
■ Elektrisch positive Masseteilchen ■ Die Protonen bestimmen den Charakter des Elements. ■ Protonenzahl = Kernladungszahl = Ordnungszahl	■ Elektrisch neutrale Masseteilchen ■ Die Neutronenzahl kann für die Atomkerne des gleichen Elements unterschiedlich sein (Isotope).	■ Elektrisch negative Masseteilchen ■ Bei einem neutralen Atom ist die Protonenzahl gleich der Elektronenzahl.

Atomteilchen

Name	Ladung *e* in As	Masse *m* in g
Elektron	$-1{,}602 \cdot 10^{-19}$	$9{,}1089 \cdot 10^{-28}$
Neutron	0	$1{,}6748 \cdot 10^{-24}$
Proton	$+1{,}602 \cdot 10^{-19}$	$1{,}6725 \cdot 10^{-24}$
Schalen	**Elektronen**	**Bezeichnung**
K	2	1 s
L	2, 6	2 s, 2 p
M	2, 6, 10	3 s, 3 p, 3 d
N	2, 6, 10, 14	4 s, 4 p, 4 d, 4 f

Atommodell

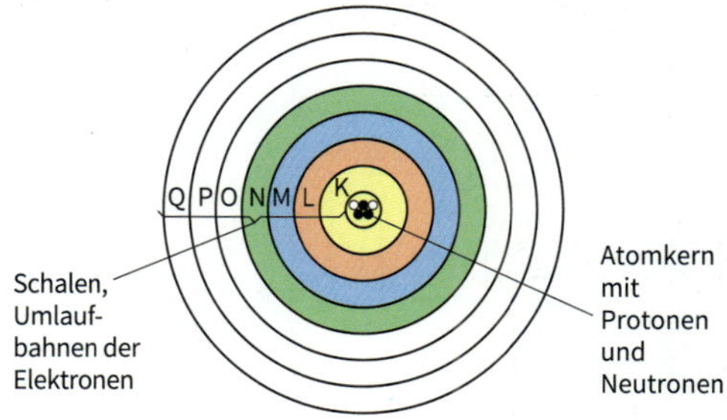

Relative Atommasse *A*

$$A = \frac{\text{Masse des neutralen Atoms}}{\frac{1}{12}\text{ der Masse des Kohlenstoffsatoms }^{12}\text{C}}$$

Eine relative Masseneinheit beträgt $1{,}6605 \cdot 10^{-27}$ kg.

Atomsymbole und ihre Schreibweise

	Chlormolekül	Chlorid-Ion	Wasserstoffmolekül	Natriumchloridmolekül
ohne Angabe der Ionenladung	Cl_2		H_2	NaCl
mit Angabe der Ionenladung		$2\,Cl^-$	$2H^-$	$(Na^+\,Cl^-)$

Beispiel:

A = Z + N
(N: Neutronenzahl)

Nukleonenzahl A — $^{12}_{6}C$ — Protonenzahl Z (Ordnungszahl)

Ca^{2+} — Ionenladung

O_2 — Stöchiometrischer Index

Oxidationszahlen: $C^{IV}(Cl^{-I})_4$; $\overset{6+2-}{Na_2[SO_4]}$

Periodensystem der Elemente
Periodic table of the elements

Periode (Schale) / Gruppe*	1 (Ia)	2 (IIa)	3 (IIIb)	4 (IVb)	5 (Vb)	6 (VIb)	7 (VIIb)	8 (VIII)	9 (VIII)	10 (VIII)	11 (Ib)	12 (IIb)	13 (IIIa)	14 (IVa)	15 (Va)	16 (VIa)	17 (VIIa)	18 (VIIIa)
1 (K)	1 H Wasserstoff −252,9 0,0899																	2 He Helium −268,9 0,1785
2 (L)	3 Li Lithium 180,5 0,534	4 Be Beryllium 1278 1,848											5 B Bor 2300 2,46	6 C Kohlenstoff 3550 2,26	7 N Stickstoff −195,8 1,2506	8 O Sauerstoff −182,96 1,429	9 F Fluor −188,1 1,696	10 Ne Neon −246,1 0,899
3 (M)	11 Na Natrium 97,8 0,971	12 Mg Magnesium 648,8 1,738											13 Al Aluminium 660,5 2,699	14 Si Silicium 1410 2,33	15 P Phosphor 44 1,82	16 S Schwefel 113 2,07	17 Cl Chlor −34,6 3,214	18 Ar Argon −189,4 1,784
4 (N)	19 K Kalium 63,7 0,862	20 Ca Calcium 839 1,55	21 Sc Scandium 1539 2,989	22 Ti Titan 1660 4,51	23 V Vanadium 1890 6,09	24 Cr Chrom 1857 7,19	25 Mn Mangan 1246 7,43	26 Fe Eisen 1535 7,87	27 Co Cobalt 1495 8,89	28 Ni Nickel 1453 8,91	29 Cu Kupfer 1083,5 8,96	30 Zn Zink 419,6 7,14	31 Ga Gallium 29,8 5,904	32 Ge Germanium 937,4 5,323	33 As Arsen 613 5,72	34 Se Selen 217 4,82	35 Br Brom 58,8 3,14	36 Kr Krypton −152,3 3,749
5 (O)	37 Rb Rubidium 39 1,532	38 Sr Strontium 769 2,63	39 Y Yttrium 1523 4,469	40 Zr Zirconium 1855 6,506	41 Nb Niob 2468 8,57	42 Mo Molybdän 2617 10,28	43 Tc Technetium 2172 11,5	44 Ru Ruthenium 2310 12,45	45 Rh Rhodium 1966 12,41	46 Pd Palladium 1552 12,02	47 Ag Silber 961,9 10,5	48 Cd Cadmium 321 8,642	49 In Indium 156,6 7,31	50 Sn Zinn 232 7,29	51 Sb Antimon 630,7 6,691	52 Te Tellur 449,6 6,24	53 I Iod 113,5 4,94	54 Xe Xenon −107 5,897
6 (P)	55 Cs Cäsium 28,4 1,873	56 Ba Barium 725 3,65	57…71	72 Hf Hafnium 2150 13,31	73 Ta Tantal 2996 16,654	74 W Wolfram 3407 19,26	75 Re Rhenium 3180 21,20	76 Os Osmium 3045 22,61	77 Ir Iridium 2410 22,56	78 Pt Platin 1772 21,45	79 Au Gold 1064,4 19,32	80 Hg Quecksilber 356,6 13,546	81 Tl Thallium 1457 11,85	82 Pb Blei 327,5 11,34	83 Bi Bismut 271,4 9,80	84 Po Polonium 254 9,20	85 At Astat 302 k. A.	86 Rn Radon −61,8 9,73
7 (Q)	87 Fr Francium 27 k. A.	88 Ra Radium 700 5,50	89…103	104 Rf Rutherfordium 261,109 k. A.	105 Db Dubnium 262,114 k. A.	106 Sg Seaborgium 263,118 k. A.	107 Bh Bohrium 262,123 k. A.	108 Hs Hassium 265 k. A.	109 Mt Meitnerium 266 k. A.	110 Ds Darmstadtium 269 k. A.	111 Rg Roentgenium 272 k. A.	112 Cn Copernicium 285 k. A.	113 Nh Nihonium 284 k. A.	114 Fl Flerovium 289 k. A.	115 Mc Moscovium 288 k. A.	116 Lv Livermorium 292 k. A.	117 Ts Tennessine k. A. k. A.	118 Og Oganesson k. A. k. A.

Periode (Schale)																
6 (P)	Lanthanoide 57…71 57…71	57 La Lanthan 920 6,145	58 Ce Cer 798 6,77	59 Pr Praseodym 931 6,773	60 Nd Neodym 1010 7,008	61 Pm Promethium 1080 7,264	62 Sm Samarium 1072 7,52	63 Eu Europium 822 5,26	64 Gd Gadolinium 1311 7,89	65 Tb Terbium 1360 8,23	66 Dy Dysprosium 1409 8,56	67 Ho Holmium 1470 8,795	68 Er Erbium 1522 9,066	69 Tm Thulium 1545 9,321	70 Yb Ytterbium 824 6,966	71 Lu Lutetium 1656 9,841
7 (Q)	Actinoide 89…103 89…103	89 Ac Actinium 1047 10,07	90 Th Thorium 1750 11,72	91 Pa Protactinium 1554 15,37	92 U Uran 1132,4 18,95	93 Np Neptunium 640 20,45	94 Pu Plutonium 641 19,84	95 Am Americium 994 13,67	96 Cm Curium 1340 13,51	97 Bk Berkelium 986 13,25	98 Cf Californium 900 15,10	99 Es Einsteinium 860 k. A.	100 Fm Fermium 1526 k. A.	101 Md Mendelevium 827 k. A.	102 No Nobelium 827 k. A.	103 Lr Lawrencium 1627 k. A.

Legende (Beispiel: 26 Fe, Eisen, 1535, 7,86):

- Ordnungszahl
- Elementsymbol
- Kristallstruktur
- Gruppierung
- Elementname
- Schmelzpunkt (feste Elemente)
- Siedepunkt (flüssige/gasförmige Elemente)
- Dichte: feste/flüssige Elemente in kg/dm³; gasförmige Elemente in kg/m³

Fe festes Element
Hg flüssiges Element
O gasförmiges Element
U natürliches, radioaktives Element
Rf künstliches, radioaktives Element
Uub* vorläufiges Symbol

Kristallstruktur: amorph · kubisch-flächenzentriert · monoklin · rhomboedrisch · hexagonal · kubisch-raumzentriert · orthorhombisch · tetragonal

Gruppierung: Nichtmetall · Leichtmetall · Edelmetall · Halbmetall · Schwermetall · Edelgas

* IUPAC-Empfehlung (www.iupac.org)
herkömmliche Gruppenbezeichn.
k. A.: keine Angabe

Gasförmige Stoffe (20 °C; 1,013 bar)

Stoff	Kurzzeichen	Dichte bei 0 °C ϱ kg/m³	Schmelzpunkt t_{Fl} °C	Siedepunkt t_G °C	Spezif. Wärmekapazität c p = const. J/(kg · K)	Spezif. Wärmekapazität c V = const. J/(kg · K)	Löslichkeit bei 20 °C in H_2O g/l	Wärmeleitfähigkeit λ W/(m · K)
Acetylen	C_2H_2	1,17	– 80,8	– 84	1683	1330	1,03	0,021
Ammoniak	NH_3	0,771	– 77,7	– 33,4	2160	1560	541	0,024
Butan	C_4H_{10}	2,70	–135	– 0,5	–	–	–	0,016
Frigen	CF_2CL_2	5,51	–140	– 30	–	–	–	0,010
Kohlenmonoxid	CO	1,250	–205	–191,55	1042	750	0,029	0,025
Kohlendioxid	CO_2	1,977	– 56,6[1)]	– 78,5	837	630	1,73	0,016
Luft	–	1,29	–220	–191,4	1005	716	0,019	0,026
Methan	CH_4	0,72	–182,5	–161,5	2219	1680	0,024	0,033
Propan	C_3H_8	2,01	–185,3	– 47,7	1595	1240	–	0,017
Sauerstoff	O_2	1,429	–218,8	–182,9	917	650	0,044	0,026
Schwefeldioxid	SO_2	2,93	– 73	– 10	1779	1483	1,56	0,029
Stickstoff	N_2	1,251	–210	–195,8	1038	740	0,019	0,026
Wasserstoff	H_2	0,0899	–259,2	–252,8	14320	10100	0,002	0,183

1) bei 5,3 bar; Sublimationspunkt

Flüssige Stoffe (20 °C; 1,013 bar)

Stoff	Kurzzeichen	Dichte ϱ kg/dm³	Schmelzpunkt t_{Fl} °C	Siedepunkt t_G °C	Zündtemperatur °C	Spezif. Wärmekapazität c J/(kg · K)	Volumenausdehnungskoeffizient K⁻¹	Wärmeleitfähigkeit λ W/(m · K)
Alkohol (Ethanol)	C_2H_5OH	0,79	–114	78	–	2340	0,0011	0,13
Äther	$(C_2H_5)_2O$	0,71	–116	35	170	2280	0,0016	0,13
Benzin	–	0,68…0,75	–30…–50	40…200	220	2020	0,0010	0,13
Benzol	C_6H_6	0,88	5,5	80,1	250	1725	0,0012	0,15
Dieselkraftstoff	–	0,8…0,85	<– 30	150…350	220	2050	0,00095	0,15
Glycerin	$C_3H_5(OH)_3$	1,26	– 19	290	520	2390	0,0005	0,29
Heizöl	–	≈ 0,82	– 10	> 170	220	2070	0,00095	0,14
Maschinenöl	–	0,91	– 20	380…400	400	2090	0,00093	0,14
Petroleum	–	0,81	– 70	150…300	550	2150	0,0010	0,13
Spiritus (95 %)	C_2H_5OH	0,82	–114	78	520	2430	0,0011	0,17
Wasser (destill.)	H_2O	1,00[1)]	0	100	–	4182	0,0002027	0,06

Feste Stoffe (20 °C; 1,013 bar)

Stoff	Kurzzeichen	Dichte ϱ kg/dm³	Schmelzpunkt/-bereich t_{Fl} °C	Siedepunkt t_G °C	Spezif. Schmelzwärme t_G kJ/kg	Spezif. Wärmekapazität q J/(kg · K)	Längenausdehnungskoeffizient α K⁻¹	Wärmeleitfähigkeit λ W/(m · K)
Aluminiumoxid	Al_2O_3	4,0	2050	2700	263	764	0,0000065	12…23
Al-Legierung	AlCu4MgSi	2,8	530…650			960	0,000023	180
	AlSi1MgMn	2,7	600…645			920	0,000023	175
Asbest	–	2,1…2,8	≈ 1300	–	–	810	–	–
Beton	–	1,8…2,2	–	–	–	880	0,0001	1
Cu-Legierung	CuAl10Fe5Ni5	7,4…7,7	≈ 1040	≈ 2300		440	0,000016	61
	CuNi25		≈ 1260	≈ 2400		410	0,0000152	23
	CuSn6	7,4…8,9	≈ 900	≈ 2300		380	0,0000175	46
	CuZn30	8,4…8,7	≈ 900	≈ 2300	167	390	0,0000185	105
Eis	–	0,92	0	100	332	2090	0,00005	2,3
Fette	–	0,93	30…180	≈ 300	–	–	–	0,21
Gips	$CaSO_4$	2,3	1200	–	–	–	–	0,45
Glas	–	2,4…2,7	≈ 700	–		850	0,000005	0,81
Grafit	–	2,2	≈ 3800	≈ 4200	–	710	0,000008	168
Gusseisen	EN-GJL200	7,25	1150…1250	≈ 2500	125	540	0,0000105	50
Hartmetall	HW-P20	11,9	> 2000	≈ 4000		800	0,000060	81
Konstantan	CuNi44	8,9	1280	≈ 2600	–	410	0,000014	23
Korund	Al_2O_3	4,0	2050	2700	263	764	0,0000065	12…23
Mg-Legierung	MgAl6Zn	1,8	≈ 630	≈ 1500		1017	0,000024	65
Polystyrol	PS	1,05	–	–		1300	0,000070	0,13…0,16
Polyvinylchlorid	PVC	1,35	–	–	165	1500	0,000080	0,16…0,17
Porzellan	–	2,3…2,5	1600	–		880	0,000004	1,6
Quarz	SiO_2	2,1…2,6	1480	2230		745	0,000008	9,9
Siliziumkarbid	SiC	2,4	über 3000 °C Zerfall in C und Si		158	678	0,000008	9
Stahl, unlegiert	C22	7,85	1510	≈ 2500	205	490	0,000011	48…58
Stahl, niedrigleg.	16MnCr5	7,85	1490	≈ 2500	192	460	0,0000111	25
Stahl, hochleg.	X210CrW12	7,9	1450	≈ 2500	213	510	0,0000167	21

1) bei 4 °C

Stoffwerte von chemisch reinen Elementen (20 °C und 1,013 · 10^5 Pa)

Physical characteristics of pure chemical elements

Name	Kurzzeichen	Ordnungszahl	Elektrische Leitfähigkeit $\varkappa$ in $\frac{MS}{m}$	Temperaturkoeffizient α_{20} in $\frac{10^{-3}}{K}$	Spez. Wärmekapazität c in $\frac{kJ}{kg \cdot K}$	Dichte ϱ in $\frac{kg}{dm^3}$ Gas: $\frac{mg}{cm^3}$	Schmelzpunkt ϑ_{Fl} in °C	Siedepunkt ϑ_G in °C	Spez. Schmelzwärme q in $\frac{kJ}{kg}$	Längenausdehnungskoeffizient α in $\frac{10^{-6}}{K}$
Aluminium	Al	13	37,8[1]	4,7[1]	0,899	2,7	660	2270	398	23,9
Antimon	Sb	51	2,59	6,4	0,210	6,69	630,5	1640	163	10,8
Argon	Ar	18	–	–	–	1,78	–189	–186	–	–
Arsen	As	33	–	4,7	0,350	5,73	618	sublimiert	–	10,8
Barium	Ba	56	2,78	6,5	0,277	3,8	710	1696	–	19
Beryllium	Be	4	31,2	9,0	1,885	1,85	12,83	1870	–	12,3
Bismut	Vi	83	0,91	4,5	0,126	9,8	271	1560	54	13,5
Blei	Pb	82	4,77	4,2	0,130	11,34	327	1750	25	29
Bor (bei 0°C)	B	5	0,91	–	0,960	1,7…2,3	2300	2500	–	8
Brom (bei 18°C)	Br	35	–	–	–	3,19	–7,3	59	–	1150
Cadmium	Cd	48	13,7	4,2	0,230	8,64	321	767	54	29,4
Calcium	Ca	20	–	–	0,630	1,55	850	1439	329	–
Chlor	Cl	17	–	–	–	3,214	–	–34,1	–	–
Chrom	Cr	24	6,76	5,9	0,460	7,1	1900	2300	314	8,5
Cobalt	Co	27	17,8	5,9	0,437	8,9	1490	3200	243	15
Eisen	Fe	26	10	4,6	0,466	7,87	1535	2880	268	11
Fluor	F	9	–	–	–	1,69	–218	–188	–	–
Gallium	Ga	31	2,5	4,0	–	5,91	29,75	2400	–	18
Germanium	Ge	32	0,0011	1,4	0,310	5,32	938	2700	409	6
Gold	Au	79	47,6	4,0	0,130	19,3	1063	2700	63	14,3
Helium	He	2	–	–	5,230	0,18	–272	–268,9	–	–
Indium	In	49	–	–	–	7,3	155	2000	238	44
Iridium	Ir	77	20,4	4,1	–	22,65	2454	>4800	–	–
Jod	J	53	–	–	0,220	4,94	113,7	184,5	62	–
Kalium	K	19	15,9	5,7	0,750	0,86	63,5	776	58	84
Kohlenstoff	C	6	0,015	–	0,500	3,51	–	–	–	–
Krypton	Kr	36	–	–	–	3,74	–157,2	–152,9	–	–
Kupfer	Cu	29	58[2]	4,3[2]	0,390	8,93	1083	2390	205	16,8
Lithium	Li	3	11,7	4,9	–	0,53	180	1340	669,9	58
Magnesium	Mg	12	23,3	4,1	0,924	1,74	650	1097	373	26
Mangan	Mn	25	2,56	5,3	0,504	7,43	1244	2152	264	15
Molybdän	Mo	42	20	4,7	0,270	10,2	2620	5550	273	5
Natrium	Na	11	23,3	5,4	1,260	0,97	97,7	883	113	72
Neon	Ne	10	–	–	–	0,899	–248	–246	–	–
Nickel	Ni	28	14,5	6,7	0,441	8,9	1452	3075	301	13
Osmium	Os	76	10,5	4,2	–	22,7	2500	4400	–	5
Palladium	Pd	46	10,2	3,7	–	12	1554	3387	–	10,6
Phosphor (bei 0°C)	P	15	–	–	0,755	1,83	44,1	280	21	–
Platin	Pt	78	10,2	3,9	0,134	21,4	1769	3800	100	9
Quecksilber	Hg	80	1,063	0,99	0,138	13,55	–38,9	357	11,3	182
Radium	Ra	88	–	–	–	5	700	1140	–	–
Radon	Rn	86	–	–	–	–	–71	–61,9	–	–
Sauerstoff	O	8	–	–	0,920	1,43	–219	–183	13	–
Schwefel (bei 0°C)	S	16	–	–	0,710	2,07	112,8	444,6	38	90
Selen	Se	34	–	–	0,330	4,8	220	688	83	–
Silber	Ag	47	67,1	4,1	0,230	10,5	960,8	1980	105	19,7
Silicium	Si	14	0,001	–	0,075	2,35	141,4	2630	142	7
Stickstoff	N	7	–	–	1,050	1,25	–210	–196	–	–
Strontium	Sr	38	3,25	3,8	0,075	2,54	757	1366	136	–
Tantal	Ta	73	7,14	3,5	0,138	16,6	2990	4100	172	6,5
Tellur	Te	52	0,0016	–	0,200	6,24	453	1390	140	17,2
Thallium	Tl	81	6,25	5,2	0,134	11,85	303	1457	–	2,9
Titan	Ti	22	2,38	5,4	0,630	4,5	1660	3535	88	8,2
Uran	U	92	4,76	2,8	0,120	18,7	1130	3500	365	
Vanadium	V	23	–	3,9	0,504	6,1	1900	3000	343	8,3
Wasserstoff	H	1	–	–	14,240	0,09	–257	–252	–	–
Wolfram	W	74	18,2	4,8	0,143	19,3	3380	4727	193	4,5
Xenon	Xe	54	–	–	–	–	–112	–108	–	–
Zink	Zn	30	17,6	4,2	0,395	7,13	419,5	906	100	29
Zinn	Sn	50	8,7	4,6	0,228	7,29	232	2360	59	27

Leitungsmaterial: [1] **Aluminium** $\varkappa \geq \frac{36\ MS}{m}$ $\varrho \leq 0{,}02778\ \mu\Omega m$ $\alpha_{20} = 0{,}0036\ K^{-1}$ [2] **Kupfer** $\varkappa \geq 56\ \frac{MS}{m}$ $\varrho \leq 0{,}01786\ \mu\Omega m$ $\alpha_{20} = 0{,}0039\ K^{-1}$

Zugbeanspruchung

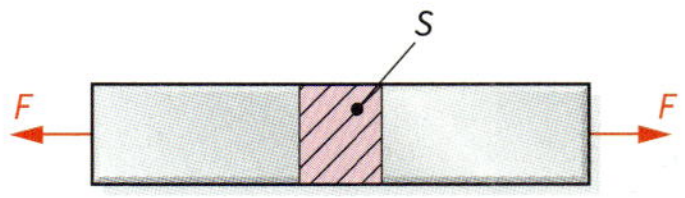

$$\sigma_z = \frac{F}{S}$$ $$\sigma_{z\,zul} = \frac{F}{S}$$

$$F = \sigma_z \cdot S$$ $$\sigma_{z\,zul} = \frac{\sigma_{z\,max}}{\nu}$$

$$S = \frac{F}{\sigma_z}$$

$\sigma_{z\,max}$ kann sein: R_m; R_e; $R_{p\,0,2}$

- σ_z : Zugspannung
- F : Zugkraft
- S : Querschnitt
- $\sigma_{z\,zul}$: zulässige Zugspannung
- $\sigma_{z\,max}$: maximale Zugspannung
- ν : Sicherheitszahl

Druckbeanspruchung

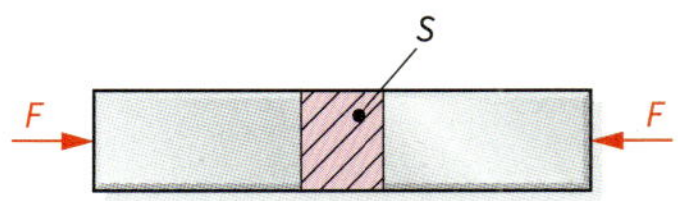

$$\sigma_d = \frac{F}{S}$$ $$\sigma_{d\,zul} = \frac{F}{S}$$

$$F = \sigma_d \cdot S$$ $$\sigma_{d\,zul} = \frac{\sigma_{d\,max}}{\nu}$$

$$S = \frac{F}{\sigma_d}$$

Stahl, NE-Metalle $\sigma_{d\,zul} = \sigma_{z\,zul}$
$\sigma_{d\,max}$ kann sein: σ_{dB}; σ_{dF}; $\sigma_{d\,0,2}$

- σ_d : Druckspannung
- F : Druckkraft
- S : Querschnitt
- $\sigma_{d\,zul}$: zulässige Druckspannung
- $\sigma_{d\,max}$: maximale Druckspannung
- ν : Sicherheitszahl

Scherbeanspruchung (belasteter Querschnitt darf nicht abgeschert werden)

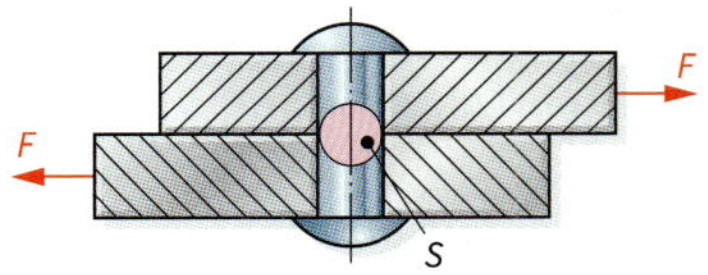

$$\tau_a = \frac{F}{S}$$ $$\tau_{a\,zul} = \frac{F}{S}$$

$$F = \tau_a \cdot S$$ $$\tau_{a\,zul} = \frac{\tau_{aB}}{\nu}$$

$$S = \frac{F}{\tau_a}$$

- τ_a : Scherspannung
- F : Scherkraft
- S : Querschnitt
- $\tau_{a\,zul}$: zulässige Scherspannung
- τ_{aB} : Scherfestigkeit

Scherbeanspruchung (belasteter Querschnitt soll abgeschert werden)

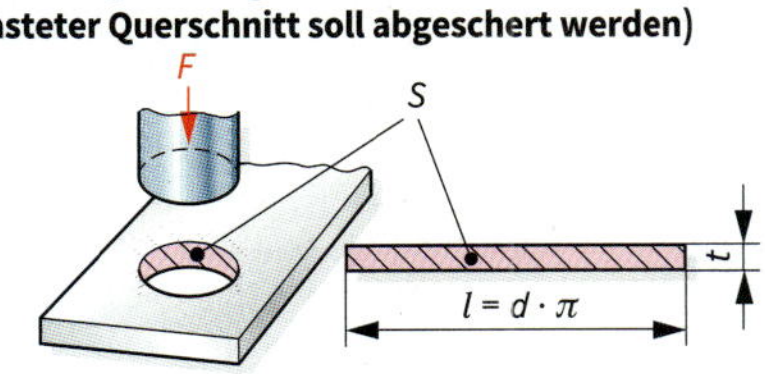

$$F = \tau_{aBmax} \cdot S$$ $$S = l \cdot t$$

$$S = \frac{F}{\tau_{aBmax}}$$

$$S = d \cdot \pi \cdot t$$

Stahl:
$\tau_{aBmax} \approx 0{,}8 \cdot R_{m\,max}$

Gusseisen:
$\tau_{aBmax} \approx 1{,}1 \cdot R_{m\,max}$

- F : Scherkraft; Schneidkraft
- τ_{aBmax} : Scherfestigkeit
- S : Scherfläche
- l : Scherlänge
- t : Werkstückdicke
- $R_{m\,max}$: Mindestzugfestigkeit

Flächenpressung

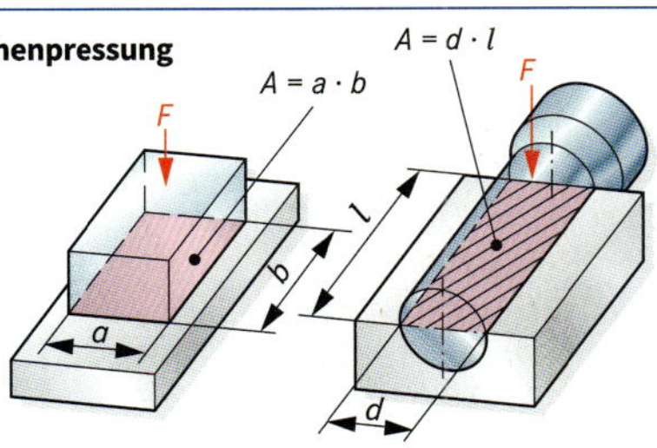

$$p = \frac{F}{A}$$ $$p_{zul} = \frac{F}{A}$$

$$F = p \cdot A$$

$$A = \frac{F}{p}$$

- p : Flächenpressung
- F : Kraft
- A : Berührungsfläche; Projektion der Berührungsfläche
- p_{zul} : zulässige Flächenpressung
- F_{zul} : zulässige Kraft

Biegung

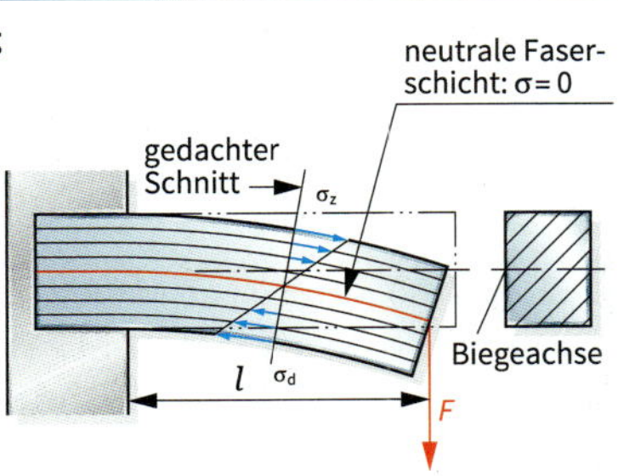

$$\sigma_b = \frac{M_b}{W}$$ $$\sigma_{b\,zul} = \frac{M_b}{W}$$

$$M_b = \sigma_b \cdot W$$ $$\sigma_{b\,zul} = \frac{\sigma_{b\,max}}{\nu}$$

$$W = \frac{M_b}{\sigma_b}$$

$\sigma_{b\,max}$ kann sein: σ_{bB}; σ_{bF}

- σ_b : Biegespannung
- M_b : Biegemoment
- W : axiales Widerstandsmoment
- F : Kraft
- l : Hebellänge
- $\sigma_{b\,zul}$: zulässige Biegespannung
- $\sigma_{b\,max}$: maximale Biegespannung
- ν : Sicherheitszahl

Elektrochemische Spannungsreihe der Elemente (Normalpotenziale)[1)]

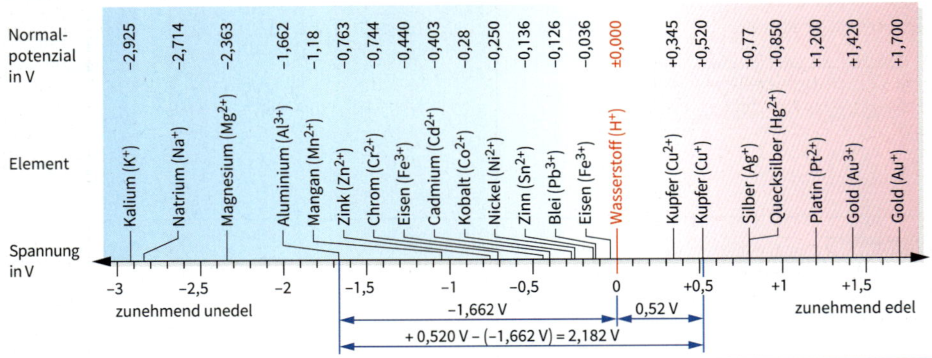

[1)] Potenzialdifferenz einer Metallelektrode gegenüber der Standardwasserstoffelektrode (in einer wässrigen Säurelösung der Aktivität 1 bei 25 °C und 1,013 bar eingetauchte und von Wasserstoffgas umspülte Platinelektrode)

Korrosionsarten

Flächenkorrosion	Lochfraßkorrosion	Kontaktkorrosion	Interkristalline Korrosion	Transkristalline Korrosion
Gleichmäßige Werkstoffveränderung oder -zerstörung annähernd parallel zur Oberfläche durch den Angriff von umgebender Luft, durch Wasser sowie chemische und thermische Einflüsse	Örtliche punktförmige Oberflächenverletzungen (auch Unterwanderung der Oberfläche möglich) durch elektrochemische Zersetzung (Lokalelementbildung)	Bildung eines galvanischen Elements an der Kontaktstelle zweier Metalle mit unterschiedlichen Normalpotenzialen bei gleichzeitiger Einwirkung eines Elektrolyten	Aufreißen metallischer Werkstoffe entlang der Korngrenzen durch Zerstörung der unedleren Gefügebestandteile unter Einwirkung eines Korrosionsmittels	Korrosion quer durch die Kristallite des Gefüges hindurch, hervorgerufen durch eine Dauerbeanspruchung unter gleichzeitiger Anwesenheit eines Korrosionsmittels

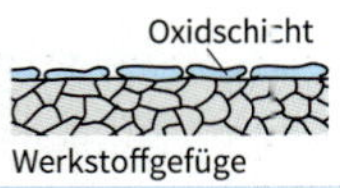

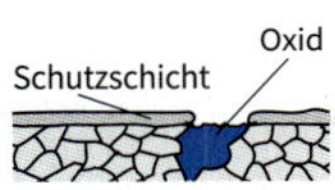

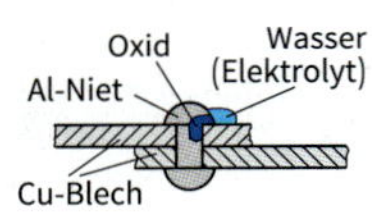

Korrosionsverhalten von Metallen gegenüber aggressiven Medien

Metall	Korrosionsverhalten gegenüber						Bemerkung
	feuchter Luft	Luft 500 °C	Natronlauge	Salpetersäure	Salzsäure	Schwefelsäure	
Gold	++	++	++	++	++	++	löslich in starken Oxidationsmitteln (Königswasser: 3 Vol.-Teile HCl + 1 Vol.-Teil HNO_3) und Zyaniden
Silber	++	++	++	– –	++	+	Schwefelverbindungen bräunen Silber (Anlaufen)
Kupfer	+	–	++	– –	–	–	bildet an der Luft schützende Patina; Essigsäure bildet giftigen Grünspan, Acetylen explosives Kupfer-Acetylit
Blei	++	+	–	– –	–	++	Luft und „weiches" Wasser greifen Blei an; Vergiftungsgefahr
Zinn	++	+	–	+	+	+	bildet an der Luft schützende Oxidschicht (SnO_2); vollkommen ungiftig
Nickel	++	+	–	– –	–	+	beständig gegen Wässer aller Art (auch Meerwasser)
Eisen	– –	–	++	–	– –	– –	beständig in trockener Luft und CO_2-freiem Wasser
Chrom	++	+	–	++	– –	– –	sehr beständig gegen oxidierende Einflüsse auch bei hohen Temperaturen
Aluminium	++	+	– –	+	– –	– –	bildet an der Luft eine dichte, festhaftende Oxidschicht (Al_2O_3); danach außerordentlich beständig
Magnesium	–	– –	++	– –	– –	– –	unbeständig gegen Leitungs- und Meerwasser

++ sehr beständig; geringer Angriff
\+ weniger beständig; abhängig von Zusammensetzung, Konzentration, Temperatur des aggressiven Mediums
– – nicht beständig; schnelle Auflösung oder Zerstörung
– wenig beständig

Korrosionsschutz

- **Korrosionsschutzgerechte Konstruktion**

  Glatte Oberflächen; gerundete Ecken und Kanten; Vermeidung unnötiger Oberflächerauheiten, Poren, Risse und Spalten; gleiche Werkstoffe in einer Baugruppe; Isolierung von Werkstoffen ungleicher Normalpotenziale; Entfernen von Wärmebehandlungsrückständen

- **Anwendung korrossionsbeständiger Werkstoffe**

  Hohe Reinheit von Metallen/Legierungen; Verwendung widerstandsfähiger homogener Mischkristalle; Vermeidung grober heterogener Gemenge aus unterschiedlicher Kristallarten (Lokalelementbildung)

- **Schutzschichten**
  – metallische Überzüge

  z. B. Schmelztauchen; galvanisches Abscheiden in wässriger Elektrolytlösung; Walz-, Elektro-, Spritzplattieren; physikalische und chemische Gasphasenabscheidung: PVD – **P**hysical **V**apor **D**eposition, CVD – **C**hemical **V**apor **D**eposition

  – nichtmetallische Überzüge

  Farben/Lacke, Fette/Öle, Wachse, Bitumen, Teer, Emaille, Zement-/Phosphat-Überzüge, Flammspritzen; Wirbelsintern; Auskleiden

- **Beseitigung oder Abschwächung von Korrosionsursachen**

  Zugabe von Inhibitoren zu umgebenden oder angreifenden Stoffen, durch die einzelne aggressive Stoffbestandteile teilweise oder ganz ausgeschaltet werden: Zugaben zu Kühlschmierstoffen zur Bindung aggressiver Salz- und Säureionen; basisch reagierende Zugaben zu Kühl- und Kesselwasser zur Neutralisation freier Säuren; Schutz leerstehender Kessel durch Füllen mit Ammoniak

- **Katodischer Korrosionsschutz**
  – mit Opferanode

  Schutz unterirdisch gelagerter Tanks oder Leitungen: leitende Verbindung des zu schützenden Bauteils mit einer Magnesium- oder Zinkplatte; durch Bodenfeuchtigkeit (Elektrolyt) Entstehung eines galvanischen Elements; Auflösung des unedleren Elements (Opferanode) und Schutz des Bauteils (Katode)

  – mit Fremdstromquelle

  Schutz unterirdisch gelagerter Tanks oder Leitungen: Verbindung des zu schützenden Bauteils mit negativem Pol einer Batterie; Verbindung einer sich nicht auflösenden Grafitanode mit Pluspol; Schutz der Katode gegen Korrosion

Passiver Korrosionsschutz

Metallische Schutzschichten	
Tauchen	Eintauchen in Bäder mit flüssigem Al, Pb, Sn, Zn
Galvanisieren	Durch Elektrolyse erzeugter Niederschlag von Ag, Al, Au, Cd, Cr, Cu, Ni, Sn, Zn auf Werkstückoberflächen
Plattieren	Aufwalzen von Ag, Al, Au, Cu, Ni und Legierungen auf Grundwerkstoff
Diffundieren	Eindringen von Feinstmetallpulver in die Werkstückoberfläche unter Wärmeeinwirkung
Aufspritzen	Aufbringung von Plattiermetall durch Flamm-, Lichtbogen- oder Plasmaspritzen
Aufdampfen	Niederschlag von im Hochvakuum verdampften Überzugsmetallen
Sherardisieren	Verzinken kleiner Massenartikel in langsam rotierenden, mit Quarzsand und Zinkstaub gefüllten Trommeln

Nichtmetallische Schutzschichten	
Anodisieren (Eloxieren)	Erzeugen einer Oxidschicht auf Al, Mg, Zn und Legierungen durch elektrisches Oxidieren
Brünieren	Eintauchen in erwärmte Natronlauge oder Sulfatlösungen und nachfolgendes Einreiben mit Öl oder Wachs
Schwarzbrennen	Erzeugen einer Oxidschicht durch Eintauchen dunkelrot glühender Stahlteile in Öl
Phosphatieren	Erzeugung von Phosphatschichten durch Tauchen in phosphatsauren Lösungen von Schwer- oder Alkalimetallen
Farben, Lacke	Aufbringen von Ölfarben und Kunststofflacken
Bitumen, Teer	Tauchen oder Anstreichen als besonderer Schutz gegen Wasser- und Bodenkorrosion
Kunststoffe	Aufbringen von fein zerstäubtem, aufgewirbeltem Kunststoffpulver auf erwärmte Werkstücke
Emaille	Einbrennen glasähnlicher Massen bei Temperaturen von 650 °C ... 1000 °C

Vorbehandlungen zur Reinigung von Metalloberflächen

Grundwerkstoff	Schutzschicht	Behandlungsfolge
Aluminium, rein	Anodisieren	10-1-22-1-26-1-5
Al-Legierung magnesiumhaltig	Anodisieren Galvanisieren	11-12-1-22-1-26-1-5 10-1-12-1-23-1-32-1
Al-Legierung siliziumhaltig	Anodisieren Galvanisieren	11-13-1-25-1-5 10-1-12-1-25-1-32-1
Kupfer	farbloser Lack	11-21-1-2-5
CuSn-Legierung CuZn-Legierung	farbloser Lack Nickel, Chrom	11-24-1-2-5 10-1-13-1-21-1-31-1
Stahl	Farbe, Lack Chrom, Nickel Cadmium, Zink	11-20-1-30-1-3-5-33 10-1-12-20-1-31-1 10-1-12-1-20-1-4-1
Zink	Galvanisieren	10-1-12-1-25-1-31-1

Größe	Darstellung	Größen und Formelzeichen	Einheit und Einheitenzeichen	Formel
Spannung	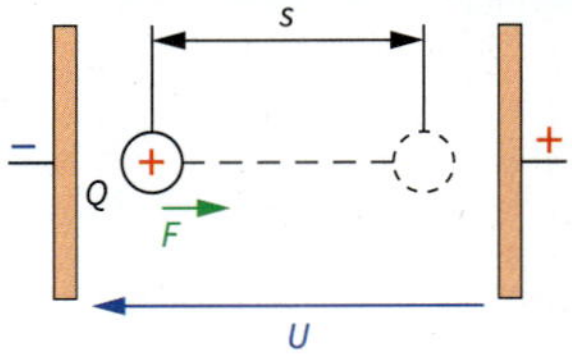	Spannung U	Volt V	$U = \frac{W}{Q}$
		Ladung Q	Coulomb C Amperesekunde As	
		Arbeit W	Wattsekunde Ws, VAs	
	Die **elektrische Spannung** zwischen zwei Punkten eines elektrischen Feldes ist gleich dem Quotienten aus der verrichteten Verschiebungsarbeit und der bewegten Ladung.			
Stromstärke	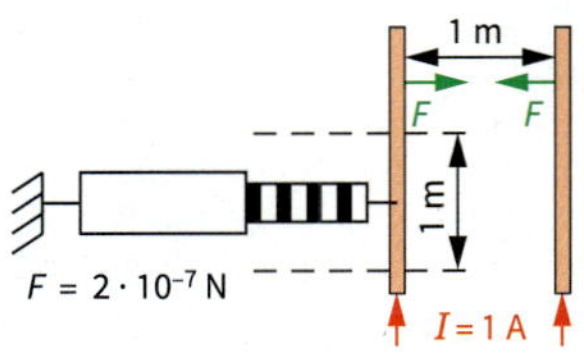	Stromstärke I	Ampere A	$I = \frac{Q}{t}$
		Zeit t	Sekunde s 1 C = 1 As	
	Ein Ampere ist die Stärke eines zeitlich unveränderlichen elektrischen Stromes durch zwei geradlinige, parallele, unendlich lange Leiter, die einen Abstand von 1 m haben und zwischen denen im leeren Raum je 1 m Doppelleitung eine Kraft von $2 \cdot 10^{-7}$ N wirkt.			
Stromdichte	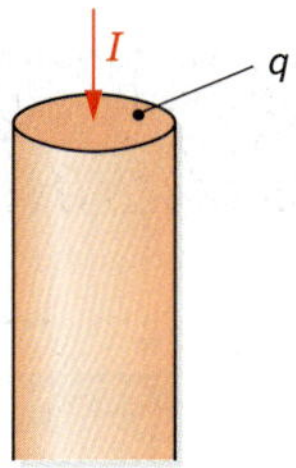	Stromdichte J	Ampere durch Quadratmeter $\frac{A}{m^2}$	$J = \frac{I}{q}$
		Querschnittsfläche q	Quadratmeter m^2 $1\ m^2 = 10^4\ cm^2$ $= 10^6\ mm^2$	
Stromstärke, Spannung, Widerstand und Leitwert	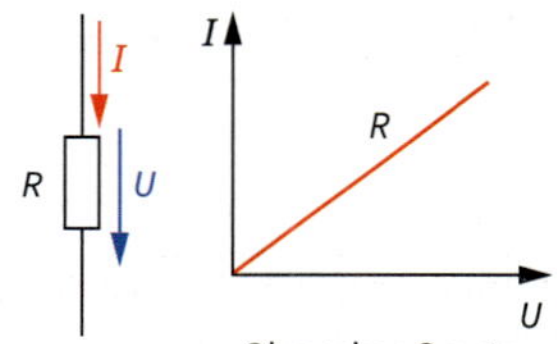Ohmsches Gesetz	Widerstand R	Ohm Ω $1\ \Omega = 1\ \frac{V}{A}$	$I = \frac{U}{R}$
		Leitwert G	Siemens S $1\ S = 1\ \frac{A}{V}$	$G = \frac{1}{R}$ $I = G \cdot U$
Elektrische Arbeit	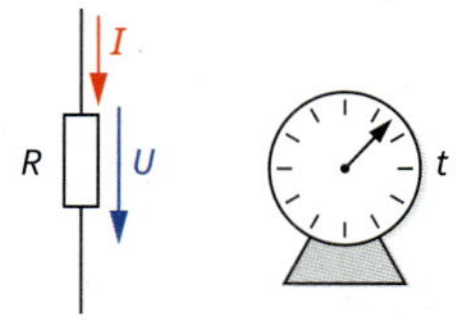	Elektrische Arbeit W	Wattsekunde Ws, VAs 1 kWh = $3{,}6 \cdot 10^6$ Ws 1 Nm = 1 Ws = 1 J	$W = U \cdot I \cdot t$ $W = P \cdot t$
Elektrische Leistung	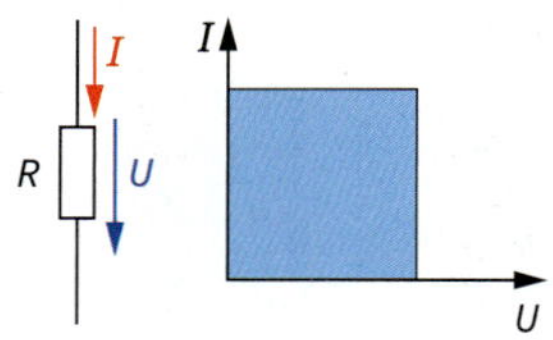	Elektrische Leistung P	Watt W, VA	$P = \frac{W}{t}$ $P = U \cdot I$ $P = I^2 \cdot R$ $P = \frac{U^2}{R}$

Elektrischer Widerstand
Electrical resistor

Bezeichnung	Darstellung	Größen und Formelzeichen	Einheitenzeichen	Formel
Widerstand von Leitern	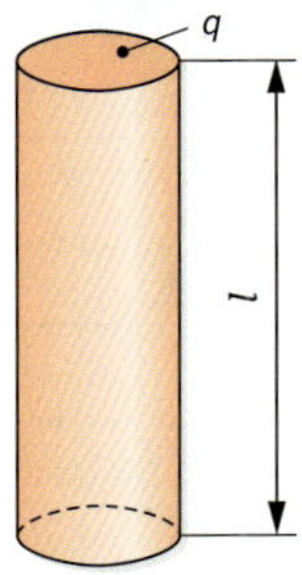	R : Widerstand l : Leiterlänge q : Querschnittsfläche	Ω m m^2, mm^2	$R = \frac{\varrho \cdot l}{q}$
		ϱ : Spezifischer Widerstand	$\Omega \cdot m$, $\Omega \cdot \frac{mm^2}{m}$ $1\,\Omega \cdot \frac{mm^2}{m} =$ $1\,\mu\Omega \cdot m$	$\varkappa = \frac{1}{\varrho}$
		$\gamma, \varkappa$: Elektrische Leitfähigkeit	$\frac{S}{m}$, $\frac{S \cdot m}{mm^2}$ $1\,\frac{S \cdot m}{mm^2} = 1\,\frac{MS}{m}$	$R = \frac{l}{\varkappa \cdot q}$
Widerstand und Temperatur	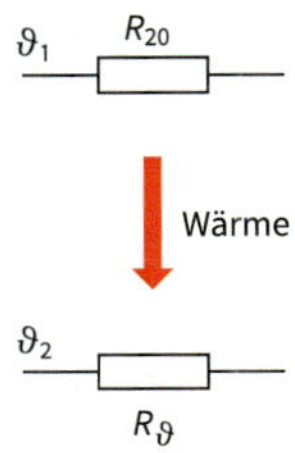	ΔR : Widerstandsänderung R_{20} : Widerstand bei 20 °C $\alpha; \beta$: Temperaturkoeffizient $\Delta\vartheta$: Temperaturänderung R_ϑ : Widerstand nach Erwärmung	Ω Ω $\frac{1}{K}$; K^{-1}; $\frac{1}{K^2}$; K^{-2} K Ω	$\vartheta < 200\,°C$ $\Delta R = R_{20} \cdot \alpha \cdot \Delta\vartheta$ $R_\vartheta = R_{20} + \Delta R$ $R_\vartheta = R_{20}(1 + \alpha \cdot \Delta\vartheta)$ $\vartheta > 200\,°C$ $R_\vartheta = R_{20}(1 + \alpha \cdot \Delta\vartheta + \beta \cdot \Delta\vartheta^2)$

Normspannungen
Standard Voltages

Betriebsmittel für Nennspannungen unter 120 V AC

bevorzugt		6	12		24		48			110
ergänzend	5			15		36		60	100	

Betriebsmittel für Nennspannungen unter 750 V DC

bevorzugt						6			12		24		36		48	60	72		96	110		220		440	
ergänzend	2,4	3	4	4,5	5		7,5	9		15		30		40				80			125		250		600

Drehstrom-Vierleiter- oder -Dreileiternetze

- Nennspannungen in V, AC, 50 Hz, zwischen 100 V und einschließlich 100 V
- Die niedrigen Werte sind Spannungen zum Neutralleiter.
- Die höheren Werte sind Spannungen zwischen Außenleitern.

230	230/400	400/690	1000

Bahnnetze

- Die Klammerwerte sind nicht bevorzugte Werte.

■ **Gleichstrom**

Spannung in V		
niedrigste	Nennspannung	höchste
(400)	(600)	(720)
500	750	900
1000	1500	1800
2000	3000	3600

■ **Wechselstrom**

Spannung in V			Frequenz in Hz
niedrigste	Nennspannung	höchste	
(4750)	(6250)	(6900)	50
12000	15000	17250	16 2/3
19000	25000	27500	50

Drehstromnetze über 1 kV

- Die Netze sind grundsätzlich Dreileiternetze.
- Spannungsangaben zwischen Außenleitern in 1 kV
- Die Klammerwerte sind nicht bevorzugte Werte.

■ **bis einschließlich 35 kV**

Höchste Betriebsmittelspannung	Netz-Nennspannung	
12	11	10
(17,5)	–	(15)
24	22	20
36	33	30
40,5	–	35

■ **bis einschließlich 230 kV**

Höchste Betriebsmittelspannung	Netz-Nennspannung	
72,5	66	69
100	90	–
123	110	115
145	132	138
(170)	(150)	(154)
245	220	230

■ **über 245 kV**

Höchste Betriebsmittelspannung						
(300)	362	420	525 550	765 800	1100	1200

Vorzeichen und Richtungssinne von Strom und Spannung

Gleicher Bezugssinn	Ungleicher Bezugssinn		Verbraucher-Pfeilsystem	Erzeuger-Pfeilsystem
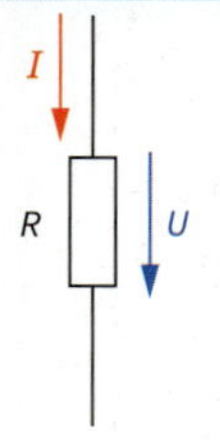 $U = I \cdot R$	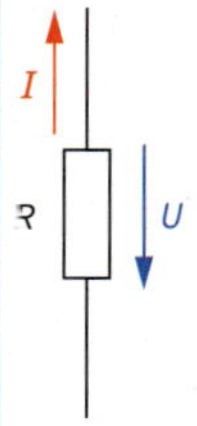 $U = -I \cdot R$	Spannungsquelle	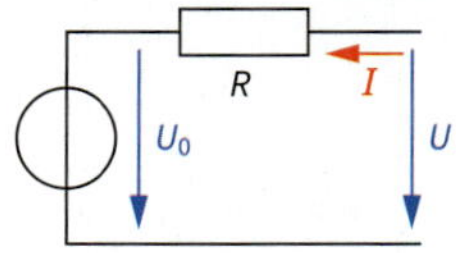 $U = U_0 + I \cdot R$	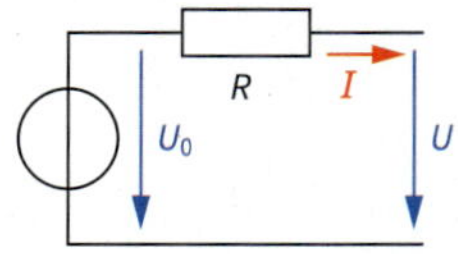 $U = U_0 - I \cdot R$
		Stromquelle	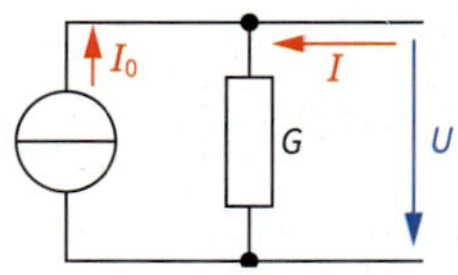 $I = -I_0 + G \cdot U$	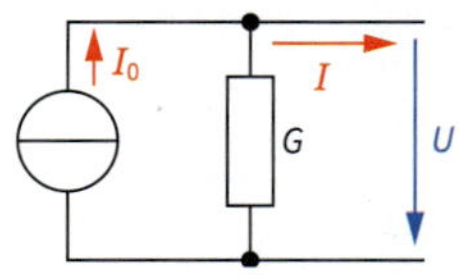 $I = I_0 - G \cdot U$

Erstes Kirchhoffsches Gesetz (Knotenregel)

In jedem Knotenpunkt ist die Summe aller Ströme Null.

$$\sum I = 0\,\text{A}$$

$$I_1 - I_2 - I_3 + I_4 + I_5 = 0\,\text{A}$$

Beispiel:

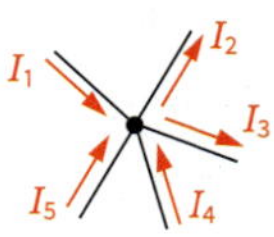

Zweites Kirchhoffsches Gesetz (Maschenregel)

Die Summe aller Teilspannungen entlang eines geschlossenen Weges (willkürlich gewählter Umlaufsinn) ist Null.

$$\sum U = 0\,\text{V}$$

$$-U_1 + U_{R1} + U_{R2} - U_2 + U_{R3} = 0\,\text{V}$$

$$-U_1 + I \cdot R_1 + I \cdot R_2 - U_2 + I \cdot R_3 = 0\,\text{V}$$

Beispiel:

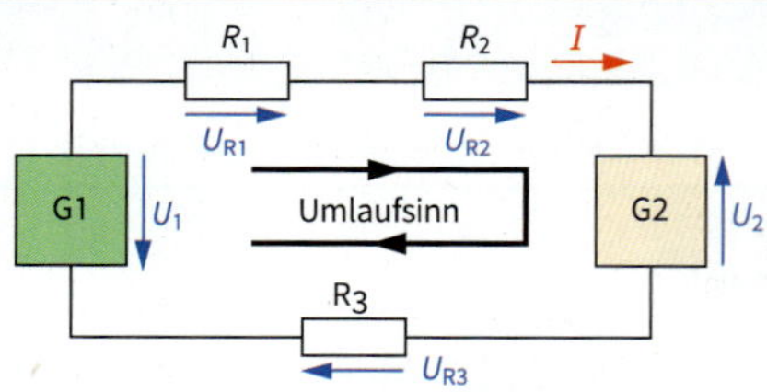

	Reihenschaltung	Parallelschaltung
Schaltung	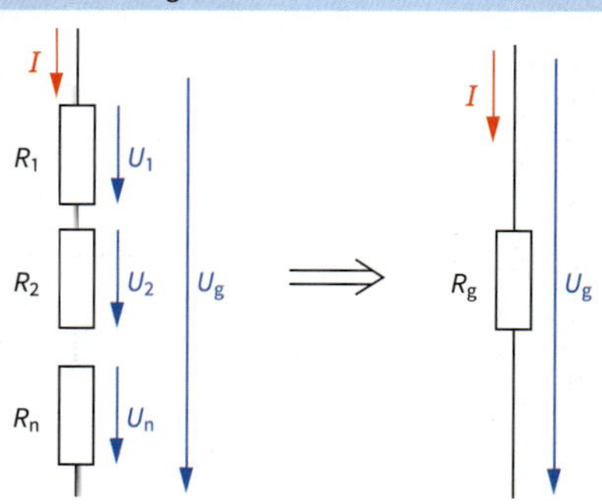	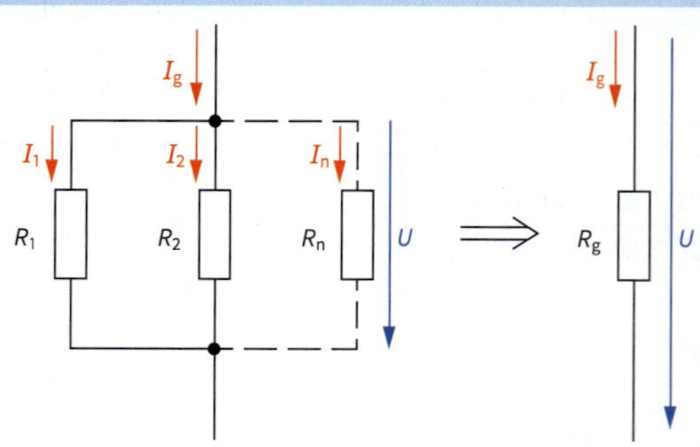
Spannung	$U_g = U_1 + U_2 + \ldots + U_n$	Alle Widerstände liegen an derselben Spannung U.
Strom-stärke	Durch alle Widerstände fließt derselbe Strom I.	$I_g = I_1 + I_2 + \ldots + I_n$
Wider-stände und Leitwerte	$R_g = R_1 + R_2 + \ldots + R_n$	$\frac{1}{R_g} = \frac{1}{R_1} + \frac{1}{R_2} + \ldots + \frac{1}{R_n}$ $G_g = G_1 + G_2 + \ldots + G_n$
Verhält-nisse	$\frac{U_1}{U_2} = \frac{R_1}{R_2}$; $\frac{U_1}{U_n} = \frac{R_1}{R_n}$; $\frac{U_1}{U_g} = \frac{R_1}{R_g}$; …	$\frac{I_1}{I_2} = \frac{R_2}{R_1}$; $\frac{I_1}{I_n} = \frac{R_n}{R_1}$; $\frac{I_1}{I_g} = \frac{R_g}{R_1}$; …

Unbelasteter Spannungsteiler

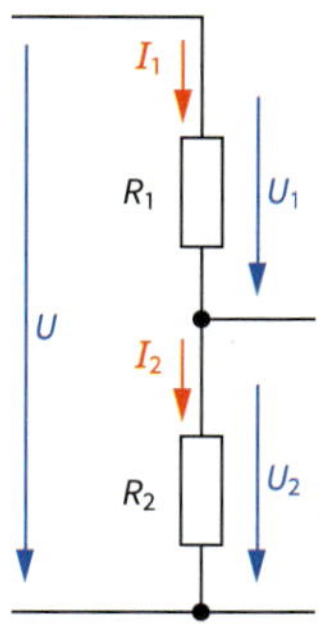

$$\frac{U_2}{U} = \frac{R_2}{R_1 + R_2}$$

Belasteter Spannungsteiler

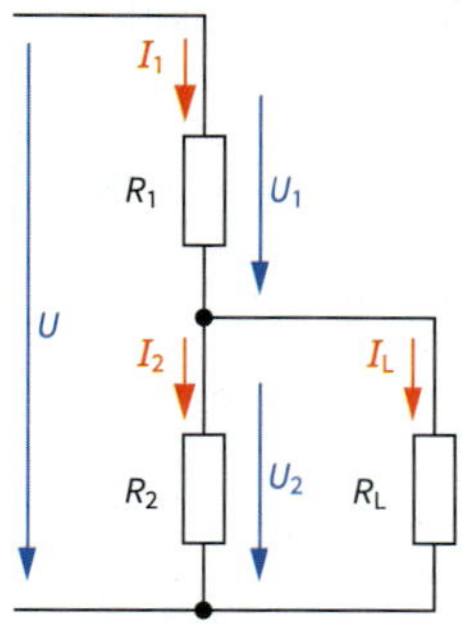

$$\frac{U_2}{U} = \frac{R_2 \cdot R_L}{R_1 (R_2 + R_L) + R_2 \cdot R_L}$$

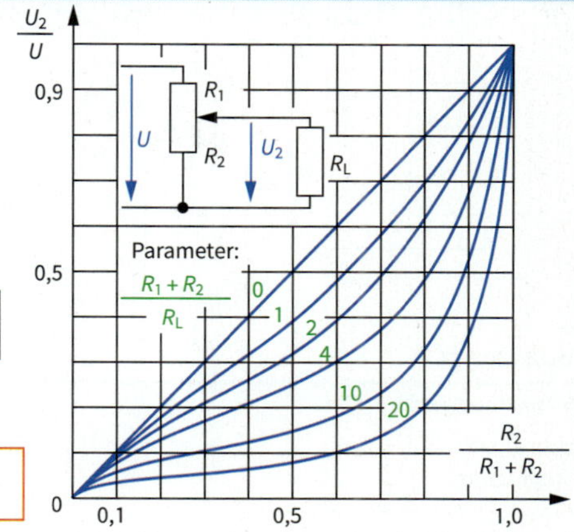

Messbereichserweiterung

Spannungsmessung

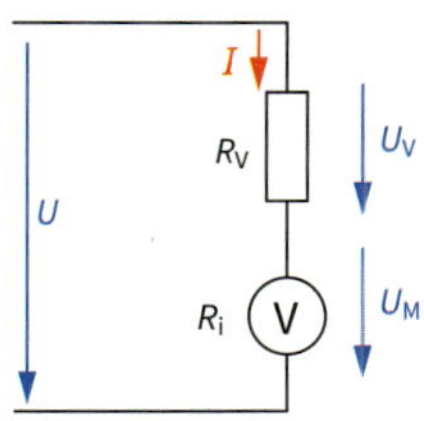

n : Faktor der Messbereichserweiterung

R_v : Vorwiderstand

R_i : Innenwiderstand

U_M : Spannung am Messwerk bei Vollausschlag

I : Stromstärke durch das Messwerk bei Vollausschlag

$$n = \frac{U}{U_M}$$

$$R_v = \frac{U - U_M}{I}$$

$$R_v = (n - 1)\, R_i$$

Strommessung

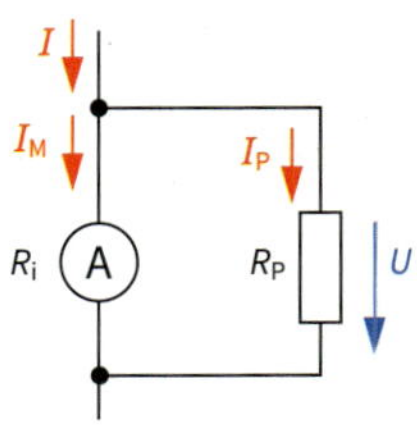

n : Faktor der Messbereichserweiterung

R_p : Parallelwiderstand

R_i : Innenwiderstand

U : Spannung am Messwerk bei Vollausschlag

I_M : Stromstärke durch das Messwerk bei Vollausschlag

$$n = \frac{I}{I_M}$$

$$R_p = \frac{U}{I - I_M}$$

$$R_p = \frac{R_i}{(n - 1)}$$

Gruppenschaltung

Beispiel:

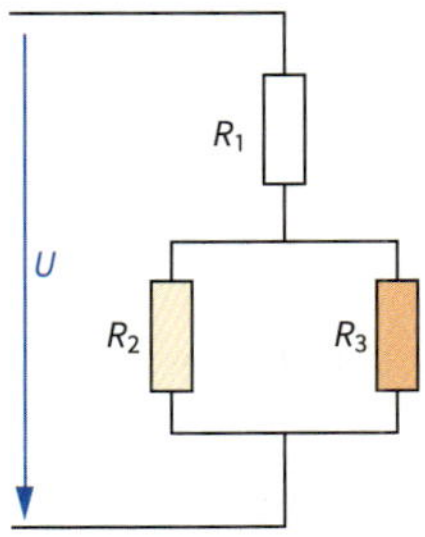

- Die Schaltung muss so verändert werden, dass eine Grundschaltung entsteht.
- Zum Widerstand R_1 liegt in Reihe die Parallelschaltung aus den zwei Widerständen R_2 und R_3.

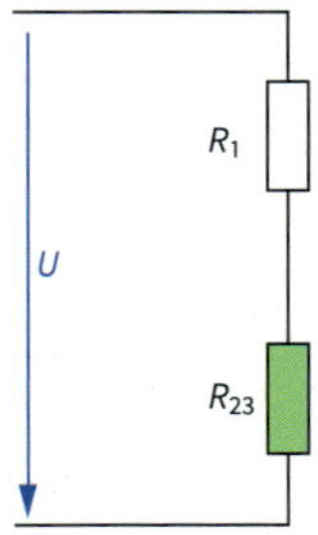

- Die Parallelschaltung aus R_2 und R_3 kann zu einem Widerstand R_{23} zusammengefasst werden.

$R_{23} = R_2 \parallel R_3$
(II bedeutet: parallel)

$R_{23} = (R_2 \cdot R_3) : (R_2 + R_3)$

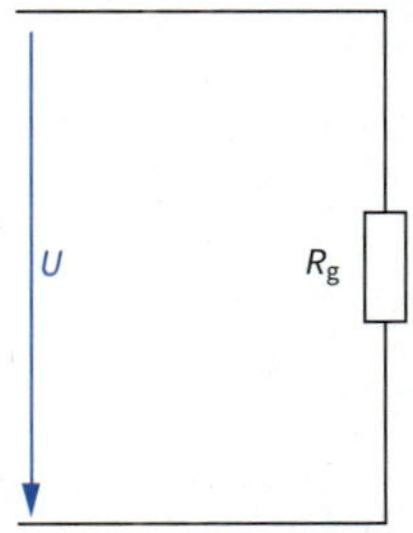

- Der Gesamtwiderstand lässt sich jetzt durch Addition ermitteln.

$R_g = R_1 + R_{23}$

Spannungsquelle mit Innenwiderstand

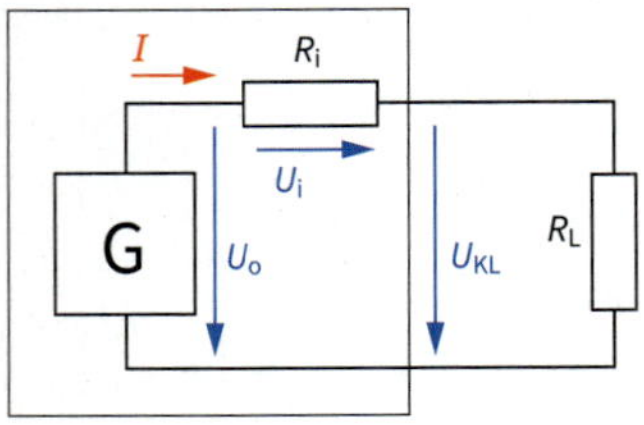

U_0 : Leerlaufspannung (Quellenspannung)
U_{KL} : Klemmenspannung
ΔU : Spannungsänderung
R_i : Innenwiderstand
R_L : Belastungswiderstand
I_k : Kurzschlussstromstärke
ΔI : Stromänderung
P_L : Ausgangsleistung
P_i : Verlustleistung der Spannungsquelle

$U_0 = U_i + U_{KL}$	
$I = \frac{U_0}{R_i + R_L}$	$I_k = \frac{U_0}{R_i}$
$R_i = \frac{U_i}{I}$	$R_i = \frac{\Delta U_{KL}}{\Delta I}$
$U_{KL} = U_0 - I \cdot R_i$	

Anpassung

Stromanpassung, $R_L \ll R_i$

Maximale Stromstärke

$I \approx \frac{U_0}{R_i}$
$U_{KL} \approx \frac{U_0 \cdot R_L}{R_i}$
$P_L \approx 0$

Spannungsanpassung, $R_L \gg R_i$

Maximale Spannung

$I \approx \frac{U_0}{R_L}$
$U_{KL} \approx U_0$
$P_L \approx 0$

Leistungsanpassung, $R_L = R_i$

Maximale Leistung

$I = \frac{U_0}{2R_i}$	$I = \frac{U_0}{2R_L}$
$U_{KL} = \frac{U_0}{2}$	
$P_L = \frac{U_0^2}{4R_i}$	$P_i = \frac{U_0^2}{4R_L}$

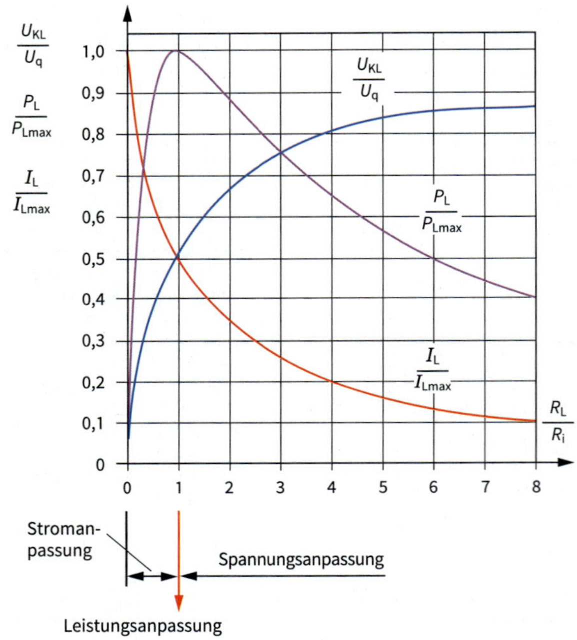

Reihenschaltung

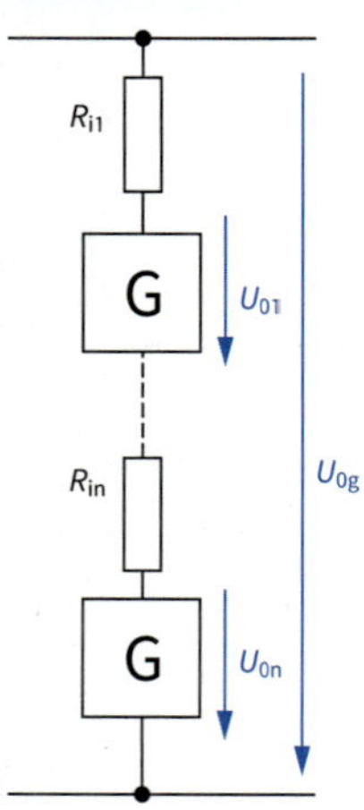

$U_{0g} = U_{01} + \ldots + U_{0n}$

$R_{ig} = R_{i1} + \ldots + R_{in}$

Parallelschaltung

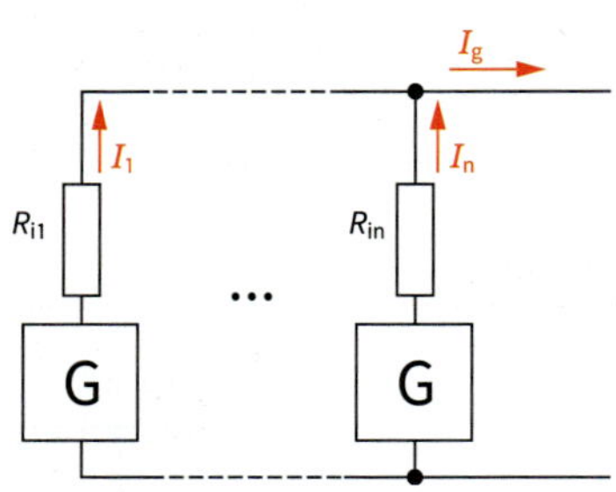

$I_g = I_1 + \ldots + I_n$

$\frac{1}{R_{ig}} = \frac{1}{R_{i1}} + \ldots + \frac{1}{R_{in}}$

Bei unterschiedlichen Leerlaufspannungen fließen zwischen den Spannungsquellen Ausgleichsströme.

Elektrisches Feld, Kondensator
Electric field, capacitor

Kraft zwischen Ladungen (Coulombsches Gesetz)

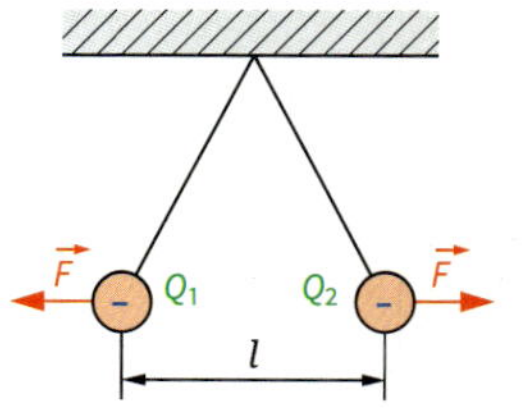

F : Kraft zwischen den Ladungen
Q_1, Q_2 : Ladungen
ε : Permittivität
ε_0 : Elektrische Feldkonstante
ε_r : Permittivitätszahl
l : Abstand der Ladungen

$$F = \frac{Q_1 \cdot Q_2}{4\pi\varepsilon \cdot l^2}$$

$$\varepsilon = \varepsilon_0 \cdot \varepsilon_r \qquad [\varepsilon_r] = 1$$

$$\varepsilon_0 = 8{,}86 \cdot 10^{-12}\,\frac{\text{As}}{\text{Vm}}$$

Elektrische Feldstärke

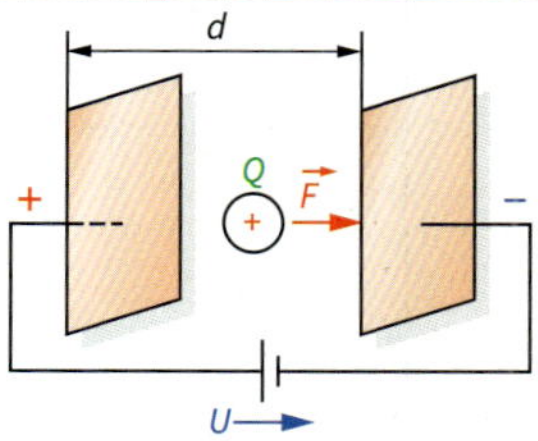

E : Elektrische Feldstärke
F : Kraft auf die Ladung im Feld
Q : Ladung im Feld
U : Spannung zwischen den Platten
d : Abstand der Platten

$$E = \frac{F}{Q} \qquad [E] = \frac{\text{N}}{\text{C}}$$

1 C = 1 As

$$E = \frac{U}{d} \qquad [E] = \frac{\text{V}}{\text{m}}$$

Kondensator und Kapazität

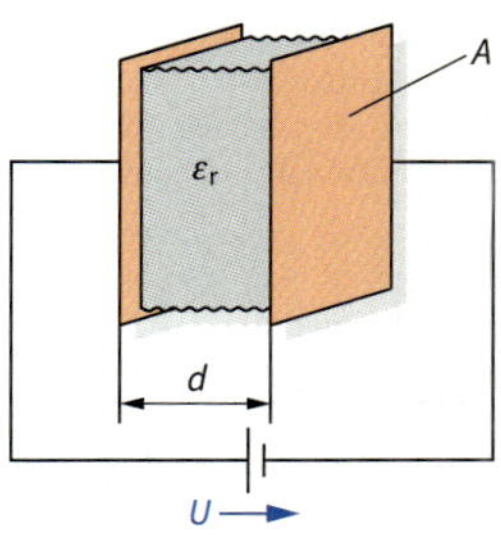

C : Kapazität des Kondensators
Q : Ladung des Kondensators
U : Spannung zwischen den Kondensatorplatten
ε : Permittivität
ε_0 : Elektrische Feldkonstante
ε_r : Permittivitätszahl
A : Plattenfläche
d : Plattenabstand
W : Gespeicherte Energie des Kondensators

$$C = \frac{Q}{U} \qquad [C] = \frac{\text{As}}{\text{V}}$$

$$C = \frac{\varepsilon \cdot A}{d} \qquad 1\,\frac{\text{As}}{\text{V}} = 1\,\text{F (Farad)}$$

$$\varepsilon = \varepsilon_0 \cdot \varepsilon_r \qquad [\varepsilon_r] = 1$$

$$\varepsilon_0 = 8{,}86 \cdot 10^{-12}\,\frac{\text{As}}{\text{Vm}}$$

$$W = \frac{C \cdot U^2}{2} \qquad [W] = \text{V As}$$

Parallelschaltung von Kondensatoren

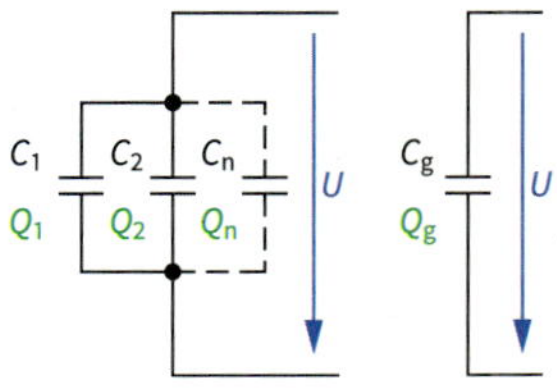

$Q_1 \ldots Q_n$: Ladungen der Einzelkondensatoren
$C_1 \ldots C_n$: Kapazitäten der Einzelkondensatoren

Q_g: Ladung der Gesamtkapazität
C_g: Gesamtkapazität

$$Q = C \cdot U$$

$$Q_g = Q_1 + Q_2 + \ldots + Q_n$$

$$C_g = C_1 + C_2 + \ldots + C_n$$

Reihenschaltung von Kondensatoren

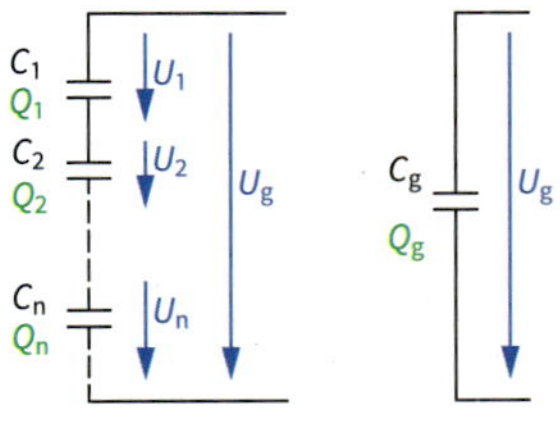

$Q_1 \ldots Q_n$: Ladungen der Einzelkondensatoren
$C_1 \ldots C_n$: Kapazitäten der Einzelkondensatoren

Q_g: Ladung der Gesamtkapazität
C_g: Gesamtkapazität

$U_1 \ldots U_n$: Einzelspannungen
U_g: Gesamtspannung

$$Q = C \cdot U$$

$$Q_g = Q_1 = Q_2 = \ldots = Q_n$$

$$U_g = U_1 + U_2 + \ldots + U_n$$

$$\frac{1}{C_g} = \frac{1}{C_1} + \frac{1}{C_2} + \ldots + \frac{1}{C_n}$$

Kondensator (Kapazität)

Aufladung

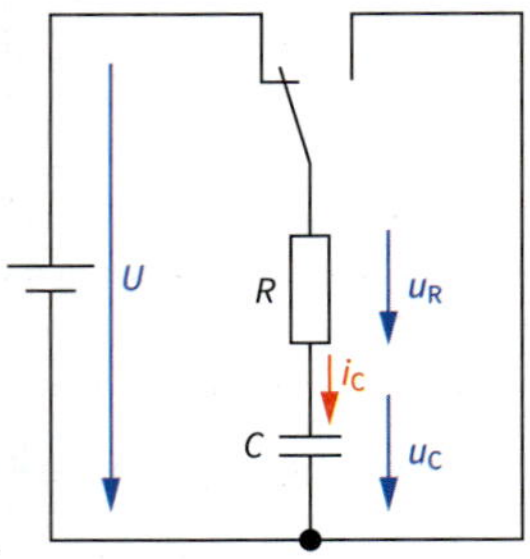

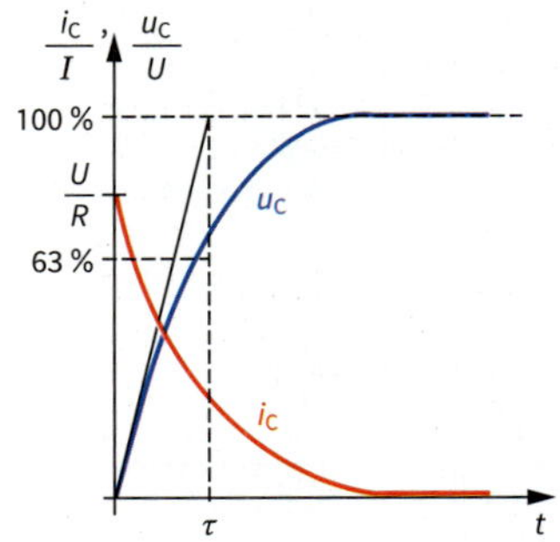

$\tau = R \cdot C$ $[\tau] = s$

$u_C = U\left(1 - e^{-\frac{t}{\tau}}\right)$ $e = 2{,}718\ldots$

$i_C = \frac{U}{R} \cdot e^{-\frac{t}{\tau}}$

bei $t \approx 5\,\tau$:
Kondensator geladen
(99,33 % von U)

τ : Zeitkonstante
u_C: Spannung am Kondensator
i_C : Stromstärke in der Reihenschaltung

Entladung

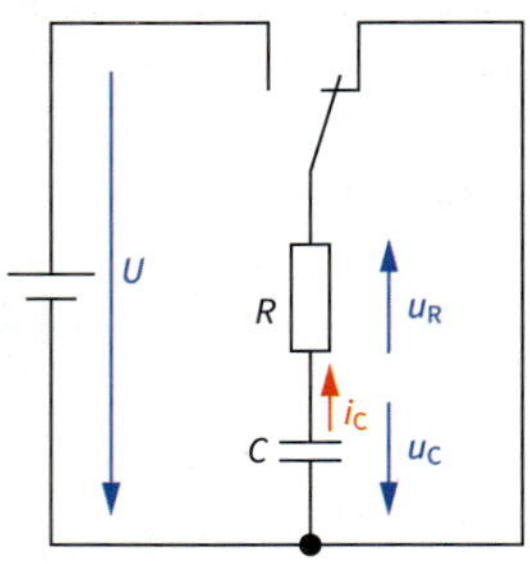

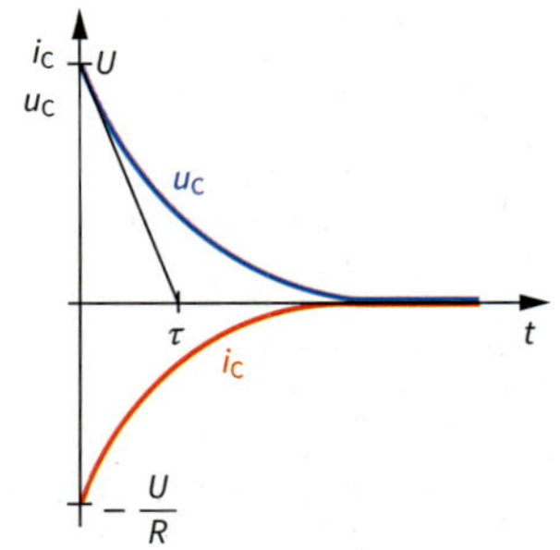

$\tau = R \cdot C$ $[\tau] = s$

$u_C = U \cdot e^{-\frac{t}{\tau}}$ $e = 2{,}718\ldots$

$i_C = -\frac{U}{R} \cdot e^{-\frac{t}{\tau}}$

bei $t \approx 5\,\tau$:
Kondensator entladen

τ : Zeitkonstante
u_C: Spannung am Kondensator
i_C : Stromstärke in der Reihenschaltung

Induktivität

Einschaltvorgang

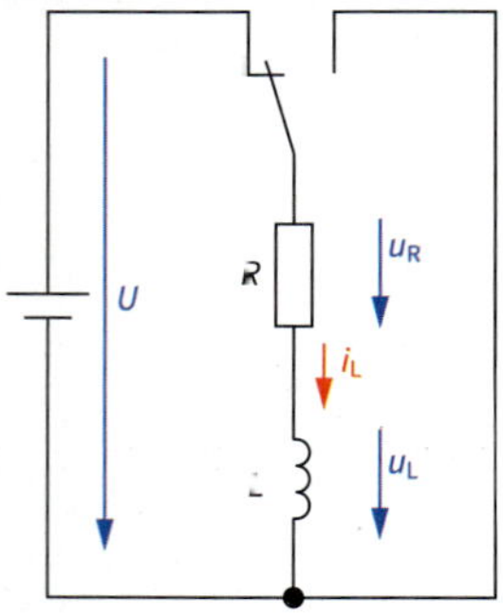

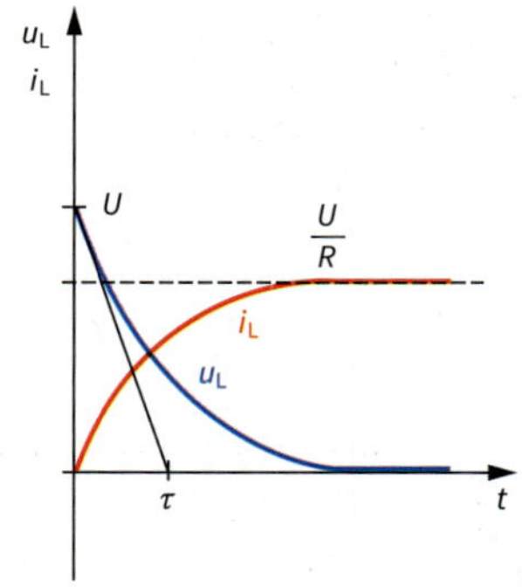

$\tau = \frac{L}{R}$ $[\tau] = s$

$u_L = U \cdot e^{-\frac{t}{\tau}}$ $e = 2{,}718\ldots$

$i_L = \frac{U}{R}\left(1 - e^{-\frac{t}{\tau}}\right)$

τ : Zeitkonstante
u_L: Spannung an der Induktivität
i_L : Stromstärke in der Reihenschaltung

Ausschaltvorgang

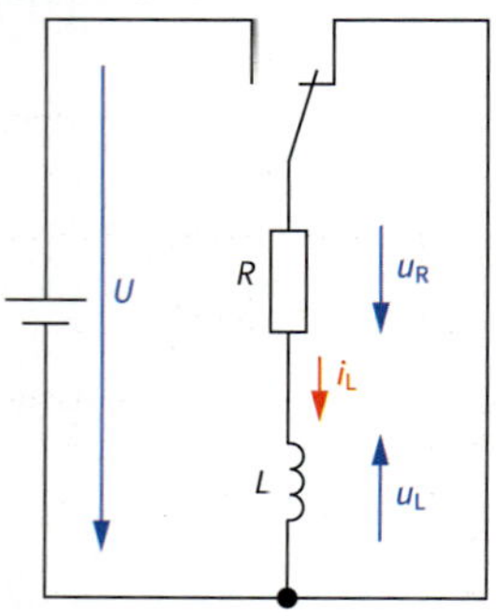

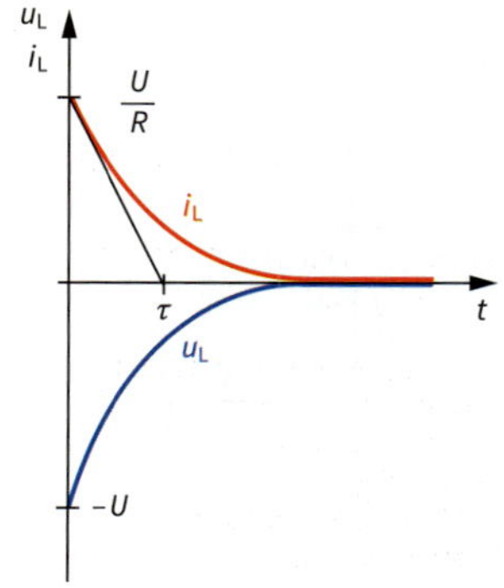

$\tau = \frac{L}{R}$ $[\tau] = s$

$u_L = -U \cdot e^{-\frac{t}{\tau}}$ $e = 2{,}718\ldots$

$i_L = \frac{U}{R} \cdot e^{-\frac{t}{\tau}}$

τ : Zeitkonstante
u_L: Spannung an der Induktivität
i_L : Stromstärke in der Reihenschaltung

Magnetische Feldstärke

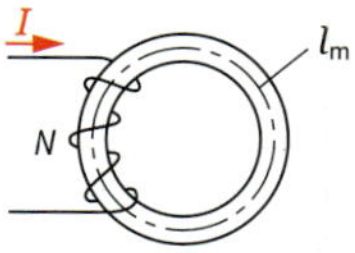

- H : Magnetische Feldstärke
- I : Stromstärke
- N : Windungszahl
- l_m : Mittlere Feldlinienlänge
- Θ : Elektrische Durchflutung

$$H = \frac{I \cdot N}{l_m}$$

$$\Theta = I \cdot N$$

$[H] = \frac{\text{A}}{\text{m}}$

$[\Theta] = \text{A}$

Magnetische Flussdichte (Induktion)

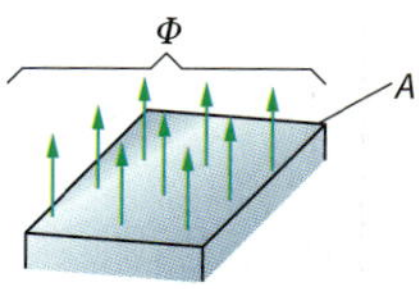

- B : Magnetische Flussdichte
- Φ : Magnetischer Fluss
- A : Fläche

$$B = \frac{\Phi}{A}$$

$[\Phi] = \text{V s}$

1 V s = 1 Wb (Weber)

$[B] = \frac{\text{V s}}{\text{m}^2}$

$\frac{1\ \text{V s}}{\text{m}^2} = 1\ \text{T}$ (Tesla)

Zusammenhang zwischen magnetischer Feldstärke und Flussdichte

Vakuum (Luft)

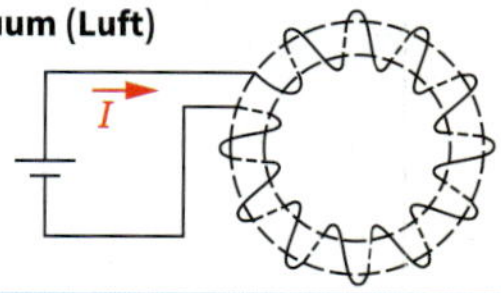

μ_o : Magnetische Feldkonstante

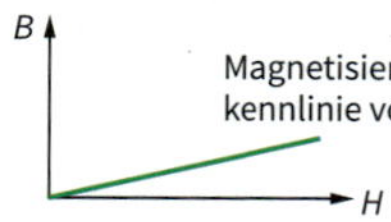

$$B = \mu_o \cdot H$$

$$\mu_o = 1{,}257 \cdot 10^{-6} \frac{\text{V s}}{\text{A m}}$$

Eisenkern

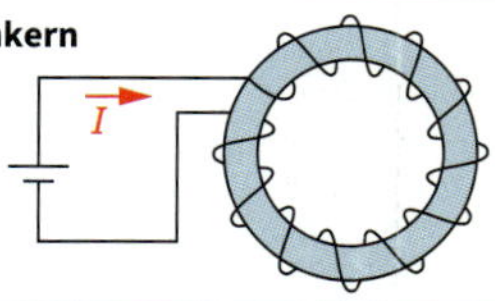

- μ_r : Permeabilitätszahl
- μ : Permeabilität

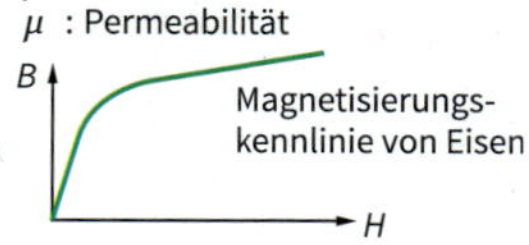

$$B = \mu \cdot H$$

$\mu = \mu_o \cdot \mu_r$ $[\mu_r] = 1$

Stromdurchflossener Leiter im Magnetfeld

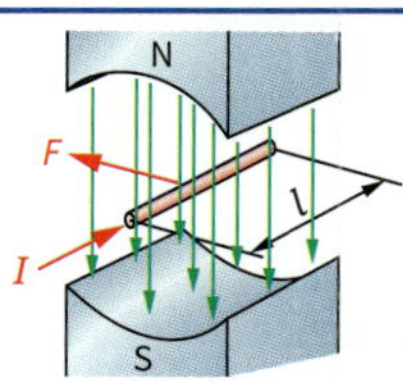

- F : Kraft auf den Leiter
- I : Stromstärke
- l : Leiterlänge im Magnetfeld
- z : Anzahl der Leiter

$$F = B \cdot I \cdot l \cdot z$$

$[F] = \text{N}$

Spule im Magnetfeld

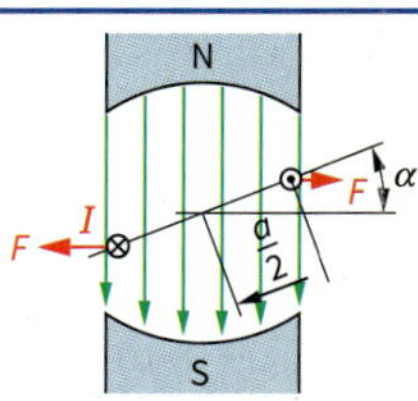

- M : Drehmoment
- a : Spulenlänge
- N : Windungszahl

$$M = \frac{F \cdot a \cdot \sin\alpha}{2}$$

$$F = 2 \cdot N \cdot B \cdot l \cdot I$$

Induktivität der Spule

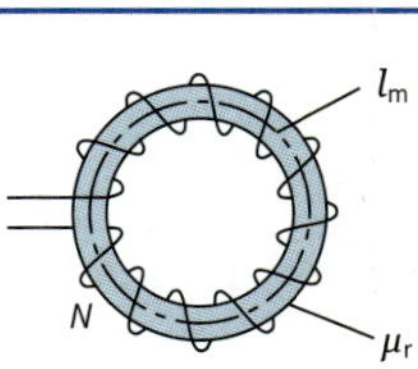

- L : Induktivität
- N : Windungszahl
- A : Fläche (Querschnitt der Spule)
- μ_o : Magnetische Feldkonstante
- μ_r : Permeabilitätszahl
- μ : Permeabilität
- l_m : Feldlinienlänge (mittlere)
- W : Energie der Spule

$$L = \frac{\mu \cdot N^2 \cdot A}{l_m}$$

$$\mu = \mu_o \cdot \mu_r$$

$$W = \frac{L \cdot I^2}{2}$$

$[L] = \frac{\text{V s}}{\text{A}}$

$1 \frac{\text{V s}}{\text{A}} = 1\ \text{H}$ (Henry)

$[\mu_r] = 1$

Induktion der Bewegung

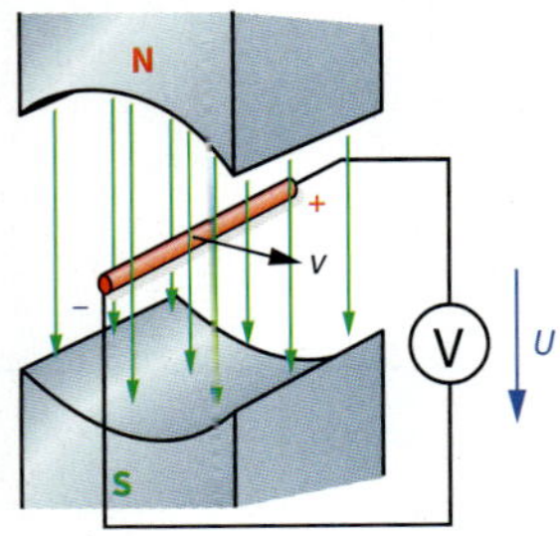

- U : Induktionsspannung
- B : Magnetische Flussdichte
- l : Leiterlänge im Magnetfeld
- v : Geschwindigkeit des Leiters
- z : Anzahl der Leiter

$$U = B \cdot l \cdot v \cdot z$$

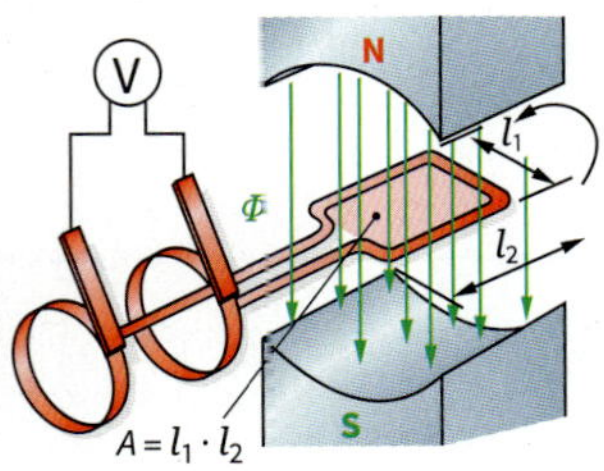

- U : Induktionsspannung
- N : Windungszahl
- $\Delta\Phi$: Flussänderung
- Δt : Zeitänderung

$$U = N \cdot \frac{\Delta\Phi}{\Delta t}$$

$$U = -N \cdot \frac{\Delta\Phi}{\Delta t}$$

Das Vorzeichen hängt vom gewählten Richtungssinn ab.

Induktion der Ruhe

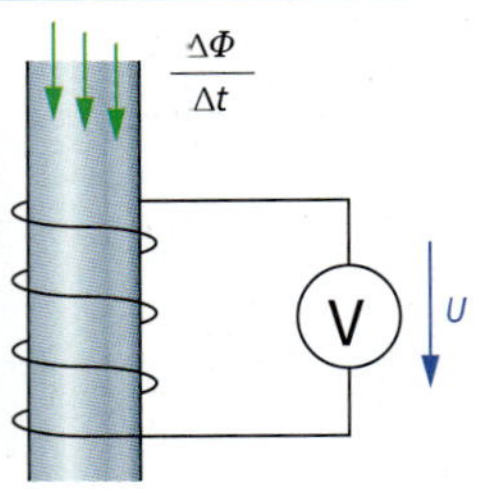

- U : Induktionsspannung
- N : Windungszahl
- $\Delta\Phi$: Flussänderung
- Δt : Zeitänderung

$$U = N \cdot \frac{\Delta\Phi}{\Delta t}$$

$$U = -N \cdot \frac{\Delta\Phi}{\Delta t}$$

Das Vorzeichen hängt vom gewählten Richtungssinn ab.

Einphasentransformator, Übertrager

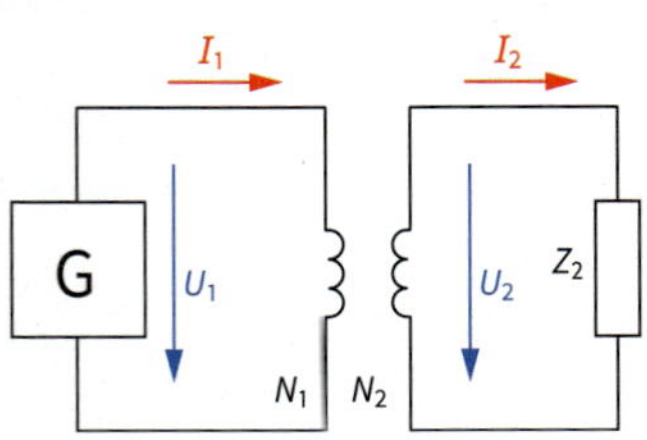

- U_1 : Primärspannung
- U_2 : Sekundärspannung
- I_1 : Primärstromstärke
- I_2 : Sekundärstromstärke
- N_1 : Primärwindungszahl
- N_2 : Sekundärwindungszahl
- Z_1 : Primärer Scheinwiderstand
- Z_2 : Sekundärer Scheinwiderstand
- $ü$: Übersetzungsverhältnis

$$\frac{U_1}{U_2} \approx \frac{N_1}{N_2} \qquad ü = \frac{N_1}{N_2}$$

$$\frac{I_1}{I_2} \approx \frac{N_2}{N_1}$$

$$\frac{Z_1}{Z_2} \approx \left(\frac{N_1}{N_2}\right)^2$$

Schaltungen mit Spulen

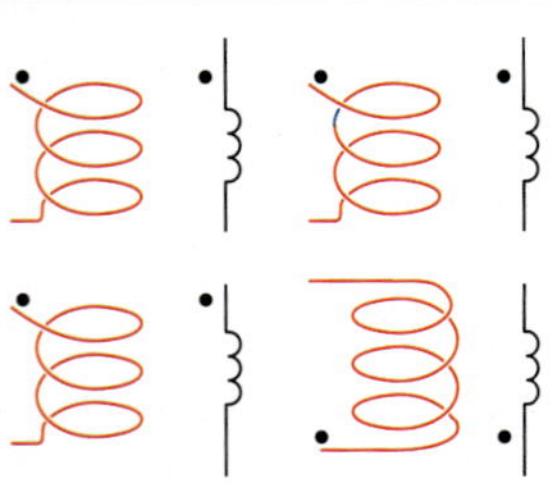

- L : gesamte Selbstinduktivität
- L_1, L_2 : Einzelinduktivitäten
- L_{12} : Gegeninduktivität

$$L = L_1 + L_2 + 2\,L_{12}$$

$$L = L_1 + L_2 - 2\,L_{12}$$

Sinusförmige Wechselspannung

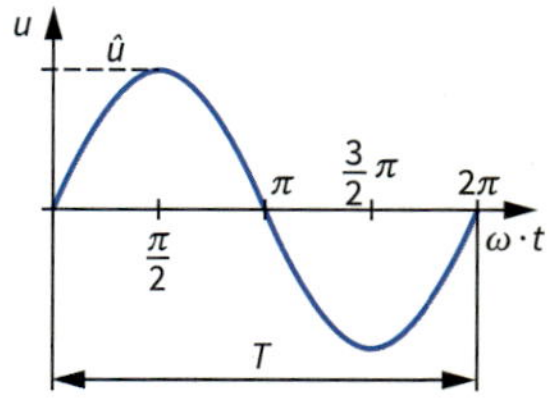

u, i : Momentanwerte (Augenblickswerte)
$\hat{u}, \hat{\imath}$: Maximalwerte, Spitzenwerte, Amplitude
f : Frequenz
T : Periodendauer
ω : Kreisfrequenz
p : Polpaarzahl
n : Drehzahl

$u = \hat{u} \sin \omega \cdot t$

$\omega = 2\pi \cdot f$

$[\omega] = \frac{1}{s}$

$f = \frac{1}{T}$

$f = p \cdot n$

$[f] = \text{Hz}$

$[n] = \frac{1}{s}$

Spitzen- und Effektivwerte

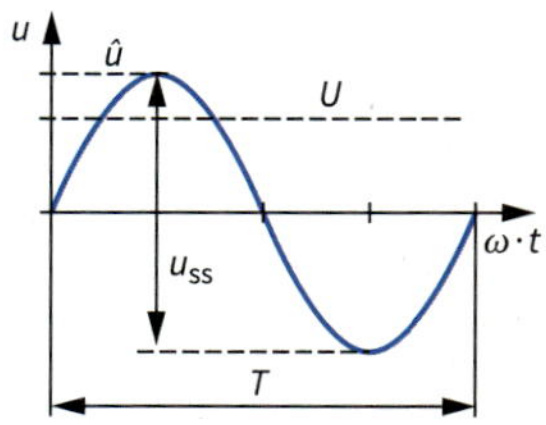

$\hat{u}, \hat{\imath}$: Maximalwerte, Spitzenwerte, Amplituden
U, I : Effektivwerte auch: U_{eff} und I_{eff}

u_{ss}, i_{ss}: Spitze-Spitze-Wert

$U = \frac{\hat{u}}{\sqrt{2}}$

$I = \frac{\hat{\imath}}{\sqrt{2}}$

$u_{ss} = 2 \cdot \hat{u}$

$i_{ss} = 2 \cdot \hat{\imath}$

Addition phasenverschobener Spannungen und Ströme

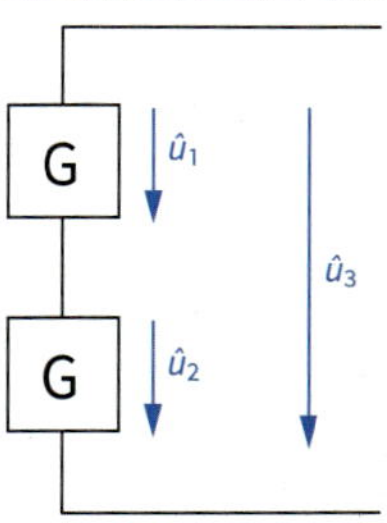

$\varphi_{12}, \varphi_{13}, \varphi_{32}$: Phasenverschiebungswinkel

$\hat{u}_1, \hat{u}_2$: Spitzenwerte der Einzelspannungen

$\hat{u}_3$: Spitzenwert der Gesamtspannung

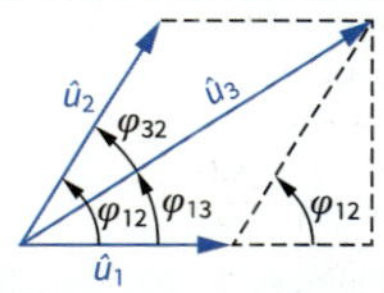

$\hat{u}_3^2 = \hat{u}_1^2 + \hat{u}_2^2 - 2 \cdot \hat{u}_1 \cdot \hat{u}_2 \cdot \cos(180° - \varphi_{12})$

$\tan \varphi_{13} = \frac{\hat{u}_2 \cdot \sin \varphi_{12}}{\hat{u}_1 + \hat{u}_2 \cdot \cos \varphi_{12}}$

Leistungen im Wechselstromkreis

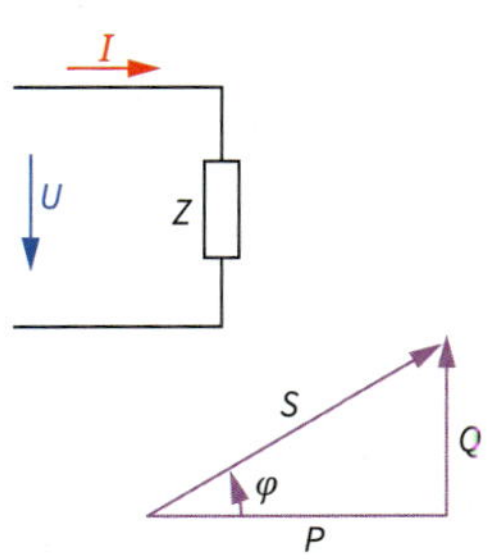

S : Scheinleistung
P : Wirkleistung
Q : Blindleistung
$\cos \varphi$: Leistungsfaktor
λ : Wirkleistungsfaktor

$\sin \varphi$: Blindleistungsfaktor

$S = U \cdot I$

$S = \sqrt{P^2 + Q^2}$

$P = U \cdot I \cdot \cos \varphi$

$[S] = \text{V} \cdot \text{A}$

$[P] = \text{W}$

$\cos \varphi = \frac{P}{S}$

$\lambda = \frac{P}{S}$

$Q = U \cdot I \cdot \sin \varphi$

$[Q] = \text{var}$

Rechtecksignale

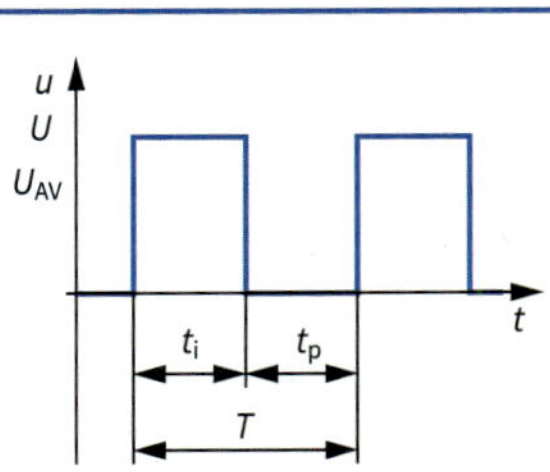

t_i : Impulsdauer
t_p : Pausendauer
T : Periodendauer
f : Frequenz
g : Tastgrad
U_{AV} : Mittelwert
V : Tastverhältnis

$T = t_i + t_p$

$f = \frac{1}{T}$

$g = \frac{t_i}{T}$

$V = \frac{1}{g}$

$U_{AV} = \frac{U \cdot t_i}{T}$

Drehstrom
Three-phase current

Spannungsverlauf (Liniendiagramm)

Drei um 120° (6,67 ms) phasenverschobene Wechselspannungen.

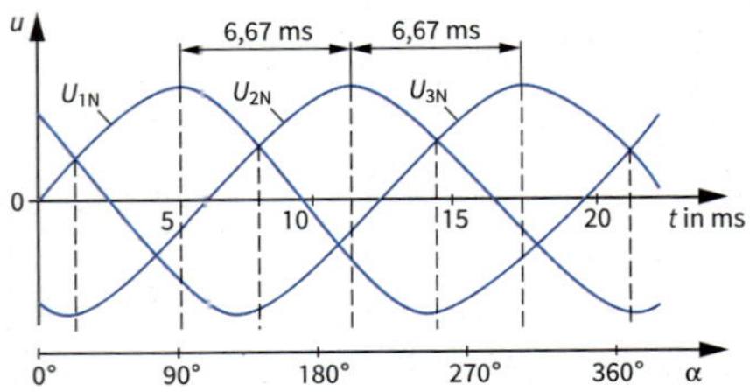

Spannungsversorgung

1. Transformatorstation
2. Übertragungsstrecke
3. Hausanschlusskasten

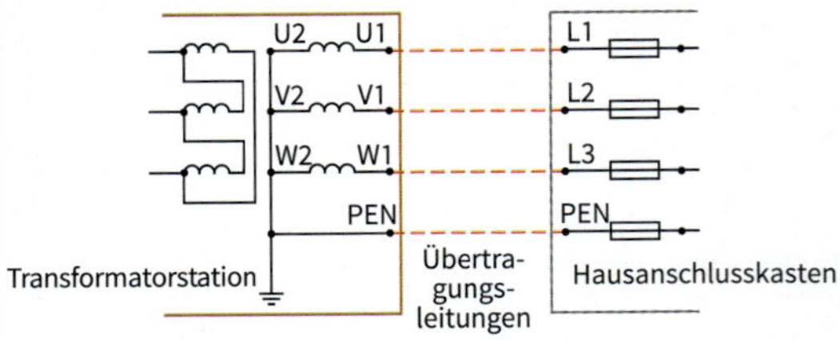

Zeigerdiagramm

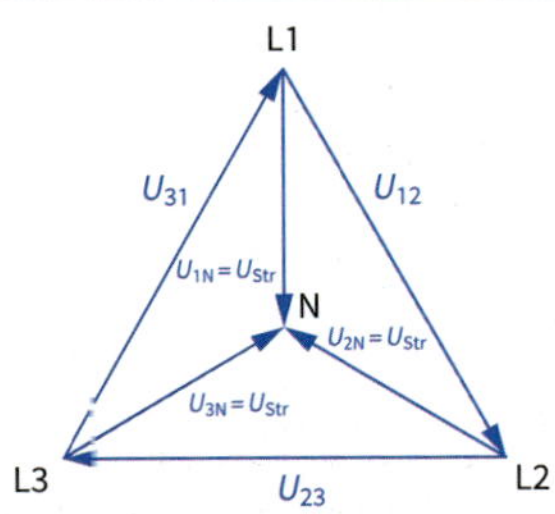

Spannungen

Außenleiterspannungen
$U_{12} = U_{23} = U_{31} = 400\,V$

Strangspannungen
$U_{1N} = U_{2N} = U_{3N} = 230\,V$

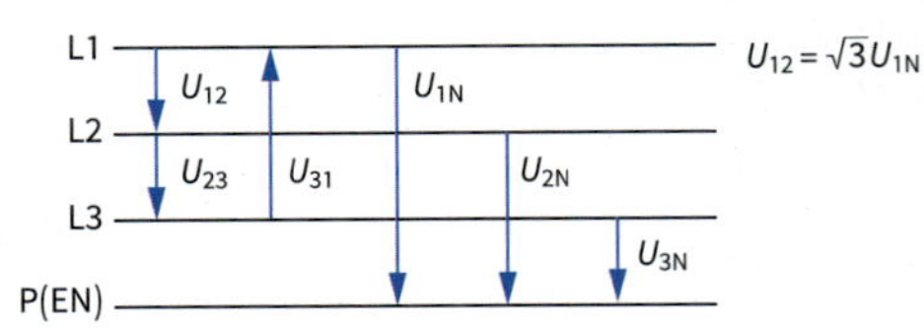

Stromsysteme
Current systems

Kennzeichnung von Systempunkten und Leitern

Stromsystem	Teil	Außenpunkte, Außenleiter	Mittelpunkt, Mittelleiter, Sternpunkt, Neutralleiter	Bezugs-erde	Schutz-leiter geerdet	Neutralleiter, PEN-Leiter
Gleichstrom	Netz	Polarität: positiv: L+; negativ: L–	M	E	PE	–
m-Phasen-system	Netz	vorzugsweise: L1, L2, L3 … Lm	N			
		zulässig auch: 1, 2, 3, … m				
Drehstrom	Netz	vorzugsweise: L1, L2, L3				PEN
		zulässig auch: 1, 2, 3,				
	Betriebsmittel	allgemein: U, V, W				

Beispiele von Formelzeichen für Spannungen

Art der Spannungen	Stromsystem		Formelzeichen
Außenleiterspannungen	Gleichstromsystem		U, U_{L+}, U_{L-}
	m-Phasensystem		U_{12}, U_{23}, $U_{34} \ldots U_{m}$
	Drehstromsystem		U_{12}, U_{23}, U_{31}
	Drehstrom-Generatoren, -Motoren, -Transformatoren		U_{UV}, U_{VW}, U_{WU}
Außenleiter-Mittelspannung	Gleichstromsystem		U, U_{L+M}, U_{M-L}
Sternspannungen	Sternschaltung	m-Phasensystem	U_{1N}, U_{2N}, $U_{3N} \ldots U_{mN}$
		Drehstromsystem	U_{1N}, U_{2N}, U_{3N}
	Drehstrom: Generatoren, Motoren, Transformatoren		U_{UN}, U_{VN}, U_{WN}
Mittelpunktspannung	Gleichstromsystem		U_{ME}
Sternpunktspannung	Sternschaltung: m-Phasensystem, Drehstromsystem		U_{NE}

Kapazität des Kondensators

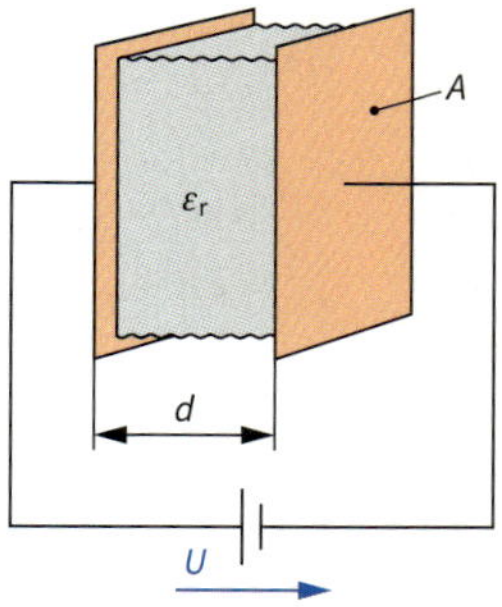

$$C = \frac{\varepsilon \cdot A}{d}$$

$\varepsilon = \varepsilon_0 \cdot \varepsilon_r \qquad [\varepsilon_r] = 1$

$\varepsilon_0 = 8{,}86 \cdot 10^{-12}\ \frac{\text{As}}{\text{Vm}}$

$[C] = \frac{\text{As}}{\text{V}}$

$1\ \frac{\text{As}}{\text{V}} = 1\ \text{F (Farad)}$

C: Kapazität des Kondensators
Q: Ladung des Kondensators
U: Spannung zwischen den Kondensatorplatten
ε: Permittivität
ε_0: Elektrische Feldkonstante
ε_r: Permittivitätszahl
A: Plattenfläche
d: Plattenabstand

Induktivität der Spule

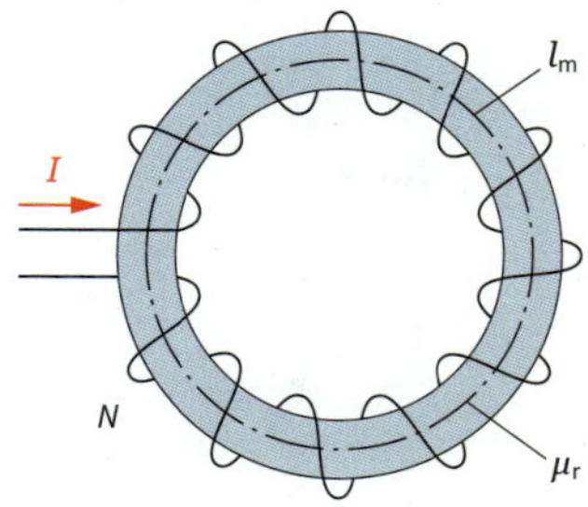

$$L = \frac{\mu \cdot N^2 \cdot A}{l_m}$$

$[L] = \frac{\text{Vs}}{\text{A}}$

$1\ \frac{\text{Vs}}{\text{A}} = 1\ \text{H (Henry)}$

$\mu = \mu_0 \cdot \mu_r$

$[\mu_r] = 1$

$[\mu_0] = 1{,}257 \cdot 10^{-6}\ \frac{\text{Vs}}{\text{Am}}$

L: Induktivität
N: Windungszahl
A: Fläche (Querschnitt) der Spule
μ_0: Magnetische Feldkonstante
μ_r: Permeabilitätszahl
μ: Permeabilität
l_m: Feldlinienlänge (mittlere)

Blindwiderstand X_C

- Im Wechselstromkreis verhält sich der Kondensator wie ein Widerstand (Blindwiderstand).
- Zwischen Spannung und Stromstärke besteht eine Phasenverschiebung von 90°.
- Die Stromstärke eilt voraus.

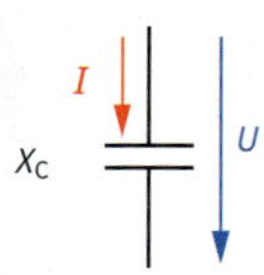

$X_C = \frac{1}{2\pi \cdot f \cdot C}$

$X_C = \frac{1}{\omega \cdot C}$

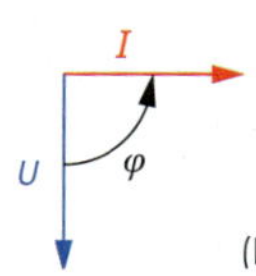

$I = \frac{U}{X_C}$

$\varphi = 90°$ (kapazitiv)

Blindwiderstand X_L

- Im Wechselstromkreis verhält sich die ideale Spule wie ein Widerstand (Blindwiderstand).
- Zwischen Spannung und Stromstärke besteht eine Phasenverschiebung von 90°.
- Die Spannung eilt voraus.

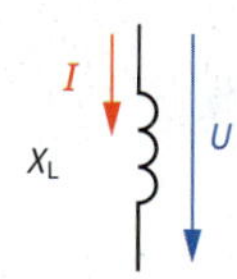

$X_L = 2\pi \cdot f \cdot L$

$X_L = \omega \cdot L$

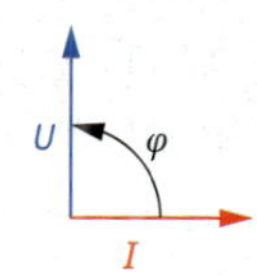

$I = \frac{U}{X_L}$

$\varphi = 90°$ (induktiv)

Bauformen von Kondensatoren

- **Papierkondensatoren**
  Elektroden aus Aluminiumfolie, Dielektrikum aus imprägniertem Papier
- **Kunststofffolien-Kondensatoren** ①
  Aufgedampftes Aluminium auf Kunststofffolien
- **Keramik-Kondensatoren** ②
  Metallplatte oder Metallschichten durch ein keramisches Dielektrikum getrennt
- **Aluminium-Elektrolyt-Kondensatoren**
  Elektroden aus Aluminiumfolie, Dielektrikum ist elektrolytisch erzeugtes Aluminiumoxid
- **Tantal-Elektrolyt-Kondensatoren** ③
  Elektroden aus Tantal, Oxidschichten als Dielektrikum

Beispiele:

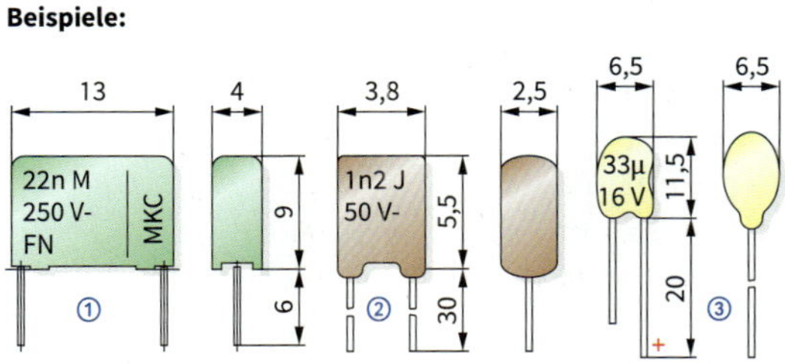

Bauformen von Spulen

Kerne aus
- Ferromagnetischen Kernmaterialien
- Oxidkeramischen Ferriten

Spulen mit
- Schalenkernen und Luftspalt
- Zylinderkernen, Rohrkernen, Gewindekernen
- E-, U-, EC-, CC-Kernen

Beispiel:
Schalenkern Ø 18 x 11

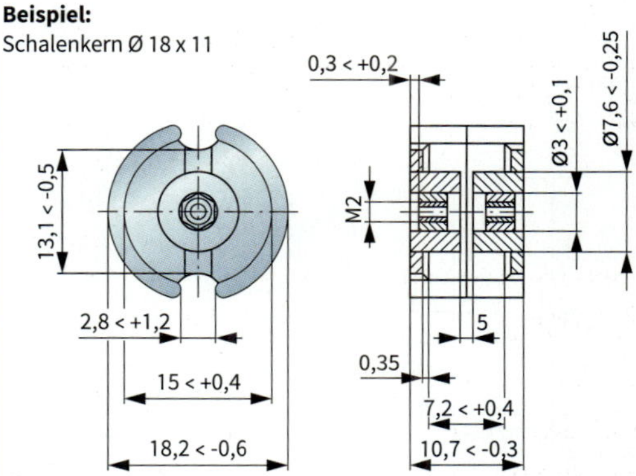

Widerstände im Wechselstromkreis
Resistors in A.C. circuits

Schaltung	Stromstärke und Spannung	Widerstand und Leitwert	Leistung
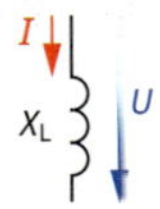	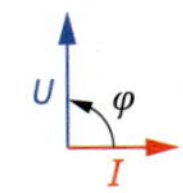 $I = \frac{U}{X_L}$ $\varphi = 90°$ (induktiv)	$X_L = 2\pi \cdot f \cdot L$ $X_L = \omega \cdot L$	$Q_L = U \cdot I$
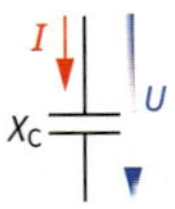	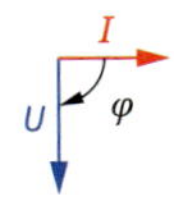 $I = \frac{U}{X_C}$ $\varphi = -90°$ (kapazitiv)	$X_C = \frac{1}{2\pi \cdot f \cdot C}$ $X_C = \frac{1}{\omega \cdot C}$	$Q_C = U \cdot I$
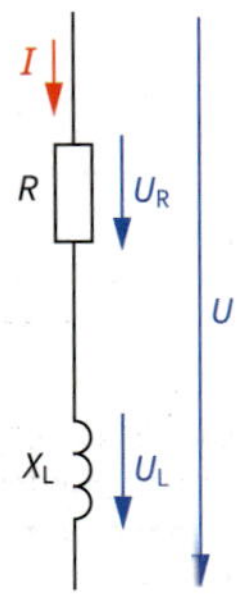	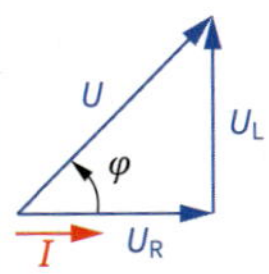 $I = \frac{U_R}{R}$ $I = \frac{U_L}{X_L}$ $I = \frac{U}{Z}$ $U^2 = U_R^2 + U_L^2$ $\tan\varphi = \frac{U_L}{U_R}$ $\sin\varphi = \frac{U_L}{U}$; $\cos\varphi = \frac{U_R}{U}$	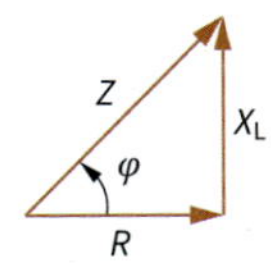 $Z^2 = R^2 + X_L^2$ $\tan\varphi = \frac{X_L}{R}$ $\sin\varphi = \frac{X_L}{Z}$; $\cos\varphi = \frac{R}{Z}$	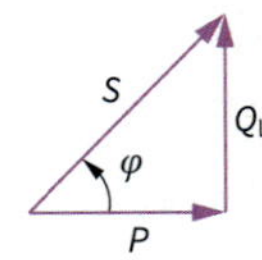 $P = U_R \cdot I$ $Q_L = U_L \cdot I$ $S = U \cdot I$ $S^2 = P^2 + Q_L^2$ $\tan\varphi = \frac{Q_L}{P}$ $\sin\varphi = \frac{Q_L}{S}$; $\cos\varphi = \frac{P}{S}$
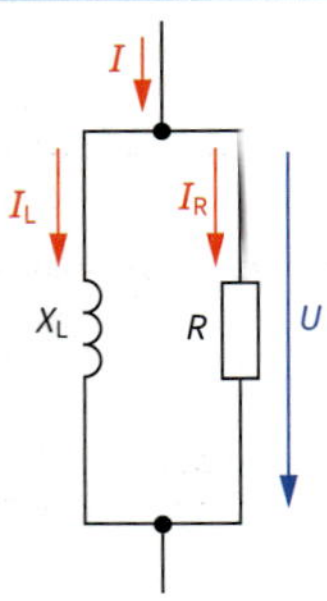	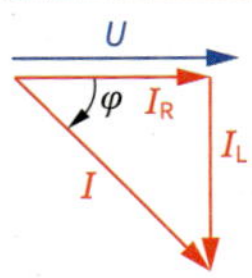 $U = I_R \cdot R$ $U = I_L \cdot X_L$ $U = I \cdot Z$ $I^2 = I_R^2 + I_L^2$ $\tan\varphi = \frac{I_L}{I_R}$ $\sin\varphi = \frac{I_L}{I}$; $\cos\varphi = \frac{I_R}{I}$	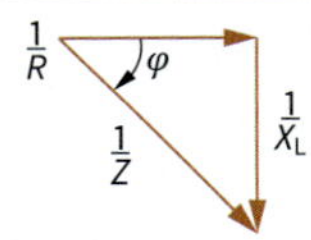 $Y^2 = G^2 + B_L^2$ $\left(\frac{1}{Z}\right)^2 = \left(\frac{1}{R}\right)^2 + \left(\frac{1}{X_L}\right)^2$ $\tan\varphi = \frac{R}{X_L}$ $\sin\varphi = \frac{Z}{X_L}$; $\cos\varphi = \frac{Z}{R}$	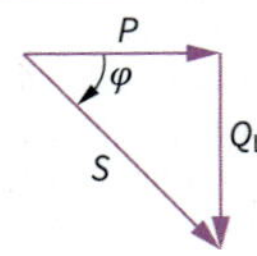 $P = U \cdot I_R$ $Q_L = U \cdot I_L$ $S = U \cdot I$ $S^2 = P^2 + Q_L^2$ $\tan\varphi = \frac{Q_L}{P}$ $\sin\varphi = \frac{Q_L}{S}$; $\cos\varphi = \frac{P}{S}$
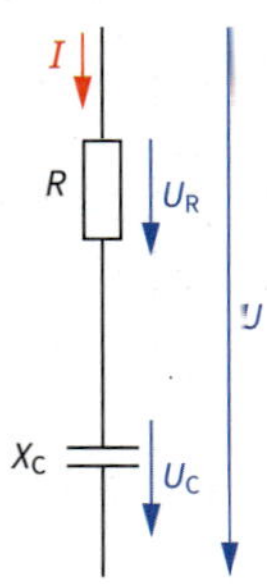	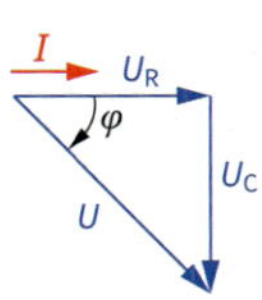 $I = \frac{U_R}{R}$ $I = \frac{U_C}{X_C}$ $I = \frac{U}{Z}$ $U^2 = U_R^2 + U_C^2$ $\tan\varphi = \frac{U_C}{U_R}$ $\sin\varphi = \frac{U_C}{U}$; $\cos\varphi = \frac{U_R}{U}$	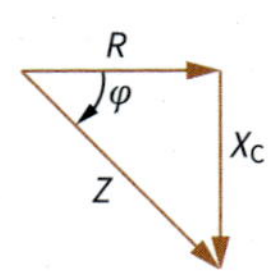 $Z^2 = R^2 + X_C^2$ $\tan\varphi = \frac{X_C}{R}$ $\sin\varphi = \frac{X_C}{Z}$; $\cos\varphi = \frac{R}{Z}$	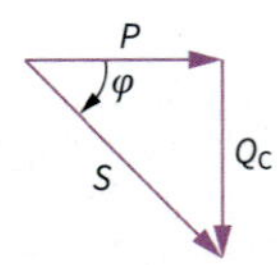 $P = U_R \cdot I$ $Q_C = U_C \cdot I$ $S = U \cdot I$ $S^2 = P^2 + Q_C^2$ $\tan\varphi = \frac{Q_C}{P}$ $\sin\varphi = \frac{Q_C}{S}$; $\cos\varphi = \frac{P}{S}$
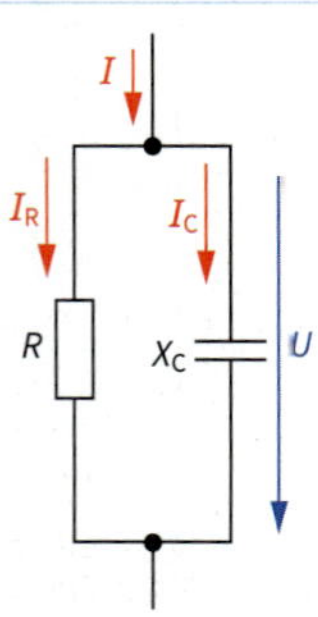	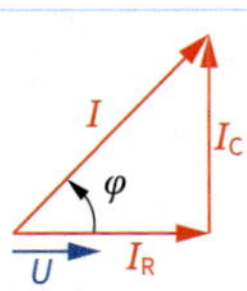 $I_R = \frac{U}{R}$ $I_C = \frac{U}{X_C}$ $I = \frac{U}{Z}$ $I^2 = I_R^2 + I_C^2$ $\tan\varphi = \frac{I_C}{I_R}$; $\cos\varphi = \frac{I_R}{I}$ $\sin\varphi = \frac{I_C}{I}$	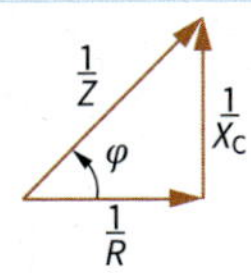 $Y^2 = G^2 + B_C^2$ $\left(\frac{1}{Z}\right)^2 = \left(\frac{1}{R}\right)^2 + \left(\frac{1}{X_C}\right)^2$ $\tan\varphi = \frac{R}{X_C}$; $\cos\varphi = \frac{Z}{R}$ $\sin\varphi = \frac{Z}{X_C}$	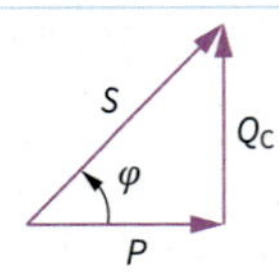 $P = I_R \cdot U$ $Q_C = I_C \cdot U$ $S = I \cdot U$ $S^2 = P^2 + Q_C^2$ $\tan\varphi = \frac{Q_C}{P}$; $\cos\varphi = \frac{P}{S}$ $\sin\varphi = \frac{Q_C}{S}$

Schall

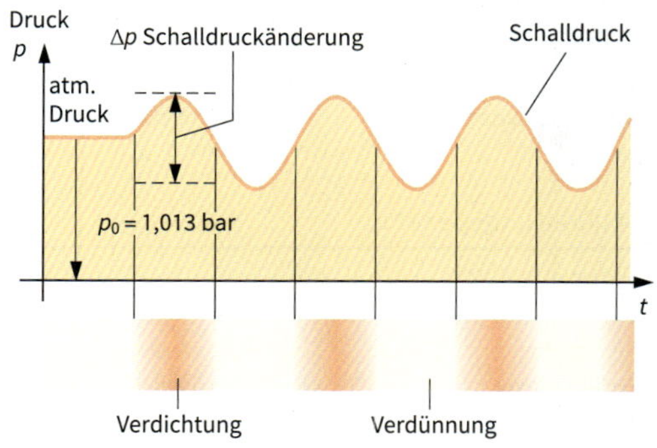

Lautstärken von Schallquellen

Schallquelle	Lautstärkepegel L_N in phon	Schalldruck p in μbar
Hörschwelle	0	$2 \cdot 10^{-4}$
Flüstern in 1 m Entfernung	30	$6{,}4 \cdot 10^{-3}$
mittlere Sprachwiedergabe	50	$6{,}4 \cdot 10^{-2}$
Verkehrslärm	70	$6{,}4 \cdot 10^{-1}$
Presslufthammer	90	6,4
startendes Flugzeug, 5 m Abstand	110	64
Schmerzschwelle	130	640

Schallgeschwindigkeit

$$c = f \cdot \lambda \qquad [c] = \frac{\text{m}}{\text{s}}$$

c: Schallgeschwindigkeit
f: Frequenz
λ: Wellenlänge

Wellenarten

Longitudinalwellen (Längswellen)
Schwingungsrichtung der Teilchen ist identisch mit der Ausbreitungsrichtung des Schalls.

Transversalwellen (Querwellen)
Teilchen schwingen quer zur Ausbreitungsrichtung des Schalls.

Lautstärkepegel

Angabe: L_N in phon

Der Lautstärkepegel eines beliebigen Schalleindrucks beträgt z. B. x phon, wenn von einem gehörmäßig normalempfindenden Beobachter der Schall als gleich laut wahrgenommen wird wie ein Ton mit f = 1 kHz, dessen Schalldruckpegel x dB beträgt.

Lautheit

Angabe: N in sone

Die Lautheit ist der Stärke der Schallwahrnehmung normalhörender Beobachter proportional.

Schalldruckpegel L_p in Abhängigkeit von der Frequenz (Kurven gleicher Lautstärke, Sinustöne)

gehörmäßig normalempfindende Personen, Alter: 18–25 Jahre

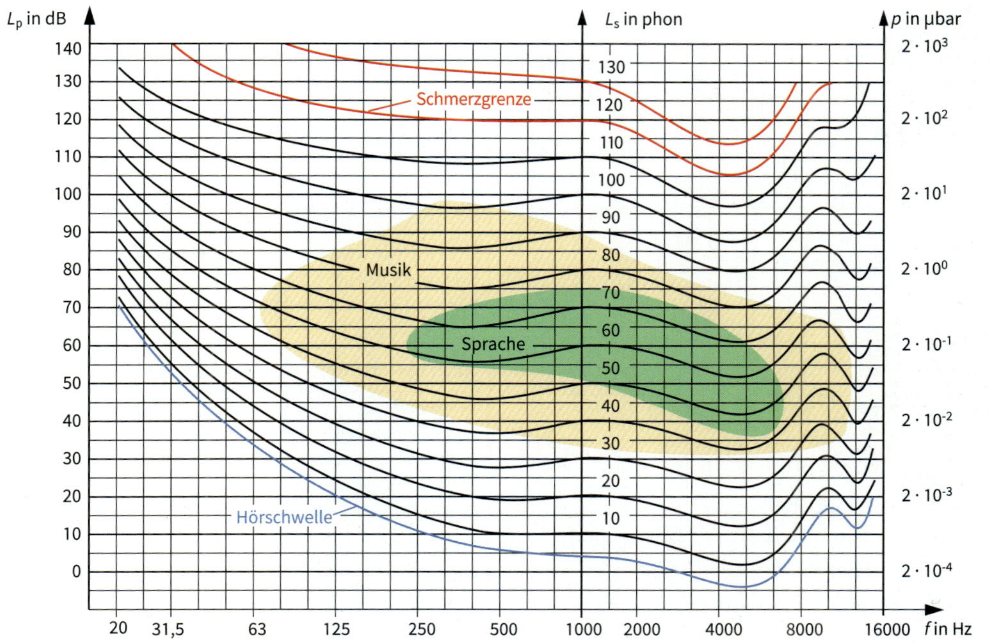

Schalldruckpegel L_p

$$L_p = 20 \lg \frac{p}{p_0} \text{ dB}$$

p: Effektiver Schalldruck
$p_0 = 20\,\mu\text{N/m}^2$

p_0: Schalldruck in Luft
$p_0 = 2 \cdot 10^{-4}\,\mu\text{bar}$

Schallschnellepegel L_v

$$L_v = 20 \lg \frac{v}{v_0} \text{ dB}$$

v: Effektive Schallschnelle

v_0: Schallschnelle in Luft
$v_0 = 50$ nm/s

Schallintensitätspegel L_I

$$L_I = 10 \lg \frac{I}{I_0} \text{ dB}$$

I: Schallintensität
$I_0 = 10^{-12}$ W/m²

I_0: Schallintensität in Luft
$I_0 = 1$ pW/m²

Schallleistungspegel L_P

$$L_P = 10 \lg \frac{P}{P_0} \text{ dB}$$

P: Schallleistung
$P_0 = 1 \cdot 10^{-12}$ W

P_0: Schallleistung in Luft
$P_0 = 1$ pW

Zusammenhang zwischen Lautheit und Lautstärkepegel

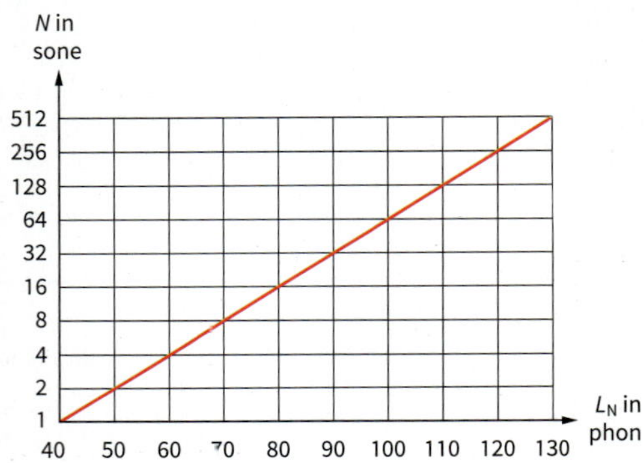

Bewertungskurve für Schallpegelmesser

Bei der Schallpegelmessung wird das Schallereignis ähnlich dem menschlichen Ohr durch ein zwischengeschaltetes Filter bewertet (Filter A). Das Messergebnis entspricht somit dem Schallempfinden des Menschen.

Bewertungskurve

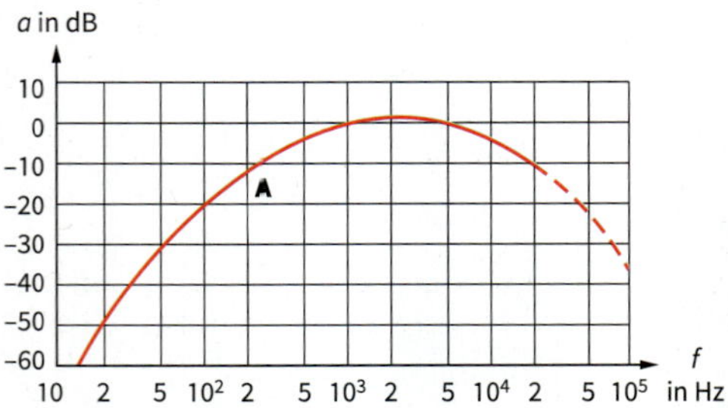

Messschaltung

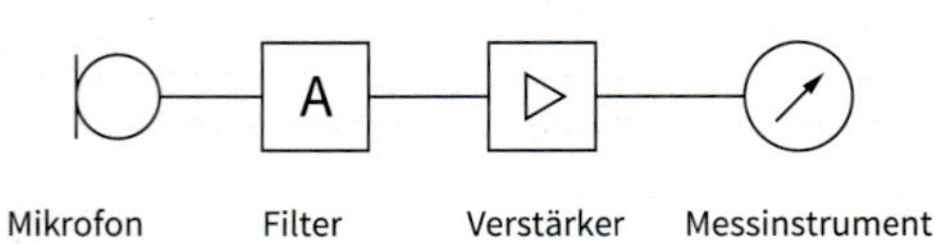

Schallgeschwindigkeiten und Materialkenngrößen bei 20 °C

Stoff	Dichte ϱ in $\frac{\text{g}}{\text{cm}^3}$	Schallgeschwindigkeit c in $\frac{\text{m}}{\text{s}}$	Feldkennimpedanz Z_0 in $\frac{\text{N} \cdot \text{s} \cdot 10^6}{\text{m}^3}$
Aluminium	2,7	6260	16,9
Beton	2,6	3100	8,06
Eisen	7,9	5000	39,5
Gummi	1,5	1480	2,22
Kupfer	8,9	4700	1,3
Messing	8,6	3400	41,8
Polystyrol	1,1	1800	1,98
PVC	1,2	80	0,096
Silber	10,5	3600	37,8
Stahl	7,8	5850	45,6
Zink	7,14	2680	19,14
Alkohol	0,79	1180	0,992
Quecksilber	13,55	1451	19,7
Trafoöl	0,9	1425	1,3
Wasser	1,0	1440	1,4
Sauerstoff	$1{,}4 \cdot 10^{-3}$	316	$442 \cdot 10^{-6}$
Luft	$1{,}2 \cdot 10^{-3}$	343	$412 \cdot 10^{-6}$

Feldkennimpedanz:
$Z_0 = \varrho \cdot c$ $\quad \varrho$: Dichte $\quad c$: Schallgeschwindigkeit

Schallleistungen von Schallquellen

Schallquelle	Schallleistung P in W
Umgangssprache (Mittelwert)	$7 \cdot 10^{-6}$
Höchstwert der menschlichen Stimme	$2 \cdot 10^{-3}$
Klavier	$2 \cdot 10^{-1}$
Autohupe	5
Lautsprecher	10
Sirene	1000

Optische Strahlung

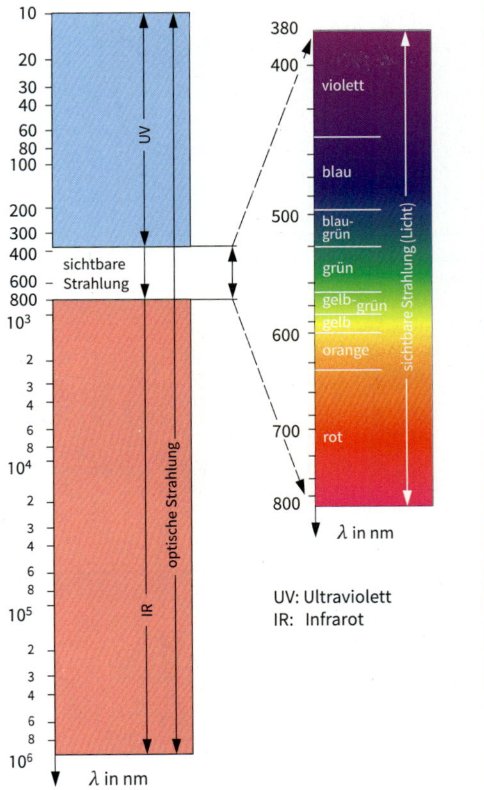

Relativer spektraler Helligkeitsempfindlichkeitsgrad (Augenempfindlichkeit)

Tagessehen: $V(\lambda)$
Helligkeitsadaption oberhalb von 10 lx, photooptischer Bereich, Zapfen-Sehen;
Strahlungsäquivalent: $K_m = 683$ lm/W

Nachtsehen: $V'(\lambda)$
Dunkeladaption unterhalb 0,1 lx, skoptischer Bereich, Stäbchen-Sehen;
Strahlungsäquivalent: $K_m = 1699$ lm/W

Die Kurven sind Mittelwerte, die an vielen Personen ermittelt wurden.

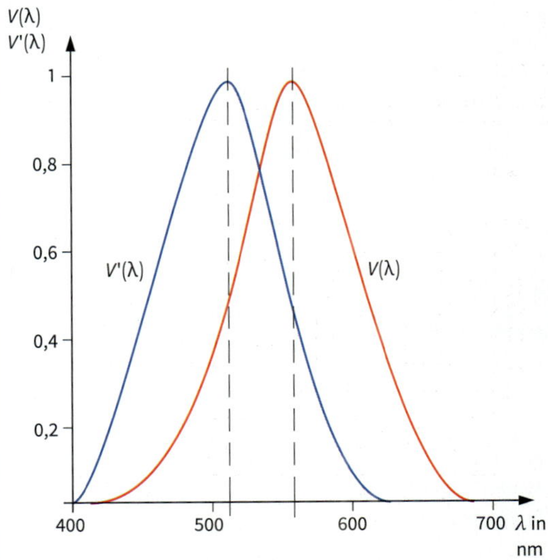

Wellenlängenbereiche der UV- und IR-Strahlung

Name	Kurzzeichen	Wellenlänge λ in nm	Frequenz f in THz	Energie Q_e in eV
Ultraviolettstrahlung (UV)	UV-C < VUV[1]	100 … 200	3.000 … 1.500	12,4 … 6,2
	UV-C < FUV[2]	200 … 280	1.500 … 1.070	6,2 … 4,4
	UV-B (Mittleres UV)	280 … 315	1.070 … 950	4,4 … 3,9
	UV-A (Nahes UV)	315 … 380	950 … 790	3,9 … 3,3
Sichtbare Strahlung, Licht	VIS	380 … 780	790 … 385	3,3 … 1,6
Infrarot-Strahlung (IR)	NIR[3] < IR-A	780 … 1400	385 … 215	1,6 … 0,9
	NIR[3] < IR-B	1.400 … 3.000	215 … 100	0,9 … 0,4
	IR-C < MIR[4]	3.000 … 50.000	100 … 6	0,4 … 0,025
	IR-C < FIR[5]	50.000 … $1 \cdot 10^6$	6 … 0,3	0,025 … 0,001

[1] Vakuum UV, [2] Fernes UV, [3] Nahes IR, [4] Mittleres IR, [5] Fernes IR

Strahlungsphysikalische (radiometrische) Größen (radiometric units)

- rein physikalische Betrachtungsweise
- Index e bedeutet: energetische
- Bereich von $10^1 \dots 10^6$ nm

Lichttechnische (fotometrische) Größen (photometric units)

- physiologische Bewertung durch das menschliche Auge
- Index v bedeutet: visuell
- Teilbereich der optischen Strahlung, 380 nm … 780 nm

Reflexion an spiegelnden Flächen

Ebene Fläche

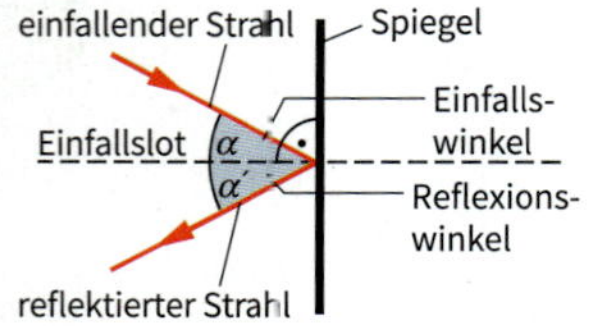

Einfallender Strahl, reflektierter Strahl und Einfallslot liegen in einer Ebene. Einfallswinkel und Ausfallswinkel sind gleich groß.

$\alpha = \alpha'$

Gewölbte Fläche (Hohlspiegel)

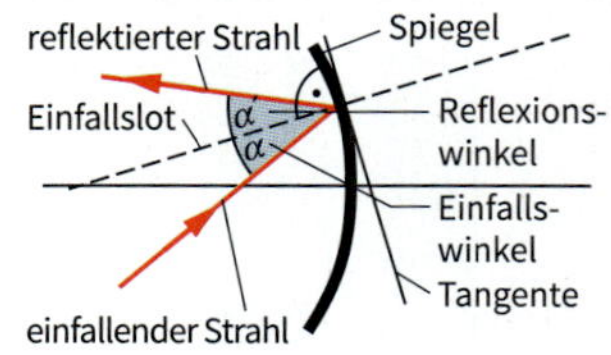

Lichtbrechung

Ebene Fläche (z. B. Glas)

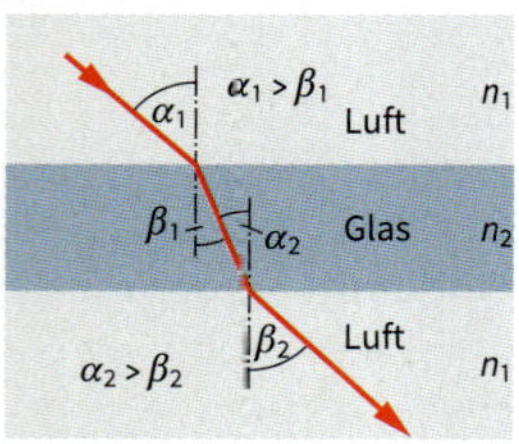

Wenn Licht von einem optischen Medium in ein anderes übergeht, ändert das Licht seine Geschwindigkeit c und damit seine Richtung. Der Quotient n (**Brechzahl**) aus dem Sinus des Einfallswinkels α und dem Sinus des Brechungswinkels β ist konstant

$$\frac{\sin\alpha}{\sin\beta} = \frac{c_1}{c_2} = \frac{n_2}{n_1}$$

Prisma

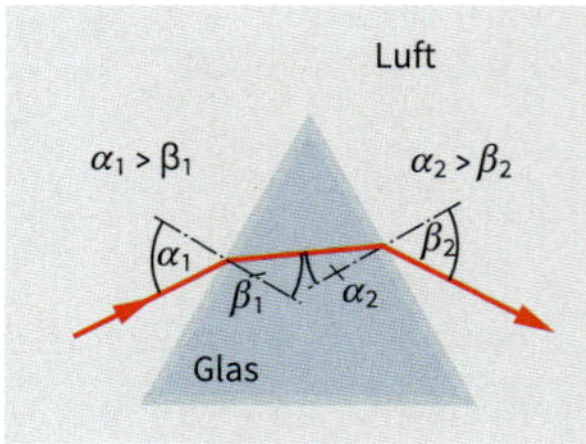

Linsen

Sammellinsen (Konvexlinsen)

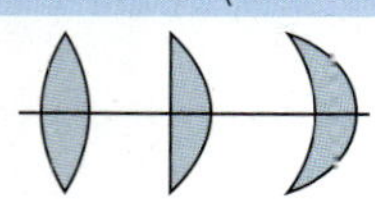

bi-konvex, plan-konvex, konkav-konvex

F_1, F_2: Brennpunkte

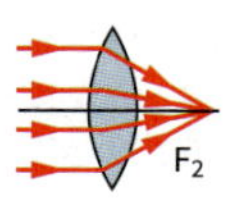

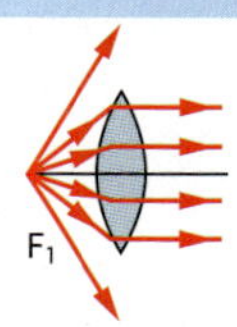

F_1, F_2: Brennpunkte

Zerstreuungslinsen (Konkavlinsen)

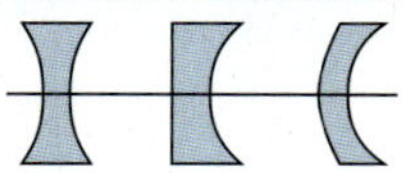

bi-konkav, plan-konkav, konvex-konkav

F_1, F_2: Brennpunkte

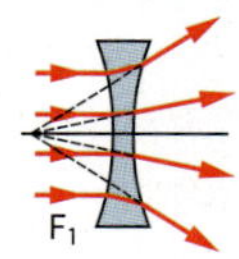

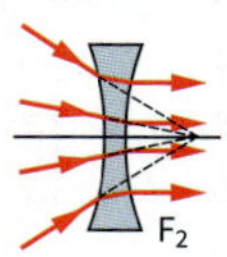

F_1, F_2: Brennpunkte

Lichttechnische Größen

Formelzeichen, Formeln	Größe	Einheit
Q, W	Lichtmenge Q	Lumensekunde, lm · s
$\Phi_V = \frac{Q}{t}$	Lichtstrom Φ_V	Lumen, lm 1 lm = 1 cd · sr
Sender		
$I_V = \frac{\Phi}{\Omega}$	Lichtstärke I_V	Candela, cd
$L_V = \frac{\Phi}{\Omega \cdot A \cdot \cos\varepsilon}$	Leuchtdichte L_V (Lichtstärke/Fläche)	Candela/Quadratmeter cd · m⁻²
Empfänger		
$E_V = \frac{\Phi}{A}$	Beleuchtungsstärke E_V (Lichtstrom/Fläche)	Lux, lx 1 lx = 1 lm · m⁻²
$H_V = E \cdot t$	Belichtung H_V	Luxsekunde, lx · s 1 lx · s = 1 lm · s · m⁻²

Raumwinkel Ω, ω

Einheit: Steradiant (sr)

$\Omega = \frac{A}{r^2}$ 1 sr bei r = 1 m und A = 1 m²

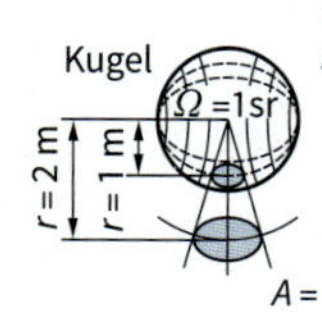

Lichtstrom Φ_V

Lichtquelle

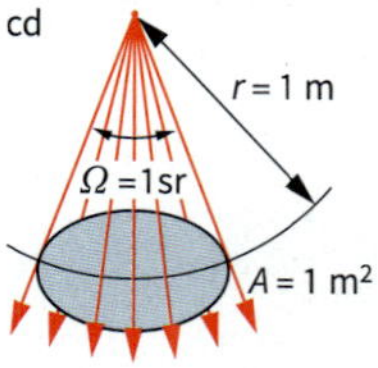

Belichtung H_V

Lichtquelle

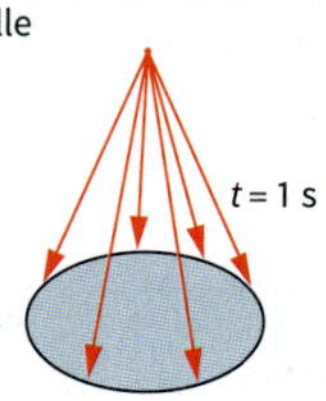

Beleuchtungsstärke E_V

Lichtquelle

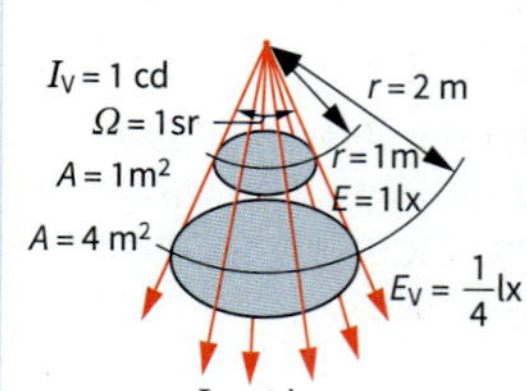

Technische Dokumentation

2

Metalltechnik

Elektrotechnik

Darstellung in Schaltplänen

Nr.	Benennung Darstellung	Liniengruppe			Anwendung
		0,35	0,5	0,7	
01.1	Volllinie, schmal	0,18	0,25	0,35	.1 Lichtkanten bei Durchdringungen .2 Maßlinien .3 Maßhilfslinien .4 Hinweis- und Bezugslinien .5 Schraffuren .6 Umrisse eingeklappter Schnitte .7 kurze Mittellinien .8 Gewindegrund .9 Maßlinienbegrenzungen .10 Diagonalkreuze zur Kennzeichnung ebener Flächen .11 Biegelinien an Roh- und bearbeiteten Teilen .12 Umrahmungen von Einzelheiten .13 Kennzeichnung sich wiederholender Einzelheiten .14 Zuordnungslinien an konischen Formelementen .15 Lagerichtung von Schichtungen .16 Projektionslinien .17 Rasterlinien
	Freihandlinie, schmal				.18 Vorzugsweise manuell dargestellte Begrenzung von Teil- oder unterbrochenen Ansichten und Schnitten, wenn die Begrenzung keine Symmetrie- oder Mittellinie ist
	Zickzacklinie, schmal				.19 Vorzugsweise mit Zeichenautomaten dargestellte Begrenzung von Teil- oder unterbrochenen Ansichten und Schnitten, wenn die Begrenzung keine Symmetrie- oder Mittellinie ist
01.2	Volllinie, breit	0,35	0,5	0,7	.1 Sichtbare Kanten .2 Sichtbare Umrisse .3 Gewindespitzen .4 Grenze der nutzbaren Gewindelänge .5 Hauptdarstellungen in Diagrammen, Karten, Fließbildern .6 Systemlinien (Metallbau-Konstruktionen) .7 Formteilungslinien in Ansichten .8 Schnittpfeillinien
02.1	Strichlinie, schmal	0,18	0,25	0,35	.1 Verdeckte Kanten .2 Unsichtbare Umrisse
02.2	Strichlinie, breit	0,35	0,5	0,7	.1 Kennzeichnung zulässiger Oberflächenbehandlung
04.1	Strich-Punktlinie, schmal	0,18	0,25	0,35	.1 Mittellinien .2 Symmetrielinien .3 Teilkreise von Verzahnungen .4 Teilkreise von Löchern
04.2	Strich-Punktlinie breit	0,35	0,5	0,7	.1 Kennzeichnung begrenzter Bereiche, z. B. der Wärmebehandlung .2 Kennzeichnung von Schnittebenen .3 Formteilungslinien in Schnitten
05.1	Strich-Zweipunktlinie, schmal	0,18	0,25	0,35	.1 Umrisse benachbarter Teile .2 Endstellung beweglicher Teile .3 Schwerpunktlinien .4 Umrisse vor der Formgebung .5 Teile vor der Schnittebene .6 Umrisse alternativer Ausführungen .7 Umrisse von Fertigteilen in Rohteilen .8 Umrahmung besonderer Bereiche oder Felder .9 Projizierte Toleranzzone

In technischen Zeichnungen werden in der Regel zwei Linienbreiten angewendet (z. B. 0,5 – 0,25). Bei Beschriftungen nach ISO 3098-BVL ist für Maß- und Textangaben sowie für grafische Symbole eine dritte Linienbreite (z. B. 0,35) erforderlich.

Orthogonale Darstellungen

DIN ISO 5456-2: 1998-04

Projektionsmethode 1

i **orthogonal:** rechtwinklig; senkrecht aufeinander stehend

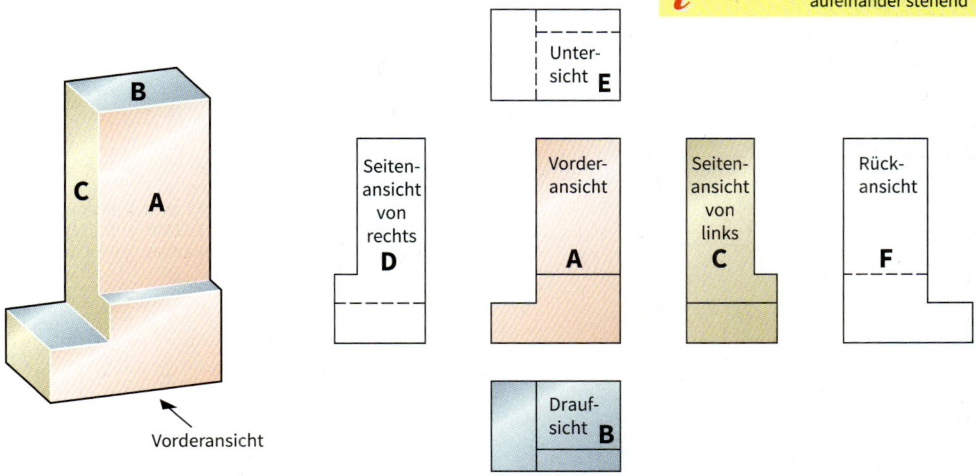

- In Gesamtzeichnungen und Gruppenzeichnungen werden die Gegenstände in der Regel in Gebrauchslage, in Teilzeichnungen in der Fertigungslage dargestellt.
- Es sind nur so viele Ansichten des Gegenstandes zu zeichnen, wie zum eindeutigen Erkennen und Bemaßen erforderlich sind.
- Die aussagefähigste Ansicht ist als Hauptansicht – Vorderansicht – zu wählen.
- Verdeckte Kanten werden nur eingezeichnet, wenn die Darstellung dadurch deutlicher wird oder zusätzliche Ansichten ohne Verlust der Deutlichkeit eingespart werden können.

Projektionsmethode 1
(ISO-Methode E)

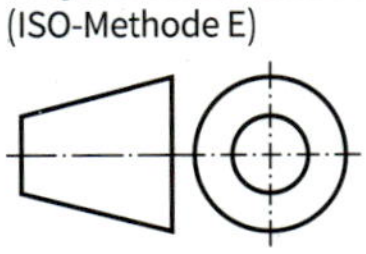

Projektionsmethode 3
(ISO-Methode A)

1

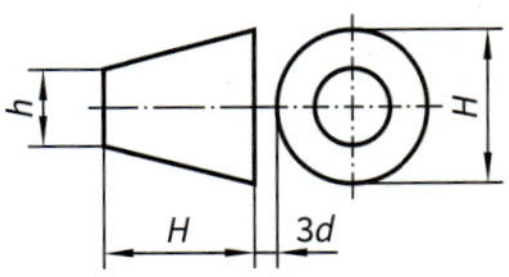

Linienbreite d	0,35	0,5	0,7
Höhe h	3,5	5	7
Höhe H	7	10	14

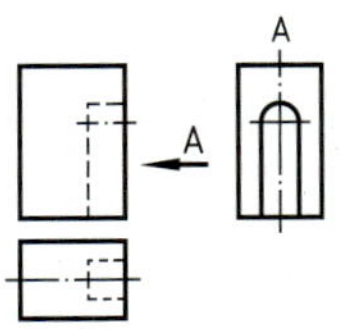

Pfeilmethode

2

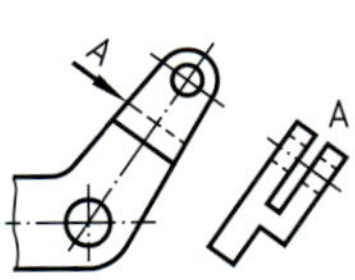

3

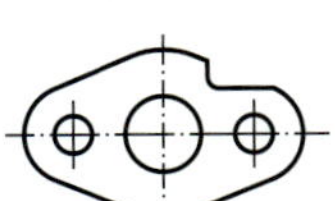

4

Neben der üblichen Projektionsmethode 1 gibt es die Projektionsmethode 3:
Draufsicht oberhalb der Vorderansicht,
Untersicht unterhalb der Vorderansicht,
Seitenansicht von links auf der linken Seite,
Seitenansicht von rechts auf der rechten Seite.

1 Das Symbol für die angewandte Methode ist in der Zeichnung im Schriftfeld oder in dessen Nähe einzutragen.

2 Die Ansichten dürfen auch beliebig zueinander angeordnet werden. Die Blickrichtung wird, bezogen auf die Hauptansicht, durch einen Pfeil und einen Großbuchstaben angegeben. Über die betreffende Darstellung, die sich an beliebiger Stelle der Zeichnung befinden darf, ist der Buchstabe zu setzen (Pfeilmethode).

3 Um ungünstige Projektionen zu vermeiden, z. B. Verkürzungen, kann eine Ansicht in der durch einen Pfeil gekennzeichneten Richtung projektionsgerecht gezeichnet werden.

4 Symmetrische Formen werden, auch wenn die symmetrische Grundform einseitig in Einzelheiten verändert ist, durch eine Symmetrielinie (ISO 128-04.1.2) gekennzeichnet.

Ansichten und besondere Darstellungen

DIN ISO 128-30: 2002-05; DIN ISO 128-34: 2002-05

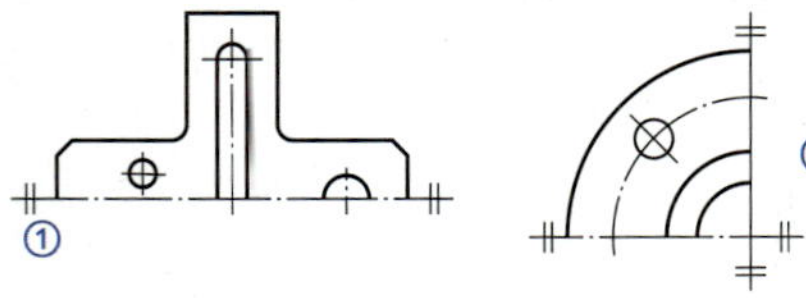

① Bei symmetrischen Werkstücken kann an Stelle einer Gesamtansicht eine halbe oder eine Viertelansicht dargestellt werden. Zwei kurze, parallele Striche ② (ISO 128-01.1) kennzeichnen die Symmetrielinie.

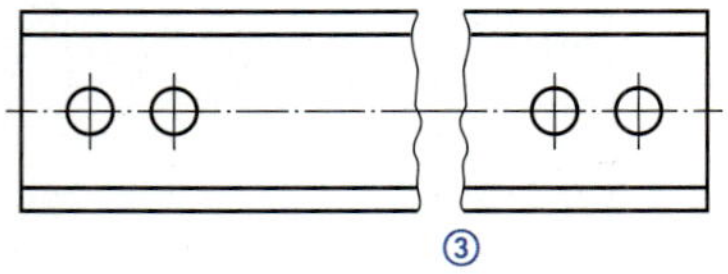

③ Gegenstände können zur Ersparnis an Zeichenfläche abgebrochen dargestellt werden.
Die Bruchkanten werden durch eine Freihandlinie (ISO 128-01.1.18) oder eine Zickzacklinie (ISO 128-01.1.19) dargestellt. Dies gilt auch für rotationssymmetrische Körper ④.

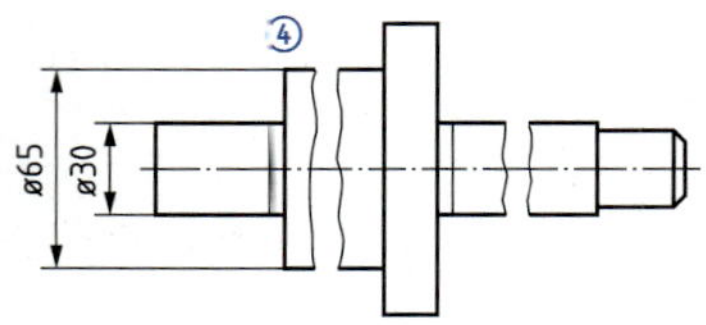

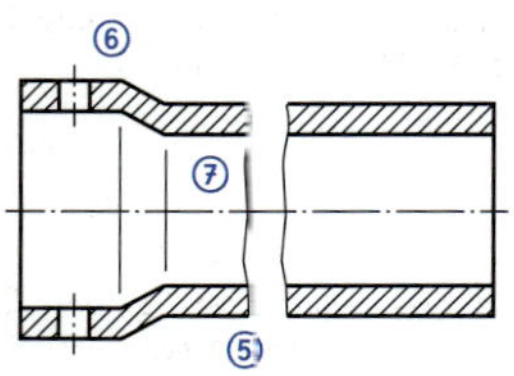

⑤ Der Bruch hohler Rundkörper wird im Vollschnitt durch eine Freihandlinie (ISO 128-01.1.18) dargestellt.

⑥ Auf Durchdringungskurven bei der Durchdringung von Zylindern, deren Durchmesser sich wesentlich unterscheiden, darf zur Vereinfachung verzichtet werden.

⑦ Gerundete Übergänge von Durchdringungen können durch schmale Volllinien (ISO 128-01.1.1) dargestellt werden, wenn das Bild dadurch anschaulicher wird.

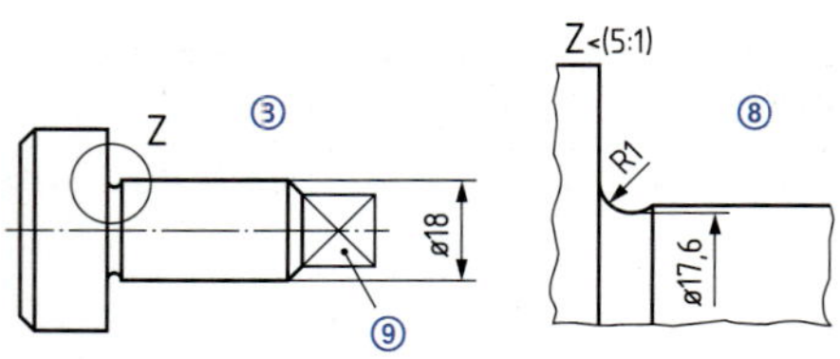

⑧ Bereiche eines Gegenstandes, die sich in der Gesamtdarstellung nicht deutlich zeichnen, bemaßen oder kennzeichnen lassen, werden als Einzelheit gesondert gezeichnet.
Der als Einzelheit bezeichnete Bereich wird in der Gesamtdarstellung mit einer schmalen Volllinie (ISO 128-01.1.1) eingerahmt. Die Einzelheit wird möglichst in der Nähe vergrößert dargestellt. Der eingerahmte Bereich und die Einzelheit sind mit den gleichen Großbuchstaben zu kennzeichnen.
Bei der Einzelheit ist der Maßstab anzugeben.

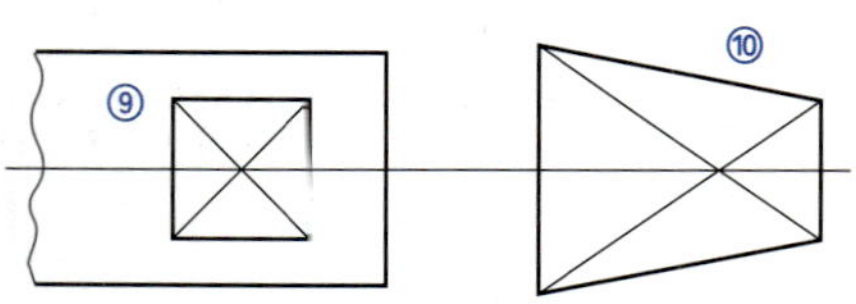

⑨ Um das Zeichnen einer zusätzlichen Ansicht oder eines Schnittes zu vermeiden, können quadratische Flächen oder Enden sowie verjüngte quadratische Enden an Wellen ⑩ mit einem Diagonalkreuz gekennzeichnet werden (schmale Volllinie ISO 128-01.1.10).

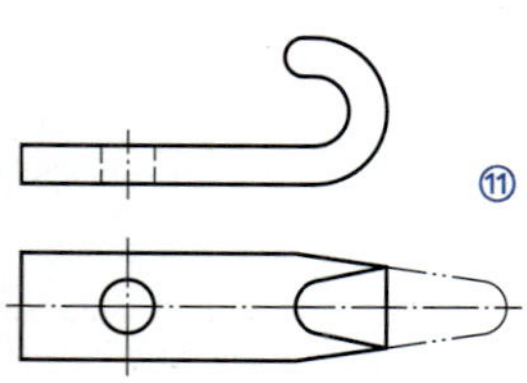

⑪ Die ursprüngliche Form wird durch eine Strich-Zweipunktlinie (ISO 128-05.1.4) dargestellt.

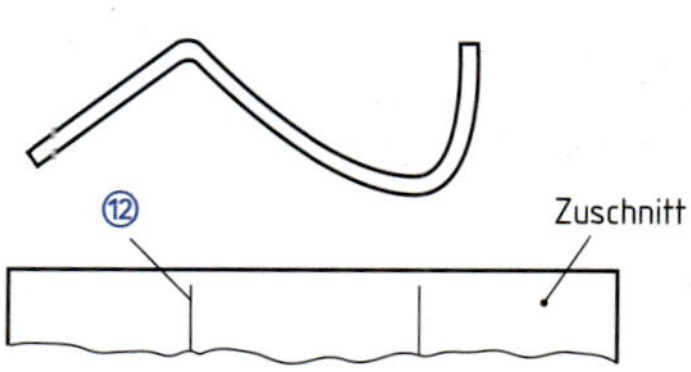

⑫ Biegelinien werden als schmale Volllinien (ISO 128-01.1.11) dargestellt.

Schnitte

DIN ISO 128-40: 2002-05, DIN ISO 128-44: 2002-05, DIN ISO 128-50: 2002-05

Ein Schnitt ist das gedachte Zerlegen eines Teiles durch eine oder mehrere Ebenen. Es werden hauptsächlich Hohlkörper im Schnitt dargestellt, um deren innere Form klar erkennen und ggf. bemaßen zu können.

Man unterscheidet:

Vollschnitt

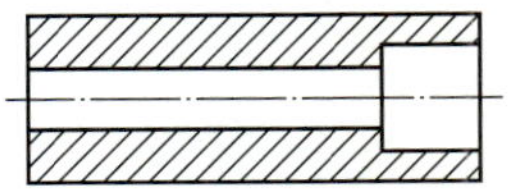

Halbschnitt

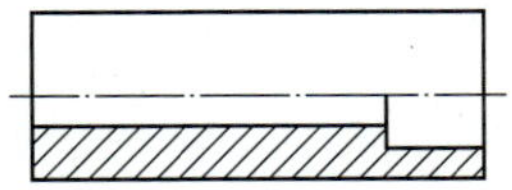

Teilschnitt (Ausbruch)

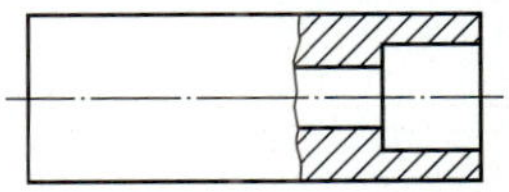

Schnittflächen werden mit schmalen Volllinien (ISO 128-01.1.5) möglichst unter 45° zur Achse schraffiert.
Der Abstand der Schraffurlinien ist der Größe der Schnittfläche anzupassen.
Für Maßzahlen, Beschriftungen und Oberflächenangaben wird die Schraffur unterbrochen.

Anordnung der Halbschnitte/ benachbarte Teile

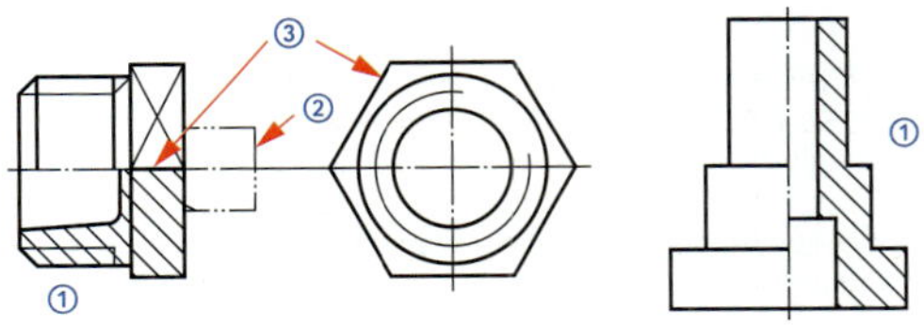

Halbschnitte werden bei waagerechter Mittellinie vorzugsweise unterhalb, bei senkrechter Mittellinie vorzugsweise rechts von dieser angeordnet ①.

Benachbarte Teile werden durch eine Strich-Zweipunkt-Linie (ISO 128-05.1.1) dargestellt ②.

Fällt bei einem Schnitt eine Körperkante auf die Mittellinie, so ist die Körperkante als breite Volllinie (DIN 15-A) zu zeichnen ③.

Schnitte durch verschiedene Teile

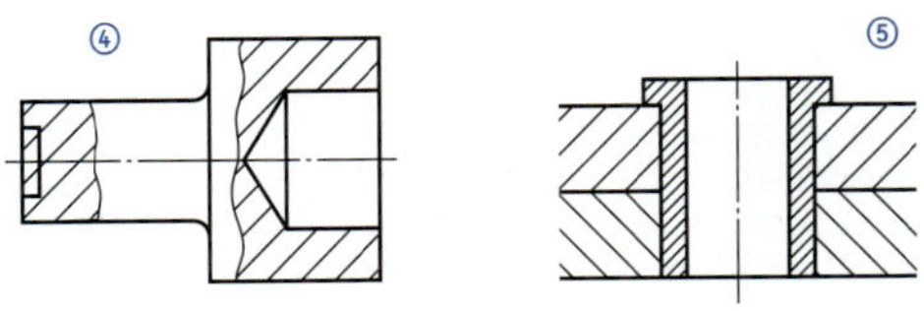

Alle Schnittflächen und Ausbrüche desselben Teiles in einer oder mehreren Ansichten werden in gleicher Art schraffiert ④.

Aneinander grenzende Schnittflächen verschiedener Teile werden unterschiedlich schraffiert:

- durch verschiedene Schraffurrichtungen
- durch verschiedene Abstände der Schraffurlinien ⑤

Normteile in der Schnittebene

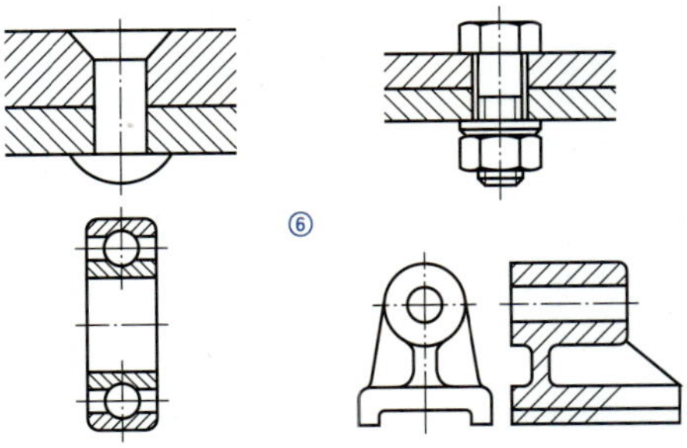

Liegen Normteile oder volle Werkstücke in der Schnittebene, werden sie in Längsrichtung nicht im Schnitt dargestellt ⑥.

Dazu zählen z. B.: Niete, Stifte, Schrauben, Muttern, Scheiben, Wellen, Keile, Federn, Rollen oder Kugeln von Wälzlagern, Rippen, Speichen und Griffe von Gussstücken.

Darstellung von Flanschlöchern

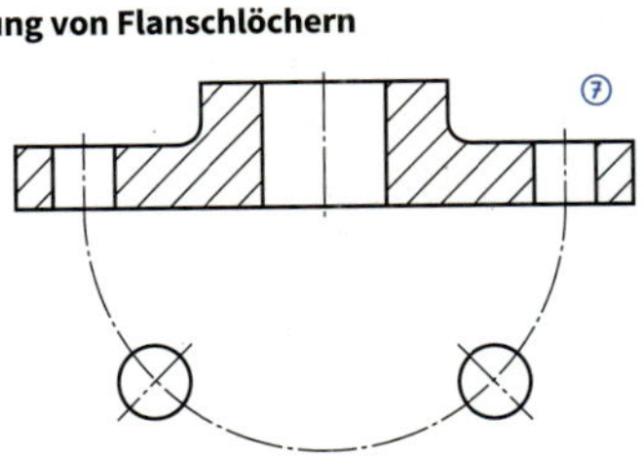

Zur Darstellung von Flanschlöchern, die nicht in der Schnittebene liegen, können diese in die Schnittebene gedreht werden ⑦.

In der Vorderansicht entspricht der Mittenabstand der Bohrungen dem Lochkreisdurchmesser.
Die tatsächliche Lage der Bohrungen ist immer dem Lochkreis zu entnehmen.

Maßeintragung – Elemente und Anwendungsregeln

DIN 406-11: 1992-12

Maßlinien

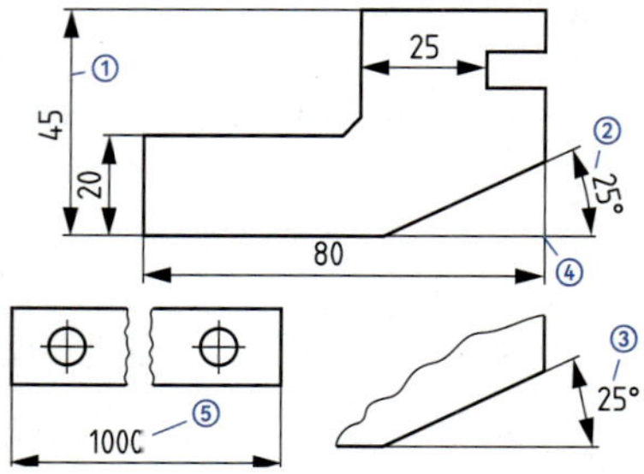

Maßlinien werden bei Längenmaßen parallel zu der zu bemaßenden Länge ①, bei Kreisbögen und Winkeln als Kreisbogen um den Mittel- bzw. Scheitelpunkt eingetragen ②.

Winkelmaße bis 30° dürfen mit gerader Maßlinie senkrecht zur Winkelhalbierenden eingetragen werden ③.
Maßlinien sollen sich untereinander und mit anderen Linien nicht schneiden. Ist dieses nicht zu vermeiden, werden sie ohne Unterbrechung gezeichnet ④.

Maßlinien werden nicht unterbrochen.
Bei unterbrochen dargestellten Formelementen wird die Maßlinie durchgezogen ⑤.

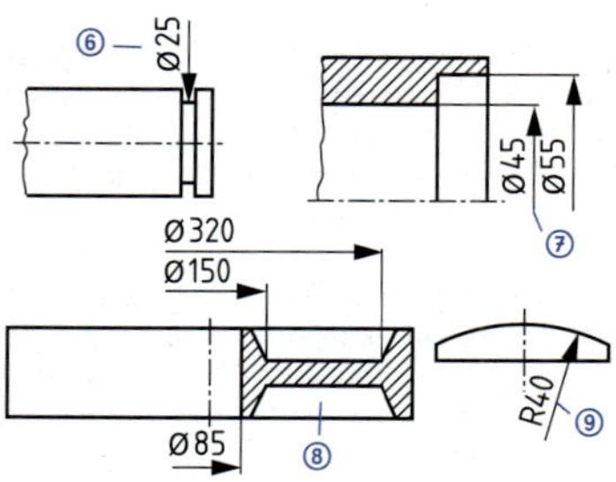

Maßlinien dürfen abgebrochen werden, wenn

- Durchmessermaße eingetragen werden ⑥
- nur eine Hälfte eines symmetrischen Teiles in Ansicht oder Schnitt dargestellt wird ⑦
- ein Gegenstand im Halbschnitt dargestellt wird ⑧
- sich Bezugspunkte der Bemaßung nicht in der Zeichenfläche befinden ⑨.

Maßlinien werden als schmale Volllinie (ISO 128-01.1.2) gezeichnet.

Maßhilfslinien

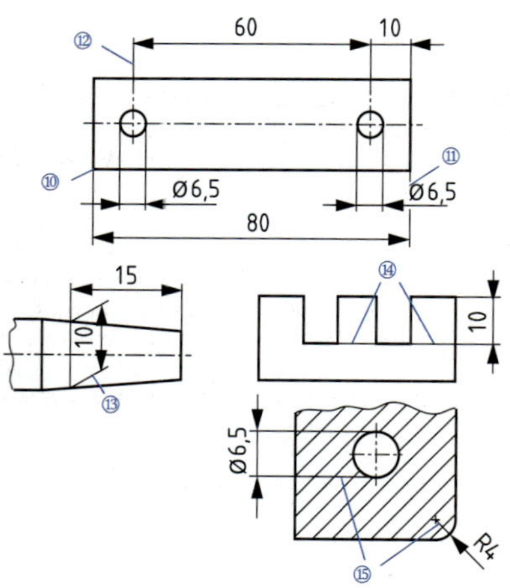

Maßhilfslinien werden rechtwinklig zu der zu bemaßenden Länge eingetragen ⑩.

Maßhilfslinien dürfen unterbrochen werden, wenn ihr weiterer Verlauf eindeutig erkennbar ist ⑪.
Mittellinien können als Maßhilfslinien verwendet werden. Außerhalb der Körperkanten werden sie als schmale Volllinien (ISO 128-01.1.3) gezeichnet ⑫.

Maßhilfslinien dürfen unter einem Winkel von ca. 60° zur Maßlinie, jedoch parallel gezeichnet werden, wenn dadurch die Bemaßung deutlicher wird ⑬.

Auseinander liegende gleiche Teile mit gleichen Maßen und Toleranzen können durch eine gemeinsame Maßhilfslinie verbunden werden ⑭.

Maßhilfslinien dürfen nicht parallel zu Schraffurlinien gezeichnet werden ⑮.
Sie dürfen nicht von einer Ansicht zur anderen durchgezogen werden.

Maßlinienbegrenzungen

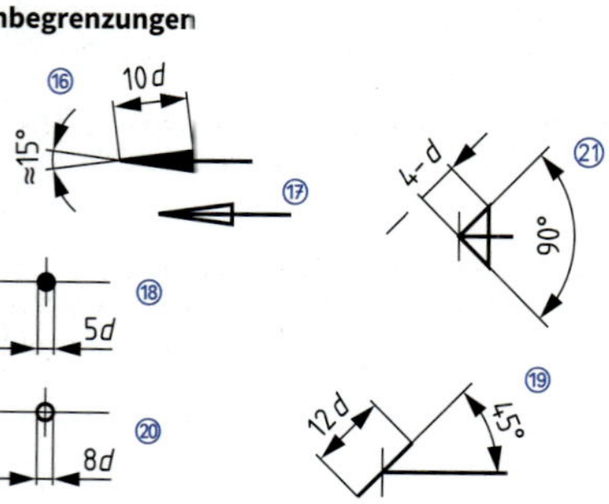

Mögliche Maßlinienbegrenzungen sind:

- ein geschwärzter 15°-Pfeil (Regelfall) ⑮
- ein offener Pfeil bei rechnerunterstützt angefertigten Zeichnungen ⑰
- ein Punkt bei Platzmangel ⑱
- ein Schrägstrich ⑲
- ein Kreis für die Ursprungsangabe ⑳
- ein 90°-Pfeil. ㉑

Folgende Kombinationen sind in einer Zeichnung zulässig:

- 15°-Pfeil, Punkt, Ursprungskreis oder
- 90°-Pfeil, Schrägstrich, Ursprungskreis (nur bei fachbezogenen Zeichnungen, z. B. Bauzeichnungen).

Anwendung

DIN 406-11: 1992-12

Hinweislinien

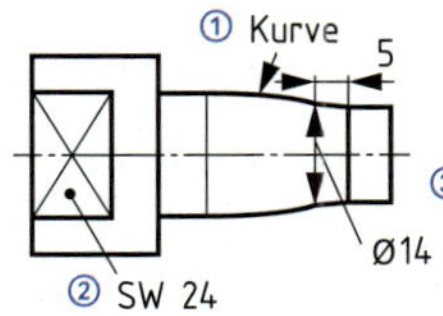

Hinweislinien sind schräg aus der Zeichnung herauszuziehen.
Die Begrenzung erfolgt:

- an der Körperkante mit einem Pfeil ①
- an einer Fläche mit einem Punkt ②
- an allen anderen Linien ohne Begrenzungszeichen ③

Anordnung der Maße

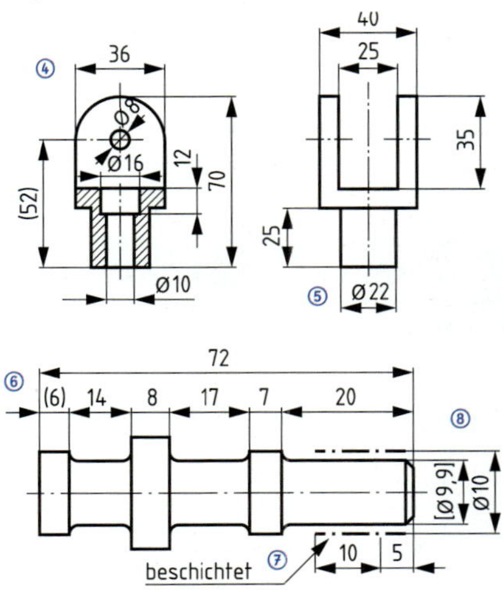

In einer Zeichnung ist jedes Maß nur einmal in der Ansicht einzutragen, in der die Zuordnung von Darstellung und Maß deutlich erkennbar ist ④.
Zusammenhängende Maße sind möglichst zusammenhängend einzutragen ⑤.
Maße, die sich durch die Fertigung von selbst ergeben, werden nicht eingetragen.
Maßlinien und Maßhilfslinien werden an Volllinien angesetzt.
Das Ansetzen an Strichlinien (verdeckten Kanten) ist zu vermeiden.
Die Eintragung aller Maße als Maßkette ist zulässig, wenn ein Maß als Hilfsmaß eingetragen wird ⑥. Ein Hilfsmaß wird mit dem Symbol ( ) gekennzeichnet.

Ein Bereich, für den besondere Bedingungen gelten, wird durch eine breite Strich-Punkt-Linie (ISO 128-04.2.1) gegezeichnet und bemaßt ⑦. Für beschichtete Oberflächen dürfen Maße vor und nach der Behandlung angegeben werden. Das Vorbereitungsmaß wird dann in eckige Klammern gesetzt ⑧.

Alle Maße, Symbole und Wortangaben sind so einzutragen, dass sie von unten und von rechts gelesen werden können.

Durchmesser, Radien und Werkstückdicke

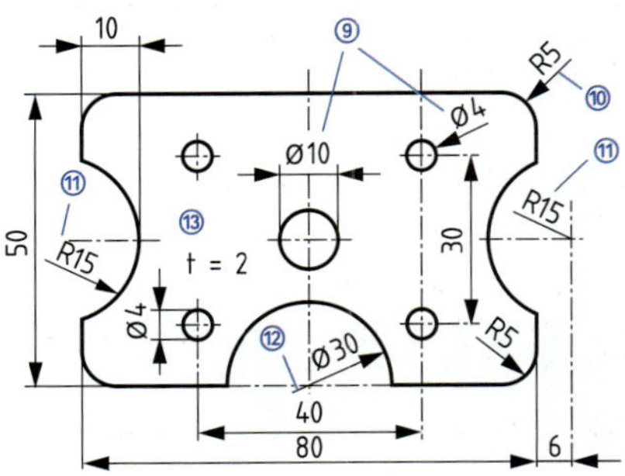

Das grafische Symbol Ø für den Durchmesser ist immer vor die Maßzahl zu setzen.
Bei Platzmangel dürfen Durchmessermaße von außen angesetzt werden ⑨.

Radien werden durch den vor die Maßzahl zu setzenden Großbuchstaben R gekennzeichnet ⑩. Die Maßlinien sind von Mittelpunkt des Radius oder aus dessen Richtung mit einem Maßpfeil innen oder außen an den Kreisbogen zu setzen ⑪.

Bei Durchmesserzeichen wird die Maßlinie über den Mittelpunkt gezogen ⑫.

Bei flachen Werkstücken wird die Werkstückdicke mit t gekennzeichnet ⑬.

Quadrate, Schlüsselweiten und Rechtecke

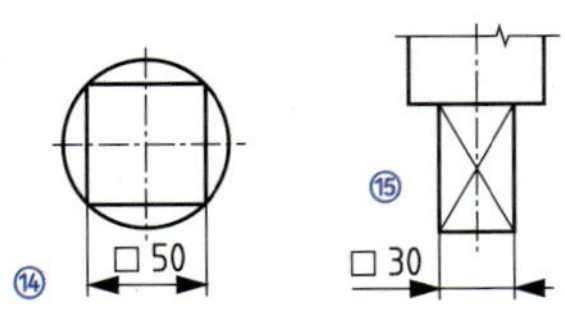

Das grafische Symbol □ kennzeichnet das Quadrat und wird vor die Maßzahl gesetzt ⑭.
Es wird nur einmal die Seitenlänge des Quadrates angegeben.
Das Diagonalkreuz kennzeichnet eine ebene Fläche ⑮.

Die Großbuchstaben SW kennzeichnen die Schlüsselweite.
Sie werden statt des □ vor die Maßzahl gesetzt.

Abwicklungen

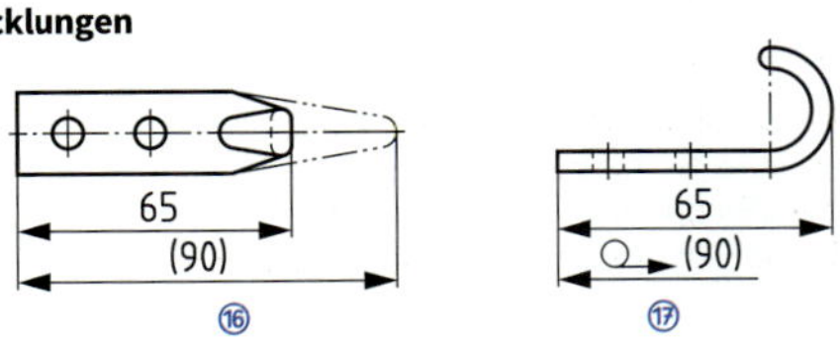

Abwicklungen werden durch Hilfsmaße bemaßt ⑯.
Wird die Abwicklung nicht dargestellt, erfolgt die Bemaßung durch Voranstellen des Symbols ○⟶ für die gestreckte Länge ⑰.

Positionsnummern
Item references

DIN EN ISO 6433: 2012-12

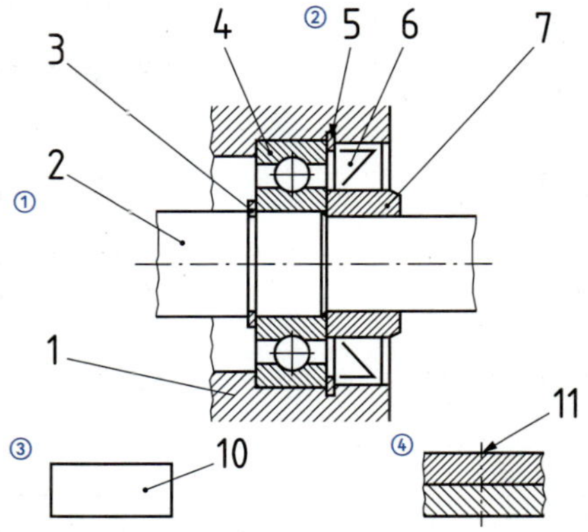

Positionsnummern werden aus arabischen Ziffern gebildet, falls erforderlich werden sie durch Großbuchstaben ergänzt.

Positionsnummern werden doppelt so groß geschrieben wie die Bemaßung.

Die Positionsnummer ist mit dem zugeordneten Teil mit einer **Hinweislinie** zu verbinden. Hinweislinien dürfen sich nicht kreuzen, sie sollen schräg zur Positionsnummer herausgezogen werden.

Für die bessere Lesbarkeit sind die Positionsnummern senkrecht untereinander ① oder waagerecht nebeneinander ② anzuordnen.

Positionsnummern von zusammengehörenden Teilen dürfen an einer Hinweislinien eingetragen werden.

Hinweislinien enden mit einem Punkt ③ oder einem Pfeil ④.

Gestaltabweichungen
Form deviations

DIN 4760: 1982-06

→ *Gestaltabweichungen sind Abweichungen der Ist-Oberfläche von der Ideal-Oberfläche.*

Ordnung	1.	2.	3.	4.	5.	6.
bildliche Darstellung	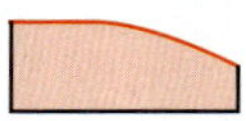 Form-abweichung	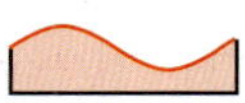 Welligkeit	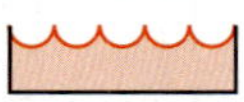 ←	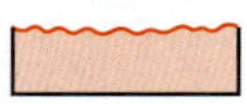 Rauheit	– →	–
Beispiel	Geradheits-, Rundheits-Abweichungen	Wellen	Rillen	Riefen, Schuppen	Gefügestruktur	Gitteraufbau des Werkstoffes
mögliche Entstehungs-ursachen	Durchbiegen der Maschine oder des Werkstückes	Schwingungen der Werkzeug-maschine	Form der Werk-zeugschneide, Vorschub des Werkzeuges	Vorgang der Spanbildung (Reißspan, Auf-bauschneide)	Kristallisations-vorgänge, Korrosions-vorgänge	–

Die Gestaltabweichungen 1.–4. Ordnung überlagern sich in der Regel zur Ist-Oberfläche.

Rauheitskenngrößen
Surface roughness parameters

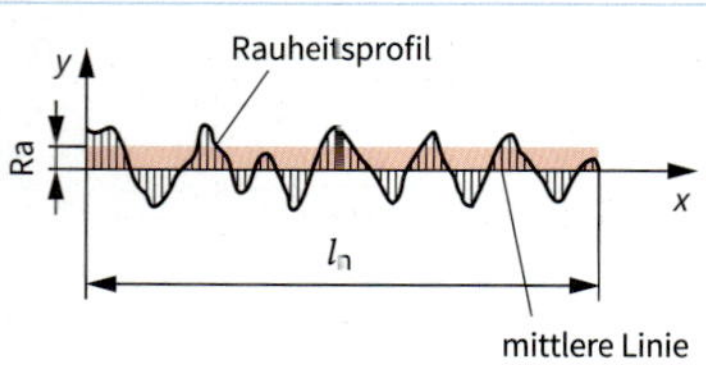

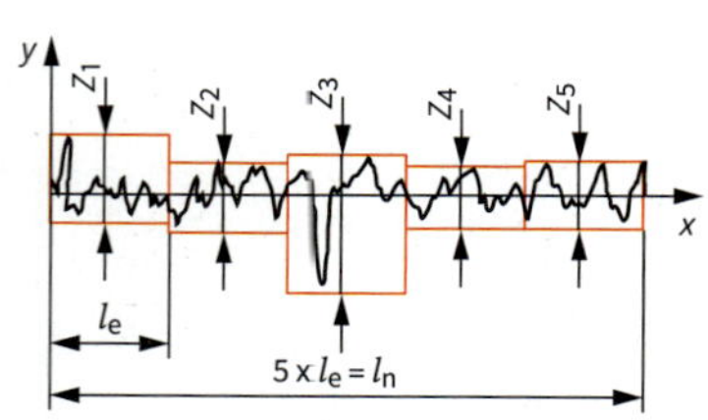

Arithmetischer Mittenrauwert Ra: Der arithmetische Mittenrauwert Ra entspricht der Höhe eines Rechteckes, dessen Länge gleich der Gesamtmesslänge l_n ist und das flächengleich mit der Summe der zwischen Rauheitsprofil und mittlerer Linie eingeschlossenen Flächen ist.

Gemittelte Rautiefe Rz: Die gemittelte Rautiefe Rz ist das arithmetische Mittel aus den Einzelrautiefen fünf aneinander grenzender Einzelmessstrecken l_e. Die Einzelrautiefe Z ist der Abstand des höchsten vom tiefsten Punkt des Profils innerhalb der Einzelmessstrecke.

$$Rz = \frac{Z_1 + Z_2 + Z_3 + Z_4 + Z_5}{5}$$

Maximale Rautiefe R_{max}: Die maximale Rautiefe R_{max} ist die größte Einzelrautiefe auf der Gesamtmessstrecke l_n.

Grundsymbol

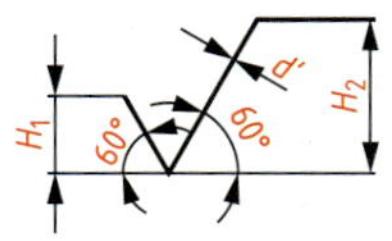

Linienbr. *d'*	0,35	0,5	0,7
Höhe H_1	5	7	10
Höhe H_2	11	15	21

Symbol	Bedeutung
	**Grundsymbol:** wird nur benutzt, wenn seine Bedeutung durch eine weitere Angabe erklärt wird
	Kennzeichnung für eine Oberfläche, die materialabtrennend bearbeitet wird
	Für diese Oberfläche ist eine materialabtrennende Bearbeitung nicht zugelassen, oder sie bleibt in dem Zustand des vorhergehenden Arbeitsganges
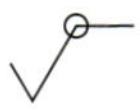	Alle Oberflächen des Teiles haben dieselbe Oberfläche

Lage der Oberflächenangaben am Symbol

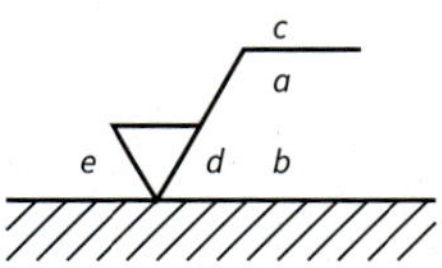

a: Rauheitskenngröße Ra oder Rz in µm

b: andere Rauheitskenngrößen, z. B. R_{max} in µm oder Rz in mm (zweite Anforderung)

c: Fertigungsverfahren, Oberflächenbehandlung

d: Bezugsstrecke in mm oder Welligkeit

e: Rillenrichtung

Beispiele

Angabe	Erklärung
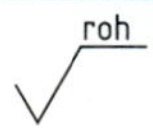	Unbearbeitete Fläche im Rohzustand oder geputzt
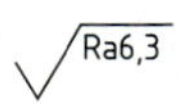	materialabtrennend oder nicht materialabtrennend hergestellte Oberfläche, Ra ≤ 6,3 µm
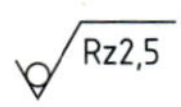	nicht materialabtrennend hergestellte Oberfläche, Rz ≤ 2,5 µm
	allseitig materialabtrennend oder nicht materialabtrennend hergestellte Oberfläche, Rz ≤ 10 µm
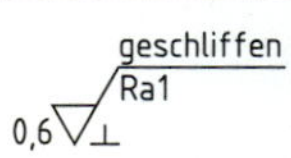	materialabtrennend durch Schleifen hergestellte Oberfläche mit einer Bearbeitungszugabe von 0,6 mm, Ra ≤ 1 µm, Rillenrichtung senkrecht zur Projektionsebene
	Vereinfachte Angabe, die an anderer Stelle auf der Zeichnung erklärt ist; z. B. 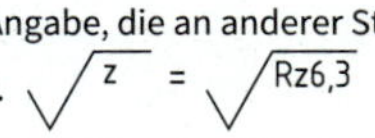

Symbole für die Oberflächenstruktur

=	⊥	X
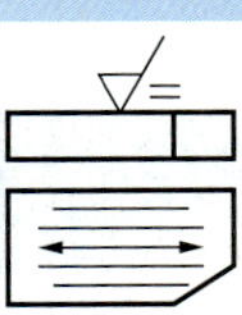 Parallel zur Projektionsebene der Ansicht, in der das Symbol angewendet wird	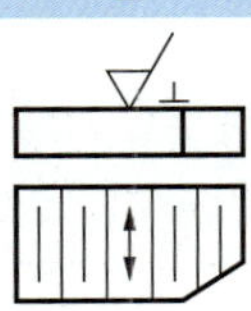 Senkrecht zur Projektionsebene der Ansicht, in der das Symbol angewendet wird	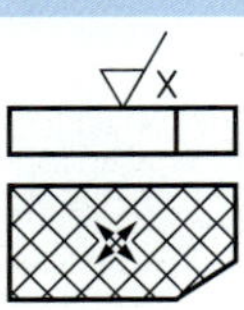 Gekreuzt in 2 schrägen Richtungen zur Projektionsebene
M	**C**	**R**
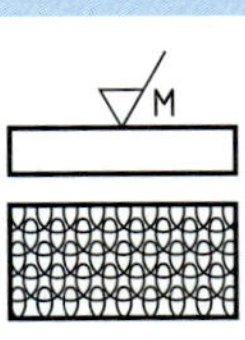 Viele Richtungen	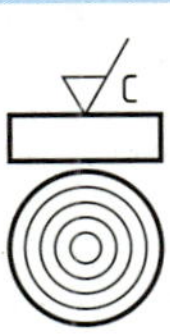 Zentrisch zum Mittelpunkt der Oberfläche, zu der das Symbol gehört	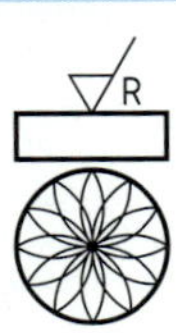 Radial zum Mittelpunkt der Oberfläche, zu der das Symbol gehört

Anordnung der Symbole

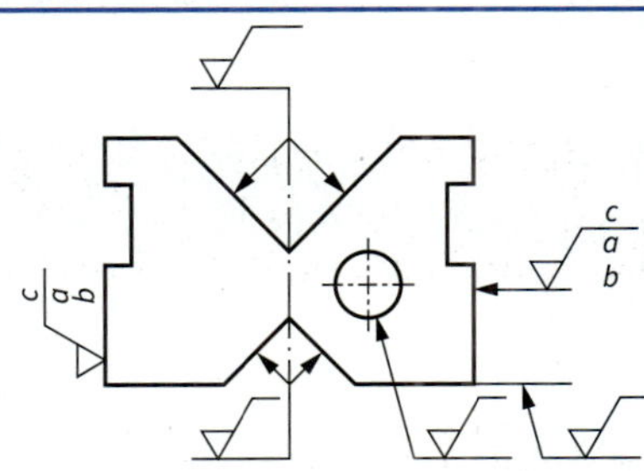

Die Symbole sind so anzuordnen, dass sie mit den Angaben von unten oder von rechts lesbar sind.

$\sqrt{x}\,(\sqrt{y}\,\sqrt{z})$

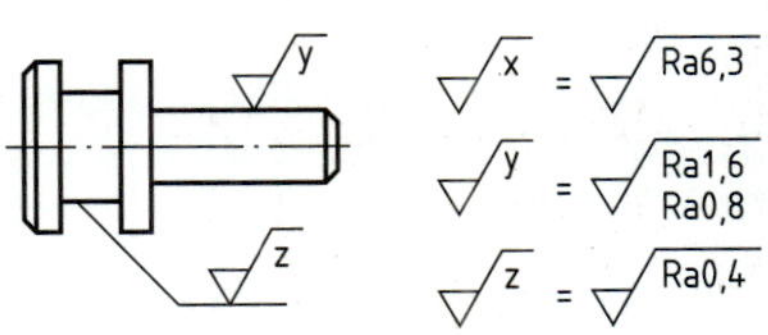

Vereinfachte Angaben müssen erläutert werden.

Allgemeintoleranzen für Längen- und Winkelmaße
General tolerances for linear and angular dimensions

DIN ISO 2768-1: 1991-06

Grenzabmaße für Längenmaße

Toleranzklasse	Grenzabmaße in mm für Nennmaßbereiche in mm							
	0,5 bis 3	über 3 bis 6	über 6 bis 30	über 30 bis 120	über 120 bis 400	über 400 bis 1000	über 1000 bis 2000	über 2000 bis 4000
f (fein)	± 0,05	± 0,05	± 0,1	± 0,15	± 0,2	± 0,3	± 0,5	–
m (mittel)	± 0,1	± 0,1	± 0,2	± 0,3	± 0,5	± 0,8	± 1,2	± 2
c (grob)	± 0,2	± 0,3	± 0,5	± 0,8	± 1,2	± 2	± 3	± 4
v (sehr grob)	–	± 0,5	± 1	± 1,5	± 2,5	± 4	± 6	± 8

Grenzabmaße für Rundungshalbmesser und Fasenhöhen (gebrochene Kanten)

Grenzabmaße für Winkelmaße

Toleranzklasse	Grenzabmaße in mm für Nennmaßbereiche in mm			Grenzabmaße in Winkeleinheiten für Längenbereiche des **kürzeren Schenkels** in mm				
	0,5 bis 3	über 3 bis 6	über 6	bis 10	über 10 bis 50	über 50 bis 120	über 120 bis 400	über 400
f (fein) m (mittel)	± 0,2	± 0,5	± 1	± 1°	± 0°30'	± 0°20'	± 0°10'	± 0°5'
c (grob)	± 0,4	± 1	± 2	± 1°30'	± 1°	± 0°30'	± 0°15'	± 0°10'
v (sehr grob)				± 3°	± 2°	± 1°	± 0°30'	± 0°20'

Zeichnungseintragung: z. B. für die Toleranzklasse „mittel" in das vorgesehene Feld des Schriftfeldes: **ISO 2768-m**

Allgemeintoleranzen für Form und Lage
General geometrical tolerances for features

DIN ISO 2768-2: 1991-04

Toleranzklasse	Allgemeintoleranzen in mm für Geradheit und Ebenheit für Nennmaßbereiche in mm						Lauftoleranzen in mm
	bis 10	über 10 bis 30	über 30 bis 100	über 100 bis 300	über 300 bis 1000	über 1000 bis 3000	
H	0,02	0,05	0,1	0,2	0,3	0,4	0,1
K	0,05	0,1	0,2	0,4	0,6	0,8	0,2
L	0,1	0,2	0,4	0,8	1,2	1,6	0,5

Toleranzklasse	Rechtwinkligkeitstoleranzen in mm für Nennmaßbereiche für den kürzeren Schenkel in mm				Symmetrietoleranzen in mm für Nennmaßbereiche in mm			
	bis 100	über 100 bis 300	über 300 bis 1000	über 1000 bis 3000	bis 100	über 100 bis 300	über 300 bis 1000	über 1000 bis 3000
H	0,2	0,3	0,4	0,5	0,5			
K	0,4	0,6	0,8	1	0,6		0,8	1
L	0,6	1	1,5	2	0,6	1	1,5	2

Anmerkungen zur Rundheit, Zylinderform, Koaxialität, Parallelität siehe DIN 7168

Zeichnungseintragungen:

Toleranzklasse m für Maßtoleranz und Toleranzklasse K für Form- und Lagetoleranz : ISO 2768-mK
soll die Allgemeintoleranz für Maße nicht gelten : ISO 2768-K
soll die Hüllbedingung (E) auch für einzelne Maßelemente gelten : ISO 2768-mK-E

Die Hüllbedingung (E) fordert, dass das Formelement die geometrisch ideale Hülle vom Maximum-Material-Maß nicht durchbricht. Das Maximum-Material-Maß beschreibt den Zustand, bei dem das Material des Formelementes sein Maximum hat, z. B. Durchmesser der kleinsten Bohrung oder der größten Welle.

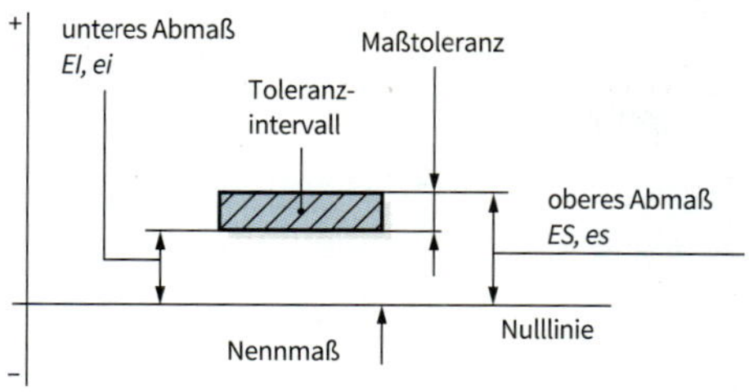

Maßtoleranz:

Bohrung: $T = G_{oB} - G_{uB}$
$T = ES - EI$

Welle: $T = G_{oW} - G_{uW}$
$T = es - ei$

Benennung	Erklärung
Welle	Begriff zur Beschreibung eines äußeren Formelementes eines Werkstückes einschließlich nichtzylindrischer Formelemente
Bohrung	Begriff zur Beschreibung eines inneren Formelementes eines Werkstückes einschließlich nichtzylindrischer Formelemente
Nennmaß	Maß, von dem die Grenzmaße abgeleitet werden (bisher Kurzzeichen *N*)
Nulllinie	In der grafischen Darstellung die Linie, die dem Nennmaß entspricht
Maßtoleranz	Höchstmaß minus Mindestmaß oder oberes Abmaß minus unteres Abmaß (bisher Kurzzeichen *T*)
Grenzabmaße	Oberes Abmaß *ES* (Bohrung), *es* (Welle) oder unteres Abmaß *EI* (Bohrung), *ei* (Welle)
Grenzmaße	Höchstmaß oder Mindestmaß (bisher Kurzzeichen G_o oder G_u)
Mindestmaß	Bohrung: $G_{uB} = N + EI$ Welle: $G_{uW} = N + ei$
Höchstmaß	Bohrung: $G_{oB} = N + ES$ Welle: $G_{oW} = N + es$

Grenzabmaße für Wellen

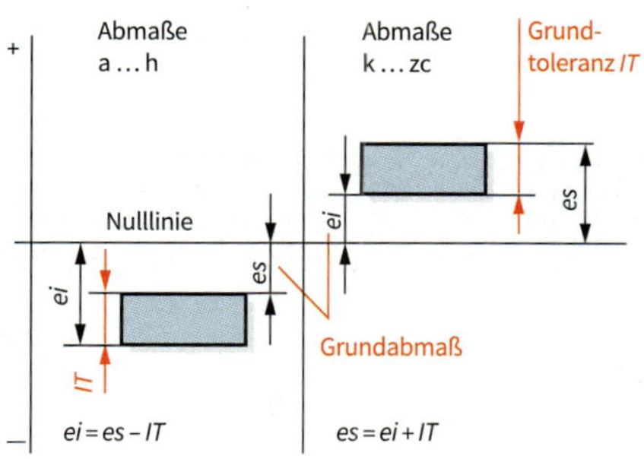

Grenzabmaße für Bohrungen

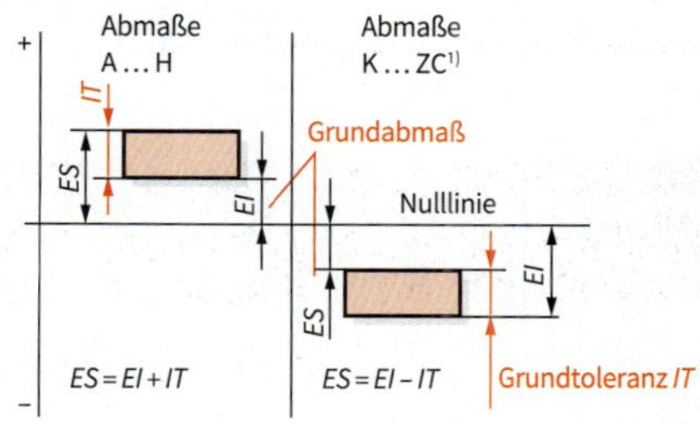

1) nicht gültig
– für Grundtoleranzgrade ≤ *IT* 8 bei Toleranzfeldlage k
– Toleranzklasse M8

Benennung	Erklärung
Grundabmaß	Das Abmaß, das die Lage des Toleranzintervall in Bezug zur Nulllinie festlegt (oberes oder unteres Abmaß, das der Nulllinie am nächsten liegt), Kennzeichnung durch Großbuchstaben für eine Bohrung und Kleinbuchstaben für eine Welle
Grundtoleranz *IT*	Jede zum ISO-System gehörende Toleranz
Grundtoleranzgrad	Gruppe von Toleranzen, die dem gleichen Genauigkeitsniveau für alle Nennmaße zugeordnet sind, z. B. *IT* 8

Benennung	Erklärung
Toleranzgrad	Zahl des Grundtoleranzgrades
Toleranzklasse	Benennung für eine Kombination eines Grundabmaßes und eines Toleranzgrades, z. B. H8
Toleranzintervall	In der grafischen Darstellung das Intervall zwischen dem Höchstmaß und dem Mindestmaß
Passung	Differenz zwischen den Maßen zweier zu fügender Formelemente

Spielpassung
$G_{uB} \geq G_{oW}$

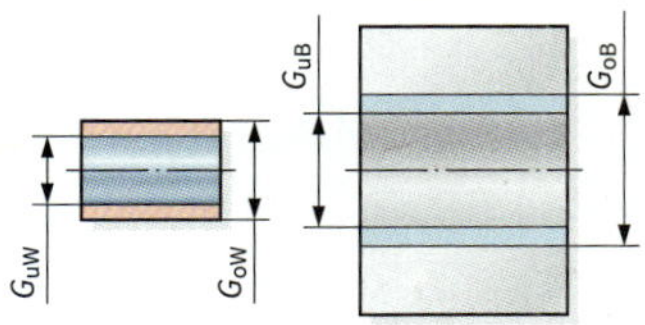

Höchstspiel P_{SH}
$P_{SH} = G_{oB} - G_{uW}$

Mindestspiel P_{SM}
$P_{SM} = G_{uB} - G_{oW}$

Übermaßpassung
$G_{oB} \leq G_{uW}$

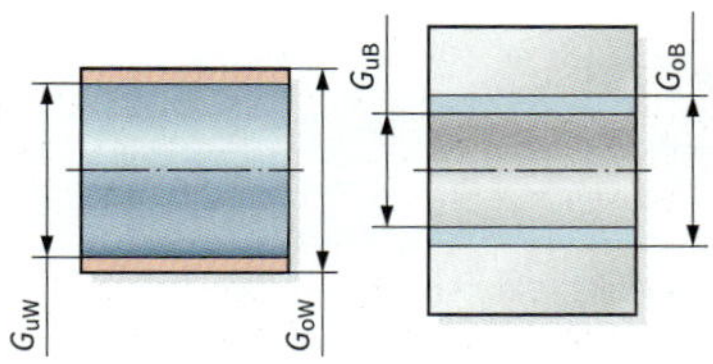

Höchstübermaß $P_{ÜH}$
$P_{ÜH} = G_{uB} - G_{oW}$

Mindestübermaß $P_{ÜM}$
$P_{ÜM} = G_{oB} - G_{uW}$

Übergangspassung
Spiel oder Übermaß

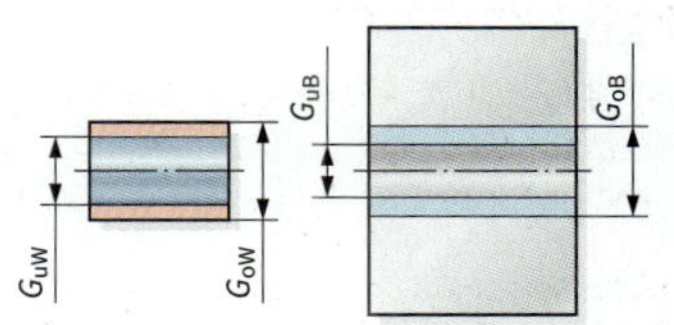

Höchstspiel P_{SH}
$P_{SH} = G_{oB} - G_{uW}$

Höchstübermaß $P_{ÜH}$
$P_{ÜH} = G_{uB} - G_{oW}$

Passungssystem Einheitsbohrung

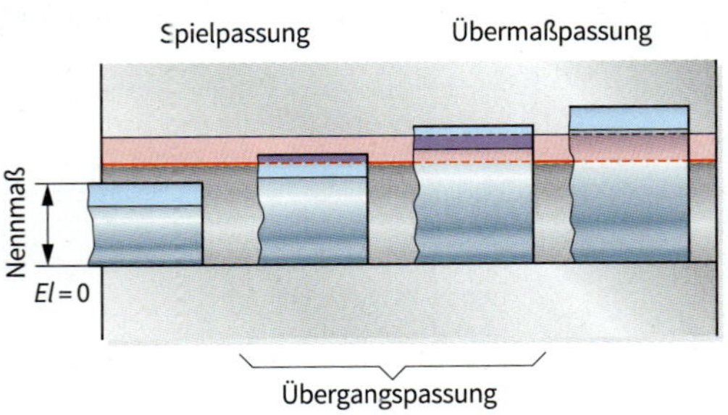

Passungssystem Einheitswelle

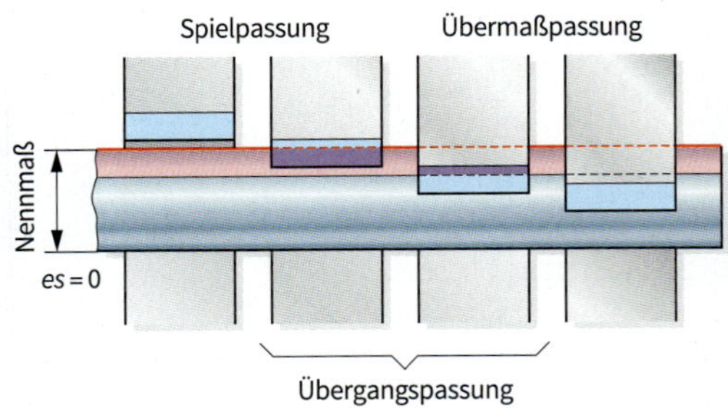

Passungssystem Einheitsbohrung
Passungssystem, in dem das untere Abmaß der Bohrung Null ist.

Passungssystem Einheitswelle
Passungssystem, in dem das obere Abmaß der Welle Null ist.

Passungssystem Einheitsbohrung

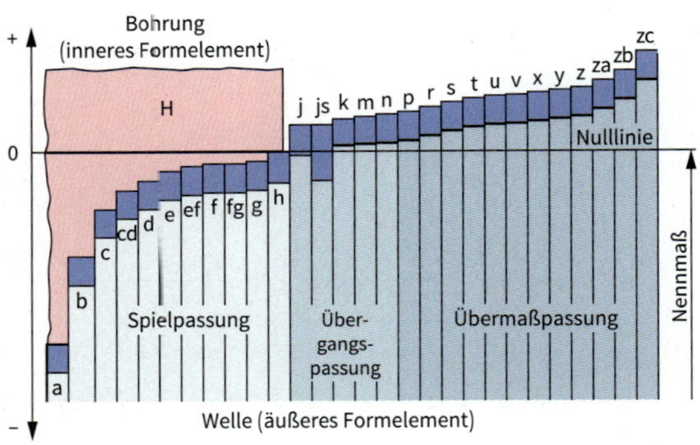

Passungssystem Einheitswelle

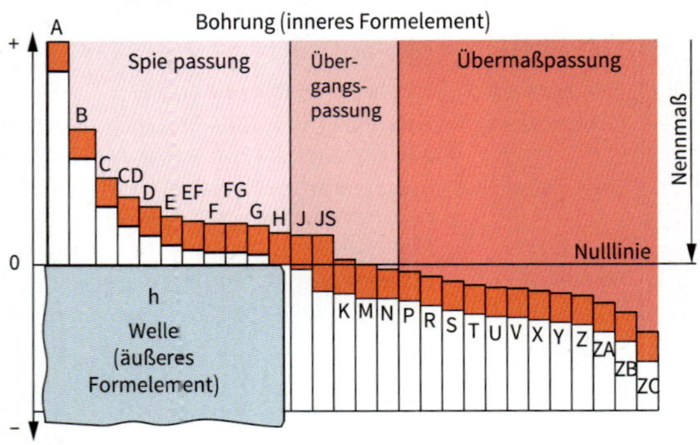

Die Maßtoleranz ist eine Funktion des Nennmaßes. Sie wird durch eine Zahl (Toleranzgrad) ausgedrückt.

Die Lage des Toleranzfeldes zur Nulllinie wird durch einen, in einigen Fällen durch zwei Buchstaben gekennzeichnet.

Dabei gilt:
- Großbuchstaben für Bohrungen
- Kleinbuchstaben für Wellen

Mit JS bzw. js werden J- bzw. j-Toleranzfelder bezeichnet, deren Lage symmetrisch zur Nulllinie ist.

Kennzeichnung eines tolerierten Maßes

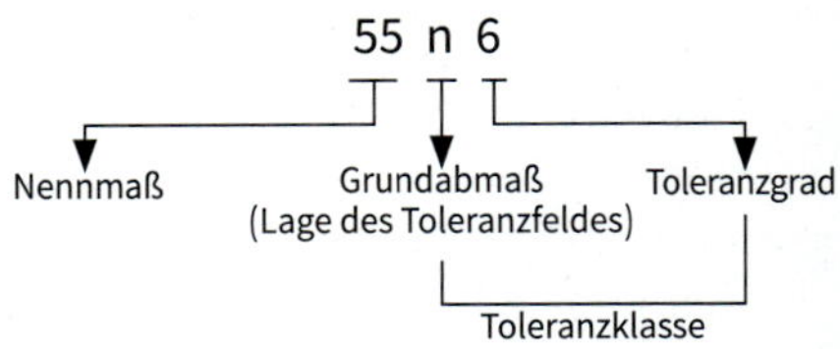

Kennzeichnung einer Passung

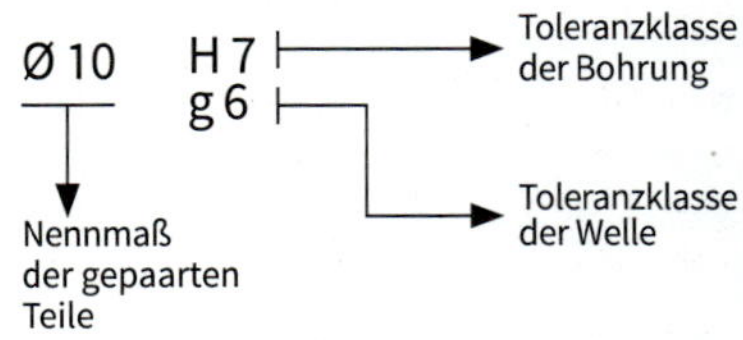

Beispiel: Passungen

Passung Ø 15 H7/f7: ges.: G_{oB}, G_{oW}, G_{uB}, G_{uW}, P_{SH}, P_{SM}, P_T

	Bohrung	Welle
N	15 mm	15 mm
ES / es	+0,018 mm	– 0,016 mm
EI / ei	0,000 mm	– 0,034 mm
$G_o = N + ES / ei$	15,018 mm	14,984 mm
$G_u = N + EI / ei$	15,000 mm	14,966 mm
$P_{SH} = G_{oB} - G_{uW}$	+ 0,052 mm	
$P_{SM} = G_{uB} - G_{oW}$	+ 0,016 mm	
$P_T = P_{SH} - P_{SM}$	+ 0,036 mm	

Nennmaß-bereich in mm	Grenzabmaße in µm															
	Bohrg. H6	Welle					Bohrg. H7	Welle								
		r5	n5	k6	j6	h5		s6	r6	n6	m6	k6	j6	h6	g6	f7
von 1 bis 3	+6 0	+14 +10	+8 +4	+6 0	+4 -2	0 -4	+10 0	+20 +14	+16 +10	+10 +4	+8 +2	+6 0	+4 -2	0 -6	-2 -8	-6 -16
über 3 bis 6	+8 0	+20 +15	+13 +8	+9 +1	+6 -2	0 -5	+12 0	+27 +19	+23 +15	+16 +8	+12 +4	+9 +1	+6 -2	0 -8	-4 -12	-10 -22
über 6 bis 10	+9 0	+25 +19	+16 +10	+10 +1	+7 -2	0 -6	+15 0	+32 +23	+28 +19	+19 +10	+15 +6	+10 +1	+7 -2	0 -9	-5 -14	-13 -28
über 10 bis 14	+11	+31	+20	+12	+8	0	+18	+39	+34	+23	+18	+12	+8	0	-6	-16
über 14 bis 18	0	+23	+12	-1	-3	-8	0	+28	+23	+12	+7	+1	-3	-11	-17	-34
über 18 bis 24	+13	+37	+24	+15	+9	0	+21	+48	+41	+28	+21	+15	+9	0	-7	-20
über 24 bis 30	0	+28	+15	+2	-4	-9	0	+35	+28	+15	+8	+2	-4	-13	-20	-41
über 30 bis 40	+16	+45	+28	+18	+11	0	+25	+59	+50	+33	+25	+18	+11	0	-9	-25
über 40 bis 50	0	+34	+17	+2	-5	-11	0	+43	+34	+17	+9	+2	-5	-16	-25	-50
über 50 bis 65	+19	+54 +41	+33	+21	+12	0	+30	+72 +53	+60 +41	+39	+30	+21	+12	0	-10	-30
über 65 bis 80	0	+56 +43	+20	+2	-7	-13	0	+78 +59	+62 +43	+20	+11	+2	-7	-19	-29	-60
über 80 bis 100	+22	+66 +51	+38	+25	+13	0	+35	+93 +71	+73 +51	+45	+35	+25	+13	0	-12	-36
über 100 bis 120	0	+69 +54	+23	+3	-9	-15	0	+101 +79	+76 +54	+23	+13	+3	-9	-22	-34	-71
über 120 bis 140		+81 +63						+117 +92	+88 +63							
über 140 bis 160	+25 0	+83 +65	+45 +27	+28 +3	+14 -11	0 -18	+40 0	+125 +100	+90 +65	+52 +27	+40 +15	+28 +3	+14 -11	0 -25	-14 -39	-43 -83
über 160 bis 180		+86 +68						+133 +108	+93 +68							
über 180 bis 200		+97 +77						+151 +122	+106 +77							
über 200 bis 225	+29 0	+100 +80	+51 +31	+33 +4	+16 -13	0 -20	+46 0	+159 +130	+109 +80	+60 +31	+46 +17	+33 +4	+16 -13	0 -29	-15 -44	-50 -96
über 225 bis 250		+104 +84						+169 +140	+113 +84							
über 250 bis 280	+32	+117 +94	+57	+36	+16	0	+52	+190 +158	+126 +94	+66	+52	+36	+16	0	-17	-56
über 280 bis 315	0	+121 +98	+34	+4	-16	-23	0	+202 +170	+130 +98	+34	+20	+4	-16	-32	-49	-108
über 315 bis 355	+36	+133 +108	+62	+40	+18	0	+57	+226 +190	+144 +108	+73	+57	+40	+18	0	-18	-62
über 355 bis 400	0	+139 +114	+37	+4	-18	-25	0	+244 +208	+150 +114	+37	+21	+4	-18	-36	-54	-119
über 400 bis 450	+40	+153 +126	+67	+45	+20	0	+63	+272 +232	+166 +126	+80	+63	+45	+20	0	-20	-68
über 450 bis 500	0	+159 +132	+40	+5	-20	-27	0	+292 +252	+172 +132	+40	+23	+5	-20	-40	-60	-131

ISO-Passungen für Einheitsbohrung
ISO-fits for the hole basis system

DIN EN ISO 286-2: 2010-11

Nennmaßbereich in mm	Grenzabmaße in µm													
	Bohrg.	Welle							Bohrg.	Welle				
	H8	x8	u8	s8	h9	f7	e8	d9	H11	h9	h11	d9	c11	a11
von 1 bis 3	+14 0	+34 +20	–	+28 +14	0 –25	–6 –16	–14 –28	–20 –45	+60 0	0 –25	0 –60	–20 –45	–60 –120	–270 –330
über 3 bis 6	+18 0	+46 +28	–	+37 +19	0 –30	–10 –22	–20 –38	–30 –60	+75 0	0 –30	0 –75	–30 –60	–70 –145	–270 –345
über 6 bis 10	+22 0	+56 +34	–	+45 +23	0 –36	–13 –28	–25 –47	–40 –76	+90 0	0 –36	0 –90	–40 –76	–80 –170	–280 –370
über 10 bis 14	+27	+67 +40	–	+55	0	–16	–32	–50	+110	0	0	–50	–95	–290
über 14 bis 18	0	+72 +45		+28	–43	–34	–59	–93	0	–43	–110	–93	–205	–400
über 18 bis 24	+33	+87 +54	–	+68	0	–20	–40	–65	+130	0	0	–65	–110	–300
über 24 bis 30	0	+97 +64	+81 +48	+35	–52	–41	–73	–117	0	–52	–130	–117	–240	–430
über 30 bis 40	+39	+119 +80	+99 +60	+82	0	–25	–50	–80	+160	0	0	–80	–120 –280	–310 –470
über 40 bis 50	0	+136 +97	+109 +70	+43	–62	–50	–89	–142	0	–62	–160	–142	–130 –290	–320 –480
über 50 bis 65	+46	+168 +122	+133 +87	+99 +53	0	–30	–60	–100	+190	0	0	–100	–140 –330	–340 –530
über 65 bis 80	0	+192 +146	+148 +102	+105 +59	–74	–60	–106	–174	0	–74	–190	–174	–150 –340	–360 –550
über 80 bis 100	+54	+232 +178	+178 +124	+125 +71	0	–36	–72	–120	+220	0	0	–120	–170 –390	–380 –600
über 100 bis 120	0	+264 +210	+198 +144	+133 +79	–87	–71	–126	–207	0	–87	–220	–207	–180 –400	–410 –630
über 120 bis 140		+311 +248	+233 +170	+155 +92									–200 –450	–460 –710
über 140 bis 160	+63 0	+343 +280	+253 +190	+163 +100	0 –100	–43 –83	–85 –148	–145 –245	+250 0	0 –100	0 –250	–145 –245	–210 –460	–520 –770
über 160 bis 180		+373 +310	+273 +210	+171 +108									–230 –480	–580 –830
über 180 bis 200		+422 +350	+308 +236	+194 +122									–240 –530	–660 –950
über 200 bis 225	+72 0	+457 +385	+330 +258	+202 +130	0 –115	–50 –96	–100 –172	–170 –285	+290 0	0 –115	0 –290	–170 –285	–260 –550	–740 –1030
über 225 bis 250		+497 +425	+356 +284	+212 +140									–280 –570	–820 –1110
über 250 bis 280	+81	+556 +475	+396 +315	+239 +158	0	–56	–110	–190	+320	0	0	–190	–300 –620	–920 –1240
über 280 bis 315	0	+606 +525	+431 +350	+251 +170	–130	–108	–191	–320	0	–130	–320	–320	–330 –650	–1050 –1370
über 315 bis 355	+89	+679 +590	+479 +390	+279 +190	0	–62	–125	–210	+360	0	0	–210	–360 –720	–1200 –1560
über 355 bis 400	0	–	+524 +435	+297 +208	–140	–119	–214	–350	0	–140	–360	–350	–400 –760	–1350 –1710
über 400 bis 450	+97	–	+587 +490	+329 +232	0	–68	–135	–230	+400	0	0	–230	–440 –840	–1500 –1900
über 450 bis 500	0		+637 +540	+349 +252	–155	–131	–232	–385	0	–155	–400	–385	–480 –880	–1650 –2050

Nennmaß-bereich in mm	Grenzabmaße in µm															
	Welle	Bohrung					Welle	Bohrung								
	h5	P6	N6	M6	J6	H6	h6	S7	R7	N7	M7	K7	J7	H7	G7	F8
von 1 bis 3	0 -4	-6 -12	-4 -10	-2 -8	+2 -4	+6 0	0 -6	-14 -24	-10 -20	-4 -14	-2 -12	0 -10	+4 -6	+10 0	+12 +2	+20 +6
über 3 bis 6	0 -5	-9 -17	-5 -13	-1 -9	+5 -3	+8 0	0 -8	-15 -27	-11 -23	-4 -16	0 -12	+3 -9	+6 -6	+12 0	+16 +4	+28 +10
über 6 bis 10	0 -6	-12 -21	-7 -16	-3 -12	+5 -4	+9 0	0 -9	-17 -32	-13 -28	-4 -19	0 -15	+5 -10	+8 -7	+15 0	+20 +5	+35 +13
über 10 bis 14	0	-15	-9	-4	+6	+11	0	-21	-16	-5	0	+6	+10	+18	+24	+43
über 14 bis 18	-8	-26	-20	-15	-5	0	-11	-39	-34	-23	-18	-12	-8	0	+6	+16
über 18 bis 24	0	-18	-11	-4	+8	+13	0	-27	-20	-7	0	+6	+12	+21	+28	+53
über 24 bis 30	-9	-31	-24	-17	-5	0	-13	-48	-41	-28	-21	-15	-9	0	+7	+20
über 30 bis 40	0	-21	-12	-4	+10	+16	0	-34	-25	-8	0	+7	+14	+25	+34	+64
über 40 bis 50	-11	-37	-28	-20	-6	0	-16	-59	-50	-33	-25	-18	-11	0	+9	+25
über 50 bis 65	0	-26	-14	-5	+13	+19	0	-42 -72	-30 -60	-9	0	+9	+18	+30	+40	+76
über 65 bis 80	-13	-45	-33	-24	-6	0	-19	-48 -78	-32 -62	-39	-30	-21	-12	0	+10	+30
über 80 bis 100	0	-30	-16	-6	+16	+22	0	-58 -93	-38 -73	-10	0	+10	+22	+35	+47	+90
über 100 bis 120	-15	-52	-38	-28	-6	0	-22	-66 -101	-41 -76	-45	-35	-25	-13	0	+12	+36
über 120 bis 140								-77 -117	-48 -88							
über 140 bis 160	0 -18	-36 -61	-20 -45	-8 -33	+18 -7	+25 0	0 -25	-85 -125	-50 -90	-12 -52	0 -40	+12 -28	+26 -14	+40 0	+54 +14	+106 +43
über 160 bis 180								-93 -133	-53 -93							
über 180 bis 200								-105 -151	-60 -106							
über 200 bis 225	0 -20	-41 -70	-22 -51	-8 -37	+22 -7	+29 0	0 -29	-113 -159	-63 -109	-14 -60	0 -46	+13 -33	+30 -16	+46 0	+61 +15	+122 +50
über 225 bis 250								-123 -169	-67 -113							
über 250 bis 280	0	-47	-25	-9	+25	+32	0	-138 -190	-74 -126	-14	0	+16	+36	+52	+69	+137
über 280 bis 315	-23	-79	-57	-41	-7	0	-32	-150 -202	-78 -130	-66	-52	-36	-16	0	+17	+56
über 315 bis 355	0	-51	-26	-10	+29	+36	0	-169 -226	-87 -144	-16	0	+17	+39	+57	+75	+151
über 355 bis 400	-25	-87	-62	-46	-7	0	-36	-187 -244	-93 -150	-73	-57	-40	-18	0	+18	+62
über 400 bis 450	0	-55	-27	-10	+33	+40	0	-209 -272	-103 -166	-17	0	+18	+43	+63	+83	+165
über 450 bis 500	-27	-95	-67	-50	-7	0	-40	-229 -292	-109 -172	-80	-63	-45	-20	0	+20	+68

Nennmaßbereich in mm	Grenzabmaße in µm															
	Welle	Bohrung									Welle	Bohrung				
	h9	X9	P9	J9	H8	H11	F8	E9	D10	C11	h11	H11	D10	D11	C11	A11
von 1 bis 3	0 – 25	– 20 – 45	– 6 – 31	± 12,5	+ 14 0	+ 60 0	+ 20 + 6	+ 39 + 14	+ 60 + 20	+ 120 + 60	0 – 60	+ 60 0	+ 60 + 20	+ 80 + 20	+ 120 + 60	+ 330 + 270
über 3 bis 6	0 – 30	– 28 – 58	– 12 – 42	± 15	+ 18 0	+ 75 0	+ 28 + 10	+ 50 + 20	+ 78 + 30	+ 145 + 70	0 – 75	+ 75 0	+ 78 + 30	+ 105 + 30	+ 145 + 70	+ 345 + 270
über 6 bis 10	0 – 36	– 34 – 70	– 15 – 51	± 18	+ 22 0	+ 90 0	+ 35 + 13	+ 61 + 25	+ 98 + 40	+ 170 + 80	0 – 90	+ 90 0	+ 98 + 40	+ 130 + 40	+ 170 + 80	+ 370 + 280
über 10 bis 14	0	– 40 – 83	– 18	± 21,5	+ 27	+ 110	+ 43	+ 75	+ 120	+ 205	0	+ 110	+ 120	+ 160	+ 205	+ 400
über 14 bis 18	– 43	– 45 – 88	– 61		0	0	+ 16	+ 32	+ 50	+ 95	– 110	0	+ 50	+ 50	+ 95	+ 290
über 18 bis 24	0	– 54 – 106	– 22	± 26	+ 33	+ 130	+ 53	+ 92	+ 149	+ 240	0	+ 130	+ 149	+ 195	+ 240	+ 430
über 24 bis 30	– 52	– 64 – 116	– 74		0	0	+ 20	+ 40	+ 65	+ 110	– 130	0	+ 65	+ 65	+ 110	+ 300
über 30 bis 40	0	– 80 – 142	– 26	± 31	+ 39	+ 160	+ 64	+ 112	+ 180	+ 280 + 120	0	+ 160	+ 180	+ 240	+ 280 + 120	+ 470 + 310
über 40 bis 50	– 62	– 97 – 159	– 88		0	0	+ 25	+ 50	+ 80	+ 290 + 130	– 160	0	+ 80	+ 80	+ 290 + 130	+ 480 + 320
über 50 bis 65	0	– 122 – 196	– 32	± 37	+ 46	+ 190	+ 76	+ 134	+ 220	+ 330 + 140	0	+ 190	+ 220	+ 290	+ 330 + 140	+ 530 + 340
über 65 bis 80	– 74	– 146 – 220	– 106		0	0	+ 30	+ 60	+ 100	+ 340 + 150	– 190	0	+ 100	+ 100	+ 340 + 150	+ 550 + 360
über 80 bis 100	0	– 178 – 265	– 37	± 43,5	+ 54	+ 220	+ 90	+ 159	+ 260	+ 390 + 170	0	+ 220	+ 260	+ 340	+ 390 + 170	+ 600 + 380
über 100 bis 120	– 87	– 210 – 297	– 124		0	0	+ 36	+ 72	+ 120	+ 400 + 180	– 220	0	+ 120	+ 120	+ 400 + 180	+ 630 + 410
über 120 bis 140		– 248 – 348								+ 450 + 200					+ 450 + 200	+ 710 + 460
über 140 bis 160	0 – 100	– 280 – 380	– 43 – 143	± 50	+ 63 0	+ 250 0	+ 106 + 43	+ 185 + 85	+ 305 + 145	+ 460 + 210	0 – 250	+ 250 0	+ 305 + 145	+ 395 + 145	+ 460 + 210	+ 770 + 520
über 160 bis 180		– 310 – 410								+ 480 + 230					+ 480 + 230	+ 830 + 580
über 180 bis 200		– 350 – 465								+ 530 + 240					+ 530 + 240	+ 950 + 660
über 200 bis 225	0 – 115	– 385 – 500	– 50 – 165	± 57,5	+ 72 0	+ 290 0	+ 122 + 50	+ 215 + 100	+ 355 + 170	+ 550 + 260	0 – 290	+ 290 0	+ 355 + 170	+ 460 + 170	+ 550 + 260	+ 1030 + 740
über 225 bis 250		– 425 – 540								+ 570 + 280					+ 570 + 280	+ 1110 + 820
über 250 bis 280	0	– 475 – 605	– 56	± 65	+ 81	+ 320	+ 137	+ 240	+ 400	+ 620 + 300	0	+ 320	+ 400	+ 510	+ 620 + 300	+ 1240 + 920
über 280 bis 315	– 130	– 525 – 655	– 186		0	0	+ 56	+ 110	+ 190	+ 650 + 330	– 320	0	+ 190	+ 190	+ 650 + 330	+ 1370 + 1050
über 315 bis 355	0	– 590 – 730	– 62	± 70	+ 89	+ 360	+ 151	+ 265	+ 440	+ 720 + 360	0	+ 360	+ 440	+ 570	+ 720 + 360	+ 1560 + 1200
über 355 bis 400	– 140	– 660 – 800	– 202		0	0	+ 62	+ 125	+ 210	+ 760 + 400	– 360	0	+ 210	+ 210	+ 760 + 400	+ 1710 + 1350
über 400 bis 450	0	– 740 – 895	– 68	± 77,5	+ 97	+ 400	+ 165	+ 290	+ 480	+ 840 + 440	0	+ 400	+ 480	+ 630	+ 840 + 440	+ 1900 + 1500
über 450 bis 500	– 155	– 820 – 975	– 223		0	0	+ 68	+ 135	+ 230	+ 880 + 480	– 400	0	+ 230	+ 230	+ 880 +480	+ 2050 + 1650

Darstellung von Gewinden
Representation of threads

Sichtbare Gewinde

Grenze der nutzbaren Gewindelänge und

Gewindespitzen: breite Volllinie (ISO 128-01.2.3)

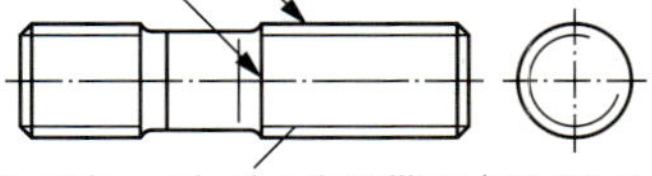

Der ¾-Kreis darf auch eine andere Lage zum Achsenkreuz haben.

Gewindegrund: schmale Volllinie (ISO 128-01.1.8)

Schnitte von Gewindeteilen

Die Schraffur ist bis zu den Gewindespitzen durchzuziehen.

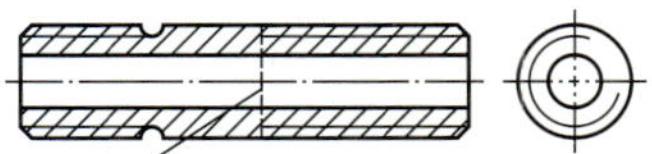

Grenze der nutzbaren Gewindelänge: schmale Strichlinie (ISO 128-02.1.1)

Zusammengebaute Gewindeteiles

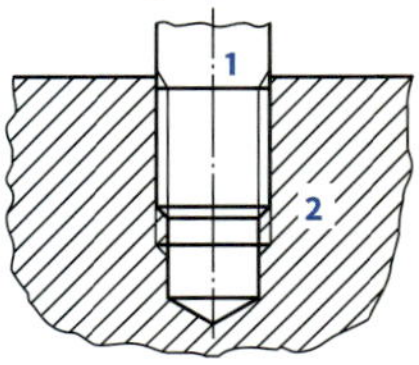

1 Gewindeausläufe sind nur dann zu zeichnen, wenn dies aus Funktionsgründen notwendig ist.

2 Teile mit Außengewinde sind so darzustellen, dass sie Teile mit Innengewinde überdecken.

Verdeckte Gewinde

Gewindespitzen und

Gewindegrund: schmale Strichlinie (ISO 128-02.1.1)

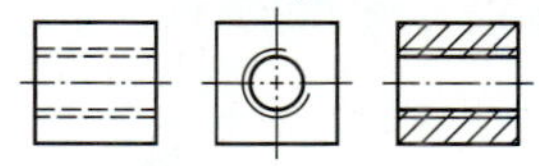

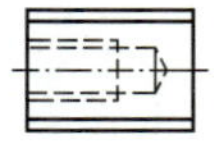

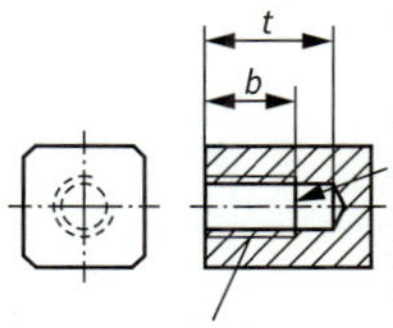

Grenze der nutzbaren Gewindelänge b: breite Volllinie (ISO 128-01.2.4)

t: s. Bohrlochtiefe

Gewindegrund: Schmale Volllinie (ISO 128-01.1.8)

Bezeichnung eines Gewindes siehe DIN 406-11 und DIN 202.

Gewindeausläufe
Run out for threads

DIN 76-1: 2016-08

Gewindeausläufe

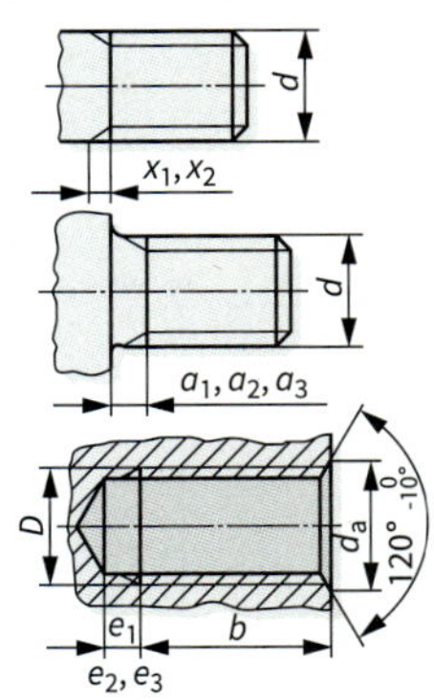

Gewinde-durchmesser	d	M 2	M 4	M 5	M 6 N 7	M 8	M 10	M 12	M 14 M 16	M 18 M 20 M 22	M 24 M 27	M 30 M 33
Gewindesteigung	P	0,4	0,7	0,8	1	1,25	1,5	1,75	2	2,5	3	3,5
Außengewinde												
Gewindeauslauf	x_1	1	1,75	2	2,5	3,2	3,8	4,3	5	6,3	7,5	9
(Regelfall)	a_1	1,2	2,1	2,4	3	3,75	4,5	5,25	6	7,5	9	10,5
(kurz)	x_2	0,5	0,9	1	1,25	1,6	1,9	2,2	2,5	3,2	3,8	4,5
	a_2	0,8	1,4	1,6	2	2,5	3	3,5	4	5	6	7
(lang)	a_3	–	–	3,2	4	5	6	7	8	10	12	14
Innengewinde												
(Regelfall)	e_1	2,3	3,8	4,2	5,1	6,2	7,3	8,3	9,3	11,2	13,1	15,2
(kurz)	e_2	1,5	2,4	2,7	3,2	3,9	4,6	5,2	5,8	7	8,2	9,5
(lang)	e_3	3,7	6,1	6,8	8,2	10	11,6	13,3	14,8	17,9	21	24,3

b: nutzbare Gewindelänge, d_a: 1 D … 1,05 D

Vereinfachte Darstellung
Simplified representation

Gewinde — DIN ISO 6410-3: 1993-12

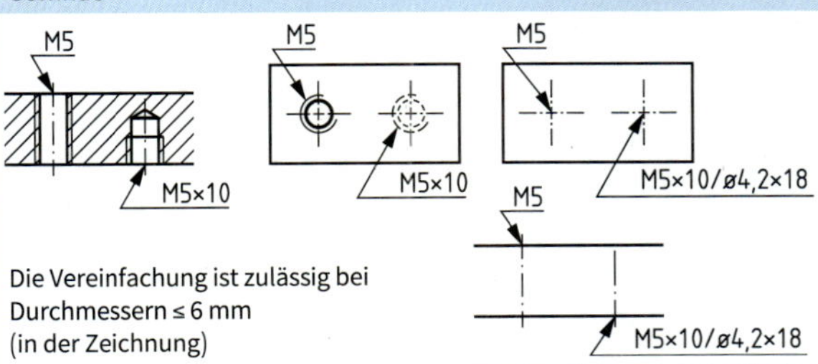

Die Vereinfachung ist zulässig bei Durchmessern ≤ 6 mm (in der Zeichnung)

Schraubenverbindungen

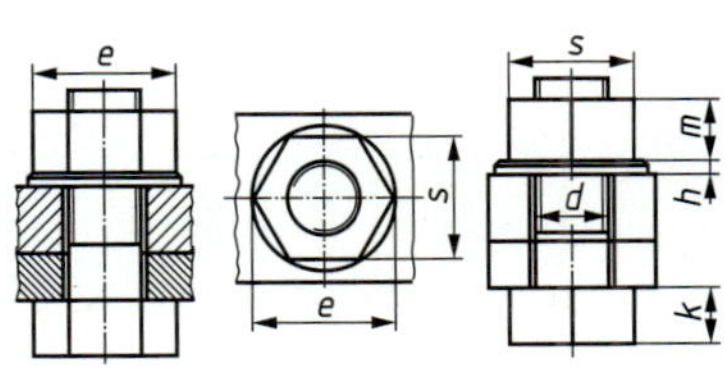

$e \approx 2 \cdot d$

$s \approx 0{,}87 \cdot e$

$k \approx 0{,}7 \cdot d$

$m \approx 0{,}8 \cdot d$

$h \approx 0{,}2 \cdot d$

Zeichnerische Darstellung und Symbole

DIN EN ISO 2556: 2014-04

Benennung der Nahtart	Darstellung erläuternd / Symbol	Benennung der Nahtart	Darstellung erläuternd / Symbol
Bördelnaht	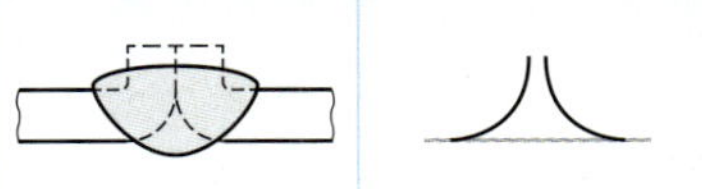	Kehlnaht	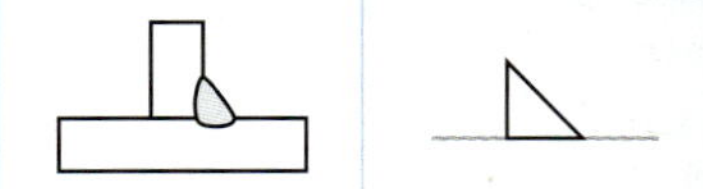
I-Naht	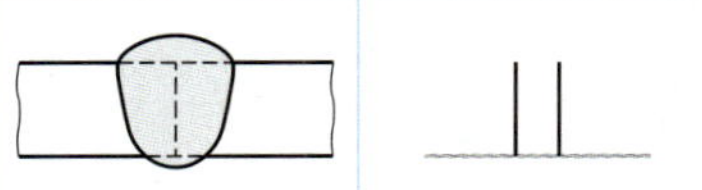	Punktnaht, schmelzgeschweißt	
V-Naht	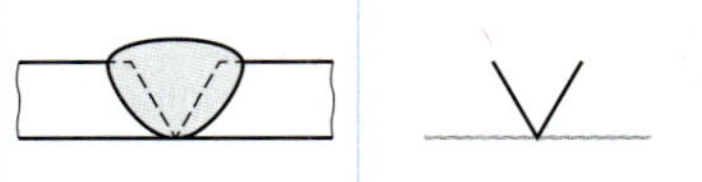	Punktnaht, widerstandsgeschweißt	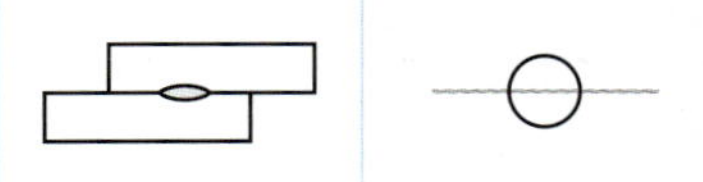
HV-Naht	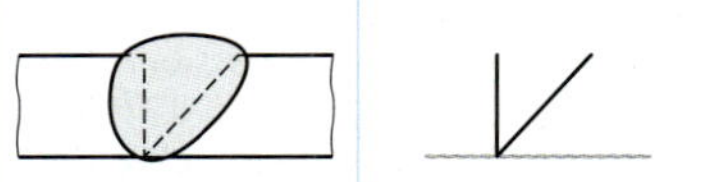	Liniennaht, schmelzgeschweißt	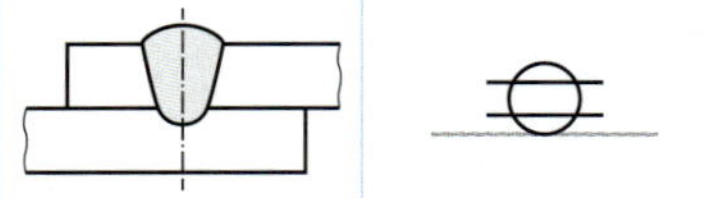
Y-Naht	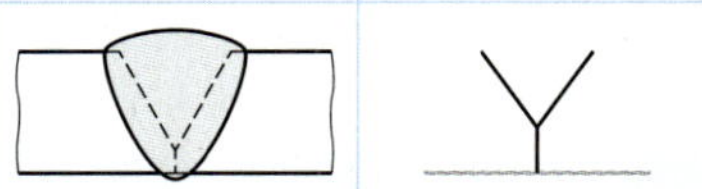	Doppel-V-Naht	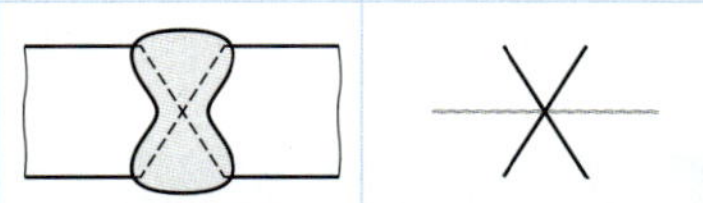
HY-Naht	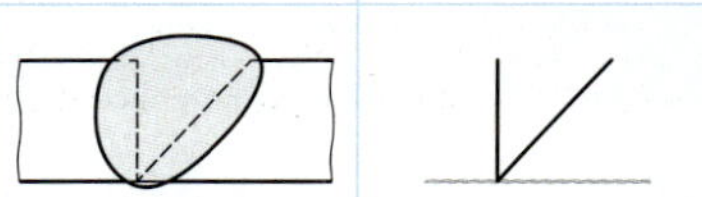	Doppel-HV-Naht	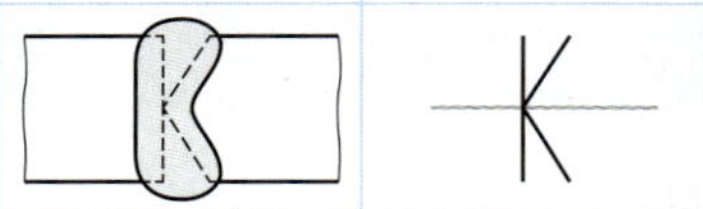
U-Naht	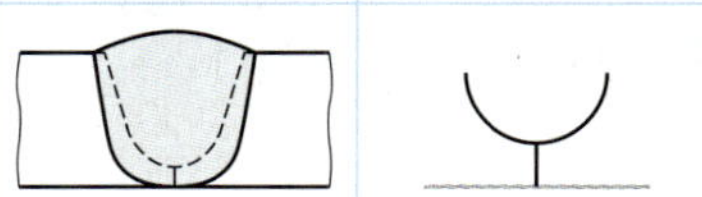	Doppel-U-Naht	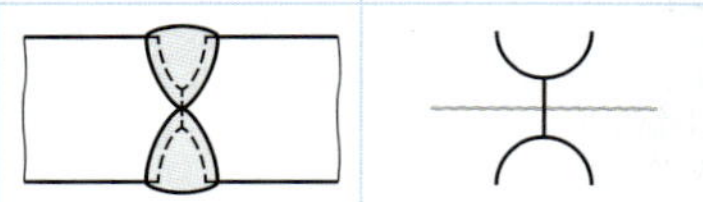
HU-Naht	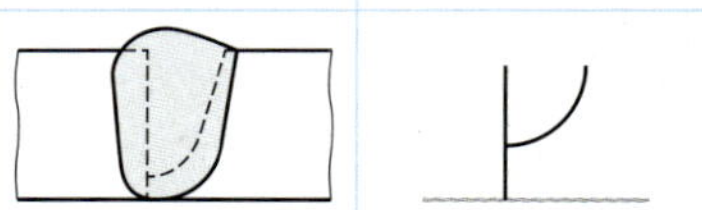	Doppel-HY-Naht mit Kehlnaht	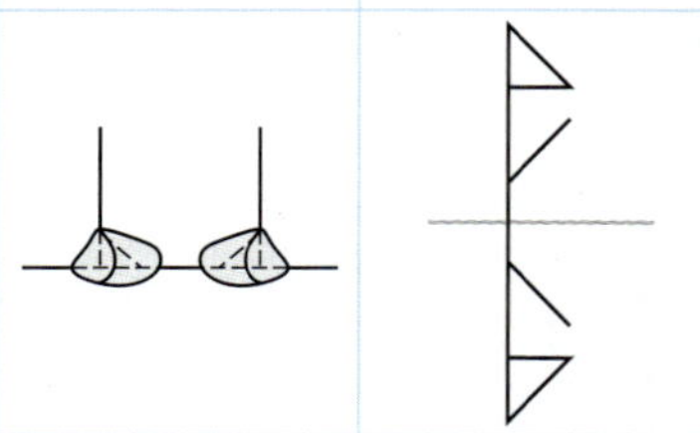
Bolzenschweißverbindung			

Die Strichlinien geben die Nahtvorbereitung vor dem Schweißen an.

Zusatzsymbole – Ergänzende Angaben

Zusatzsymbole für die Form der Oberfläche oder der Naht		**Ergänzende Angaben** für charakteristische Merkmale der Naht	
Oberflächenform/Nahtform	Symbol	Merkmal	Symbol
hohl (konkav)		Ringsum-Naht	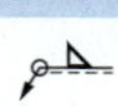
flach (eben)		Baustellennaht	
gewölbt (konvex)		Angabe des Schweißprozesses (s. DIN EN 24063)	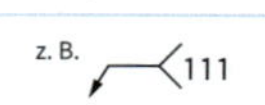
Nahtübergänge kerbfrei		Bezugszeichen (Bedeutung ist in der Nähe des Schriftfeldes zu erläutern)	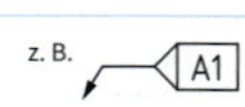

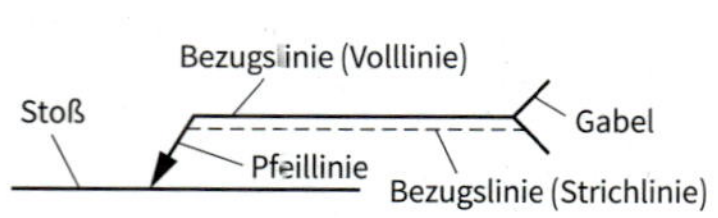

Die Stellung des Symbols zur Bezugslinie gibt die Lage der Naht am Stoß an. Die Pfeillinie zeigt auf die Pfeilseite, die andere Seite ist die Gegenseite. Wird das Symbol auf die Seite der Bezugs-Volllinie gesetzt, befindet sich die Naht auf der Pfeilseite. Wird das Symbol auf die Seite der Bezugs-Strichlinie gesetzt, befindet sich die Naht auf der Gegenseite. Die Bezugs-Strichlinie kann unter oder über der Bezugs-Volllinie gezeichnet werden.

Kombination von Grundsymbolen

I-Naht || geschweißt von beiden Seiten	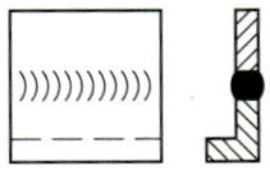	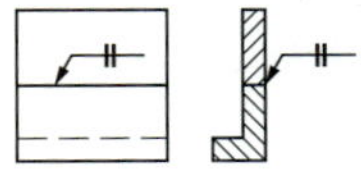	Doppel-V-Naht X (X-Naht)	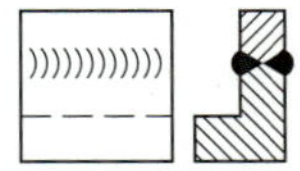	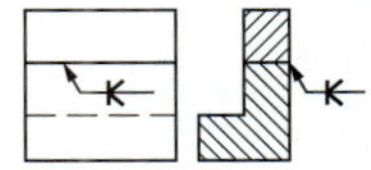
V-Naht mit Gegenlage	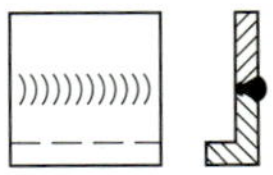	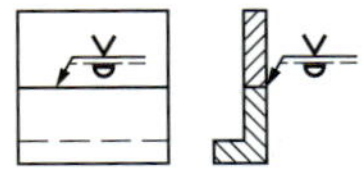	Doppel-Kehlnaht	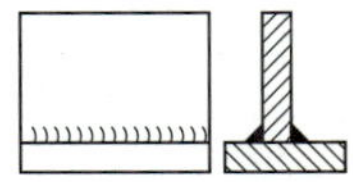	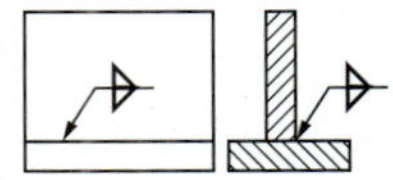

Stellung des Symbols bei Kehlnähten

Darstellung		
erläuternd	symbolhaft	
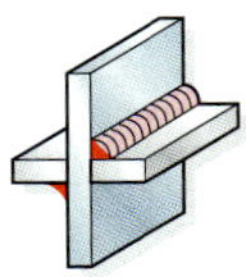	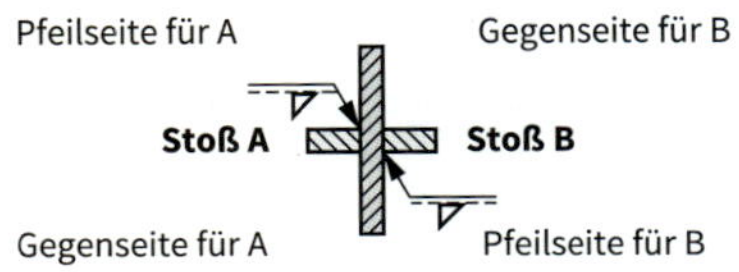	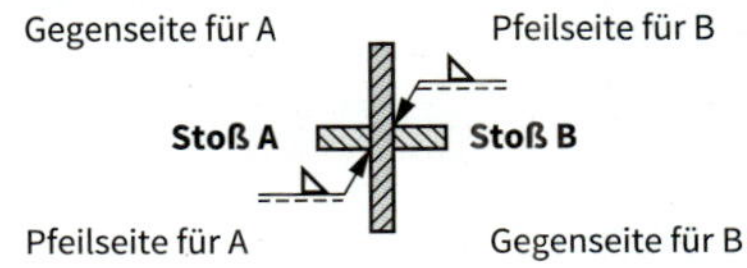

Bemaßung von Schweißnähten

DIN EN ISO 2553: 2014-04

Jedem Symbol dürfen Maße zugeordnet werden. Die Nahtdicke *a* oder die Schenkeldicke *z* werden vor dem Symbol, die Längenmaße hinter dem Symbol eingetragen. Fehlt die Angabe nach dem Symbol, verläuft die Naht ununterbrochen über die gesamte Länge des Werkstückes.

Nahtart	Darstellung erläuternd	Darstellung symbolhaft	Bemerkungen
Einfache Kehlnaht	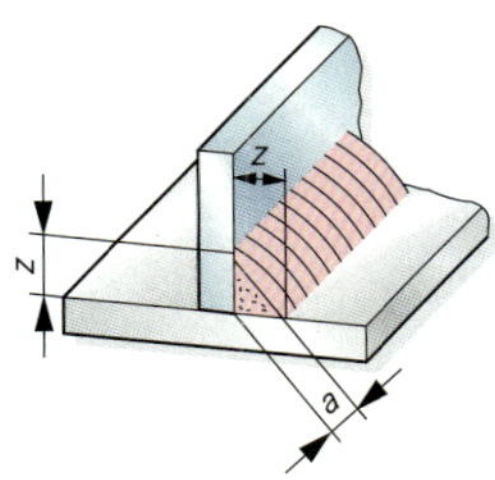	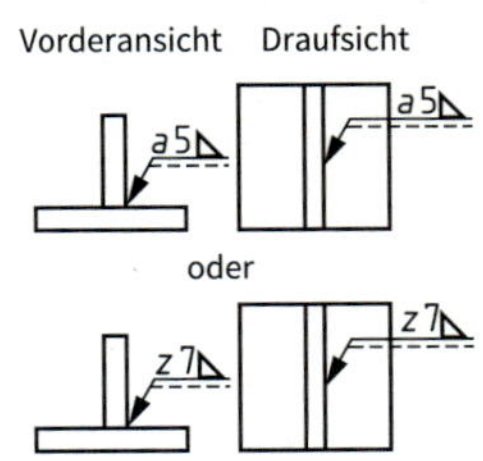	Nahtdicke $a = 5$ mm Schenkeldicke $Z = 7$ mm
Doppelte Kehlnaht unterbrochen, versetzt, beidseitig mit Vormaß	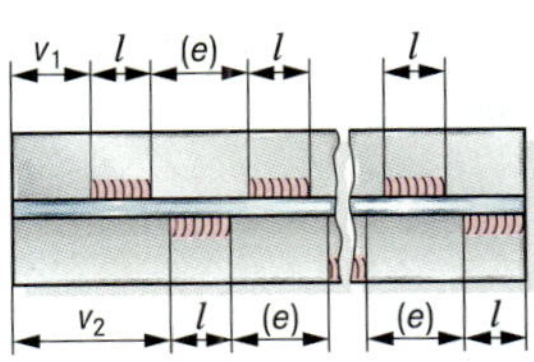	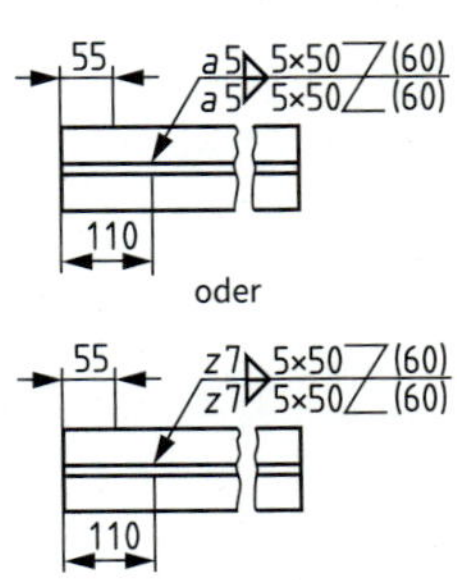	Nahtdicke $a = 5$ mm Schenkeldicke $z = 7$ mm Anzahl der Einzelnähte $n = 5$ Länge der Einzelnähte $l = 50$ mm Länge der Zwischenräume $e = 60$ mm Vormaß 1 $v_1 = 55$ mm Vormaß 2 $v_2 = 110$ mm Z Zeichen für unterbrochene Nähte

I- und V-Nähte werden entsprechend bemaßt.

Vorderansicht

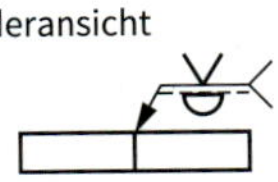

111/ISO 5817-D/ISO 6947-PA/
ISO 2560-A-E 46 0 MnMo RR 1 4 H5

Angaben in der Gabel des Bezugszeichens für eine durchgeschweißte V-Naht mit Gegenlage durch Lichtbogenhandschweißen, geforderte Bewertungsgruppe D DIN EN 25817, geschweißt in Wannenposition nach DIN EN ISO 6947, verwendete Stabelektrode nach DIN EN ISO 2560.

Kartesisches Koordinatensystem

Bezeichnungen

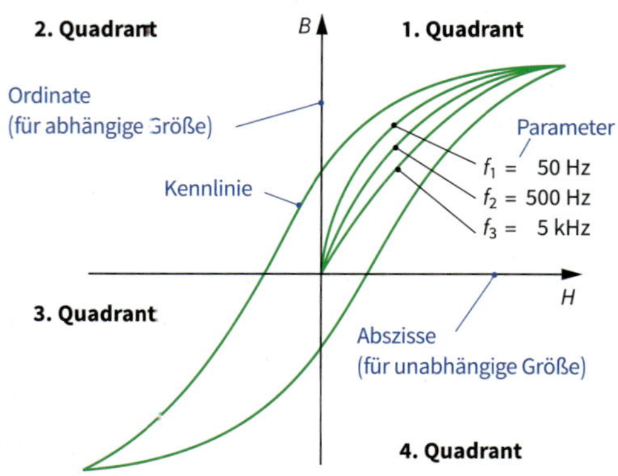

Achsenbeschriftung

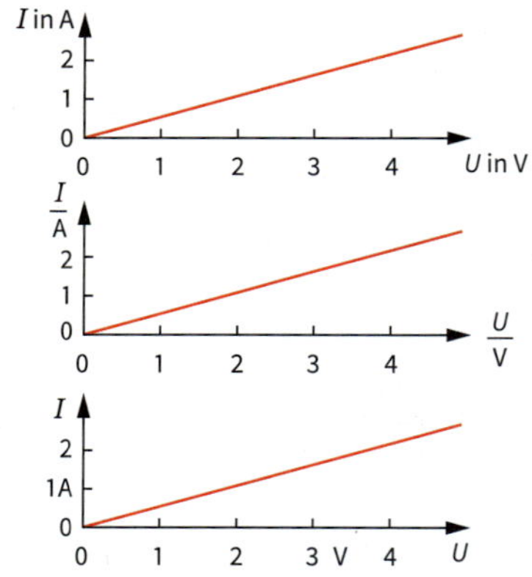

Normierte Achse

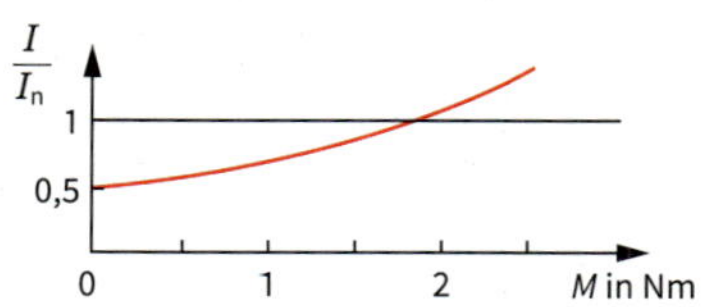

$\frac{I}{I_n}$

Stromstärke I bezogen auf Bemessungsstromstärke I_n

Linienbreiten

Kennlinie	:	Achse	:	Gitternetz
1	:	0,5	:	0,25
Beispiel: 0,7 mm	:	0,35 mm	:	0,2 mm

Unterbrochene Achsen

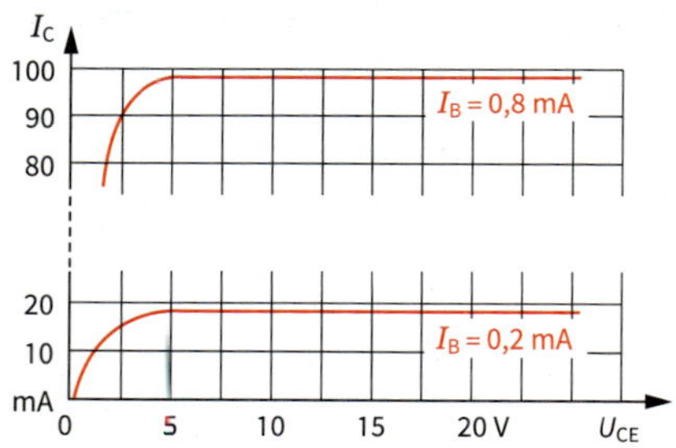

(dekadisch) logarithmische Teilung

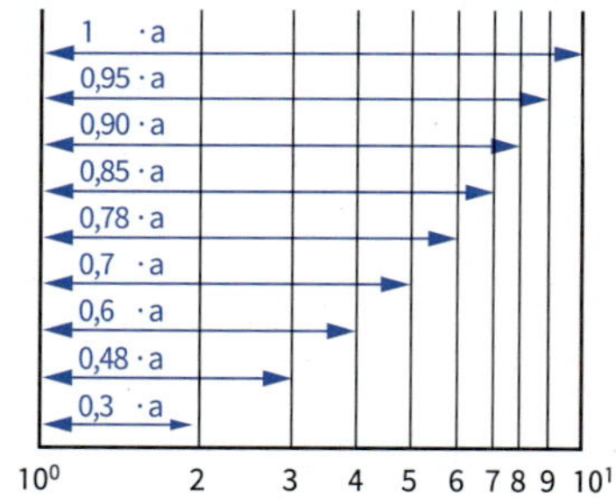

Polarkoordinaten

- Darstellung von Größen in Abhängigkeit von Winkeln und Abstand vom Pol

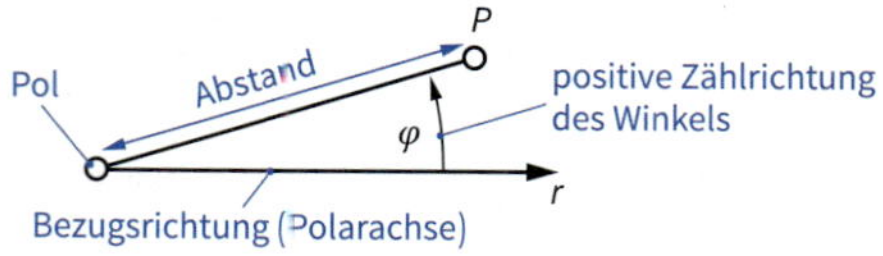

- Anwendungen: Richtcharakteristiken, Lichtstärkeverteilungskurven (LVK)

Beispiel: LVK einer Reflektorlampe 60 W/80°

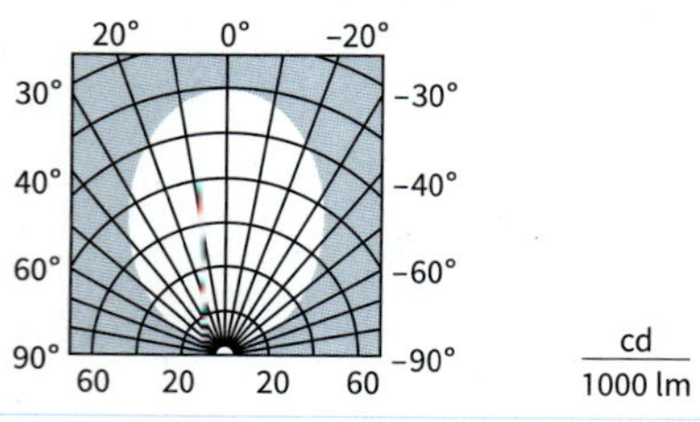

Netztafeln

Lösen von Aufgaben der Typen

- $y = \frac{x}{a}$ **Beispiel:** $I = \frac{U}{R}$
- $y = \frac{a}{x}$ **Beispiel:** $I = \frac{P}{U}$

Ablesebeispiele:

- $R = 500\ \Omega$;
  $U = 20\ \text{V} \rightarrow I = 40\ \text{mA}$
- $P = 9\ \text{W}$;
  $U = 30\ \text{V} \rightarrow I = 30\ \text{mA}$

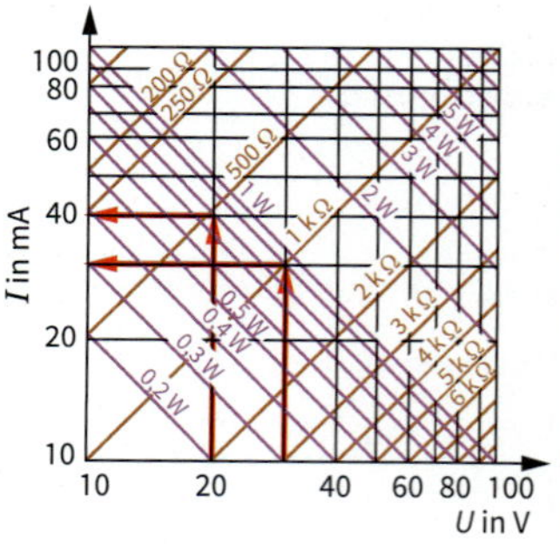

Strukturierung

- Zur Kennzeichnung der elektrischen Betriebsmittel werden diese in eine Struktur eingebunden.
- Mit Hilfe dieser Struktur ist die Information über das System und dessen Dokumente organisiert, eine Navigation im System ist möglich und **Referenzkennzeichen** können gebildet werden.
- Die Strukturierung erfolgt in Form eines hierarchischen Baumes:
  - **Produktionsbezogen** (Vorzeichen: –)
    Die Struktur gibt den mechanischen und technischen Aufbau des Systems wieder.
  - **Funktionsbezogen** (Vorzeichen: =)
    Die Objekte werden entsprechend der Funktion unabhängig von der Realisierung beschrieben.
  - **Ortsbezogen** (Vorzeichen: +)
    Die räumliche Anordnung der Objekte (Platz, Raum, Gebäude, Gelände, usw.) wird dargestellt.
- Alle Objekte eines Systems sollten mindestens nach dem Produktaspekt strukturiert werden.
- Vorgehensweise zur Strukturierung:
  1. Abgrenzung und Benennung der Objekte
  2. Strukturierungsprinzip festlegen (Produktbezogen)
  3. Teilobjekte bestimmen (z. B. Schaltfeld 1)
  4. Unterteilung der Teilobjekte (z. B. Leistungsschalter)
  5. Klassifizierung und Kennzeichnung (-Q01 -QA1)

Referenzkennzeichnung

Beispiel: Produktionsbezogene Struktur mit Referenzkennzeichen einer Umspannstation

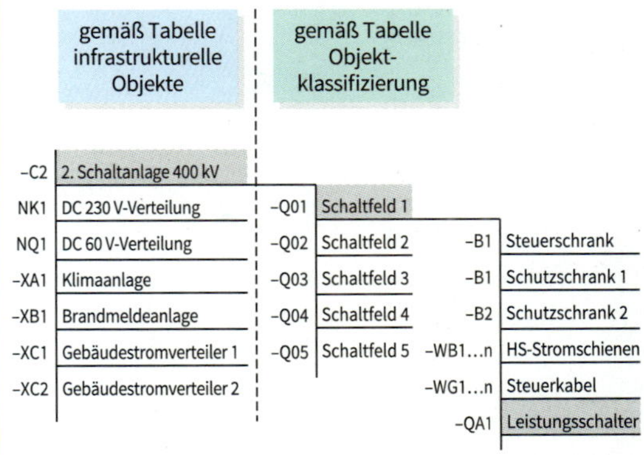

- Das Referenzkennzeichen eines Objektes besteht aus dem Vorzeichen (–, =, +), einem Kennbuchstaben für die betreffende Klasse bzw. Unterklasse und einer Nummer zur eindeutigen Identifizierung.
  Beispiel: -QA1 Leistungsschalter 1
  -Q01 -QA1 Leistungsschalter 1 im Schaltfeld 1

Klassen für infrastrukturelle Objekte

Objekte	Kennbuchstabe	Beschreibung	Beispiele
… für gemeinsame Aufgaben	A	Objekte, die mehreren Infrastrukturklassen zugeordnet werden	Fernwirkanlage, zentrale Leittechnikanlage
… für Hauptprozess-einrichtungen	B … U	Die Buchstaben B bis U sind in der nebenstehenden Tabelle aufgeführt.	400/230 V Energieverteilung
… die nicht dem Hauptprozess zuzuordnen sind	V	Objekte für die Lagerung von Materialien	Fertigwarenlager, Mülllager, Rohmateriallager
	W	Objekte mit administrativen oder sozialen Aufgaben	Büro, Garage, Kantine
	X	Objekte mit Hilfsaufgaben neben dem Hauptprozess	Alarmanlage, Brandschutzanlage, Beleuchtungseinrichtung, Elektroenergieverteilung, Gasversorgung, Klimaanlage, Wasserversorgung
	Y	Objekte mit Informations- oder Kommunikationsaufgaben	Antennenanlage, Computernetzwerk, Lautsprecheranlage, Telefonanlage
	Z	Objekte zur Unterbringung technischer Anlagen	Fabrikgelände, Gebäude, Straße, Zaun

Energieverteilstation	
Buchstabe	Spannungswerte
B	> 420 kV
C	400 kV … ≤ 420 kV
D	230 kV … < 400 kV
E	110 kV … < 230 kV
F	60 kV … < 110 kV
G	45 kV … < 60 kV
H	30 kV … < 45 kV
J	20 kV … < 30 kV
K	10 kV … < 20 kV
L	6 kV … < 10 kV
M	1 kV … < 6 kV
N	< 1 kV
P	Schutzpotenzialausgleich
T	Anlagen zum Umspannen

Kennzeichnung von elektrischen Betriebsmitteln (Objekte)
Designation of electrical equipment (objects)

DIN EN 81 346-2: 2010-05

Kennbuchstaben zur Objektklassifizierung

Kennbuchstabe	Hauptaufgabe/-zweck	Beispiele
A	Hauptaufgabe lässt sich nicht eindeutig bestimmen	Schaltschrank, Sensorbildschirm
B	Umwandeln einer physikalischen Größe in ein Signal zur Weiterverarbeitung	Bewegungsmelder, Fotozelle, Fühler, Messrelais, Messwiderstand, Rauchmelder
C	Speichern von Energie bzw. Information	Festplatte, Kondensator, Pufferbatterie, RAM, Speicher
E	Kühlen, Heizen, Beleuchten, Strahlen	Boiler, Heizung, Lampe, Laser, Leuchte, Mikrowellengerät
F	Direktes Schützen von Personen oder Einrichtungen	Leitungsschutz-Schalter, Überspannungsableiter, RCD, Sicherung, SH-Schalter
G	Erzeugen von Energie, Materialfluss oder Signalen	Batterie, Brennstoffzelle, Dynamo, Generator, Lüfter, Solarzelle, Ventil
K	Verarbeiten von Signalen oder Informationen	Binärbaustein, Frequenzfilter, Hilfsschütz, Regler, Schaltrelais, Transistor, Zeitrelais
M	Bereitstellen von mechanischer Energie zu Antriebszwecken	Elektromotor, Stellantrieb
P	Darstellen von Informationen	Ampere- bzw. Voltmeter, Drucker, Klingel, Lautsprecher, LED, Uhr, Zähler
Q	Schalten und Variieren von Energie, Signal- und Materialfluss	Leistungsschalter, Motoranlasser, Leistungstransistor, Schütz, Stromstoßschalter, Thyristor, Trennschalter
R	Begrenzen oder Stabilisieren von Energie-, Informations- oder Materialfluss	Begrenzer, Diode, Drosselspule, Widerstand
S	Umwandeln manueller Betätigung in Signale	Steuerschalter, Tastschalter, Tastatur, Wahlschalter
T	Umwandeln von Energie bzw. Signalen unter Beibehaltung von Energieart bzw. Informationsgehalt	Antenne, Frequenzwandler, Gleichrichter, Ladegerät, Netzgerät, Transformator, Verstärker, Wandler, Wechselrichter
U	Halten von Objekten in einer definierten Lage	Isolator, Kabelpritsche, Mast, Montageschiene
V	Verarbeiten oder Behandeln von Material oder Produkten	Abscheider, Filter
W	Leiten oder Führen von Energie oder Signalen	Bussystem, Kabel, Leiter, Lichtwellenleiter, Sammelschiene
X	Verbinden	Klemme, Klemmleiste, Steckdose, Stecker, Verbindungsdose

Unterklassen

- Zur eindeutigen Beschreibung können weiterhin **Unterklassen** gebildet werden, die ebenfalls durch Kennbuchstaben gekennzeichnet werden.
- Die Unterklassen müssen von Anwendern festgelegt und dokumentiert werden, wobei die Buchstaben *I* und O wegen der Verwechslungsgefahr mit den Ziffern 1 und 0 nicht benutzt werden sollen.

Beispiel:
Ist für einen Leistungstransformator die Klassenbezeichnung T nicht ausreichend, kann zusätzlich die Unterklasse A (Leistung transformieren) eingeführt werden.

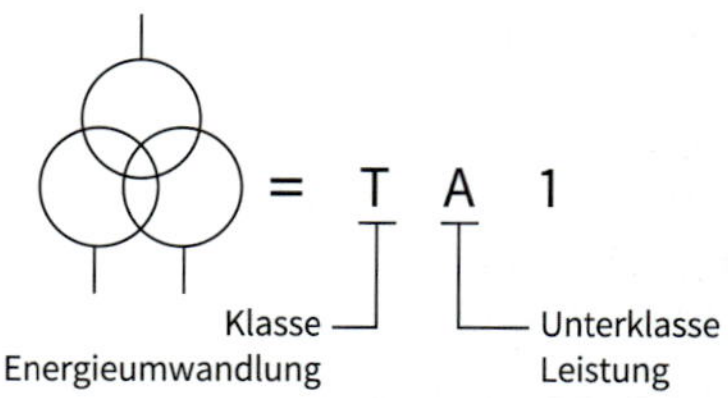

Die nachfolgende Tabelle zeigt beispielhafte Unterklassen

Unterklassen (Auszug)	
Buchstaben	**Beispiele**
AZ	Wartungseinheit
BF	Durchflussmesser
BG	Positionsschalter
BP	Drucksensor
CA	Kondensator
FB	Fehlerstrom-Schutzschalter
FC	Sicherung, LS-Schalter
GA	Generator
GP	Pumpe
GQ	Lüfter, Kompressor
GS	Druckluftöler
GZ	Hydraulikaggregat
KF	Relais, Regler, Hilfsschütz
KH	Ventilblock
MA	Elektromotor
MM	Hydraulik-/Pneumatikzylinder
PF	Meldelampe
PG	Anzeigeinstrument
QA	Schütz
QB	Trennschalter
QM	Wegeventil
QN	Druckbegrenzungsventil
RA	Diode, Widerstand
RF	Filter, Tiefpass
RM	Rückschlagventil
RN	hydraulische/pneumatische Drossel
RZ	Drossel-Rückschlagventil
SF	Schalter, Taster
SJ	handbetätigtes Ventil
TB	Gleichrichter, Netzteil

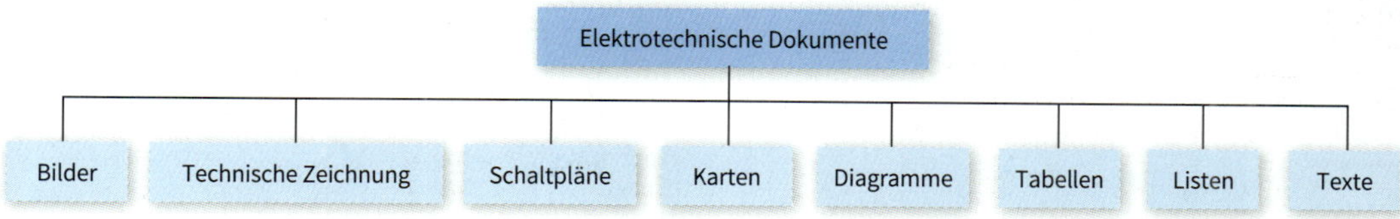

Funktionsbezogene Dokumente

Übersichtsschaltplan:
Vereinfachte Darstellung einer Schaltung, die die Arbeitsweise und die Gliederung einer elektrischen Einheit zeigt

Blockschaltplan: ①
Übersichtsschaltplan mit Blocksymbolen

Netzwerkkarte:
In Landkarte eingezeichneter Übersichtsschaltplan

Funktionsschaltplan:
Prozeßorientierte Darstellung z. B. einer Steueraufgabe

Logik-Funktionsschaltplan:
Funktionsschaltplan mit binären Schaltzeichen

Ersatzschaltplan:
Funktionsschaltplan als äquivalente Schaltung

Funktionsplan: ②
Steuerungs- oder Regelungssystem durch ein Diagramm beschrieben

Stromlaufplan: ③
Ausführliche Darstellung einer Schaltung, aus der ihre Funktion zu erkennen ist

Ortsbezogene Dokumente

- Lageplan
- Installationsplan ④
- Installationsschaltplan
- Gruppenzeichnung
- Anordnungsplan

Verbindungsbezogene Dokumente

- Verdrahtungsplan, -tabelle
- Geräteverdrahtungsplan, -tabelle
- Verbindungsplan, -tabelle
- Anschlussplan, -tabelle, Klemmenplan
- Kabelplan, -tabelle, -liste

Außerdem verwendet man
- Ablaufdiagramme, Zeitablaufdiagramme
- Anschlussfunktionspläne
- Programmpläne, -tabellen, -listen

Funktionsplan (Ausschnitt) ②

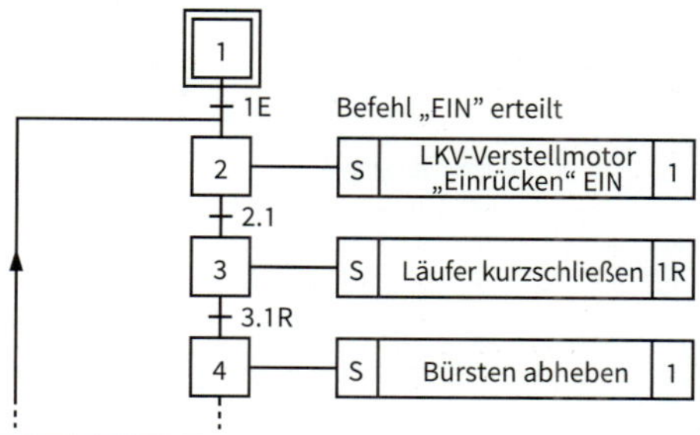

Stromlaufplan ③

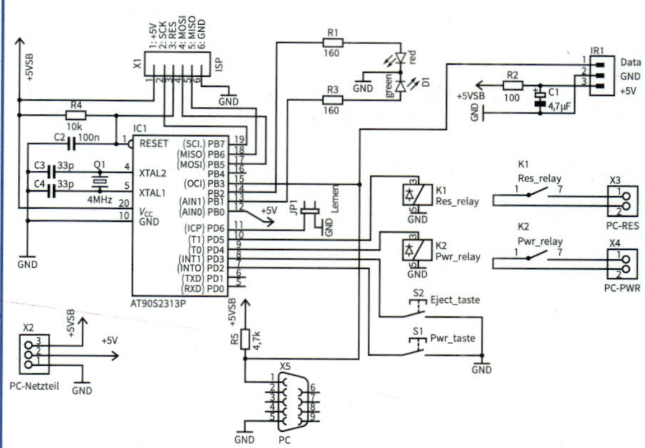

Installationsplan (Ausschnitt) ④

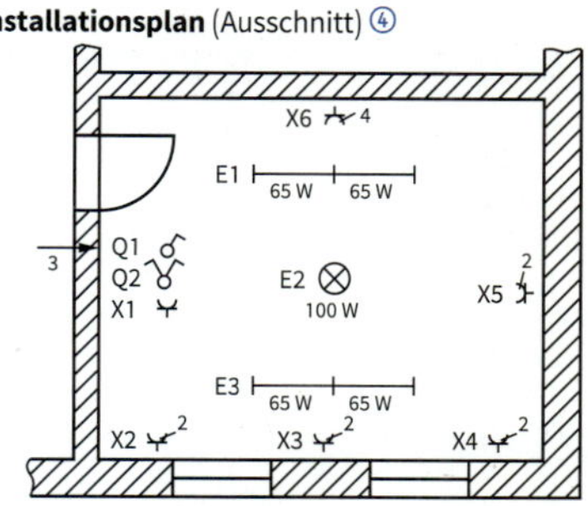

Verlegeart:
NYM auf Abstandsschellen mit Abzweigdosen

Montagehöhe über OKFB
Steckdosen 1,15 m

Schutz bei ind. Berühren:
Abschaltung durch LS-Schalter

Zusätzlicher Schutz im Bad:
RCD-Schutzeinrichtung
$I_{\Delta n}$ = 30 mA

Leistung:
Steckdosen 4 kW

M 1:100

Blockschaltplan ①

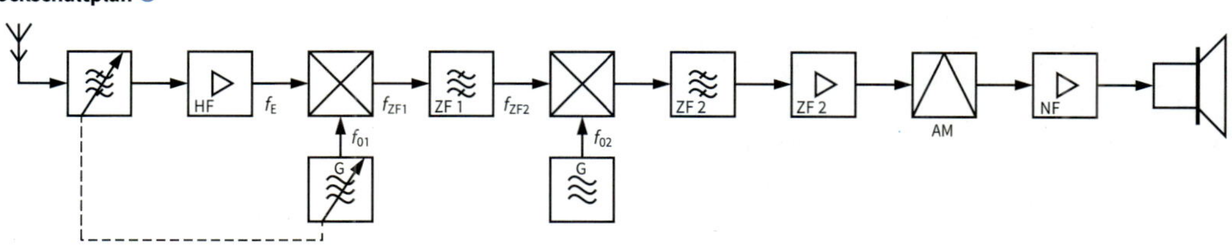

Symbolelemente	
Schaltzeichen	**Benennung**
Form 1 Form 2 Form 3	Betriebsmittel, Komponente, Funktionseinheit, Funktion
Form 1 Form 2	Hülle, Gehäuse, Kolben, Kessel
	Begrenzungslinie einer Gruppe zusammengehöriger Objekte
	Schirm, Abschirmung
Arten von Strömen und Spannungen	
	Gleichstrom
~ 50 Hz	Wechselstrom, 50 Hz
Wechselstrom	
	Niedrige Frequenzen
	Mittlere Frequenzen
	Hohe Frequenzen
Impulsformen	
	Positiver Impuls
	Wechselstrom-Impuls
	Positive Schrittfunktion
Erde, Masse, Äquipotenzial	
	Erde
	Fremdspannungsarme Erde
	Schutzerde
	Masse Gehäuse

Symbolelemente	
Schaltzeichen	**Benennung**
Leiter	
	Leiter, Gruppe von Leitern, Leitung, Kabel, Stromweg, Übertragungsweg
Form 1 Form 2 3	Einpolige Darstellung, drei Leiter, Anzahl der Leiter durch kleine Striche oder durch einen Strich mit einer Zahl angezeigt
	Leiter, bewegbar
	Leiter, geschirmt
	Leiter, koaxial
Verbinder	
	Buchse Pol einer Steckdose
	Steckverbindung, zwei Buchsen durch einen Stecker verbunden
	Steckverbindung mit Adapter
	Buchse und Stecker, Steckverbindung
Anschlüsse und Leiterverbindungen	
	Verbindung von Leitern
	Anschluss (z. B. Klemme)
Form 1 Form 2	Abzweig von Leitern
Form 1 Form 2	Doppelabzweig von Leitern

Symbolelemente	
Schaltzeichen	**Benennung**
Veränderbarkeit	
	nicht linear, nicht inhärent
	trimmbar
Wirkungsrichtung	
	Senden
	Empfangen
Wirkungen von Abhängigkeiten	
	Thermische Wirkung
	Verzögerung
Mechanische Stellteile	
Form 1 Form 2	Wirkverbindung, allgemein; Mechanische, pneumatische und hydraulische Wirkverbindung
	Verzögerte Wirkung
Antriebsarten	
	Betätigung durch elektromagnetischen Antrieb
	Notschalter
	Handantrieb, allgemein
Verschiedenes	
	Bewegbarer Kontakt (z. B. Schleifkontakt)
	Umsetzer, Umformer, Umrichter
	Ideale Stromquelle
	Ideale Spannungsquelle

Passive Bauelemente
Passive components

DIN EN 60 617-4: 1997-08

Schaltzeichen	Benennung
Widerstände	
	Widerstand, allgemein
	Widerstand, veränderbar, allgemein
U	Widerstand, spannungsabhängig, Varistor

Schaltzeichen	Benennung
Kondensatoren	
	Kondensator, allgemein
	Kondensator, gepolt, Elektrolyt-Kondensator
	Kondensator, veränderbar

Schaltzeichen	Benennung
Induktivitäten	
	Induktivität, Spule, Wicklung, Drossel bevorzugte Form
	frühere Form
	Induktivität mit Magnetkern

Halbleiterbauelemente
Semiconductors

DIN EN 60 617-5: 1997-08

Schaltzeichen	Benennung
Halbleiterdioden	
	Halbleiterdiode, allgemein
	Leuchtdiode, allgemein
	Kapazitätsdiode, Varactor
	Durchbruch-Diode, Z-Diode
	Breakdown-Diode Gegeneinander geschaltete Z-Dioden
	Tunneldiode, Esaki-Diode
	Rückwärts-Diode Unitunneldiode
	Bidirektionale Diode
Thyristoren	
	Thyristordiode rückwärts sperrend
	Thyristordiode, rückwärts leitend
	Thyristordiode, bidirektional, Diac
	Thyristortriode, Thyristor allgemein
	Thyristortriode, rückwärts sperrend, Anode gesteuert (N-Gate)
	Thyristortriode, rückwärts sperrend, Kathode gesteuert (P-Gate)

Schaltzeichen	Benennung
Thyristoren	
	Abschalt-Thyristortriode
	Abschalt-Thyristortriode, Anode gesteuert (N-Gate)
	Thyristortetrode, rückwärts sperrend
	Thyristortriode, bidirektional, Triac
	Thyristortriode, rückwärts leitend
	Thyristortriode, rückwärts leitend, Anode gesteuert (N-Gate)
Transistoren	
	PNP-Transistor
	NPN-Transistor
	Unijunction-Transistor mit Basis vom P-Typ
	NPN-Transistor mit zwei Basisanschlüssen
	Sperrschicht-Feldeffekt-Transistor (JFET) mit N-Kanal
	Sperrschicht-Feldeffekt-Transistor (JFET) mit P-Kanal
	Isolierschicht-Feldeffekt-Transistor (IGFET), Anreicherungstyp
	Insulated Gate Bipolar Transistor (IGBT)

Schaltzeichen	Benennung
Transistoren	
	Isolierschicht-Feldeffekt- Transistor (IGFET), Anreicherungstyp, Substratanschluss
	Isolierschicht-Feldeffekt-Transistor (IGFET), Substrat intern mit Source verbunden
	Isolierschicht-Feldeffekt-Transistor (IGFET), Verarmungstyp
Sensoren	
	Diode, lichtempfindlich, Photodiode
	Widerstand, lichtempfindlich Photowiderstand
	Photoelement, Photozelle
	Optokoppler, Leuchtdiode und Phototransistor
	Hall-Generator
	Widerstand, magnetfeldempfindlich
	Magnetischer Koppler
	Ionisationskammer
	Halbleiterdetektor
	Zählrohr

	Gleichstrom-Umrichter
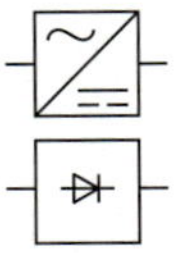	Gleichrichter
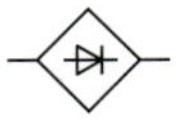	Gleichrichter in Brückenschaltung
	Wechselrichter
Kennzeichnung der Schaltungsart	
|	Eine Wicklung
|||	Drei getrennte Wicklungen
||| 3~	Drei getrennte Wicklungen, Dreiphasen-System
△	Dreieckschaltung
Y	Sternschaltung
	Sternschaltung, Neutralleiter herausgeführt
Maschinenarten	
	Maschine, allgemein. An die Stelle des Sterns (*) muss eines der folgenden Kennzeichen eingetragen werden: C = Umformer G = Generator GS = Synchrongenerator M = Motor MG = Als Generator oder als Motor nutzbare Maschine MS = Synchronmotor
	Wechselstrom-Reihenschlussmotor, einphasig

	Gleichrichter/ Wechselrichter (umschaltbar)
	Wechselstrom-umrichter
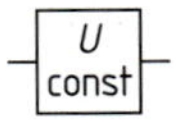	Spannungskonstanthalter
	Primärzelle Primärelement Akkumulator
Maschinenarten	
	Linearmotor
	Schrittmotor
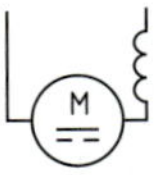	Gleichstrom-Reihenschlussmotor
	Gleichstrom-Nebenschlussmotor
	Synchronmotor, einphasig
	Drehstrom-Reihenschlussmotor
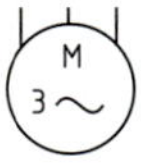	Drehstrom-Asynchronmotor mit Käfigläufer
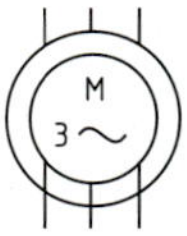	Drehstrom-Asynchronmotor mit Schleifringläufer

	Generator, allgemein
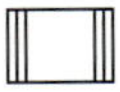	Heizquelle, allgemein
	Verbrennungs-Heizquelle
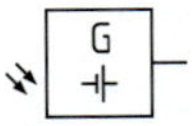	Fotoelektrischer Generator
Transformatoren und Drosseln	
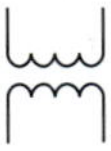	Transformator mit zwei Wicklungen, Spannungswandler
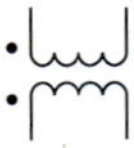	Kennzeichnung gleicher Phasenlagen, gleichzeitig eintretende Ströme erzeugen Magnetflüsse in gleicher Richtung
	Transformator mit drei Wicklungen
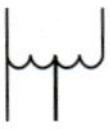	Spartransformator
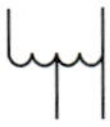	Spartransformator, einphasig
	Drossel
	Einphasentransformator mit zwei Wicklungen und Schirm
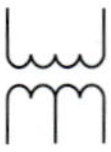	Transformator mit Mittenanzapfung an einer Wicklung

Schutzeinrichtungen	
	Sicherung, allgemein
	Sicherung; breite Seite kennzeichnet den netzseitigen Anschluss
	Sicherung mit mechanischer Auslösemeldung (Schlagbolzensicherung)
	Sicherung mit Meldekontakt und drei Anschlüssen
	Sicherungsschalter
	Dreipoliger Schalter mit selbsttätiger Auslösung durch den Schlagbolzen jeder einzelnen Sicherung
	Sicherungstrennschalter
	Sicherungs-Lasttrennschalter
D II / 10A	Schraubsicherung, dargestellt 10 A, Typ D II, dreipolig
00 / 25A	Niederspannungs-Hochleistungs-Sicherung (NH), dargestellt 25 A, Größe 00
* S	Selektiver Hauptleitungsschutz-Schalter
	Blitzstromableiter
	Funkenstrecke
	Überspannungsableiter
	Überspannungsableiter in einer Gasentladungsröhre

Aufzeichnende Messgeräte	
*	Messgerät, anzeigend, allgemein
V	Spannungsmessgerät
A	Amperemeter, Stromstärkemessgerät
W	Wattmeter, Leistungsmessgerät
var	Blindleistungsmessgerät
$\cos\varphi$	Leistungsfaktormessgerät
Hz	Frequenzmessgerät
n	Drehzahlmessgerät
	Galvanometer
	Synchronoskop
φ	Phasenwinkelmessgerät
	Oszilloskop
V U_d	Differenzialspannungs-, Gleichspannungsmessgerät
A $I\sin\varphi$	Blindstrommessgerät
Ω	Widerstandsmessgerät
Θ	Thermometer, Pyrometer
	Messwerk mit Spannungspfad
	Messwerk mit einem Strompfad
	Messwerk zur Summen- oder Differenzbildung
	Messwerk zur Produktbildung
	Messwerk zur Quotientenbildung
	Kreuzzeigerinstrument

Zähler	
h	Betriebsstundenzähler
Ah	Amperestundenzähler
Wh	Wattstundenzähler, Elektrizitätszähler
Wh	Mehrtarif-Wattstundenzähler, Zweitarifzähler dargestellt
Wh $P>$	Wattstundenzähler, der nur zählt, wenn ein vorgegebener Wert überschritten wird
Wh	Wattstundenzähler mit Übertragungseinrichtung
varh	Blindverbrauchszähler
0	Impulszähler mit elektrischer Rückstellung auf Null

Messrelais	
$m<3$	Phasenausfallrelais in einem Dreiphasensystem
$U=0$	Nullspannungsrelais
$I>$	Überstromrelais, verzögert
	Näherungsempfindliche Einrichtung, kapazitiv, reagiert auf Näherung eines Festkörpers

Kontakte
Contacts

DIN EN 60617-7: 1997-08

Kennzeichen

Symbol	Kennzeichen
	Schütz-Funktion
	Leistungsschalter-Funktion
	Trennschalter-Funktion
	Lasttrennschalter-Funktion
	Selbsttätige Ausschaltung
	Endschalter-Funktion
	Funktion „selbsttätiger Rückgang“
	Funktion „nichtselbsttätiger Rückgang“

Symbolelemente

Symbol	Symbolelement
Form 1 Form 2	Schließer, Schaltfunktion, allgemein Schalter
	Öffner
	Wechsler mit Unterbrechung
	Wechsler mit Mittelstellung „Aus“
Form 1 Form 2	Wechsler ohne Unterbrechung Folgeumschaltglied
	Zwillingsschließer
	Wischer mit Kontaktgabe bei Betätigung
	Voreilender Schließer
	Nacheilender Schließer
	Nacheilender Öffner
	Schließer, anzugverzögert abfallverzögert
	Öffner, anzugverzögert abfallverzögert

Melde- und Signaleinrichtungen
Alarm- and signalling devices

DIN EN 60617-8: 1997-08

Gefahrenmelde-, Melde-Signaleinrichtungen

Symbol	Bezeichnung
	Kennzeichen: Hilferuf (z. B. an Polizei) Differenzialprinzip
	Uhr, allgemein Nebenuhr
	Passierschloss für Schaltwege in Sicherheitsanlagen
	Lichtsender Gleichlichtsender
	Lichtempfänger mit Hell-Schaltung und Kontaktausgang
	Lichtschranke – Lichtsender mit Wechsellicht – Lichtempfänger in Dunkelschaltung mit Kontaktausgang
	Leuchtmelder mit Glimmlampe
	Melder mit Fühleinrichtung, z. B. für Blinde
	Temperaturmelder
	Rauchmelder, selbsttätig, lichtabhängiges Prinzip
	Erschütterungsmelder, Tresorpendel
	Ruhestromschleife, als Brandfühler
	Polizeimelder, mit Sperrung und mit Fernsprecher
	Brandmelder
	Brandmelder, Polizeimelder, Laufwerk mit Sperrung Polizeimelder mit Sperrung
	Leuchte, allgemein Leuchtmelder, allgemein
	Leuchtmelder, blinkend
	Sichtmelder, elektromechanisch, Schauzeichen, Fallklappe
	Horn, Hupe
	Wecker, Klingel
	Gong, Einschlagwecker
	Sirene
	Schnarre, Summer

Neben dem Schaltzeichen darf die Farbe nach DIN IEC 60757 angegeben werden:

RD	rot	BU	blau	GN	grün
YE	gelb	WH	weiß		

Schalter – Schaltgeräte

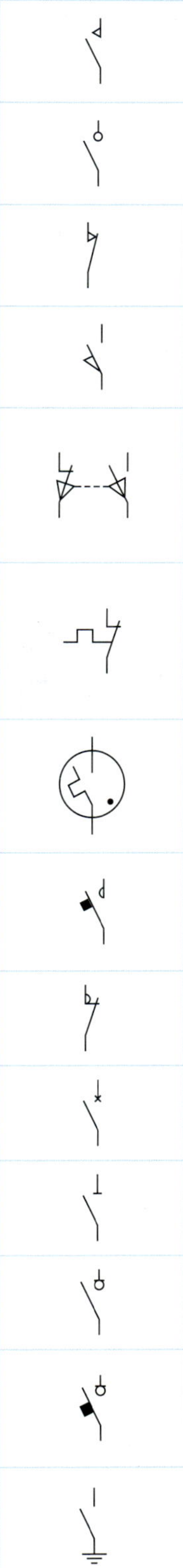

Symbol	Schließer mit selbsttätigem Rückgang
Symbol	Schließer mit nicht selbsttätigem Rückgang
Symbol	Öffner mit selbsttätigem Rückgang
Symbol	Grenzschalter, Endschalter (Schließer)
Symbol	Grenzschalter, Endschalter, mechanische Betätigung in beiden Richtungen
Symbol	Öffner mit selbsttätiger thermischer Betätigung (Thermokontakt, z. B. Bimetall)
Symbol	Gasentladungsröhre mit Thermokontakt, Starter für Leuchtstofflampe
Symbol	Schütz mit selbsttätiger Auslösung
Symbol	Schütz (Öffner, Leistungskontakt)
Symbol	Leistungsschalter
Symbol	Trennschalter Leerschalter
Symbol	Lasttrennschalter
Symbol	Laststrennschalter mit selbstätiger Auslösung
Symbol	Erdungsschalter, allgemein

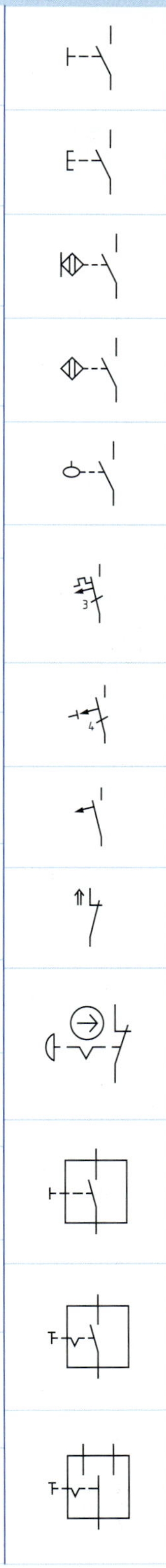

Symbol	Handbetätigter Schalter
Symbol	Druckschalter, Taster
Symbol	Berührungsempfindlicher Schalter
Symbol	Näherungsempfindlicher Schalter
Symbol	Schwimmerschalter
Symbol	Motorschutzschalter, dreipolig, mit thermischer und magnetischer Auslösung
Symbol	Fehlerstrom-Schutzschalter, vierpolig
Symbol	Leitungsschutz-Schalter
Symbol	Schließer betätigt dargestellt
Symbol	Pilz-Notdrucktaster mit zwangsläufiger Betätigung und Selbsthaltung des Öffners
Symbol	Tastschalter mit Schließer, handbetätigt
Symbol	Stellschalter mit Schließer, handbetätigt (**Ausschalter**)
Symbol	Stellschalter mit drei Schaltstellungen, Zweiwegschließer, handbetätigt, (**Gruppenschalter**)

Elektromagnetische Antriebe

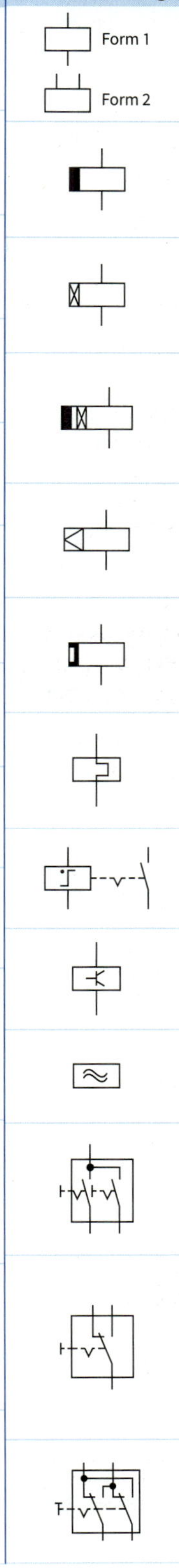

Symbol	Elektromechanischer Antrieb, Relaisspule
Symbol	Elektromechanischer Antrieb mit Rückfallverzögerung
Symbol	Elektromechanischer Antrieb mit Ansprechverzögerung
Symbol	Elektromechanischer Antrieb mit Ansprech- und Rückfallverzögerung
Symbol	Elektromechanischer Antrieb eines Stützrelais
Symbol	Elektromechanischer Antrieb eines polarisierten Relais
Symbol	Elektromechanischer Antrieb eines Thermorelais
Symbol	Fortschaltrelais Stromstoßrelais
Symbol	Antrieb eines elektronischen Relais
Symbol	Tonfrequenz-Rundsteuerrelais
Symbol	Stellschalter mit zwei Betätigungsstücken, handbetätigt (**Serienschalter**)
Symbol	Stellschalter mit zwei Schaltstellungen, Umschaltglied, Wechsler, handbetätigt (**Wechselschalter**)
Symbol	**Kreuzschalter**

Sinnbilder

DIN EN 60 617-9, -10: 1997-08

Nachrichtentechnik

Sinnbild	Benennung
	Funkstelle, allgemein
	Antenne, allgemein
	Ferritantenne
	Dipolantenne
	Faltdipolantenne Schleifendipolantenne
	Parabolantenne
	Koaxial-Hohlleiter
	Lichtwellenleiter (LWL), allgemein Lichtwellenleiterkabel, allgemein
G ∼ 500<Hz	Sinusgenerator, 500 Hz
G 500<Hz	Sägezahngenerator, 500 Hz
f_1 / f_2	Frequenzumsetzer, Umsetzung von f_1 nach f_2
	Verstärker, allgemein Form 1 Form 2
	Modulator, allgemein Demodulator, allgemein Diskriminator, allgemein
	Begrenzer
	Tiefpass
	Hochpass
	Bandpass
	Bandsperre
	Fernsprecher, allgemein
	Fernsprecher für zwei oder mehr Amtsleitungen oder Nebenstellenleitungen
	Fernsprecher mit Lautsprecher
	Hörer, allgemein
	Lautsprecher, allgemein
	Mikrofon, allgemein

Sinnbilder

ISO 1219-1: 2012-06

Hydraulik und Pneumatik

Funktionselemente

Sinnbild	Benennung
	Hydrostrom Druckluftstrom Arbeitsleitung Steuerleitung

Kompressor

Sinnbild	Benennung
	Kompressor mit konstantem Verdrängungsvolumen, eine Stromrichtung

Hydropumpe

Sinnbild	Benennung
	Hydropumpe mit konstantem Verdrängungsvolumen, eine Stromrichtung

Motoren

Sinnbild	Benennung
	konstanter Hydromotor, eine Förderrichtung
	konstanter Pneumatikmotor, zwei Förderrichtungen

Zyinder

Sinnbild	Benennung
	einfach wirkend, Rückhub durch Feder
	doppelt wirkend, einseitige Kolbenstange

Wegventile

Sinnbild	Benennung
	Grundsinnbild 2-Stellungs-Wegeventil; Anschlüsse werden mit kurzen Linien markiert

Kurzbezeichnung der Wegeventile

3/2-Wegenventil (Beispiel)
Die erste Zahl legt die Anzahl der gesteuerten Anschlüsse fest und die zweite Zahl die Anzahl der Schaltstellungen.

2 a b 1 3

3 Anschlüsse (1 … 3)
↑
3/2-Wegeventil
↓
2 Schaltstellungen

a	b

Wegeventile: Bauarten

Sinnbild	Benennung
	3/2-Wegeventil, Sperr-Ruhestellung
	5/2-Wegeventil, mit Taster gegen Rückholfelder wirkend

Sperrventile

Sinnbild	Benennung
	Wechselventil
	Drosselrückschlagventil verstellbar
	Zweidruckventil

Stromventile

Sinnbild	Benennung
	Drosselventil, fest
	Stromregelventil, verstellbar
	Absperrventil

Symbolaufbau

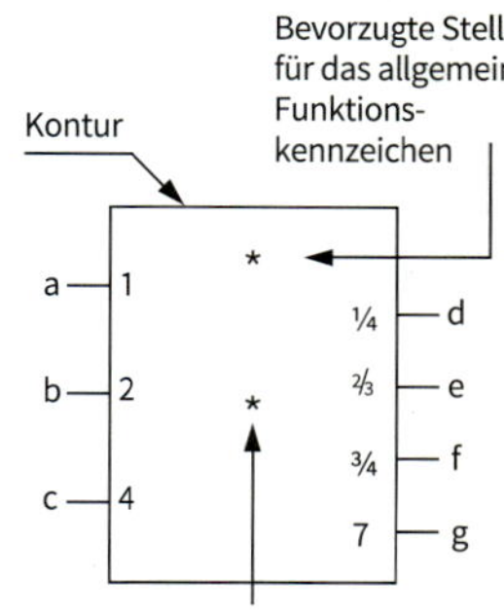

Alternative Stelle für das allgemeine Funktionskennzeichen

Konturen

	Element-Kontur als Quadrat dargestellt
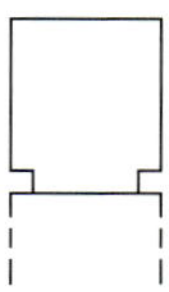	Steuerblock-Kontur
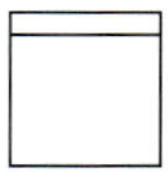	Ausgangsblock-Kontur

Anordnung mehrerer Elemente

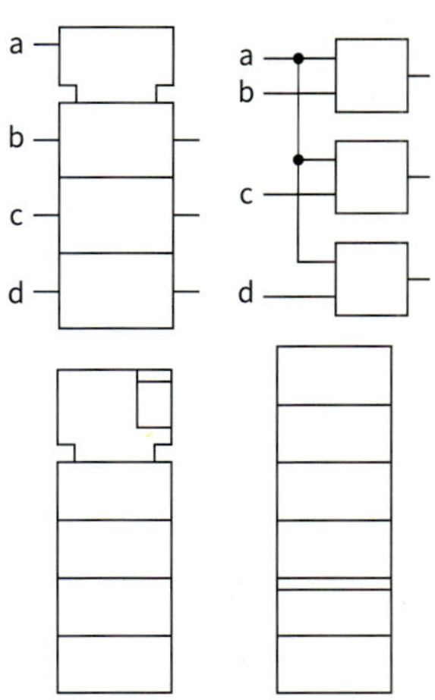

Kennzeichen an Eingängen, Ausgängen und anderen Verbindungen

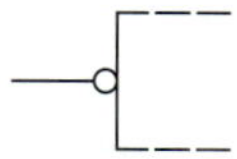	Negation Eingang
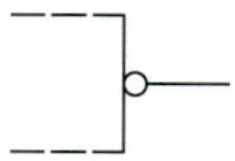	Ausgang
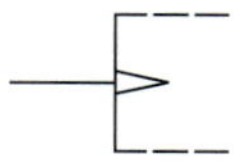	Dynamischer Eingang
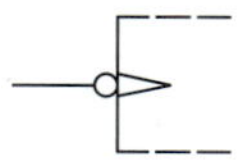	Dynamischer Eingang mit Negation
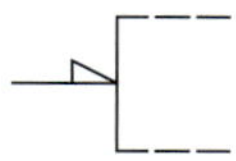	Polaritätsindikator, Eingang (Negation)
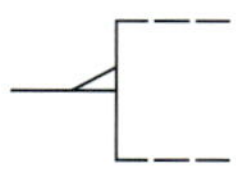	Polaritätsindikator, Ausgang Signalflussrichtung von rechts nach links
Beispiel: 	vom externen 1-Zustand zum externen 0-Zustand

Kennzeichen innerhalb der Kontur

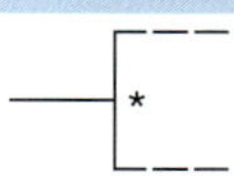	Eingang
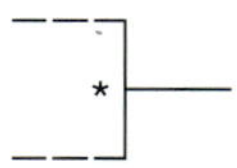	Ausgang

* muss ersetzt werden durch nachfolgende Schaltzeichen

	Retardiert
	Schwellwert Hysterese
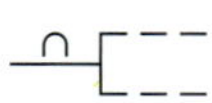	Analoger Eingang
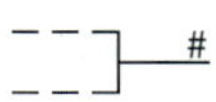	Digitaler Ausgang

Kombinatorische Elemente

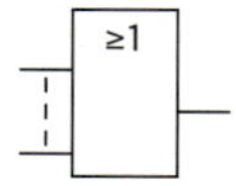	ODER-Element, allgemein
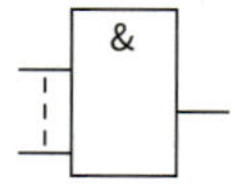	UND-Element, allgemein
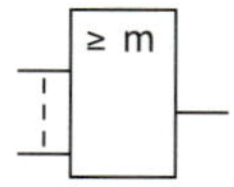	Schwellwert-Element, allgemein
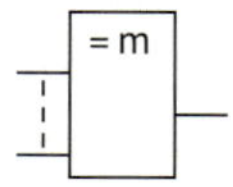	(m aus n)-Element, allgemein
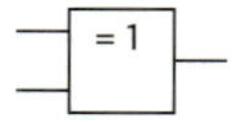	Exklusiv-ODER Element, Antivalenz-Element, allgemein
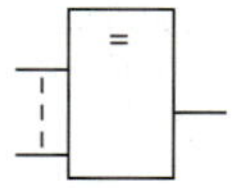	Äquivalenz-Element, allgemein
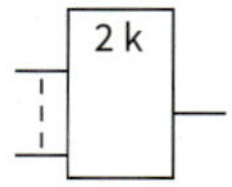	GERADE Element, PARITÄTS Element, allgemein
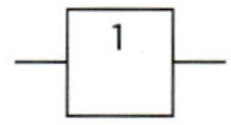	Buffer ohne besondere Verstärkung am Ausgang, allgemein
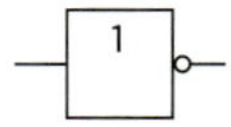	NICHT-Element, Inverter (in einem Schaltplan mit einheitlicher Logik-Vereinbarung)
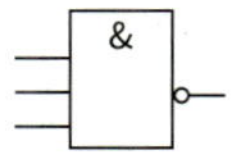	UND mit negiertem Ausgang, NAND
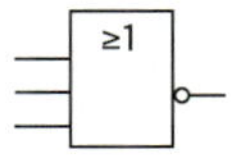	ODER mit negiertem Ausgang, NOR

Bistabile Elemente

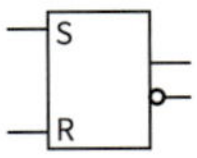	RS-Flipflop
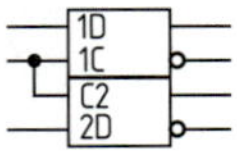	D-Flipflop, einzustandsgesteuert, zweifach
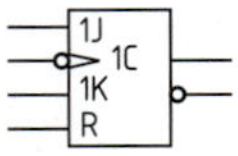	JK-Flipflop, einflankengesteuert
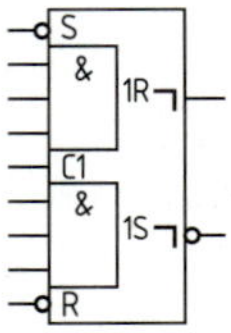	RS-Flipflop, zweizustandsgesteuert

Spezielle Schalteigenschaften bistabiler Elemente

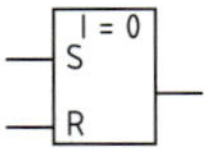	RS-bistabiles-Element mit dem Anfangszustand 0
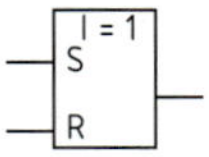	RS-bistabiles-Element mit dem Anfangszustand 1
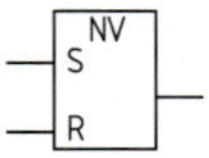	RS-bistabiles-Element, nullspannungsgesichert

Monostabile Elemente

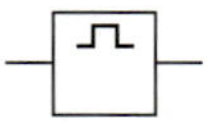	Monostabiles Element, nachtriggerbar
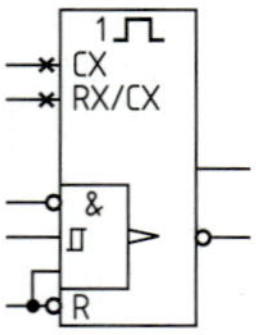	Monostabiles Element, nicht nachtriggerbar

Astabile Elemente

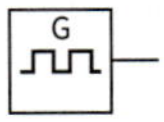	Astabiles Element, z. B. Taktgenerator
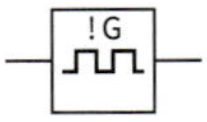	Gesteuertes astabiles Element, synchron gestartet

Elemente mit Hysterese

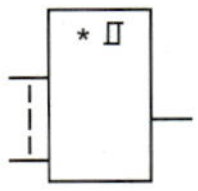	Element mit Hysterese, allgemein

Codierer, Code-Umsetzer

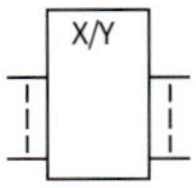	Codierer, Code-Umsetzer, allgemein

Speicher

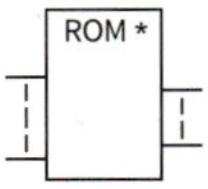	Nur-Lese-Speicher, allgemein
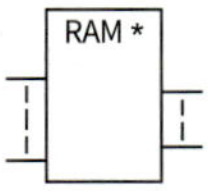	Schreib-Lese-Speicher, allgemein
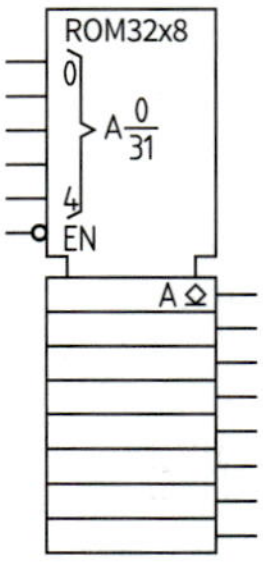	Nur-Lese-Speicher, 32 x 8 Bit

Digitale Verzögerungselemente

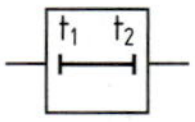	Verzögerungselement mit Angabe der Verzögerungszeiten

Schieberegister und Zähler

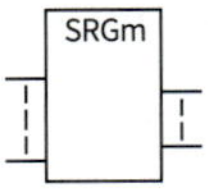	Schieberegister, allgemein
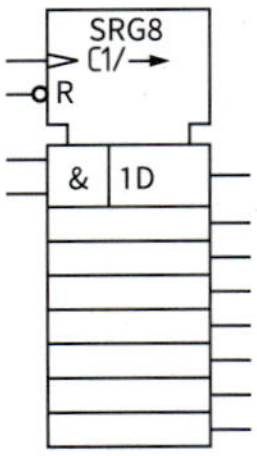	Schieberegister, 8 Bit, mit paralleler Ausgabe

Arithmetische Elemente

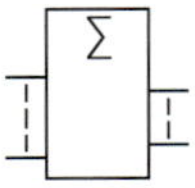	Addierer, allgemein
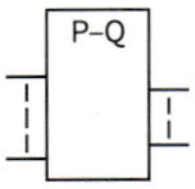	Subtrahierer, allgemein
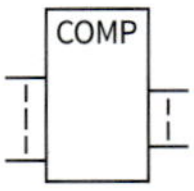	Zahlenkomparator, allgemein

Verstärker

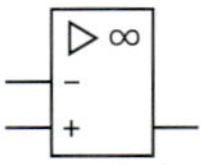	Operationsverstärker

Vergleicher (Komparator)

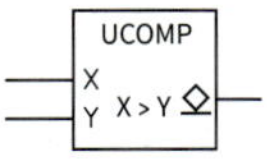	Spannungsvergleicher
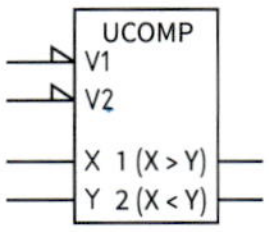	Spannungsvergleicher

Nationale Prüfzeichen

Zeichen	Erklärung	Zeichen	Erklärung	Zeichen	Erklärung
DVE	VDE-Zeichen Verband der Elektrotechnik, Elektronik Informationstechnik e.V.	GS geprüfte Sicherheit	Sicherheitszeichen Prüfzeichen Geprüfte Sicherheit		Prüfzeichen für Bauelemente der Elektronik
◁VDE▷◁HAR▷	VDE-Harmonisierungszeichen für Kabel und Leitungen	DVE GS geprüfte Sicherheit	Sicherheitszeichen Prüfstelle: VDE	DIN AGI	Qualitätszeichen für geräuscharme Ausführung elektrischer Geräte
	Funktionszeichen Im freien Ausschnitt Funkstörgrad: G, N, K oder O	TÜV Rheinland Köln GS geprüfte Sicherheit	Sicherheitszeichen Prüfstelle: TÜV (Technischer Überwachungsverein)	SISIR ISO 9000	Qualitätssicherheit für gasdichte, wiederaufladbare Knopfzellen (DIN ISO 9001)
TÜVRheinland ZERTIFIZIERT GS geprüfte Sicherheit	Produkte, die nach dem Produkt-Sicherheitsgesetz die Qualitäts- und Sicherheitsstandards erfüllen	DIN-DVGW GS geprüfte Sicherheit	Sicherheitszeichen Prüfstelle: DIN	ZERTIFIZIERTES DIN ISO 9001 DQS QUALITÄTSSICHERUNGSSYSTEM	Qualitätssicherheit für Schutzbauelemente (DIN ISO 9001)
ENEC 10 DVE	ENEC-VDE Prüfzeichen	A-ET 87026 GS geprüfte Sicherheit	Sicherheitszeichen Prüfstelle: Berufsgenossenschaft	Elektr. geprüft	Prüfzeichen Sicherheitsprüfung z. B. bei elektrischen Geräten
VDE EMV	Prüfsiegel der VDE-Elektromagnetische Verträglichkeit		Kennzeichen, Vereinigung der Hersteller und Verarbeiter von Kunststoffen		Recyclingzeichen Wiederaufbereitung nach Verwendung

Internationale Prüfzeichen

CEBEC Belgien	SA Kanada	S Schweiz	MEEI MSZ Ungarn
D Dänemark	KEMA KEUR Niederlande	N Spanien	UL USA (Einzelgeräte)
FI Finnland	N Norwegen	ESC Tschechien & Slowakei	CCC China
NF Frankreich	ÖVE Österreich		
Großbritannien	B Polen		
Italien	S Schweden		

Zeichen	Erklärung
E 1	ECE: Kommission der UN für Europa mit Kennzahl des Landes, das Genehmigung erteilt hat, z. B. 1 für Deutschland
	CCE: Internationale Kommission für Regeln zur Begutachtung elektromagnetischer Erzeugnisse
CE	Kennzeichnung durch Hersteller zeigt die Einhaltung aller relevanten europäischen Sicherheitsrichtlinien auf allen elektrischen und elektronischen Geräten.
	IEC (CEI): International Electrotechnical Commission Internationale Elektrotechnische Kommission

Elemente und Grundformen

DIN EN 60 848: 2002-12

- GRAFCET dient zur Darstellung von elektrischen, pneumatischen und hydraulischen oder mechanischen Systemen oder Teilsystemen.
- GRAFCET gibt nicht die Form der Realisierung (Betriebsmittel, Leitungsführung, Einbau) vor.

Elemente

Sinnbild	Bedeutung
	**Schritt**, allgemein * zugeordnetes Kennzeichen, z. B. Schrittnummer
	Anfangsschritt, allgemein
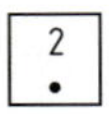	Schritt 2, gesetzt (im aktiven Zustand dargestellt)
	einschließender Schritt, er enthält mehrere Schritte
	Makroschritt Einzeldarstellung eines detaillierten Teils eines GRAFCET
	**Übergang** (Transition) * Übergangsbedingung: als Text oder als logischer Ausdruck: TRUE oder FALSE TRUE, logisch 1; Weiterschaltbedingung erfüllt FALSE, logisch 0; Weiterschaltbedingung nicht erfüllt
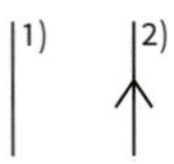	**Wirkverbindung** 1) Ablauf von oben nach unten 2) Ablauf von unten nach oben

Freigeben und Auslösen von Übergängen

	Schritt 8 nicht gesetzt **Übergang nicht freigegeben** Übergangsbedingung kann erfüllt oder nicht erfüllt sein Der Übergang 8–9 wird nicht freigegeben, weil der Schritt 9 nicht gesetzt ist.
	Schritt 8 gesetzt **Übergang freigegeben** Übergangsbedingung nicht erfüllt Der Übergang 8–9 ist freigegeben, kann aber nicht ausgelöst werden, weil die Übergangsbedingung nicht erfüllt ist.
	**Übergang ausgelöst** Schritt 8 zurückgesetzt[1)] Übergangsbedingung erfüllt Der Übergang wird jetzt ausgelöst, weil die Übergangsbedingung erfüllt ist. Schritt 9 gesetzt 1) nur ein Schritt kann gesetzt sein

Grundformen

Sinnbild	Bedeutung
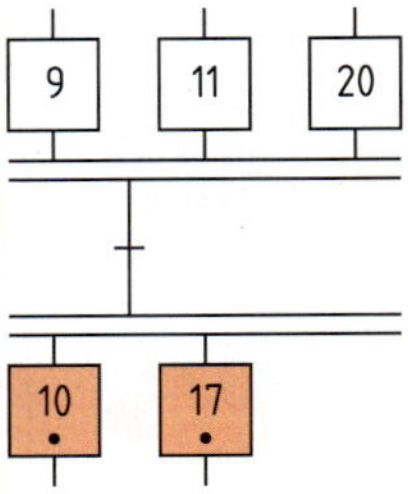	**Übergang ausgelöst** Transition von mehreren Schritten zu mehreren Schritten Übergang ausgelöst, weil Bedingung erfüllt Wird der Übergang ausgelöst, erfolgt gleichzeitig ein **Setzen** der unmittelbar folgenden und **Rücksetzen** der unmittelbar vorangehenden Schritte.

Grundformen der Schrittabläufe

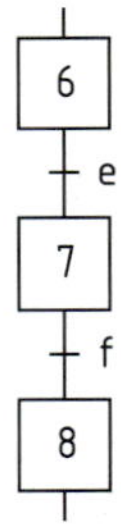	**Ablaufkette** (sequentieller Betrieb) Die Ablaufkette besteht aus einer Reihe von Schritten, die nacheinander gesetzt werden. Beispiel: Der Ablauf von 6 nach 7 findet nur statt, wenn 6 gesetzt ist und die Bedingung „e" erfüllt ist.
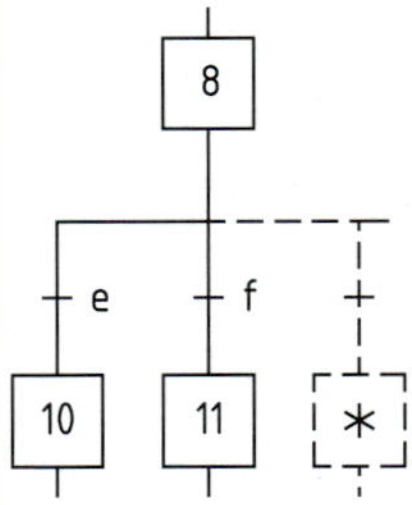	**Ablaufauswahl** (Alternativ-Verzweigung) Bei der Ablaufauswahl verzweigt sich die Schrittkette in zwei oder mehrere Abläufe. Ein Ablauf von Schritt 8 nach Schritt 10 erfolgt, wenn Schritt 8 gesetzt und „e" erfüllt ist, oder von Schritt 8 nach Schritt 11, wenn Schritt 8 gesetzt und „f" erfüllt ist.
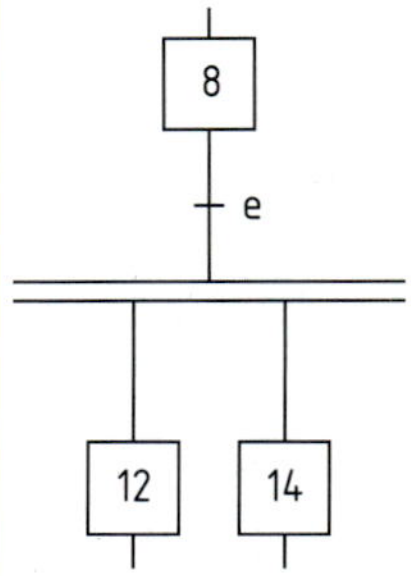	**Gleichzeitige Abläufe** (Parallel-Betrieb) Im Parallel-Betrieb verzweigt sich die Schrittkette in zwei oder mehrere Abläufe, die gleichzeitig ausgelöst werden, aber unabhängig voneinander laufen. Sind alle Zweige durchlaufen, wird der nächste Einzelschritt ausgeführt.

Symbole

DIN EN 60 848: 2002-12

Kontinuierlich wirkende Aktionen

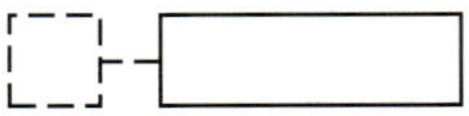

Aktionskasten; er enthält die auszuführende **Aktion**

Die Aktion wirkt nur so lange, wie der auslösende Schritt aktiv ist. Ein Schritt kann auch mehrere Aktionen auslösen:

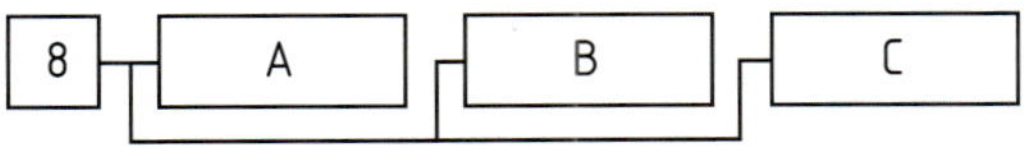

Die Kennzeichung einer Aktion kann in unterschiedlichen Formen erfolgen, ausführlich oder symbolisch:

Sollte der Ausgang den Wert TRUE besitzen, wird das Ventil 2 geöffnet

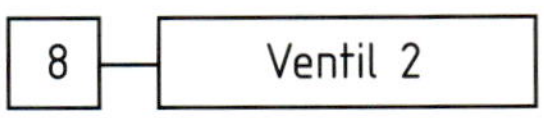

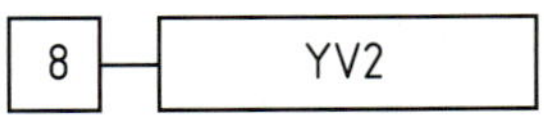

Gespeichert wirkende Aktionen

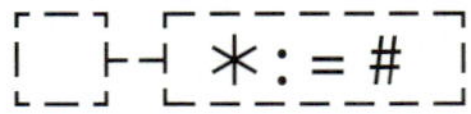

Zuordnung zu Variablen (Der Wert # wird der Variablen ∗ zugeordnet)

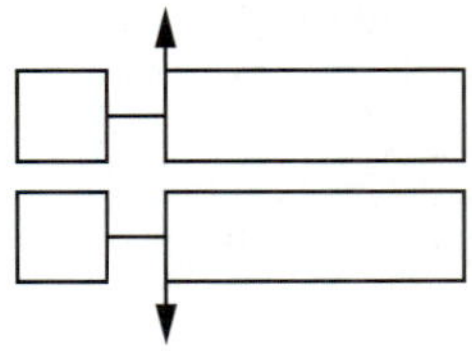

Speichernd wirkende Aktion bei **Aktivierung** des Schrittes

Speichernd wirkende Aktion bei **Deaktivierung** des Schrittes

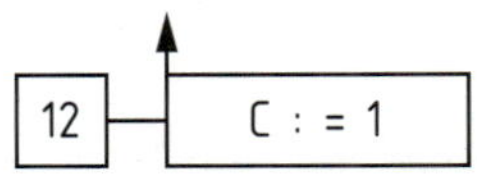

gespeicherte Aktion bei Aktivierung des Schnittes 12

Der booleschen Variablen C wird der Wert 1 zugeordnet, wenn ein Ereignis eintritt, das den Schritt 12 aktiviert. Die Aktion bleibt im Regelfall über mehrere Schritte aktiv und muss zwingend an anderer Stelle der Ablaufkette durch einen anderen Schritt, ebenfalls speichernd, zurückgesetzt werden.

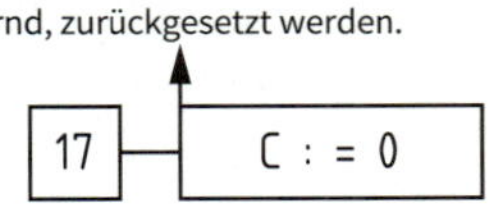

Beispiele

Ablaufkette (einfach)

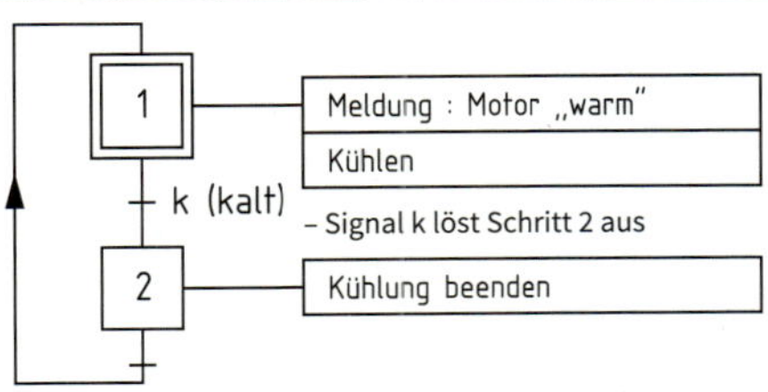

Aktion mit Zuweisungsbedingung

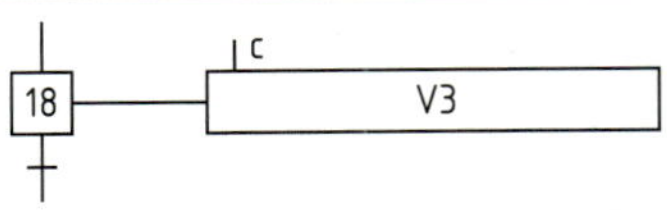

Verzögerte Aktion

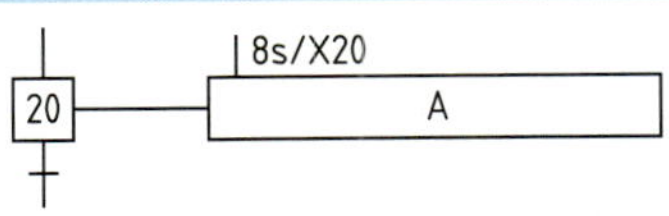

Zeitbegrenzte Aktion

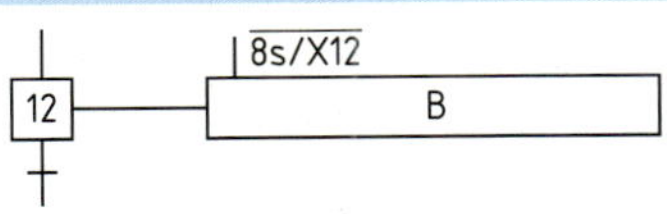

Zeitabhängige Zuweisungsbedingung

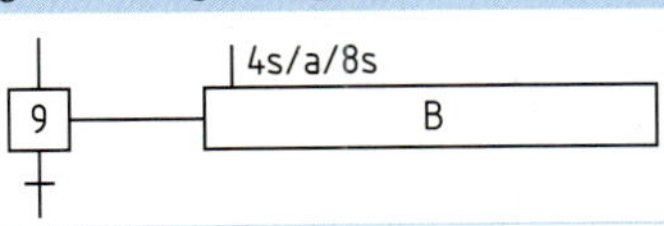

Ablaufstruktur

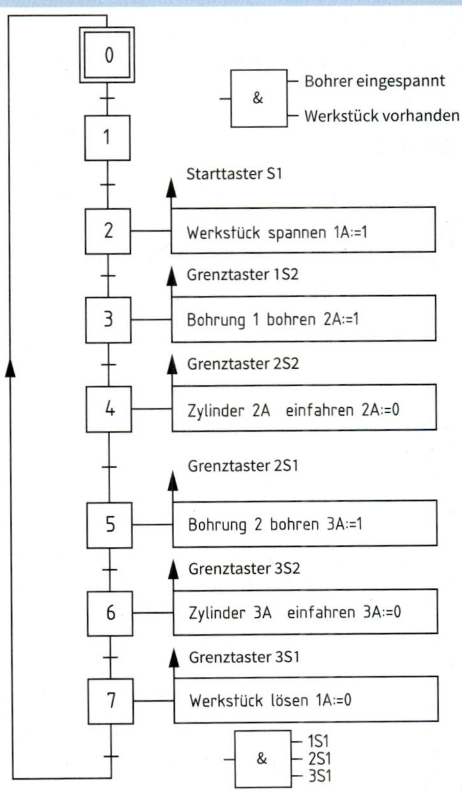

DIN EN 60 848 (GRAFCET) löst DIN 40 719 (gültig bis 2005) ab!

Beispiel einer grafischen Darstellung

DIN EN 60848: 2002-12

Pressensteuerung

Darstellung eines Arbeitszyklus einer Presse mit GRAFCET. Die Presse verdichtet Metallpulver in einer Form zu Presslingen, die anschließend gesintert werden.
In Schritt 1 befindet sich die Presse im Wartezustand, wobei sich Stempel und Matrize in der oberen Position befinden; „Bereit“-Signal leuchtet.
Nach dem Einfüllen des Metallpulvers erfolgt der Befehl CS (Zyklus starten) und die Aktion läuft in der Reihenfolge ab, wie im GRAFCET dargestellt.

Zuordnungsliste			
Eingänge		**Ausgänge**	
CS	Zyklus starten	RDy	Bereit-Signal
sh	Stempel in Position oben	LS	Stempel senken
sl	Stempel in Position unten	RS	Stempel heben
dh	Matrize in Position oben	LD	Matrize senken
dl	Matrize in Position unten	EP	Teil auswerfen
		RD	Matrize heben

Darstellung in einem GRAFCET

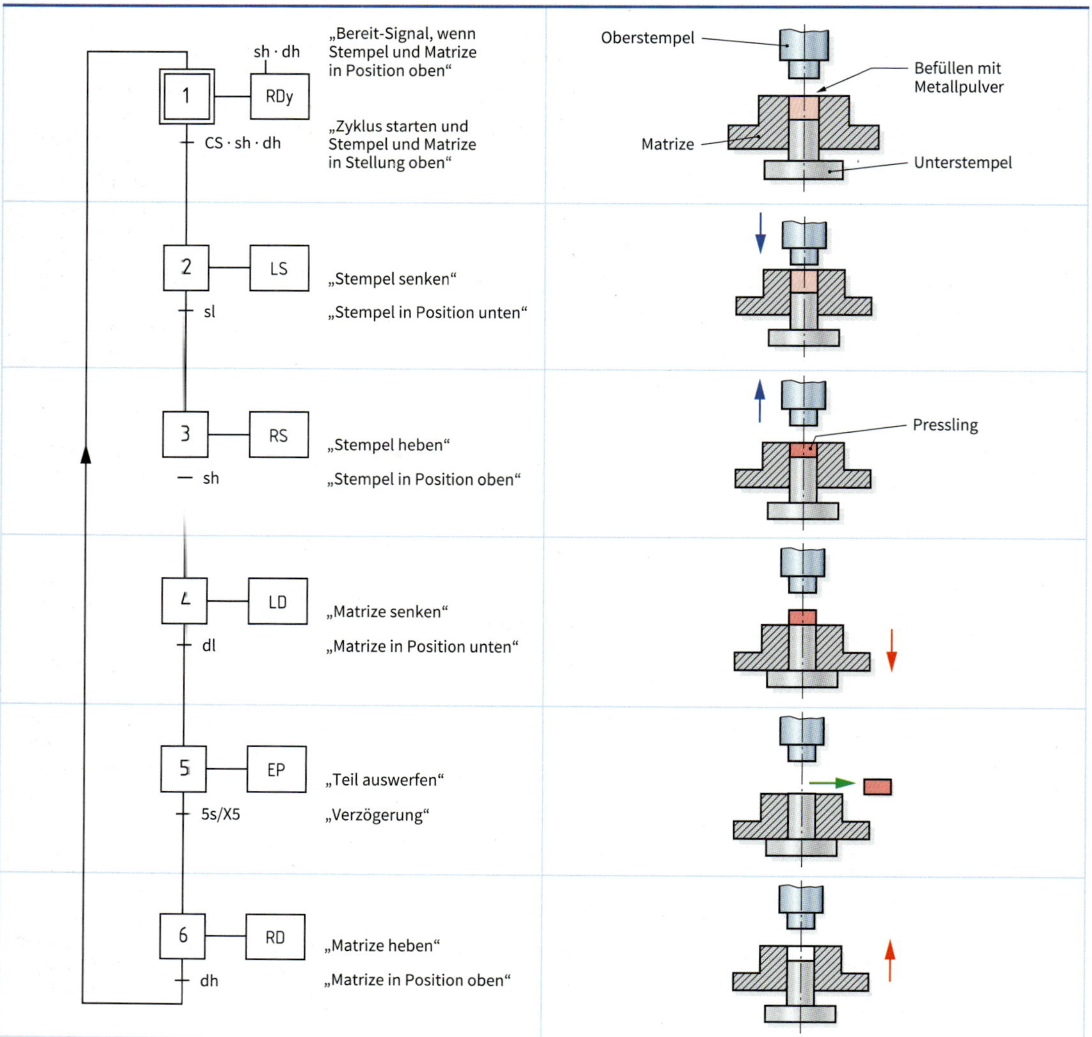

Graphische Symbole

ISO 1219-1: 2012-06

Funktionselemente

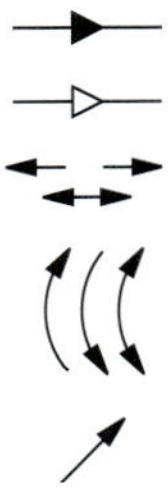
Hydrostrom

Druckluftstrom

Anzeige einer Strömungsrichtung

Anzeige einer Drehrichtung

Anzeige einer Verstellbarkeit

Kompressor

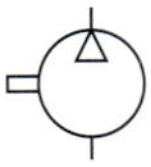
Kompressor mit konstantem Verdrängungsvolumen; eine Stromrichtung

Pumpen und Motoren

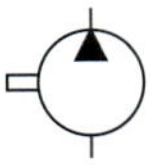
Hydropumpe mit konstantem Verdrängungsvolumen; eine Stromrichtung

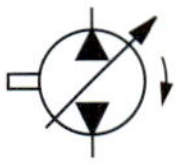
verstellbare Hydropumpe mit wechselnder Förderstromrichtung, eine Drehrichtung

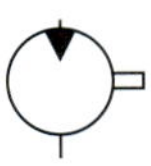
konstanter Hydromotor, eine Förderrichtung

verstellbarer Hydromotor, zwei Förderrichtungen

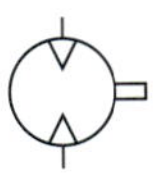
Motor mit wechselnder Volumenstromrichtung und konstantem Schluckvolumen

verstellbarer Pneumatikmotor, eine Förderrichtung

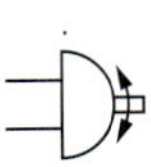
Schwenkantrieb mit begrenzten Schwenkwinkel, zwei Volumenstromrichtungen

Schwenkantrieb einfach wirkend, begrenzter Schwenkwinkel

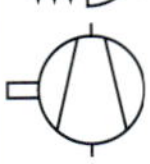
Vakuumpumpe

Pumpe/Motor-Einheit

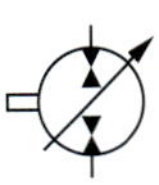
Reversiebare Einheit mit zwei Volumenstromdichtungen und veränderlichem Verdrängungsvolumen

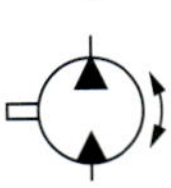
Pumpe/Motor mit konstantem Verdrängungs-/Schluckvolumen, zwei Drehrichtungen

Zylinder

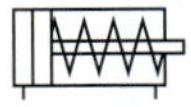
einfach wirkend, Rückhub durch Feder

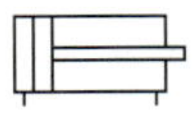
doppelt wirkend,
- einseitige Kolbenstange

- zweiseitige Kolbenstange mit unterschiedlichen Durchmessern

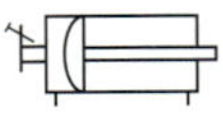
Membranzylinder mit Hubbegrenzung, voreingestellt

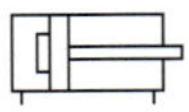
gedämpft,
- einfache, nicht einstellbare Endlagendämpfung

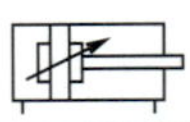
- doppelte, einstellbare Endlagendämpfung

Wegeventile

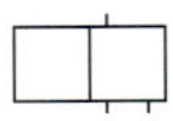
Grundsinnbild
2-Stellungs-Wegeventil; Anschlüsse werden mit kurzen Linien markiert

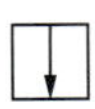
Durchflusswege
- 1 Durchflussweg

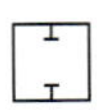
- 2 gesperrte Anschlüsse

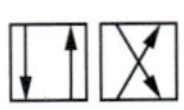
- 2 Durchflusswege

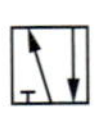
- 2 Durchflusswege und 1 gesperrter Anschluss

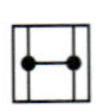
- 2 Durchflusswege, verbunden

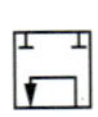
- 1 Durchflussweg und 2 gesperrte Anschlüsse

Kurzbezeichnung der Wegeventile

- 3/2-Wegeventil – (Beispiel)
Die erste Zahl legt die Anzahl der gesteuerten Anschlüsse fest und die zweite Zahl die Anzahl der Schaltstellungen.

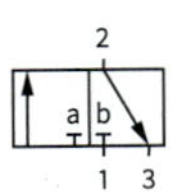

3 Anschlüsse (1 … 3)
↑
3/2-Wegeventil
↓
2 Schaltstellungen

a	b

Wegeventile: Bauarten

2/-Wegeventile

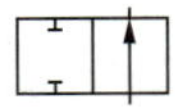
- 2/2-Wegeventil, Durchfluss-Ruhestellung

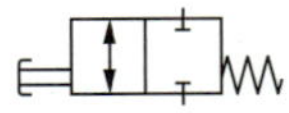
- 2/2-Wegeventil, zwei Durchströmungsrichtungen, Sperr-Ruhestellung; Betätigung durch Drücken, Federrückstellung

3/-Wegeventile

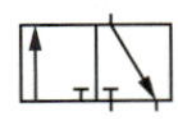
- 3/2-Wegeventil, Sperr-Ruhestellung

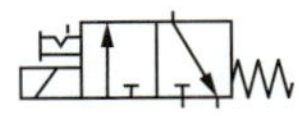
- 3/2-Wegeventil, mit einem Magnet, direkt betätigt, Hilfsbetätigungseinrichtung mit Raste

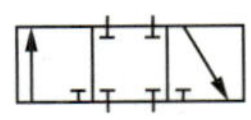
- 3/3-Wegeventil, Sperrmittelstellung

4/-Wegeventile

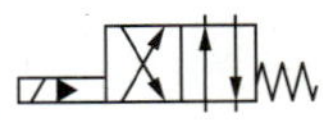
- 4/2-Wegeventil, betätigt durch Magnet und hydraulische Vorsteuerung

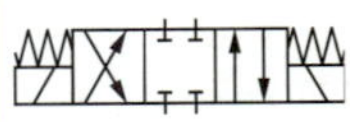
- 4/3-Wegeventil mit direkter Betätigung durch zwei Magnete, Federzentrierung der Mittelstellung

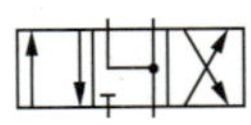
- 4/3-Wegeventil, Schwimm-Mittelstellung

5/-Wegeventile

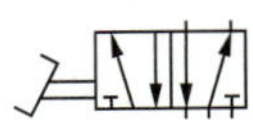
5/2-Wegeventil, betätigt durch Wippe in beide Richtungen

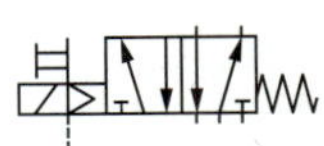
5/2-Wegeventil, elektr. betätigt, mit externer pneumatischer Steuerdruckversorgung, Handhilfsbetätigung

Proportionalventile

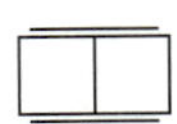
- Einheit mit 2 äußeren Endstellungen und einer unendlichen Anzahl von Zwischenstellungen, mit veränderbarer Drosselwirkung

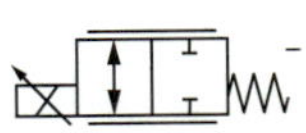
- Proportional-Stromventil, direkt betätigt

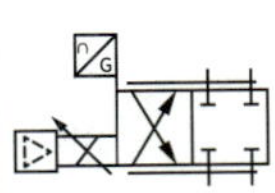
- Proportional-Stromventil, direkt betätigt, mit Lageregelung des Magneten und integrierter Elektronik

Graphische Symbole

ISO 1219-1: 2012-06

Sperrventile

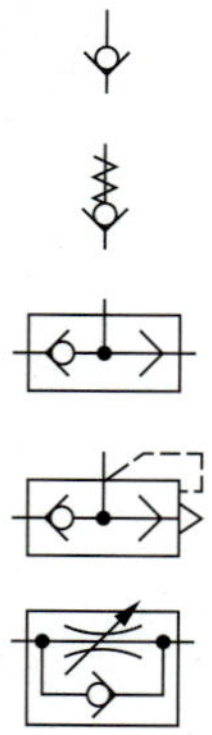

- Rückschlagventil, eine Durchflussrichtung
- Rückschlagventil, federbelastet, Ruhestellung geschlossen
- Wechselventil (Oder-Funktion)
- Schnellentlüftungsventil
- Drosselrückschlagventil, einstellbar, freier Durchfluss in einer Richtung

Druckventile

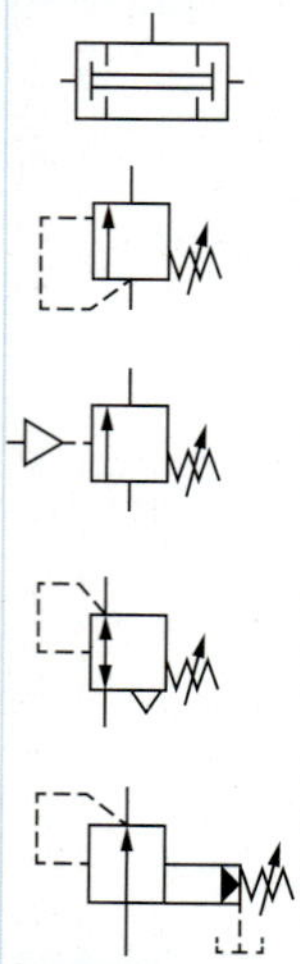

- Zweidruckventil
- Druckbegrenzungsventil, direkt gesteuert, Öffnungsdruck über Feder einstellbar
- Folgeventil, extern, pneumatisch gesteuert
- Druckreduzierventil, mit internem reversiblen Volumenstrom
- Zwei-Wege-Druckreduzierventil, hydraulisch vorgesteuert mit externem Steuerölablauf

Stromventile

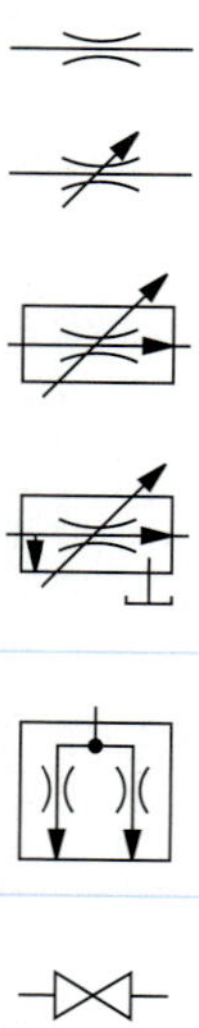

- Drosselventil, fest
- Drosselventil, einstellbar
- Stromregelventil, verstellbar
- Stromregelventil, verstellbar; mit Entlastung zum Behälter
- Stromteilventil, 2 Ströme im festen Verhältnis
- Absperrventil

Energieübertragung/Aufbereitung

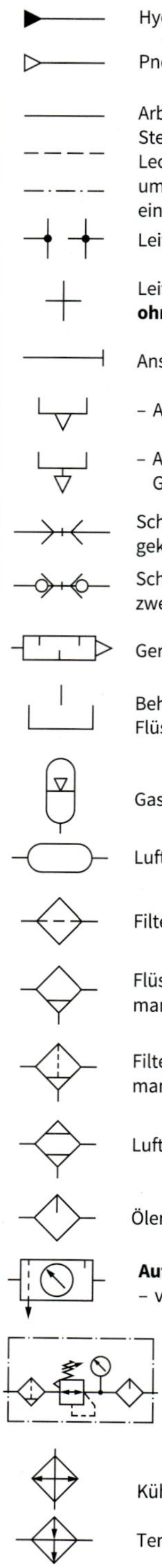

- Hydraulikdruckquelle
- Pneumatikdruckquelle
- Arbeitsleitung
- Steuerleitung, Abfluss oder Leckleitung
- umrahmt Komponenten einer Baugruppe
- Leitungsverbindung
- Leitungskreuzung; **ohne** Verbindung
- Anschluss verschlossen
- – Auslassöffnung
- – Auslassöffnung mit Gewindeanschluss
- Schnell-Kupplung, gekuppelt
- Schnell-Kupplung, mit zwei Rückschlagventilen
- Geräuschdämpfer
- Behälter, Rohrende über Flüssigkeitsspiegel
- Gasdruckspeicher
- Luftbehälter
- Filter oder Sieb
- Flüssigkeitsabscheider, manueller Ablass
- Filter mit Abscheider, manueller Ablass
- Lufttrockner
- Öler
- **Aufbereitungseinheit**,
  - – vereinfachte Darstellung
  - – ausführliche Darstellung: Filter, Druckregelventil, Manometer und Öler
- Kühler
- Temperaturregler

Mechanische Komponenten

Betätigung durch Muskelkraft

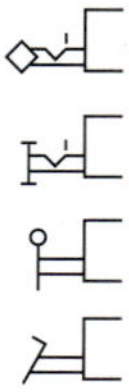

- Betätigung mit abnehmbarem Griff und Raste
- Betätigung durch Drücken und Ziehen mit Raste
- Hebel
- Pedal

Mechanische Betätigung

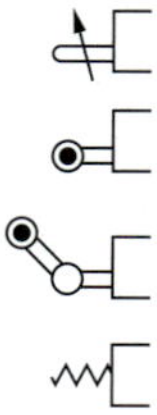

- Stößel mit einstellbarer Hubbegrenzung
- Rollenstößel
- Rollenhebel für Betätigung in einer Verfahrrichtung
- Feder

Elektrische Betätigung

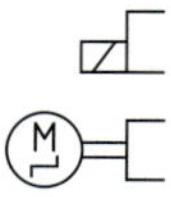

- Magnetspule mit einer Wicklung, Wirkrichtung zum Stellelement hin
- durch Schrittmotor betätigt

Druckbetätigung

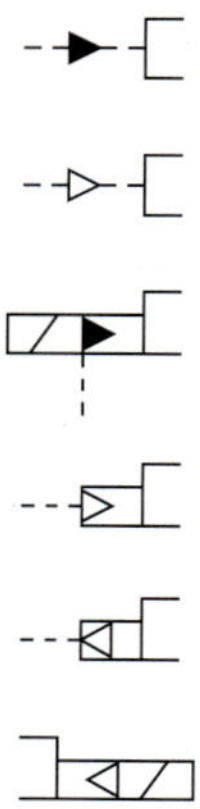

- direkte Druckbeaufschlagung, hydraulisch
- direkte Druckbeaufschlagung, pneumatisch
- Elektrisch betätigte hydr. Vorsteuerung mit externer Steuerölversorgung
- indirekte Druckbeaufschlagung, pneumatisch
- indirekte Betätigung durch Druckentlastung
- durch Elektromagnet und Vorsteuer-Wegeventil

Mechanische Bestandteile

- Raste (auch mehrstufig)

Sonstige Geräte

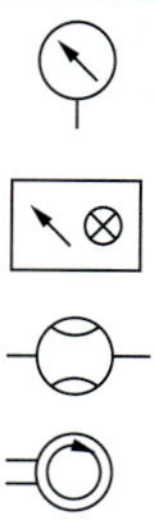

- Überdruckmessgerät (Manometer)
- Optische Anzeige
- Volumenstrommessgerät
- Drehzahlmessgerät

Schaltpläne

DIN ISO 5599: 2005-12

- Der Schaltplan zeigt alle Bewegungs- und Steuerschaltkreise sowie die Schritte des Arbeitsablaufes einer Steuerung.
- Die räumliche Anordnung der Bauteile in der Anlage braucht im Schaltplan nicht berücksichtigt zu werden.

Aufbau des Schaltplanes

- Leitungen oder Verbindungen sollen möglichst kreuzungsfrei oder nach DIN ISO 1219-1 gezeichnet werden.
- Baugruppen sind durch eine strichpunktierte Linie zu umgrenzen.
- In einem Schaltkreis werden die Bauteile von unten nach oben in Richtung des Energieflusses und von links nach rechts angeordnet:
  - Energiequelle unten links,
  - Steuerungselemente: aufwärts von links nach rechts fortlaufend,
  - Antriebe: oben, von links nach rechts
- Soweit nicht anders angegeben, werden Hydrauliksymbole in Ausgangsstellung der Anlage und Pneumatiksymbole in Ausgangsstellung der Anlage mit Druckbeaufschlagung gezeichnet.

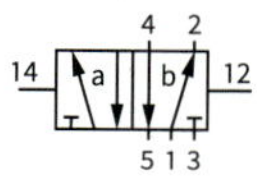

Kennzeichnung der Bauteile

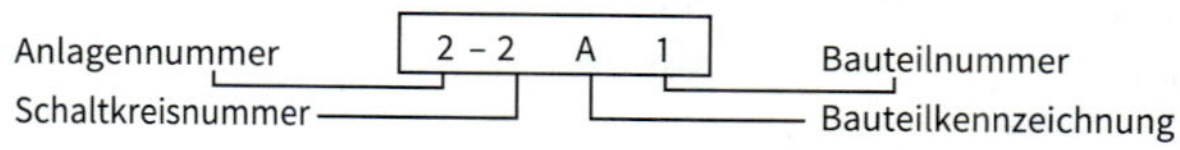

- Bei mehreren Anlagen muss die Anlagennummer, beginnend mit der Ziffer 1 eingetragen werden.
- Schaltkreise erhalten eine Schaltkreisnummer. Alle Versorgungsglieder sollen dabei vorzugsweise die Ziffer 0 erhalten.
- Jedes Bauteil in einem Schaltkreis wird fortlaufend nummeriert, beginnend mit der Ziffer 1.
- Die Kennzeichnung wird von einem Rahmen umgeben.

Bauteilkennzeichnung

Kennbuchstabe	Bedeutung	Kennbuchstabe	Bedeutung
P	Pumpe/Kompressor	S	Signalaufnehmer
A	Antrieb/Aktor	V	Ventil
M	Motor	Z	anderes Bauteil

Bezeichnung der Ventilanschlüsse[1]

Kennbuchstabe	Bedeutung	Kennbuchstabe	Bedeutung
1	Druckanschluss	3, 5, 7	Abfluss, Entlüftung
2, 4, 6	Arbeitsanschlüsse	12, 14, 16	Steuerungsanschlüsse

[1] Für Hydraulikanschlüsse werden noch häufig Buchstaben verwendet.

Beispiel: Steuerung für Einzeltakt-, Hand- und Automatikbetrieb

Bauteil/Baugruppe		
Antriebsglied	Doppelt wirkender Zylinder mit doppelter, einstellbarer Dämpfung	
Baugruppe	Drosselrückschlagventil	
Stellglied	Impulsventil 5/2-Wegeventil	
Steuerglieder	Wechselventile	
Signalglieder	Signalventile 3/2-Wegeventile	
Energieverteilung	Arbeitsleitungen	
Versorgungsglieder	Aufbereitungseinheit, 5/3-Wegeventil mit Rasten	

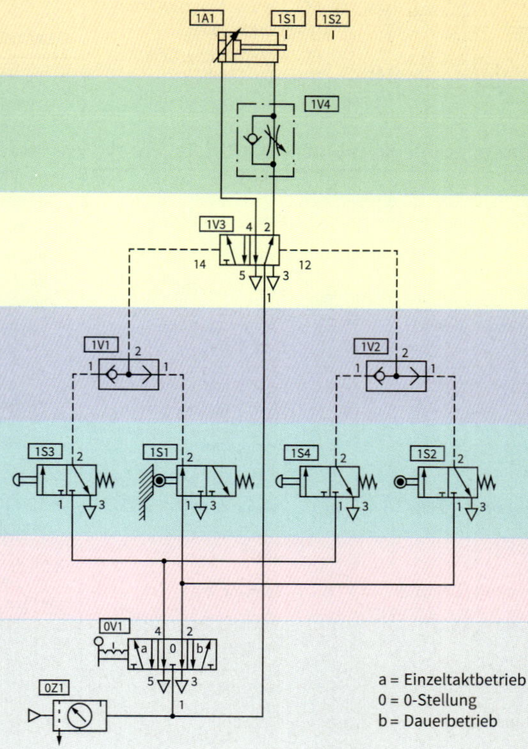

Aufgaben und Darstellungen

- Symbole, Kennbuchstaben und Fließbilder dienen der Darstellung eines Verfahrens bzw. einer verfahrenstechnischen Anlage.
- Mit ihnen wird der geräte- und informationstechnische Zusammenhang veranschaulicht.
- Gekennzeichnet werden prozessbezogene Komponenten der **E**lektro-, **M**ess-, **S**teuerungs- und **R**egelungstechnik (**EMSR**-Technik).

Grundsymbole für Ausgabe- und Bedienort

PCE: **P**rocess **C**ontrol **E**ngineering (ingenieurtechnische Auslegung der Prozessleittechnik)

	Lokale Bedienoberfläche	Zentraler Leitstand	Lokales Schaltpult
PCE-Aufgabe	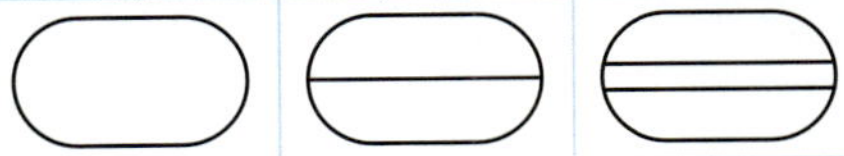		
PCE-Leitfunktion	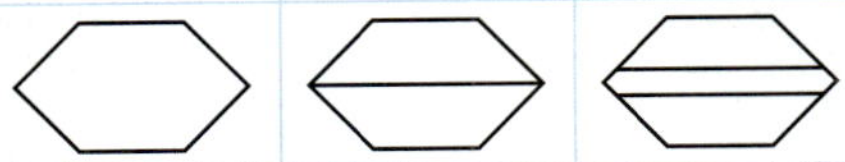		

Textfelder an graphischen Symbolen

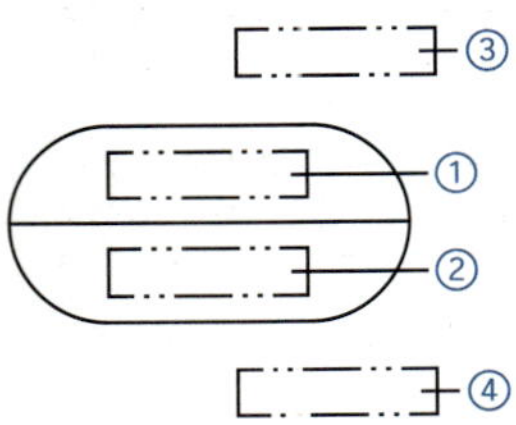

① PCE-Kategorie (Erstbuchstabe)
② Referenzkennzeichnung (Stellennummer, EMSR-Stellenkennzeichnung)
③ PCE-Verarbeitungsfunktion (Folgebuchstabe)
④ PCE-Verarbeitungsfunktion (Folgebuchstabe)

PCE-Kategorie (erster Kennbuchstabe ①)

A	Analyse	**N**	Motor
B	Flammenüberwachung	**O**	Frei verwendbar
C	Frei verwendbar	**P**	Druck (pressure)
D	Dichte	**Q**	Menge, Anzahl
E	Spannung, elektrisch	**R**	Strahlungsgröße (radiation)
F	Durchfluss (flow)	**S**	Geschwindigkeit, Drehzahl, Frequenz (speed)
G	Abstand, Länge, Stellung	**T**	Temperatur
H	Handeingabe, Handeingriff	**U**	Leitfunktion (komplexe Informationsverarbeitung)
I	Stromstärke, elektrisch	**V**	Schwingung
J	Leistung, elektrisch	**W**	Gewicht, Masse, Kraft (weight)
K	Zeitbasierte Funktion	**X**	Sonstige Größen
L	Füllstand (level)	**Y**	Stellventil
M	Feuchte (moisture)	**Z**	Frei verwendbar

PCE-Verarbeitungsfunktion (Folgebuchstabe ③, ④)

- **Innerhalb des Ovals**

B	Beschränkung, Eingrenzung
C	Regelung (control)
D	Differenz
F	Verhältnis
I	Analoganzeige
Q	Integration oder Summenbildung (Aufsummierung von kleinen Teilbeträgen)
R	Registrierung, Aufzeichnung
Y	Rechenfunktion

- **Außerhalb des Ovals**

A	Alarm, Meldung
H	Oberer Grenzwert, an, offen
L	Unterer Grenzwert, aus, geschlossen
I	Analoganzeige
O	Lokale oder Statusanzeige von Binärsignalen
S	Binäre Steuerungs- oder Schaltfunktion
Z	Binäre Steuerungsfunktion oder Schaltfunktion mit Sicherheitsrelevanz (Noteingriff)

Die Kennbuchstaben E, G, J, K, M, N, P, T, U, V, W und X sind frei verfügbar.

Darstellung von Messort und Stellgerätefunktion

- Der Messort ⑤
  - wird durch eine durchgezogene Bezugslinie mit dem Behälter verbunden und
  - kann durch einen Kreis hervorgehoben werden.
- Die Stellgerätefunktion ⑥ kann durch einen zusätzlichen Kreis dargestellt werden.

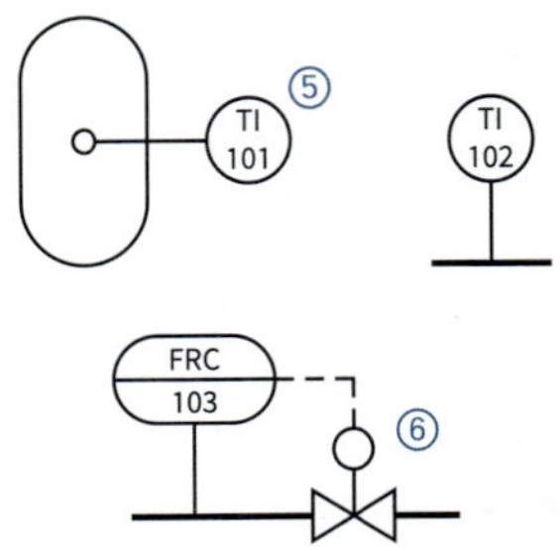

Beispiel

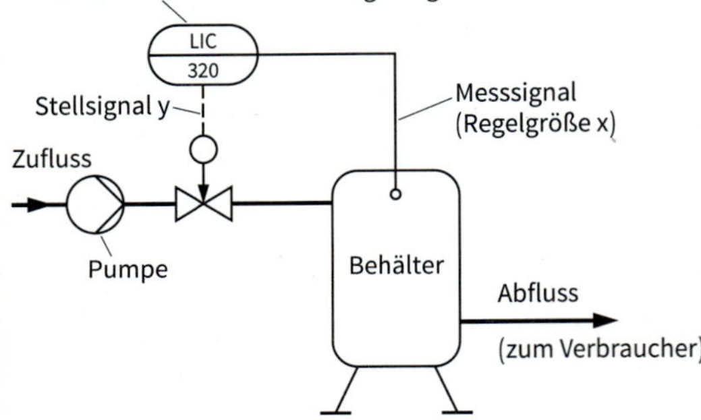

Leitungen, Leitungsverbindungen, Anschlüsse, Signalkennzeichnung

	Rohrleitung, Linienbreite ≥ 1 mm		Einheitssignal, elektrisch
	EMSR-Leitung, allgemein, Linienbreite vorzugsweise 0,25 mm		Einheitssignal, pneumatisch
	Einheitssignalleitung, elektrisch		Analogsignal
	Einheitssignalleitung, pneumatisch		Digitalsignal
	hydraulische Leitung		Binärsignal
	Lichtwellenleiter		Impulsgeber
	Wirkungslinie		Kreuzung ohne Verbindung
			Leitungsverbindung, allgemeine Verbindungsstelle

Regler

Ausführung wird dargestellt durch:

- Beschriftung,
- Symbole aus anderen Normen,
- Kennzeichnung der Wirkungsrichtung,
- Kennzeichnung des Algorithmus (P, PI usw.).

	Regler allgemein (Grundsymbol) Ausgang: rechts		Dreipunktregler mit schaltendem Ausgang
PID	PID-Regler mit steigendem Ausgangssignal bei steigendem Eingangssignal	PD	Zweipunktregler mit schaltendem Ausgang
PI	PI-Regler mit fallendem Ausgangssignal bei steigendem Eingangssignal	x, w, y	Regler als Softwarefunktion mit Kennzeichnung der Einund Ausgangsgrößen

Einwirkung auf die Strecke

	Stellart, Stellglied		Stellantrieb, bei Ausfall der Hilfsenergie nimmt das Stellgerät die Stellung für maximalen Massenstrom oder Energiefluss ein.
	Stellantrieb, allgemein		Stellantrieb, bei Ausfall der Hilfsenergie nimmt das Stellgerät die Stellung für minimalen Massenstrom oder Energiefluss ein.
	Stellgerät mit Stellort bzw. Stellglied		Stellantrieb, bei Ausfall der Hilfsenergie bleibt das Stellgerät in der zuletzt eingenommenen Stellung.

Aufnehmer

Kennzeichnung durch Kennbuchstaben (rechte untere Ecke), Symbole oder Beschriftung

F	Aufnehmer für Durchfluss, allgemein	L	Aufnehmer für Stand, Empfänger für Licht
F	Turbinen-Durchflussaufnehmer	CO_2 Q	Aufnehmer für CO_2-Gehalt
F	Induktiver Durchflussaufnehmer	pH	Aufnehmer für pH-Wert
T	Aufnehmer für Temperatur, allgemein	R	Aufnehmer für Strahlung, allgemein
T	Thermoelement	S	Aufnehmer für Geschwindigkeit, Drehzahl, Frequenz, allgemein
P	Aufnehmer für Druck, allgemein	G	Aufnehmer für Abstand, Länge, Stellung, allgem.
L	Aufnehmer für Stand, allgemein	FQ	Ovalradzähler Verdrängerprinzip
L	Kapazitiver Aufnehmer für Stand	Q	Aufnehmer für Leitfähigkeit
L	Aufnehmer für Stand mit Schwimmer	W	Aufnehmer für Gewichtskraft, Masse, allgem.

Bediengeräte

Ausführungsart ist darzustellen durch:

- Beschriftung
- Symbole aus anderen Normen
- Ausgabe der Einstellgröße

	Einsteller, allgemein		Schaltgerät, allgemein
	Signaleinsteller für elektrisches Einheitssignal mit Anzeiger		Automatischer Messstellenabfrageschalter

Stellgeräte und Zubehör

	Membran-Stellantrieb		Kolben-Stellantrieb
M	Motor-Stellantrieb		Feder-Stellantrieb
	Magnet-Stellantrieb		Ventilstellglied

Steuergerät

Einzelheiten sind darzustellen durch:

- Beschriftung
- Symbole aus anderen Normen

	Steuergerät (Basissymbol)

Anpasser

Eingangs- und Ausgangsgrößen sind darzustellen durch:
- Kennbuchstaben
- Kennzeichen für das Einheitssignal
- Symbole aus anderen Normen
- Beschriftung

	Signal- oder Messumformer, allgemein		Analog-Digital-Umsetzer
	Signal- oder Messumformer mit galvanischer Trennung		Umsetzer für elektrisches Einheitssignal in pneum. Einheitssignal
	Messumformer mit elektrischem Einheitssignal-ausgang	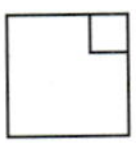	Signalspeicher, allgemein
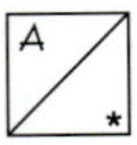	Messumformer mit pneumatischem Einheitssignal-ausgang	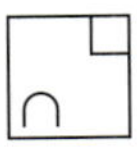	Analogsignal-speicher
	Messumformer für Differenz-druck, mit pneumatischem Einheitssignal-ausgang	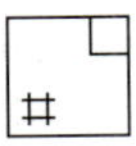	Digitalsignal-speicher
	Messumformer für Stand, mit pneumatischem Einheitssignal-ausgang	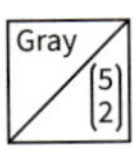	Umsetzer, Gray-Code in 2-aus-5-Code

Ausgeber

Ausführungsart ist darzustellen durch:
- Folgebuchstabe für die Verarbeitung
- Symbole aus anderen Normen
- Beschriftung
- gleichseitige Dreiecke innerhalb des Symbols

	Basissymbol Anzeiger, allgemein		Zähler
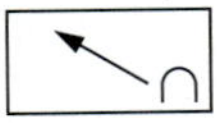	Anzeiger, analog	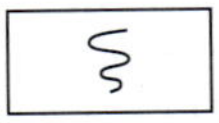	Registrier-gerät, allgemein
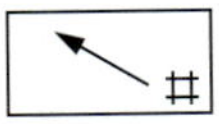	Anzeiger, digital	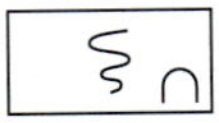	Schreiber, analog
	Grenzsignal-geber für unteren und oberen Grenzwert	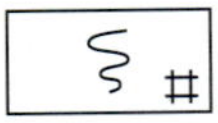	Schreiber, digital
 ▽ links ▽ rechts ▽ oben ▽ unten	unterer Grenzw. oberer Grenzw. oberer Grenzw. unterer Grenzw.	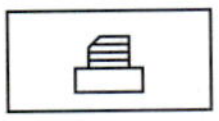	Drucker
		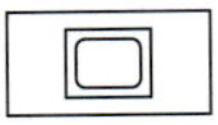	Bildschirm

Beispiel: Pneumatische Durchflussregelung

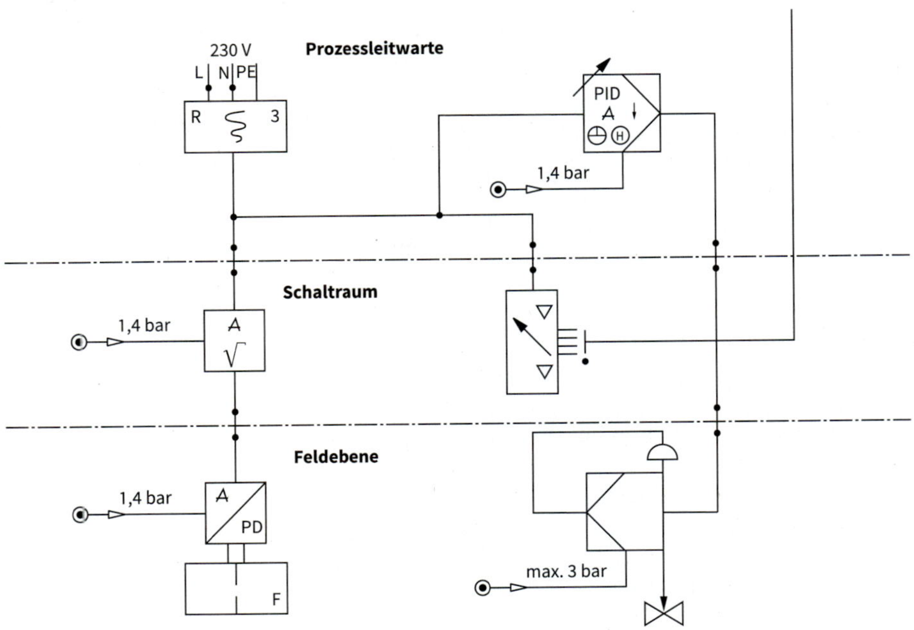

Mechanische Teilsysteme

3

Werkstoffe

Normteile

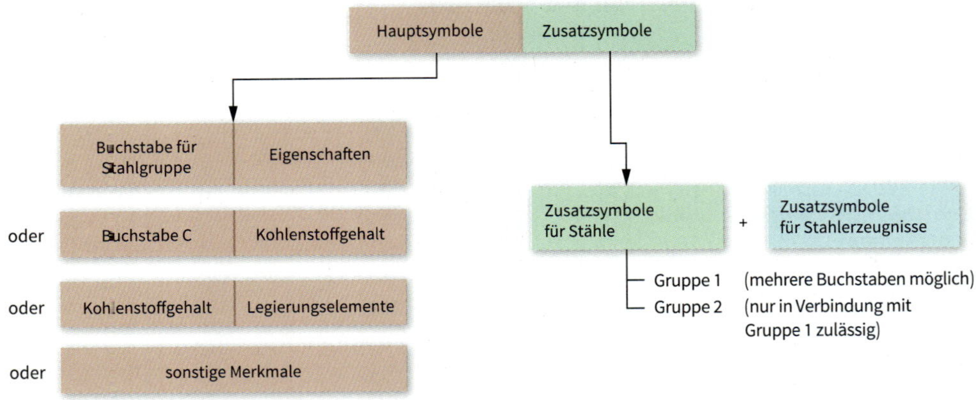

<table>
<tr><th rowspan="2"></th><th rowspan="2">Buchstabe</th><th rowspan="2">Eigenschaften</th><th colspan="2">Zusatzsymbole für Stähle</th></tr>
<tr><th>Gruppe 1</th><th>Gruppe 2</th></tr>
<tr><td>Stähle für den Stahlbau</td><td>S

G… = Stahlguss</td><td>Mindeststreckgrenze R_e in N/mm² für die geringste Erzeugnisdicke

Beispiel:
S 355 J2 G3
G3: vollberuhigter Stahl</td><td>
<table>
<tr><th colspan="3">Kerbschlagarbeit</th><th>Prüftemperatur</th></tr>
<tr><th>27 J</th><th>40 J</th><th>60 J</th><th>°C</th></tr>
<tr><td>JR</td><td>KR</td><td>LR</td><td>+20</td></tr>
<tr><td>J0</td><td>K0</td><td>L0</td><td>0</td></tr>
<tr><td>J2</td><td>K2</td><td>L2</td><td>−20</td></tr>
<tr><td>J3</td><td>K3</td><td>L3</td><td>−30</td></tr>
<tr><td>J4</td><td>K4</td><td>L4</td><td>−40</td></tr>
<tr><td>J5</td><td>K5</td><td>L5</td><td>−50</td></tr>
<tr><td>J6</td><td>K6</td><td>L6</td><td>−60</td></tr>
</table>
für Feinkornbaustähle
A ausscheidungshärtend
M thermomechanisch gewalzt
N normalgeglüht oder normalisierend gewalzt
Q vergütet

G andere Güten (evtl. mit Ziffern) (s. Stähle für den Maschinenbau)</td><td>C mit besonderer Kaltumformbarkeit
D für Schmelztauchüberzüge
E für Emaillierung
F zum Schmieden
H für Hohlprofile
L für Niedrigtemperatur
M thermomechanisch gewalzt
N normalgeglüht oder normalisierend gewalzt
P Spundwandstahl
Q vergütet
S für Schiffsbau
T für Rohre
W wetterfest

evtl. Symbole für vorgeschriebene zusätzliche Elemente und einer Ziffer (= 10fache des Gehalts)</td></tr>
<tr><td>Stähle für den Druckbehälterbau</td><td>P

G… = Stahlguss</td><td>Mindeststreckgrenze R_e in N/mm² für die geringste Erzeugnisdicke

Beispiel:
P 355 N H
GP 240 GH</td><td>für Feinkornbaustähle
M thermomechanisch gewalzt
N normalgeglüht oder normalisierend gewalzt
Q vergütet

T für Rohre
B für Glasflaschen
S für einfache Druckbehälter
G andere Güten (evtl. mit Ziffern)</td><td>H für Hochtemperatur
L für Niedrigtemperatur
R für Raumtemperatur
X für Hoch- und Niedrigtemperatur</td></tr>
<tr><td>Stähle für Leitungsrohre</td><td>L</td><td>Mindeststreckgrenze R_e in N/mm² für die geringste Erzeugnisdicke
Beispiel:
L 360 NB</td><td>für Feinkornbaustähle
M thermomechanisch gewalzt
N normalgeglüht oder normalisierend gewalzt
Q vergütet
G andere Güten (evtl. mit Ziffern)</td><td>Anforderungsklasse (evtl. mit Ziffern)</td></tr>
<tr><td>Höherfeste Stähle für Flacherzeugnisse zum Kaltumformen</td><td>H

HT</td><td>Mindeststreckgrenze R_e in N/mm²
Beispiel:
H 420 M

wenn Mindestzugfestigkeit R_m angegeben wird</td><td>M thermomechanisch gewalzt
P phosphorlegiert
B bake hardening[1)]
X Dualphasengefüge
G andere Güten (evtl. mit Ziffern)</td><td>D für Schmelztauchüberzüge</td></tr>
</table>

1) Bake-hardening-Stahl: bei Raumtemperatur alterungsbeständig mit geringer Streckgrenze, der unter Wärme, z. B. Lackeinbrennen, zusätzlich verfestigt.

	Buchstabe	Eigenschaften	Zusatzsymbole für Stähle Gruppe 1	Gruppe 2
Stähle für Flacherzeugnisse zum Kaltumformen	**D**	C kaltgewalzt D warmgewalzt X kalt- oder warmgewalzt gefolgt von 2stelliger Zahl für d. Stahlsorte Beispiel: **DC 04** **DC 03 + ZE**	D für Schmelztauchüberzüge EK für konventionelles Emaillieren ED für direktes Emaillieren H für Hohlprofile T für Rohre G andere Güten (evtl. mit Ziffern) evtl. Symbole für vorgeschriebene zusätzliche Elemente und einer Ziffer (= 10fache des Gehalts)	
Stähle für Verpackungs-bleche und -band	**T**	Mindeststreckgrenze R_e in N/mm² H kontinuierlich geglühte Sorten S losweise geglühte Sorten Beispiel: **TH 550**		
Stähle für den Maschinenbau	**E**	Mindeststreckgrenze R_e in N/mm² für die geringste Erzeugnisdicke Beispiel: **E 355**	G andere Güten (evtl. mit Ziffer) G1 unberuhigt vergossen G2 beruhigt vergossen G3 voll beruhigt vergossen G4 voll beruhigt vergossen, vorgeschriebener Lieferungs-zustand	C mit besonderer Kaltziehbarkeit

	Buchst.	Kohlenstoffgehalt	Zusatzsymbole für Stähle
Unlegierte Stähle Mn-Gehalt < 1 % außer Automatenstähle	**C**	100 × mittlerer C-Gehalt Beispiel: **C 35 E**	E vorgeschriebener max. Schwefel-Gehalt R vorgeschriebener Bereich für Schwefel-Gehalt D zum Drahtziehen C mit besonderer Kaltumformbarkeit S für Federn U für Werkzeuge W für Schweißdraht G andere Güten (evtl. mit Ziffern)

	Buchst.	Kohlenstoffgehalt	Legierungselemente
Unlegierte Stähle, Mn-Gehalt > 1 % **Legierte Stähle,** Gehalt der einzelnen Leg.-elemente < 5 %	**ohne** G… = Stahl-guss	100 × mittlerer C-Gehalt Beispiel für unleg. Stahl: **28 Mn 6** Beispiel für leg. Stahl: **42 CrMo 4** G 20Mo 5	Buchstaben für die charakteristischen Legierungselemente, geordnet nach abnehmenden Gehalten gefolgt von Zahlen, getrennt durch Bindestrich, die dem mittleren prozentualen Gehalt der Elemente × Faktor entsprechen, geordnet in der Reihenfolge der Legierungselemente
Legierte Stähle, mind. ein Leg.-element ≥ 5 %	**X** G… = Stahl-guss	100 × mittlerer C-Gehalt Beispiel: **X 22 CrMoV 12-1** GX7 CrNi Mo 12-1	Buchstaben für die charakteristischen Legierungselemente, geordnet nach abnehmenden Gehalten gefolgt von Zahlen, getrennt durch Bindestrich, die dem mittleren prozentualen Gehalt der Elemente entsprechen, geordnet in der Reihenfolge der Legierungselemente

Elemente	Faktor
Cr, Co, Mn, Ni, Si, W	4
Al, Be, Cu, Mo, Nb, Pb, Ta, Ti, V, Zr	10
C, Ce, N, P, S	100
B	1000

	Buchst.	Legierungselemente
Schnellar-beitsstähle	**HS**	Zahlen, getrennt durch Bindestrich, die den prozentualen Gehalt der Legierungselemente in folgender Reihenfolge angeben: W-Mo-V-Co; Beispiel: **HS 7-4-2-5**
	HSS	Schnellarbeitsstahl mit weniger als 4,5 % Co und weniger als 2,6 % V
	HSS-E	Schnellarbeitsstahl mit mind. 4,5 % Co und/oder mind. 2,6 % V

weitere Stähle:

Betonstähle	**B**	Angabe der Mindeststreckgrenze	**Stähle für Schienen**	**R**	Mindestzugfestigkeit
Spannstähle	**Y**	Nennwert der Zugfestigkeit	**Elektroblech und -band**	**M**	max. Ummagnetisierungsverlust

Einteilung der Stähle
Classification of grades of steels

DIN EN 10 020: 2000-07

→ Stahl ist ein Werkstoff, dessen Masseanteil an Eisen größer ist als der jedes anderen Elementes, dessen C-Gehalt im Allgemeinen kleiner als 2 % ist und der andere Elemente enthält.

Einteilung nach der chemischen Zusammensetzung

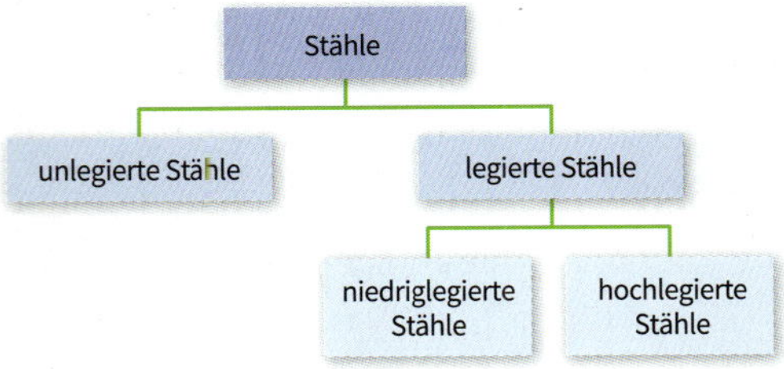

Stähle sind legiert, wenn der Grenzgehalt wenigstens eines Elementes erreicht oder überschritten wird.

Grenzgehalte für die Einteilung unlegierter und legierter Stähle

Element	Masseanteil in %	Element	Masseanteil in %
Al	0,30	Ni	0,30
B	0,001	Pb	0,40
Bi	0,10	Se	0,10
Co	0,30	Si	0,60
Cr	0,30	Te	0,10
Cu	0,40	Ti	0,05
La	0,10	V	0,10
Mn	1,65	W	0,30
Mo	0,08	Zr	0,05
Nb	0,06	sonstige	0,10

Einteilung nach Hauptgüteklassen

Unlegierte Qualitätsstähle

Stahlsorten mit festgelegten Anforderungen an Zähigkeit, Korngröße und Umformbarkeit; eine Wärmebehandlung ist nur bedingt möglich. Die Stahlsorten umfassen auch die bisherigen Grundstähle.

Beispiele:
- Unlegierte Baustähle
- Einsatzstähle
- Vergütungsstähle
- Schweißgeeignete Feinkornbaustähle

Legierte Qualitätsstähle

Stahlsorten mit besonderen Anforderungen an Zähigkeit, Korngröße und Umformbarkeit; sie sind im Allgemeinen nicht zum Vergüten oder Oberflächenhärten vorgesehen.

Beispiele:
- Stähle für den Stahlbau
- Schweißgeeignete Feinkornbaustähle
- Stähle für Schienen und Spundbohlen
- Stähle für warm- oder kaltgewalzte Flacherzeugnisse

Unlegierte Edelstähle

Stahlsorten mit höherem Reinheitsgrad als unlegierte Qualitätsstähle mit genauer Einstellung der chemischen Zusammensetzung. Sie sind zum Vergüten und Oberflächenhärten vorgesehen. Der Höchstgehalt an P und S beträgt ≤ 0,020 %.

Beispiele:
- Stähle für den Stahlbau
- Einsatzstähle
- Vergütungsstähle
- Federstähle
- Werkzeugstähle

Legierte Edelstähle

Stahlsorten mit genauer Einstellung der chemischen Zusammensetzung und verbesserten Eigenschaften durch besondere Herstellungs- und Prüfbedingungen außer nichtrostenden Stählen.

Beispiele:
- Maschinenbaustähle
- Stähle für Druckbehälter
- Wälzlagerstähle
- Werkzeugstähle
- Warmfeste Stähle

Nichtrostende Stähle

Nichtrostende Stähle sind Stähle mit einem Masseanteil

Cr ≥ 10,5 % und C ≤ 1,2 %.

Die Stähle werden weiter nach folgenden Kriterien unterteilt:

nach dem Nickelgehalt in
- Ni < 2,5 %,
- Ni ≥ 2,5 %,

nach den Haupteigenschaften in
- korrosionsbeständig,
- hitzebeständig,
- warmfest.

Grenzgehalte für die Einteilung der schweißgeeigneten legierten **Feinkornbaustähle** in Qualitäts- und Edelstähle

Element	Masseanteil in %
Cr	0,50
Cu	0,50
Mn	1,80
Mo	0,10
Nb	0,08
Ni	0,50
Ti	0,12
V	0,12
Zr	0,12

Für nicht genannte Elemente gilt die obere Tabelle.

Ein Feinkornbaustahl gilt als Qualitätsstahl, wenn die maßgebenden Gehalte unter den angegebenen Grenzwerten liegen.

Unlegierte Baustähle – warmgewalzt

DIN EN 10 025-2: 2005-04

Kurzname	Werkstoffnummer	bisheriger Kurzname	Zugfestigkeit R_m in N/mm²	Streckgrenze R_{eH} in N/mm² für Erzeugnisdicken in mm ≤ 16	> 16 ≤ 40	> 40 ≤ 63	> 63 ≤ 80	> 80 ≤ 100	Bruchdehnung A_5 in %	Bemerkungen
S 185	1.0035	St 33	290 … 510	185	175	175	175	175	18	
S 235 JR	1.0038	St 37-2	360 … 510	235	225	215	215	215	26	für gering beanspruchte Teile im Maschinenbau und Stahlbau, gut bearbeitbar
S 235 J0	1.0114	St 37-3U								
S 275 JR	1.0044	St 44-2	410 … 560	275	265	255	245	235	23	für mittelmäßig beanspruchte Teile, z. B. Achsen, Hebel
S 275 J0	1.0143	St 44-3U								
S 355 JR	1.0045	–	470 … 630	355	345	335	325	315	22	für hoch beanspruchte Teile im Maschinen- und Stahlbau, z. B. Brücken, Kräne
S 355 J0	1.0553	St 52-3U								
E 295	1.0050	St 50-2	470 … 610	295	285	275	265	255	20	für mittelmäßig beanspruchte Teile im Maschinenbau
E 335	1.0060	St 60-2	570 … 710	335	325	315	305	295	16	für höher beanspruchte Teile im Maschinenbau
E 360	1.0070	St 70-2	670 … 830	360	355	345	335	325	11	

Kaltgewalzte Flacherzeugnisse aus weichen Stählen zum Kaltumformen

DIN EN 10 130: 2007-02

Stahlsorte	alter Kurzname nach DIN 1623	Werkstoffnummer	Oberflächenart	Zugfestigkeit R_m in N/mm²	Streckgrenze R_{eH} in N/mm²	Bruchdehnung A_{80} in %
unlegierter Qualitätsstahl						
DC 01	St 12	1.0330	A–B	270 … 410	140 … 280	28
DC 03	RR St 13	1.0347	A–B	270 … 370	140 … 240	34
DC 04	St 14	1.0338	A–B	270 … 350	140 … 210	38
DC 05	–	1.0312	A–B	270 … 330	140 … 180	40

Oberflächenart

A	(O3)[1]	Fehler, die eine spätere Umformung oder Beschichtung nicht beeinträchtigen, sind zulässig.
B	(O5)	Das einheitliche Aussehen einer Qualitätslackierung oder eines elektrolytischen Überzuges darf nicht beeinträchtigt werden.

Oberflächenausführung

b	besonders glatt	$R_a \leq 0{,}4\,\mu m$
g	glatt	$R_a \leq 0{,}9\,\mu m$
m	matt	$0{,}6\,\mu m < R_a \leq 1{,}9\,\mu m$
r	rau	$R_a > 1{,}6\,\mu m$

[1] alte Bezeichnung nach DIN 1623

Bezeichnung eines Bleches aus der Stahlsorte DC 03, Oberflächenart A, Oberflächenausführung matt:
Blech EN 10 130 – DC 03-A-m oder **Blech EN 10 130 – 1.0347-A-m**

Nichtrostende Stähle

DIN EN 10 088-3: 2014-12

Kurzname	Werkstoffnummer	Zugfestigkeit R_m in N/mm²	Dehngrenze $R_{p\,0,2}$ in N/mm²	Bruchdehnung A in %	Verwendung
Ferritische und martensitische Stähle					
X 2 CrNi 12	1.4003	450 … 600	260	20	Apparatebau, Fördertechnik
X 6 Cr 13	1.4000	400 … 630	230	20	Haushaltsgeräte, Beschläge
X 12 Cr 13[1]	1.4006	650 … 850	450	15	Lebensmittelindustrie
X 30 Cr 13[1]	1.4028	850 … 1000	650	10	Federn, Schrauben
Austenitische Stähle					
X 10 CrNi 18-8	1.4310	500 … 750	195	40	Bleche, Federn
X 2 CrNi 19-11	1.4306	460 … 680	180	45	Nahrungsmittelindustrie
X 6 CrNiTi 18-10	1.4541	500 … 700	190	40	Film- und Fotoindustrie
X 2 CrNiMo 18-15-4	1.4438	500 … 700	200	40	chemische Industrie

Einsatzstähle

DIN EN 10084: 2008-06

Kurzname	Werkstoff-nummer	Härte HB [1]	Zugfestigkeit R_m [2] in N/mm²	Streckgrenze R_e [2] in N/mm²	Bruchdehnung A_5 [2] in %	Verwendung
C 10 E[3]	1.1121	131	> 400	295	16	Verschleißteile geringer Festigkeit, z. B. Bolzen, Gelenke
C 15 E[3]	1.1141	143	> 600	355	14	
16 MnCr 5	1.7131	207	> 900	590	10	Getriebeteile, z. B. Wellen, Bolzen, Zahnräder
16 MnCr S5	1.7139					
20 MnCr 5	1.7147	217	> 1000	685	8	
20 MnCr S5	1.7149					
20 MoCr 4	1.7321	207	> 800	590	10	
20 MoCr S4	1.7323					
18 CrNiMo 7-6	1.6587	229	> 1100	785	8	hochbeanspruchte Getriebeteile, z. B. Antriebsritzel
20 NiCrMo 2-2	1.6523	212	> 800	590	10	

[1] Zustand weichgeglüht (A)
[2] für Erzeugnisdicken 16 mm < d < 40 mm
[3] Die Stähle sind auch mit einem vorgeschriebenen Bereich des S-Gehaltes lieferbar, z. B. C 10 R

Nitrierstähle

DIN EN 10085: 2001-07

Kurzname	Werkstoff-nummer	Härte HB [1]	Zugfestigkeit R_m [2] in N/mm²	Dehngrenze $R_{p\,0,2}$ in N/mm²	Bruchdehnung A_5 in %	Verwendung
31 CrMo V 9	1.8519	248	1000 … 1200	800	11	für hochbeanspruchte, verschleißfeste Teile, z. B. Kurbelwellen, Ventilspindeln, Heißdampfarmaturenteile
34 CrAlMo 5	1.8507		800 … 1000 [3]	600 [3]	14 [3]	
34 CrAlNi 7	1.8550		850 … 1050	650	12	
40 CrMoV 13-9	1.8523		950 … 1150	750	11	

[1] Behandlungszustand: vergütet
[2] Angabe der mechanischen Eigenschaften an vergüteten Proben, $d \leq 100$ mm
[3] Angabe der mechanischen Eigenschaften an vergüteten Proben, $d \leq 70$ mm

Automatenstähle

DIN EN 10087: 1999-01

Kurzname	Werkstoff-nummer	unbehandelt		vergütet			Verwendung
		Härte HB	Zugfestigkeit R_m in N/mm²	Dehngrenze $R_{p\,0,2}$ in N/mm²	Zugfestigkeit R_m in N/mm²	Bruchdehnung A in %	
nicht für die Wärmebehandlung bestimmte Stähle							
11 S Mn 30[1]	1.0715	112 … 169	380 … 570	–	–	–	für Teile mit geringer Beanspruchung, z. B. Griffe, Stifte, Scheiben
11 S Mn 37[1]	1.0736						
Einsatzstähle							
10 S 20[1]	1.0721	107 … 156	360 … 530	–	–	–	Bolzen, Stifte
15 S Mn 13	1.0725	128 … 178	430 … 600	–	–	–	Kleinteile
Vergütungsstähle							
35 S 20[1]	1.0726	154 … 201	520 … 680	380	600 … 750	15	für Teile mit hoher Beanspruchung, z. B. Wellen, Spindeln, Stifte, Schrauben
36 S Mn 14[1]	1.0764	166 … 222	560 … 750	420	670 … 820	15	
38 S Mn 28[1]	1.0760	166 … 216	530 … 730	420	700 … 850	15	
44 S Mn 28[1]	1.0762	187 … 242	630 … 820	420	700 … 850	16	
46 S 20[1]	1.0727	175 … 225	590 … 760	430	650 … 800	13	

Angabe der mechanischen Eigenschaften an Proben von über 16 mm bis 40 mm Dicke.
[1] Die Stähle werden auch mit einem Zusatz von Blei für verbesserte Zerspanung geliefert.

Bezeichnung von Gusseisenwerkstoffen durch Kurzzeichen

DIN EN 1560: 2011-05

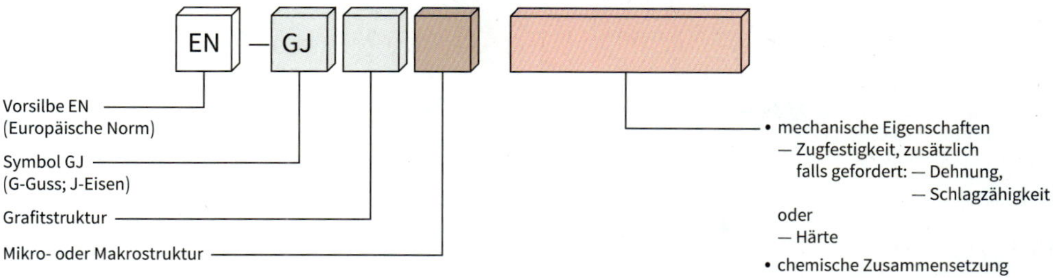

Grafitstruktur	
L	lamellar
S	kugelig
M	Temperkohle
Mikro- oder Makrostruktur	
A	Austenit
B	nicht entkohlend geglüht*
W	entkohlend geglüht*

* nur für Temperguss

Angabe der chemischen Zusammensetzung

Buchstabe X und die Angabe der wesentlichen Legierungselemente in fallender Reihenfolge und deren Gehalte in fallender Reihenfolge.

Bezeichnung eines legierten Gusseisens mit Lamellengrafit, mit 13 % Ni und 7 % Mn:
EN - GJL - XNiMn 13-7

Austenitisches Gusseisen

DIN EN 13835: 2012-04

Kurzname	Werkstoff-nummer	Grafit-form	Zugfestigkeit R_m in N/mm^2 min	0,2 %-Dehngrenze $R_{p\,0,2}$ in N/mm^2 min	Bruchdehnung A in % min	Brinellhärte HB min	Eigenschaften und Verwendung
EN-GJSA-XNiCr20-2	5.3500	S	370	210	7	140	gute Korrosions- und Hitzebeständigkeit, gute Gleiteigenschaften; Pumpen, Ventile, Buchsen, Abgaskrümmer
EN-GJSA-XNiCrNb20-2	5.3502	S	370	210	7	140	geeignet für Schweißkonstruktionen; Pumpen, Ventile, Buchsen, Abgaskrümmer
EN-GJSA-XNi35	5.3504	S	370	210	20	130	geringe thermische Ausdehnung, thermoschockbeständig; maßbeständige Teile für Werkzeugmaschinen, wissenschaftliche Instrumente
EN-GJSA-XNiMn13-7	5.3506	S	390	210	15	120	nicht magnetisierbar; Gehäuse für Schaltanlagen, Isolierflansche, Klemmen, Druckdeckel für Turbogeneratoren

Temperguss

DIN EN 1562: 2012-05

Kurzname	Werkstoff-nummer	Zugfestigkeit R_m in N/mm^2	Dehngrenze $R_{p\,0,2}$ in N/mm^2	Bruchdehnung A_3 in %	Brinellhärte HB	Bemerkungen und Verwendung
Nicht entkohlend geglühter Temperguss						
EN-GJMB-500-5	5.4206	500	300	5	165 … 215	alle Sorten gut spanbar; Fittings, Förderkettenglieder, Schlossteile, Fahrwerkteile, Steuerkurvenscheiben
EN-GJMB-550-4	5.4207	550	340	4	180 … 230	
EN-GJMB-600-3	5.4208	600	390	3	195 … 245	
Entkohlend geglühter Temperguss						
EN-GJMW-350-4	5.4200	350	–	4	230	alle Sorten gut spanbar; Getriebegehäuse, Schaltgabeln, Bremstrommeln, Kurbelwellen, Pleuel, Hebel
EN-GJMW-400-5	5.4202	400	220	5	220	
EN-GJMW-360-12	5.4201	360	190	12	200	für Schweißkonstruktionen ohne Wärmenachbehandlung

Bezeichnung von Kupfer-Gusslegierungen durch Werkstoffkurzzeichen

DIN EN 1982: 2008-08

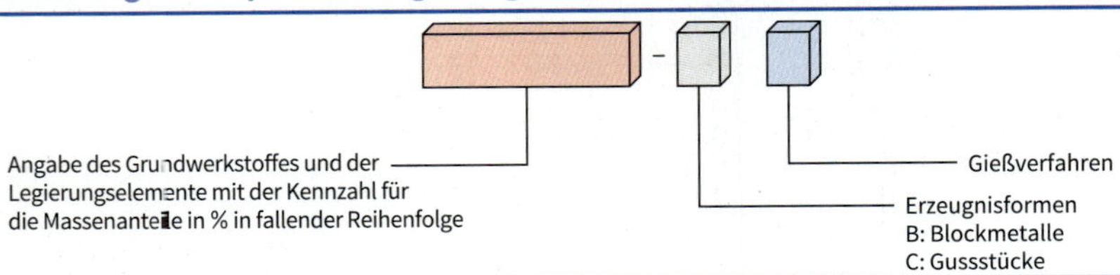

Gießverfahren	
GS	Sandguss
GM	Kokillenguss
GZ	Schleuderguss
GC	Strangguss
GP	Druckguss

Bezeichnung einer Cu-Gusslegierung mit ca. 33 % Zn und ca. 2 % Pb: **Cu Zn 33 Pb 2 - C**

Kurzzeichen	Werkstoff-nummer	bisheriges Kurzzeichen	Zugfestigkeit R_m in N/mm²	Dehngrenze $R_{p\,0,2}$ in N/mm²	Bruchdehnung A in %	Brinellhärte HB	Verwendung
Kupfer-Gusslegierungen							DIN EN 1982: 2008-08
Kupfer-Zink-Gusslegierungen							
Cu Zn 33 Pb 2-C	CC 750 S	G-Cu Zn 33 Pb	180	70	12	45	Konstruktionswerkstoff, Gehäuse für Gas- und Wasserarmaturen
Cu Zn 15 As-C	CC 760 S	G-Cu Zn 15	160	70	20	45	Konstruktionswerkstoff, sehr gut lötbar
Cu Zn 16 Si 4-C	CC 761 S	G-Cu Zn 15 Si 4	400	230	10	100	für hochbeanspruchte, dünnwandige Konstruktionsteile, gute Korrosionsbeständigkeit
Kupfer-Zinn-Blei-Gusslegierungen							
Cu Sn 10 Pb 10-C	CC 495 K	G-Cu Pb 10 Sn	180	80	8	60	Lagerwerkstoff, verschleißfest
Cu Sn 7 Pb 15-C	CC 496 K	G-Cu Pb 15 Sn	170	80	8	60	Lagerwerkstoff, gute Notlaufeigenschaften
Cu Sn 5 Pb 20-C	CC 497 K	G-Cu Pb 20 Sn	150	70	5	45	Verbundwerkstoff mit guten Gleiteigenschaften

Kupfer-Knetlegierungen

DIN EN 12163: 2016-11

Kurzname	Werkstoffnummer	Werkstoffzustand	Dehngrenze $R_{p\,0,2}$ min	Zugfestigkeit R_m min	Bruchdehnung A	Härte	Verwendung
			MPa	MPa	%	HBW	
Kupfer-Aluminium-Legierungen							
CuAl10Fe1	CW305G	R530	≥ 290	≥ 530	≥ 10	–	hohe Festigkeit, korrosionsbeständig, kaltumformbar; Halbzeug für allgemeine Verwendung
		H130	–	–	–	130…170	
CuAl10NiFe4	CW307G	R680	≥ 320	≥ 680	≥ 10	–	hohe Festigkeit, korrosionsbeständig; hoch belastete Lagerteile, Getriebe- und Schneckenräder, Ventilsitze
		H170	–	–	–	170…210	
		R740	≥ 400	≥ 740	≥ 8	–	
		H200	–	–	–	≥ 200	
CuAl11Fe6Ni6	CW308G	R740	≥ 420	≥ 740	≥ 5	–	hohe Festigkeit, korrosionsbeständig, verschleißfest; Wellen, Schrauben, Verschleißteile, Schneckenräder
		H220	–	–	–	220…260	
		R830	≥ 550	≥ 830	≥ 3	–	
		H240	–	–	–	≥ 240	
Kupfer-Zinn-Legierungen							
CuSn6	CW452K	R420	≥ 220	≥ 420	≥ 30	–	korrosionsbeständig und verschleißfest, gut lötbar, gut kaltformbar, Federn, besonders für die Elektroindustrie, Steckverbinder
		H120	–	–	–	120…155	
		R520	≥ 400	≥ 520	≥ 5	–	
		H150	–	–	–	150…180	
CuSn8	CW453K	R390	≥ 280	≥ 390	≥ 45	–	korrosionsbeständig, sehr gute Gleiteigenschaften, verschleißfest, dünnwandige Gleitlager, Gleitführungen
		H085	–	–	–	85…125	
		R450	≥ 280	≥ 450	22	–	
		H135	–	–	–	135…165	

Bezeichnung von Aluminium-Werkstoffen

DIN EN 515: 1993-12, DIN EN 1780-2: 2003-01

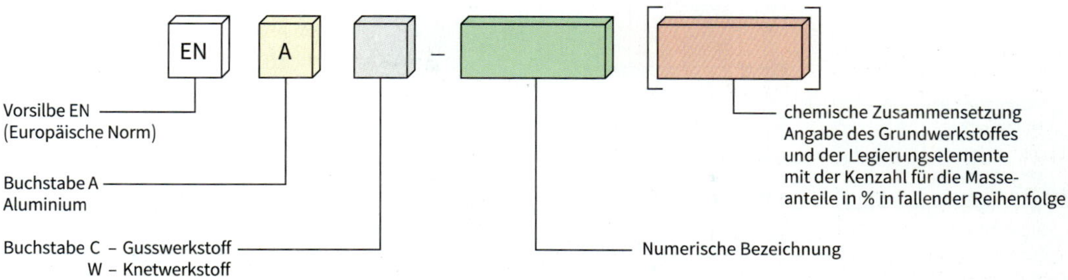

Aluminium und Aluminium-Knetlegierungen für stranggepresste Halbzeuge

DIN EN 755-2: 2016-10

Werkstoffbezeichnung	bisheriges Kurzzeichen	Werkstoffzustand[1]	Zugfestigkeit R_m in N/mm²	Dehngrenze $R_{p\,0,2}$ in N/mm²	Bruchdehnung A_5 in %	Verwendung
EN AW-1050 A [Al 99,5]	Al 99,5	O	60 … 95	20	23	Apparate, Geschirr, Nahrungsmittelindustrie,
EN AW-1350 [Al 99,5]	E Al	H 112	60	–	23	elektrischer Leiterwerkstoff
EN AW-2007 [Al Cu 4 Pb Mg Mn]	Al Cu Mg Pb	T 4	370	250	6	Automatenlegierung
EN AW-2024 [Al Cu 4 Mg 1]	Al Cu Mg 2	T 3	450	310	6	Verbindungselemente, z. B. Niete, Schrauben
EN AW-3103 [Al Mn 1]	Al Mn 1	O	95 … 135	35	20	Bedachungen, Kältetechnik, Wärmetauscher
EN AW-5754 [Al Mg 3]	Al Mg 3	O	180 … 250	80	15	Apparatebau, Fahrzeugbau, Schiffbau, Nahrungsmittelindustrie, Schrauben, Niete
EN AW-6012 [Al Mg Si Pb]	Al Mg Si Pb	T 6	310	260	6	Automatenlegierung, Drehteile
EN AW-6101 B [E Al Mg Si (B)]	E-Al Mg Si 0,5	T 6	215	160	6	elektrischer Leiterwerkstoff, Stromschienen
EN AW-7020 [Al Zn 4,5 Mg 1]	Al Zn 4,5 Mg 1	T 6	350	290	8	Schweißkonstruktionen im Maschinen- und Fahrzeugbau

[1] O: weichgeglüht; H 112: durch Warm- oder Kaltumformen geringfügig kaltverfestigt; T 3: lösungsgeglüht, kalt umgeformt und kalt ausgelagert; T 4: lösungsgeglüht und kalt ausgelagert; T 6: lösungsgeglüht und warm ausgelagert

Aluminium-Gusslegierungen

DIN EN 1706: 2013-12

Werkstoffbezeichnung	bisheriges Kurzzeichen	Werkstoffzustand[1]	Zugfestigkeit R_m in N/mm²	Dehngrenze $R_{p\,0,2}$ in N/mm²	Bruchdehnung A_5 in %	Brinellhärte HBW	Verwendung
EN AC-21000 [Al Cu 4 Mg Ti]	G-Al Cu 4 Ti Mg	T 4	300	200	8	90	Fahrzeugbau, Flugzeugbau
EN AC-43000 [Al Si 10 Mg]	G-Al Si 10 Mg	T 6	260	220	1	90	Motorenbau, Gussstücke geringer Wanddicke
EN AC-44200 [Al Si 12]	G-Al Si 12	F	170	80	6	55	dünnwandige, druck- und schwingungsfeste Gussstücke
EN AC-51100 [Al Mg 3]	G-Al Mg 3	F	150	70	5	50	Apparate, Armaturen, chemische Industrie
EN AC-51300 [Al Mg 5]	G- Al Mg 5	F	180	100	4	60	chemische Industrie, Nahrungsmittelindustrie
EN AC-51400 [Al Mg 5 (Si)]	G-Al Mg 5 Si	F	180	110	3	65	warmfeste Gussstücke, chemische Industrie

[1] F: Gusszustand; T 4: lösungsgeglüht und kalt ausgelagert; T 6: lösungsgeglüht und warm ausgelagert

Bezeichnungssystem für Magnesium-Gusslegierungen

DIN EN 1754: 2015-10

Bezeichnung durch Nummern

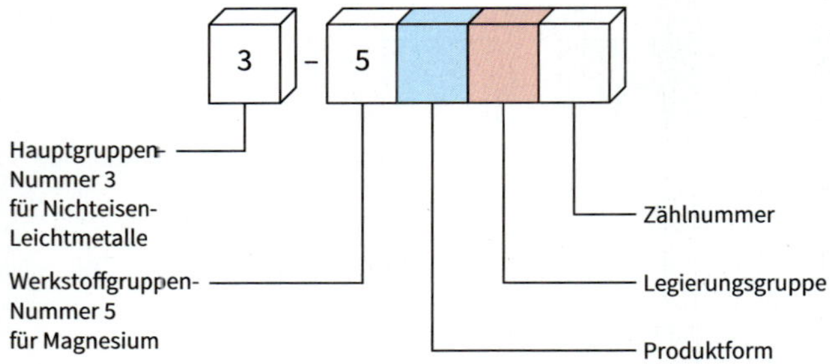

Die Bezeichnung nach Nummern ist nur zum Teil in den Werkstoffnormen umgesetzt.

Produktform	Nummer
Anode	1
Blockmetall	2
Gussstück	3
Legierungsgruppe	**Nummer**
Mg	0
MgAl, MgAlZn	1
MgAlMn, MgAlSi	2
MgMn, MgZnCu	3
MgZr, MgZnZr	4
MgREAgZr [1)]	5
MgYREZr [1)]	6
MgZnThZr	7
nicht belegt	8
nicht belegt	9

[1)] RE: Seltene Erden (engl.: Rare earth elements)

Bezeichnung durch Kurzzeichen

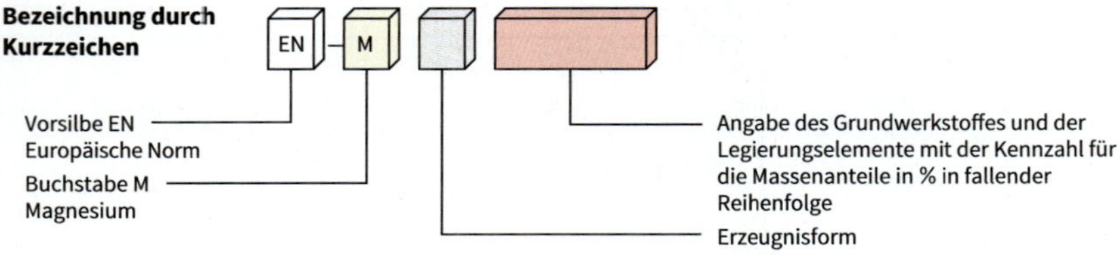

Bezeichnung einer Mg-Gusslegierung mit ca. 8 % Al und 1 % Zn:

EN-MC Mg Al 8 Zn 1

Es gibt eine neue Bezeichnungsnorm, die aber in den gültigen Werkstoff-Normen noch nicht umgesetzt ist.

Magnesium-Gusslegierungen

DIN EN 1753: 1997-08

Kurzzeichen	Werkstoffnummer	bisheriges Kurzzeichen	Zugfestigkeit R_m in N/mm²	Dehngrenze $R_{p\,0,2}$ in N/mm²	Bruchdehnung A_5 in %	Brinellhärte HB	Verwendung
EN-MC Mg Al 8 Zn 1	EN-MC 21110	G-Mg Al 8 Zn 1	200 … 250	140 … 160	1 … 7	60 … 85	Motorenbau, für stoßbeanspruchte Stücke
EN-MC Mg Al 9 Zn 1 (A)	EN-MC 21120	G-Mg Al 9 Zn 1	200 … 260	140 … 170	1 … 6	65 … 85	Fahrzeugbau, Flugzeugbau, Armaturen
EN-MC Mg Al 6 Mn	EN-MC 21230	G-Mg Al 6 Mn	190 … 250	120 … 150	4 … 14	50 … 65	Getriebe- und Motorengehäuse, Autofelgen
EN-MC Mg Al 4 Si	EN-MC 21320	G-Mg Al 4 Si 1	200 … 250	120 … 150	3 … 12	55 … 80	Motorengehäuse langzeitig wärmebelastbar

Magnesium-Knetlegierungen

DIN 9715: 1982-08

Kurzzeichen	Werkstoffnummer	Zugfestigkeit R_m in N/mm²	Dehngrenze $R_{p\,0,2}$ in N/mm²	Bruchdehnung A_{10} in %	Brinellhärte HB	Eigenschaften und Verwendung
Mg Mn 2 F 20	3.5200.08	200 [1)]	145 [1)]	1,5 [1)]	40	korrosionsbeständig, gut schweißbar, leicht verformbar; Verkleidungen, Kraftstoffbehälter, Anoden, Halbzeug
Mg Al 3 Zn F 24	3.5312.08	240	155	10	45	mittlere Festigkeit, schweißbar, verformbar; Halbzeuge, Sonderzwecke
Mg Al 6 Zn F 25	3.5612.08	250	175	6	55	mittlere bis hohe Festigkeit, beschränkt schweißbar; Halbzeuge, Gesenkschmiedestücke
Mg Al 8 Zn F 29	3.5812.08	290	205	10	60	höchste Festigkeit, Halbzeuge, Gesenkschmiedestücke

[1)] Angabe der mechanischen Eigenschaften nach DIN 9715

Kennzeichnung

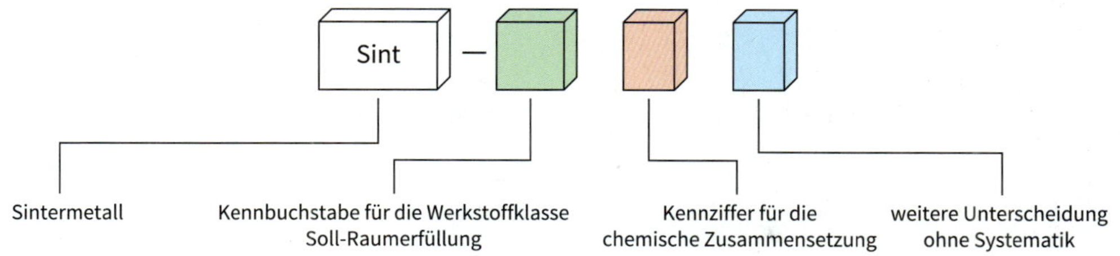

Werkstoffklasse			Chemische Zusammensetzung	
Kennbuchstabe	Raumerfüllung R_x in %	bevorzugtes Einsatzgebiet	Kennziffer	chemische Zusammensetzung
AF	< 73	Filter	0	Sintereisen/Sinterstahl, 0 … 1 % Cu, mit oder ohne C
A	75 (± 2,5)	Gleitlager	1	Sinterstahl, 1 … 5 % Cu, mit oder ohne C
B	80 (± 2,5)	Gleitlager, Formteile	2	Sinterstahl, > 5 % Cu, mit oder ohne C
C	85 (± 2,5)	Gleitlager, Formteile	3	Sinterstahl, mit oder ohne C und Cu, ≤ 6 % andere Leg.-Elemente
D	90 (± 2,5)	Formteile	4	Sinterstahl, mit oder ohne C und Cu, > 6 % andere Leg.-Elemente
E	94 (± 1,5)	Formteile	5	Sinterlegierungen mit > 60 % Cu
F	> 95,5	sintergeschmiedete Formteile	6	Sinterbuntmetalle, die nicht in 5 enthalten sind
			7	Sinterleichtmetalle
			8 9	Reserve

Sintermetalle für Filter

Kurzzeichen	Werkstoff	Dichte ρ in g/cm³	Filterfeinheit in µm
Sint-AF 40	Rostfreier Sinterstahl Cr- und Ni-haltig	3,8 … 5,6	3, 10, 20, 80, 150
Sint-AF 50	Sinterbronze	5,0 … 6,5	8, 20, 80, 150, 200

Die Filterfeinheit wird im Kurzzeichen angegeben, z. B. Sint-AF 40-20

Sintermetalle für Lager und Formteile mit Gleiteigenschaften

Kurzzeichen	Werkstoff	Radiale Bruchfestigkeit in N/mm²	Härte HB
Sint-A 00 Sint-B 00 Sint-C 00	Sintereisen	> 150 > 180 > 220	> 25 > 30 > 40
Sint-A 10 Sint-B 10 Sint-C 10	Sinterstahl Cu-haltig	> 160 > 190 > 230	> 35 > 40 > 55
Sint-A 20 Sint-B 20	Sinterstahl, höher Cu-haltig	> 180 > 200	> 30 > 45
Sint-A 50 Sint-B 50 Sint-C 50	Sinterbronze	> 120 > 170 > 200	> 25 > 30 > 35

Sinterschmiedestähle für Formteile

Kurzzeichen	Werkstoff	Härte HB	
		geschmiedet	vergütet
Sint-F 00	C- und Mn-haltig	> 140	> 220
Sint-F 30	C-, Mn, Ni-, Mo- und Cr-haltig	> 160	> 260
Sint-F 31	C-, Mn, Ni, Mo-haltig	> 180	> 300

Sintermetalle für Formteile

Kurzzeichen	Werkstoff		Zugfestigkeit R_m in N/mm²	Härte HB
Sint-D 00 Sint-E 00	Sintereisen		170 240	> 50 > 60
Sint-D 01	Sinterstahl	C-haltig	300	> 90
Sint-D 10 Sint-E 10		Cu-haltig	250 340	> 80 > 110
Sint-C 11 Sint-C 21		Cu- und C-haltig	390 460	> 115 > 130
Sint-C 30 Sint-D 30 Sint-E 30		Cu-, Ni- und Mo-haltig	360 460 570	> 100 > 125 > 160
Sint-D 36		Cu- und P-haltig	350	> 95
Sint-D 39		Cu-, Ni-, Mo-, und C-haltig	560	> 160
Sint-C 40 Sint-C 42 Sint-C 43	Rostfreier Sinterstahl, hoch Cr-haltig		> 330 > 420 > 510	> 110 > 170 > 180
Sint-E 73	Cu-haltig		180	> 65

Sintermetalle für Formteile mit weichmagnetischen Eigenschaften

Kurzzeichen	Werkstoff	Zugfestigkeit R_m in N/mm²	Härte HB
Sint-C 02 Sint-D 02 Sint-E 02	Sintereisen	150 200 240	> 35 > 40 > 50
Sint-C 38 Sint-D 38	Sintereisen, P-haltig	250 230	> 55 > 65

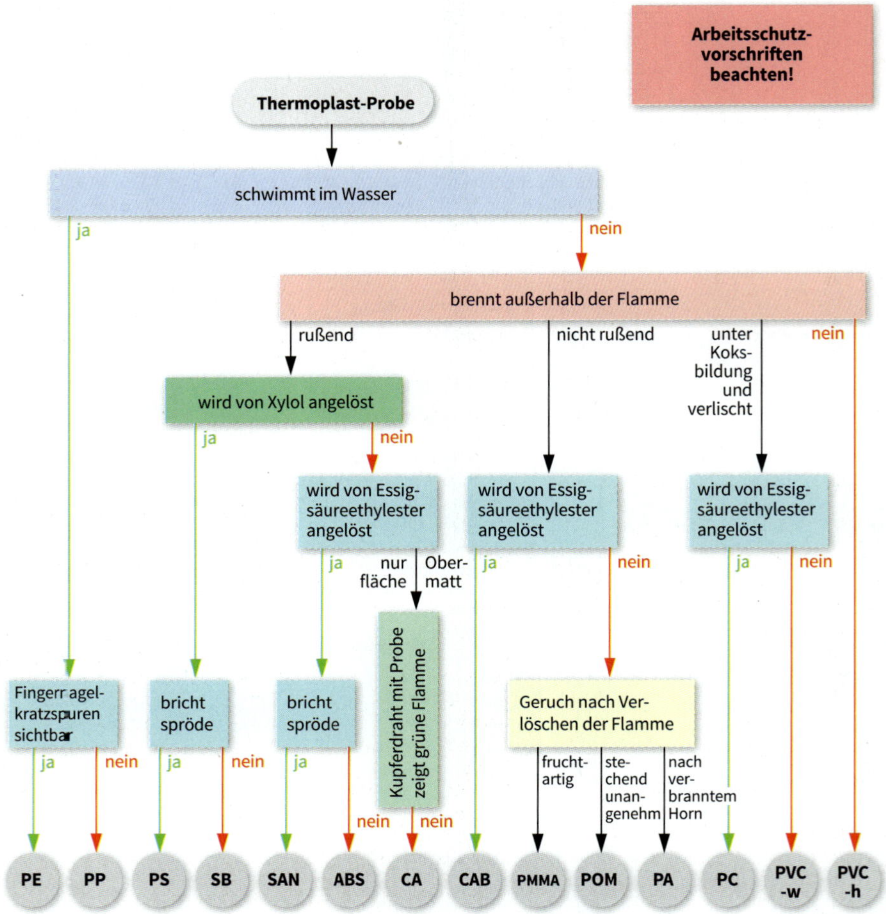

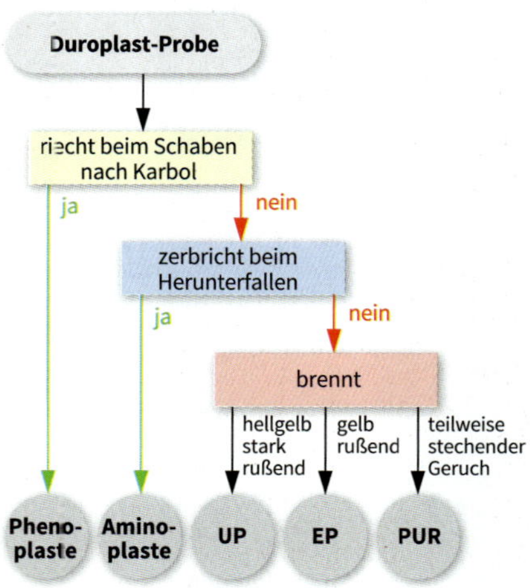

Weitere typische Merkmale

Kunststoff	Merkmal
Aminoplast	brennt nicht
Phenoplast, Phenolharz	brennt nicht, nur Füllstoffe brennen
PE-w, PVC-w, PP, PUR	elastisch, unzerbrechlich
ABS	entwickelt **Blausäure** beim Verbrennen!! Hinterlässt harte, schwarze Asche
PMMA, Acrylglas, Acrylharz	verbrennt vollständig
PUR, vernetzt (Duroplast)	brauner Rückstand nach Verbrennung
PUR, linear (Thermoplast)	kein brauner Rückstand nach Verbrennung
PVC	entwickelt **Salzsäure** beim Verbrennen!!

Einteilung und Kennzeichnung von Kunststoffen
Classification and designation of plastics

Einteilung der Kunststoffe nach Ausgangsprodukten

Kunststoffe (Plaste)

- **umgewandelte Naturstoffe**
  - Milcheiweiß → Kunsthorn
  - Zellulose → Zellstoff
  - Naturkautschuk → Gummi
- **synthetisch hergestellte Stoffe** (aus Kohle, Erdöl, Erdgas, Kalk, Wasser, Luft)
  - Polymerisate → Polyethylene, Polyvinylchloride, Polysterole u. a.
  - Polykondensate → Polyamide, Phenoplaste, Aminoplaste u. a.
  - Polyaddukte → Polyurethane, Epoxidharze, Polyesterharze u. a.

Einteilung der Kunststoffe nach Eigenschaften

Kunststoffe

- **Elastomere**
  gummielastisch, nicht warm umformbar und nicht schweißbar
- **Thermoplaste**
  warm umformbar und schweißbar
- **Duroplaste**
  nicht warm umformbar und nicht schweißbar

Basis-Polymere – Bezeichnungen

DIN EN ISO 1043-1: 2012-03

Kennbuchstaben für die Komponentenbegriffe

Kenn-buchstabe	Komponenten-Begriff	Kenn-buchstabe	Komponenten-Begriff	Kenn-buchstabe	Komponenten-Begriff
A	Acetat, Acryl, Acrylat, Acrylnitril, Amid	E	Ethyl, Ethylen, Ester	OX	Oxid
AC	Acetat	EP	Epoxid	P	Penten, Phenol, Phenylen, Phthalat, Poly, Polyester, Propylen, Pyrrolidon, Per
AK	Acrylat	F	Fluor, Fluorid, Formaldehyd	S	Styrol, Sulfid
AL	Alkohol	FM	Formal	SI	Silicon
AN	Acrylnitril	I	Iso, Imid	SU	Sulfon
B	Butadien, Buten, Butyral, Butyrat, Butylen	IR	Isocyanurat	T	Tetra, Tri, Terephthalat
C	Carbonat, Carboxy, Cellulose, Chlor, Chlorid, chloriert, Cresol	K	Carbazol, Keton	U	Urea, ungesättigt
D	Di, Dien	L	flüssig	UR	Urethan
		M	Melamin, Meth, Methyl, Methylen	V	Vinyl
		N	Nitrat, Naphtalat	VD	Vinyliden
		O	Octyl, Oxy, Olefin		

Kurzzeichen für Polymere

DIN EN ISO 1043-1: 2012-03

Kurzzeichen	Bezeichnung	Kurzzeichen	Bezeichnung
ABS	Acrylnitril-Butadien-Styrol	PET	Polyethylenterephthalat
AMMA	Acrylnitril-Methylmethacrylat	PF	Phenol-Formaldehyd
ASA	Acrylnitril-Styrol-Acrylester	PIB	Polyisobutylen
CA	Celluloseacetat	PMMA	Polymethylmethacrylat
CAB	Celluloseacetobutyrat	POM	Polyoxymethylen, Polyformaldehyd
CF	Kresol-Formaldehyd	PP	Polypropylen
CMC	Carboxymethylcellulose, Cellulose-glykolsäure	PS	Polystyrol
		PSU	Polysulfon
CN	Cellulosenitrat	PTFE	Polytetrafluorethylen
CP	Cellulosepropionat	PUR	Polyurethan
EC	Ethylcellulose	PVAC	Polyvinylacetat
EP	Epoxid	PVAL	Polyvinylalkohol
EVAC	Ethylen-Vinylacetat	PVB	Polyvinylbutyral
ETFE	Ethylen-Tetrafluorethylen	PVC	Polyvinylchlorid
MC	Methylcellulose	PVDC	Polyvinylidenchlorid
MF	Melamin-Formaldehyd	PVF	Polyvinylfluorid
MPF	Melamin-Phenol-Formaldehyd	PVFM	Polyvinylformal
PA	Polyamid	SAN	Styrol-Acrylnitril
PAN	Polyacrylnitril	SB	Styrol-Butadien
PC	Polycarbonat	SI	Silicon
PCTFE	Polychlortrifluorehtylen	SMS	Styrol-α-Methylstyrol
PDAP	Polydiallyphthalat	UF	Urea-Formaldehyd
PE	Polyethylen	UP	Ungesättigter Polyester

Thermoplaste

Kurz-zeichen	Bezeichnung	Handelsnamen	Festigkeit N/mm²	Kerbschlagzähigkeit a_k in kJ/m²	Anwendungstemperatur in °C bis	Chemische Beständigkeit[5] Mineralöl	Benzin	Trichlorethylen	verdünnte Säuren	verdünnte Laugen	Bemerkungen und Verwendung
PE	Polyethylen	Baylon, Hostalen, Lupolen, Vestolen	8 …[1] 30	–	80 … 105	b	bb	bb	b	b	Dichtungen, Handgriffe, Hohlkörper, Folien, Isoliermaterial in der Elektrotechnik
PP	Polypropylen	Hastalen PP, Novolen, Vestolen P	30 …[1] 37	4 … 7	110	bb	bb	u	b	b	Teile für Haushaltsmaschinen, Gehäuse, Ventilatoren, Transportkästen
PVC hart	Polyvinylchlorid hart	Hostalit Vinoflex Vestolit	50 …[2] 60	4	60 … 70	b	b	u	b	b	Rohrleitungen, Dachrinnen, Behälter für chemische Industrie, Öl- und Getränkeflaschen
PVC weich	Polyvinylchlorid weich		10 …[2] 30	–	40 … 60	b	b	u	b	bb	Dichtungen, Fußbodenbeläge, Abdeckfolien, Spielzeug, Bekleidung
PS	Polystyrol	Hostyren N. Polystyrol, Vestyron	40 …[3] 65	2	70 … 80	bb	u	u	b	b	Verpackungen mit hohem Oberflächenglanz und Durchsichtigkeit, Leuchten, Wegwerfgeschirr
S/B	Styrol/Butadien	Hostyren S. Polystyrol 400 Vestyron 500	20 …[3] 50	4 … 14	75	bb	u	u	bb	bb	technische Teile mit guter Zähigkeit und gutem Oberflächenglanz, Gehäuse, Toilettenartikel, Spielwaren
SAN	Polystyrol/ Acrylnitril	Luran, Vestoran	70 …[3] 80	4 … 6	90	b	b	u	b	b	Gehäuseteile, Schaugläser, Verpackungen
ABS	Acrylnitril/Butadien/Styrol	Novodur, Terluran	35 …[1] 50	8 … 19	85 … 100	b	b	u	b	b	Gehäuse, Sitzmöbel, verchromte Zierleisten, Bootskörper, Schutzhelme
PMMA	Polymethyl-methacrylat	Degulan, Deglas, Plexiglas, Resarit	64 …[2] 75	2	65 … 85	b	b	u	bb	bb	Verglasungen, optische Gläser, Schreib- und Zeichengeräte, Leuchten, sanitäre Installationsteile
PA	Polyamide	Durethan, Ultramid, Vestamid, Nylon	40 …[1] 80	15 … o.B[4]	80 … 140	b	b	b	bb	b	Zahnräder, Riemenscheiben, Gleitlager, Gehäuse, Türbeschläge, Folien, Borsten, als Faser: Perlon
POM	Polyoxymethylen	Hostaform, Ultraform	65 …[1] 70	–	100 … 150	b	b	bb	bb	b	Zahnräder, Laufräder, Getriebeteile in Haushaltsgeräten, Feuerzeugtanks
PC	Polycarbonat	Makrolon	… 60[1]	35	… 130	b	b	u	b	u	Maschinenteile, Sicherheitsverglasung, Schutzhelme, Lineale, Schriftschablonen
PTFE	Polytetrafluor-ethylen	Hostaflon TF Teflon	20 … 40[3]	16	260 … 280	b	b	b	b	b	Schläuche, Dichtungen, Gleitlager, Beschichtungen, Laborgeräte
PCTFE	Polychlortri-fluorethylen	Hostaflon C 2	32 …[1] 42	8 … 9	150	b	b	b	b	b	Schläuche, Dichtungen, Laborgeräte
CA	Celluloseacetat	Cellidor A, U, S	35 …[1] 42	8 … 10	60 … 110	b	b	bb	bb	u	Lenkräder, Leuchten, Knöpfe, Werkzeuggriffe, Stuhlsitzflächen, Brillengestelle, Kämme, Schreibmaschinentasten
CAB	Celluloseaceto-butyrat	Cellidor B	26 …[2] 37	2 … 15							
CP	Cellulose-propionat	Cellidor CP	30[2]	26							
PUR	Polyurethan-Elastomere	Desmopan Vulkollan Urepan	25 …[3] 55	–	–40 … 110	u	b	u	bb	bb	Lager, Buchsen, Schläuche, Zahnriemen, Dichtungen, Rollen und Laufrollenbeläge, Skischuhe

[1] Streckspannung
[2] Zugfestigkeit
[3] Reißfestigkeit
[4] Probe nicht gebrochen
[5] b: beständig bb: bedingt beständig u: unbeständig

Duroplaste

Kurzzeichen	Bezeichnung	Handelsname	Eigenschaften mechanische	Eigenschaften elektrische	Gebrauchstemperatur t in °C	Anwendung
PF	Phenol-Formaldehyd	Vyncolit, Aramith, Catalin, Bakelite	hohe Festigkeit, Steifigkeit und Härte, wärmeformbeständig	befriedigend isolierend	−50 … 110	Schaltergehäuse, Verteilerkästen, Bedienknöpfe, Zündanlagen, Zahnräder
MF	Melamin-Formaldehyd	Bakelite, Supraplat, Resopal, Hornit	hart, spröde, kratzfest, hoher Oberflächenglanz, wärmebeständig	befriedigend isolierend, sehr kriechstromfest	−50 … 80	Schalter, Stecker, Beschläge, Gehäuse, Haus- und Küchengeräte
UF	Urea-Formaldehyd	Bakelite UF, Resamin, Urecoll, Carbalit	hohe Festigkeit und Steifigkeit, hart, hoher Oberflächenglanz	befriedigend isolierend	−50 … 70	Schaltergehäuse, Steckdosen, Stecker, Bedienknöpfe, Sanitärartikel
UP	Ungesättigter Polyester	Alpolit, Leguval, Palatal, Vestopal, Rütapal, Polylite	hohe Festigkeit und Steifigkeit, hart, spannungsrissbeständig, witterungsbeständig	gut isolierend, sehr kriechstromfest, gute dielektrische Eigenschaften	−50 … 150	Verteilerkappen, Zündspulen, Elektrowerkzeuggehäuse, Silos, Getränketanks, Sportboote, Tennisschläger
EP	Epoxid	EpoxinV, Araldit, Rütapox, Hostapox, Supraplast	hohe Festigkeit, Steifigkeit, geringe Schwindung, spannungsrissbeständig, gute Haftung auf allen Werkstoffen	sehr gut isolierend, kriechstromfest	−50 … 130	Elektrotechnische Formteile, Fassungen, Gehäuse, Klemmleisten, Teile mit Metalleinlage, Gießharze

Kurzzeichen	Dichte ρ in g/cm³	Zugfestigkeit σ_m in MPa	Schlagzähigkeit in kJ/m²	Chemikalienbeständigkeit beständig gegen	Chemikalienbeständigkeit nicht beständig gegen	Brennbarkeit	Bearbeitung
PF	1,40	25	> 6	schwache Säuren und Laugen, Alkohol, Benzol, Fette, Öle, chlorierte Kohlenwasserstoffe	starke Säuren und Laugen, kochendes Wasser (je nach Typ)	brennen mit heller, rußender Flamme, erlischt nach Entfernen der Zündquelle	**Trennen**: durch spanende Verfahren, z. B. Sägen, Bohren, Drehen, Fräsen **Fügen**: durch Verschrauben, Nieten, Kleben
MF	1,50	30	> 7	schwache Säuren und Laugen, Fette, Öle, Lösemittel, erhöht heißwasserbeständig	starke Säuren und Laugen, oxidierend und reduzierend wirkende Stoffe		
UF	1,50	30	> 6,5	schwache Säuren und Laugen, Fette, Öle, Lösemittel	starke Säuren und Laugen, oxidierend und reduzierend wirkende Stoffe, kochendes Wasser		
UP	2,0	30	> 4,5	Akkusäure, Milchsäure, schwache Laugen, Benzin, Dieselkraftstoff, Fette, Terpentinöl, Tetrachlorkohlenstoff	Aceton, Ethanol, Benzol Laugen und Säuren, Ameisensäure, Methanol	leicht entflammbar, leuchtende rußende Flamme	
EP	1,90	30 … 40	> 8	schwache Säuren und Laugen, Alkohol, Benzol, Benzin, Fette, Öle, Lösemittel	starke Säuren und Laugen, Ammoniak, Aceton, Ester	geringe Brennbarkeit, flammwidrige und selbstverlöschende Materialien lieferbar	

Je nach Art der Füll- oder Verstärkungsstoffe ändern sich die Eigenschaften

Elastomere und Schaumstoffe
Elastomers and foam materials

Elastomere

Kurzzeichen und Bezeichnung	Dichte ρ in g/cm³	Zugfestigkeit σ_m in MPa	Bruchdehnung ε_b in %	Anwendungstemperatur t in °C	Eigenschaften	Anwendung
NR Naturkautschuk	0,93	22 (28)	600	−60 … +60	hohe Festigkeit, wenig ölbeständig	Reifen, Fördergurte, Formartikel aller Art, Federelemente
IR Isopren-Kautschuk	0,93	1 (24)	500	−60 … +60		
BR Butadien-Kautschuk	0,94	2 (18)	450	−60 … +90	hohe Elastizität, Abriebfestigkeit	
SBR Styrol-Butadien-Kautschuk	0,94	5 (25)	500	−30 … +70	hohe Festigkeit, wenig ölbeständig	Reifen, Fördergurte, Kabelummantelungen
CR Chloropren-Kautschuk	1,25	11 (25)	400	−30 … +90	gute Elastizität, Abriebfestigkeit, ölbeständig	Fördergurte, Keilriemen, Dichtungen
NBR Acrylnitril-Butadien-Kautschuk	1,00	6 (25)	450	−20 … +110	öl- und treibstoffbeständig, zähelastisch, heißwasserfest	Radialwellendichtringe, O-Ringe, Hydraulikschläuche, Walzenbezüge
EPDM Ethylen-Propylen-Dien-Kautschuk	0,86 … 0,88	4 (25)	500	−50 … +120	chemikalienbeständig, hohe Alterungs- und Hitzebeständigkeit	Kabelisolierungen, Dichtungen, Stoßfänger, Kühlwasserschläuche
IIR Butylkautschuk	0,93	5 (21)	600	−30 … +120	hohe Luftdichtigkeit, witterungsbeständig, gute Hitzebeständigkeit	Auto- und Fahrradschläuche, Federelemente, Kabelisolierungen
CO Epichlorhydrin-Kautschuk	1,27 … 1,36	5 (15)	250	−40 … +150	beständig gegen Öl, Fett und Treibstoff	Dichtungen, wärmebeständige Dämpfungselemente
CSM Chlorsulfoniertes Polyethylen	1,08 … 1,27	18 (20)	300	−30 … +120	beständig gegen Öl, Fett, Treibstoff, hohe Chemikalienresistenz	Form- und Extrusionsartikel, Isolierungen, Behälterauskleidungen
PUR Polyurethan	1,25	20 (30)	450	−30 … +100	elastisch, verschleißfest	Riemen, Dichtungen
FPM Fluor-Polymer-Kautschuk	1,85	2 (15)	450	−40 … +190	sehr hohe Chemikalien- und Hitzebeständigkeit, schwer entflammbar	Formartikel, Radialwellendichtringe, Behälterauskleidungen
VMQ Silikon-Kautschuk	1,25	1 (10)	250	−80 … >200	alterungs-, witterungs- und temperaturabhängig	Lebensmittelqualitäten, medizinische Artikel

[1] Die Klemmenwerte gelten für Elastomere mit Füll- oder Verstärkungsstoffen

Schaumstoff

Schaumstoff-Gruppe	Rohstoffe	Dichte ρ in kg/cm³	Anwendungstemperatur t in °C	Wärmeleitfähigkeit λ in W/(m·K)	Eigenschaften	Anwendung
zäh-hart	Polystrol	15 … 30	70 … 80	0,035	wenig elastisch, feuchtebeständig, nicht UV-beständig	Wärme- und Trittschalldämmung im Fahrzeugbau
	Polyvinylchlorid	50 … 130	60	0,038	beständig gegen Säuren und Laugen	
	Polyurethan	20 … 100	80	0,021	hohe Steifigkeit, warmformbeständig	Isolierungen, Verkleidungen
spröde-hart	Harnstoffharz	5 … 15	90	0,030	gute Wärmedämmung	Isolierung im Bauwesen, Ausschäumen von Mauerwerk
halbhart	Polyethylen	25 … 40	< 100	0,036	gute Elastizität, strapazierfähige Oberflächenhaut, gleit- und rutschsicher	Innen- und Außenverkleidung am PKW, Stoßfänger, Kopfstützen, Schuhsohlen, Haushaltsgeräte
	Polyvinylchlorid	50 … 70	−60 … +50	0,036		
weich	Polyurethan Typ Polyester	20 … 45	−40 … +100	0,045	hohe Belastbarkeit und Dauerelastizität, gute Schwingungsdämpfung und Schallabsorption	
	Polyurethan Typ Polyether					
	Melaminharz	9	< 240	0,035	brandsicher, temperaturbeständig	Akustikplatten, Automobilbau, Solarspeicherdämmung

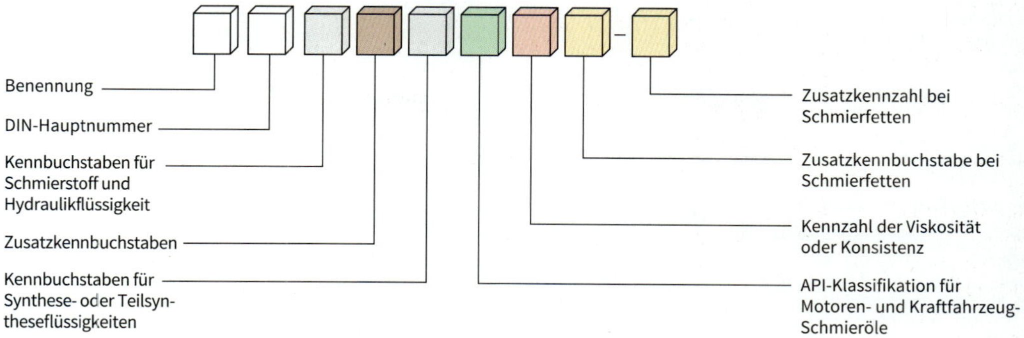

Bezeichnung eines Umlaufschmieröles mit Zusätzen zur Erhöhung des Korrosionsschutzes und zur Minderung der Reibung der Viskositätsklasse VG 100: **Schmieröl DIN 512517-CLP 100**.

Kennbuchstaben für Schmieröle und Hydraulikflüssigkeiten		
Stoffgruppe Symbol	Kennbuchstabe(n)	Stoffart und Anwendung
Mineralöle	AN	Normalschmieröle
	ATF	Öle ATF (Automatik Transmission Fluid)
	B	bitumenhaltige Schmieröle
	C	Umlaufschmieröle
	CG	Gleitbahnöle
	D	Druckluftöle
	F	Luftfilteröle
	FS	Formen-Trennöle
	H, HV	Hydrauliköle
	HD	Motoren-Schmieröle
	HYP	Schmieröle für Kraftfahrzeug-Getriebe
	J	Isolieröle in der Elektrotechnik
	K	Kältemaschinenöle
	L	Härte- und Vergüteöle
	Q	Wärmeträgeröle
	R	Korrosionsschutzöle
	S	Kühlschmierstoffe
	TD	Schmier- und Regleröle
	V	Luftverdichteröle
	W	Walzöle
	Z	Dampfzylinderöle
schwer entflammbare Hydraulikflüssigkeiten	HFA	Öl-in-Wasser-Emulsionen
	HFB	Wasser-in-Öl-Emulsionen
	HFC	Wässrige Polymerlösungen
	HFD	Wasserfreie Flüssigkeiten
Synthese oder Teilsynthese-Flüssigkeiten	E	Ester, organisch
	FK	Perfluor-Flüssigkeiten
	HC	Synthetische Kohlenwasserstoffe
	PH	Ester der Phosphorsäure
	PG	Polyglykolöle
	SI	Silikonöle
	X	sonstige Öle
	Die Kennbuchstaben werden zusätzlich zu den Buchstaben für Schmieröle angegeben.	

Zusatzkennbuchstaben für Schmieröle (nicht für HD, HYP, HFA, HFB, HFC, HFD)	
Zusatzkennbuchstabe	Schmierstoffe
D	Schmierstoffe mit hautschonenden Zusätzen
E	wassermischbare Schmierstoffe
F	Schmierstoffe mit Festschmierstoffzusatz (z. B. Grafit, Molybdänsulfid)
L	Schmieröle mit Zusätzen zur Erhöhung des Korrosionsschutzes und/oder der Alterungsbeständigkeit
M	wassermischbare Kühlschmierstoffe mit Mineralölanteilen (z. B. SEM)
S	wassermischbare Kühlschmierstoffe auf synthetischer Basis (z. B. SES)
P	Schmieröle mit Zusätzen zur Minderung der Reibung und des Verschleißes im Mischreibungsgebiet und/oder zur Erhöhung der Belastbarkeit
V	Schmieröle, die mit Lösungsmittel verdünnt sind (ggf. Kennzeichnung nach der Gefahrstoffverordnung)

API[1]-Klassifikationen für Motorenschmieröle	
Zusatzkennbuchstabe	Beschreibung
SE	Entspricht den US-Garantiebedingungen für Benzinmotorenschmierung
SF	wie SE, jedoch Zusätze gegen Verschleiß und Korrosion
SG	erhöhte Anforderungen im Hinblick auf Oxidationsstabilität und Verschlammung
CC	Entspricht Diesel-Saugmotoren-Anforderungen, Zusätze gegen Korrosion
CD	Entspricht Anforderungen aufgeladener Dieselmotoren, Zusätze gegen Verschleiß und Korrosion
CE	Entspricht Anforderungen für Hochleistungsdieselmotoren

[1] API: American Petroleum Institut

Benennung von Schmierstoffen
Designation of lubricants

DIN 51 502: 1990-08

API-Klassifikationen für Schmieröle für Kraftfahrzeuggetriebe

API-Klassifikation	Betriebsbedingungen	Getriebetyp
GL-4	mittel bis schwer	Hypoid-Getriebe mit geringem Versatz, Handschaltgetriebe
GL-5	schwer	Hypoid-Getriebe u. a.
GL-6	schwerst	Hypoid-Getriebe mit höchstem Versatz

Kennzahlen für die Viskositätsklassen

ISO-Viskositätsklasse (DIN 51 519)	kinematische Viskosität in mm²/s bei 20 °C	40 °C	50 °C	dynamische Viskosität mPa · s bei 40 °C
VG 2	≈ 3,3	2,2	≈ 1,3	≈ 2,0
VG 3	≈ 5	3,2	≈ 2,7	≈ 2,9
VG 5	≈ 8	4,6	≈ 3,7	≈ 4,1
VG 7	≈ 13	6,8	≈ 5,2	≈ 6,2
VG 10	≈ 21	10	≈ 7	≈ 9,1
VG 15	≈ 34	15	≈ 11	≈ 13,5
VG 22	–	22	≈ 15	≈ 18
VG 32	–	32	≈ 20	≈ 29
VG 46	–	46	≈ 30	≈ 42
VG 68	–	68	≈ 40	≈ 61
VG 100	–	100	≈ 60	≈ 90
VG 150	–	150	≈ 90	≈ 135
VG 220	–	220	≈ 130	≈ 200
VG 320	–	320	≈ 180	≈ 290
VG 460	–	460	≈ 250	≈ 415
VG 680	–	680	≈ 360	≈ 620
VG 1000	–	1000	≈ 510	≈ 900
VG 1500	–	1500	≈ 740	≈ 1350

Die kinematische Viskosität ν wird aus der Durchlaufzeit eines Öles durch eine Kapillare berechnet. Die dynamische Viskosität η wird aus dem Bewegungswiderstand ermittelt, der sich ergibt, wenn zwei mit Schmieröl benetzte Flächen gegeneinander bewegt werden. Die dynamische Viskosität ist das Produkt aus der kinematischen Viskosität und der Dichte: $\eta = \nu \cdot \varrho$

SAE[1]- Viskositätsklassen für Motorenschmieröle

SAE-Viskositätsklasse	scheinbare Viskosität DIN 51 377 in mPa · s	bei °C	Grenzpumptemperatur in °C	kinematische Viskosität bei 100 °C in mm²/s
0 W	≤ 3250	– 30	– 35	≥ 3,8
5 W	≤ 3500	– 25	– 30	≥ 3,8
10 W	≤ 3500	– 20	– 25	≥ 4,1
15 W	≤ 3500	– 15	– 20	≥ 5,6
20 W	≤ 4500	– 10	– 15	≥ 5,6
25 W	≤ 6000	– 5	– 10	≥ 9,3
20[2]	–	–	–	$5{,}6 \le \nu < 9{,}3$
30	–	–	–	$9{,}3 \le \nu < 12{,}5$
40	–	–	–	$12{,}5 \le \nu < 16{,}3$
50	–	–	–	$16{,}3 \le \nu < 21{,}9$

[1] SAE: Society of Automotive Engineers
[2] für die Kennzeichnung von Mehrbereichsölen, z. B. SAE 10W-30

SAE-Viskositätsklassen für Schmieröle für Kraftfahrzeuggetriebe

SAE-Viskositätsklasse	Höchsttemperatur für scheinbare Viskosität von 150 000 mPa · s in °C	kinematische Viskosität ν bei 100 °C in mm²/s
70 W	– 55	≥ 4,1
75 W	– 40	≥ 4,1
80 W	– 26	≥ 7,0
85 W	– 12	≥ 11,0
90[2]	–	$13{,}5 \le \nu < 24{,}0$
140	–	$24{,}0 \le \nu < 41{,}0$
250	–	$41{,}0 \le \nu$

Kennbuchstaben für Schmierfette

Stoffgruppe Symbol	Kennbuchstabe(n)	Stoffart und Anwendung
Schmierfette auf Mineralölbasis △	K	Schmierfette für Wälz- und Gleitlager und Gleitflächen
	G	Schmierfette für geschlossene Getriebe
	OG	Schmierfette für offene Getriebe, Verzahnungen
	M	Schmierfette für Gleitlager und Dichtungen bei geringen Anforderungen
Schmierfette auf Syntheseölbasis ◇	Schmierfette auf Syntheseölbasis werden in ihren Grundeigenschaften wie die vorstehenden auf Mineralölbasis gekennzeichnet. Zusätzlich werden die gleichen Kennbuchstaben wie bei den Schmierölen angegeben.	

Konsistenzkennzahlen für Schmierfette

NLGI[3]-klassen (DIN 51 818)	Walkpenetration[4] (DIN ISO 2137)	NLGI[3]-klassen (DIN 51 818)	Walkpenetration[4] (DIN ISO 2137)
000	445 … 475	3	220 … 250
00	400 … 430	4	175 … 205
0	355 … 385	5	130 … 160
1	310 … 340	6	85 … 115
2	265 … 295		

[3] NLGI: National Lubricating Grease Institute
[4] Es wird die Eindringtiefe in 1/10 mm gemessen, die ein genormter Konus in das durchgeknetete (gewalkte) Schmierfett eindringt.

Zusatzkennzahlen für Schmierfette

Zusatzkennzahl	untere Gebrauchstemperatur in °C	Zusatzkennzahl	untere Gebrauchstemperatur in °C
– 10	– 10	– 40	– 40
– 20	– 20	– 50	– 50
– 30	– 30	– 60	– 60

Zusatzkennbuchstaben für Schmierfette

Zusatzkennbuchstabe	obere Gebrauchstemperatur in °C	Verhalten gegenüber Wasser (DIN 51 807-01)[1]
C	+ 60	0 – 40 oder 1 – 40
D	+ 80	2 – 40 oder 3 – 40
E		0 – 40 oder 1 – 40
F	+ 100	2 – 40 oder 3 – 40
G		0 – 90 oder 1 – 90
H	+ 120	2 – 90 oder 3 – 90
K		0 – 90 oder 1 – 90
M		2 – 90 oder 3 – 90
N	+ 140	nach Vereinbarung
P	+ 160	
R	+ 180	
S	+ 200	
T	+ 220	
U	> + 220	

[1] Bewertungsstufen:
- 0 keine Veränderung
- 1 geringe Veränderung (Farbänderung)
- 2 mäßige Veränderung (beginnende Auflösung des Fettes)
- 3 starke Veränderung (teilweise oder vollständige Auflösung des Schmierfettes)

Die angehängte Zahl gibt die Prüftemperatur in °C an.

Beispiele für die Kennzeichnung von Schmierstoffen

Kennzeichen	Bedeutung
CLP 100	Umlaufschmieröl mit Korrosions- und Verschleißschutz, Viskositätsklasse VG 100.
CLPPG 150	Synthetisches Schmieröl auf Polyglykolbasis mit Korrosions- und Verschleißschutz, Viskositätsklasse VG 150.
HD SF/CC 15W–40	Motorenschmieröl auf Mineralölbasis für Benzin- und Dieselmotoren mit Zusätzen gegen Verschleiß und Korrosion, Mehrbereichsöl, SAE-Viskositätsklasse 15 W und 40.
K 3 N (Dreieck)	Schmierfett für Wälz- und Gleitlager, NLGI-Klasse 3, obere Gebrauchstemperatur +140 °C.
K SI 3 R –30 (Raute)	Schmierfett für Wälz- und Gleitlager auf Silikonölbasis NLGI-Klasse 3, obere Gebrauchstemperatur +180 °C, untere Gebrauchstemperatur –30 °C.

Festschmierstoffe

Schmierstoff	Kurzzeichen	Anwendung
Grafit	C	Grafit schmiert gut in feuchter Luft, wenig in Sauerstoff- oder Stickstoffatmosphäre, gar nicht in Vakuum, Anwendungsbereich von –18 °C … +450 °C, hohe elektrische und thermische Leitfähigkeit
Molybdändisulfid	MoS_2	Geeignet für höchste Belastbarkeit, auch im Vakuum anwendbar, Anwendungsbereich –180 °C … +400 °C, keine elektrische Leitfähigkeit, für Cu- und Al-Werkstoffe nicht geeignet.
Polyetraflourethylen	PTFE	Schmierwirkung ist unabhängig von Gasen und Dämpfen, auch im Ultrahochvakuum, sehr niedrige Gleitreibungszahl (0,04 … 0,09), Anwendungsbereich –250 °C … +260 °C.

Entsorgung von Schmierstoffen
Disposal of lubricants

Abfallschlüssel	Abfallart	Beispiel für die Herkunft des Abfalls	Entsorgung[1]		
			CPB	HMV	SAV
54112	Verbrennungsmotoren- und Getriebeöle	Altöl aus Motoren und Getrieben, Kompressoröl	●		●
54202	Fettabfälle	Kfz-Werkstätten, Getriebebau			●
54209	Feste fett- und ölverschmutzte Betriebsmittel	Putzlappen, fett- oder ölverschmutzte Pinsel, Öl- und Fettbehälter		●	●
54401	Synthetische Kühl- und Schmiermittel	Metallbearbeitung Oberflächenhandlung	●		●

[1] CPB: Chem./phys., biol. Behandlungsanlage; HMV: Hausmüllverbrennungsanlage; SAV: Verbrennungsanlage für besonders überwachungsbedürftige Abfälle; ● in diesen Anlagen ist die Entsorgung nur bedingt möglich.

→ Rückgabe der Abfälle an den Lieferanten der jeweiligen Stoffe oder Entsorgung durch zugelassene Spezialunternehmen oder das Schadstoffmobil.

Warmgewalzte Stahlprofile – Übersicht

Warmgewalzte I-Träger

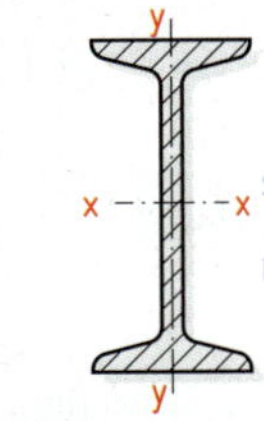

Schmaler I-Träger DIN 1025-1

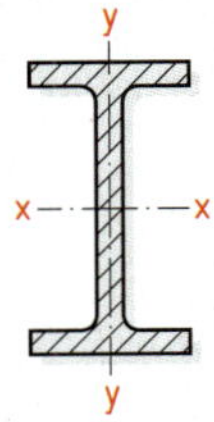

Mittelbreiter I-Träger IPE-Reihe DIN 1025-5

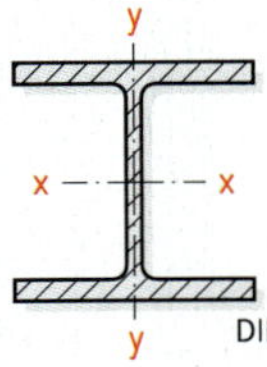

Breiter I-Träger IPB-Träger IPBI-Träger DIN 102 5-2, 3

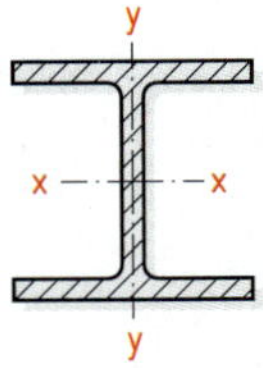

Breiter I-Träger IPBv-Reihe DIN 1025-4

Warmgewalzter Winkelstahl

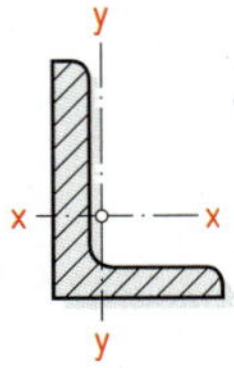

Rundkantiger Winkelstahl DIN EN 10 056-1

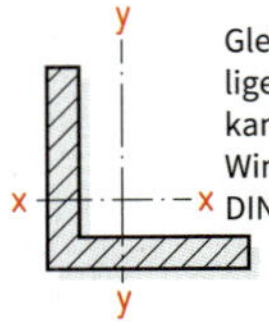

Gleichschenkliger, scharfkantiger Winkelstahl DIN 1022

Warmgewalzter, rundkantiger U-Stahl

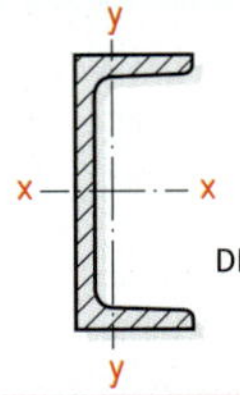

DIN 1026-1

Warmgewalzter, rundkantiger Z-Stahl

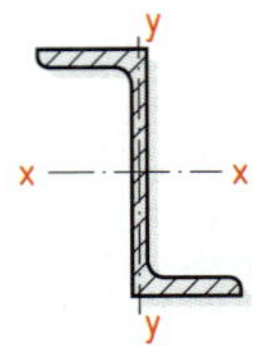

DIN 1027

Warmgewalzter T-Stahl

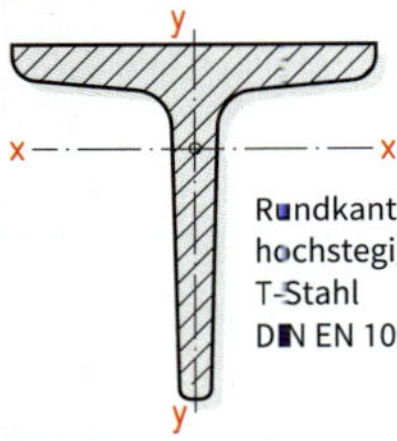

Rundkantiger, hochstegiger T-Stahl DIN EN 10 055

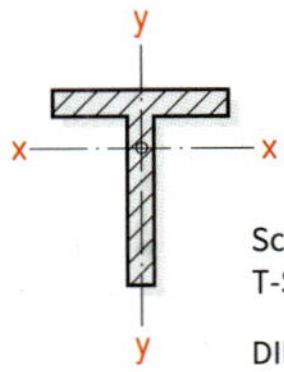

Scharfkantiger T-Stahl DIN 59 051

Warmgefertigte Stahlrohre

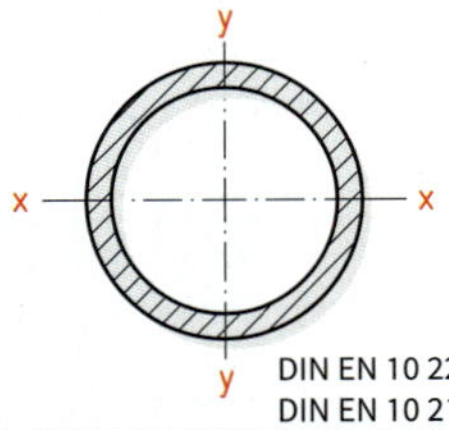

DIN EN 10 220 DIN EN 10 210

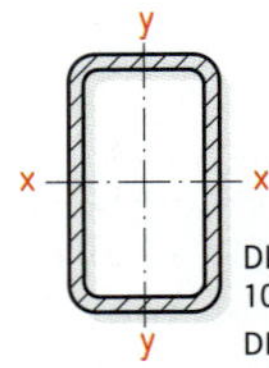

DIN EN 10 210-2 DIN EN 10 220

Warmgewalzter Rundstab

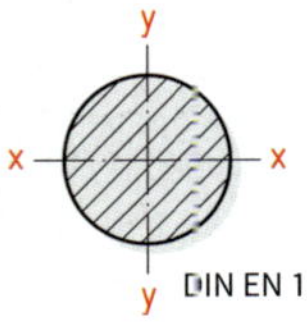

DIN EN 10 059

Warmgewalzter Vierkantstab

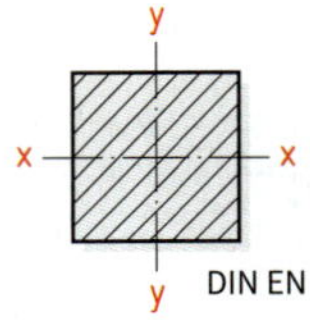

DIN EN 10 060

Warmgewalzter Sechskantstab

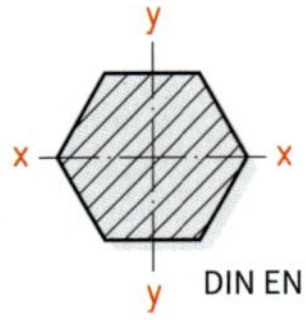

DIN EN 10 061

Warmgewalzter Flachstahl

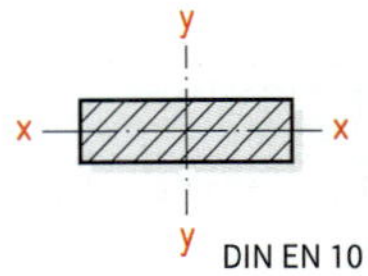

DIN EN 10 058

Abkürzungen von Benennungen für Halbzeug

Benennung	Abkürzung			Bildzeichen
Band	Bd	BD	bd	
Blech	Bl	BL	bl	
Draht	Dr	DR	dr	
Folie	Fol	FOL	fol	
Platte	Pl	PL	pl	
Rohr	Ro	RO	ro	∅
Tafel	Tfl	TFL	tfl	
Profile				
– Flach	Fl	FL	fl	▭
– Rund	Rd	RD	rd	∅
– Sechskant	6 kt	6 KT	6 kt	⬡
– T	T	T	t	⊤
– U	U	U	u	⊏
– Vierkant (Quadrat)	4 kt	4 KT	4 kt	□
– Winkel, rundkantig	L	L	l	
– Winkel, scharfkantig	LS	LS	ls	└

Benennung	Abkürzung			Bildzeichen
Profile				
– Doppel-T, schmalflanschig	I	I	i	I
– Doppel-T, breitflanschig	IB	IB	ib	
– Doppel-T, breitflanschig, mit parallelen Flanschflächen	IPB[1]	IPB	ipb	
– Doppel-T, breitflanschig, mit parallelen Flanschflächen leichte Ausführung	IPBl[1]	IPBl	ipbl	
– Doppel-T, breitflanschig, mit parallelen Flanschflächen verstärkte Ausführung	IPBv[1]	IPBv	ipbv	
– Doppel-T, mittelbreit mit parallelen Flanschflächen	IPE	IPE	ipe	
– Z	Z	Z	z	ʅ

[1] nach EURONORM 53–62: IPB = HE … B, IPBl = HE … A, IPBv = HE … M

Warmgewalzter Rundstab (DIN EN 10 060: 2004-02), Warmgewalzter Vierkantstab (DIN EN 10 059: 2004-02), Warmgewalzter Sechskantstab (DIN EN 10 061: 2004-02)

Maße d, a, s[1)] in mm	Masse m' in kg/m[2)]			Maße d, a, s[1)] in mm	Masse m' in kg/m[2)]			Maße d, a, s[1)] in mm	Masse m' in kg/m[2)]		
	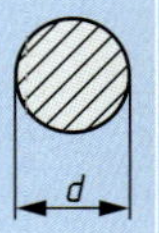	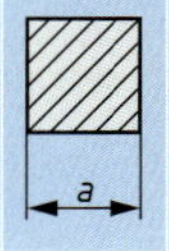	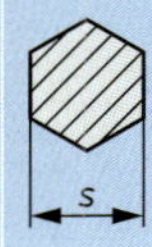		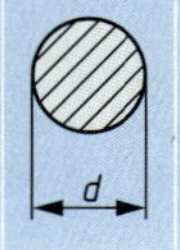	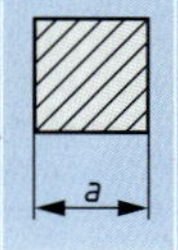					
8	–	0,505	–	32 (31,5)	6,31	8,04	6,75	90 (88)	49,9	63,6	52,6
10	0,617	0,785	–	35 (35,5)	7,55	9,62	8,56	95 (93)	55,6	–	58,8
12	0,888	1,13	–	36	7,99	–	–	100 (103)	61,7	78,5	72,1
13	1,04	1,33	1,15	38 (37,5)	8,90	–	9,56	110	74,6	95,0	–
14	1,21	1,54	1,33	40 (39,5)	9,86	12,6	10,6	120	88,8	113	–
15	1,39	1,77	1,53	45 (42,5)	12,5	15,9	12,3	130	104	133	–
16	1,58	2,01	1,74	48 (47,5)	14,2	–	15,3	140	121	154	–
18	2,00	2,54	2,20	50	15,4	19,6	–	150	139	177	–
19	2,23	–	2,46	52	16,7	–	18,4	160	158	–	–
20 (20,5)	2,47	3,14	2,86	55	18,7	23,7	–	170	178	–	–
22 (22,5)	2,98	3,80	3,44	60	22,2	28,3	–	180	200	–	–
24 (23,5)	3,55	4,52	3,75	63 (62)	24,5	–	26,1	190	223	–	–
25 (25,5)	3,85	4,91	4,42	65 (67)	26,0	33,2	30,5	200	247	–	–
26	4,17	5,31	–	70 (72)	30,2	38,5	35,2	220	298	–	–
27	4,49	–	–	75	34,7	44,2	–	250	385	–	–
28 (28,5)	4,83	6,15	5,52	80 (78)	39,5	50,2	41,4				
30	5,55	7,07	–	85 (83)	44,5	–	46,8				

[1)] Die in Klammern gesetzten Maße gelten für Sechseckstäbe statt der nicht in Klammern gesetzten Maße.
[2)] mit einer Dichte ϱ = 7,85 kg/dm³ berechnet.

Normlänge je nach Durchmesser oder Seitenlänge: 3 … 13 m; Werkstoff: Stahl EN 10 025.
Bezeichnung eines warmgewalzten Rundstahles, Nenndurchmesser d = 50 mm aus S 235 JR:
Rundstab EN 10 060-50 Stahl EN 10 025 – S 235 JR

Warmgewalzter Flachstab

DIN EN 10 058: 2004-02

Breite in mm	Masse m' in kg/m[1)] für die Dicke t in mm											
	5	6	8	10	12	15	20	25	30	35	40	50
10	0,393	–	–	–	–	–	–	–	–	–	–	–
12	0,471	0,565	–	–	–	–	–	–	–	–	–	–
14	0,589	0,707	0,942	1,18	–	–	–	–	–	–	–	–
16	0,628	0,754	1,00	1,26	–	–	–	–	–	–	–	–
20	0,785	0,942	1,26	1,57	1,88	2,36	–	–	–	–	–	–
25	0,981	1,018	1,57	1,96	2,36	2,94	–	–	–	–	–	–
30	1,18	1,41	1,88	2,36	2,83	3,53	4,71	5,89	–	–	–	–
35	1,37	1,65	2,20	2,75	3,30	4,12	5,50	6,87	–	–	–	–
40	1,57	1,88	2,51	3,14	3,77	4,71	6,28	7,85	9,42	–	–	–
45	1,77	2,12	2,83	3,53	4,24	5,30	7,07	8,83	10,6	–	–	–
50	1,96	2,36	3,14	3,93	4,71	5,89	7,85	9,81	11,8	–	–	–
60	2,36	2,83	3,77	4,71	5,65	7,07	9,42	11,8	14,1	16,5	18,8	–
70	2,75	3,30	4,40	5,50	6,59	8,24	11,0	13,7	16,5	19,2	22,0	–
80	3,14	3,77	5,02	6,28	7,54	9,42	12,6	15,7	18,8	22,0	25,1	31,4
90	3,53	4,24	5,65	7,07	8,48	10,6	14,1	17,7	21,2	24,7	28,3	35,3
100	3,93	4,71	6,28	7,85	9,42	11,8	15,7	19,6	23,6	27,5	31,4	39,3

[1)] errechnet mit einer Dichte ϱ = 7,85 kg/dm³

Normallängen: 3 … 13 m; Werkstoff nach DIN EN 10 025, DIN EN 10 083, DIN EN 10 084, DIN 10 087
Bezeichnung eines warmgewalzten Flachstabes mit der Breite 30 mm und der Dicke 15 mm aus S 235 JR:
Flachstab EN 10 058 – 30 × 15 Stahl EN 10 025 – S 235 JR

Blankstahlerzeugnisse sind in DIN EN 10 278: 1999-12 genormt. Nennmaße und eine längenbezogene Masse werden in der Norm nicht mehr angegeben.

Normen für technische Lieferbedingungen.			
Stähle für allgemeine Verwendug	DIN EN 10277-2	Einsatzstähle	DIN EN 10 277-4
Automatenstähle	DIN EN 10 277-3	Vergütungsstähle	DIN EN 10 277-5

Bezeichnung eines Flachstahles mit der Breite b = 50 mm und der Dicke t = 10 mm,
Toleranzfeld h 11, mit einer Länge l = 100 mm
aus S 235 JR, geschält:

Flach EN 10 278-50 x 10 h11 x 100 EN 10 277-2-S235 JR + SH

Blanker Flachstab

Breite *b* in mm	Masse m' in kg/m[1)]															
	Dicke *h* in mm															
	1,6	2,0	2,5	3,0	4,0	5,0	6,0	8,0	10	12	16	20	25	32	40	50
5	–	0,079	0,098	0,118	–	–	–	–	–	–	–	–	–	–	–	–
6	–	0,094	0,118	0,141	0,188	–	–	–	–	–	–	–	–	–	–	–
8	0,100	0,126	0,157	0,188	0,251	0,314	0,377	–	–	–	–	–	–	–	–	–
10	0,126	0,157	0,196	0,236	0,314	0,393	0,471	–	–	–	–	–	–	–	–	–
12	1,151	0,138	0,236	0,283	0,377	0,471	0,565	0,754	–	–	–	–	–	–	–	–
14	0,176	0,220	0,275	0,330	0,440	0,550	0,659	0,879	–	–	–	–	–	–	–	–
16	0,201	0,251	0,314	0,377	0,502	0,628	0,754	1,00	1,26	–	–	–	–	–	–	–
20	0,251	0,314	0,393	0,471	0,628	0,785	0,942	1,26	1,57	1,88	2,51	–	–	–	–	–
25	–	0,393	0,491	0,589	0,785	0,981	1,18	1,57	1,96	2,36	3,14	3,93	–	–	–	–
32	–	0,502	0,628	0,754	1,00	1,26	1,51	2,01	2,51	–	4,02	5,02	6,28	–	–	–
40	–	0,628	–	0,942	1,26	1,57	1,88	2,51	3,14	3,77	5,02	6,28	7,85	10,0	–	–
50	–	0,785	–	1,18	1,57	1,96	2,36	3,14	3,93	4,71	6,28	7,85	9,81	12,6	–	–

1) Errechnet mit einer Dichte 7,85 kg/dm³.

Blanker Rundstab

Maße *d, a, s* in mm	Masse m' in kg/m[1)]		
	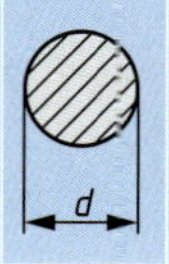	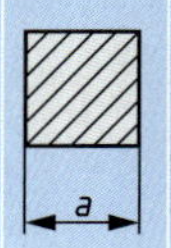	
2	0,0247	0,0341	0,0272
2,5	0,0385	–	0,0425
3	0,0555	0,0707	0,0612
3,5	0,0755	0,0962	0,0833
4	0,0986	0,126	0,109
4,5	0,125	0,159	0,138
5	0,154	0,196	0,170
5,5	0,187	0,237	0,206
6	0,222	0,283	0,245
7	0,302	0,385	0,333
8	0,395	0,502	0,435
9	0,499	0,636	0,551
10	0,617	0,785	0,680

Blanker Quadratstab

Maße *d, a, s* in mm	Masse m' in kg/m[1)]		
	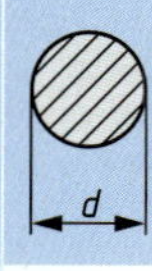	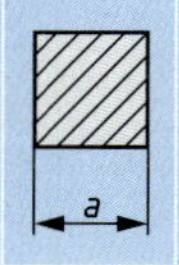	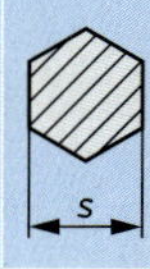
11	0,746	0,950	0,823
12	0,888	1,13	0,979
13	1,04	1,33	1,15
14	1,21	1,54	1,33
15	1,39	–	1,53
16	1,58	2,01	1,74
17	1,78	–	1,96
18	2,00	2,54	–
19	2,23	–	2,45
20	2,47	3,14	–
21	2,72	–	3,00
22	2,98	3,80	3,29
24	3,55	–	3,92

Blanker Sechskantstab

Maße *d, a, s* in mm	Masse m' in kg/m[1)]		
		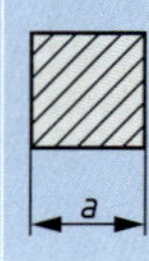	
27	4,49	[5,72]	4,96
30	5,55	[7,07]	6,12
32	6,31	8,04	6,96
36	7,99	10,2	8,81
38	8,90	–	9,82
40	9,86	12,6	–
45	12,5	15,9	–
50	15,4	19,6	17,0
60	22,2	–	24,5
70	30,2	38,5	33,3
80	39,5	50,2	43,5
90	49,9	–	55,1
100	61,7	78,5	68,0

1) Errechnet mit einer Dichte 7,85 kg/dm³.

Kaltgewalzte Verpackungsblecherzeugnisse

DIN EN 10 202: 2001-07

Stahlsorte		Härte HR 30 Tm[1] max.	$R_{p\,0,2}$ in N/mm²
Kurzname	Werkstoff-nummer		
TS 230	1.0371	53	230
TS 245	1.0372	53	245
TS 275	1.0375	58	275
TH 415	1.0377	62	415
TH 435	1.0378	65	435
Doppelt reduziertes Blech			
TH 520	1.0384	–	520
TH 550	1.0373	–	550
TH 580	1.0382	–	580
TH 620	1.0374	–	620

Einfach kaltgewalztes Feinstblech und Weißblech:
Nenndicke 0,17 ... 0,49 mm
Doppelt reduziertes Feinstblech und Weißblech:
Nenndicke 0,13 ... 0,29 mm

Bevorzugte Werte der Zinnauflage bei Weißblech sind beidseitig:
1,0–1,4–2,0–2,8–4,0–5,0–5,6–8,4–11,2–14,0–15,1 g/m².

Bezeichnung eines Weißbleches, Stahlsorte TS 245, kontinuierlich geglüht (CA), Oberfläche stone finish (ST) (gerichtete Oberflächenstruktur), elektrolytisch mit einer Auflage von beidseitig 2,0 g/m² verzinnt (E), Dicke 0,22 mm, Breite 600 mm und Länge 800 mm:

Weißblech
Tafel EN 10 202-TS 245 - CA - ST-E 2,0/2,0 – 0,22 × 600 × 800

[1] ähnlich dem Verfahren HR 30T, jedoch ist das Auftreten von Verformungsspuren auf der Rückseite der Probe erlaubt.

Kaltgewalztes Breitband und Blech aus unlegierten Stählen

DIN EN 10 131: 2006-09

Dicke	Breite	Masse m'' in kg/m² [1]
0,35	600 ... 2000 (auch für Stäbe < 600, die vom Band abgesägt sind)	2,75
0,40		3,14
0,50		3,93
0,60		4,71
0,70		5,50
0,80		6,28
0,90		7,07
1,00		7,85
1,20		9,42
1,50		11,78
2,00		15,70
2,50		19,63
3,00		23,55

Werkstoff:
alle Stähle nach DIN EN 10 130

Bezeichnung eines Bandes von 0,80 mm Dicke und 1200 mm Breite aus DC 04 Am:

Band EN 10 131 – 0,80 × 1200
Stahl EN 10 130 – DC 04 Am

[1] Errechnet mit einer Dichte 7,85 kg/dm³

Warmgewalztes Blech und Band

DIN EN 10 051: 2011-02

Produkt	Breite in mm	Dicke in mm
Blech Breitband	≥ 600	2 ... 25
Band (aus Breitband längsgeteilt)	< 600	

Werkstoff:
alle unlegierten und legierten Stähle

Bezeichnung eines Bleches, 2 mm dick, 1500 mm breit mit geschnittenen Kanten (GK), 2500 mm lang aus 34 Cr 4:
Blech EN 10 051 – 2,0 × 1500 GK × 2500
Stahl EN 10 083-1-34 Cr 4

Bezeichnung eines Bandes, 5 mm dick, 500 mm breit mit Naturwalzkanten aus Stahl S 235 JR:
Band EN 10 051 – 5,0 × 500 Stahl EN 10 025 – S 235 JR

Stahldraht

DIN EN 10 218-2: 2012-03

Durchmesserbereich in mm	Grenzabmaße in mm Toleranzklasse T3	Durchmesserbereich in mm	Grenzabmaße in mm Toleranzklasse T3	Durchmesserbereich in mm	Grenzabmaße in mm Toleranzklasse T3
0,05 bis < 0,12	± 0,006	0,91 bis < 1,42	± 0,025	5,67 bis < 8,17	± 0,060
0,12 bis < 0,15	± 0,008	1,42 bis < 2,05	± 0,030	8,17 bis < 11,12	± 0,070
0,15 bis < 0,23	± 0,010	2,05 bis < 2,78	± 0,035	11,12 bis < 14,52	± 0,080
0,23 bis < 0,33	± 0,012	2,78 bis < 3,63	± 0,040	14,52 bis < 18,37	± 0,090
0,33 bis < 0,52	± 0,015	3,63 bis < 4,60	± 0,045	18,37 bis < 22,68	± 0,100
0,52 bis < 0,91	± 0,020	4,60 bis < 5,67	± 0,050	22,68 bis ≤ 25	± 0,120

$T1 = 0{,}035 \cdot \sqrt{d}$ für dickverzinkten Draht
$T2 = 0{,}027 \cdot \sqrt{d}$ für verzinkten Draht
$T3 = 0{,}021 \cdot \sqrt{d}$
$T4 = 0{,}015 \cdot \sqrt{d}$ } für blanken Draht mit steigender Präzision
$T5 = 0{,}010 \cdot \sqrt{d}$

Werkstoff: unlegierte Stähle
Bezeichnung eines blanken Drahtes,
Durchmesser $d = 1{,}0$ mm,
Toleranzklasse T3:
Draht EN 10 218-Ø1,0 T3

Bleche und Bänder

DIN EN 1652: 1998-03

Dicke	Breite	Masse m'' in kg/m^2 [1)]
0,2	↑	1,78
0,3		2,67
0,4		3,56
0,5		4,45
0,6		5,34
0,7		6,23
0,8		7,12
0,9		8,01
1,0		8,90
1,2		10,68
1,5	… 1250	13,35
2,0		17,80
2,5		22,25
3,0		26,70
3,5		31,15
4,0		35,60
5,0		44,50
6,0		53,40
7,0		62,30
8,0		71,20
9,0		80,10
10,0	↓	89,00

Rundstangen

DIN EN 12 163: 2016-11

Durchmesser	Masse m' in kg/m [1)]
0,5	0,00175
1,0	0,00699
2,0	0,0279
3,0	0,0629
4,0	0,112
5,0	0,175
6,0	0,252
8,0	0,447
10,0	0,699
12	1,01
14	1,37
16	1,79
18	2,26
20	2,79
25	4,37
32	7,16
36	9,06
40	11,2
50	17,5
60	25,2
70	34,2
80	44,7

Drähte

DIN EN 12 166: 2016-11

Durchmesser	Masse m' in kg/1000 m [1)]
0,1	0,0699
0,2	0,280
0,3	0,629
0,4	1,12
0,5	1,75
0,6	2,52
0,7	3,42
0,8	4,47
0,9	5,66
1,0	6,99
2	28,0
3	62,9
4	112
5	175
6	252
7	342
8	447
9	566
10	699
12	1010
14	1370
16	1790

Bezeichnung eines Bleches aus Cu Zn 36, einer Mindestzugfestigkeit R_m = 480 N/mm², mit 0,5 mm Dicke, 600 mm Breite, 2000 mm Länge:

Blech EN 1652 – Cu Zn 36 – R480 – 0,5 × 600 × 2000

Bezeichnung einer Rundstange aus Cu Zn 37, einer Mindestzugfestigkeit R_m = 370 N/mm², mit 18 mm Außendurchmesser:

Stange EN 12 163 – Cu Zn 37 – R370 – RND 18

Kupfer und Kupferlegierungen für Halbzeug

Kurzzeichen	Werkstoffnummer	Umrechnungsfaktor für die Masse
Cu-PHC	CW 020 A	1
Cu-DLP	CW 023 A	1
Cu-DHP	CW 024 A	1
Cu Zn 10	CW 501 L	0,989
Cu Zn 15	CW 502 L	0,989
Cu Zn 20	CW 503 L	0,977
Cu Zn 30	CW 505 L	0,955
Cu Zn 36	CW 507 L	0,944
Cu Zn 40	CW 509 L	0,944
Cu Zn 20 Al 2As	CW 702 R	0,944
Cu Zn 36 Pb 3	CW 603 N	0,955
Cu Zn 39 Pb 2	CW 612 N	0,944
Cu Sn 6	CW 452 K	0,989
Cu Sn 8	CW 453 K	0,989
Cu Ni 12 Zn 24	CW 403 J	0,977
Cu Ni 18 Zn 20	CW 409 J	0,977
Cu Ni 10 Fe 1 Mn	CW 352 H	1
Cu Ni 30 Mn 1 Fe	CW 354 H	1
Cu Al 6 Si 2 Fe	CW 301 G	0,865
Cu Al 10 Fe 3 Mn 2	CW 306 G	0,865
Cu Al 10 Ni 5 Fe 4	CW 307 G	0,854
Cu Si 3 Mn 1	CW 116 C	0,989
Cu Be 2	CW 101 C	0,932
Cu Cr 1	CW 105 C	1

Rohre – nahtlos gezogen

DIN EN 12 449: 2016-11

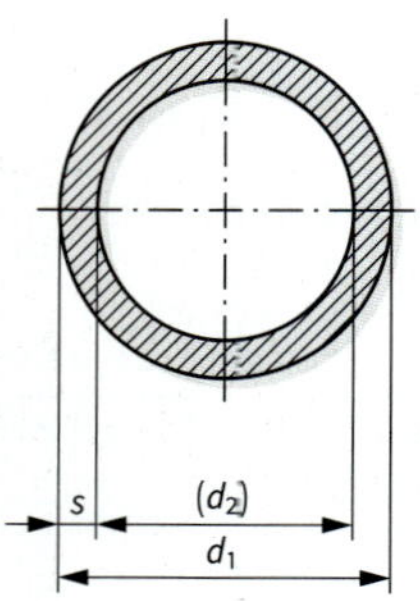

Bezeichnung eines Rohres aus Cu-DHP mit 40 mm Außendurchmesser (OD) und 2 mm Wanddicke:

Rohr EN 12 499 – Cu – DHP – OD 40 × 2

Außendurchmesser d_1	Masse m' in kg/m [1)] für die Wanddicke s in mm								
	0,5	0,75	1,0	1,5	2,0	2,5	3,0	4,0	5,0
5	0,06	0,09	0,11	–	–	–	–	–	–
10	0,13	0,19	0,25	0,36	0,45	–	–	–	–
15	0,20	0,30	0,39	0,57	0,73	0,87	1,01	1,23	–
20	–	0,40	0,53	0,78	1,01	1,22	1,43	1,79	2,10
25	–	–	0,67	0,99	1,29	1,57	1,85	2,35	2,80
30	–	–	0,81	1,20	1,57	1,92	2,26	2,91	3,50
35	–	–	0,95	1,40	1,85	2,27	2,68	3,47	4,19
40	–	–	1,09	1,61	2,12	2,62	3,10	4,03	4,89
50	–	–	1,37	2,03	2,68	3,32	3,94	5,14	6,29
55	–	–	1,51	–	2,96	3,67	4,36	5,70	6,99
60	–	–	1,65	–	3,24	4,02	4,78	6,26	7,69
70	–	–	1,93	2,87	3,80	4,72	5,62	7,38	9,09
80	–	–	–	–	4,36	–	6,46	8,50	10,49
89	–	–	–	–	4,87	–	7,21	9,51	11,6
100	–	–	–	–	5,48	–	8,14	10,7	13,3
108	–	–	–	–	–	7,37	8,81	11,6	14,4
114	–	–	–	–	–	7,79	9,31	12,3	–
133	–	–	–	–	–	9,12	10,9	14,4	17,9
159	–	–	–	–	–	10,9	13,1	17,3	21,5
194	–	–	–	–	–	13,4	16,0	21,2	26,4
200	–	–	–	–	–	–	16,5	21,9	27,3
250	–	–	–	–	–	–	20,7	27,5	34,2
273	–	–	–	–	–	–	22,6	30,1	37,4
315	–	–	–	–	–	–	–	34,8	43,4

1) Errechnet mit einer Dichte ϱ = 8,90 kg/dm³. Für Cu-Werkst. mit einer anderen Dichte ist entsprechend der obigen Tab. umzurechnen.

Rohr, nahtlos gezogen
DIN EN 754-7: 1998-10

Bezeichnung eines Rohres aus Al Mg 3 von 20 mm Außendurchmesser und 2 mm Wanddicke:

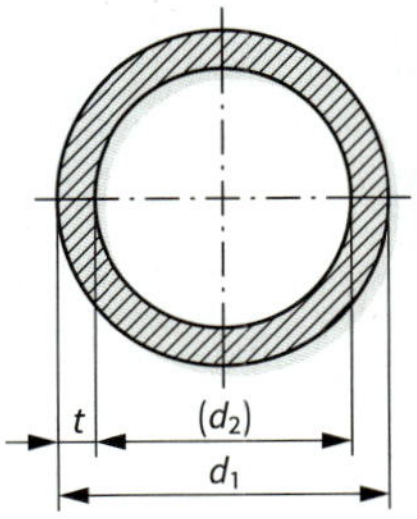

Rohr EN 754 – 20 × 2 – EN AW – 5754 [AlMg3]

Außendurchmesser d_1 in mm	Masse m' in kg/m[1)] für Wanddicke t in mm: 0,5	1	2	3	4	5	10	16
5	0,019	0,034	–	–	–	–	–	–
10	0,040	0,076	0,136	0,178	–	–	–	–
15	0,062	0,119	0,221	0,306	0,373	–	–	–
20	–	0,161	0,306	0,433	0,543	0,636	–	–
30	–	0,246	0,475	0,687	0,882	1,06	–	–
40	–	0,331	0,645	0,942	1,22	1,48	2,54	–
50	–	0,416	0,814	1,20	1,56	1,91	3,39	4,61
60	–	0,500	0,984	1,45	1,90	2,33	4,24	5,98
80	–	–	1,32	1,96	2,58	3,18	5,94	8,70
100	–	–	1,66	2,47	3,26	4,03	7,64	11,4
125	–	–	2,10	3,10	4,10	5,09	9,64	14,8
160	–	–	2,68	4,00	5,29	6,57	12,7	19,6
200	–	–	3,36	5,01	6,65	8,27	16,1	25,0

Folien
DIN EN 546-2: 2007-03

Bänder und Bleche
DIN EN 485-4: 1994-01

Dicke t in mm	Breite	Masse m'' in kg/m²[1)]	Dicke t in mm	Breite	Masse m'' in kg/m²[1)]
0,005	nach Angaben des Herstellers	13,5	0,4	Bänder ... 2600; Bleche und Platten ... 3500	1,08
0,010		27,0	0,5		1,35
0,015		40,5	1,0		2,70
0,020		54,0	1,5		4,05
0,025		67,5	2,0		5,40
0,030		81,0	4,0		10,8
0,035		94,5	6,0		16,2
0,040		108,0	10,0		27,0
0,045		121,5	15		40,5
0,050		135,0	20		54,0
0,100		270,0	30		81,0
0,150		405,0	40		108
0,200		540,0	50		135

Bezeichnung eines Bandes aus Al 99,5 F 9 von 0,25 mm Dicke:
Band DIN 1784 – BD-0,25 – Al 99,5 F 9
(BD: Band, BL: Blech)

Stangen – gezogen –

Vierkantstangen
DIN EN 754-4: 2008-06

Rundstangen
DIN EN 754-3: 2008-06

Seitenlänge a in mm	Querschnitt S in mm²	Masse m' in kg/m[1)]	Durchmesser d in mm	Querschnitt S in mm²	Masse m' in kg/m[1)]
3	9	0,0243	3	7,069	0,0191
4	16	0,0432	4	12,57	0,0339
5	25	0,0675	5	19,63	0,0530
6	36	0,0972	6	28,27	0,0763
7	49	0,132	7	38,48	0,104
8	64	0,173	8	50,27	0,136
9	81	0,219	9	63,62	0,172
10	100	0,270	10	78,54	0,212
15	225	0,607	16	201,1	0,543
20	400	1,08	20	314,2	0,848
30	900	2,43	30	706,9	1,91
40	1600	4,32	40	1257	3,39
50	2500	6,75	50	1963	5,30

Bezeichnung einer Vierkantstange aus Al Mg Si von 30 mm Seitenlänge:
Vierkant EN 754 – 30 – EN AW – 6060 [Al Mg Si]

Aluminium und Aluminium-Knetlegierungen für Halbzeuge

		EN AW-Al 99,8 (A)	EN AW-Al 99,5	EN AW-Al Si Fe (A)	EN AW-Al Mn 1	EN AW-Al Mg 1 (C)	EN AW-Al Mg 3	EN AW-Al Mg 5	EN AW-Al Mg 4,5 Mn 0,7	EN AW-Al Mg Si	EN AW-Al Si 1 Mg Mn	EN AW-Mg Si Pb	EN AW-Al Cu 4 Mg Si (A)	EN AW-Al Cu 4 Pb Mg Mn	EN AW-Al Zn 4,5 Mg 1	EN AW-Al Zn 5,5 Mg Cu
Umrechnungsfaktor für die Masse		1	1	1	1,011	0,996	0,985	1,004	0,985	1	1	1,019	1,037	1,056	1,026	1,037
Rohr	DIN EN 754-7		●		●	●	●	●	●	●	●	●	●	●		●
Folien	DIN EN 546-2		●	●	●											
Bänder und Bleche	DIN EN 485-4	●	●	●	●		●		●		●		●		●	●
Vierkantstangen	DIN EN 754-4		●		●	●	●	●	●	●	●	●	●	●	●	●
Rundstangen	DIN EN 754-3		●		●	●	●	●	●	●	●	●	●	●	●	●

[1)] Errechnet mit einer Dichte $\varrho = 2{,}70$ kg/dm³.
Für Al-Werkstoffe mit einer anderen Dichte ist entsprechend der unteren Tabelle umzurechnen.

Rohre aus Polypropylen (PP)

DIN 8077: 2008-09

Außen-durch-messer d in mm	Rohrserie S[1)											
	20		16		12,5		8		5		2,5	
	Wand-dicke s in mm	Masse m' in kg/m²[2)	Wand-dicke s in mm	Masse m' in kg/m²[2)	Wand-dicke s in mm	Masse m' in kg/m²[2)	Wand-dicke s in mm	Masse m' in kg/m²[2)	Wand-dicke s in mm	Masse m' in kg/m²[2)	Wand-dicke s in mm	Masse m' in kg/m²[2)
20	–	–	–	–	–	–	–	–	1,9	0,107	3,4	0,172
40	–	–	–	–	1,8	0,217	2,4	0,283	3,7	0,412	6,7	0,671
50	–	–	1,8	0,274	2,0	0,301	3,0	0,434	4,6	0,638	8,3	1,04
75	1,9	0,438	2,3	0,528	2,9	0,647	4,5	0,973	6,8	1,41	12,5	2,34
110	2,7	0,903	3,4	1,12	4,2	1,37	6,6	2,09	10,0	3,01	18,3	5,01
140	3,5	1,48	4,3	1,80	5,4	2,23	8,3	3,32	12,7	4,87	23,3	8,12
160	4,0	1,91	4,9	2,32	6,2	2,92	9,5	4,33	14,6	6,38	26,6	10,6
200	4,9	2,92	6,2	3,68	7,7	4,50	11,9	6,75	18,2	9,95	33,2	16,5

Rohr DIN 8077 – 140 × 5,4 – PP

Bezeichnung eines Rohres mit $d = 140$ mm und $s = 5,4$ mm

[1) Die Rohrseriennzahl ist durch das Verhältnis d/s definiert ($2\,S \approx \frac{d}{s} - 1$); [2) errechnet mit einer Dichte $\varrho = 0,910$ g/cm³.

Rohre aus Polyethylen (PE)

DIN 8074: 2011-12

Außen-durch-messer d_n in mm	Rohrserie S[1)											
	20		16		12,5		8,3		5		2,5	
	Wand-dicke e_n in mm	Masse m' in kg/m²[2)	Wand-dicke e_n in mm	Masse m' in kg/m²[2)	Wand-dicke e_n in mm	Masse m' in kg/m²[2)	Wand-dicke e_n in mm	Masse m' in kg/m²[2)	Wand-dicke e_n in mm	Masse m' in kg/m²[2)	Wand-dicke e_n in mm	Masse m' in kg/m²[2)
10	–	–	–	–	–	–	–	–	–	–	1,8	0,048
20	–	–	–	–	–	–	–	–	2,0	0,118	3,4	0,182
40	–	–	–	–	1,8	0,229	2,3	0,288	3,7	0,434	6,7	0,708
50	–	–	1,8	0,290	2,0	0,317	2,9	0,445	4,6	0,673	8,3	1,10
75	1,9	0,462	2,3	0,557	2,9	0,683	4,3	0,987	6,8	1,48	12,5	2,47
90	2,2	0,647	2,8	0,800	3,5	0,988	5,1	1,40	8,2	2,14	15,0	3,54
110	2,7	0,952	3,4	1,19	4,2	1,45	6,3	2,10	10	3,18	18,3	5,29
140	3,5	1,56	4,3	1,90	5,4	2,35	8,0	3,37	12,7	5,13	23,3	8,56
160	4,0	2,02	4,9	2,45	6,2	3,08	9,1	4,40	14,6	6,74	26,6	11,2
200	4,9	3,08	6,2	3,88	7,7	4,74	11,4	6,86	18,2	10,5	33,2	17,4
250	6,2	4,88	7,7	5,98	9,6	7,38	14,2	10,7	22,7	16,3	41,5	27,2
315	7,7	7,59	9,7	9,47	12,1	11,7	17,9	16,9	28,6	25,9	52,3	43,2
400	9,8	12,2	12,3	15,2	15,3	18,8	22,7	27,2	36,3	41,7	66,5	69,6
500	12,3	19,2	15,3	23,6	19,1	29,2	28,3	42,3	45,4	65,2	–	–
630	15,4	30,2	19,3	37,5	24,1	46,4	35,7	67,2	57,2	103	–	–
800	19,6	48,7	24,5	60,4	30,6	74,7	45,3	108	–	–	–	–
1000	24,5	75,9	30,6	94,1	38,2	117	56,6	169	–	–	–	–

[1) Die Rohrserienzahl S wird durch das Verhältnis $\frac{d_n}{e_n}$ definiert ($2\,S \approx \frac{d_n}{e_n} - 1$); [2) errechnet mit einer Dichte $\varrho = 0,960$ g/cm³.

Rohr DIN 8074 – 90×5,1 – PE 80

Bezeichnung eines Rohres mit $d_n = 90$ mm und $e_n = 5,1$ mm aus PE 80

Rohre aus weichmacherfreiem Polyvinylchlorid

DIN 8062: 2009-10

Außen-durch-messer d in mm	Rohrserie S									
	63 $p_{max} = 1,6$ bar[1)		25 $p_{max} = 4,0$ bar[1)		16,7 $p_{max} = 6,0$ bar[1)		10 $p_{max} = 10$bar[1)		6,3 $p_{max} = 16$ bar[1)	
	Wand-dicke e in mm	Masse m' in kg/m²[2)	Wand-dicke e in mm	Masse m' in kg/m²[2)	Wand-dicke e in mm	Masse m' in kg/m²[2)	Wand-dicke e in mm	Masse m' in kg/m²[2)	Wand-dicke e in mm	Masse m' in kg/m²[2)
16	–	–	–	–	–	–	–	–	1,2	0,091
20	–	–	–	–	–	–	–	–	1,5	0,139
40	–	–	–	–	–	–	1,9	0,355	3,0	0,533
50	–	–	–	–	1,5	0,366	2,4	0,560	3,7	0,821
75	–	–	1,5	0,556	2,2	0,793	3,6	1,24	5,6	1,85
110	1,8	0,946	2,2	1,18	3,2	1,66	5,3	2,65	8,1	3,91
160	1,8	1,41	3,2	2,44	4,7	3,49	7,7	5,55	11,8	8,23
200	1,8	1,77	3,9	3,67	5,9	5,44	9,6	8,64	14,7	12,8
250	2,0	2,43	4,9	5,73	7,3	8,43	11,9	13,3	18,4	12,0

Rohr DIN 8062 – 110 × 3,2 – PVC-U

Bezeichnung eines Rohres mit $d = 110$ mm, $s = 3,2$ mm aus PVC-U (= PVC hart)

[1) Angabe des Betriebsüberdrucks p_{max} bei 20 °C und 50 Betriebsjahren, [2) Errechnet mit einer Dichte $\varrho = 1,4$ g/cm³.

Gewinde-Übersicht

DIN 202: 1999-11

Gewinde-Benennung	Gewindeprofil	Kennbuchstabe	Kurzzeichen, Beispiel	Nenndurchmesser, Gewindegröße, Rohr-Nennweite	Norm	Anwendung, Beispiel
Metrisches ISO-Gewinde	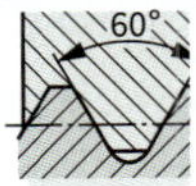	M	M 20	1 mm … 68 mm	DIN 13-1	Regelgewinde
			M 20 × 1	1 mm … 1000 mm	DIN 13-2 … 11	Feingewinde
Zylindrisches Rohrgewinde für nicht im Gewinde dichtende Verbindungen	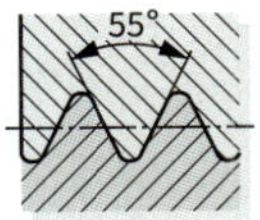	G	G 1 $\frac{1}{4}$ A G 1 $\frac{1}{4}$ B	$\frac{1}{16}$ … 6 inch	DIN ISO 228-1	Außengewinde für Rohre und Rohrverbindungen
			G 1 $\frac{1}{4}$			Innengewinde für Rohre und Rohrverbindungen
Zylindrisches Rohrgewinde für im Gewinde dichtende Verbindungen		Rp	Rp $\frac{3}{4}$	$\frac{1}{16}$ … 6 inch	DIN EN 10226	Innengewinde für Gewinderohre und Fittings
			Rp $\frac{1}{8}$	$\frac{1}{8}$ … 1 $\frac{1}{2}$ inch	DIN 3858	Innengewinde für Rohrverschraubungen
Kegeliges Rohrgewinde für im Gewinde dichtende Verbindungen	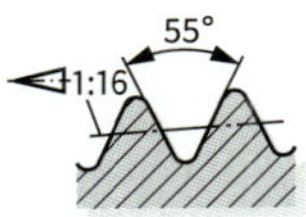	R	R $\frac{3}{4}$	$\frac{1}{16}$ … 6 inch	DIN EN 10226	Außengewinde für Gewinderohre und Fittings
			R $\frac{1}{8}$ – 1	$\frac{1}{8}$ … 1 $\frac{1}{2}$ inch	DIN 3858	Außengewinde für Rohrverschraubungen
Metrisches ISO-Trapezgewinde	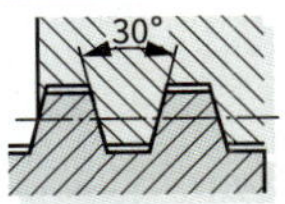	Tr	Tr 40 × 7 Tr 40 × 14 P 7	8 mm … 300 mm	DIN 103-1 … 8	allgemein
Metrisches Sägengewinde	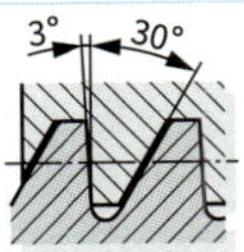	S	S 48 × 8 S 40 × 14 P 7	10 mm … 640 mm	DIN 513-1 … 3	
Blechschrauben-Gewinde	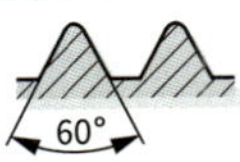	ST	ST 3,5	1,5 mm … 9,5 mm	DIN EN ISO 1478	für Blechschrauben

Erläuterungen zu den Gewinde-Kurzzeichen

Kurzzeichen	Erläuterungen
M 20	Metrisches ISO-Gewinde, Regelgewinde, Nenndurchmesser 20 mm
M 20 × 1	Metrisches ISO-Gewinde, Feingewinde, Nenndurchmesser 20 mm, Steigung 1 mm
M 20 – LH	Metrisches ISO-Gewinde, Regelgewinde, Nenndurchmesser 20 mm, Linksgewinde (LH = Left Hand)
M 20 – RH	Metrisches ISO-Gewinde, Regelgewinde, Nenndurchmesser 20 mm, Rechtsgewinde (RH = Right Hand) (bei Teilen mit Rechts- und Linksgewinde)
G 1 ¼	Zylindrisches Rohrinnengewinde (nicht dichtend), Nenndurchmesser 1 ¼ inch
G 1 ¼ A	Zylindrisches Rohraußengewinde (nicht dichtend), Nenndurchmesser 1 ¼ inch, Toleranzklasse A
Rp ¾	Zylindrisches Rohrinnengewinde (dichtend), Nenndurchmesser ¾ inch
R ¾	Kegeliges Rohraußengewinde (dichtend), Nenndurchmesser ¾ inch
R ⅛ – 1	Kegeliges Rohraußengewinde (dichtend), Nenndurchmesser ⅛ inch, Toleranzfeldlage 1 (Normalausführung) (Toleranzfeldlage 2: Kurzausführung)
Tr 40 × 7	Metrisches Trapezgewinde, Nenndurchmesser 40 mm, Steigung 7 mm
Tr 40 × 14 P7	Metrisches Trapezgewinde, Nenndurchmesser 40 mm, Steigung 14 mm, Teilung 7 mm (2-gängig)
S 48 × 8	Metrisches Sägengewinde, Nenndurchmesser 48 mm, Steigung 8 mm
S 40 × 14 P7	Metrisches Sägengewinde, Nenndurchmesser 48 mm, Steigung 14 mm, Teilung 7 mm (2-gängig)
ST 3,5	Gewinde für Blechschrauben, Nenndurchmesser 3,5 mm

Metrisches ISO-Gewinde

DIN 13-1: 1999-11

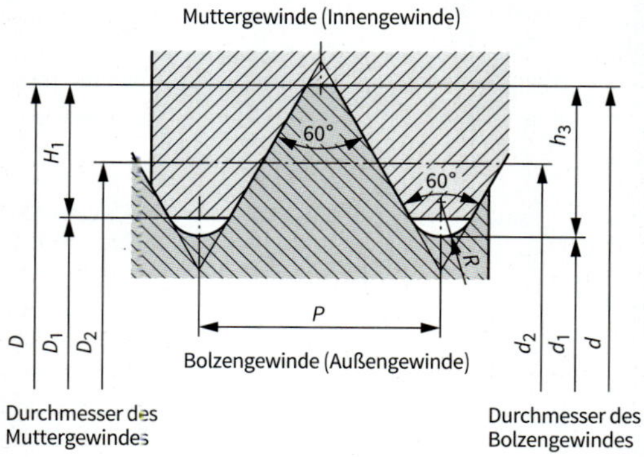

Nenndurchmesser	$d = D$
Steigung	P
Flankenwinkel	60°
Gewindetiefe des Bolzengewindes	$h_3 = 0{,}61343 \cdot P$
Gewindetiefe des Muttergewindes	$H_1 = 0{,}54127 \cdot P$
Rundung	$R = 0{,}14434 \cdot P$
Flankendurchmesser	$d_2 = D_2 = d - 0{,}64952 \cdot P$
Kerndurchmesser des Bolzengewindes	$d_3 = d - 1{,}22687 \cdot P$
Kerndurchmesser des Muttergewindes	$D_1 = d - 2 \cdot H_1$
Spannungsquerschnitt	$S = 0{,}785 \cdot (d - 0{,}9382 \cdot P)^2$

Regelgewinde

Gewinde-Nenndurchmesser $d = D$		Steigung P	Flankendurchmesser $d_2 = D_2$	Kerndurchmesser		Gewindetiefe		Rundung R	Kernlochbohrerdurchmesser	Spannungsquerschnitt S in mm²	Schlüsselweite SW DIN ISO 272
Reihe 1	Reihe 2			Bolzen d_3	Mutter D_1	Bolzen h_3	Mutter H_1				
1	1,1	0,25	0,838	0,693	0,729	0,153	0,135	0,036	0,75	0,460	–
		0,25	0,938	0,793	0,829	0,153	0,135	0,036	0,85	0,588	–
1,2		0,25	1,038	0,893	0,929	0,153	0,135	0,036	0,95	0,732	–
	1,4	0,3	1,205	1,032	1,075	0,184	0,162	0,043	1,10	0,983	–
1,6		0,35	1,373	1,171	1,221	0,215	0,189	0,051	1,25	1,27	3,2
	1,8	0,35	1,573	1,371	1,421	0,251	0,189	0,051	1,45	1,70	–
2		0,4	1,740	1,509	1,567	0,245	0,217	0,058	1,60	2,07	4
	2,2	0,45	1,908	1,648	1,713	0,276	0,244	0,065	1,75	2,48	–
2,5		0,45	2,208	1,948	2,013	0,276	0,244	0,065	2,05	3,39	5
3		0,5	2,675	2,387	2,459	0,307	0,271	0,072	2,5	5,03	5,5
	3,5	0,6	3,110	2,764	2,850	0,368	0,325	0,087	2,9	6,78	–
4		0,7	3,545	3,141	3,242	0,429	0,379	0,101	3,3	8,78	7
	4,5	0,75	4,013	3,580	3,688	0,460	0,406	0,108	3,7	11,3	–
5		0,8	4,480	4,019	4,134	0,491	0,433	0,115	4,2	14,2	8
6		1	5,350	4,773	4,917	0,613	0,541	0,144	5,0	20,1	10
	7	1	6,350	5,773	5,917	0,613	0,541	0,144	6,0	28,9	11
8		1,25	7,188	6,466	6,647	0,767	0,677	0,180	6,8	36,6	13
10		1,5	9,026	8,160	8,376	0,920	0,812	0,217	8,5	58,0	16
12		1,75	10,863	9,853	10,106	1,074	0,947	0,253	10,2	84,3	18
	14	2	12,701	11,546	11,835	1,227	1,083	0,289	12,0	115	21
16		2	14,701	13,546	13,835	1,227	1,083	0,289	14,0	157	24
	18	2,5	16,376	14,933	15,294	1,534	1,353	0,361	15,5	193	27
20		2,5	18,376	16,933	17,294	1,534	1,353	0,361	17,5	245	30
	22	2,5	20,376	18,933	19,294	1,534	1,353	0,361	19,5	303	34
24		3	22,051	20,319	20,752	1,840	1,624	0,433	21,0	353	36
	27	3	25,051	23,319	23,752	1,840	1,624	0,433	24,0	459	41
30		3,5	27,727	25,706	26,211	2,147	1,894	0,505	26,5	561	46
	33	3,5	30,727	28,706	29,211	2,147	1,894	0,505	29,5	694	50
36		4	33,402	31,093	31,670	2,454	2,165	0,577	32,0	817	55
	39	4	36,402	34,093	34,670	2,454	2,156	0,577	35,0	976	60
42		4,5	39,077	36,479	37,129	2,760	2,436	0,650	37,5	1121	65
	45	4,5	42,077	39,479	40,129	2,760	2,436	0,650	40,5	1306	70
48		5	44,752	41,866	42,587	3,067	2,706	0,722	43,0	1473	75
	52	5	48,752	45,866	46,587	3,067	2,706	0,722	47,0	1758	80
56		5,5	52,428	49,252	50,046	3,374	2,977	0,794	50,5	2030	85
	60	5,5	56,428	53,252	54,046	3,374	2,977	0,794	54,5	2362	90
64		6	60,103	56,639	57,505	3,681	3,248	0,866	58,0	2676	95
	68	6	64,103	60,639	61,505	3,681	3,248	0,866	62,0	3055	100

Feingewinde

DIN 13-2 … 10: 1999-11

Bezeichnung	Flanken-Ø	Kerndurchmesser		Kernlochbohrerdurchmesser	Bezeichnung	Flanken-Ø	Kerndurchmesser		Kernlochbohrerdurchmesser
		Bolzen	Mutter				Bolzen	Mutter	
$d \times P$	$d_2 = D_2$	d_3	D_1		$d \times P$	$d_2 = D_2$	d_3	D_1	
M 4 × 0,5	3,675	3,387	3,459	3,50	M 28 × 1,5	27,026	26,16	26,376	26,50
M 4,5 × 0,5	4,175	3,887	3,959	4,00	M 28 × 2	26,701	25,54	25,835	26,00
M 5 × 0,5	4,675	4,387	4,459	4,50	M 30 × 1,5	29,026	28,16	28,376	28,50
M 5,5 × 0,5	5,175	4,887	4,959	5,00	M 30 × 2	28,701	27,54	27,835	28,00
M 6 × 0,75	5,513	5,080	5,188	5,20	M 30 × 3	28,051	26,31	26,752	27,00
M 7 × 0,75	6,513	6,080	6,188	6,20	M 32 × 1,5	31,026	30,16	30,376	30,50
M 8 × 0,75	7,513	7,080	7,188	7,20	M 32 × 2	30,701	29,54	29,835	30,00
M 8 × 1	7,350	6,773	6,917	7,00	M 33 × 1,5	32,026	31,16	31,376	31,50
M 9 × 0,75	8,513	8,080	8,188	8,20	M 33 × 2	31,701	30,54	30,835	31,00
M 9 × 1	8,350	7,773	7,917	8,00	M 33 × 3	31,051	29,31	29,752	30,00
M 10 × 0,75	9,513	9,080	9,188	9,20	M 35 × 1,5	34,026	33,16	33,376	33,50
M 10 × 1	9,350	8,773	8,917	9,00	M 36 × 1,5	35,026	34,16	34,376	34,50
M 10 × 1,25	9,188	8,466	8,647	8,80	M 36 × 2	34,701	33,54	33,835	34,00
M 11 × 0,75	10,513	10,080	10,188	10,20	M 36 × 3	34,051	32,31	32,752	33,00
M 11 × 1	10,350	9,773	9,917	10,00	M 38 × 1,5	37,026	36,16	36,376	36,50
M 12 × 1	11,350	10,773	10,917	11,00	M 39 × 1,5	38,026	37,16	37,376	37,50
M 12 × 1,25	11,188	10,466	10,647	10,80	M 39 × 2	37,701	36,54	36,835	37,00
M 12 × 1,5	11,026	10,160	10,376	10,50	M 39 × 3	37,051	35,31	35,752	36,00
M 14 × 1	13,350	12,773	12,917	13,00	M 40 × 1,5	39,026	38,16	38,376	38,50
M 14 × 1,5	13,026	12,160	12,376	12,50	M 40 × 2	38,701	37,54	37,835	38,00
M 15 × 1	14,350	13,773	13,917	14,00	M 40 × 3	38,051	36,31	36,752	37,00
M 15 × 1,5	14,026	13,160	13,376	13,50	M 42 × 1,5	41,026	40,16	40,376	40,50
M 16 × 1	15,350	14,773	14,917	15,00	M 42 × 2	40,701	39,54	39,835	40,00
M 16 × 1,5	15,026	14,160	14,376	14,50	M 42 × 3	40,051	38,31	38,752	39,00

Metrisches ISO-Trapezgewinde

DIN 103-1: 1977-04

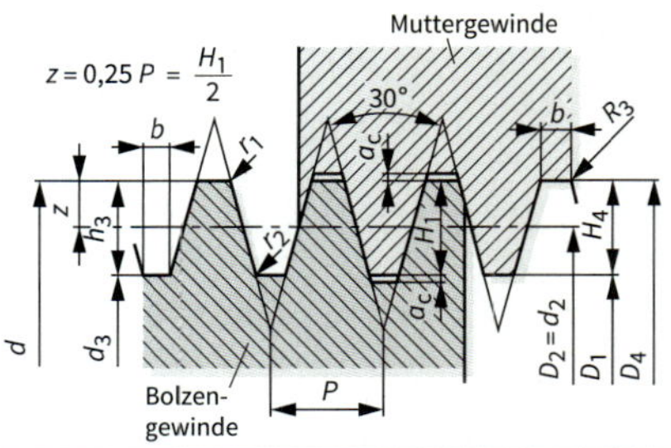

Nenndurchmesser	d
Steigung eingängig	P
Steigung mehrgängig	$P_h = n \cdot P$
Gangzahl	$n = P_h : P$
Flankenwinkel	30°
Gewindetiefe	$h_3 = H_4 = H_1 + a_c = 0{,}5 \cdot P + a_c$
Flankenüberdeckung	$H_1 = 0{,}5 \cdot P$
Spitzenspiel	a_c: (crest = Spitze)
Kerndurchmesser des Bolzengewindes	$d_3 = d - (P + 2 \cdot a_c)$
Kerndurchmesser des Muttergewindes	$D_1 = d - P$
Außendurchmesser des Muttergewindes	$D_4 = d + 2 \cdot a_c$
Flankendurchmesser des Gewindes	$d_2 = D_2 = d - 0{,}5 \cdot P = d - 2 \cdot z$
Rundungen	$r_1 = \max 0{,}5 \cdot a_c$; $r_2 = R_3 = \max a_c$
Drehmeißelbreite	$b = 0{,}366 \cdot P - 0{,}54 \cdot a_c$

Maß	für Steigung P			
	1,5	2 … 5	6 … 12	14 … 44
a_c	0,15	0,25	0,5	1
r_1	0,075	0,125	0,25	0,5
$r_2 = R_3$	0,15	0,25	0,5	1

Gewindebezeichnung	Flankendurchmesser	Kern-Ø		Außen-Ø Mutter	Gewindetiefe	Drehmeißelbreite	Gewindebezeichnung	Flankendurchmesser	Kern-Ø		Außen-Ø Mutter	Gewindetiefe	Drehmeißelbreite
		Bolzen	Mutter						Bolzen	Mutter			
$d \times P$	$d_2 = D_2$	d_3	D_1	D_4	$b_3 = H_4$	b	$d \times P$	$d_2 = D_2$	d_3	D_1	D_4	$b_3 = H_4$	b
Tr 10 × 2	9	7,5	8	10,5	1,25	0,597	Tr 42 × 7	38,5	34	35	43	4	2,292
Tr 12 × 3	10,5	8,5	9	12,5	1,75	0,963	Tr 44 × 7	40,5	36	37	45	4	2,292
Tr 14 × 3	12,5	10,5	11	14,5	1,75	0,963	Tr 46 × 8	42	37	38	47	4,5	2,658
Tr 16 × 4	14	11,5	12	16,5	2,25	1,329	Tr 48 × 8	44	39	40	49	4,5	2,658
Tr 20 × 4	18	15,5	16	20,5	2,25	1,329	Tr 50 × 8	46	41	42	51	4,5	2,658
Tr 24 × 5	21,5	18,5	19	24,5	2,75	1,695	Tr 52 × 8	48	43	44	53	4,5	2,658

Für Gewinde ohne Toleranzangabe gilt Toleranzklasse mittel: Toleranzfeld 7 e für Bolzengewinde, 7 H für Muttergewinde

Kennzeichnung von Schrauben und Muttern

DIN EN ISO 898-1: 2013-05; DIN EN ISO 898-2: 2012-08

Kennzeichnung von Schrauben ($d \geq 5$ mm)		Kennzeichnung von Muttern	
Sechskantschraube	Zylinderschraube	Sechskantmutter	
Herstellerzeichen 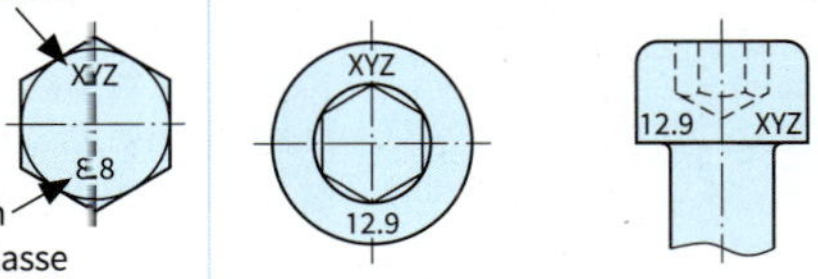 Kennzeichen Festigkeitsklasse		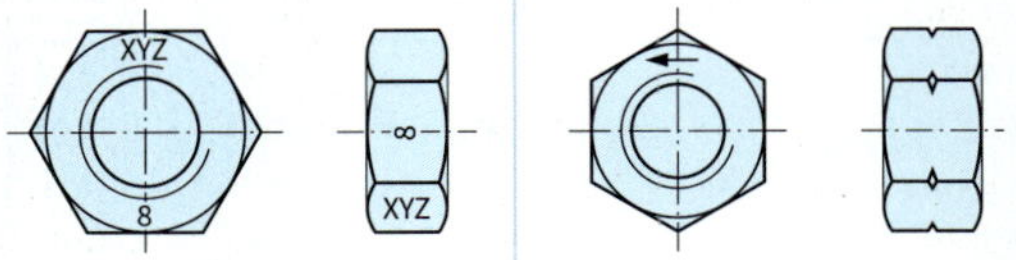	Mutter mit Linksgewinde
Festigkeitsklassen 4.6, 4.8, 5.6, 5.8, 6.8, 8.8, 9.8, 10.9, 12.9		Festigkeitsklassen: 04, 05, 5, 6, 8, 9, 10, 12	
1. Zahl: 1/100 der Nennzugfestigkeit R_m in MPa	2. Zahl: 10fache des Verhältnisses zwischen Nennstreckgrenze R_{eL} ($R_{p0,2}$) und Nennzugfestigkeit R_m	Die Festigkeitsklasse gibt 1/100 der Nennzugfestigkeit R_m in MPa an.	
Festigkeitsklasse **5.6**: Kennzeichnung einer Schraube mit R_m = 500 MPa und R_{eL} = 300 MPa		Festigkeitsklasse **5**: Kennzeichnung einer Mutter mit R_m = 500 MPa	

Toleranzen für Schrauben und Muttern

DIN EN ISO 4759-1: 2001-04

Gewinde	Gewinde-durchmesser	Produktklasse (Ausführung) A (mittel)	B (mittelgroß)	C (grob)
Innengewinde (Mutter)	1,6 mm … 150 mm	6H	6H	7H
Außengewinde (Schraube)		6g	6g	8g

Durchgangslöcher für Schrauben
Bohrlochtiefe

DIN EN ISO 20273: 1992-02
ohne Norm

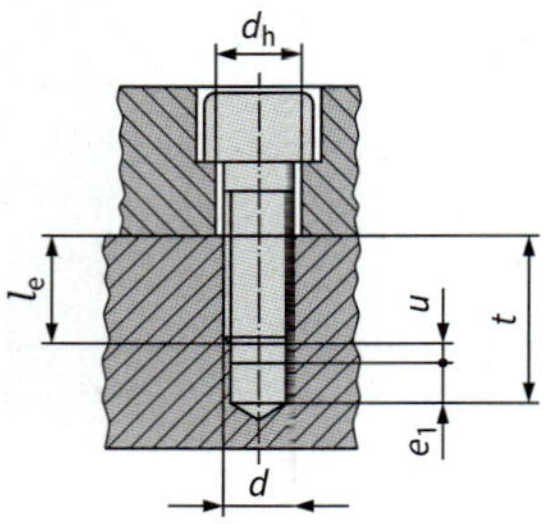

$t \approx l_e + u + e_1$

l_e: Einschraubtiefe in mm
$u \approx 3$ P
P: Gewindesteigung

Gewinde	Durchgangslochdurchmesser d_H in mm fein (H12)	mittel (H13)	grob (H14)	Bohrlochtiefe *t* in mm *u*	e_1
M2	2,2	2,4	2,6	1,2	2,3
M3	3,2	3,4	3,6	1,5	2,8
M4	4,3	4,5	4,8	2,1	3,8
M5	5,3	5,5	5,8	2,4	4,2
M6	6,4	6,6	7,0	3,0	5,1
M8	8,4	9,0	10,0	3,75	6,2
M10	10,5	11,0	12,0	4,5	7,3
M12	13,0	13,5	14,5	5,25	8,3
M16	17,0	17,5	18,5	6,0	9,3
M18	19,0	20,0	21,0	7,5	11,2
M20	21,0	22,0	24,0	7,5	11,2
M24	25,0	26,0	28,0	9,0	13,1
M30	31,0	33,0	35,0	10,5	15,2

Mindesteinschraubtiefe für Schrauben

Werkstoff		Mindesteinschraubtiefe $l_{e\,min}$ in mm – Festigkeitsklasse der Schraube 4.6	4.8 … 6.8	8.8	10.9, 12.9
Stahl	Rm ≤ 400 MPa	0,8 *d*	1,2 *d*	–	–
	Rm > 400 … 600 MPa			1,2 *d*	–
	Rm > 600 … 800 MPa			1,2 *d*	1,2 *d*
	Rm > 800 MPa			1,0 *d*	1,0 *d*
Gusseisen		1,3 *d*	1,5 *d*	1,5 *d*	–
Leichtmetalle [1]	Rein-Aluminium	1,6 *d*	–	–	–
	Al-Gusslegierungen	1,6 *d*	2,2 *d*	–	–
	Al-Legierung, ausgehärtet	0,8 *d*	1,2 *d*	1,6 *d*	–
	Al-Legierung, nicht ausgehärtet	1,2 *d*	1,6 *d*	–	–
Kupfer	Kupferlegierungen	1,3 *d*	1,3 *d*	–	–
Kunststoffe		2,5 *d*	–	–	–

Bei Feingewinden ist l_e um 25 % zu erhöhen.
[1] Bei dynamischer Belastung ist l_e um 20 % zu erhöhen.

Sechskantschrauben

- DIN EN ISO 4014, DIN EN ISO 4016, DIN EN ISO 8765
- DIN EN ISO 4017, DIN EN ISO 4018, DIN EN ISO 8676
- HV-Schraube DIN EN 14399-4
- für Stahlkonstruktionen DIN 7990
- Passschraube DIN 7968

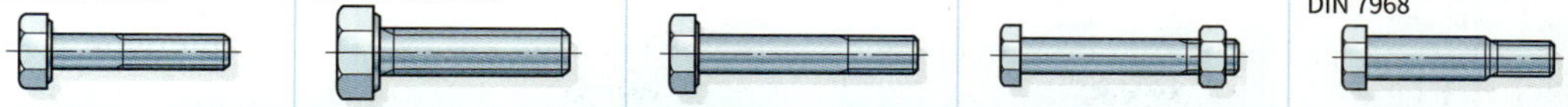

- Passschraube DIN 609
- mit Flansch DIN EN 1665
- mit Dünnschaft DIN EN 24015

Zylinderschrauben

- mit Schlitz DIN EN ISO 1207
- mit Innensechskant DIN 6912

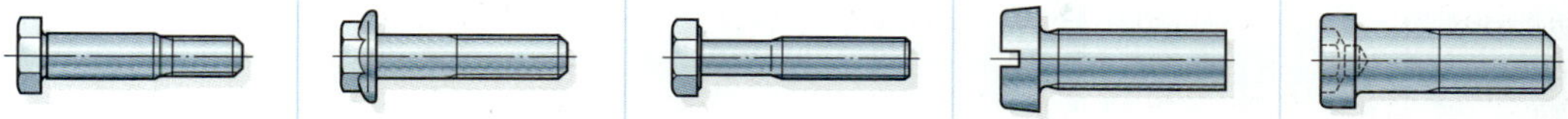

- mit Innensechskant DIN EN ISO 4762, DIN 7984

Senkschrauben

- mit Schlitz DIN EN ISO 2009
- Linsen-Senkschraube mit Schlitz DIN EN ISO 2010
- mit Kreuzschlitz DIN EN ISO 7046
- Linsen-Senkschraube mit Kreuzschlitz DIN EN ISO 7047

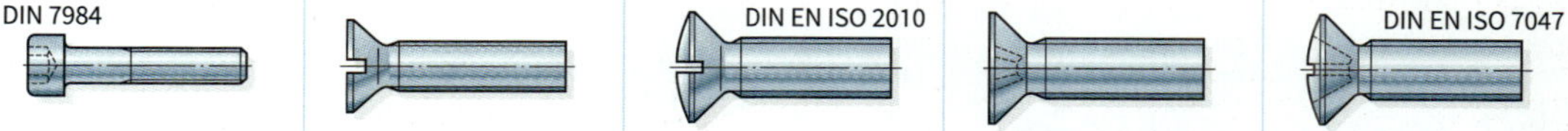

- mit Innensechskant DIN EN ISO 10 642
- für Stahlkonstruktionen mit Schlitz DIN 7969
- mit Nase DIN 604

Flachkopfschrauben

- mit Schlitz DIN EN ISO 1580
- mit Kreuzschlitz DIN EN ISO 7045

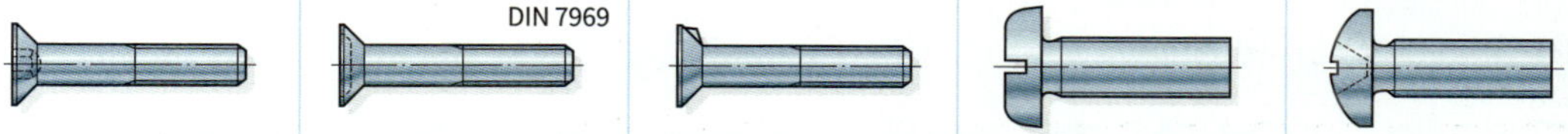

Blechschrauben

- DIN EN ISO 1481
- mit Schlitz DIN EN ISO 1482
- mit Schlitz DIN EN ISO 1483
- mit Kreuzschlitz DIN EN ISO 7049
- mit Kreuzschlitz DIN EN ISO 7050

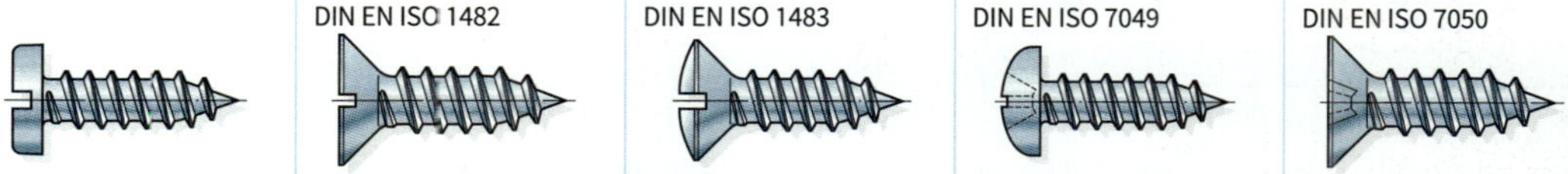

- mit Kreuzschlitz DIN EN ISO 7051

Gewindeschneidschrauben

- DIN 7513, mit Schlitz
- mit Kreuzschlitz DIN 7516

Gewindefurchende Schraube

- DIN 7500-1 (Form DE)

Flachrundschraube

- DIN 603

Hammerschraube

- mit Vierkant DIN 186

Stiftschrauben

- DIN 835; 938; 939

Vierkantschrauben

- DIN 478; 479; 480

Gewindestift mit Schlitz

- mit Kegelkuppe DIN EN ISO 4766
- mit Spitze DIN EN 27434

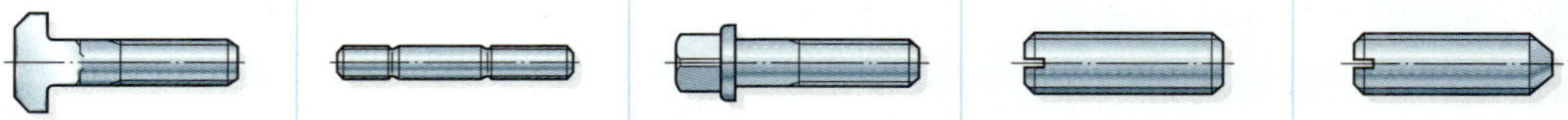

- mit Zapfen DIN EN 27435
- mit Ringschneide DIN EN 27436

Gewindestift mit Innensechskant

- mit Kegelkuppe DIN EN ISO 4026
- mit Spitze DIN EN ISO 4027
- mit Zapfen DIN EN ISO 4028

- mit Ringschneide DIN EN ISO 4029

Flügelschraube

- DIN 316

Rändelschrauben

- DIN 464, DIN 653

Augenschraube

- DIN 444

Schraube für T-Nuten

- DIN 787

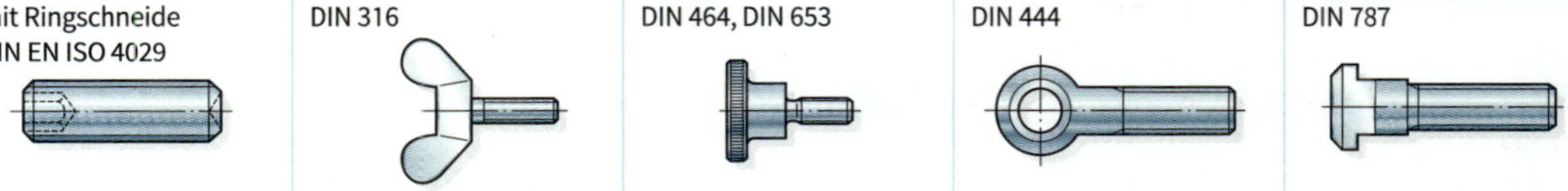

Verschlussschrauben				
DIN 906 mit Innensechskant (kegeliges Gewinde)	mit Bund und Innensechskant DIN 908 (zylindrisches Gewinde)	mit Außensechskant DIN 909 (kegeliges Gewinde)	mit Bund und Außensechskant DIN 910 (zylindrisches Gewinde, schwere Ausführung)	mit Außensechskant DIN 7604 (zylindrisches Gewinde, leichte Ausführung)
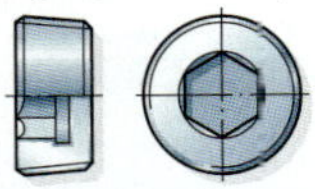	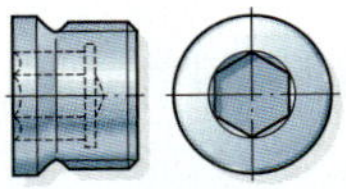	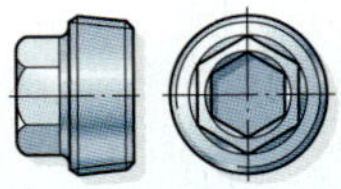	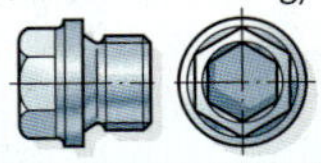	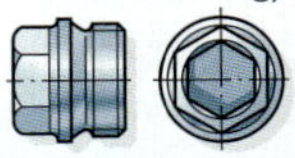
Sechskantmuttern				
DIN EN ISO 4032 DIN EN ISO 4033	DIN EN ISO 8673 DIN EN ISO 8674	DIN EN ISO 4034 Produktklasse C	DIN EN ISO 4035 DIN EN ISO 8675	DIN EN ISO 4036
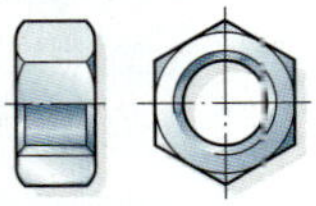	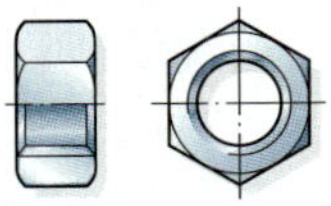	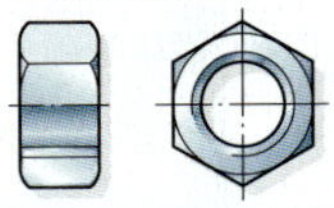	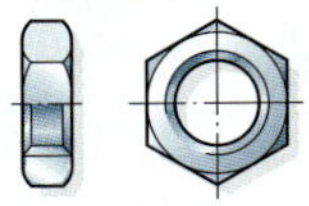	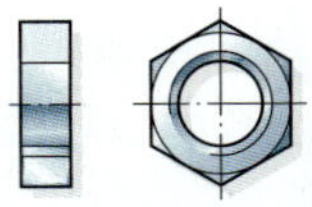
mit Flansch DIN EN 1661	mit nichtmet. Klemmteil DIN EN ISO 7040, DIN EN ISO 10 512	mit met. Klemmteil DIN EN ISO 7042 DIN EN ISO 10 513	mit Flansch, nichtmet. DIN EN 1663 Klemmteil	mit Flansch, metall. DIN EN 1664 Klemmteil
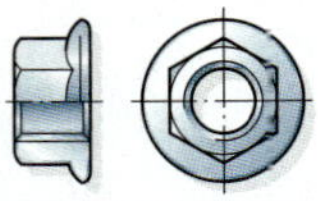	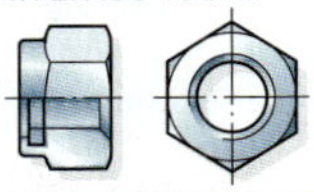	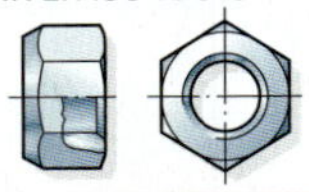	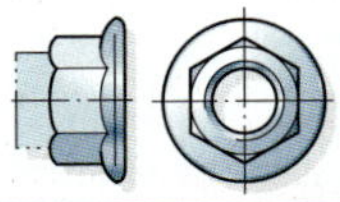	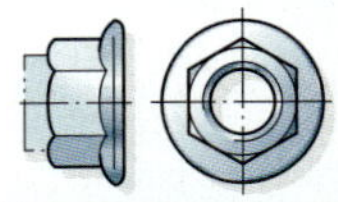
	Kronenmuttern			**Hutmuttern**
für HV-Verbindungen DIN EN 14399-4	DIN 935-1	DIN 935-3	niedrige Form DIN 979	niedrige Form DIN 917
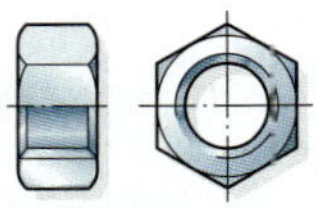	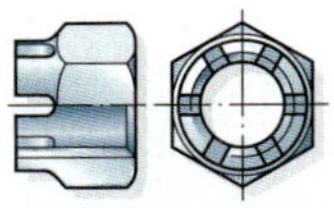	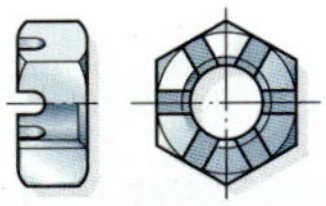	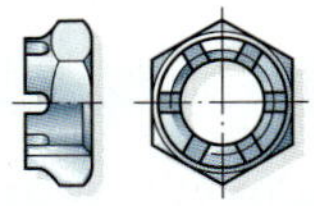	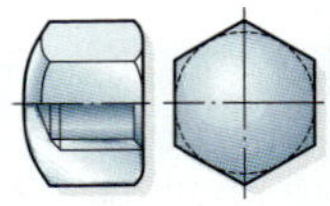
		Nutmutter		**Kreuzlochmutter**
hohe Form DIN 1587	mit Klemmteil DIN 986	DIN 981	DIN 1804	DIN 1816
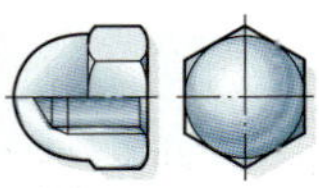	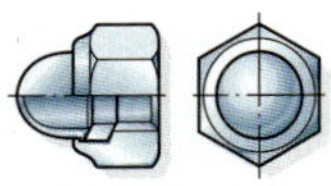	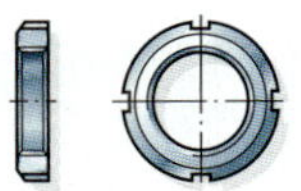	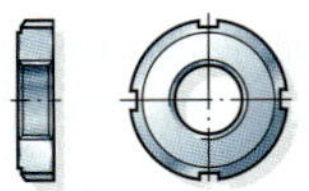	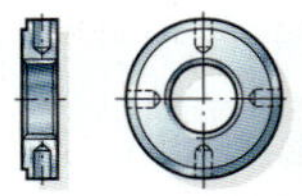
	Zweilochmutter	**Schlitzmutter**	**Sechskantmuttern 1,5 d hoch**	
DIN 548	DIN 547	DIN 546	DIN 6331 mit Bund	DIN 6330 mit kugeliger Auflagefläche
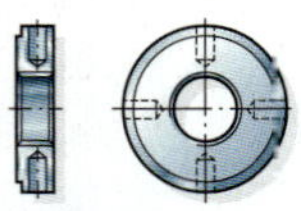	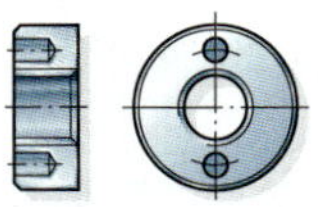	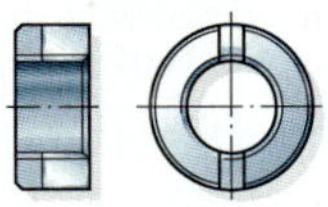	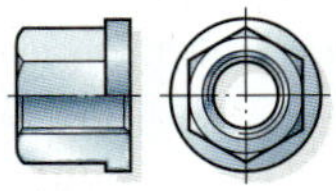	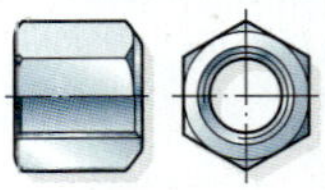
Ringmuttern	**Rohrmutter**	**Rändelmuttern**		
DIN 582	DIN 431	DIN 466 (hohe Form)	DIN 467 (niedrige Form)	DIN 6303 (mit Stiftloch)
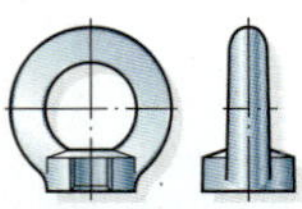	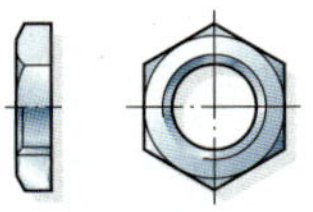	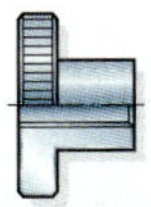		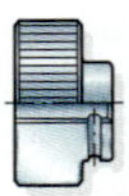
Schweißmutter		**Muttern für T-Nuten**	**Flügelmutter**	**Vierkantmutter**
Vierkant-, DIN 928	Sechskant-, DIN 929	DIN 508	DIN 315	DIN 557
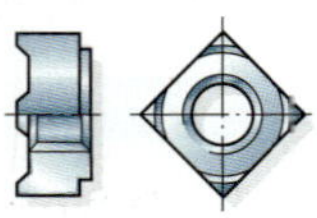	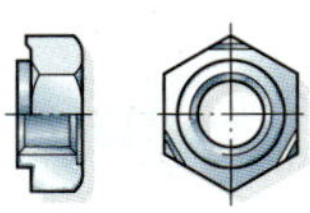	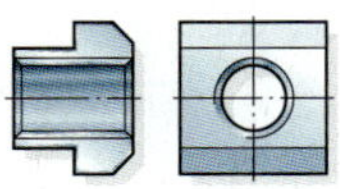	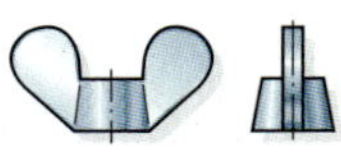	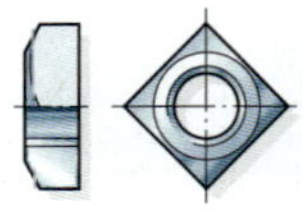

Sechskantschrauben

DIN EN ISO 4014: 2011-06; DIN EN ISO 4017: 2015-05; DIN EN ISO 8765: 2011-06; DIN EN ISO 8676: 2011-07

Mit Schaft, metr. Regelgewinde, DIN EN ISO 4014
Mit Schaft, metr. Feingewinde, DIN EN ISO 8765

Mit Gewinde bis Kopf, metr. Regelgewinde, DIN EN ISO 4017
Mit Gewinde bis Kopf, metr. Feingewinde, DIN EN ISO 8676

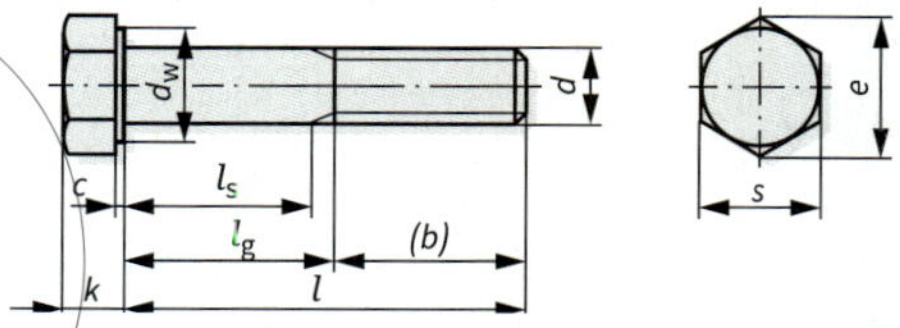

$l_g = l - b$
$l_s = l_g - 5 \cdot P$
l_g = Mindest-Klemmlänge

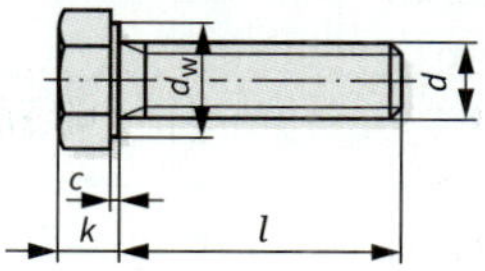

DIN EN ISO 4014; 4017 / 8765; 8676	Gewinde d / Gewinde $d \times P$	M 4 / –	M 5 / –	M 6 / –	M 8 / M 8 × 1	M 10 / M 10 × 1	M 12 / M 12 × 1,5	M 16 / M 16 × 1,5	M 20 / M 20 × 1,5	M 24 / M 24 × 2
4014	b für $l \leq 125$	14	16	18	22	26	30	38	46	54
8765		–	–	–	22	26	30	38	46	54
4014	d_w (Produktkl. A)	5,88	6,88	8,88	11,63	14,63	16,63	22,49	28,19	33,61
4017	k_{max} (Produktkl. A)	2,925	3,65	4,15	5,45	6,58	7,68	10,18	12,715	15,215
8765	s max.	7	8	10	13	16	18	24	30	36
8676	e_{min} (Produktkl. A)	7,66	8,79	11,05	14,38	17,77	20,03	26,75	33,53	39,98
	c max.	0,4	0,5	0,5	0,6	0,6	0,6	0,8	0,8	0,8
4014	l von	25	25	30	40	45	50	65	80	90
	bis	40	50	60	80	100	120	160	200	240
4017	l von	8	10	12	16	20	25	30	40	50
	bis	40	50	60	80	100	120	200	200	200
8765	l von	–	–	–	40	45	50	65	80	100
	bis	–	–	–	80	100	120	160	200	240
8676	l von	–	–	–	16	20	25	35	40	40
	bis	–	–	–	80	100	120	160	200	200

Längen l: 8, 10, 12, 16, 20, 25, 30, 35 … 70, 80, 90, 100 … 160, 180, 200, 220, 240 mm
Werkstoff: Stahl 5.6; 8.8; 10.9; nichtrostender Stahl für $d \leq 20$ mm: A2-70, für $d > 20$ mm: A2-50
Ausführung: Produktklasse A: für $d \leq 24$ mm und $l \leq 10\,d$ bzw. 150 mm
Produktklasse B: für $d > 24$ mm oder $l > 10\,d$ bzw. 150 mm
Bezeichnung einer Sechskantschraube mit Schaft und Regelgewinde M 10, l = 80 mm, Festigkeitsklasse 8.8:
Sechskantschraube ISO 4014 – M 10 × 80 – 8.8

Sechskantschrauben, Produktklasse C

DIN EN ISO 4016: 2011-06; DIN EN ISO 4018: 2011-07

Mit Schaft, DIN EN ISO 4016

Mit Gewinde bis Kopf, DIN EN ISO 4018

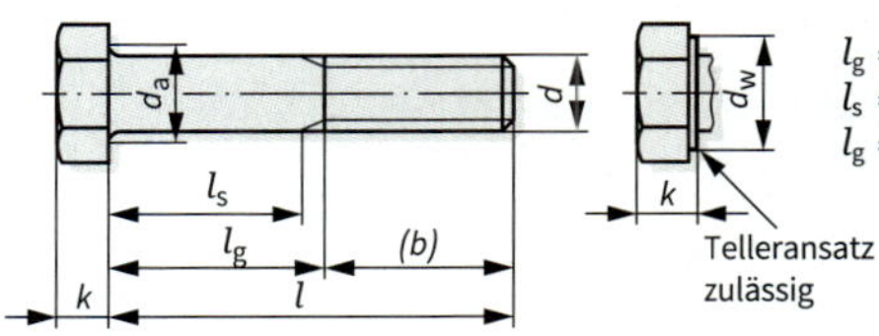

$l_g = l - b$
$l_s = l_g - 5 \cdot P$
l_g = Mindest-Klemmlänge

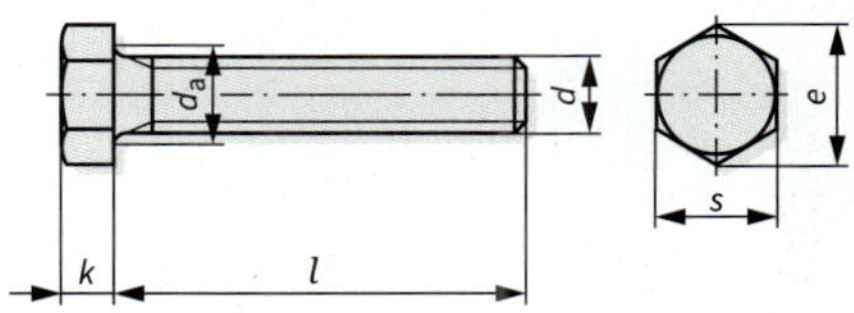

Gewinde d		M 5		M 6		M 8		M 10		M 12		M 16		M 20		M 24		M 30		M 36	
b für $l \leq 125$		16		18		22		26		30		38		46		54		66		–	
d_w	min	6,74		8,74		11,47		14,47		16,47		22		27,7		33,25		42,75		51,11	
k	max	3,875		4,375		5,675		6,85		7,95		10,75		13,4		15,9		19,75		23,55	
s	max	8		10		13		16		18		24		30		36		46		55	
e	min	8,63		10,89		14,2		17,59		19,85		26,17		32,95		39,55		50,85		60,79	
d_a	max	6		7,2		10,2		12,2		14,7		18,7		24,4		28,4		35,4		42,4	
l	von	25	10[1]	30	12[1]	40	16[1]	45	20[1]	55	25[1]	65	30[1]	80	40[1]	100	50[1]	120	60[1]	140	70[1]
	bis	50		60		80		100		120		160		200		240		300		360	

Längenabstufung: 10; 12; 16; 20 … 70 je 5 mm gestuft, 80 … 160 je 10 mm gestuft, 180 … 360 je 20 mm gestuft
Werkstoff: Stahl, Festigkeitsklasse 3.6; 4.6; 4.8. Bezeichnung einer Sechskantschraube mit Schaft, d = M 10, l = 50 mm, Festigkeitsklasse 4.6: **Sechskantschraube ISO 4016 – M 10 × 50 – 4.6**

[1] DIN EN ISO 4018

Sechskant-Passschrauben mit langem Gewindezapfen

DIN 609: 2016-12

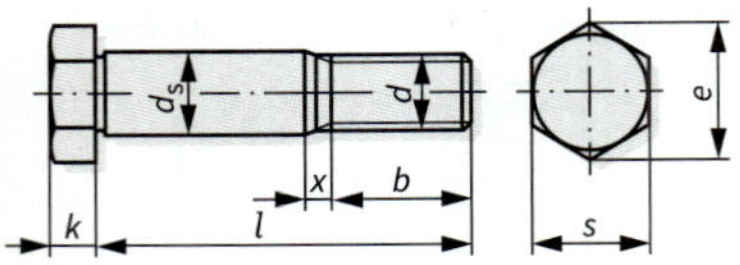

Bezeichnung einer Passschraube mit Gewinde M 12, l = 50 mm, Festigkeitsklasse 8.8:
Passschraube DIN 609 – M 12 × 50 – 8.8

Bezeichnung einer Passschraube mit Gewinde M 10 × 1,25, l = 60 mm, neue SW, Festigkeitsklasse 8.8:
Passschraube DIN 609 – M 10 × 1,25 × 60 – SW 16-8.8

[1] Für Neukonstruktionen sind SW 16 und SW 18 anzugeben

d $d \times P$		M 8 M 8 × 1	M 10 M 10 × 1,25	M 12 M 12 × 1,25	M 16 M 16 × 1,5	M 20 M 20 × 1,5	M 24 M 24 × 2
b für $l \le 50$ für $50 < l \le 150$ für $l > 150$		14,5 16,5 21,5	17,5 19,5 24,5	20,5 22,5 27,5	25 27 32	28,5 30,5 35,5	– 36,5 41,5
x	min	3,6	3,9	4,2	4,5	5,2	5,8
d_s	k 6	9	11	13	17	21	25
k		5,3	6,4	7,5	10	12,5	15
s		13	16[1] / 17	18[1] / 19	24	30	36
e	≈	14,4	17,8 / 18,9	19,9 / 20,9	26,2	33	40
l	von bis	25 80	30 100	32 120	38 150	45 150	55 150

Längenabstufung: 25; 28; 30; 32; 35; 38; 40; 42; 45; 48; 50 … 150 je 5 mm
Werkstoff: Stahl, Festigkeitsklasse 8.8 nach DIN EN 20 898-1
Nichtrostender Stahl, A2-70 für ≤ M20, A2-50 für > M 20 … M 39
Nichteisenmetall, CU 2 und CU 3 nach DIN EN 28 839
Produktklasse A für ≤ M 10, B für ≥ M12 nach DIN ISO 4759-1

Sechskantschrauben mit Flansch

DIN EN 1665: 1998-11

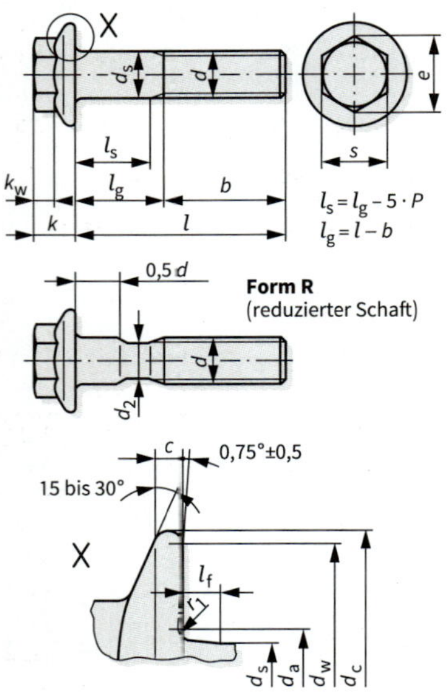

d		M 5	M 6	M 8	M 10	M 12	M 16	M 20
b für $l \le 125$ für $125 < l \le 200$		16 –	18 –	22 28	26 32	30 36	38 44	46 52
d_a	max	5,7	6,8	9,2	11,2	13,7	17,7	22,4
d_c	max	11,8	14,2	18	22,3	26,6	35	43
d_2		≈ Gewindeflankendurchmesser						
d_s	max	5	6	8	10	12	16	20
d_w	min	9,8	12,2	15,8	19,6	23,8	31,9	39,9
e	≈	8,71	10,95	14,26	17,62	19,86	26,51	33,32
s	max	8	10	13	16	18	24	30
k	max	5,8	6,6	8,1	10,4	11,8	15,4	18,9
k_w	min	2,6	3,0	3,9	4,1	5,6	7,3	8,9
r_1	min	0,2	0,25	0,4	0,4	0,6	0,6	0,8
l_f	max	1,4	1,6	2,1	2,1	2,1	3,2	4,2
l	≈ von bis	25 50	30 60	35 80	40 100	45 120	55 160	65 200

Längenabstufung: 30; 35; 40; 45; 50; 55; 60; 65; 70; 80; 90; 100; 110; 120; 130; 140; 150; 160; 180; 200
Werkstoff: Stahl, Festigkeitsklasse 8.8; 10.9; 12.9 nach DIN EN 20 898-1
Nichtrostender Stahl A2-70 nach DIN EN ISO 3506-1
Bezeichnung für d = M 8, l = 60, Festigkeitsklasse 10.9:
Sechskantschraube DIN EN 1665 – M8 × 60 – 10.9

Sechskantschrauben mit Dünnschaft

DIN EN 24015: 1991-12

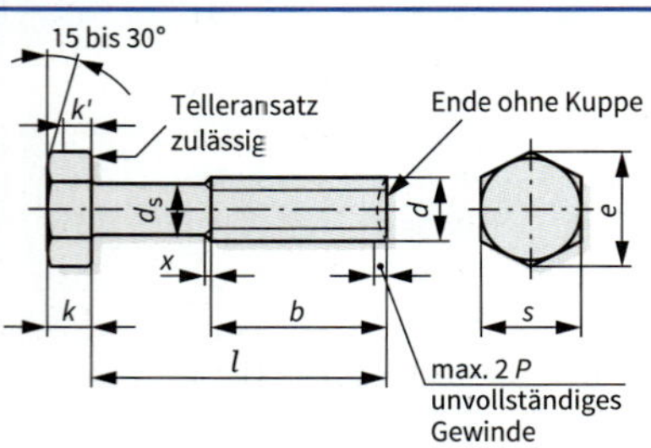

Bezeichnung einer Sechskantschraube mit d = M 10, l = 60 mm und der Festigkeitsklasse 5.8:
Sechskantschraube ISO 4015 M 10 × 60 – 5.8

Gewinde d		M 4	M 5	M 6	M 8	M 10	M 12	M 16	M 20
b für $l \le 125$ für $125 < l \le 200$		14 –	16 –	18 –	22 28	26 32	30 36	38 44	46 52
d_s	≈	3,5	4,4	5,3	7,1	8,9	10,7	14,5	18,2
k	max	3,00	3,74	4,24	5,54	6,69	7,79	10,29	12,85
x		1,75	2,0	2,5	3,2	3,8	4,3	5,0	6,3
e	min	7,50	8,63	10,89	14,20	17,59	19,85	26,17	32,95
s	max	7	8	10	13	16	18	24	30
l	von bis	20 40	25 50	25 60	30 80	40 100	45 120	55 150	65 150

Längenabstufung: 20 … 70 je 5 mm, 70 … 150 je 10 mm gestuft
Werkstoff: Stahl 5.8 … 8.8, nichtrostender Stahl A 2-70 Produktklasse B

Zylinderschrauben mit Schlitz

DIN EN ISO 1207: 2011-10

Gewinde annähernd bis Kopf **Mit Schaft**

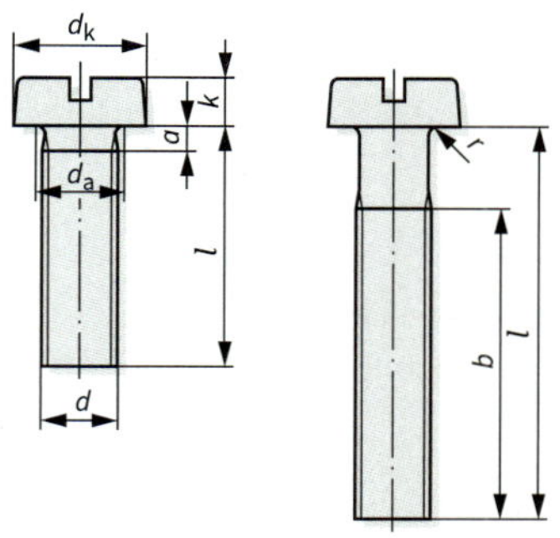

d	M 1,6	M 2	M 2,5	M 3	M 4	M 5	M 6	M 8	M 10
a_{max}	0,7	0,8	0,9	1	1,4	1,6	2	2,5	3
b_{min}	25	25	25	25	38	38	38	38	38
d_{kmax}	3	3,8	4,5	5,5	7	8,5	10	13	16
d_{amax}	2	2,6	3,1	3,6	4,7	5,7	6,8	9,2	11,2
k_{max}	1,1	1,4	1,8	2	2,6	3,3	3,9	5	6
l von	2	3	3	4	5	6	8	10	12
bis	16	20	25	30	40	50	60	80	80

Längenabstufung: 2; 3; 4; 5; 6; 8; 10; 12; 16; 20; 25; 30; 35; 40; 45; 50; 60; 70; 80 mm
Gewinde annähernd bis Kopf: M1 … M3 für $l \leq 30$, M4 … M10 für $l \leq 40$ mm
Werkstoff: Stahl, Festigkeitsklasse 4.8; 5.8;
Nichtrostender Stahl; Festigkeitsklasse A2-50, A2-70
Produktklasse A
Bezeichnung einer Zylinderschraube mit Gewinde M 5, $l = 30$ mm,
Festigkeitsklasse 4.8: **Zylinderschraube ISO 1207 – M 5 × 30 – 4.8**

Zylinderschrauben mit Innensechskant und niedrigem Kopf mit Schlüsselführung

DIN 6912: 2009-06

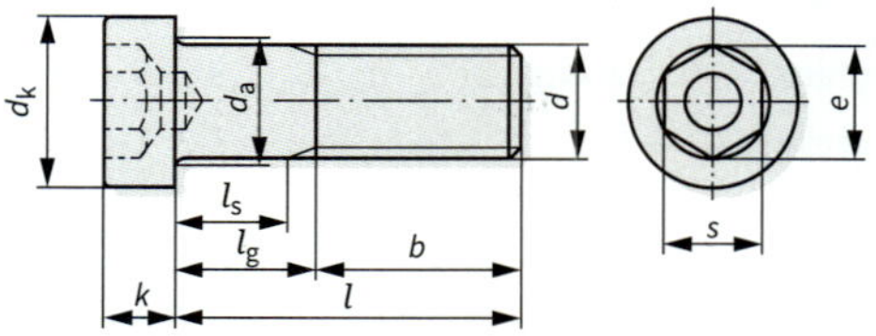

d	M 5	M 6	M 8	M 10	M 12	M 16	M 20	M 24
k	3,5	4	5	6,5	7,5	10	12	14
s	4	5	6	8	10	14	17	19
e	4,6	5,7	6,9	9,2	11,4	16	19,4	21,7
l von	10	10	12	16	16	20	30	60
bis	60	70	80	90	100	140	180	200

d_k, d_a und b siehe DIN 7984 $l_g = l - b$; $l_s = l_g - 5 \cdot P$
Bezeichnungsbeispiel für Schraube M 10, $l = 60$,
Festigkeitsklasse 8.8:
Zylinderschraube DIN 6912 – M 10 × 60 – 8.8

Längenabstufung: 10; 12; 16; 20; 25; 30; 35; 40 … 200 je 10 mm
Werkstoff: Stahl, Festigkeitsklasse 8.8
Nichtrostender Stahl, A2-70 für ≤ M20; A2-50 für > M20,
Produktklasse A

Zylinderschrauben mit Innensechskant

DIN EN ISO 4762: 2004-06

Zylinderschrauben mit Innensechskant und niedrigem Kopf

DIN 7984: 2009-06

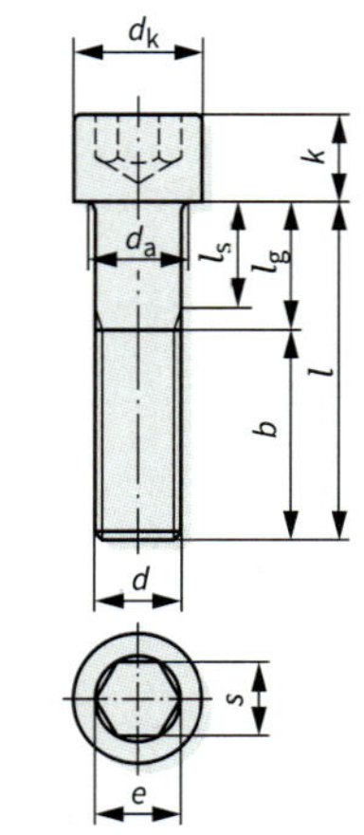

ISO 4762 und 7984	d		M 5	M 6	M 8	M 10	M 12	M 16	M 20	M 24
ISO 4762 und 7984	d_k		8,5	10	13	16	18	24	30	36
	d_a		5,7	6,8	9,2	11,2	13,7	17,7	22,4	26,4
ISO 4762	b für $l \leq 125$		22	24	28	32	36	44	52	60
	k_s		5	6	8	10	12	16	20	24
	s		4	5	6	8	10	14	17	19
	e		4,58	5,72	6,86	9,15	11,43	16	19,44	21,73
	l 1)	von	8	10	12	16	20	25	30	35
		bis	25	30	35	40	50	60	70	80
	l 2)	von	30	35	40	45	55	65	80	90
		bis	50	60	80	100	120	160	200	200
DIN 7984	b für $l \leq 125$		16	18	22	26	30	38	46	54
	k_s		3,5	4	5	6	7	9	11	13
	s		3	4	5	7	8	12	14	17
	e	≈	3,4	4,6	5,7	8	9,2	13,7	16	19,4
	l 1)	von	8	10	12	16	20	30	40	50
		bis	25	25	30	35	45	(55)	60	80
	l 2)	von	30	30	35	40	50	60	70	90
		bis	–	40	60	70	80	80	100	100

Werkstoff: Stahl, Festigkeitsklasse für ISO 4762: 8.8, 10.9; 12.9, A3, A5,
DIN 7984: 8.8,
Produktklasse A

Längenabstufung: 8; 10; 12; 16; 20 … 70 (je 5 mm gestuft); 70 … 160 (je 10 mm gestuft); 180; 200
Bezeichnung einer Zylinderschraube mit Innensechskant, niedrigem Kopf, $d = $ M 10, $l = 50$:
Zylinderschraube DIN 7984 – M 10 × 50 – 8.8

1) Gewinde bis Kopf ($l_{g\,max} = 3 \cdot P$), 2) Schrauben mit Schaft: $l_{g\,max} = l - b$; $l_{s\,min} = l_{g\,max} - 5 \cdot P$

Senkschrauben mit Schlitz
Senkschrauben mit Kreuzschlitz

DIN EN ISO 2009, DIN EN ISO 2010, DIN EN ISO 7046-1, DIN EN ISO 7047: alle 2011-11

Senkschraube ISO 2009

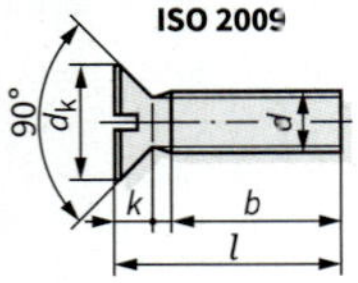

Linsen-Senkschraube ISO 2010

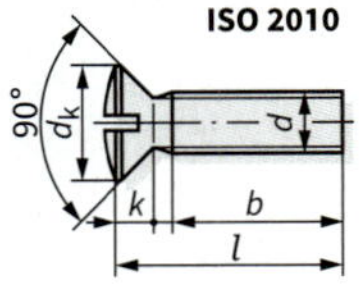

Senkschraube ISO 7046-1

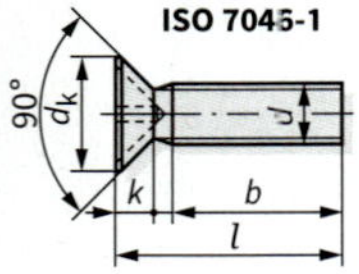

Linsen-Senkschraube ISO 7047

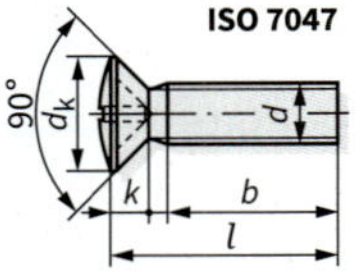

Kreuzschlitz

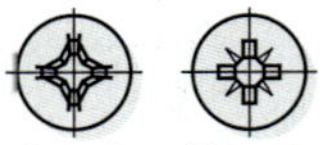

Form H Form Z

Gewinde d		M 1,6	M 2	M 2,5	M 3	M 4	M 5	M 6	M 8	M 10
b	min	25	25	25	25	38	38	38	38	38
d_k	max	3	3,8	4,7	5,5	8,4	9,3	11,3	15,8	18,3
k	max	1	1,2	1,5	1,65	2,7	2,7	3,3	4,65	5
Kreuzschlitz-Größe		0		1		2		3	4	
DIN EN ISO 2009, DIN EN ISO 2010: l	von	2,5	3	4	5	6	8	8	10	12
	bis	16	20	25	30	40	50	60	80	80
Längenabstufung		2,5 – 3 – 4 – 5 – 6 – 8 – 10 – 12 – 16 – 20 – 25 – 30 – 35 – 40 – 45 – 50 – 60 – 70 – 80								
Werkstoff		Stahl: 4.8; 5.8, Nichtrostender Stahl: A 2-50, A 2-70, Nichteisenmetall, Produktklasse A								
DIN EN ISO 7046-1, DIN EN ISO 7047: l	von	3	3	3	4	5	6	8	10	12
	bis	16	20	25	30	40	50	60	60	60
Längenabstufung		3 – 4 – 5 – 6 – 8 – 10 – 12 – 16 – 20 – 25 – 30 – 35 – 40 –45 – 50 – 60								
Werkstoff		Stahl: 4.8, Nichtrostender Stahl[1]: A 2-50, A 2-70, Nichteisenmetall[1], Produktklasse A								

Bezeichnung einer Senkschraube mit Gewinde d = M 6, l = 50 mm, Festigkeitsklasse 4.8 und Kreuzschlitz Form Z:
Senkschraube ISO 7046-1 – M 6 × 50 – 4.8 – Z

[1] nicht für Senkschraube ISO 7046-1

Senkschrauben mit Innensechskant

DIN EN ISO 10 642: 2013-04

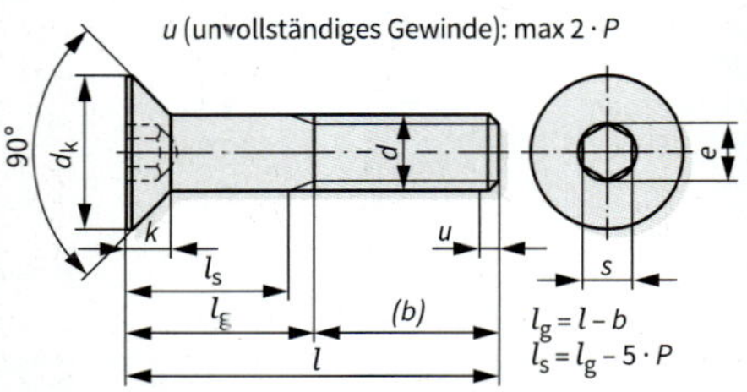

Bezeichnung einer Senkschraube mit Innensechskant mit Gewinde d = M 10, Nennlänge l = 50 mm, Festigkeitsklasse 8.8:
Senkschraube ISO 10 642 – M 10 × 50 – 8.8

Gewinde d		M 4	M 5	M 6	M 8	M 10	M 12	M 16	M 20
l ≤ 125		14	16	18	22	26	30	38	46
b l	> 125 < 200	20	22	24	28	32	36	44	52
d_k	max	8,96	11,2	13,44	17,92	22,4	26,88	33,6	40,32
e	≈	2,87	3,44	4,58	5,72	6,86	9,15	11,43	13,72
s		2,5	3	4	5	6	8	10	12
k	max	2,48	3,1	3,72	4,96	6,2	7,44	8,8	10,16
l	von	8	8	8	10	12	20	30	35
	bis	40	50	50	80	100	100	100	100

Längenabstufung: 8; 10; 12; 16; 20; 25; 30; 35; 40; 50; 60; 70; 80; 90; 100
Werkstoff: Stahl: Festigkeitsklassen 8.8, 10.9, 12.9
Produktklasse A

Senkschrauben mit Schlitz

DIN 7969: 2017-08

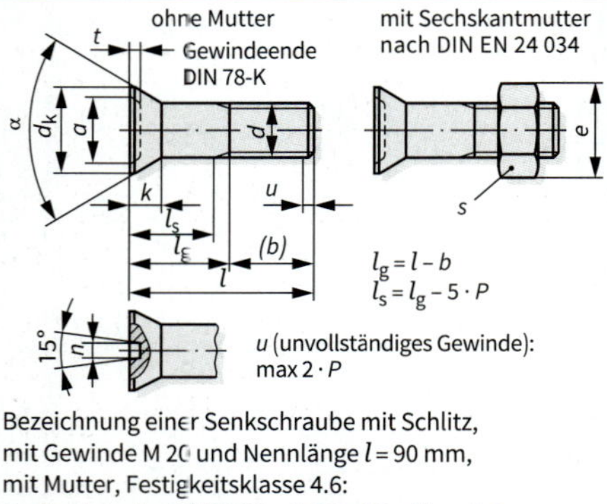

Bezeichnung einer Senkschraube mit Schlitz, mit Gewinde M 20 und Nennlänge l = 90 mm, mit Mutter, Festigkeitsklasse 4.6:
Senkschraube DIN 7969 – M 20 × 90 – Mu – 4.6

Gewinde d		M 12	M 16	M 20	M 24
α		75° + 5°		60° + 5°	
a		16	22	25	29
b	b_1	22	28	32	38
	b_2	28	35	40	50
d_k		21	28	32	38
s		18	24	30	36
k	max	7,29	9,29	11,85	13,35
n		3	3	3,5	3,5
t		3	3	3,5	3,5
l	von	40	50	60	70
	bis	160	160	160	160

b_1 und l_1 bzw. b_2 und l_2 sind jeweils zusammengehörig. Längenabstufung: 20 … 80 je 5 mm, 80 … 160 je 10 mm gestuft
Werkstoff: Stahl, Festigkeitsklasse 4.6, Produktklasse C. Bezeichnung einer Senkschraube mit Schlitz, mit Gewinde M 16, Nennlänge l = 60 mm, ohne Mutter, Festigkeitsklasse 4.6: **Senkschraube DIN 7969 – M 16 × 60 – 4.6**

Flachkopfschrauben m. Schlitz, Flachkopfschrauben m. Kreuzschlitz

DIN EN ISO 1580, DIN EN ISO 7045: alle 2011-12

Mit Schlitz nach DIN EN ISO 1580

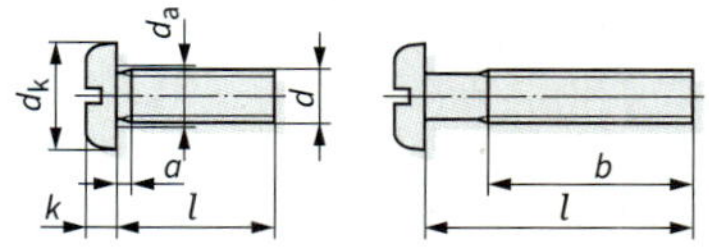

Mit Kreuzschlitz nach DIN EN ISO 7045

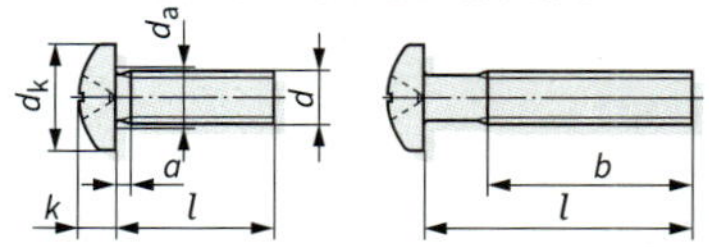

Kreuzschlitz

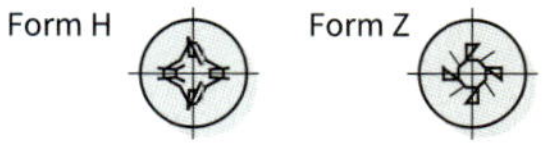

	Gewinde d		M 1,6	M 2	M 2,5	M 3	M 4	M 5	M 6	M 8	M 10
	a	max	0,7	0,8	0,9	1	1,4	1,6	2	2,5	3
	b	min	25	25	25	25	38	38	38	38	38
	d_k	max	3,2	4	5	5,6	8	9,5	12	16	20
	d_a	max	2	2,6	3,1	3,6	4,7	5,7	6,8	9,2	11,2
DIN ISO 1580	k	max	1	1,3	1,5	1,8	2,4	3	3,6	4,8	6
DIN ISO 1580	l	von	2	2,5	3	4	5	6	8	10	12
		bis	16	20	25	30	40	50	60	80	80
DIN ISO 7045	k	max	1,3	1,6	2,1	2,4	3,1	3,7	4,6	6	7,5
DIN ISO 7045	Kreuzschlitz-Größe		0		1		2		3	4	
DIN ISO 7045	l	von	3	3	3	4	5	6	8	10	12
		bis	16	20	25	30	40	45	60	60	60

Werkstoff: DIN EN ISO 1580, Stahl 4.8, 5.8, nichtrostender Stahl A 2-50, A 2-70
DIN EN ISO 7045, Stahl 4.8, nichtrostender Stahl A 2-50, A 2-70
Produktklasse A

Blechschrauben mit Schlitz
Blechschrauben mit Kreuzschlitz

DIN EN ISO 1481, DIN EN ISO 1482, DIN EN ISO 1483: alle 2011-10
DIN EN ISO 7049, DIN EN ISO 7050, DIN EN ISO 7051: alle 2011-11

Blechschrauben mit Schlitz

Blechschrauben mit Kreuzschlitz

ISO 1481

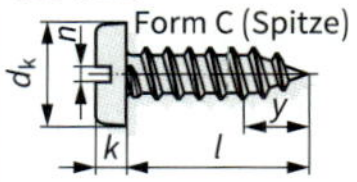

ISO 7049

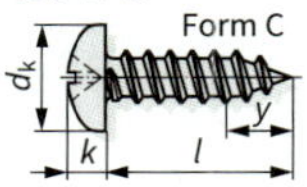

ISO 1482

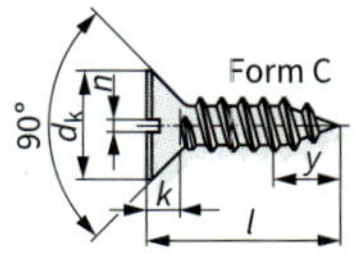

ISO 7050

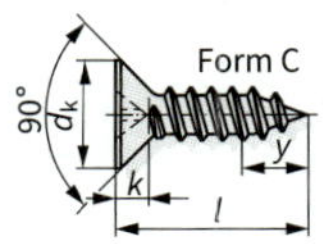

ISO 1483

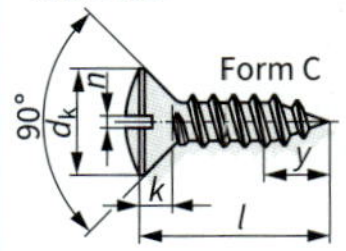

ISO 7051

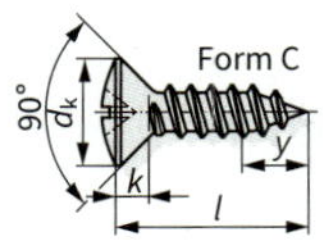

Form R

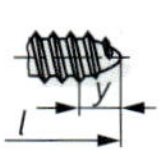

Form F

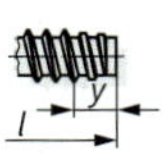

Kreuzschlitz

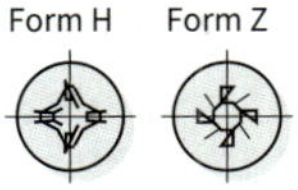

DIN ISO	Gewinde		ST 2,2	ST 2,9	ST 3,5	ST 4,2	ST 4,8	ST 5,5	ST 6,3
1482, 1483 7050, 7051	d_k	max	3,8	5,5	7,3	8,4	9,3	10,3	11,3
1481, 7049			4	5,6	7	8	9,5	11	12
1482, 1483 7050, 7051	k	max	1,1	1,7	2,35	2,6	2,8	3	3,15
1481			1,3	1,8	2,1	2,4	3	3,2	3,6
7049			1,6	2,4	2,6	3,1	3,7	4	4,6
1481 … 1483 7049 … 7051	y	Form C	2	2,6	3,2	3,7	4,3	5	6
		Form F	1,6	2,1	2,5	2,8	3,2	3,6	3,6
		Form R	–	–	2,7	3,2	3,6	4,3	5,0
1481 … 1483	n		0,5	0,8	1	1,2	1,2	1,6	1,6
7049 … 7051	Kreuzschlitz-Größe		0	1	2			3	
1481	l	von	4,5	6,5	6,5	9,5	9,5	13	13
		bis	16	19	22	25	32	32	38
1482, 7050 7051	l	von	4,5	6,5	9,5	9,5	9,5	13	13
		bis	16	19	25	32	32	38	38
1483	l	von	4,5	6,5	9,5	9,5	9,5	13	13
		bis	16	19	22	25	32	32	38
7049	l	von	4,5	6,5	9,5	9,5	9,5	13	13
		bis	16	19	25	32	38	38	38

Längenabstufung: 4,5; 6,5; 9,5; 13; 16; 19; 22; 25; 32; 38; 45; 50 mm
Werkstoff: Stahl, Produktklasse A, nichtrostender Stahl A2, A4, A5
Blechschraube ISO 7050 – ST 4,2 × 22 – C – Z Bezeichnung einer Senk-Blechschraube mit Gewinde ST 4,2, l = 22 mm, spitze Form C, Kreuzschlitz Form Z

Gewindeschneidschrauben

DIN 7513, DIN 7516: alle 2016-12

Schlitzschrauben nach DIN 7513			Kreuzschlitzschrauben nach DIN 7516			
Form	Bild	Maße nach	Form	Bild	Maße nach	Kreuzschlitz
BE	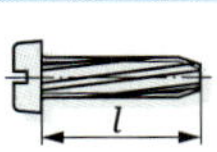	DIN EN ISO 1207	AE	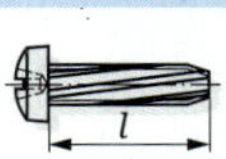	DIN EN ISO 7045	Form H 
FE	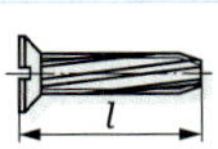	DIN EN ISO 2009	DE	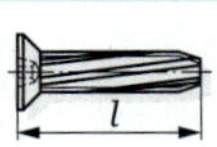	DIN EN ISO 7046	Form Z 
GE	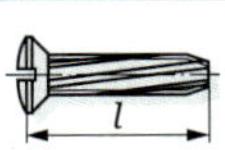	DIN EN ISO 2010	EE	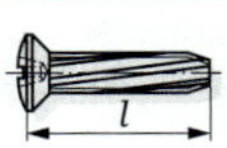	DIN EN ISO 7047	

d		M 3	M 4	M 5	M 6	M 8
Kernloch-Ø d H11		2,7	3,6	4,5	5,5	7,4
l	von	6	8	10	12	16
	bis	20	25	30	35	40

Längenabstufung: 6; 8; 10; 12; 16; 20; 25; 30; 35 und 40 mm
Werkstoff: Stahl nach DIN 17 210, DIN EN 10 083
Bezeichnung einer Kreuzschlitzschraube mit d = M 5, l = 20, Form DE, Kreuzschlitz Form H:
Schneidschraube
DIN 7516 – DE M5 × 20 – St – H

Flügelmuttern und Flügelschrauben

DIN 315, DIN 316: alle 2016-12

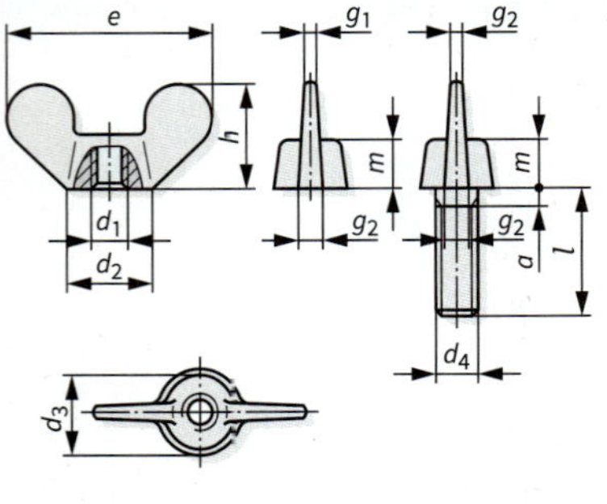

Gewinde an der Auflageseite unter 120° bis auf den Gewindedurchmesser aufgesenkt.

d_1		M 4	M 5	M 6	M 8	M 10	M 12	M 16	M 20	M 24
Steigung P		0,7	0,8	1	1,25	1,5	1,75	2	2,5	3
d_2	max	8	11	13	16	20	23	29	35	44
d_3	max	7	9	11	12,5	16,5	19,5	23	29	37,5
e	max	20	26	33	39	51	65	73	90	110
g_1	max	1,9	2,3	2,3	2,8	4,4	4,9	6,4	6,9	9,4
g_2	max	2,3	2,8	3,3	4,4	5,4	6,4	7,5	8	10,5
h	max	10,5	13	17	20	25	33,5	37,5	46,5	56,5
m	max	4,6	6,5	8	10	12	14	17	21	25
l	von	6	8	8	10	16	16	20	30	35
	bis	20	30	40	50	60	60	60	60	60

Längenabstufungen l: 6, 8, 10, 12, 16, 20, 25, 30, 35, 40, 50 und 60
Werkstoff: Temperguss, Stahl, austenitischer Stahl, CuZn-Legierung
Ausführung: Produktklasse C (Gewindetoleranz 7 H bzw. 8 g)
Bezeichnung einer Flügelmutter mit Gewinde d_1 = M 6 aus Temperguss (GT), Produktklasse C: **Flügelmutter DIN 315 – M 6 – GT**

Rändelschrauben hohe Form, Rändelschrauben niedrige Form

DIN 464: 2007-01; DIN 653: 2006-08

Rändel nach DIN 82
g_2 nach DIN 76 – A

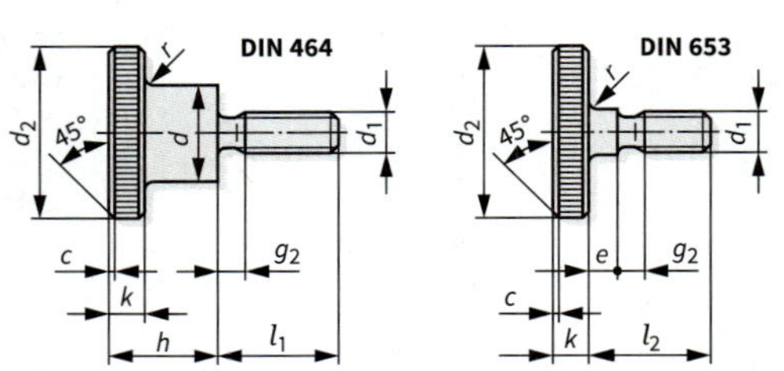

d_1	M 4	M 5	M 6	M 8	M 10
$c \approx$	0,4	0,4	0,5	0,6	0,8
d_2	16	20	24	30	36
d_3	8	10	12	16	20
e (ab l)	3 (ab l = 20)		4 (20)	5 (25)	6 (30)
h	9,5	11,5	15	18	23
k	3,5	4	5	6	8
r	0,5	1	1	2	2
l_1	5 … 16	6 … 20	8 … 25	12 … 25	20 … 40
l_2	8 … 25	10 … 30	12 … 30	16 … 35	20 … 40

Längenabstufungen l: 5, 6, 8, 10, 12, 16, 20, 25, 30, 35, 40
Bezeichnung einer hohen Rändelschraube mit d_1 = M 5, l_1 = 10, Werkstoff St = 9 S Mn Pb 28 K
Rändelschraube DIN 464 – M 5 × 10 – St

Gewindestifte mit Schlitz
Gewindestifte mit Innensechskant

DIN EN ISO 4766: 2011-11, DIN EN 27 434, DIN EN 27 435, DIN EN 27 436: alle 1992-10
DIN EN ISO 4026, DIN EN ISO 4027, DIN EN ISO 4028, DIN EN ISO 4029: alle 2004-05

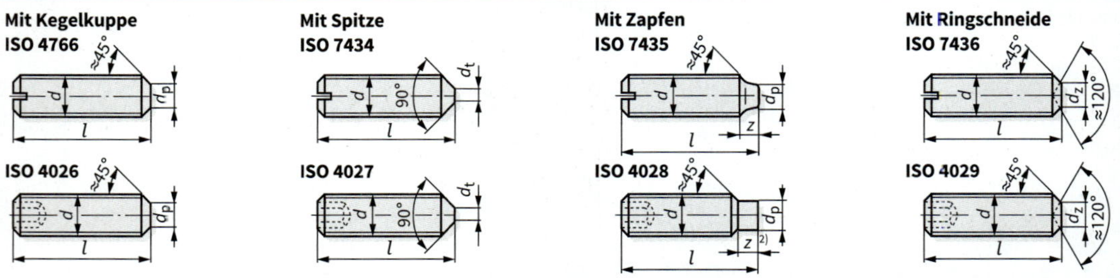

d			M 1,6	M 2	M 2,5	M 3	M 4	M 5	M 6	M 8	M 10	M 12	M 16	M 20
DIN EN 24 766	d_p	max	0,8	1	1,5	2	2,5	3,5	4	5,5	7	8,8	–	–
DIN EN 27 435			0,8	1	1,5	2	2,5	3,5	4	5,5	7	8,5	–	–
ISO 4026			0,8	1	1,5	2	2,5	3,5	4	5,5	7	8,5	12	15
ISO 4028			0,8	1	1,5	2	2,5	3,5	4	5,5	7	8,5	12	15
DIN EN 27 434	d_t	max	0,16	0,2	0,25	0,3	0,4	0,5	1,5	2	2,5	3	–	–
ISO 4027			–	–	–	–	–	–	1,5	2	2,5	3	4	5
DIN EN 27 436	d_z	max	0,8	1	1,2	1,4	2	2,5	3	5	6	8	–	–
ISO 4029			0,8	1	1,2	1,4	2	2,5	3	5	6	8	10	14
DIN EN 27 435	z	max	0,8	1	1,25	1,5	2	2,5	3	4	5	6	–	–
ISO 4028	z	min	0,4	0,5	0,63	0,75	1	1,25	1,5	2	2,5	3	4	5
		max	1,05	1,25	1,5	1,75	2,25	2,75	3,25	4,3	5,3	6,3	8,36	10,36

Längen abhängig vom Gewindedurchmesser, l: 2; 2,5; 3; 4; 5; 6; 8; 10; 12; 16; 20; 25; 30; 35; 40; 45; 50; 55; 60 mm
Werkstoff für Gewindestift mit Schlitz: Stahl 14 H, 22 H, nichtrostender Stahl A 1–50, Produktklasse A
Werkstoff für Gewindestift mit Innensechskant: Stahl 45 H, nichtrostender Stahl A 2–70
Bezeichnung eines Gewindestiftes mit Schlitz und Zapfen, Gewinde M 5, l = 12 mm und Festigkeitsklasse 14 H:
Gewindestift ISO 7435 – M 5 × 12 – 14 H

Sechskantmutter Typ 1 (Regelgewinde) Sechskantmutter Typ 2 (Regelgewinde) Sechskantmutter Typ 1 (Feingewinde) Sechskantmutter Typ 2 (Feingewinde)	DIN EN ISO 4032: 2013-04 DIN EN ISO 4033: 2013-04 DIN EN ISO 8673: 2013-04 DIN EN ISO 8674: 2013-04	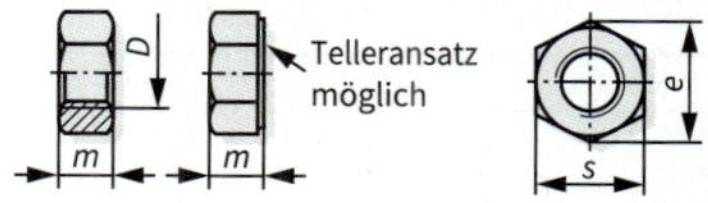
Sechskantmutter (Regelgewinde) Produktklasse C	DIN EN ISO 4034: 2013-04	
Sechskantmutter, niedrige Form (Regelgewinde) Niedrige Sechskantmutter (Feingewinde)	DIN EN ISO 4035: 2013-04 DIN EN ISO 8675: 2013-04	
Niedrige Sechskantmutter ohne Fase (Regelgewinde)	DIN EN ISO 4036: 2013-04	

m (Typ 2) ≈ 1,1 m (Typ 1)

Sechskantmuttern mit Regelgewinde

DIN EN ISO	Gewinde *D*	M 2	M 3	M 4	M 5	M 6	M 8	M 10	M 12	M 16	M 20	M 24	M 30	M 36
4032	*e*	4,3	6	7,7	8,8	11,1	14,4	17,8	20	26,8	33	39,6	50,9	60,8
	m	1,6	2,4	3,2	4,7	5,2	6,8	8,4	10,8	14,8	18	21,5	25,6	31
	s	4	5,5	7	8	10	13	16	18	24	30	36	46	55
4033	*e*	–	–	–	8,8	11,1	14,4	17,8	20	26,8	33	39,6	50,9	60,8
	m	–	–	–	5,1	5,7	7,5	9,3	12	16,4	20,3	23,9	28,6	34,7
4034	*e*	–	–	–	8,6	10,9	14,2	17,6	19,9	26,2	33	39,6	50,9	60,8
	m	–	–	–	5,6	6,1	7,9	9,5	12,2	15,9	19	22,3	26,4	31,5
4035	*e*	4,3	6	7,7	8,8	11,1	14,4	17,8	20	26,8	33	39,6	50,9	60,8
	m	1,2	1,8	2,2	2,7	3,2	4	5	6	8	10	12	15	18
4036	*e*	4,2	5,9	7,5	8,6	10,9	14,2	17,6	–	–	–	–	–	–
	m	1,2	1,8	2,2	2,7	3,2	4	5	–	–	–	–	–	–

Sechskantmuttern mit Feingewinde

DIN EN ISO	Gewinde *D* × *P*	M 8 × 1	M 10 × 1	M 12 × 1,5	M 16 × 1,5	M 20 × 1,5	M 24 × 2	M 30 × 2	M 36 × 3	Größen *s* und *e* für alle Muttern siehe DIN EN ISO 4032
8673	*m*	6,8	8,4	10,8	14,8	18	21,5	25,6	31	
8674	*m*	7,5	9,3	12	16,4	20,3	23,9	28,6	34,7	
8675	*m*	4	5	6	8	10	12	15	18	

Festigkeitsklassen (Werkstoffe) und Produktklassen für Sechskantmuttern aus Stahl

DIN EN ISO	Stahl	Norm	Produktklasse	Nichtrostender Stahl	Norm	Produktklasse
4032	M 3 ≤ *D* ≤ M 39: 6; 8; 10	M 3 ≤ *D* ≤ M 39: DIN EN 20 898-2	*D* ≤ M 16 : A *D* > M 16 : B	*D* ≤ M 20: A2-70 M 20 < *D* ≤ M 39: A2-50	*D* ≤ M 39: DIN ISO 3506	*D* ≤ M 16 : A *D* > M 16 : B
4033	9 … 12	DIN EN 20 898-2		–	–	–
4034	*D* ≤ M 16 : 5 M 16 < *D* ≤ M 39: 4; 5	*D* ≤ M 39: DIN EN 20 898-2	C	–	–	–
4035	*D* < M 3 : 14 H M 3 ≤ *D* ≤ M 39: 04; 05	*D* < M 3: DIN EN ISO 898-6 M 3 ≤ *D* ≤ M 39: DIN EN 20 898-2	*D* ≤ M 16 : A *D* > M 16 : B	*D* ≤ M 20: A2-70 M 20 < *D* ≤ M 39: A2-50	*D* ≤ M 39: DIN ISO 3506	*D* ≤ M 16 : A *D* > M 16 : B
4036	min 110 HV	–	B	–	–	–
8673	*D* ≤ 39 mm: 6; 8 *D* ≤ 16 mm: 10	*D* ≤ 39 mm: DIN EN ISO 898-6	*D* ≤ 16 mm : A *D* > 16 mm : B	*D* ≤ 20 mm: A2-70 20 mm < *D* ≤ 39 mm: A2-50	*D* ≤ 39 mm: DIN ISO 3506	*D* ≤ 16 mm : A *D* > 16 mm : B
8674	*D* ≤ 16 mm: 8; 12 *D* ≤ 39 mm: 10	DIN EN ISO 898-6		–	–	–
8675	*D* ≤ 39 mm: 04; 05	*D* ≤ 39 mm: DIN EN ISO 898-6		*D* ≤ 20 mm: A2-70 20 mm < *D* ≤ 39 mm: A2-50	*D* ≤ 39 mm: DIN ISO 3506	*D* ≤ 16 mm : A *D* > 16 mm : B

Produktklassen siehe DIN ISO 4759-1.
Sechskantmutter ISO 4032 – M 10 – 8
Bezeichnung einer Sechskantmutter, Typ 1, mit Gewinde M 10 und Festigkeitsklasse 8

Sechskantmuttern mit Flansch

DIN EN 1661: 1998-02

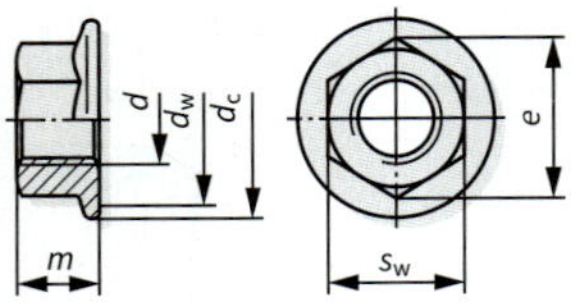

Sechskantmutter EN-1661 – M 10 – 8 Bezeichnung für eine Sechskantmutter mit dem Nenndurchmesser M 10 und Festigkeitsklasse 8

d	M 5	M 6	M 8 M 8 × 1	M 10 M 10 × 1,25	M 12 M 12 × 1,5	M 16 M 16 × 1,5	M 20 M 20 × 1,5
d_c	11,8	14,2	17,9	21,8	26	34,5	42,8
d_w	9,8	12,2	15,8	19,6	23,8	31,9	39,9
e	8,79	11,05	14,38	16,64	20,03	26,75	32,95
s_w	8	10	13	15	18	24	30
m	5	6	8	10	12	16	20

Werkstoff: Stahl, Festigkeitsklassen 8; 10; 12 nach DIN EN 20 898-2
Nichtrostender Stahl, A 2 – 70 nach DIN ISO 3506
Produktklasse A

Sechskantmuttern mit Klemmteil, Typ 1

DIN EN ISO 7040: 2013-04; DIN EN ISO 10512: 2013-05

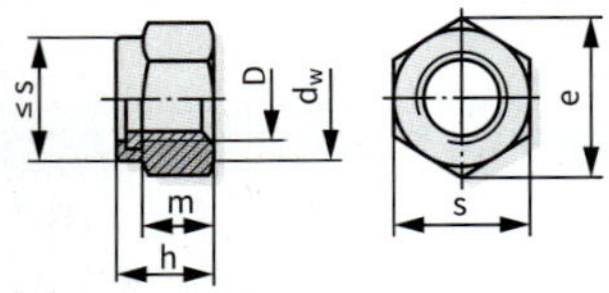

Klemmteilgestaltung nach Wahl des Herstellers, *m* = Mindestgewindehöhe
Sechskantmutter ISO 7040 – M 8 – 8 Bezeichnung einer Sechskantmutter mit dem Nenndurchmesser M 8 und Festigkeitsklasse 8

D	M 3 –	M 4 –	M 5 –	M 6 –	M 8 M 8 × 1	M 10 M 10 ×1	M 12 M 12 × 1,5	M 16 M 16 × 1,5	M 20 M 20 × 1,5
d_w	4,6	5,9	6,9	8,9	11,6	14,6	16,6	22,5	27,7
e	6,01	7,66	8,79	11,05	14,38	17,77	20,03	26,75	32,95
s	5,5	7	8	10	13	16	18	24	30
h	4,5	6	6,8	8	9,5	11,9	14,9	19,1	22,8
m	2,15	2,9	4,4	4,9	6,44	8,04	10,37	14,1	16,9

Werkstoff: St, Festigkeitsklassen: 8, 10; für Feingewinde: 6, 8, 10
Produktklasse für *d* ≤ M 16: A, für *d* > M 16: B
Feingewinde: ISO 10512

Sechskantmuttern mit Klemmteil (Ganzmetallmuttern), Typ 2

DIN EN ISO 7042: 2013-04; DIN EN ISO 10513: 2013-05

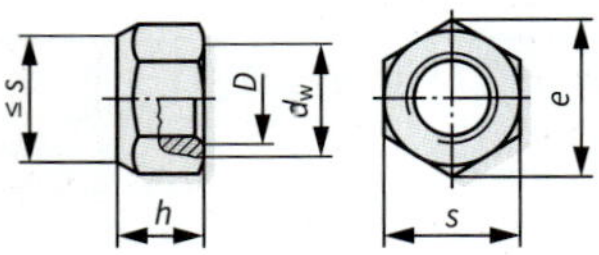

Klemmteilgestaltung nach Wahl des Herstellers
Sechskantmutter ISO 10 513 – M10 × 1,25 – 10
Bezeichnung einer Sechskantmutter mit dem Nenndurchmesser M 10 × 1,25 und Festigkeitsklasse 10

D	M 5 –	M 6 –	M 8 M 8 × 1	M 10 M 10 × 1,25	M 12 M 12 × 1,5	M 16 M 16 × 1,5	M 20 M 20 × 1,5
h	5,1	6	8	10	12	16	20
w	3,52	3,92	5,15	6,43	8,3	11,28	13,52

Abmessungen für d_w, *e* und s siehe DIN EN ISO 7040, 10512
Werkstoff: Stahl, Festigkeitsklassen 5; 8; 10; 12, für Muttern mit Feingewinde: 8, 10, 12; Produktklasse A für *d* ≤ M16, B für *d* > M 16
Feingewinde: ISO 10513

Sechskantmutter mit Flansch und Klemmteil, nichtmetallischer Einsatz

DIN EN 1663: 1998-02

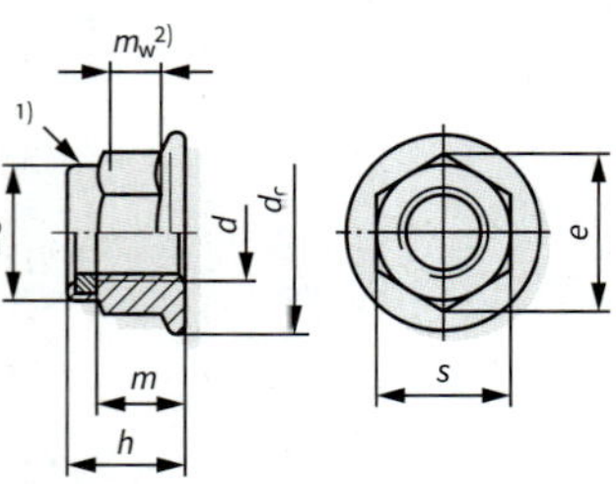

[1] Gestaltung des Klemmteils nach Wahl des Herstellers.
[2] m_W ist die Mindesthöhe für den Schlüsselangriff

d	M 5	M 6	M 8	M 10	M 12	M 16	M 20
d_c	11,8	14,2	17,9	21,8	26	34,5	42,8
e	8,79	11,05	14,38	16,64	20,03	26,75	32,95
s	8	10	13	16	18	24	30
h	7,1	9,1	11,1	13,5	16,1	20,3	24,8
m	4,7	5,7	7,6	9,6	11,6	15,3	18,7
m_w	2,5	3,1	4,6	5,9	6,8	8,9	10,7

Werkstoff: Stahl, Festigkeitsklassen 8; 10, Produktklasse A für *d* ≤ M 16;
Produktklasse B für *d* > M 16, Einsatz z. B. PA

Sechskantmutter EN 1663 – M8 – 8
Bezeichnung einer Sechskantmutter mit Flansch und Klemmteil, nichtmetall. Einsatz, für *d* = M8, Festigkeitsklasse 8

Sechskantmuttern mit Klemmteil, nichtmetallischer Einsatz, niedrige Form

DIN EN ISO 10511: 2013-05

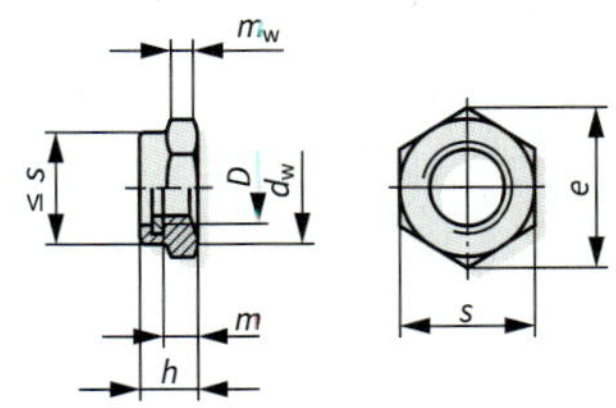

Gewinde D		M 3	M 4	M 5	M 6	M 8	M 10	M 12	M 16	M 20
d_w		4,6	5,9	6,9	8,9	11,6	14,6	16,6	22,5	27,7
e	min	6,01	7,66	8,79	11,05	14,38	17,7	20,03	26,75	32,95
s	max	5,5	7	8	10	13	16	18	24	30
h	max	3,9	5	5	6	6,76	8,56	10,23	12,42	14,9
	min	3,42	4,52	4,52	5,52	6,18	7,98	9,53	11,32	13,1
m	min	2,4	2,9	3,2	4	5,5	6,5	8	10,5	14
m_w	min	1,24	1,56	1,96	2,32	2,96	3,76	4,56	5,94	7,28

m = Mindestgewindehöhe
m_w = Mindesthöhe für den Schlüsselangriff

Klemmteilgestaltung nach Wahl des Herstellers.

Werkstoff: Mutterkörper St, Festigkeitsklassen: 04, 05
Produktklasse A für $d \leq$ M 16, B für $d >$ M 16
Einsatz: Nichtmetall (z. B. Polyamid)

Sechskantmutter ISO 10511 – M 16 – 04
Bezeichnung einer Sechskantmutter mit Klemmteil, mit nichtmetallischem Einsatz, d = M 16, Festigkeitsklasse 04

Sechskant-Hutmuttern

DIN 917: 2000-10; DIN 1587: 2014-07; DIN 986: 2013-08

Niedrige Form nach DIN 917
$D \leq$ M 10 $D \geq$ M 12

Hohe Form nach DIN 1587
$D \leq$ M 10 $D \geq$ M 12

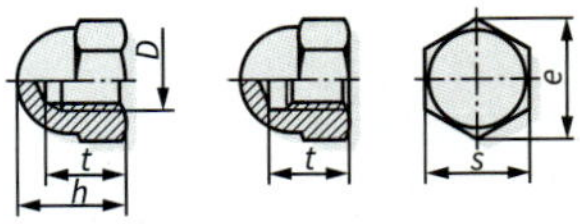

Mit Klemmteil nach DIN 986

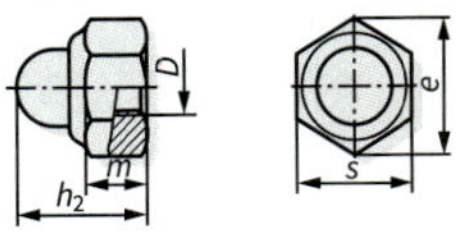

für M10, M12, M14 und M22 zusätzlich SW angeben
z. B. Hutmutter DIN 917 – M12 – SW 18 – 6
Hutmutter DIN 986 – M 16 – 8
Bezeichnung einer Hutmutter nach DIN 986, D = M 16, Festigkeitsklasse 8

D		M 4	M 5	M 6	M 8	M 10	M 12	M 16	M 20
$D \times P$		–	–	–	M 8 × 1	M 10 × 1	M 12 × 1,5	M 16 × 1,5[1]	M 20 × 2
		–	–	–	–	M 10 × 1,25[1]	M 12 × 1,25[1]	–	M 20 × 1,5
DIN 917	h	5,5	7	9	12	14	16	20	25
	t	4,4	5,2	7	9,5	11	13,5	17	21
DIN 1587	h	8	10	12	15	18	22	28	34
	t	5,5	7,5	8	11	13	16	21	26
DIN 986	h_2	9,6	10,5	12	14	18,1	22,5	27,5	35
	m	3,2	4,0	5,0	6,4	7,8	9,6	12,5	14,0

Abmessungen für s und e siehe DIN EN 24032

Werkstoff: **DIN 917** Festigkeitsklasse 5; 6, A1–50 nach DIN ISO 3506, Nichteisenmetall nach DIN EN 28839, Produktklasse A
DIN 1587 Festigkeitsklasse 6, A1–50 nach DIN ISO 3506, CU 3, CU 6 nach Wahl des Herstellers, Produktklasse A oder B
DIN 986 Festigkeitsklasse 5; 6 (nur Feingewinde), 8; 10, Einsatz Nichtmetall, z. B. Polyamid, Kappe Stahlblech, Produktklasse A1 für $d \leq$ 16 mm, B für $d >$ 16 mm

[1] Anwendung für DIN 986 möglichst vermeiden

Sechskant-Kronenmuttern

DIN 935-1: 2013-08

ab M 12

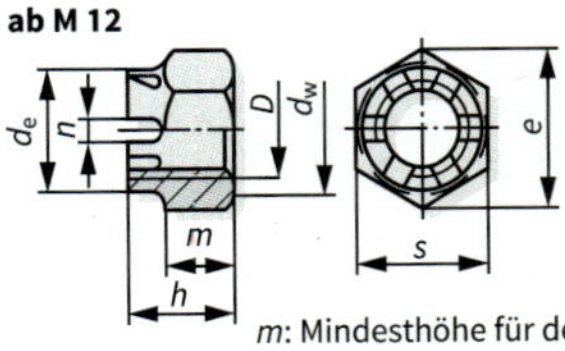

m: Mindesthöhe für den Schlüsselangriff

bis M 10

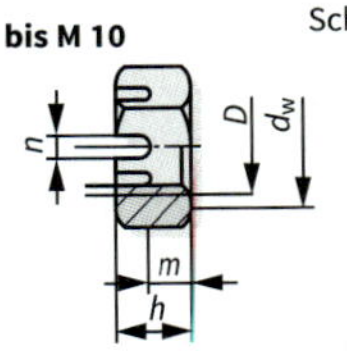

Kronenmutter DIN 935 – M 8 – 8 Bezeichnung einer Kronenmutter, d = M 8, Festigkeitsklasse 8

D		M 6	M 8	M 10	M 12	M 16	M 20	M 24
		–	M 8 × 1	M 10 × 1,25	M 12 × 1,25	M 16 × 1,5	M 20 × 2	M 24 × 2
		–	–	M 10 × 1	M 12 × 1,5	–	M 20 × 1,5	–
d_e	max	–	–	–	16	22	28	34
d_w		8,9	11,6	14,6	16,6	22,5	27,7	33,2
e	≈	11,05	14,38	17,8 / 18,9	20 / 21,1	26,75	32,95	39,55
s		10	13	16	18	24	30	36
h		7,5	9,5	12	15	19	22	27
m		3,8	4,9	6,1	7,7	9,8	11,9	14,2
n		2	2,5	2,8	3,5	4,5	4,5	5,5
Splint ISO 1234		1,6 × 14	2 × 16	2,5 × 20	3,2 × 22	4 × 28	4 × 36	5 × 40

Technische Lieferbedingungen		
Stahl	Nichtrostender Stahl	Nichteisenmetall
≤ M 39: 6; 8; 10	≤ M 20: A2–70	CU 2; CU 3
> M 39: nach Vereinbarung	> M 20 ≤ M 39: A2–50	
Produktklasse für d ≤ M 16: A, für d > M 16: B		

Ringmuttern, Ringschrauben

DIN 582: 2010-09; DIN 580: 2010-09

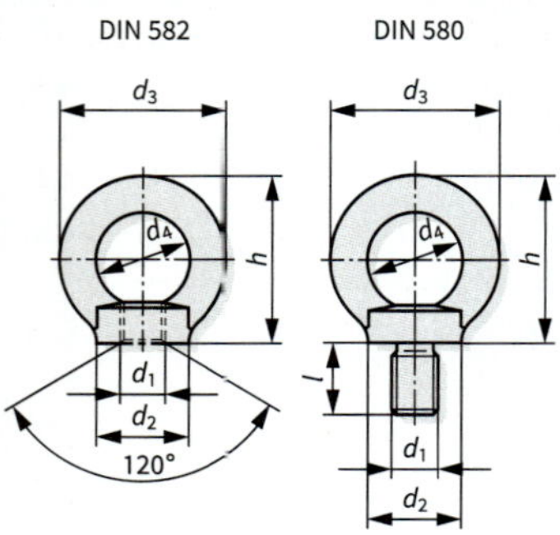

Gewinde d_1	M 8	M 10	M 12	M 16	M 20	M 24	M 30	M 36	M 42	M 48
l	13	17	20,5	27	30	36	45	54	63	68
h	36	45	53	62	71	90	109	128	147	168
d_2	20	25	30	35	40	50	65	75	85	100
d_3	36	45	54	63	72	90	108	126	144	166
d_4	20	25	30	35	40	50	60	70	80	90
	Höchstzulässige Masse des anzuhängenden Stücks pro Schraube in kg									
m (m↑)	140	230	340	700	1200	1800	3200	4600	6300	8600
m (≤ 45°, m↑↑)	100	170	240	500	860	1290	2300	3300	4500	6100

Werkstoff: C 15E nach DIN 10 084, nichtrostender Stahl A2, A3, A4, A5 nach DIN EN ISO 3506-2

Ringmutter DIN 582 – M 24 – C 15E
Bezeichnung einer Ringmutter mit Gewinde d_1 = M 24 aus Stahl C 15E

Nutmuttern (Wälzlagerzubehör)

DIN 981: 2009-06

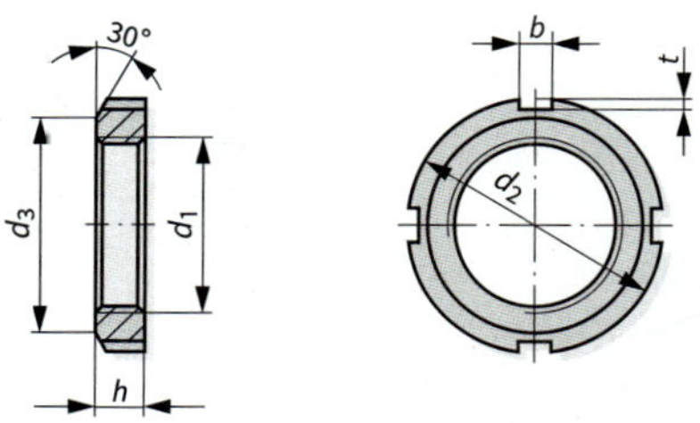

Kurzzeichen	d_1	d_2	d_3	h	b	t
KM 2	M 15 × 1	25	21	5	4	2
KM 3	M 17 × 1	28	24	5	4	2
KM 4	M 20 × 1	32	26	6	4	2
KM 5	M 25 × 1,5	38	32	7	5	2
KM 6	M 30 × 1,5	45	38	7	5	2
KM 7	M 35 × 1,5	52	44	8	5	2
KM 8	M 40 × 1,5	58	50	9	6	2,5
KM 9	M 45 × 1,5	65	56	10	6	2,5
KM 10	M 50 × 1,5	70	61	11	6	2,5
KM 11	M 55 × 2	75	67	11	7	3
KM 12	M 60 × 2	80	73	11	7	3
KM 13	M 65 × 2	85	79	12	7	3
KM 14	M 70 × 2	92	85	12	8	3,5
KM 15	M 75 × 2	98	90	13	8	3,5
KM 16	M 80 × 2	105	95	15	8	3,5

Sicherungsbleche für Nutmuttern MB 2 … MB 16 siehe DIN 5406

Werkstoff: Stahl, $R_m \geq 350$ N/mm²
Bezeichnung einer Nutmutter mit Gewinde M 25 × 1,5:
Nutmutter DIN 981 – KM 5

Nutmuttern, Kreuzlochmuttern

DIN 1804: 1971-03; DIN 1816: 1971-03

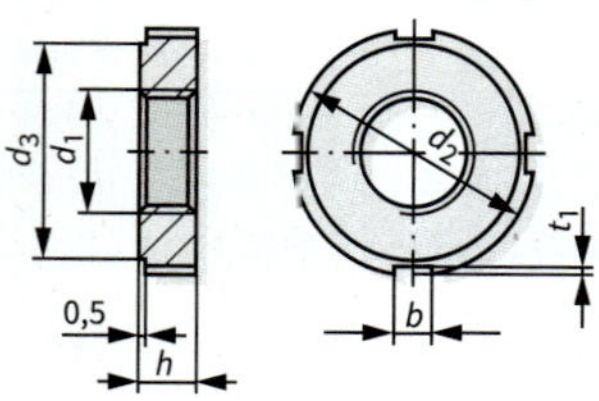

Nutmutter DIN 1804
Zugehöriges Sicherungsblech nach DIN 462

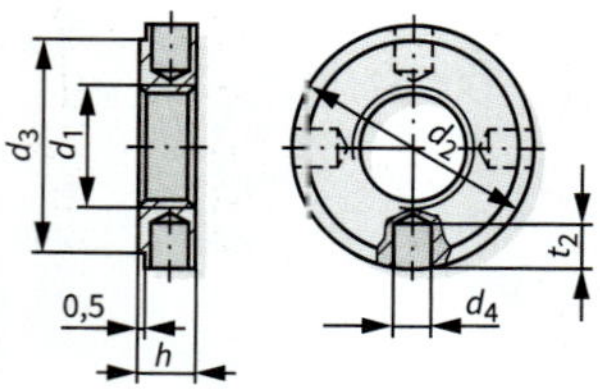

Kreuzlochmutter DIN 1816

d_1	d_2	d_3	d_4	h	b	t_1	t_2
M 16 × 1,5	32	27	4	7	5	2	6
M 20 × 1,5	36	30	4	8	6	2,5	6
M 24 × 1,5	42	36	4	9	6	2,5	6
M 28 × 1,5	50	43	5	10	7	3	7
M 30 × 1,5	50	43	5	10	7	3	7
M 32 × 1,5	52	45	5	11	7	3	7
M 35 × 1,5	55	48	5	11	7	3	7
M 40 × 1,5	62	54	6	12	8	3,5	8
M 42 × 1,5	62	54	6	12	8	3,5	8
M 45 × 1,5	68	60	6	12	8	3,5	8
M 50 × 1,5	75	67	6	13	8	3,5	10
M 60 × 1,5	90	80	6	13	10	4	10

Ausführung w: ungehärtet und ungeschliffen
h: gehärtet und Planflächen geschliffen
Bezeichnung einer Nutmutter mit d_1 = M 40 × 1,5, Ausführung h
Nutmutter DIN 1804 – M 40 × 1,5 – h

Senkdurchmesser für Schrauben mit Zylinderkopf

DIN 974-1: 2008-02

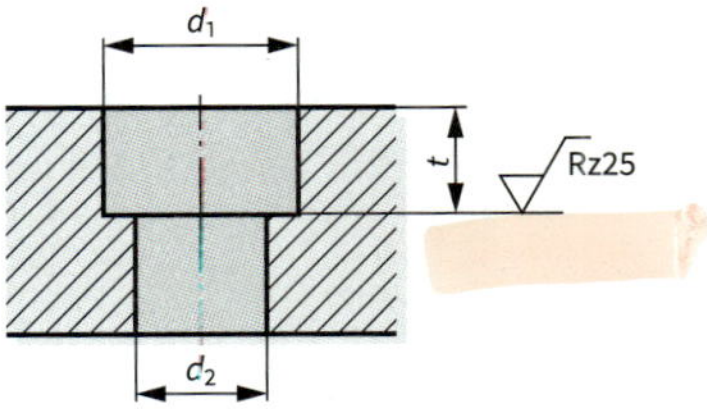

Gewinde-Nenndurchmesser d	Zugabe
von 1 bis 1,4	0,2
über 1,4 bis 6	0,4
über 6 bis 20	0,6
über 20 bis 27	0,8
über 27 bis 100	1,0

Beispiel zur Ermittlung der Senktiefe t für eine Zylinderschraube DIN EN ISO 4762 – M 12 × 60 – 12.9 mit Scheibe DIN 433–13–HV300:

Maximale Kopfhöhe: $k_{max} = 12$ mm
Maximale Scheibendicke: $h_{max} = 2{,}2$ mm
Zugabe: 0,6 mm

$$t = k_{max} + h_{max} + \text{Zugabe}$$

$t = 12\text{ mm} + 2{,}2\text{ mm} + 0{,}6\text{ mm} = 14{,}8\text{ mm}$

Gewinde-Nenn-Ø		Senkdurchmesser d_1 H 13				
		ohne Unterlegteile		Schrauben mit Unterlegteilen		
d	d_2	Reihe 1	Reihe 2	Reihe 4	Reihe 5	Reihe 6
1	1,2	2,2	–	–	–	–
1,2	1,4	2,5	–	–	–	–
1,4	1,6	3	–	–	–	–
1,6	1,8	3,5	3,5	–	–	–
1,8	2,1	3,8	–	–	–	–
2	2,4	4,4	5	5,5	6	6
2,5	2,9	5,5	6	6	7	7
3	3,4	6,5	7	7	9	8
3,5	3,9	6,5	8	8	9	9
4	4,5	8	9	9	10	10
5	5,5	10	11	11	13	13
6	6,6	11	13	13	15	15
8	9	15	18	16	18	20
10	11	18	24	20	24	24
12	13,5	20	–	24	26	33
14	15,5	24	–	26	30	40
16	17,5	26	–	30	33	43
18	20	30	–	33	36	46
20	22	33	–	36	40	48
22	24	36	–	40	43	54
24	26	40	–	43	48	58
27	30	46	–	46	54	63
30	33	50	–	54	61	73
33	36	54	–	–	63	–
36	39	58	–	63	69	–

Reihe 1 für Schrauben[1] nach DIN EN ISO 1207, DIN EN ISO 4762, DIN 6912 und DIN 7984 ohne Unterlegteile
Reihe 2 für Schrauben[1] nach DIN ISO 1580 und DIN ISO 7045 ohne Unterlegteile
Reihe 4 für Schrauben mit Zylinderkopf mit Unterlegteilen nach DIN 433-1 und 2, DIN 6902 Form C, DIN 137 Form A, DIN 128, DIN 6905, DIN 6797, DIN 6798 und DIN 6907
Reihe 5 für Schrauben mit Zylinderkopf mit Unterlegteilen nach DIN 125-1 und 2, DIN 6902 Form A, DIN 137 Form B und DIN 6904
Reihe 6 für Schrauben mit Zylinderkopf mit Spannscheiben nach DIN 6796 und DIN 6908

[1] Gilt auch für gewindeschneidende Schrauben nach DIN 7513 und DIN 7516 und gewindefurchende Schrauben nach DIN 7500-1, soweit sie Köpfe nach den angegebenen Maßnormen für Schrauben haben.

Senkdurchmesser für Sechskantschrauben und Sechskantmuttern

DIN 974-2: 1991-05

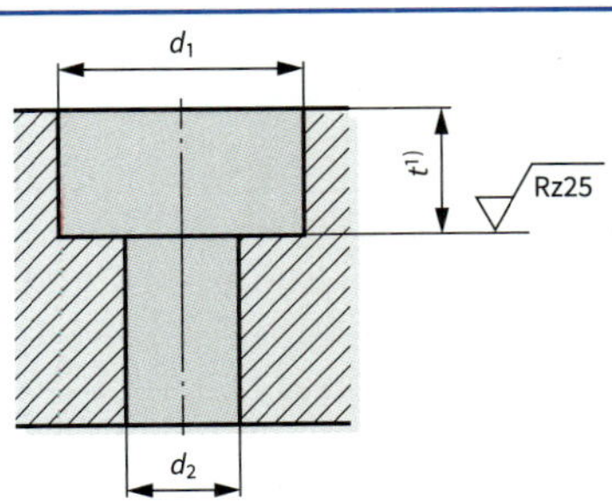

Reihe 1: für Steckschlüssel nach DIN 659, DIN 896, DIN 3112, DIN 3124
Reihe 2: für Ringschlüssel nach DIN 838, DIN 897, DIN 3129
Reihe 3: für Ansenkungen bei beengten Raumverhältnissen (nicht für Spannscheiben)

[1] siehe DIN 974-1

Gewinde-Nenn-Ø	d_2 H13	Schlüsselweite S	d_1 H13		
d			Reihe 1	Reihe 2	Reihe 3
4	4,5	7	13	15	10
5	5,5	8	15	18	11
6	6,6	10	18	20	13
8	9	13	24	26	18
10	11	16	28	33	22
12	13,5	18	33	36	26
14	15,5	21	36	43	30
16	17,5	24	40	46	33
20	22	30	46	54	40
24	26	36	58	73	48
27	30	41	61	76	54
30	33	46	73	82	61
33	36	50	76	89	69
36	39	55	82	93	73
42	45	65	98	107	82

Senkungen für Senkschrauben

DIN 74: 2003-04

Form A

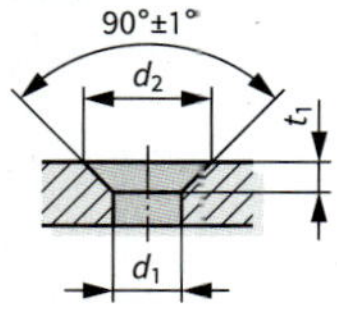

Gewinde-Ø		1,6	2	2,5	3	4	4,5	5	6	7	8
Form A	d_1 H13[1)]	1,8	2,4	2,9	3,4	4,5	5	5,5	6,6	7,6	9
	d_2 H13	3,7	4,6	5,7	6,5	8,6	9,5	10,4	12,4	14,4	16,4
	$t_1 \approx$	0,9	1,1	1,4	1,6	2,1	2,3	2,5	2,9	3,3	3,7

Form E

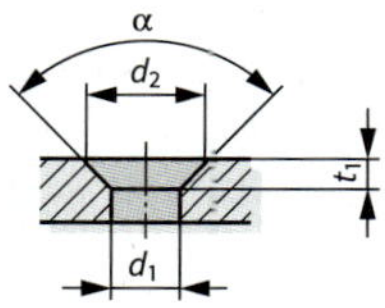

Gewinde-Ø		10	12	16	20	22	24
Form E	d_1 H13[1)]	10,5	13	17	21	23	25
	d_2 H13	19	24	31	34	37	40
	$t_1 \approx$	5,5	7	9	11,5	12	13
	α	75° ± 1°			60° ± 1°		

Gewinde-Ø		3	4	5	6	8	10	12	14	16	20
Form F	d_1 H13[1)]	3,4	4,5	5,5	6,6	9	11	13,5	15,5	17,5	22
	d_2 H13	6,9	9,2	11,5	13,7	18,3	22,7	27,2	31,2	34,0	40,7
	$t_1 \approx$	1,8	2,3	3,0	3,6	4,6	5,9	6,9	7,8	8,2	9,4

Form F

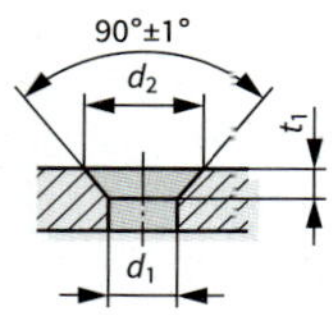

Form A: Senkholzschrauben DIN 97, DIN 7997
Linsensenk-Holzschrauben DIN 35, DIN 7995
Form E: für Senkschrauben für Stahlkonstruktionen DIN 7969
Form F: für Senkschrauben mit Innensechskant nach DIN EN ISO 10 642

Senkung DIN 74 – A8
Bezeichnung einer Senkung Form A mit Durchgangsloch mittel für Gewindedurchmesser 8 mm

1) Durchgangsloch mittel nach DIN EN 20 273

Zeichnungseintragungen

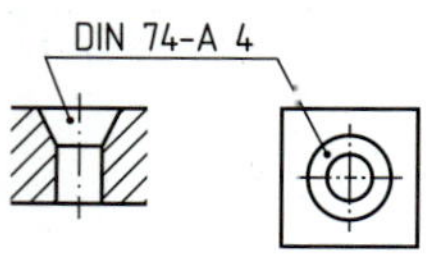

bei Anwendung von Kurzbezeichnung

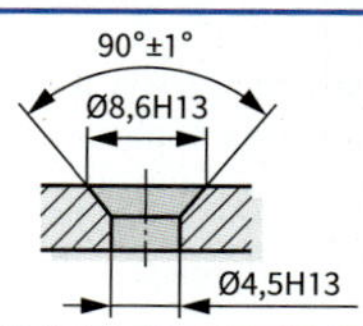

bei Angabe des Senkdurchmessers

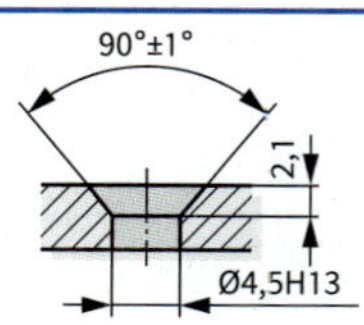

bei Angabe der Senktiefe

Senkungen für Senkschrauben mit Kopfform nach ISO 7721

DIN EN ISO 15 065: 2005-05

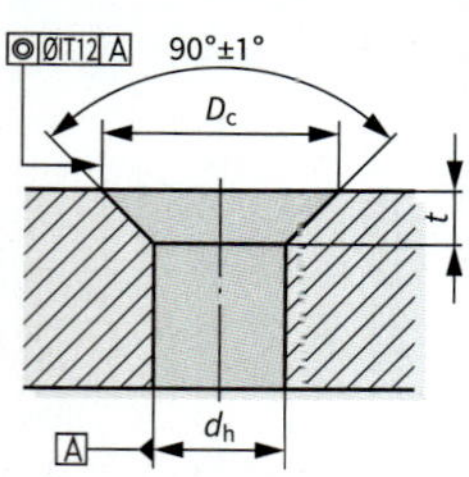

Durchgangsloch d_h nach DIN EN 20 273

Nenngröße	2	3	4	5	6	8	10
Metrische Schrauben	M2	M3	M4	M5	M6	M8	M10
Blech-schrauben	ST2,2	ST2,9	ST4,2	ST4,8	ST6,3	ST8	ST9,5
d_h (mittel) H 13	2,4	3,4	4,5	5,5	6,6	9	11
D_C	4,4	6,3	9,4	10,4	12,6	17,3	20
$t \approx$	1,05	1,55	2,55	2,58	3,13	4,28	4,65

Senkungen für Schrauben nach:

DIN ISO 1482, DIN ISO 1483, DIN ISO 2009, DIN ISO 2010, ISO 15 482, ISO 15 483, ISO 14 584
DIN ISO 7046, DIN ISO 7047, DIN ISO 7050, DIN ISO 7051, ISO 14 586, ISO 14 587

Senkung ISO 15 065 – 5
Bezeichnung einer Senkschraube mit Kopfform nach ISO 7721 mit metrischem Gewinde M 5 oder Blechschraubengewinde St 4,8

Flache Scheiben mit Fase, normale Reihe, Produktklasse A

DIN EN ISO 7090: 2000-11

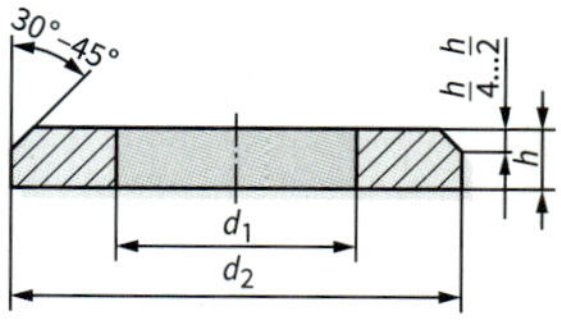

Anwendungsbereiche für Härteklasse 200 HV:
- Sechskantschrauben mit Festigkeitsklassen ≤ 8.8
- Sechskantmuttern mit Festigkeitsklassen ≤ 8
- Sechskantschrauben und -muttern aus nichtrostendem Stahl

Härteklasse 300 HV:
- Sechskantschrauben mit Festigkeitsklassen ≤ 10.9
- Sechskantmuttern mit Festigkeitsklassen ≤ 10

Nenngröße	5	6	8	10	12	16	20
Gewindenenn-Ø	M5	M6	M8	M10	M12	M16	M20
$d_{1\,min}$ (Nennmaß)	5,3	6,4	8,4	10,5	13,0	17,0	21,0
$d_{2\,max}$ (Nennmaß)	10,0	12,0	16,0	20,0	24,0	30,0	37,0
h	0,9–1,1	1,4–1,8	1,4–1,8	1,8–2,2	2,3–2,7	2,7–3,3	2,7–3,3
Nenngröße	24	30	36	42	48	56	64
Gewindenenn-Ø	M24	M30	M36	M42	M48	M56	M64
$d_{1\,min}$ (Nennmaß)	25,0	31,0	37,0	45,0	52,0	62,0	70,0
$d_{2\,max}$ (Nennmaß)	44,0	56,0	66,0	78,0	92,0	105,0	115,0
h	3,7–4,3	3,7–4,3	4,4–5,6	7–9	7–9	9–11	9–11
Werkstoffe[1)]	Stahl			nichtrostender Stahl			
Stahlsorte	–			A2, A4, F1, C1, C4 (ISO 3506-1)			
Härteklasse	200 HV	300 HV (vergütet)		200 HV			

Bezeichnung einer flachen Scheibe mit Fase, Produktklasse A, mit der Nenngröße 10 aus nichtrostendem Stahl der Stahlsorte A4, Härteklasse 200 HV:
Scheibe ISO 7090 – 10 – 200 HV – A 4

[1)] andere Metalle nach Vereinbarung

Flache Scheiben, normale Reihe, Produktklasse C

DIN EN ISO 7091: 2000-11

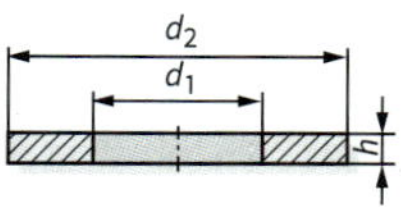

Werkstoff: Stahl;
Härteklasse 100 HV

Nenngröße	4	5	6	8	10	12	16	20	24	30	36	42	48
Gewindenenn-Ø	M4	M5	M6	M8	M10	M12	M16	M20	M24	M30	M36	M42	M48
$d_{1\,min}$ (Nennmaß)	4,5	5,5	6,6	9	11	13,5	17,5	22	26	33	39	45	52
$d_{2\,max}$ (Nennmaß)	9	10	12	16	20	24	30	37	44	56	66	78	92
h (Nennmaß)	0,8	1	1,6	1,6	2	2,5	3	3	4	4	5	8	8

Bezeichnung einer Scheibe mit Nenn-Ø 8 mm: **Scheibe ISO 7091 – 8 – 100 HV**

Flache Scheiben, kleine Reihe, Produktklasse A

DIN EN ISO 7092: 2000-11

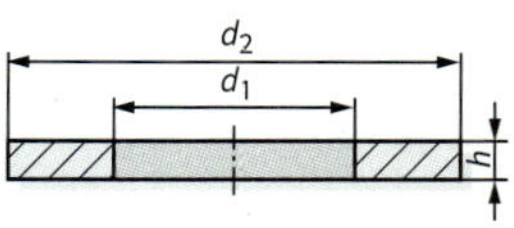

Anwendungsbereich für HV 200: Zylinderschrauben der Festigkeitsklassen ≤ 8.8 oder nichtrostender Stahl

Anwendungsbereich für HV 300: Zylinderschrauben der Festigkeitsklassen ≤ 10.9

Nenngröße	3	4	5	6	8	10	12	16	20	24	30	36
Gewindenenn-Ø	M3	M4	M5	M6	M8	M10	M12	M16	M20	M24	M30	M36
$d_{1\,min}$ (Nennmaß)	3,2	4,3	5,3	6,4	8,4	10,5	13	17	21	25	31	37
$d_{2\,max}$ (Nennmaß)	6	8	9	11	15	18	20	28	34	39	50	60
h (Nennmaß)	0,5	0,5	1	1,6	1,6	1,6	2	2,5	3	4	4	5
Werkstoffe[1)]	Stahl					nichtrostender Stahl						
Stahlsorte	–					A2, A4, F1, C1, C4 (SO 3506-1)						
Härteklasse	200 HV	300 HV (vergütet)				200 HV						

Bezeichnung einer flachen Scheibe, kleine Reihe, Produktklasse A, Nenngröße 10 mm, nichtrostender Stahl A2, Härteklasse 200 HV:
Scheibe ISO 7092 – 10 – 200 HV – A2

[1)] andere Metalle nach Vereinbarung

Scheiben, Produktklasse A, für Bolzen nach DIN EN 22 340 und 22 341

DIN EN 28 738: 1992-10

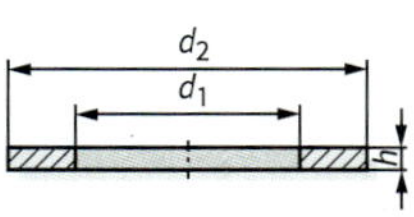

Werkstoff: Stahl, 160–250 HV

d_1 H11 (mittel)	5	6	8	10	12	14	16	20	22	24	25	27	30	40	50	60	80
d_2	10	12	15	18	20	22	24	30	34	37	39	40	44	56	66	78	98
h	1	1,6	2	2,5	3	3	3	4	4	4	4	5	5	6	8	10	12
Für Bolzen-Ø	5	6	8	10	12	14	16	20	22	24	25	27	30	40	50	60	80

Scheibe ISO 8738 – 20 – 180 HV: Bezeichnung einer Scheibe mit d_{1min} = 20 mm und der Härteklasse 180 HV

Sicherungsbleche mit Innennase für Nutmuttern nach DIN 1804

DIN 462: 1973-09

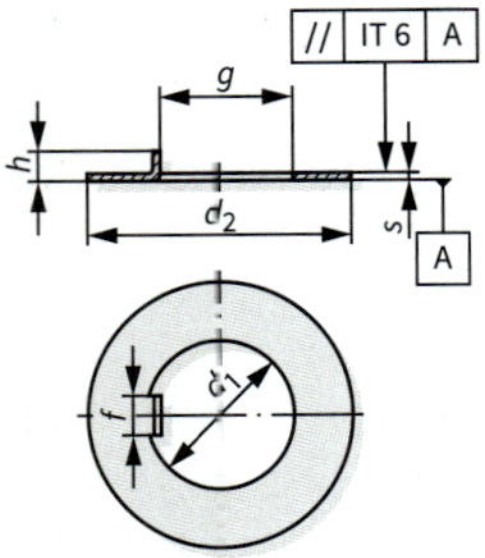

Einbau- und Anschlussmaße

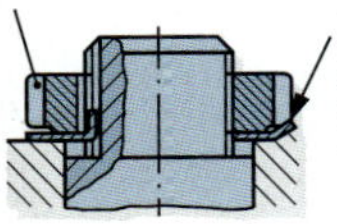

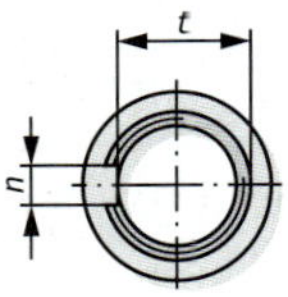

Sicherungsblech						Nut	
d_1 H11	d_2 h11	s	f c11	g H11	h	n H11	t max
10	25	0,8	4	7,4	3	4	7,3
12	28		5	9,3		5	9,2
14	30			11,4			11,3
16	32	1		13,5	4		13,4
18	34		6	15,4		6	15,3
20	36			17,5			17,4
22	40			19,5			19,4
24	42			21,6			21,5
26	45		7	23,5	5	7	23,4
28	50			25,5			25,4
30		1,2		27,5			27,4
32	52			29,6			29,5
35	55			32,6			32,5
38	58		8	35,3		8	35,2
40	62			37,3			37,2
42				39,3			39,2
45	68			42,4			42,2
48	75			45,4			45,2
50				47,4			47,2

Werkstoff: Band nach DIN EN 10 140
Bezeichnung eines Sicherungsbleches mit Innennase und Lochdurchmesser d_1 = 30 mm: **Sicherungsblech DIN 462 – 30**

Sicherungsbleche für Nutmuttern nach DIN 981

DIN 5406: 2011-04

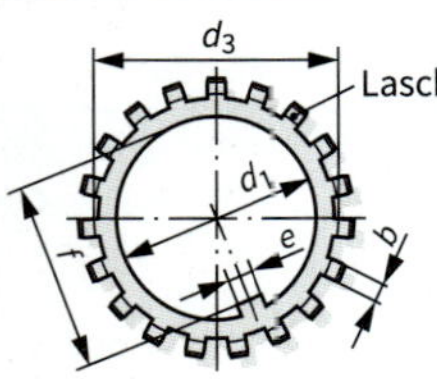

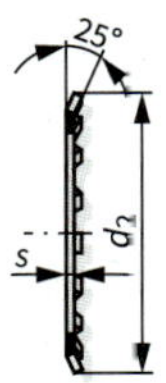

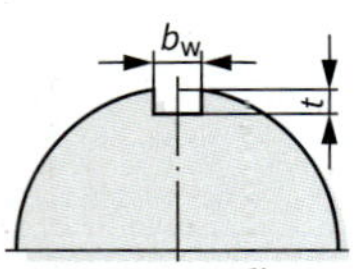

Kurzzeichen	Zugehörige Nutmutter nach DIN 981	d_1 C11	d_2 js 17	d_3 h 13	e a 15	f C11	b a 15	s min	b_w H11	t +0,5 0	Anzahl der Laschen min
MB 1	KM 1	12	25	17	3	10,5	3	1	4	2	11
MB 2	KM 2	15	28	21	4	13,5	4	1	5	2	11
MB 3	KM 3	17	32	24	4	15,5	4	1	5	2	11
MB 4	KM 4	20	36	26	4	18,5	4	1	5	2	11
MB 5	KM 5	25	42	32	5	23	5	1,25	6	3	13
MB 6	KM 6	30	49	38	5	27,5	5	1,25	6	4	13
MB 7	KM 7	35	57	44	6	32,5	5	1,25	7	4	13
MB 8	KM 8	40	62	50	6	37,5	6	1,25	7	4	13
MB 9	KM 9	45	69	56	6	42,5	6	1,25	7	4	13
MB 10	KM 10	50	74	61	6	47,5	6	1,25	7	4	13
MB 11	KM 11	55	81	67	8	52,5	7	1,25	9	4	17
MB 12	KM 12	60	86	73	8	57,5	7	1,5	9	4	17
MB 13	KM 13	65	92	79	8	62,5	7	1,5	9	4	17
MB 14	KM 14	70	98	85	8	66,5	8	1,5	9	5	17
MB 15	KM 15	75	104	90	8	71,5	8	1,5	9	5	17
MB 16	KM 16	80	112	95	10	76,5	8	1,75	11	5	17
MB 17	KM 17	85	119	102	10	81,5	8	1,75	11	5	17
MB 18	KM 18	90	126	108	10	86,5	10	1,75	11	5	17
MB 19	KM 19	95	133	113	10	91,5	10	1,75	11	5	17
MB 20	KM 20	100	142	120	12	96,5	10	1,75	14	5	17

Werkstoff: Stahl $R_m \geq 300 \frac{N}{mm^2}$

Bezeichnung eines Sicherungsbleches für Nutmutter DIN 981 – KM 12:
Sicherungsblech DIN 5406 – MB 12

Sicherungsringe (Halteringe) für Wellen

DIN 471: 2011-04

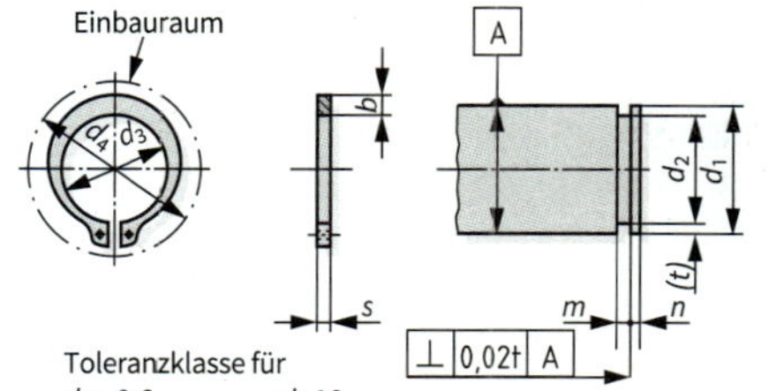

Toleranzklasse für
d_2 = 9,6 : h 10
d_2 = 10,5 … 21 : h 11
d_2 = 22,9 … 96,5 : h 12

Welle d_1	s	Ring d_3	Ring zul. Abw.	Ring b ≈	Nut d_2	Nut m H13	Nut t	Nut n min	d_4
10	1	9,3	+0,10	1,8	9,6	1,1	0,2	0,6	17
11	1	10,2	−0,36	1,8	10,5	1,1	0,25	0,8	18
12	1	11		1,8	11,5	1,1	0,25	0,8	19
13	1	11,9		2	12,4	1,1	0,3	0,9	20,2
14	1	12,9		2,1	13,4	1,1	0,3	0,9	21,4
15	1	13,8		2,2	14,3	1,1	0,35	1,1	22,6
16	1	14,7		2,2	15,2	1,1	0,4	1,2	23,8
17	1	15,7		2,3	16,2	1,1	0,4	1,2	25
18	1,2	16,5		2,4	17	1,3	0,5	1,5	26,2
19	1,2	17,5		2,5	18	1,3	0,5	1,5	27,2
20	1,2	18,5	+0,13	2,6	19	1,3	0,5	1,5	28,4
21	1,2	19,5	−0,42	2,7	20	1,3	0,5	1,5	29,6
22	1,2	20,5		2,8	21	1,3	0,5	1,5	30,8
24	1,2	22,2	+0,21	3	22,9	1,3	0,55	1,7	33,2
25	1,2	23,2	−0,42	3	23,9	1,3	0,55	1,7	34,2
26	1,2	24,2		3,1	24,9	1,3	0,55	1,7	35,5
28	1,5	25,9		3,2	26,6	1,6	0,7	2,1	37,9
30	1,5	27,9		3,5	28,6	1,6	0,7	2,1	40,5
32	1,5	29,6		3,6	30,3	1,6	0,85	2,6	43
34	1,5	31,5	+0,25	3,8	32,3	1,6	0,85	2,6	45,4
35	1,5	32,2	−0,5	3,9	33	1,6	1	3	46,8
36	1,75	33,2		4	34	1,85	1	3	47,8
38	1,75	35,2		4,2	36	1,85	1	3	50,2
40	1,75	36,5	+0,39	4,4	37,5	1,85	1,25	3,8	52,6
42	1,75	38,5	−0,9	4,5	39,5	1,85	1,25	3,8	55,7
45	1,75	41,5		4,7	42,5	1,85	1,25	3,8	59,1
48	1,75	44,5		5	45,5	1,85	1,25	3,8	62,5
50	2	45,8		5,1	47	2,15	1,5	4,5	64,5
52	2	47,8		5,2	49	2,15	1,5	4,5	66,7
55	2	50,8	+0,46	5,4	52	2,15	1,5	4,5	70,2
56	2	51,8	−1,1	5,5	53	2,15	1,5	4,5	71,6
58	2	53,8		5,6	55	2,15	1,5	4,5	73,6
60	2	55,8		5,8	57	2,15	1,5	4,5	75,6
62	2	57,8		6	59	2,15	1,5	4,5	77,8
65	2,5	60,8		6,3	62	2,65	1,5	4,5	81,4
70	2,5	65,5		6,6	67	2,65	1,5	4,5	87
75	2,5	70,5		7	72	2,65	1,5	4,5	92,7
80	2,5	74,5		7,4	76,5	2,65	1,75	5,3	98,1
85	3	79,5		7,8	81,5	3,15	1,75	5,3	103,3
90	3	84,5	+0,54	8,2	86,5	3,15	1,75	5,3	108,5
95	3	89,5	−1,3	8,6	91,5	3,15	1,75	5,3	114,8
100	3	94,5		9	96,5	3,15	1,75	5,3	120,2

Werkstoff: Federstahl C67S oder C75S nach DIN EN 10132-4.

Sicherungsring DIN 471 – 50 × 2

Bezeichnung eines Sicherungsringes für Wellendurchmesser d_1 = 50 mm und Ringdicke s = 2 mm

Sicherungsringe (Halteringe) für Bohrungen

DIN 472: 2011-10

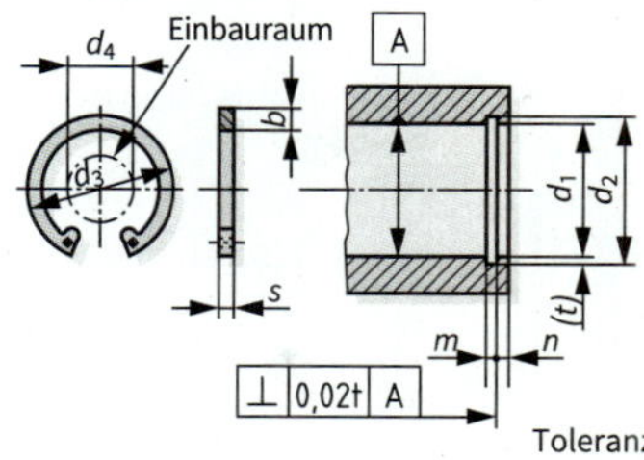

Toleranzklasse für
d_2 = 10,4 … 23 : H 11
d_2 = 25,2 … 103,5 : H 12

Bohr. d_1	s	Ring d_3	Ring zul. Abw.	Ring b ≈	Nut d_2	Nut m H13	Nut t	Nut n min	d_4
10	1	10,8	+0,36	1,4	10,4	1,1	0,2	0,6	3,3
11	1	11,8	−0,10	1,5	11,4	1,1	0,2	0,6	4,1
12	1	13		1,7	12,5	1,1	0,25	0,8	4,9
13	1	14,1		1,8	13,6	1,1	0,3	0,9	5,4
14	1	15,1		1,9	14,6	1,1	0,3	0,9	6,2
15	1	16,2		2	15,7	1,1	0,35	1,1	7,2
16	1	17,3		2	16,8	1,1	0,4	1,2	8
17	1	18,3	+0,42	2,1	17,8	1,1	0,4	1,2	8,8
18	1	19,5	−0,13	2,2	19	1,1	0,5	1,5	9,4
19	1	20,5		2,2	20	1,1	0,5	1,5	10,4
20	1	21,5		2,3	21	1,1	0,5	1,5	11,2
21	1	22,5		2,4	22	1,1	0,5	1,5	12,2
22	1	23,5		2,5	23	1,1	0,5	1,5	13,2
24	1,2	25,9	+0,42	2,6	25,2	1,3	0,6	1,8	14,8
25	1,2	26,9	−0,21	2,7	26,2	1,3	0,6	1,8	15,5
26	1,2	27,9		2,8	27,2	1,3	0,6	1,8	16,1
28	1,2	30,1	+0,5	2,9	29,4	1,3	0,7	2,1	17,9
30	1,2	32,1	−0,25	3	31,4	1,3	0,7	2,1	19,9
32	1,2	34,4		3,2	33,7	1,3	0,85	2,6	20,6
34	1,5	36,5		3,3	35,7	1,6	0,85	2,6	22,6
35	1,5	37,8		3,4	37	1,6	1	3	23,6
36	1,5	38,8		3,5	38	1,6	1	3	24,6
38	1,5	40,8		3,7	40	1,6	1	3	26,4
40	1,75	43,5	+0,9	3,9	42,5	1,85	1,25	3,8	27,8
42	1,75	45,5	−0,39	4,1	44,5	1,85	1,25	3,8	29,6
45	1,75	48,5		4,3	47,5	1,85	1,25	3,8	32
48	1,75	51,5	+1,1	4,5	50,5	1,85	1,25	3,8	34,5
50	2	54,2	−0,46	4,6	53	2,15	1,5	4,5	36,3
52	2	56,2		4,7	55	2,15	1,5	4,5	37,9
55	2	59,2		5	58	2,15	1,5	4,5	40,7
56	2	60,2		5,1	59	2,15	1,5	4,5	41,7
58	2	62,2		5,2	61	2,15	1,5	4,5	43,5
60	2	64,2		5,4	63	2,15	1,5	4,5	44,7
62	2	66,2		5,5	65	2,15	1,5	4,5	46,7
65	2,5	69,2		5,8	68	2,65	1,5	4,5	49
70	2,5	74,5		6,2	73	2,65	1,5	4,5	53,6
75	2,5	79,5		6,6	78	2,65	1,5	4,5	58,6
80	2,5	85,5	+1,3	7	83,5	2,65	1,75	5,3	62,1
85	3	90,5	−0,54	7,2	88,5	3,15	1,75	5,3	66,9
90	3	95,5		7,6	93,5	3,15	1,75	5,3	71,9
95	3	100,5		8,1	98,5	3,15	1,75	5,3	76,5
100	3	105,5		8,4	103,5	3,15	1,75	5,3	80,6

Werkstoff: Federstahl C67S oder C75S nach DIN EN 10132-4.

Sicherungsring DIN 472 – 50 × 2

Bezeichnung eines Sicherungsringes für Bohrungsdurchmesser d_1 = 50 mm und Ringdicke s = 2 mm

Montage-Zangen: DIN 5254 für Wellen, DIN 5256 für Bohrungen

Blindniete mit Sollbruchdorn

DIN EN ISO 15977: 2011-02; DIN EN ISO 15978: 2003-04

ISO 15977
Flachkopf

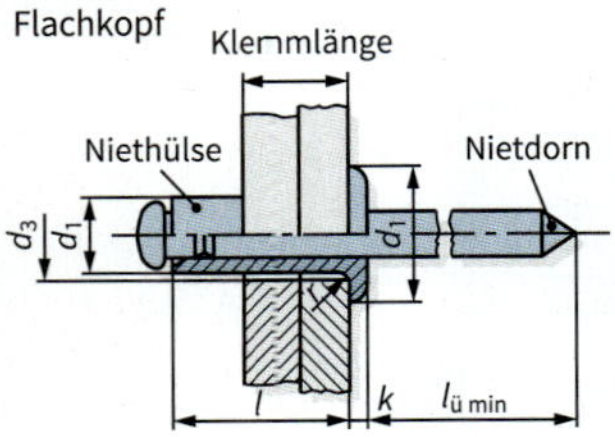

ISO 15978
Senkkopf

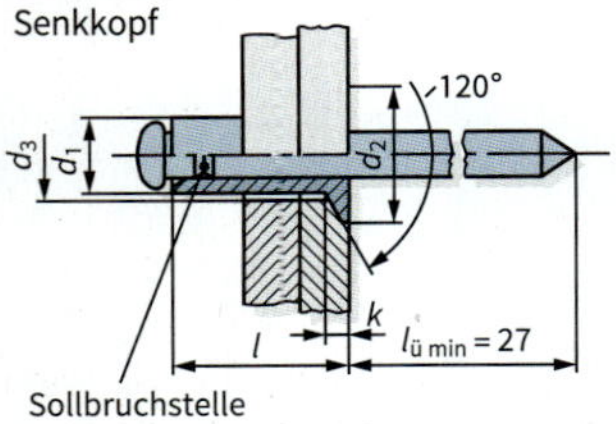

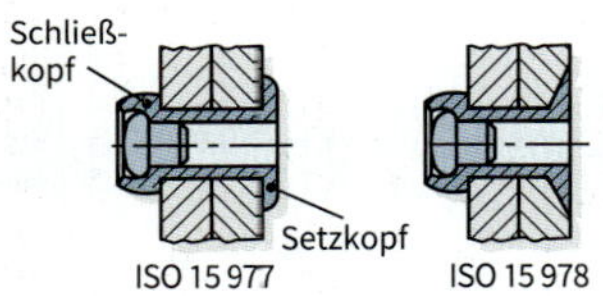

d (Nenn Ø)	2,4	3	3,2	4	4,8	5	6	6,4
d_k max	5	6,3	6,7	8,4	10,1	10,5	12,6	13,4
min	4,2	5,4	5,8	6,9	8,3	8,7	10,8	12,6
d_h (Nietloch Ø)	$2{,}5^{+0{,}1}$	$3{,}1^{+0{,}1}$	$3{,}3^{+0{,}1}$	$4{,}1^{+0{,}1}$	$4{,}9^{+0{,}1}$	$5{,}1^{+0{,}1}$	$6{,}1^{+0{,}1}$	$6{,}5^{+0{,}1}$
k	1	1,3	1,3	1,7	1,2	2,1	2,5	2,7
d_m	1,55	2	2	2,45	2,95	2,95	3,4	3,9
l (Schaftlänge)	Klemmlängenbereich für Niethülse aus Al, Nietdorn aus St oder A2							
4– 5	0,5 … 2	0,5 … 1,5		–	–		–	–
6– 7	2 … 4	1,5 … 3,5		1 … 3	1,5 … 2,5		–	–
8– 9	4 … 6	3,5 … 5		3 … 5	2,5 … 4		2 … 3	–
10–11	6 … 8	5 … 7		5 … 6,5	4 … 6		3 … 5	–
12–13	8 … 9,5	7 … 9		6,5 … 8,5	6 … 8		5 … 7	3 … 6
16–17	–	9 … 13		8,5 … 12,5	8 … 12		7 … 11	6 … 10
20–21	–	13 … 17		12,5 … 16,5	12 … 15		11 … 15	10 … 14
25–26	–	17 … 22		16,5 … 21,5	15 … 20		15 … 20	14 … 18
30–31	–	–		–	20 … 25		20 … 25	18 … 23

Klasse L	Scherkraft in N	250	400	500	850	1200	1400	2100	2200
	Zugkraft in N	350	550	700	1200	1700	2000	3000	3150
Klasse H	Scherkraft in N	350	550	750	1250	1850	2150	3200	3400
	Zugkraft in N	550	850	1100	1800	2600	3100	4600	4850

Werkstoffe: Niethülse aus Aluminiumlegierung (AlA); Nietdorn aus Stahl (St)
Blindniet ISO 15977 – 5 × 25 – AlA/St – L
Bezeichnung eines Blindnietes mit Flachkopf mit d = 5 mm, l = 25 mm, Niethülse aus einer Aluminiumlegierung, Nietschaft aus Stahl der Klasse L

Spannstifte, geschlitzt, schwere Ausführung

DIN EN ISO 8752: 2009-10

Nenndurchmesser $d_1 \leq 10$ mm

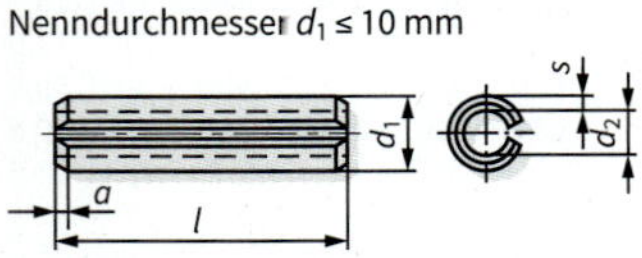

Nenndurchmesser $d_1 > 10$ mm

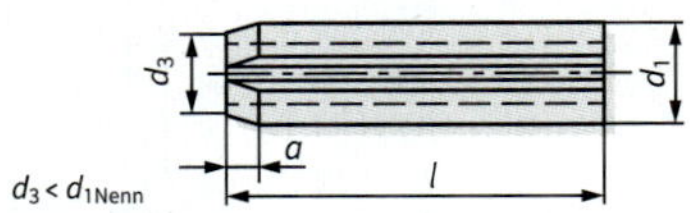

Nennmaß d_1		1	1,5	2	2,5	3	3,5	4	4,5	5	6	8	10	12	14	16	18	20
d_1 vor dem Einbau	min.	1,2	1,7	2,3	2,8	3,3	3,8	4,4	4,9	5,4	6,4	8,5	10,5	12,5	14,5	16,5	18,5	20,5
	max.	1,3	1,8	2,4	2,9	3,5	4	4,6	5,1	5,6	6,7	8,8	10,8	12,8	14,8	16,8	18,9	20,9
d_2 vor dem Einbau	≈	0,8	1,1	1,5	1,8	2,1	2,3	2,8	2,9	3,4	4	5,5	6,5	7,5	8,5	10,5	11,5	12,5
a	min.	0,15	0,25	0,35	0,4	0,5	0,6	0,65	0,8	0,9	1,2	1,6	2	2	2	2	2	3
	max.	0,35	0,45	0,55	0,6	0,7	0,8	0,85	1	1,1	1,4	2	2,4	2,4	2,4	2,4	2,4	3,4
s		0,2	0,3	0,4	0,5	0,6	0,75	0,8	1	1	1,2	1,5	2	2,5	3	3	3,5	4
Mindest-Abscherkraft, zweischnittig	kN	0,7	1,58	2,82	4,38	6,32	9,06	11,24	15,36	17,54	26,04	42,76	70,16	104,1	144,7	171	222,5	280,6
l	von	4	4	4	4	4	4	4	5	5	10	10	10	10	10	10	10	10
	bis	20	20	30	30	40	40	50	50	80	100	120	160	180	200	200	200	200

Längenabstufung l: 4; 5; 6; 8; 10 … 32; 35; 40; 45 … 100; 120; 140; 160; 180; 200 mm

Werkstoff: Stahl (St), Kohlenstoffstahl, gehärtet und angelassen auf eine Härte von 420 … 520 HV 30 oder Silicium-Mangan-Stahl, gehärtet u. angelassen auf eine Härte von 420 … 560 HV30; nichtrostender Stahl (A: austenitisch, C: martensitisch)

Schlitz: Normalfall: Form und Breite des Schlitzes nach Wahl des Herstellers.
Form N (nicht verhakend): Form und Breite des Schlitzes, die das Nichtverhaken gewährleisten, können zwischen Lieferer und Besteller vereinbart werden.

Anwendung: Der Durchmesser der Aufnahmebohrung muss gleich dem Nenndurchmesser d_1 des Stiftes unter Berücksichtigung der Toleranz H 12 sein. Nach Einbau der Stifte in die kleinste Aufnahmebohrung darf der Schlitz nicht ganz geschlossen sein.

Spannstift ISO 8752 – 8 × 30 – St
Bezeichnung eines Spannstiftes aus Stahl, geschlitzt, schwere Ausführung, mit Nenndurchmesser d_1 = 8 mm und Nennlänge l = 30 mm

Spannstifte (Spannhülsen) leichte Ausführung

DIN EN ISO 13337: 2009-10

Abbildung Spannstifte siehe DIN EN ISO 8752, Abbildung Scheiben siehe DIN 125

Nenndurchmesser d_1			2	2,5	3	3,5	4	4,5	5	6	8	10	12	13	14	16	18	20
	a		0,2	0,25	0,25	0,3	0,5	0,5	0,5	0,7	1,5	2	2	2	2	2	2	2
vor dem Einbau	d_1	min	2,3	2,8	3,3	3,8	4,4	4,9	5,4	6,4	8,5	10,5	12,5	13,5	14,5	16,5	18,5	20,5
		max	2,4	2,9	3,5	4	4,6	5,1	5,6	6,7	8,8	10,8	12,8	13,8	14,8	16,8	18,9	20,9
	d_2	≈	1,9	2,3	2,7	3,1	3,4	3,8	4,4	4,9	7	8,5	10,5	11	11,5	13,5	15	16,5
	s		0,2	0,25	0,3	0,35	0,5	0,5	0,5	0,75	0,75	1	1	1,2	1,5	1,5	1,7	2
Abscherkraft in kN[1]			0,75	1,2	1,75	2,3	4	4,4	5,2	9	12	20	24	33	42	49	63	79
	l	von	4	4	4	4	4	4	5	10	10	10	10	10	10	10	10	10
		bis	30	30	40	40	50	50	80	100	120	160	180	180	200	200	200	200
Für Schraube			–	–	–	–	–	M 3	–	M 4	M 6	–	–	M 10	–	M 12	M 14	–
Scheibe DIN 125			–	–	–	–	–	3,2	–	4,3	6,4	–	–	10,5	–	13	15	–

Längenabstufungen, Schlitz und Werkstoffe siehe DIN EN ISO 8752
Bezeichnung eines Spannstiftes aus Stahl, geschlitzt, leichte Ausführung, mit Nenndurchmesser d_1 = 8 mm und Nennlänge l = 30 mm, nicht verhakend (N): **Spannstift ISO 13 337 – 8 × 30 – N – St**

[1] zweischnittig (nicht für austenitisch nichtrostenden Stahl)

Zylinderstifte, ungehärtet

DIN EN ISO 2338: 1998-02

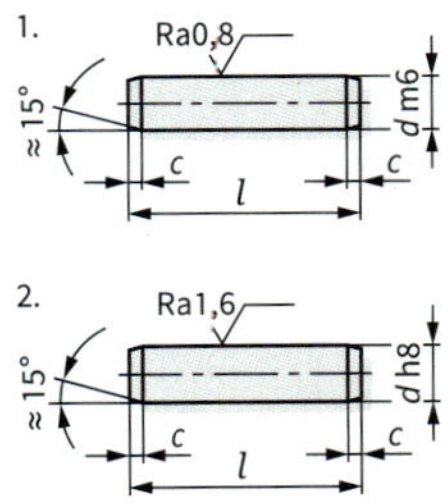

d	m6/h8	0,6	0,8	1	1,2	1,5	2	2,5	3	4	5
c	≈	0,12	0,16	0,2	0,25	0,3	0,35	0,4	0,5	0,63	0,8
l	von	2	2	4	4	4	6	6	8	8	10
	bis	6	8	10	12	16	20	24	30	40	50
d	m6/h8	6	8	10	12	16	20	25	30	40	50
c	≈	1,2	1,6	2	2,5	3	3,5	4	5	6,3	8
l	von	12	14	18	22	26	35	50	60	80	95
	bis	60	80	95	140	180	200	200	200	200	200

Längenabstufung l: 2; 3; 4; 5; 6; 8; 10 … 32; 35; 40; 45 … 100; 120; 160; 180; 200 mm
Werkstoff: Stahl (St), Härte 125 - 245 HV 30 oder austenitisch nichtrostender Stahl (A1)
Bezeichnung eines Zylinderstiftes aus Stahl, ungehärtet, mit Nenndurchmesser d = 12 mm, Toleranzklasse m6 und Nennlänge l = 40 mm: **Zylinderstift ISO 2338 – 12 m6 × 40 – St**

Zylinderstifte, gehärtet

DIN EN ISO 8734: 1998-03

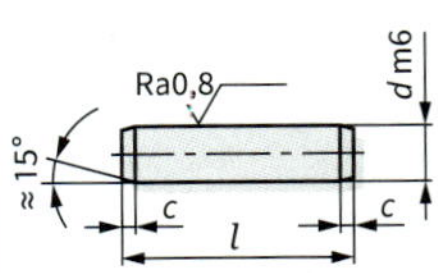

d	m6	1	1,5	2	2,5	3	4	5	6	8	10	12	16	20
c	≈	0,2	0,3	0,35	0,4	0,5	0,63	0,8	1,2	1,6	2	2,5	3	3,5
l	von	3	4	5	6	8	10	12	14	18	22	26	40	50
	bis	10	16	20	24	30	40	50	60	80	100	100	100	100

Längenabstufung l: 3; 4; 5; 6; 8; 10 … 32; 35; 40; 45 … 100 mm
Werkstoff: Stahl (St) Typ A: 550 … 650 HV 30, Typ B: Oberflächenhärte 600 … 700 HV 1, martensitischer nichtrostender Stahl der Sorte C1 (ISO 3506-1), gehärtet
Oberfläche: blank, geölt oder wie vereinbart
Bezeichnung eines Zylinderstiftes aus Stahl, gehärtet, Typ A, mit Nenndurchmesser d = 5 mm und Nennlänge l = 22 mm: **Zylinderstift ISO 8734 – 5 × 22 – A – St**

Kegelstifte, ungehärtet

DIN EN 22339: 1992-10

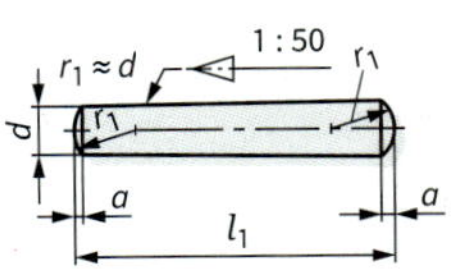

d	h10	0,6	0,8	1	1,2	1,5	2	2,5	3	4	5
a	≈	0,08	0,1	0,12	0,16	0,2	0,25	0,3	0,4	0,5	0,63
l	von	4	5	6	6	8	10	10	12	14	18
	bis	8	12	16	20	24	35	35	45	55	60
d	h10	6	8	10	12	16	20	25	30	40	50
a	≈	0,8	1	1,2	1,6	2	2,5	3	4	5	6,5
l	von	22	22	26	32	40	45	50	55	60	65
	bis	90	120	160	180	200	200	200	200	200	200

Werkstoff: Automatenstahl (St), Kegelstifte Typ A (geschliffen), R_a = 0,8 µm, Typ B (gedreht), R_a = 3,2 µm.
Bezeichnung eines Kegelstiftes aus Stahl, Typ A mit d = 8 und l = 35 mm: **Kegelstift ISO 2339 – A – 8 × 35 – St**

Kegelstifte mit Innengewinde, ungehärtet

DIN EN 28 736: 1992-10

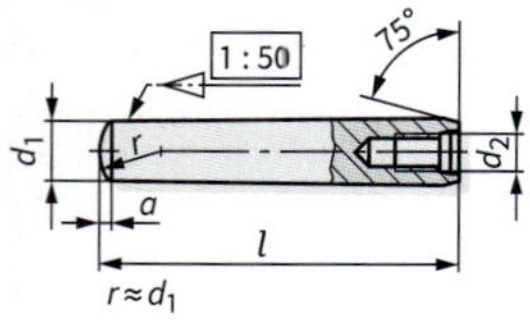

d_1	h10[1]	6	8	10	12	16	20	25	30	40	50
d_2		M 4	M 5	M 6	M 8	M 10	M 12	M 16	M 20	M 20	M 24
l	von	16	18	22	26	30	35	50	60	80	100
	bis	60	80	100	120	160	200	220	240	260	280

Längenabstufung l: 16; 18…32; 40…100; 120 … 280 mm;
Werkstoff:[2] Typ A (geschliffen): R_a = 0,8 µm; Typ B (gedreht): R_a = 3,2 µm;
Bezeichnung eines ungehärteten Kegelstifts mit Innengewinde, Typ A, d_1 = 10 mm, l = 32 mm aus Stahl: **Kegelstift ISO 8736 – A – 10 × 32 – St**

Kegelstifte mit Gewindezapfen, ungehärtet

DIN EN 28 737: 1992-10

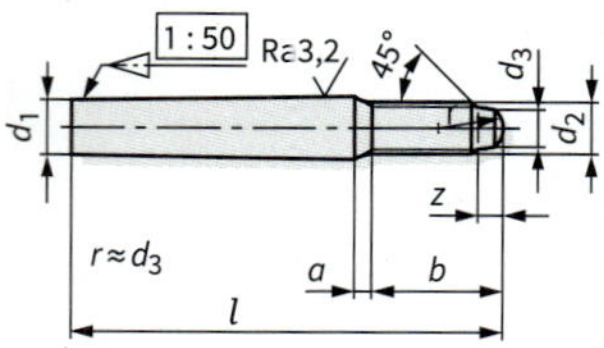

d_1	h10[1]	5	6	8	10	12	16	20	25	30	40	50
a	max	2,4	3	4	4,5	5,3	6	6	7,5	9	10,5	12
b	min	14	18	22	24	27	35	35	40	46	58	70
d_2		M 5	M 6	M 8	M 10	M 12	M 16	M 16	M 20	M 24	M 30	M 36
d_3	max	3,5	4	5,5	7	8,5	12	12	15	18	23	28
z	max	1,5	1,75	2,25	2,75	3,25	4,3	4,3	5,3	6,3	7,5	9,4
	min	1,25	1,5	2	2,5	3	4	4	5	6	7	9
l	von	40	45	55	65	85	100	120	140	160	190	220
	bis	50	60	85	100	120	160	190	250	280	320	400

Längenabstufung l: 40; 45 … 65; 75; 85; 100; 120 … 160; 190; 220 … 280; 320; 360; 400 mm
Werkstoff: [2]
Bezeichnung eines ungehärteten Kegelstifts mit Gewindezapfen, d_1 = 10 mm, l = 65 mm aus Stahl: **Kegelstift ISO 8737 – 10 × 65 – St**

Kerbstifte

DIN EN ISO 8740 … 8745: alle 1998-03

Zylinderkerbstift mit Fase DIN EN ISO 8740

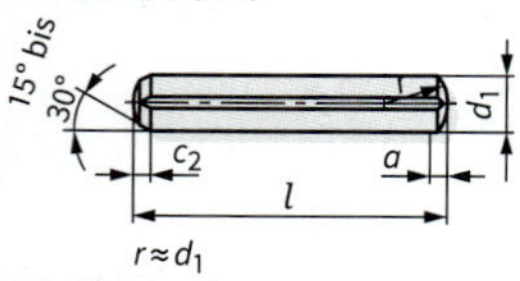

Steckkerbstift DIN EN ISO 8741

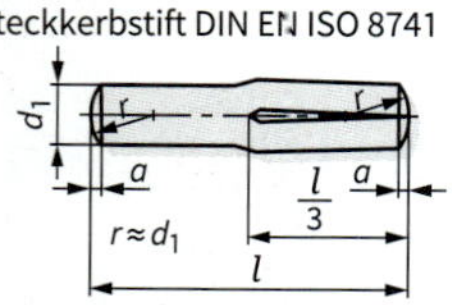

Knebelkerbstift mit kurzer Kerbe DIN EN ISO 8742

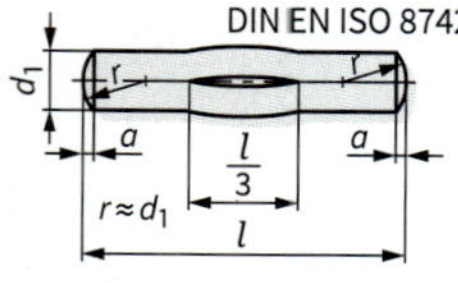

DIN EN ISO	d_1		1,5	2	2,5	3	4	5	6	8	10	12	16
	a	≈	0,2	0,25	0,3	0,4	0,5	0,63	0,8	1	1,2	1,6	2
8740	c_2		0,6	0,8	1	1,2	1,4	1,7	2,1	2,6	3	3,8	4,6
	l	von	8	8	10	10	10	14	14	14	14	18	22
		bis	20	30	30	40	60	60	80	100	100	100	100
8741	l	von	8	8	8	8	10	10	12	14	18	26	26
		bis	20	30	30	40	60	60	80	100	160	200	200
8742	l	von	8	12	12	12	18	18	22	26	32	40	45
		bis	20	30	30	40	60	60	80	100	160	200	200
8744	l	von	8	8	8	8	8	8	10	12	14	14	24
		bis	20	30	30	40	60	60	80	100	120	120	120
8745	l	von	8	8	8	8	10	10	10	14	14	18	26
		bis	20	30	30	40	60	60	80	100	200	200	200

Längenabstufung l: 8; 10 … 32; 35; 40 … 100; 120 … 200 mm; **Werkstoff:** [2]
Bezeichnung für Passkerbstift mit d_1 = 6 mm, l = 32 mm aus Stahl: **Kerbstift ISO 8745 – 6 × 32 – St**

Kegelkerbstift DIN EN ISO 8744

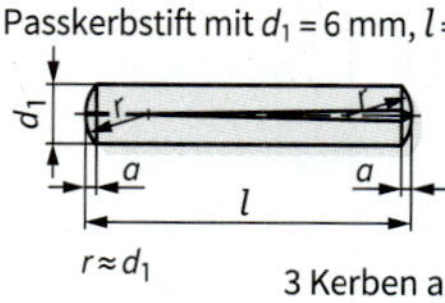

3 Kerben am Umfang

Passkerbstift DIN EN ISO 8745

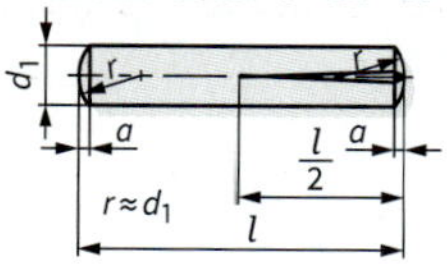

Halbrundkerbnägel, Senkkerbnägel

DIN EN ISO 8746: 1998-03; DIN EN ISO 8747: 1998-03

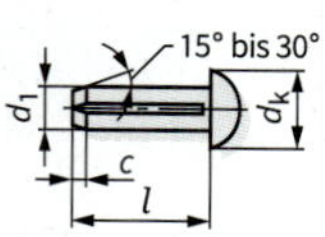

3 Kerben am Umfang

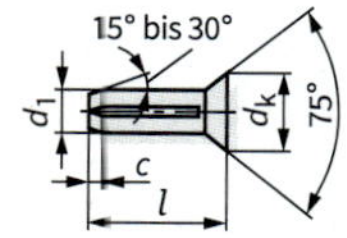

d_1		1,4	1,6	2	2,5	3	4	5	6	8	10	12
d_k		2,6 (2,7)	3	3,7	4,6	5,45	7,25	9,1	10,8	14,4	16	19
c		0,42	0,48	0,6	0,75	0,9	1,2	1,5	1,8	2,4	3,0	3,6
l	von	3	3	3 (4)	3 (4)	4 (5)	5 (6)	6 (8)	8	10	12	16
	bis	6	8	10	12	16	20	25	30	40	40	40

()-Werte für DIN EN ISO 8747
Längenabstufung l: 3; 4; 5; 6; 8 … 12; 16; 20; 25 … 40 mm;
Werkstoff:[2] Bezeichnung eines Halbrundkerbnagels mit d_1 = 8 mm und l = 40 mm aus Stahl:
Kerbnagel ISO 8746 – 8 × 40 – St

[1] Andere Toleranzklassen nach Vereinbarung (z. B. a11; c11; f8)
[2] Kaltumformstahl (St) (Härte 125 … 245 HV) – Andere Werkstoffe nach Vereinbarung

Bolzen ohne und mit Kopf

DIN EN 22 340: 1992-10; DIN EN 22 341: 1992-10

Bolzen ohne Kopf, DIN EN 22 340

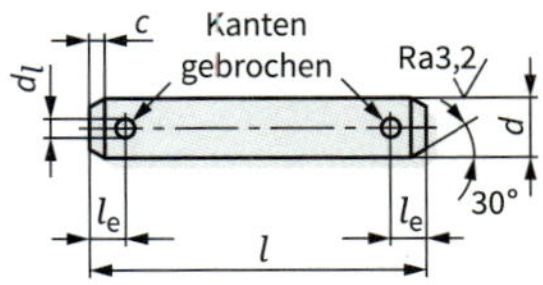

Bolzen mit Kopf, DIN EN 22 341

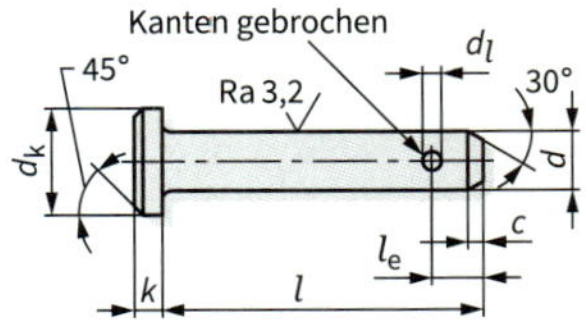

d	h11[1]	3	4	5	6	8	10	12	14	16	18	20
d_k	h14	5	6	8	10	14	18	20	22	25	28	30
d_l	H13[2]	0,8	1	1,2	1,6	2	3,2	3,2	4	4	5	5
c	max	1	1	2	2	2	2	3	3	3	3	4
k	js14	1	1	1,6	2	3	4	4	4	4,5	5	5
l_e	min	1,6	2,2	2,9	3,2	3,5	4,5	5,5	6	6	7	8
l	von	6	8	10	12	16	20	24	28	32	35	40
	bis	30	40	50	60	80	100	120	140	160	180	200

Längenabstufung l: 6; 8; 10 … 32; 35; 40 … 100; 120; 140 … 200 mm;
Form A: ohne Splintloch; Form B: mit Splintloch
Werkstoff: St = Automatenstahl (Härte 125 … 245 HV) – Andere Werkstoffe nach Vereinbarung

Bezeichnung eines Bolzens ohne Kopf, Form B, d = 16 mm, l = 100 mm, d_1 = 4 mm aus St:
Bolzen ISO 2340 – B – 16 × 100 × 4 – St

1) Andere Toleranzklassen nach Vereinbarung (z. B. a11; c11; f8)
2) Lochdurchmesser d_l = Nenndurchmesser des Splints

Bolzen mit Kopf und Gewindezapfen

DIN 1445: 2011-02

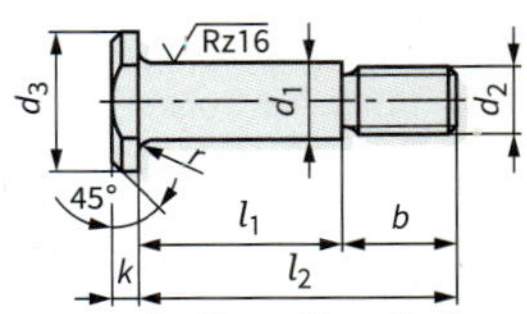

l_2 = Klemmlänge $l_1 + b$

d_1	h11	8	10	12	14	16	18	20	22	24	27	30
b	min	11	14	17	20	20	20	25	25	29	29	36
d_2		M 6	M 8	M 10	M 12	M 12	M 12	M 16	M 16	M 20	M 20	M 24
d_3	h14	14	18	20	22	25	28	30	33	36	40	44
k	js14	3	4	4	4	4,5	5	5	5,5	6	6	8
s		11	13	17	19	22	24	27	30	32	36	36

Längenabstufung l_2: ab 16 mm … 100 mm wie DIN 1443; 1444; $100 < l_2 \leq 200$ je 10 mm gestuft
Werkstoff: 11 SMn Pb 30
Bezeichnung eines Bolzen, d_1 = 16, Toleranzfeld h 11, Klemmlänge l_1 = 50, l_2 = 70 aus St:
Bolzen DIN 1445 – 16 h 11 × 50 × 70 – St

Splinte

DIN EN ISO 1234: 1998-02

Die Nenngröße entspricht dem Durchmesser des Splintloches

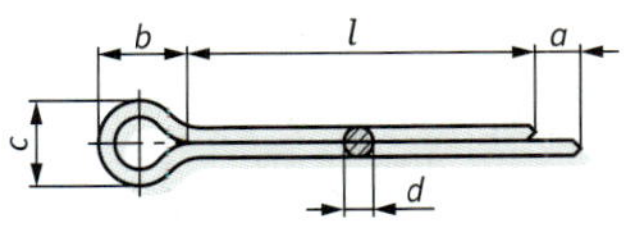

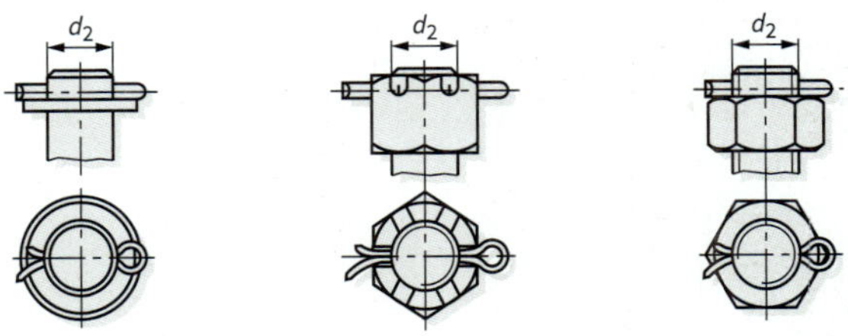

Nenngröße		1	1,2	1,6	2	2,5	3,2	4	5	6,3	8	10	13	16	20
d	max	0,9	1	1,4	1,8	2,3	2,9	3,7	4,6	5,9	7,5	9,5	12,4	15,4	19,3
	min	0,8	0,9	1,3	1,7	2,1	2,7	3,5	4,4	5,7	7,3	9,3	12,1	15,1	19,0
a	max	1,6	2,5	2,5	2,5	2,5	3,2	4	4	4	4	6,3	6,3	6,3	6,3
b	≈	3	3	3,2	4	5	6,4	8	10	12,6	16	20	26	32	40
c	max	1,8	2	2,8	3,6	4,6	5,8	7,4	9,2	11,8	15	19	24,8	30,8	38,5
l	von	6	–	8	10	12	18	20	20	28	36	56	56	100	–
	bis	18	–	32	40	50	80	125	125	140	140	140	140	250	–
Für Schrauben	über	3,5	4,5	5,5	7	9	11	14	20	27	39	56	80	120	170
d_2	bis	4,5	5,5	7	9	11	14	20	27	39	56	80	120	170	–
Für Bolzen	über	3	4	5	6	8	9	12	17	23	29	44	69	110	160
d_2	bis	4	5	6	8	9	12	17	23	29	44	69	110	160	–

Längenabstufung l: 4; 5; 6; 8; 10; 12; 14; 16; 18; 20; 22; 25; 28; 32; 36; 40; 45; 50; 56; 63; 71; 80; 90; 100; 112; 125; 140; …
Werkstoff: St, Cu Zn, Cu, Al-Legierung, A (Austenitischer nichtrostender Stahl)
Bezeichnung eines Splintes mit Nenngröße 4 mm, l = 32 aus Stahl: **Splint ISO 1234 – 4 × 32 – St**

Passfedern, Passfedernuten

DIN 6885-1: 1968-08

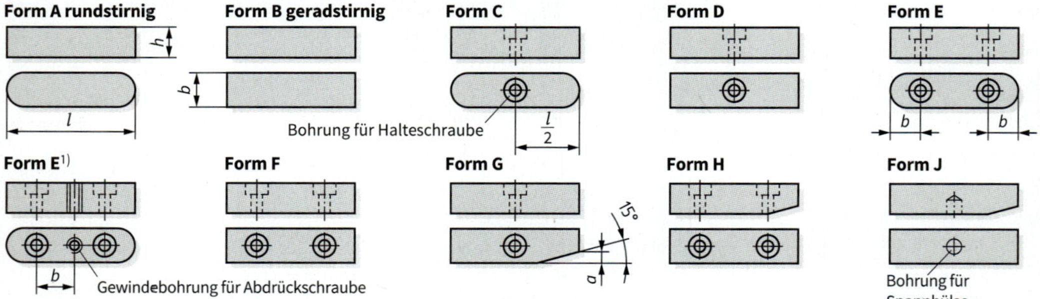

Formen C und D: ab 8 × 7 mit Bohrung für 1 Halteschraube
Formen E und F: für 8 × 7 und 10 × 8 mit Bohrungen für 2 Halteschrauben
[1] ab 12 × 8 zusätzlich mit Bohrung für Abdrückschraube

Bohrung für Halteschraube

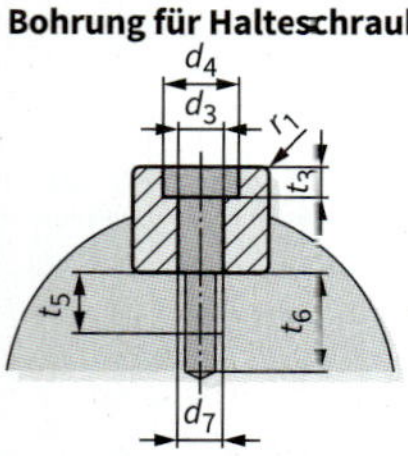

Bohrung für Abdrückschraube

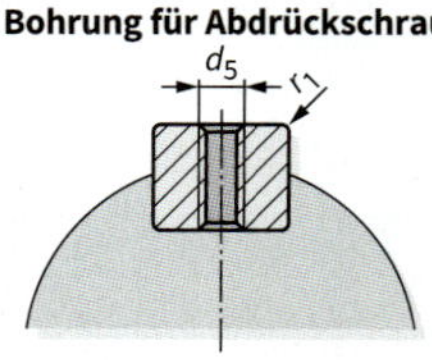

zulässige Abweichungen für Nuttiefe t_1
+ 0,1 für $d_1 \le 22$; + 0,2 für $d_1 > 22$

Bohrung für Spannhülse

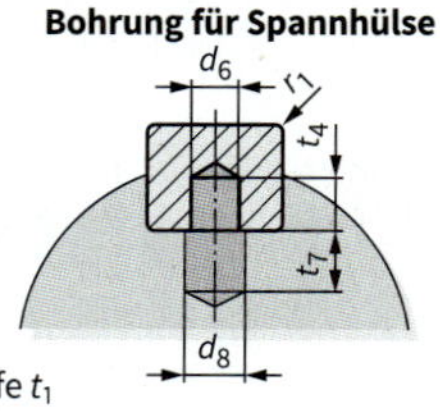

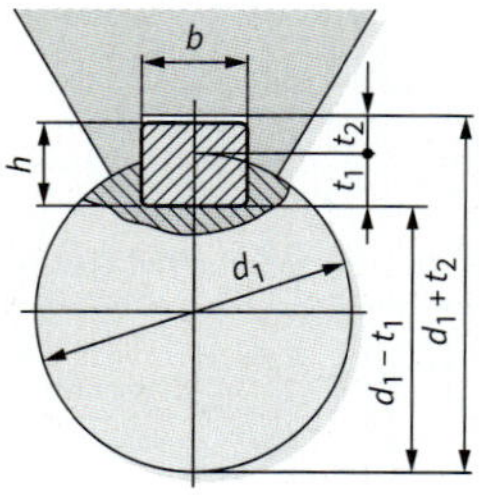

Wellendurchmesser d_1	über	10	12	17	22	30	38	44	50	58	65	75	85
	bis	12	17	22	30	38	44	50	58	65	75	85	95
Passfeder-Querschnitt	Breite b	4	5	6	8	10	12	14	16	18	20	22	25
	Höhe h	4	5	6	7	8	8	9	10	11	12	14	14
Wellennut b	P9 oder N9	4	5	6	8	10	12	14	16	18	20	22	25
t_1	mit Rückenspiel	2,5	3	3,5	4	5	5	5,5	6	7	7,5	9	9
Nabennut b	P9 oder JS9	4	5	6	8	10	12	14	16	18	20	22	25
t_2	mit Rückenspiel	1,8	2,3	2,8	3,3	3,3	3,3	3,8	4,3	4,4	4,9	5,4	5,4
t_2	mit Übermaß	1,2	1,7	2,2	2,4	2,4	2,4	2,9	3,4	3,4	3,9	4,4	4,4
a		–	–	–	3	3	3	3,5	4	4,5	5	5,5	5,5
Passfeder r_1	min/max	0,16/0,25	0,25/0,40			0,40/0,60					0,6/0,8		
Nut r_2	min/max	0,16/0,08	0,25/0,16			0,40/0,25					0,6/0,4		
l	von	8	10	14	18	22	28	36	45	50	56	63	70
	bis	45	56	70	90	110	140	160	180	200	220	250	280
Passfeder d_3		–			3,4	3,4	4,5	5,5	5,5	6,6	6,6	6,6	9
d_4					6	6	8	10	10	11	11	11	15
d_5					M 3	M 3	M 4	M 5	M 5	M 6	M 6	M 6	M 8
d_6 H12					4	4	5	6	6	8	8	8	10
t_3					2,4	2,4	3,2	4,1	4,1	4,8	4,8	4,8	6
t_4					4	4	5	6	6	7	8	8	10
Welle d_7					M 3	M 3	M 4	M 5	M 5	M 6	M 6	M 6	M 8
d_8					4,5	4,5	5,5	6,5	6,5	9	9	9	11
t_5		–			4	5	6	6	6	7	6	8	9
t_6					7	8	10	10	10	12	11	13	15
t_7					5	5	7	8	8	11	10	10	12
Zylinderschraube DIN EN ISO 1207, DIN 7984, DIN 6912					M3x8	M3x10	M4x10	M5x10		M6x16		M6x16	M8x16
Spannhülse DIN EN 28572					4 x 8		5 x 10	6 x 12		8 x 16			10x20

Längenabstufungen l: 8, 10, 12, 14, 16, 18, 20, 22, 25, 28, 32, 36, 40, 45, 50, 56, 63, 70, 80, 90, 100, 110, 125, 140, 160, 180, 200, 220, 250, 320, 360, 400 **Werkstoff:** C45E

Bezeichnung einer Passfeder Form A, b = 12, h = 8, l = 70: **Passfeder DIN 6885 – A 12 × 8 × 70**

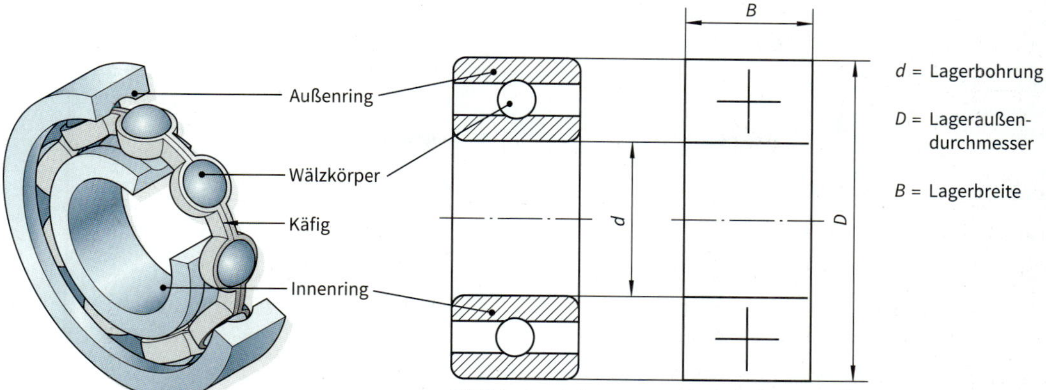

Bildliche Darstellung   Vereinfachte Darstellung

Wälzlager haben genormte Einbaugrößen. Diese richten sich nach den konstruktiven Bedingungen, dem Belastungsfall oder der Drehfrequenz.
Bei der Größenbestimmung richtet man sich im Regelfall nach dem Wellendurchmesser, der die Lagerbohrung „d" festlegt.
Die komplette Lagerbezeichnung besteht aus mehreren Einzelzeichen:

Benennung	DIN-Nummer	Vorsetzzeichen	Basiszeichen (1. | 2. | 3. | 4.)	Nachsetzzeichen	Ergänzungszeichen des Herstellers

Beispiel: Rillenkugellager DIN 625 62310

An zentraler Stelle steht das Basiszeichen. Aus ihm lassen sich die Lagerart und die wesentlichen Lagerabmaße bestimmen. Es kann, vom Lager abhängig, aus vier oder mehr Ziffern und Buchstaben bestehen.
Vor- und Nachsetzzeichen sowie Ergänzungszeichen sind optional.

Basiszeichen – 1. Stelle

DIN 623-1: 1993-05

Das 1. Basiszeichen stellt die Kennziffer für die **Lagerart** dar:

Lagerart		Kennziffer	Lagerart		Kennziffer
	Schrägkugellager zweireihig DIN 628	0	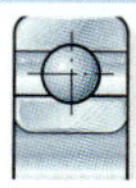	Rillenkugellager DIN 625	6
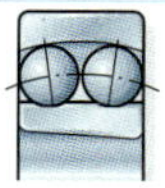	Pendelkugellager DIN 630	1	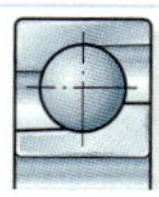	Schrägkugellager DIN 628	7
	Pendelrollenlager DIN 635	2	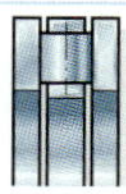	Axial-Zylinderrollenlager	8
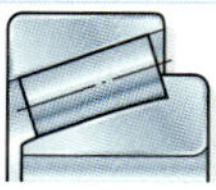	Kegelrollenlager DIN 720	3	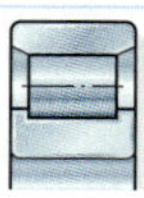	Zylinderrollenlager DIN 5412	N
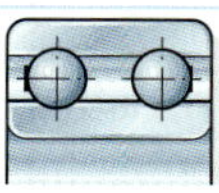	Rillenkugellager (2-reihig)	4	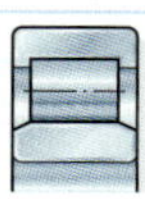	Zylinderrollenlager DIN 5412	NU
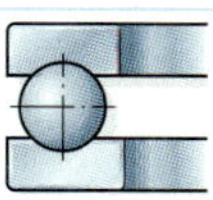	Axial-Rillenkugellager DIN 711	5		Zylinderrollenlager DIN 5412	NUP

z. B. Lagerkennziffer: **3**0208
└── Kegelrollenlager

Basiszeichen – 2. und 3. Stelle (Lagerabmessungen)

DIN 616: 2000-06

Diese Basiszeichen bestimmen die **Lagerbreite** und den **Lagerdurchmesser**; beide zusammen die Maßreihe.

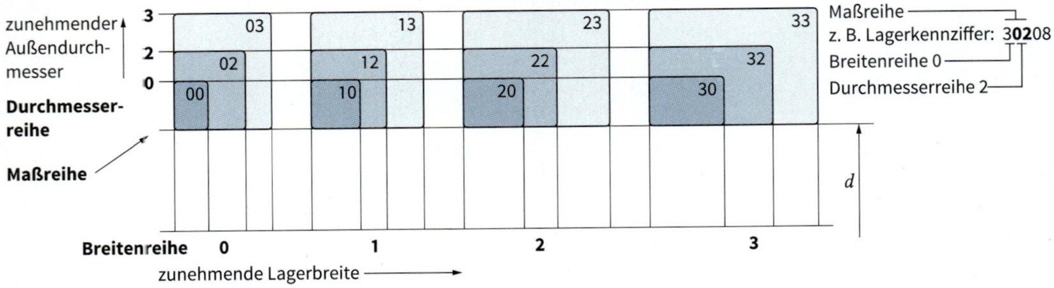

Genormt sind 9 Durchmesserreihen: 7 – 8 – 9 – 0 – 1 – 2 – 3 – 4 – 5
Jedem Nenndurchmesser einer Lagerbohrung *d* sind mehrere Außendurchmesser und Breitenreihen (für Radiallager) bzw. Höhenreihen (für Axiallager) zugeordnet.

Basiszeichen – 4. Stelle

Dieses Basiszeichen bestimmt den Durchmesser der **Lagerbohrung**:

Bohrungs-kennzahl	Bohrungs-Ø *d* (mm)	Bohrungs-kennzahl	Bohrungs-Ø *d* (mm)
00	10	07	35
01	12	08	40
02	15	09	45
03	17	10	50
04	20	11	55
05	25	12	60
06	30	↓	↓

Ab 20 mm Durchmesser der Lagerbohrung ergibt die Bohrungskennzahl mit fünf multipliziert das Maß der Lagerbohrung

z. B. Bohrungskennzahl:

302**08**
08 × 5 = 40 mm Maß der Lagerbohrung

Vorsetzzeichen (Auswahl)

AR	Kugel bzw. Rollenkränze	L	Freie Ringe zerlegbarer Lager
GS	Gehäusescheibe eines Axial-Zylinderrollenlagers	OR	Außenring eines Radiallagers
IR	Innenring eines Axiallagers	OW	Gehäusescheibe eines Axiallagers
IW	Wellenscheibe eines Axiallagers	R	Ring mit Wälzkörpersatz
K	Radial- oder Axial-Zylinderrollenkränze	S	Nichtrostender Stahl
		WS	Wellenscheibe eines Axial-Zylinderrollenlagers

Nachsetzzeichen (Auswahl)

A, B, C	Abweichende Konstruktion	J	Käfig aus Stahlblech gepresst (unterschiedliche Käfigausführungen)
ICN	Lagerluft „Normal“	K	Lager mit kegeliger Bohrung
IC1	Lagerluft kleiner C2	L	Massiv-Käfig aus Leichtmetall
IC2	Lagerluft kleiner CN	LS	Lager mit Dichtscheibe – einseitig
IC3	Lagerluft größer CN	2LS	Lager mit Dichtscheibe – beidseitig
IHV	Lager/Lagerteile aus nichtrostendem, härtbarem Stahl	IP4	Lager mit besonders hoher Laufgenauigkeit

verwendete Normen: DIN 616 Lagerabmessungen, DIN 623-1 Bezeichnung von Wälzlagern, DIN ISO 8826-1/2 Zeichnungsnormen

weiterführende Informationen: www.fag.de

Bezeichnungsbeispiel

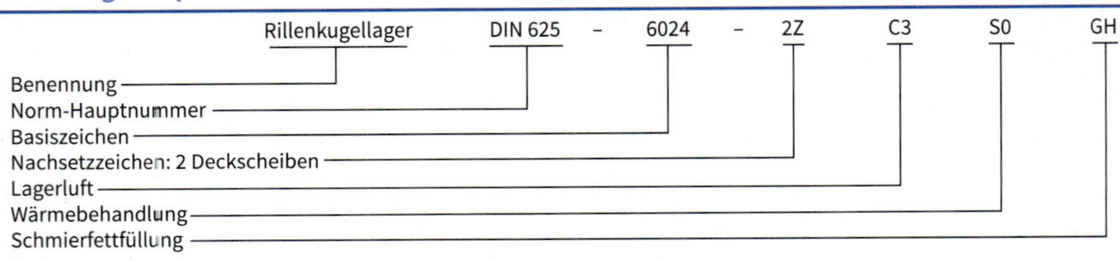

Auswahlkriterien für Wälzlager (Auswahl)

Lagerbauart	Radial-belastung	Axial-belastung	Lager zerlegbar	Fluchtfehler-ausgleich	hohe Drehzahl	geräusch-armer Lauf	Festlager	Loslager
Rillenkugellager[1]	2	3	5	4	1	1	2	3
Schrägkugellager[1]	2	2[2]	5	5	1	2	1	3
Pendelkugellager	2	4	5	1	2	4	3	3
Zylinderrollenlager (N, NU)	1	5	1	4	1	3	5	1
Kegelrollenlager	1	1[2]	1	4	3	4	1	4
Pendelrollenlager	1	2	5	1	3	4	2	3
Axial-Rillenkugellager	5	2[2]	1	3	3	4	3	5
Nadellager	1	5	1	5	2	3	5	1

[1] einreihig
[2] in eine Richtung

Eignung: 1 (sehr gut); 2 (gut); 3 (normal); 4 (eingeschränkt); 5 (nicht geeignet)

Rillenkugellager

DIN 625-1: 2011-04

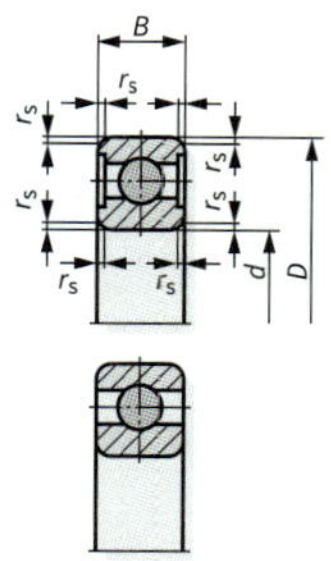

	Lagerreihe 160			Lagerreihe 60			Lagerreihe 62			Lagerreihe 63			Lagerreihe 64			Bohrgs.-Kennzahl
d	D	B	$r_{s\,min}$	D	B	$r_{s\,min}$	D	B	$r_{s\,min}$	D	B	$r_{s\,min}$	D	B	$r_{s\,min}$	
15	32	8	0,3	32	9	0,3	35	11	0,6	42	13	1	–	–	–	02
20	42	8	0,3	42	12	0,6	47	14	1	52	15	1,1	72	19	1,1	04
25	47	8	0,3	47	12	0,6	52	15	1	62	17	1,1	80	21	1,5	05
30	55	9	0,3	55	13	1	62	16	1	72	19	1,1	90	23	1,5	06
35	62	9	0,3	62	14	1	72	17	1,1	80	21	1,5	100	25	1,5	07
40	68	9	0,3	68	15	1	80	18	1,1	90	23	1,5	110	27	2	08
45	75	10	0,6	75	16	1	85	19	1,1	100	25	1,5	120	29	2	09
50	80	10	0,6	80	16	1	90	20	1,1	110	27	2	130	31	2,1	10
55	90	11	0,6	90	18	1,1	100	21	1,5	120	29	2	140	33	2,1	11
60	95	11	0,6	95	18	1,1	110	22	1,5	130	31	2,1	150	35	2,1	12
65	100	11	0,6	100	18	1,1	120	23	1,5	140	33	2,1	160	37	2,1	13
70	110	13	0,6	110	20	1,1	125	24	1,5	150	35	2,1	180	42	3	14
75	115	13	0,6	115	20	1,1	130	25	1,5	160	37	2,1	190	45	3	15
80	125	14	0,6	125	22	1,1	140	26	2	170	39	2,1	200	48	3	16

Ausführungen
Z : 1 Deckscheibe
2Z : 2 Deckscheiben
RS : 1 Dichtscheibe
2RS : 2 Dichtscheiben
N : Nut im Außenring

Rillenkugellager DIN 625 – 16008 – 2Z
Bezeichnung eines Rillenkugellagers der Lagerreihe 160 mit d = 40 mm (Bohrungskennzahl 08), mit 2 Deckscheiben, Toleranzklasse P0 (Normaltoleranz), radiale Lagerluft C0 (normal)

Radial-Schrägkugellager (einreihig), Lagerreihen 72 und 73 (zweireihig), Lagerreihe 33

DIN 628-1: 2008-02, DIN 628-3: 2008-02

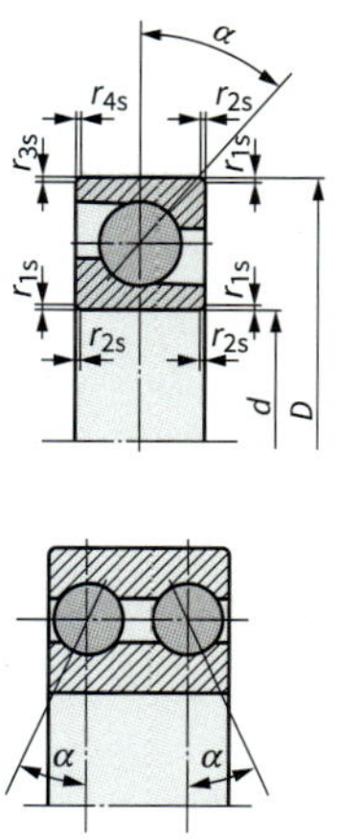

d	D	B	r_{1s} / r_{2s}	r_{3s} / r_{4s}	Basis-zeichen
10	30	9	0,6	0,3	72 00B
12	32	10	0,6	0,3	72 01B
	37	12	1	0,6	73 01B
15	35	11	0,6	0,3	72 02B
	42	13	1	0,6	73 02B
17	40	12	0,6	0,6	72 03B
	47	14	1	0,6	73 03B
20	47	14	1	0,6	72 04B
	52	15	1,1	0,6	73 04B
25	52	15	1	0,6	72 05B
	62	17	1,1	0,6	73 05B
30	62	16	1	0,6	72 06B
	72	19	1,1	0,6	73 06B
35	72	17	1,1	0,6	72 07B
	80	21	1,5	1	73 07B
40	80	18	1,1	0,6	72 08B
	90	23	1,5	1	73 08B

d	D	B	r_{1s} / r_{2s}	r_{3s} / r_{4s}	Basis-zeichen
45	85	19	1,1	0,6	72 09B
	100	25	1,5	1	73 09B
50	90	20	1,1	0,6	72 10B
	110	27	2	1	73 10B
55	100	21	1,5	1	72 11B
	120	29	2	1	73 11B
60	110	22	1,5	1	72 12B
	130	31	2,1	1,1	73 12B
65	120	23	1,5	1	72 13B
	140	33	2,1	1,1	73 13B
70	125	24	1,5	1	72 14B
	150	35	2,1	1,1	73 14B
75	130	25	1,5	1	72 15B
	160	37	2,1	1,1	73 15B
80	140	26	2	1	72 16B
	170	39	2,1	1,1	73 16B

d	D	B	r_{1s} / r_{2s}	r_{3s} / r_{4s}	Basis-zeichen
15	42	19	0,6	0,3	3302
17	47	22,2	0,6	0,6	3303
20	52	22,2	1	0,6	3304
25	62	25,4	1	0,6	3305
30	72	30,2	1	0,6	3306
35	80	34,9	1,1	0,6	3307
40	90	36,5	1,1	0,6	3308
45	100	39,7	1,1	0,6	3309
50	110	44,4	1,1	0,6	3310
55	120	49,2	1,5	1	3311
60	130	54	1,5	1	3312
65	140	58,7	1,5	1	3313
70	150	63,5	1,5	1	3314
75	160	68,3	1,5	1	3315
80	170	68,3	2	1,5	3316
85	180	72	2	1,5	3317

Berührungswinkel α = 40°
Einbaumaße nach DIN 5418

Schrägkugellager DIN 628 – 7206B
Bezeichnung eines Schrägkugellagers, Lagerreihe 72, d = 30 mm, Toleranzklasse PN

Zylinderrollenlager

DIN 5412-1: 2005-08

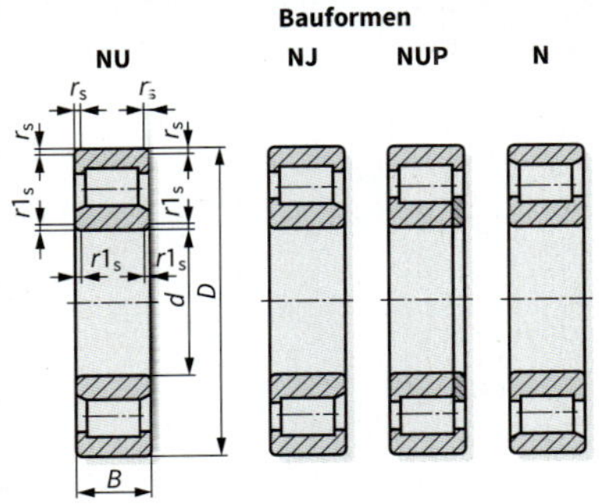

Zyl. Rollenlager DIN 5412 – NJ 212
Bezeichnung eines Zylinderrollenlagers mit $d = 60$ mm der Bauform NJ in der Maßreihe 02 (Lagerreihe NJ 02)

1) Bauform NUP nicht genormt

	Maßreihe 02				Maßreihe 03				Bohrgs.-Kennzahl
d	D	B	$r_{s\,min}$	$r_{1s\,min}$	D	B	$r_{s\,min}$	$r_{1s\,min}$	
17	40	12	0,6	0,3	47	14	1	0,6	3
20	47	14	1	0,6	52	15	1,1	0,6	4
25	52[1]	15	1	0,6	62	17	1,1	1,1	5
30	62	16	1	0,6	72	19	1,1	1,1	6
35	72	17	1,1	0,6	80	21	1,5	1,1	7
40	80	18	1,1	1,1	90	23	1,5	1,5	8
45	85	19	1,1	1,1	100	25	1,5	1,5	9
50	90	20	1,1	1,1	110	27	2	2	10
55	100	21	1,5	1,1	120	29	2	2	11
60	110	22	1,5	1,5	130	31	2,1	2,1	12
65	120	23	1,5	1,5	140	33	2,1	2,1	13
70	125	24	1,5	1,5	150	35	2,1	2,1	14
75	130	25	1,5	1,5	160	37	2,1	2,1	15
80	140	26	2	2	170	39	2,1	2,1	16
85	150	28	2	2	180	41	3	3	17
90	160	30	2	2	190	43	3	3	18

Kegelrollenlager

DIN 720: 2008-08

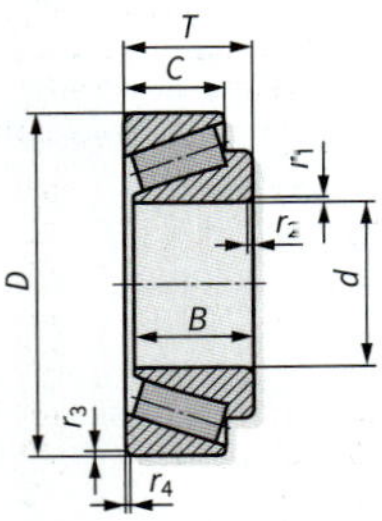

Kegelrollenlager DIN 720 – 302 08
Bezeichnung eines Kegelrollenlagers der Breitenreihe 0 und der Durchmesserreihe 2 und $d = 40$

	Lagerreihe 302								Lagerreihe 303						
d	D	B	C	T	r_1/r_2 min	r_3/r_4 min	Kurzzeichen	d	D	B	C	T	r_1/r_2 min	r_3/r_4 min	Kurzzeichen
17	40	12	11	13,25	1	1	302 03	15	42	13	11	14,25	1	1	303 02
20	47	14	12	15,25	1	1	302 04	20	52	15	13	16,25	1,5	1,5	303 04
25	52	15	13	16,25	1	1	302 05	25	62	17	15	18,25	1,5	1,5	303 05
30	62	16	14	17,25	1	1	302 06	30	72	19	16	20,75	1,5	1,5	303 06
35	72	17	15	18,15	1,5	1,5	302 07	35	80	21	18	22,75	2	1,5	303 07
40	80	18	16	19,75	1,5	1,5	302 08	40	90	23	20	25,25	2	1,5	303 08
45	85	19	16	20,75	1,5	1,5	302 09	45	100	25	22	27,25	2	1,5	303 09
50	90	20	17	21,75	1,5	1,5	302 10	50	110	27	23	29,25	2,5	2	303 10
55	100	21	18	22,75	2	1,5	302 11	55	120	29	25	31,5	2,5	2	303 11
60	110	22	19	23,75	2	1,5	302 12	60	130	31	26	33,5	3	2,5	303 12
65	120	23	20	24,75	2	1,5	302 13	65	140	33	28	36	3	2,5	303 13
70	125	24	21	26,25	2	1,5	302 14	70	150	35	30	38	3	2,5	303 14
75	130	25	22	27,25	2	1,5	302 15	75	160	37	31	40	3	2,5	303 15
80	140	26	22	28,25	2,5	2	302 16	80	170	39	33	42,5	3	2,5	303 16

Axial-Rillenkugellager, einseitig wirkend

DIN 711: 2010-05

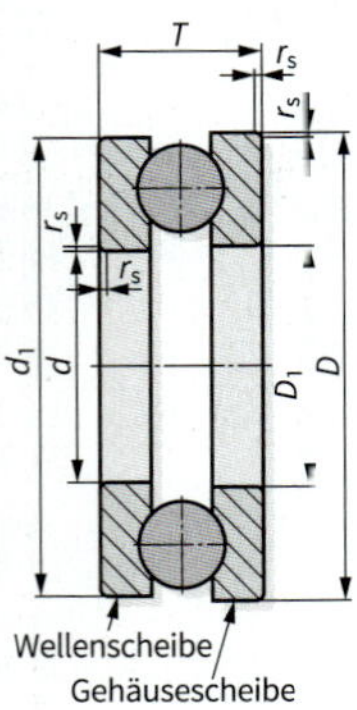

d	D $d_{1\,max}$	D_1 min	T	r_s min	Kurzzeichen
20	40	22	14	0,6	512 04
25	47	27	15	0,6	512 05
30	52	32	16	0,6	512 06
35	62	37	18	1	512 07
40	68	42	19	1	512 08
45	73	47	20	1	512 09
50	78	52	22	1	512 10
55	90	57	25	1	512 11
60	95	62	26	1	512 12
65	100	67	27	1	512 13
70	105	72	27	1	512 14
75	110	77	27	1	512 15
80	115	82	28	1	512 16
85	125	88	31	1	512 17
90	135	93	35	1,1	512 18
100	150	103	38	1,1	512 20

Axial Rillenkugellager DIN 711 – 51212 Bezeichnung eines einseitig wirkenden Axial-Rillenkugellagers mit $d = 60$ mm, $D = 95$ mm

Nadellager m. Innenring, Maßreihe 49

DIN 617: 2008-10

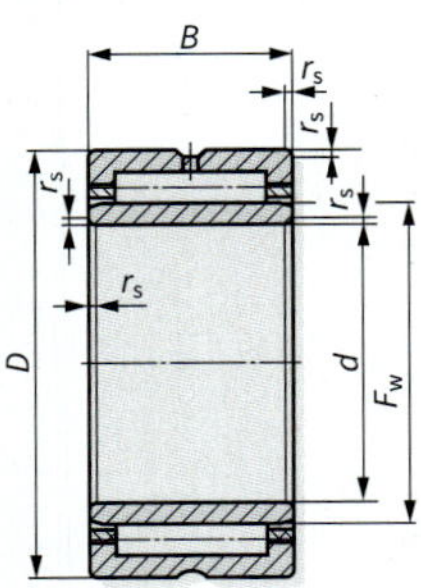

d	F_W	D	B	r_s min	Kurzzeichen
10	14	22	13	0,3	NA 49 00
15	20	28	13	0,3	NA 49 02
20	25	37	17	0,3	NA 49 04
25	30	42	17	0,3	NA 49 05
30	35	47	17	0,3	NA 49 06
35	42	55	20	0,6	NA 49 07
40	48	62	22	0,6	NA 49 08
45	52	68	22	0,6	NA 49 09
50	58	72	22	0,6	NA 49 10
55	63	80	25	1	NA 49 11
60	68	85	25	1	NA 49 12
65	72	90	25	1	NA 49 13
70	80	100	30	1	NA 49 14
75	85	105	30	1	NA 49 15
80	90	110	30	1	NA 49 16
85	100	120	35	1,1	NA 49 17

Nadellager DIN 617 – NA 49 12 Bezeichnung eines Nadellagers mit Innenring $d = 60$ mm, $D = 85$ mm, $B = 25$ mm

Pendelrollenlager, zweireihig

DIN 635-2: 2009-01

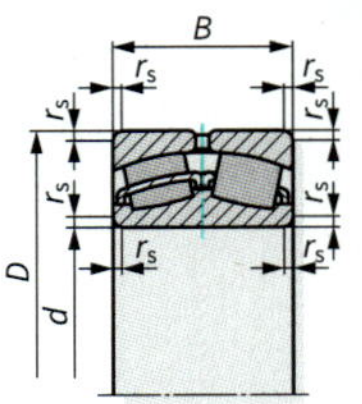

zylindrische Bohrung

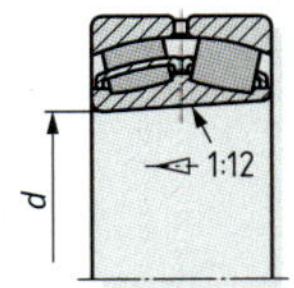

kegelige Bohrung

d	D	B	r_s	Kurzzeichen
20	52	15	1,1	213 04
25	52	18	1	222 05
	62	17	1,1	213 05
30	62	20	1	222 06
	72	19	1,1	213 06
35	72	23	1,1	222 07
	80	21	1,5	213 07
40	80	23	1,1	222 08
	90	23	1,5	213 08
	90	33	1,5	223 08
45	85	23	1,1	222 09
	100	25	1,5	213 09
	100	36	1,5	223 09
50	90	23	1,1	222 10
	110	27	2	213 10
	110	40	2	223 10

d	D	B	r_s	Kurzzeichen
55	100	25	1,5	222 11
	120	29	2	213 11
	120	43	2	223 11
60	110	28	1,5	222 12
	130	31	2,1	213 12
	130	46	2,1	223 12
65	120	31	1,5	222 13
	140	33	2,1	213 13
	140	48	2,1	223 13
70	125	31	1,5	222 14
	150	35	2,1	213 14
	150	51	2,1	223 14
75	130	31	1,5	222 15
	160	37	2,1	213 15
	160	55	2,1	223 15

d	D	B	r_s	Kurzzeichen
80	140	33	2	222 16
	170	39	2,1	213 16
	170	58	2,1	223 16
85	150	36	2	222 17
	180	41	3	213 17
	180	60	3	223 17
90	160	40	2	222 18
	160	52,4	2	232 18
	190	43	3	213 18
	190	64	3	223 18
95	170	43	2,1	222 19
	200	45	3	213 19
	200	67	3	223 19

Pendelrollenlager DIN 635 – 223 13 Bezeichnung eines zweireihigen Pendelrollenlagers mit $d = 65$ mm, zylindrischer Bohrung und $D = 140$ mm

Radial Pendelkugellager, zweireihig, zylindrische und kegelige Bohrung

DIN 630: 2009-09

ohne Dichtscheiben

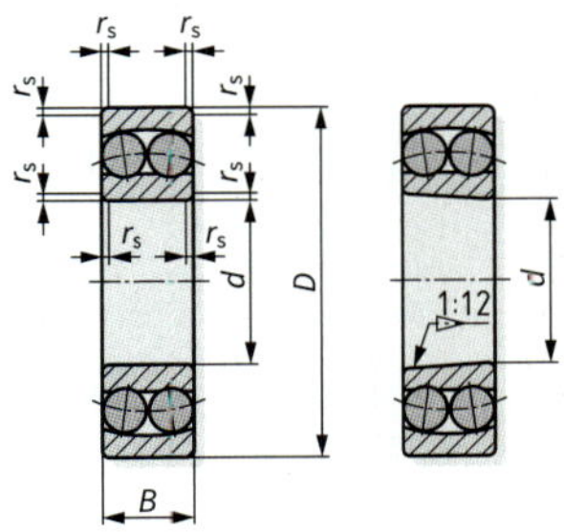

zylindrische Bohrung

kegelige Bohrung

d	Lagerreihe 12			Lagerreihe 22			Lagerreihe 13			Lagerreihe 23			Bohrungskennzahl
	D	B	$r_{s\,min}$	D	B	$r_{s\,min}$	D	B	$r_{s\,min}$	D	B	$r_{s\,min}$	
15	35	11	0,6	35	14	0,6	42	13	1	42	17	1	02
20	47	14	1	47	18	1	52	15	1,1	52	21	1,1	04
25	52	15	1	52	18	1	62	17	1,1	62	24	1,1	05
30	62	16	1	62	20	1	72	19	1,1	72	27	1,1	06
35	72	17	1,1	72	23	1,1	80	21	1,5	80	31	1,5	07
40	60	18	1,1	80	23	1,1	90	23	1,5	90	33	1,5	08
45	85	19	1,1	85	23	1,1	100	25	1,5	100	36	1,5	09
50	90	20	1,1	90	23	1,1	110	27	2	110	40	2	10
55	100	21	1,5	100	25	1,5	120	29	2	120	43	2	11
60	110	22	1,5	110	28	1,5	130	31	2,1	130	46	2,1	12
65	120	23	1,5	120	31	1,5	140	33	2,1	140	48	2,1	13
70	125	24	1,5	125	31	1,5	150	35	2,1	150	51	2,1	14
75	130	25	1,5	130	31	1,5	160	37	2,1	160	55	2,1	15
80	140	26	2	140	33	2	170	39	2,1	170	58	2,1	16
85	150	28	2	150	36	2	180	41	3	180	60	3	17

$d = 15$, $d = 70$ nicht mit kegeliger Bohrung

Pendelkugellager DIN 630 – 1210K Bezeichnung eines Pendelkugellagers der Reihe 12 mit zylindrischer Bohrung $d = 50$ mm (Bohrungskennzahl 10): **Pendelkugellager DIN 630 – 1210** … mit kegeliger Bohrung

Einbaumaße für Wälzlager

DIN 5418: 1993-02

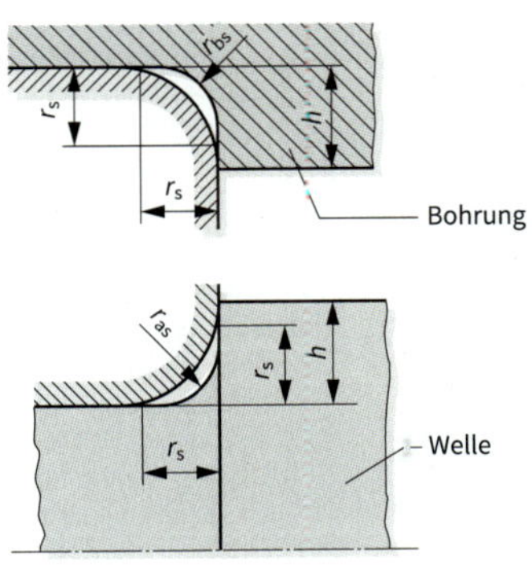

Ersatzweise kann der Freistich Form F nach DIN 509 angewendet werden.

Rundungen und Schulterhöhen für Radiallager und Axiallager (Ausnahme: Kegelrollenlager)

Kantenabstand am Wälzlager	Hohlkehlradius	Schulterhöhe h [1] Durchmesserreihe nach DIN 616		
r_s	r_{as}; r_{bs}	8; 9; 0	1; 2; 3	4
0,05	0,05	0,2	–	–
0,08	0,08	0,26	–	–
0,1	0,1	0,3	0,6	–
0,2	0,2	0,7	0,9	–
0,3	0,3	1	1,2	–
0,6	0,6	1,6	2,1	–
1	1	2,3	2,8	–
2	2	4,4	5,5	6,5
3	2,5	6,2	7	8
4	3	7,3	8,5	10
5	4	9	10	12

[1] Bei Axiallagern soll die Schulter mindestens bis zur Mitte der Wellen oder Gehäusescheibe reichen.

O-Ringe, Einbauräume

DIN ISO 3601-1/3: 2010-08

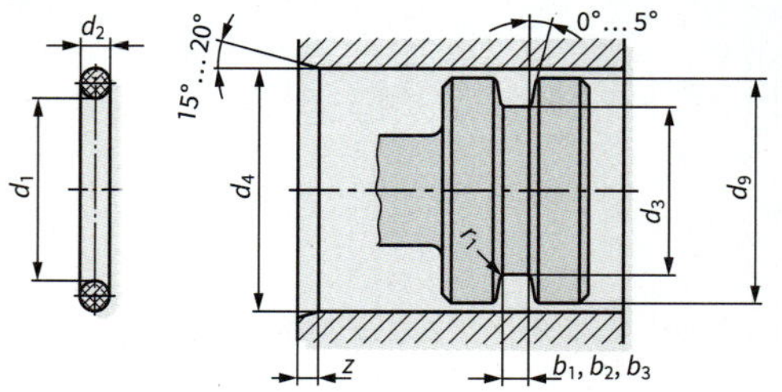

Werkstoffe für O-Ringe nach DIN ISO 3601-5

Kurzzeichen	Basis-Elastomer	IRHD-Härte[1]
NBR	Acrylnitril-Butadien-Kautschuk	70
NBR	Acrylnitril-Butadien-Kautschuk	90
FPM	Fluor-Kautschuk	85
EPDM	Ethylen-Propylen-Dien-Kautschuk	70
MVQ	Siliconkautschuk	70
ACM	Acrylat-Kautschuk	70

Einbauräume, außendichtend, radiale O-Ring-Pressung

Größenbezeichnungen SC	Innen-Ø, O-Ring d_1	Hydraulik, dynamisch / Pneumatik, dynamisch / Hydr., Pneum., statisch d_3 H6/H8/h9	Hydraulik, dynamisch d_4 H9 / d_9 f7	Pneumatik, dynamisch d_4 H8 / d_9 f7	Hydr., Pneum., statisch d_4 H8 / d_9 f7
d_2 = 1,78					
008	4,47	4,63	7,31	7,42	7,22
010	6,07	6,25	8,93	9,06	8,83
011	7,65	7,87	10,56	10,66	10,42
013	10,82	11,2	–	–	13,77
014	12,42	12,83	–	–	15,4
015	14	14,49	–	–	17,05
d_2 = 2,62					
114	15,54	16,03	20,11	20,23	20,09
115	17,12	17,64	21,71	21,81	21,7
116	18,72	19,27	23,33	23,44	23,33
117	20,29	20,97	–	–	24,95
118	21,9	22,71	–	–	26,58
119	23,47	24,32	–	–	28,19
120	25,07	25,96	–	–	29,8
121	26,64	27,56	–	–	31,43
122	28,24	29,19	–	–	33,06
123	29,82	30,88	–	–	34,72
124	31,42	32,51	–	–	36,35
125	32,99	34,12	–	–	37,96
126	34,59	35,75	–	–	39,59
127	36,17	37,36	–	–	41,20
128	37,77	38,99	–	–	42,83
129	39,34	40,67	–	–	44,51

Größenbezeichnungen SC	Innen-Ø, O-Ring d_1	Hydraulik, dynamisch d_4 H8 / d_9 f7	Pneumatik, dynamisch d_4 H8 / d_9 f7	Hydr., Pneum., statisch d_4 H8 / d_9 f7	statisch, dynamisch d_3 h9
d_2 = 3,53					
210	18,64	24,97	25,17	24,67	19,32
211	20,22	26,56	26,78	26,56	20,93
212	21,82	28,21	28,41	27,91	22,64
213	23,39	29,81	30,01	29,51	24,24
216	28,17	34,74	34,94	34,44	29,17
217	29,74	36,34	36,54	36,04	30,58
219	32,92	39,58	39,78	39,28	34,04
220	34,52	41,22	41,42	40,92	35,68
221	36,09	42,82	43,02	42,52	37,28
223	40,87	–	–	47,48	42,24
224	44,04	–	–	50,71	45,47
225	47,22	–	–	54,03	48,79
226	50,39	–	–	57,27	52,06
227	53,57	–	–	60,51	55,13
d_2 = 5,33					
326	40,64	50,54	50,54	50,04	42,0
327	43,82	53,78	53,78	53,28	45,24
329	50,17	60,34	60,34	59,84	51,83
331	56,52	66,82	66,82	66,32	58,31
333	62,87	73,35	73,35	72,85	64,84
334	66,04	76,58	76,58	76,08	68,07
335	69,22	79,82	79,82	79,32	71,31
337	75,57	86,84	86,84	85,80	77,89

Einbauräume, außendichtend, radiale O-Ring-Pressung

Querschnitt-Ø des O-Rings d_2	Hydraulik, bewegt b_1 +0,25/0	Hydraulik und Pneumatik, ruhend b_2[1] +0,25/0	b_3[2] +0,25/0	Pneumatik, bewegt b_1 +0,25/0
1,78	2,8	4,2	5,6	2,4
2,62	3,8	5,2	6,6	3,6
3,53	5,0	6,4	7,8	4,8
5,33	7,2	9	10,9	6,9

[1] Mit einem Stützring
[2] Mit zwei Stützringen

d_2	r_1	z für 15° min	z für 20° min
1,78	+0,4 / +0,2	1,1	0,9
2,62		1,5	1,1
3,55	+0,8 / +0,4	1,8	1,4
5,3		2,7	2,1

O-Ringe nach DIN ISO 3601-1 für allgemeine industrielle Anwendungen werden in den Toleranzklassen A und B gefertigt. Die Klasse A hat engere Toleranzen als B, sie ist auch für Luftfahrtanwendungen geeignet. O-Ringe mit Sortenmerkmal N sind für allgemeine Anwendungen bestimmt. O-Ringe mit Sortenmerkmal S sind für Anwendungen mit höherem Qualitätsstand (Maß und Oberfläche) bestimmt (DIN 3601-3).

O-Ring ISO 3601-1 – 125 B – 32,99 x 2,62 – N

O-Ring mit der Größenbezeichnung SC = 125 und der Toleranzklasse B des Durchmessers d_1; dem Nenndurchmesser d_1 = 32,99 mm und der Schnurstärke 2,62 mm, Sortenmerkmal N

[1] IRHD: Internationaler Gummihärtegrad

Einbauräume, O-Ring-axialdichtend, Innendruck

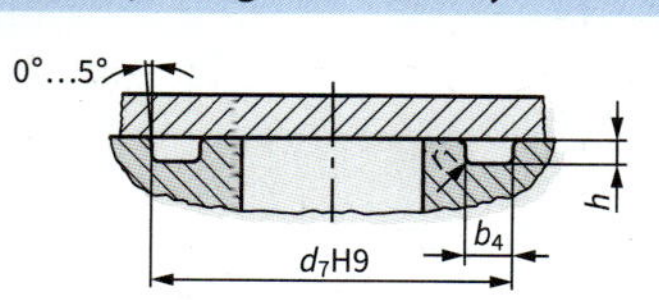

d_2	b_4 +0,2 hydrl.	b_4 +0,2 pneum.	h +0,10/0	r_1
2,62	4,0	3,6	2,0	0,3 ± 0,1
3,53	5,3	4,8	2,7	0,6 ± 0,2
5,33	7,6	7,0	4,2	

d_1	d_7 H9	d_1	d_7 H9	d_1	d_7 H9	d_1	d_7 H9	d_1	d_7 H9	d_1	d_7 H9
d_2 = 2,62		d_2 = 3,53		d_2 = 3,53		d_2 = 3,53		d_2 = 3,53		d_2 = 5,33	
31,42	36,65	29,74	36,8	37,69	44,57	53,57	60,63	78,97	86,03	75,57	86,23
34,59	39,83	31,34	38,14	40,87	47,93	56,74	63,80	85,32	92,38	81,92	92,58
39,34	44,58	32,92	39,98	44,04	51,10	59,92	66,98	98,02	105,08	91,44	102,10
44,12	49,35	34,52	41,58	47,22	54,28	63,09	70,15	110,72	117,78	94,62	105,28
48,90	54,13	36,09	43,18	50,39	57,45	69,44	76,50	136,12	143,18	110,49	119,38

Buchsen für Gleitlager aus Kupferlegierungen

DIN ISO 4379: 1995-10

Form C

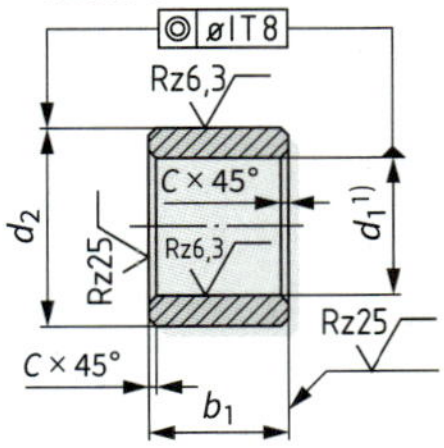

Form F

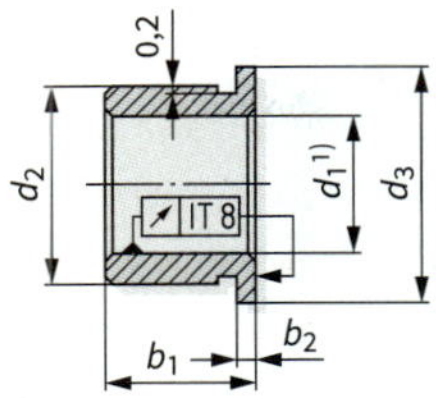

1) ergibt Toleranzklasse H8 nach dem Einpressen

	Form C			Form F						Form C und F			
				Reihe 1			Reihe 2						
d_1	d_2			d_2	d_3	b_2	d_2	d_3	b_2	b_1			C
10	12	14	16	12	14	1	16	20	3	6	10	–	0,3
12	12	14	16	14	16	1	18	22	3	10	15	20	0,5
15	17	19	21	17	19	1	21	27	3	10	15	20	0,5
18	20	22	24	20	22	1	24	30	3	12	20	30	0,5
20	23	24	26	23	26	1,5	26	32	3	15	20	30	0,5
22	25	26	28	25	28	1,5	28	34	3	15	20	30	0,5
25	28	30	32	28	31	1,5	32	38	4	20	30	40	0,5
28	32	34	36	32	36	2	36	42	4	20	30	40	0,5
30	34	36	38	34	38	2	38	44	4	20	30	40	0,5
32	36	38	40	36	40	2	40	46	4	20	30	40	0,8
35	39	41	45	39	43	2	45	50	5	30	40	50	0,8
38	42	45	48	42	46	2	48	54	5	30	40	50	0,8
40	44	48	50	44	48	2	50	58	5	30	40	60	0,8
42	46	50	52	46	50	2	52	60	5	30	40	60	0,8
45	50	53	55	50	55	2,5	55	63	5	30	40	60	0,8
48	53	56	58	53	58	2,5	58	66	5	40	50	60	0,8
50	55	58	60	55	60	2,5	60	68	5	40	50	60	0,8

Empfohlene Toleranzklassen für den Einbau

Aufnahmebohrung: H7
Welle: e7, g7 (anwendungsfallabhängig)

Bezeichnung einer Buchse der Form C mit d_1 = 20 mm, d_2 = 23 mm, b_1 = 20 mm aus Cu SN 8:
Buchse ISO 4379 – C 20 × 23 × 20 – Cu Sn 8

Buchsen für Gleitlager aus Duroplasten und Thermoplasten

DIN 1850-5, 6: 1998-07

Zylinderbuchse Form P (Duroplaste)

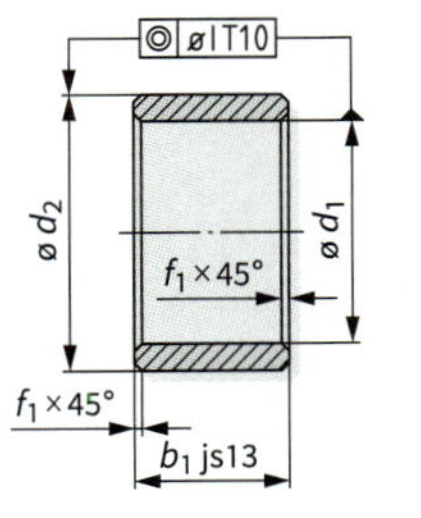

Bundbuchse Form R

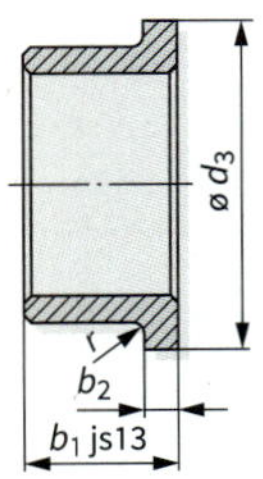

Zylinderbuchse Form S (Thermoplaste)

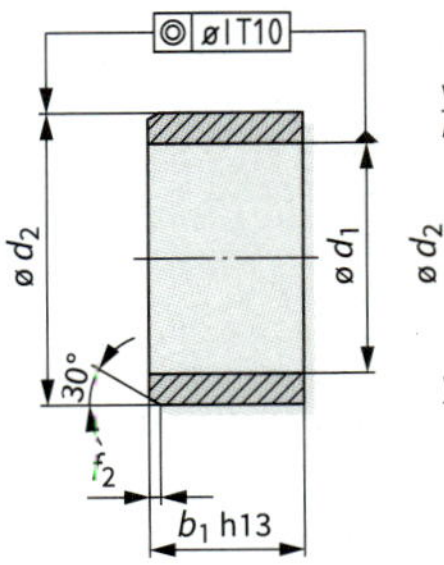

Bundbuchse Form T

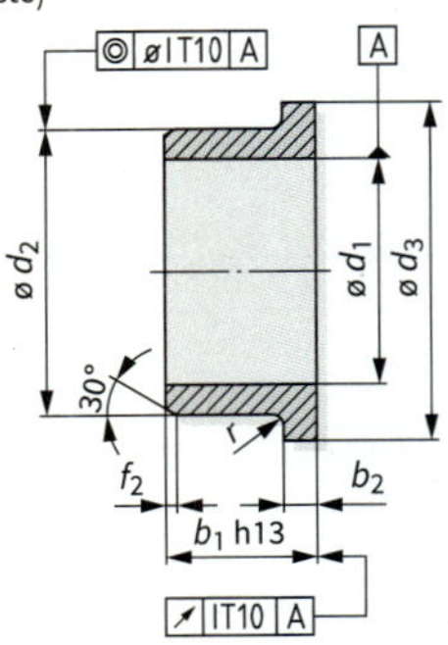

Empfohlene Toleranzklassen für den Einbau

Aufnahmebohrung: H7
Welle: h7 (P und R), h9 (S und T)

Abmessungen der Formen P, R, S, T

d_1	d_2	d_3 d_{13}	b_1			b_2	f, r max	f_2
15	21	27	10	15	20	3	0,5	0,8
20	26	32	15	20	30	3	0,5	0,8
25	32	38	20	30	40	4	0,5	0,8
30	38	44	20	30	40	4	0,5	0,8
35	45	50	30	40	50	5	0,8	1,2
40	50	58	30	40	60	5	0,8	1,2
45	55	63	30	40	60	5	0,8	1,2
50	60	68	40	50	60	5	0,8	1,2
60	75	83	40	60	80	7,5	0,8	1,2
80	95	105	60	80	100	7,5	1	1,5

Abmaße für d_1 und d_2 der Formen P und R

d_1	über bis	14 18	18 24	24 30	30 40	40 50	50 65	65 80
Abmaße		+0,22 +0,18	+0,27 +0,22	+0,34 +0,28	+0,42 +0,35	+0,5 +0,42	+0,6 +0,51	+0,73 +0,63
d_2	über bis	20 24	24 30	30 38	38 50	50 60	60 80	80 95
Abmaße		+0,14 +0,09	+0,17 +0,11	+0,21 +0,14	+0,26 +0,18	+0,31 +0,22	+0,37 +0,27	+0,45 +0,34

Werkstoff für Formen P und R: FS 74 nach DIN 7708 oder nach Hgw DIN 7735, Ausführung: DIN 7168 – m

Abmaße für d_1, d_2 der Formen S und T der Toleranzklasse A

Tolaranzklasse für d_1 nach dem Einpressen: D12

d_2	über bis	14 18	18 25	25 (33)	(33) 40	40 55	55 200
Abmaße		+0,33 +0,11	+0,45 +0,15	+0,6 +0,2	+0,69 +0,23	+0,9 +0,3	nach Vereinbarung

Werkstoff für Formen S und T: PA 6, PA 66, PA 6 G, PA 11, PA 12, PBTP, PETP, PE, POM

Bezeichnung einer Buchse der Form S mit d_1 = 30 mm, b_1 = 40 mm, Toleranzklasse A aus PA 66:
Buchse DIN 1850 – S 30 A 40 – PA 66

Stirnräder mit Geradverzahnung

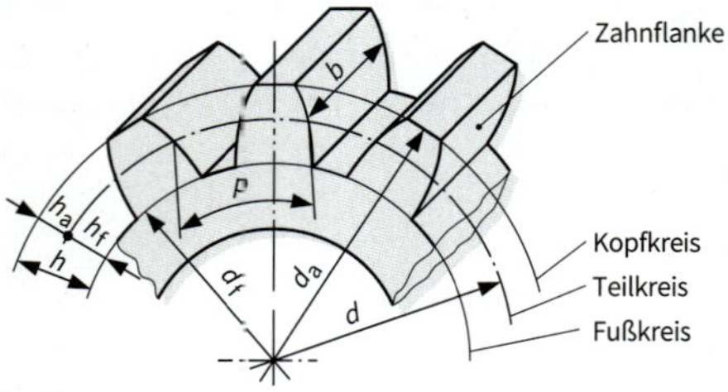

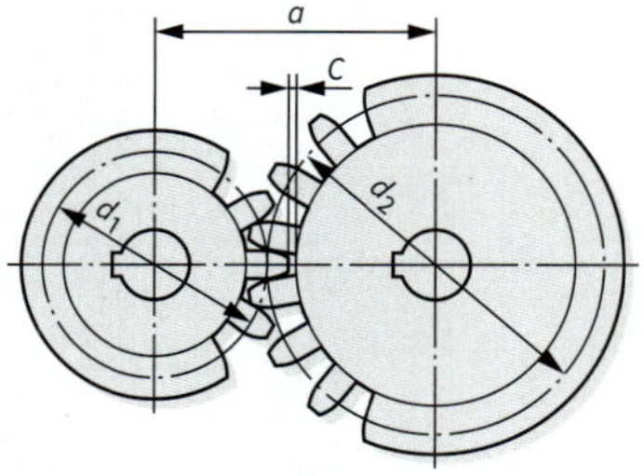

Achsabstand a

$$a = \frac{d_1 + d_2}{2}$$

$$a = \frac{m \cdot (z_1 + z_2)}{2}$$

siehe auch Zahnradgetriebe

Bezeichnungen geradverzahnter Stirnräder			
Teilung	$p = m \cdot \pi$	Teilkreisdurchmesser	$d = m \cdot z$
Modul	$m = \frac{p}{\pi} = \frac{d}{z}$	Kopfkreisdurchmesser	$d_a = d + 2 \cdot m = m \cdot (z+2)$
Zähnezahl	$z = \frac{d}{m} = \frac{d_a - 2 \cdot m}{m}$	Fußkreisdurchmesser	$d_f = d - 2 \cdot (m + c)$
Kopfspiel	$c = 0{,}1 \cdot m \ldots 0{,}3 \cdot m$ Maschinenbau $c = 0{,}167 \cdot m$	Zahnhöhe	$h = 2 \cdot m + c$
Zahnkopfhöhe	$h_a = m$	Zahnfußhöhe	$h_f = m + c$

Modulreihen nach DIN 780-1: 1977-05

Reihe	0,05	0,06	0,08	0,1	0,12	0,16	0,2	0,25	0,3	0,4	0,5	0,6	0,7	0,8	0,9	1	1,25
I	1,5	2	2,5	3	4	5	6	8	10	12	16	20	25	32	40	50	60
Reihe	0,055	0,07	0,09	0,11	0,14	0,18	0,22	0,28	0,35	0,45	0,55	0,65	0,75	0,85	0,95	1,125	1,375
II	1,75	2,25	2,75	3,5	4,5	5,5	7	9	11	14	18	22	28	36	45	55	70

Modulfräsersatz bis Modul $m = 8$

Fräser-Nr.	1	2	3	4	5	6	7	8
Zähnezahl	12 … 13	14 … 16	17 … 20	21 … 25	26 … 34	35 … 54	55 … 134	135 – ∞

Für Zahnräder $m > 9$ mm besteht der Satz aus 15 Fräsern

Stirnräder mit Schrägverzahnung und parallelen Achsen

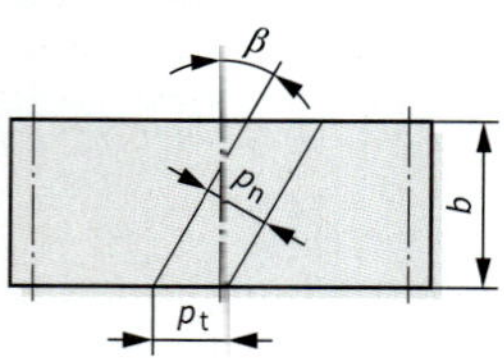

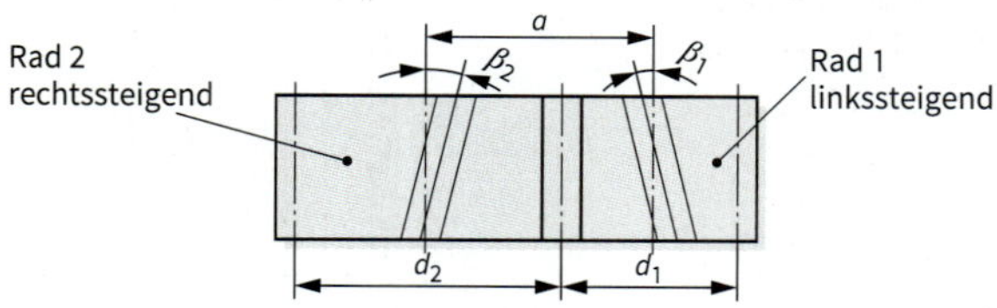

Bezeichnungen schrägverzahnter Stirnräder			
Stirnmodul	$m_t = \frac{m_n}{\cos\beta} = \frac{p_t}{\pi}$	Normalmodul	$m_n = \frac{p_n}{\pi} = m_t \cdot \cos\beta$
Stirnteilung	$p_t = \frac{p_n}{\cos\beta} = \frac{\pi \cdot m_n}{\cos\beta}$	Normalteilung	$p_n = \pi \cdot m_n = p_t \cdot \cos\beta$
Teilkreisdurchmesser	$d = m_t \cdot z = \frac{z \cdot m_n}{\cos\beta}$	Kopfkreisdurchmesser	$d_a = d + 2 \cdot m_n$
Zähnezahl	$z = \frac{d}{m_t} = \frac{\pi \cdot d}{p_t}$	Ideelle Zähnezahl	$z_i = \frac{z}{\cos^3\beta}$
Steigungswinkel	$\beta = 8 \ldots 25°; \beta_1 = \beta_2$	Achsabstand	$a = \frac{d_1 + d_2}{2}$
Kopfspiel, Zahnhöhe, Zahnkopfhöhe wie bei Stirnrädern mit Geradverzahnung			

Kegelräder mit Geradverzahnung

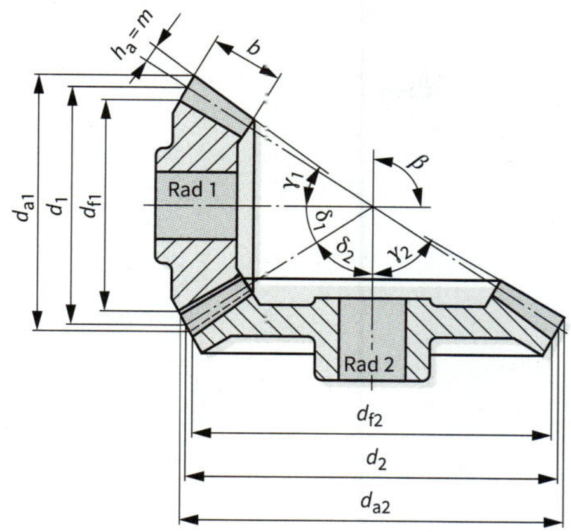

Teilkreisdurchmesser	$d = m \cdot z$
Kopfkreisdurchmesser	$d_a = d + 2 \cdot m \cdot \cos\delta$
Fußkreisdurchmesser	$d_f = d - 2 \cdot (m + c) \cos\delta$
Teilkreiswinkel	$\tan\delta_1 = \frac{d_1}{d_2} = \frac{z_1}{z_2} = \frac{1}{i}$ $\tan\delta_2 = \frac{d_2}{d_1} = \frac{z_2}{z_1} = i$
Achsenwinkel	$\beta = \delta_1 + \delta_2$
Kegelwinkel	$\tan\gamma_1 = \frac{z_1 + 2\cos\delta_1}{z_2 - 2\sin\delta_1}$ $\tan\gamma_2 = \frac{z_2 + 2\cos\delta_2}{z_1 - 2\sin\delta_2}$

Teilung p und Modul m werden am größten Teilkreisdurchmesser d gemessen.
Modul m siehe Modulreihe nach DIN 780

Zylinder-Schneckentrieb

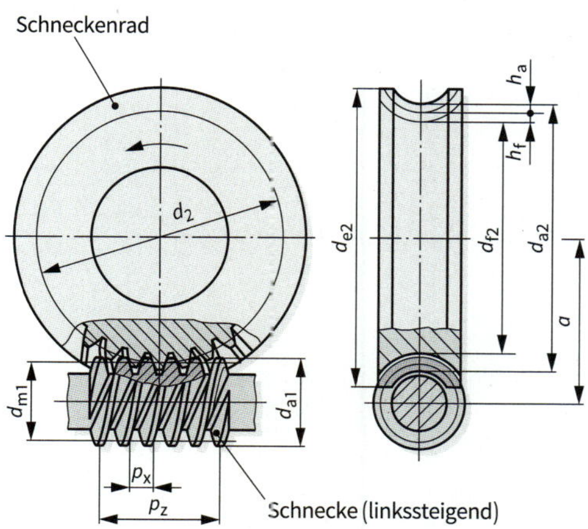

Schneckentrieb	
Axialteilung	$p_x = m \cdot \pi$
Normalmodul	$m_n = m \cdot \cos\gamma_m$
Normalteilung	$p_n = p_x \cdot \cos\gamma_m$
Kopfhöhe	$h_a = m$
Fußhöhe	$h_f = m + c = 1{,}2 \cdot m$
Kopfspiel	$c = 0{,}2 \cdot m$
Zahnhöhe	$h = 2 \cdot m + c$
Zylinderschnecke	
Steigungshöhe	$p_{z1} = p_x \cdot z_1$
Mittenkreisdurchmesser	$d_{m1} = \frac{z_1 \cdot m}{\tan\gamma_m}$
Kopfkreisdurchmesser	$d_{a1} = d_{m1} + 2 \cdot m$
Fußkreisdurchmesser	$d_{f1} = d_{m1} - 2 \cdot (m + c)$
Schneckenrad	
Teilkreisdurchmesser	$d_2 = m \cdot z_2$
Kopfkreisdurchmesser	$d_{a2} = d_2 + 2 \cdot m$
Fußkreisdurchmesser	$d_{f2} = d_2 - 2 \cdot (m + c)$
Kopfradius	$R_k = \frac{d_{m1}}{2} - m$
Achsabstand	$a = \frac{d_{m1} + d_2}{2}$
Außendurchmesser	$d_{e2} \approx d_{a2} + m$

Module für Zylinder-Schneckentrieb m:
0,1; 0,12; 0,16; 0,2; 0,25; 0,3; 0,4; 0,5; 0,6; 0,7; 0,8; 0,9; 1; 1,25; 1,6; 2; 2,5; 3,15; 4; 5; 6,3; 8; 10; 12,5; 16; 20

Schnecken haben einen Zahn oder mehrere Zähne, die wie Gewindegänge um die Schneckenachse gewunden sind. Die Zähnezahl z_1 der Schnecke ist die Anzahl der in einem Stirnschnitt geschnittenen Zähne. Die Zähnezahl wurde früher Gangzahl genannt ($z_1 = g$).
Eine Schnecke ist rechtssteigend, wenn die Flankenlinie einer Rechtsschraube entspricht. Der Steigungssinn bestimmt die Drehrichtung des Schneckenrades.
Die Zähnezahl der Schnecke wählt man zweckmäßig in Abhängigkeit von dem Übersetzungsverhältnis i.

i	5 … 10	10 … 15	15 … 30	> 30
z_1	4	3	2	1

$$i = \frac{n_1}{n_2} = \frac{z_2}{z_1} \geq 1$$

z_2: Zähnezahl des Schneckenrades

Radial-Wellendichtringe

DIN 3760: 1996-09

Form A

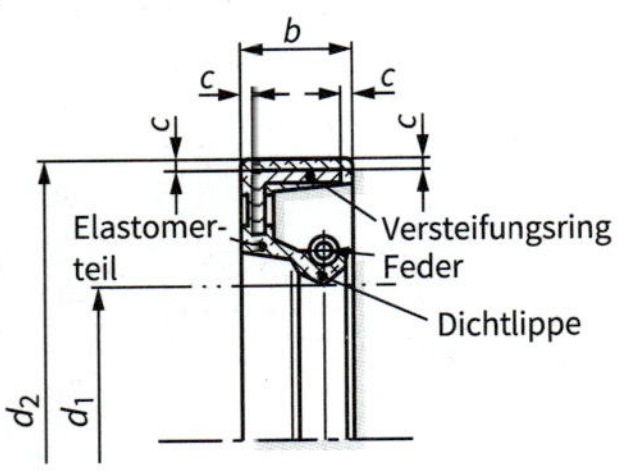

Form AS
mit Schutzlippe
übrige Maße und Angaben wie Form A

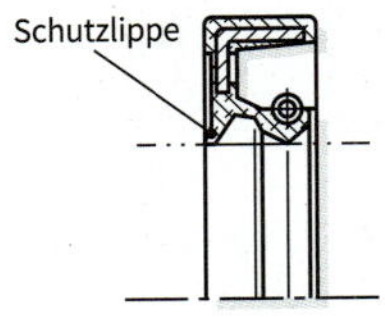

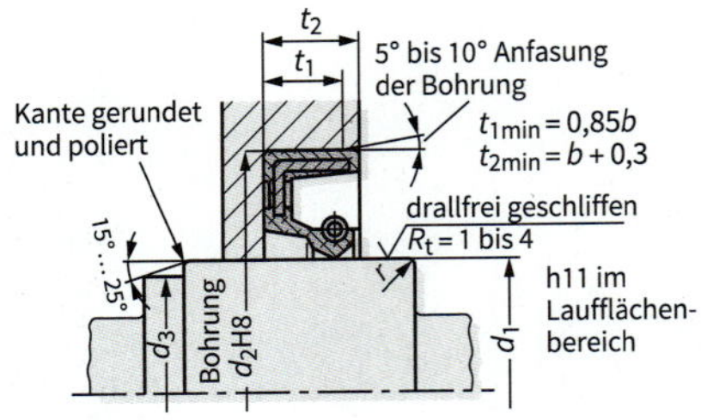

Zugabe für Übermaßpassung (Maße in mm)

Außen-Ø d_2	Zugabe	zulässige Unrundheit
≤ 50	+0,3 +0,15	0,25
$50 < d_2 \leq 80$	+0,35 +0,2	0,35
$80 < d_2 \leq 120$	+0,35 +0,2	0,5
$120 < d_2 \leq 180$	+0,45 +0,25	0,65

Anschrägung der Welle

d_1	d_3	d_1	d_3	d_1	d_3	d_1	d_3
10	8,4	25	22,5	45	41,6	75	70,7
12	10,2	28	25,3	48	44,5	80	75,5
14	12,1	30	27,3	50	46,4	85	80,4
15	13,1	32	29,2	52	48,3	90	85,3
16	14	35	32	55	51,3	100	95
18	15,8	36	33	60	56,1	110	104,7
20	17,7	38	34,9	62	58,1	120	114,5
22	19,6	40	36,8	65	61	125	119,4
24	21,5	42	38,7	70	65,8	130	124,3

Kanten[1] des Wellendichtrings

d_1	c_{min}
10 … 26	0,3
28 … 60	0,4
62 … 80	0,5
85 …135	0,8
135 …190	1

[1] abgeschrägt oder gerundet nach Wahl des Herstellers

d_1	d_2	$b \pm 0{,}2$
10	22	7
	25	
	26	
12	22	
	25	
	30	
14	24	
	30	
15	26	
	30	
	35	
16	30	
	35	
18	30	
	35	
20	30	
	35	
	40	

d_1	d_2	$b \pm 0{,}2$
22	35	7
	40	
	47	
25	35	
	40	
	47	
	52	
28	40	
	47	
	52	
30	40	
	42	
	47	
	52	
32	45	
	47	
	52	

d_1	d_2	$b \pm 0{,}2$
35	47	7
	50	
	52	
	55	
38	55	
	62	
40	52	
	55	
	62	
42	55	8
	62	
45	60	
	62	
	65	
48	62	
50	65	
	68	
	72	

d_1	d_2	$b \pm 0{,}2$
55	70	8
	72	
	80	
60	75	
	80	
	85	
65	85	10
	90	
70	90	
	95	
75	95	
	100	
80	100	
	110	
85	110	12
	120	
90	110	
	120	

d_1	d_2	$b \pm 0{,}2$
95	120	12
	125	
100	120	
	125	
	130	
105	130	
110	130	
	140	
115	140	
120	150	
125	150	
130	160	
140	170	15
150	180	
160	190	
170	200	
180	210	
190	220	

Werkstoffe: Acrylnitril-Butadien-Kautschuk, NBR oder Fluorkautschuk, FKM
Bezeichnung eines Radial-Wellendichtringes (RWDR) Form A für Wellendurchmesser $d_1 = 25$ mm, Außendurchmesser $d_2 = 40$ mm und Breite $b = 7$ mm, Elastomerteil aus Fluorkautschuk (FKM):
Radial-Wellendichtring DIN 3760 – A 25 × 40 × 7 – FKM
oder
RWDR DIN 3760 – A 25 × 40 × 7 – FKM

Endlose Schmalkeilriemen, Schmalkeilriemenscheiben

DIN 7753-1: 1988-01; DIN 2211-1: 1984-03

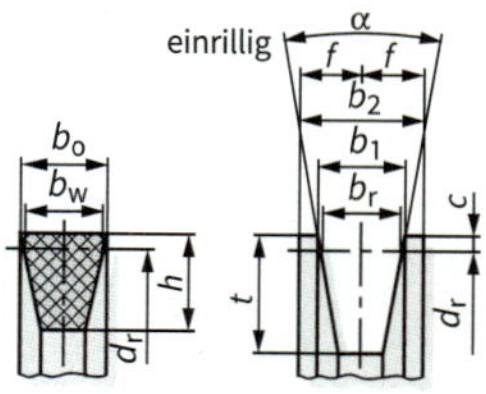

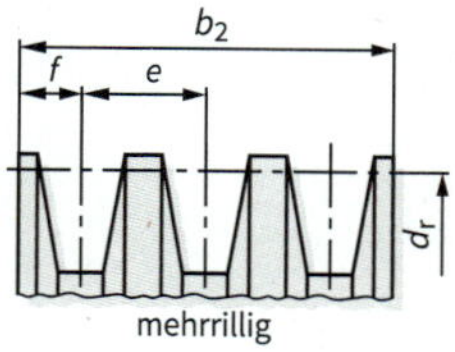

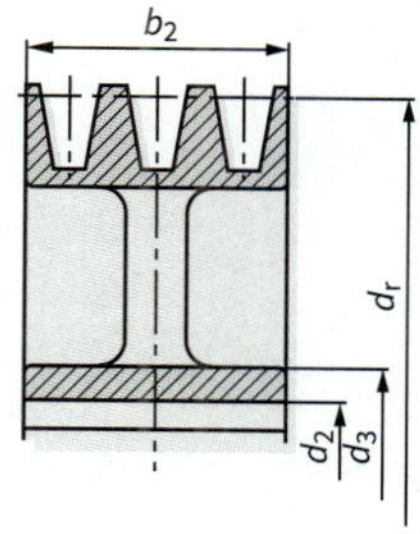

	Riemenprofil		SPZ	SPA	SPB	SPC
Schmalkeilriemen DIN 7753	ummantelt		SPZ	SPA	SPB	SPC
	flankenoffen gezahnt		XPZ	XPA	XPB	XPC
	Obere Riemenbreite	$b_o \approx$	9,7	12,7	16,3	22
	Wirkbreite (Nennmaß)	b_w	8,5	11	14	19
	Riemenhöhe	S $h \approx$	8	10	13	18
		X	8	9	13	18
	Richt-Ø der zugehörigen kleinsten zul. Scheibe	S d_{rmin}	63	90	140	224
		X	50	63	100	160
	Richtlänge	S L_r von	630	800	1250	2000
		bis	3550	4500	8000	12 500
		X L_r von	630	800	1250	2000
		bis	3550	3550	3550	3550
Scheibe DIN 2211	Richtbreite	b_r	8,5	11	14	19
		$b_1 \approx$	9,7	12,7	16,3	22
		c	2	2,8	3,5	4,8
	Rillenabstand	e	12	15	19	25,5
		f	8	10	12,5	17
	Rillentiefe	t	11	13,8	17,5	23,8
	Richtdurchmesser d_r	$\alpha = 34°$	≤ 80	≤ 118	≤ 190	≤ 315
		$\alpha = 38°$	> 80	> 118	> 190	> 315

Richtlängen L_r	
630	3150
710	3550
800	4000
900	4500
1000	5000
1120	5600
1250	6300
1400	7100
1600	8000
1800	9000
2000	10 000
2240	11 200
2500	12 500
2800	

Nabendurchmesser
$d_3 \approx (1.8\ldots1{,}6)\,d_2$

Kranzbreite
$b_2 = e\,(z-1) + 2f$
z = Rillenanzahl

Bezeichnung eines Schmalkeilriemens mit Riemenprofil-Kurzzeichen SPZ und Richtlänge L_r = 800 mm: **Schmalkeilriemen DIN 7753 – SPZ800**

Bezeichnung einer Schmalkeilriemenscheibe für Profil SPZ, einteilig (1T), d_r = 100, z = 4, d_2 = 30, Passfedernut (PN) nach DIN 6885 T.1: **Scheibe DIN 2211 – SPZ – 1T 100 × 4 × 30 PN**

Endlose Keilriemen (Normalkeilriemen), Keilriemenscheiben

DIN 2215: 1998-08; DIN 2217-1: 1973-02

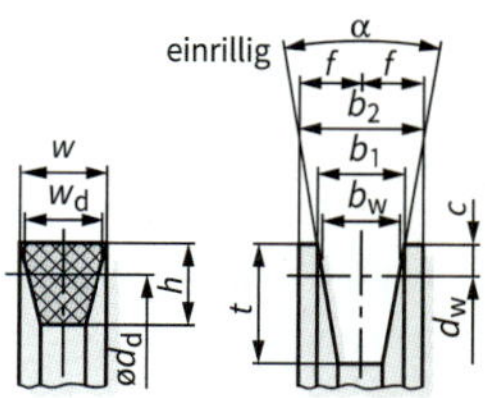

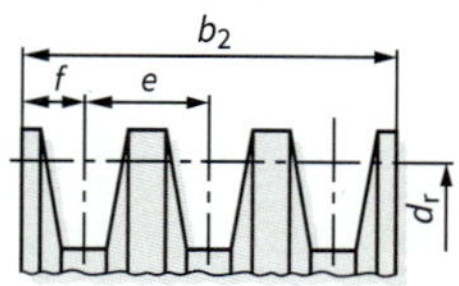

Kranzbreite
$b_2 = e(z-1) + 2f$
z = Rillenzahl

	Riemenprofil		6	10	13	17	22	32	40
Keilriemen DIN 2215	Kurzzeichen[1)]		6	10	13	17	22	32	40
	ISO-Kurzzeichen		Y	Z	A	B	C	D	E
	Obere Richtbreite	w	6	10	13	17	22	32	40
	Richtbreite (Nennmaß)	w_d	5,3	8,5	11	14	19	27	32
	Riemenhöhe	h	4	6	8	11	14	20	25
	Richtdurchmesser der zugehörigen kleinsten zulässigen Scheiben	$d_{d\,min}$	28	50	75	125	200	355	500
	Richtlängen für Riemen[2)]	L_d von	295	312	437	610	1148	2075	3080
		bis	865	2522	5030	7140	8058	11 275	12 580
Scheibe DIN 2217	Wirkbreite	b_w	5,3	8,5	11	14	19	27	32
		$b_1 \approx$	6,3	9,7	12,7	16,3	22	32	40
		c	1,6	2	2,8	3,5	4,8	8,1	12
	Rillenabstand	e	8	12	15	19	25,5	37	44,5
		f	6	8	10	12,5	17	24	29
	Rillentiefe	t	7	11	13,8	17,5	23,8	28	33
	Wirkdurchmesser d_w	$\alpha = 32°$	≤ 63	–	–	–	–	–	–
		$\alpha = 34°$	–	≤ 80	≤ 118	≤ 190	≤ 315	–	–
		$\alpha = 36°$	> 63	–	–	–	–	≤ 500	≤ 630
		$\alpha = 38°$	–	> 80	> 118	> 190	> 315	> 500	> 630

Bezeichnung eines Keilriemens mit Riemenprofil-Kurzzeichen A und Innenlänge L_d = 1000 mm:
Keilriemen DIN 2215 – A 1000

Bezeichnung einer Keilriemenscheibe für Profil 6, einteilig (1T), d_w = 100, z = 3, Nabenbohrung d_2 = 20, Passfedernut (PN) nach DIN 6885 T.1:
Scheibe DIN 2217 – 6 – 1T 100 × 3 × 20 PN

1) Nicht für Neukonstruktionen
2) Größere oder kleinere Richtlängen nach Rücksprache mit dem Hersteller

Synchronriementriebe, metrische Teilung, Synchronriemen

DIN 7721-1: 1989-06

Synchronriemen mit Einfach-Verzahnung

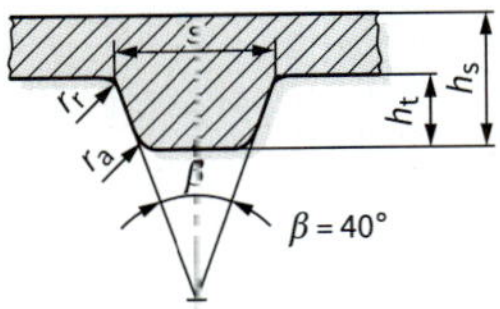

Synchronriemen mit Doppel-Verzahnung

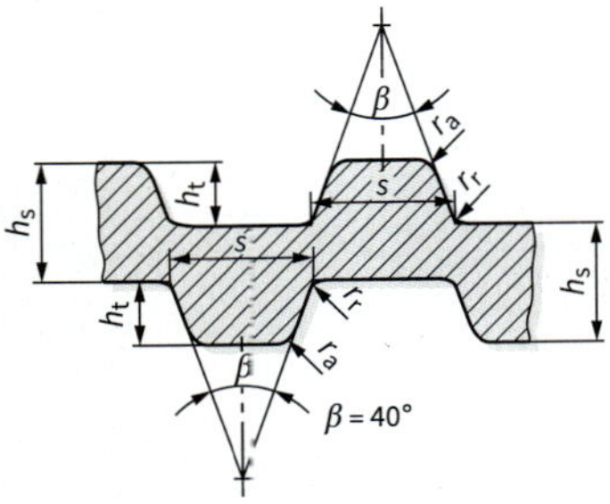

Zahn-teilungs-Kurzz.	Breite des Synchronriemens				Zahn-teilung	Maße der Zähne s	h_t	r_r ± 0,1	r_a min	Nenn-dicke h_s
T 2,5	–	4	6	10	2,5	1,5	0,7	0,2	0,2	1,3
T 5	6	10	16	25	5	2,65	1,2	0,4	0,4	2,2
T 10	16	25	32	50	10	5,3	2,5	0,6	0,6	4,5
T 20	32	50	75	100	20	10,15	5	0,8	0,8	8

Wirk-länge	Zähnezahl für T 2,5	T 5	Wirk-länge	Zähnezahl für T 5	T 10	Wirk-länge	Zähnezahl für T 10	T 20
120	48	–	530	–	53	1010	101	–
150	–	30	560	112	56	1080	108	–
160	64	–	610	122	61	1150	115	–
200	80	40	630	126	63	1210	121	–
245	98	49	660	–	66	1250	125	–
270	–	54	700	140	70	1320	132	–
285	114	–	720	144	72	1390	139	–
305	–	61	780	156	78	1460	146	73
330	132	66	840	168	84	1560	156	–
390	–	78	880	–	88	1610	161	–
420	168	84	900	180	–	1780	178	89
455	–	91	920	184	92	1880	188	94
480	192	96	960	–	96	1960	196	–
500	200	100	990	198	–	2250	225	–

Bezeichnung eines endlosen Synchronriemens mit Einfach-Verzahnung der Breite 10 mm mit dem Zahnteilungs-Kurzzeichen T 2,5 und der Wirklänge 500 mm: **Riemen DIN 7721 – 10 T 2,5 × 500**
... mit Doppel-Verzahnung (D) in endlicher Ausführung (E): **Riemen DIN 7721 – 10 T 2,5 × 500 DE**

Synchronriementriebe, metrische Teilung, Zahnlückenprofil für Synchronscheiben

DIN 7721-2: 1989-06

Zahn-lücken	Außen-Ø der Scheibe d_o T 2,5	T 5	T 10	T 20	Zahn-lücken	Außen-Ø der Scheibe d_o T 2,5	T 5	T 10	T 20	Zahn-lücken	Außen-Ø der Scheibe d_o T 2,5	T 5	T 10	T 20
10	7,45	15,05	–	–	19	14,6	29,4	58,65	118,1	36	28,15	56,45	112,75	226,35
12	9	18,25	36,35	–	20	15,4	31	61,8	124,45	40	31,3	62,85	125,45	251,8
14	10,6	21,45	42,7	–	22	17	34,15	68,2	137,2	48	37,7	75,55	150,95	302,7
15	11,4	23,05	45,9	92,65	25	19,35	38,95	77,75	156,3	60	47,25	94,65	189,15	379,1
16	12,2	24,6	49,1	99	28	21,75	43,75	87,25	175,4	72	56,8	113,75	227,3	455,5
18	13,8	27,8	55,45	111,75	32	24,95	50,1	100	200,85	84	66,35	132,9	265,5	531,9

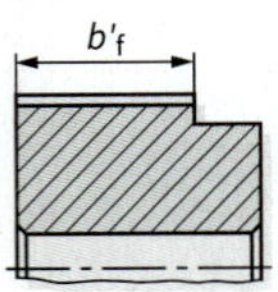

ohne Bordscheiben

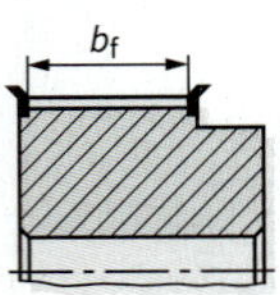

mit 2 Bordscheiben

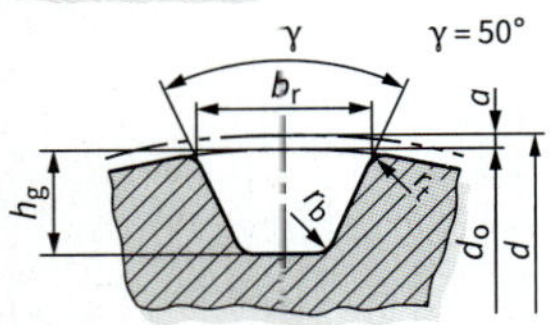

Wirkdurchmesser $d = d_o + 2a$

Zahn-teilungs-Kurzz.	Riemen-breite b	Scheibenbreite mit Bord $b_{f\,min}$	Scheibenbreite oh. Bord $b'_{f\,min}$	Zahnlückenmaße Form SE b_r	Form SE h_g	Form N b_r	Form N $h_{g\,min}$	Formen SE u. N $r_{b\,max}$	r_t	2a
T 2,5	4	5,5	8	1,75	0,75	1,83	1	0,2	0,3	0,6
	6	7,5	10							
	10	11,5	14							
T 5	6	7,5	10	2,96	1,25	3,32	1,95	0,4	0,6	1
	10	11,5	14							
	16	17,5	20							
	25	26,5	29							
T 10	16	18	21	6,02	2,6	6,57	3,4	0,6	0,8	2
	25	27	30							
	32	34	37							
	50	52	55							
T 20	32	34	38	11,65	5,2	12,6	6	0,8	1,2	3
	50	52	56							
	75	77	81							
	100	102	106							

Zahnlückenformen: Form SE für ≤ 20 Zahnlücken, Form N für > 20 Zahnlücken
Bezeichnung eines Zahnlückenprofils für Synchronscheibe der **Breite 11,5 mm** und des Zahnteilungs-Kurzzeichens T 5 mit **22 Zahnlücken** und der Zahnlückenform N sowie 2 Bordscheiben: **Zahnlückenprofil DIN 7721 – 11,5 T 5 × 22 N 2**

Zylindrische Schraubendruckfedern aus runden Drähten

DIN 2098-1: 1968-10; DIN 2098-2: 1970-08

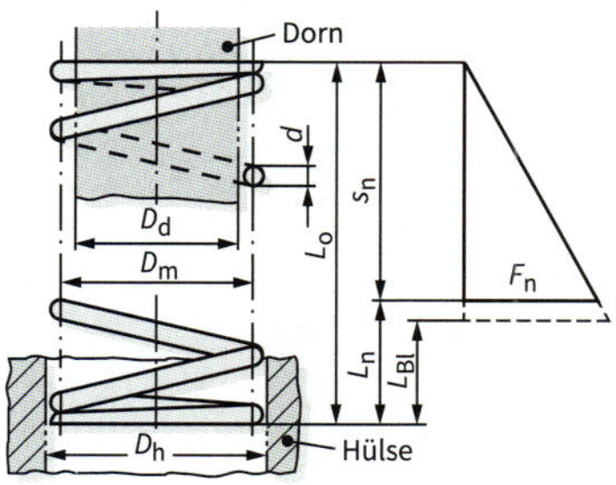

D_d : Dorndurchmesser
D_h : Hülsendurchmesser
D_m : Mittlerer Windungsdurchmesser
L_o : Länge der unbelasteten Feder
L_{Bl} : Blocklänge der Feder (Windungen liegen aneinander)
L_n : kleinste zulässige Prüflänge der Feder
F_n : Höchste zulässige Federkraft in N, zugeordnet der Länge L_n
R : Federrate in N/mm
d : Drahtdurchmesser
s_n : größter zulässiger Federweg in mm, zugeordnet der Kraft F_n
i_f : Anzahl der federnden Windungen
i_g : Gesamtzahl der Windungen

$$i_g = i_f + 2$$

Werkstoff: Federstahldraht nach DIN EN 10 270-1, Drahtsorte SM
Bezeichnung einer Druckfeder mit $d = 2$ mm, $D_m = 16$ mm und $L_o = 30$ mm:
Druckfeder DIN 2098 – 2 × 16 × 30

d	D_m	D_d	D_d	F_n	$i_f = 3{,}5$			$i_f = 5{,}5$			$i_f = 8{,}5$			$i_f = 12{,}5$		
		max.	min.	in N	L_o	s_n	R	L_o	s_n	R	L_o	s_n	R	L_o	s_n	R
0,25	3,2	2,5	4,0	1,5	7,1	5,0	0,31	10,7	7,9	0,2	16,1	12,2	0,13	23,3	18,0	0,09
	2,0	1,5	2,6	2,3	3,7	1,9	1,2	5,5	2,9	0,8	8,0	4,6	0,52	11,4	6,7	0,36
	1,2	0,7	1,7	3,4	2,4	0,6	5,9	3,3	0,9	3,7	4,7	1,4	2,4	6,6	2,1	1,6
0,5	6,3	5,3	7,5	6,6	13,5	9,2	0,73	20,0	14,0	0,46	30,0	21,3	0,3	44,0	31,8	0,21
	4,0	3,1	5,0	9,3	7,0	3,3	2,84	10,0	4,9	1,81	15,0	7,9	1,17	21,5	11,7	0,79
	2,5	1,7	3,4	10,4	4,4	0,9	11,6	6,1	1,4	7,43	8,7	2,2	4,8	12,0	3,0	3,27
1	12,5	10,8	14,4	22,0	24,0	14,6	1,49	36,5	23,1	0,95	55,5	36,1	0,61	80,5	53,1	0,41
	8,0	6,5	9,6	33,2	13,0	5,7	5,68	19,0	8,9	3,61	28,5	14,2	2,33	40,5	20,6	1,59
	5,0	3,6	6,5	43,8	8,5	1,9	23,2	12,0	3,0	14,8	17,0	4,4	9,57	24,0	6,6	6,51
1,6	20,0	17,5	22,6	84,9	48,0	35,6	2,38	73,5	55,9	1,52	110,0	84,5	0,99	165,0	129,0	0,67
	12,5	10,3	14,7	135,0	24,0	14,0	9,76	36,0	21,9	6,23	53,5	33,4	4,0	78,0	50,0	2,73
	8,0	5,9	10,1	212,0	14,5	5,5	37,3	21,5	8,9	23,7	31,5	13,6	15,4	45,0	20,2	10,4
2	25,0	22,0	28,0	128,0	58,0	43,0	2,98	88,5	67,1	1,9	135,0	104,0	1,23	195,0	151,0	0,83
	16,0	13,4	18,6	198,0	30,0	17,5	11,4	45,0	27,3	7,24	68,0	42,5	4,69	98,0	62,1	3,19
	10,0	7,5	12,5	318,0	18,0	6,8	46,6	26,5	10,9	29,7	38,5	16,5	19,2	55,0	24,4	13,0
2,5	32,0	28,3	36,0	182,0	71,5	52,2	3,48	110,0	82,1	2,22	170,0	129,0	1,43	245,0	187,0	0,97
	25,0	21,6	28,4	233,0	49,0	32,2	7,29	74,5	50,5	4,64	115,0	80,2	3,0	165,0	116,0	2,04
	20,0	16,8	23,2	292,0	36,0	20,5	14,2	54,0	32,1	9,05	81,5	50,0	5,86	120,0	75,7	3,98
	16,0	12,9	19,1	365,0	27,5	12,9	27,8	41,0	20,5	17,7	61,0	31,7	11,5	88,0	49,9	7,78
3,2	40,0	35,6	44,6	288,0	82,0	60,8	4,76	125,0	95,3	3,03	190,0	148,0	1,96	275,0	216,0	1,33
	32,0	27,6	36,5	361,0	58,5	38,7	9,3	88,5	61,1	5,92	135,0	96,2	3,82	190,0	136,0	2,61
	25,0	21,1	28,9	461,0	42,5	23,4	19,4	63,5	37,2	12,4	94,5	57,4	8,0	135,0	83,4	5,54
	20,0	16,1	23,9	577,0	33,5	15,0	38,2	49,5	23,6	24,2	74,0	36,9	15,7	105,0	53,4	10,7
4	50,0	44,0	56,0	427,0	99,0	71,6	5,95	150,0	111,0	3,79	230,0	175,0	2,45	335,0	257,0	1,65
	40,0	34,8	45,2	533,0	71,0	45,8	11,7	105,0	69,9	7,41	160,0	110,0	4,79	235,0	165,0	3,26
	32,0	27,0	37,0	666,0	53,5	29,5	22,8	79,5	46,2	14,4	120,0	72,8	9,35	170,0	104,0	6,36
	25,0	20,3	29,7	852,0	41,0	18,1	47,7	60,5	28,3	30,3	89,5	43,5	19,6	130,0	65,5	13,3
5	63,0	56,0	70,0	623,0	120,0	87,7	7,27	180,0	135,0	4,63	275,0	210,0	2,99	395,0	304,0	2,03
	50,0	43,0	57,0	785,0	85,0	54,1	14,5	130,0	86,8	9,25	195,0	133,0	5,98	280,0	194,0	4,07
	40,0	34,0	46,0	981,0	64,0	34,4	28,4	95,5	54,5	18,1	140,0	81,6	11,7	205,0	124,0	7,95
	32,0	26,0	38,0	1226,0	51,0	22,3	55,4	75,0	34,8	35,3	110,0	52,5	22,9	160,0	79,5	15,5
6,3	80,0	71,0	89,0	932,0	145,0	103,0	8,96	220,0	160,0	5,7	335,0	250,0	3,69	490,0	370,0	2,51
	63,0	55,0	71,5	1177,0	105,0	65,0	18,3	155,0	99,0	11,7	235,0	155,0	7,55	340,0	277,0	5,13
	50,0	42,0	58,0	1481,0	80,0	42,0	36,7	115,0	62,0	23,3	175,0	100,0	15,1	250,0	145,0	10,3
	40,0	32,6	47,5	1854,0	60,0	24,0	71,7	90,0	39,7	45,6	135,0	63,2	29,5	195,0	95,0	20,1
8	100,0	89,0	111,0	1413,0	170,0	118,0	11,9	260,0	187,0	7,58	390,0	286,0	4,9	570,0	423,0	3,34
	80,0	69,0	91,0	1766,0	125,0	76,0	23,2	180,0	111,0	14,8	285,0	186,0	9,58	410,0	271,0	6,51
	63,0	53,0	73,0	2237,0	95,0	48,0	47,0	140,0	74,0	30,3	205,0	112,0	19,6	300,0	169,0	13,3
	50,0	40,5	60,0	2825,0	75,0	30,0	95,4	110,0	46,8	60,8	160,0	70,0	39,2	230,0	103,0	26,7

Tellerfedern

DIN 2093: 2013-02

Tellerfeder der Gruppen 1 und 2

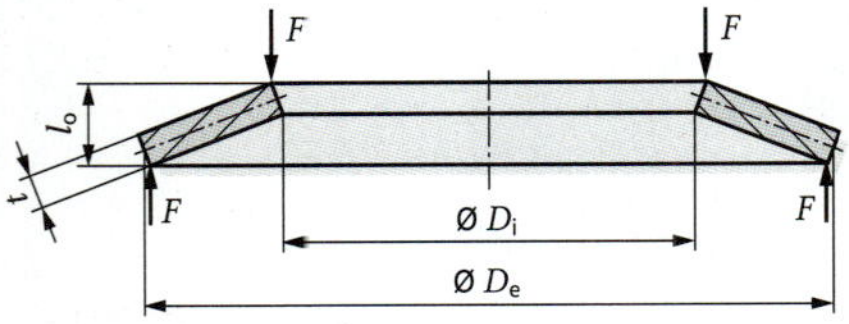

Tellerfeder der Gruppe 3

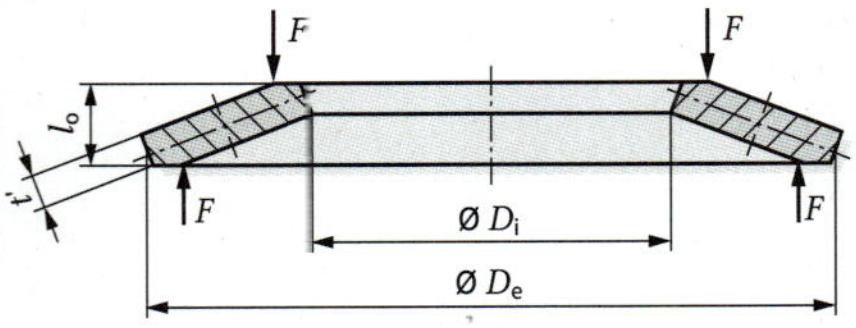

D_d : Außendurchmesser
D_i : Innendurchmesser
h_o : Rechengröße ($h_o = l_o - t$)
l_o : Bauhöhe des unbelasteten Einzeltellers
t : Dicke des Einzeltellers
t' : Reduzierte Dicke des Einzeltellers
s : Federweg des Einzeltellers
F : Federkraft des Einzeltellers
n : Anzahl der gleichsinnig geschichteten Federn
i : Anzahl der wechselsinnig geschichteten Federn
L : Federlänge von unbelasteten geschichteten Tellerfedern

gleichsinnig geschichtetes Federpaket

$F_{ges} = n \cdot F$
$s_{ges} = s$
$L_{ges} = l_o + (n - 1) \cdot t$

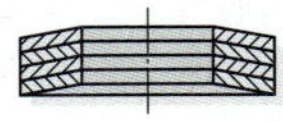

wechselsinnig geschichtetes Federpaket

$F_{ges} = i \cdot F$
$s_{ges} = i \cdot s$
$L_{ges} = i \cdot l_o$

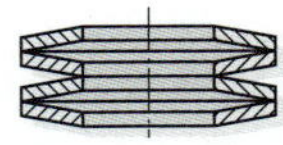

Gruppe	Tellerdicke t	Auflagefläche
1	kleiner als 1,25	nein
2	1,25 … 6	nein
3	über 6 … 14	ja

Werkstoffe: Stähle nach DIN 10 083, DIN EN 10 089 und 10 132-4
C-Stähle nur für Gruppe 1 zulässig
Elastizitätsmodul E = 206 000 MPa

Tellerfeder DIN 2093 – A 50
Bezeichnung einer Tellerfeder der Reihe A mit Außendurchmesser D_e = 50 mm

Gruppe	D_e h12	D_i H12	Reihe A: harte Federn $D_e/t \approx 18$; $h_o/t \approx 0{,}4$					Reihe B: mittelharte Federn $D_e/t \approx 28$; $h_o/t \approx 0{,}75$					Reihe C: weiche Federn $D_e/t \approx 40$; $h_o/t \approx 1{,}3$				
			t	t'	l_o	F[1] (kN)	s[2]	t	t'	l_o	F[1] (kN)	s[2]	t	t'	l_o	F[1] (kN)	s[2]
1	8	4,2	0,4	–	0,6	0,21	0,15	0,3	–	0,55	0,12	0,19	0,2	–	0,45	0,04	0,19
	10	5,2	0,5	–	0,75	0,33	0,19	0,4	–	0,7	0,21	0,23	0,25	–	0,55	0,06	0,23
	14	7,2	0,8	–	1,1	0,81	0,23	0,5	–	0,9	0,28	0,3	0,35	–	0,8	0,12	0,34
	16	8,2	0,9	–	1,25	1	0,26	0,6	–	1,05	0,41	0,34	0,4	–	0,9	0,16	0,38
	18	9,2	1	–	1,4	1,25	0,3	0,7	–	1,2	0,57	0,38	0,45	–	1,05	0,21	0,45
	20	10,2	1,1	–	1,55	1,53	0,34	0,8	–	1,35	0,75	0,41	0,5	–	1,15	0,25	0,49
	25	12,2	–	–	–	–	–	0,9	–	1,6	0,87	0,53	0,7	–	1,6	0,6	0,68
	28	14,2	–	–	–	–	–	1	–	1,8	1,11	0,6	0,8	–	1,8	0,8	0,75
	35,5	18,3	–	–	–	–	–	–	–	–	–	–	0,9	–	2,05	0,83	0,86
	40	20,4	–	–	–	–	–	–	–	–	–	–	1	–	2,3	1,02	0,98
2	25	12,2	1,5	–	2,05	2,91	0,41	–	–	–	–	–	–	–	–	–	–
	28	14,2	1,5	–	2,15	2,85	0,49	–	–	–	–	–	–	–	–	–	–
	40	20,4	2,2	–	3,15	6,54	0,68	1,5	–	2,6	2,62	0,86	–	–	–	–	–
	45	22,4	3	–	4,1	7,72	0,75	1,7	–	3	3,66	0,98	1,25	–	2,85	1,89	1,2
	50	25,4	3	–	4,3	12	0,83	2	–	3,4	4,76	1,05	1,25	–	2,85	1,55	1,2
	56	28,5	3,5	–	4,9	11,4	0,98	2	–	3,6	4,44	1,2	1,5	–	3,45	2,62	1,46
	63	31	4	–	5,6	15	1,05	2,5	–	4,2	7,18	1,31	1,8	–	4,15	4,24	1,76
	71	36	5	–	6,7	20,5	1,2	2,5	–	4,5	6,73	1,5	2	–	4,6	5,14	1,95
	80	41	5	–	7	33,7	1,28	3	–	5,3	10,5	1,73	2,25	–	5,2	6,61	2,21
	90	46	6	–	8,2	31,4	1,5	3,5	–	6	14,2	1,88	2,5	–	5,7	7,68	2,4
	100	51	6	–	8,5	48	1,65	3,5	–	6,3	13,1	2,1	2,7	–	6,2	8,61	2,63
	125	64	–	–	–	–	–	5	–	8,5	30	2,63	3,5	–	8	15,4	3,38
	140	72	–	–	–	–	–	5	–	9	27,9	3	3,8	–	8,7	17,2	3,68
	160	82	–	–	–	–	–	6	–	10,5	41,1	3,38	4,3	–	9,9	21,8	4,2
	180	92	–	–	–	–	–	6	–	11,1	37,5	3,83	4,8	–	11	26,4	4,65
	200	102	–	–	–	–	–	–	–	–	–	–	5,5	–	12,5	36,1	5,25
3	125	64	8	7,5	10,6	85,9	1,95	–	–	–	–	–	–	–	–	–	–
	140	72	8	7,5	11,2	85,3	2,4	–	–	–	–	–	–	–	–	–	–
	160	82	10	9,4	13,5	139	2,63	–	–	–	–	–	–	–	–	–	–
	180	92	10	9,4	14	125	3	–	–	–	–	–	–	–	–	–	–
	200	102	12	11,25	16,2	183	3,15	8	7,5	13,6	76,4	4,2	–	–	–	–	–
	225	112	12	11,25	17	171	3,75	8	7,5	14,5	70,8	4,88	6,5	6,2	13,6	44,66	5,33
	250	127	14	13,1	19,6	249	4,2	10	9,4	17	119	5,25	7	7	14,8	50,5	5,85

[1] Federkraft des Einzeltellers bei $s \approx 0{,}75 \cdot h_o$ [2] $s \approx 0{,}75 \cdot h_o$

Elektrische und optische Betriebsmittel

4

Komponenten

Digitaltechnik

Relaistechnik

Qualitätsbegriffe für Bauelemente
Quality terms for components

Allgemeine Begriffe

Qualität	Zuverlässigkeit	Fehler	Funktionsfähigkeit
Beschaffenheit einer Einheit (Bauteil, Gerät, Einrichtung), festgelegte und vorausgesetzte Erfordernisse zu erfüllen.	Beschaffenheit einer Einheit bezüglich ihrer Eignung, während oder nach vorgegebenen Zeitspannen bei vorgegebenen Anwendungsbedingungen die Zuverlässigkeitsforderungen zu erfüllen.	■ Unzulässige Abweichung eines Bauteilemerkmales (Wertes) vom Sollwert. ■ Wert außerhalb des Toleranzbereiches.	Eignung einer Einheit, eine geforderte Funktion unter vorgegebenen Anwendungsbedingungen zu erfüllen.

Fehlerklassen	Fehleranteil	dpm (**D**efekte **p**er **M**illionen)	ppm (**p**arts **p**er **M**illionen)
Einteilung der Bauelementefehler in ■ Totalfehler, ■ elektrische Fehler, ■ mechanische Fehler.	Anteil der fehlerhaften Bauelemente innerhalb einer Lieferung. Angegeben wird der Wert in %.	Einheit für die Anzahl fehlerhafter Bauteile $1\ \text{dpm} = 1 \cdot 10^{-6}$ $= 1 \cdot 10^{-4}\ \%$ $10\,000\ \text{dpm} = 1\ \%$. Angabe wird bei Ein- bzw. Ausgangsprüfung verwendet.	Einheit zur Angabe über Funktionsfehler über den gesamten Herstellvorgang. $1\ \text{ppm} = 1 \cdot 10^{-4}\ \%$.

Konformität (Übereinstimmung)

Sortierprüfung	Stichprobenanweisung	Stichprobenprüfung	Stichprobenplan
Sämtliche gefundenen defekten Bauteile werden aus einer Lieferung aussortiert (100 % Prüfung).	Anweisung über die Anzahl der Bauteile in der Stichprobe und Angabe der Qualitätskriterien für die Bauteile.	Prüfung der Qualität anhand einer Stichprobenanweisung zur Beurteilung des Prüfloses.	Zusammenstellung von Stichprobenanweisungen. Es wird unterschieden zwischen **normaler**, **verschärfter** und **reduzierter** Prüfung.

Zuverlässigkeit

Frühausfall	Ausfallsatz *a*	Ausfallzeitpunkt	Ausfallursache
Ausfall in der Anfangszeit der Beanspruchung (etwa 100 … 5000 Stunden bei 40 °C).	Anteil ausgefallener Bauteile während einer angegebenen Beanspruchungsdauer. $a = \frac{r}{n}$ $\quad \frac{\text{Ausfälle}}{\text{Anzahl}}$ Wird in % angegeben. Beispiel: $n = 2\,000$ Bauelemente $r = 2$ Ausfälle ergibt Ausfallsatz = 0,1 %.	Tatsächlicher Zeitpunkt des Ausfalls. (Ist der tatsächliche Ausfallzeitpunkt nicht feststellbar, muss ein fiktiver Ausfallzeitpunkt festgelegt werden.)	Umstände während der Entwurfs-, der Fertigungs- oder der Nutzphase einer Einheit, die zu einem Ausfall geführt haben.

Zuverlässigkeitsfunktion

- Die Zuverlässigkeitsfunktion $R(t)$ gibt an, mit welcher Wahrscheinlichkeit eine Betrachtungseinheit im Zeitraum von 0 bis t funktionsfähig ist (Betriebszeiten $T > t$).

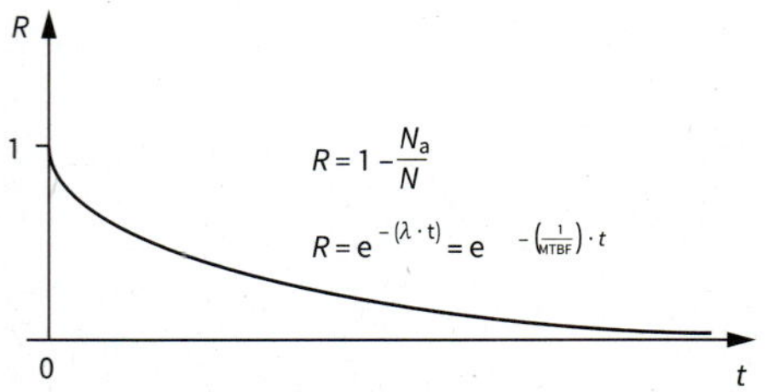

λ: Ausfallrate
MTBF: Mean Time Between Failures
N_a: Anzahl ausgefallener Einheiten
N: Gesamtzahl der Einheiten

Ausfallhäufigkeit

Für nichtinstandzusetzende Einheiten

$$L(\Delta t) = \frac{n_g(t_1) - n_g(t_2)}{n_0}$$

mit $\Delta t = t_2 - t_1 > 0$ und Nenner konstant

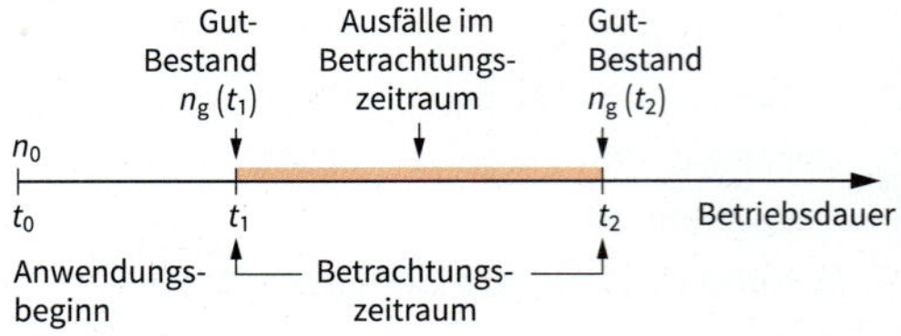

$L(\Delta t)$: Ausfallhäufigkeit im Betrachtungszeitraum
$n_g(t_1)$: Anzahl der „Guten“ Einheiten zum Zeitpunkt t_1
$n_g(t_2)$: Anzahl der „Guten“ Einheiten zum Zeitpunkt t_2
n_0: Anzahl der Einheiten bei Anwendungsbeginn (Anfangsbestand)

Zuverlässigkeit, Ausfall, Verfügbarkeit
Reliability, failure, availability

- Bei technischen Systemen ist Zuverlässigkeit definiert als die Beschaffenheit einer Einheit (z. B. Bauelement, Baugruppe, Anlage) bezüglich ihrer Eignung während oder nach vorgegebenen Zeitspannen bei vorgegebenen Anwendungsbedingungen die Zuverlässigkeitsforderung zu erfüllen (DIN 40 041).

- Zur Berechnung der vorausgesagten Zuverlässigkeit werden zahlreiche Zuverlässigkeitsmodelle angewendet, z. B.:
  - Fehlerbaumanalyse (Analyse potenzieller Störfälle)
  - Monte-Carlo-Simulation (Simulationsmodelle mit Zufallsvariablen)

Ausfall, Ausfallrate

- Der **Ausfall** ist die Beendigung der Funktionsfähigkeit einer Einheit, im Rahmen der zugelassenen Beanspruchung.

- Die **Ausfallrate** λ (failure rate) ist der Anteil ausgefallener Bauelemente (oder Systeme) während einer Beanspruchungsdauer geteilt durch die Beanspruchungsdauer.

- Die Ausfallrate wird in **fit** (**f**ailure **i**n **t**ime) angegeben.
  1 fit entspricht einem Ausfall in 1 Million Betriebsstunden.

  Beispiele für Ausfallraten:

Pentium Prozessor	300 fit
Bestückte Leiterplatte	800 bis 4000 fit
Maschinenlötstelle	0,01 fit

- Das Ausfallverhalten von technischen Bauelementen und Geräten wird u.a. durch eine „Badewannenkurve“ beschrieben
  - Phase A: Frühausfälle
  - Phase B: Zufallsausfälle **(konstante Ausfallrate)**
  - Phase C: Verschleißausfälle

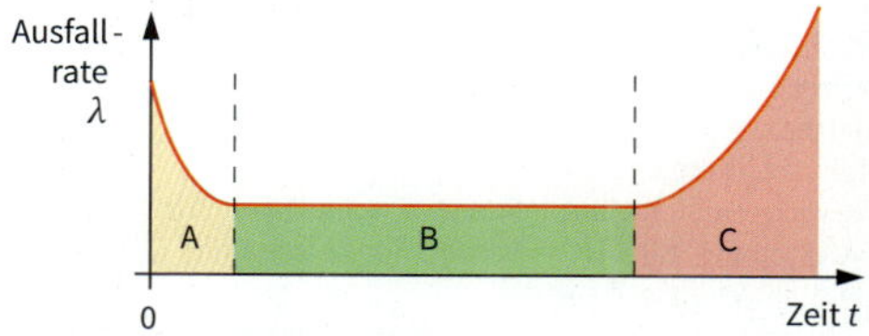

- *MTBF* (**M**ean **T**ime **B**etween **F**ailure) ist die mittlere Betriebsdauer zwischen zwei Ausfällen $MTBF = \frac{1}{\lambda}$

Verfügbarkeit

- Die **Momentane Verfügbarkeit** ist die **Wahrscheinlichkeit**, eine Einheit zu einem vorgegebenen Zeitpunkt der geforderten Anwendungsdauer in einem funktionsfähigen Zustand anzutreffen.

- Die **Stationäre Verfügbarkeit** ist die mittlere Betriebsdauer zwischen zwei Ausfällen dividiert durch die Summe von mittlerer Betriebsdauer zwischen zwei Ausfällen und mittlerer Störungsdauer.

Bei konstanter Ausfallrate und Instandsetzungsrate ist die stationäre Verfügbarkeit definiert als

$$P_A = \frac{MTBF}{MTBF + MDT}$$

P**A**: **P**oint **A**vailability (Stationäre Verfügbarkeit)
MTBF**:** **M**ean **T**ime **B**etween **F**ailure (mittlere Betriebsdauer zwischen zwei Ausfällen)
MDT**:** **M**ean **D**own **T**ime (mittlere Störungsdauer)

Lebenszykluskosten
Life cycle costs

- Lebenszykluskosten **LCC** (**L**ife **C**ycle **C**osts) sind alle Kosten einer Anlage oder eines Systems, die während der gesamten Lebenszeit der Anlage oder des Systems entstehen.

- Die Berechnung der Lebenszykluskosten dient als Vergleichsmaßstab für Varianten von Anlagen oder Systemen und ist Basis der Wirtschaftlichkeitsbetrachtung.

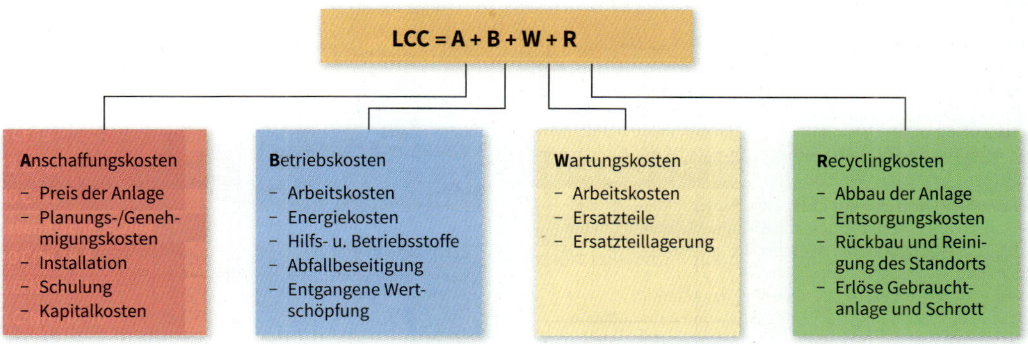

Merkmale

- Leiterplatten dienen zur Aufnahme von Bauelementen und den elektrisch leitenden Verbindungen zwischen diesen und den Anschlüssen nach außen.
- Die Art der Leiterplatten kann grundsätzlich eingeteilt werden in
  - **starre** Leiterplatten,
  - **starr-flexible** Leiterplatten und
  - **flexible** Leiterplatten.
- Die jeweils einzusetzenden Materialen sind abhängig von den Anwendungsbedingungen, wie z. B.
  - Umgebungsbedingungen (Temperatur, Luftfeuchtigkeit, chemische Anforderungen),
  - mechanische Stabilität (u. a. Schwingungsbeanspruchung),
  - elektrische Eigenschaften (u. a. Stromstärke) und
  - Hochfrequenzeigenschaften.
- Der Aufbau der **Basismatrialen** besteht in der Regel aus mehren Materialschichten (z. B. mehrere Lagen verpresstes epoxidgetränktes Glasfasergewebe).
- Bedingt durch die hohe Dichte von Leiterbahnen auf den Leiterplatten sind diese in der Regel mit mehreren Kupferlagen ausgestattet (**multilayer**).
- Normen zum Thema Leiterplatten werden von DIN, IEC und dem **IPC** (**I**nstitute for Interconnecting and **P**ackaging Electronics **C**ircuits; heute: Association Connecting Electronics Industries) erstellt (zusätzlich herstellereigene Standards).

Starre Leiterplatten

- Starre Leiterplatten sind die Standardbauform im Elektronikbereich.
- Die verwendeten Materialien unterscheiden sich in
  - der Art des Verstärkungsmaterials (z. B. Papier, Glasgewebe, Keramikfüllstoffe) und
  - in dem verwendeten Harz (z. B. Phenol, Epoxy).
- Die spezifischen Daten der verschiedenen Laminate sind u. a. gekennzeichnet durch
  - Glasübergangstemperatur (T_G)
  - Dielektrizitätskonstante (ε_r)
  - Oberflächenwiderstand,
  - Volumenwiderstand
  - Kriechstromfestigkeit (**CTI**: **C**onductive **T**racking **I**ndex)
- Die Oberflächen der Leiterplatten sind u. a. verfügbar in
  - **HAL**-Bleifrei (**H**ot **A**ir **L**evelling: Eintauchen in flüssiges Zinn)
  - Zinn (sehr gute Löteigenschaften)
  - Nickel Gold (sehr gute Bondeigenschaften)
- Die Schichtdicke der Kupferkaschierung liegt bei Standardmaterial bei 35 µm oder 70 µm.
- Multilayer mit bis zu 40 Lagen sind verfügbar.
- Die **Materialbezeichnungen** stammen in der Regel von den jeweiligen Laminatherstellern.
- Die Abmessungen der Leiterplatten sind standardisiert oder als Sonderformat herstellbar.
- Im industriellen Bereich wird als Basismaterial der Typ **FR4** (**F**lame **R**etardant: flammwidrig), ein Epoxidharz
  - Glasgewebe - Verbundwerkstoff, eingesetzt.
- Eine erhöhte Wärmabfuhr (z.B. bei Einsatz von Leistungsbauteilen) ist durch die Anwendung von Leiterplatten mit integrierten Aluminium- oder Kupferkernen (**Metallkernleiterplatte**) realisierbar.

Multilayer LP

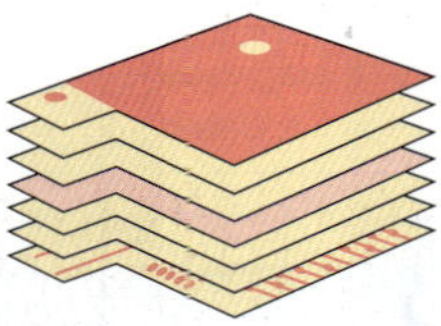

Dickkupfer LP

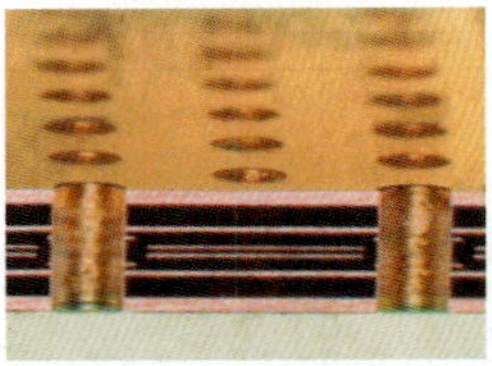

Aluminium-kern LP

Flexible Leiterplatten

- Die Leiterplatte besteht aus **flexiblem Material** und kann somit leicht an konstruktive Vorgaben angepasst werden (z. B. 3-D-Aufbau).
- Bestückungen erfolgen überwiegend mit SMD-Bauteilen (Durchkontaktierungen möglich).
- Bei verklebten Laminaten werden die Kupferkaschierungen mittels Kleber mit der Trägerfolie verbunden.
- Bei **kleberlosen Laminaten** wird die Kupferkaschierung direkt mit der Trägerfolie verbunden (bietet hohe Material und Zuverlässigkeitsanforderungen)
- Als **Trägerfolie** wird u. a. Polyimid (extrem hitzebeständig und hohe Zugfestigkeit) eingesetzt.
- Die **Folienstärke** beträgt 25 µm, die Kupferauflage beträgt 4 µm bis 35 µm; ggf. vorhandene Kleberschichten liegen bei 50 µm. Die Gesamtstärke der Standardleiterplatte liegt somit bei maximal 135 µm.
- Leiterplatten mit bis zu 30 Lagen sind herstellbar.
- Anwendungsbereiche u. a. im Flugzeug- und Automobilbau, Mobilfunk- und PC-Technik.

Beispiel: Lagenaufbau 2-lagig (double layer)

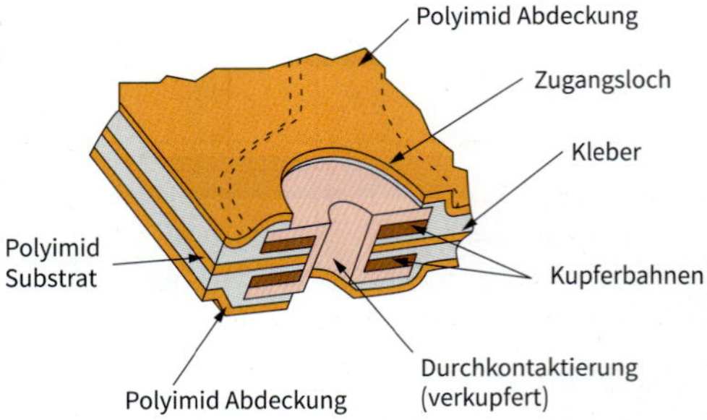

Isolierstoffklassen
Insulation classes

DIN VDE 0530-1: 2005-04

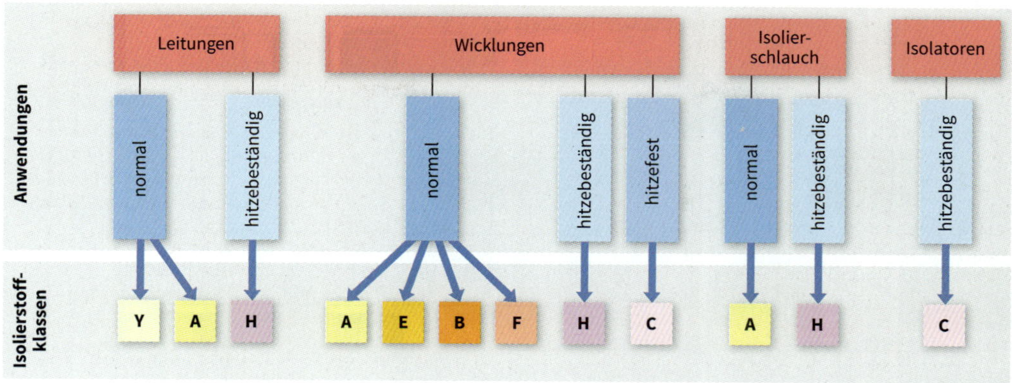

Klasse	Y	A	E	B	F	H	C
Grenz-temperatur	90 °C	105 °C	120 °C	130 °C	155 °C	180 °C	> 180 °C
Beispiele für Werkstoffe	Holz, Baumwolle, Seide, Papier PA, PE, PVC, PS, Anilin-, Formaldehyd-Kunstharz, Harnstoff	Holz, Baumwolle, Seide, PA Textilien, Papier geschichtetes Holz CA, vernetzte PE-Harze	PC-, PTA-Folie, vernetzte PE-Harze, Drahtlacke Verbundstoffe, Pressteile mit Cellulose-Füllkörper Ethylen-Vinylacetat-Copolymer	Glasfaser, Asbest Glimmer Drahtlacke, Gewebe und Folien auf PE-Glykolterephthalat-Basis mineralische Füllstoffe	Glasfaser, Asbest, Glimmer, cellulosefreie Verbundstoffe Drahtlacke, (Basis: IPE, EI, Polyterephthalat) Folien auf Polymonochlortrifluorethylen-Basis	Glasfaser, Asbest Glasfasertextilien Glimmer Fasern (PA-Basis) Folien (PI-Basis), Drahtlacke (PI-Basis)	Glimmer, Porzellan, Glas, Quarz Glasfasertextilien, Polytetrafluorethylen

Isolierstoffe aus Keramik bzw. Glas
Ceramic or glass insulating materials

DIN VDE 0335-1: 1996-05

Keramische Isolierstoffe

- C 100 Alkalialuminiumsilicate
- C 200 Magnesiumsilicate
- C 300 Titanate
- C 400 Erdalkalialuminiumsilicate
- C 500 Aluminiumsilicate, porös
- C 600 Multikeramik (niedriger Alkaligehalt)
- C 700 Hoch Al_2O_3-haltige Keramik
- C 800 Oxidkeramikwerkstoffe
- C 900 Nichtoxidische Keramikisolierstoffe

Glasisolierstoffe

- G 100 Alkalikalksilicate
- G 200 Borosilicate
- G 400 Aluminiumkalksilicate
- G 500 Bleialkalisilicate
- G 600 Bariumalkalisilicate
- G 700 Kieselgläser

Glaskeramische Werkstoffe

- GC 100

Isolierstoffe aus glasgebundenen Glimmern

- GM 100

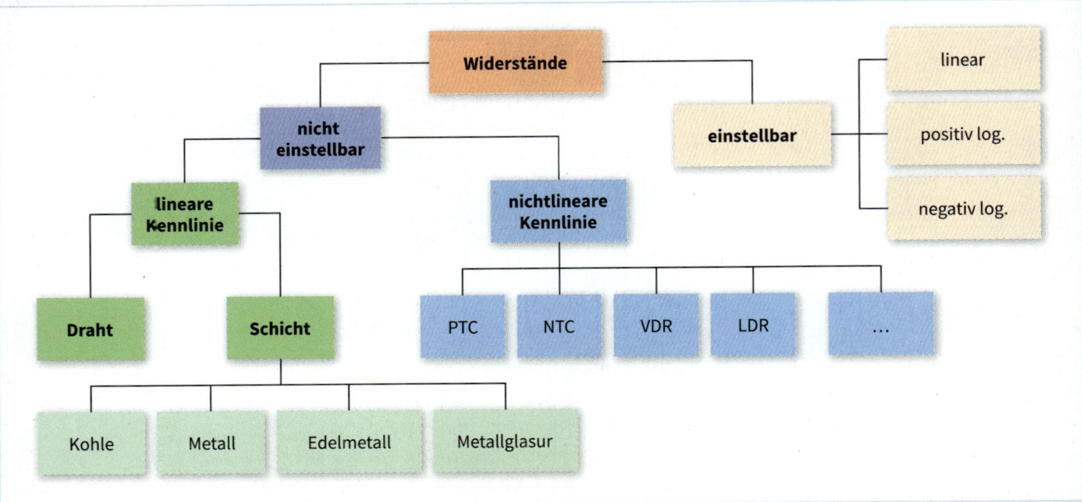

Drahtwiderstände

Anforderungen

- Hoher spezifischer Widerstand
- Große spezifische Wärmekapazität
- Schlechte Wärmeleitfähigkeit
- Gute Korrosionsbeständigkeit
- Gute Zunderbeständigkeit
- Kleiner Ausdehnungskoeffizient
- Kleiner Temperaturkoeffizient (gewünscht bei Messwiderständen)
- Gute mechanische Eigenschaften (z. B. elastisch, stoßfest)
- Gute technologische Eigenschaften (lötbar, warmfest, u. U. schweißbar)

Wertebereich	Toleranz	Werkstoffe	Temperaturbereich	Belastbarkeit bei 70 °C	Temperaturkoeffizient
0,1 Ω bis 300 kΩ	±0,01 % bis ±20 %	Chrom-Nickel Kupfer-Nickel Kupfer-Mangan	–50 °C bis +500 °C	0,25 W bis 100 W	$\pm 1 \cdot 10^{-6}\ K^{-1}$ bis $\pm 200 \cdot 10^{-6}\ K^{-1}$

Lineare Schichtwiderstände

Merkmale	**Kohle**, C	**Metall**, Cr/Ni	**Edelmetall**, Au/Pt
Herstellverfahren	Thermischer Zerfall von Kohlenwasserstoffen	Aufdampfen im Hochvakuum	Reduktion von Edelmetallsalzen durch Einbrennen
Spezifischer Widerstand	$3000 \cdot 10^{-6}\ \Omega \cdot cm$	$\approx 100 \cdot 10^{-6}\ \Omega \cdot cm$	$\approx 40 \cdot 10^{-6}\ \Omega \cdot cm$
Schichtdicke	$10 \ldots 30\,000 \cdot 10^{-9}$ m	$10 \ldots 100 \cdot 10^{-9}$ m	$10 \ldots 1000 \cdot 10^{-9}$ m
Widerstand	1…5000 Ω	20…1000 Ω	0,5…100 Ω
Temperaturkoeffizient	$(-200 \ldots -800) \cdot 10^{-6} \cdot K^{-1}$	$\pm 100 \cdot 10^{-6} \cdot K^{-1}$	$(+250 \ldots +350) \cdot 10^{-6} \cdot K^{-1}$
maximale Schichttemperatur	125 °C	175 °C	155 °C
Drift nach 10^4 h Lagerung bzw. bei Belastung auf 125 °C in %	–0,5…+1,5	–0,6…+1	–0,5
Stromrauschen	klein	sehr klein	sehr klein
Nichtlinearität	klein	sehr klein	sehr klein
Anwendungen	Vermittlungstechnik, Datentechnik, Weitverkehrstechnik, Elektronik	Für extreme klimatische und elektrische Beanspruchungen, Luft- und Raumfahrt, Messgeräte	Kompensation in Transistorschaltungen, Hochlastwiderstände mit Sicherungswirkung

Farbkennzeichnung von Widerständen

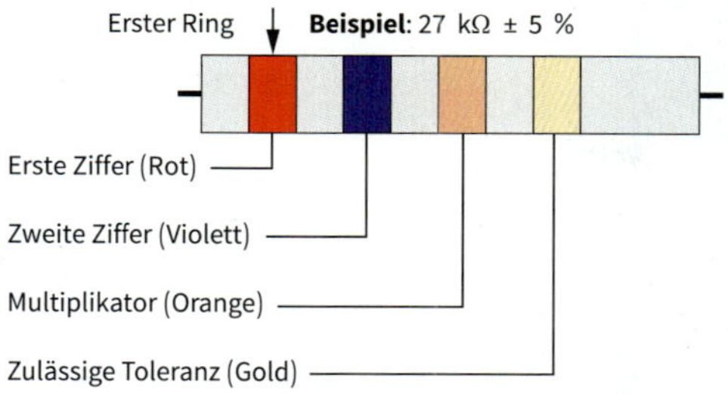

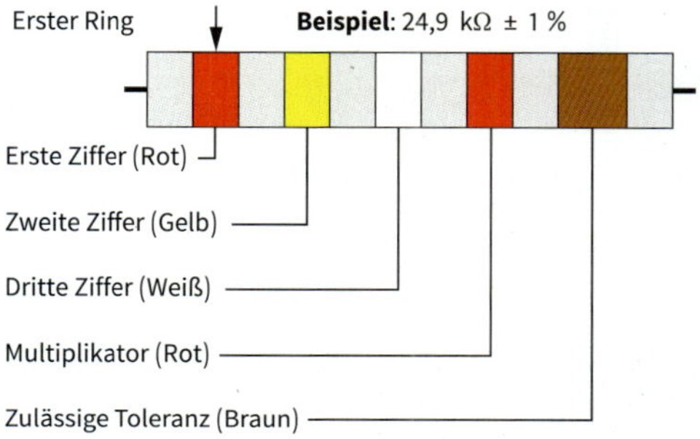

Temperaturkoeffizient:
- sechster und breiter Farbring, evtl. unterbrochen
- Schraubenlinie

Vorzugsreihen für Bemessungswerte bis ±5 % zulässige Abweichung DIN IEC 63: 1985-12

E3 (> ±20 %)	E6 (±20 %)	E12 (±10 %)	E24 (±5 %)
1,0	1,0	1,0	1,0
			1,1
		1,2	1,2
			1,3
2,2	1,5	1,5	1,5
			1,6
		1,8	1,8
			2,0
	2,2	2,2	2,2
			2,4
		2,7	2,7
			3,0
4,7	3,3	3,3	3,3
			3,6
		3,9	3,9
			4,3
	4,7	4,7	4,7
			5,1
		5,6	5,6
			6,2
	6,8	6,8	6,8
			7,5
		8,2	8,2
			9,1

Farbschlüssel

Kennfarbe	Widerstandswert in Ω: zählende Ziffern	Widerstandswert in Ω: Multiplikator	Zulässige relative Abweichung des Widerstandswertes	Temperatur-Koeffizient (10^{-6}/K)
silber	–	10^{-2}	± 10 %	–
gold	–	10^{-1}	± 5 %	–
schwarz	0	10^{0}	–	± 250
braun	1	10^{1}	± 1 %	± 100
rot	2	10^{2}	± 2 %	± 50
orange	3	10^{3}	–	± 15
gelb	4	10^{4}	–	± 25
grün	5	10^{5}	± 0,5 %	± 20
blau	6	10^{6}	± 0,25 %	± 10
violett	7	10^{7}	± 0,1 %	± 5
grau	8	10^{8}	–	± 1
weiß	9	10^{9}	–	–
keine	–	–	± 20 %	–

Wertkennzeichnung durch Buchstaben DIN EN 60 062: 1994-10

Kennbuchstabe	Multiplikator		Beispiele
p	Pico	10^{-12}	3µ3 = 3,3 µF
n	Nano	10^{-9}	m33 = 330 µF
µ	Mikro	10^{-6}	33m = 33 000 µF
m	Milli	10^{-3}	R33 = 0,33 Ω
R, F		10^{0}	3R3 = 3,3 Ω
K	Kilo	10^{3}	33K = 33 kΩ
M	Mega	10^{6}	330K = 330 kΩ
G	Giga	10^{9}	M33 = 0,33 MΩ
T	Tera	10^{12}	3M3 = 3,3 MΩ

Buchstabenkennzeichnung der zulässigen Abweichungen

Symmetrische Abweichung in %	
zulässige Abweichung	Kennzeichen
± 0,1	B
± 0,25	C
± 0,5	D
± 1	F
± 2	G
± 5	J
±10	K
±20	M
±30	N
Unsymmetrische Abweichung in %	
+30 … –10	Q
+50 … –10	T
+50 … –20	S
+80 … –20	Z
Symmetrische Abweichung in absoluten Werten (Kapazitätswerte unter 10 pF)	
± 0,1	B
± 0,25	C
± 0,5	D
± 1	F

Farbkennzeichnung von Bauelementen
Colour marking of components

Kondensatoren

Beispiele: 27 nF, 10 % Toleranz, 400 V

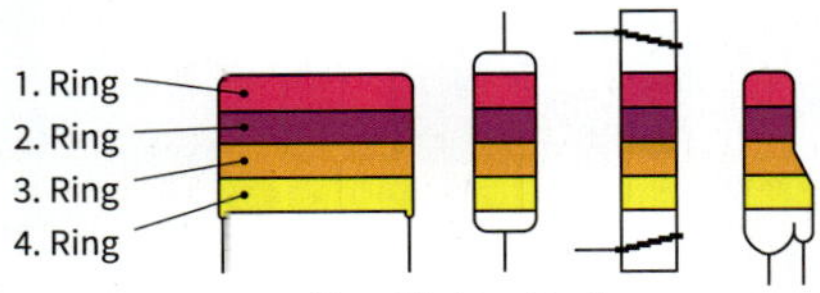

Verschiedene Bauformen

Farbe	Ring 1. Ziffer 1.	2. Ziffer 2.	3. Multiplikator	4. Toleranz C < 10pF	4. Toleranz C > 10pF	5. Betriebsspannung in V
schwarz	0	0	x1pF		20 %	
braun	1	1	x10pF	0,1pF	1 %	100
rot	2	2	x100pF	0,25pF	2 %	200
orange	3	3	x1nF			300
gelb	4	4	x10nF			400
grün	5	5	x100nF	0,5 %	5 %	
blau	6	6				600
violett	7	7				700
grau	8	8	x0,01pF			800
weiß	9	9	x0,1pF	1pF	10 %	
gold						1000
silber						2000
keine				20 %		500

Tantalkondensatoren

Beispiele: 5,6 µF; 6,3 V

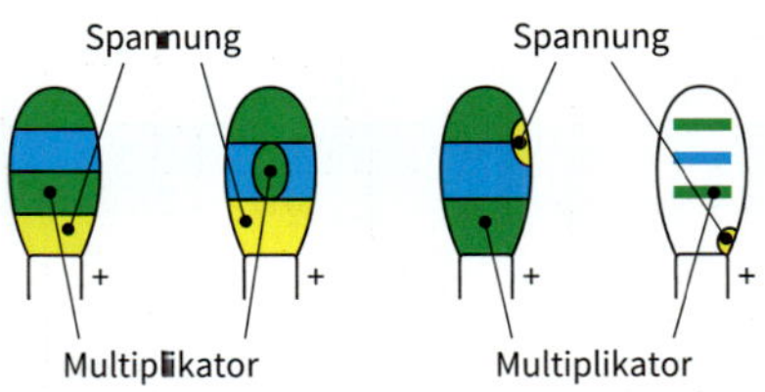

Farbe	Ring 1 Ziffer 1.	2 Ziffer 2.	3 Multiplikator	4 Betriebsspannung in V
schwarz	0	0	x 1	10
braun	1	1	x 10	1,5
rot	2	2	x 100	(rosa) 35
orange	3	3		(rosa) 35
gelb	4	4		6,3
grün	5	5		16
blau	6	6		20
violett	7	7	x 0,001	
grau	8	8	x 0,01	5
weiß	9	9	x 0,1	3

Induktivitäten

Farbe	Ring 1 Ziffer 1.	2 Ziffer 2.	3 Multiplikator	4 Toleranz
schwarz		0	1 µH	
braun	1	1	10 µH	
rot	2	2	100 µH	
orange	3	3		
gelb	4	4		
grün	5	5		
blau	6	6		
violett	7	7		
grau	8	8		
weiß	9	9		
gold			0,1 µH	5 %
silber			0,01 µH	10 %
keine				20 %

Dioden

Pro Electron

Farbe	Ring 1. breit Katode – Buchstabe 1. und 2.	2. – Buchstabe 3.	3. – Ziffer 1.	4. – Ziffer 2.
schwarz		X	0	0
braun	AA		1	1
rot	BA		2	2
orange		S	3	3
gelb		T	4	4
grün		V	5	5
blau		W	6	6
violett			7	7
grau		Y	8	8
weiß		Z	9	9

Beispiele (Pro Electron): BAX 35

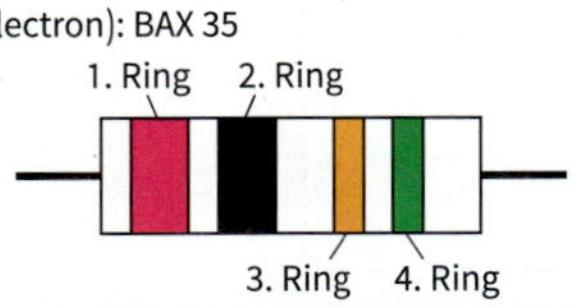

JEDEC (Joint Electronic Devices Engineering Council)

Farbe	Ring 1. breit Katode – Ziffer 1.	2. – Ziffer 2.	3. – Ziffer 3.	4. – Ziffer 4.
schwarz	0	0	0	0
braun	1	1	1	1
rot	2	2	2	2
orange	3	3	3	3
gelb	4	4	4	4
grün	5	5	5	5
blau	6	6	6	6
violett	7	7	7	7
grau	8	8	8	8
weiß	9	9	9	9

Unterscheidungen und Begriffe

Betätigung durch

- Schieben ④
- Drehen ①②③
  - eingängig ①
  - mehrgängig ② (Wendelpotenziometer)

Widerstandsmaterial aus

- Draht ②
- Schicht ①④
  - Kohle ①
  - Cermet[1] ③
  - Leitplastik

[1] Cermet: ceramic metal, Werkstoff aus Metallkeramik (große Härte, elektrisch leitfähig)

Potenziometer:
- Ursprünglicher Begriff für Spannungsteiler zur Einstellung von Spannungen (Potenziale)
- Heute: Allgemeine Verwendung für einstellbaren Widerstand (Schieben, Drehen)

Trimmer: ③
- Einstellbarer Widerstand mit entsprechendem Werkzeug (z. B. Schraubendreher)

Ausführungen

①

②
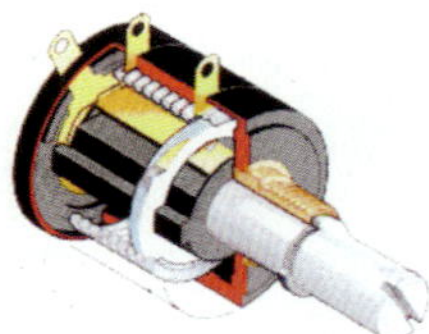

③
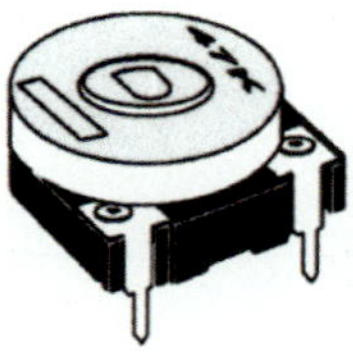

④

Kennlinien

linear
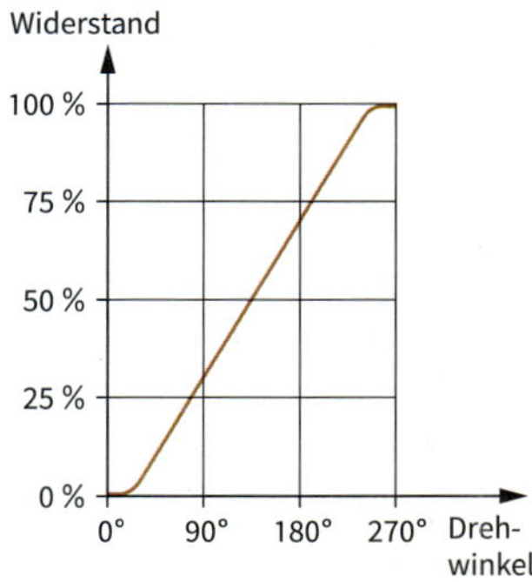

linear mit Drehschalter
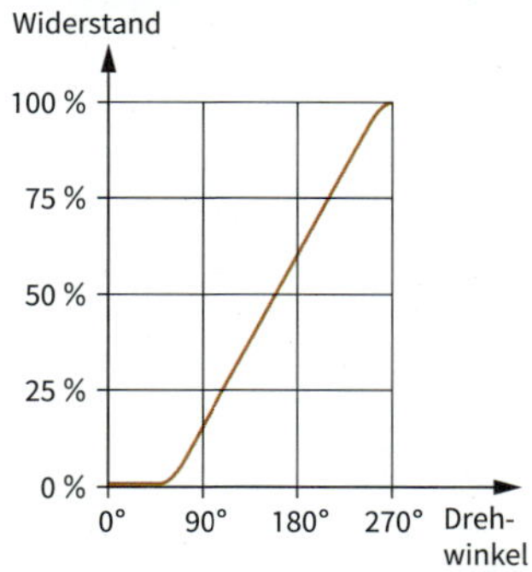

linear mit Drehschalter
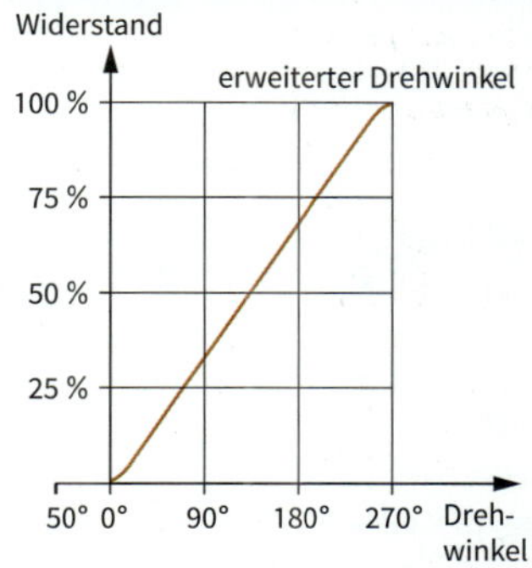

negativ logarithmisch
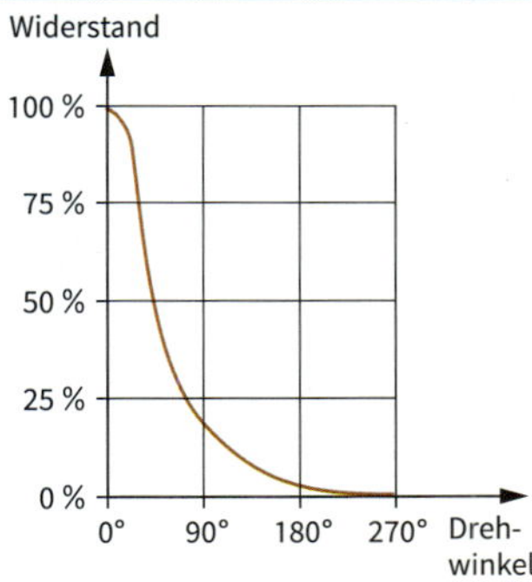

positiv logarithmisch
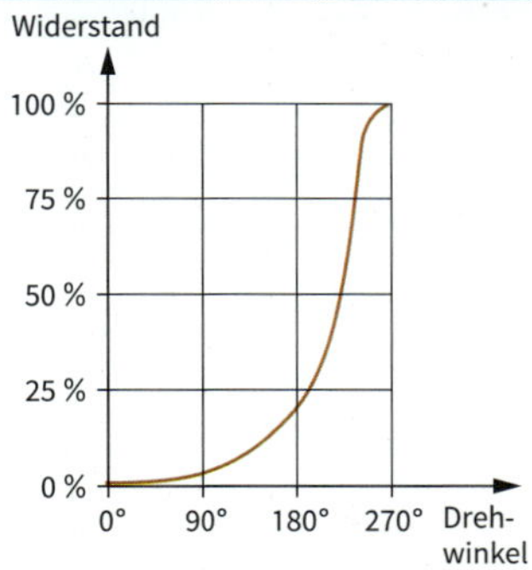

linear positiv logarithmisch
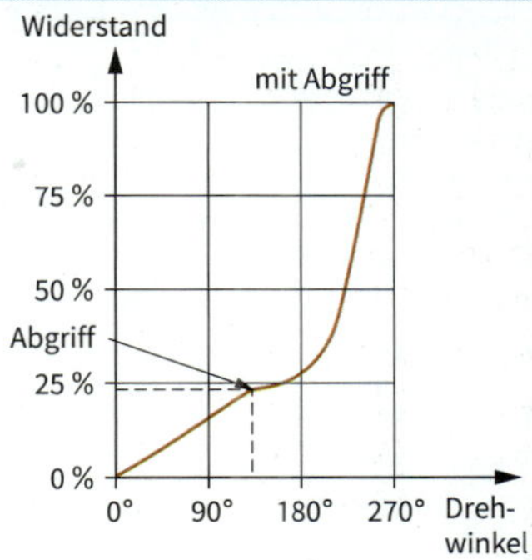

Widerstandswerkstoffe

Kurzname (Handelsnamen als Beispiel)	ϱ in $\frac{kg}{dm^3}$	R_m in $\frac{N}{mm^2}$	A_5 in %	α in $\frac{10^{-6}}{K}$	λ in $\frac{W}{m \cdot K}$	c in $\frac{J}{g \cdot K}$	T_S in °C	T_A in °C	ϱ_{20} in µΩm	α_{20} in $\frac{10^{-3}}{K}$	besondere Eigenschaften	Verwendung
CuNi2	8,9	220	18	16,5	130	0,38	1090	300	0,05	+1,4	weich lötbar	niedrigohmige Widerstände Heizdrähte, Heizkabel mit niedriger Temperatur
CuNi6	8,9	250	18	16	92	0,38	1095	300	0,10	+0,7		
CuMn12Ni (Manganin)	8,4	390	20	18	22	0,41	960	140	0,43	±0,01	hohe zeitliche Konstanz des Widerstandes	Mess- und Normalwiderstände, Vorschaltwiderstände
CuNi44 (Konstantan)	8,9	420	20	13,5	23	0,41	1280	600	0,49	−0,08 ±0,04	gut zunderbeständig	Heizdrähte, Potenziometer
CuNi10	8,9	290	20	16	59	0,38	1100	400	0,15	+0,35	korrosions- und zunderbeständig	

Kontaktwerkstoffe

Kurzname	ϱ in $\frac{kg}{dm^3}$	T_S in °C	λ in $\frac{W}{m \cdot k}$	$\varkappa$ in $\frac{MS}{m}$	α in 10^{-3} K^{-1}	Verwendungsbeispiele
Reine Metalle						
Ag (Feinsilber)	10,5	961	1	67,1	4,1	Relais
Au (Feingold)	19,3	1063	0,72	47,6	4	Fernmeldetechnik
Ir	22,5	2454	0,14	20,4	4,1	Legierungen
Pd	12,0	1552	0,17	9,8	3,7	Fernmeldetechnik
Re	21,0	3180	0,14	5,3	4,5	Unterbrecher-Kontakte
Hg	13,6	−39	10	1,04	–	ex-Schaltgeräte
Legierungen						
CuAg (2 … 6 % Ag) (Silberbronze)	9,2	1010	0,27	38	–	Federn, Messer, Elektroden
Ag (2 % Cu + Ni) (Hartsilber)	10,5	945	0,97	52	3,5	Schütze, Relais
Ptlr (80 % Pt)	21,7	1840	0,042	3,2	0,77	in Mess- und Fernmeldetechnik
PtAg (70 % Pt)	12,8	1090	–	3,4	0,3	Schütze, Relais

Magnetwerkstoffe

Übertragerblech										
Kurzname	Bestandteile	Kennzeichnung		ϱ in $\frac{kg}{dm^3}$	$\varkappa$ in $\frac{MS}{m}$	H_c in $\frac{A}{m}$	$B_{Sät}$ in T	μ_{16} (μ_4)	T_{Curie} in °C	Handelsnamen (Beispiele)
		Farbe	Strichanzahl							
A0	Stahl mit	–	0	7,7	2,5	100	2,03	450	750	Trafoperm
A2	2,5 …	hellgrün	2	7,63	1,82	60	2	800 … 900	750	
A3	4,5 % Si		3	7,57	1,47	35	1,92	750 … 900	750	Hyperm 4
E3	Ni-Fe-Leg. mit	hellrot	1	8,6	2,00	2	0,7 … 0,8	(16000 … 35000)	400	Mumetall, Hyperm 500
E4	≈ 75% Ni	hellrot/weiß	je 1	8,7	1,82	1	0,6 … 0,8	(30000 … 40000)	270 … 400	

Magnetisierungs-Kennlinien von Elektroblechen und Grauguss

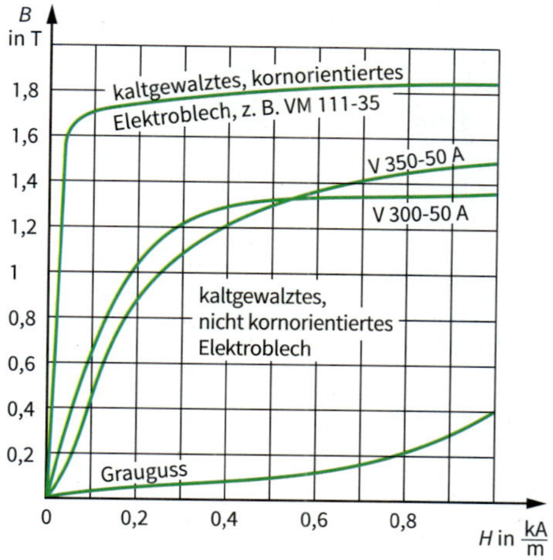

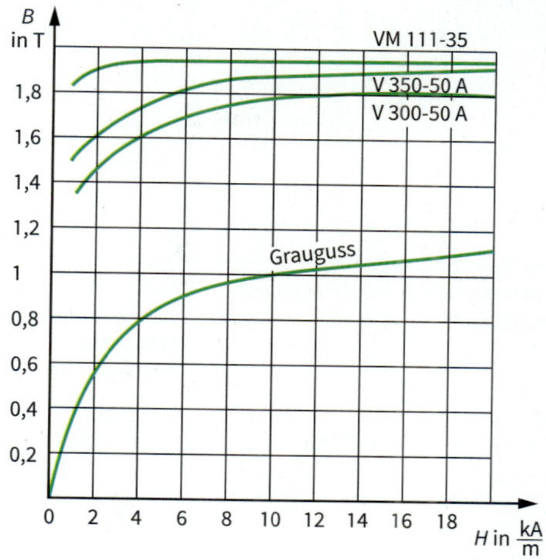

Magnetisierungs-Kennlinien von Relais-Werkstoffen und Übertragerblechen

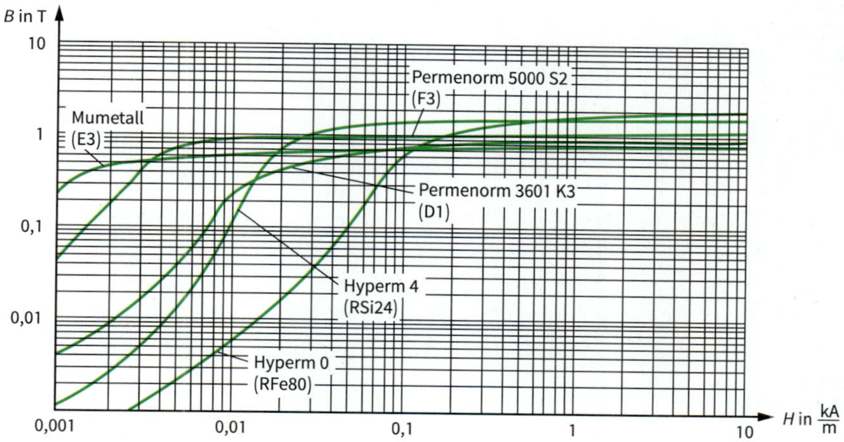

Entmagnetisierungs-Kennlinien von Dauermagnet-Werkstoffen

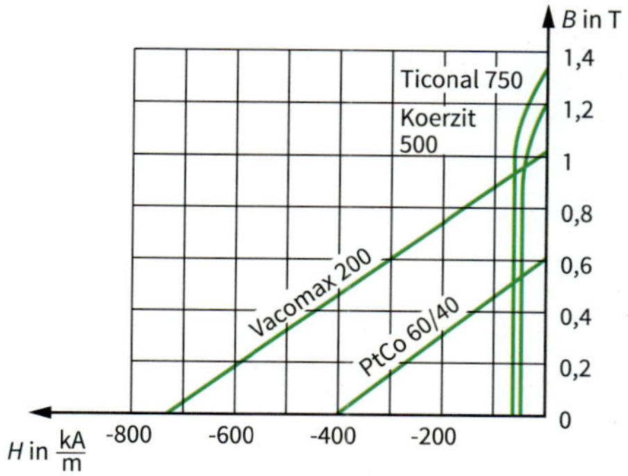

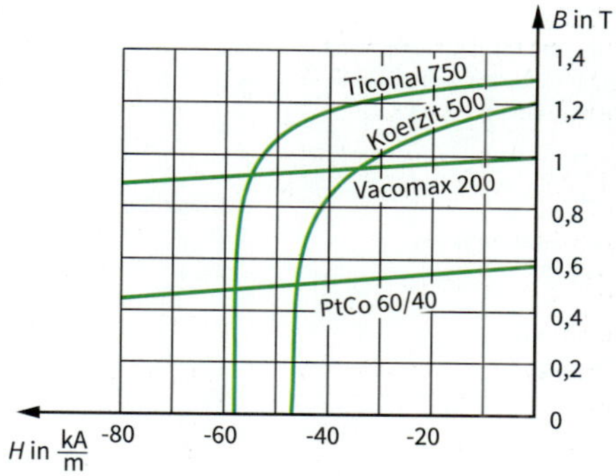

Heißleiter

NTC-Widerstand
(**N**egative **T**emperature **C**oefficient)

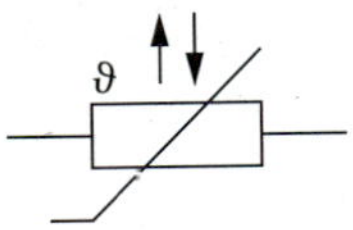

Heißleiter sind temperaturabhängige Halbleiterwiderstände, deren Widerstandswerte sich mit steigender Temperatur verringern.

Material:
polykristalline Mischoxidkeramik

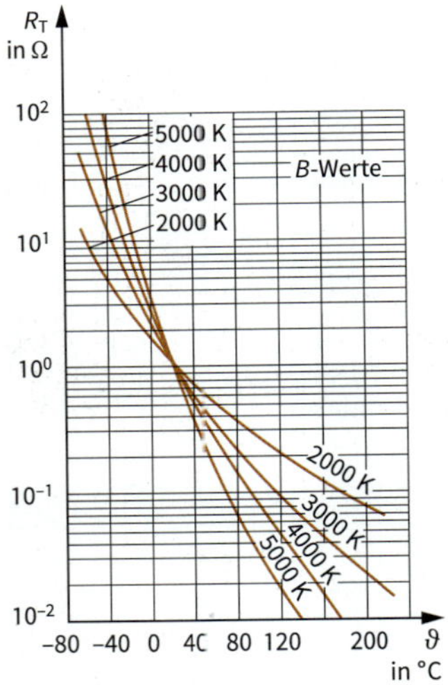

Temperatur-Koeffizient α_R

$\alpha_R = \frac{-B \cdot 100}{T_2}$ $[\alpha_R] = \%$ $[T] = K$

T: Temperatur in Kelvin

***B*-Wert**

B: *B*-Wert als Maß für die Temperaturabhängigkeit des Heißleiters in K (Kelvin), Materialkonstante

$$B = \frac{T_1 \cdot T_2}{T_2 - T_1} \ln \frac{R_1}{R_2}$$

R_1: Widerstandswert in Ω bei T_1 in K (Kelvin)

R_2: Widerstand in Ω bei T_2 in K (Kelvin)

Kaltleiter

PTC-Widerstand
(**P**ositive **T**emperature **C**oefficient)

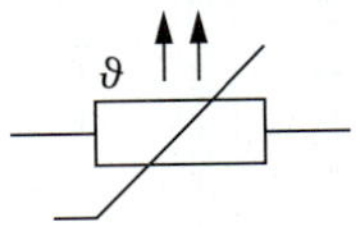

Kaltleiter sind temperaturabhängige Widerstände, deren Widerstandswerte bei ansteigender Temperatur annähernd sprungförmig ansteigen, sobald eine bestimmte Temperatur überschritten wird.

Material:
ferroelektrische Keramik, z. B. TiO_3

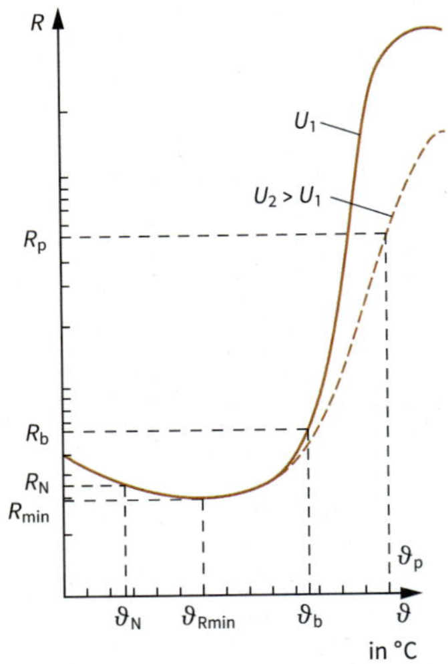

R_N: Bemessungswiderstandswert bei $\vartheta_N = 25$ °C

R_{min}: Kleinster Widerstandswert

R_p: Widerstandswert bei der höchstzulässigen Spannung

α_R: Temperaturkoeffizient

β: Spannungsabhängigkeit (der Widerstandswert des Kaltleiters ist spannungsabhängig)

Beispiele:

$R_{min} = 50\ \Omega$
$\vartheta_{Rmin} = 20$ °C
$R_b = 100\ \Omega$
$\vartheta_b = 60$ °C
$R_p \geq 50$ kΩ
$\vartheta_p = 110$ °C

$U_{max} = 30$ V
$\alpha_R = 20$ %/K

Varistoren

VDR-Widerstand
(**V**oltage **D**ependent **R**esistor)

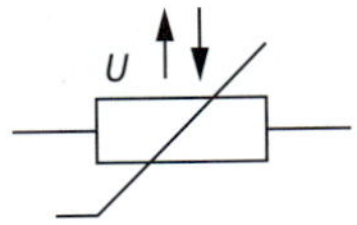

Varistoren sind Widerstände, deren Widerstandswerte sich bei ansteigender Spannung verringern.

Material:
Siliciumkarbid, $\alpha < 5$, Zinkoxid, $\alpha < 30$

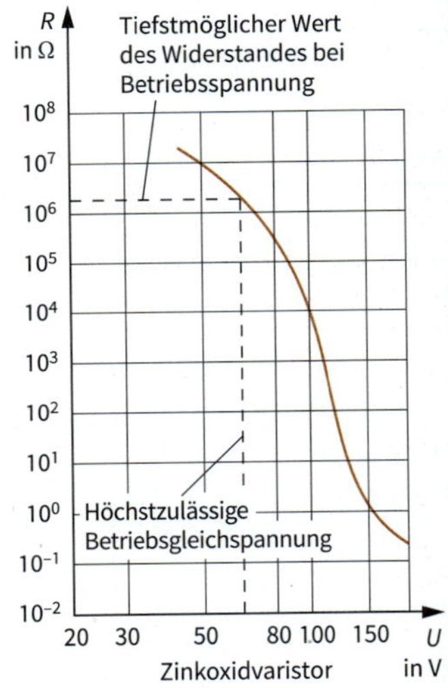

$$R = \frac{U^{(1-\alpha)}}{K}$$

K: Elementarkonstante in Ampere, von der Geometrie abhängig

α: Nichtlinearitätsexponent

Kennwerte

Beispiele:

$\alpha > 30$ bei ZnO (Zinkoxidvaristoren)
Betriebstemperatur: −40 °C ... +85 °C

Betriebsspannung: 14 ... 1500 V

Ansprechzeit: < 50 ns

Stoßstrom: bis 4000 A

Dauerbelastbarkeit: 0,8 W

Heißleiter

Heißleiter in Scheibenform

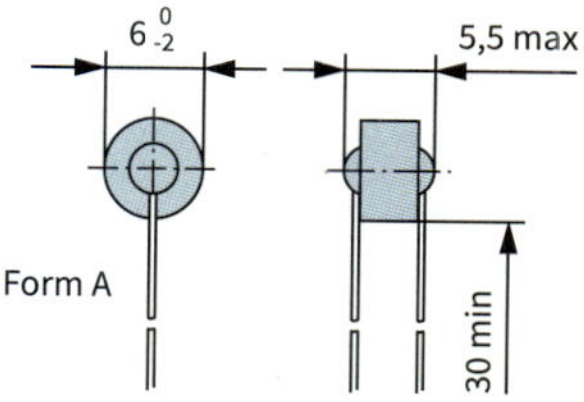

■ Form A

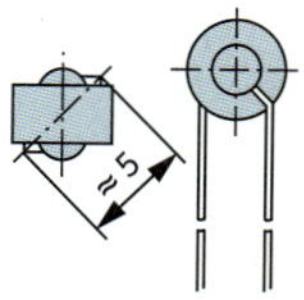

■ Form AB

Maße in mm

Betriebsbedingungen	Klimatische Anwendungsklasse		
	FKF	HKF	HHH
untere Grenztemperatur	−55 °C	−25 °C	−25 °C
obere Grenztemperatur	125 °C	125 °C	155 °C

Bemessungswiderstandswert
10 Ω bis 100 kΩ
R_N bei 25 °C (R_{25})

zulässige Abweichung vom Bemessungswiderstand ±10 %; ±20 %

Belastbarkeit P_{max} bei 25 °C: 0,6 W

Kaltleiter

■ ohne Umhüllung, metallisierte Stirnseiten

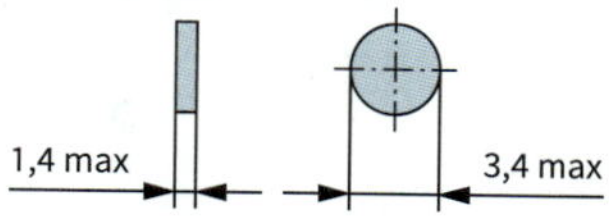

■ ohne Umhüllung, radiale Anschlussdrähte

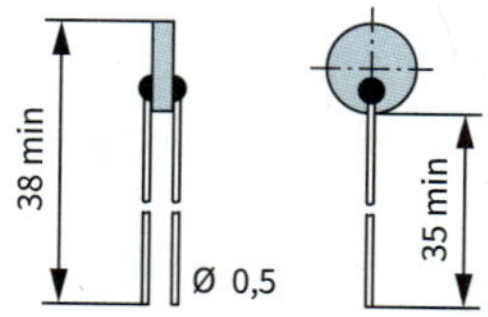

■ mit Kunststoffumhüllung

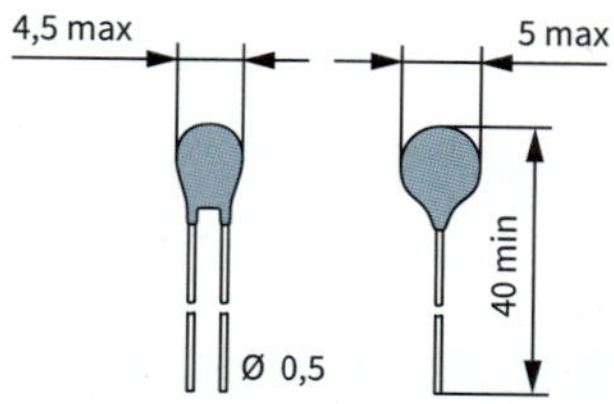

Bezugstemperatur:
−30 °C … +180 °C
Endtemperatur:
+40 °C … +220 °C

Maße in mm

Varistoren

Scheibenform

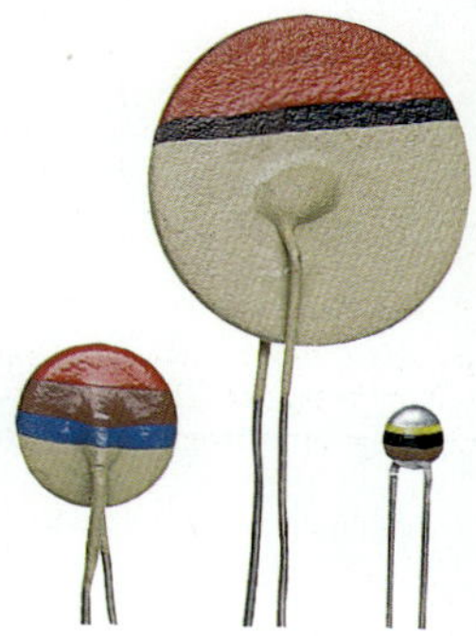

Blockform

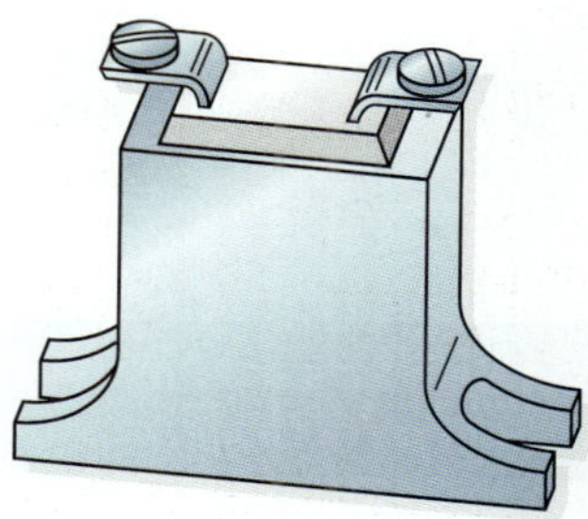

Anwendungen

Arbeitspunktstabilisierung

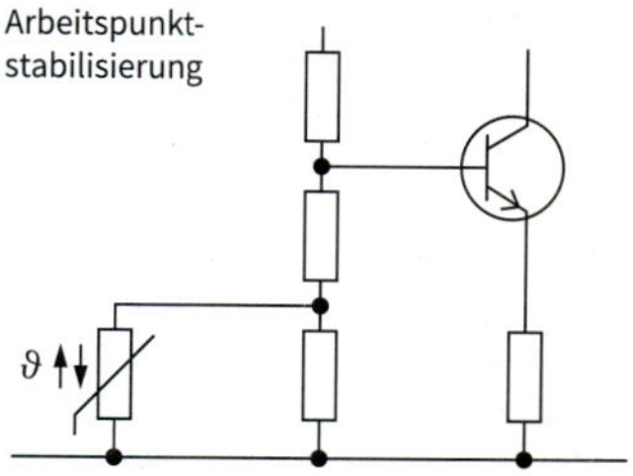

Flüssigkeitsniveaufühler

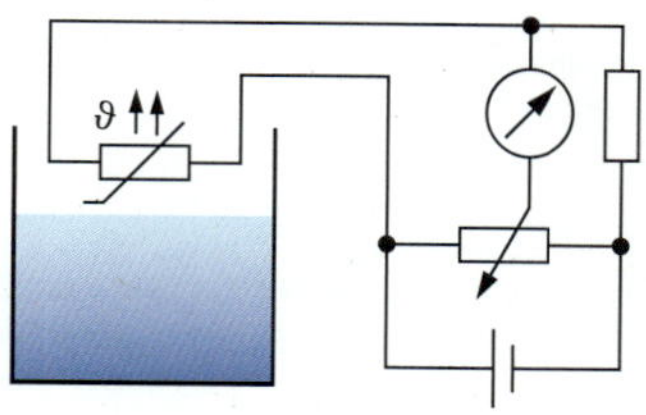

Überspannungsschutz von Halbleiterschaltungen

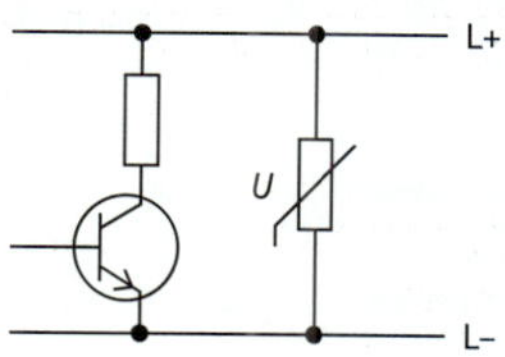

Temperaturmessung

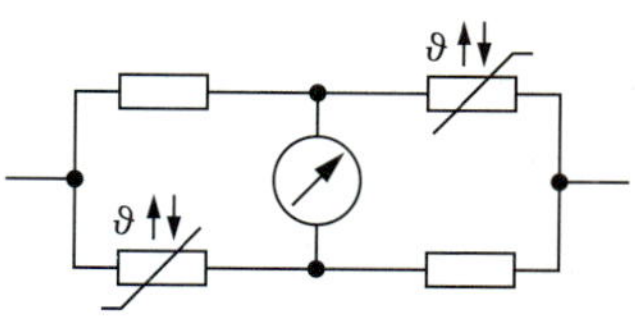

Temperaturregelung für eine Heizung

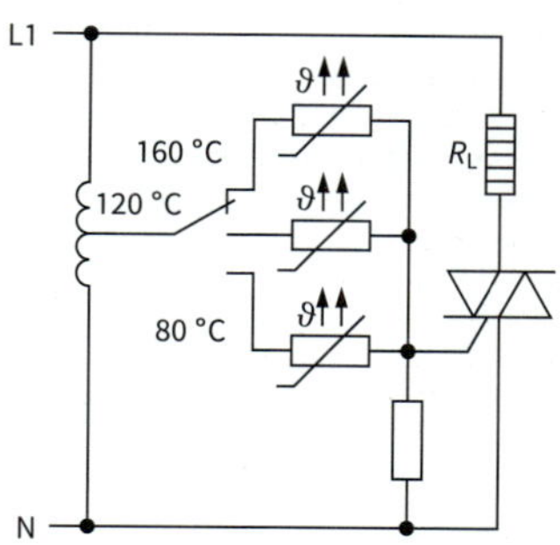

Spannungsstabilisierung

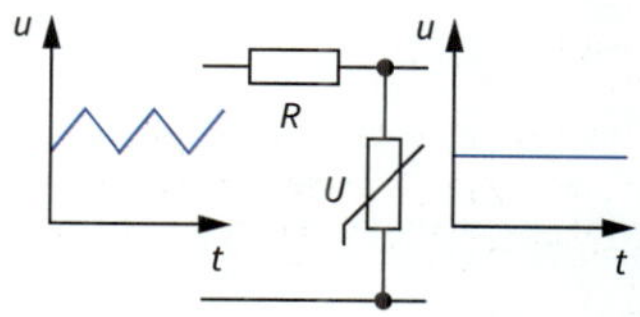

Anzugsverzögerung

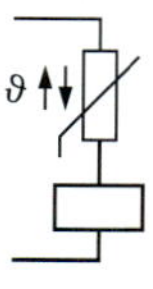

Abfallverzögerung

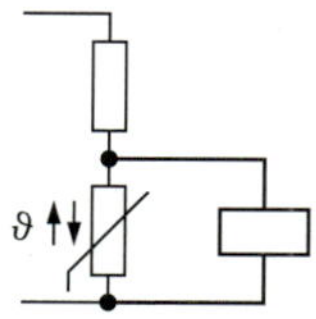

Absorption von Schaltenergie (Überspannungsableiter)

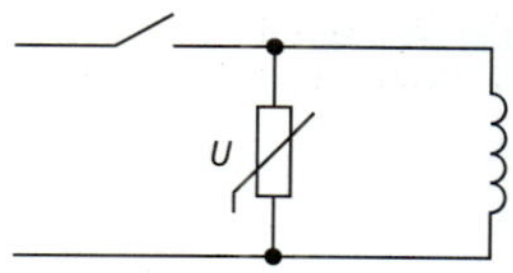

Übersicht

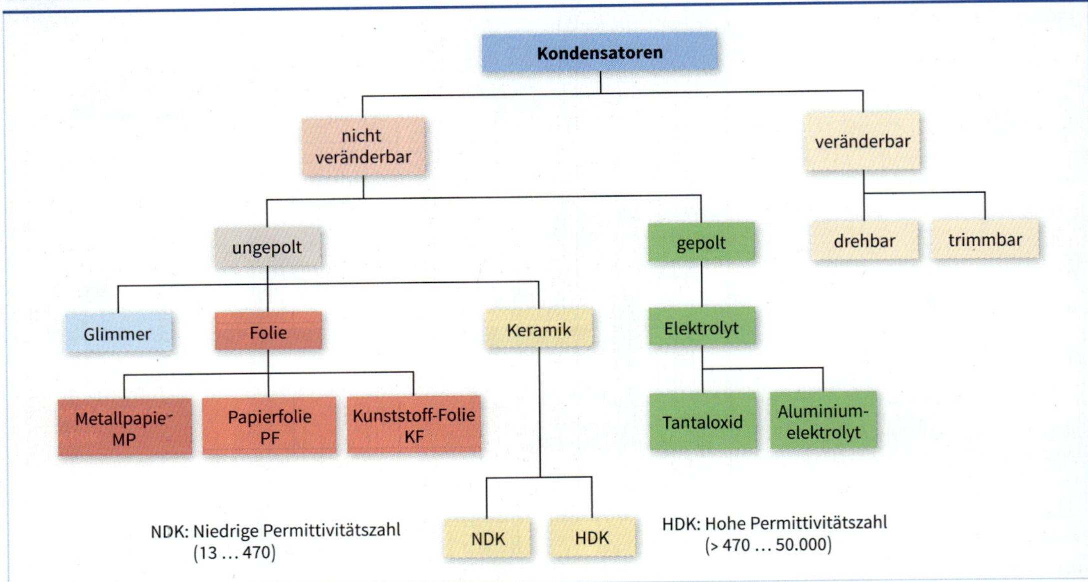

Kennzeichnung der Anschlüsse für Kondensatoren bis 1000 V
Designation of capacitors up to 1000 V

Kondensator	Bauform, Gehäuse, Anschlüsse	Kennzeichnung
Papier-, Metallpapier-, Kunststoff-, Folienkondensatoren (KS-Kondensatoren)	Gehäuse: Zylinder- oder quaderförmig Anschlüsse: Axiale Draht- oder Lötfahnen	Außenbelag durch Strich (Umfang) Farbring zur Kennzeichnung der Bemessungsspannung: Blau: 25 V, Gelb: 63 V, Rot: 160 V, Grün: 250 V, Violett: 400 V, Schwarz: 630 V, Braun: 1000 V
	Gehäuse: Zylinder- oder quaderförmig Anschlüsse: Einseitige Draht- oder Lötfahnen	Außenbelag durch Strich (Umfang)
	Gehäuse: Zylinder- oder quaderförmig	Außenbelag: 
Glimmerkondensator	alle Bauformen vorhanden	
Keramik-Kondensatoren	Rohrkondensatoren, Scheibenkondensatoren mit axialen oder radialen Anschlüssen	Der Innenbelag wird durch ein Farbzeichen gekennzeichnet (Temperaturkoeffizient), Typ I A: weißer Punkt für den Außenbelag
Aluminium-Elektrolytkondensatoren	Gehäuse: Zylinder- oder quaderförmig mit einseitigen Anschlüssen	Pluspol: +
	Gehäuse: Zylindrisch mit axialen Anschlüssen	Pluspol: + Minuspol: Strich auf dem Umfang
	Verschiedene Bauformen und Anschlüsse (Schraubenanschluss, Lötfahnen usw.)	Minuspol: – Pluspol: +; Kennzahl 1 oder rote Farbe

Kennzeichnung nach Stromart		ungepolte Kondensatoren	gepolte Kondensatoren
Gleichstrom	Stranganfang und Strangende	A-B, C-D, …	+ und – bzw. A-B, C-D, …
	Sternende	A, B, C, …	A, B, C, …
	Mittelpunkt	MP	MP
Einphasenstrom		U-V	
Zweiphasenstrom	verkettet	U, XY, V	
	unverkettet	U-X, V-Y	
Drehstrom	verkettet	U, V, W	
	unverkettet	U-X, V-Y, W-Z	
	Mittel- bzw. Sternpunkt	MP	

Anwendungsbereiche und Kenndaten von Kondensatoren
Application fields and characteristic data of capacitors

Kondensatorart	Temperaturbereich in °C [1]	Verlustfaktor $\tan \delta$ in 10^{-3}	Bevorzugte Anwendung
Papierkondensatoren			
Papierkondensator	–55 … +125	50 Hz: 2 … 2,7	Glättungs- und Hochspannungskondensator, Stoß- und Stützkondensatoren, besonders für 50 Hz, bis 10 kHz möglich
Metallpapier-Gleichspannungskondensatoren			
MP	–55 … +85	50 Hz: 7 … 8 1 kHz: 12	Nachrichtentechnik: Koppel-, Glättungs-, Hochspannungs-, Stoß- und Stützkondensatoren
Metallisierte Kunststoffkondensatoren			
MKU	–55 … +70/+85	1 kHz: 12 … 15	Für Gleichspannung, aber auch für reduzierte Wechselspannung, Miniaturtechnik, Hochtemperatur, Glättung, Kopplung, Ablenkstufen von CRT-Fernsehgeräten, besonders verlustarmer Kondensator, viele Bauformen (auch in Schichtausführung mit Rastermaß)
MKT	–55/–40 … +100	1 kHz: 5 … 7	
MKC	–55/–40 … +85/+100	1 kHz: 1 … 3	
MKP	–40 … +85	1 kHz: 0,25	
Verlustarme Kondensatoren			
KS	–55/–10 … +70	1 MHz: 0,4 … 1	Schwingkreiskondensatoren in frequenzbestimmenden Kreisen, Filter, hochisolierte Kopplung und Entkopplung, Miniaturtechnik, Hochtemperatur (Glimmer- und Glaskondensatoren), Blockkondensatoren, Messkondensatoren, Glas: sehr hohe Konstanz und Strahlungsfestigkeit
MKS	–55 … +70	1 kHz: 0,5 … 1	
KP	–55/–25 … +85	1 MHz: 0,3 … 1	
Glimmerkondensator	–40 … +80	1 MHz: ≤ 0,2 (< 1 nF)	
MK	–55 … +85	1 kHz: ca. 1	
Keramik-Kondensatoren			
NDK-Kondensator ($\varepsilon_r = 13 \ldots 470$)	–55/– 25 … +85/+125	1 MHz: 0,4 … 1	In frequenzstabilisierten Schwingkreisen zur Temperaturkompensation, Filter-, Hochspannungs-, Impuls-Kondensatoren, auch als Chip
HDK-Kondensator ($\varepsilon_r = 700 \ldots 50\,000$)	–55/+10 … +70/+125	1 kHz: 10 … 20	Kopplung, Siebung, Hochspannungs-, Impulskondensator, auch als Chip
Elektrolyt-Kondensatoren			
Aluminium-Elektrolytkondensator	–55/–25 … +70/+125	50 Hz: 80 … 300 (bis 1000 µF)	Sieb-, Koppel-, Glättungs-, Block-, Motorkondensator, Energiespeicher
Tantal-Elektrolytkondensator	–55 … +85 (+125)	120 Hz: ≤ 40 … 350	Nachrichtentechnik, Mess- und Regelungstechnik, Chip-Kondensator für Hybridschaltung, Glättung und Kopplung

[1] je nach Anwendungsklasse ergeben sich unterschiedliche Temperaturbereiche

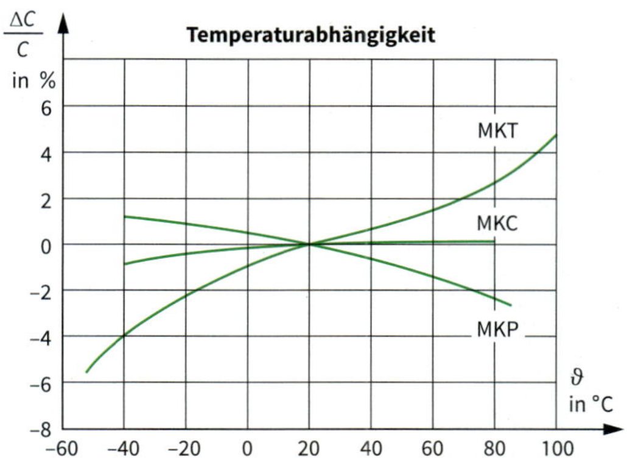

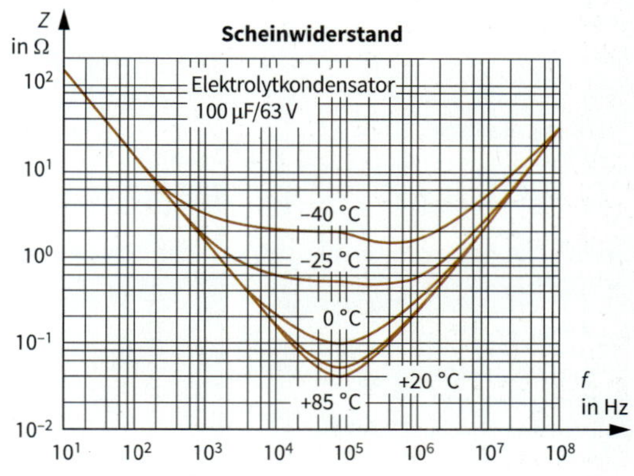

Bemessungsspannungen und Toleranzen von Kondensatoren
Rated voltages and tolerances of capacitors

Bemessungsgleichspannungen für Kondensatoren bis 1000 V

Kondensator	Papierkondensator	MP-Kondensator	Kunststoff-Folienkondensator	Glimmerkondensator	Keramik-Kondensator	Aluminium-Elektrolytkondensator	Tantal-Elektrolytkondensator
Bemessungsspannung in V	40, 63, 100, 160, 250, 400, 630, 1000	63, 100, 160, 250, 400, 630, 1000	63, 100, 160, 250, 400, 630, 1000	250, 1000	40, 63, 100, 160, 250, 630, 1000	10, 25, 100, 250, 1000	6,3; 10, 16, 25
Zulässige Abweichung in %	±5; ±10; ±20;	±10; ±20	±0,3; ±0,5; ±1; ±2; ±2,5; ±5; ±10; ±20;	ab 10 pF ±0,1; ±0,5; ±1; ±2; ±5; ±10; ±20	ab 10 pF ±1; ±2; ±5; ±10; ±20; +50 … –20; +80 … –20; +100 … –20	+20 …–0; +30 … –10; +30 …–20; +5 … –0; +50 …–10; +5 … –20; +80 …–10; +100 …–10; +100 …–20	±5; ±10; ±20; +50 …–10; +50 …–20

Werte der R 5-Reihe: 6,3; 10; 16; 25; 40; 63; 100; 160; 250; 400; 630; 1000

Zulässige Abweichungen in %							
B: ±0,1	**C:** ±0,3	**D:** ±0,5	**F:** ±1	**G:** ±2	**H:** ±2,5	**J:** ±5	**K:** ±10
M: ±20	**W:** +20 … –0	**Q:** +30 … –10	**R:** +30 … –20	**Y:** +50 … –0	**T:** +50 … –10	**S:** +50 … –20	**U:** +80 … –0
Z: +80 … –20	**V:** +100 … –10	**ohne:** +100 … –20					

Kurzform der Benennung von Kunststoff-Folienkondensatoren

M K C

- C: Art des Dielektrikums
- K: Dielektrikum: Kunststoff
- M: Metallisierte Beläge (falls Metallfolienbeläge: kein Zeichen)

Kennbuchstabe und Art des Dielektrikums	
C: Poly**c**arbonat	**T:** Poly**t**erephthalat
P: Poly**p**ropylen	**U:** Cell**u**loseacetat
S: Poly**s**tyrol	

Kondensatoren zum Betrieb von Entladungslampen
Capacitors for operation of discharge lamps

Beispielhafter Aufbau

B: Papierkondensator, rund
C: MP-Kondensator, rund

Maße in mm

l_1: 102 mm … 210 mm
d_1: 30 … 50 mm
d_2: M8- oder M12-Gewinde
l_2: 8 mm

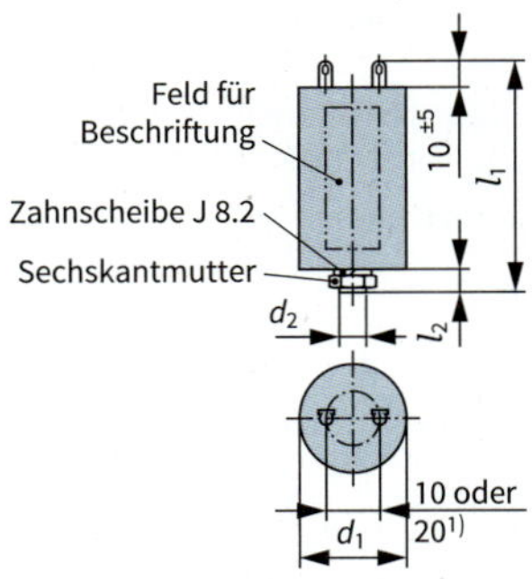

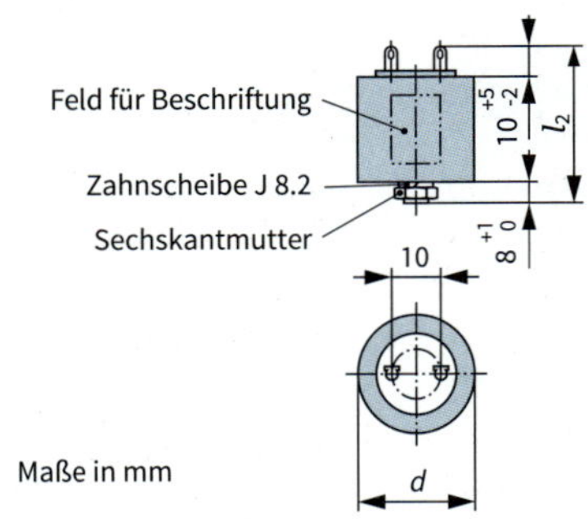

[1)] vorzugsweise 10 mm

Blindleistungen von Kondensatoren zur Kompensation

Berechnung	$\cos\varphi_1$	$\cos\varphi_2 = 0{,}7$	$\cos\varphi_2 = 0{,}8$	$\cos\varphi_2 = 0{,}9$	$\cos\varphi_2 = 0{,}96$	$\cos\varphi_2 = 1{,}0$
$Q_C = P \cdot (\tan\varphi_1 - \tan\varphi_2)$	0,3	2,16	2,43	2,70	2,89	3,18
Q_C: Kapazitive Blindleistung in var	0,4	1,27	1,54	1,81	2,00	2,29
P: Wirkleistung in W	0,5	0,71	0,98	1,25	1,44	1,73
φ_1: Phasenverschiebungswinkel vor der Kompensation	0,6	0,31	0,58	0,85	1,04	1,33
φ_2: Phasenverschiebungswinkel nach der Kompensation	0,7		0,27	0,54	0,73	1,02
	0,8			0,27	0,46	0,75

Induktivitäten

- **Wicklung**
  - Windungs-/Wicklungszahl
  - Wickelschema
  - Material
  - Isolierung
- **Montage**
  - SMD
  - Drahtanschluss
  - …
- **Kern**
  - Material
  - Form
- **Luftspalt**
  - ohne
  - mit (fest/variabel)
- **Stromkompensation**
  - ohne
  - mit

Kernmaterialien

Ferromagnetische Kernmaterialien werden vorzugsweise bei Spulen im niedrigen Frequenzbereich eingesetzt.

- Hohe Permeabilitäten
- Betrieb bis zur Sättigungsmagnetisierung

Oxidkeramische Ferrite finden bei Spulen im höheren Frequenzbereich ihren Einsatz.

- Hoher spezifischer Widerstand verhindert spürbare Wirbelstromverluste.
- Mn-Zn-Ferrite bis 1,5 MHz
- Ni-Zn-Ferrite bis 600 MHz

Elektrische Kenndaten

U_R: Bemessungsspannung
I_R: Bemessungsstromstärke
L_R: Bemessungsinduktivität
L_S: Streuinduktivität
R: Gleichstromwiderstand
C_R: Wicklungskapazität
Kapazität zwischen Leitungen; wirksam bei sehr hohen Frequenzen
Q: Güte ($Q \approx L_R/R$)

Kernformen (Auswahl)

P (**P**ot/Schalenkern) 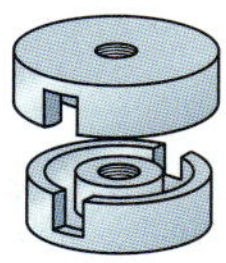	■ magnetisch geschlossen und daher streufeldarm ■ präzise Abstimmung möglich (durch Abgleichschraube) ■ Schwingkreisspulen ■ klirrarme, breitbandige Kleinsignalübertrager
E 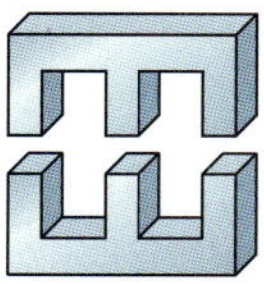	■ mehrere E-Kerne zu einem größeren aneinanderreihbar ■ für verbesserte Wicklung auch mit rundem Schenkel verfügbar (ER) ■ je nach Werkstoff für Frequenzen von 10 kHz bis > 500 kHz
RM (**R**ectangular **M**odular) 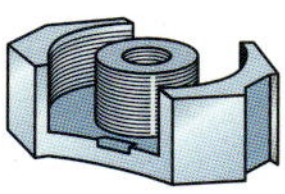	■ automatengerechte Fertigung ■ verlustarme Filter ■ hochstabile Filter ■ klirrarme Breitbandübertrager ■ Leistungsanwendung (Speicherdrosseln)
PM (**P**ot core and **M**odular) 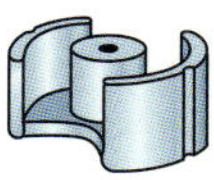	■ großer Flussquerschnitt ■ hohe Leistung bei wenigen Windungen ■ Leistungsübertragung bis 300 kHz
U/UI 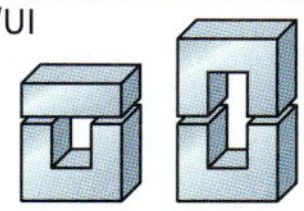	■ leicht kombinierbar ■ große Sättigungsinduktivität ■ geringe Verlustleistung ■ Leistungsübertragung >1 kW
Ring 	■ aufwändige Fertigung der Wicklung ■ Anwendung bis MHz-Bereich ■ EMV-Drossel

Stromkompensation

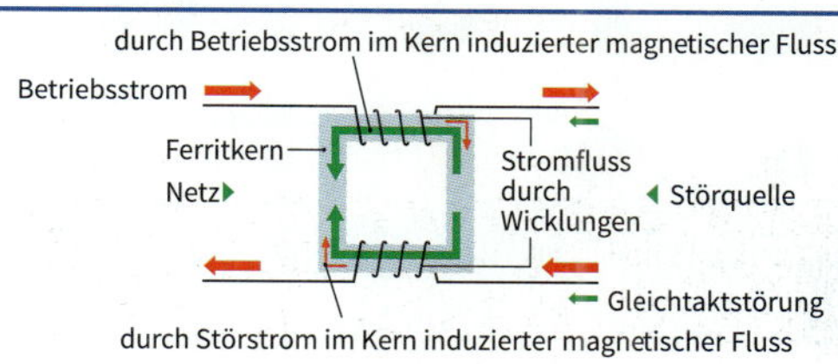

- Elektronische Geräte erzeugen häufig Gleichtaktstörungen
- Magnetischer Fluss des Betriebsstromes kompensiert sich zu Null → keine Kernsättigung
- Auf Betriebsstrom wirkt nur die Streuinduktivität.
- Die Induktivität ist nur für den Störstrom wirksam.

Beispiel:

Schaltzeichen:

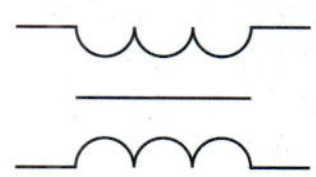

Wicklung

Einlagenwicklung

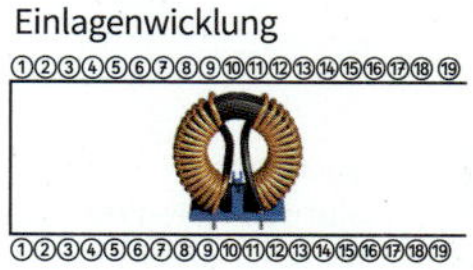

Zweilagenwicklung

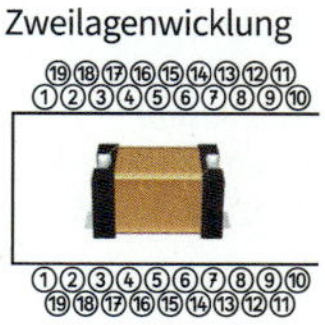

Wildwicklung

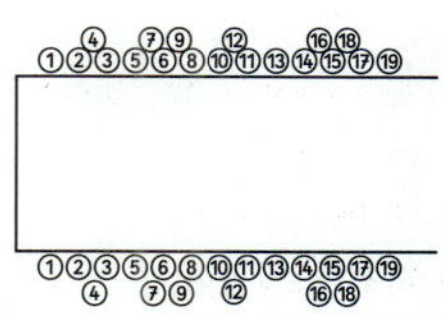

Kennzeichnungen

Beispiel: B C X 70

- Ausgangsmaterial — B
- Hauptfunktion — C
- Hinweis auf kommerziellen Einsatz (X, Y, Z) — X
- Registriernummer (2 oder 3 Ziffern) — 70

1. Kennbuchstabe	Ausgangsmaterial	2. Kennbuchstabe	Bedeutung	2. Kennbuchstabe	Bedeutung
A	Germanium	A	Diode, allgemein	N	Optokoppler
B	Silizium	B	Kapazitätsdiode	P	z. B. Fotodiode, Fotoelement
C	z. B. Gallium-Arsenid (Energieabstand ≥ 1,3 eV)	C	NF-Transistor	Q	z. B. Leuchtdiode
D	z. B. Indium-Antimonid (Energieabstand ≥ 0,6 eV)	D	NF-Leistungstransistor	R	Thyristor
R	Fotohalbleiter- und Hallgeneratoren-Ausgangsmaterial	E	Tunneldiode	S	Schalttransistor
		F	HF-Transistor	T	z. B. steuerbare Gleichrichter
		G	z. B. Oszillatordiode	U	Leistungsschalttransistor
		H	Hall-Feldsonde	X	Vervielfacher-Diode
		K (M)	Hallgenerator	Y	Leistungsdiode
		L	HF-Leistungstransistor	Z	Z-Diode

1) $1\ eV = 1{,}6 \cdot 10^{-19}\ J$

Dioden

Bauformen

Glasgehäuse D0-7

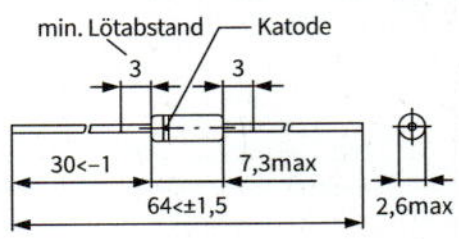

Beispiel:
Germanium-Universal-Diode
AA 118

Glasgehäuse D0-35

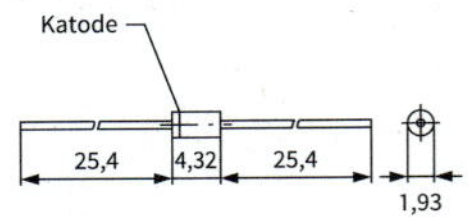

Beispiel:
Silizium-Universal-Diode
BAY 61

Metallgehäuse D0-13

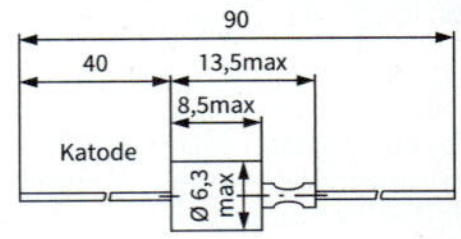

Beispiel:
Z-Diode 1,3 Watt
BZD 10 C 9 V 1

Schaltzeichen und Anschlüsse

Anode 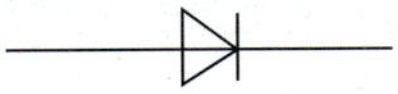 Katode

Die Diode wirkt wie ein Ventil. Wenn an der Anode der Pluspol liegt, fließt Strom. Wenn an der Anode der Minuspol liegt, ist die Diode gesperrt.

Anwendungen

- Begrenzung von Spannungen
- Gleichrichtung von Wechselspannung
- Stabilisierung von Spannungen

Transistoren

Bauformen

Metallgehäuse T0-39

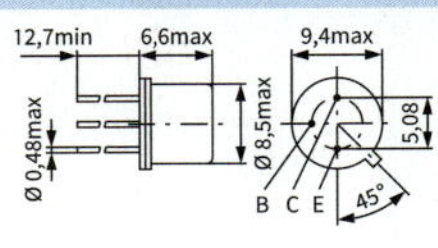

Beispiel:
Silizium-NPN-Transistor
BC 140

Kunststoffgehäuse T0-220 mit Metallflansch

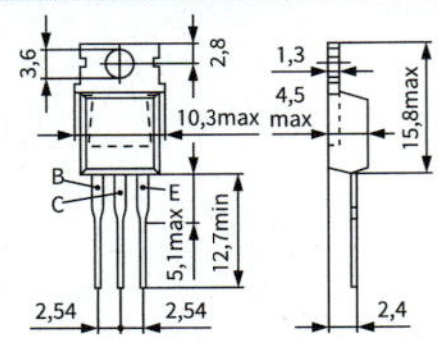

Kollektor mit Montageflansch verbunden

Beispiel:
Silizium-NPN-Darlington-transistor BD 649

Metallgehäuse T0-3

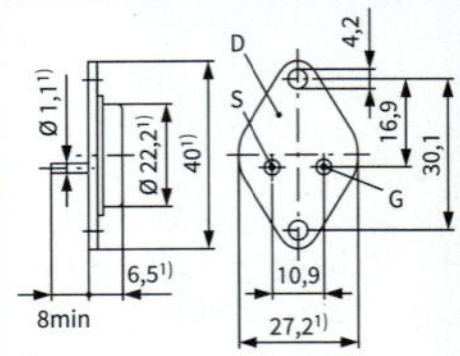

1) Größtmaß

Beispiel:
MOS-Leistungstransistor
BUZ 32

Schaltzeichen und Anschlüsse

Bipolare Transistoren

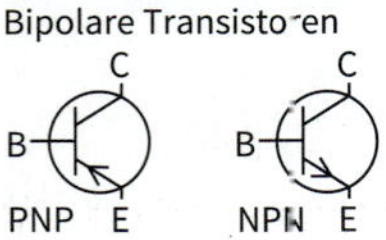

B: Basis (Eingangselektrode)
E: Emitter (gemeinsame Elektrode)
C: Kollektor (Ausgangselektrode)

Anwendungen

- Prinzip: Mit kleinen elektrischen Größen erfolgt eine Steuerung des Kollektorstromes
- Verstärkung kleiner Wechselspannungen
- Schalten von Spannungen und Stromstärken (elektronischer Schalter)

Dioden
Diodes

Anwendungen	Schaltzeichen	Kennlinien	Kennwerte
Germanium-Dioden: ■ Universaldiode im HF-Bereich, bedingt durch die geringe Sperrschichtkapazität ■ Schaltdiode ■ Gepaart als Phasendiskriminatorpaar im Ablenkteil von Fernsehgeräten **Silizium-Dioden:** ■ Gleichrichterdioden bis Höchstleistungsbereich ■ Diodenschalter, z. B. Schutz vor Falschpolung ■ Begrenzerdiode für kleine Spannungen	**Diode** 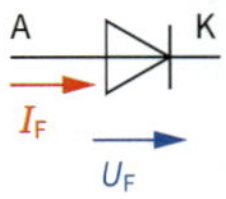	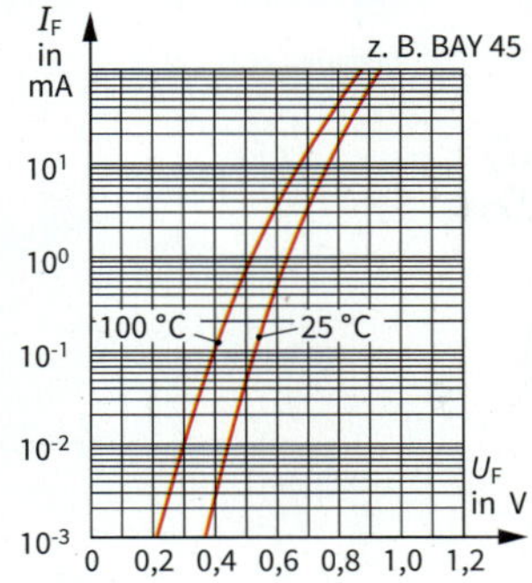 Durchlasskennlinie $I_F = f(U_F)$ bei $\vartheta_u = 25$ °C bzw. 100 °C	**Germanium-Dioden:** U_{TO} = 200 mV … 400 mV U_{RM} ≤ 100 V I_F ≤ 150 mA I_R ≤ 300 µA $R_{th\ JU} \leq 400 \frac{K}{W}$ ϑ_u = –55 °C … +75 °C **Silizium-Dioden:** U_{TO} = 0,6 V … 0,8 V U_{RM} = 30 V … 3,5 kV I_F = 150 mA … 750 A I_R = 0,5 mA … 50 mA ϑ_u = –40 °C … +150 °C
■ Stabilisierung bzw. Begrenzung von Gleichspannungen ■ Gegenreihenschaltung von Z- und normalen Dioden zu Referenzdioden mit besonders kleiner Temperaturabhängigkeit ■ TAZ-Dioden (Transient Absorption Zener) zum Schutz vor zu hohen Spannungsspitzen	**Z-Diode** 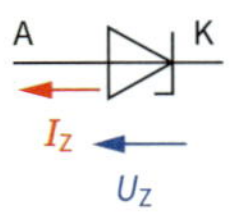	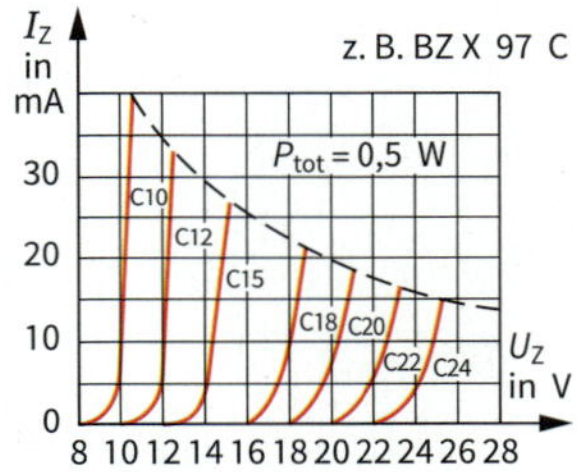 Stabilisierungskennlinien $I_Z = f(U_Z)$	Stabilisierungseffekt bei Sperrrichtungsbetrieb U_Z = 1,8 V … 200 V P_{tot} ≤ 50 W ϑ_u ≤ 150 °C Bei $U_Z \leq 5{,}1$ V negativer und bei $U_Z \geq 5{,}1$ V positiver Temperaturkoeffizient.

Thyristoren
Thyristors

Anwendungen	Schaltzeichen	Kennlinien	Kennwerte
Stromrichter bis zu größten Leistungen. Thyristortriode ■ katodenseitig steuerbar ■ rückwärtssperrend	**Thyristor** 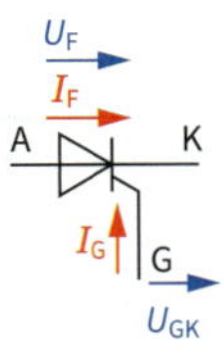	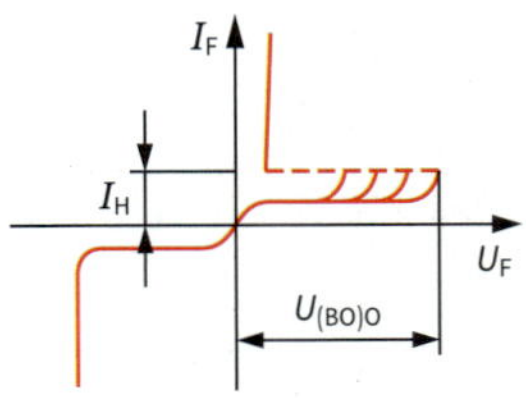	■ Element ist nach Zündimpuls in Durchlassrichtung leitfähig. ■ Leitfähigkeit erlischt bei Stromnulldurchgang ■ U = 100 V … 12000 V ■ I_F < 4000 A ■ Scheibenthyristoren wassergekühlt
Gleichstromsteller bis zu größten Leistungen Thyristortriode ■ katodenseitig steuerbar ■ Sperren von I_F mit negativem Gatestrom ■ rückwärtssperrend	**Abschaltbarer Thyristor (GTO, Gate-turn-off)** 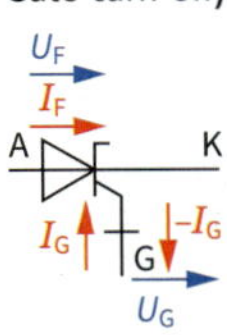	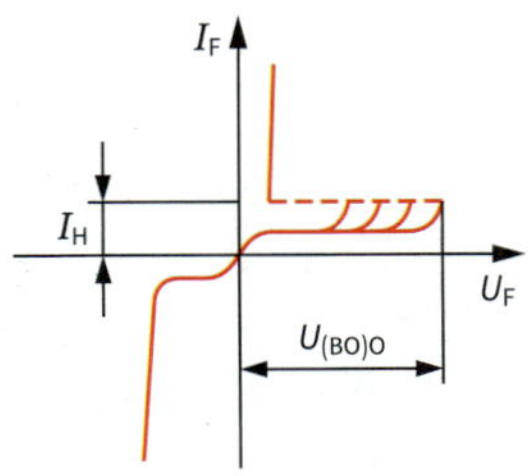	■ Verhalten wie bei Thyristor, Leitfähigkeit verlischt zusätzlich bei negativem Gatestrom ■ U < 6000 V ■ I_F < 6000 A ■ f_S < 25 kHz

A: Anode K: Katode G: Gate	I_F, I_G: Durchlass-, Gatestrom I_H: Haltestrom, kleinster Strom I_F bei dem der Thyristor noch leitet	P_{tot}: maximale Verlustleistung ϑ_U: Umgebungstemperatur U_G: Gatespannung	U_F: Vorwärtsspannung U_Z: Z-Spannung $U_{(BO)O}$: Kippspannung bei offenem Gate

<table>
<tr><th></th><th rowspan="2">Bipolartransistor</th><th colspan="2">Unipolartransistor (Feldeffekttransistor)</th></tr>
<tr><th></th><th>Sperrschicht FET</th><th>Isolierschicht FET</th></tr>
<tr><td>Aufbau</td>
<td>Beispiel: NPN-Transistor
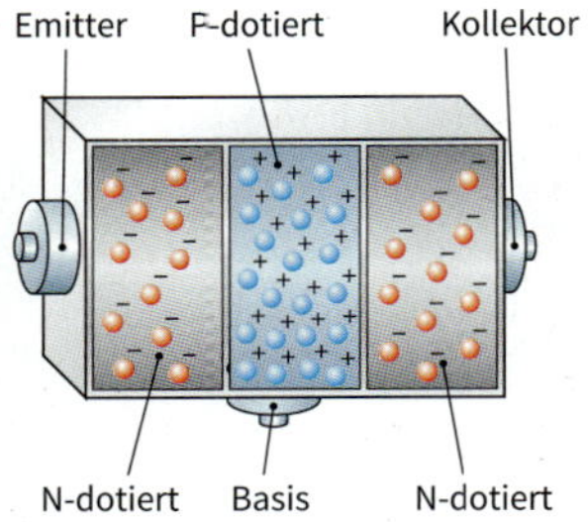</td>
<td>Beispiel: N-Kanal FET
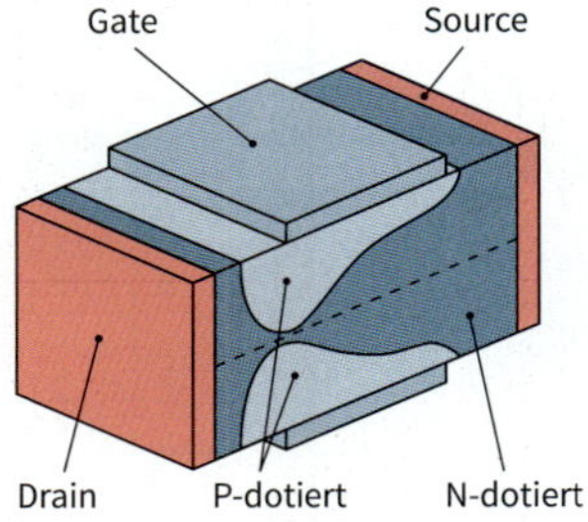</td>
<td>Beispiel: MOS-FET
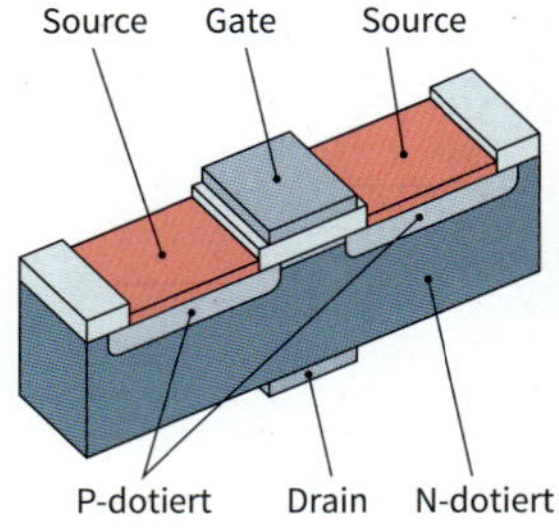</td></tr>
<tr><td>Symbole</td>
<td>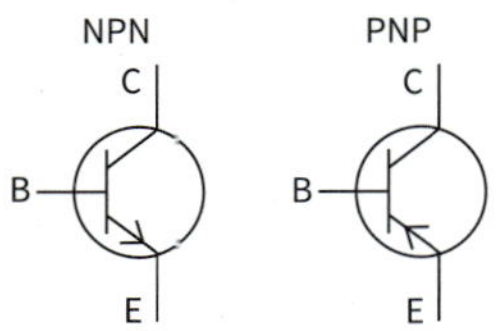</td>
<td>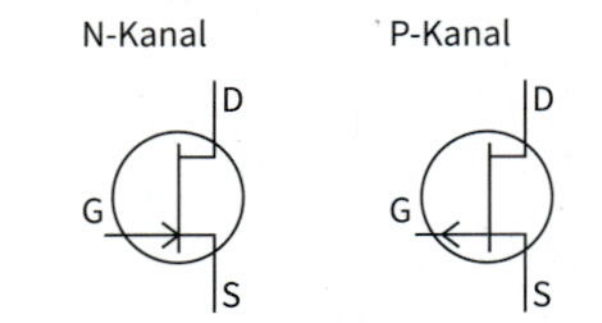</td>
<td>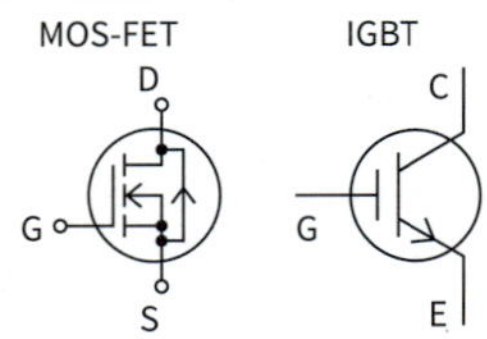</td></tr>
<tr><td>Kennlinien (Beispiele)</td>
<td>NPN
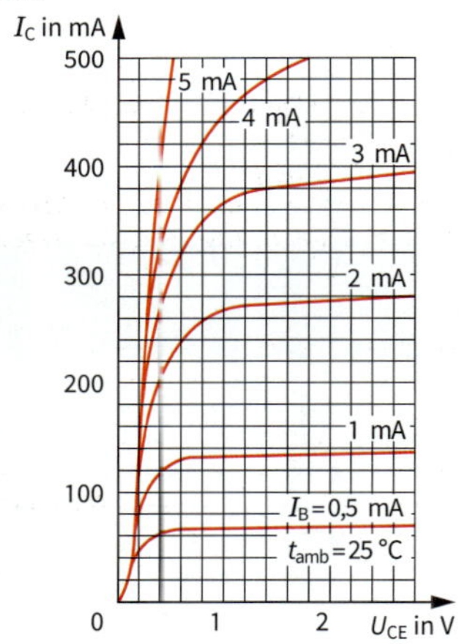
Ausgangskennlinie mit I_B als Parameter</td>
<td>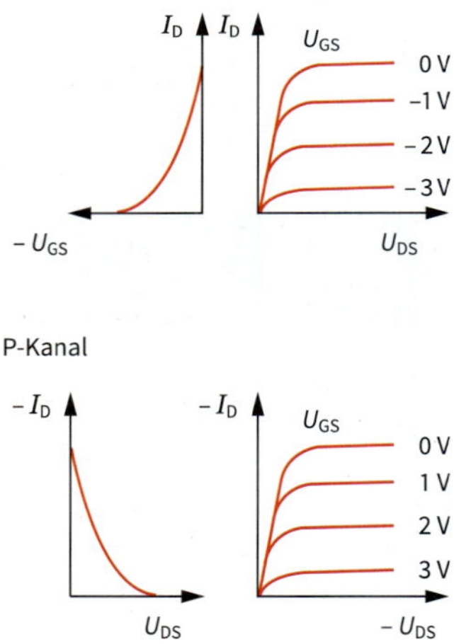</td>
<td>MOS-FET
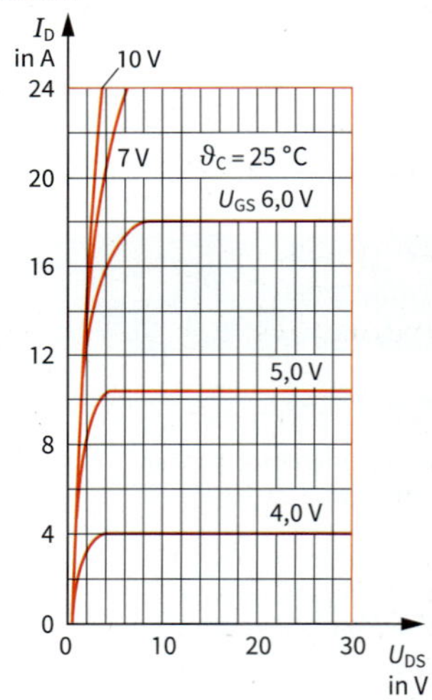</td></tr>
<tr><td>Eigenschaften</td>
<td>■ hohe Stromverstärkung β = 20…1000
■ geringer Eingangswiderstand</td>
<td>■ mit geringer Leistung ansteuerbar
■ empfindlich gegen elektrostatische Aufladung
■ Verhalten wie steuerbarer Widerstand</td>
<td>■ U_{DS} < 1 kV U_{CE} < 6,5 kV
■ I_D < 1 kA I_D < 2,5 kA
■ geringe Schaltverluste (gegenüber Bipolartransistor)
■ empfindlich gegen elektrostatische Aufladung</td></tr>
<tr><td>Anwendungen</td>
<td>■ NF-Verstärker
■ Impedanzwandler
■ Oszillatorschaltungen
■ Schalten kleiner Leistungen (z. B. Relais, Lampe, Leistungsverstärker bei digitalen Schaltungen)</td>
<td>■ HF-Verstärker
■ Grundelement für Operationsverstärker
■ digitale Verknüpfungen
■ Hochvoltinverter
■ Konstantspannungsquellen</td>
<td>■ Schalter in leistungselektronischen Anwendungen
■ Stellglied für lineare Leistungsstellung (z. B. linearer Spannungsregler)</td></tr>
</table>

Merkmale

- Elektronische Halbleiterbauelemente funktionieren nur dann einwandfrei, wenn die im Datenblatt spezifizierten Werte eingehalten werden.
- Ein wesentlicher Parameter hierbei ist die Einhaltung der vorgegebenen maximalen **Sperrschicht-Temperatur** des Halbleiterkristalls.
- Zur Abfuhr von thermischer Verlustleistung werden Kühlkörper eingesetzt.
- Diese werden bestimmt durch
  - Wärmeleitfähigkeit des Materials
  - Größe und Farbe der Oberfläche
  - Masse des Kühlkörpers
  - Einbaulage und Einbauort
  - Art der Montage und Art der Isolation des Halbleiters auf dem Kühlkörper
  - Temperatur und Geschwindigkeit der umgebenden Luft (fallweise erhebliche Unterschiede)

Thermisches Ersatzschaltbild

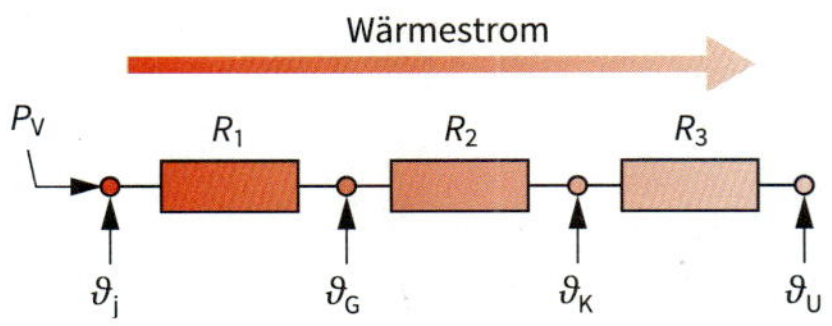

P_V: Verlustleistung
R_1: Innerer Wärmewiderstand Halbleiter
R_2: Kontaktflächenwiderstand Halbleiter zum Kühlkörper
R_3: Wärmewiderstand Kühlkörper
ϑ_j: Sperrschicht-Temperatur
ϑ_G: Gehäusetemperatur
ϑ_K: Kühlkörpertemperatur
ϑ_U: Umgebungstemperatur

Wärmewiderstand

Berechnung des erforderlichen Wärmewiderstandes des Kühlkörpers bei gegebener Verlustleistung und dem zulässigen Temperaturgefälle.

Bei **normaler** Kühlung

$$R_{thK} = \frac{\vartheta_j - \vartheta_U}{P_V} - (R_{thG} + R_{thM})$$

$$R_{thK} = \frac{\Delta\vartheta}{P_V} - (R_{thG} + R_{thM})$$

R_{thK}: Thermischer Widerstand Kühlkörper (in Kelvin/Watt)
R_{thG}: Thermischer Widerstand Gehäuse
R_{thM}: Thermischer Widerstand Montage (Verbindung zwischen Kühlkörper und Halbleitergehäuse
$\Delta\vartheta$: Temperaturdifferenz zwischen Sperrschicht und Umgebung (in Kelvin)

Bei **verstärkter** Kühlung (z. B. mit Ventilator)

$$R_{thKv} \sim a \cdot R_{thK}$$

a: Proportionalitätsfaktor (abhängig von der Strömungsgeschwindigkeit der Luft)

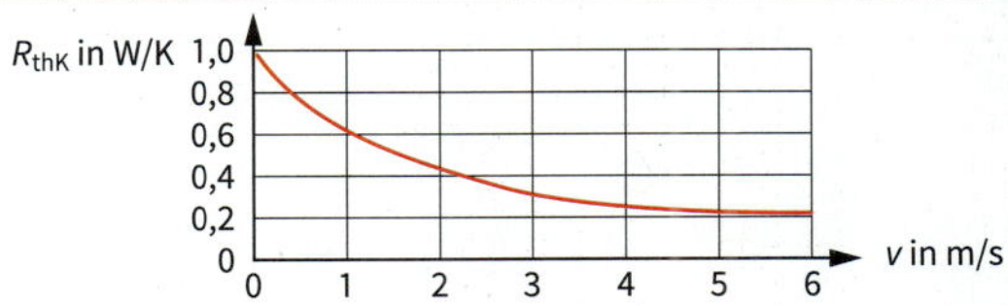

Bauformen

Rippenkühlkörper (z. B. für TO 22 Gehäuse)

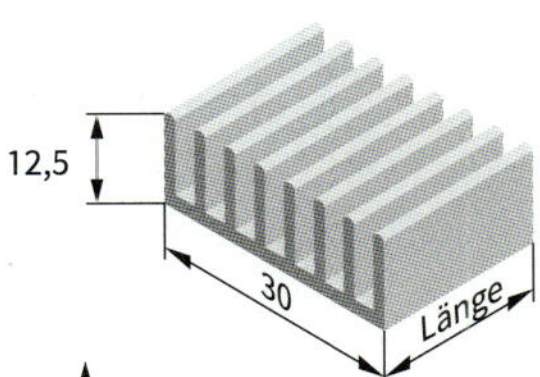

Maße in mm

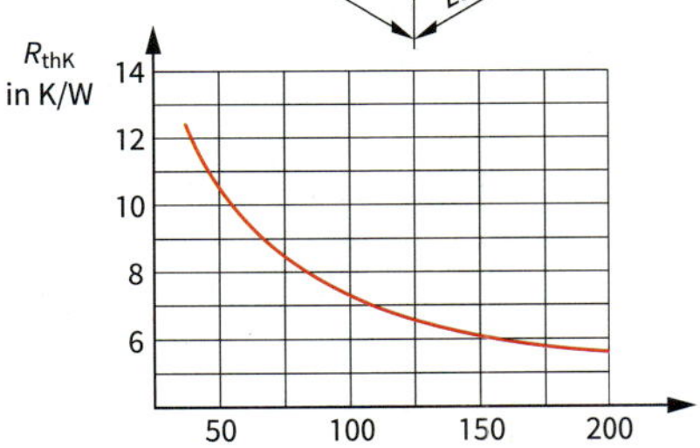

Stiftkühlkörper (z. B. für Prozessoren)

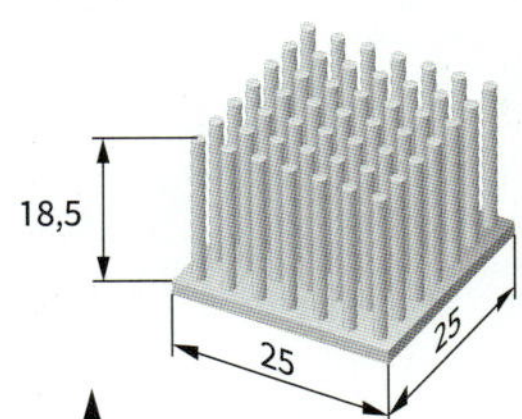

Maße in mm

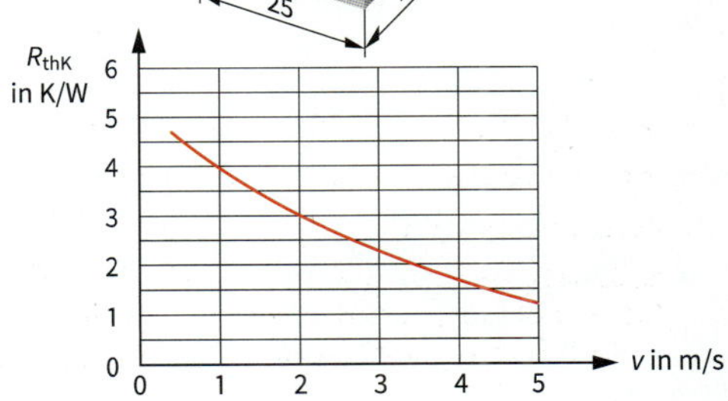

Merkmale

- Die Gehäusebauformen richten sich u. a. nach der
  - Größe des zu umhüllenden Chips,
  - der Anzahl der Anschlüsse,
  - dem zur Verfügung stehenden Einbauplatz und
  - der auftretenden Verlustleistung.
- Die Materialien sind abhängig von
  - den Produktkosten des ICs und
  - dem vorgesehenen Einsatzbereich.
- Hauptsächlich werden als Material
  - Kunststoff (Massenware),
  - Keramik (höhere Temperaturbereiche) und
  - Metall (hermetisch dicht, Hochfrequenz) verwendet.

Einteilung

Durchkontaktierte Bauform	
Außenseitige PIN-Anordnung	Flächige PIN-Anordnung
Einseitig SIP/ZIP	PGA
Zweiseitig DIP/VDIP/CERDIP	
Vierseitig QUIP	

Oberflächenmontierte Bauform	
Außenseitige PIN-Anordnung	Flächige PIN-Anordnung
Zweiseitig SOP/SOJ/SSOP/TSOP/DTP	Ball FBGA/BGA
Vierseitig QUIP/QFP/QTP/TQFP	Land FLGA

BGA: **B**all **G**rid **A**rray
DIP: **D**ual **I**nline **P**ackage
DTP: **D**ual **I**nline **T**hin **P**ackage
CERDIP: **Cer**amik **DIP**
FBGA: **F**lat **B**all **G**rid **A**rray
FLGA: **F**ine Pitch **L**and **G**rid **A**rray
LQFP: **L**ow Profile **Q**uad **F**lat **P**ackage
PGA: **P**in **G**rid **A**rray
PLCC: **P**lastic **L**eaded **C**hip **C**arrier
QFP: **Q**uad **F**lat **P**ackage
QTP: **Q**uad **T**hin **P**ackage
QUIP: **Qu**ad **I**nline **P**ackage
SIP: **S**ingle **I**nline **P**ackage
SOJ: **S**mall **O**utline **J**-shape leads
SOP: **S**mall **O**utline **P**ackage
SSOP: **S**hrinked **S**mall **O**utline **P**ackage
TQFP: **T**hin **Q**uad **F**lat **P**ackage
TSOP: **T**hin **S**mall **O**utline **P**ackage
VDIP: **V**ery Thin **D**ual **I**nline **P**ackage
ZIP: **Z**igzag **I**nline **P**ackage

Bauformen

DIP

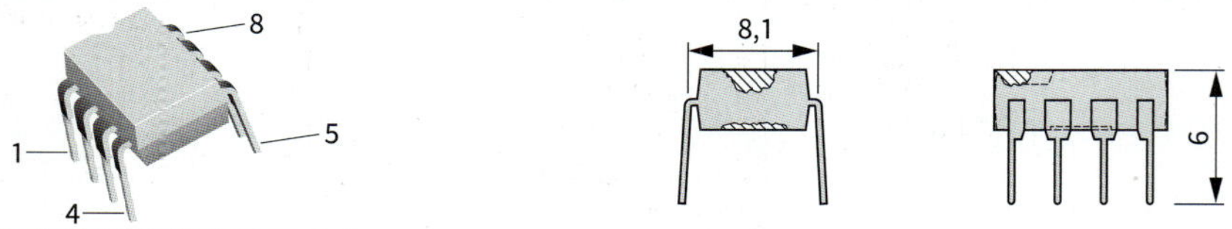

LQFP

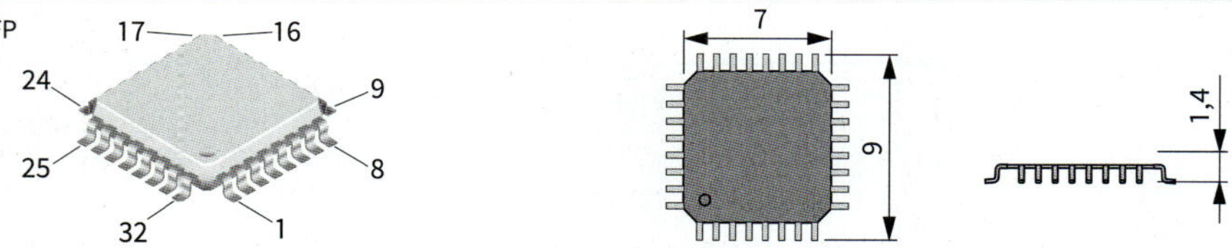

PLCC

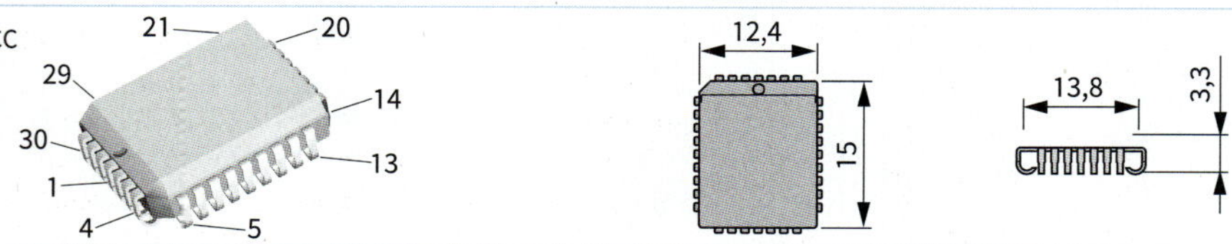

FBGA

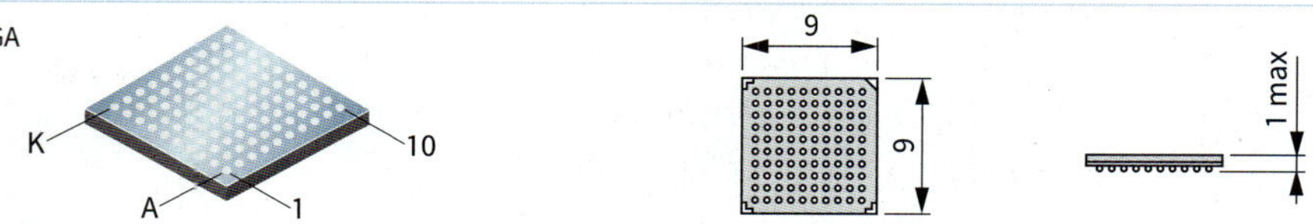

Maße in mm ohne Toleranzen

Optoelektronische Bauelemente
Optoelectronic components

Schaltzeichen	Typische Kennlinien	Eigenschaften	Anwendungen
Fotowiderstand (**LDR**, **L**ight-**D**ependant-**R**esistor) 	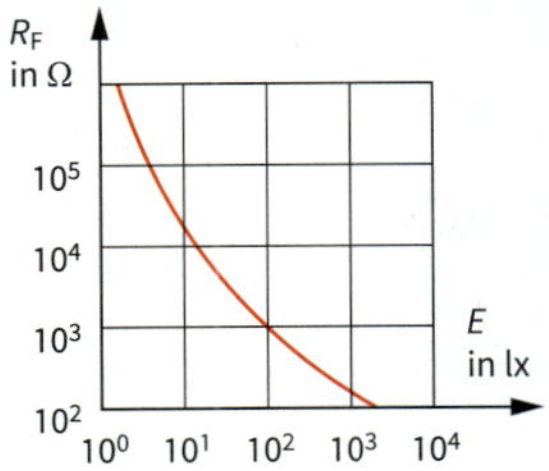	Passives Bauelement: ■ Je nach Basismaterial empfindlich von $\lambda = 0{,}5 \ldots 8$ µm (UV- bis IR-Bereich) ■ Höchste Lichtempfindlichkeit ■ Sehr träge bei Helligkeitsänderung	■ Einsatz im Gleich- und Wechselstromkreis ■ Beleuchtungsstärkemessung, Dämmerungsschalter ■ Betriebsspannung bis zu mehreren 100 V ■ Belastbarkeit bis 500 mW
Fotodiode 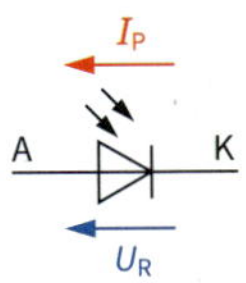	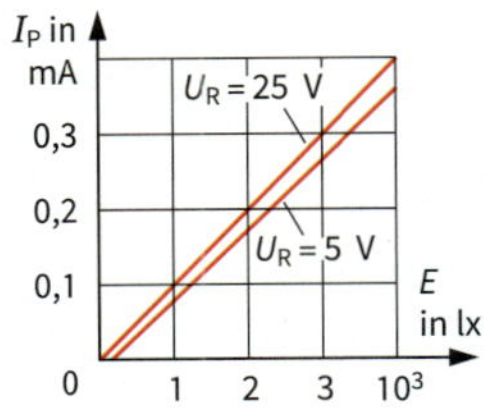	■ Betrieb in Sperrrichtung ■ Geringe Lichtempfindlichkeit ■ Sehr kurze Ansprechzeit ■ Stromstärke annähernd proportional zur Beleuchtungsstärke	■ Messaufgaben ■ Spannungen bis 25 V ■ Verlustleistung bis max. 150 mW ■ Grenzfrequenz bei ca. 500 MHz
Fototransistor 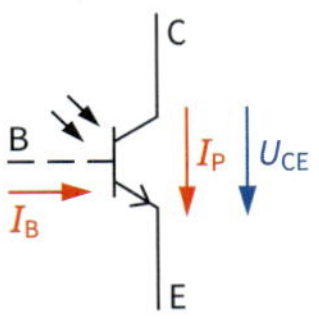	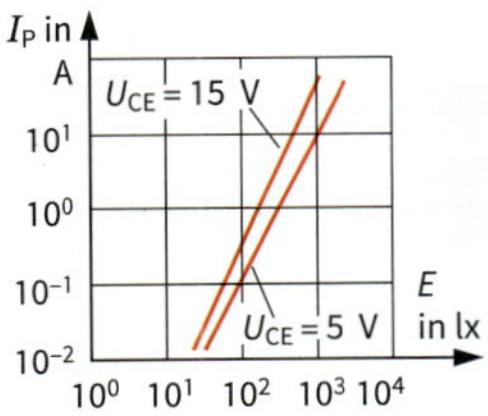	■ Wirkungsweise wie Fotodiode mit Verstärker, daher 100- bis 500fach größere Empfindlichkeit ■ Einstellung des Arbeitspunktes mit dem Basisanschluss (nicht immer vorhanden)	■ Fotoelektronische Empfänger in Überwachungs- und Regelkreisen ■ Spannungen bis 30 V ■ Verlustleistung bis 200 mW ■ Grenzfrequenz bei ca. 0,5 MHz
Fotothyristor 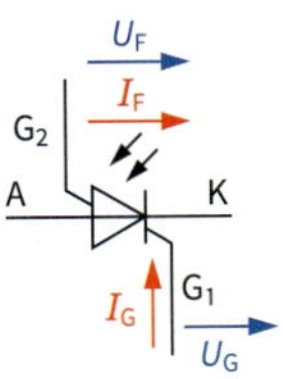	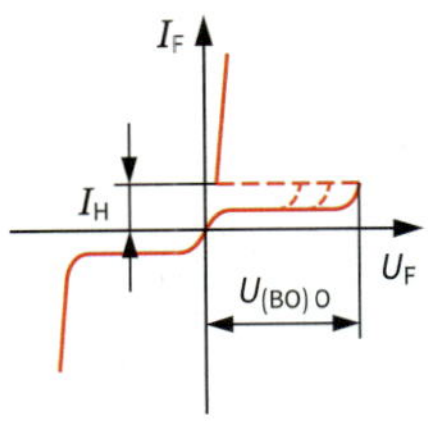	■ Zündung durch – Gatestrom oder – Lichtimpuls ■ Löschen durch – Unterschreiten des Haltestromes oder – durch negativen Impuls auf Anodenanschluss	■ Kleinleistungsbereich, Verlustleistungen bis 500 mW ■ Hochspannungstechnik, Zündung über Lichtwellenleiter (LWL), ≤ 4000 V, ≤ 10 A
Solarzelle (Fotoelement) 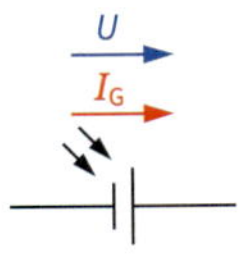	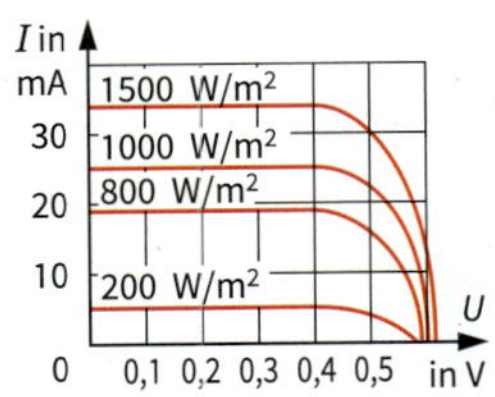	■ Aktives Bauelement Entnehmbare Leistung ist abhängig von – Lichtintensität (W/m²), – Zellentemperatur und – Größe der aktiven Fläche	■ Energiegewinnung aus Sonnenlicht ■ Serien- und Reihenschaltung ermöglicht Leistungen im kW Bereich ■ Zellengröße: Ø 100 mm ■ Leerlaufspannung ≤ 600 mV
Lumineszenzdiode (**LED**, **L**ight-**E**mitting-**D**iode) 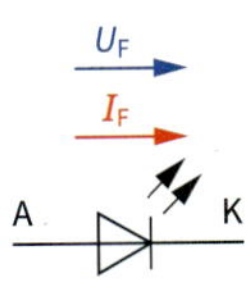	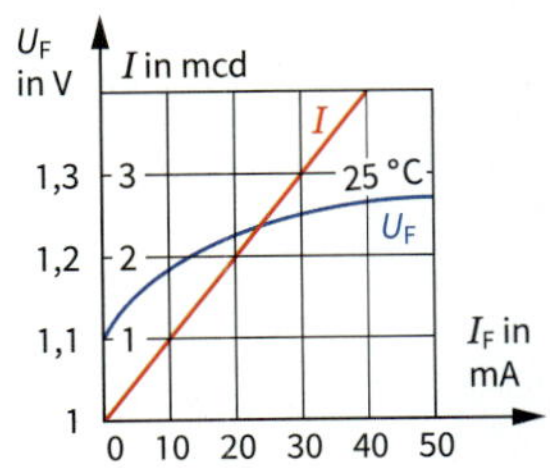 I: Lichtstärke in Achsenrichtung	■ Lichtaussendung im Durchlassbereich ■ Robust, hohe Lebensdauer, klein ■ Geringe Sperrspannung ■ Modulierbar bis 20 MHz ■ Vorwiderstand erforderlich ■ Rot, gelb, grün, blau, infrarot, weiß	■ Anzeigen, Zeichen- und Ziffernddarstellung ■ Sender in Optokopplern, Lichtwellenstrecken, Infrarotsteuerungen ■ Durchlassstromstärke bis ca. 400 mA

Leuchtdioden-Anzeigen (LED-Anzeigen)

Emissionsspektren, Durchlassspannungen

LED-Farbe	Halbleiter	Wellenlänge in nm	Durchlassspannung in V
infrarot	Ga AS	950	1,3 … 1,5
rot	Ga AS P	660	1,6 … 1,8
orange	Ga AS P	610	1,6
gelb	Ga AS P	590	2,0 … 2,2
grün	Ga P	565	2,0 … 2,2
blau	Ga N	450 … 500	2,9

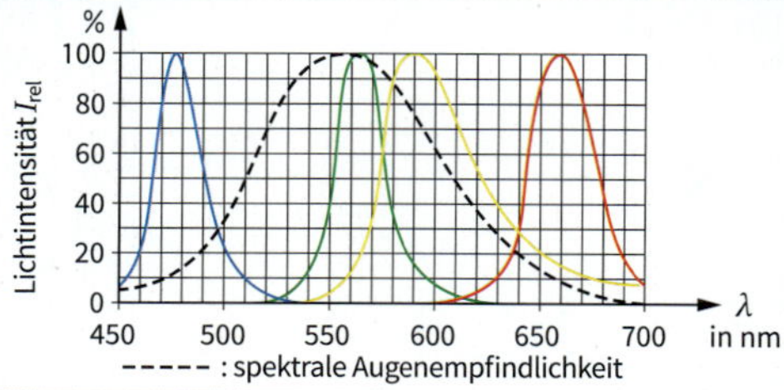

----- : spektrale Augenempfindlichkeit

Weiße LED

Additive Farbmischung

- Mehrere farbige LEDs werden kombiniert
  - blau + gelb
  - rot + grün + blau
- Integration in ein Bauelement und optische Komponenten erzeugen weißes Licht
- seltener Einsatz

Luminiszenz-Prinzip

- UV-LED oder blaue LED wird mit Fluoreszenzfarbstoff kombiniert.
- Energiereiches, kurzwelliges Licht (UV, blau) wird in energieärmeres langwelligeres Licht gewandelt.
- Je nach LED sind ein ② oder drei ① Fluoreszenzfarbstoff erforderlich.

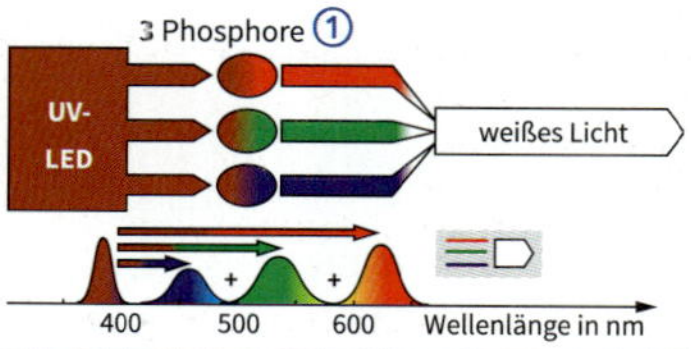

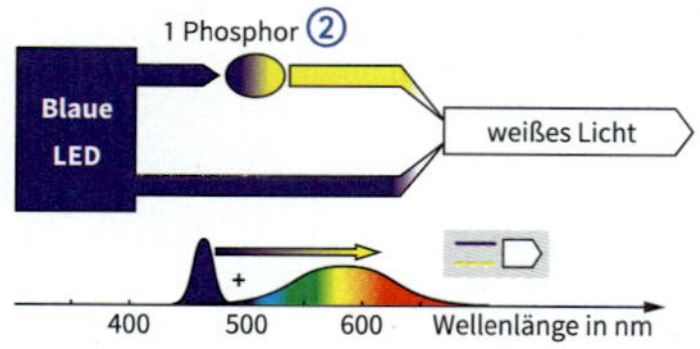

7-Segment-Anzeige

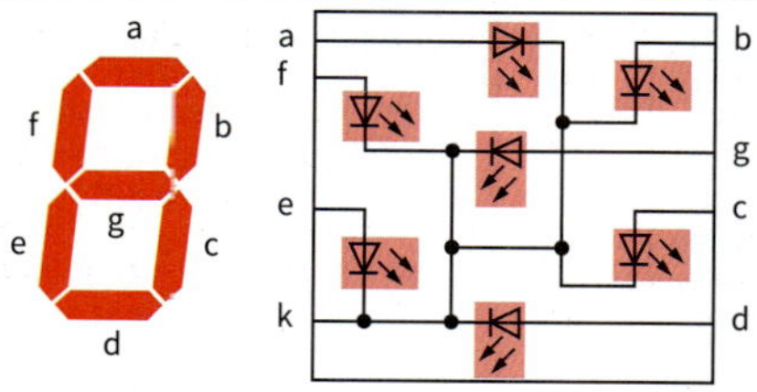

- Zusammengesetzt aus einzelnen LEDs; mit gemeinsamer Anode bzw. Katode verfügbar.

Laserdiode

Light **A**mplification by **S**timulated **E**mission of **R**adiation

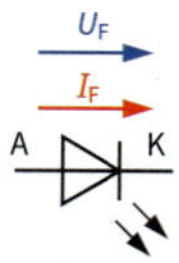

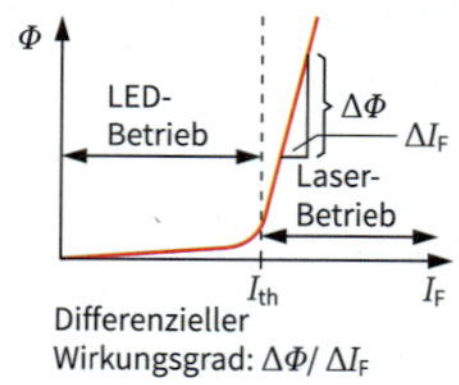

Differenzieller Wirkungsgrad: $\Delta\Phi / \Delta I_F$

- LED mit Laserresonator emittiert Laserstrahlung
- Farben: rot, gelb, grün, infrarot
- Gefahr der Augenschädigung!
- Anwendung bei LWL-Sendern, Laserdruckern, CD-/DVD-Geräten

Optokoppler

Kenngrößen

CTR: Koppelfaktor, auch Stromübertragungsverhältnis (**CTR: C**urrent-**t**ransfer-**r**atio)

$CTR = \frac{I_C}{I_F}$ (in %) bei $I_F = 10$ mA und $U_{CE} = 5$ V

U_{ISOL}:	Isolationsprüfspannung	(max. ≈ 10 kV)
I_F:	Dioden-Durchlassstrom	(max. ≈ 80 mA)
I_C:	Kollektorstrom	(max. ≈ 100 mA)
f_g:	Grenzfrequenz	(typ. 250 kHz)

Ausführungen

Schaltung	Bemerkung
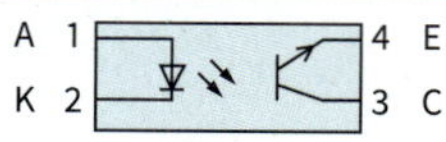	Basisanschluss nicht vorhanden
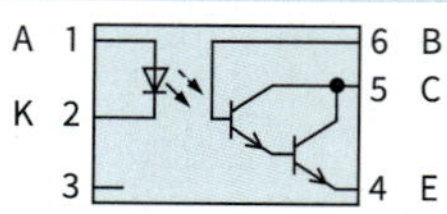	Darlington-Fototransistor $\frac{I_C}{I_F} > 500$ %
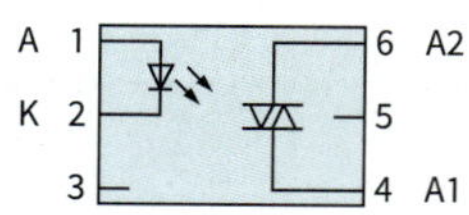	Triac-Koppler, Schaltverhalten, für Wechselspannung, Spitzensperrspannung bis 600 V

Bildaufnahmeröhren

Bildwandler, Bildverstärker

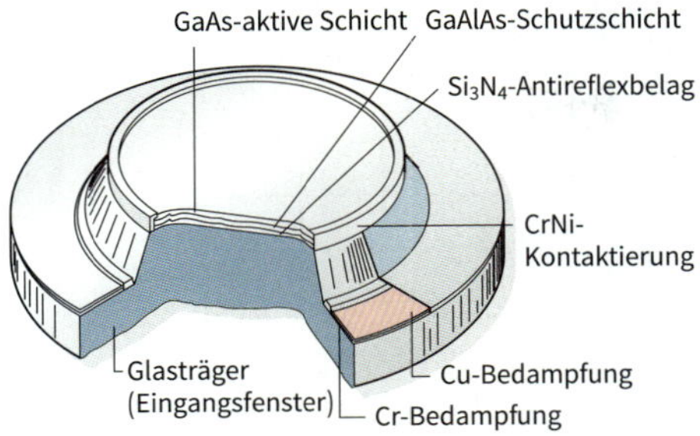

- Nehmen für das menschliche Auge primär nicht sichtbare Bildinformationen auf.
- Photonen der Objektstrahlung werden in Elektronen umgesetzt (äußerer lichtelektrischer Fotoeffekt), verstärkt und auf Leuchtschirm sichtbar als Bild wiedergegeben.
- **Bildwandler** besteht aus Fotokathode, elektronenoptischem Wandler und Leuchtschirm.
- **Bildverstärker** enthält elektronenoptisches Verstärkersystem.
- **Fotokathode** besteht aus unterschiedlichen Materialien (z. B. Gallium-Arsenid, mit hoher Infrarotempfindlichkeit).

Kameraröhren

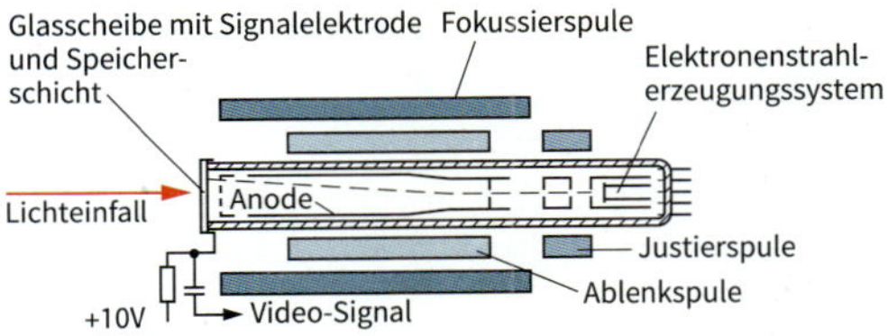

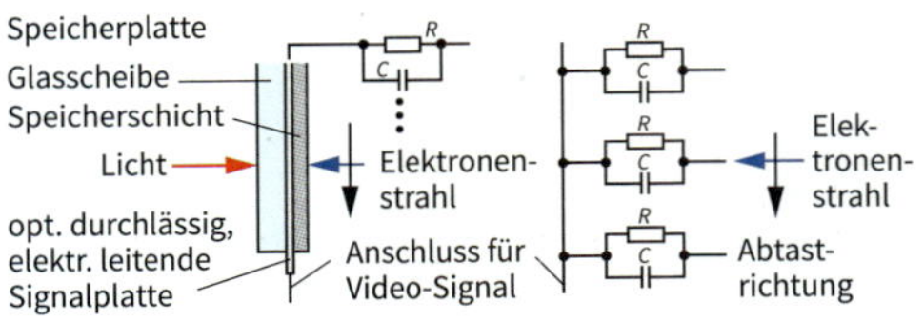

- **Vidikon** (vide, lat. = sehe, Ikon, griech. = Bild) arbeitet mit innerem Fotoeffekt.
- Halbleiterschicht am Röhreneingang (Antimonsulfid) ändert Widerstand durch äußere Belichtung (Photoneneinfall).
- Über Elektronenstrahl erfolgt zeilenweises Abtasten der Speicherschicht.
- Aufladeimpuls des Elektronenstrahls wird kapazitiv ausgekoppelt und stellt Videoinformation dar.
- Röhre bei hohen Beleuchtungsniveaus einsetzbar.
- **Plumbicon** hat Wandlerschicht aus fotoleitendem Bleioxid.
- Einsatz bei Farbfernsehtechnik, da hohe Empfindlichkeit und niedriger Dunkelstrom.

Halbleiter-Bildaufnehmer

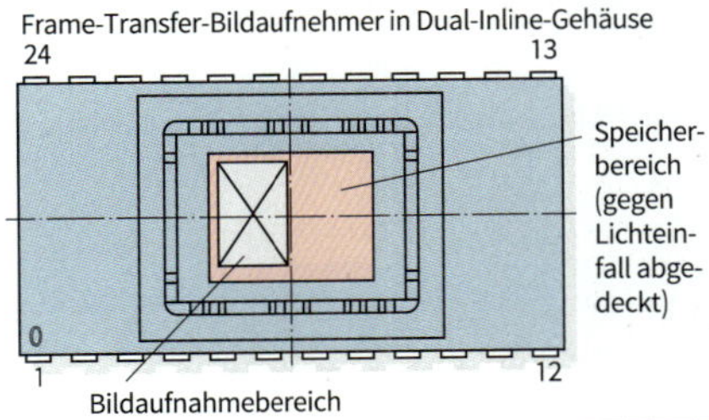

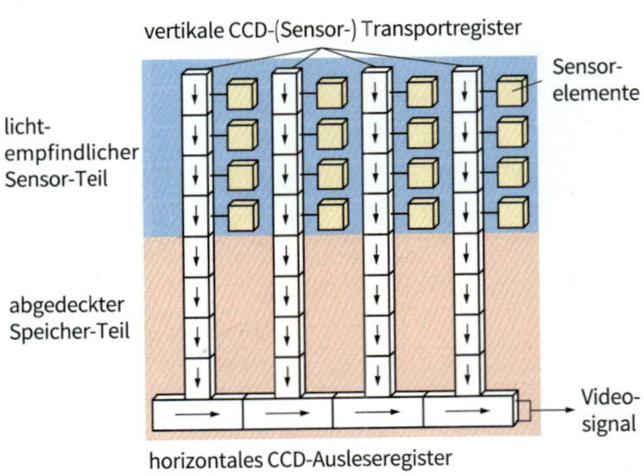

- Sensorelemente bestehen aus MOS-Kondensatoren oder pn-Dioden aus Silizium.
- Das Prinzip der Ladungsspeicherung wird verwendet.
- Signalstrom ist linear abhängig von Beleuchtungsstärke.
- **Zeilensensoren:** Aufgeladene Sperrschichtkapazitäten der Dioden werden durch Belichtung entladen, anschließend die Speicherkapazitäten bildpunktweise über MOS-Transistoren wieder aufgeladen. Ladestrom erzeugt am Arbeitswiderstand das Videosignal. Ladungstransport kann auch über analoge **CCD**-Transportregister (**C**harged **C**oupled **D**evice: Ladungsgekoppelte Einheiten) erfolgen.
- **Interline-Transfer-Bildaufnehmer:** beinhaltet Bildaufnehmer und Speicherbereich auf der optisch wirksamen Fläche. Die Sensoren sind spaltenförmig angeordnet. Anzahl entspricht der aufzulösenden Zeilenzahl. Vertikale CCD-Transportregister lesen die Informationen aus und transportieren sie über horizontale Ausleseregister zum Verstärker.
- **Frame-Transfer-Bildaufnehmer:** Bildbereich und Speicherbereich sind voneinander getrennt.
- **x-y-adressierte Bildaufnehmer:** matrixförmige Anordnung der Fotoelemente.

Hallgenerator

Halleffekt

Ein Halbleiterplättchen wird von einem Steuerstrom I_1 durchflossen und von einem Magnetfeld durchsetzt. Eine Spannung U_2 (Hallspannung) entsteht an den Anschlüssen 3–4.

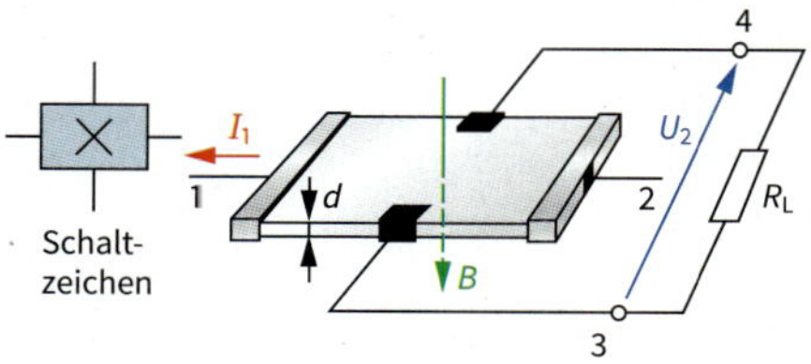

Lineare Anpassung

Abschlusswiderstand für lineare Anpassung R_L:
Widerstand R_L, bei dem Linearität zwischen der steuerstrombezogenen Hallspannung U_2/I_1 und dem Steuerfeld erreicht wird.

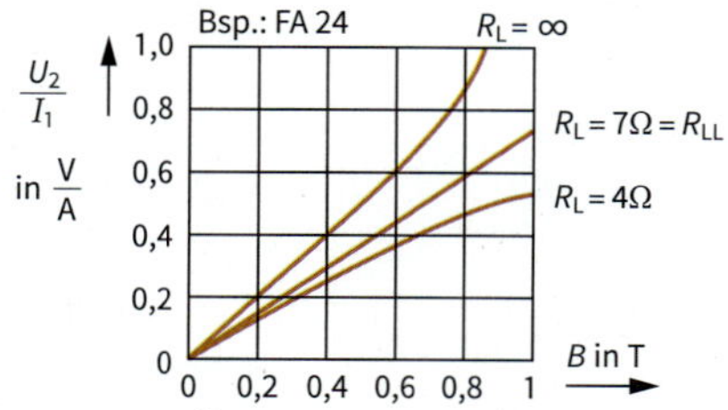

Lineare Anpassung mit R_L

Charakteristische Größen

- Leerlaufhallspannung U_{20}: Spannung U_2 bei $R_L = \infty$, Bemessungsinduktion (z. B. 1 T) und Bemessungssteuerstromstärke I_{1N}.

$U_{20} = \frac{R_h}{d} \cdot I_1 \cdot B$ in V — Typ. Werte 50 … 1000 mV

- Hallkonstante R_H:
  Material- und formgebungsabhängige Konstante
- Induktionsempfindlichkeit K_{BO}:
  Material- und formgebungsabhängige Konstante

$K_{BO} = \frac{U_{20}}{I_{1N} \cdot B}$ — Typ. Wert: 0,5 … 100 $\frac{V}{AT}$

Steuerbemessungsstrom I_{1N}, — Typ. Wert: 10 … 400 mA

Anwendung

- Feldregelung
- Sensor
- Multiplikation
- Feldmessung (auch bei tiefen Temperaturen)

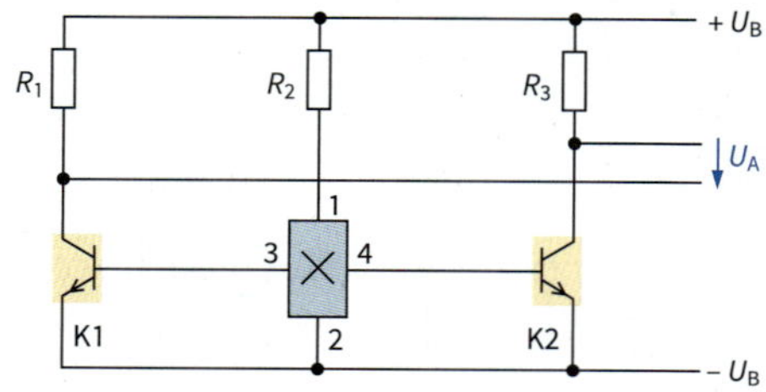

Feldplatte

Aufbau

- Der Widerstandswert eines Halbleitermaterials nimmt bei wachsendem magnetischen Feld beliebiger Polarität zu.
- Die Struktur des Materials bewirkt Umlenken der Strombahnen bei Feldeinwirkung.
- Bei konstanter Feldstärke sind Strom und Spannung linear.
- Mit der Gestaltung des Mäanders wird der Grundwiderstand R_o beeinflusst.

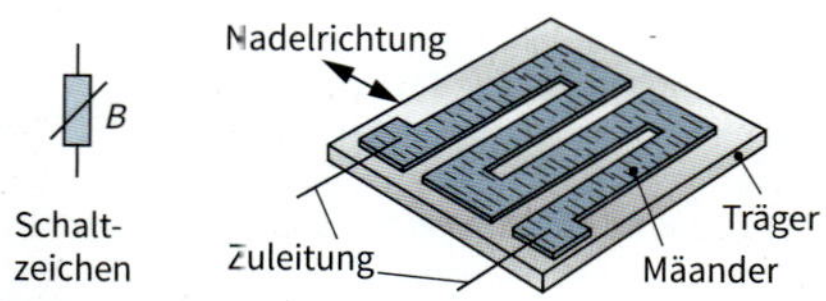

Anwendung

- Positionserfassung
- Drehzahl- und Drehsinnerfassung
- Winkelschrittgeber
- Potenziometer

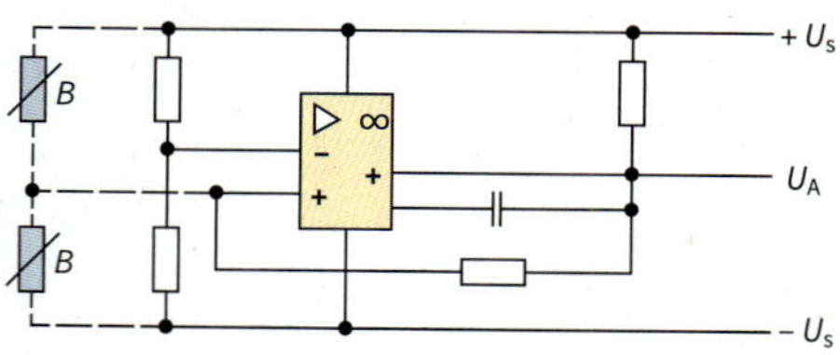

Beispiel: Schaltung für Differenzial-Feldplatten-Positionssensoren

Charakteristische Größen

- Grundwiderstand R_o:
  Widerstand der Feldplatte ohne Einwirkung eines Magnetfeldes
- Widerstand R_B im Magnetfeld:
  Widerstand bei senkrecht einwirkendem Magnetfeld

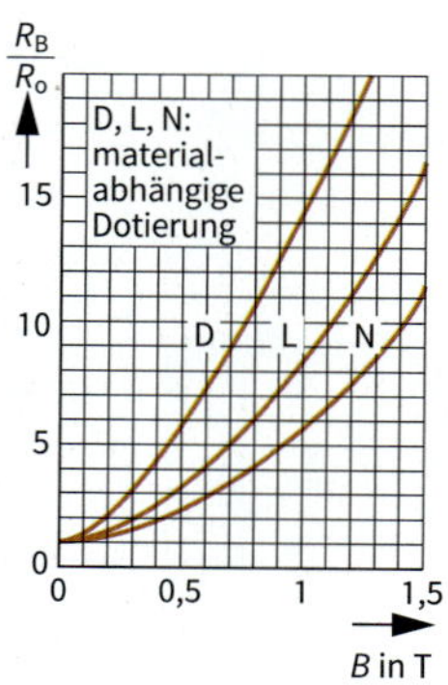

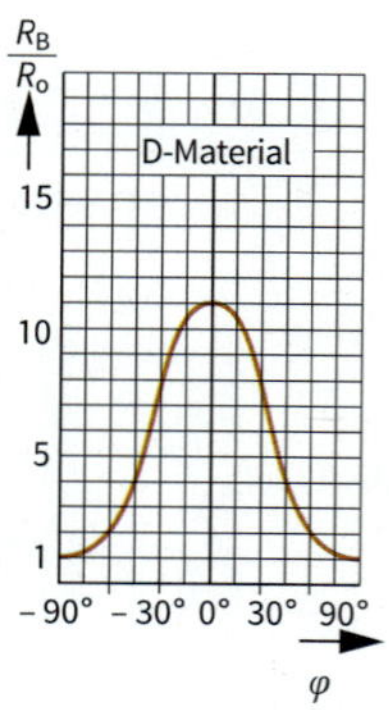

φ: Neigungswinkel des Magnetfeldes (D-Halbleitermaterial)

Grundschaltung

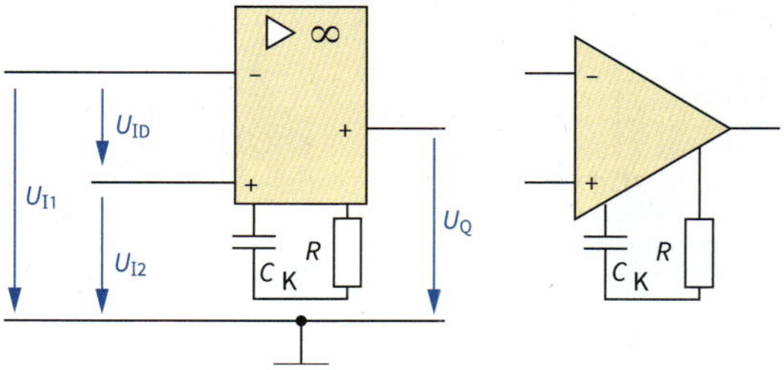

Operationsverstärker enthalten einen Differenzverstärker und einen nachgeschalteten, meist mehrstufigen Verstärker.

$U_{ID} = U_{I1} - U_{I2}$

Darstellung: einpolig, ohne Speisespannungsanschlüsse

- –: Invertierender Eingang
- +: Nichtinvertierender Eingang
- C_K, R: Frequenzkompensation
- U_{ID}: Differenz-Eingangsspannung
- ∞: Ideale Verstärkung

Übertragungskennlinie

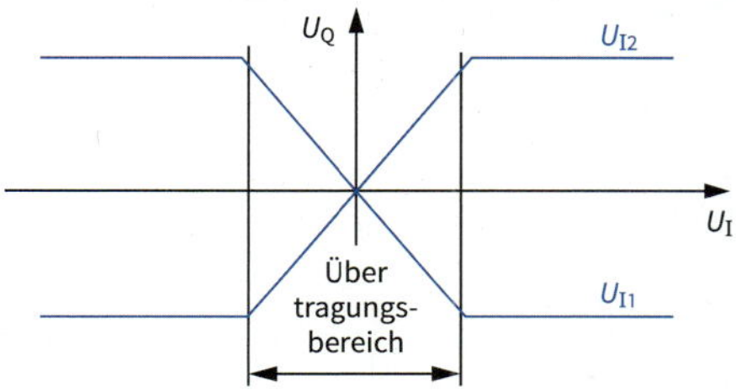

Frequenzverhalten

Infolge interner Phasendrehung bei hohen Frequenzen besteht Schwingneigung. Daher ist eine Reduzierung der Verstärkung um 20 dB/Dekade mit C_K und R notwendig (häufig bereits intern vorhanden).

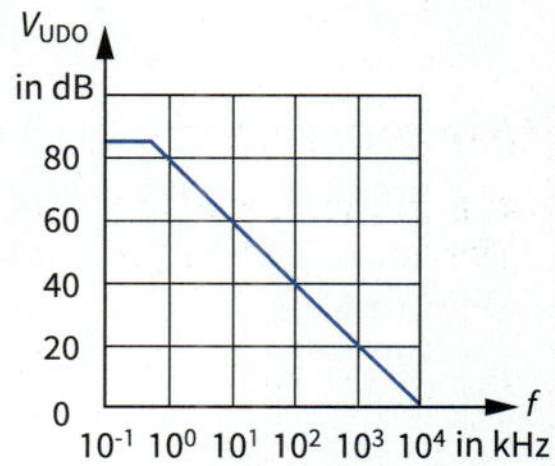

Invertierer

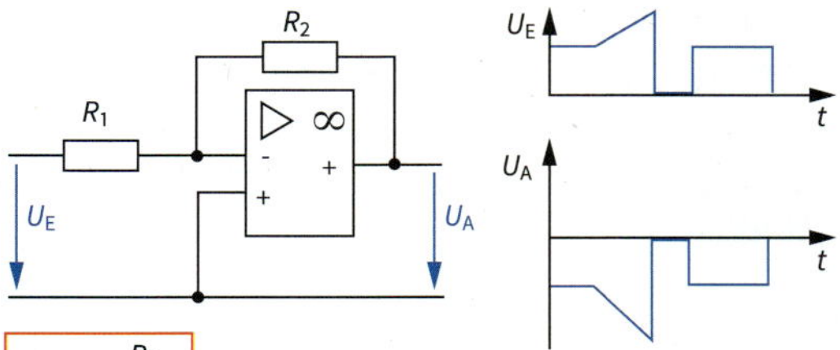

$U_A = -U_E \dfrac{R_2}{R_1}$

Nichtinvertierer

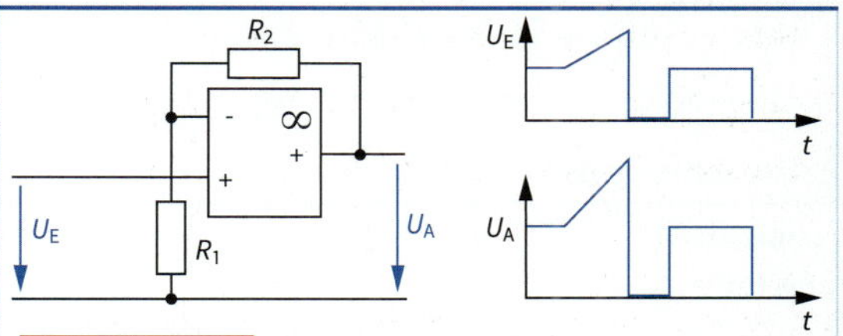

$U_A = U_E \left(1 + \dfrac{R_2}{R_1}\right)$

Differenzierer

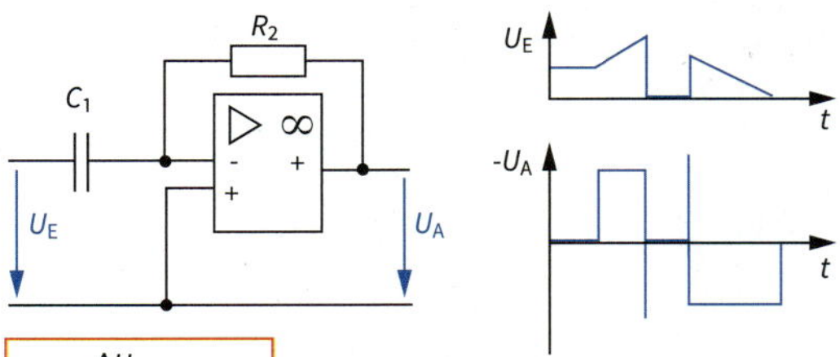

$U_A = -\dfrac{\Delta U_E}{\Delta t} \cdot R_2 \cdot C_1$

Integrierer

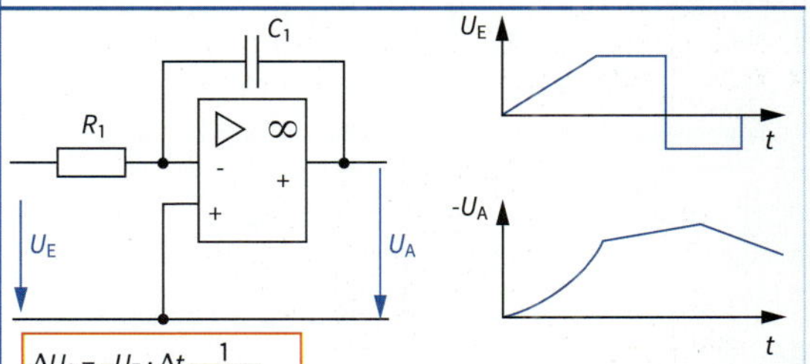

$\Delta U_A = -U_E \cdot \Delta t \dfrac{1}{R_1 \cdot C_1}$

Differenzverstärker

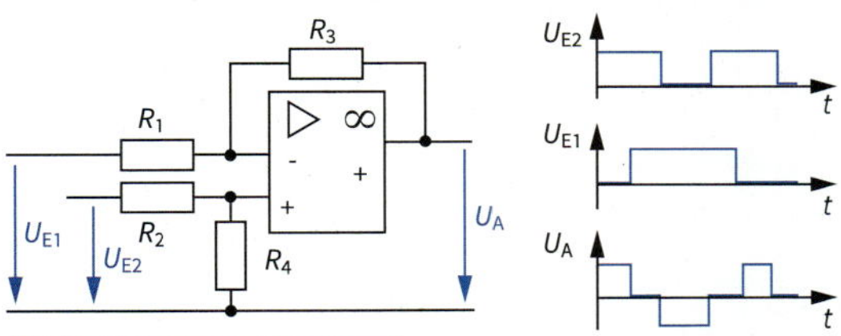

$U_A = U_{E2} \dfrac{R_4 (R_1 + R_3)}{R_1 (R_2 + R_4)} - U_{E1} \dfrac{R_3}{R_1}$

Summierer

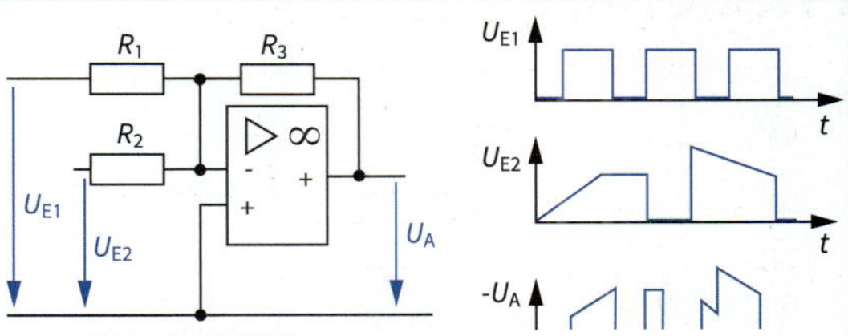

$U_A = -R_3 \left(\dfrac{U_{E1}}{R_1} + \dfrac{U_{E2}}{R_2}\right)$

Arten

- **Transformatoren**
  - **Einphasentransformatoren**
    - Kleintransformatoren
      - Sicherheitstransformatoren
        - Klingeltransformatoren
        - Handleuchtentransformatoren
        - Transformatoren für medizinische Geräte
        - Trenntransformatoren
        - Steuertransformatoren
        - Spielzeugtransformatoren
      - Netzanschlusstransformatoren
        Verwendung: Verstärkeranlagen, Gleichrichteranlagen, Elektrozaun-Geräte
      - Zündtransformatoren
        Verwendung: Zünden von Gas- und Ölfeuerungsanlagen
    - Schweißtransformatoren
    - Messwandler
    - Stelltransformatoren
  - **Drehstromtransformatoren**
    - Block- oder Maschinentransformatoren
    - Netztransformatoren
    - Verteilungs- oder Ortsnetztransformatoren

Wirkungsgrad

$$\eta = \frac{P_{ab}}{P_{ab} + P_{vFe} + P_{vCu}}$$

P_{vFe}: Eisenverlustleistung
P_{vCu}: Kupferverlustleistung

Jahreswirkungsgrad

$$\eta_a = \frac{W_{ab}}{W_{ab} + W_{vFe} + W_{vCu}}$$

Betriebszustände

Unbelastet

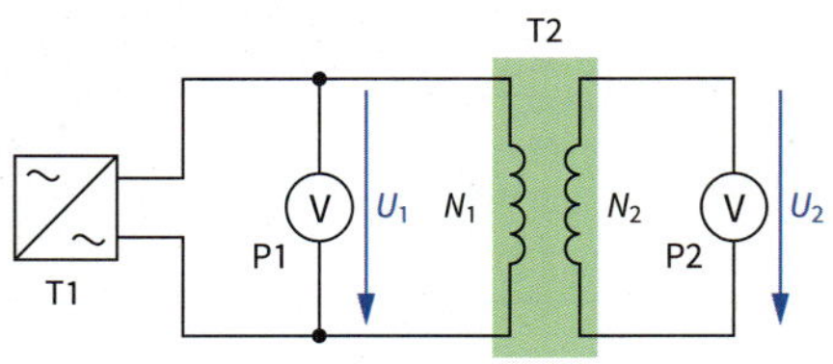

Belastet

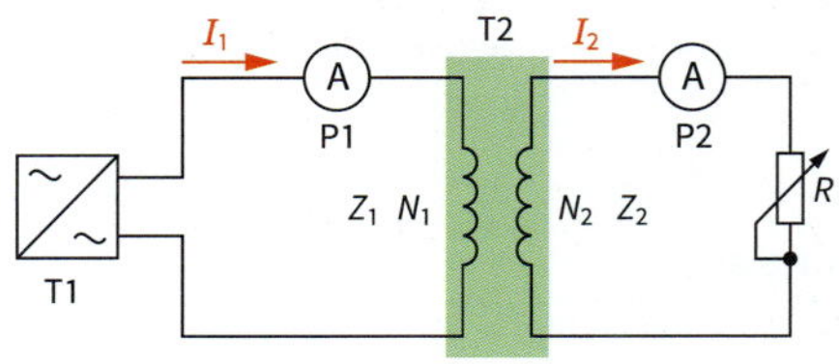

Spannungsübersetzung

$$\frac{U_1}{U_2} = \frac{N_1}{N_2}$$

Übersetzungsverhältnis

$$\ddot{u} = \frac{U_1}{U_2}; \quad \ddot{u} = \frac{N_1}{N_2}; \quad \ddot{u} = \frac{I_2}{I_1}$$

Stromübersetzung

$$\frac{I_2}{I_1} = \frac{N_1}{N_2}$$

Widerstandsübersetzung

$$\ddot{u}^2 = \frac{Z_1}{Z_2}$$

Energieumwandlung

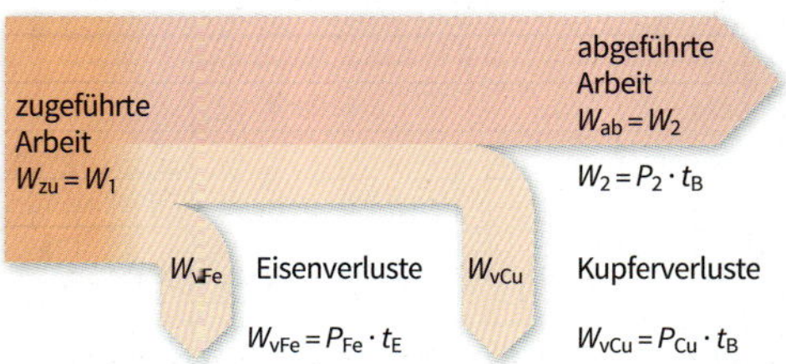

Leerlauf und Belastung ⇒ Eisenverluste ($W_{vCu} \approx 0$)
Belastung ⇒ Kupferverluste
t_E: Einschaltdauer
t_B: Betriebsdauer

Ströme

- **Leerlaufstrom I_0**
  - **Wirkstrom I_w**
    verursacht die Wirbelströme im Eisenkern (Eisenverluste) und Kupferverluste
  - **Blindstrom I_m**
    bewirkt die Ummagnetisierung des Eisenkerns (Magnetisierungsstrom)

Anwendungen	Bezeichnung/ Bildzeichen	Verwendung/ Kennzeichnung	Eigenschaften
Schutzmaßnahme Schutztrennung	**Trenntransformator**[1]	allgemein	$U_{1n} \leq$ 1000 V $S_n \leq$ 25 kVA (einphasig) $U_{2n} \leq$ 500 V $S_n \leq$ 40 kVA (mehrphasig) $U_{2n} \leq$ 708 V (gleichgerichtet) $f_n \leq$ 500 Hz Galvanische Trennung auch bei Defekt
Bade- und Duschräume	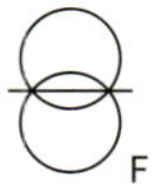	für Rasiersteckdose 	$U_{1n} \leq$ 250 V 20 VA < $S_n \leq$ 50 VA $U_{2n} \leq$ 250 V Schutzart mindestens IPX1 Bedingt oder unbedingt kurzschlussfest
Schutzmaßnahme Sicherheitskleinspannung	**Sicherheitstransformator** 	allgemein	$U_{1n} \leq$ 1000 V $S_n \leq$ 10 kVA (einphasig) $U_{2n} \leq$ 50 V $S_n \leq$ 16 kVA (mehrphasig) $U_{2n} \leq$ 120 V (gleichgerichtet) $f_n \leq$ 500 Hz Galvanische Trennung auch bei Defekt
Kinderspielzeug	Fail-Safe-Sicherheitstransformator[2]	für Spielzeug 	$U_{1n} \leq$ 250 V $S_n \leq$ 200 VA $I_{2n} \leq$ 10 A $U_{2n} \leq$ 24 V f_n = 50/60 Hz $U_{2n} \leq$ 33 V (gleichgerichtet) Schutzklasse II Selbsttätig zurückstellender Überlastauslöser
Haussignalanlagen	 nicht kurzschlussfest	für Klingelanlagen 	$U_{1n} \leq$ 250 V $S_n \leq$ 100 VA $U_{2n} \leq$ 33 V(8 V; 10 V; 12 V; 16 V; 24 V) $U_{2n} \leq$ 46 V (gleichgerichtet)
Beleuchtung in besonderen Räumen	 kurzschlussfest[3]	für Handleuchten 	$U_{2n} \leq$ 50 V (6 V, 12 V, 24 V) Schutzklasse III
Elektronische Geräte	**Geräte- oder Netztransformator**[1]	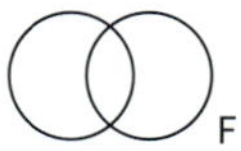	$U_{1n} \leq$ 1000 V $S_n \leq$ 10 kVA (einphasig) $U_{2n} \leq$ 1000 V $S_n \leq$ 16 kVA (mehrphasig) $U_{2n} \leq$ 1415 V (gleichgerichtet) $f_n \leq$ 1 MHz
Meldung Steuerungen Verriegelung	**Steuertransformator**[1]	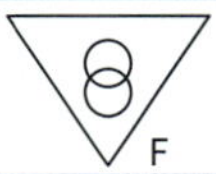	$U_{1n} \leq$ 1000 V $f_n \leq$ 500 Hz $U_{2n} \leq$ 1000 V $U_{2n} \leq$ 1415 V (gleichgerichtet)
Medizinische Geräte	**Transformator für medizinische Zwecke**		$U_{2n} \leq$ 24 V, in Sonderfällen 6 V Schutzklasse II
Gas- und Ölfeuerungsanlagen	**Zündtransformator**	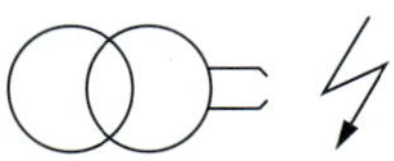	U_2 = 5 kV; 7 kV; 10 kV; 14 kV Primär- und Sekundärwicklung galvanisch getrennt
Elektroschweißen	**Schweißtransformator**		$U_2 \leq$ 70 V, $U_2 \leq$ 42 V in engen Metallbehältern I_2 steuerbar
Betrieb bei abweichenden Netzspannungen	**Spartransformator**	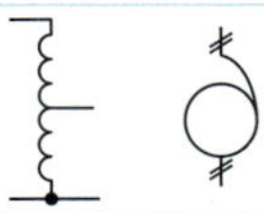	Keine galvanische Trennung $S_D = U_2 \cdot I_2$ $S_B = S_D\left(1 - \frac{U_2}{U_1}\right)$ $S_B = S_D\left(1 - \frac{U_1}{U_2}\right)$ $U_1 > U_2$ $U_2 > U_1$ S_B: Bauleistung S_D: Durchgangsleistung
Anlassen von Drehstrommotoren		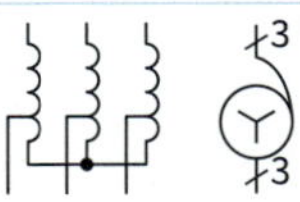	

1) Können als Fail-Safe-Transformator, nicht kurzschlussfeste oder kurzschlussfeste (bedingt oder unbedingt kurzschlussfest) Transformatoren gebaut sein.

2) Fail-Safe-Transformatoren fallen im Fehlerfall dauerhaft aus und stellen dabei keine Gefahr für Anwender und Umgebung dar.

3) Bedingt kurzschlussfeste Transformatoren schalten den Eingangs- oder den Ausgangsstromkreis des Transformators bei Überlast oder Kurzschluss mit eigener Schutzeinrichtung aus.

Aufbau und Kenndaten

Modenausbreitung

Mehrmoden-Stufenfaser

Stufenindex-Profil

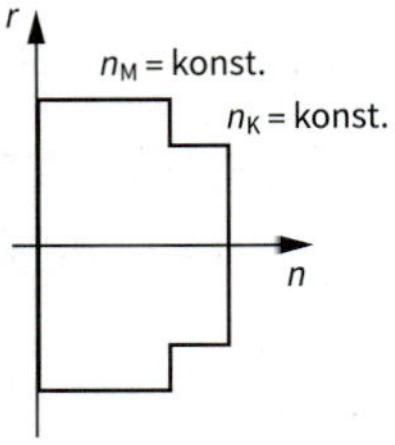

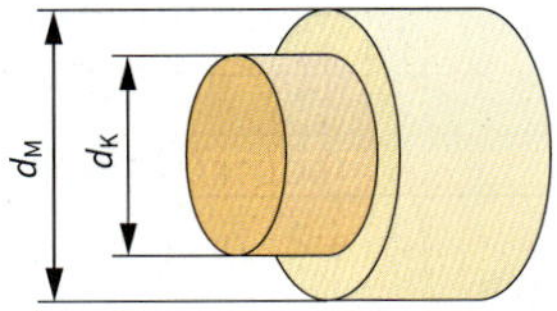

Typische Werte:
n_M = 1,517 (Mantel)
n_K = 1,527 (Kern)

n: Brechzahl

Typische Werte:
d_K: 100 µm, 200 µm, 400 µm

d_M: 200 µm, 300 µm, 500 µm

Multimode

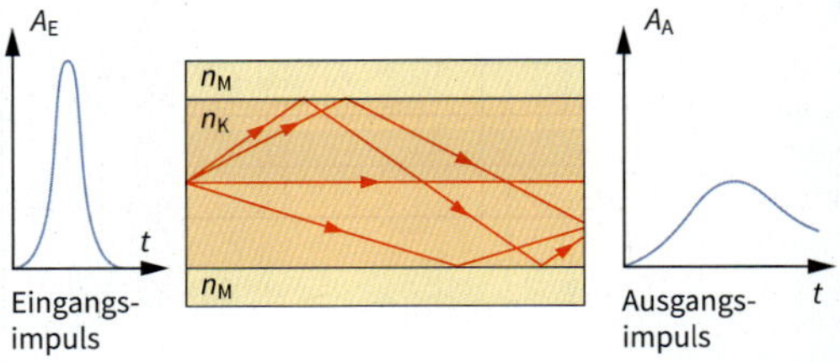

- Große Laufzeitunterschiede der Lichtstrahlen
- Starke Impulsverbreiterung
- Bandbreite–Reichweite–Produkt
  $B \cdot l > 100$ MHz · km
- Einsatzbereich: Kurzstrecken, in Gebäuden

Mehrmoden-Gradientenfaser

Gradientenindex-Profil

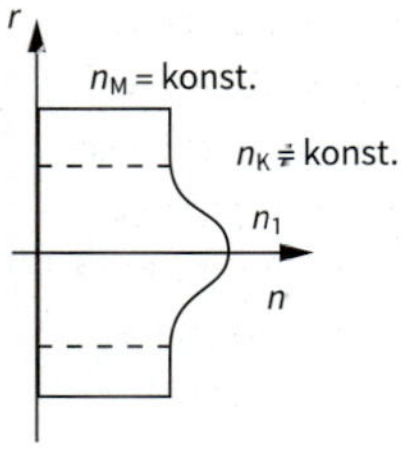

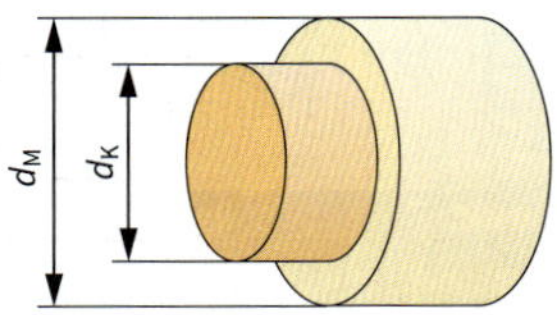

Typische Werte:
n_M = 1,417 (Mantel)
n_K = 1,457 (Kern)

Typische Werte:
d_K = 50 µm
d_M = 125 µm

Multimode

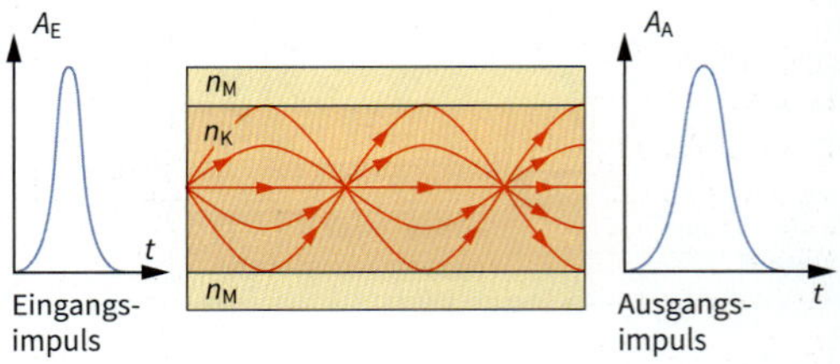

- Geringe Laufzeitunterschiede der Lichtstrahlen
- Geringe Impulsverbreiterung
  $B \cdot l > 1$ GHz · km
- Einsatzbereich: Ortsnetz, Bezirksnetz

Einmoden-Stufenfaser

Stufenindex-Profil

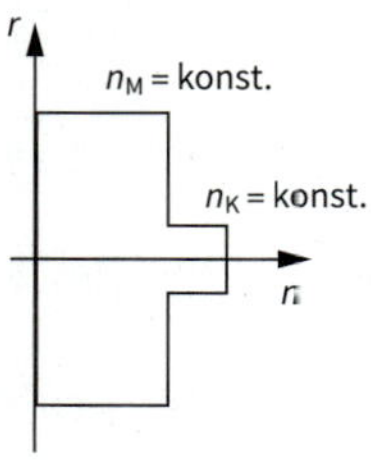

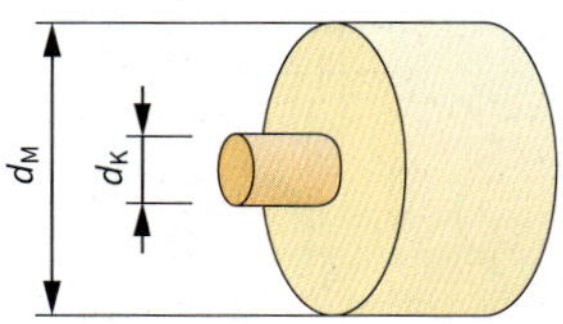

Typische Werte:
n_M = 1,417 (Mantel)
n_K = 1,457 (Kern)

Typische Werte:
d_K = 10 µm
d_M = 125 µm

Singlemode

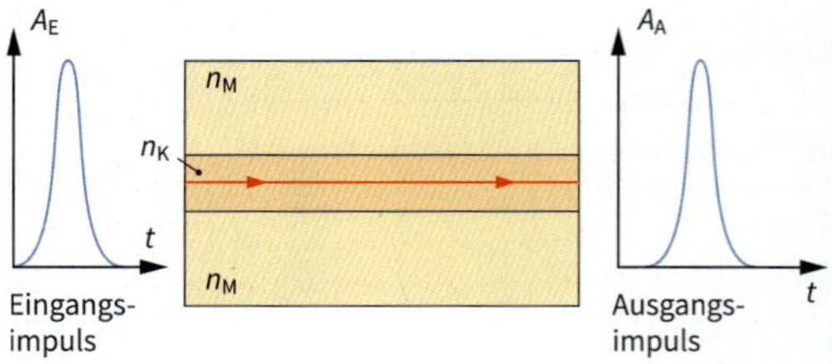

- Keine Laufzeitunterschiede, da nur eine Ausbreitungsrichtung
- Formtreue Impulsübertragung
  $B \cdot l > 10$ GHz · km
- Einsatzbereich: Fernverkehr

Aufbau

Anwendungen	Beispiel	Aufbau
■ Verbindung zwischen Endverteilern und/oder Endgeräten ■ kurze Übertragungswege ■ direkte Steckermontage möglich (häufig vorkonfektioniert)	Duplex-Patchkabel (innen) 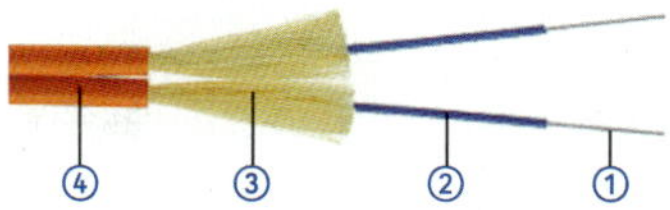	① LWL-Faser mit Primärcoating (Primärbeschichtung) ② Sekundärcoating ③ Zugentlastung (Aramid oder Glasfaser) ④ Außenmantel (ggf. mit Nagetierschutz) ⑤ nummerierter Mantel ⑥ Polyesterfolie ⑦ LWL-Faserbündel mit Primärcoating ⑧ mit Gel gefüllte Zentralbündelader
■ Verbindung zwischen Haupt- und Nebenverteiler ■ direkte Steckermontage je Faser möglich ■ aufspleißbar für Kabelendverteiler	Breakout-Innenkabel mit Kompaktadern 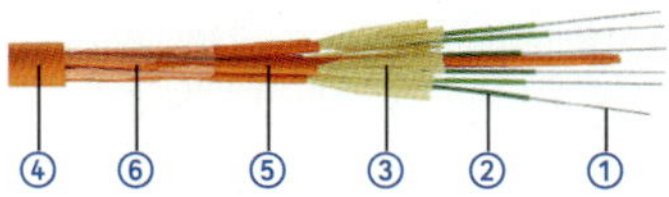	
■ Telekommunikations-/Kabelfernseh-anwendung ■ Computernetzwerke ■ große Entfernungen/Datenmengen	Zentral-Bündeladerkabel (außen) 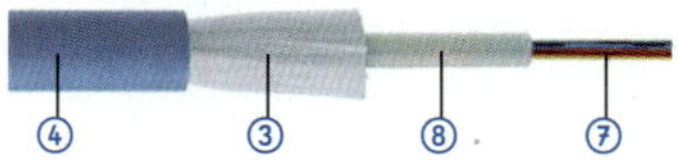	

Kurzbezeichnung

Beispiel: A-□D□F-(ZN)2Y □ 4x6 - G 50/125 - 3,5 B 800 □

- A – Kabelart
- □ – Zug-/Stützelement
- D – Faserschutz
- □ – Zentralelement[1]
- F – Kabelfüllung[1]
- (ZN)2Y – Mantel
- □ – Bewehrung[1]
- 4x6 – Faseranzahl
- G – Faserart
- 50 – Faserkern
- 125 – Fasermantel
- 3,5 – Dämpfung
- B – Wellenlänge
- 800 – Dispersion
- □ – Verseilung[1]

[1] kann je nach Kabeltyp entfallen □ Platzhalter

Kabelart	
A	Außenkabel
AT	Breakoutkabel
I	Innenkabel

Zug-/Stützelement	
(ZS)	metallisches Zug-/Stützelement in der Kabelseele

Faserschutz	
B	Bündelfaser (trocken)
D	Bündelfaser (Gelfüllung)
F	Faser
H	Hohlader (trocken)
V	Vollader
W	Hohlader (Gelfüllung)

Zentralelement	
S	Seele aus Metall

Kabelfüllung	
F	Hohlräume der Verseilung mit Gelfüllung

Mantel	
(ZN)	nichtmetallische Zugentlastung
H	halogenfrei
Y	PVC
2Y	PE
11Y	PU
(D)2Y	Foam-Skin-PE
(L) 2Y	Schichtenmantel AL-Band/PE

Bewehrung	
B	allgemein Bewehrung
BY	zusätzliche PVC-Hülle
B2Y	zusätzliche PE-Hülle
V	PVC-Mantel
11Y	PU
H	halogenfrei

Faseranzahl	
a	Anzahl der Volladern
a x b	Anzahl der Bündeladern (a) x Faserzahl (b)

Faserart	
E	Singlemode
G	Gradientenindex
K	Stufenindex (Glas/Plastik)
P	Plastikfaser
S	Stufenindex (Glas/Glas)

Faserkern
Faserdurchmesser in µm

Fasermantel
Manteldurchmesser in µm

Dämpfungskoeffizient
in dB/km

Wellenlänge	
B	850 nm
F	1300 nm (Monomode), 1310 nm (Singlemode)
H	1550 nm (Singlemode)

Dispersion – Sonderarten	
LG	Lagenverseilung
SZ	SZ-Verseilung

Farben für Drucktaster und Signalleuchten
Colours for push-buttons and signal lamps

DIN EN 60204-1: 1998-11

Farbe	Bedeutung	Anwendungen		Beispiele
		Drucktaster	Signalleuchten	
ROT	Gefahr	NOT-AUS	Gefahrbringender Zustand, sofort Ausschalten (Störung)	
GELB	Achtung Anormal	Beseitigung von anormalen Bedingungen bzw. unerwünschten Änderungen	Beseitigung von anormalen Bedingungen bzw. unerwünschten Änderungen	
GRÜN	Normal	Vorbereiten/Bestätigen/ START/EIN Verboten bei STOPP/AUS	Die physikalische Größe liegt im normalen Bereich.	
BLAU	Zwingend	Vorbestimmte Maßnahme wird durchgeführt, z. B. Rückstellen	Vorbestimmte Maßnahmen durchführen, z. B. Werte eingeben	
WEISS	Keine bestimmte	Bevorzugt anwenden für **START/EIN** **STOPP/AUS**	Kontrolle, ob Umschaltung notwendig	
GRAU				
SCHWARZ				

Anschlussbezeichnungen von Schützen und Relais
Terminal markings of contactors and relays

DIN EN 50005: 1977-07
DIN EN 50011: 1978-05; DIN EN 50012: 1978-05

Hauptschaltglieder, Schutzeinrichtungen	Ziffern	Bedeutung	Beispiele
	1 2	Schaltglied 1	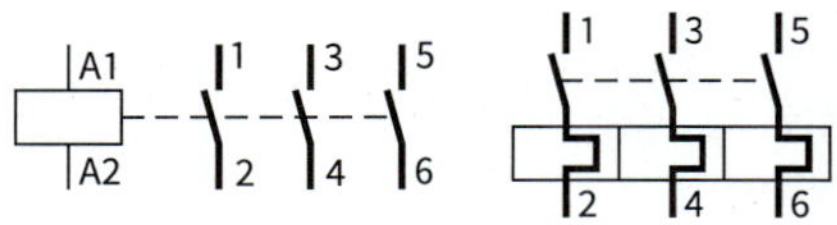
	3 4	Schaltglied 2	
	5 6	Schaltglied 3	
	7 8	Schaltglied 4	
	9 0	Schaltglied 5	
Hilfsschaltglieder	Funktionsziffer	Kontaktart	Beispiele
	1 2 5 6	Öffner ① Öffner mit besonderer Funktion, z. B. verzögert	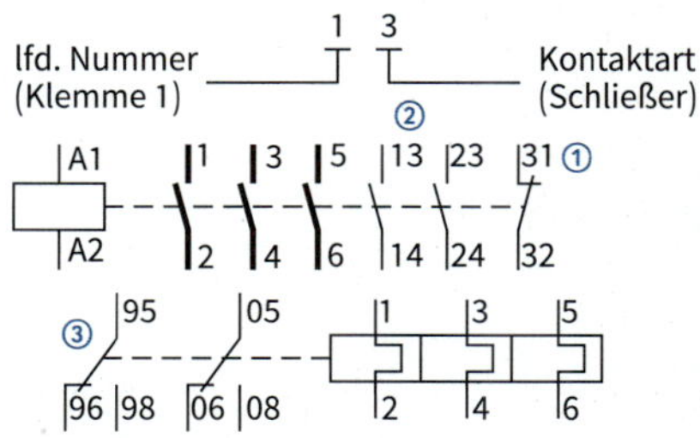
	3 4 7 8	Schließer ② Schließer mit besonderer Funktion, z. B. blinkend	
	1 2 4 5 6 8	Wechsler Wechsler ③ mit besonderer Funktion, z. B. Schutz	
Antriebe und Auslöser	Antrieb	Anschlussart	Beispiele
	A Spule B 2. Spule ④	Spulenanfang: 1 Spulenende: 2 Anzapfungen: 3, 4, …	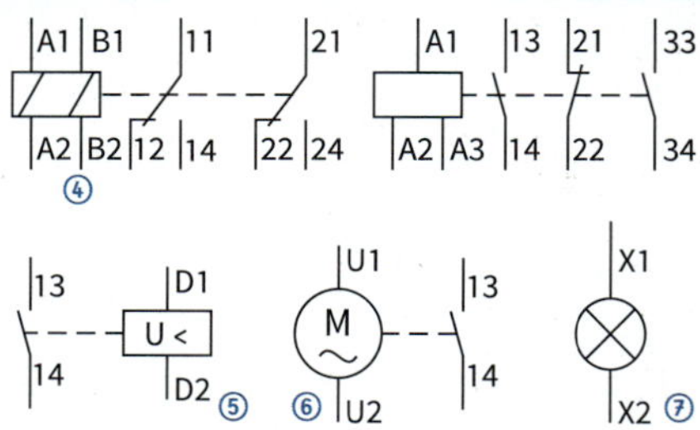
	C Arbeitsstromauslöser D Unterspannungsauslöser ⑤ E Verriegelungsauslöser		
	U Motoren ⑥ X Leuchtmelder ⑦		

Schmitt-Trigger

- Digitale Schnittstellen, insbesondere Eingangsinterfaces, verlangen Signale mit bestimmten maximalen Anstiegs- bzw. Abfallzeiten.
- Zur Erfüllung dieser Forderung werden in der Regel Impulsformerstufen eingebaut.
- Diese Impulsformerstufen werden mit Schmitt-Trigger-Schaltungen realisiert und erzeugen aus langsam ansteigenden Eingangssignalen schlagartig umschaltende Signale.

Sechsfach invertierend (74LS14)

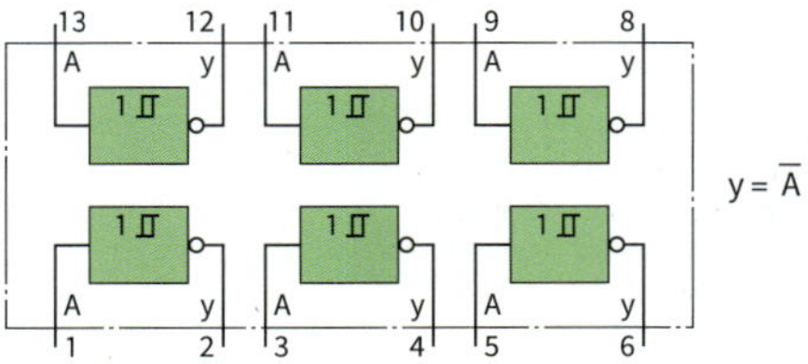

Schaltverhalten (Abhängigkeiten)

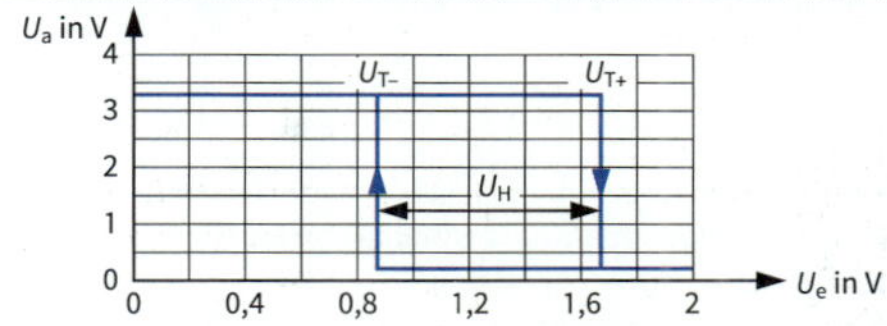

U_H: Hystereseschaltspannung U_a: Ausgangsspannung
U_{T+}: obere Schaltschwelle U_{T-}: untere Schaltschwelle

Analog-Digital-Umsetzer

- Sie setzen analoge Signale, die in der Regel gefiltert sind, in digitale Signale um.
- Sie arbeiten nach unterschiedlichen Umsetzungsverfahren.

Parallelverfahren

- Die Eingangsspannung U_e wird **gleichzeitig** mit *n* festen Referenzspannungen (gebildet aus U_{ref} und *R*) verglichen.
- Das Ergebnis wird in einem Schritt ermittelt.

Wägeverfahren

- Eingangsspannung wird **nacheinander** mit *n*-Referenzspannungen verglichen (Sukzessive Appromimation).
- Anzahl der Referenzspannungen entspricht der Stellenzahl der dualen Ausgangszahl.

Zählverfahren

- Eingangsspannung wird mit einer Referenzspannung verglichen (kleinster Wert ≙ LSB).
- Dieser Wert wird so oft aufaddiert, bis der Wert der Eingangsspannung erreicht ist.

Direkt-Umsetzer

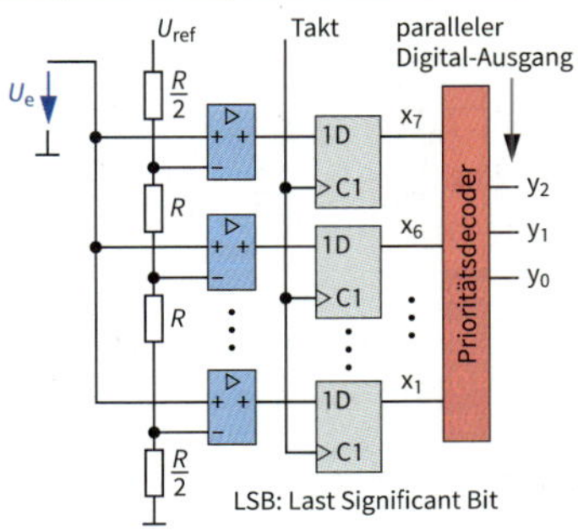

Stufen-Umsetzer

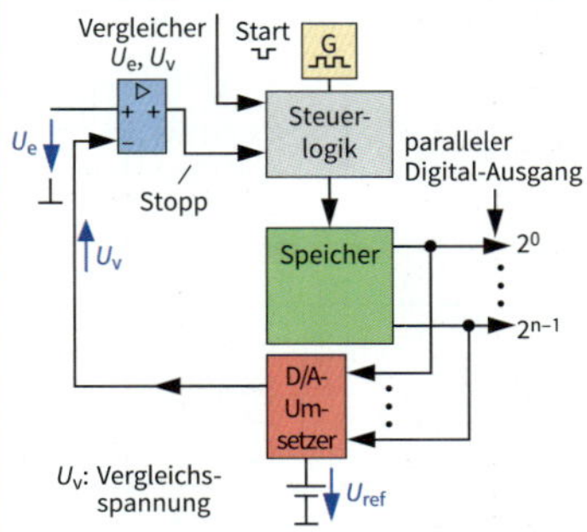

Dual-Slope-Umsetzer

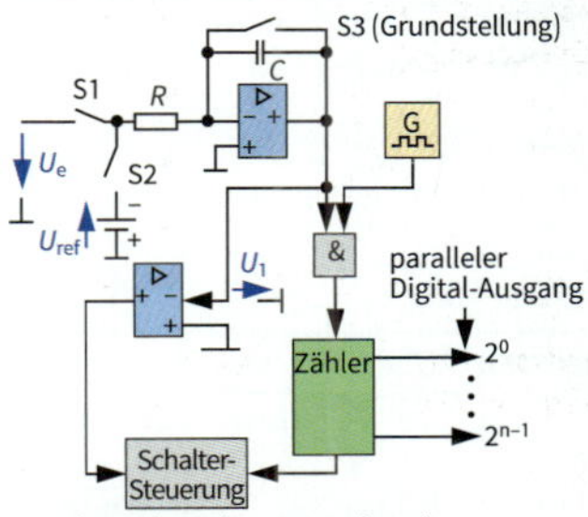

Impulse während t_2 entsprechen dem Wert der Eingangsspannung

Digital-Analog-Umsetzer

- Digital-Analog Umsetzer setzen digitale Signale in analoge Signale um.
- Sie arbeiten nach unterschiedlichen Umsetzungsverfahren.

Direktes Verfahren

- Für jede umzusetzende digitale Zahl ist eine diesem Wert entsprechende Spannungsquelle erforderlich.
- Die Spannungsquellen werden einzeln oder getrennt eingeschaltet.

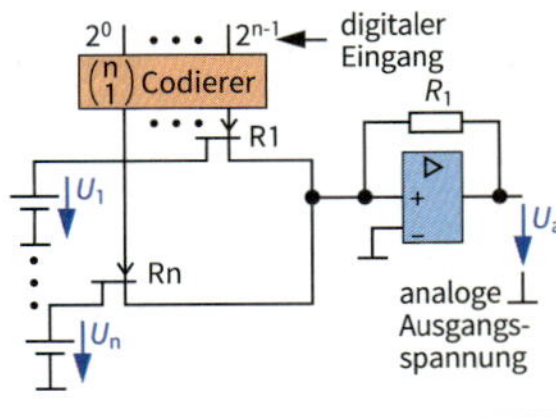

Paralleles Verfahren

- Jedem Digitaleingang ist eine unterschiedlich gewichtete Spannungs- oder Stromquelle zugeordnet.
- Sie werden entsprechend der anliegenden Dualzahl eingeschaltet und aufsummiert.

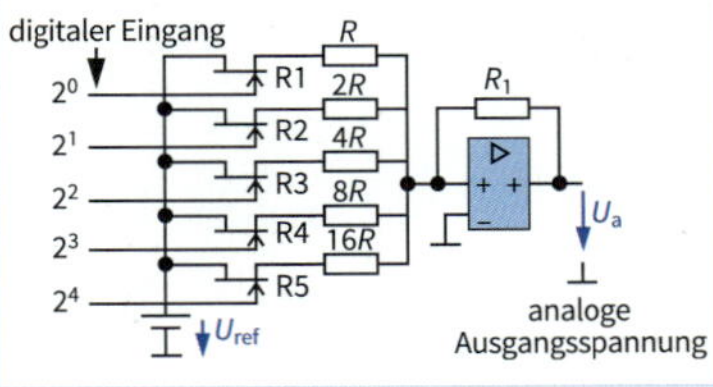

Sägezahnverfahren (Dual-Slope)

- Beim Sägezahnverfahren wird nur eine Referenzspannung benötigt.
- Digitalwert wird im Zähler auf Null gezählt. Benötigte Zeit ist proportional zum Digitalwert.

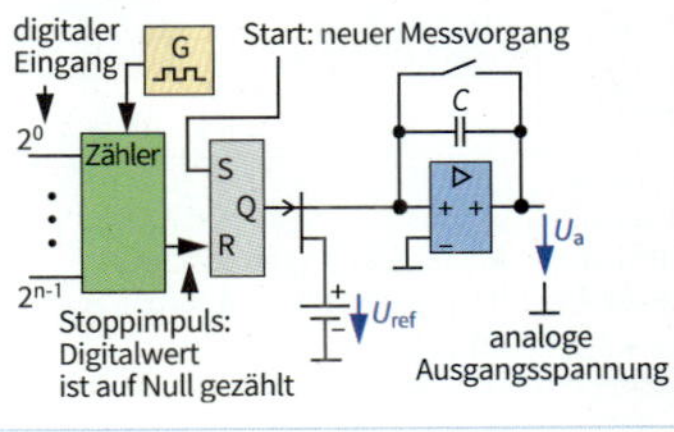

Merkmale

- Digitale Signalprozessoren werden zur digitalen Bearbeitung von analogen Signalen mit **numerischen Methoden** verwendet.
- Filtern unerwünschte Signalkomponenten aus einem Signalgemisch
- Erzeugen gewünschte Wellenformen
- Verändern Amplitudeneigenschaften
- Ermitteln bestimmte Inhalte aus einem Signalgemisch
- Arbeiten in Echtzeit
- Verarbeiten die einzelnen Befehle des Befehlssatzes in einem Taktzyklus
- Führen vollständige Multiplikation und Akkumulation in einem Taktzyklus durch
- Sind intern in der Harvard-Architektur aufgebaut (getrennte Programm- und Datenspeicher)

Anwendungen

- Digitale Filtertechnik (Ersatz von analogen Filtern)
- Spracherkennung, Sprachsynthese
- Bildübertragung, Bilddatenkompression
- Robotersteuerung, Motorsteuerung
- Digitale Vermittlungsanlagen
- Freisprechtelefone, Funktelefon
- Mustererkennung, Radartechnik
- Spektralanalyse, Ultraschall-Geräte

Anwendungsprinzip

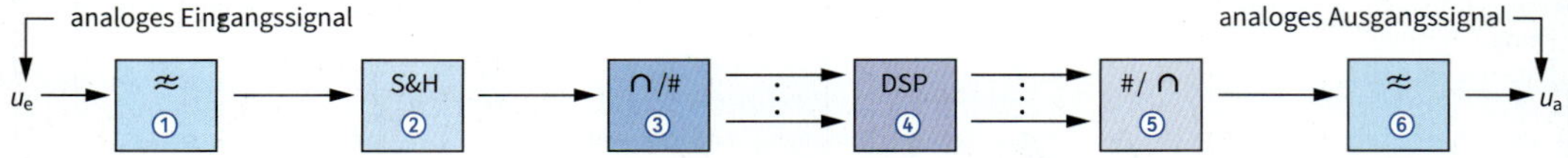

Tiefpassfilter ①
Begrenzt das Eingangssignal in seiner Bandbreite (filtert nicht gewünschte Signalanteile aus)

Sample & Hold-Schaltung ②
Tastet das Eingangssignal mit mindestens der doppelten Signalfrequenz ab (Nyquist Theorem) und stellt Amplitudenwert zur Digitalisierung bereit

Analog-/Digital-Umsetzer ③
Setzt das analoge Signal in digitales Signal um

Digitaler Signalprozessor ④
Verändert das digitale Eingangssignal entsprechend den Berechnungsformeln und den gespeicherten Daten

Digital-/Analog-Umsetzer ⑤
Setzt die digitalen Ausgangssignale des DSP in analoge Werte um

Ausgangsfilter ⑥
Filtert die bei der A/D-Umsetzung entstehenden hochfrequenten Signalanteile aus (Signalglättung)

Architektur

Beispiel: ADSP 2105

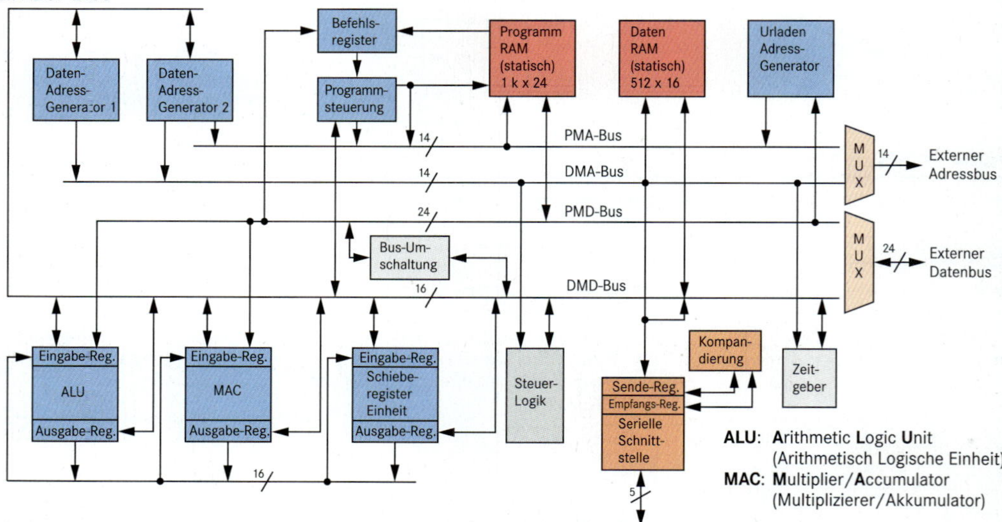

ALU: **A**rithmetic **L**ogic **U**nit (Arithmetisch Logische Einheit)
MAC: **M**ultiplier/**Ac**cumulator (Multiplizierer/Akkumulator)

R-Bus: **R**esult-Bus (Ergebnisbus)
PMA-Bus: **P**rogram **M**emory **A**ddress-Bus (Programmspeicher Adressbus)
DMA-Bus: **D**ata **M**emory **A**ddress-Bus (Datenspeicher Adressbus)
PMD-Bus: **P**rogramm **M**emory **D**ata Bus (Programmspeicher Datenbus)
DMD-Bus: **D**ata **M**emory **D**ata Bus (Datenspeicher Datenbus)

Bezeichnungsschema[1)]

Beispiel:
SN74LS244N

SN	74	LS				244		N	
①	②	③	④	⑤	⑥	⑦	⑧	⑨	⑩

① **Kennzeichnung Standard (SN)**	
SN	Standard Vorzeichen
SNJ	Entspricht MIL-PRF-38535 (QML)
② **Temperaturbereich**	
54	Militärisch, 74 Kommerziell
④ **Spezielle Funktionen** (Beispiele)	
Leer	Keine speziellen Funktionen
C	Einstellbare Versorgungsspannung
D	Level-Shifting Diode (CBTD)
H	Bus Hold (ALVCH) Schaltung (CBTK)
S	Schottky Clamping Diode (CBTS)
⑤ **Bit-Breite** (Beispiele)	
Leer	Gates, MSI, and Octals
1G	Single Gate
2G	Dual Gate
8	Octal IEEE 1149.1 (JTAG)
16	Widebus (16-, 18- and 20-bit)
32	Widebus+ (32- and 36-bit)
⑥ **Optionen** (Beispiele)	
Leer	Keine Optionen
2	Serielle Dämpfungswiderstände am Ausgang
4	Pegelanpassung
25	25 Ω Leitungstreiber
⑦ **Funktion** (Beispiele)	
244	Nichtinvertierende Puffer/Treiber
374	D-Typ Flip-Flop
640	Invertierender Empfänger
⑧ **Ausgabestand** (Beispiele)	
Leer	Kein geänderter Ausgabestand
Buchstabe	A bis Z kennzeichnet Ausgabestand
⑨ **Gehäusebauform**	
N	Plastic-Dual-In-Line Package (PDIP)
⑩ **Verpackung**	

[1)] nach Texas Instruments

③ **Familie**	
Leer	Transistor-Transistor Logic (TTL)
ABT	Advanced BiCMOS Technology
ABTE/ETL	Advanced BiCMOS Technology/ Enhanced Transceiver Logic
AC/ACT	Advanced CMOS Logic
AHC/AHCT	Advanced High-Speed CMOS Logic
ALB	Advanced Low-Voltage BiCMOS
ALS	Advanced Low-Power Schottky Logic
ALVC	Advanced Low-Voltage CMOS Technology
ALVT	Advanced Low-Voltage BiCMOS Technology
AS	Advanced Schottky Logic
AUC	Advanced Ultra-Low-Voltage CMOS Logic
AUP	Advanced Ultra-Low-Power CMOS Logic
AVC	Advanced Very Low-Voltage CMOS Logic
BCT	BiCMOS Bus-Interface Technology
CB3Q	Crossbar Bus-Switch 2.5 V/3.3 V Low-Voltage High-Bandwidth Technology Logic
CB3T	Crossbar Bus-Switch 2.5 V/3.3 V Low-Voltage Translator Technology Logic
CBT	Crossbar Technology
CBT-C	Crossbar 5-V Bus-Switch Technology Logic with 0,2 V Undershoot Protection
CBTLV	Crossbar Technology Low-Voltage Logic
F	F Logic
FB	Backplane Transceiver Logic/Futurebus+
GTL	Gunning Transceiver Logic
GTLP	Gunning Transceiver Logic Plus
HC/HCT	High-Speed CMOS Logic
HSTL	High-Speed Transceiver Logic
LS	Low-Power Schottky Logic
LV-A	Low-Voltage CMOS Technology
LV-AT	Low-Voltage CMOS Technology – TTL Comp
LVC	Low-Voltage CMOS Technology
LVT	Low-Voltage BiCMOS Technology
PCA/PCF	I²C Inter-Integrated Circuit Applications
S	Schottky Logic
SSTL	Stub Series-Terminated Logic
SSTU	Stub Series-Terminated Ultra-Low-Voltage Logic
TVC	Translation Voltage Clamp Logic
VME	VERSAmodule Eurocard Bus Technology

Kenndaten einiger Logikfamilien

Technologie		AHC	AUC	CBT	F	LS	LVC	LVT
Betriebsspannung	in V	5	0,8 ... 2,5	5	5	5	2,0 ... 3,6	2,7 ... 3,3
Betriebsspannungsbereich	in V	4,5 ... 5,5	0,8 ... 2,7	4,0 ... 5,5	4,5 ... 5,5	4,75 ... 5,25	1,65 ... 3,6	2,7 ... 3,6
Temperaturbereich	in °C	–40 ... +85	–40 ... +85	–40 ... +85	0 ... +70	0 ... +70	–40 ... +85	–40 ... +85
U_{IH}	in V	2	[2)]	2	2	2	[2)]	2
U_{IL}	in V	0,8	0 ... 0,7	0,8	0,8	0,8	[2)]	0,8
I_{OH}	in mA	–8	–9[2)]	–	–1	–0,4	–24	–12
I_{OL}	in mA	8	9[2)]	–	20	8	24	12
t_{pd} (max.)	in ns	8,5	2,2[2)]	0,25	6	15	4,5	5,3

[2)] abhängig von der Betriebsspannung

Verknüpfungsbausteine

Schaltzeichen	Schaltfunktion, Benennung	Wertetabelle a	b	x
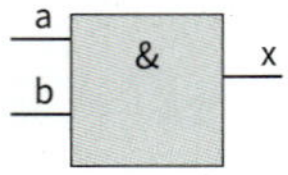	**UND-Verknüpfung** (Konjunktion) $x = a \wedge b$ $x = a \cdot b$ (a und b)[1]	0	0	0
		0	1	0
		1	0	0
		1	1	1
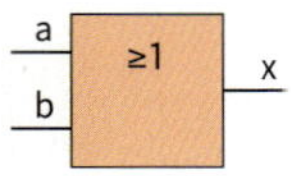	**ODER-Verknüpfung** (Disjunktion) $x = a \vee b$ $x = a + b$ (a oder b)[1]	0	0	0
		0	1	1
		1	0	1
		1	1	1
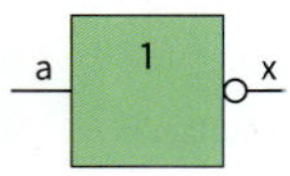	**NICHT** (Negation) $x = \overline{a}$ $\neg$ a (nicht a)[1]	0	–	1
		1	–	0
		–	–	–
		–	–	–
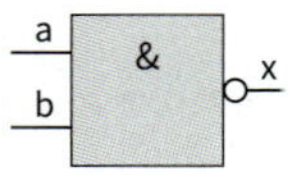	**NAND-Verknüpfung** $x = \overline{a \wedge b}$ $x = a \barwedge b$ (a nand b)[1]	0	0	1
		0	1	1
		1	0	1
		1	1	0
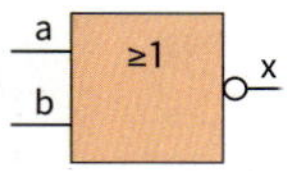	**NOR-Verknüpfung** $x = \overline{a \vee b}$ $x = a \overline{\vee} b$ (a nor b)[1]	0	0	1
		0	1	0
		1	0	0
		1	1	0
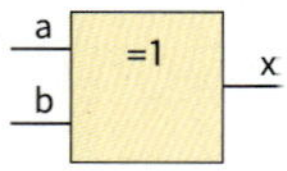	**Exklusiv-ODER** (Antivalenz) $x = (a \wedge \overline{b}) \vee (\overline{a} \wedge b)$ $x = a \nleftrightarrow b$ (a xor b)[1]	0	0	0
		0	1	1
		1	0	1
		1	1	0
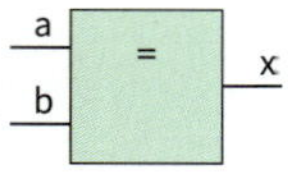	**Exklusiv-NOR** (Äquivalenz) $x = (a \wedge b) \vee (\overline{a} \wedge \overline{b})$ $x = a \leftrightarrow b$ (a Doppelpfeil b)[1]	0	0	1
		0	1	0
		1	0	0
		1	1	1
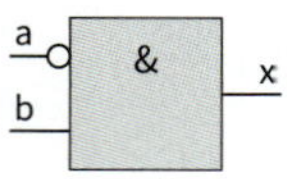	**Sperrgatter** (Inhibition) $x = \overline{a} \wedge b$	0	0	0
		0	1	1
		1	0	0
		1	1	0
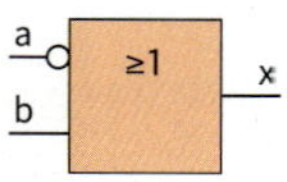	**Subjunktion** (Implikation) $x = \overline{a} \vee b$ $x = a \rightarrow b$ (a Pfeil b)[1]	0	0	1
		0	1	1
		1	0	0
		1	1	1

[1] Benennung nach DIN 66 000

Schaltalgebra

Konjunktion (UND-Funktion)	**Disjunktion** (ODER-Funktion)	**Negation** (NICHT-Funktion)
$x = a \wedge 0 = 0$	$x = a \vee 0 = a$	$x = \overline{a}$
$x = a \wedge 1 = a$	$x = a \vee 1 = 1$	$x = \overline{\overline{a}} = a$
$x = a \wedge a = a$	$x = a \vee a = a$	$x = \overline{\overline{\overline{a}}} = \overline{a}$
$x = a \wedge \overline{a} = 0$	$x = a \vee \overline{a} = 1$	

Rechenregeln

Vertauschungsregel (Kommutatives Gesetz)

$x = a \wedge b = b \wedge a$
$x = a \vee b = b \vee a$

Beispiel:

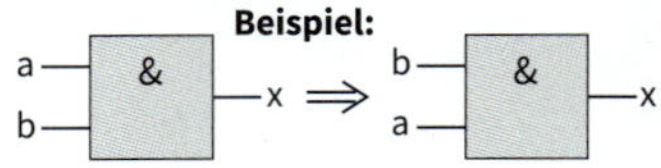

Verbindungsregel (Assoziatives Gesetz)

$x = a \wedge b \wedge c = a \wedge (b \wedge c)$
$= b \wedge (a \wedge c) = c \wedge (a \wedge b)$
$x = a \vee b \vee c = a \vee (b \vee c)$
$= b \vee (a \vee c) = c \vee (a \vee b)$

Beispiel:

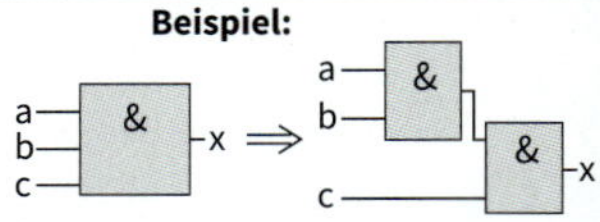

Verteilungsregel (Distributives Gesetz)

$x = a \wedge b \vee a \wedge c = a \wedge (b \vee c)$
UND-Funktion geht vor ODER-Funktion
$x = (a \vee b) \wedge (a \vee c) = a \vee (b \wedge c)$

Beispiel:

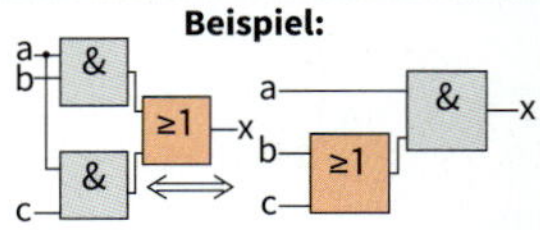

De Morgansches Gesetz

$x = a \wedge b = \overline{\overline{a} \vee \overline{b}}$

Beispiel:

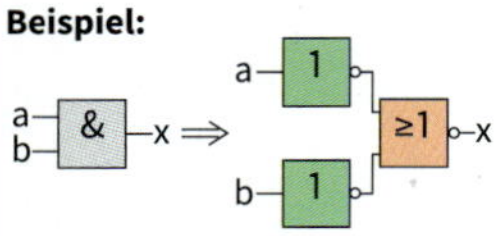

$x = \overline{a \wedge b} = \overline{a} \vee \overline{b}$

$x = a \vee b = \overline{\overline{a} \wedge \overline{b}}$

Beispiel:

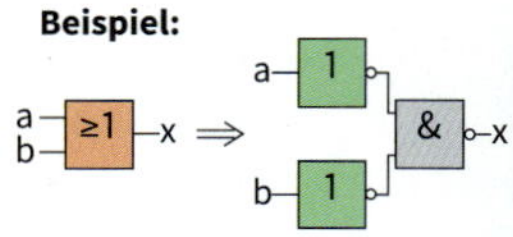

$x = \overline{a \vee b} = \overline{a} \wedge \overline{b}$

Vereinfachungen

$x = a \wedge (a \vee b) = a$
$x = a \vee a \wedge b = a$

Beispiel:

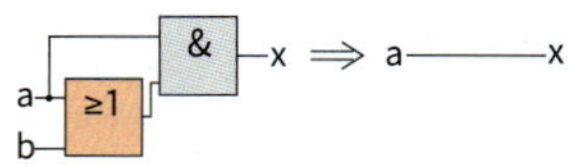

$x = a \wedge (\overline{a} \vee b) = a \wedge b$
$x = a \vee (\overline{a} \wedge b) = a \vee b$

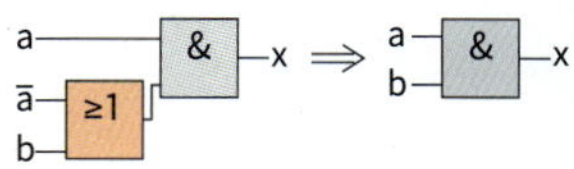

$x = a \vee \overline{a} \wedge \overline{b} = a \vee \overline{b}$
$x = \overline{a} \vee a \wedge b = \overline{a} \vee b$
$x = \overline{a} \vee a \wedge \overline{b} = \overline{a} \vee \overline{b}$

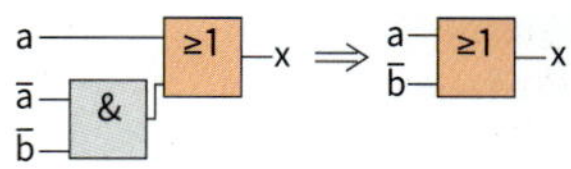

Ersetzen

UND durch ODER

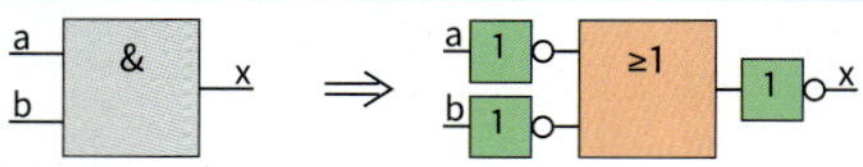

ODER durch UND

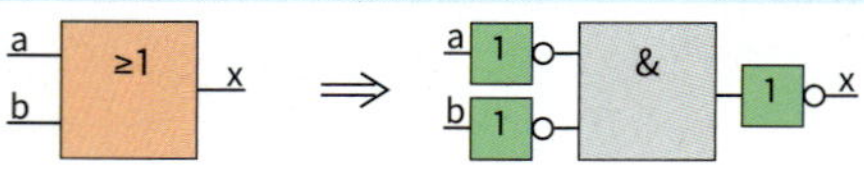

Ersetzen von Verknüpfungsgliedern
Man erhält gleichwertige Verknüpfungsglieder, wenn

1. alle UND durch ODER,
2. alle ODER durch UND ersetzt und
3. alle Anschlüsse gegenüber dem Ausgangszustand invertiert werden. (Ausnahme: NICHT-Glied)

Schaltzeichen	Spannungsverläufe

Schmitt-Trigger

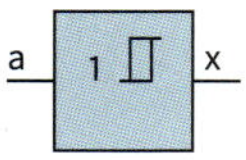

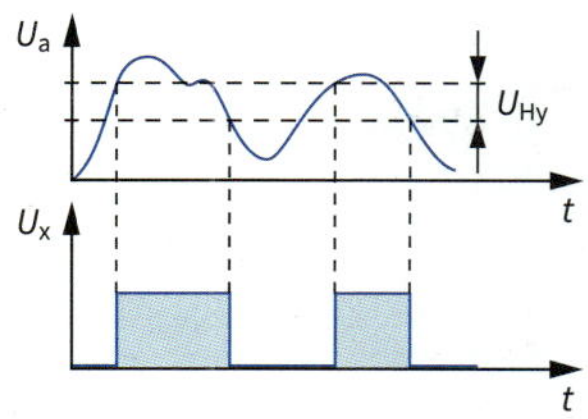

Monostabiler Multivibrator

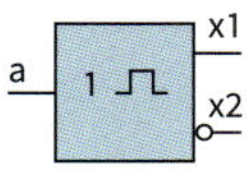

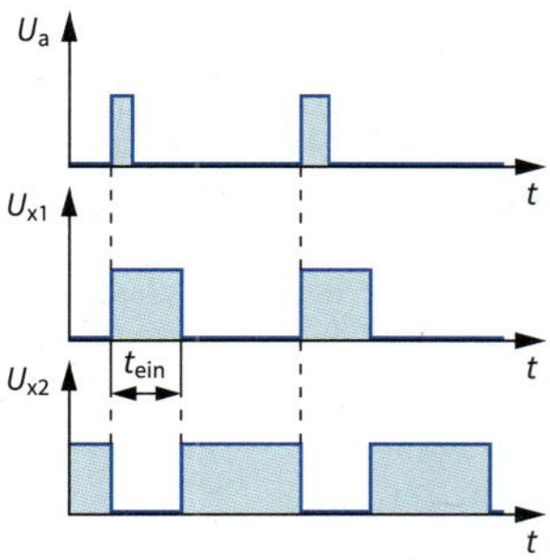

Astabiler Multivibrator

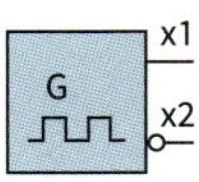

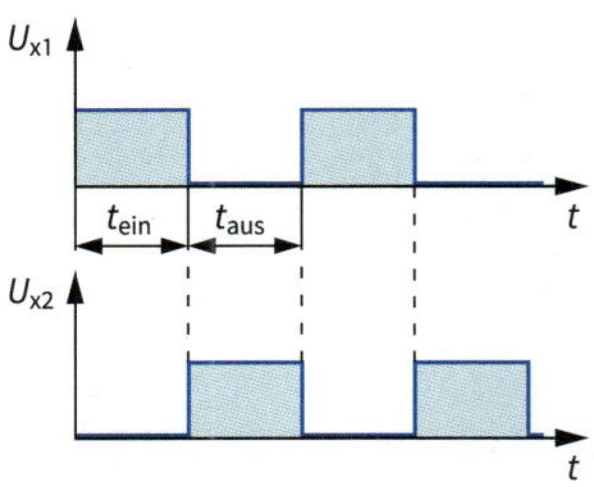

Bistabiler Multivibrator, Flipflop

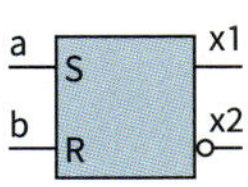

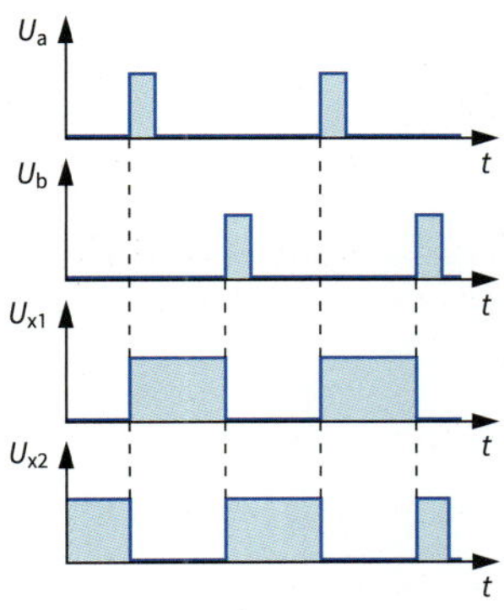

Schaltzeichen	Wertetabelle

RS-NOR-Flipflop

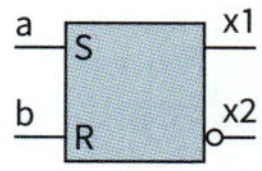

a	b	x_1	x_2	
1	0	1	0	Setzen
0	1	0	1	Rücksetzen
0	0	x_{1n}	x_{2n}	Speichern
1	1	(0)	(0)	unbestimmt

RS-NAND-Flipflop

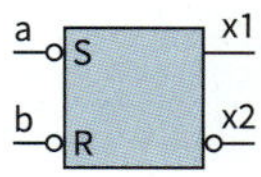

a	b	x_1	x_2	
0	1	1	0	Setzen
1	0	0	1	Rücksetzen
1	1	x_{1n}	x_{2n}	Speichern
0	0	(1)	(1)	unbestimmt

RS-FF, taktzustands-gesteuert

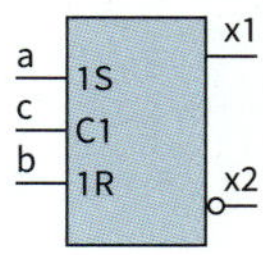

a	b	$x_{1(n+1)}$	$x_{2(n+1)}$
1	0	1	0
0	1	0	1
0	0	x_{1n}	x_{2n}
1	1	(1)	(1)

unbestimmt (applies to the last row)

Delay-(D) Flipflop

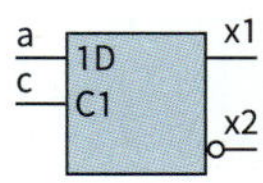

a	b	$x_{1(n+1)}$	$x_{2(n+1)}$
0	0	x_{1n}	x_{2n}
1	0	x_{1n}	x_{2n}
0	⎍	0	1
1	⎍	1	0

Master-Slave-FF, zweiflanken-gesteuert

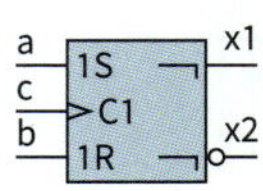

a	b	c	x_1	x_2
x	x	0	x_{1n}	x_{2n}
1	0	⎍	1	0
0	1	⎍	0	1
0	0	⎍	x_{1n}	x_{2n}
1	1	⎍	(0)	(0)

x: beliebiger Zustand — unbestimmt (applies to the last row)

J-K-Master-Slave-FF, zweiflanken-gesteuert

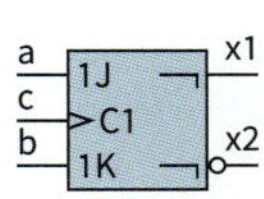

a	b	c	x_1	x_2
x	x	0	x_{1n}	x_{2n}
1	0	⎍	1	0
0	1	⎍	0	1
0	0	⎍	x_{1n}	x_{2n}
1	1	⎍	x_{2n}	x_{1n}

x: beliebiger Zustand — Wechseln (applies to the last row)

Zählerarten

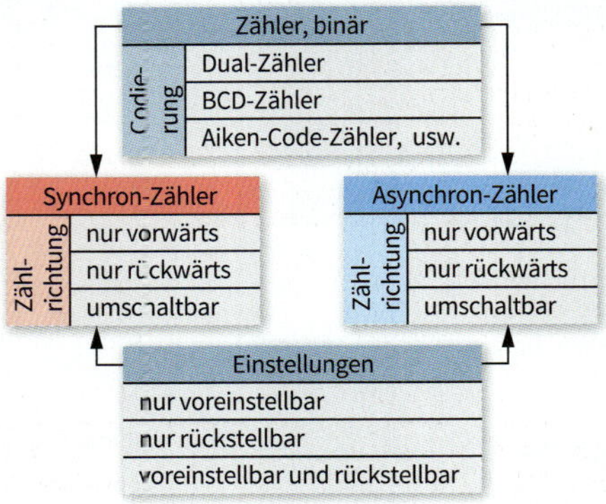

Aufbau

Zähler werden mit binären Kippstufen (Flipflop, FF) aufgebaut. Zähler mit n Bit (Zählstufen) können bis $2^n - 1$ zählen.

Beispiel:
Zähler mit 8 Flipflops: n = 8
zählt bis $2^8 - 1 = 255$

Vorwärtszählen:
X-Ausgänge an Eingänge der jeweils nächsten FF-Stufe legen.

Rückwärtszählen:
$\overline{X}$-Ausgänge an Eingänge der jeweils nächsten FF-Stufe legen.

Rückstellen:
R-Eingänge der FF-Stufen geichzeitig (parallel) rücksetzen.

Asynchronzähler

Dual-Vorwärtszähler (n Bit)

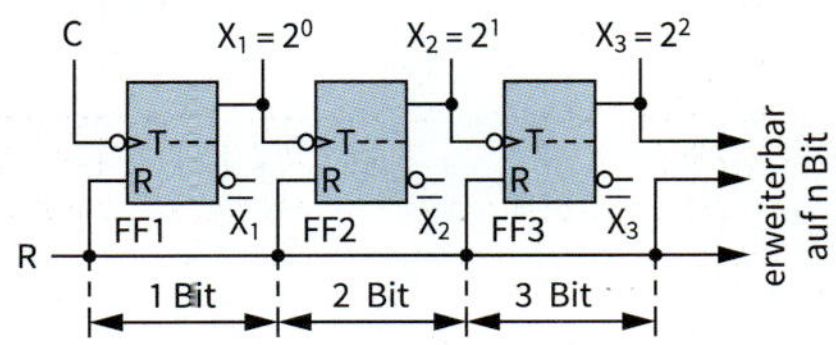

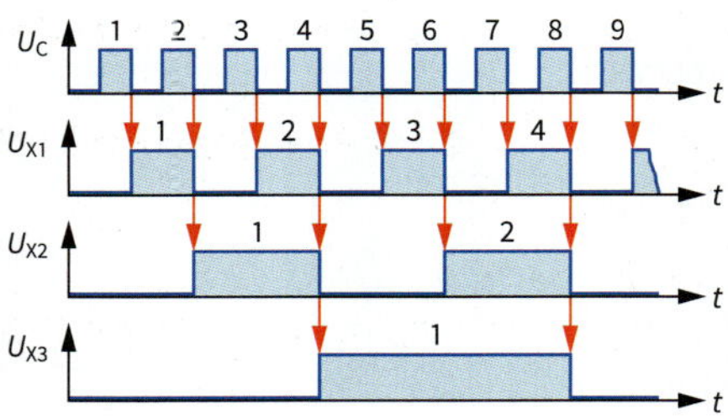

Erklärung

JK-MS-FF (als T-FF geschaltet) Taktimpuls nur am 1. FF. Flipflops kippen nacheinander, die Signalverzögerungszeiten addieren sich. Dadurch ist die Zählfrequenz eingeschränkt.

Realisierung mit IC

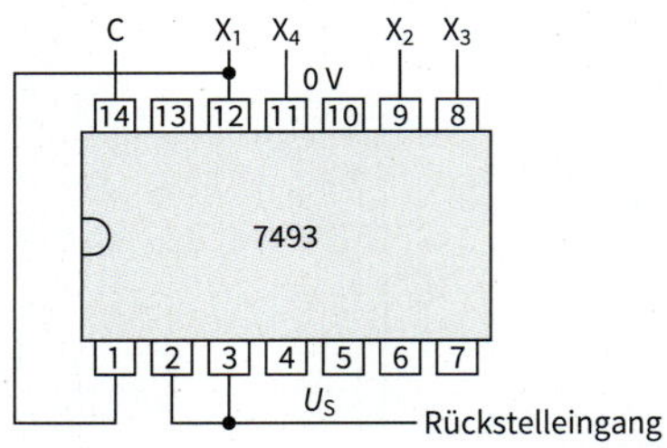

Synchrone Zähler

Dual-Vorwärtszähler

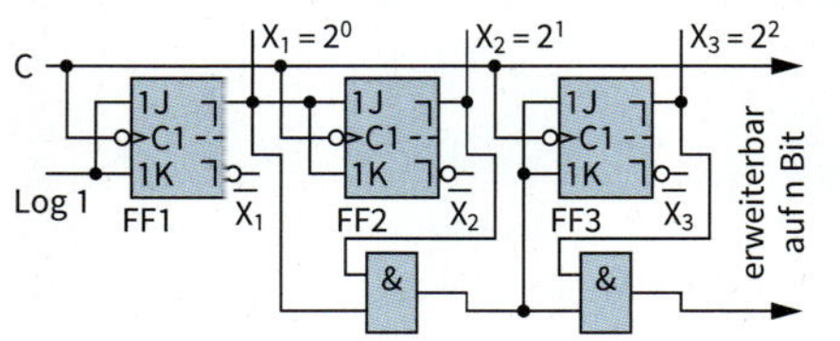

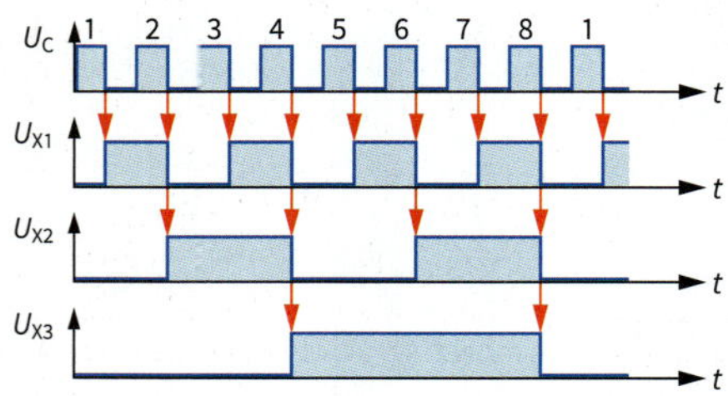

Aufbau

Synchrone Zähler werden vorzugsweise mit JK-MS-Flipflops aufgebaut.

Da das 1. Fipflop des Zählers bei jedem Taktimpuls kippen soll, wird dieses als T-Fipflop geschaltet, indem die Eingänge 1S und 1K an Log 1 gelegt werden.

Die Taktimpulse gelangen parallel an die FFs, diese kippen synchron. Damit sind sehr hohe Zählfrequenzen möglich.

Digitale Frequenzteiler

Teilerarten

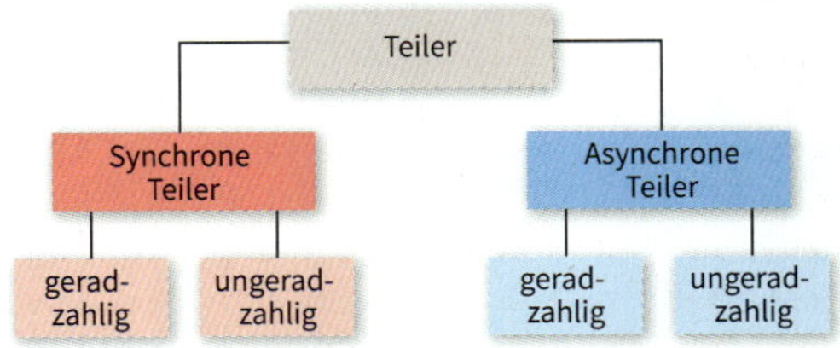

Aufbau

Aufbau mit Flipflops, ähnlich den Zählern

Asynchrone Teiler sind in der Zählfrequenz eingeschränkt (Aufsummierung der Schaltzeiten).

Synchrone Teiler: Jedes Flipflop wird vom Takt direkt angesteuert. Höchste Betriebsfrequenzen sind möglich.

Geradzahlige Teiler

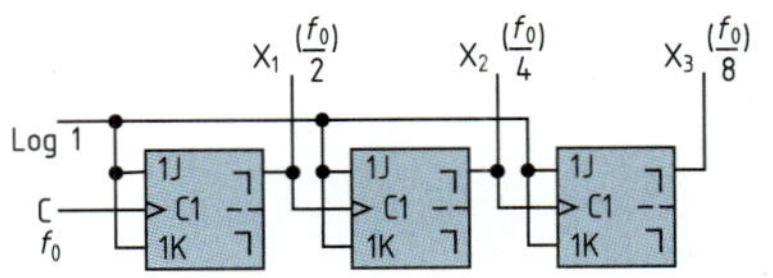

Erklärung

Teilungsverhältnis ergibt sich aus der Anzahl n der Flipflops.
$N = 2^n$

$$f_T = \frac{f_o}{2^n}$$

f_o: Eingangsfrequenz
f_T: geteilte Frequenz
n: Zahl der FF

Ungeradzahlige Teiler

Beispiel: Teiler 1:7

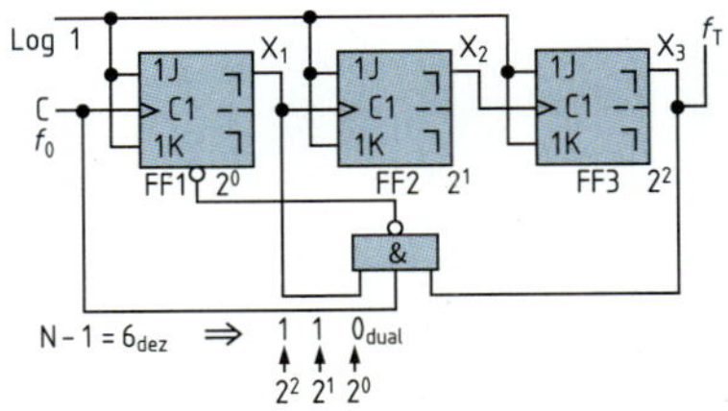

Schaltungsentwurf

- Ermitteln der Zahl erforderlicher Flipflops wie bei geradzahligem Teiler.
- N–1 als Dual-Zahl aufschreiben.
- X-Ausgänge, die bei N–1 Log 1 führen sollen, an NAND-Glied-Eingänge legen.
- Ausgang des NAND-Gliedes mit Stelleingängen der bei N–1 log 0 führende Flipflops verbinden.

Schieberegister (SRG)

Arten, Aufbau

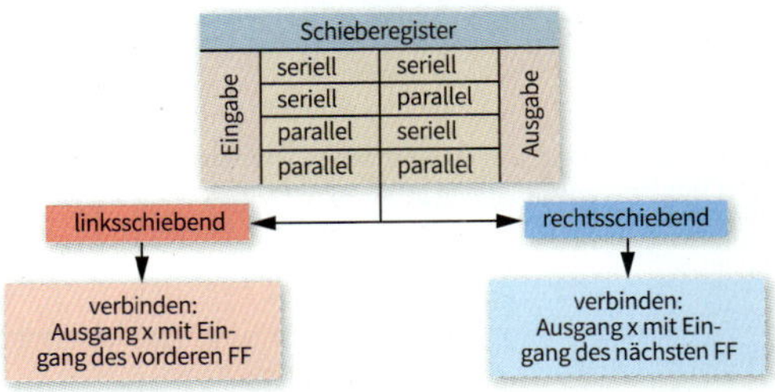

Aufbau: D-FF, RS-FF oder JK-FF, Tankimpuls zugleich (parallel) an alle FF

Funktion

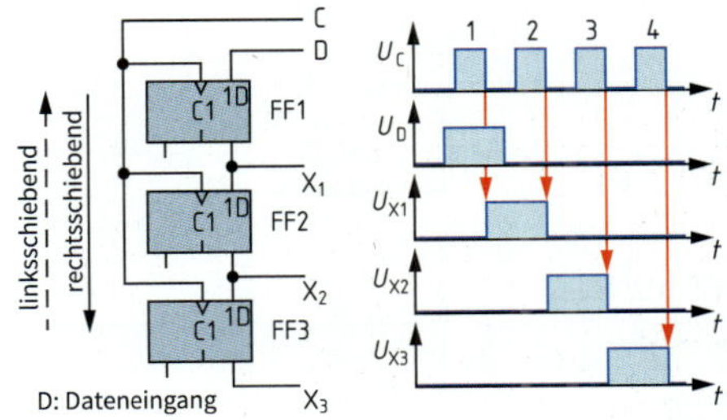

SRG als Serien-Parallel-Umsetzer

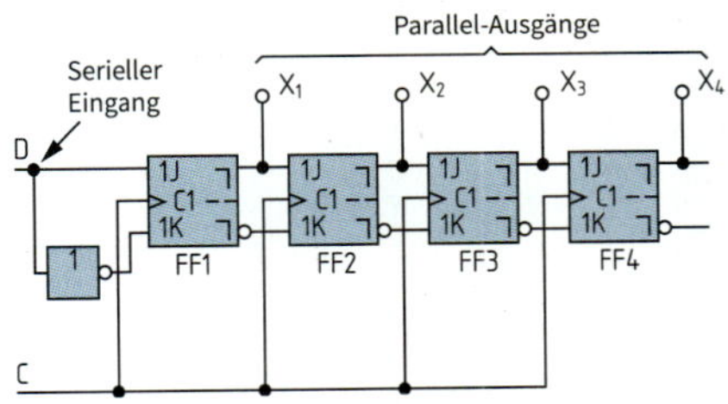

SRG als Parallel-Serien-Umsetzer

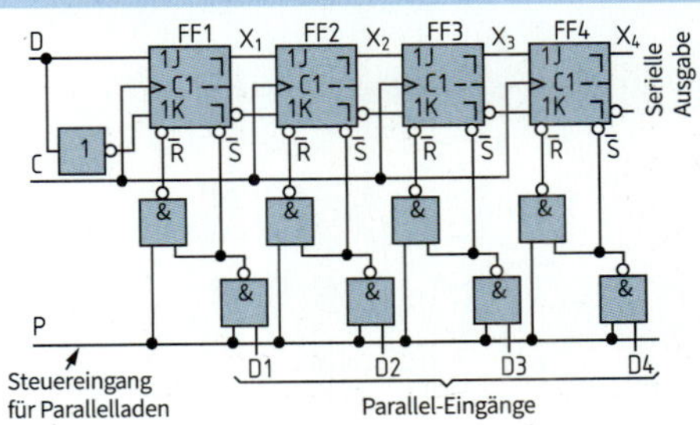

BCD- zu Dezimal-Decoder

Schaltzeichen

74 45

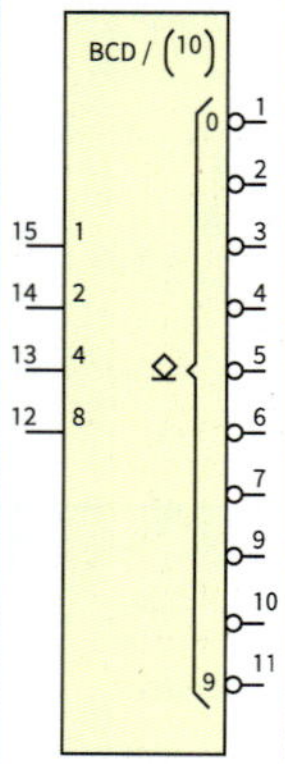

Negative Logik

Wertetabelle

	Eingänge				Ausgänge									
Nr.	1	2	4	8	0	1	2	3	4	5	6	7	8	9
0	0	0	0	0	0	1	1	1	1	1	1	1	1	1
1	0	0	0	1	1	0	1	1	1	1	1	1	1	1
2	0	0	1	0	1	1	0	1	1	1	1	1	1	1
3	0	0	1	1	1	1	1	0	1	1	1	1	1	1
4	0	1	0	0	1	1	1	1	0	1	1	1	1	1
5	0	1	0	1	1	1	1	1	1	0	1	1	1	1
6	0	1	1	0	1	1	1	1	1	1	0	1	1	1
7	0	1	1	1	1	1	1	1	1	1	1	0	1	1
8	1	0	0	0	1	1	1	1	1	1	1	1	0	1
9	1	0	0	1	1	1	1	1	1	1	1	1	1	0
ungültig	1	0	1	0	1	1	1	1	1	1	1	1	1	1
	1	0	1	1	1	1	1	1	1	1	1	1	1	1
	1	1	0	0	1	1	1	1	1	1	1	1	1	1
	1	1	0	1	1	1	1	1	1	1	1	1	1	1
	1	1	1	0	1	1	1	1	1	1	1	1	1	1
	1	1	1	1	1	1	1	1	1	1	1	1	1	1

Prioritäts-Decoder 8 zu 3

Schaltzeichen

74 LS 148

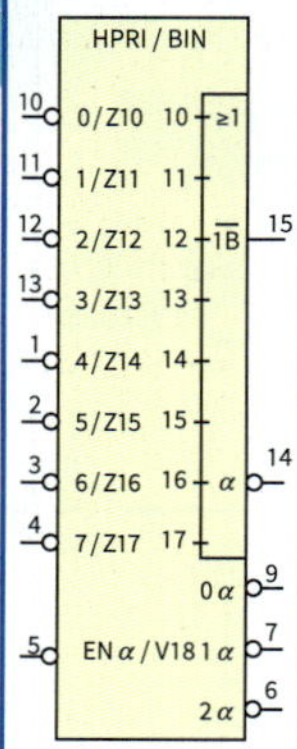

Negative Logik

Wertetabelle

Eingänge									Ausgänge				
EN	0	1	2	3	4	5	6	7	2α	1α	0α	α	$\overline{1B}$
1	x	x	x	x	x	x	x	x	1	1	1	1	1
0	1	1	1	1	1	1	1	1	1	1	1	1	0
0	x	x	x	x	x	x	x	0	0	0	0	0	1
0	x	x	x	x	x	x	0	1	0	0	1	0	1
0	x	x	x	x	x	0	1	1	0	1	0	0	1
0	x	x	x	x	0	1	1	1	0	1	1	0	1
0	x	x	x	0	1	1	1	1	1	0	0	0	1
0	x	x	0	1	1	1	1	1	1	0	1	0	1
0	x	0	1	1	1	1	1	1	1	1	0	0	1
0	0	1	1	1	1	1	1	1	1	1	1	0	1

x: Wert beliebig

Synchroner Zähler

Schaltzeichen

Vier-Bit-Binär-Zähler (74 LS 161 A)

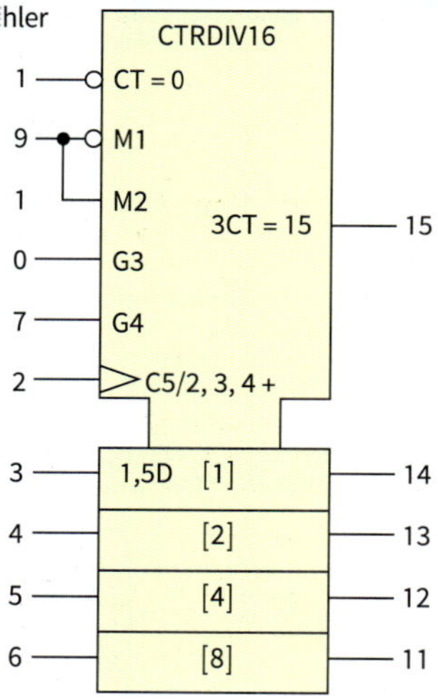

Wertetabelle

Dezimal-Wert	Ausgänge Q_A	Q_B	Q_C	Q_D	Übertrags-ausgang
0	0	0	0	0	0
1	1	0	0	0	0
2	0	1	0	0	0
3	1	1	0	0	0
4	0	0	1	0	0
5	1	0	1	0	0
6	0	1	1	0	0
7	1	1	1	0	0
8	0	0	0	1	0
9	0	0	0	1	0
10	1	1	0	1	0
11	1	1	0	1	0
12	0	0	1	1	0
13	0	0	1	1	0
14	1	1	1	1	0
15	1	1	1	1	1

Zähler löschen CT = 0; Zähler Laden M1 = 0; Zählerfreigabe G3 und G4 = 1; Übertragungsausgang 3CT = 15

Demultiplexer

Schaltzeichen

74 LS 138

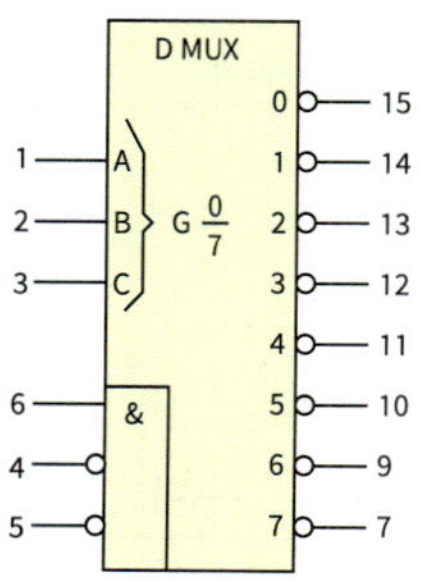

Wertetabelle

Eingänge					Ausgänge							
Freigabe		Auswahl										
G1	G2*	C	B	A	Y0	Y1	Y2	Y3	Y4	Y5	Y6	Y7
6	4/5	3	2	1	15	14	13	12	11	10	9	7
x	1	x	x	x	1	1	1	1	1	1	1	1
0	x	x	x	x	1	1	1	1	1	1	1	1
1	0	0	0	0	0	1	1	1	1	1	1	1
1	0	0	0	1	1	0	1	1	1	1	1	1
1	0	0	1	0	1	1	0	1	1	1	1	1
1	0	0	1	1	1	1	1	0	1	1	1	1
1	0	1	0	0	1	1	1	1	0	1	1	1
1	0	1	0	1	1	1	1	1	1	0	1	1
1	0	1	1	0	1	1	1	1	1	1	0	1
1	0	1	1	1	1	1	1	1	1	1	1	0

Aufbau und Funktion

- Schütze sind Schalter, die durch einen Elektromagneten betätigt werden. Bei Stromfluss (Gleich- oder Wechselstrom) durch eine Spule wird ein Eisenanker angezogen, Kontakte (**Schaltglieder**) werden geschlossen oder geöffnet.
- Bevorzugte Betriebsspannungen: 24 V, 48 V, 110 V, 230 V
- **Hauptschütze (Lastschütze, Leistungsschütze)** werden für das direkte Schalten von elektrischen Maschinen oder elektrischen Geräten in Stromkreisen eingesetzt und besitzen dafür vorhandene bzw. nachrüstbare Hauptschaltglieder. Zusätzlich sind Hilfsschaltglieder (in der Regel bis 10 A belastbar) vorhanden bzw. nachrüstbar.
- **Hilfsschütze (Steuerschütze)** sind im Prinzip wie Hauptschütze aufgebaut. Mit den Schaltgliedern können Ströme bis 10 A bzw. 16 A geschaltet werden. Mit ihnen werden im Wesentlichen Steuerungsaufgaben realisiert.

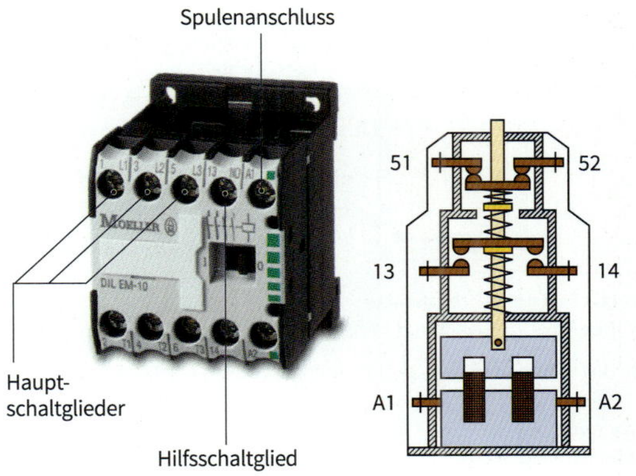

Anschlussbezeichnungen

- **Spule:**
  A1 und A2
- **Hauptschaltglieder:**
  eine Ziffer, z. B. 1 und 2, 3 und 4, …
- **Hilfsschaltglieder:**
  zwei Ziffern, z. B. für Öffner 21 und 22, für Schließer 13 und 14
  1. Ziffer: Ordnungsziffer (Klemmenreihenfolge von links nach rechts)
  2. Ziffer: Funktionsziffer (1 und 2 für Öffner, 3 und 4 für Schließer)

Beispiel:
Hauptschütz mit 3 Hauptschaltgliedern und 4 Hilfsschaltgliedern (2 Schließer und 2 Öffner)

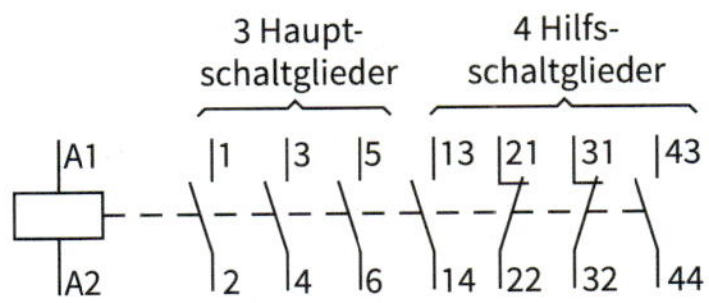

Kennzahl des Schützes 22 (2 Schließer und 2 Öffner)

Beispiel:
Hilfsschütz mit zwei Etagen
Untere Etage: 2 Schließer und ein Öffner
Obere Etage: 4 Schließer und ein Öffner

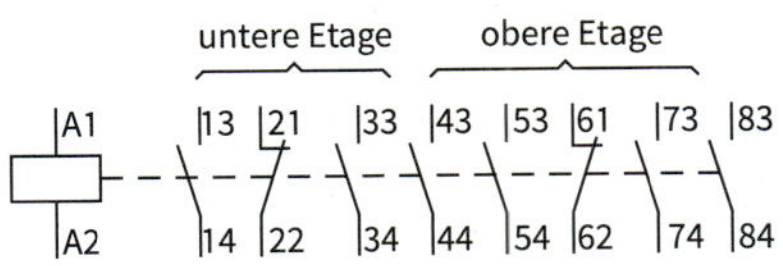

Kennzahl des Schützes 62 (6 Schließer und 2 Öffner)

Schütze mit Zeitverhalten (Zeitrelais)

Ansprechverzögerung

- Der Steuerbefehl wird erst nach Ablauf der voreingestellten Zeit *t* wirksam.
- Die Umschaltung bleibt bis zum Abschalten des Spulenstroms bestehen.

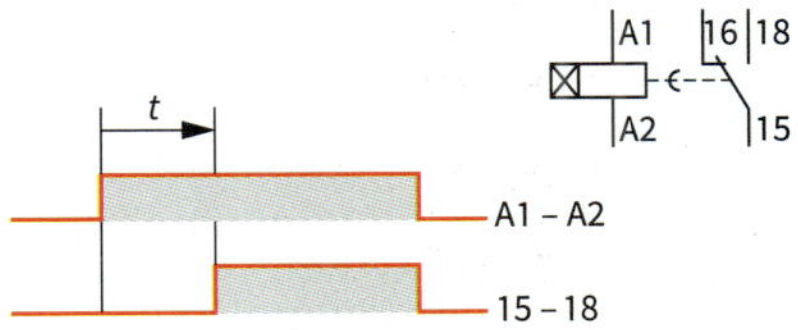

Abfallverzögerung

- Das Zeitrelais wird ständig mit Spannung versorgt.
- Durch den potenzialfreien Schließer erfolgt die Umschaltung. Sie bleibt bis zum Ablauf der Zeit *t* bestehen.

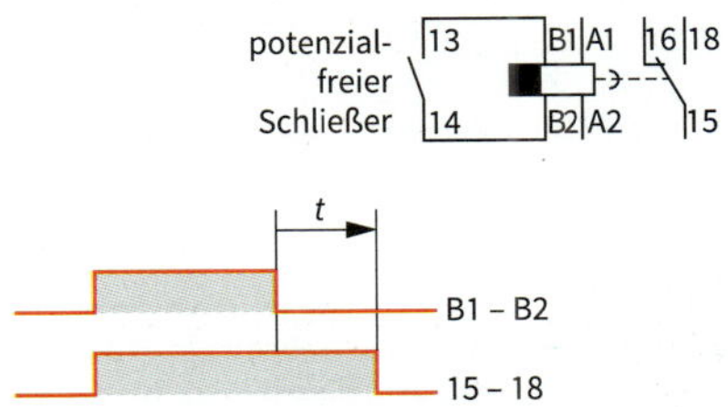

Blinkverhalten (Blinkrelais)

- Nach Ablauf der eingestellten Blinkzeit *t* erfolgt das ständige Umschalten.

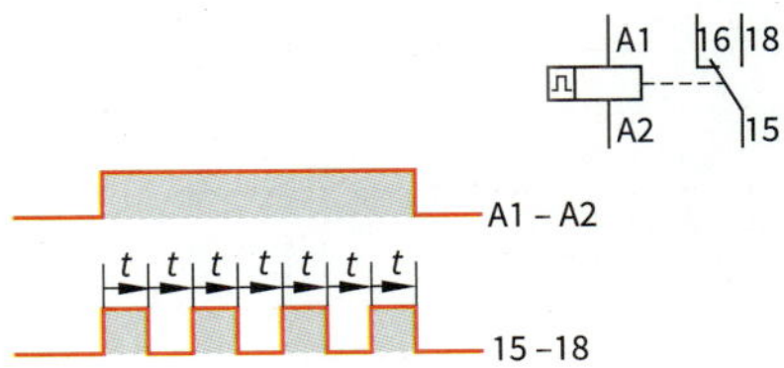

Ungepoltes Relais

Grundsätzlicher Aufbau

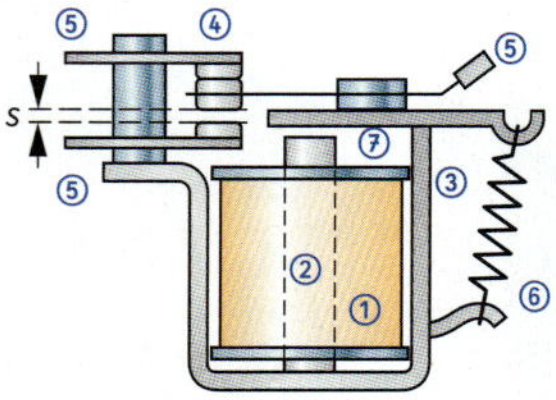

- Spule ①
- Ferromagnetischer Kern ②
- Joch ③
- Kontakte ④
- Zuführungen ⑤
- Rückstellfeder ⑥
- Beweglicher Anker ⑦

Relais in Kompaktbauweise

- Der Ankerluftspalt liegt in der Mitte der Spule.
- Das Innere der Spule ist die schutzgasgefüllte Kontaktkammer.

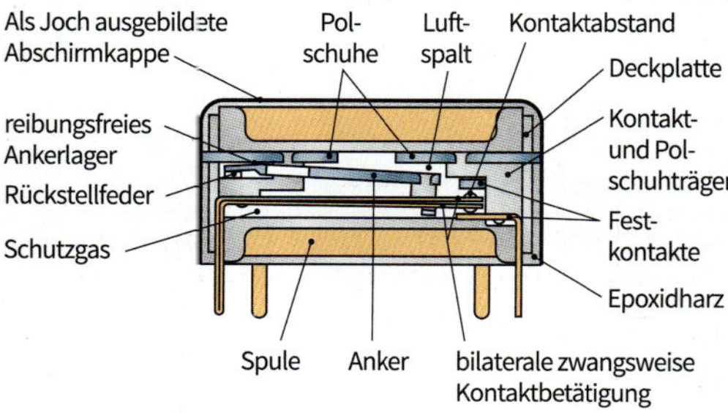

Reed-Relais

Grundsätzlicher Aufbau

- Verschlossenes Glasröhrchen mit zwei eingeschmolzenen ferromagnetischen Kontaktzungen (engl.: reed)
- Erregerspule umschließt das Glasröhrchen

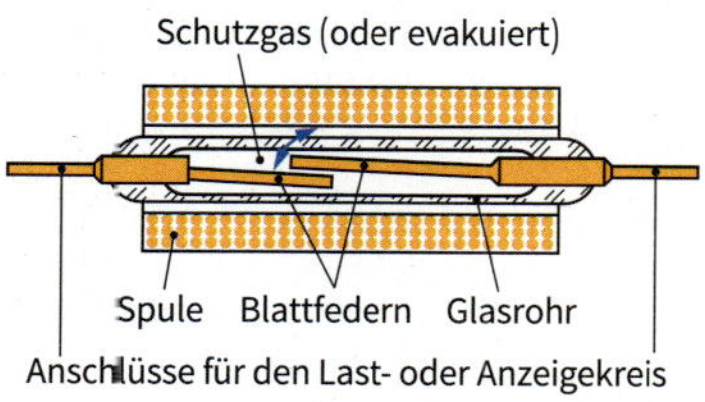

Sicherheitsrelais

- Mindestens zwei voneinander unabhängige in Serie geschaltete Kontakte ①. Wenn einer der Kontakte verschweißt, so muss der in Serie liegende zweite Kontakt die Abschaltung übernehmen.
- Die Kontakte im Kontaktsatz sind miteinander zwangsgeführt ②.

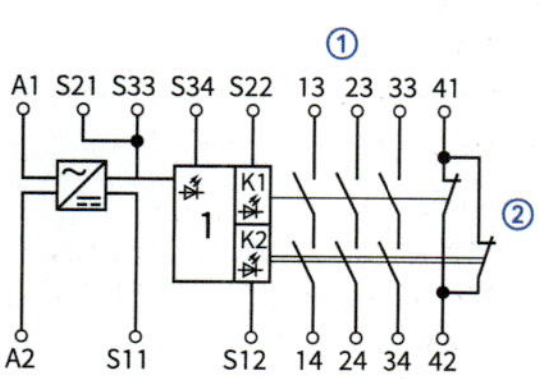

Schutzarten

- **RT 0** (Unenclosed relay)
  Offenes und somit ungeschütztes Relais
- **RT I** (Dust protected relay)
  Staubgeschützt mit Kapselung, bewegliche Teile sind geschützt
- **RT II** (Flux proof relay)
  Gegen Flussmittel geschützt (bei Lötarbeiten)
- **RT III** (Wash tight relay)
  Waschdicht, geeignet für Lötbadverarbeitung mit anschließendem Waschverfahren
- **RT IV** (Sealed relay)
  Das Relais ist so gekapselt, dass keine Umgebungsatmosphäre eindringen kann.
- **RT V** (Hermetically sealed relay)
  Hermetisch dichtes Relais, höchste Qualitätsstufe
  (EN 116000-3: 1996, IEC 61810-7: 2006-03)

Schutzbeschaltungen

Funktion:

- Belastung der Kontakte reduzieren
- Schutz der elektronischen Bauelemente vor hohen Induktionsspannungen (Stromänderung in der Spule)
- Gleichstromschutzbeschaltung einsetzen

Gleichstromschutzbeschaltung

- **Freilaufdiode**

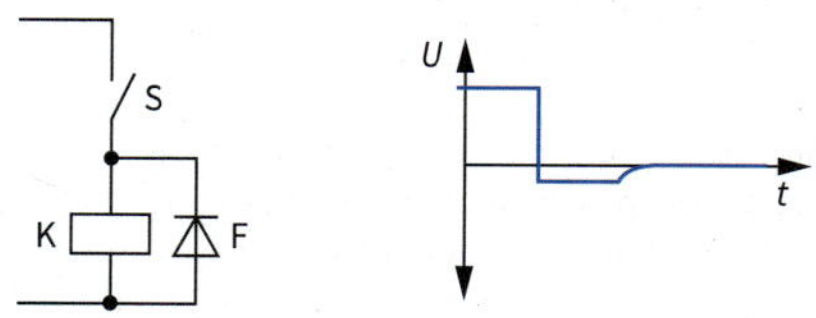

Abschaltspannung 0,7 V (Silizium-Diode), geringe Kosten, geringer Platzbedarf

Wechselstrom- und Gleichstromschutzbeschaltung

- **RC**

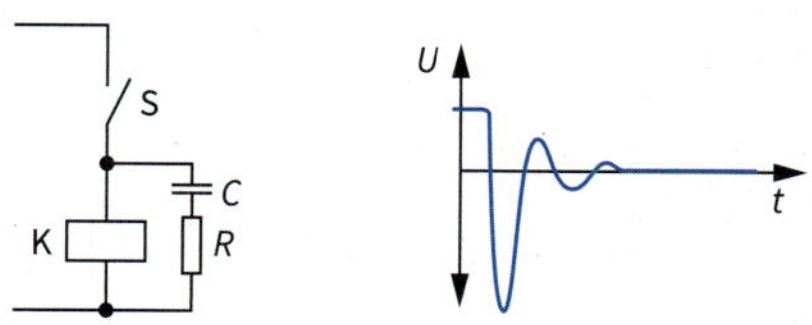

Hohe Stromspitze, großer Platzbedarf

- **Varistor**

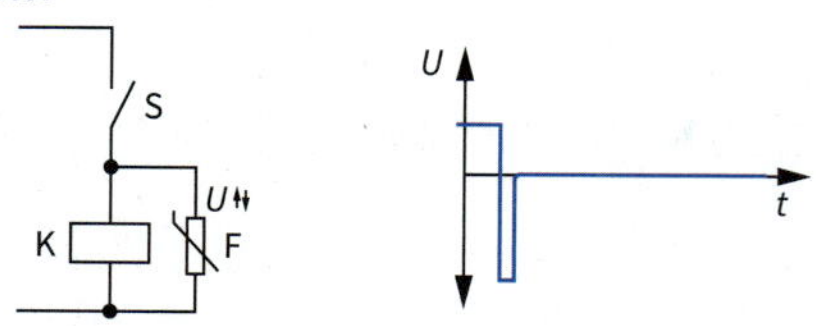

Hohe Überspannung, großer Platzbedarf

Aufbau und Bezeichnungen

- **ELR**: (**E**lektronisches **L**ast**r**elais)
- Halbleiterrelais
- Halbleiterlastrelais
- Halbleiterschütz
- **SSR** (**S**olid **S**tate **R**elay)

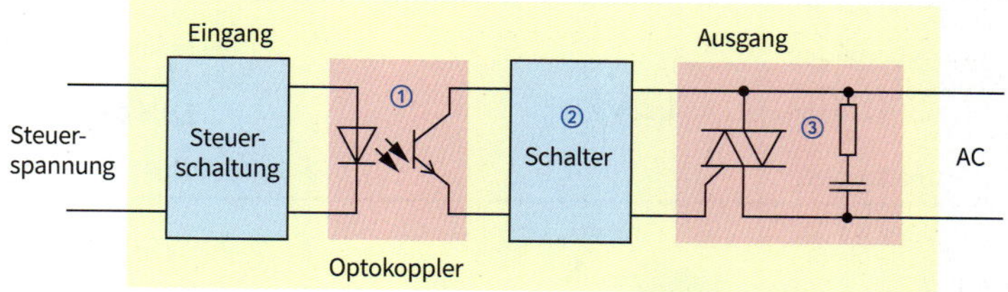

Funktion und Schaltverhalten

- Eingangsschaltung mit Optokoppler ① (galvanische Trennung zwischen Ein- und Ausgang)
- Schalter ② (bei Wechselspannung in der Regel Nullspannungsschalter)

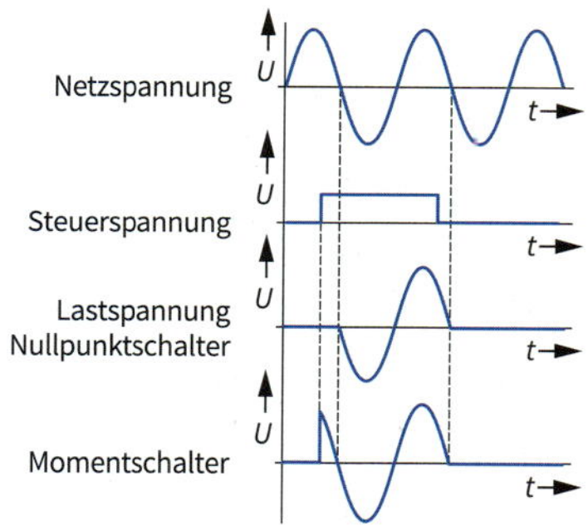

- Ausgangsschaltung mit Leistungshalbleiter ③ bei
  - Gleichspannung: Bipolarer Transistor, MOSFET, Thyristor
  - Wechselspannung: Triac, antiparallele Thyristoren

Vor- und Nachteile von Schaltgeräten

Eigenschaft	mechanisch	elektronisch
Steuerleistung	–	+
Lebensdauer	–	+
Prellverhalten	–	+
Schaltzeiten	–	+
Schalthäufigkeit	–	+
Kontaktzahl und -art	+	–
Galvanische Trennung, Leckstrom	+	–
Lebensdauer	–	+
Schaltgeräusch	–	+
Korrosionsfestigkeit	–	+
Verlustleistung	+	–
Nullpunktschaltend	–	+

Eingangsschaltungen (Prinzip)

Gleichspannung	Wechselspannung
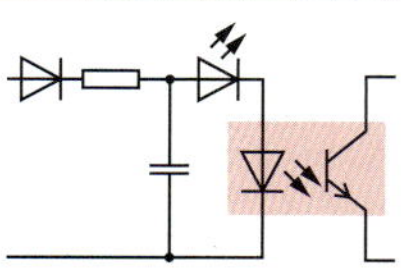	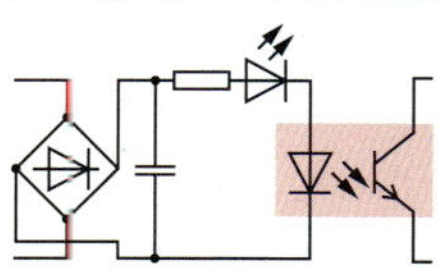

Ausgangsschaltungen Gleichspannung

- Zweileiterausgang

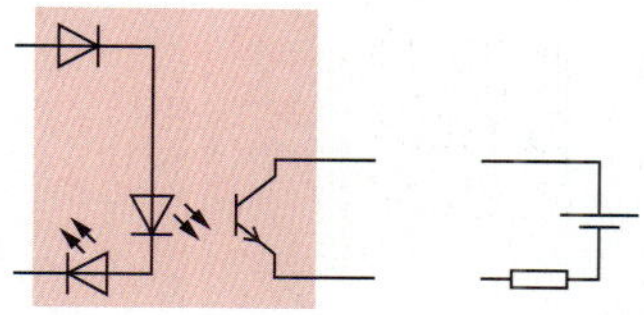

- Dreileiterausgang

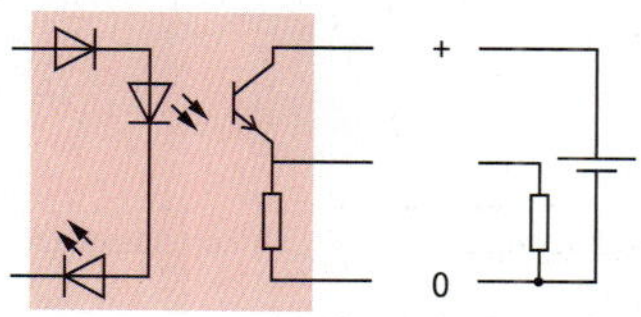

Schutzbeschaltungen bei induktiver Last

Gleichspannung	Wechselspannung
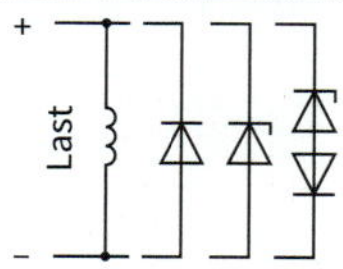	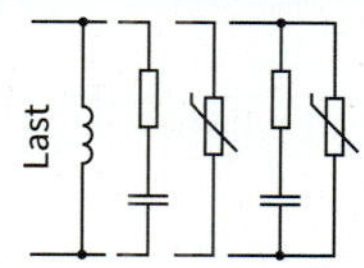

Elektronisches Relais für 3 Phasen

Beispiel:

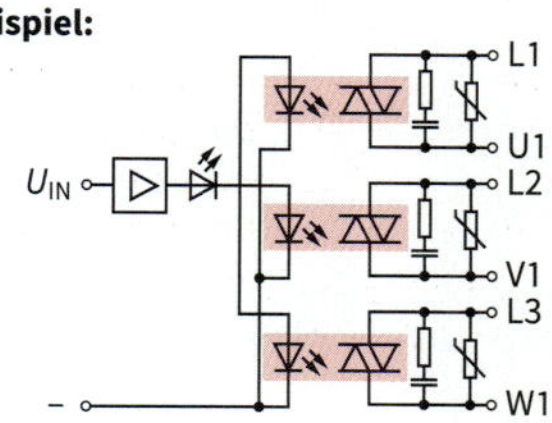

Eingangsdaten

Steuerspannung:	24 V DC ± 20 %
Eingangsstromstärke:	ca. 8 mA

Ausgangsdaten

Betriebsspannung:	400 V AC, 50/60 Hz
Betriebsspannungsbereich:	110 ... 440 V AC
Max. Dauerlaststromstärke:	3 x 9 A
Sperrspannung:	800 V
Prüfspannung Ein-/Ausgang:	2,5 kV_{eff}

Merkmale

- Zeitrelais sind Geräte, die u. a. eingesetzt werden als
  - Zeitgeber,
  - Impulsgeber und
  - Blinker.
- Sie werden angewendet z. B. zur
  - Vorgabe von Zeitabläufen,
  - Überwachung von Schaltabläufen und
  - Anlauf- und Nachlaufunterdrückung.

Aufbau/Funktionen

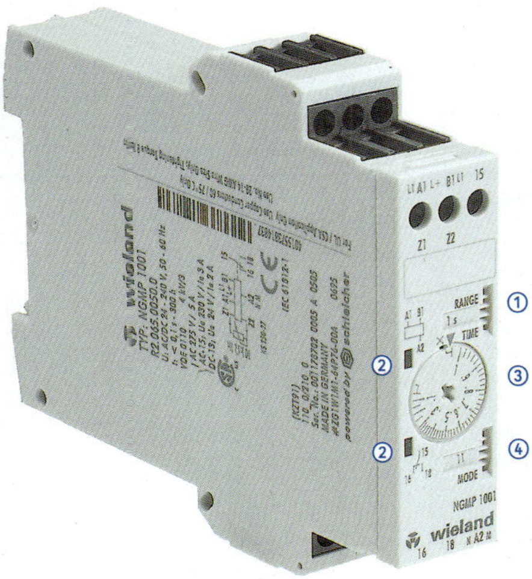

① Bereichswahlschalter
- Einzelschritteinstellung
- Schnelleinstellung
- Anzeigefenster

② LED-Anzeige

③ Zeiteinstellscheibe

④ Betriebsartenwahlschalter
- Einzelschritteinstellung
- Schnelleinstellung
- Anzeigefenster

Schaltbild

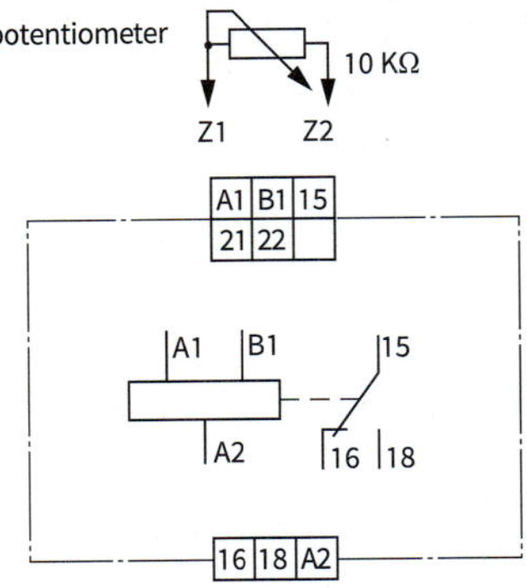

Zeitbereiche	
≤ 0,1 bis 1 s	1,5 bis 30 min
0,15 bis 3 s	3 bis 60 min
0,5 bis 10 s	5 bis 100 min
1,5 bis 30 s	0,15 bis 3 h
5 bis 100 s	0,5 bis 10 h
15 bis 300 s	1,5 bis 30 h
0,5 bis 10 min	5 bis 100 h
50 bis 1000 s	15 bis 300 h

Schaltabläufe

Ansprechverzögert

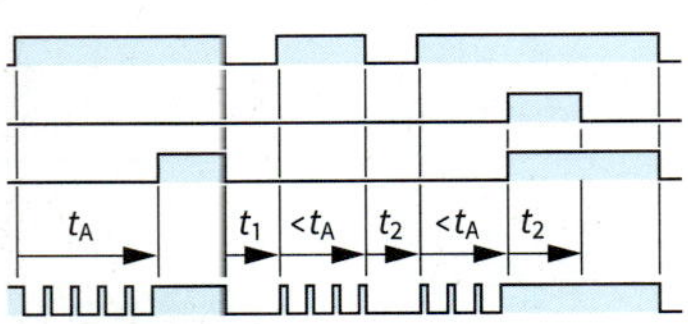

A1 – A2 Erregungsgröße
B1 – A2 Sofortsignal
15 – 18 Verzögertes Schaltglied
15 – 16 LED grün

LED grün Erregungsgröße

t_A: Ablaufzeit

t_S: Sofortsignal, muss > Mindesteinschaltdauer 1 (≤ 25 ms) sein

t_1: Ausschaltzeit, muss > Wiederbereitschaftszeit 1 (≤ 50 ms) sein

t_2: Ausschaltzeit, muss > Wiederbereitschaftszeit 2 (≤ 50 ms) sein

Impulsformend

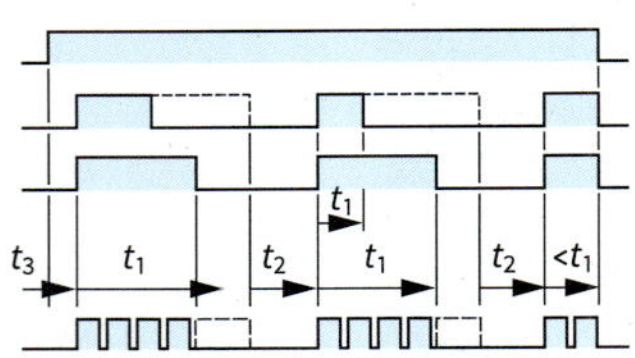

A1 – A2 Hilfsversorgung
B1 – A2 Erregungsgröße
15 – 18 Verzögertes Schaltglied
15 – 16 LED grün

LED grün Erregungsgröße

t_I: Impulszeit

t_1: Einschaltzeit, muss > Mindesteinschaltdauer 1 (≤ 25 ms) sein

t_2: Ausschaltzeit, muss > Wiederbereitschaftszeit 2 (0 ms) sein

t_3: Zeit zwischen dem Einschalten der Hilfsversorgung und Erregungsgröße, muss > Wiederbereitschaftszeit 2 (0 ms) sein

Eigenschaften

- Sie enthalten alle Komponenten zur Ausführung von Aufgaben aus dem Bereich der Steuerungs- und Automatisierungstechnik in einem kompakten Gehäuse.
- Das System ist modular aufgebaut und lässt sich durch eine Vielzahl von Komponenten (z. B. Display, Kommunikationsmodule, usw.) erweitern.

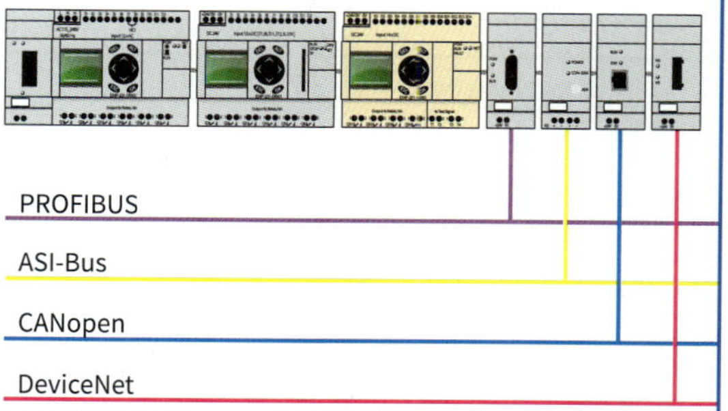

- Die Programmierung erfolgt direkt am Gerät, über eine Software in den Programmiersprachen AWL, KOP, FBS, ST, AS oder mit einem grafischen Funktionsplaneditor.
- Über ein externes grafisch orientiertes Display lassen sich Texte, Grafiken usw. visualisieren und zusätzlich notwendige Steuer- und Regelfunktionen anzeigen bzw. bedienen.
- Vorteile: Kompakten Bauform, günstiger Preis und einfache Programmierung und Parametrierung.

Beispiel

Typ easyControl EC4P-221-MTXD1

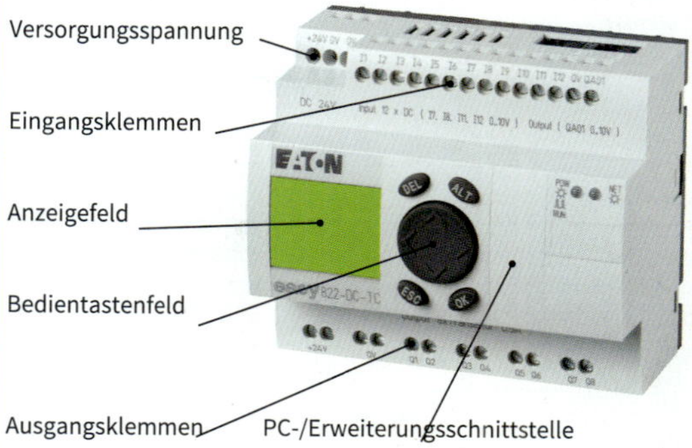

Technische Daten

- Versorgungsspannung: 24 V DC
- Leistungsaufnahme: typ. 3,4 W
- Eingänge: 12 digitale, davon 4 auch als analog nutzbar
- Ausgänge (wahlweise):
  - 6 Relaisausgänge bzw.
  - 8 Transistorausgänge
  - 1 Analogausgang optional
- Ausgangsstromstärke:
  - 8 A (Relais)
  - 0,5 A (Transistor)
- Weitere Optionen: z. B. CANopen, Ethernet

Sicherheitsgerichtete Kleinsteuerungen

- Spezielle Kleinsteuerungen realisieren sicherheitsgerichtete Funktionen.
- Sicherheitsapplikationen bis
  - Kategorie 4 nach DIN EN 954-1
  - PL e nach DIN EN ISO 13849-1
  - SILCL 3 nach DIN EN 62061
  - SIL 3 nach DIN EN 61508
- Programmierung durch Zuweisung von vorprogrammierten Sicherheitsbausteinen, die vorab geprüft und zugelassen werden, z. B.:
  - Stillsetzen im Notfall
  - Bedienung durch Zweihandschaltung
  - Sicheres Starten
  - Zustimmschalter
  - Überwachung von Sicherheitseinrichtungen (Schutztür, Lichtvorhang)
  - Betriebsartenwahl
  - Stillstandsüberwachung
  - Höchstdrehzahlüberwachung
  - Sichere Zeitrelais
- Erweiterungen und Kommunikation mit Kleinsteuerungen ohne Sicherheitsfunktionen sind möglich.

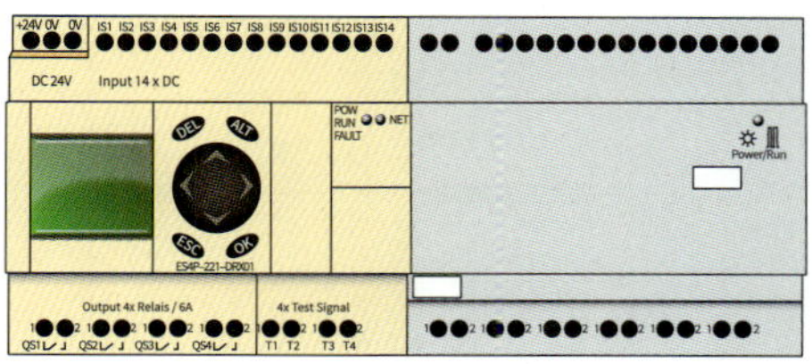

Beispiel

Typ easyControl ES4P-221-DRXD1

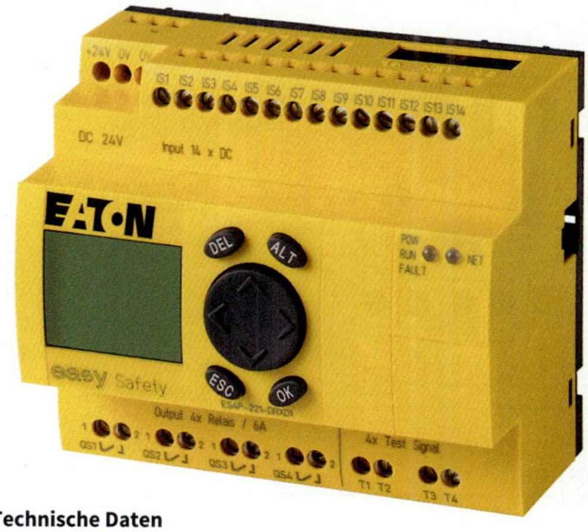

Technische Daten

- Versorgungsspannung: 24 V DC
- Leistungsaufnahme: < 6 W
- Eingänge: 14 sichere Eingänge
- Ausgänge (wahlweise):
  - 4 Relaisausgänge bzw.
  - 4 Testsignale (24 V DC)
- Ausgangsstromstärke:
  - Thermische Stromstärke 6 A (Relais)

Merkmale

- Messrelais sind kompakt aufgebaute und anschlussfertige **ortsfeste Messeinrichtungen**, die z. B. im Schaltschrank eingebaut werden.

Funktionen

- Erfassung von elektrischen oder physikalischen Größen (z. B. Spannung, Stromstärke, Frequenz, Zeit)
- Signalisierung von z. B. Über- oder Unterschreitung eines einstellbaren Messbereiches durch eine Ausgabeschaltung (mechanischer Kontakt oder Halbleiterschalter)

Spannung

Über- und Unterspannung (U_O, U_U) sind unabhängig voneinander in Prozent der Nominalspannung (U_{NOM}) einstellbar.

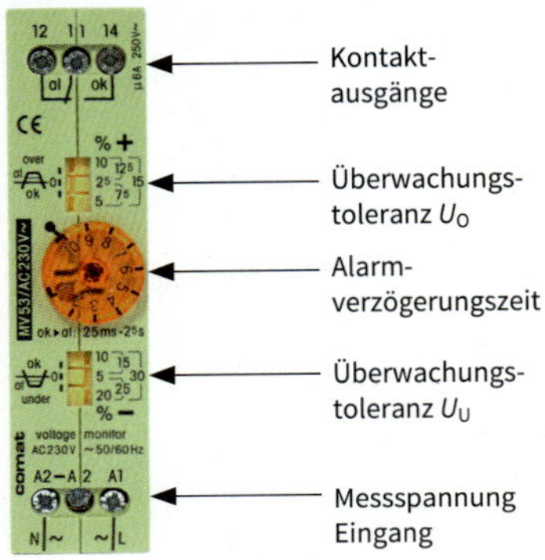

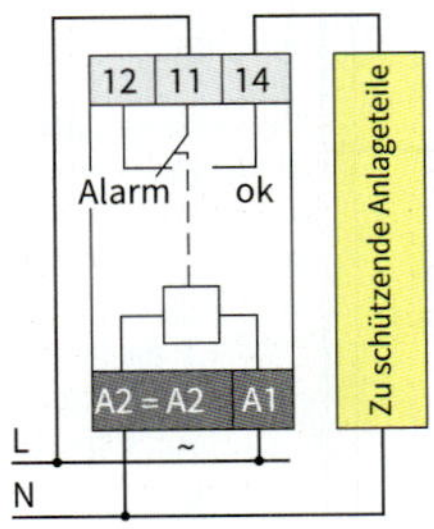

Schaltverhalten

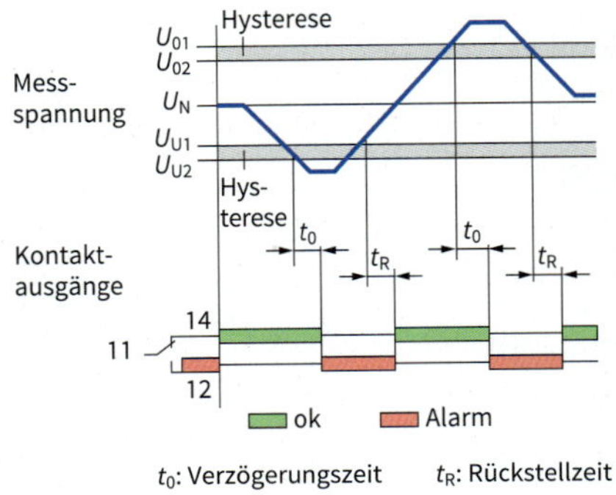

Stromstärke

Beispiel: Stromschleifenwandler für Überstromstärke (einstellbar). Eingebaute Stromwandler für 1 bzw. 2 Strompfade direkt bis 60 A

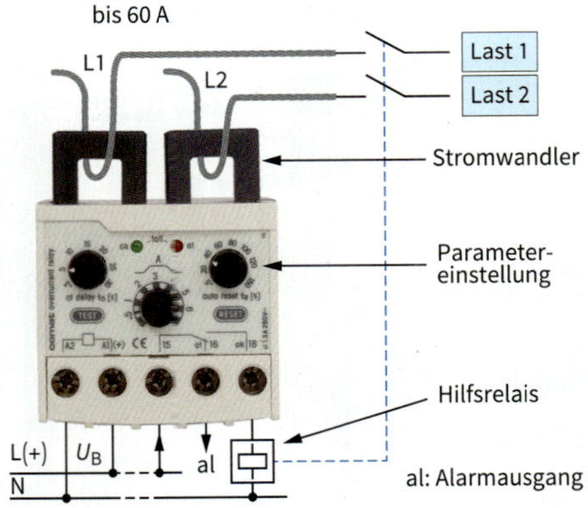

Schaltverhalten

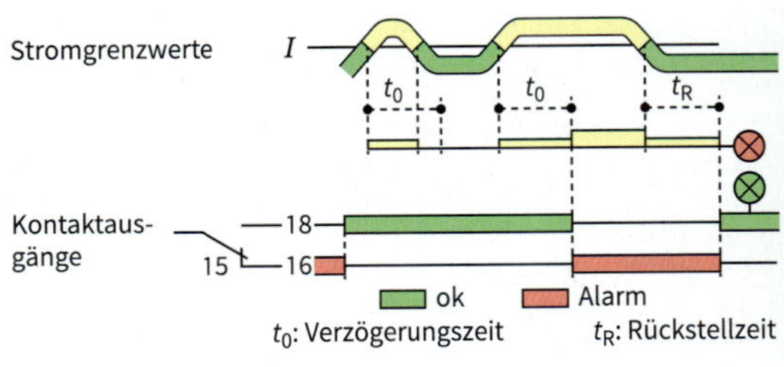

Thermo-Schutz

Überwachung der Wicklungstemperatur von
- Motoren,
- Generatoren und
- Transformatoren.

Der Fühlerkreis wird auf Drahtbruch und Erdschluss überwacht.

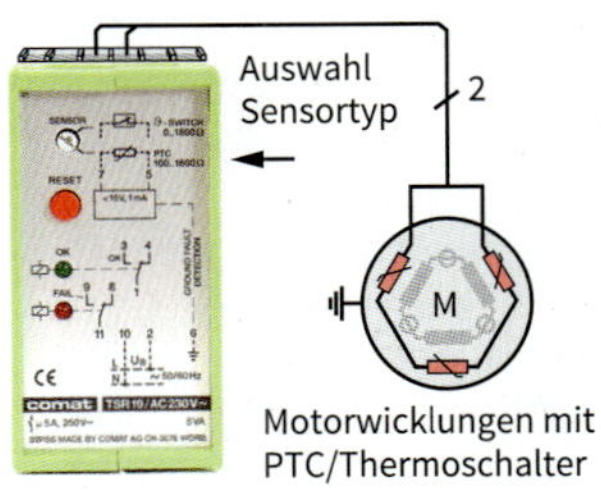

Schaltverhalten

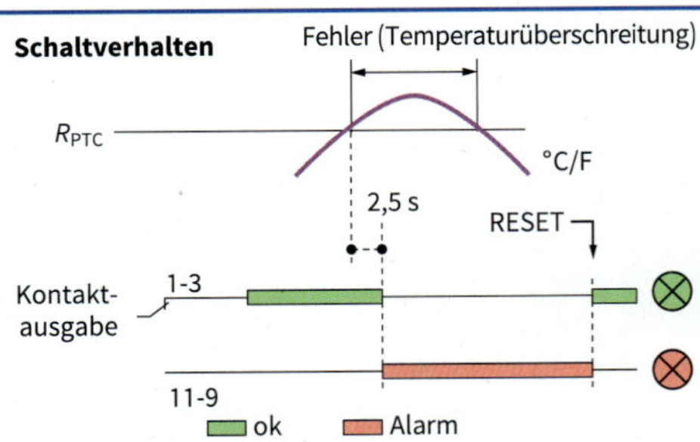

Elektrische Energieversorgung

5

Elektrische Leitungen

Schutztechniken

Stromversorgung

Elektrische Steckverbinder
Electrical connectors

Merkmale

- Steckverbinder sind Bauelemente, an die elektrische Leiter angeschlossen werden.
- Sie sind geeignet mit einem passenden Gegenstück Verbindungen herzustellen und/oder zu trennen.
- Sie sind Betriebsmittel, die bei bestimmungsgemäßer Verwendung (unter elektrischer Spannung) **nicht** gesteckt oder gezogen werden dürfen.
- Im Gegensatz dazu dürfen **Steckvorrichtungen** unter Spannung oder Last gesteckt oder getrennt werden.
- Steckverbinder werden in vielfältigen Ausführungen angeboten und eingesetzt.
- Sie dienen u. a. zur Verbindung von
  - Flachbaugruppen mit Rückwandleiterplatten (fester Steckverbinder),
  - baugruppeninterner Aufnahme von Teilbaugruppen,
  - Kabelzuführungen/-abgängen (freier Steckverbinder)
- Die Auswahl bzw. Festlegung eines Steckverbinders erfolgt anhand einer Reihe von Anforderungskriterien.
- Steckverbinder werden nicht mit dem CE-Konformitätszeichen versehen (siehe Niederspannungs- und EMV-Richtlinie).

Anforderungs-/Auswahlkriterien

Anforderungs-/Auswahlkriterien

Elektrische Anforderungen
- Bemessungsspannung
- Bemessungsstrom
- Bemessungsisolationsspannung
- Frequenz
- Isolierung
- Kontaktwiderstand
- Prüfspannung
- Stehwechselspannung
- Schaltleistung

Mechanische Anforderungen
- Bauform, Gehäuseart
- Dichtung
- Kontaktanzahl/-art
- Kodierung
- Kontaktanordnung
- Montageart
- Steck-/Ziehkräfte
- Steckzyklen
- Verriegelungsart
- Verbindungsart
- Zugentlastung

Umweltanforderungen
- Betauung
- feste Fremdstoffe
- flüssige Fremdstoffe
- gasförmige Fremdstoffe
- Schwingung
- Schlag
- Strahlung
- Temperatur

Die aufgeführten Kriterien sind Beispiele. Detaillierungen sind im Anwendungsfall ggf. erforderlich.

Isolationsstrecken

- Bei der Festlegung eines Steckverbinders ist auf eine ausreichende Bemessung der **Luft- und Kriechstrecken** (Mindestisolationsstrecke) zu achten.
- Damit ist gewährleistet, dass Personen oder Sachwerte vor den Auswirkungen von elektrischen Spannungen oder Strömen durch Funktionsversagen der Betriebsmittel geschützt sind.
- Überspannungskategorien sind eingeteilt in vier Kategorien (I bis IV) und beinhalten Aussagen zu möglichen Überspannungen, z. B.
  - Kategorie I: keine Überspannungen
  - Kategorie IV: Blitzüberspannungen.
- Kriechstrecken sind eingeteilt in vier Verschmutzungsgrade, z. B.
  - Verschmutzungsgrad 1: keine oder nur trockene, nichtleitfähige Verschmutzung.

Ermittlung der Luft- und Kriechstrecken

Art des Netzes und größte Netzspannung festlegen

Luftstrecke
1. Überspannungskategorie bestimmen
2. Verschmutzungsgrad festlegen
3. Bemessungsstoßspannung (Tabellenwerte) ermitteln
4. Mindestluftstrecke (Tabellenwerte) ermitteln

Kriechstrecke
1. Bemessungsspannung in Abhängigkeit vom Leiternetz bestimmen (Tabellenwerte)
2. Mindestkriechstrecke in Abhängigkeit vom Verschmutzungsgrad bestimmen (Tabellenwerte)

Anschlusskomponenten

Geräteverbindung ⇔ Leitung ⇔ Netzanschluss

Geräteverbindung

Festanschluss

Leitungseinführung
- Tülle, Verschraubung

Knickschutz
- Tülle

Zugentlastung
- Klemmung
- Verschraubung

Steckanschluss

Schutzklasse (I, II)

Spannungsfestigkeit

Stifttemperatur
- kalt (max. 70 °C) Kaltgeräte ohne Wärmequelle
- warm (max. 120 °C)
- heiß (max. 155 °C)
- Heißgeräte mit innerer Wärmequelle (z. B. Waffeleisen)

Stromstärke
(0,2 A, 2,5 A, 6A, 10 A, 16 A)

Anschluss der Leitung
- Löten, Klemmen, Stecken
- wiederanschließbar/ nicht wiederverschließbar

Befestigung der Steckvorrichtung
- Schrauben, Schnappen

Geräteverbindung

Steckanschlüsse	DIN EN 60320-1: 2016-04
■ $I_r = 0{,}2$ A ■ $\vartheta_{max} = 70$ °C ■ Schutzklasse II	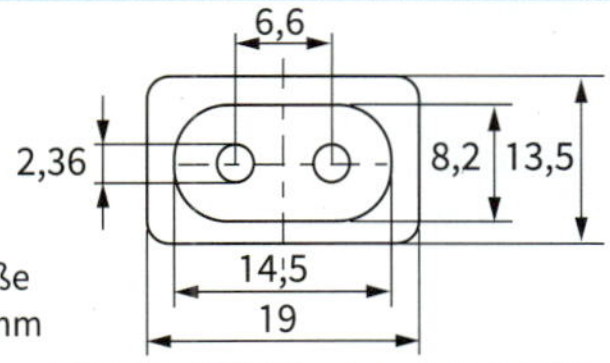 Maße in mm
■ $I_r = 2{,}5$ A ■ $\vartheta_{max} = 70$ °C ■ Schutzklasse II	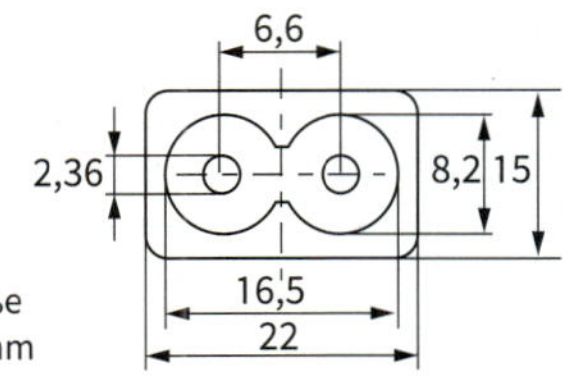 Maße in mm
■ $I_r = 2{,}5$ A ■ $\vartheta_{max} = 70$ °C ■ Schutzklasse I	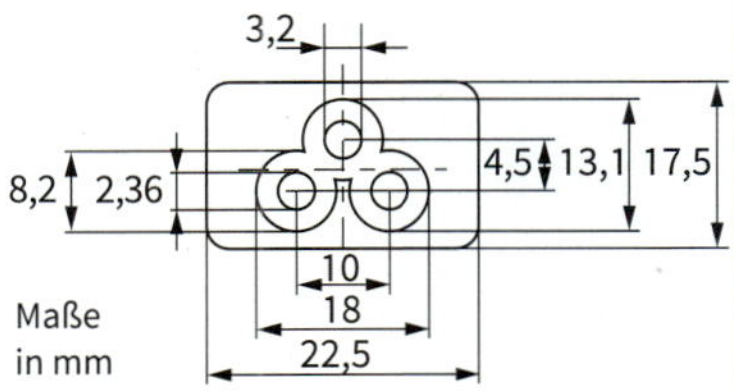 Maße in mm
■ $I_r = 16$ A ■ $\vartheta_{max} = 155$ °C ■ Schutzklasse I	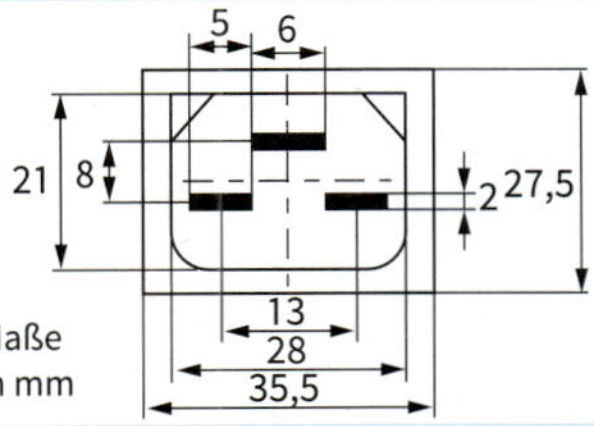 Maße in mm

Netzanschluss

Steckanschlüsse	DIN VDE 0620-1: 2016-01
■ Stecker sollten europäisch vereinheitlicht werden. ■ Diese Vorhaben war nicht erfolgreich. Als Ergebniss wurden verschiedene europäische Steckverbinder festgelegt (CEE-System). ■ CEE[1]: Commission on the Rules for the Approval of the Electrical Equipment (Europäische Behörde für die Regelung der Zulassung elektrischer Ausrüstungen)	
Eurostecker: ■ $I_{max} = 2{,}5$ A ■ Schutzklasse II ■ Typ: CEE 7/16	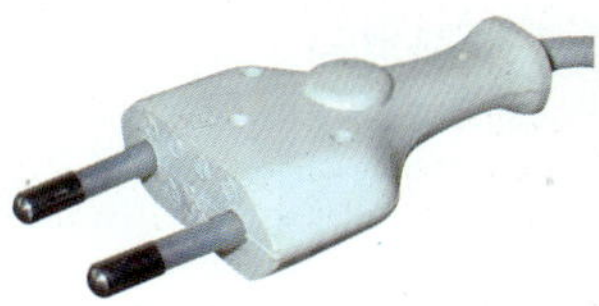
Konturenstecker: ■ $I_{max} = 10$ A ■ Schutzklasse II ■ ohne Schutzleiter ■ Typ CEE 7/17	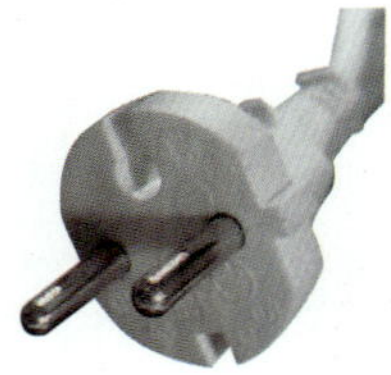
Schukostecker: ■ $I_{max} = 16$ A ■ Schutzklasse I ■ Typ: CEE 7/4	

[1] CEE: Communauté Economique Européene

Einflussgrößen zur Auswahl einer Leitung

- **Leitungsart**
  - Aderart und -aufbau
    - flexible Leiter
    - feste Leiter
  - Isoliermaterial — DIN EN 50525-1, DIN EN 50525-2-21
- **Leitungsverlegung** — DIN 18015-3, DIN VDE 0100-520
  - Leitungsweg
  - zulässige Verlegeart — DIN VDE 0298-4
  - Leitungsverbindung — DIN VDE 0606, DIN VDE 0609, DIN VDE 0611
  - Biegeradius — DIN VDE 0298-3, DIN VDE 0891-5
- **Leiterquerschnitt**
  - Strombelastbarkeit — DIN VDE 0298-4
    - Verlegeart
    - belastete Adern
    - Leitungshäufung
    - Umgebungstemperatur
    - Oberschwingungen
  - Spannungsfall — DIN VDE 0100-520, DIN VDE 18015-1, TAB 2007
  - Abschaltbedingungen — DIN VDE 0100-410

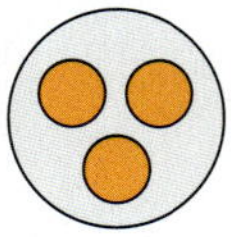

NYM 3 x 1,5 mm^2

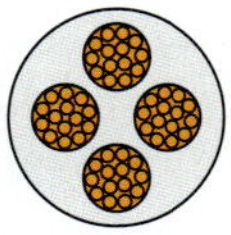

NYM 4 x 16 mm^2

NAYY–J 3 x 120 mm^2

Installationszonen:

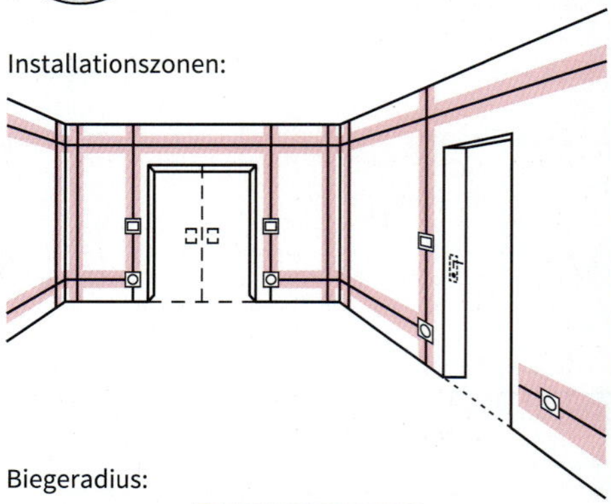

Biegeradius:

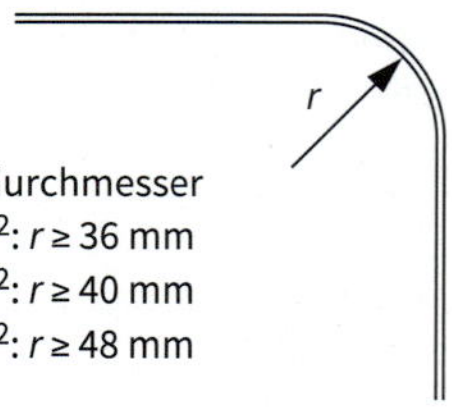

Beispiel:
NYM
$r \geq 4$ x Leitungsdurchmesser
NYM 3 x 1,5 mm^2: $r \geq 36$ mm
NYM 5 x 1,5 mm^2: $r \geq 40$ mm
NYM 5 x 2,5 mm^2: $r \geq 48$ mm

Verlegearten (Beispiele):

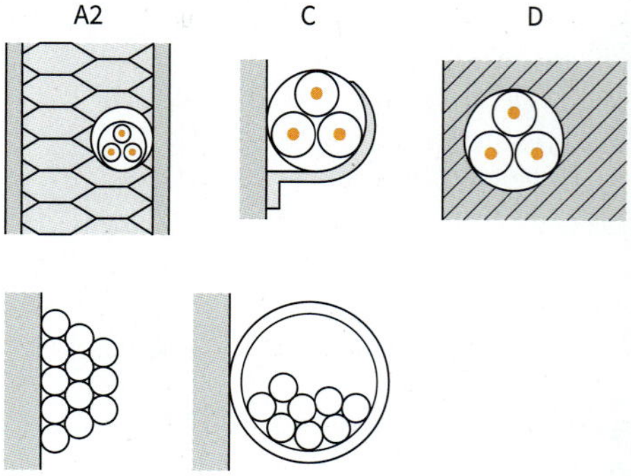

$\Delta U \leq 3\,\%$

1. $I_b \leq I_n \leq I_Z$
2. $I_2 \leq 1{,}45 \cdot I_Z$

Leitungskennzeichnung (Typenkurzzeichen)

Typenkurzzeichen
Beispiel: H 03 VV - F 3 G 0,5

Kennzeichnung der Bestimmung (H)
H: Harmonisierter Typ
A: Anerkannter nationaler Typ

Bemessungsspannung in V (03)
03: 300/300 V; 05: 300/500 V;
07: 450/750 V

Isolier- und Mantelwerkstoff (VV)
B: Etylen-Propylen-Kautschuk
V: PVC
R: Natur- oder Synthetischer Kautschuk
N: Chloropren-Kautschuk
S: Silikon-Kautschuk
J: Glasfasergeflecht
T: Textilgewebe
Q: Polyurethan
V2: PVC, wärmebeständig

Aufbauart
H: flache, aufteilbare Leitung
H2: flache, nicht aufteilbare Leitung

Leiterart (F)
U: eindrähtig
R: mehrdrähtig
K: feindrähtig; Leitungen fest verlegt
F: feindrähtig; Leitungen flexibel
H: feinstdrähtig
Y: Lahnlitzenleiter

Aderzahl (3)

Schutzleiter (G)
X: ohne gnge Schutzleiter
G: mit gnge Schutzleiter

Leiterquerschnitt (0,5)

Verwendung	Beispiele	Kurzzeichen	Aderzahl
■ Leitung für innere Verdrahtung von Geräten ■ geschützte Verlegung in und an Leuchten ■ Verdrahtungsleitung in Schalt- und Verteilungsanlagen ■ Signal- und Steuerstromkreise	PVC-Einzeladern 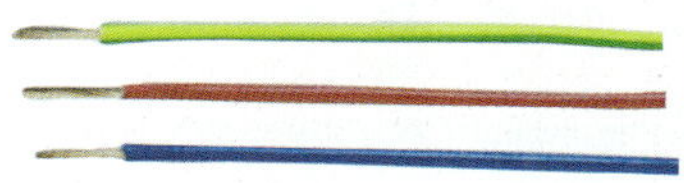	H05V-U/K H07V-U/K	1 1
■ Verbindungsleitung in Versorgungsanlagen, Schaltschränken, Motoren und Transformatoren bei hohen Umgebungstemperaturen, z. B. Lackier- und Trocknungsanlagen ■ Feste Verlegung in oder auf Leuchten	Wärmebeständige PVC-Einzeladern 	H05V2-K	1
■ Feste Verlegung in Wohnbauten, öffentlichen Gebäuden und Industrieanlagen ■ Schutz vor direkter Sonneneinstrahlung erforderlich	Schadstofffreie Mantelleitung 	NHMH-J	3…7
■ Installationsleitung zur Verwendung auch im Freien bei Schutz vor dir. Sonnenbestrahlung ■ in trockenen, feuchten und nassen Räumen ■ Verlegung auf, in und unter Putz, in Mauern, in Beton außer für direktes Verlegen in Schüttel-, Rüttel- oder Stampfbeton.	PVC-Mantelleitung 	NYM[1]	1…7
■ Installationsleitung für Industrieanlagen, Hotels, Flughäfen, U-Bahnen, Krankenhäuser, Schulen, Hochhäuser (Entstehen von korrosiven Brandgasen wird verhindert.) ■ Anwendung wie bei PVC-Mantelleitung	Halogenfreie Mantelleitung 	NHXMH[1]	1…7
■ Installationsleitung mit selbsttragender Aufhängung für den Anschluss von Straßenbeleuchtung ■ Hausanschlussleitung über Dachständer (Zugbeanspruchung bei Mindestdurchhang je nach Spannweite, auf Herstellerangaben achten.)	PVC-Mantelleitung mit Tragseil 	NYMT[1]	3…4

[1] Bezeichnungen sind nicht harmonisiert

Leitungen für flexible Verlegung

Verwendung	Leitungsart	Kurzzeichen	Ader-zahl
▪ Anschlussleitung bei mittlerer mechanischer Beanspruchung für Elektrowerkzeuge, transportable Motoren, Maschinen in der Landwirtschaft und auf Baustellen ▪ Einsatz in trockenen, feuchten und nassen Räumen	Spiralleitung 	H05BQ-F H07BQ-F	2, 3
▪ Anschlussleitung bei leichter mechanischer Beanspruchung für kleine Elektrogeräte im Haushalt, für Tischleuchten, Büromaschinen ▪ Nicht zugelassen für Heiz-/Wärmegeräte und Einsatz im Freien und in gewerblichen Betrieben	Leichte PVC-Schlauchleitung 	H03VV-F	2 … 7
▪ Anschlussleitung bei mittlerer mechanischer Beanspruchung für Elektrogeräte ▪ Zugelassen für Koch- und Wärmegeräte ▪ Feste Verlegung in Möbeln, Stellwänden und Hohlräumen von Fertigbauteilen ▪ Nicht zugelassen im Freien und zum Anschluss von gewerblich genutzten Elektrowerkzeugen	Mittlere PVC-Schlauchleitung 	H05VV-F	2 … 7
▪ Anschlussleitung bei leichten mechanischen Beanspruchungen für Elektrogeräte, auch für Heiz- und Wärmegeräte und Elektroherde ▪ Feste Verlegung wie bei PVC-Mantelleitung ▪ Zugelassen für kurzzeitigen Einsatz im Freien und Anschluss von Elektrowerkzeugen ▪ Typ H05RN-F zugelassen im Freien und in explosionsgefährdeten Bereichen	Leichte Gummischlauchleitung 	H05RR-F H05RN-F	2 … 5
▪ Anschlussleitung bei mittleren mechanischen Beanspruchungen für größere Elektrogeräte ▪ Verlegung in trockenen, feuchten, nassen Räumen und im Freien, auch für feste Verlegung auf Putz, bei geschützter Verlegung in Rohren ▪ Anschlussleitung für Motoren ▪ Zugelassen für explosionsgefährdete Bereiche	Schwere Gummischlauchleitung 	H07RN-F	1 … 7

Leitungen und Kabel für Klingel-, Signal- und Fernmeldeanlagen

Verwendung	Leitungsart	Kurzzeichen
▪ Anlagen für Signalübertragung und in Kommunikationsanlagen ▪ Informationsverarbeitungsgeräte	Schaltdraht 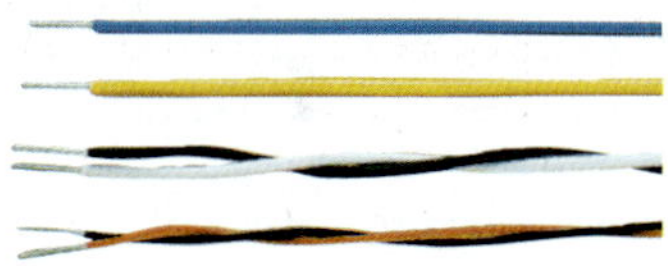	YV
▪ Schaltlitze zum Anschluss von Geräten in Kommunikationsanlagen, in elektrischen Baugruppen, Geräten und Schränken für Temperaturen bis +70 °C	PVC-Schaltlitze 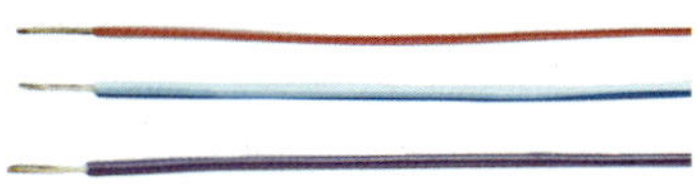	LiY
▪ Steuer- und Signalleitung in Rechneranlagen zur störfreien Daten- und Signalübertragung, geschirmt mit Kupferdrahtgeflecht (C) ▪ Verlegung in trockenen, feuchten und nassen Räumen	PVC-Datenleitung 	LiY-CY
▪ Ungeschirmtes (U) LAN-Kabel für lokales Netzwerk mit paarweiser Verdrillung (TP: twisted pair) der Adern ▪ Verlegung getrennt von Energiekabeln ▪ Geschirmte (S) Netzwerkkabel für Computervernetzung	LAN-Kabel 	UTP/STP 4x2x AWG[1]

[1] AWG: American Wire Gauge, eine Standard-Maßangabe der Leiterabmessung

Kennfarben von Leitern

Colour codes of cores and cables

DIN VDE 0293-308: 2003-01

Isolierte und blanke Leiter

Leiterbezeichnung		Zeichen	Farbe	Leiterbezeichnung	Zeichen	Bildzeichen	Farbe
Wechselstrom	Außenleiter	L1; L2; L3	1)	Schutzleiter	PE	(⏚)	gnge
	Neutralleiter	N	bl	PEN-Leiter (Neutrall. mit Schutzfunktion)	PEN	(⏚)	gnge
Gleichstrom	positiv	L+	1)	Erde	E	⏚	1)
	negativ	L–	1)	1) Farbe nicht festgelegt			
	Mittelleiter	M	bl				

Adern bei isolierten Leitungen und Kabeln

für feste Verlegung											für ortsveränderliche Verbraucher									
Aderzahl	Leitungen mit Schutzleiter					Leitungen ohne Schutzleiter					Leitungen mit Schutzleiter					Leitungen ohne Schutzleiter				
2	–	–				bl	br				–	–				bl	br			
3	gnge	bl	br			–	br	sw	gr		gnge	bl	br			–	br	sw	gr	
4	gnge	–	br	sw	gr	bl	br	sw	gr		gnge	–	br	sw	gr	bl	br	sw	gr	
5	gnge	bl	br	sw	gr	bl	br	sw	gr	sw	gnge	bl	br	sw	gr	bl	br	sw	gr	sw

Farbkurzzeichen:
schwarz (sw) black (BK), braun (br) brown (BN), blau (bl) blue (BU), grau (gr) grey (GR), gelb (ge) yellow (YE), grün (gn) green (GN)

Anwendungen
Aderkennzeichnung bei Leitungen und Kabel für feste Verlegung und flexible Leitungen in

- Installationen elektrischer Anlagen,
- Verteilungssystemen,
- Energieversorgung von fest installierten und ortsveränderlichen Betriebsmitteln,
- Anschlussleitungen bei transportierbaren Betriebsmitteln.

Keine Gültigkeit der DIN VDE 0293-308 für

- Leitungen, Kabel und isolierte Leiter zur inneren Verdrahtung elektrischer Betriebsmittel und fabrikfertiger Schaltkombinationen,
- Leitungen und Kabel in Gleichstromanlagen,
- Leitungen und Kabel, die mehr Adern besitzen als in der Tabelle aufgeführt und
- umhüllte Freileitungen und isolierte Freileitungsseile.

Farbe der Isolierung bei einadrigen Leitungen		
Schutzleiter	Neutralleiter	Außenleiter
grün/gelb	blau	braun, schwarz, grau

Spannungsfall und Verlustleistung

Voltage drop and power loss

Kenngröße	Art des Netzes		
	Gleichstrom	Wechselstrom	Drehstrom
Spannungsfall in V, unverzweigtes Netz	$\Delta U = \frac{2 \cdot l \cdot I}{x \cdot q}$	$\Delta U = \frac{2 \cdot l \cdot I \cdot \cos\varphi}{x \cdot q}$	$\Delta U = \frac{\sqrt{3} \cdot l \cdot I \cdot \cos\varphi}{x \cdot q}$
Spannungsfall in V, verzweigtes Netz	$\Delta U = \frac{2}{x \cdot q} \cdot \Sigma (I \cdot l)$	$\Delta U = \frac{2 \cdot \cos\varphi_m}{x \cdot q} \cdot \Sigma (I \cdot l)$	$\Delta U = \frac{\sqrt{3} \cdot \cos\varphi_m}{x \cdot q} \cdot \Sigma (I \cdot l)$
Verlustleistung in W	$P_V = \frac{2 \cdot l \cdot I^2}{x \cdot q}$	$P_V = \frac{2 \cdot l \cdot I^2}{x \cdot q}$	$P_V = \frac{3 \cdot l \cdot I^2}{x \cdot q}$
maximale Leitungslänge in m	$l = \frac{\Delta u \cdot U \cdot q \cdot x}{2 \cdot 100\,\% \cdot I}$	$l = \frac{\Delta u \cdot U \cdot q \cdot x}{2 \cdot 100\,\% \cdot I \cdot \cos\varphi}$	$l = \frac{\Delta u \cdot U \cdot q \cdot x}{\sqrt{3} \cdot 100\,\% \cdot I \cdot \cos\varphi}$

Spannungsfall in % $\Delta u = \frac{\Delta U}{U_N} \cdot 100\,\%$ Verlustleistung in % $P_{V\%} = \frac{P_V}{P} \cdot 100\,\%$

Bezeichnungen

Kurzzeichen	Erklärung
N	Genormte Ausführung
	Leiterart:
A	Aluminium kein Zeichen für Kupfer
	Isolierwerkstoff:
Y	PVC
2X	vernetztes PE (VPE)

Kurzzeichen	Erklärung
	Konzentrischer Leiter, Schirm:
C	Kupfer
CW	Kupfer, wellenförmig
S	Kupferschirm
(F)	längswasserdichter Schirm
	Bewehrung:
B	Stahlband
F	Flachdraht verzinkt
G	Gegenwendel aus verzinktem Stahlband
R	Runddraht verzinkt

Kurzzeichen	Erklärung
	Mantel:
A	Faserstoffe
K	Bleimantel
KL	Aluminiummantel
Y	PVC-Isolierung
2Y	PE-Isolierung
	Schutzleiter:
-J	mit Schutzleiter
-O	ohne Schutzleiter

Arten

Niederspannungskabel bis $U_0/U = 0{,}6/1$ kV	
Verwendung	Beispiele
■ Energiekabel für Industrie, Kraftwerke, Hausanschlüsse, Erdkabel ■ Steuerkabel zur Übertragung von Messwerten ■ Verlegung in Erde, Wasser, im Freien, in Kabelkanälen und in Beton	**NYCY** mit Rundleiter 
■ Energiekabel für Industrie, Schaltanlagen und Ortsnetze, Erdkabel ■ Verlegung wie NYCY	**NYY** mit Rund- oder Sektorleiter 
■ Energie-/Kunststoffkabel mit VPE-Isolierung für Industrie und Ortsnetze ■ Verwendung des konzentrischen Leiters als N- und PE-Leiter ■ Verlegung wie NYCY	**NA2XY** mit Sektorleiter, eindrähtig 
■ Energiekabel für Industrie, Ortsnetze, Kraftwerke u. Schaltanlagen, Erdkabel ■ Steuerkabel zur Messwertübertragung ■ Verlegung bei mechanischem Schutz ■ Konzentr. Leiter als N- und PE-Leiter	**NYCWY** mit Sektorleiter 
■ Isoliertes Freileitungsseil für Drehstromsysteme im Viererbündel ■ Kennzeichnung der Außenleiter durch Noppen auf Isolierung	**NFA2X** Sektorleiter, mehrdrähtig 
Hochspannungskabel[1] $U_0/U = 6/10$ kV; $U_0/U = 12/20$ kV; $U_0/U = 18/30$ kV	
■ Kabel (1-adrig, geschirmt) mit VPE-Isolierung für Industrie, Kraftwerke und Schaltanlagen ■ Verlegung bei starker mechanischer Beanspruchung in Erde, Wasser und Kabelkanälen	**NA2XS2Y** mehrdrähtig 
■ Kabel (1-adrig, geschirmt) mit PVC-Mantel für Industrie, Kraftwerke und Schaltanlagen ■ Verlegung wie vorher und bei schwieriger Trassenführung	**N2XSY** mehrdrähtig 

[1] Im Alltagsgebrauch werden noch die Begriffe Höchst- und Mittelspannung verwendet.

Aufbau und Leiterform

Abbildung	Kurzz.	Erklärung
	SM	sektorförmiger Leiter, mehrdrähtig
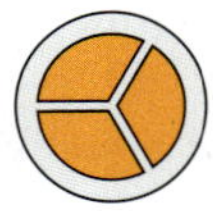	SE	sektorförmiger Leiter, eindrähtig
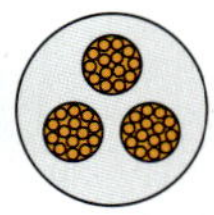	RM	runder Leiter, mehrdrähtig
	RE	runder Leiter, eindrähtig bei 10 mm²

Zuordnung[1] des Schutz- oder PEN-Leiters (S) zum Außenleiter (A)

Querschnitt in mm²			
A	S	A	S
1,5	1,5	35	16
2,5	2,5	50	25
4	4	70	35
6	6	95	50
10	10	120	70
16	16	150	70
25	16	185	95

[1] Zuordnung gilt für isolierte Energieleitungen und 0,6/1 kV-Kabel mit 4 Leitern.

- Kabel und Leitungen (Strom-, Steuer- und Kommunikationskabel), die **dauerhaft** in Bauwerken verbaut werden, fallen ab 01.07.2017 unter die **Bauproduktenverordnung** EU-BauPVO (EU 305/2011).
- Ausgenommen sind
  - Liftkabel, Kabel innerhalb von Maschinen,
  - Kabel zur Verwendung in industriellen Anlagen.
- Die BauPVO
  - definiert die Bedingungen für die CE-Kennzeichnung
  - verlangt eine Leistungserklärung (**DoP**) des Herstellers über die wesentlichen Produktmerkmale
  - legt ein System fest, wie die Konformität zur EU-Richtlinie sichergestellt wird.
- Kabel und Leitungen werden nach BauPVO in **Brandklassen** (**Euroklassen** A_{ca} bis F_{ca} (ca: cable)) eingeteilt.
- Diese definieren die Eigenschaften hinsichtlich der **Brandsicherheit** (Flammausbreitung, Wärmeentwicklung).
- Kennzeichnung:
  - Klasse A_{ca}: Nichtbrennnbarkeit
  - Klasse $B1_{ca}$ bis F_{ca}: weisen zunehmende Brennbarkeit aus (siehe Tabelle).
- Zusätzlich können folgende Merkmale angegeben werden (niedrigere Zahl: bessere Eigenschaft):
  - Rauchentwicklung und Rauchdichte: **s**1 bis **s**3 (**s**moke)
  - Brennende Tropfen: **d**0 bis **d**2 (**d**roplets)
  - Säurebildung und Korosivität: **a**1 bis **a**3 (**a**zidität: Säuregehalt)

Euroklassen für Kabel und Leitungen

Klasse	Klassifizierungskriterien
A_{ca}	PCS ≤ 2,0 MJ/kg
$B1_{ca}$	FS ≤ 1,75 m; brennendes Abtropfen/Abfallen; Peak HRR ≤ 20 kW; H ≤ 425 mm
$B2_{ca}$	FS ≤ 1,5 m; brennendes Abtropfen/Abfallen; Peak HRR ≤ 30 kW; H ≤ 425 mm
C_{ca}	FS ≤ 2,0 m; brennendes Abtropfen/Abfallen; Peak HRR ≤ 60 kW; H ≤ 425 mm
D_{ca}	$THR_{1200\,s}$ ≤ 70 MJ; brennendes Abtropfen/Abfallen; FIGRA ≤ 1300 Ws^{-1}; H ≤ 425 mm
E_{ca}	H ≤ 425 mm
F_{ca}	H ≤ 425 mm

FIGRA: **Fi**re **Gr**owth **Ra**te (Index der Wärmefreisetzungsrate in W/s)
FS: **F**lame **S**pread (vertikale Flammausbreitung in m)
H: Flame Spread (vertikale Flammausbreitung in mm)
HRR: **H**eat **R**elease **R**ate (maximale Wärmefreisetzungsrate in kW)
PCS: **P**ouvoir **C**alorique **S**upérieur (Brutto-Verbrennungswärme in MJ/kg)
THR: **T**otal **H**eat **R**elease (Gesamt-Wärmefreisetzung in MJ)

CE-Kennzeichnung

- Das **CE-Kennzeichen** muss gut sichtbar, leserlich und dauerhaft auf dem Produktetikett angebracht sein.
  Das Produktetikett muss auf Ringen, Spulen oder Trommeln befestigt sein.

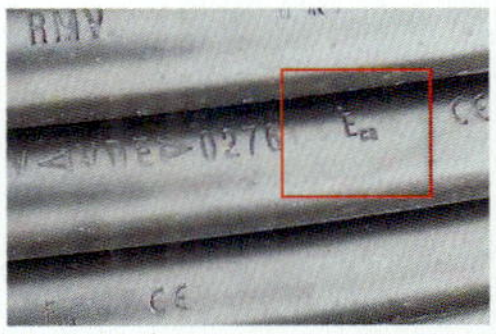

Beispiel:
Herkunft, **Beschreibung** und **Brandverhaltensklasse** müssen auf dem Kabel oder der Verpackung oder dem Etikett aufgebracht sein.

- Die **Leistungserklärung** (**DoP**: **D**eclaration **o**f **P**erformance) muss Angaben enthalten:
  - Leistungen der wichtigsten Produkteigenschaften
  - Verwendung des Produkts,
  - Hersteller des Produkts,
  - Angaben einer externen Prüfstelle, die in der Fertigung eingebunden ist.

Beispiele für Kabel und Leitungen

Kabel-/Leitungsart	Euroklasse
Erdkabel NYCY	E_{ca}
Industriekabel N2XSY	E_{ca}
Halogenfreies Kabel N2XH	$B2_{ca}/C_{ca}$
Halogenfreie Mantelleitung NHXMH	$B2_{ca}/C_{ca}/D_{ca}$
Mantelleitung NYM	E_{ca}
Flexible Steuerleitung JZ-500 HMH	D_{ca}

Zuordnung Gebäudeklassen – Euroklassen[1)]

Klasse	Gebäudeart	Euroklassen	
		Gebäude	Fluchtwege im Gebäude
1	Freistehende Gebäude, Höhe ≤ 7 m Fläche ≤ 400 m^2	E_{ca}	–
4	Sonstige Gebäude, Höhe ≤ 13 m Fläche ≤ 400 m^2	E_{ca}	$B2_{ca}$ s1 d1 a1
S[2)]1	Hochhäuser Höhe > 22 m	C_{ca} s1 d2 a1	C_{ca} s1 d2 a1
S4	Verkaufsstätten Fläche > 800 m^2	C_{ca} s1 d2 a1	$B2_{ca}$ s1 d2 a1
S5	Büroräume Fläche > 400 m^2	C_{ca} s1 d2 a1	$B2_{ca}$ s1 d2 a1
S10	Krankenhäuser	$B2_{ca}$ s1 d1 a1	$B2_{ca}$ s1 d1 a1
[3)]	Industriegebäude	C_{ca} s1 d2 a1	$B2_{ca}$ s1 d2 a1

[1)] Vorschlag der deutschen Kabelindustrie
[2)] Buchstabe **S**: **S**onderbauten
[3)] Zuordnung durch Kabelindustrie

Verbindungen durch
- Schrauben
- Schraubklemmen
- Federklemmen
  - Steckklemmen
  - Schneidklemmen

Schrauben	Schraubklemmen	Steckklemmen	Schneidklemmen
Kontakt durch Schraubdruck auf Unterlegscheibe und Federring	Kontakt durch Schraubdruck auf den Leiter	Kontakt durch Federdruck auf abisoliertem Leiter	Kontakt nach Durchschneiden der Leiterisolation durch die Feder
Eigenschaften			
Sicherung durch Federringe und Zahnscheiben gegen selbsttätiges Lösen	Sicherung durch festes Anziehen der Schraube	Große Rüttelfestigkeit, einfaches Lösen der Verbindung möglich	Große Rüttelfestigkeit, nach Lösen der Verbindung, Kürzung des Leiters bis Einschnitt
Beispiele			
Schraubverbindung am Klemmbrett eines Motors 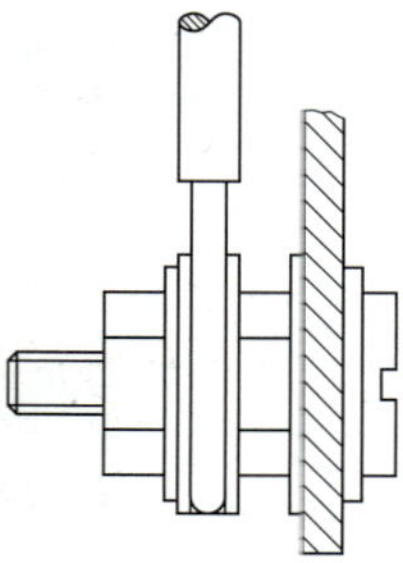	Abzweigklemmen 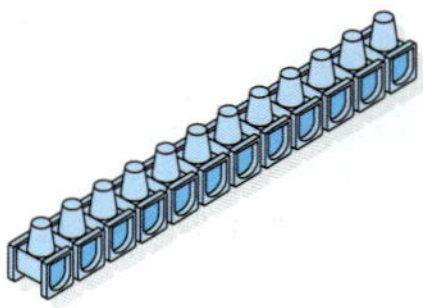 Reihenlüsterklemmen 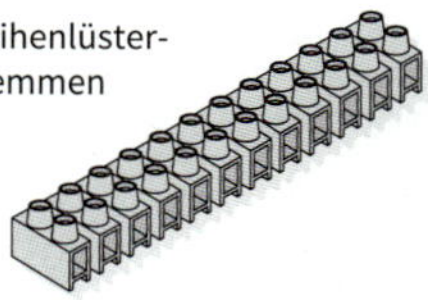	Schraubenlose Dosenklemmen 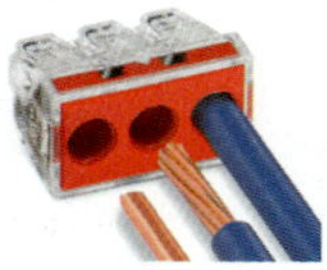 Schraubenlose Leuchtenklemmen 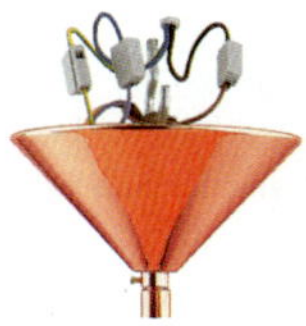	Schneidklemme in Schnellanschlusstechnik 
Hinweise			
■ Gleiche Biegerichtung der Öse und Drehrichtung der Schraube oder Mutter ↓ Öse wird beim Anziehen nicht aufgebogen.	■ Anziehen mit Schraubendreher ■ Nicht zu starker Druck, da sonst Leiterbeschädigung ↓ Mechanisch und elektrisch feste Verbindung	■ Kein Werkzeug erforderlich ■ Öffnung für Spannungsprüfer ■ Anklemmen verschiedener Leiterdurchmesser ↓ Schnelle und sichere Montage, geringer Platzbedarf	■ Anschlussleiter ablängen und direkt anschließen ↓ Kein Spezialwerkzeug und große Zeitersparnis

Leitungsverbindungen

Regeln nach DIN VDE 0100-520:
- Anschlussklemmen:
  Anschluss nur eines Leiters
- Verbindungsklemmen:
  Anschluss mehrerer Leiter
- Anschlussstellen mit mechanischen Erschütterungen:
  Keine Löt- oder Schweißverbindungen
- Verbindungen bei Ein- und Mehraderleitungen in Installationsrohren:
  Kästen, Dosen, Muffen
- Mehr- und feindrähtige Leitungen:
  Schutz vor Abspleißen und Abquetschen durch Aderendhülsen oder Kabelschuhe
- Anschluss- und Verbindungsstellen:
  Auswahl nach Anzahl und Querschnitt der Leiter

Installationsdosen nach DIN VDE 0606-1:
- Verbindungsdosen:
  Verbindung und Abzweigung von Leitern
- Gerätedosen:
  Einbau von Steckdosen und Schaltern
- Deckenleuchten-Verbindungsdosen:
  Anschluss von Leuchten und Einbau von Verbindungsklemmen
- Deckenleuchten-Anschlussdosen:
  Anschluss von Leuchten
- Geräteanschlussdosen:
  Fester Anschluss eines Gerätes über eine flexible Leitung
- Verbindungsmuffen:
  Verbindung von zwei Leitungen

Einflussfaktoren

Die Bemessungsstromstärke I_n eines Überstrom-Schutzorgans einer Leitung hängt neben der Verlegeart noch von folgenden **Faktoren** (f) ab:

- Abweichende Umgebungstemperatur f_1
- Gehäufte Leitungsverlegung f_2
- Zahl der belasteten Adern f_3
- Auswirkung von Oberschwingungen f_4

Die Faktoren f_1 bis f_4 sind aus Tabellen der DIN VDE 0298-4 zu entnehmen.

Berechnungsformel: $I_z = f_1 \cdot f_2 \cdot f_3 \cdot f_4 \cdot I_r$

I_Z: Zulässige Strombelastbarkeit unter realen Bedingungen
I_r: Bemessungsstromstärke ohne Berücksichtigung der Einflussfaktoren (ideale Bedingungen)

Ablaufschema

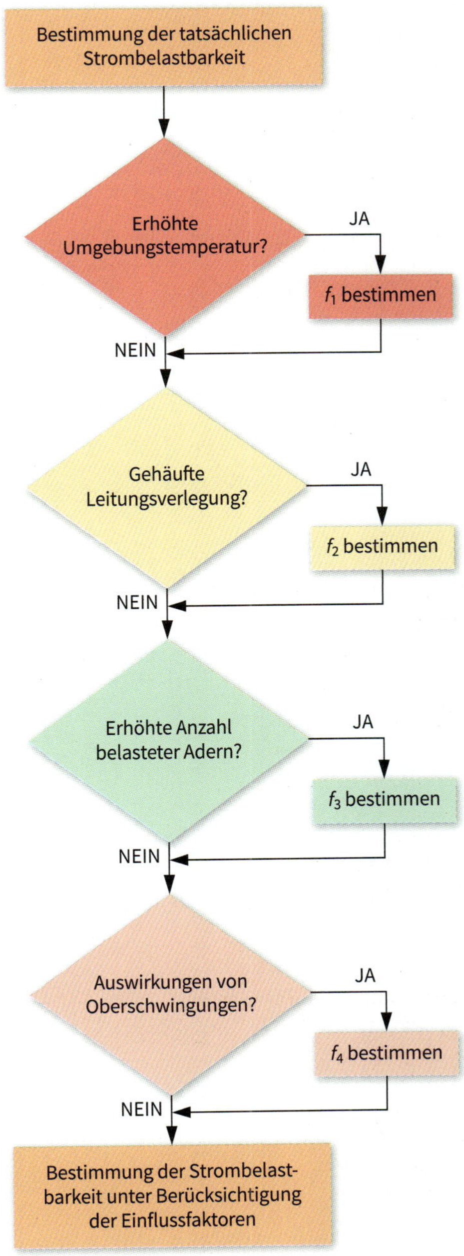

Werte der Einflussfaktoren

Faktor f_1 (bei einer von 30 °C abweichenden Umgebungstemperatur) [1]

ϑ in °C	10	15	20	25	30	35
f_1	1,22	1,17	1,12	1,06	1,0	0,94
ϑ in °C	40	45	50	55	60	65
f_1	0,87	0,79	0,71	0,61	0,50	0,35

Zulässige bzw. empfohlene Betriebstemperatur am Leiter 70 °C.

[1] Bei einer veränderten Umgebungstemperatur müssen für die Berechnung der Strombelastbarkeit die Stromstärkewerte für 30 °C zugrunde gelegt werden.

Faktor f_2 (gehäufte Leitungsverlegung)

Verlegung	Anzahl der mehradrigen Leitungen					
	1	2	3	4	6	9
gebündelt im Elektroinstallations-rohr/-kanal	1,0	0,8	0,7	0,65	0,57	0,5
Einlagig direkt auf der Wand oder dem Fußboden	1,0	0,85	0,79	0,75	0,72	0,7
in gelochter Kabelwanne	1,0	0,88	0,82	0,79	0,76	0,73
auf einer Kabelpritsche	1,0	0,87	0,82	0,8	0,79	0,78

Faktor f_3 (Verlegung vieladrig belasteter Leitungen)

belastete Adern	2	3	5	7	10	14	19	24
f_3	1,0	1,0	0,75	0,65	0,55	0,5	0,45	0,4

Faktor f_4 (Auswirkung von Oberschwingungen) [2]

Wirkleistungsanteil der Geräte mit Oberschwingungen zur Gesamtwirkleistung in Prozent	0 % … 10 %	11 % … 22 %	23 % … 30 %	31 % … 34 %	35 % … 38 %	39 % … 41 %
f_4	1,00	0,86	0,70	0,67	0,61	0,56

[2] Durch den Einfluss von Oberschwingungen kann die Stromstärke im Neutralleiter über der Stromstärke in den Außenleitern liegen. Für diesen Fall ist der Neutralleiterstrom zur Bestimmung des Bemessungsquerschnitts maßgeblich.

Verlegearten und Strombelastbarkeit von Kabeln und Leitungen für feste Verlegung in Gebäuden

(Umgebungstemperatur 25 °C[1]); zulässige Betriebstemperatur am Leiter 70 °C)

Referenz	A1	A2	B1	B2	C	E	F	G
Verlege-art	in wärmegedämmten Wänden im Elektro-Installationsrohr		im Elektro-Installationsrohr auf Wand		Verlegung auf und in Wand	Verlegung in Luft		
	Aderleitungen	Mehradrige Kabel und Mantelleitungen	Aderleitungen	Mehradrige Kabel und Mantelleitungen	Kabel und Mantelleitungen Abstand zur Wand ≤ 0,3 · d	Mehradrige Kabel und Mantelleitungen Abstand zur Wand ≥ 0,3 · d	Einadrige Kabel und Mantelleitung Abstand zur Wand ≥ 1 · d	
							mit Berührung	mit Abstand d
Verlegung	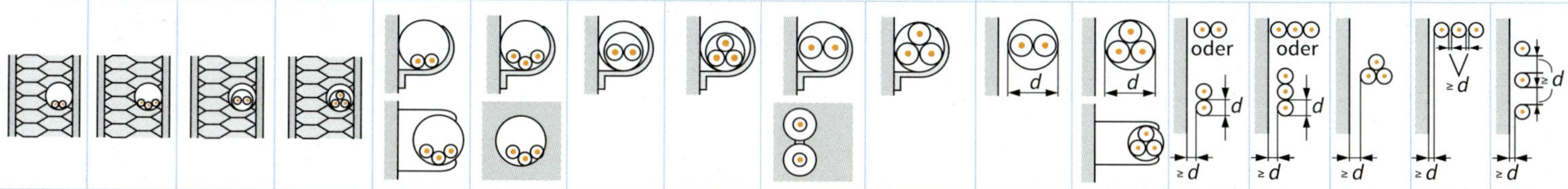							
Leitungsbeispiel	H07V-U/-R/-K, H07V3-U/-R/-K,	NYM, NYMZ, NYMT, NYBUY, NYY, N05VV-U/-R	H07V-U/-R/-K, H07V3-U/-UR/-K	NYM, NYMZ, NYMT, NYBUY, NYY, N05VV-U/-R	NYM, NYMZ, NYMT, NYIF, NYIFY, NYBUY, NYDY, NYY, N05VV-U/-R		NYY	NYY blanke Leiter

Zulässige Strombelastbarkeit I_r[2] der Leitung – Bemessungsstromstärke I_n der zugehörigen Überstrom-Schutzorgane in A

q_n in mm² (Cu)	A1				A2				B1				B2				C				E				F						G			
	belastete Adern																																	
	2		3		2		3		2		3		2		3		2		3		2		3		2		3		3		3		3	
	I_r	I_n	I_r	I_n	I_r	I_n	I_r	I_n	I_r	I_n	I_r	I_n	I_r	I_n	I_r	I_n	I_r	I_n	I_r	I_n	I_r	I_n	I_r	I_n	I_r	I_n	I_r	I_n	I_r	I_n	I_r	I_n	I_r	I_n
1,5	16,5	16	14,5	13	16,5	16	14,0	13	18,5	16	16,5	16	17,5	16	16	16	21	20	18,5	16	23	20	19,5	16	–	–	–	–	–	–	–	–	–	–
2,5	21	20	19,0	16	19,5	16	18,5	16	25	25	22	20	24	20	21	20	29	25	25	25	32	32	27	25	–	–	–	–	–	–	–	–	–	–
4	28	25	25	25	27	25	24	20	34	32	30	25	32	32	29	25	38	32	34	32	42	40	36	35	–	–	–	–	–	–	–	–	–	–
4	–	–	–	–	–	–	–	–	–	–	–	–	–	–	–	–	–	–	35[3]	35	–	–	–	–	–	–	–	–	–	–	–	–	–	–
6	36	35	33	32	34	32	31	25	43	40	38	35	40	40	36	35	49	40	43	40	54	50	46	40	–	–	–	–	–	–	–	–	–	–
10	49	40	45	40	46	40	41	40	60	50	53	50	55	50	49	40	67	63	60	50	74	63	64	63	–	–	–	–	–	–	–	–	–	–
10	–	–	–	–	–	–	–	–	–	–	–	–	–	–	50[2]	50	–	–	63[3]	63	–	–	–	–	–	–	–	–	–	–	–	–	–	–
16	65	63	59	50	60	50	55	50	81	80	72	63	73	63	66	63	90	80	81	80	100	100	85	80	–	–	–	–	–	–	–	–	–	–
25	85	80	77	63	80	80	72	63	107	100	94	80	95	80	85	80	119	100	102	100	126	125	107	100	139	125	121	100	117	100	155	125	138	125
35	105	100	94	80	98	80	88	80	133	125	117	100	118	100	105	100	146	125	126	125	157	125	134	125	172	160	152	125	145	125	192	160	172	160
50	126	125	114	100	117	100	105	100	160	160	142	125	141	125	125	125	178	160	153	125	191	160	162	160	208	200	184	160	177	160	232	200	209	200
70	160	160	144	125	147	125	133	125	204	200	181	160	178	160	158	125	226	200	195	160	246	200	208	200	266	250	239	200	229	200	298	250	269	250

[1] Diese Temperatur wird bei Verlegungen in Deutschland angenommen. [2] Anstatt I_r wird I_Z gesetzt, wenn weitere Einflussfaktoren berücksichtigt werden. (Vgl. vorherige Seite) [3] Gilt nicht für die Verlegung auf einer Holzwand

Eigenschaften

- Hauptschalter zum Trennen und Freischalten von elektrischen Anlagen
- Mögliche Montage an Sammelschienen mit rechteckiger Klemmenausführung (Klemmschiene)
- Anschluss von Leitern mit Querschnitten von z. B. 0,75 mm² ≤ q ≤ 32 mm²
- Bemessungsstromstärken z. B. 0,3 A ≤ I_n ≤ 63 A
- Farbige Schaltstellungsanzeige z. B. im Betätigungsgriff

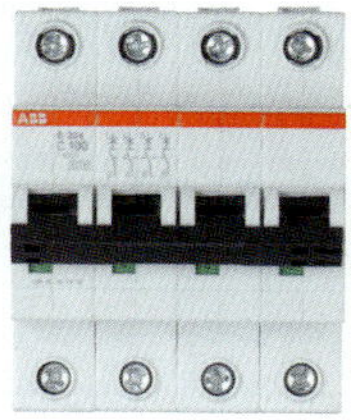

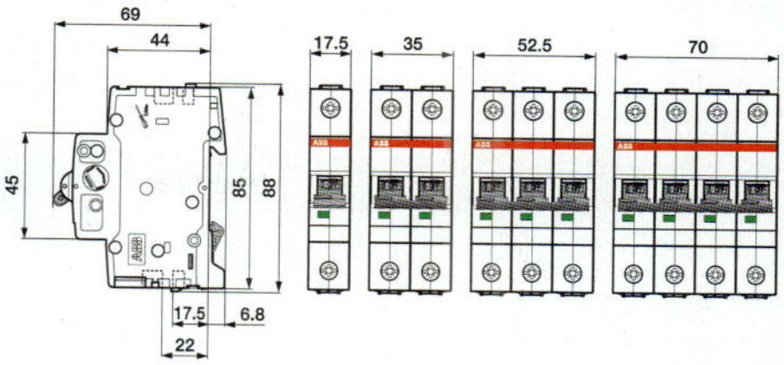

Anschlüsse

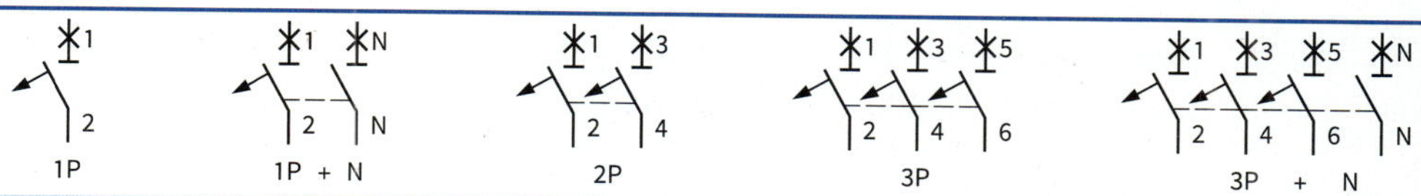

Auslösebedingungen

DIN VDE 0100-430

Bedingungen:

1. $I_b \leq I_n \leq I_z$

2. $I_2 \leq 1{,}45 \cdot I_z$

Nach der 2. Bedingung ist I_2 die Stromstärke, bei der spätestens nach einer Stunde der LS-Schalter abschalten muss. Sie darf maximal das 1,45-fache der maximalen Strombelastbarkeit der Leitung bzw. des Kabels betragen.

I_b: Betriebsstromstärke des Stromkreises
I_z: Zulässige Belastbarkeit der Leitung
I_n: Bemessungsstromstärke der Überstrom-Schutzeinrichtung
I_2: Ansprechstromstärke der Überstrom-Schutzeinrichtung (großer Prüfstrom)

Kennlinien

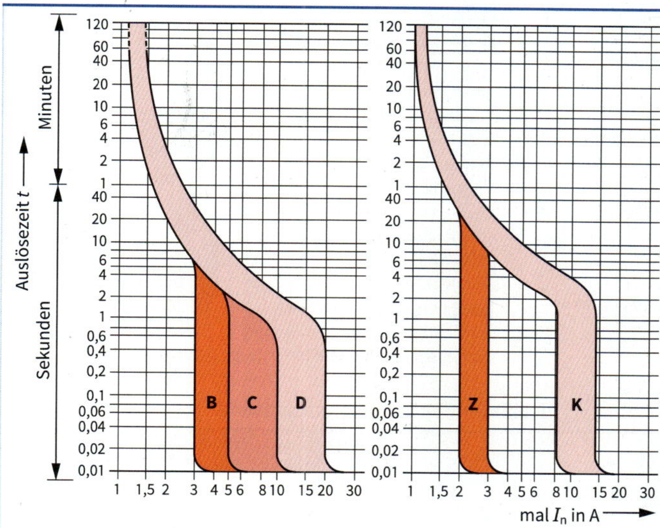

Auslöseverhalten

- **Thermische Auslösung** (Überstromschutz):
  - B, C, D: $1{,}13 \cdot I_n$ bis $1{,}45 \cdot I_n$ → $t_a \leq 1$ h
  - Z, K: $1{,}05 \cdot I_n$ bis $1{,}2 \cdot I_n$ → $t_a \leq 1$ h
- **Magnetische Auslösung** (Kurzschlussschutz):
  - B: $3 \cdot I_n$ bis $5 \cdot I_n$ → $t_a \leq 0{,}1$ s
  - C: $5 \cdot I_n$ bis $10 \cdot I_n$ → $t_a \leq 0{,}1$ s
  - D: $10 \cdot I_n$ bis $20 \cdot I_n$ → $t_a \leq 0{,}1$ s
  - K: $8 \cdot I_n$ bis $14 \cdot I_n$ → $t_a \leq 0{,}2$ s
  - Z: $2 \cdot I_n$ bis $3 \cdot I_n$ → $t_a \leq 0{,}2$ s

Maximale Abschaltzeiten

- **Endstromkreise**
  - TN-System: $t_a \leq 0{,}4$ s
  - TT-System: $t_a \leq 0{,}2$ s
- **Verteilungsstromkreise:**
  - TN-System: $t_a \leq 5$ s
  - TT-System: $t_a \leq 1$ s

Diese maximal zulässigen Abschaltzeiten gelten für alle im Stromkreis eingesetzten Überstrom-Schutzeinrichtungen.

Auslösecharakteristiken

- Auslösecharakteristik **B**:
  - Leitungsschutz in Hausinstallationen für Licht- und Steckdosenstromkreise
- Auslösecharakteristik **C**:
  - Leitungsschutz für Geräte mit höheren Einschaltströmen, z. B. Lampengruppen und Motoren
- Auslösecharakteristik **D**:
  - Leitungsschutz für Geräte mit sehr hohen Einschaltströmen, z. B. Schweißtransformatoren und Motoren
- Auslösecharakteristik **Z**:
  - Überstromschutz von Leitungen
  - Steuerstromkreise ohne Stromspitzen
  - Messstromkreise mit Wandlern
  - Halbleiterschutz
- Auslösecharakteristik **K**:
  - Stromkreise mit hohen Stromspitzen durch Motoren, Transformatoren, Kondensatoren (Elektromagnetischer Auslöser hält hohe Einschaltstromspitzen aus.)

Begriffe und Größen

- RCD: Fehlerstrom-Schutzeinrichtung (FI-Schutzschalter) löst aus, wenn ein Fehlerstrom als Differenzstrom zwischen zufließendem und abfließendem Strom zum Versorgungsnetz auftritt.
- I_n: Bemessungsstromstärke, maximal zulässige Stromstärke für die Fehlerstrom-Schutzeinrichtung
- $I_{\Delta N}$: Bemessungsdifferenzstromstärke, Fehlerstromstärke, z. B. 30 mA, mit Auslösung spätestens nach 300 ms (meistens schon bei 200 ms).

  Bei größeren Fehlerstromstärken erfolgt die Auslösung der Schutzeinrichtung bei t_a < 300 ms.

Fehlerströme

Typ/Verlauf	**AC**  Wechselstrom sensitiv	**A** 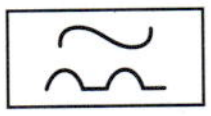 Pulsstrom sensitiv	**B**  Allstrom sensitiv
Stromart	Sinusförmiger Wechselstrom	Sinusförmiger Wechselstrom und pulsierender Gleichstrom	Wechselströme und Gleichströme
Verwendung	In Deutschland nicht zugelassen	Hausinstallationen	Frequenzumrichter und Photovoltaikanlagen
Kennzeichen (für alle Typen)	K – **K**urzzeitverzögerte Abschaltung: niedrige Ausschaltverzögerung von ca. 10 ms	S – **S**elektive Abschaltung: zeitverzögerte Abschaltung in Kombination mit weiteren RCDs möglich	

Arten

- **RCDs** (Typ A), netzspannungsunabhängig, zum Auslösen bei Wechsel- und pulsierenden Gleichfehlerströmen
  Ohne eingebaute Überstrom-Schutzeinrichtung:
  - **RCCB** (**R**esidual **C**urrent operated **C**ircuit-**B**reaker) nach DIN EN 61008-1 und DIN EN 61008-2-1

  Mit eingebauter Überstrom-Schutzeinrichtung:
  - **RCBO** (**R**esidual **C**urrent operated Circuit-**B**reaker with **O**vercurrent Protection) nach DIN EN 61009-1 und DIN EN 61009-2-1
- **RCDs** – Typ B+[1] – netzspannungsunabhängig zum Auslösen bei Wechsel- und pulsierenden Gleichfehlerströmen, netzspannungsabhängig bei glatten Gleichfehlerströmen
  Ohne eingebaute Überstrom-Schutzeinrichtung:
  - **RCCB** nach DIN VDE 0664-400

  Mit eingebauter Überstrom-Schutzeinrichtung:
  - **RCBO** nach DIN VDE 0664-401
- **PRCD** (**P**ortable **R**esidual **C**urrent **D**evice) ortsveränderlich, **ohne Überstromschutz** nach DIN VDE 0661-10

[1] Typ B+ für vorbeugenden Brandschutz

- **Fehlerstrom-Schutzschalter mit LS-Schalter (FI/LS-Schaltern, RCBOs)**
  - Schutzauslösung in Einphasen-Wechselstromkreisen
  - gleichzeitig Schutz gegen Kurzschluss und Überlast
  - Fehlerschutz zum Schutz gegen elektrischen Schlag
  - vorbeugender Brandschutz
  - Ausführung:1-polig und 2-polig
  - LS-Auslösecharakteristik: B und C
  - Bemessungsstromstärken: 6 A bis 32 A
  - Auslöse-Empfindlichkeit: 10 mA oder 30 mA bei den 16 A-Schaltern bzw. 30 mA bei allen übrigen
  - Kombination (FI/LS) → Unerwünschtes Abschalten aufgrund betriebsbedingter Ableitströme wird vermieden.

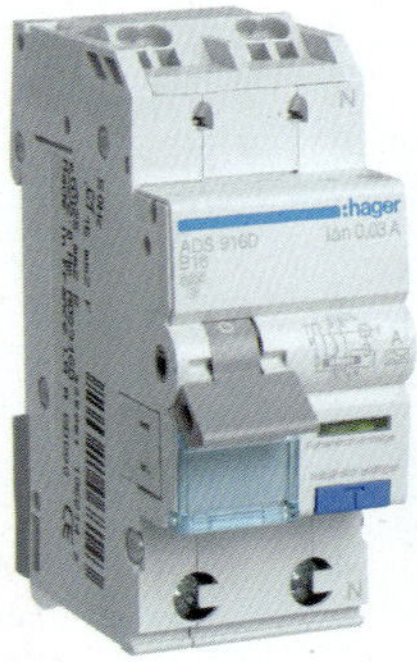

Abmessungen

Beispiel:
RCD, 2-polig

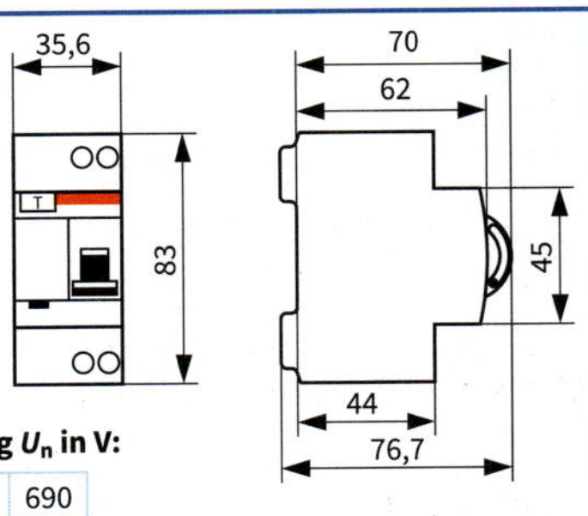

Maße in mm

Bemessungsspannung U_n in V:

230	400	500	660	690

Bemessungsstromstärke I_n in A:

10	13	16	20	25	32	40	63
80	100	125	160	200	225	250	

Maximaler Erdungswiderstand

$I_{\Delta N}$	R_A in Ω bei maximaler Berührungsspannung	
	50 V AC	25 V AC
10 mA	5 000	2 500
30 mA	1 666	833
100 mA	500	250
300 mA	166	83
500 mA	100	50

RCD mit Kurzschlussvorsicherung								
I_n in A	16	25	40	63	100	125	160	225
I_K in kA	1,5	1,5	1,5	2	3,5	2	4	4
Maximale Kurzschlussvorsicherung in A								
NH (gG)	63	80	80	100	125	125	160	224
Neozed	63	80	80	100	–	–	–	–
Diazed (gG)	50	63	63	80	100	–	–	–

Merkmale

- **Schutz von Stromkreisen**: Innerhalb von elektrischen Betriebsmitteln gegen Kurzschluss bzw. Überlast eingesetzt.
- **Auslösprinzipien**:
  - thermisch (**TO**: **T**hermal **O**perated)
  - magnetisch (**MO**: **M**agnetic **O**perated)
  - thermisch-magnetisch (**TM**: **T**hermal-**M**agnetic)
  - hydraulisch-magnetisch (**HM**: **H**ydraulic-**M**agnetic)
  - elektronisch (**EL**: **E**lectronic)
  - elektronisch-hybrid (**EH**: **E**lectronic-**H**ybrid)
- **Anwendungen**:
  - Wechselspannungen bis 440 V
  - Gleichspannungen bis 250 V
  - Bemessungsstromstärke bis 125 A
  - Bemessungskurzschlussstromstärke
  - Ausschaltvermögen typisch 300 A bis 3 kA

Betätigungsart

Kennbuchstabe	Betätigungsart
M	– Selbsttätige Unterbrechung und manuelle Rückstellung – Option: Manuelle Auslösung für Testzwecke – Nicht geeignet für regelmäßige Schalthandlungen (EIN-/AUS-Schaltungen)
R	– Selbsttätige Unterbrechung und manuelle Rückstellung
S	– Selbsttätige Unterbrechung und manuelle Rückstellung – Manuelle Auslösung (sowie manuelle Rückstellung) – Manuelle Betätigung zum regelmäßigen EIN-/Ausschalten zulässig
J	– Selbsttätige Unterbrechung und selbsttätige Rückstellung – Schalter „pumpt“, solange Überlast vorhanden ist

Arten

Auslöseprinzip	TO	MO/MH	TM
Auslösekennlinien	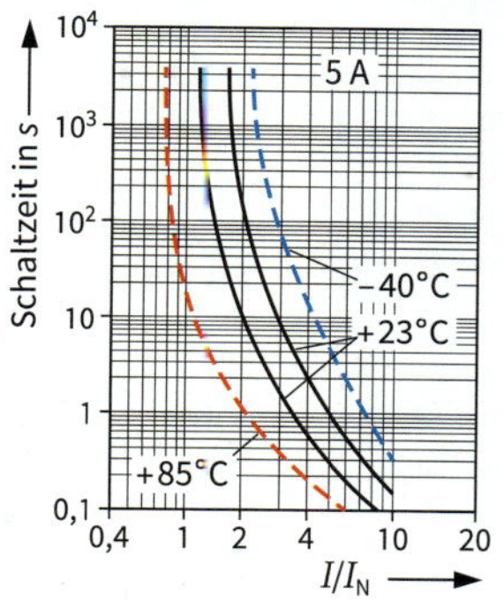	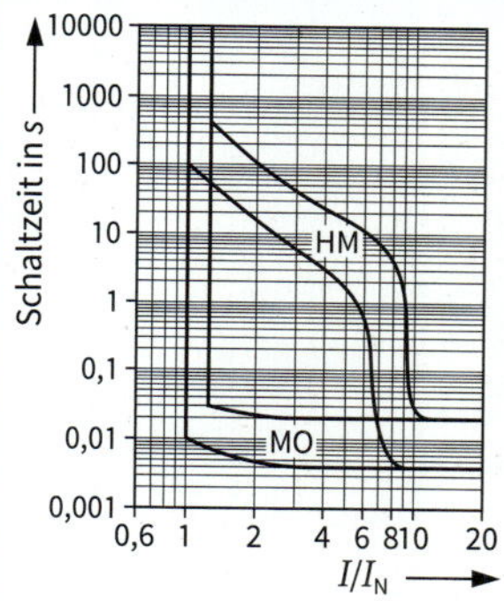	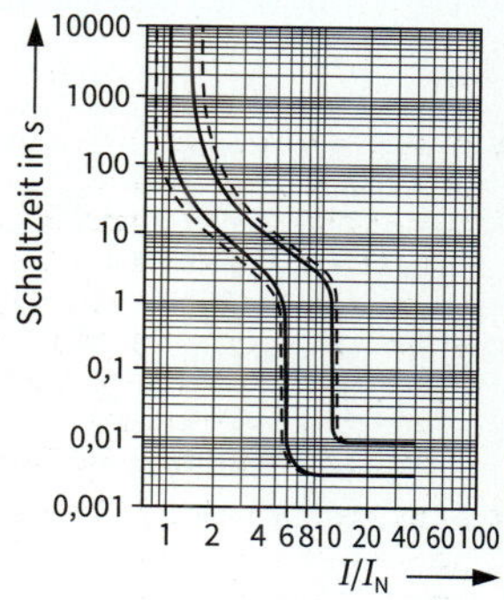
Schutzfunktion und Ansprechverhalten	– Bimetall (reagiert auf Erwärmung bei einem definierten Auslösestrom) – Löst bei ansteigender Überlast schnell aus – Bei geringer Überlaststromstärke dauert es länger, bis der Schutzschalter auslöst.	– Auslösung erfolgt durch das Magnetsystem des Schutzschalters unverzögert (MO) bzw. verzögert (HM) – Separate Kennlinie für Wechsel- bzw. Gleichstrom – Weitgehend unabhängig von Temperaturschwankungen – Reagiert empfindlich gegen Einschaltstromstöße (MO)	– Bimetall und Magnetsystem – Magnetische Auslösung: Zeitlich unverzögert bei Kurzschluss und hohen Überlaststromstärken – Thermische Auslösung: Zeitverzögert entsprechend der Überlast
Funktionsschaltbild	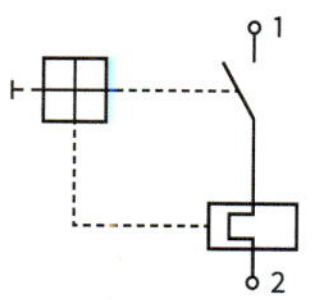	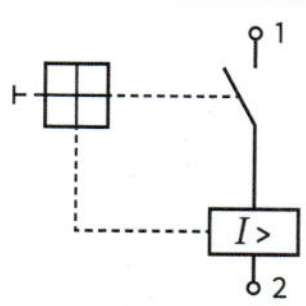	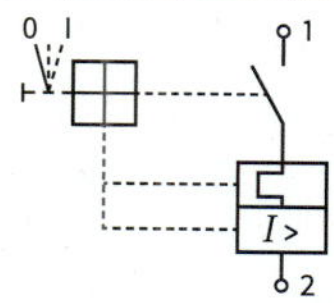
Anwendung	Motoren, Trafos, Magnetventile, Bordnetze, Niederspannungsleitungen	Stromversorgungen, Schaltanlagen, Steuer- und Regeltechnik, Telekommunikation, Mobilfunkstationen	Telekommunikationsanlagen, Stromversorgungen, Industrie-, Schalt- und Steueranlagen, Schienenfahrzeuge
Beispiele			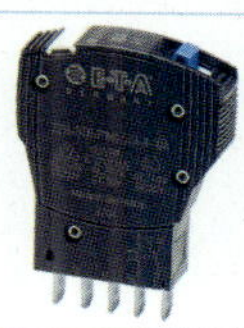

Niederspannungs-Sicherungen

Diazed-Sicherungssystem (D-System)	**Neozed-Sicherungssystem** (DO-System)	**NH-Sicherungssystem**
AC und DC: bis 100 A und 500 V	**AC:** bis 100 A und 400 V **DC:** bis 100 A und 250 V	**AC:** bis 1250 A und 400 V, 500 V bzw. 690 V **DC:** bis 1250 A und 250 V bzw. 440 V
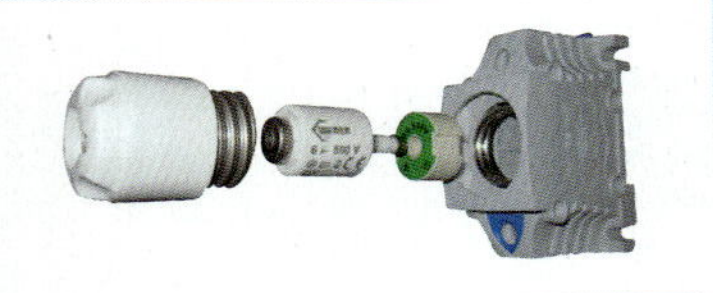	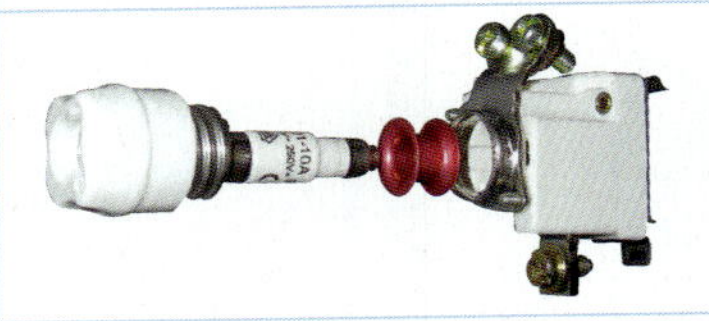	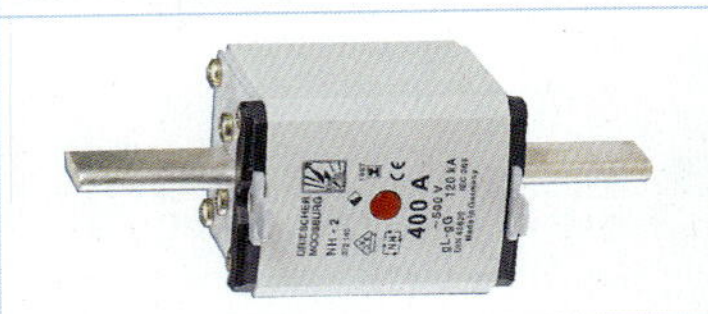

D- und D0-Sicherungssystem

Sicherung und Passeinsatz		Sockel	Gewindegröße der Schraubkappe	
Bemessungsstromstärke in A	Kennfarbe	Bemessungsstromstärke in A	Diazed	Neozed
2	rosa	25	D II (E 27)	D0 1 (E 14)
4	braun			
6	grün			
10	rot			
13	schwarz			
16	grau			D0 2 (E 18)
20	blau			
25	gelb			
32/35/40	schwarz	63	D III (E 33)	
50	weiß			
63	kupfer			
80	silber	100	D IV (R ¼")	D0 3 (M 30 x 2)
100	rot			

Anwendungsbereiche von Sicherungen

Funktionsklassen

g: Ganzbereichssicherungen können
- Bemessungsstromstärke dauernd führen,
- Bemessungsstromstärke von kleinster Schmelzstromstärke bis zur Bemessungsausschaltstromstärke schalten.

a: Teilbereichssicherungen können
- Bemessungsstromstärke dauernd führen,
- Ströme oberhalb eines bestimmten Vielfachen ihrer Bemessungsstromstärke bis zur Bemessungsausschaltstromstärke schalten.

Schutzobjekte

B: Bergbau- und Anlagenschutz
G: Schutz für allgemeine Zwecke
M: Motorenschutz
R: Halbleiterschutz
Tr: Transformatorenschutz

Betriebsklassen

gG: Ganzbereichs-Kabel- und Leitungsschutz[1)]
aM: Teilbereichs-Schaltgeräteschutz in Motorenstromkreisen
aR: Teilbereichs-Halbleiterschutz
gR: Ganzbereichs-Halbleiterschutz
gB: Ganzbereichs-Bergbauanlagenschutz
gPV: Ganzbereichs-Schutz, Absicherung von PV-Strängen

[1)] gL: Frühere Bezeichnung für Leitungsschutz

NH-Sicherungssysteme

A: Sicherungen mit Sicherungseinsätzen und Messerkontaktstücken
B: Sicherungen mit Sicherungseinsätzen und Messerkontaktstücken mit Schlagvorrichtung
C: Sicherungsleisten
D: Sicherungsteile für Sammelschienenmontage
E: Sicherungen mit Sicherungseinsätzen für Schraubanschluss
F: Sicherung mit Sicherungseinsätzen für zylindrische Kontaktklappen und weitere Sicherungssysteme **G**, **H**, **I**, **J** und **K** laut DIN VDE 0636-2

NH-Sicherungen

Baugröße	Unterteile	Einsätze	Gesamtlänge in mm	maximale Bemessungsleistungsabgabe P_n in W				
	Bemessungsstromstärke in A			gG			aM	
				400 V AC	500 V AC	690 V AC	400 V und 500 V AC	690 V AC
000	160	2… 160	78,5	6	7,5	12	7	6,5
00	160	2… 160	78,5	12	12	12	7,5/12	11
0	160	2… 160	125	12	16	25	13	10
1	250	80… 250	135	18	23	32	18	22
2	400	125… 400	150	28	34	45	35	40
3	630	315… 630	150	40	48	60	50	53
4	1000	500… 1000	200	–	90	90	80	80
4a	1250	500… 1250	200	90	110	110	110	110

Installationen

Trockene Räume	Feuchte und nasse Räume, im Freien	Feuergefährdete Betriebsstätten	Explosionsgefährdete Betriebsstätten
Ab $q = 1{,}5\ mm^2$ auch in nichtmetallenem Rohr auf und unter Putz	Nicht zulässig in Räumen mit Badewanne oder Dusche außerhalb der Bereiche 0, 1 und 2	In Kunststoffrohren auf und unter Putz	Nur in Schalt- und Verteileranlagen
– Über, auf, im und unter Putz – Im Mauerwerk	– Im Freien bei geschützter Verlegung – In Kabelkanälen		Unter Berücksichtigung der chemischen und thermischen Bedingungen
wie vorher: In Innenräumen, in Beton Im Erdreich, hier gelten andere Belastungswerte			

Kenngrößen

Leitung	Maße[1]			max. Belastung		maximale Leitungslänge in m bei Δu (U_v)		
	q in mm^2	Aderzahl	$d_{Außen}$ in mm	I in A	P in kW	Wechselstrom 4,0 %	Drehstrom 0,5 %	Drehstrom 4,0 %
H07V-U	1,5	1	3,3	16[2]	3,68	24,1	–	–
(NYA)	1,5	1	3,3	3 · 16[2]	11,07	–	–	48,5
	2,5	1	3,9	25[2]	5,75	25,7	–	–
	2,5	1	3,9	3 · 20[2]	13,84	–	–	64,8
	4	1	4,4	3 · 25[2]	17,3	–	–	82,9
	6	1	4,9	3 · 35[2]	24,22	–	–	88,8
	10	1	6,4	3 · 50[2]	34,6	–	12,9	103,6
H07V-R	16	1	7,3	3 · 63[2]	43,6	–	16,4	131,6
(NYA)	25	1	9,8	3 · 80[2]	55,36	–	20,2	161,9
NYM	1,5	3	10,5	16	3,68	24,1	–	–
	1,5	4	11,0	3 · 16	11,07	–	–	48,5
	2,5	3	11,5	25	5,75	25,7	–	–
	2,5	4	12,5	3 · 25	17,3	–	–	51,7
	4	4	14,5	3 · 35	24,22	–	–	59,2
	6	4	16,5	3 · 40	27,68	–	–	77,7
	10	4	19,5	3 · 63	43,6	–	10,3	82,3
	16	4	23,5	3 · 80	55,36	–	12,9	103,6
NYY	1,5	3	14,0	16	3,68	24,1	–	–
	1,5	4	16,0	3 · 16	11,07	–	–	48,5
	2,5	3	15,0	25	5,75	25,7	–	–
	2,5	4	17,0	3 · 25	17,3	–	–	51,7
	4	4	19,0	3 · 35	24,22	–	–	59,2
	6	4	20,0	3 · 40	27,68	–	–	77,7
	10	4	22,0	3 · 63	43,6	–	10,3	82,3
	16	4	25,0	3 · 80	55,36	–	12,9	103,6

[1] Wertangaben in den Spalten nur für gebräuchliche Leiterquerschnitte
[2] Zuordnung der Überstrom-Schutzeinrichtungen nach Verlegeart B1, alle anderen Werte nach Verlegeart C bei Umgebungstemperatur 25 °C

Bauformen

Schaltgerätekombinationen

Äußere Bauform
- offen
- Tafelbauform
- geschlossen
  - Schrank
  - Pult
  - Kasten
  - Schienenverteiler

Aufstellung
- **Ort**
  - innen
  - außen
- **Art**
  - fest
  - beweglich

Schutzmaßnahme gegen
- Direktes Berühren
  - Isolieren
  - Abdecken
  - Hindernisse
- Indirektes Berühren
  - Abschaltung
  - Schutzisolieren

Einbauten
- fest
- herausnehmbar

Umhüllung
- Metall
- Isolierstoff

Typ
- Energie-Schaltgerätekombination
- Installationsverteiler
- Baustromverteiler
- Kabelverteilerschrank
- Schienenverteiler

Bemessungsgrößen (Auswahl)

- **Spannung U_n,**
  gewährleistet einwandfreie Funktion
- **Isolationsspannung U_i,**
  Prüfspannung für Luft- und Kriechstrecken
- **Stoßspannungsfestigkeit U_{imp},**
  berücksichtigt transiente Überspannungen
- **Strom der Schaltgerätekombination I_{nA},**
  Stromtragfähigkeit der Hauptsammelschiene oder Summe der Bemessungsströme von parallelen Einspeisungen
- **Kurzzeitstrom I_{cw},**
  Belastbarkeit durch Kurzschlussströme für definierte Zeiträume (typisch z. B. 0,2 s; 1 s; 3 s)
- **Belastungsfaktor *RDF*,**
  Prozentwert des Bemessungsstroms, mit dem die Abgänge dauernd und gleichzeitig belastet werden können.
- **Frequenz f_n**

Bauartnachweis

- Hersteller muss nachweisen, dass die Bauart der Normenreihe DIN EN 61439 entspricht.
- Verwendung von Komponenten (Gehäuse, Einbauten, …), die vom ursprünglichen Hersteller geprüft wurden.
- Der Bauartnachweis für das Endprodukt enthält **Konstruktionsnachweise**:
  - Festigkeit von Werkstoffen und Teilen,
  - Schutzart von Umhüllungen,
  - Luft- und Kriechstrecken,
  - Schutz gegen elektrischen Schlag und Durchgängigkeit des Schutzleiters,
  - Einbau der Betriebsmittel,
  - innere Stromkreise und Verbindungen und
  - Anschlüsse für von außen eingeführte Leiter.

  Verhaltensnachweise:
  - Isolationseigenschaften,
  - Erwärmung,
  - Kurzschlussfestigkeit,
  - Elektromagnetische Verträglichkeit und
  - mechanische Funktion
- Nachweise werden durch Prüfung, Berechnung oder Einhaltung von Konstruktionsregeln erbracht.

Beispiele

Energieverteiler

- Hohe Leistungen, z. B. Industrieanlagen
- Modularer Aufbau ermöglicht Umbauarbeiten im Betrieb

Installationsverteiler

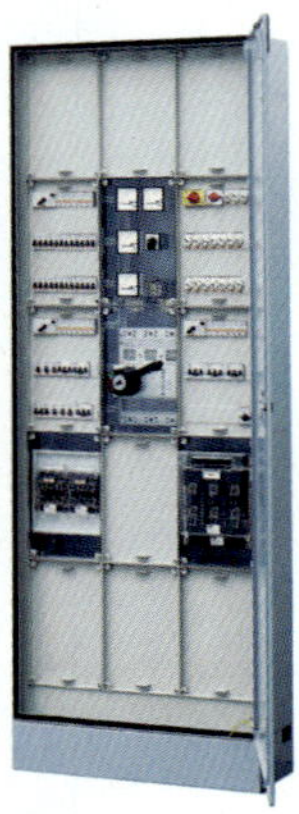

- Kleine Leistungen, z. B. Haus-/Lichtverteilung in Bürogebäuden

Schienenverteiler

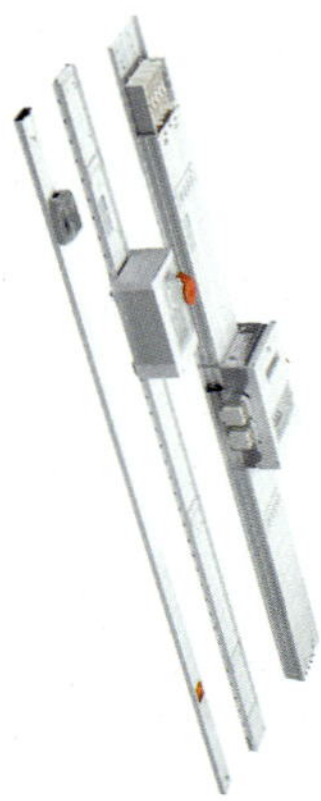

- Energieverteilung in Gebäuden
- Energieabgriff über Schienenkästen mit Sicherungseinsatz, Steckdose, …

Verteilersysteme

Kleinverteiler
- Unterputz
- Aufputz
- Hohlwand

Wandverteiler
- doppelt isoliert oder geerdet
- Flachverteiler

Standverteiler
- Schränke mit doppelter Isolierung oder geerdet

Baustromverteiler
- Anschlussschränke
- Verteilerschränke
- Hauptverteilerschränke
- Kleinbaustromverteiler
- Steckdosenverteiler

Installation für Kleinverteiler

- **Ort**
  - Einfamilienhäuser: Stromkreisverteiler zum Einbau in der Wand
  - Mehrfamilienhäuser: Stromkreisverteiler in jeder Wohnung (in oder auf der Wand)
- **Ablauf**
  - Mauerkasten für den Verteiler montieren.
  - Verteiler auf Traggerüst setzen, Geräte montieren und in den Mauerkasten einbauen.
  - Abdeckung aufsetzen und mit Schnellverschluss befestigen.
  - Stromlaufplan und Visitenkarte in der Tür ablegen.
- **Leitungsanschluss**
  - Anschlussklemmen für Fehlerstrom-Schutzeinrichtungen (RCDs) ①
  - Schalterverdrahtung für 1-, 2-, 3- und 4-reihige Verteiler
  - Seitlicher Verdrahtungskanal ②
  - Schnellmontage durch einrastbare Leitungsschutz-Schalter
  - Platz für 12 Teilungseinheiten je Reihe ③
  - Zubehör wie Anbaustutzen, Abdeckstreifen, Beschriftungsleisten und Kabelblenden
  - Leitungsöffnungen wegen der Schutzart (IP30) verschließen ④

Beispiel: Unterputz-Kleinverteiler, 4-reihig

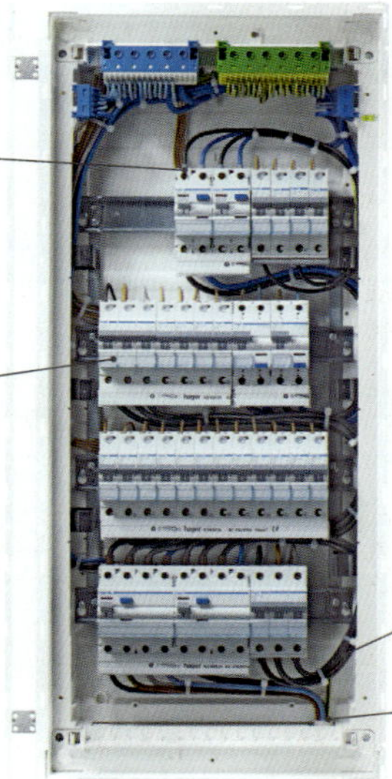

Installationszonen

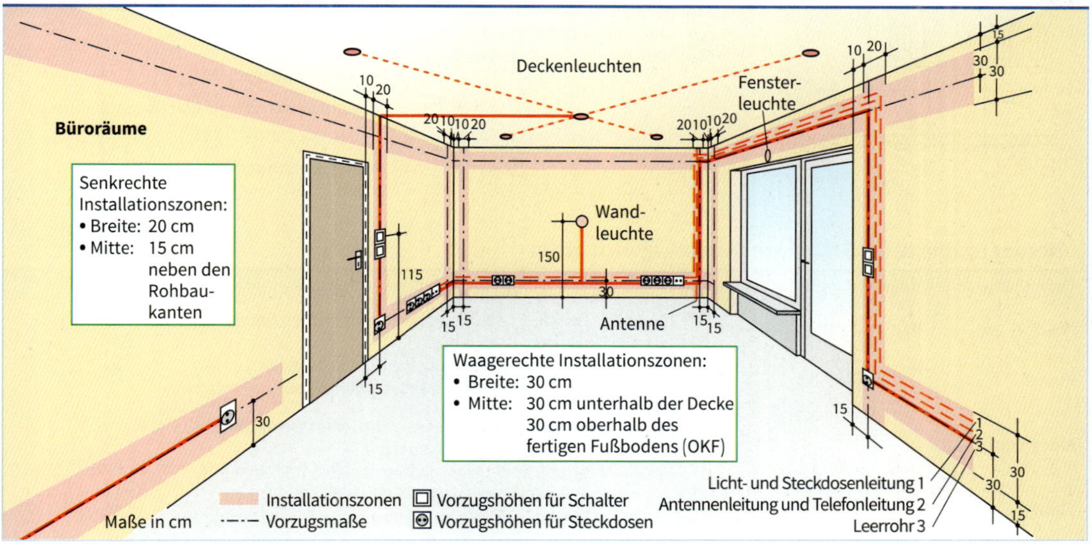

Gebäudeanschlussraum mit Schutzpotenzialausgleich

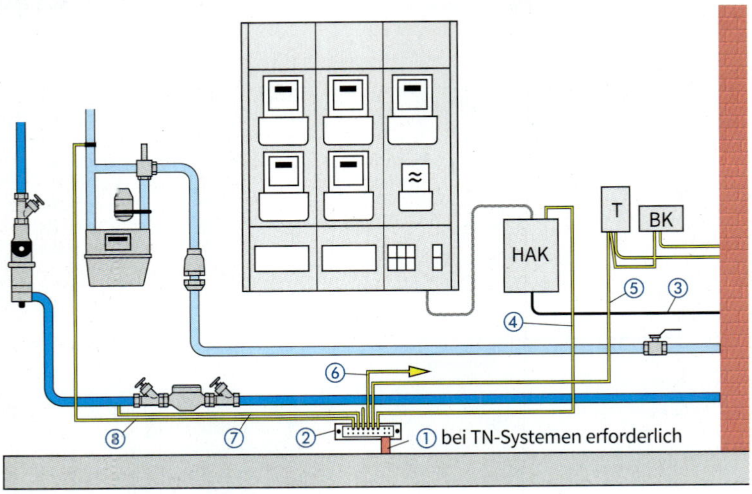

① Anschlussfahne des Fundamenterders

② Haupterdungsschiene (früher Potenzialausgleichsschiene, PAS)

③ Hauseinführungsleitung des VNB

Potenzialausgleichsleiter (PA-Leiter):

④ zum Hausanschlusskasten (HAK)

⑤ zur Telekommunikations- und BK-Anlage

⑥ zur Blitzschutzanlage

⑦ zur Wasserversorgungs- und Wasserentsorgungsanlage

⑧ zur Gasversorgungsanlage

Schutzpotenzialausgleich an der Haupterdungsschiene

TN-C-System

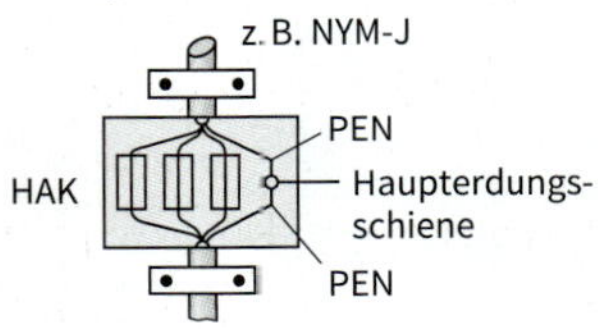

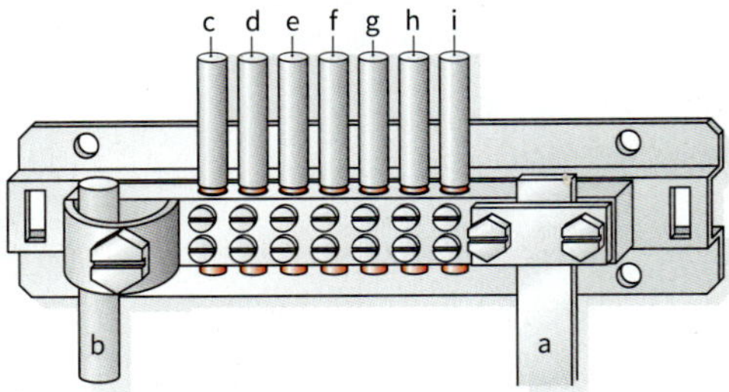

a Fundamenterder
b Blitzschutzanlage
c Heizungsanlage
d PE-Leiter zum HAK
e PE-Leiter zur Verteilung
f TK-Anlage
g Antennenanlage
h Gasversorgungsanlage
i Wasserversorgungsanlage

Zusätzlicher Schutzpotenzialausgleich bei leitender Standfläche

Darstellung	Erklärung	Anwendung (DIN VDE 0100…)
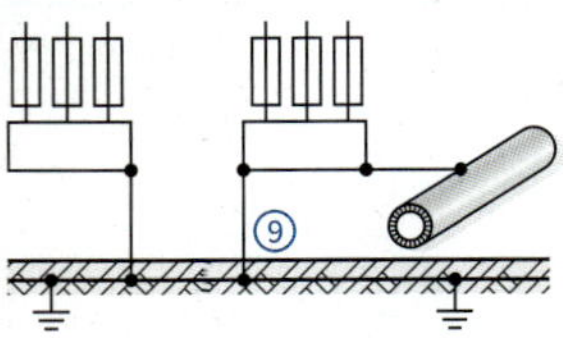	Schutzpotenzialausgleichsleiter ⑨ zwischen Körpern und leitfähigen Teilen, die innerhalb des Handbereichs liegen	■ Schutzleitermaßnahmen (-410) ■ Baderäume (-701) ■ Schwimmbäder (-702) ■ Landwirtschaftliche und gartenbauliche Betriebsstätten (-705) ■ Medizinisch genutzte Bereiche (-710)

Leiterquerschnitte für Schutzpotenzialausgleichsleiter

Verbindung mit der Haupterdungsschiene		Verbindung für zusätzlichen Schutzpotenzialausgleich
Material	Mindestquerschnitt in mm²	Zwischen zwei Körpern von elektrischen Betriebsmitteln: $q_{PE1} \leq q_{PE2} \rightarrow q_P \geq q_{PE1}$ q_{PE}: Querschnitt des jeweiligen Schutzleiters q_P: Querschnitt des Schutzpotenzialausgleichsleiters
Kupfer	6	
Aluminium	16	Zwischen Körpern eines elektrischen Betriebsmittels und einem metallenen Konstruktionsteil: $q_P \geq 2{,}5$ mm² bei mechanischem Schutz des Leiters, z. B. durch Elektroinstallationsrohr $q_P \geq 4$ mm² bei Leitern ohne mechanischen Schutz
Stahl	50	

Beispiel:

T	N	– C	– S	– System
Beschreibung der Erdungen an der Einspeisung	Beschreibung der Erdungen in der Verbraucheranlage	Beschreibung der N- und PE-Leiterführung in der VNB-Anlage	Beschreibung der N- und PE-Leiterführung in der Verbraucheranlage	

Systemarten

TN-C-System	TN-S-System	TN-C-S-System	TT-System	IT-System
↓	↓	↓	↓	↓
Neutral- und Schutzleiter	Neutral- und Schutzleiter	Kombination des TN-C- und TN-S-System	Gehäuse in der Anlage geerdet	Aktive Leiter gegen Erde isoliert
↓	↓	↓	↓	↓
N- und PE-Leiter zusammen als PEN-Leiter	Getrennte Führung von N- und PE-Leiter	Getrennte Führung von N- und PE-Leiter ab Hauptverteilung	Keine Leiterverbindung vom Anlagen- zum Betriebserder	Erdung aller Gehäuse nur in der Anlage

Kurzzeichen:

- **I:** Trennung aller aktiven Teile von Erde; Sternpunkt isoliert (oder) über Impedanz mit der Erde verbunden.
- **T:** Direkte Erdung des Netz-Sternpunktes ① bzw. der Gerätegehäuse ②.
- **N:** Komponenten sind direkt mit dem Sternpunkt des Versorgungssystems verbunden.
- **C:** PEN-Leiter hat Neutralleiter (N)- und Schutzleiter (PE)-Funktion.
- **S:** PE-Leiter ist vom N-Leiter getrennt.

Bedeutung: I: Isolation (isoliert); **T:** Terre (Erde); **N:** Neutre (neutral); **C:** Combiné (kombiniert); **S:** Separé (getrennt)

TN-C-S-System

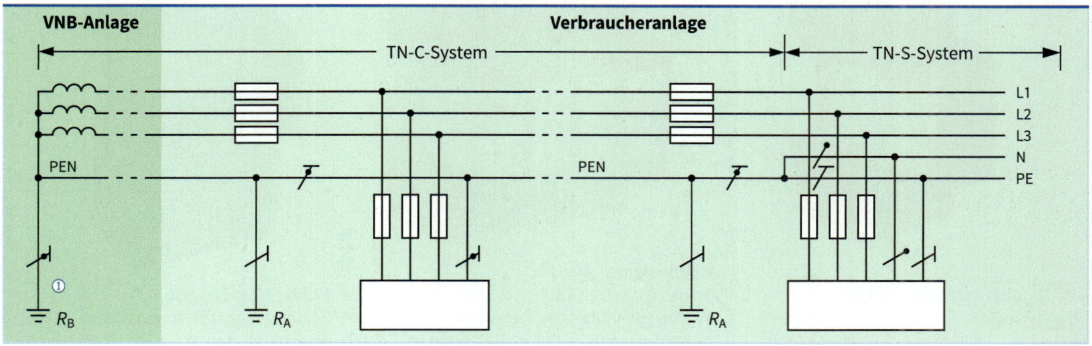

TT-System

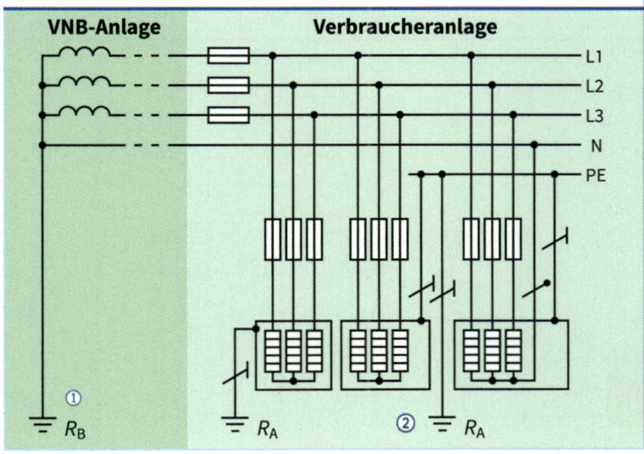

IT-System

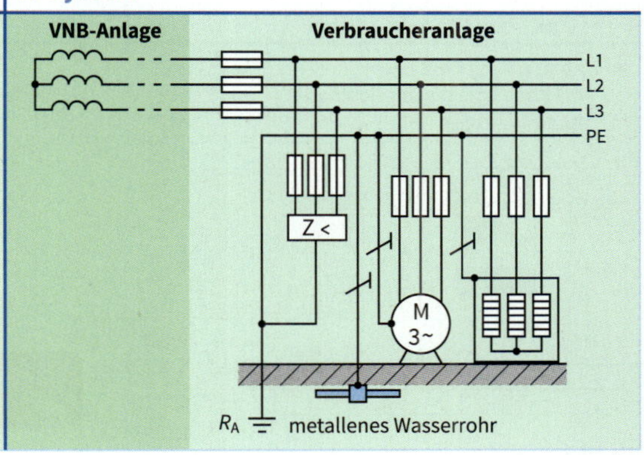

Störursachen

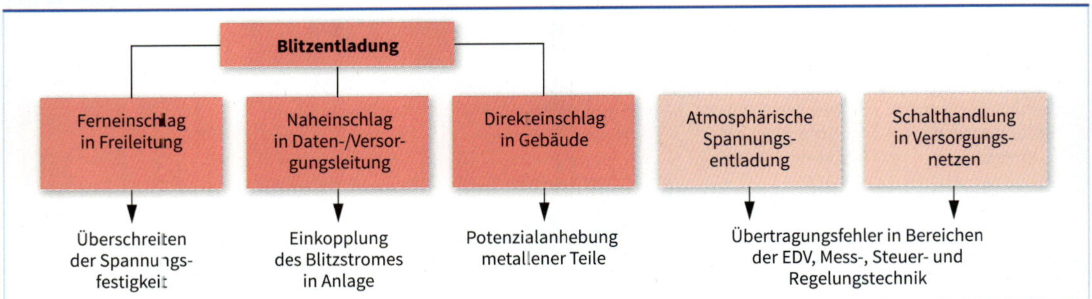

Schutzgeräte

Installationsort	Schutzmaßnahme	Funktion der Schutzmaßnahme	Schutzgerät/ Anforderungsklasse	Überspannungsbegrenzung	Abb.
Hauptverteilung zwischen HAK und Zähler	Blitzschutz, Schutzpotenzialausgleich	Schutz gegen Eindringen von Blitzströmen	Blitzstromableiter, Typ 1 (Grobschutz)	$U \leq 6$ kV	①
Unterverteilung vor RCD	Überspannungsschutz in Verteileranlage	Schutz gegen Überspannung zwischen L und PE sowie N und PE	Überspannungsschutzgerät, Typ 2 (Mittelschutz)	$U \leq 4$ kV	②
Steckdose, Geräteanschluss	Überspannungsschutz am Endgerät	Geräteschutz	Überspannungsschutzgerät, Typ 3 (Feinschutz)	$U \leq 1{,}5$ kV	③

Blitzstromableiter ①

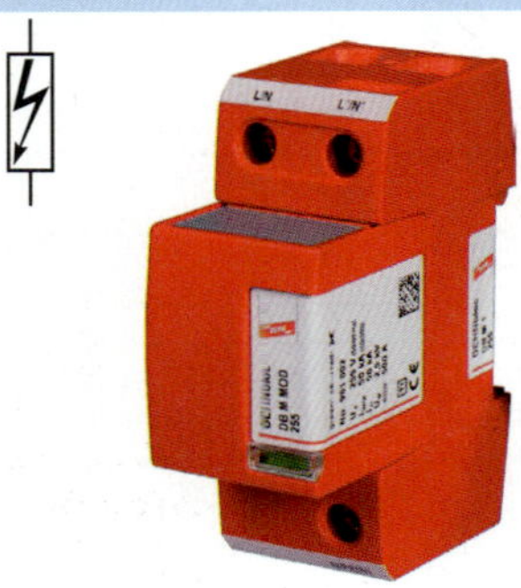

- Blitzstromableiter in separatem Gehäuse

Überspannungsschutzgerät ②

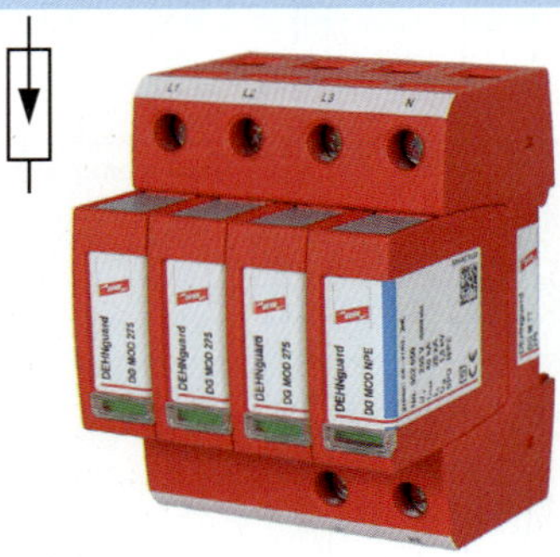

- Montage im Verteiler
- Anzeige bei Auslösung der Vorsicherung
- Überspannungsschutzgerät mit Meldekontakten (Wechsler) einsetzen

Geräteschutzadapter ③

- Montage am Endgerät
- Schutz gegen Überspannungen
- Adapter mit Schutzschaltung einbauen

Schutzgeräte vor Endgeräten

- Einbau z. B. im TN-System
  - bei Kabelkanälen mit sichtbarer Kontrollanzeige

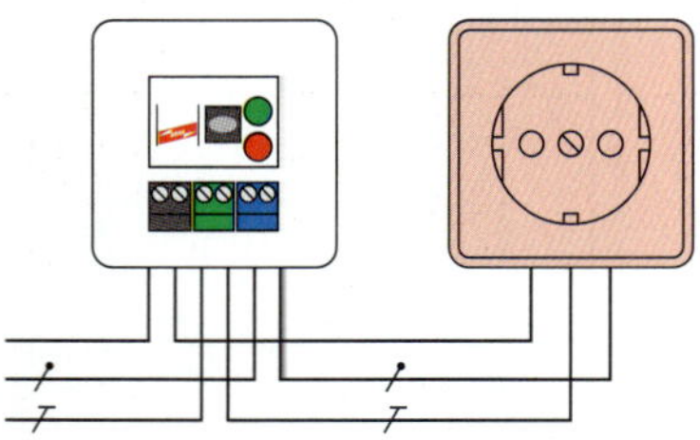

  - bei Einbau in Installationsdosen

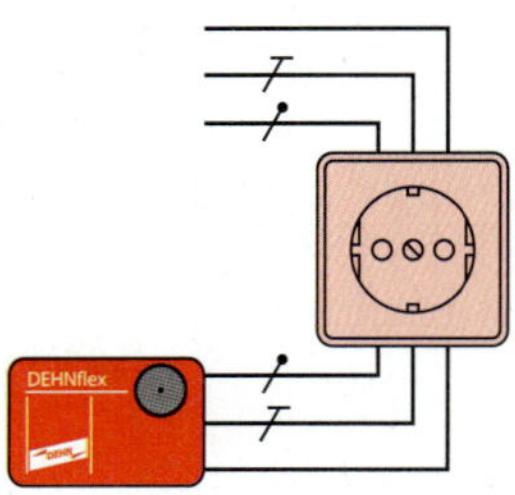

  - als Steckdoseneinsatz

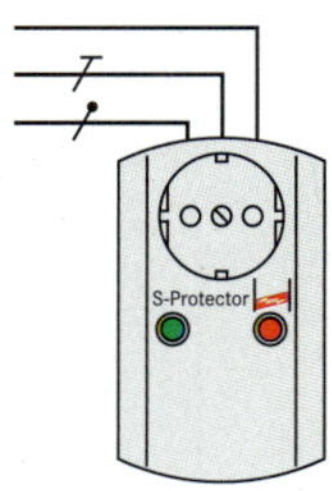

Übersicht

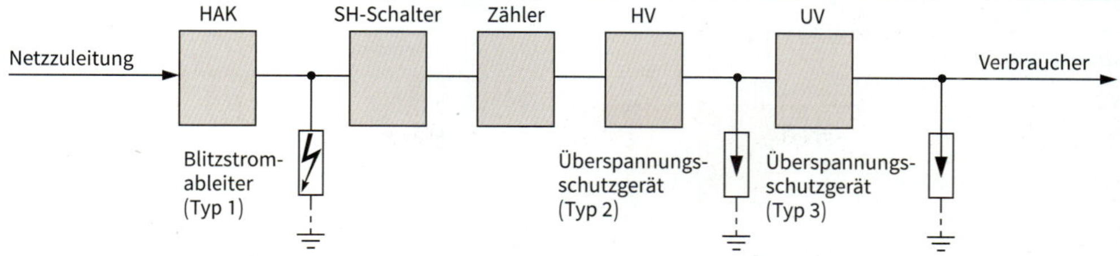

- **Mehrpoliger Kombi-Ableiter**
  - Schutz von Niederspannungs-Verbraucheranlagen bei direkten Blitzeinschlägen und vor Überspannungen
  - einsetzbar an den Schnittstellen 0 bis 2 des Blitz-Schutzzonen-Konzepts (s. Blitz-Schutzzone)
  - Ersatz für Schutzgeräte des Typs 1 und 2
  - Installation im Vorzählerbereich des Hauptstrom-Versorgungssystems
  - 3-polig für TN-C-Systeme
  - 4-polig für TT-Systeme und TN-S-Systeme
  - ohne Werkzeug auf das Sammelschienensystem aufrastbar

Blitzstromableiter in Verbindung mit dem HAK

TN-C-System
Schaltbild

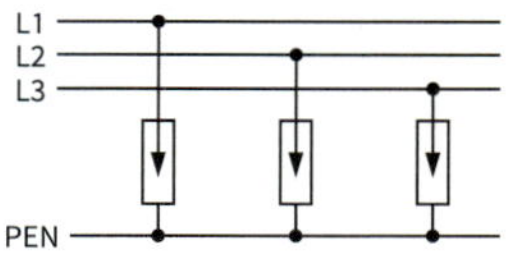

Verdrahtungsplan

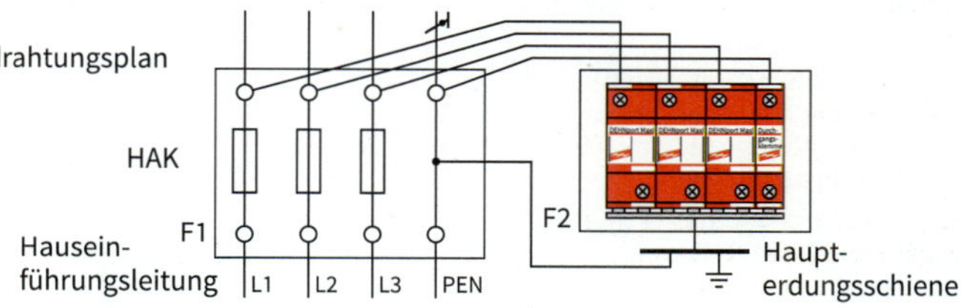

TT-System und TN-S-System
Schaltbild

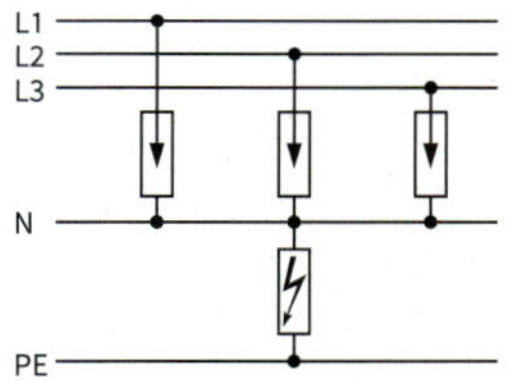

Verdrahtungsplan

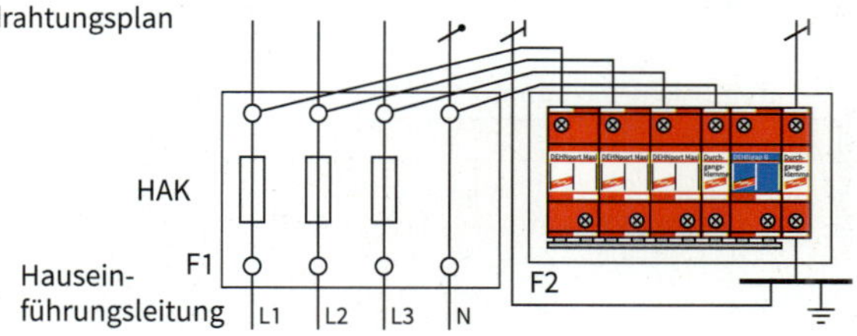

Erweiterung des Überspannungsschutzes

Vorgaben für die Errichtung:

- Überspannungsschutz ist ab 12.2018 in **allen neu** errichteten Gebäuden verpflichtend.
- Überspannungs-Schutzeinrichtungen sind gefordert, wenn kurzzeitige Überspannungen (DIN VDE 0100-443) Auswirkungen haben können auf z. B.
  - **Ansammlungen von Personen** (z. B. in großen (Wohn-) Gebäuden, Büros, Schulen)
  - **Einzelpersonen** (z. B. in Wohngebäuden und kleinen Büros (Gebäude mit Betriebsmitteln der Überspannungskategorie I oder II (Haushaltsgeräte, tragbare Werkzeuge und empfindliche elektronische Geräte))
  - **Freileitungsversorgung**
  - **Eigenerzeugte Schaltüberspannungen** (z. B. Schalten hoher induktiver Lasten; bisher nur Schutzmaßnahmen für Überspannungen von außen über die Netzversorgung)

Installation der Überspannungsschutzgeräte:

- In der Nähe des Energie-Einspeisepunktes (DIN VDE 0100-534) im
  - Zähler-Anschlussraum bei Wohngebäuden
  - Zählerschrank mit 40 mm-Sammelschienensystem
- Bei Störquellen wie Schaltüberspannungen in der Anlage muss die Installation nahe des **Verursachers** erfolgen. Die **Leitungslänge** zwischen Überspannungsableiter und dem zu schützenden Gerät soll nicht mehr als 10 m betragen.

Verbindungsleitungen

<table>
<tr><td>Bemessungsstromstärke der Hausanschlusssicherung I_n in A</td><td>25</td><td>35</td><td>40</td><td>50</td><td>63</td><td>80</td><td>100</td><td>125</td><td>160</td><td>200</td><td>250</td><td>315</td></tr>
<tr><td>Leiterquerschnitt der Versorgungsleitungen ① q_1 in mm²</td><td colspan="4">6</td><td colspan="2">10</td><td colspan="2">16</td><td>25</td><td colspan="2">35</td><td>50</td></tr>
<tr><td>Leiterquerschnitt der Schutzpotenzialausgleichsleitungen ② q_2 in mm²</td><td colspan="8">16</td><td>25</td><td colspan="2">35</td><td>50</td></tr>
<tr><td colspan="13">Hinweis: Möglichst kurze Anschlussleitungen zu den Blitzstromableitern und den Überspannungsschutzgeräten</td></tr>
</table>

Wirkung des elektrischen Stromes auf den menschlichen Körper (VDE V 0140-479-1)

Wechselstrom (50/60 Hz)

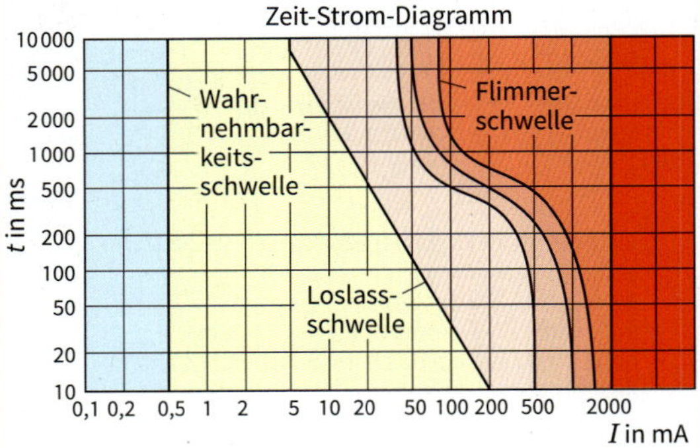

Gefährdungsbereiche für erwachsene Personen und Stromweg „Hand zu Hand“ und „linke Hand zum Fuß“

- Keine Auswirkungen
- Keine schädigenden Auswirkungen
- Keine Beschädigung der Organe, Muskelverkrampfungen, der Spannung führende Leiter kann unter Umständen nicht mehr losgelassen werden.
- Mögliches Herzkammerflimmern
- Wahrscheinliches Herzkammerflimmern
- Herzkammerflimmern
- Herzstillstand und Atemstillstand, schwere Verbrennungen

Gleichstrom

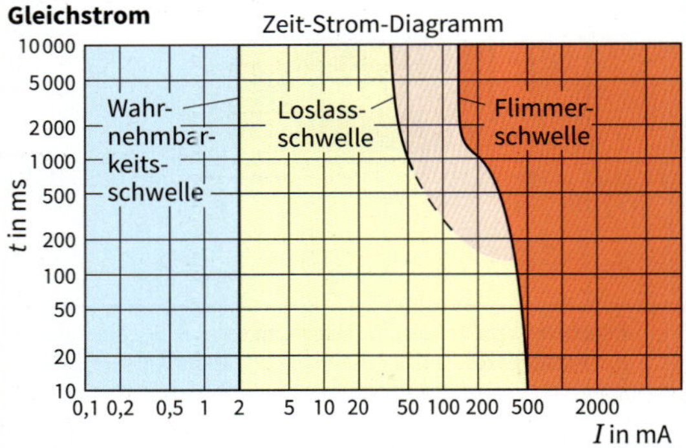

Gefährdungsbereiche für erwachsene Personen und Stromweg „linke Hand zu beiden Füßen“

- Keine Wahrnehmung
- Keine physiologisch gefährliche Wirkung
- Mögliche Störungen durch Impulse im Herzen
- Herzkammerflimmern, Verbrennungen

Elektrischer Widerstand des menschlichen Körpers

Ersatzschaltbild	Erklärung
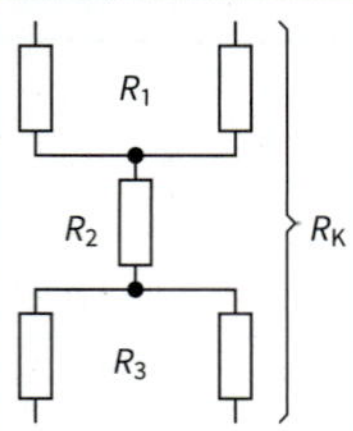	Teilwiderstände R_1: Hände/Arme R_2: Körperrumpf R_3: Beine/Füße R_K: innerer Körperwiderstand mit Durchschnittswerten ■ bei 25 V ca. 3250 Ω ■ bei 50 V ca. 2625 Ω ■ bei 230 V ca. 1350 Ω

Begriffe

L1 L2 L3	**Außenleiter:** Leiter, die Spannungsquellen mit Betriebsmitteln verbinden.
N	**Neutralleiter:** Leiter, der mit dem Mittel- oder Sternpunkt verbunden ist.
PE	**Schutzleiter:** Leiter, der Körper von Betriebsmitteln, leitfähige Teile, Haupterdungsklemme und Erde verbindet.
PEN	**PEN-Leiter:** Leiter, der die Funktionen von Neutral- und Schutzleiter vereinigt.
U_o	**Wechselspannung** (Effektivwert) z. B. zwischen Außenleiter und N-Leiter bzw. Erde
U_B	**Berührungsspannung**
U_L	**Höchstzulässige Berührungsspannungen:** Menschen und Nutztiere: 50 V AC, 120 V DC
U_F	**Fehlerspannung:** Spannung, die im Fehlerfall zwischen Körpern oder zwischen Körpern und der Bezugserde auftritt.
I_F	**Fehlerstromstärke:** Stromstärke, die aufgrund eines Isolationsfehlers entsteht.
I_K	**Kurzschlussstromstärke:** Stromstärke, die bei direkter Verbindung von zwei Außenleitern oder zwischen Außenleiter und Neutralleiter entsteht. **Erdschluss:** Leitende Verbindung eines Außenleiters mit der Erde (auch einpoliger Kurzschluss).
I_b	**Betriebsstromstärke** eines Stromkreises
I_n	**Bemessungsstromstärke** (Nennstromstärke) eines Verbrauchsmittels oder Überstrom-Schutzorgans
$I_{\Delta N}$	**Bemessungsfehlerstromstärke** der RCD
t_a	Abschaltzeiten der Überstrom-Schutzorgane in **Endstromkreisen** bei **Betriebsstromstärke** $I_b \leq 32$ A **TN-Systeme:** ■ $t_a \leq 0{,}4$ s für 120 V < $U_0 \leq$ 230 V ■ $t_a \leq 0{,}2$ s für 230 V < $U_0 \leq$ 400 V ■ $t_a \leq 0{,}1$ s für U_0 > 400 V **TT-Systeme:** ■ $t_a \leq 0{,}2$ s für 120 V < $U_0 \leq$ 230 V ■ $t_a \leq 0{,}07$ s für 230 V < $U_0 \leq$ 400 V ■ $t_a \leq 0{,}04$ s für U_0 > 400 V **IT-Systeme:** ■ Körper mit PE-Leiter verbunden und gemeinsame Erdungsanlage → Abschaltzeiten wie im TN-System ■ Körper in Gruppen oder einzeln geerdet → Abschaltzeiten wie im TT-System

Basisschutz und Fehlerschutz

Sicherheitskleinspannung SELV[1]

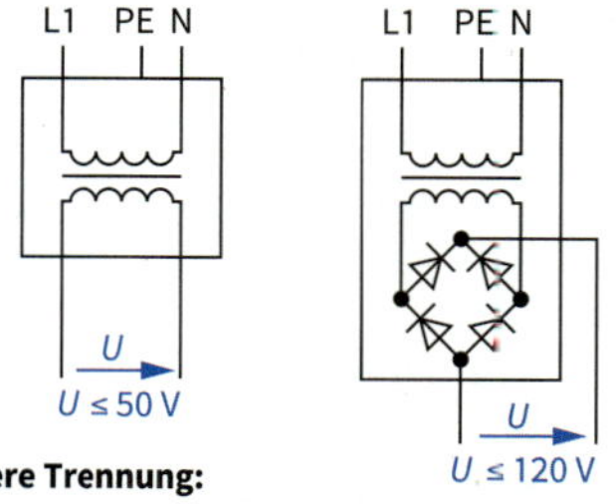

Sichere Trennung:
Keine Verbindung mit Erde, Schutzleiter oder aktiven Teilen anderer Stromkreise

Funktionskleinspannung PELV[2] bzw. **FELV[3]**

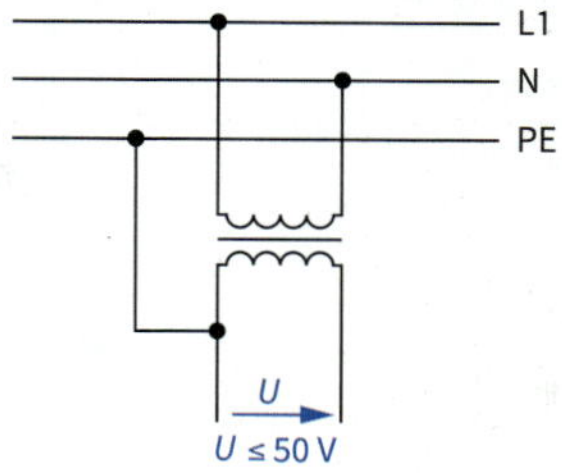

Hinweis:
- Bei FELV ist wie bei PELV aus Funktionsgründen Kleinspannung erforderlich, jedoch werden im Unterschied zu PELV nicht alle Bedingungen bei der Isolierung angeschlossener Betriebsmittel erfüllt.
- Erdung und Verbindung mit Schutzleiter anderer Stromkreise ist zulässig.

PELV: **sichere Trennung**; FELV: **ohne sichere Trennung**,
FELV als eigenständige Schutzmaßnahme nicht anerkannt (DIN VDE 0100-470).

[1] **S**afety **E**xtra **L**ow **V**oltage [2] **P**rotective **E**xtra **L**ow **V**oltage [3] **F**unctional **E**xtra **L**ow **V**oltage

Basisschutz

Isolierung aktiver Teile

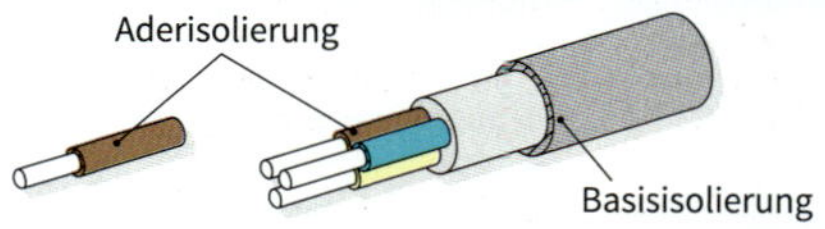

Abdeckungen und Umhüllungen

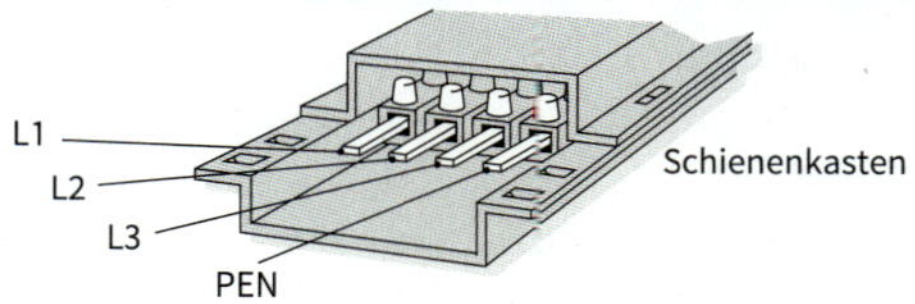

Hindernisse

z. B. Barrieren, Schranken

Anordnung außerhalb des Handbereichs

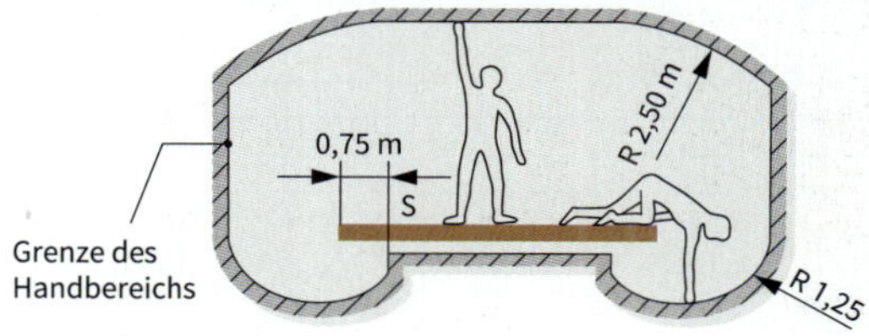

Zusätzlicher Schutz durch RCD ($I_{\Delta N} \leq 30$ mA)

Fehlerschutz

Schutzpotenzialausgleich

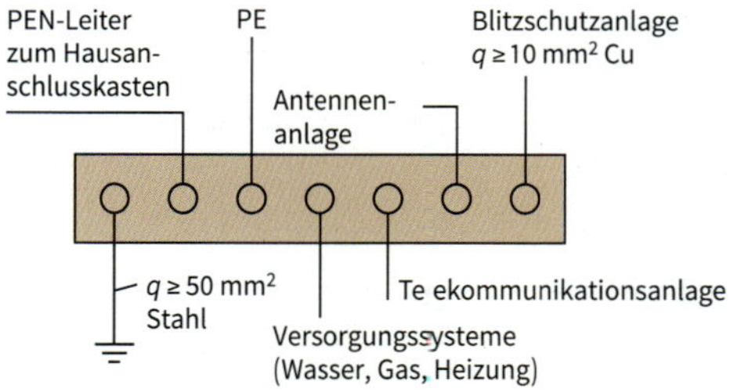

Doppelte oder verstärkte Isolierung

- Vollisolierung
- Isolierungsumkleidung
- Isolierauskleidung
- Zwischenisolierung

Nicht leitende Umgebung

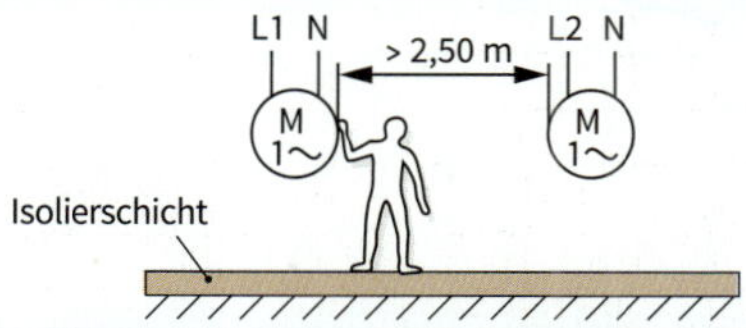

Schutztrennung

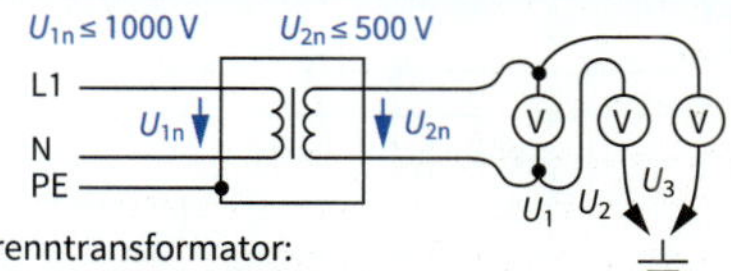

Spannungsmessungen:
$U_1 = 250$ V
$U_2 = 0$ V
$U_3 = 0$ V

Trenntransformator:
- Sekundärstromkreis ohne Verbindung zu anderem Stromkreis oder Erde
- $l_{2max} \leq 500$ m; $U_{2n} \cdot l_2 \leq 100\,000$ Vm

Schutz elektrischer Betriebsmittel

Schutzklassen

I	II	III
Schutzmaßnahme mit Schutzleiter ■ Gerät mit Metallgehäuse z. B. Motor	Doppelte oder verstärkte Isolierung (Schutzisolierung) ■ Geräte mit Kunststoffgehäuse z. B. Handbohrmaschine	Kleinspannung (SELV, PELV) ■ Geräte mit Bemessungsspannungen bis 25 V AC bzw. 50 V AC und 60 V DC bzw. 120 V DC z. B. Elektrische Handleuchten

Fehlerschutz (Schutz bei indirektem Berühren)

TN-System

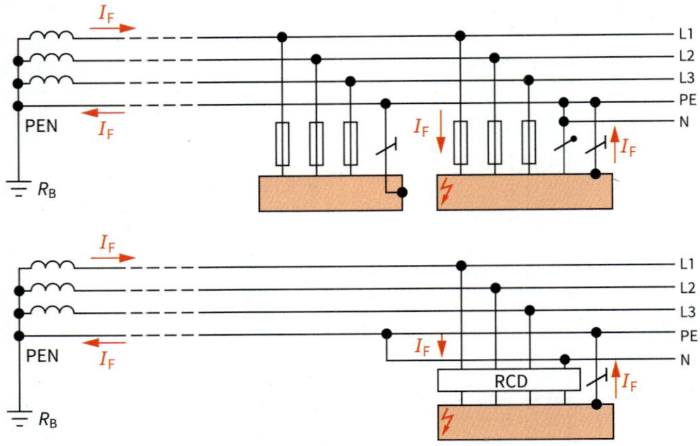

Schutzeinrichtungen:
- Schmelzsicherungen
- Leitungsschutz-Schalter
- RCD (nicht im TN-C-System)

Prinzip:
Fehlerstrom I_F wird zum Kurzschlussstrom und fließt über PE- und PEN-Leiter zur Quelle.

Abschaltung
innerhalb der für I_a angegebenen Zeiten.

Abschaltbedingung:
$Z_S \cdot I_a \leq U_o$

RCD:
$I_a = I_{\Delta N}$, Abschaltzeit $t_a \leq 0{,}2$ s;
bei selektivem RCD-Schutz
$t_a \leq 0{,}5$ s

TT-System

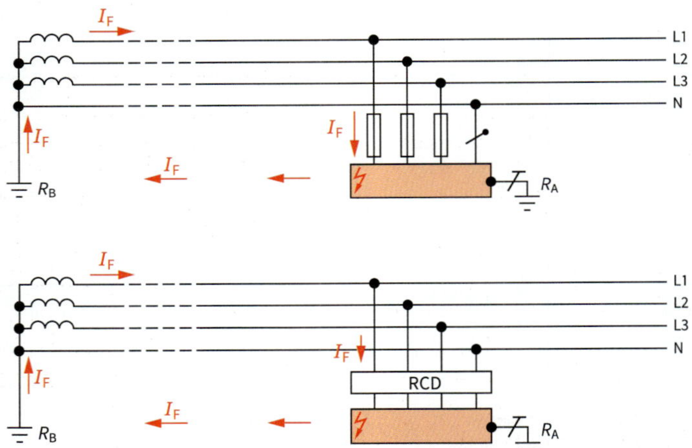

Schutzeinrichtungen:
- Schmelzsicherungen
- Leitungsschutz-Schalter
- RCD (Erforderlich, wenn bei einem Fehler der Erdschlussstrom zu niedrig ist, um das Überstrom-Schutzorgan in der geforderten Zeit abzuschalten.)

Prinzip:
Fehlerstrom I_F wird zum Erdschlussstrom und fließt über Erder (Erde) zur Quelle.

Abschaltung
ist gewährleistet bei RCD, da Fehlerstrom niedrig.

Abschaltbedingung:
$R_A \cdot I_a \leq U_L$

RCD:
$I_a = I_{\Delta N}$

IT-System

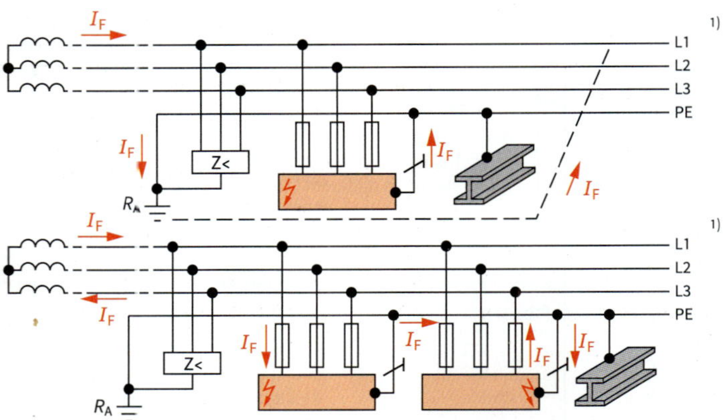

Schutzeinrichtungen:
- Schmelzsicherungen
- Leitungsschutz-Schalter
- Isolationsüberwachungseinrichtung
- RCD

Prinzip der Isolationsüberwachung:
- Einfachfehler: Fehleranzeige durch Meldung, I_d ($\triangleq I_F$) ist Fehlerstrom (Ableitstrom).
- Doppelfehler: Abschaltung durch Überstrom-Schutzorgane innerhalb 0,2 bzw. 5 s

Abschaltbedingung:
$R_A \cdot I_d \leq U_L$

1) Auch mit Neutralleiter möglich

Isolationswiderstand

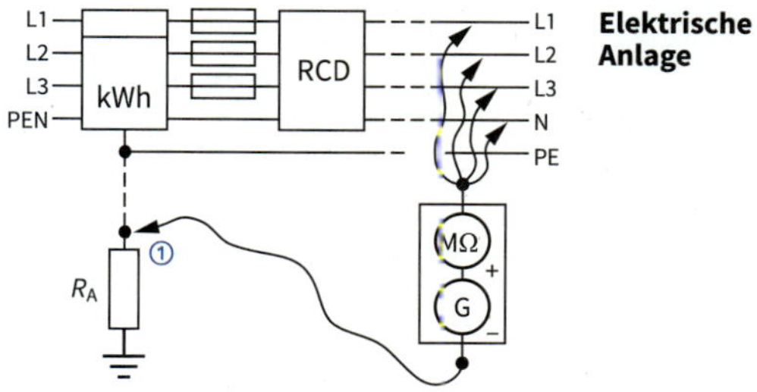

Messung des Isolationswiderstandes:

- Anlage vom Netz trennen.
- Messung von R_{iso} zwischen den aktiven Leitern (Außenleiter und Neutralleiter) und PE-Leiter (Erde) am Einspeisepunkt.
- Messung von R_{iso} zwischen den aktiven Leitern und dem mit der Erdungsanlage verbundenen PE-Leiter ①.
- Mindestwerte für R_{iso} ohne angeschlossene Verbraucher bei folgenden Nenn- und Messspannungen:
  - SELV, PELV → $R_{iso} \geq 0{,}5$ MΩ, $U_{Mess} = 250$ V
  - $U_0 \leq 500$ V (FELV) → $R_{iso} \geq 1{,}0$ MΩ, $U_{Mess} = 500$ V
  - $U_0 > 500$ V → $R_{iso} \geq 1{,}0$ MΩ, $U_{Mess} = 1000$ V

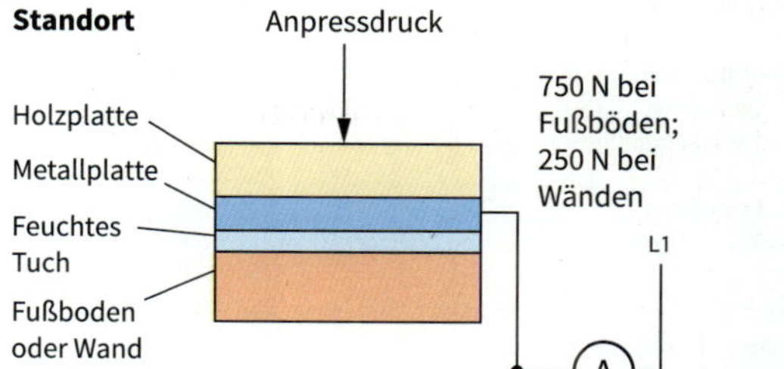

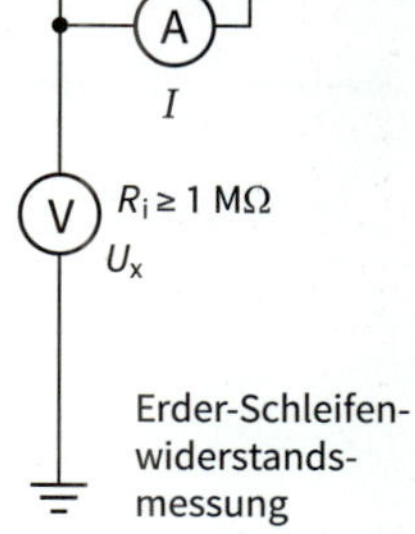

Fußbodenimpedanz Z_x:

- Messung an mind. drei Stellen des Fußbodens
- Messung von I und U_x
- Berechnung von Z_x

$$Z_x = \frac{U_x}{I}$$

Mindestwerte für Z_x (R_{iso}) in Wechselspannungsanlagen

- 50 kΩ bis 500 V AC
- 100 kΩ ab 500 V AC

Erdungswiderstand

Messarten

- **Zweileitermessung:** Der Widerstand zwischen dem zu messenden Erder R_E und einem bekannten Erder R_{PEN} des TN-Systems wird gemessen und vom bekannten Widerstand R_{PEN} subtrahiert.
  Anwendung: In dicht bebauten Gebieten, wo keine Sonden oder Hilfserder gesetzt werden können.
- **Dreileitermessung:** Aus Messstrom und Spannungsfall zwischen Hilfserder und Sonde (Verwendung von Erdspießen) ergibt sich der Erdungswiderstand. Direkte Anzeige erfolgt auf dem Display.
  Anwendung: Fundamenterder, Baustellenerder, Blitzschutzerder
- **Messung mit zwei Stromzangen:** Mit einer Stromzange wird ein Messstrom in die Erdschleife induziert. Mit einer zweiten Zange wird in einem Abstand von $a > 0{,}25$ m die Stromstärke durch den Erder gemessen.
  Anwendung: Praxisgerechte Messung in Erdungsanlagen mit untereinander verbundenen Erdern, z. B. der Blitzschutzanlage (Aufbau der Schaltungen nach Angaben der Messgerätehersteller).

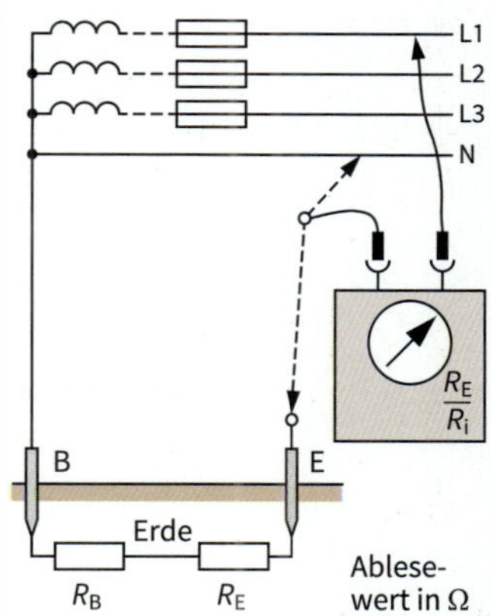

Schleifenimpedanz („Schleifenwiderstand“)

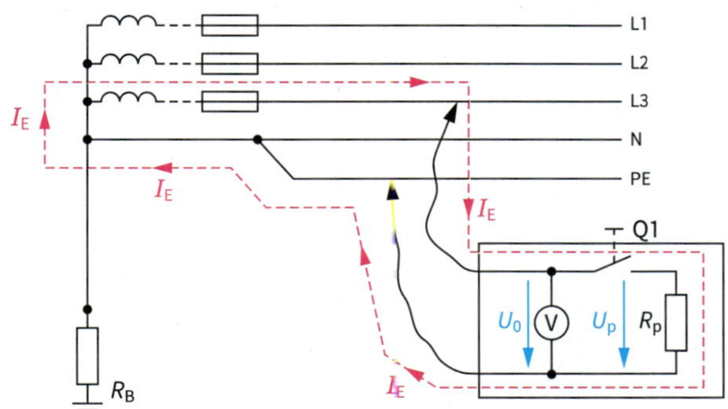

Messschleife zwischen Außenleiter und Schutzleiter

Messung der Schleifenimpedanz:

- Anzeige von Z_s mit Messgerät nach DIN EN 61557-3
- Messung der Netzspannung U_0 bei geöffnetem Schalter Q1
- Messung der Spannung U_p bei eingeschaltetem Lastwiderstand R_p
  Bestimmung von Z_s nach:
  $\Delta U = U_0 - U_p$ und $\Delta U = Z_s \cdot I_E$

$$I_E = \frac{U_0}{R_p + Z_s} \qquad (Z_s << R_p)$$

$$I_E \approx \frac{U_0}{R_p} \rightarrow Z_s \approx \frac{\Delta U \cdot R_p}{U_0}$$

Kennzeichnung

IP 2 3 C H

Kennbuchstaben (**I**nternational **P**rotection) — IP

1. Kennziffer (Schutz gegen Eindringen von Fremdkörpern und Staub) — 2

2. Kennziffer (Schutz gegen Eindringen von Wasser) — 3

Zusätzlicher Buchstabe — C

Ergänzender Buchstabe (Schutz gegen Zugang zu gefährlichen Teilen) — H

Wird eine Kennziffer nicht angegeben, so ist sie durch ein X zu ersetzen.

Ergänzender/zusätzlicher Buchstabe kann entfallen. Mehrere Buchstaben sind in alphabetischer Reihenfolge zu nennen.

1. Kennziffer	Bildzeichen[1)]	Beschreibung	2. Kennziffer	Bildzeichen[1)]	Beschreibung
0		Kein Schutz	0		Kein Schutz
1		Schutz gegen Eindringen großer Fremdkörper ($d \geq 50$ mm)	1		Schutz gegen senkrecht fallendes Wasser (Tropfwasser)
2		Schutz gegen Eindringen mittelgroßer Fremdkörper ($d \geq 12$ mm)	2		Schutz gegen schräg fallendes Wasser (Tropfwasser) bis zu 15° Neigung
3		Schutz gegen Eindringen kleiner Fremdkörper ($d \geq 2{,}5$ mm)	3		Schutz gegen Sprühwasser mit max. 60° zur Senkrechten
4		Schutz gegen Eindringen kornförmiger Fremdkörper ($d \geq 1$ mm)	4		Schutz gegen Spritzwasser aus allen Richtungen
5		Schutz gegen Staubablagerungen (staubgeschützt) und vollständiger Berührungsschutz	5		Schutz gegen Wasserstrahl aus allen Richtungen
6	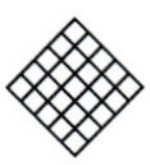	Schutz gegen Eindringen von Staub (staubdicht), vollständiger Berührungsschutz	6		Schutz gegen starken Wasserstrahl aus allen Richtungen
			7		Schutz bei zeitweiligem Untertauchen
			8	 bar…m	Schutz bei dauerndem Untertauchen
			9		Schutz gegen Hochdruck und hohe Strahlwassertemperatur

ergänzender Buchstabe	Beschreibung	zusätzlicher Buchstabe	Beschreibung
A	Schutz gegen Zugang mit Handrücken	H	Hochspannungs-Betriebsmittel
B	Schutz gegen Zugang mit Finger	M	Schutz gegen Wasser geprüft bei bewegten Teilen
C	Schutz gegen Zugang mit Werkzeug	S	Schutz gegen Wasser geprüft bei stillstehenden, beweglichen Teilen
D	Schutz gegen Zugang mit Draht	W	Schutz vor festgelegten Wetterbedingungen, mit zusätzlichen Schutzmaßnahmen

[1)] Übliche Kennzeichnung bei Leuchten; sie geben ungefähr den Schutz der 2. Kennziffer wieder.

Anwendung

- Messung/Überwachung des Isolationswiderstandes in isolierten Netzen (IT)
- Isolationsüberwachung einzelner Betriebsmittel (z. B. Generator)
- Meldung bei unterschrittenem Grenzwert

Grenzwerte

$R_{ISO} < 250\ \Omega/V$ und $R_{ISO} < 15\ k\Omega$	minimaler Isolationswiderstand R_{ISO} des Netzes (zwischen aktivem Leiter und Erde)
$I_m < 10\ mA$	maximaler Messstrom I_m (bei $R_F = 0\ \Omega$)
$U_m < 120\ V$	maximale Messspannung U_m (bei $1{,}1 \times U_n$ und $R_F = \infty$)

U_m: Messspannung, die während der Messung an den Messanschlüssen liegt.

I_m: Messstrom, der aus dem Überwachungsgerät zwischen Netz und Erde fließt.

R_F: Isolationswiderstand im überwachten Netz, einschließlich aller angeschlossenen Objekte gegen Erde

R_{an}: Wert des Isolationswiderstandes, dessen Unterschreitung überwacht wird.

Standardfunktionen

- Prüfeinrichtung zur Sicherstellung einwandfreier Funktion (Isolationswiderstand wird kurzzeitig künstlich verringert)
- Bei Grenzwertverletzung optische Meldung im Gerät oder extern verschaltet
- Akustische Meldung rücksetzbar (quittierbar) aber nicht abschaltbar

Optionale Zusatzfunktionen

- Ansprechwert (R_{an}) fest oder einstellbar
- Hystereseverhalten (Meldung bei steigendem R_{ISO}) oder Speicherverhalten (Meldung wird erst durch Quittierung zurückgesetzt)
- Vorwarnung bei Schwellwert größer als R_{an}
- interne/externe Anzeige von R_{ISO}

Funktionsweise

- Der Netzspannung wird zwischen L und PE/N eine Gleichspannung überlagert.
- Bei sinkendem R_{ISO} steigt der Gleichstrom.
- Ab voreingestelltem Grenzwert erfolgt die Auslösung der Störmeldung.

Anschluss/Schaltung

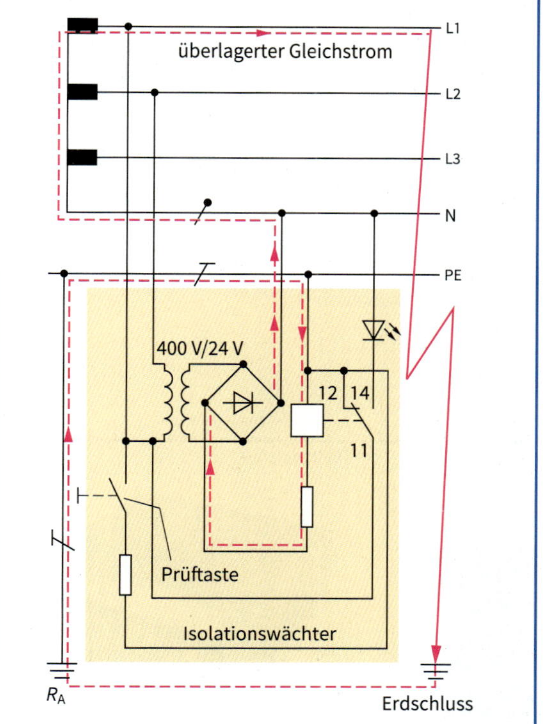

Funktionsdiagramm

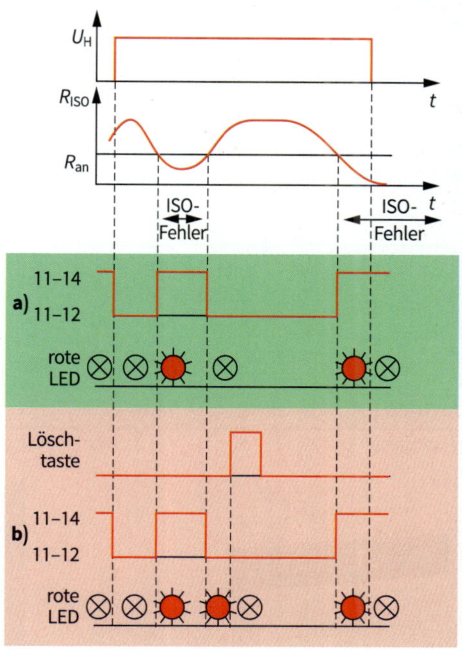

a) ohne Speicher
b) mit Speicher

Übersicht

- Netzteile erzeugen aus Wechselspannung eine konstante Gleichspannung.
- Sie versorgen elektronische Komponenten (z. B. in PC, Fernseher, Telefonanlage, ...).

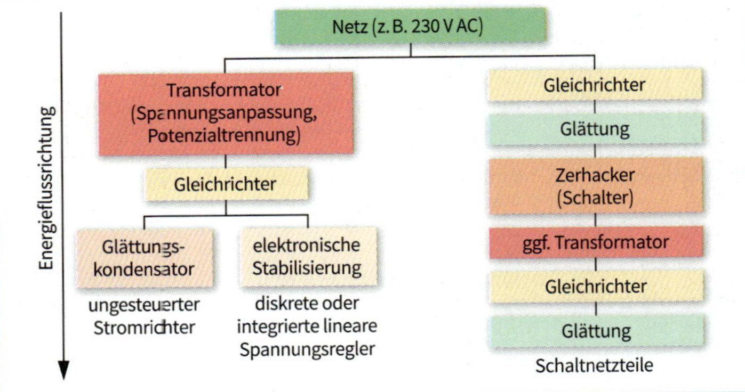

Ungesteuerte Gleichrichter:
- einfacher Aufbau
- Spannung ist stark vom Laststrom abhängig

Diskrete/integrierte, lineare Spannungsregler:
- gute Spannungskonstanz
- hohe Verlustleistung bei Differenzspannung zwischen Eingang und Ausgang

Schaltnetzteile:
- wegen hoher Schaltfrequenz nur kleine Transformatoren erforderlich

Auswahlkriterien

Montage	Funktionsprinzip	Funktionseigenschaften		Anschluss
■ Einbau ■ Aufbau ■ 19"-Einsatz ■ Hutschiene ■ Reiheneinbaugerät	■ Ungeregelt ■ Geregelt – linear – getaktet	■ Festwert ■ *I*/*U*-Vorgabe ■ Innenwiderstand ■ Regelgenauigkeit ■ Regelgeschwindigkeit ■ Restwelligkeit ■ Verlustleistung	■ Ein-/Ausgangsspannungsbereich ■ Leistung ■ Überlast-/Kurzschlussverhalten ■ Lüftung (natürlich, erzwungen) ■ Ausgang erd-/massefrei	■ Steckkontakt ■ Klemmen (Schraub-, Steck-, Klemmtechnik) ■ Buchsen

Stabilisierte Gleichspannungs-Versorgungsgeräte

- Stabilisierte Gleichspannungs-Versorgungsgeräte enthalten stetige Gleichstromsteller.
- Allen gemeinsam sind Netztransformator, Gleichrichter und Glättung (hier nicht dargestellt) zur Bildung der Eingangsgleichspannung U_1.

Schaltungsbeispiel

Versorgungsgerät mit integrierten einstellbaren Spannungsreglern für positive Ausgangsspannungen

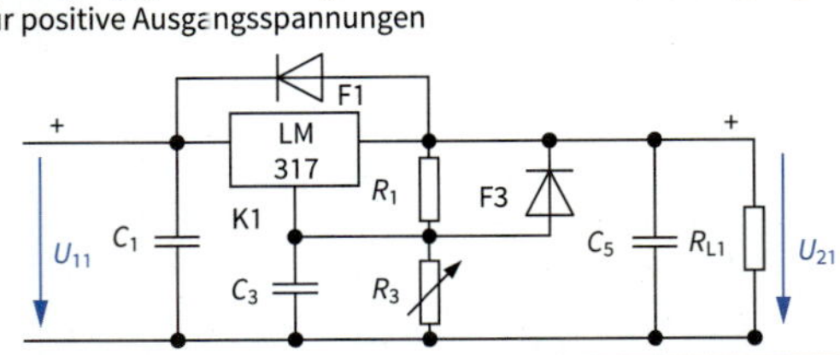

- Integrierte einstellbare Spannungsregler (z. B. K1, LM317) sind weit verbreitet.
- $U_{21} = 1{,}25\,\text{V}\left(1+\frac{R_3}{R_1}\right)$
  $U_{11\text{max}} = 40\,\text{V}$
- Rückstromschutz durch F1
- Entladeschutz durch F3

Bauformen

Labornetzgerät

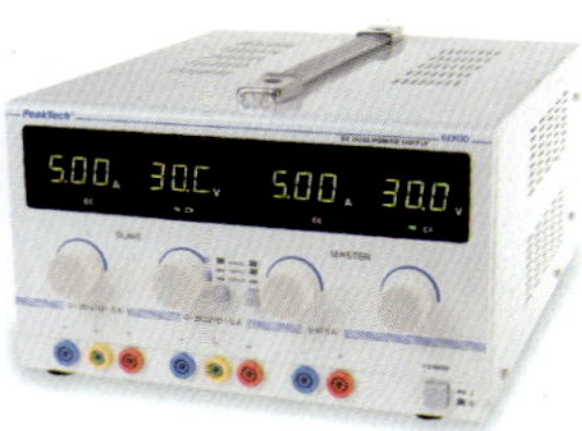

Hutschienenmontage

Einbaugerät

Funktionsgruppen

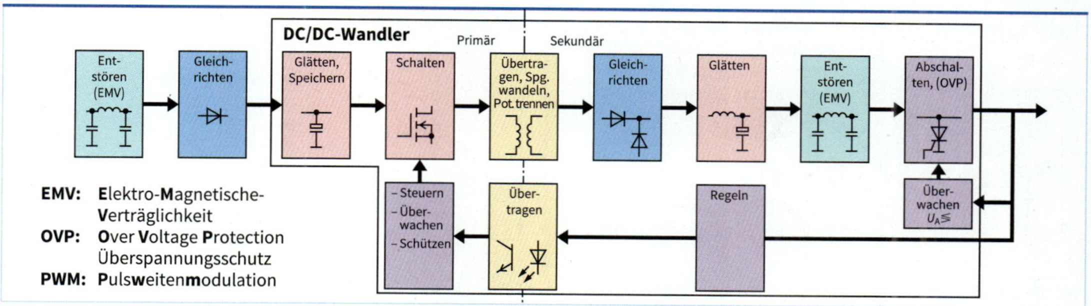

EMV: **E**lektro-**M**agnetische-**V**erträglichkeit
OVP: **O**ver **V**oltage **P**rotection Überspannungsschutz
PWM: **P**uls**w**eiten**m**odulation

Sperrwandler

Schaltbild	Spannungen, Ströme	Formeln
Hochsetzsteller (Boost-converter) 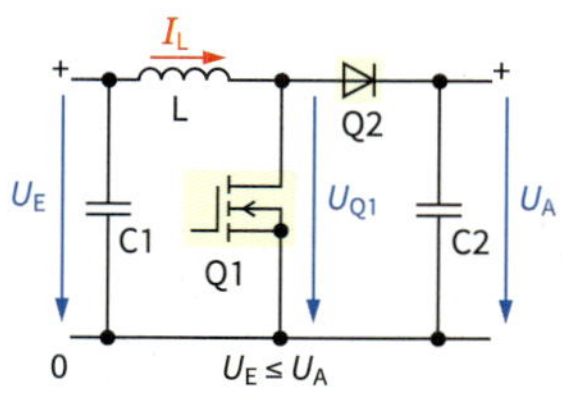 	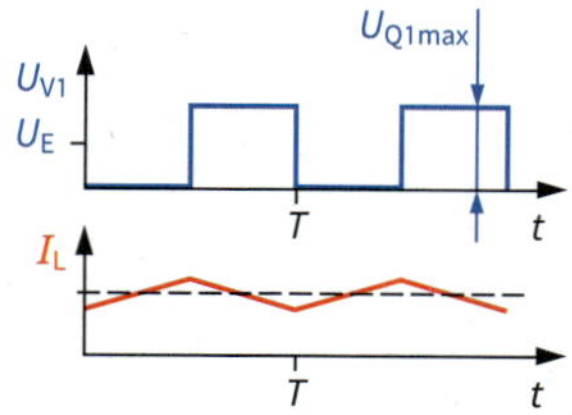 	$U_A = \frac{1}{1-g} \cdot U_E$ $L = \frac{(U_A - U_E) \cdot U_E}{\Delta I_L \cdot f \cdot U_A}$ $I_L = \frac{1}{1-g} \cdot I_A$ $U_{Q1max} = 2 \cdot U_E$ g: Tastgrad $g = \frac{t_{ein}}{T}$; $g = \frac{\text{Einschaltdauer}}{\text{Periodendauer}}$
Inverter mit galvanischer Trennung (Sperrwandler (fly-back-converter) 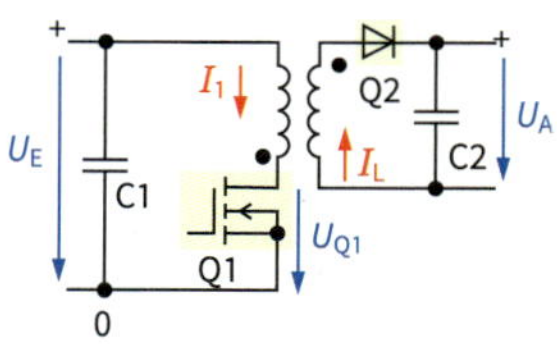 	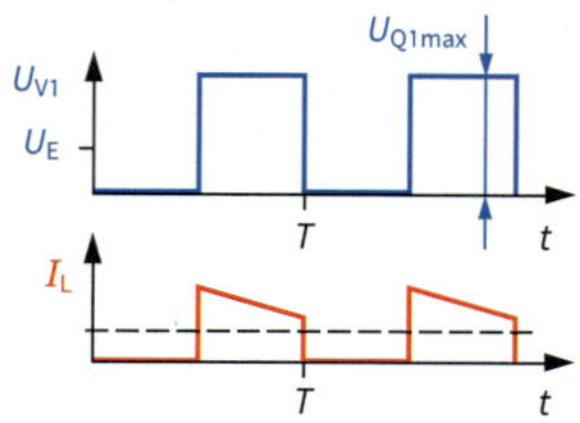 	$U_A = \frac{N_2 \cdot g \cdot U_E}{N_1 \cdot (1-g)}$ $L_{Primar} = \frac{U_E \cdot t_{ein}}{f_1}$ $f_1 = \frac{2 \cdot P_A}{\eta \cdot U_E \cdot g}$ $U_{Q1max} = 2 \cdot U_E$ f_1: Schaltfrequenz

Flusswandler

Schaltbild	Spannungen, Ströme	Formeln
Eintakt-Durchfluss-wandler (Forward-converter) 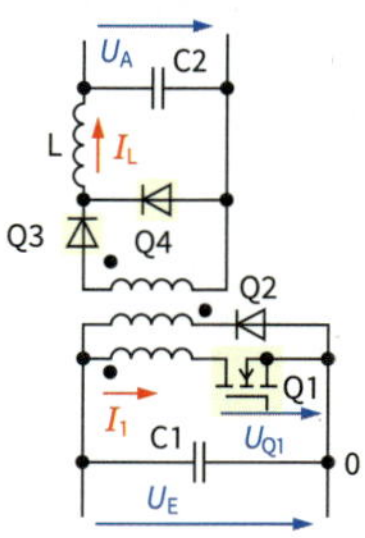 	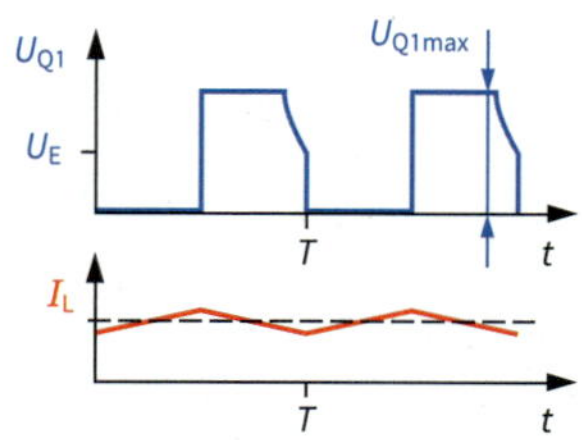 	$U_A = \frac{N_2}{N_1} \cdot g \cdot U_E = \frac{g \cdot U_E}{ü}$ $I_1 = \frac{I_L}{ü} + \frac{ü \cdot U_A}{f \cdot L} \approx \frac{I_L}{ü}$ Übersetzungsverhältnis: $ü = \frac{N_1}{N_2}$ $U_{Q1max} = 2 \cdot U_E$
Gegentakt-Durchfluss-wandler (Push-Pull-converter) 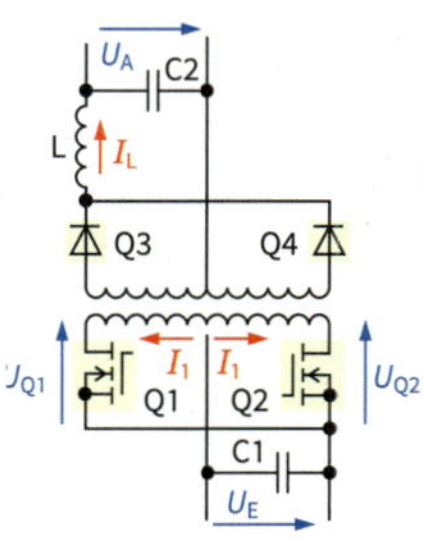 	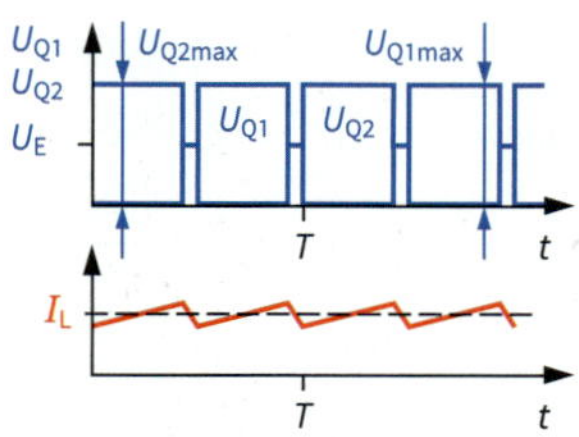 	$U_A = \frac{2 \cdot g}{ü} \cdot U_E$ $I_1 = \frac{I_L}{ü} + \frac{ü \cdot U_A}{4 \cdot L \cdot f} \approx \frac{I_L}{ü}$ $U_{Q1max} = 2 \cdot U_E$

Schaltung	Bemerkungen	Schaltung	Bemerkungen
Ladekondensator 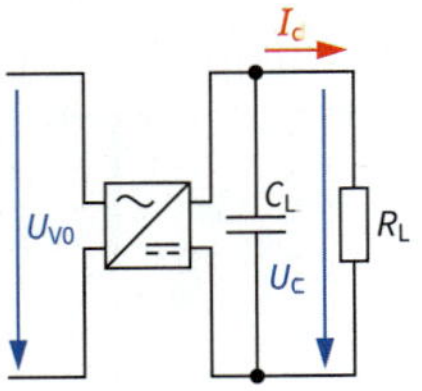 	Spannungsglättung durch Ladekondensator C_L. Bei Belastung durch R_L entsteht als Wechselspannungsanteil die Brummspannung U_W. $C_L \approx \frac{k \cdot I_d}{p \cdot f \cdot U_W}$ $k = 0{,}25$ bei Einpuls- und $k = 0{,}2$ bei Zweipulsschaltungen.	**Glättungsdrossel** 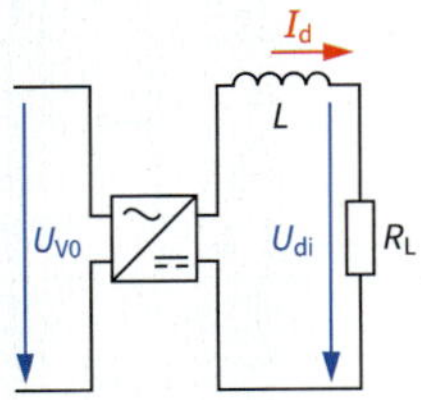 	Stromglättung durch Glättungsdrossel L. Stromwelligkeit w: $w_I = \frac{I_w}{I_d}$ $L \geq \frac{\sqrt{Z^2 - R_L^2}}{p \cdot 2 \cdot \pi \cdot f}$ p: Pulszahl
RC-Siebglied 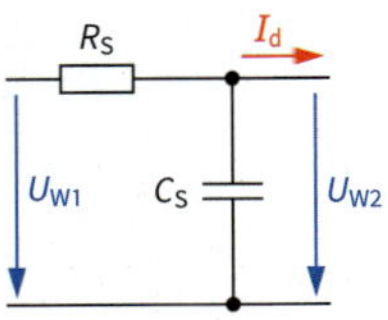 	Frequenzabhängiger Spannungsteiler als Tiefpass. Siebfaktor $s = \frac{U_{W1}}{U_{W2}}$ $s \approx p \cdot 2 \cdot \pi \cdot f \cdot R_s \cdot C_s$ p: Pulszahl der Gleichrichterschaltung $s_G = s_1 \cdot s_2 \cdot \ldots \cdot s_n$	**LC-Siebglied** 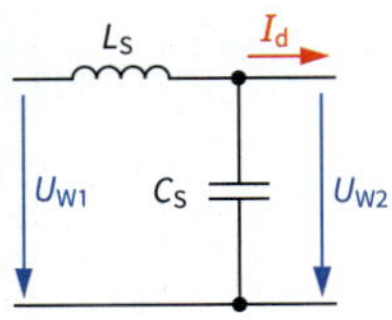 	Tiefpass für höhere Lastströme. Siebfaktor $s = \frac{U_{W1}}{U_{W2}}$ $s \approx (p \cdot 2 \cdot \pi \cdot f)^2 \cdot L_s \cdot C_s$ p: Pulszahl der Gleichrichterschaltung $s_G = s_1 \cdot s_2 \cdot \ldots \cdot s_n$
RZ-Stabilisierung 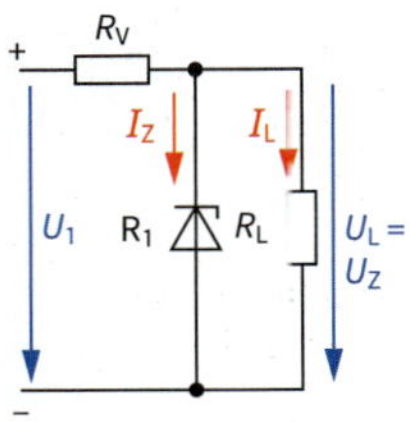 	Der differenzielle Widerstand r_z von R1 wirkt bei Wechselspannungen glättend und bei Gleichspannungen stabilisierend. $G = \frac{\Delta U_1}{\Delta U_2} = 1 + \frac{R_v}{r_z}$ $R_{vmin} = \frac{U_{1max} - U_Z}{I_{Zmax} + I_{Lmin}}$ $R_{vmax} = \frac{U_{1min} - U_Z}{I_{Zmin} + I_{Lmax}}$ $I_{Zmin} \geq 0{,}1 \cdot I_{Zmax}$ $I_{Zmax} \leq \frac{P_{tot}}{U_Z}$	**RZ-Präzisions-Stabilisierung** 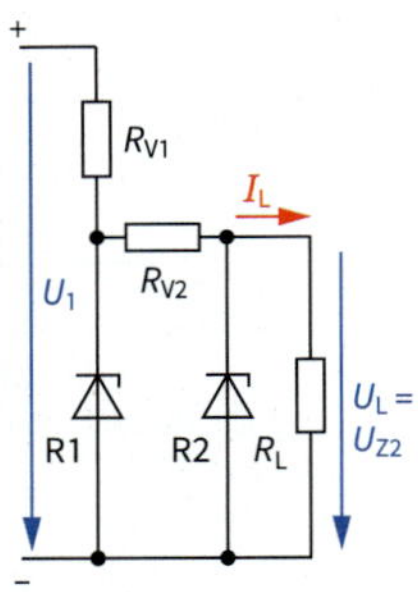 	Glättungsfaktor G: $G = G_1 \cdot G_2$ $G_1 \approx \frac{R_{V1}}{r_1}$ $G_2 \approx \frac{R_{V2}}{r_2}$
Konstantspannungsquelle mit Transistor 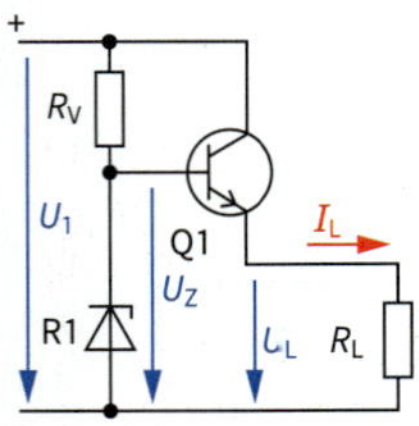 	R1 bewirkt feste Basisspannung an Q1. $U_L = U_Z - U_{BE}$ $U_L = U_1 - U_{CE}$ $G \approx \frac{R_v}{r_z}$ $r_i = \frac{\Delta U_L}{\Delta I_L} \approx \frac{r_z}{\beta}$ ß: Wechselstromverstärkung	**Integrierter Festspannungsregler** 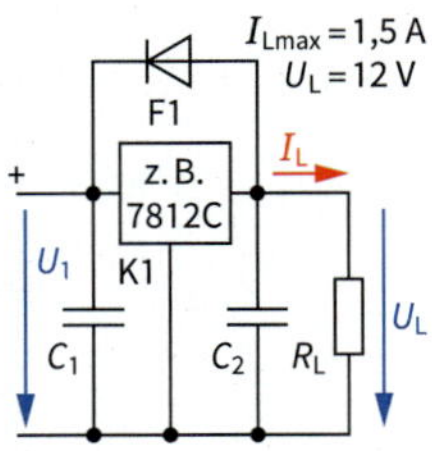 	Festspannungsregler arbeiten als Konstantspannungsquelle mit Differenzverstärker. $U_1 \geq U_L + 2$ V $r_i \approx 20$ mΩ $G \approx 500 \ldots 5000$ Sehr verbreitet: Serie 78XX für pos. Spannungen, Serie 79XX für neg. Spannungen. Spannungen $C_1 = 470 \ldots 2200$ µF, $C_2 = 1 \ldots 10$ µF
Konstantstromquelle mit Transistor 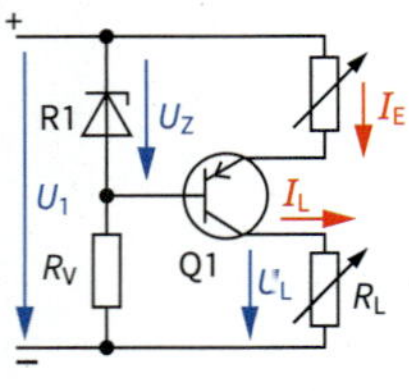 	Da Q1 ein PNP-Transistor ist, liegt R_L an Masse. Die Stromeinstellung erfolgt mit dem Emitterwiderstand R_E. $I_E = \frac{U_Z - U_{EB}}{R_E} \approx I_L$ $r_i \approx 50 \ldots 500 \cdot r_{CE}$	**Konstantstromquelle mit Feldeffekttransistor** 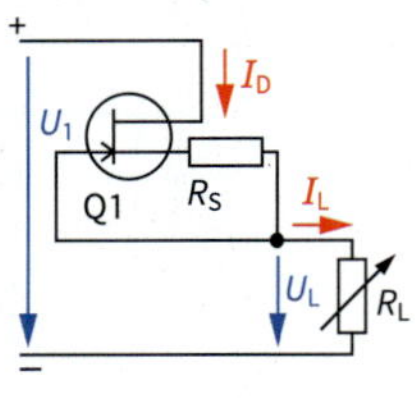 	Steuerspannung $-U_{GS}$ wird am Source-Widerstand R_S abgenommen. Die I_D–U_{GS}-Kennlinie liefert für jeden Betrag von R_S den Konstantstrom I_L. $I_L = I_D = \frac{-U_{GS}}{R_s}$ $r_i = 20 \ldots 100 \cdot r_{DS}$

	Phasenanschnittsteuerung	Nullspannungsschalter	Schwingungspaketsteuerung
Beschreibung	Netzspannung wird erst bei Erreichen des Steuerwinkels α zugeschaltet. Dadurch wird der Spannungseffektivwert zwischen 0 und 100 % eingestellt.	Unabhängig vom Zeitpunkt des Steuersignals erfolgt die Einschaltung beim nächsten Spannungsnulldurchgang über der Schaltstrecke.	Einschaltvorgang des Schalters erfolgt so, dass immer eine komplette Spannungsschwingung die Last versorgt.
Anwendung	■ Einsatz im Dimmer ■ Stellglied für Anker-/Erregerkreis von Gleichstrommotoren ■ Zwischenkreiseinspeisung bei Frequenzumformern ■ Hochspannungs-Gleichstrom-übertragung	■ elektronisches Lastrelais ■ beliebige Lasten ■ Vermeidung von Ausgleichsvorgängen	■ Heizungs-/Temperaturregelung z. B. bei Schmelz- und Trockenöfen, Elektroheizungen, Lötkolben usw.
Schaltverhalten	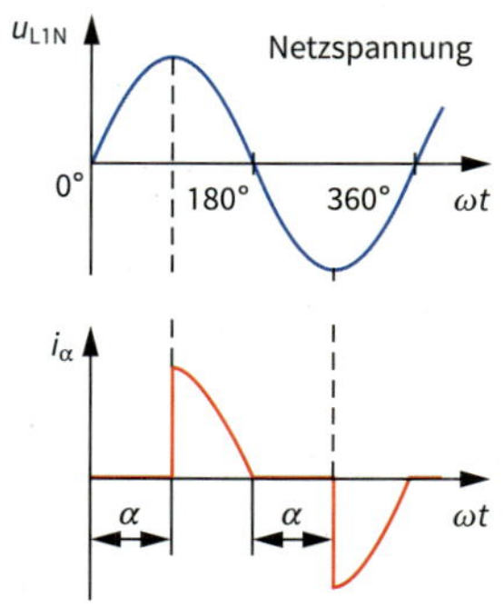	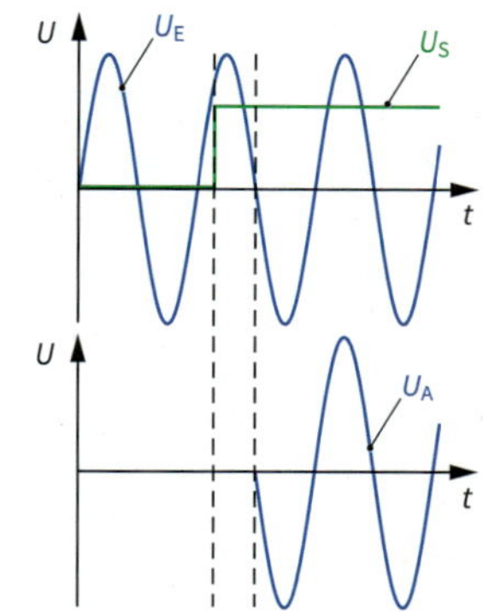	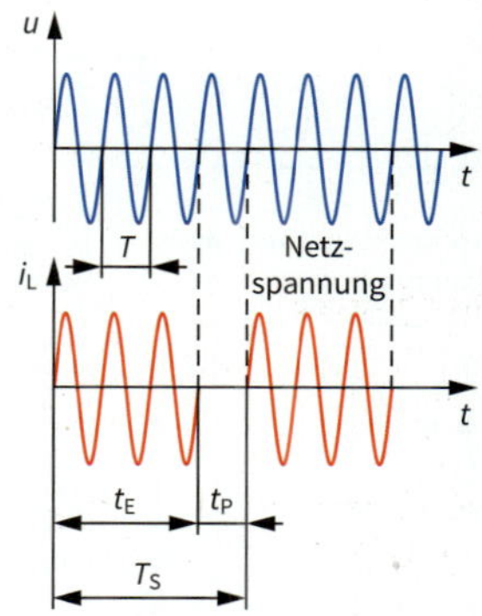
Eigenschaften	■ Verursacht Stromoberschwingungen und Steuerblindleistung. ■ Verbraucher mit hoher Leistung nur mit Sondergenehmigung des VNB zu betreiben. ■ Nach TAB 2007 max. 1,7 kW Glühlampenleistung pro Außenleiter; bei induktivem Vorschaltgerät bzw. Motoren max. 3,4 kVA	■ Prellfreies Schalten möglich ■ Ausschaltung nach natürlichem Stromnulldurchgang ■ Geringe Funkstörung und Netzrückwirkungen ■ Hohe Schaltgeschwindigkeit ■ Geräuscharmes Schalten	■ Keine Stromoberschwingungen, keine Steuerblindleistung ■ Verursacht Flicker (optisch wahrnehmbare Beleuchtungsstärkeschwankung) durch schnelle Änderung der Netzspannung ■ Max. Anschlussleistung beschränkt; abhängig von Schalthäufigkeit und Netzform
Beispiele	W1C-Schaltung mit Triac als Dimmer 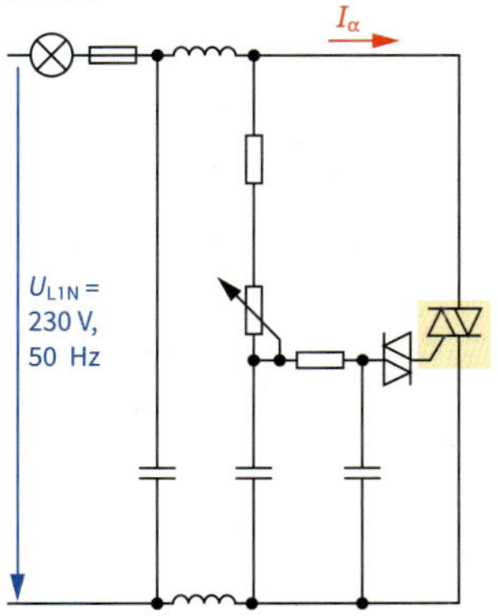	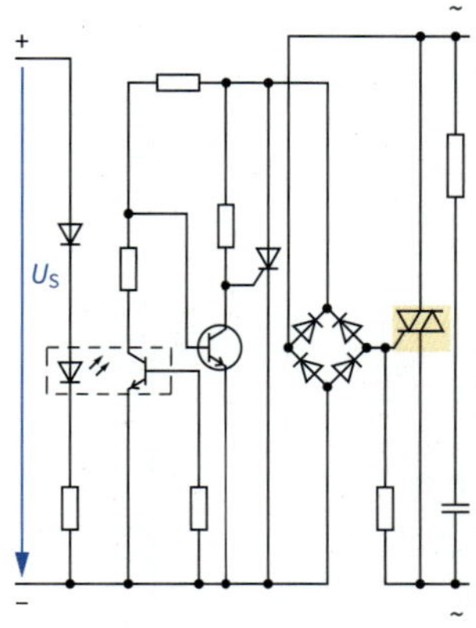	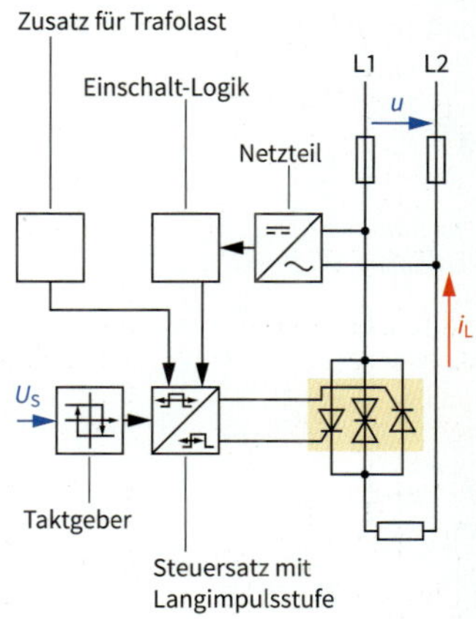

Wechselrichter
Inverter

Schaltungsbeispiele	Ausgangsspannungen	Bemerkungen
Selbstgeführter Wechselrichter (einphasig) 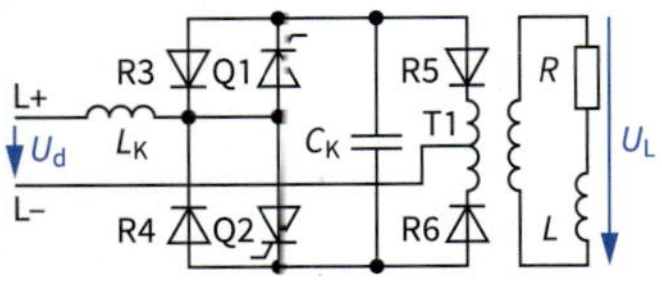	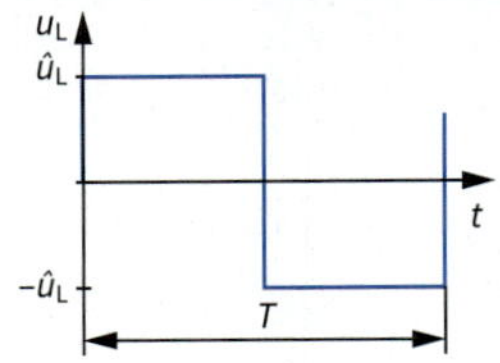	■ Wechselrichter in Mittelpunktschaltung versorgt durch Rücklaufdioden R3 und R4 beliebige Lasten mit nahezu rechteckförmiger Wechselspannung. ■ Einsatz z. B. als Notstromversorgung in Anlagen der Fernmeldetechnik.
Selbstgeführter Wechselrichter (dreiphasig) 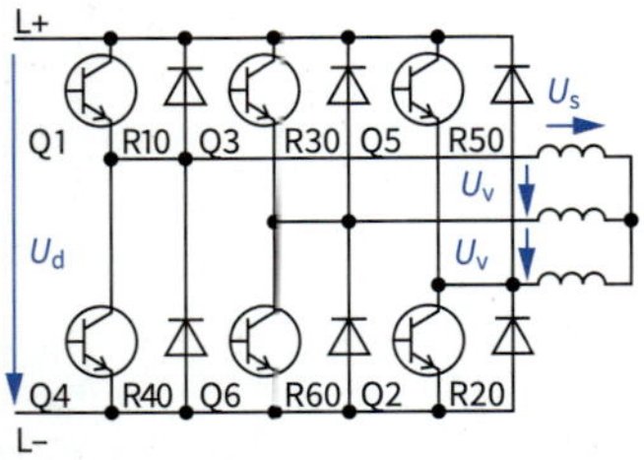	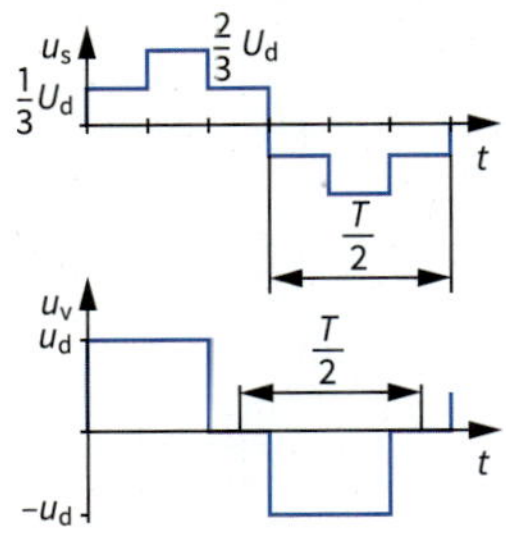	■ Anwendung bei drehzahlgeregelten Antrieben mit Drehstrommaschinen, oder USV Wechselrichtern. ■ Wechselrichter für Leistungen ab 10 kW mit IGBTs oder GTOs. ■ Spannungsdiagramme bei einem Stromflußwinkel der Ventile von $\Theta = 180°$.
Zwischenkreis-Umrichter (Pulsumrichter) 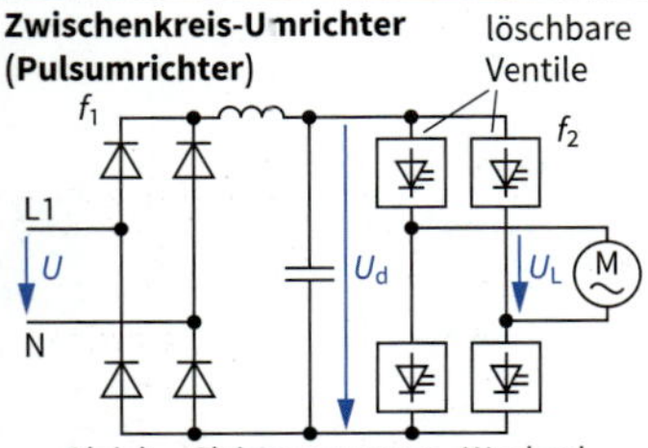	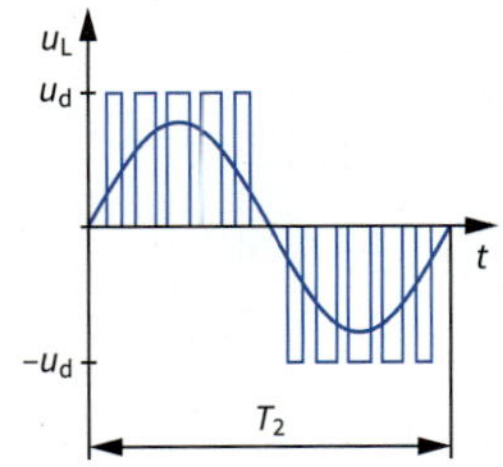	■ Durch spezielle Pulsbreitensteuerung kann die Wechselspannung stufenlos bezüglich Frequenz und Amplitude verstellt werden. ■ Die sinusförmige Grundschwingungsfrequenz liegt unterhalb der Pulsfrequenz (Unterschwingungsverfahren).

Spannungsvervielfacherschaltungen
Voltage multiplier circuits

Bezeichnung	Schaltung	Spannungsverlauf	Schaltungskennwerte			
			$\frac{U_{di}}{U}$	$\frac{\hat{u}_R}{U}$	$\frac{I_{FAV}}{I_d}$	$\frac{f_ü}{f}$
Einpuls-Verdoppler-Schaltung D1	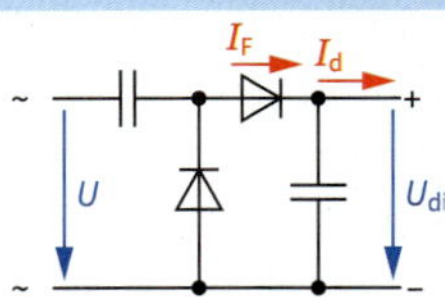	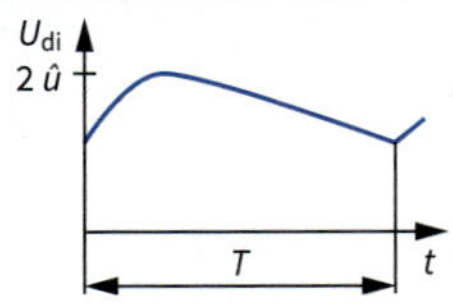	2,82	2,82	1,0	1
Zweipuls-Verdoppler-Schaltung D2	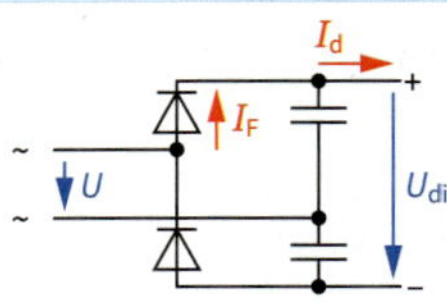	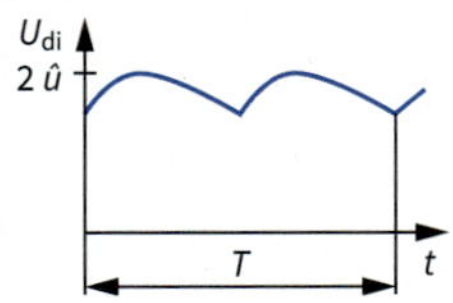	2,82	2,82	0,5	2
Einpuls-Vervielfacher-Schaltung V1	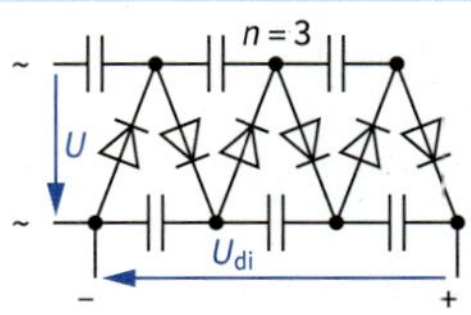	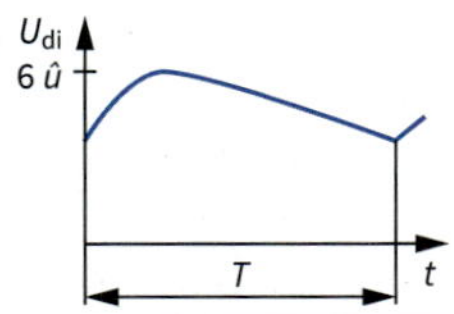	$n \cdot 2 \cdot \sqrt{2}$ Bsp.: für $n = 3$ 8,48	2,82	n Bsp.: für 2. Stufe 2	1

Merkmale

- **Einmalige Entladung**
- **Geringe Selbstentladung** (ca. 2 %/Jahr)
- **Energiedichte** (gespeicherte Energie in Wh/Masse oder Wh/Volumen) höher als in Sekundärbatterien
- **Belastbarkeit** niedriger als bei Sekundärbatterien
- **Lagertemperatur** 0 °C bis 10 °C in wasserdampfdichter Verpackung im Kühlschrank, vor Gebrauch auf Raumtemperatur angleichen
- **Bemessungskapazität** C_n in mAh oder Ah gibt an, welche Stromstärke z. B. bei einer zehnstündigen Entladung möglich ist.
  Beispiel: $C_{10} = 800$ mAh $\rightarrow I_E = 80$ mA in 10 h

Kennbuchstaben nach IEC

Kurzzeichen	Bedeutung
A	Zink-Luft-Element, saurer Elektrolyt
M, N	Quecksilberoxid-Element
L	Alkali-Mangan-Element
P	Zink-Luft-Element, KOH-Elektrolyt
S	Silberoxid-Element

Beispiel: Entladekurve des Elements R 14

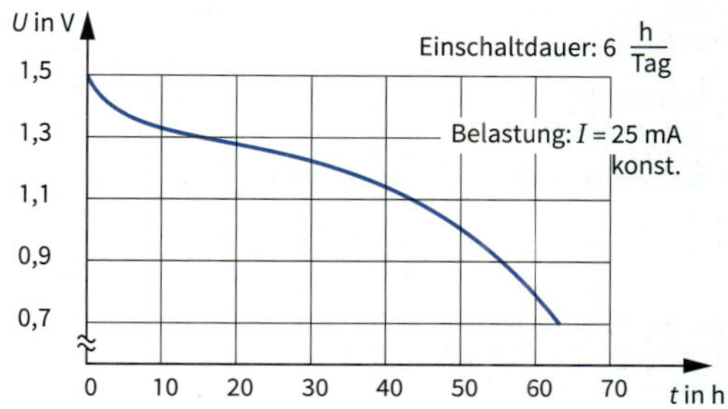

Zink-Kohle-Element

U_n in V	IEC-Bez.	C_n in mAh	Maße (max.) in mm d	h	l	b
1,5	R 6	1200	14,5	50,5	–	–
4,5	3 R 12	2700	–	67	62	22
1,5	R 14	3200	26,2	50	–	–
1,5	R 20	8000	34,2	61,5	–	–
9	6 F 22	400	–	48,5	26,5	17,5
6	4 R 22X	8500	–	115	67	67

Alkali-Mangan-Rundzellen und -Batterien

U_n in V	IEC-Bez.	C_n in mAh	Maße (max.) in mm d	h	l	b
1,5	LR 1	800	12	30,2	–	–
4,5	3 LR 12	6300	–	67	62	22
1,5	LR 41	30	79	3,6	Fotogeräte; Uhren; elektronische Geräte; Fernbedienungen	
1,5	LR 55	25	11,6	2,1		
1,5	LR 54	50	11,6	3,1		
1,5	LR 43	80	11,6	4,2		
1,5	LR 44	115	11,6	5,4		
1,5	LR 9	185	16	6,2		
Umweltverträglich, keine spezielle Entsorgung						

Silberoxid-Knopfzellen und -Batterien

U_n in V	IEC-Bez.	C_n in mAh	Maße in mm d	h	Verwendung
1,55	SR 62	9	5,8	1,7	Fotogeräte; Uhren; Taschenrechner
1,55	SR 64	16	5,8	2,7	
1,55	SR 43	115	11,6	4,2	
1,55	SR 44	170	11,6	5,4	
6,2	4 SR 44	145	13	25,2	
1,55	–	3400	26	50	Einsatz: $\vartheta \leq 165$ °C
Nicht umweltverträglich, spezielle Entsorgung					

Zink-Luft-Knopfzellen und -Batterien

U_n in V	IEC-Bez.	C_n in mAh	Maße in mm d	h	Verwendung
1,4	PR 70	70	5,8	3,6	Hörgeräte; Personenrufgeräte
1,4	PR 48	240	7,9	5,4	
1,4	PR 44	570	11,6	5,4	
1,4	AR 40	75	67	172	universal
7	5 AR 40	90	181	180	Weidezaun
In spezieller Ausführung geeignet für Normal- und Spitzenlast-(Push Pull) Betrieb, d. h. mit konstanter Stromstärke I_1 und zusätzlicher Pulsstromstärke I_2. Schadstoffe: 0 % Hg und 0 % Cd					

Eigenschaften von Lithium-Zellen

Typ	Rundzelle	Knopfzelle
System	$Li\text{-}MnO_2$	$Li\text{-}MnO_2$
Energiedichte	400 bis 800 Wh/dm³	360 bis 660 Wh/dm³
U_o/U_n	3,2 V/3 V	3,2 V/3 V
C_n in mAh	400 bis 2000	25 bis 500

Begriffe/Erklärungen

Ruhespannung, Leerlaufspannung	Klemmenspannung des unbelasteten Elements	Lecksicherheit	Schutz gegen Elektrolytaustritt durch konstruktive Maßnahmen
Arbeitsspannung, Bemessungsspannung	Klemmenspannung bei Belastung	Entladeschlussspannung	Klemmenspannung, bei der das Element als entladen gilt
Entladeendspannung	minimal zulässige Betriebsspannung (halbe Bemessungsspannung)	Selbstentladung	innerer Vorgang vermindert bei Lagerung die Betriebsdauer
Innenwiderstand	innerer Widerstand der Zelle	Dauerentladung	ununterbrochene Stromentnahme

Begriffe

- **Standardzellen** geeignet für gleichmäßige Belastungen bis 6 CA (≙ dem 6fachen der Bemessungskapzität in A) Zyklenbetrieb: Personenrufanlagen, Dauerbetrieb: Signal- und Warnanlagen.
- **Hochstromzellen** für gleichmäßige Belastungen bis 10 CA, Zyklenbetrieb: Mobiltelefone.
- **Hochkapazitätszellen** mit optimierter Volumenkapazität, Zyklenbetrieb: Laptop, Dauerladebetrieb: Notstromanlagen.
- **Hochtemperaturzellen** einsetzbar bis ca. +65 °C, Dauerladebetrieb: Kfz-Bord-Computer.
- **Schnellladbare Zellen** mit Strömen bis 2 CA, Zyklenbetrieb: Elektrowerkzeuge.
- **Selbstentladung**, von Umgebungstemperatur abhängig, ca. 80 % Kapazitätsverlust/3 Monate.

Ladung/Entladung

Beispiel: Hochkapazitätszelle mit $C_n = 5$ Ah

I_{EN}: Entladestromstärke innerhalb 5 h
→ $I_{EN} = 0{,}2 \cdot CA = 1$ A

I_{LN}: Ladestromstärke, Vollladung einer Zelle in 14 h bis 16 h → $I_{Ln} = 0{,}1 \cdot CA = 0{,}5$ A

Vergleich von Batterien

Austauschbarkeit von Batterien
- Ersatz von Primärbatterien (1,5 V)
  → Ni-Cd-Akkus (1,2 V) und Ni-MH-Akkus (1,2 V)
- Ersatz von Ni-Cd-Akkus
  → Ni-MH-Akkus

Vergleich von Ni-MH- mit Ni-Cd-Akkus
- Energiespeicher bei Ni-MH-Akkus
  → 100 % höher als bei Ni-Cd-Akkus
- Weniger häufiges Laden bei Ni-MH-Akkus
  → höhere Lebensdauer und kein Memory-Effekt

Vorteile von Ni-Cd-Akkus
- Höhere Stromstärke für leistungsstarke Verbraucher durch kleineren Innenwiderstand.
- Ah-Wirkungsgrad bei niedrigen Temperaturen größer
  → entnehmbare Kapazität größer.
- Preisgünstiger

Wartung von Ni-Cd-Akkus
- Vor jedem Laden vollständig entladen bzw. regelmäßiges „Zyklen" (Mehrmals hintereinander entladen und dann wieder laden.)
  → Vermeiden des Memory-Effektes,
  → Verlängerung der Haltbarkeit.

Vorteile von Lithium-Ion-Akkus
- Hohe Energiedichte → große Leistung bei niedrigem Gewicht und kleinem Volumen.
- Kurze Ladezeit und geringer Memory-Effekt.

Entladespannung von Hochkapazitätszellen

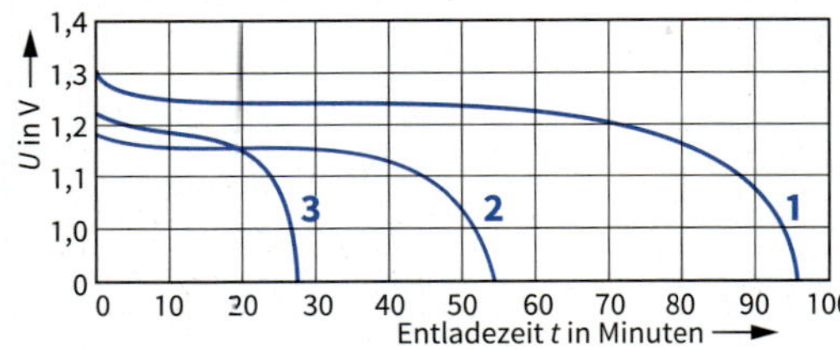

Belastung bei Raumtemperatur: **1** 0,6 · CA; **2** 1 · CA; **3** 2 · CA

Entladespannung bei Ni-Cd- und Ni-MH-Zellen

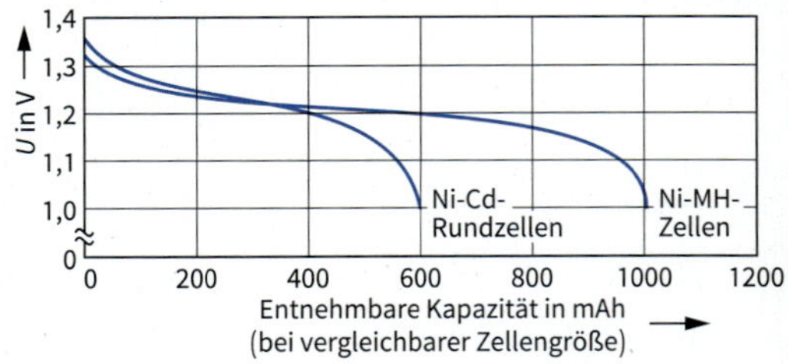

Batterieauswahl

Anwendung	Batterietyp	Merkmale
Video-Leuchten, Blitzgeräte, schnurlose Telefone, Akku-Werkzeuge	Nickel-Cadmium-Element (Ni-Cd), als Rundzellen **4** und Power-Packs **5**	Geeignet bei niedrigen Temperaturen, Geräte mit hoher Stromstärke, geringe Kapazität, hohe Umweltbelastung (Cadmium).
Camcorder, Handy, Kassettenabspielgerät, schnurlose Telefone, Videokameras	Nickel-Hydrid-Element (Ni-MH), als Rundzellen **6**, Knopfzellen **7** und Power-Packs	Hohe Kapazität, gutes Preis-/Leistungsverhältnis, geringe Umweltbelastung.
Camcorder, Handy, Notebooks	Lithium-Ion-Element (Li-Ion) als Knopfzellen **8**	Hohe Energiedichte, spezielles Ladegerät erforderlich, geringe Umweltbelastung.

Beispiele:

4

1,5 V/550 mAh

5

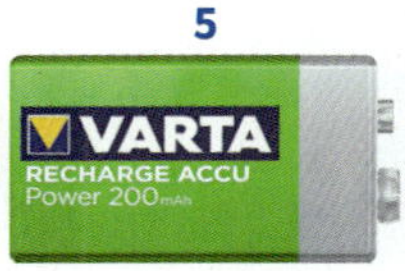

9 V/200 mAh

6

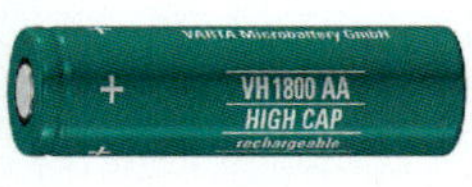

1,2 V/1850 mAh

7

1,2 V/300 mAh

8

3,7 V/60 mAh

Merkmale

- Akkumulatoren (Sammler)
  - sind Speicher für elektrische Energie und
  - werden auch als **sekundäre Elemente** bezeichnet.
- Das Wirkprinzip basiert auf chemischen Reaktionen zwischen zwei Elektroden aus unterschiedlichen Materialien in Verbindung mit einem Elektrolyten.
- Beim **Aufladen** eines Akkus wird die von außen zugeführte elektrische Energie in chemische Energie umgewandelt und gespeichert.
- Beim **Entladen** wird die gespeicherte chemische Energie wieder in elektrische Energie umgewandelt und steht an den Elektroden (Polen) als Gleichspannung/-stromstärke zur Verfügung
- Als Elektrodenmaterialen kommen unterschiedliche Materialkombinationen zum Einsatz, z. B. Blei (Minuselektrode) und Bleioxid (Pluselektrode) beim Bleiakku.
- Daraus ergeben sich unterschiedliche **Leistungsmerkmale** der Akkumulatoren, wie z. B.:
  - Höhe der Zellen-Bemessungsspannung
  - Spezifische Energie (Wattstunden pro kg: Wh/kg)
  - Bemessungskapazität (Ladungsmenge in Ah)
  - Lade- und Entladestromstärke (-zeiten)
  - Lagerfähigkeit (Selbstentladung)
  - Wirkungsgrad
- Die Lebensdauer von Akkumulatoren ist abhängig von der Einhaltung der vom Hersteller vorgegebenen Behandlungsanweisungen (u. a. Ladetechnik).

Materialien und Anwendung

Bezeichnungen		Anwendungsbeispiele
Pb	Blei	Starterbatterien
NiCd[1]	Nickel Cadmium	Elektrowerkzeuge
NiH_2	Nickel Wasserstoff	Satelliten/Raumsonden
NiMH	Nickel Metallhydrid	elektronische Geräte
NiFe	Nickel Eisen	dezentrale Stromversorgung
Li-Ion	Lithium Ionen	Mobiltelefone
LiFe	Lithium Eisen	Modellbau/Elektrowerkzeuge
LiPo	Lithium Polymer	Modellbau

Bezeichnungen		Anwendungsbeispiele
LiMn	Lithium Mangan	Elektrowerkzeuge
$LiFePO_4$	Lithium Eisen Phosphat	Fahrzeuge
LiS	Lithium Schwefel	Solarflugzeuge
RAM	Rechargeable Alkaline Manganese	begrenzt wiederaufladbare Alkali-Mangan Zelle
$Na/NiCl_2$	Natrium Nickel Chlorid	Fahrzeuge, Waffensysteme

Lade-/Entladecharakteristik

Beispiel: Lithium Ionen Akkumulator

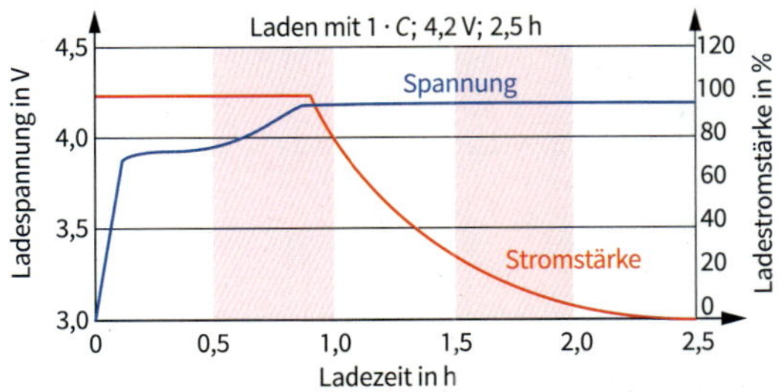

Ladeprinzip: **CCCV** (**C**onstant **C**urrent **C**onstant **V**oltage: konstanter Strom konstante Spannung)

C (Capacity): Kenngröße für die Bemessungskapazität des Akkumulators in Amperestunden (Ah)

Entladekurven: 0,2 · *C* bis 3,0 V bei verschiedenen Temperaturbedingungen

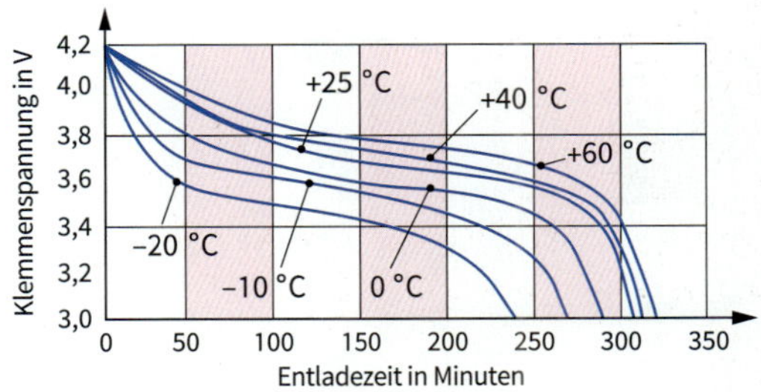

Die Entladedauer ist festgelegt auf 5 h. Kürzere Entladungszeiten ergeben, bedingt durch innere Verluste, eine geringere Kapazitätsentnahme.

Entladestromstärke: $I_n = \frac{C}{5\,h} = 0{,}2\,\frac{C}{h}$ C in Ah

Kenndaten

Technologie / Parameter	NiCd[1]	Pb	NiMH	Li-Ion	LiPo	$LiFePO_4$
Zellen-Spannung in V	1,25	2,0	1,25	3,6	3,6	2,0
Ladestromstärke (optimal) in % der Kapazität	100	20	50	100	100	100
Spezifische Energie in Wh/kg[2]	45…80	30…50	60…120	110…160	100…130	110
Betriebstemperatur Entladung in °C[2]	-40…+60	-20…+60	-20…+60	-20…+60	0…+60	-20…+60
Entladeschlussspannung in V	0	1,7	0,8	2,5	2,5	2
Selbstentladung pro Monat in %[2]	20	<10	30	10	10	3
Anzahl der Lade-/Entladezyklen[2]	800	300	500	1000	800	>1000
Schnellladezeit in Stunden[2]	1	8…16	2…4	2…4	2…4	2
Lagerzustand (empfohlen)	entladen	geladen	geladen	geladen	geladen	geladen

[1] Eingeschränkter Einsatz nach Batteriegesetz (BattG/Juni 2009) [2] Maßgebend sind die Herstellerangaben

Brennstoffzellen

Niedertemperaturzellen – Betriebstemperatur bis 200 °C

- **AFC** (**Al**kaline **F**uel **C**ell) – alkalische Brennstoffzelle
- **PAFC** (**P**hosphoric **A**cid **F**uel **C**ell) – phosphorsaure Brennstoffzelle
- **PEMFC** (**P**roton **E**xchange **M**embrane **F**uel **C**ell) – polymerelektrolyte-Membran-Brennstoffzelle
- **DMFC** (**D**irect **M**ethanol **F**uel **C**ell) – Methanol-Brennstoffzelle
  Bauweise als **SFC** (**S**mart **F**uel **C**ell)

Hochtemperaturzellen – Betriebstemperatur von 650 °C bis 1000 °C

- **MCFC** (**M**olton **C**arbonate **F**uel **C**ell) – Schmelzkarbonat-Brennstoffzelle
- **SOFC** (**S**olid **O**xide **F**uel **C**ell) – festoxidkeramische Brennstoffzelle

Hinweis:
Die verwendeten Elektrolyte ergeben sich aus den jeweiligen Bezeichnungen.

SFC-Brennstoffzelle

Funktion

- Direkte Energieumwandlung beim Zusammentreffen von Sauerstoff der Luft mit Methanol, wobei positiv geladene Wasserstoffionen zur Katode wandern.
  ↓
  Ladungstrennung, d. h. Aufbau einer elektrischen Spannung.
- Flüssiges Methanol in Tankpatrone ist der Energiespeicher ①.
- Elektrolyt in der Brennstoffzelle
  - trennt Anode und Katode ② und
  - ermöglicht elektrochemische Reaktion von Sauerstoff und Wasserstoff

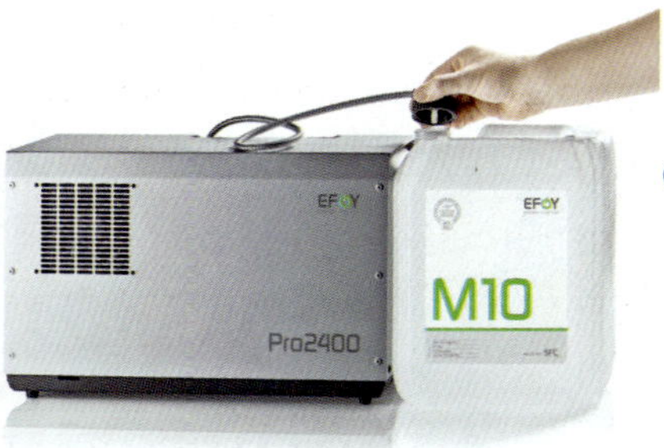

③

Prinzip

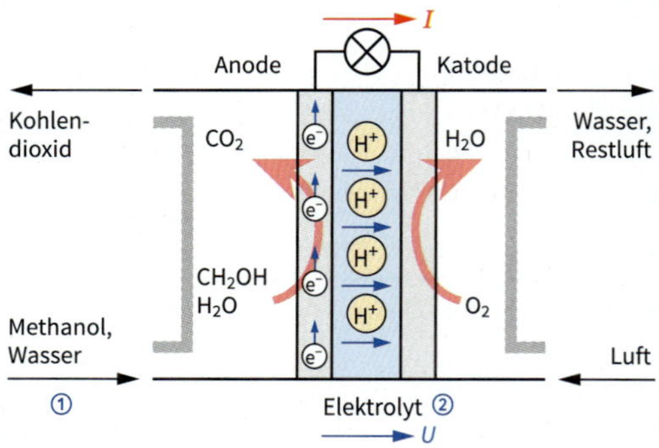

Beispiel:

P_{max} = 80 W; P_n = 25 W; U = 12 V
$t_{Betrieb}$ = 100 h bei 25 W
V_{Tank} = 2,5 l; m = 10 kg

Anwendungen:

- Spannungsquelle ③ für mobile Geräte wie z. B. Laptops, Mobiltelefone und elektronische Geräte
- keine Ersatzakkus und Ladegeräte erforderlich

Systemvergleich verschiedener Spannungsquellen

Kenngrößen / Art	AFC	PAFC	PEMFC	DMFC	MCFC	SOFC
Elektrolyt	Kalilauge	Phosphorsäure	Polymermembran	Kalilauge	Calziumcarbonat	Zirkonoxid
Brennstoff	Wasserstoff	Wasserstoff/ Erdgas	Wasserstoff/Methanol	Methanol	Erdgas/ Kohlegas	Erdgas/ Kohlegas
Zellenspannung (Leerlaufspannung) in V	1,16	1,14	1,17	1,21	1,03	0,91
Betriebstemperatur in °C	90 bis 100	150 bis 200	50 bis 100	50 bis 100	600 bis 700	650 bis 1000
Wirkungsgrad in %	60	40	55	25	45	40
Systemleistung in kW	10 bis 100	50 bis 1000	<1 bis 250	<1,5	<1 bis 1000	<1 bis 3000
Anwendungsbereich	Transport	Kraftwerke	Fahrzeuge	Mobile Stromversorgung	Blockheizkraftwerk	Kraftwerk

Merkmale

- Stationäre Batterien und Batterieanlagen dienen zur **Energiespeicherung** und werden eingesetzt in
  - Telekommunikationsanlagen,
  - Kraftwerksanlagen,
  - Sicherheitsbeleuchtungen und Alarmsystemen,
  - unterbrechungsfreien Stromversorgungen,
  - ortsfesten Dieselstartanlagen und
  - photovoltaischen Anlagen.
- Die verwendeten Batterien sind wiederaufladbar und werden deshalb als Batterien mit **sekundären Zellen** bezeichnet.
- Die Zellen werden nach Bauart unterschieden in
  - **geschlossene Zelle** (mit Gehäusedeckel und Öffnung im Deckel zur Gasentweichung),
  - **verschlossene Zelle** (vollständig verschlossen, mit Überdruckventil zur Gasentweichung bei zu hohem Innendruck; Elektrolyt kann nicht nachgefüllt werden),
  - **gasdichte Zelle** (verschlossene Zelle, die im Betrieb weder Gas noch Elektrolyt freisetzt; eine Sicherheitsvorrichttung ermöglicht im Gefahrenfall Druckausgleich; kein Nachfüllen des Elektrolyten möglich; Zelle wird während der gesamten Lebensdauer im verschlossenen Zustand betrieben).
- Bei Batterien oder Batterieanlagen entstehen **Gefahren** durch
  - elektrischen Strom,
  - austretende Gase und
  - Elektrolytflüssigkeiten.
- Zur **Vermeidung dieser Gefahren** sind Batterieanlagen mit entsprechenden Schutzmaßnahmen auszurüsten.

Schutzmaßnahmen

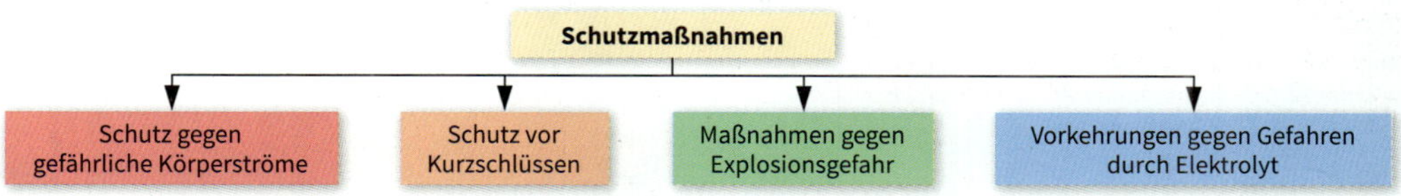

Basisschutz

- Schutz gegen **direktes Berühren aktiver Teile** ist durch folgende **Schutzmaßnahmen** realisierbar:
  - Isolierung aktiver Teile
  - Abdecken oder Umhüllen aktiver Teile
  - Einbau von Hindernissen
  - Einhalten des Schutzabstandes
- Schutz durch Abdeckung oder Umhüllung muss nach Schutzart IEC 60529 P2X ausgeführt sein.
- Schutz durch **Hindernisse** oder durch **Abstand** ist z. B. bei Batterien mit 60 V bis 120 V zwischen den Polen bzw. gegen Erde die Unterbringung in **elektrischen Betriebsstätten**. Bei höheren Spannungen Unterbringung in **abgeschlossenen, elektrischen Betriebsstätten**.
- Batterien mit **Bemessungsspannungen bis zu DC 60 V** erfordern keinen Schutz gegen direktes Berühren, sofern die gesamte Anlage den Bedingungen für **SELV** (**S**afety **E**xtra **L**ow **V**oltage) und **PELV** (**P**rotective **E**xtra **L**ow **V**oltage) entspricht.

Fehlerschutz

- **Schutz bei indirektem Berühren** (IEC 60364-4-41) kann wie folgt realisiert werden:
  - Automatische Abschaltung
  - Verwenden von Geräten der Schutzklasse II oder gleichwertiger Isolierung
  - Nichtleitende Umgebung (in besonderen Anwendungsgebieten)
  - Örtlicher, erdfreier Schutzpotenzialausgleich
  - Schutztrennung
- **Dauernd zulässige Berührungsspannung** ist festgelegt auf 120 V (Grenzwert, IEC 60449).
- **Batteriegestelle oder -schränke** aus Metall müssen an den Schutzleiter angeschlossen oder gegen die Batterie und den Aufstellungsort isoliert sein.
- **Kriechstrecken** und **Sicherheitsabstände** nach IEC 60664; **Hochspannungsprüfung** ist mit AC 4000 V, 50 Hz, 1 Minute auszuführen.

Explosionsgefahr

- Während der Ladung, Erhaltungsladung und bei Überladung treten Gase aus allen Zellen aus.
- Eine **explosive Mischung** entsteht, wenn die Wasserstoffkonzentration in der Luft 4 % übersteigt.
- **Batterieräume** und **Schränke** sind durch natürliche oder technische **Lüftung** unter dem oben genannten Grenzwert zu halten.

Elektrolyt

- **Bleibatterien:** Wässrige Lösung aus **Schwefelsäure**
- **NiCd-Batterien:** Wässrige Lösung aus **Kaliumhydroxid**
- Gefahr: **Starke Verätzungen** auf der Haut und in den Augen
- Schutz: Schutzbrille (Schutzschild), Schutzhandschuhe, Schürze zum Schutz der Haut
- **Ausgetretener Elektrolyt** ist umgehend mit saugfähigen Materialien (neutralisierend) aufzunehmen.

Kurzschluss

- Gespeicherte Energie wird freigesetzt und kann zum Schmelzen von Metallen, zu Funkenbildung, zu Explosionen oder zum Verdampfen des Elektrolyten führen.
- Der **Isolationswiderstand** zwischen dem Batteriekreis und anderen leitfähigen örtlichen Teilen muss größer als 100 Ω/V der Batteriespannung sein (Leckstromstärke < 10 mA).

Wartungsarbeiten

- Bei **Arbeiten in der Anlage** darf nur isoliertes Werkzeug verwendet werden.
- Für **ungefährliche Wartungsarbeiten** sind Batterieanlagen wie folgt auszurüsten:
  - **Abdeckungen** für die Batteriepole
  - **Mindestabstand** von 1,5 m zwischen berührbaren, aktiven Leitern der Batterien, die ein Potenzial von mehr als 1500 V führen
  - **Vorrichtung zur Auftrennung** von Zellengruppen

USV – Unterbrechungsfreie Stromversorgung
UPS – Uninterruptable power supply

DIN VDE 0558-530: 2011-12

Anwendungen:

- Verbesserung der Spannungsqualität für ausgewählte Verbraucher (z. B. Computer, sicherheitsrelevante Anlagen)
- Versorgung der Verbraucher auch bei Netz-Spannungsausfall für eine definierte, maximale Zeit

Beispiel: VFI SS 111
Stufe: 1 2 3

Stufe	Bedeutung
1	Abhängigkeit der Ausgangsspannung von der Eingangsspannung
2	Kurvenform der Ausgangsspannung
3	Ausgangsverhalten bei Lastsprüngen

Stufe 1

Bezeichnung	Eigenschaften	Beispiel	Beherrschbare Störungen
VFD (**V**oltage and **F**requency **D**ependent)	Alle Eingangsgrößen sind gleich den Ausgangsgrößen	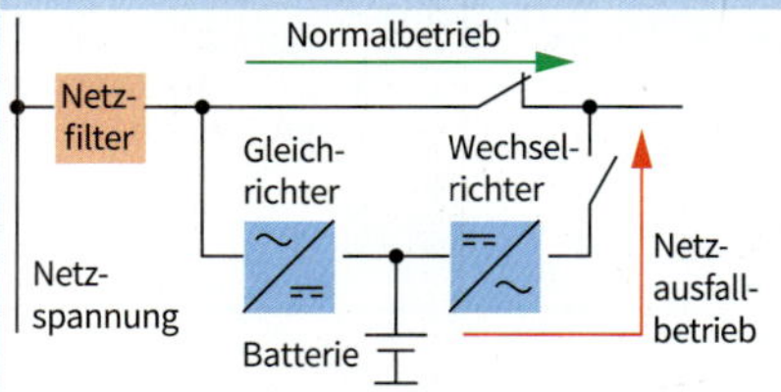	 1. Netzausfall 2. Spannungsschwankung 3. Spannungsspitzen 4. Unterspannungen 5. Überspannungen[1)] 6. Blitzeinwirkungen[1)] Spannungsgröße 7. Frequenzschwankungen 8. Spannungsverzerrung (Burst) 9. Spannungs-oberschwingung
VI (**V**oltage **I**ndependent)	Ausgangsspannung ist synchron zur Eingangsspannung (Kurvenform und Frequenz).	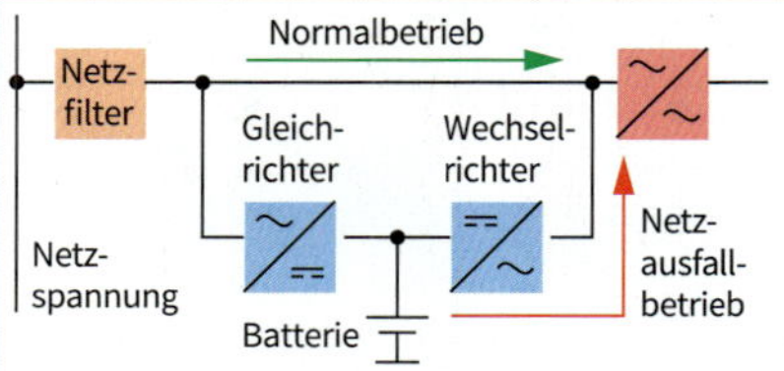	
VFI (**V**oltage and **F**requency **I**ndependent)	Ausgangsspannung/-frequenz sind unabhängig von Schwankungen der Spannung/Frequenz am Eingang	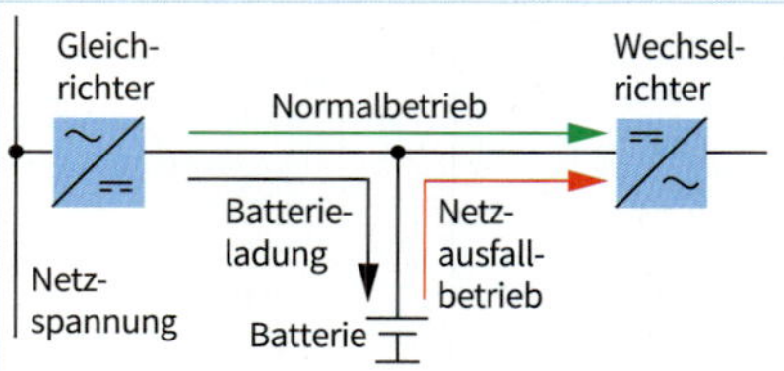	[1)] zusätzlicher Überspannungsschutz erforderlich

Stufe 2

1. Kennbuchstabe: Netzbetrieb 2. Kennbuchstabe: Batteriebetrieb	
S	Sinusform mit Verzerrung *D* < 8 % bei Referenzlast
X	Bei linearer Last Güte nach Form „S", sonst ist *D* > 8 % zulässig
Y	Form der Ausgangsspannung weicht von Vorgaben ab.

D: Verzerrung als Maß für Abweichung von der Sinusform.

Stufe 3

1. Ziffer: Netz-/Batterie-/Bypassbetrieb 2. Ziffer: Lastsprung (lineare Last) 3. Ziffer: Lastsprung (nichtlineare Last)	
1	sehr gute Eigenschaften, Ausgangsspannungsabweichung ≤ ± 30 %; nach 0,1 s ≤ ± 10 %
2	nach 1 ms max.+100 %; nach 10 ms ≤ +20 %/ –100 %; nach 0,1 s ≤ ±10 %
3	nach 1 ms max.+100 %; nach 10 ms ≤ +20 %/ –100 %; nach 0,1 s ≤ ±10 %/– 20 %
4	Genaue Eigenschaften sind vom Hersteller definiert.

Auswahlkriterien für USV-Anlagen

- Maximal benötigte Leistung (mögliche zukünftige Lasterhöhung berücksichtigen)
- Überlastfähigkeit/-dauer (Motoranläufe, Auslöseenergie für Sicherungen/Sicherungsautomaten, …)
- Klassifizierung
- Netzwerkanbindung für automatischen Shutdown angeschlossener Computer bei Ende der Autonomiezeit
- Rückwirkungen auf das speisende Netz (Stromoberschwingungen)
- Redundanz mehrerer Systeme
- Autonomiezeit (Batteriekapazität)
- Ein-/Ausgangsspannung (1- oder 3-phasig)
- 19"-Einbauvariante/Standgerät
- Umgebungstemperatur (Lebensdauer der Batterien)

Pneumatische und hydraulische Betriebsmittel

6

Pneumatik

Hydraulik

Beispielschaltung (Referenzkennzeichnung nach DIN EN 81346)

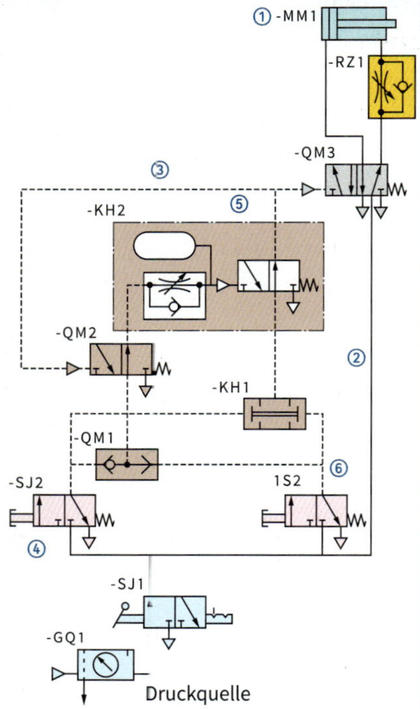

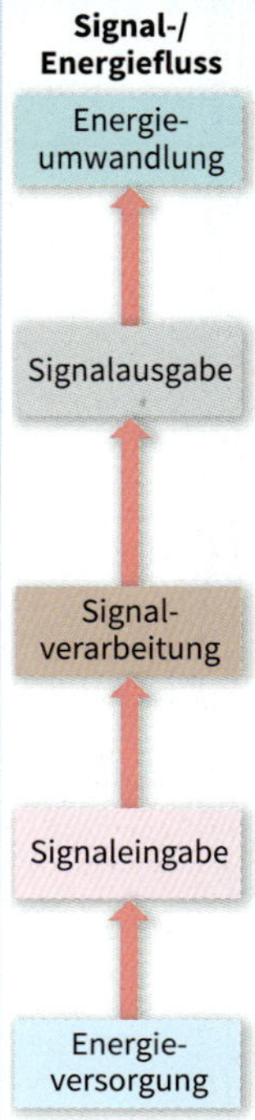

Beispiele:

Arbeitsglieder
- Zylinder
- Motoren

Stellglieder
- Wegeventile

Steuerglieder
- Wegeventile
- Wechselventile
- Zweidruckventile
- Druckventile
- Schrittschalter

Signalglieder
- Wegeventile mit Taster
- Sensoren
- Schalter
- Programmgeber

Versorgungsglieder
- Verdichter
- Druckluftspeicher

Darstellungsregeln für Pläne

- Signalfluss von unten nach oben
- Objekte (Zylinder, Ventile, ...) möglichst waagerecht von links nach rechts, von unten nach oben (entsprechend dem Signalfluss)
- Objekte in Ausgangsstellung (z. B. nach dem Einschalten der Anlage, Betätigung des Starttasters)
- Leitungen und Verbindungen möglichst kreuzungsfrei zeichnen.
- Energiequelle unten, links.
- Antriebe ① oben, von links nach rechts.
- Arbeits- und Anschlussleitungen als durchgezogene Linien ②
- Steuerleitungen als unterbro-chene Linien ③
- Mechanische Verbindung als Doppellinie ④
- Baugruppen ggf. durch strichpunktierte Linien umgrenzen ⑤
- Punkte als Verbindung, Verzweigung ⑥

Referenzkennzeichnungen in pneumatischen Systemen (Gegenüberstellung)

DIN EN 81346-1, -2: 2010-05

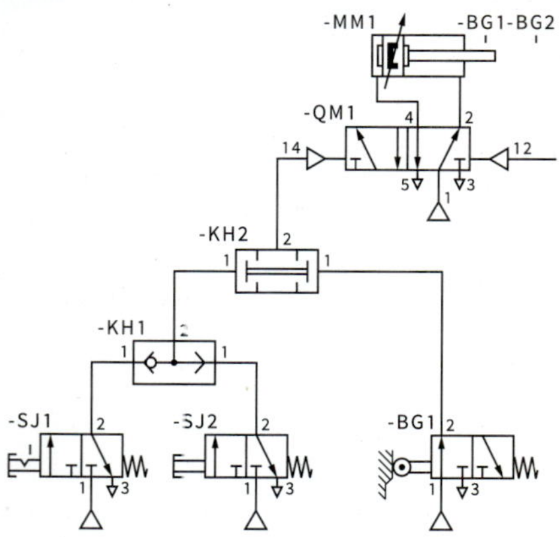

Verwendet werden einheitliche Kennzeichen in allen technischen Systemen mit vier Symbolen:

- **Vorzeichen**:
  (–) Produkt, (+) Einbauort, (=) Funktion
- **1. Kennbuchstabe** (Hauptklasse)
- **2. Kennbuchstabe** (Unterklasse), kann entfallen, wenn 1. Kennbuchstabe ausreicht.
- **Zählnummer** für gleichartige Bauteile, fortlaufende Nummerierung
  Beispiel: -SJ1, -SJ2, ...

Beispiele:

AZ:	Wartungseinheit
BF:	Durchflusssensor
BG:	Endschalter
BP:	Drucksensor
FC:	Elektrische Sicherung
GP:	Pumpe
GQ:	Lüfter, Kompressor
KF:	Hilfsschütz, Regler, Relais
KH:	Fluidregler, Ventilblock, Signalverknüpfung
MA:	Elektromotor
MB:	Betätigungsspule
MM:	Zylinder
QM:	Wegeventil
RM:	Rückschlagventil
RN:	Drossel
RZ:	Drosselrückschlagventil
SF:	Taster
RZ:	Handbetätigtes Ventil

ISO 1219-1: 2012-06; ISO 1219-2: 2012-09

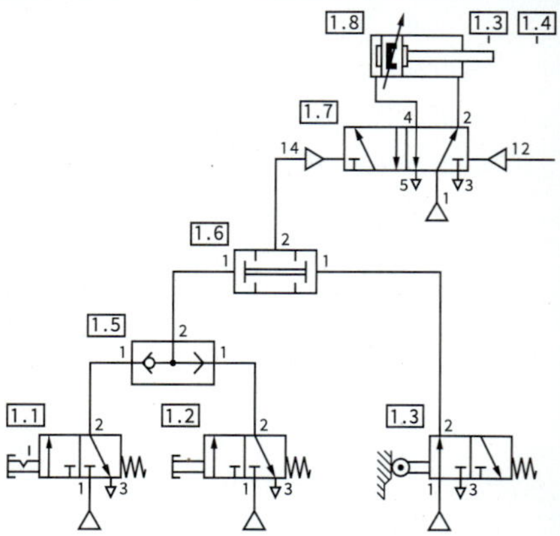

Verwendet wird folgender Bezeichnungsschlüssel: X-XX.X (umrahmt), Reihenfolge:

- **Anlagenbezeichnung** (kann entfallen, bei nur einer Anlage)
- **Medienschlüssel** (z. B. P: Pneumatik, kann bei eindeutigen Plänen entfallen)
- **Schaltkreisnummer** (beginnt bei 0 für die Versorgung, danach fortlaufend), jeder Schaltkreis besitzt eine eigene Nummer
- **Bauteilnummer**; Bauelemente mit gleicher Bauteil-Kennzeichnung werden fortlaufend von unten nach oben und von links nach rechts nummeriert.

Druckluftsystem

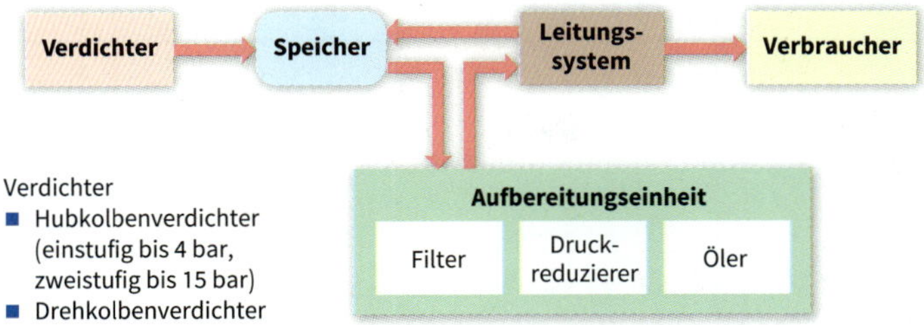

Verdichter
- Hubkolbenverdichter (einstufig bis 4 bar, zweistufig bis 15 bar)
- Drehkolbenverdichter
- Strömungsverdichter

Speicher: Vorratsbehälter und Ausgleich von Druckschwankungen

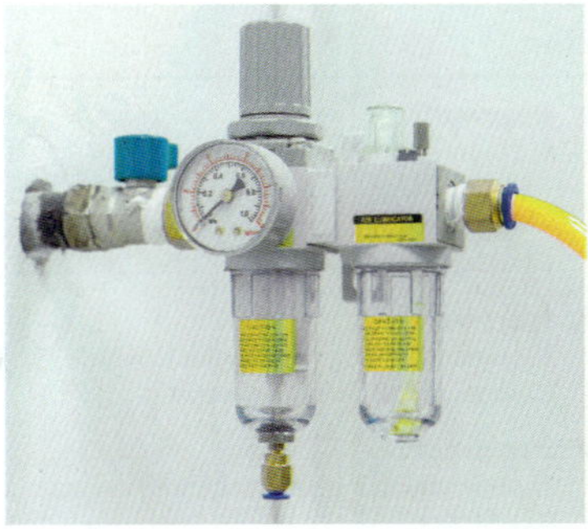

Aufbereitungseinheit (Wartungseinheit)

Arbeitsweise

Druckluftaufbereitungseinheiten sind kompakte Baueinheiten oder bestehen aus Einzelelementen.

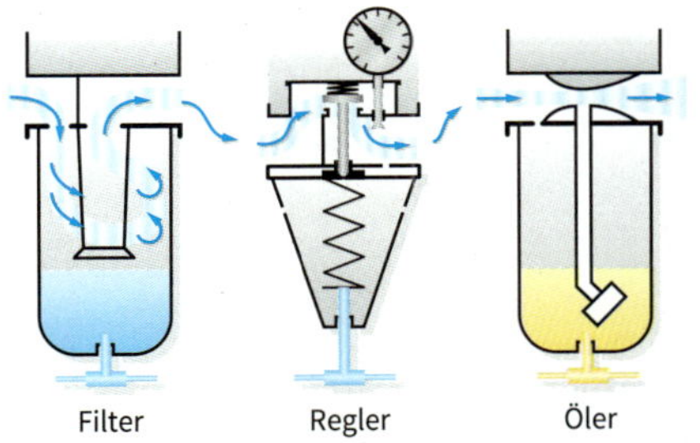

Darstellung mit Symbolen — DIN ISO 1219-1

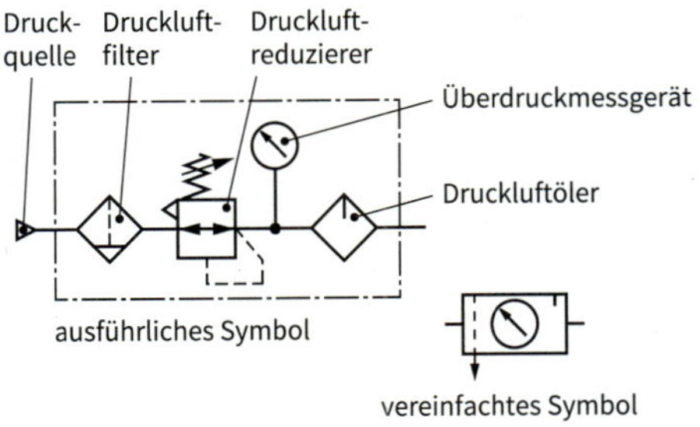

Komponenten

Druckluftfilter
Verunreinigungen in der Luft und das Kondensat werden entfernt (Ablassventil).
Kenngröße des Filters ist die Porenweite. Sie bestimmt die kleinste Partikelgröße, die noch entfernt werden kann.
Wartungsaufgaben:
- Filter ersetzen oder reinigen
- Kondensat vor Erreichen der Obergrenze ablassen (evtl. automatisch in Sammelbehälter)

Druckreduzierventil (Druckregelventil)
Arbeitsdruck wird ohne Rücksicht auf Druckschwankungen und Luftverbrauch mit diesem Regler konstant gehalten. Der Eingangsdruck muss größer als der Ausgangsdruck sein.
Üblicher Arbeitsdruck:
- Leistungsteil 6 bar
- Steuerteil 3–4 bar

Wartungsaufgaben: In der Regel keine

Druckluftöler
(nicht immer erforderlich)
Durch Anreicherung der Luft mit einer dosierten Ölmenge wird an den Baugliedern Abrieb und Korrosion vermindert.
Druckluft sollte geölt werden,
- bei sehr schnellen Bewegungsabläufen,
- wenn Zylinder mit großem Durchmesser eingesetzt werden.

Dosierung: 1 bis 10 Tropfen pro m^3 Luft
Wartungsaufgaben: Reinigung, Öl nachfüllen

Ringleitungssystem

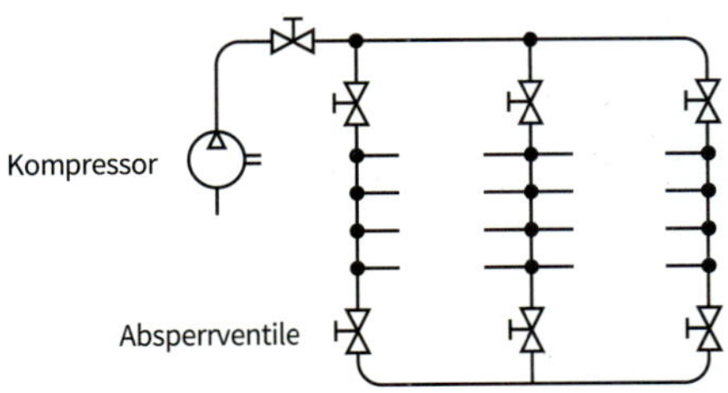

- Hauptleitung in Ringform
- Aufteilung in einzelne Abschnitte
- Abzweigungen mit T-Verbindungen
- Sammelleisten mit Steckkupplungen
- Abzweigungsleitungen mit Absperrventilen oder Standardkugelventilen
- Stichleitung mit 1 bis 2 %-igem Gefälle in Strömungsrichtung verlegen, damit am tiefsten Punkt das Kondensat über Wasserabscheider abgelassen werden kann

Wenn nicht anders vermerkt, gelten die Symbole für pneumatische und hydraulische Steuerungen.

Arten

- **Wegeventile**
  In Steuerungen verwendbar als
  - Stellglied
  - Verarbeitungsglied
  - Eingabeglied
- **Sperrventile**
  Zur Beeinflussung der Druckluftrichtung (z. B. Rückschlagventil, Wechselventil, Zweidruckventil)
- **Stromventile**
  Zur Beeinflussung der Durchflussmenge (z. B. Drosselventil)
  Häufig: Kombinationen aus Sperr- und Stromventilen
- **Druckventile**
  Einstellung und Regelung eines bestimmten Ausgangsdrucks

Schaltstellungen (DIN ISO 1219)

Jede Schaltstellung wird durch ein Quadrat dargestellt.	
Zwei Schaltstellungen	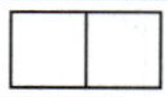
Drei Schaltstellungen	
Ruhestellung ① (unbetätigt), Ausgangsstellung: ohne Leitungsanschlüsse **Schaltstellung** ② (betätigt), Arbeitsstellung: mit Leitungsanschlüssen	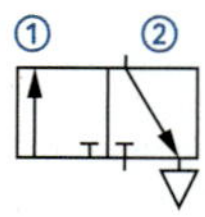

Strömungswege

Die Strömungswege der Druckluft werden in jedes Quadrat eingetragen. ■ geöffnet: Richtungspfeil ③ ■ gesperrt: Querstrich ④	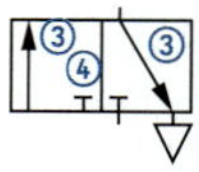

Anschlusskennzeichnung

Durch Ziffern und Buchstaben **Beispiel:** Ruhestellung ■ Druckluft am Anschluss 1 ■ Entlüftung von 2 nach 3 Schaltstellung ■ Strömungsweg von 1 nach 2 geöffnet	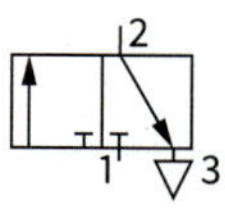

Arbeits- und Ausgleichsleitungen		
1	P	Druckluftanschluss
2, 4	A, B	Arbeitsleitung
3, 5	R, S	Entlüftungsleitung

Steuerleitungen		
10	Z	anliegendes Signal gesperrt, Durchgang von 1 nach 2
12	Y, Z	anliegendes Signal verbindet 1 mit 2
14	Z	anliegendes Signal verbindet 1 mit 4
81, 91	Pz	Hilfssteuerluft

Betätigungen (DIN ISO 1219)

Durch

- Muskelkraft
- mechanische Betätigung
- Druck
- elektrische Betätigung
- Kombinationen

■ Darstellungsweise:
- Grundbetätigungsart und Rückstellung angeben
- Symbole auf beiden Seiten der Schaltstellungen

Muskelkraft		Mechanische Betätigung	
allgemein	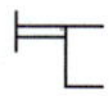	Stößel	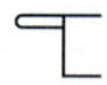
Druckknopf	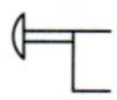	Stößel, verstellbar	
Zugknopf	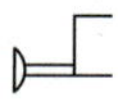	Rolle	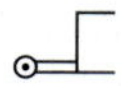
Hebel		Rolle, nur in eine Richtung	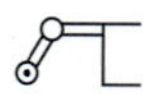
Pedal, eine Richtung		Feder	
Pedal, zwei Richtungen		direkt, Druck oder Zug	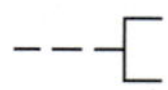

Elektrische Betätigung		Direkt wirkende Betätigung	
Elektro-Magnet, eine Wicklung	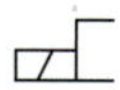	Interne Steuerleitung, innerhalb der Einheit	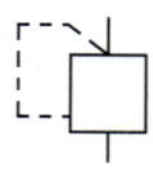
Elektro-Magnet, zwei Wicklungen	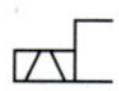		
Elektromotor	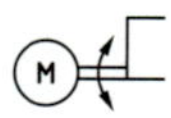	Externe Steuerleitung, außerhalb der Einheit	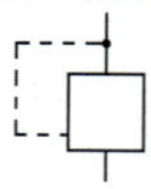

Druckbetätigung, pneumatisch		Druckbetätigung, hydraulisch	
direkt	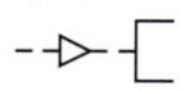	direkt	
indirekt	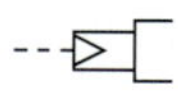	indirekt	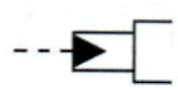

Bezeichnung der Wegeventile

1. Anzahl der Anschlüsse
2. Anzahl der Schaltstellungen (durch Querstrich getrennt)

3/2-Wegeventil

Beispiel: 3 Anschlüsse
2 Schaltstellungen

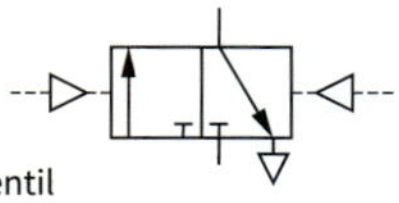

Sprechweise: Drei-Strich-Zwei Wegeventil

2/2 Wegeventil

Sperr-Ruhestellung

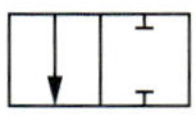

Durchfluss-Ruhestellung

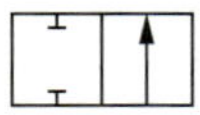

Im Gegensatz zum 3/2 Wegeventil ist hier keine Entlüftung vorgesehen. Häufige Bauform: Kugelsitzventil

3/2 Wegeventil

Sperr-Ruhestellung

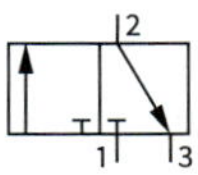

Durchfluss-Ruhestellung

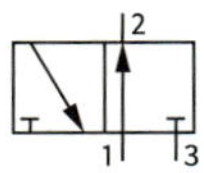

Signale können gesetzt und rückgesetzt werden.
Über Anschluss 3 erfolgt die Entlüftung.

Kugelsitzventil (Beispiel)

unbetätigt, Entlüftung

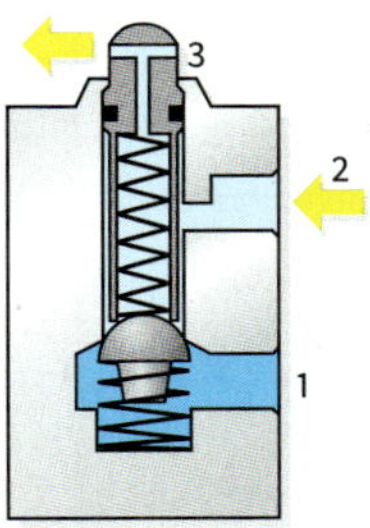

betätigt, Durchfluss

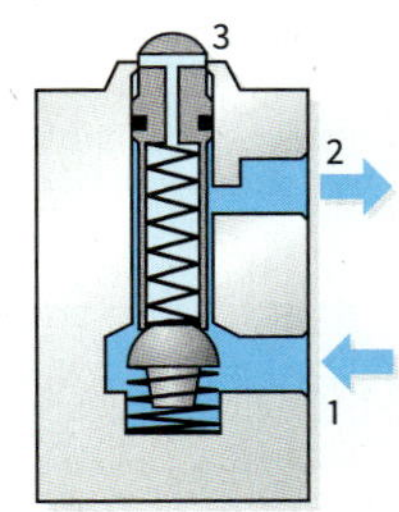

Tellersitzventil (Beispiel)

unbetätigt, Entlüftung

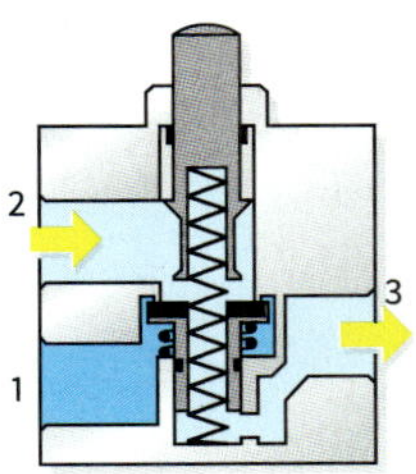

betätigt, Durchfluss

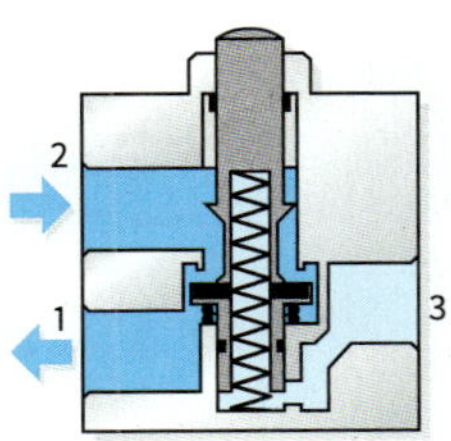

Bauformen

Sitzventile

- Die Wege werden durch eine Kugel, Platte, einen Teller oder Kegel geöffnet oder geschlossen.
- Ventilsitze sind in der Regel mit Gummidichtungen abgedichtet.
- Lange Lebensdauer durch geringen Verschleiß
- Schmutzunempfindlich und widerstandsfähig
- Betätigungskraft hoch (Rückstellfeder)
- Kleine Betätigungswege, kurze Ansprechzeit

Schieberventile

- Die einzelnen Anschlüsse werden durch Längsschieber, Längs-Flachschieber oder Plattenschieber verbunden oder geschlossen.
- Zur Umschaltung genügt ein kurzzeitiger Impuls auf der Steuerleitung. Die Schaltstellung wird so lange gespeichert, bis ein Gegenimpuls eintritt.
- Längere Betätigungswege, längere Ansprechzeit

Vorsteuerprinzip

Das Ventil wird indirekt betätigt. Dadurch entstehen geringe Betätigungskräfte.

Beispiel:
Vorgesteuertes 3/2 Wege-Rollenhebelventil in Sperr-Ruhestellung

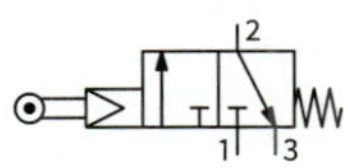

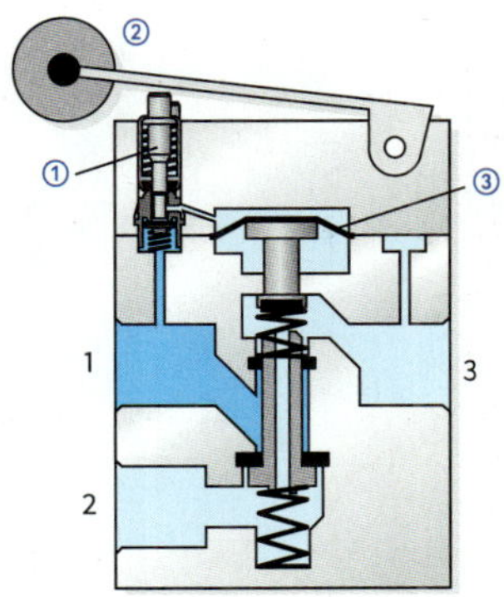

- Das Vorsteuerventil ① ist durch einen Kanal mit kleinem Durchmesser mit dem Druckluftanschluss 1 verbunden.
- Wenn der Rollenhebel ② betätigt wird, öffnet das Vorsteuerventil.
- Die Druckluft strömt in einen Raum mit einer Membran ③.
- Die Membran drückt den Ventilteller nach unten und Anschluss 1 wird nach 2 geöffnet.
- Die Rückstellung erfolgt durch Loslassen des Rollenhebels.
- Die Entlüftung erfolgt an der Führungsbuchse, entlang des Stößels.

4/2 Wegeventil, in beide Richtungen

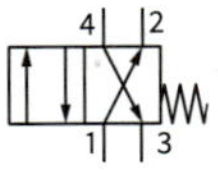

Durchfluss von 1 nach 2
und von 4 nach 3

- Ventil besitzt zwei Steuerkolben
- Das 4/2 Wegeventil erfüllt dieselbe Funktion wie eine Kombination aus zwei 3/2 Wegeventilen (ein Ventil in Sperr-Ruhestellung, das andere in Durchfluss-Ruhestellung).
- Einsatzgebiet: Doppeltwirkende Zylinder

Beispiel (Tellersitz):
unbetätigt betätigt

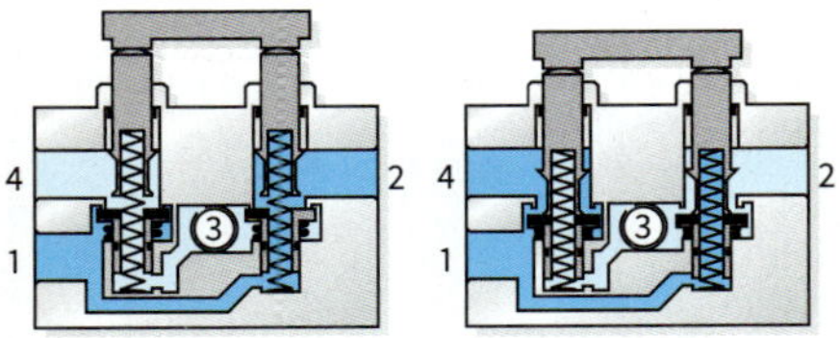

5/2 Wegeventil (Impulsventil)

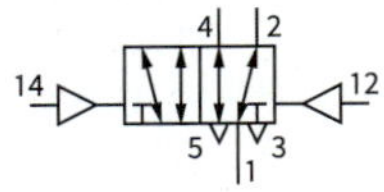

- Das Ventil besitzt speicherndes Verhalten.
- Die Umschaltung wird durch ein kurzes Signal an den Steueranschlüssen 12 (Durchfluss von 1 nach 2) bzw. 14 (Durchfluss von 1 nach 4) erreicht.
- Anwendung: Ansteuerung doppeltwirkender Zylinder

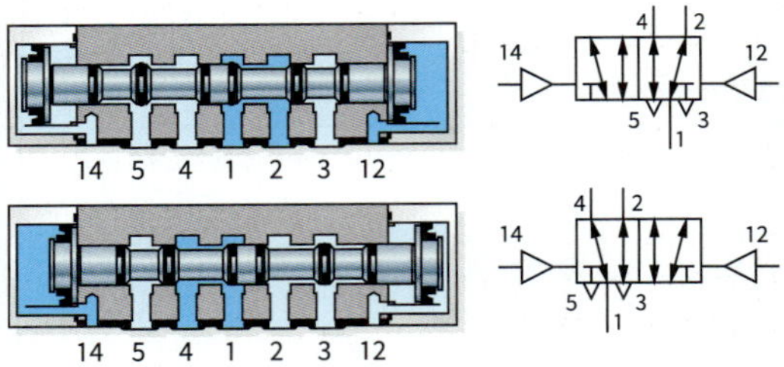

4/2 Wegeventil, mit Sperr-Mittelstellung

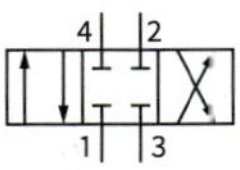

- Anwendung: Kolbenstange eines Zylinders kann in jeder Position des Hubbereichs angehalten werden
- Nachteil: Eine genaue Fixierung der Position ist nicht möglich.

Beispiel: Plattenschieberventil

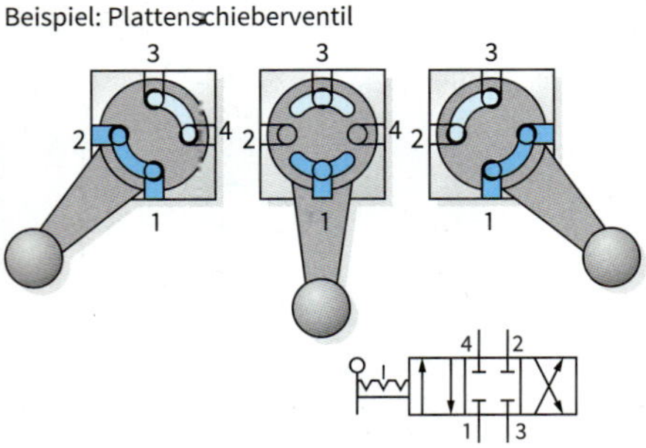

5/3 Wegeventil

Die Impulssteuerung erfolgt über die Anschlüsse 12 und 14. Wenn kein Steuersignal anliegt, wird durch die Feder der Kolben in Mittelstellung gehalten.

- Mittelstellung gesperrt:
  Die Kolbenstange kann in jeder Position des Hubbereichs angehalten werden. Aufgrund der Kompressibilität der Luft nimmt bei Laständerung die Kolbenstange eine andere Position ein.

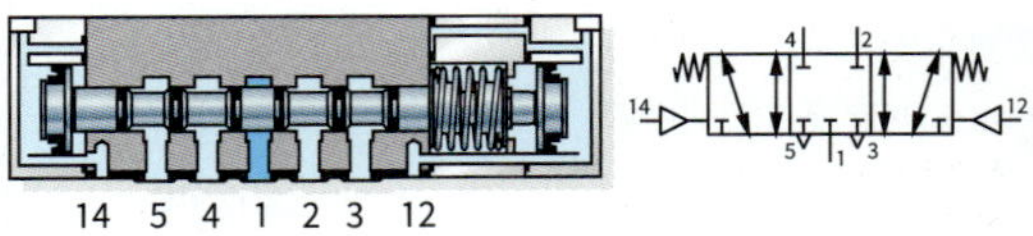

- Mittelstellung belüftet:
  Die Kolbenstange fährt mit verminderter Kraft aus.

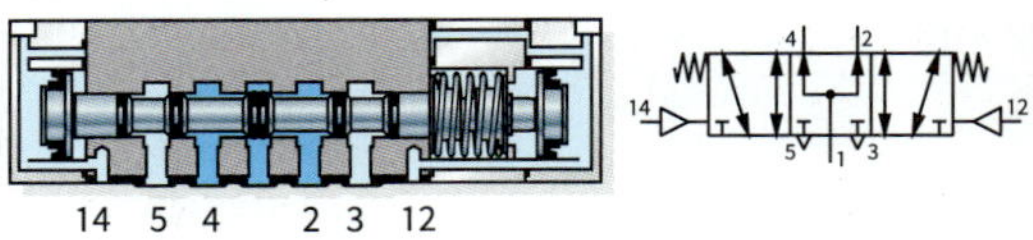

- Mittelstellung entlüftet:
  Die Kolbenstange kann durch einen Impuls in die gewünschte Position gebracht werden.

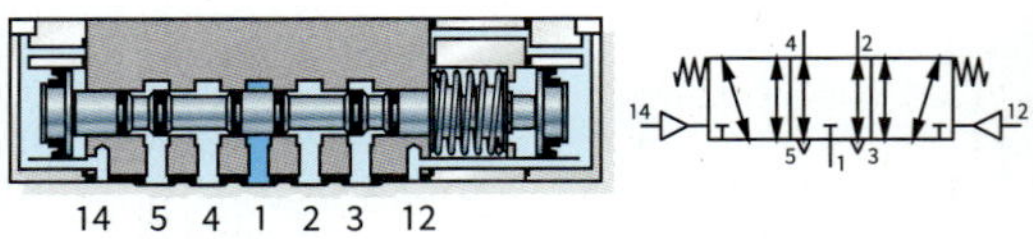

Bauformen von 3/2 und 5/2 Wegeventilen

Zweidruckventil (UND-Verknüpfung)

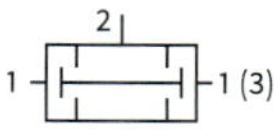

Eingänge: 1 und 1 (3)
Ausgang: 2

- Druckluftsignale (logisches 1-Signal) an den Eingängen 1 **und** 1 (3) verursachen am Ausgang 2 ein Signal (logisches 1-Signal).
- Wenn nur ein Signal anliegt, entsteht kein Ausgangssignal (logisches 0-Signal) an 2.
- Wenn die Eingangssignale zeitlich unterschiedlich anliegen, gelangt das zuletzt ankommende Signal zum Ausgang.
- Wenn die Druckunterschiede zwischen den Eingangssignalen bestehen, gelangt das Signal mit dem geringeren Druck zum Ausgang.

Ausgangssignal (2) logisch 1

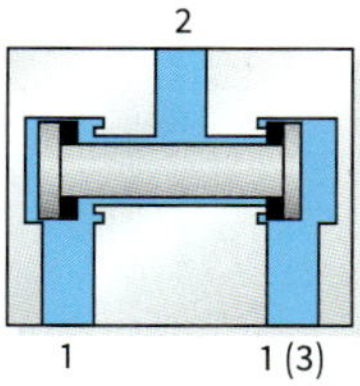

Ausgangssignal (2) logisch 0

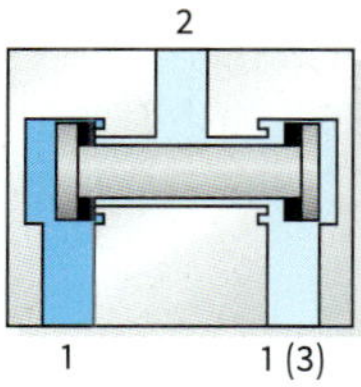

Wechselventil (ODER-Verknüpfung)

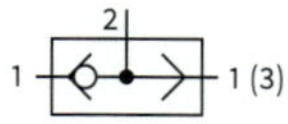

Eingänge: 1 und 1 (3)
Ausgang: 2

- Druckluftsignale (logisches 1-Signal) an den Eingängen 1 **oder** 1 (3) verursachen am Ausgang 2 ein Signal (logisches 1-Signal).
- Wenn kein Eingangssignal anliegt, befindet sich der Ausgang im 0-Zustand.
- Wenn die Druckunterschiede zwischen den Eingangssignalen bestehen, gelangt das Signal mit dem höheren Druck zum Ausgang.

Ausgangssignal (2) logisch 1

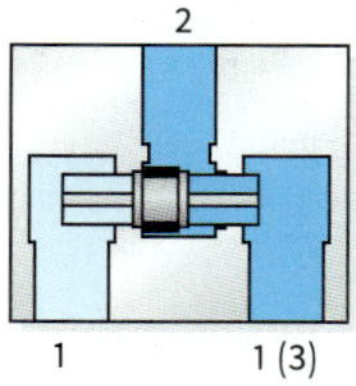

Ausgangssignal (2) logisch 1

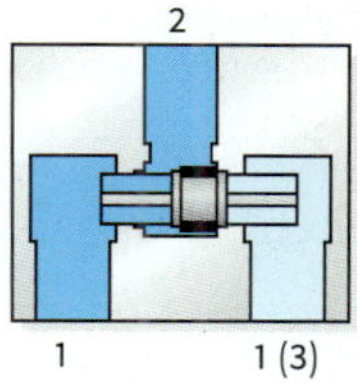

Rückschlagventil

federbelastet

- Der Durchfluss ist nur in eine Richtung möglich, die andere Richtung ist gesperrt.
- Die Sperrung wird unwirksam, wenn die Kraft der Druckluft größer als die Vorspannkraft der Feder ist.
- Anwendung: Bei Druckausfall an Spannzylindern sorgen Rückschlagventile dafür, dass der Druck im Zylinder bestehen bleibt.

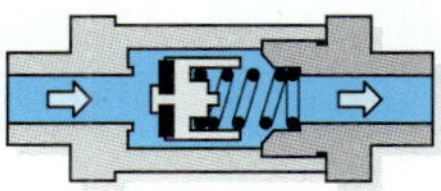

Drosselventil (Stromventil)

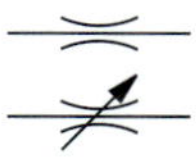

fest

einstellbar

- Mit dem Drosselventil kann der Druckluftstrom beeinflusst werden.
- Drosselventile sollen nicht vollständig geschlossen werden.
- Anwendung: Zuluft- und Abluftdrosselung von Zylindern

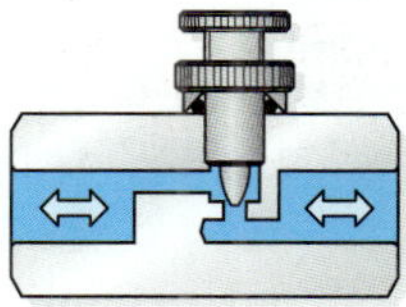

Schnellentlüftungsventil

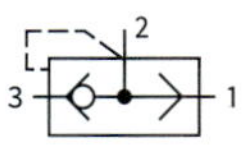

- Aufgabe:
  Schnelle Entlüftung von Leitungen und Baugliedern
- Installation direkt oder nahe am Arbeitsglied
- Vorteil:
  Durch schnellere Entlüftung erreicht man eine höhere Kolbengeschwindigkeit.

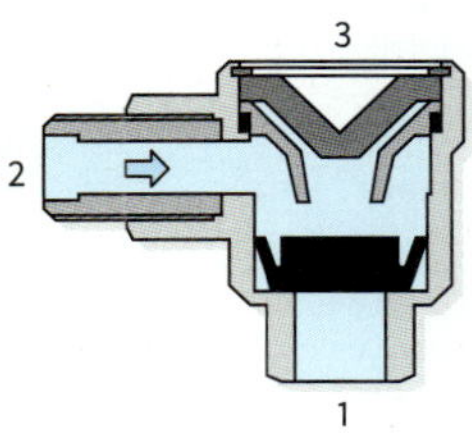

Drosselrückschlagventil

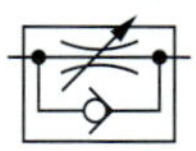

Kombination aus Drosselventil und Rückschlagventil

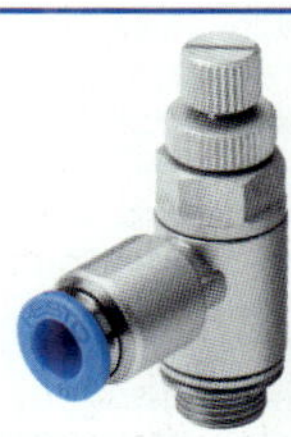

- Ungehinderter Durchfluss in eine Richtung, in Gegenrichtung kann die Druckluft nur durch den eingestellten Querschnitt fließen
- Installation direkt oder nahe am Zylinder
- Anwendung:
  Zuluft- und Abluftdrosselung von Zylindern, Signalverzögerung

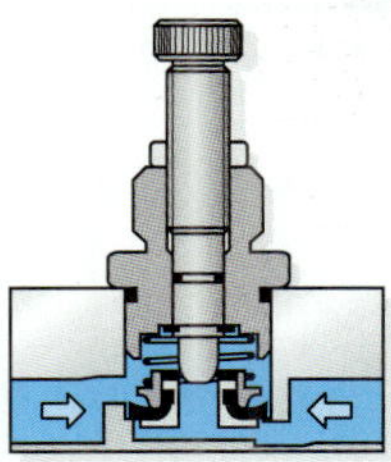

Pneumatische Druckventile
Pneumatic pressure valves

Druckregelventil

einstellbar, mit Entlastungsöffnung

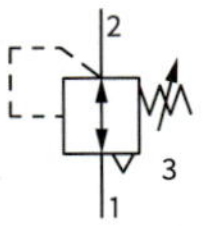

Der Eingangsdruck muss größer als der Ausgangsdruck sein.

- Unabhängig von Druckschwankungen und Luftverbrauch wird der Arbeitsdruck im eingestellten Bereich konstant gehalten.
- Wenn sich der Arbeitsdruck erhöht (z. B. Lastwechsel am Zylinder), kann die Druckluft durch eine Entlastungsöffnung ① entweichen.

ohne Entlastung

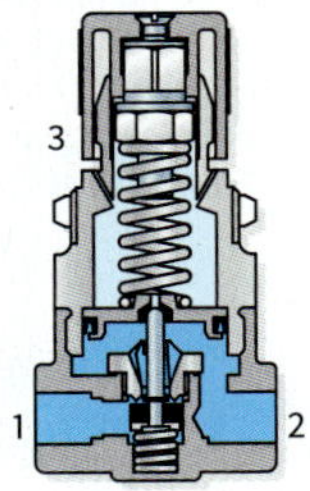

mit Entlastung

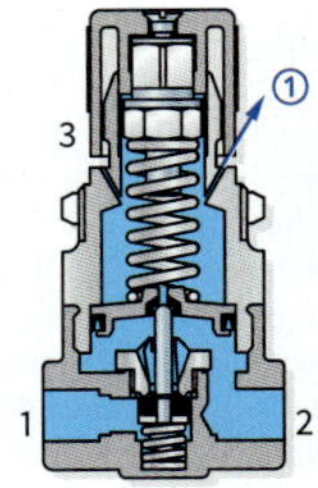

Druckschaltventil, Folgeventil

Kombination aus Druckbegrenzungsventil und 3/2 Wegeventil

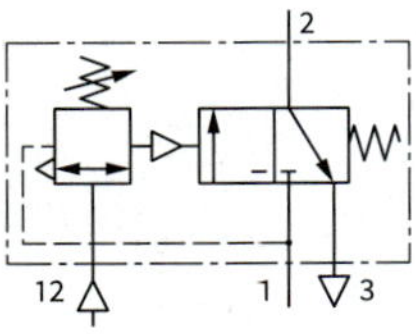

Die Druckgrenze ist einstellbar.

- Wird der eingestellte Druck am Steueranschluss 12 überschritten, schaltet das nachgeschaltete 3/2 Wegeventil. Druckluft wird von 1 nach 2 durchgeschaltet.
- Wenn der Druck am Steueranschluss den eingestellten Wert unterschreitet, schaltet das 3/2 Wegeventil wieder zurück (Entlüftung über 2).

Gezeichnete Schaltstellung: Druck am Steueranschluss nicht überschritten, Ruhestellung

Anwendung: Signalweitergabe in Steuerungen

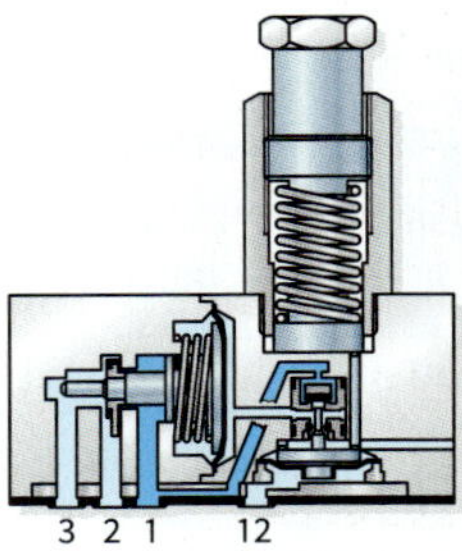

Pneumatische Zeitverzögerungsventile
Pneumatic time delay valves

Kombination aus:
Drosselrückschlagventil, Druckluftbehälter und 3/2 Wegeventil

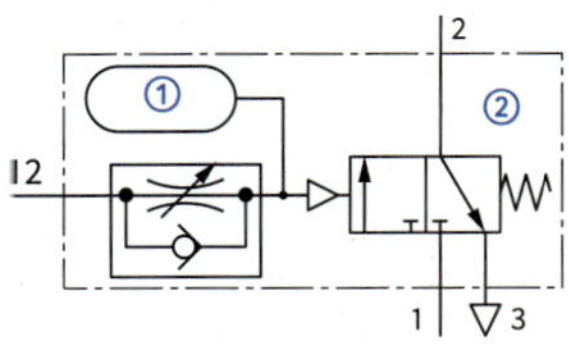

Arbeitsweise:

- Druckluft strömt über den Steueranschluss 12 und das Drosselrückschlagventil in den Druckluftbehälter ①.
- Wenn der Steuerdruck für das nachfolgende 3/2 Wegeventil erreicht ist, schaltet dieses ②.
- Wenn das Steuersignal abgeschaltet wird, schaltet das 3/2 Wegeventil in die Ruhestellung zurück.

Ruhestellung, gesperrt

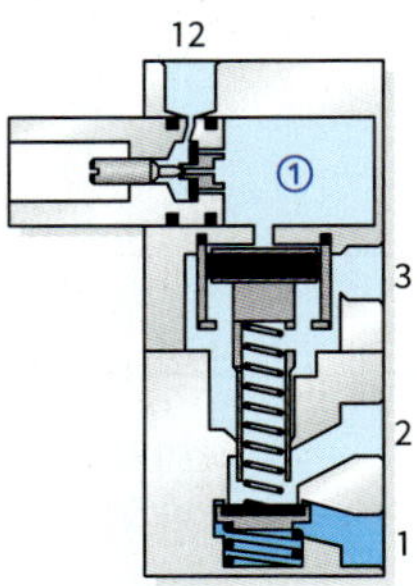

Durchflussstellung ②

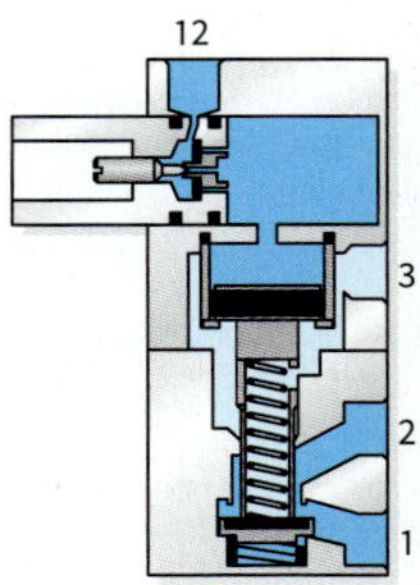

Anwendungen, 3/2 Wegeventil in Sperrnullstellung

Anzugsverzögerung

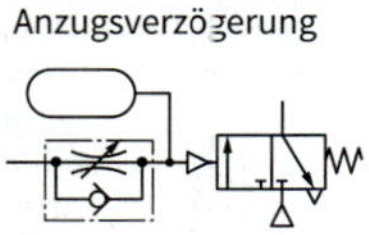

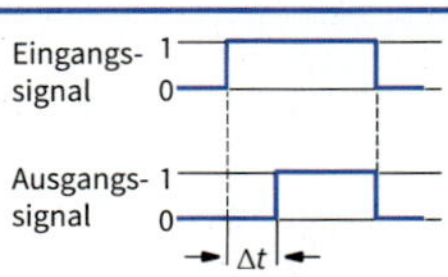

- Durch den Druckaufbau im Behälter schaltet das 3/2 Wegeventil um Δt verzögert.
- Die Zeit für das verzögerte Anziehen Δt wird mit dem Drosselrückschlagventil eingestellt.

Abfallverzögerung

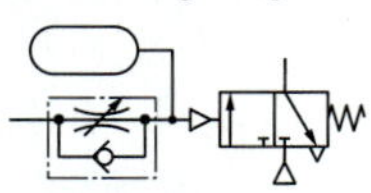

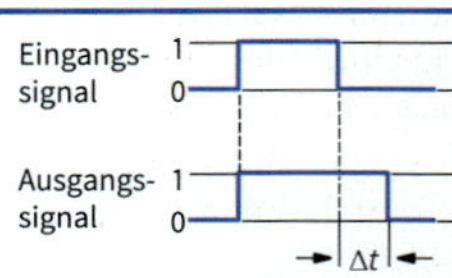

- Durch den Druckabbau im Behälter behält das 3/2 Wegeventil noch seinen Zustand um Δt.
- Die Zeit für das verzögerte Abfallen Δt wird mit dem Drosselrückschlagventil eingestellt.

Arbeitsglieder für

geradlinige Bewegung Zylinder	**Drehbewegung** Motoren	**Schwenkbewegung** Schwenkantriebe

Einfachwirkender Zylinder

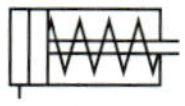

Bauformen:
- Kolbenzylinder
- Membranzylinder
- Rollenmembranzylinder

- Druckluft ① wirkt nur von einer Seite auf den Kolben.
- Arbeit wird nur in eine Richtung verrichtet.
- Der Rückhub erfolgt über die gespannte Feder ②.
- Die Ansteuerung erfolgt über 3/2 Wegeventile.

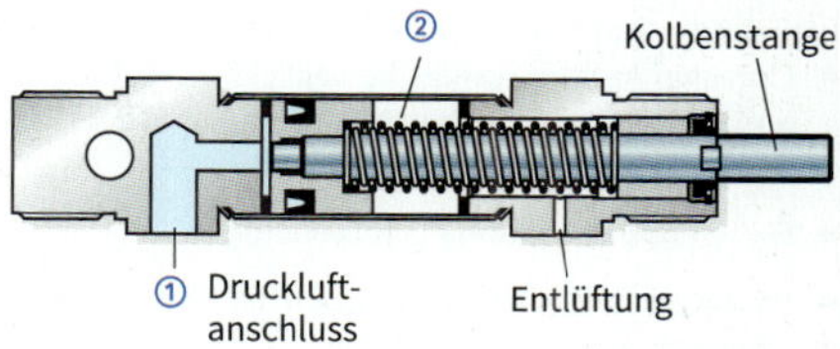

Doppeltwirkender Zylinder

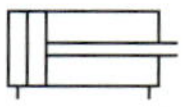

Bauformen:
- Kolbenzylinder
- Zylinder mit durchgehender Kolbenstange
- Tandemzylinder
- Mehrstellungszylinder

- Druckluft kann von beiden Seiten ① und ② auf den Kolben einwirken.
- Unterschiedliche Kräfte beim Ein- und Ausfahren, da ein Kolbenboden um die Fläche der Kolbenstange verringert ist.
- Dämpfer an den Endlagen verringern Stöße.
- Die Ansteuerung erfolgt über 5/2 bzw. 5/3 Wegeventile.

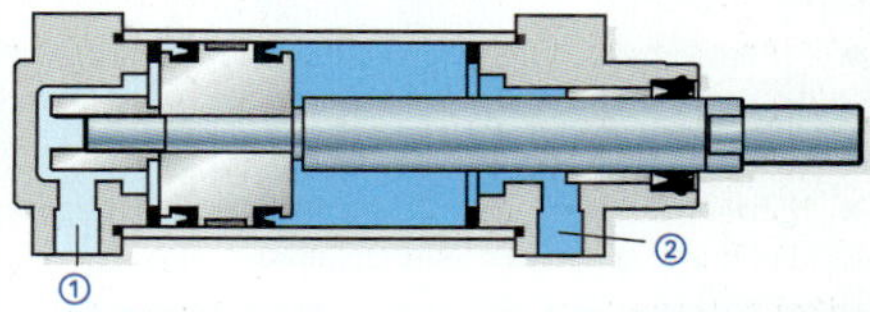

Zylinder mit einstellbaren Dämpfungen

einfach

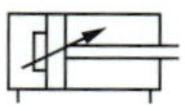

doppelt

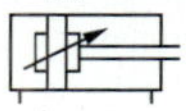

Drehzylinder

Drehmoment:
0,5 Nm bis 150 Nm
(bei 600 kPa)

- Ein Zahnrad ① wird durch das Zahnprofil ② des Kolbens angetrieben.
- Die lineare Bewegung des Kolbens wird in eine Drehbewegung (0° bis 360°) umgesetzt.

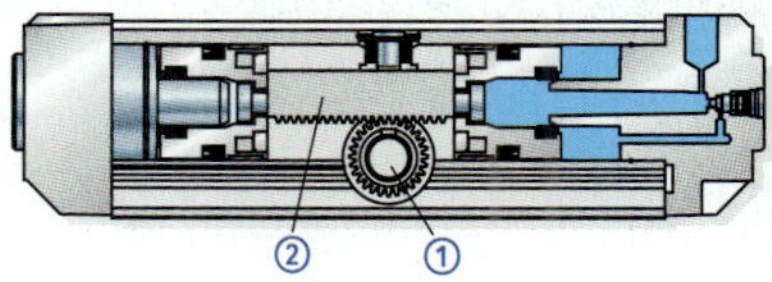

Schwenkantrieb

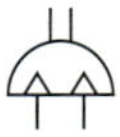

Drehmoment:
0,5 Nm bis 20 Nm
(bei 6 bar)

- Der Schwenkflügel ① wird durch Druckluft ② angetrieben.
- Die Drehbewegung wird direkt auf die Antriebswelle übertragen (0° bis 270°).

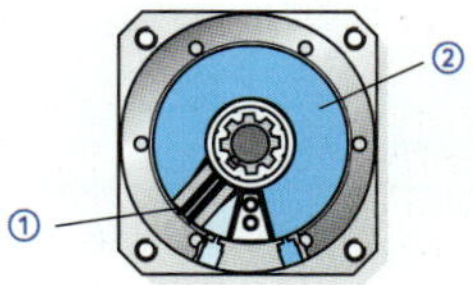

Bauformen (Beispiele)

Minizylinder:
Durchmesser 8 bis 25 mm, einfach- oder doppeltwirkend, runde oder ovale Ausführung, auch in Messing oder Edelstahl

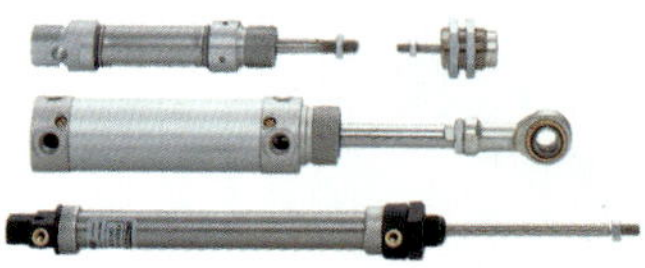

Profilzylinder:
Durchmesser 32 bis 200 mm, einfach- oder doppeltwirkend, auch mit Führung und Feststelleinheit

Kompaktzylinder:
Durchmesser 12 bis 100 mm, einfach- oder doppeltwirkend, Luftanschlüsse wahlweise vorne radial, hinten radial, hinten axial oder konventionell vorne und hinten

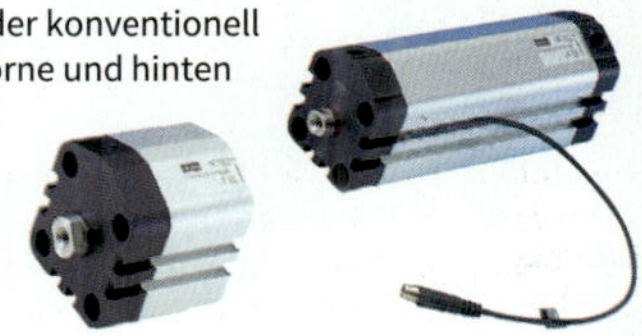

Druckluftmotor
Compressed air motor

Merkmale

Allgemeine Merkmale
- Hohes Drehmoment beim Start
- Große Drehzahl
- Überlastsicherheit
- Explosionsschutz

Lamellenmotor (am weitesten verbreitet)
- Einfacher Aufbau, wenige bewegliche Teile, robust, wartungsarm, ist bis zum Stillstand belastbar, kleiner als Elektromotor und geringeres Gewicht.
- Einheit aus Motor und Planetengetriebe
- Im Motorzylinder ① befindet sich der Rotor ②, an dem mehrere Lamellen ③ befestigt sind.
- Durch den mit einem Lager versehenen Enddeckel wird dem Motor Druckluft zugeführt ④.
- Der Luftaustritt erfolgt über Öffnungen im Motorzylinder.
- Für ein sicheres Anlaufen wird die Zuluft zunächst unter die Lamellen geleitet, damit diese gegen den Motorzylinder gedrückt werden.
- Während des Betriebs drücken die Lamellen aufgrund der Fliehkräfte gegen den Motorzylinder.
- Wenn sich die Rotorkammer an der tiefsten Stelle befindet, tritt die Abluft durch den Motorzylinder aus ⑤.
- Im weiteren Verlauf der Rotation wird die restliche Luft verdichtet und dann über die Restaustritts Öffnung abgegeben ⑥.

Funktion des Lamellenmotors

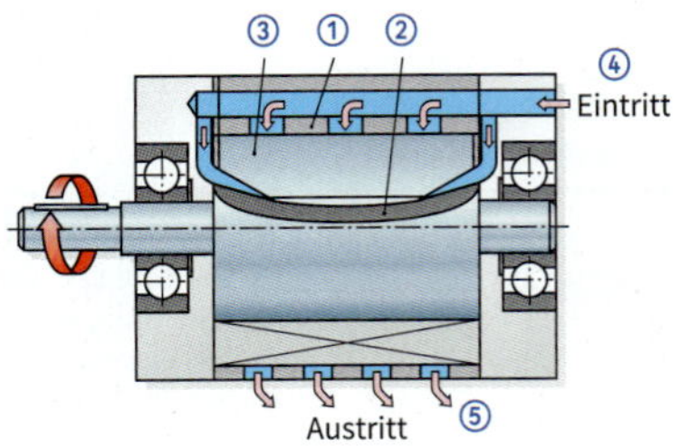

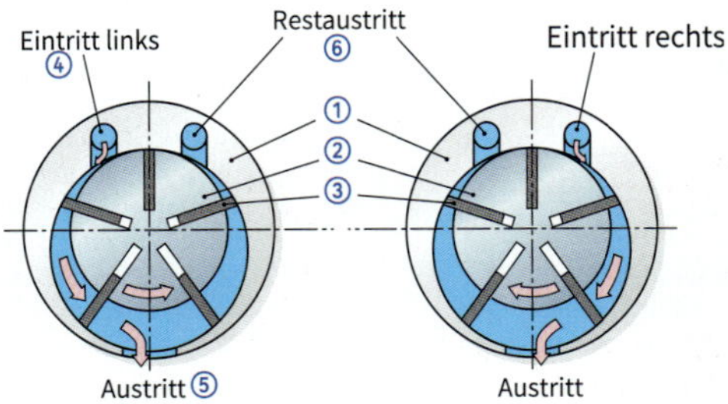

Versorgung des Motors mit Druckluft

Die Druckluft muss gefiltert und geregelt werden.
Bestandteile der Versorgungseinheit:
Absperrventil, Filter, Druckregler, Arbeitsventil

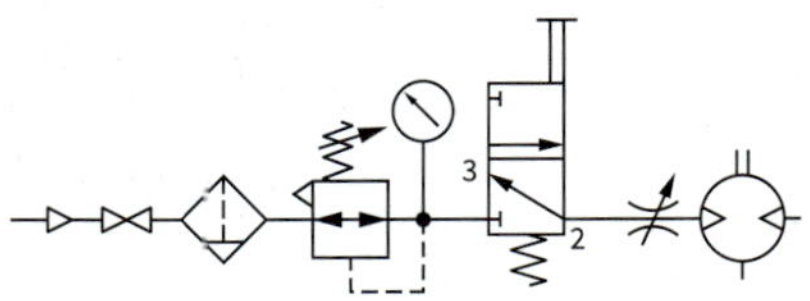

Umsteuerung des Motors

5/3 Wegeventil

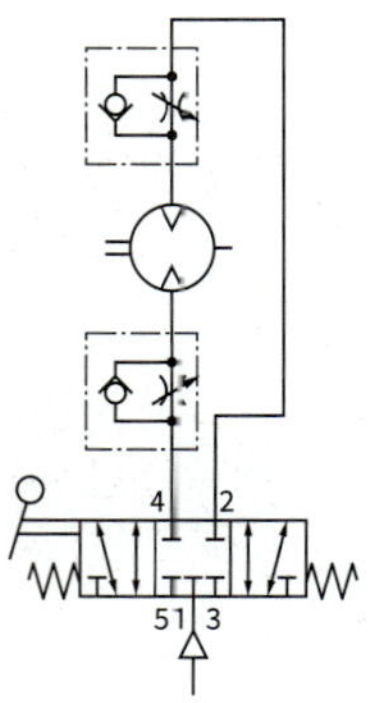

zwei 3/2 Wegeventile

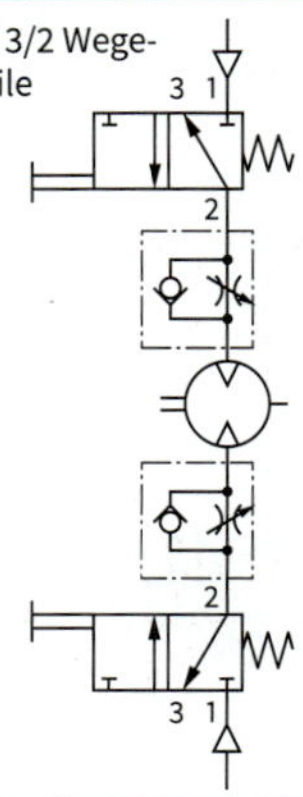

Kennlinien

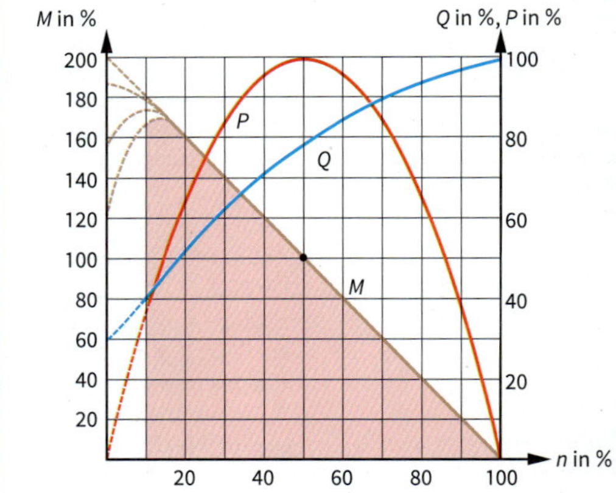

n: 10 000/min … 100 000/min
Q: Luftverbrauch
P: 0,02 W … 5 kW
M: Drehmoment

Motorbeispiel

Begriff

Gemeinsamer Einsatz bzw. Kombination elektrischer und pneumatischer Bauglieder, Komponenten, Bauteile.

Aufgabenteilung (Beispiele):

elektrisch
Steuerung und Signalverarbeitung
- Schalter
- Sensoren
- Stellglieder
- Verknüpfungsglieder
- …

→

pneumatisch
Ausgabe, Verrichtung von Arbeit
- Ventile
- Aktoren
- Zylinder
- Motoren
- …

Schaltzeichen

Elektromagnetische Betätigung	Spulenkennzeichnung bei Ventilen
beidseitig 	In elektrischen Schaltplänen 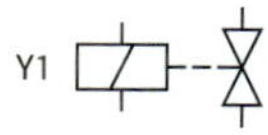 Y1, Y2, …
mit Federrückstellung 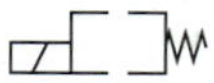	
mit Vorsteuerung 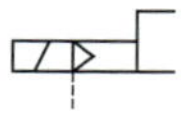	

Umwandlung eines pneumatischen in ein elektrisches Signal (Umschalter)

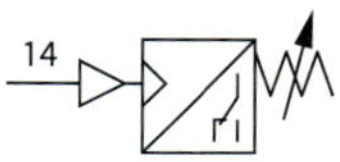

Die Ausgabe des elektrischen Signals kann auch indirekt über z. B. Reed-Kontakte oder andere magnetische Schaltglieder erfolgen.

- Die elektrischen Kontakte arbeiten in diesem Fall als Umschalter (Wechsler).
- Die Druckluft des pneumatischen Steuersignals 14 drückt gegen die Membran ①.
- Bei genügend großem Druck wird die Federkraft überwunden und es kommt zu einer Umschaltung ②.

unbetätigt

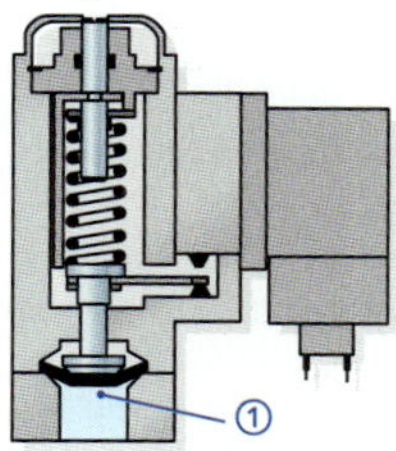

betätigt

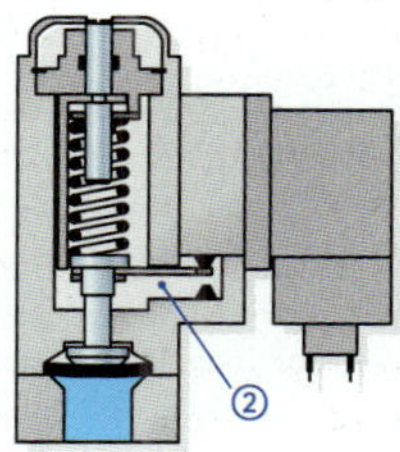

3/2 Magnetwegeventil, vorgesteuert

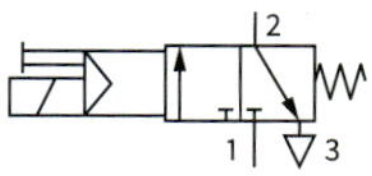

Vorteile der Vorsteuerung: Geringerer Verbrauch an elektrischer Energie

- Ausgangsstellung: Durch die Spule ① fließt kein Strom. Das Ventil befindet sich in der Ruhestellung (Anschluss 2 ist nach 3 entlüftet).
- Strom fließt durch die Spule und das Vorsteuerventil ② wird betätigt (Vorsteuerkanal wird frei).
- Das Vorsteuerventil betätigt das Ventil ③, Druckluft strömt von 1 nach 2.

unbetätigt

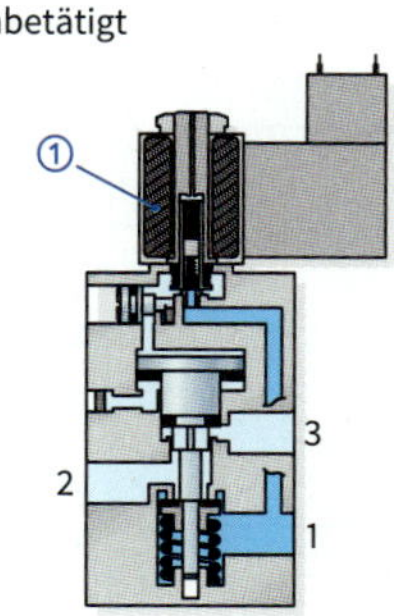

betätigt

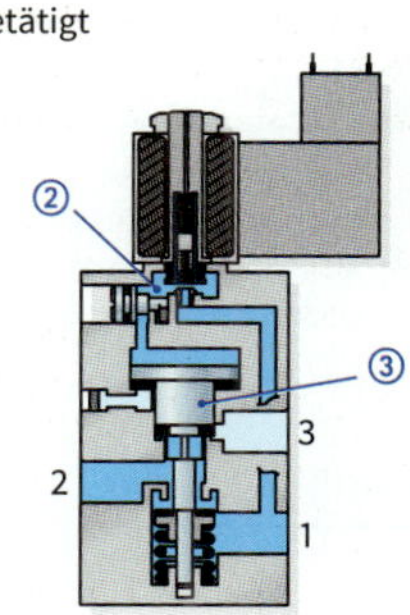

5/2 Magnetwegeventil, vorgesteuert, Handhilfsbetätigung

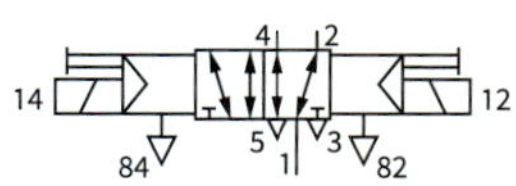

- Situation 1: Strom fließt durch Y1, Y2 ist stromlos
- 3 ist gesperrt, 4 wird nach 5 entlüftet
- Druckluft gelangt von 1 nach 2

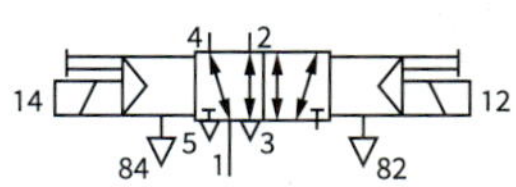

- Situation 2: Strom fließt durch Y2, Y1 ist stromlos
- 5 wird gesperrt, 2 wird nach 3 entlüftet
- Druckluft gelangt von 1 nach 4

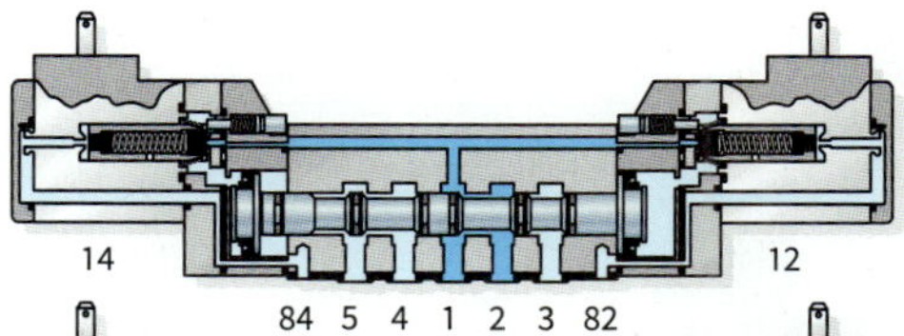

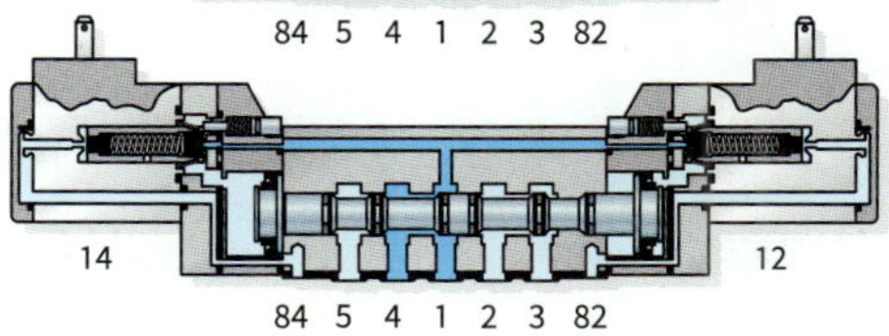

Offenes System

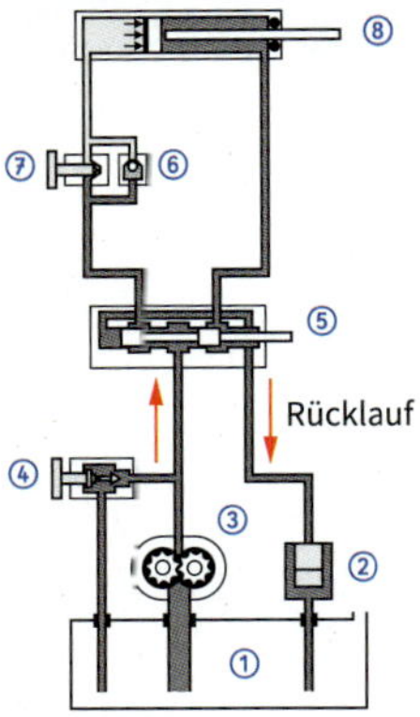

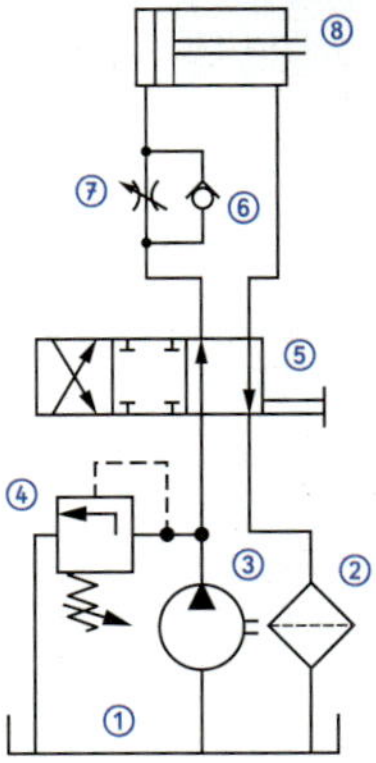

Energieabgabe
- Zylinder ⑧

Energiesteuerung
- Druckbegrenzungsventil ④
- 4/3 Wegeventil ⑤
- Rückschlagventil ⑥
- Drosselventil ⑦

Energieumwandlung
- Hydropumpe ③

Öl-Aufbereitung
- Tank ①
- Filter ②

Geschlossenes System

Anwendung:
- Systeme mit hydraulischen Motoren
- Volumenstrom kann in diesem System rasch umgesteuert werden

Grundsätzliche Arbeitsweise:
- Mit einer Pumpe wird das Öl in einem Kreislauf transportiert und damit ein Motor angetrieben.
- Der Ölbehälter dient lediglich zur Auffüllung der Anlage und zum Ausgleich von Ölverlusten.
- Druckbegrenzungsventile sorgen für einen konstanten Druck.
- Rückschlagventile beeinflussen die Fließrichtung.

Anschlussbezeichnungen in hydraulischen Plänen

P: Druckanschluss
T: Rücklaufanschluss
A, B: Arbeitsanschlüsse
L: Lecköl

Hydraulikaggregat

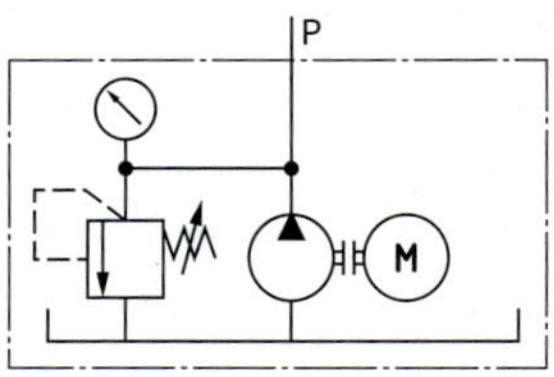

Bestandteile:
- Antriebsmotor
- Hydraulikpumpe mit Ansaugfilter
- Druckbegrenzungsventil (Sicherheit)
- Öltank

Hydrospeicher

Anwendungen:
- Energiespeicherung zur Einsparung von Pumpen-Antriebsleistung
- Energiereserve bei Notfällen
- Ausgleich von Leckverlusten
- Stoß- und Schwingungsdämpfung
- Schockabsorption

Wirkungsweise:
- Beim Anstieg des Flüssigkeitsdrucks wird Gas verdichtet.
- Beim Absinken des Drucks expandiert das verdichtete Gas und verdrängt die gespeicherte Flüssigkeit in den Hydraulikkreislauf.

Bauformen:
- Membran- und Blasenspeicher

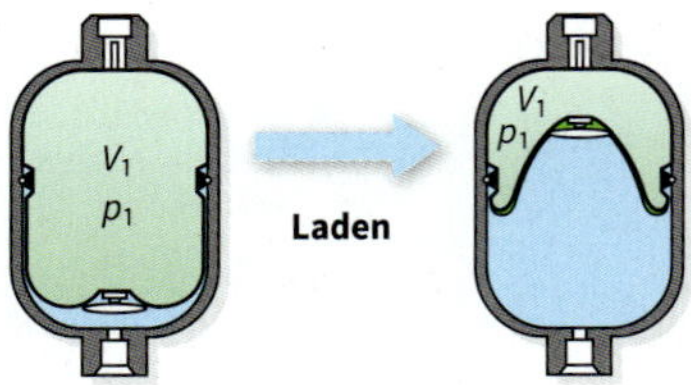

Sicherheitsmaßnahmen bei Eingriffen in hydraulische Systeme

1. Motor und Pumpen ausschalten
2. Speicher entlasten
3. Last absenken
4. Druck überprüfen

Strömungen

Laminare Strömung

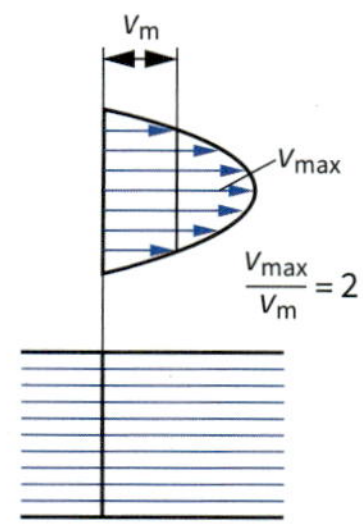

- Lamina: lat. Schicht
- die Flüssigkeitsteilchen bewegen sich in geordneten und voneinander getrennten Schichten (Schichtströmung).
- Die Stromlinien verlaufen parallel zur Rohrachse.
- Der Maximalwert der Strömung befindet sich in der Rohrmitte.

Turbulente Strömung

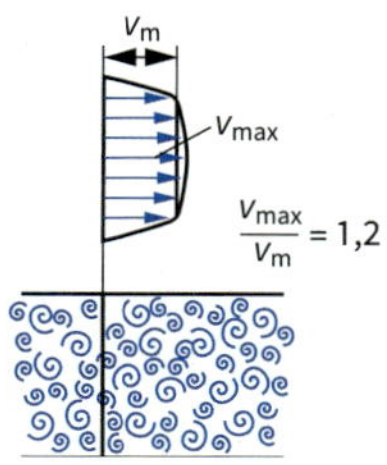

- Der Hauptströmung sind regellose Längs- und Querbewegungen der Flüssigkeitsteilchen überlagert. Dieses führt zu einer verwirbelten Strömung.
- Über den Rohrquerschnitt entsteht ein nahezu gleichmäßiges Geschwindigkeitsprofil.

Reynolds-Zahl

Eine Flüssigkeitsströmung in einem Rohr wird ab einer bestimmten Geschwindigkeit (kritische Geschwindigkeit) turbulent.
Folge: Energieverlust, Reibung
Mit einer nach Reynolds benannten Kennzahl (Reynolds-Zahl *Re*) kann festgestellt werden, welche Strömungsart in einem geraden Rohr mit kreisförmigem Querschnitt vorliegt.

Re : Reynolds-Zahl
v : Strömungsgeschwindigkeit der Flüssigkeit
d : Rohrdurchmesser
ν : Kinematische Viskosität

$$Re = \frac{v \cdot d}{\nu}$$

Bei einem geraden Rohr mit kreisförmigem Querschnitt erfolgt der Umschlag von der laminaren in die turbulente Strömung bei der **kritischen Reynoldszahl** von $Re_{krit} = 2320$.

Kritische Geschwindigkeit:--

$$v_{krit} = \frac{2320 \cdot \nu}{d}$$

Wenn eine turbulente Strömung vorhanden ist, wird sie erst wieder bei 1/2 Re_{krit} laminar.

Richtwerte für Strömungsgeschwindigkeiten

Leitung	Druck in bar, bis …	Strömungsgeschwindigkeit in m/s
Druckleitung	50	4,0
	100	4,5
	150	5,0
	200	5,5
	300	6,0
Saugleitung		1,5
Rücklaufleitung		2,0

Druckverluste

Ursachen:
- Reibung an den Leitungswänden
- Reibung zwischen den Flüssigkeitsschichten
- Strömungsgeschwindigkeit
- Art der Strömung
- Viskosität der Flüssigkeit
- Leitungsführung
- Art und Anzahl der Querschnittsverengungen (Drossel, Blenden, …)

Δp_R : Druckverlust
λ_R : Rohrreibungszahl
l : Leitungslänge
d : Leitungsquerschnitt
ϱ : Dichte der Flüssigkeit
v : Strömungsgeschwindigkeit

$$\Delta p_R = \lambda_R \cdot \frac{l}{d} \cdot \frac{\varrho \cdot v^2}{2}$$

Hydraulischer Widerstand

R : Hydraulischer Widerstand
Δp : Druckverlust
Q : Volumenstrom
V : Volumen

$$Q = \frac{V}{t}$$

$$R = \frac{\Delta p}{Q}$$

Reihenschaltung

Alle Geräte werden vom gleichen Volumenstrom Q durchflossen. An jedem Gerät kommt es zu einem Druckverlust Δp ($\Delta p_1 = p_1 - p_2, \ldots$).

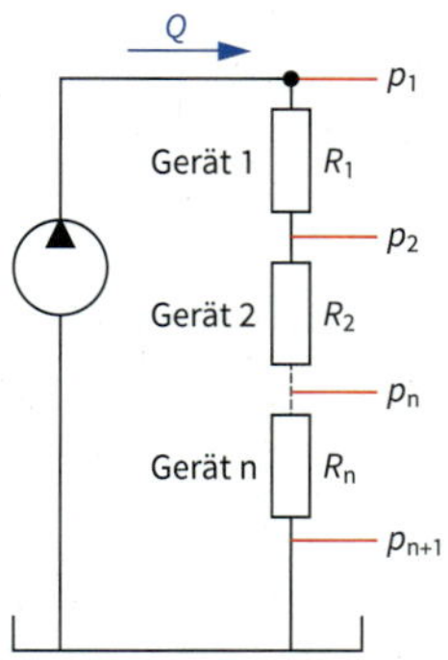

$$R_{ges} = \frac{P_1 + P_{n+1}}{Q}$$

$$R_{ges} = R_1 + R_2 + \ldots + R_n$$

Parallelschaltung

An jedem Gerät liegt die gleiche Druckdifferenz $\Delta p_1 = p_1 - p_2$.
Die Summe der einzelnen Volumenströme ist gleich dem gesamten Volumenstrom $Q = Q_1 + Q_2 + \ldots + Q_n$

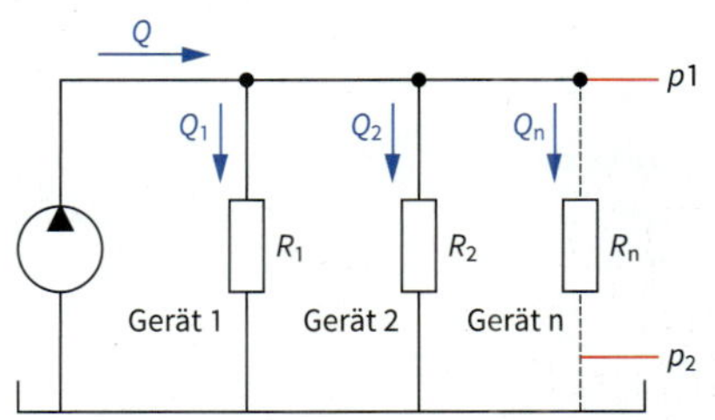

$$\frac{1}{R_{ges}} = \frac{1}{R_1} + \frac{1}{R_2} + \ldots + \frac{1}{R_n}$$

$$R_{ges} = \frac{P_1 - P_2}{Q}$$

Aufgaben

- Druck- und Signalübertragung
- Kühlung (Wärmeableitung)
- Schmierung beweglicher Teile
- Schwingungsdämpfung
- Entfernung von Abrieb
- Korrosionsschutz

Zusammensetzung

Grundflüssigkeit

Beigemischte Wirkstoffe in kleinen Mengen (Additive)

H: Kennzeichnung für Hydrauliköl als Grundflüssigkeit
Zusatz-Kennbuchstabe: Beigemischte Wirkstoffe

Eigenschaften von Hydraulikölen

- Die Viskosität muss den Betriebsbedingungen des Hydrosystems entsprechen (z. B. bei 50 °C: 20 bis 30 mm²/s).
- Viskosität muss temperaturstabil sein
- Gute Schmierwirkung, Schutz vor Verschleiß
- Schmierfilm an der Oberfläche der Bauglieder darf nicht reißen
- Schutz vor Korrosion
- Schlauchleitungen und Dichtungen dürfen nicht angegriffen werden
- Geringe Schaumbildung
- Chemisch beständig
- Wasseraufnahmefähigkeit muss gering sein
- Gutes Vermögen Luft abzuscheiden
- Nicht gesundheitsschädlich
- Hohe spezifische Wärmekapazität (Aufnahme der Wärmeenergie)
- Beständig gegen Alterung
- Nicht feuergefährlich
- Gering komprimierbar
- Stabil hinsichtlich der Additive (Zusätze)
- Geringer Anteil fester Partikel

Arten von Hydraulikölen

DIN 51 524 und 51 525

Klasse	Merkmale
H	Ohne Additive, für geringe Beanspruchung, gegen Verschleiß unempfindlich
HL	Verbesserung der Alterungsbeständigkeit und des Korrosionsschutzes, für hohe thermische Belastungen
HLP	Wie HL-Öle mit Zusätzen zur Verbesserung des Verschleißschutzes, für hohe thermische Belastungen und Korrosiongefahr durch Wasser
HVLP	Wie HLP-Öle mit Zusätzen zur Verbesserung des Viskositäts-Temperaturverhaltens, für hohe thermische Belatungen, Korrosionsschutz durch Wasser, bei erhöhtem Verschleiß
HFA, HFB, HFC, HFD	Schwer entflammbar mit besonderen Zusätzen zur Verbesserung des Korrosions- und Verschleißschutzes
HPG, HTG, HT	Biologisch abbaubare Hydraulikflüssigkeiten

Kenngrößen

- **Viskosität**
  Mit Viskosität wird die Zähigkeit von Flüssigkeiten beschrieben. Sie ist der Reibungswiderstand, den eine Flüssigkeit einer Deformation durch Druck oder Schub entgegensetzt, und entsteht aus den Kräften zwischen Molekülen.

- **Dynamische Viskosität η**
  $[\eta] = \text{Pa} \cdot \text{s}$ $1\ \text{Pa} \cdot \text{s} = 1\ \text{N} \cdot \text{s/m}^2$

- **Kinematische Viskosität ν**
  Sie beschreibt die innere Reibung, die beim Fließen auftritt, und ist von der Dichte ϱ des Stoffes abhängig. Sie wird oft auch als **cST-Wert** bezeichnet.

$$\nu = \frac{\eta}{\varrho}$$

$[\nu] = \text{m}^2/\text{s}$

Der Wert ist nicht konstant. Er ändert sich mit dem Druck und der Temperatur.

Beispiele für Hydrauliköle

Bezeichnung		Viskosität in cST bei		Zul. Temperaturbereich	
DIN 51 525	ISO 6074	50 °C	40 °C	min. in °C	max. in °C
H-LP 32	ISO VG32	21	32	0	52
H-LP 46	ISO VG46	30	46	8	62
H-LP 68	ISO VG68	44	68	15	71
H-LP 100	ISO VG100	65	100	22	81

Viskosität-Temperatur-Diagramm

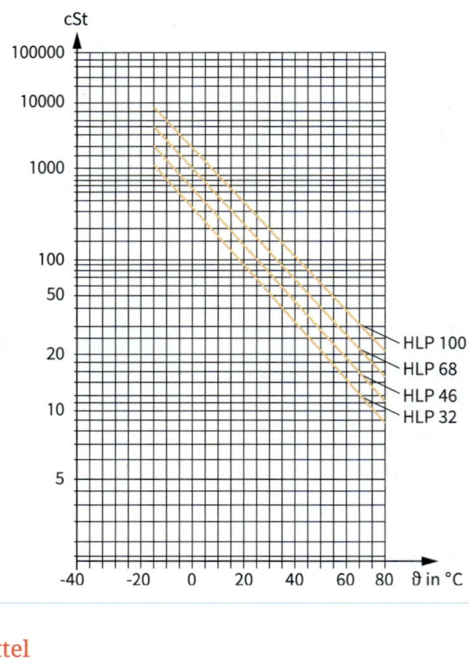

Umlaufverdrängungsmaschinen

Zahnradpumpen

außenverzahnt

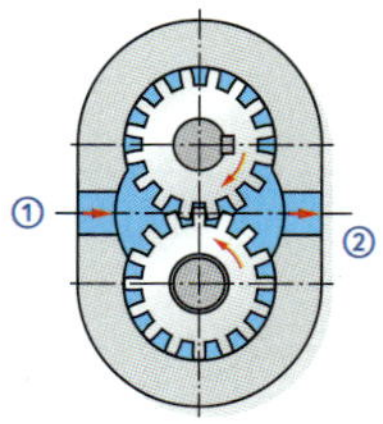

- Flüssigkeit wird in den Zahnlücken (Zahnkammern) von der Saugseite ① auf die Druckseite ② befördert.
- Verdrängungsvolumen ist konstant.

innenverzahnt

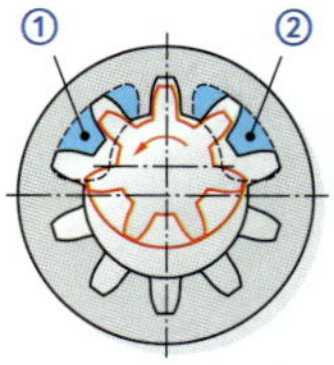

- Das außenverzahnte Zahnrad ist mit der Antriebswelle verbunden, das innenverzahnte Zahnrad wird mitgenommen.
- Flüssigkeit wird über den Lückenraum der Zähne beider Zahnräder von der Saugseite ① auf die Druckseite ② befördert.

Schraubenpumpe

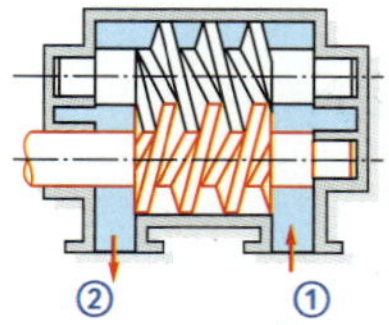

- Zwei oder mehrere Gewinde- oder Schraubenspindeln mit Rechts- bzw. Linksgewinde greifen ineinander.
- Die ineinander greifenden Spindeln bilden mit dem Gehäuse Flüssigkeitskammern, in denen sich das Fördergut axial von ① nach ② vorwärts bewegt.

Flügelzellenpumpe

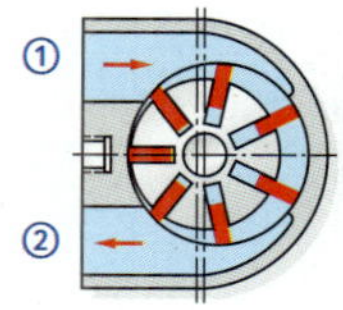

- Bei Rotation werden die Flügel in den radial angebrachten Schlitzen an die zylindrische Innenfläche des Statorringes gedrückt.
- Das Volumen der durch die Flügel abgebildeten Zellen verändert sich, es entsteht eine Saug- ① und Druckwirkung ②.
- Die Exzentrizität bestimmt das Verdrängungsvolumen.

Außenverzahnte Zahnradpumpe

Aufbau

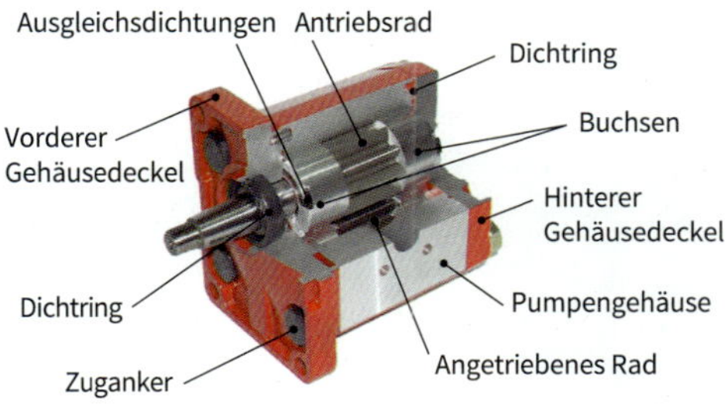

Förderprinzip

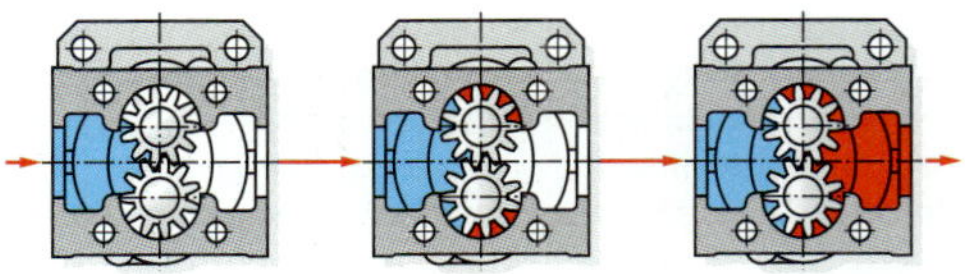

Hubverdrängungsmaschinen

Radialkolbenpumpe

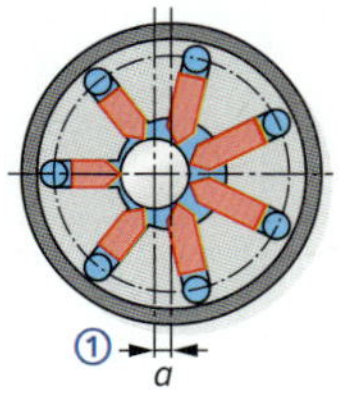

- Die Kolben und Zylinder sind sternförmig angebracht.
- Die Förderwirkung entsteht durch die Exzentrizität (a) ① zwischen dem die Kolben tragenden Zylinderkörper und dem Gehäuse.
- Die Exzenterwelle verursacht bei jeder Umdrehung, dass sich die Kolben um $2 \cdot a$ hin- und herbewegen.

Axialkolbenpumpe

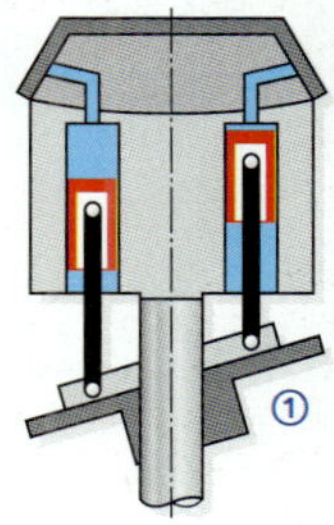

- Die Kolben werden durch eine Schrägscheibe, Schrägachse (-trommel) oder Taumelscheibe ① parallel zur Drehachse hin- und herbewegt.

Kennwerte von Hydraulikpumpen

Bauform	Flüssigkeitsdruck in bar	Drehzahl in 1/min	Fördermenge in l/min	Wirkungsgrad in %
Zahnradpumpe, außenverzahnt	60 … 250	500 … 3500	300	50 … 90
Zahnradpumpe, innenverzahnt	100 … 300	300 … 3500	100	60 … 90
Schraubenpumpe	30 … 160	500 … 4000	1000	60 … 80
Flügelzellenpumpe	100 … 200	1000 … 3000	200	60 … 90
Radialkolbenpumpe	300 … 650	200 … 3000	200	80 … 90
Axialkolbenpumpe, Taumelscheibe	250	500 … 2000	100	80 … 90
Axialkolbenpumpe, Schrägscheibe	400	1000 … 3000	5000	80 … 90
Axialkolbenpumpe, Schrägachse	400	500 … 6000	2000	80 … 90

Zahnradmotoren	**Flügelzellenmotoren**	**Kolbenmotoren**
– Außenzahnradmotor – Innenzahnradmotor – Zahnringmotor	– außenbeaufschlagt – innenbeaufschlagt	– Axialkolbenmotor mit Schrägscheibe/-achse – Radialkolbenmotor

Außenzahnradmotor

Aufbau

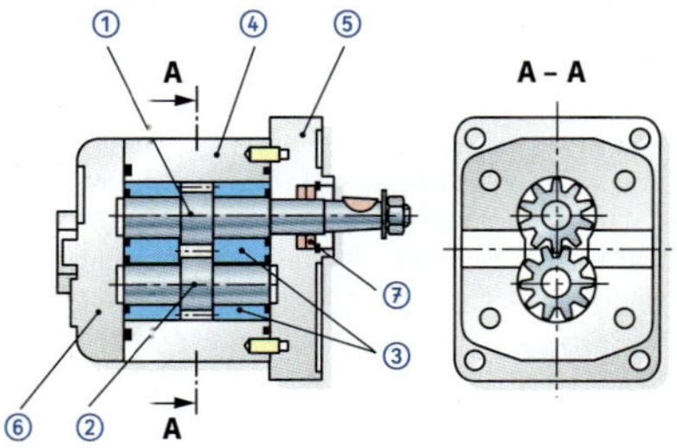

① Zahnrad 1 ② Zahnrad 2 ③ Lagerbrillen
④ Gehäuse ⑤ Flansch ⑥ Deckel
⑦ Wellendichtung

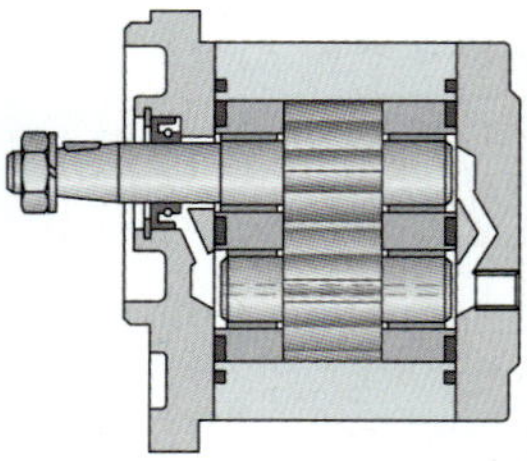

Arbeitsweise

- Zahnradmotoren sind in ihren äußeren Abmessungen baugleich mit den entsprechenden Pumpen.
- Wenn dem Motor Öl unter Druck zugeführt wird, kann an der herausgeführten Welle ein Drehmoment abgenommen werden.
- Ausführungsformen: Gleich bleibende und wechselnde Drehrichtungen (reversierbarer Motor).
- Motoren für eine Drehrichtung sind unsymmetrisch aufgebaut. Die Hoch- und Niederdruckseite sind auf Grund der inneren Dichtungsanordnung in Drehrichtung fixiert. Das Lecköl wird intern zur Niederdruckseite abgeführt.
- Motoren für wechselnde Drehrichtungen sind symmetrisch aufgebaut. Das an den Lagern anfallende Lecköl wird über einen separaten Leckölanschluss im Gehäusedeckel abgeführt.

Motor für II-Quadranten-Betrieb		Motor für IV-Quadranten-Betrieb	
Antriebsdrehmoment in beiden Richtungen	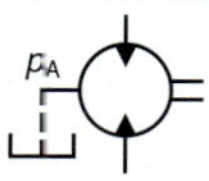	Antriebs- und Abtriebsmoment in beiden Richtungen (Motor/Pumpe)	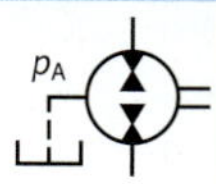

Kolbenmotoren

Axialkolbenmotor mit Schrägachse, Verstellmotor

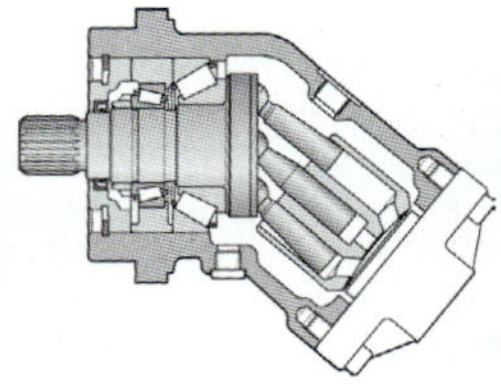

- Die Zylindertrommel ist über ein Kugel- oder Kardangelenk mit der Antriebsachse verbunden.
- Die Zylindertrommel ist aus der Antriebsachse geschwenkt. Dadurch entstehen bei Hubbewegungen Drehbewegungen.
- Das Schluckvolumen kann stufenlos verstellt werden.
- Die Abtriebsdrehzahl ist abhängig vom Förderstrom der Pumpe und vom Schluckvolumen des Motors.
- Das Abtriebsdrehmoment wächst mit der Druckdifferenz zwischen Hoch- und Niederdruckseite und mit steigendem Schluckvolumen.

Axialkolbenmotor mit Schrägscheibe, Konstantmotor

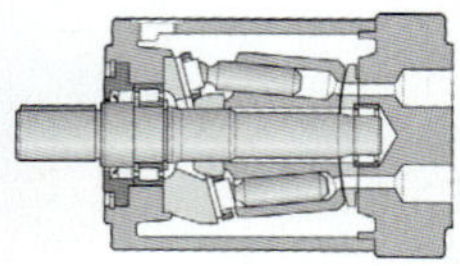

- Die Kolben bewegen sich über Gleitschuhe oder ein Axiallager auf der feststehenden Schrägscheibe.
- Die Antriebsdrehzahl ist proportional dem Schluckstrom und umgekehrt proportional dem Schluckvolumen.
- Das Antriebsdrehmoment wächst proportional mit dem Druckgefälle zwischen Hoch- und Niederdruckseite.

Radialkolbenmotor, Verstellmotor

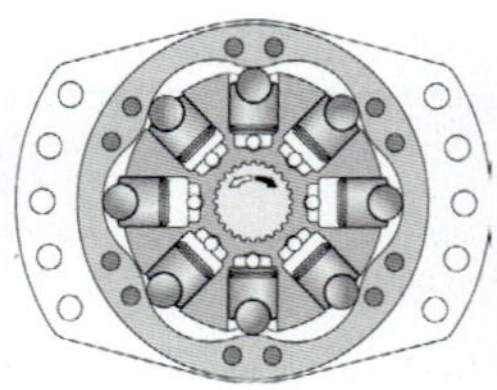

- Die Kolben sind radial im Rotor angeordnet.
- Jeder ausfahrende Kolben dreht den Rotor ein Stück weiter, indem er der Kurvenbahn folgt.
- Die Zylinderräume sind über die axialen Bohrungen und die Ringkanäle mit den Leitungsanschlüssen verbunden.

Kenngrößen von Ventilen

Nenndruck (ND) in bar	Nenndurchfluss Q_n	Maximaler Durchfluss Q_{max}	Kennlinie
auch Betriebsdruck 25, 40, 63, 100, 160, 200, 250, 315, 400, 500, 630	Flüssigkeitsmenge in l/min, die bei einem Druckverlust von 1 bar durch das Ventil strömt. Viskosität bei 40 °C 35 mm²/s	Größte Flüssigkeitsmenge in l/min, die bei entsprechend großem Druckverlust durch das Ventil strömen kann.	Durchflussmenge Q in Abhängigkeit von der Druckdifferenz Δp.
Baugrößen			
Standardisierte Nenngrößen (NG)			

Bauformen von Ventilen

Sitzventile		Schieberventile	
Das Volumen wird durch einen Kegel ①, eine Kugel oder einen Teller abgesperrt. Der Andruck erfolgt durch den Flüssigkeitsdruck, eine Feder oder einen Elektromagneten.	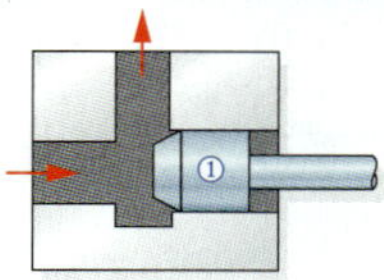	Die Absperrung erfolgt durch einen Flach-, Dreh- oder Längsschieber ②. Geeignet für hohe Drücke und große Volumenströme bei kleinem Bauvolumen.	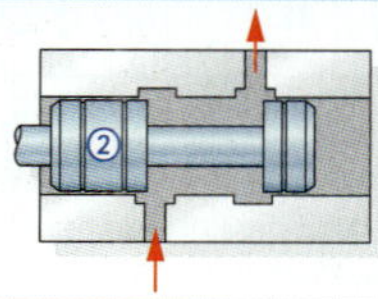

Hydrosystem mit Rückschlag- und Druckbegrenzungsventil

Schaltung

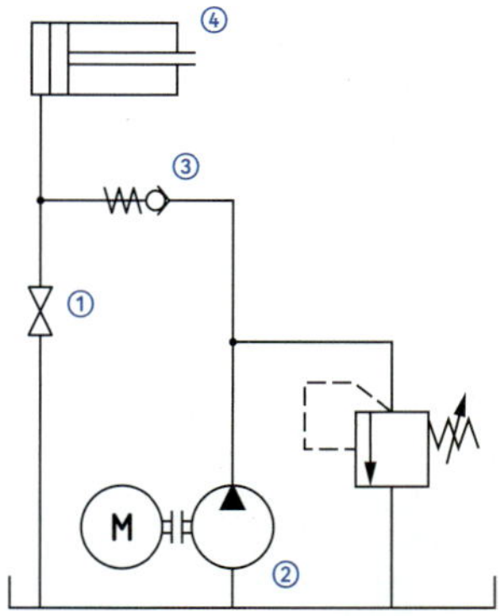

Funktion:
- Das Absperrventil ① ist geschlossen und die Hydropumpe ② fördert Öl.
- Das Öl gelangt über das Absperrventil in den einfach wirkenden Hydrozylinder ④.
- Die Kolbenstange fährt aus, bis die Endlage erreicht ist.
- Das Absperrventil sorgt dafür, dass der Zylinder in der Endlage gehalten wird, auch wenn die Pumpe den Hydrostrom aus Energieeinsparungsgründen abgeschaltet hat.
- Das Rückschlagventil ③ arbeitet völlig leckfrei, so dass kein Rückfluss von Öl zum Tank möglich ist.
- Durch Öffnen und Schließen des Absperrventils kann der Kolben abgesenkt werden.

Ventile

Sperrventil, Rückschlagventil

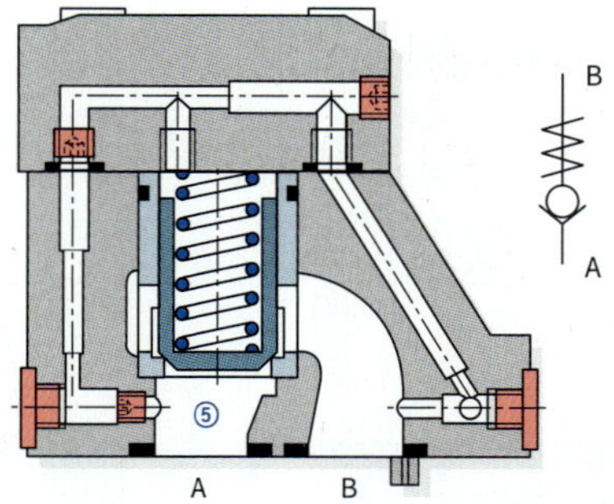

Allgemeine Funktion:
Der Durchfluss ist nur in eine Richtung möglich, in der Gegenrichtung nicht oder nur bedingt.
Bauformen: Kugel-, Kegel-, Teller- und Patronenventile

Beispiel:
Der Ventilkegel ⑤ wird in hydraulisch unbelastetem Zustand durch die Federkraft leckölfrei geschlossen gehalten.

NG10: 180 l/min; NG25: 360 l/min; NG32: 600 l/min

Druckbegrenzungsventil

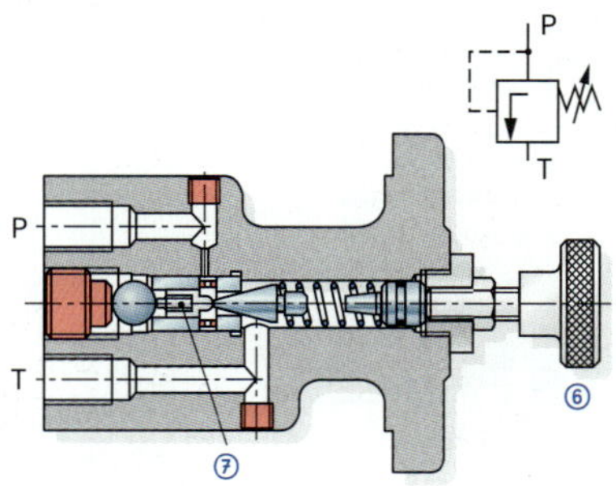

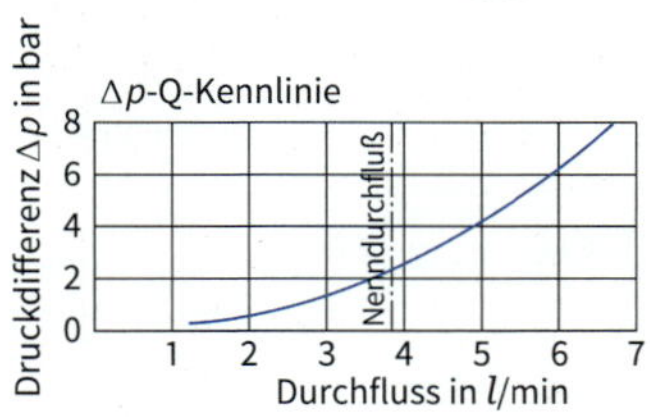

Allgemeine Funktion:
Druckbegrenzung, Druckübersetzung, Konstanthalten des Drucks, Zu- und Abschalten von Steuergeräten

Beispiel:
Direkt betätigtes Ventil zur Einstellung ⑥ eines maximalen Systemdrucks.
Nach Erreichen des eingestellten Druckes hält ein Dämpfungskolben ⑦ den Steuerkegel stabil in seiner Position. Unterhalb des eingestellten Druckes ist das Ventil leckölfrei.

Viskosität: 35 mm²/s
Temperatur: 50 °C ± 5 °C

Hydrosystem mit entsperrbarem Rückschlagventil und 4/3 Wegeventil

Schaltung

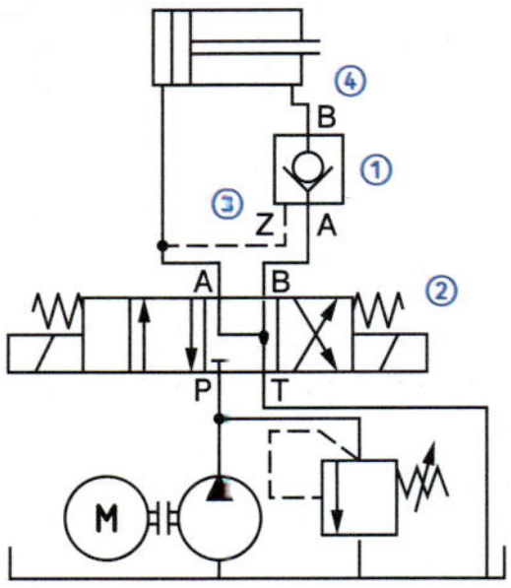

Funktion:
Mit dem entsperrbaren Rückschlagventil ① wird die Position des Hydrozylinders beibehalten.
4/3 Wegeventil ② in Schaltstellung „rechts"

- A ist mit P verbunden, B ist mit dem Tankanschluss verbunden.
- Im Zylinder wird Druck aufgebaut, der auch an Z ③ des Rückschlagventils liegt.
- Dadurch erfolgt eine Entsperrung, Flüssigkeit kann von der Kolbenseite ④ des Zylinders in den Tank ablaufen.

4/3 Wegeventil in Schaltstellung „links"

- Umkehrung des Vorgangs

Ventile

Entsperrbares vorgesteuertes Rückschlagventil

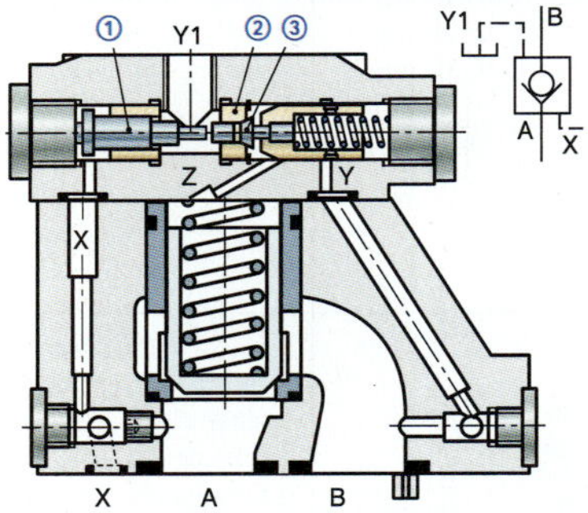

Beispiel:
Entsperren und Umkehren

Das Steuersignal an X gelangt an den Vorsteuerkopf. Der Vorsteuerkegel ③ wird durch den Servokolben ① von seinem Sitz ② gedrückt. Dadurch wird die Steuerverbindung von B über Y geschlossen. Der Steuerraum oberhalb des Hauptkolbens wird über Z und Y1 zum Tank hin entlastet. Der Volumenstrom kann von B nach A fließen.

4/3 Wegeventil

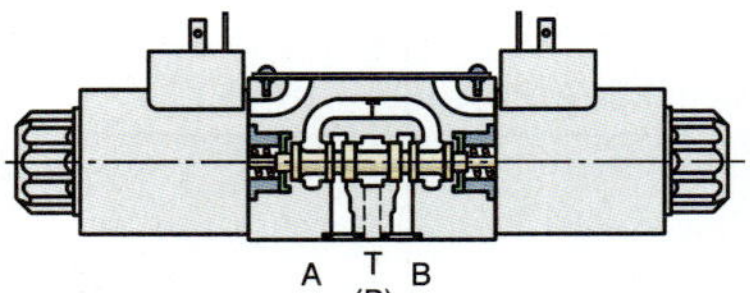

Allgemeine Funktion:
Der Steuerkolben wird elektromagnetisch, mechanisch, hydraulisch oder pneumatisch getätigt. Er gibt die Flüssigkeit vom Anschluss P zum Anschluss A oder B frei. Die Flüssigkeit vom Verbraucher fließt dann jeweils über T zum Tank. Bei Unterbrechung der Betätigung wird der Steuerkolben in die Ausgangslage zurückgeführt oder z. B. durch Rasten in der jeweiligen Endlage gehalten.

Varianten

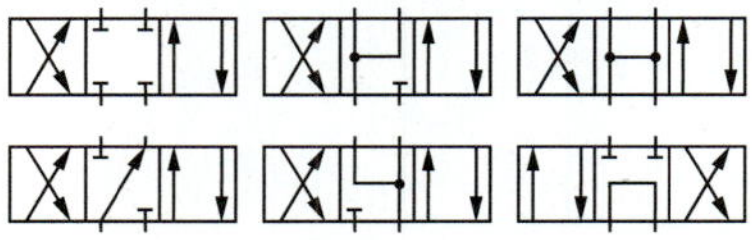

Bauformen von Hydrozylindern
Styles of hydro cylinders

Differenzialzylinder 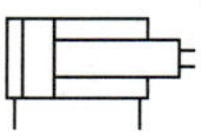	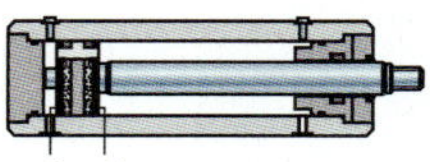 2 : 1 Bei Flächenverhältnis 2:1 ist der Kolbenrücklauf doppelt so schnell wie der Vorlauf	Teleskopzylinder 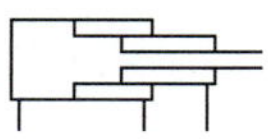	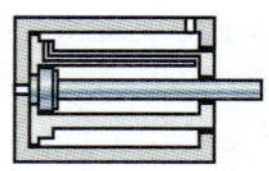 Vergrößerung der Hubwege
Gleichlaufzylinder 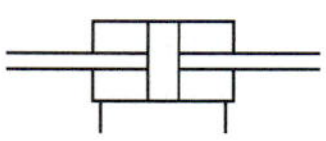	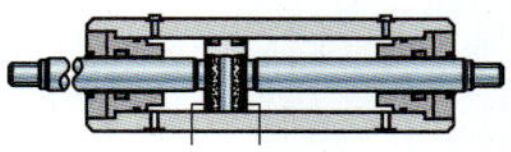 $A_1 = A_2$ Gleiche Geschwindigkeiten bei $A_1 = A_2$	Druckübersetzer 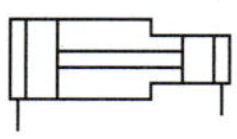	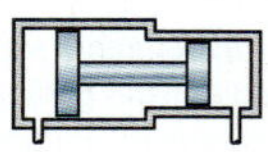 Druckveränderung
Zylinder mit Endlagendämpfung 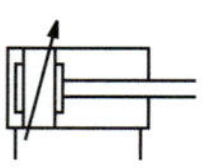	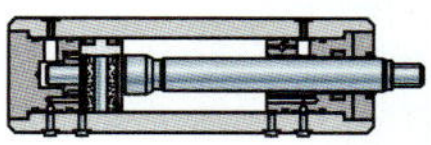 Abbremsung bei Erreichen der Endlage	Tandemzylinder 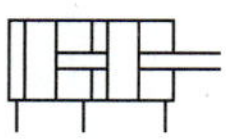	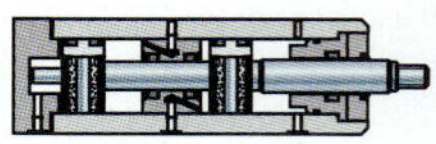 Kleine Abmessungen, große Kräfte

PC-Technik und Software

7

Codierung

PC-Komponenten

Kommunikation

Software

Nachricht und Information

Unter einer Nachricht versteht man jede Art von Mitteilungen.
Beispiele: Ampelsignal, gesprochener Text, Mitteilung auf einer Tonkassette, …
In die Nachricht ist immer eine Information eingebettet.
Es wird unterschieden:

- **Syntaktischer Aspekt**[1] einer Nachricht:
  Aufbau der Nachricht nach seinen formalen Regeln, Zeichen, Zeichenfolge usw.
- **Semantischer Aspekt**[2] einer Nachricht:
  Bedeutung der Nachricht für den Empfänger (z. B. das Rot der Ampel bedeutet Stopp)

[1] Syntax (gr.): Lehre vom Satzbau, Satzlehre
[2] Semantik (gr.): Wortbedeutungslehre

Prinzip der Nachrichtenübertragung

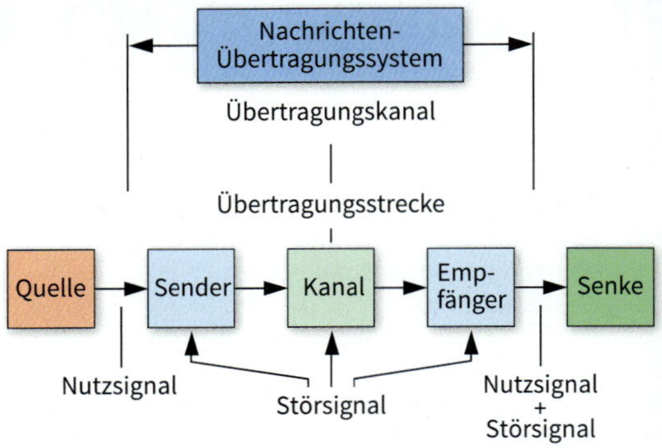

Informationsformen

Töne:
Sprache, Musik, Geräusche

Bilder:
Feste Bilder, bewegte Bilder (farbig, monochrom)

Text:
Alphanumerische Zeichen

Daten:
Elektrische oder optische Signale, die nicht direkt vom Menschen wahrgenommen werden können

Kommunikation

Einseitiger oder wechselseitiger Austausch zwischen Menschen, technischen Einrichtungen (Endeinrichtungen) oder zwischen Menschen und technischen Einrichtungen

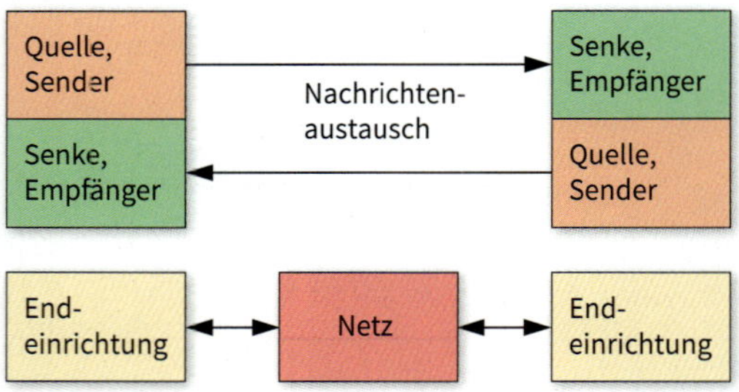

Informationsübertragung

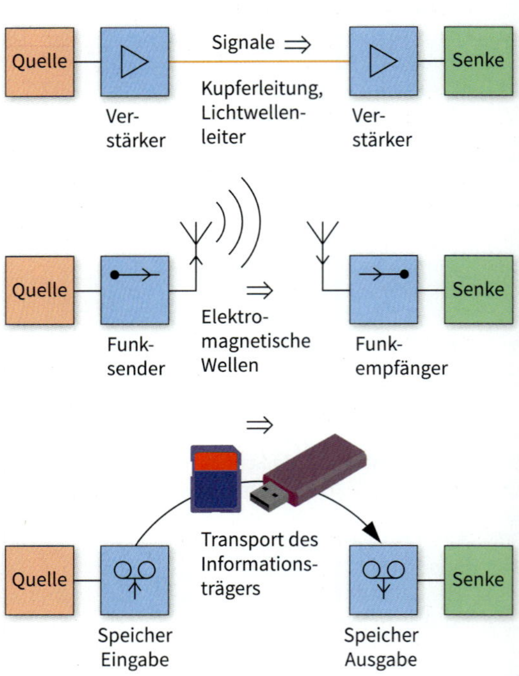

Betriebsarten der technischen Kommunikation

Duplex-Betrieb (Gegenbetrieb)
Beide Partner sind gleichberechtigt. Sie können gleichzeitig senden und empfangen (z. B. Telefon).

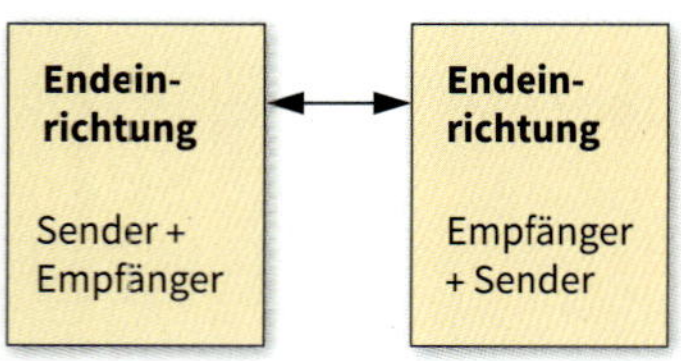

Halbduplex-Betrieb (Wechselbetrieb)
Die Kommunikationspartner können abwechselnd (alternierend) senden und empfangen (z. B. Sprechfunk).

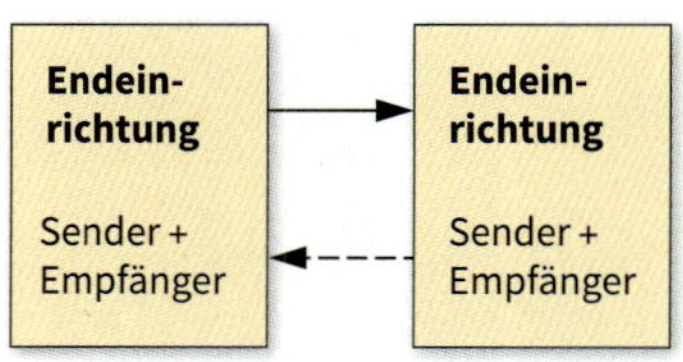

Simplex-Betrieb (Richtungsbetrieb)
Der Empfänger kann keine Signale zum Sender schicken (z. B. Verteilkommunikation bei Rundfunk-Sendungen).

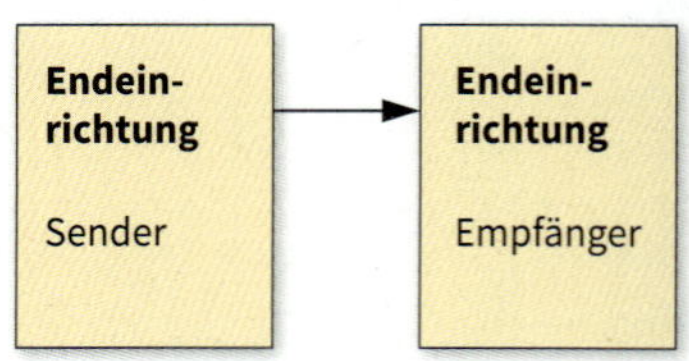

Rechtecksignale

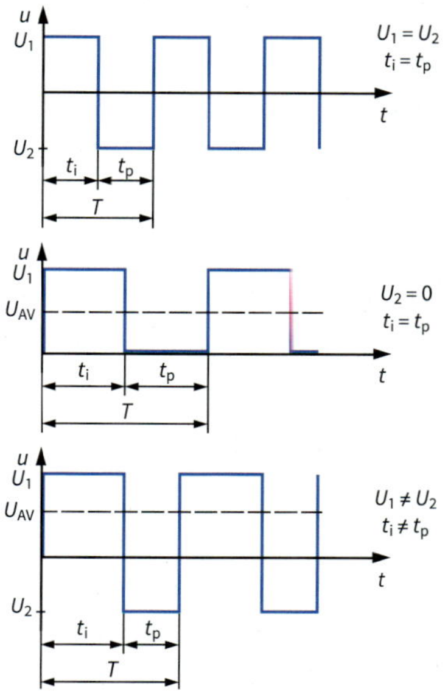

t_i: Impulsdauer

t_p: Pausendauer

T: Periodendauer

f: Frequenz

g: Tastgrad

V: Tastverhältnis

$\bar{u}$, U_{AV}: Arithmetischer Mittelwert

$$T = t_i + t_p$$

$$f = \frac{1}{T} \qquad V = \frac{1}{g}$$

$$g = \frac{t_i}{T}$$

$$U_{AV} = \frac{U_1 \cdot t_i + U_2 \cdot t_p}{T}$$

Impulsform

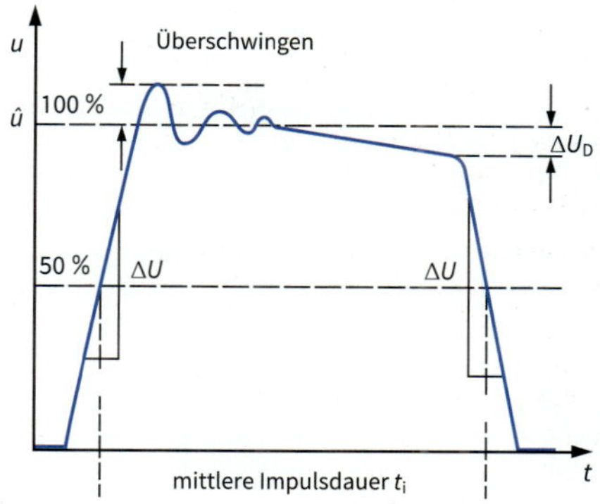

$\hat{u}$: Amplitude

D: Dachschräge

S: Flankensteilheit

ΔU: Spannungsänderung

Δt: Zeitänderung

t_i: Impulsdauer

$$D = \frac{\Delta U_D}{\hat{u}}$$

$$S = \frac{\Delta U}{\Delta t} \qquad [S] = \frac{\text{V}}{\text{s}}$$

Signallaufzeit

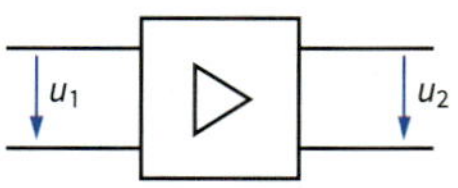

t_l: Signallaufzeit

Bezugspegel müssen nicht immer bei 50 % von $\hat{u}$ liegen.

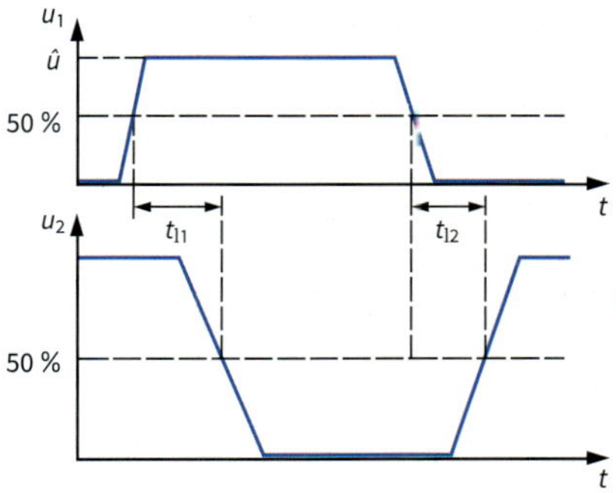

Impulsverformung

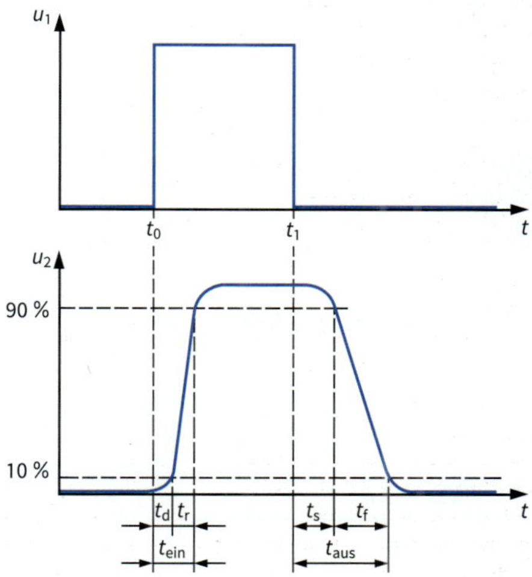

t_d: Verzögerungszeit (delay time)

t_r: Anstiegszeit (rise time)

t_s: Speicherzeit (storage time)

t_f: Abfallzeit (fall time)

t_{ein}: Einschaltzeit

t_{aus}: Ausschaltzeit

$$t_{ein} = t_d + t_r$$
$$t_{aus} = t_s + t_f$$

Digitalisierung

1. Die Quelle liefert ein analoges Signal ①.
2. Durch **Abtastung** werden in bestimmten Zeitabschnitten Spannungswerte entnommen ②.
3. Jeder Pulsamplitude wird in der **Quantisierungsstufe** ③ ein bestimmter Wert zugeordnet. Wenn der Abtastwert zwischen den Stufen liegt, ergeben sich Fehler. Sie sind um so kleiner, je größer die Zahl der Quantisierungsstufen ist.
4. Jeder Stufe wird danach eine bestimmte Bitfolge zugeordnet (Codierung ④ durch ein Codewort). In diesem Fall sind es 3 Bit.

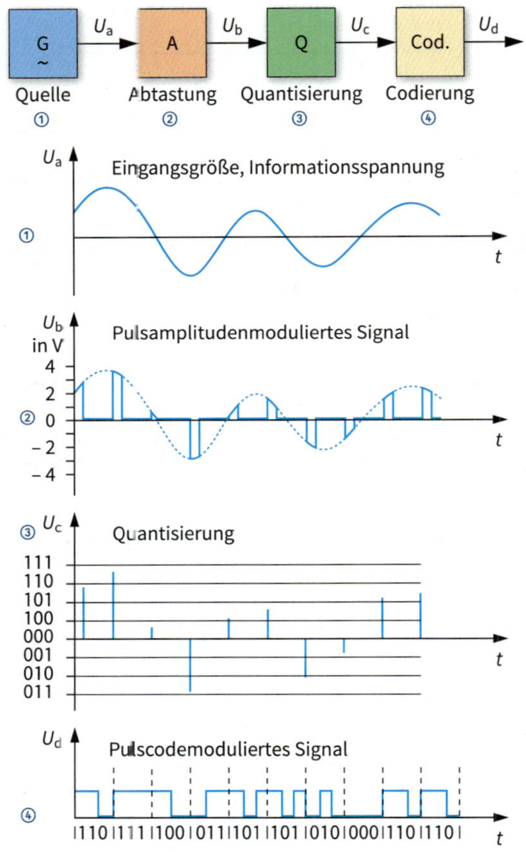

Umsetzer

Analog-Digital-Umsetzer

Beispiel:
Ein rampenförmiges Signal (analog) wird mit binären Signalen (0 und 1) in einen Signalfluss von 4 Bit (Dual-Code) umgesetzt.

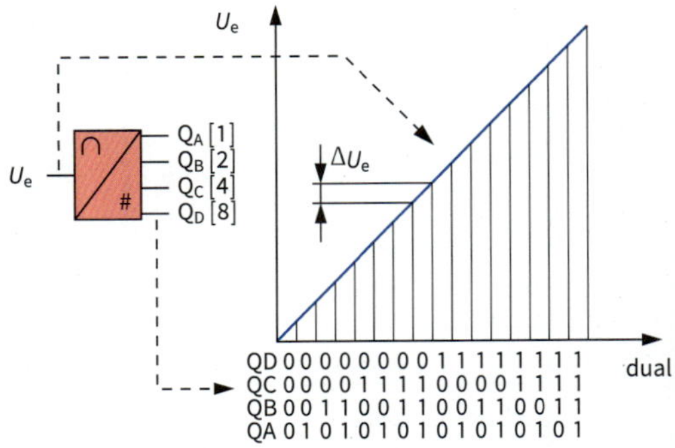

Digital-Analog-Umsetzer

Beispiel:
Eine 4 Bit Signalfolge (Dual-Code) wird in ein treppenförmiges Signal umgesetzt. Nach anschließender Glättung ist wieder ein analoges Signal vorhanden.

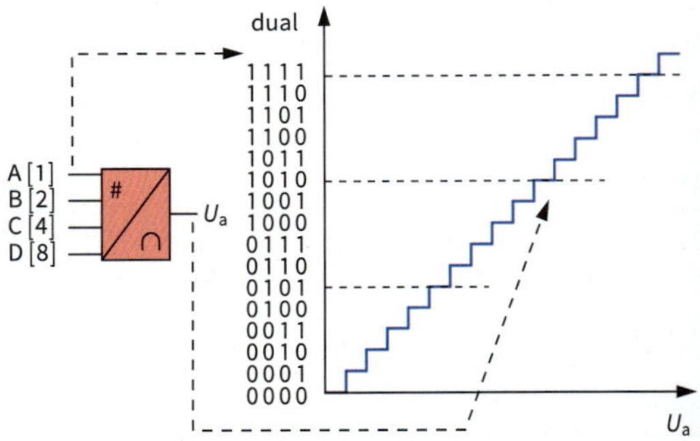

Bit und Byte

Bit: Binary Digit, Binärziffer
Kleinste Informationeinheit der Computertechnik und anderer digital arbeitender Systeme.

Byte: Einheit von 8 Bit
z.B.: 01101011

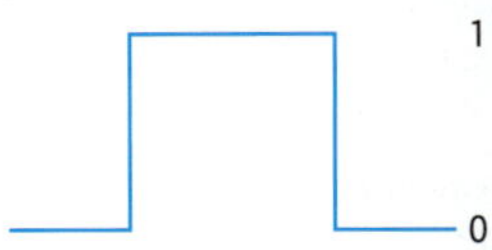

Kapazitätsangaben

- Das Byte (B) ist die Standardeinheit für die Angaben der Kapazitäten von
  - permanenten Speichermedien (z. B. Festplatte, CD, DVD, USB-Stick, Speicherkarten) und
  - flüchtigen Speichern (z. B. Arbeitsspeicher).
- Verwendet werden **Präfixe** (Vorsilben) zur Basis 10 und 2.
- Hersteller von permanenten Speichermedien verwenden zur Kapazitätskennzeichnung Dezimalpräfixe. Unterschiede entstehen, wenn z. B. im PC die Anzeige durch Binärpräfixe erfolgt.

Präfixe zur Basis 10 (Dezimalpräfixe)		**Präfixe zur Basis 2 (Binärpräfixe)**	
Symbol	Bedeutung	Symbol, Name	Bedeutung
kB, Kilobyte	10^3 B = 1.000 B	**KiB**, Kibibyte	2^{10} B = 1.024 B
MB, Megabyte	10^6 B = 1.000.000 B	**MiB**, Mebibyte	2^{20} B = 1.048.576 B
GB, Gigabyte	10^9 B = 1.000.000.000 B	**GiB**, Gibibyte	2^{30} B = 1.073.741.824 B
TB, Terabyte	10^{12} B = 1.000.000.000.000 B	**TiB**, Tebibyte	2^{40} B = 1.099.511.627.776 B

Bewertbarkeit

Jeder Stelle der Binärzeichen ist hierbei eine definierte Wertigkeit zugeordnet.
Beispiel: Mögliche Wertigkeiten von BCD-Codes.

Nr.	Wertigkeit			
1	8	4	2	1
2	7	4	2	1
3	6	4	2	1
4	5	4	2	1
5	4	4	2	1
6	7	3	2	1
7	6	3	2	1
8	5	3	2	1

Nr.	Wertigkeit			
9	4	3	2	1
10	3	3	2	1
11	6	2	2	1
12	5	2	2	1
13	4	2	2	1
14	6	3	1	1
15	5	3	1	1
16	4	3	1	1
17	5	2	1	1

Zusammenhang zwischen Wertigkeit und Dezimalzahl bei BCD-Codes:

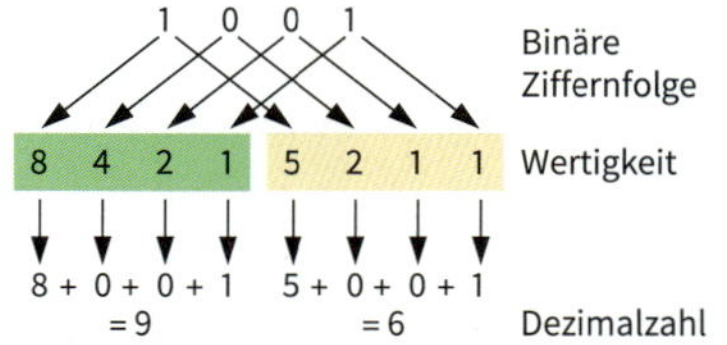

Fehlererkennbarkeit

Codes, die einfache oder mehrfache Verfälschungen von Stellen innerhalb eines Codewortes aufzeigen, sind fehlererkennbar (z. B. 1 aus 10- und 2 aus 5-Code).

Parität

Jedem Codewort kann durch Hinzufügen einer einzelnen Prüfstelle die Fähigkeit zum Erkennen einfacher Fehler gegeben werden.

- **Gerade Parität:** Paritätsbit wird auf 0 gesetzt, wenn Quersumme der mit 1 besetzten Stellen im Codewort gerade ist Paritätsbit = 1, wenn Quersumme ungerade
- **Ungerade Parität:** Paritätsbit = 1, wenn Quersumme gerade; Paritätsbit = 0, wenn Quersumme ungerade

Beispiel:

Parität	gerade (even)	ungerade (odd)
Codewort 1	0110 0	0110 1
Codewort 2	1110 1	1110 0
Paritätsbit	↑	↑

Rechenfähigkeit

Beispiel: Aiken-Code

Subtraktion		Addition durch Neunerkomplement	
Dezimalzahlen	Aiken-Code	Aiken-Code	
8	1110	1110	
–	+	+	
5	1011	0100	Invertieren
=	=	=	
		1 0010	Abtrennen der ersten Stelle
		+	
		0001	Addition von 1
3	0011	0011	

Blockprüfung

Auch als Longitudinale Redundanzprüfung bezeichnet.
Sichert durch **BCC** (**B**lock **C**heck **C**haracter: Paritätszeichen) einen Datenblock.

- Alle Bitstellen mit derselben Bitnummer innerhalb des Blockes werden addiert
- Dafür wird jeweils ein Paritätsbit gebildet
- Die zusammengefassten Paritätsbits ergeben das BCC

Beispiel:

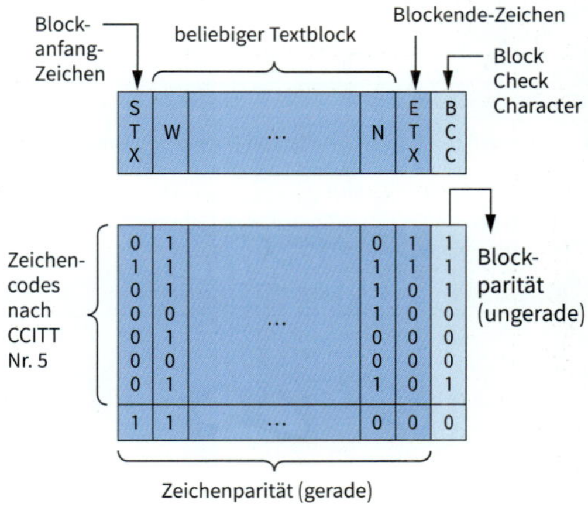

Zyklische Redundanzprüfung

- Beim **CRC**-Verfahren (**C**yclic **R**edundancy **C**heck) wird die gesamte Nachricht als serieller Bitstrom betrachtet.
- Alle Bits werden an einen CRC-Generator gegeben.
- Hier wird der Bitstrom durch ein Generatorpolynom dividiert und eine Kontrollzahl erzeugt.
- Daten und Kontrollzahl werden vom Empfänger ebenfalls durch Generatorpolynom dividert.
- Wenn der Divisionsrest gleich 0 ist, dann hat keine Verfälschung stattgefunden.
- CRC-Generator besteht aus Schieberegistern, die an bestimmten Stellen über Exclusiv-Oder-Gatter zurückgekoppelt sind.

Übertragungsprinzip mit CRC-Verfahren

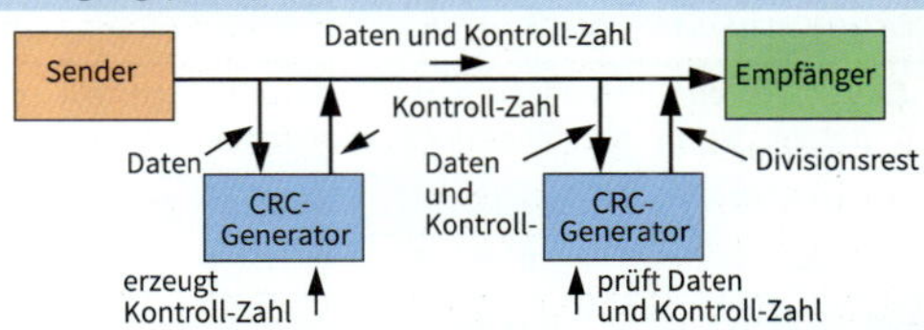

Generatorpolynome für CRC-Generator

ITU-T: $G(x) = x^{16} + x^{12} + x^5 + 1$	CRC-12: $G(x) = x^{12} + x^{11} + x^3 + x^2 + x + 1$
CRC-16 (IBM): $G(x) = x^{16} + x^{15} + x^2 + 1$	CRC-8 (LRC): $G(x) = x^8 + 1$

Zahlen-Codes
Numeric codes

- Codieren bedeutet, den gegebenen Vorrat an Symbolen eines Zeichensatzes den Symbolen eines anderen Zeichensatzes zuzuordnen.
- Codieren erfolgt aus verschiedenen Gründen:
  - Bei Datenübertragung: Einfache und zeitsparende Übertragung der Symbole.
  - Für Datensicherheit: Daten möglichst schwer entschlüsselbar (kryptologische Codierungen).
  - Für Datenverarbeitung: Mathematische Operationen mit geringem technischen Aufwand durchführen.
- Überwiegend verwendet werden binäre Codes.
- Besondere Bedeutung haben die Codes, bei denen die Codewörter aus gleich vielen Elementen bestehen (z. B. vier Bit).
- Bei n Elementen pro Codewort und v unterscheidbaren Zuständen pro Element sind $M = v^n$ Codewörter darstellbar. (Binärsystem mit $v = 2$ ist $M = 2^n$.)

Tetradische Codes

- Bestehen aus vier Bit (**Tetrade**) je Codewort
- Codieren die Dezimalziffern 0…9
- Enthalten sechs Codewörter (Dezimalzahlen 10…15), die **nicht** verwendet werden (**Pseudotetraden**)

Mehrschrittige Tetradische Codes

- Ändern mehrere Binärstellen beim Übergang von einem Codewort zum folgenden
- **BCD**-Code: **Bi**nary-**C**oded **D**ecimals (binärcodierte Dezimalziffern), geeignet für Addition
- **Aiken**-Code: geeignet für Addition und Subtraktion

Einschrittige Tetradische Codes

- Ändern nur eine Binärstelle beim Übergang von einem Codewort zum folgenden
- Anwendung bei Analog-Digital-Umsetzern (z. B. Winkel-codierern)

Dezimal-Ziffer	BCD-Code	Aiken-Code	Gray-Code	Glixon-Code	O'Brien-Code
0	0 0 0 0	0 0 0 0	0 0 0 0	0 0 0 0	0 0 0 0
1	0 0 0 1	0 0 0 1	0 0 0 1	0 0 0 1	0 0 0 1
2	0 0 1 0	0 0 1 0	0 0 1 1	0 0 1 1	0 0 1 1
3	0 0 1 1	0 0 1 1	0 0 1 0	0 0 1 0	0 0 1 0
4	0 1 0 0	0 1 0 0	0 1 1 0	0 1 1 0	0 1 1 0
5	0 1 0 1	1 0 1 1	0 1 1 1	0 1 1 1	1 1 1 0
6	0 1 1 0	1 1 0 0	0 1 0 1	0 1 0 1	1 0 1 0
7	0 1 1 1	1 1 0 1	0 1 0 0	0 1 0 0	1 0 1 1
8	1 0 0 0	1 1 1 0	1 1 0 0	1 1 0 0	1 0 0 1
9	1 0 0 1	1 1 1 1	1 1 0 1	1 0 0 0	1 0 0 0
Wertigkeit	8 4 2 1	2 4 2 1			
Stelle	4 3 2 1	4 3 2 1	4 3 2 1	4 3 2 1	4 3 2 1

Höherstellige Codes

- Verwenden mehr als vier Stellen zur Darstellung eines Codewortes
- 2 aus 5-Code: gleichgewichtiger Code; jeweils zwei von fünf Stellen sind in jedem Codewort mit 1 besetzt; fehlererkennbar
- 1 aus 10-Code: fehlererkennbar
- Libaw-Craig-Code: einschrittiger Code
- Biquinär-Code: 2 aus 7-Code

Dezimal-Ziffer	2 aus 5-Code	1 aus 10-Code	Libaw-Craig-Code	Biquinär-Code
0	1 1 0 0 10	0 0 0 0 0 0 0 0 0 1	0 0 0 0 0	0 1 0 0 0 0 1
1	0 0 0 1 1	0 0 0 0 0 0 0 0 1 0	0 0 0 0 1	0 1 0 0 0 1 0
2	0 0 1 0 1	0 0 0 0 0 0 0 1 0 0	0 0 0 1 1	0 1 0 0 1 0 0
3	0 0 1 1 0	0 0 0 0 0 0 1 0 0 0	0 0 1 1 1	0 1 0 1 0 0 0
4	0 1 0 0 1	0 0 0 0 0 1 0 0 0 0	0 1 1 1 1	0 1 1 0 0 0 0
5	0 1 0 1 0	0 0 0 0 1 0 0 0 0 0	1 1 1 1 1	1 0 0 0 0 0 1
6	0 1 1 0 0	0 0 0 1 0 0 0 0 0 0	1 1 1 1 0	1 0 0 0 0 1 0
7	1 0 0 0 1	0 0 1 0 0 0 0 0 0 0	1 1 1 0 0	1 0 0 0 1 0 0
8	1 0 0 1 0	0 1 0 0 0 0 0 0 0 0	1 1 0 0 0	1 0 0 1 0 0 0
9	1 0 1 0 0	1 0 0 0 0 0 0 0 0 0	1 0 0 0 0	1 0 1 0 0 0 0
Stelle	5 4 3 2 1	9 8 7 6 5 4 3 2 1 0	5 4 3 2 1	6 5 4 3 2 1 0

Nichtdekadische Codes

- Zahlen werden vollständig in einem Codewort dargestellt
- Codes müssen auf die Menge der zu codierenden Zahlen ausgelegt sein

Dezimal-Ziffer	Dual-Code	Hamming-Code (7,4)	Dezimal-Ziffer	Dual-Code	Hamming-Code (7,4)
0	0 0 0 0	0 0 0 0 0 0 0	8	1 0 0 0	1 0 0 1 0 1 1
1	0 0 0 1	0 0 0 0 1 1 1	9	1 0 0 1	1 0 0 1 1 0 0
2	0 0 1 0	0 0 1 1 0 0 1	10	1 0 1 0	1 0 1 0 0 1 0
3	0 0 1 1	0 0 1 1 1 1 0	11	1 0 1 1	1 0 1 0 1 0 1
4	0 1 0 0	0 1 0 1 0 1 0	12	1 1 0 0	1 1 0 0 0 0 1
5	0 1 0 1	0 1 0 1 1 0 1	13	1 1 0 1	1 1 0 0 1 1 0
6	0 1 1 0	0 1 1 0 0 1 1	14	1 1 1 0	1 1 1 1 0 0 0
7	0 1 1 1	0 1 1 0 1 0 0	15	1 1 1 1	1 1 1 1 1 1 1
		d3 d2 d1 p2 d0 p1 p0			d3 d2 d1 p2 d0 p1 p0

Codetabellen

Dezimal-Ziffer	Tetradische Codes: BCD-Code				Tetradische Codes: Aiken-Code				Einschrittige tetradische Codes: Gray-Code				Einschrittige tetradische Codes: Glixon-Code			
0	0	0	0	0	0	0	0	0	0	0	0	0	0	0	0	0
1	0	0	0	1	0	0	0	1	0	0	0	1	0	0	0	1
2	**0**	**0**	**1**	**0**	0	0	1	0	**0**	**0**	**1**	**1**	0	0	1	1
3	0	0	1	1	0	0	1	1	0	0	1	0	0	0	1	0
4	**0**	**1**	**0**	**0**	0	1	0	0	**0**	**1**	**1**	**0**	0	1	1	0
5	0	1	0	1	1	0	1	1	0	1	1	1	0	1	1	1
6	**0**	**1**	**1**	**0**	1	1	0	0	**0**	**1**	**0**	**1**	0	1	0	1
7	0	1	1	1	1	1	0	1	0	1	0	0	0	1	0	0
8	1	0	0	0	1	1	1	0	1	1	0	0	1	1	0	0
9	1	0	0	1	1	1	1	1	1	1	0	1	1	0	0	0
Wertigkeit	8	4	2	1	2	4	2	1								
Stelle	4	3	2	1	4	3	2	1	4	3	2	1	4	3	2	1

Beispiel

Dezimal: **6**
↓
BCD: 0110
Gray: 0101

Dezimal: **24**
↓
BCD: 00100100
Gray: 00110110

Zahlensysteme: Dual – Dezimal – Hexadezimal

b_8	b_7	b_6	b_5	b_4	b_3	b_2	b_1	Zahl																
									0	0	0	0	0	0	0	0	1	1	1	1	1	1	1	1
		Bit 6							0	0	0	0	1	1	1	1	0	0	0	0	1	1	1	1
									0	0	1	1	0	0	1	1	0	0	1	1	0	0	1	1
									0	1	0	1	0	1	0	1	0	1	0	1	0	1	0	1
1. Halbbyte				2. Halbbyte					Codewort (Dualzahl); z_{10} = Dezimalzahl, z_{16} = Hexadezimalzahl															
				0	0	0	0	z_{10}	0	16	32	48	64	80	96	112	128	144	160	176	192	208	224	240
								z_{16}	00	10	20	30	40	50	60	70	80	90	A0	B0	C0	D0	E0	F0
				0	0	0	1	z_{10}	1	17	33	49	65	81	97	113	129	145	161	177	193	209	225	241
								z_{16}	01	11	21	31	41	51	61	71	81	91	A1	B1	C1	D1	E1	F1
				0	0	1	0	z_{10}	2	18	34	50	66	82	98	114	130	146	162	178	194	210	226	242
								z_{16}	02	12	22	32	42	52	62	72	82	92	A2	B2	C2	D2	E2	F2
				0	0	1	1	z_{10}	3	19	35	51	67	83	99	115	131	147	163	179	195	211	227	243
								z_{16}	03	13	23	33	43	53	63	73	83	93	A3	B3	C3	D3	E3	F3
				0	1	0	0	z_{10}	4	20	36	52	68	84	100	116	132	148	164	180	196	212	228	244
								z_{16}	04	14	24	34	44	54	64	74	84	94	A4	B4	C4	D4	E4	F4
				0	1	0	1	z_{10}	5	21	37	53	69	85	101	117	133	149	165	181	197	213	229	245
								z_{16}	05	15	25	35	45	55	65	75	85	95	A5	B5	C5	D5	E5	F5
				0	1	1	0	z_{10}	6	22	38	54	70	86	102	118	134	150	166	182	198	214	230	246
								z_{16}	06	16	26	36	46	56	66	76	86	96	A6	B6	C6	D6	E6	F6
				0	1	1	1	z_{10}	7	23	39	55	71	87	103	119	135	151	167	183	199	215	231	247
								z_{16}	07	17	27	37	47	57	67	77	87	97	A7	B7	C7	D7	E7	F7
				1	0	0	0	z_{10}	8	24	40	56	72	88	104	120	136	152	168	184	200	216	232	248
								z_{16}	08	18	28	38	48	58	68	78	88	98	A8	B8	C8	D8	E8	F8
				1	0	0	1	z_{10}	9	25	41	57	73	89	105	121	137	153	169	185	201	217	233	249
								z_{16}	09	19	29	39	49	59	69	79	89	99	A9	B9	C9	D9	E9	F9
1	0	0	0	1	0	1	0	z_{10}	10	26	42	58	74	90	106	122	138	154	170	186	202	218	234	250
								z_{16}	0A	1A	2A	3A	4A	5A	6A	7A	8A	9A	AA	BA	CA	DA	EA	FA
				1	0	1	1	z_{10}	11	27	43	59	75	91	107	123	139	155	171	187	203	219	235	251
								z_{16}	0B	1B	2B	3B	4B	5B	6B	7B	8B	9B	AB	BB	CB	DB	EB	FB
				1	1	0	0	z_{10}	12	28	44	60	76	92	108	124	140	156	172	188	204	220	236	252
								z_{16}	0C	1C	2C	3C	4C	5C	6C	7C	8C	9C	AC	BC	CC	DC	EC	FC
				1	1	0	1	z_{10}	13	29	45	61	77	93	109	125	141	157	173	189	205	221	237	253
								z_{16}	0D	1D	2D	3D	4D	5D	6D	7D	8D	9D	AD	BD	CD	DD	ED	FD
				1	1	1	0	z_{10}	14	30	46	62	78	94	110	126	142	158	174	190	206	222	238	254
								z_{16}	0E	1E	2E	3E	4E	5E	6E	7E	8E	9E	AE	BE	CE	DE	EE	FE
				1	1	1	1	z_{10}	15	31	47	63	79	95	111	127	143	159	175	191	207	223	239	255
								z_{16}	0F	1F	2F	3F	4F	5F	6F	7F	8F	9F	AF	BF	CF	DF	EF	FF

Dezimalzahl (z_{10}) = 138 → 8A Hexadezimalzahl (z_{16})
→ 1000 1010 Dualzahl (z_2)

ASCII-Code, 8-Bit-Code

DIN 66303: 1996-11

								0	0	0	0	0	0	0	0	1	1	1	1	1	1	1	1
								0	0	0	0	1	1	1	1	0	0	0	0	1	1	1	1
								0	0	1	1	0	0	1	1	0	0	1	1	0	0	1	1
								0	1	0	1	0	1	0	1	0	1	0	1	0	1	0	1
				0	0	0	0	NUL 00	DLE 16	SP 32	0 48	@ 64	P 80	` 96	p 112	C 128	È 144	á 160	░ 176	└ 192	╨ 208	α 224	≡ 240
				0	0	0	1	SOH 01	DC1 17	! 33	1 49	A 65	Q 81	a 97	q 113	ü 129	æ 145	í 161	▒ 177	┴ 193	╤ 209	225	± 241
				0	0	1	0	STX 02	DC2 18	~ 34	2 50	B 66	R 82	b 98	r 114	é 130	Æ 146	ó 162	▓ 178	┬ 194	╥ 210	Γ 226	≥ 242
				0	0	1	1	ETX 03	DC3 19	# 35	3 51	C 67	S 83	c 99	s 115	â 131	ô 147	ú 163	│ 179	├ 195	╙ 211	π 227	≤ 243
				0	1	0	0	EOT 04	DC4 20	$ 36	4 52	D 68	T 84	d 100	t 116	ä 132	ö 148	ñ 164	┤ 180	─ 196	╘ 212	Σ 228	⌠ 244
0	1	0	0	0	1	0	1	ENQ 05	NAK 21	% 37	5 53	E 69	U 85	e 101	u 117	à 133	ò 149	Ñ 165	╡ 181	┼ 197	╒ 213	σ 229	⌡ 245
				0	1	1	0	ACK 06	SYN 22	& 38	6 54	F 70	V 86	f 102	v 118	å 134	û 150	ª 166	╢ 182	╞ 198	╓ 214	µ 230	÷ 246
				0	1	1	1	BEL 07	ETB 23	’ 39	7 55	G 71	W 87	g 103	w 119	ç 135	ù 151	º 167	╖ 183	╟ 199	╫ 215	τ 231	≈ 247
				1	0	0	0	BS 08	CAN 24	(40	8 56	H 72	X 88	h 104	x 120	ê 136	ÿ 152	¿ 168	╕ 184	╚ 200	╪ 216	Φ 232	° 248
				1	0	0	1	HT 09	EM 25	) 41	9 57	I 73	Y 89	i 105	y 121	ë 137	Ö 153	⌐ 169	╣ 185	╔ 201	┘ 217	Θ 233	• 249
				1	0	1	0	LF 10	SUB 26	* 42	: 58	J 74	Z 90	j 106	z 122	è 138	Ü 154	¬ 170	║ 186	╩ 202	┌ 218	Ω 234	· 250
				1	0	1	1	VT 11	ESC 27	+ 43	; 59	K 75	[91	k 107	{ 123	ï 139	¢ 155	½ 171	╗ 187	╦ 203	█ 219	δ 235	√ 251
				1	1	0	0	FF 12	FS 28	, 44	< 60	L 76	\ 92	l 108		124	î 140	£ 156	¼ 172	╝ 188	╠ 204	▄ 220	∞ 236	^{n} 252
				1	1	0	1	CR 13	GS 29	_ 45	= 61	M 77	] 93	m 109	} 125	ì 141	¥ 157	¡ 173	╜ 189	═ 205	▌ 221	ø 237	^{2} 253
				1	1	1	0	SO 14	RS 30	. 46	> 62	N 78	^ 94	n 110	~ 126	Ä 142	Pts 158	« 174	╛ 190	╬ 206	▐ 222	ε 238	■ 254
				1	1	1	1	SI 15	US 31	/ 47	? 63	O 79	– 95	o 111	DEL 127	Å 143	ƒ 159	» 175	┐ 191	╧ 207	▀ 223	∩ 239	SP 255

Beispiel: E → dezimal: 69; dual: 0100 0101

Die Belegung der Zeichen 128–255 wird von Computerherstellern nicht immer einheitlich verwendet.

Bedeutung der ASCII-Steuerzeichen

Zeichen	Bedeutung (englisch)	Bedeutung (deutsch)	Zeichen	Bedeutung (englisch)	Bedeutung (deutsch)
NUL	null	Null, keine Operation	DLE	data link escape	Verbindung umschalten
SOH	start of heading	Beginn der Kopfzeile	DC…	device control	Gerätesteuerung
STX	start of text	Beginn des Textes	NAK	negative acknowledge	Fehlerrückmeldung
ETX	end of text	Ende des Textes	SYN	synchronous idle	Synchronisierung
EOT	end of transmission	Ende der Übertragung	ETB	end of transmission block	Übertragungsblockende
ENQ	enquiry	Aufforderung zur Datenübertragung	CAN	cancel	ungültig
ACK	acknowledge	Bestätigung	EM	end of medium	Ende der Aufzeichnung
BEL	bell	Glocke	SUB	substitute	Ersetzungsbefehl
BS	backspace	Rückwärtsschritt	ESC	escape	Code-Umschaltung
HT	horizontal tabulation	Horizontaltabulator	FS	form separator	Hauptgruppentrennung
LF	line feed	Zeilenvorschub	GS	group separator	Gruppentrennung
VT	vertical tabulation	Vertikaltabulator	RS	record separator	Untergruppentrennung
FF	form feed	Formularvorschub	US	unit separator	Teilgruppentrennung
CR	carriage return	Wagenrücklauf	SP	space	Leerschritt
SO	shift out	Dauerumschaltung	DEL	delete	Löschen
SI	shift in	Rückschaltung			

Von-Neumann-Architektur

- John v. Neumann: US-amerikanischer Mathematiker, 1903–1957
- Zeitlich nacheinander (sequenziell) werden die aus dem Speicher stammenden Befehle und Daten innerhalb einer bestimmten Zeit (**Taktzyklus**) verarbeitet. Die wichtigsten Phasen sind:
  - Laden des Befehls (FETCH)
  - Decodierung (DECODE)
  - Ausführen des Befehls (EXECUTE)
- Daten und der Programmcode (Befehle) befinden sich in einem **gemeinsamen** Speicher.

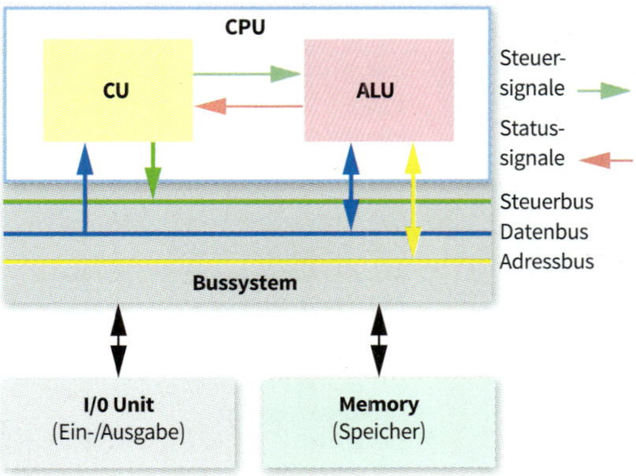

- **Funktionseinheiten:**
  - **CPU: C**entral **P**rocessing **U**nit, Prozessor
    Diese Einheit wird oft auch als Prozessorkern (Core) bezeichnet.
    Ein Mikroprozessor kann aus mehreren Kernen bestehen (Multi-Core-Prozessor).
  - **CU: C**ontrol **U**nit, Steuerwerk (Leitwerk)
    Steuerung von Prozessen und Abläufen im Innern und Kommunikation mit der „Außenwelt"; verantwortlich für die Zusammenarbeit der einzelnen Teile des Prozessors
  - **ALU: A**rithmetic **L**ogic **U**nit, Arithmetisch Logische Einheit (Rechenwerk)
    Durchführung arithmetischer und logischer Operationen
  - **I/O Unit:** Ein- und Ausgabeeinheit für Daten
  - **Memory**: Speicher für Daten und Befehle
  - **Bussystem**: Es handelt sich um Leitungen, über die der Austausch der Adressen und Daten erfolgt.

Harvard-Architektur

- Daten und das Programm (Befehle) sind in voneinander **getrennten** Speicher- und Adressräumen abgelegt und werden über getrennte Busse gesteuert (Einsatz im Bereich der Mikrocontroller).
- Daten und Befehle können dadurch gleichzeitig (unabhängig) geladen bzw. geschrieben werden (schnellere Verarbeitung als bei der Von-Neumann-Architektur).

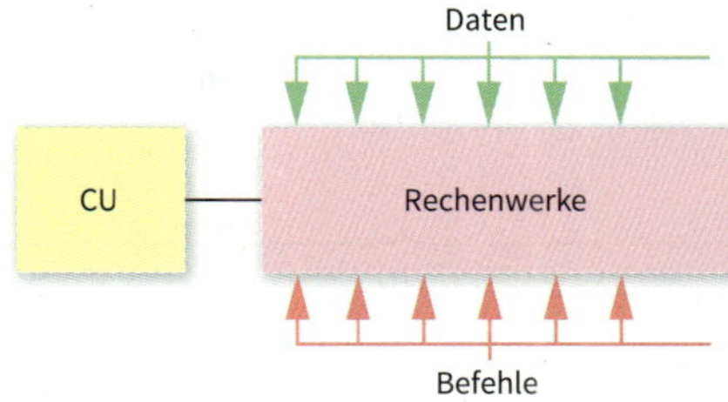

Cache

Damit der Prozessor bei der Verarbeitung bestimmter Prozesse nicht auf die „langsamen" Arbeitsspeicher und die Festplatte zugreifen muss, sind dem Prozessor Zwischenspeicher (Cache) zugeordnet.

- **L1-Cache (First Level-Cache)**
  Er ist ein kleiner Zwischenspeicher (16 kB bis 64 kB zwischen Prozessor und Arbeitsspeicher) für die am häufigsten benötigten Daten (Data-Cache) und Befehle (Code-Cache) und ist in der Regel auf dem Prozessorchip untergebracht. Durch ihn lässt sich die Anzahl der Zugriffe auf den langsamen Arbeitsspeicher reduzieren.
- **L2-Cache (Second-Level-Cache)**
  In ihm werden die Daten des Arbeitsspeichers (RAM) zwischengespeichert. Er ist entweder auf dem CPU-Chip integriert oder befindet sich als externer Baustein auf der Hauptplatine (z. B. 512 MB, Pentium III ... 3072 MB, Core 2 Duo).
- **L3-Cache (Third-Level-Cache)**
  Er ist in der Regel auf dem Prozessor-Chip integriert und unterstützt durch entsprechende Protokolle die Zusammenarbeit zwischen den Kernen.

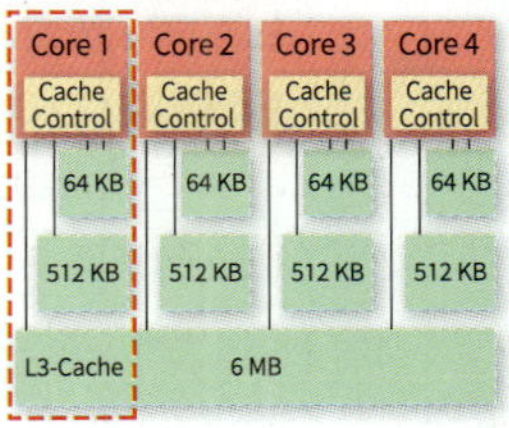

Bussysteme

- **BUS: B**idirectional **U**niversal **S**witch
- **Adressbus**
  Über ihn werden die Daten der Speicheradressen übertragen. Durch die Anzahl der Verbindungsleitungen wird festgelegt, wie viele Speicherplätze direkt adressiert werden können.
- **Datenbus**
  Über ihn werden Daten gesendet und empfangen. Je mehr Leitungen, desto mehr Daten können pro Taktzyklus verarbeitet werden.
- **Steuerbus**
  Mit ihm wird die Steuerung des Bussystems bewerkstelligt (z. B. Lese-/Schreib-Steuerung, Unterbrechungssteuerung (Interrupt), Buszugriffssteuerung, Reset, ...).

Leistungsmerkmale

- Die **Wortbreite** der Arbeits- oder Datenregister bestimmt die maximale Größe der verarbeitbaren Ganz- und Gleitkommazahlen.
- Der **Datenbus** bestimmt, wie viele Bits (4 ... 64 Bit) gleichzeitig aus dem Arbeitsspeicher gelesen werden können.
- Der **Adressbus** legt die maximale Größe einer Speicheradresse fest.
- Die Anzahl der Operationen pro Sekunde ist von der **Taktfrequenz** (clock rate, z. B. 3 GHz) und der Datenwortbreite abhängig (Vielfaches des Motherboard-Grundtaktes).
- Die **Verarbeitungsgeschwindigkeit** des ganzen Systems ist auch von der Größe der Caches und der Kapazität des Arbeitsspeichers abhängig.

Merkmale

- Mikrocontroller sind Mikroprozessoren mit zusätzlichen Funktionseinheiten, die direkt auf dem Chip integriert sind.
- Funktionseinheiten können sein:
  - Peripherieschnittstellen für digitale/analoge Ein- und Ausgabe (Parallelport, A/D-Wandler),
  - Zeitgeber (Zähler, Watchdog, Trigger)
  - Speicher (Programmspeicher, Datenspeicher),
  - Kommunikationsschnittstellen (serielle Schnittstelle, Standard Busschnittstellen wie z. B. CAN).
- Hauptsächlich werden die Mikrocontroller anhand der Verarbeitungsbreite in 4-Bit-, 8-Bit-, 16-Bit- und 32-Bit-Controller unterschieden.
- Die Taktfrequenzen für die Controller können in der Regel direkt auf dem Chip bzw. bei höheren Genauigkeitsanforderungen durch einen extern angeschalteten Quarz erzeugt werden.
- Die Programmierung erfolgt (je nach Hersteller) in den Programmiersprachen z. B. Assembler, Basic, C.
- Anwendung finden Mikrocontroller u. a. in Motorsteuergeräten, Industrierobotern und mechatronischen Systemen zur Realisierung von Steuerungsfunktionen.

Beispiel

Blockschaltbild

Beispiel: ATMEL
ATmega 8

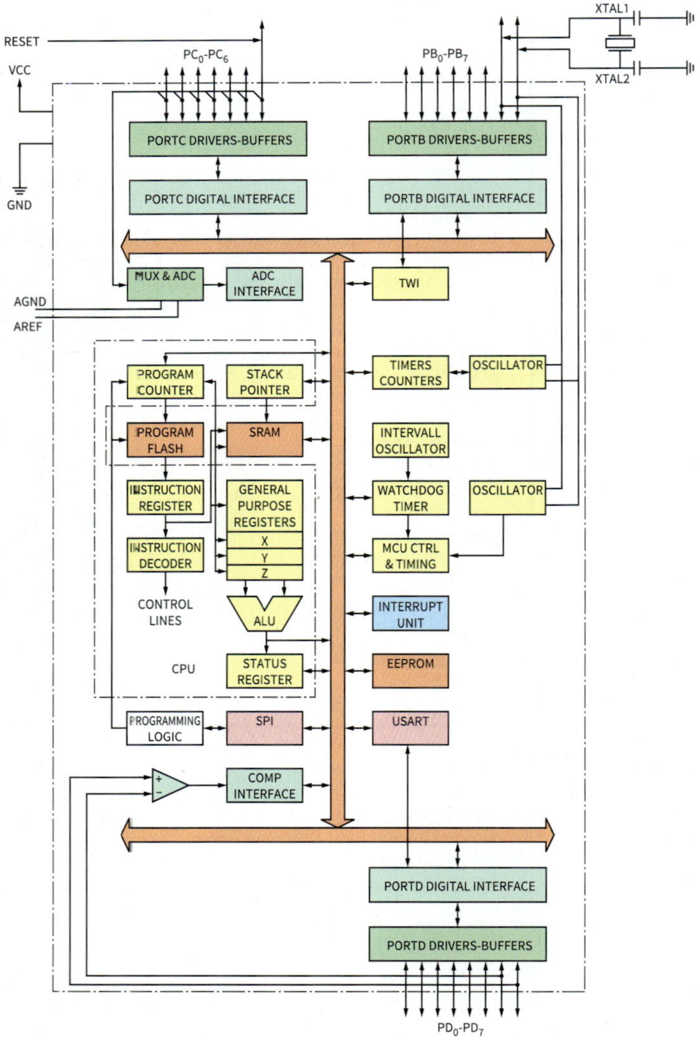

Erläuterungen

XTAL:
externer Quarzanschluss
Portnn Driver/Buffer:
Treiberschaltung (Leisungsverstärker) für Ein-/Ausgänge
Portnn Digital Interface:
Richtungssteuerung der Ein-/Ausgänge
TWI (Two-Wire Interface):
Bidirektionale serielle Schnittstelle
MUX & ADC:
Multiplexer & Analog/Digital-Wandler)
Oscillator (Oszillator):
Taktgeber
Watchdog Timer:
Wachhund Zeitgeber, Überwachungsschaltung zur Überwachung des Programmablaufs
SRAM (Static Random Access Memory):
statischer Arbeitsspeicher
Program Counter:
Programmzähler
Stack Pointer:
Kellerspeicher
Program Flash:
Programmspeicher
Instruction Decoder:
Befehlsdecodierer
Interrupt Unit:
Unterbrechungssteuerungseinheit
Instruction Decoder:
Befehlsdecodierer
General Purpose Register:
Allgemeine Register
ALU (Arithmetic Logic Unit):
Arithmetik und Logik Einheit
Status Register:
Zustandsregister
SPI (Serial Port Interface):
Serielle Schnittstelle
USART (Universal Serial Receive Transmit):
Universelle Kommunikationsschnittstelle
GND (Ground):
0 V Anschluss
AGND (Analog Ground):
0 V Anschluss für A/D
AREF (Analog Reference):
Referenzspannung für A/D
RESET:
Rücksetzeingang
VCC:
Positive Versorgungsspannung

Merkmale

- Mikroprozessoren bestehen aus einer Ansammlung von Logik-/Funktionseinheiten, die auf einem Halbleiterchip integriert und durch entsprechende Verbindungen zusammengeschaltet sind.
- Die Einteilung der Prozessoren erfolgt nach der verarbeitbaren Wortbreite in 4-Bit, 8-Bit, 16-Bit oder 32-Bit.
- Wesentliche Funktionseinheiten aller Prozessoren sind u. a.
  - die Arithmetik- und Logik-Einheit (**ALU**: **A**rithmetic and **L**ogic **U**nit),
  - der Befehlszähler und Befehlsdekoder (**PC**: **P**rogramm **C**ounter; **ID**: **I**nstruction **D**ecoder),
  - Registersätze (Register Sets).
- Das grundsätzliche Arbeitsprinzip bei der Programmbearbeitung läuft wie folgt ab:

Fetch	→	Decode	→	Execute	→	Write Back
Befehl abrufen		Befehl dekodieren		Befehl ausführen		Ergebnis zurückschreiben

- Um die Verarbeitungsleistung der Prozessoren zu steigern, sind in aktuellen Prozessor-Architekturen verschiedene Maßnahmen realisiert, wie z. B.
  - **ILP** (**I**nstruction **L**evel **P**arallelism: paralle Befehlsverarbeitung),
  - **TLP** (**T**hread **L**evel **P**arallelism: parallele Aufgabenbearbeitung).
- Bei ILP werden mehrere Befehle in einer mehrstufigen Pipeline parallel verarbeitet.
- **Superskalare** Prozessoren verfügen über lange **Instruction Pipelines** und identische Ausführungseinheiten, die über einen Verteiler (**Scheduler**) mit den entsprechenden Teilaufgaben versorgt werden.
- Bei TLP (auch als **Multi-Threading** bezeichnet) werden die Ausführungseinheiten und die Speichereinheiten (Hauptspeicher, Cache-Speicher) auf die jeweiligen Threads (Aufgaben) aufgeteilt.
- Die wiederholte Bearbeitung von Datensätzen mit einem einzelnen Befehl (z. B. Summenbildung oder die Bearbeitung von Multi-Media-Daten) erfolgt über **Daten-Parallelisierung** (**Data Parallelismen**).
- Diese Art der Bearbeitung wird von Funktionseinheiten ausgeführt, die auf die Bearbeitung von **Vektoren** optimiert sind.
- Die Art der Behandlung von Daten wird generell bezeichnet als
  - **SISD** (**S**ingle **I**nstruction **S**ingle **D**ata: Ein Befehl, ein Datensatz),
  - **SIMD** (**S**ingle **I**nstruction **M**ultiple **D**ata: Ein Befehl, mehrere Datensätze).

Beispiel

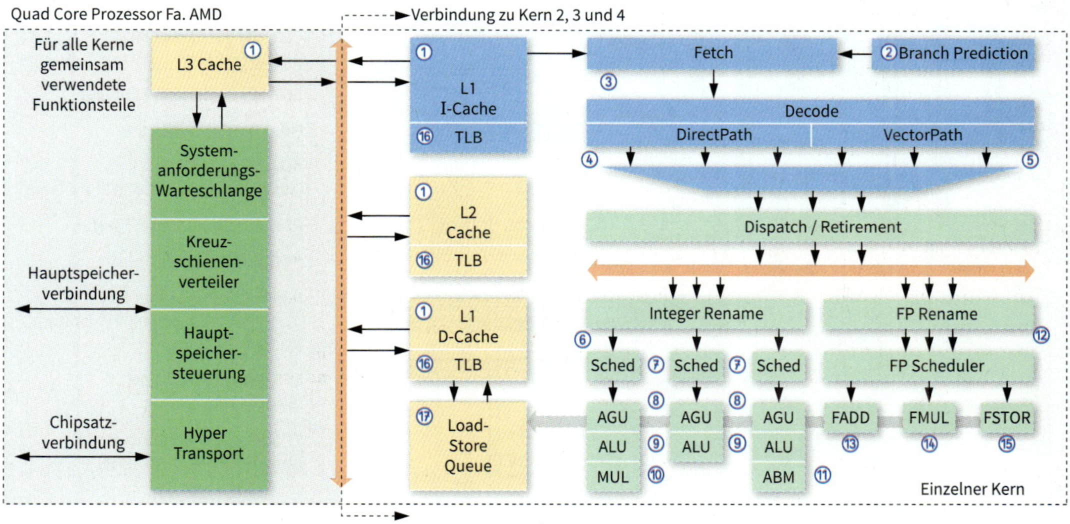

①	Cache	(schneller) Zwischenspeicher	⑨	**ALU** (**A**rithmetic **L**ogic **U**nit)	Arithmetik- und Logik-Einheit
②	Branch Prediction	Sprung-Vorhersage	⑩	**MUL** (**Mul**tiplication Unit)	Multiplikations-Einheit
③	Fetch-Decode Unit	Abruf-Dekodiereinheit	⑪	**ABM** (**A**dvanced **B**it **M**anipulation)	Verbesserte Bit-Bearbeitung
④	Direct Path	Direkter Pfad	⑫	**FPU** (**F**loating **P**oint **U**nit)	Fließkomma-Einheit
⑤	Vector Path	Vektor-Pfad	⑬	**FADD** (**F**loating **P**oint **Add** **U**nit)	Fließkomma-Additions-Einheit
⑥	Integer Unit	Festkomma-Einheit	⑭	**FMUL** (**F**loating Point **Mul**tiply Unit)	Fließkomma-Multiplikations-Einheit
⑦	Integer Scheduler	Festkomma-Verteiler	⑮	**FSTOR** (**F**loating **P**oint **S**tore **U**nit)	Fließkomma-Speichereinheit
⑧	**AGU** (**A**ddress **G**eneration **U**nit)	Adress-Erzeugungs-Einheit	⑯	**TLB** (**T**ranslation **L**ookaside **B**uffer)	Adress-Übersetzungs-Puffer
			⑰	Load Store Queue	Laden/Speichern-Warteschlange

Merkmale

Das Mainboard (Hauptplatine) wird auch als Motherboard (Mutterplatine) bezeichnet und ist der Bauteileträger für die zentralen Komponenten eines PCs, wie z. B.

- Zentralprozessor (**CPU**: **C**entral **P**rocessing **U**nit),
- Chipsatz (chip set) bzw. **PCH** (**P**latform **C**ontroller **H**ub),
- Firmwarespeicher (firmware memory; BIOS) und
- Erweiterungssteckplätzen (Extension Slots).

Bussysteme

Die Verbindungen der Komponenten werden durch Bussys-teme (parallele Verbindungen) oder serielle Verbindungen mit Kupferleiterbahnen realisiert, wie z. B.

- Daten- und Adressbus (data bus, address bus),
- Steuerbus (control bus) und
- Ein-/Ausgabe-/Erweiterungsschnittstellen.

Weiterentwicklungen

Im Rahmen von Weiterentwicklungen werden Funktionseinheiten zusammengefasst und in einem Chip (z. B. Platform Controller Hub) oder direkt auf dem CPU-Chip integriert (z. B. Speicher- oder Grafikcontroller).

Formfaktoren

Die mechanischen Abmessungen und Befestigungsmöglichkeiten sind durch Formate (Formfaktoren) festgelegt.

Bezeichnung	Abmessungen in mm	
	Länge	**Breite**
ATX (**A**dvanced **T**echnology E**x**tended)	305	244
MiniATX	284	208
EATX (**E**xtended **ATX**)	305	330
WTX (**W**orkstation **ATX**)	356	452

Aufbau

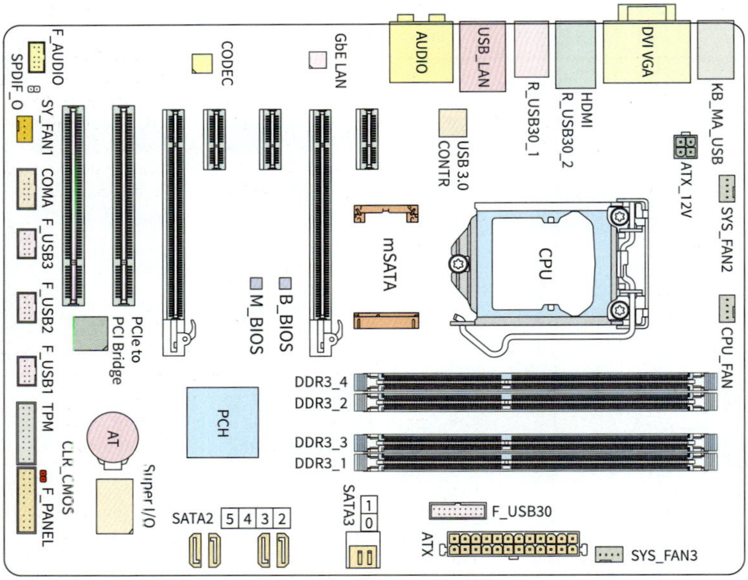

BAT: **Bat**tery (Batterie)

M_BIOS: **M**aster BIOS

B_BIOS: **B**ackup BIOS

CLR_CMOS: **Cl**ea**r** **CMOS** (CMOS Löschen)

CODEC: **Co**dierer/**Dec**odierer

DDR: **D**ouble **D**ata **R**ate

mSATA: **m**ini **SATA** (zur Aufnahme von Solid State Disk)

PCH: **P**latform **C**ontroller **H**ub

PCIEX: **PCI Ex**press

Super I/O: **Super I**nput/**O**utput (für serielle Schnittstelle/Tastatur/Maus)

SYS_FAN: **Sys**tem **FAN** (System Ventilator)

TPM: **T**rusted **P**latform **M**odule (sicheres Plattform Modul)

Rückseitige Anschlüsse

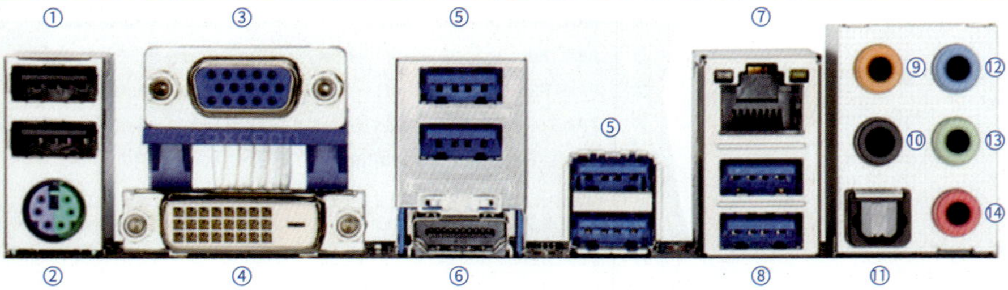

① USB 2.0 ② PS/2 Keyboard/Mouse ③ VGA Monitor ④ DVI-D Monitor ⑤, ⑧ USB 3.0/2.0

⑥ HDMI
⑦ LAN
⑨ Center/Subwoofer Speaker
⑩ Rear Speaker
⑪ Optical S/PDIF Out
⑫ Line In
⑬ Line Out
⑭ Microphone In

Chipsatz Intel 975x

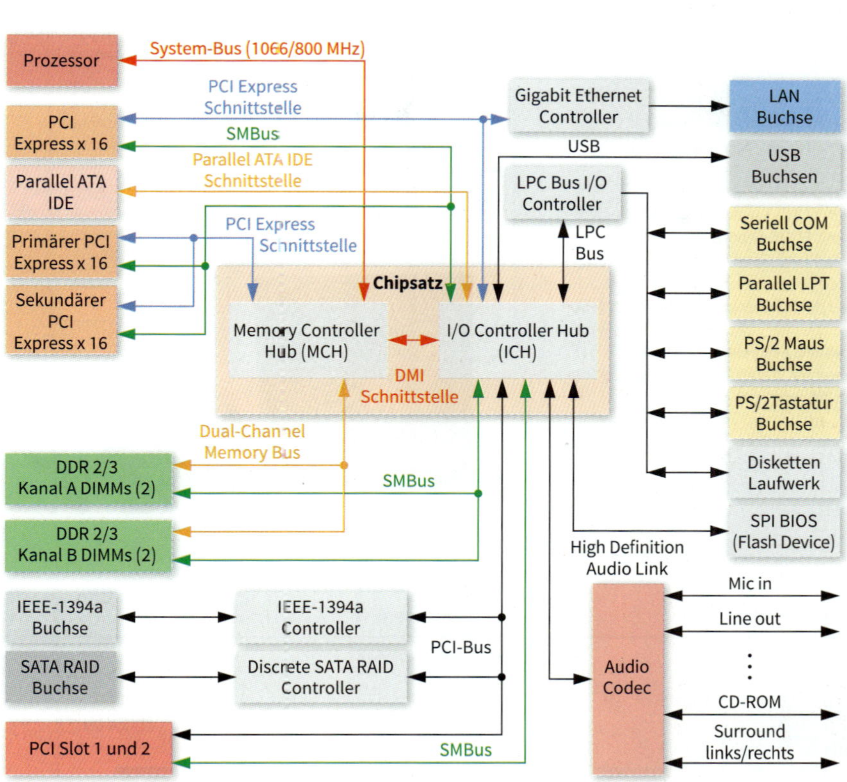

DMI:
Desktop **M**anagement **I**nterface (Schnittstelle)

LPC:
Legacy **P**ort **C**ontroller, entspricht dem seriellen ISA-Bus mit geringerer Leitungszahl, „alte" PC-Schnittstellen

PCI:
Peripheral **C**omponent **I**nterconnect, für die interne Erweiterung durch Steckkarten

SMBus:
System **M**anagement **Bus**, Steuerbus, der dem I²C-Bus entspricht

Systembus:
verbindet Zentralspeichereinheit mit Hauptspeicher und Cache (Datenbus, Steuerbus, Adressbus)

Erläuterungen

- **AT: A**dvanced **T**echnology; fortschrittliche Technologie, Bezeichnung für PCs mit 80286 Prozessor oder höher
- **ATA: AT-A**ttachment; Synonym für IDE
- **BIOS: B**asic **I**nput **O**utput **S**ystem; Basis-Eingangs-Ausgangs-System, im BIOS werden wichtige Einstellungen für den PC in einem wieder beschreibbaren Speicher (EEPROM, meist als Flash-Speicher, 64 oder 128 Byte) auf der Hauptplatine abgelegt.
- **Chipsatz:** Er dient der Unterstützung der CPU bei der Steuerung und dem Datentransfer der einzelnen Komponenten des Mainboards und der peripheren Geräte. Er besteht hauptsächlich aus den Komponenten MCH und ICH.
- **Codec: Co**der und **Dec**oder; Einrichtung, Verfahren oder Programm, mit denen Daten oder Signale digital codiert und decodiert werden können
- **COM: Com**munication; serielle Schnittstelle zum Anschluss von Peripheriegeräten mit geringem Datentransfer (z. B. Maus, Tastatur, Modem)
- **DDR-RAM: D**ouble **D**ata **R**ate **RAM**; Arbeitsspeicher, dessen Daten bei der ansteigenden und abfallenden Flanke gelesen werden (doppelte Datenrate)
- **DIMM: D**ual **I**nline **M**emory **M**odul; Speichermodul mit 64 Bit breitem Datenbus
- **EIDE: E**nhanced **IDE**-Schnittstelle; erweiterte IDE-Schnittstelle, andere Bezeichnungen Fast-ATA, ATA-2
- **IEEE-1394a: I**nstitute of **E**lectrical and **E**lectronics **E**ngineers; serielle Schnittstelle zur Kopplung peripherer Geräte (z. B externe Festplatten, Videogeräte) an einen Rechner oder zur Kopplung von Geräten untereinander
- **ICH: I**/O **C**ontroller **H**ub; früher als Southbridge bezeichnet
- **IDE: I**ntegrated **D**evice **E**lectronics; Schnittstelle für Geräte mit integriertem Controller, andere Bezeichnungen ATA, AT-Bus
- **LPT: L**ine **P**rin**t**er; parallele Schnittstelle zum Anschluss von Peripheriegeräten, z. B. Scanner, Drucker
- **MCH: M**emory **C**ontroller **H**ubs; früher als Northbridge bezeichnet
- **PCI Express (PCIe);** Schnittstelle für Peripheriegeräte an die CPU, höhere Datenrate als PCI
- **PS/2: P**ersonal **S**ystem/**2**; serielle Schnittstelle für Tastatur und Maus
- **RAID: R**edundant **A**rray **I**ndependent **D**isc; redundante Anordnung von unabhängigen Festplatten (virtueller Massenspeicher)
- **USB: U**niversal **S**erial **B**us; serieller Bus-Anschluss zum vereinfachten Anschalten von Peripheriegeräten (Geräte während des Betriebs einsteckbar), bis zu 127 Geräte

ATX-Format und ATX-Standards

- **ATX: A**dvanced **T**echnology **Ex**tended (Formfaktor)
- Es handelt sich um eine Norm für Gehäuse, Netzteile, Hauptplatinen und Steckkarten.
- Der ATX-Formfaktor wurde 1996 für den AT-Formfaktor (Advanced Technology) eingeführt.
  Motherboardabmessungen: 305 mm x 244 mm (12" x 9,6")
- Im ATX-Standard verfügen die Netzteile mindestens über folgende Stecker:
  - ATX 1.0: 20 Pin-Stecker und FDPC-Stecker
  - ATX 1.3: 20 Pin-Stecker, FDPC-Stecker und APC-Stecker
  - ATX EPS: 24 Pin-Stecker, FDPC-Stecker und EPS-Stecker
  - ATX 2.0: 24 Pin-Stecker, FDPC-Stecker und PCI-Express-Stecker
  - ATX 2.2: 24 Pin-Stecker, FDPC-Stecker und PCI-Express-Stecker
- Ab ATX 2.0 sind zusätzlich SATA-Stecker vorhanden
- Die in den Abbildungen verwendeten Farben sind die gängigen Farben. Abweichungen sind möglich.
- Der 20-Pin-Stecker passt auch in die 24-Pin-Buchse (ggf. Adapter). Bei einem hohen Energieverbrauch ist eine stabile Funktion jedoch nicht gewährleistet.
- Der 24-Pin-Stecker passt auch in die 20-Pin-Buchse, wenn genügend Platz auf dem Motherboard vorhanden ist.

Netzteil

- Leistung P in Watt (W):
  Dabei muss beachtet werden, dass die Gesamtstromstärke auf verschiedene Leitungen bzw. Geräte/Erweiterungskarten (z. B. Grafikkarte) verteilt wird.
- Eingangsgrößen AC:
  Wechselspannungsbereich U in Volt (V) und Frequenz f in Hertz (Hz)
- Ausgangsgrößen DC:
  Gleichspannung U in Volt (V), Polarität (+ oder –) gegenüber einem gemeinsamen Bezugspunkt (Masse), maximale Stromstärke I in Ampere (A)

ATX-Stecker für das Motherboard

- **20 Pin**

		Pin	Pin		
	+3,3 V	1	11	+3,3 V/Sensor	③
	+3,3 V	2	12	–12 V	
	Masse	3	13	Masse	
	+5 V	4	14	PS_ON	④
	Masse	5	15	Masse	
	+5 V	6	16	Masse	
	Masse	7	17	Masse	
①	PWR_OK	8	18	–5 V	
②	+5 V SB	9	19	+5 V	
	+12 V	10	20	+5 V	

① Power OK (Indikationssignal +5 V und +3,3 V stabil)
② 5 V DC, Spannung für Stand By
③ Sensor-Anschluss für verschiedene Funktionen
④ Power Supply On, Netzteil wird eingeschaltet, wenn eine Verbindung mit Masse hergestellt wird (Steuereingang)
⑤ Reserve, meist unbelegt

- **24 Pin**

		Pin	Pin		
	+3,3 V	1	13	+3,3 V/Sensor	③
	+3,3 V	2	14	–12 V	
	Masse	3	15	Masse	
	+5 V	4	16	PS_ON	④
	Masse	5	17	Masse	
	+5 V	6	18	Masse	
	Masse	7	19	Masse	
①	PWR_OK	8	20	Reserviert	⑤
②	+5 V SB	9	21	+5 V	
	+12 V	10	22	+5 V	
	+12 V	11	23	+5 V	
	+3,3 V	12	24	Masse	

Stecker für die Spannungsversorgung von Peripheriegeräten des Motherboards

FDPC: Floppy **D**isk **P**ower **C**onnector Spannungsversorgung für Peripheriegeräte, 3,5"-Geräte, z. B. Diskettenlaufwerk	1: +5 V, 2: Masse, 3: Masse, 4: +12 V
PPC: Power **P**eripheral **C**onnector (Molex-Stecker) Spannungsversorgung für Peripheriegeräte, 5,25"-Geräte, z. B. Festplatte, CD-ROM, DVD-Laufwerk	1: +12 V, 2: Masse, 3: Masse, 4: +5 V
APC: Auxilary **P**ower **C**onnector, Aux Power Stecker für Hilfsspannungsversorgung (Pentium 4) Entlastung des Steckers für das Motherboard	1: Masse, 2: Masse, 3: Masse, 4: +3,3 V, 5: +3,3 V, 6: +5 V
12 V Power Zusätzliche Spannungsversorgung für Prozessoren ab 60 W	Masse 1 – 3 +12 V Masse 2 – 4 +12 V
PCI-Express 12 V Spannungsversorgung für Erweiterungskarten PCI-Express	+12 V 1 – 4 Masse +12 V 2 – 5 Masse +12 V 3 – 6 Masse
EPS Power: Extended **P**ower **S**upply Erweiterte 12 V Spannungsversorgung für Multiprozessor-Motherboards	Masse 1 – 5 +12 V Masse 2 – 6 +12 V Masse 3 – 7 +12 V Masse 4 – 8 +12 V
SATA Stecker Spannungsversorgung für Serial-ATA-Geräte (z. B. Festplatte)	1: +3,3 V, 2: +3,3 V, 3: +3,3 V, 4: Masse, 5: Masse, 6: Masse, 7: +5 V, 8: +5 V, 9: +5 V, 10: Masse, 11: Masse, 12: Masse, 13: +12 V, 14: +12 V, 15: +12 V

Begriffe

- **RAM: R**andom **A**ccess **M**emory
  Ein Speicher mit wahlfreiem Zugriff, der beliebig gelesen und beschrieben werden kann.
- **SRAM: S**tatic **RAM**
  - Bistabile Kippstufen in Form eines Flipflops pro Bit
  - Aufbau: 6-Transistor-Zelle in CMOS-Technologie
  - Der Speicherinhalt geht erst bei Abschaltung der Betriebsspannung verloren (flüchtiger Speicher).
- **DRAM: D**ynamic **RAM**
  Der Speicherinhalt muss nach kurzer Zeit wieder aufgefrischt werden (Refresh).
- **SDRAM: S**ynchronous **DRAM**
  - Der Speicher verfügt über einen Taktgeber, der mit dem Systemtakt synchronisiert ist (Taktfrequenzen z. B. 66 MHz, 100 MHz, 133 MHz).
  - Geringe Zugriffszeiten
  - Betriebsspannung 2,5 V
- **DDR-RAM: D**ouble **D**ata **R**ate **RAM (DDR-SDRAM)**
  - Daten werden auf der ansteigenden und abfallenden Flanke gelesen (doppelte Datenrate).
  - Betriebsspannung 1,8 V; 2,5 V
  - Varianten: DDR1 (Bezeichnung auch ohne Ziffer), DDR2, DDR3; 184 und 240 Kontakte
- **RDRAM: R**ambus **DRAM**
  - Speicher der Fa. Rambus mit hoher Datenrate, 10mal schneller als bei SDRAM.
  - Daten werden auf der ansteigenden und abfallenden Flanke gelesen.
  - Taktfrequenz bis 400 MHz
  - Betriebsspannung 2,5 V

Modulkennzeichnungen

- **Angaben**
  - Speicherkapazität (z. B. 256 MB, 512 MB, 1 GB, 2 GB, 4 GB)
  - Taktfrequenz (z. B. 100, 133, 400, 800 MHz)
  - Maximale Datenübertragungsrate (z. B. 1,6 GB/s)
- **Module mit SDRAM**
  Beispiele:
  - PC 100 (100 MHz Taktfrequenz)
  - PC 133 (133 MHz Taktfrequenz)
- **Module mit DDR-RAM**
  Beispiele:
  - PC 1600 (1600 MB/s max. Datenübertragungsrate)
  - PC 2100, PC 2700, PC 3200 oder höher
    Berechnung des Zahlenwertes für 2100:
    133 MHz Takt x 2 Flanken x 8 Byte = 2128

Beispiele für Kenndaten

	DDR2-RAM	DDR3-RAM	DDR4-RAM
Chip	DDR2-800	DDR3-800	DDR4-1600
Modul	PC2 6400	PC3 6400	PC4 12800
Taktfrequenz Speicher	200 MHz	100 MHz	200 MHz
I/O-Takt	400 MHz	400 MHz	800 MHz
Taktfrequenz Modul	800 MHz	800 MHz	1600 MHz
Datenübertragungsrate pro Modul	6,4 GB/s	6,4 GB/s	12,8 GB/s

SIMM

- **SIMM: S**ingle **I**nline **M**emory **M**odule
  - Verbundene Kontakte auf beiden Seiten des Moduls
  - Seitliche Einbuchtung
  - 8 Bit Datenbusbreite: 30 Kontakte, in der Regel auf zwei Speicherbänke aufgeteilt (einreihig)
  - 32 Bit Datenbusbreite: 72 Kontakte
  - Bestückung mit **DRAM** bzw. **EDO-RAM** (**E**xtended **D**ata **O**utput **RAM**, erweiterte Datenausgabe)
- **PS/2 SIMM: P**ersonal **S**ystem**/2 SIMM**
  (IBM-Bezeichnung, PC-Nachfolger)
  - Kerbe in der Mitte (einreihig)
  - 32 Bit Datenbusbreite: 72 Kontakte

DIMM

- **DIMM: D**ual **I**nline **M**emory **M**odule
  - Doppelreihiger Speicherbaustein, Kontakte auf beiden Seiten sind unabhängig voneinander
  - 64 Bit Datenbusbreite: 168 Kontakte
  - Betriebsspannungen 3,3 V (Kerbe mittig), 5 V (Kerbe links)
- **SO-DIMM**: **S**mall **O**utline **DIMM**
  - Kleine kompakte Module, z. B. für Notebooks
  - 32 Bit Datenbusbreite: 72 Kontakte
  - 64 Bit Datenbusbreite: 144 Kontakte
- **DIMM** mit **SD-RAM** (PC 100, PC 133)
  - 168 Kontakte auf beiden Seiten der Platine
  - zwei Kerben

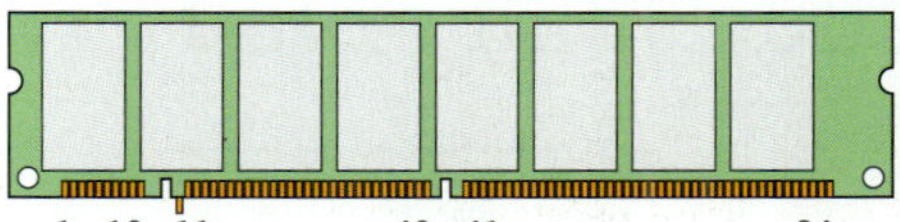

1 10 11 40 41 84
85 94 95 124 125 168

- **DIMM** mit **DDR-RAM** (PC 1600, PC 2100, …)
  - 184 Kontakte auf beiden Seiten der Platine
  - eine Kerbe
  - Betriebsspannung 2,5 V bis 2,7 V

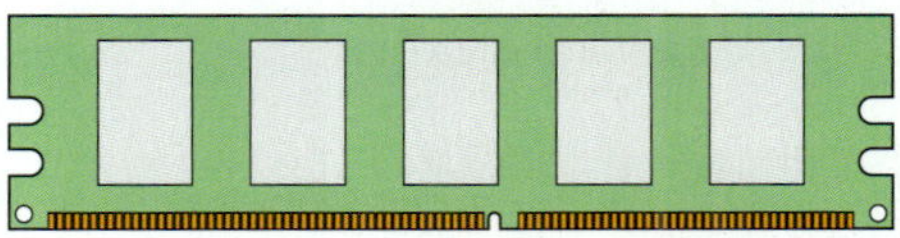

1 52 53 92
93 144 145 184

RIMM

- **RIMM: R**ambus **I**nline **M**emory **M**odule
  - 184 Kontakte auf beiden Seiten der Platine
  - 64 Bit Datenbusbreite, hohe Taktfrequenz bis 800 MHz
  - Betriebsspannung 2,5 V
- **RIMM** mit **RDRAM** (PC 800, PC 1600)

A1 A46 A47 A92
(Rückseite B1…B46) (Rückseite B47…B92)

- **SO-RIMM: S**mall **O**utline **RIMM**
  - 160 Kontakte
  - Kleine kompakte Module mit geringem Platzbedarf, z. B. für Notebooks

SDRAM (Single Data Rate)

Beispiel: PC133

- Chip-Kern (Memory Core), I/O-Buffer (im Speicherchip integrierter Zwischenspeicher) und der externe Speicherbus arbeiten mit gleicher Frequenz von 133 MHz.
- Nur bei aufsteiger der Flanke werden Daten übertragen.

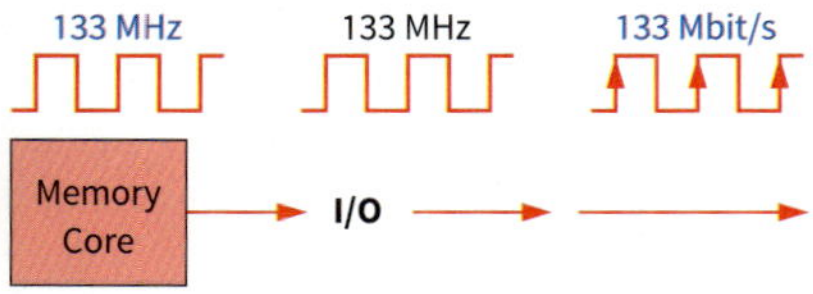

- Berechnung der Speicherbandbreite für PC133:
  → 1 Bit · 133 MHz · 64 Bit = 8.512 Mbit/s
  1 Byte besteht aus 8 Bit.
  → 8.512 Mbit/s · (1B/8bit) = 1.064 MB/s = 1 GB/s

DDR1 (DDR I, Double Data Rate)

Beispiel: PC3200

- Chip-Kern, I/O-Buffer und externer Speicherbus arbeiten mit gleicher Frequenz von 200 MHz.
- Bei steigender und fallender Flanke werden Daten übertragen.

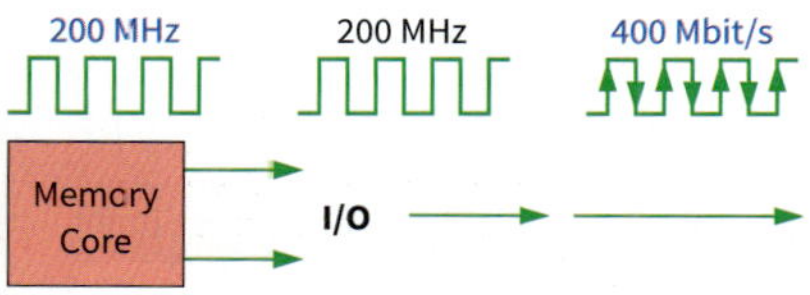

- Berechnung der Speicherbandbreite für DDR1-400:
  → 2 Bit · 200 MHz · 64 Bit = 25.600 Mbit/s
  → 3.200 MB/s (PC3200)
- Es werden Taktfrequenzen von 100 MHz, 133 MHz, 166 MHz und 200 MHz verwendet.
- Die Versorgungsspannung beträgt 2,5 V.

DDR2 (DDR II, Double Data Rate)

Beispiel: PC2-4200

- I/O-Buffer taktet mit doppelter Frequenz von 266 MHz.
- Bei steigender und fallender Flanke werden Daten übertragen.
- Die Schnittstelle zwischen Chip-Kern und I/O-Buffer ist auf vier Leitungen (Prefetch of 4) verbreitert.

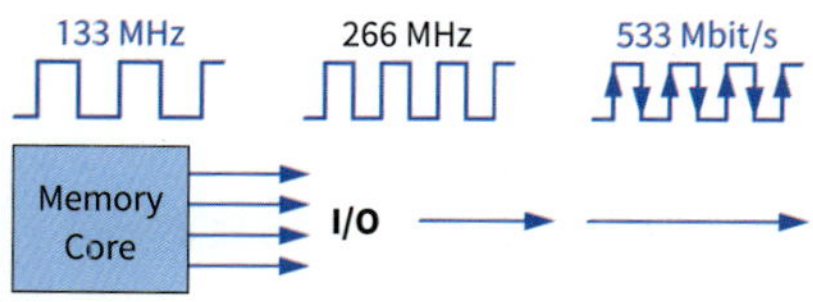

→ 2 Bit · 266 MHz · 64 Bit = 34.048 Mbit/s
→ 4.256 MB/s (PC4200)

- Taktfrequenzen 400 MHz, 533 MHz, 667 MHz
- Die Versorgungsspannung beträgt 1,8 V.
- Modulkontakte 200, 214, 240 und 244
- Geringere Leistung als bei DDR1 (247 mW gegenüber 527 mW).
- Die Chips sind um 50 % kleiner als bei DDR1.

DDR2-Varianten

Chip	DDR2-400	DDR2-533	DDR2-667	DDR2-800
Modul	PC2-3.200	PC2-4.200	PC2-5.300	PC2-6.400
Speichertakt	100 MHz	133 MHz	166 MHz	200 MHz
I/O-Takt	200 MHz	266 MHz	333 MHz	400 MHz
Effektiver Takt	400 MHz	533 MHz	667 MHz	800 MHz
Bandbreite pro Modul	3,2 GB/s	4,2 GB/s	5,3 GB/s	6,4 GB/s
Bandbreite Dual-Channel	6,4 GB/s	8,6 GB/s	10,6 GB/s	12,8 GB/s

Bus-Terminierung

- **DDR1**
  - Der Terminierungswiderstand befindet sich am Ende der Busleitung auf dem Motherboard.
  - Störungen durch Reflexionen werden erst dort abgefangen (Nachteil).

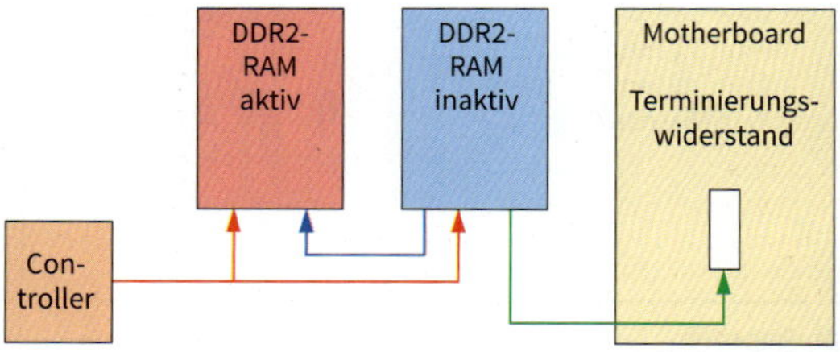

- **DDR2**
  - Die Terminierung erfolgt direkt auf dem Speichermodul (On-Die Termination).
  - Der Controller veranlasst, dass alle inaktiven Chips auf Terminierung umschalten (Vorteil).

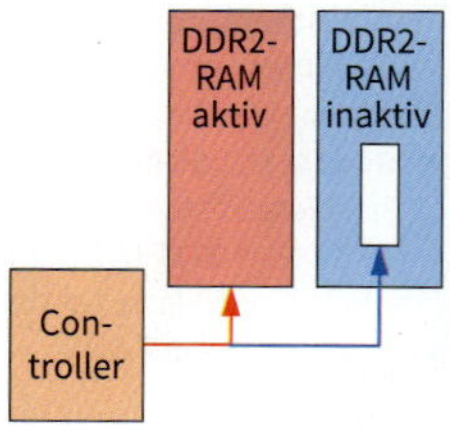

SPD (Serial Presence Detect)

- Standardisiertes Verfahren für die Erkennung der Speicherkonfiguration beim Booten eines PCs.
- Daten sind in einem EEPROM implementiert.
- Gespeicherte Daten:
  - Informationen über das Speichermodul
  - Speichergröße
  - Versorgungsspannung
  - Adressierung
  - Herstellerdaten, Codes und Teilenummern

DDR3

- Es handelt sich um eine Weiterentwicklung von DDR2.
- DDR3 arbeitet mit einem achtfachen Prefetch. Dadurch wird eine höhere Taktung des I/O-Puffers erreicht.

Festplatten
Hard disk drives

Aufbau

- Die Scheiben einer Festplatte sind über eine Zentral- verankerung miteinander verbunden.
- Oberhalb und unterhalb jeder Scheibe befindet sich mindestens ein Arm mit einem Schreib- und Lesekopf.
- Der Arm kann an jeder beliebigen Stelle der Platte positioniert werden.

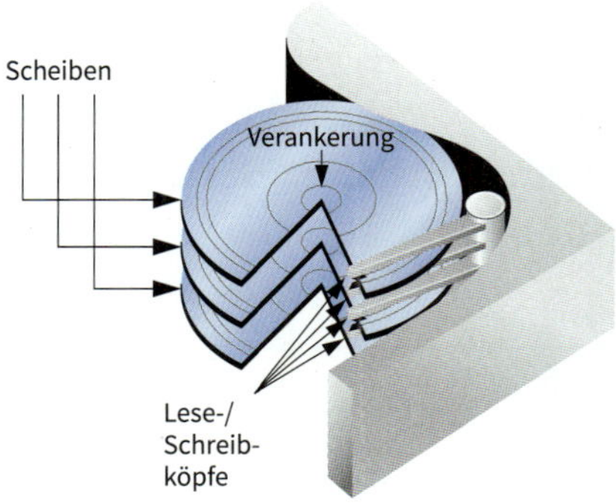

Partitionen

Eine Festplatte kann in einzelne in sich zusammenhängende Bereiche (Partitionen) aufgeteilt werden.
Sie wirken wie separate Laufwerke und werden deshalb durch fortlaufende eigene Buchstaben gekennzeichnet.

Vorteile:
- Organisation der Dateien
- Schnellerer Datenzugriff
- Datensicherung durch Verlagerung
- Effizientere Nutzung der Festplattenkapazität

Primärpartitionen

Gespeichert sind:
- Betriebssystem
- Anwendungsprogramme, Dateien usw.

Der PC wird von einer Primärpartition (C) aus gebootet.
Auf der Festplatte können mehrere Primärpartitionen für verschiedene Betriebssysteme eingerichtet sein. Es kann allerdings nur eine aktiv sein.

Physikalische Formatierung

Diese **Datenträgerorganisation** wird vom Hersteller durchgeführt.

Grundbausteine: Spuren, Sektoren und Zylinder.

- **Spuren:** Konzentrische Kreispfade auf jeder Scheibenseite; jede Spur erhält eine Nummer; die Spur 0 liegt am äußeren Rand.
- **Zylinder:** Der Spurensatz, der auf allen Seiten der Platten im gleichen Abstand von der Mitte angelegt wird, sind die Zylinder. Hardware und Software arbeiten häufig mit diesen Zylindern.
- **Sektoren:** Die Ausschnitte der Spuren werden als Sektoren bezeichnet. In ihnen kann eine bestimmte Datenmenge gespeichert werden.

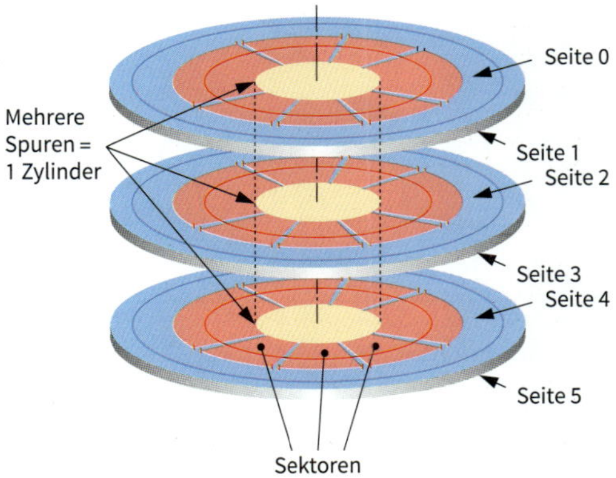

SMART

- **SMART: S**elf-**M**onitoring, **A**nalysis and **R**eporting **T**echnologie (Technologie zur Selbstüberwachung, Analyse und Statusmeldung)
- Die Festplatten protokollieren wichtige Systemwerte nach SMART. Die Auswertung kann mit entsprechender Software erfolgen.

Erweiterte Partitionen

Es handelt sich dabei um weitere physikalische Unterteilungen der Festplatte, für die eine logische Formatierung (logische Laufwerke) vorgenommen wird.

Logische Formatierung

Es handelt sich um die Einrichtung eines Dateisystems für Partitionen.

Aufgaben eines Dateisystems:
- Verwaltung der belegten und freien Speicher.
- Verwaltung der Verzeichnisse und Dateinamen.
- Festhalten, wo die unterschiedlichen Teile einer Datei auf der Festplatte gespeichert sind.

Dateisysteme

- **Microsoft**
  - **FAT 16**: **F**ile **A**llocation **T**able, Dateizuordnungstabelle für DOS, Windows, ... wird von nahezu jedem Betriebssystem unterstützt
  - **FAT 32**: Weiterentwicklung von FAT 16, wird von neueren Betriebssystemen unterstützt
  - **NTFS**: **N**ew **T**echnology **F**ile **S**ystem, seit Windows XP Standarddateisystem
  - **exFAT**: Version von FAT 32, Einsatz für Flash-Speicher
- **Apple**
  - **HFS**: **H**irarchical **F**ile **S**ystem, hierarchisches Dateisystem für Macintosh-Modelle ab 1986
  - **HFS+**: Weiterentwickelte Variante von HFS, Standard unter (Mac) OS X
- **Linux**
  - **EXT**: Extended File System (EXT2, 3, 4)
- **OS/2**
  - **HPFS**: **H**igh **P**erformance **F**ile **S**ystem

Partitionieren von Festplatten
Partitioning hard disks

Vorgang

- **Partitionieren** ist das Aufteilen eines Datenträgers (Festplatte) in einzelne, voneinander unabhängige Speicherbereiche.
- Die einzelnen Partitionen werden vom Betriebssystem wie **logische Laufwerke** behandelt, deren Verwaltung durch eigene **Dateisysteme** erfolgt.
- Ein Betriebssystem kann bis zu vier Partitionen verwalten ①: drei bootfähige Partitionen ② und eine **erweiterte Partition** ③.
- Die erweiterte Partition kann in nicht bootfähige logische Laufwerke ④ aufgeteilt werden.
- Jede primäre Partition und jedes logische Laufwerk können unabhängig voneinander formatiert werden und durch unterschiedliche Dateiformate (z. B. NTFS, FAT32) organisiert werden.
- Jede Partition erhält zur **Kennzeichnung** einen Buchstaben mit Doppelpunkt (C bis Z).
- Die Partitionierung kann durch Programme (z. B. bei DOS mit fdisk-Befehl) oder direkt über das Betriebssystem (Vista) erfolgen.

Beispiel

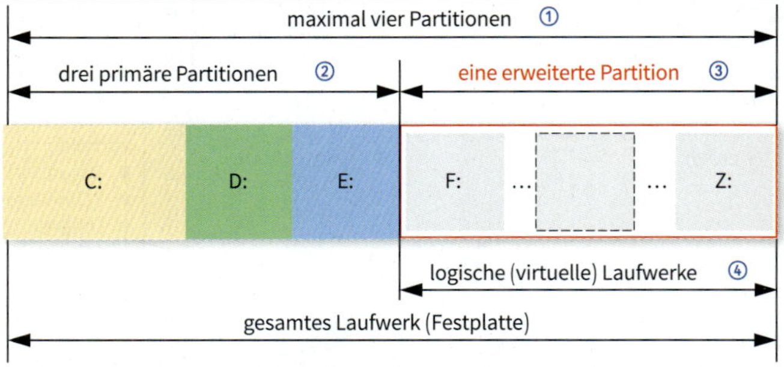

Die Kennzeichnungen A: und B: sind für Diskettenlaufwerke reserviert.

Gründe und Aufteilung

- Die Installation mehrerer Betriebssysteme ist möglich (z. B. Windows Vista, Windows 7 und Linux).
- In den einzelnen Partitionen können verschiedene Dateisysteme angelegt werden.
- Separate Partitionen können für die Speicherung bestimmter Daten (Texte, Bilder, ...) verwendet oder für Mitbenutzer reserviert werden.
- Datensicherheit wird durch Partitionierung erreicht. Wenn eine Partition Fehler aufweist, sind andere Partitionen nicht davon betroffen.
- Die Partition C: wird häufig für das Betriebssystem und die Programme verwendet.

Serial ATA (SATA)

Merkmale

- **S**erial **A**dvanced **T**echnology **A**ttachment ist eine Weiterentwicklung (ab 2000) der parallelen ATA-Schnittstelle (parallel ATA, **PATA**) für Festplatten zu einer seriellen Schnittstelle.
- Vorteile gegenüber PATA:
  - vereinfachte Leitungsführung
  - Luftzirkulation im PC wird durch dünnere Leitungen weniger behindert
  - höhere Datentransferrate
  - Austausch von Datenträgern im laufenden Betrieb (Hot-Plug)
- Serial ATA ist nicht auf Festplatten beschränkt (auch z. B. für Bandlaufwerke, DVD-Laufwerke, DVD-Brenner).
- Es ist kein externer Taktgenerator zur Datensynchronisation erforderlich. Das Taktsignal wird aus dem Datensignal generiert.
- Versionen:
  - **Serial ATA 1.5 Gbit/s** (Serial ATA I bzw. 1), 150 MB/s
  - **Serial ATA 3.0 Gbit/s** (auch Serial ATA II bzw. 2), 300 MB/s, für Festplatten bis 3 TB; für externe Geräte: **eSATA** (**e**xternal **S**erial **ATA**), abgeschirmte Leitung bis 2 m, anderer Stecker
  - **Serial ATA 6.0 Gbit/s** (auch Serial ATA III bzw. 3), 600 MB/s
  - **mSATA** (**m**ini-**SATA**): Verkleinerter Anschluss, entspricht dem Mini-PCI-Express-Anschluss
  - **SATA Express 8 Gbit/s** und **16 Gbit/s** (in der Entwicklung)

Datenleitung und Steckverbinder

- 8 mm breit ($^1/_4$"), flexibel, 7 Adern, max. 6 m lang
- Punkt-zu-Punkt-Verbindung
- Terminierung nicht erforderlich
- Signalspannung 250 mV (LVDS: Low Voltage Differential Signaling), +250 mV und –250 mV
- **Beispiel:**

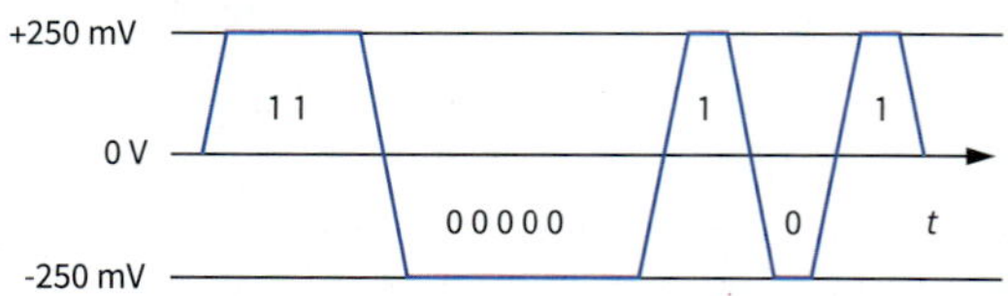

- Übertragungsfenster: 666 ps, Zeitspanne von ansteigender bis abfallender Flanke
- Steckverbinder: (Spannungsversorgung)
  - 15 Pins
  - 3 Spannungen: 3,3 V; 5 V; 12 V
  - Stecker für $2^1/_2$-Zoll-Notebook- und für $3^1/_2$-Zoll-Festplatte
  - $5^1/_4$"-Laufwerke

Merkmale

- **SSDs** (**S**olid **S**tate **D**isk) sind Speichermedien, die nur aus Halbleiterchips aufgebaut sind. Sie lassen sich wie Festplatten datenmäßig ansprechen.
- Vorteile gegenüber herkömmlichen Laufwerken: Mechanisch robust, kurze Zugriffszeiten, keine Geräusche
- Nachteile gegenüber herkömmlichen Laufwerken: Erheblich höherer Preis bei gleicher Kapazität.
- Aufgebaut sind die Speicherzellen in NAND-Technik (**NAND-Flash**).
- Die Speicherung der Bits erfolgt, indem man Ladungen in einer isolierten Zone eines Halbleiterbausteins (Flash-FET deponiert (Flash = Blitz).
- Ein integrierter Controller sorgt dafür, dass Daten gespeichert, gelesen und z. B. an den SATA-Anschluss (SATA 2 mit 3 Gbit/s oder SATA 3 mit 6 Gbit/s) weitergegeben werden.
- Lesevorgänge sind unbegrenzt möglich. Die erreichbaren Schreibzyklen liegen zwischen 100.000 und 5 Millionen.
  Um die Lebensdauer zu erhöhen, werden durch einen Controller im Speichermedium die Schreibvorgänge gleichmäßig auf alle Speicherzellen verteilt. Dazu wird mit der Speichersteuerung die Speicherhäufigkeit aller Blöcke überwacht. Fehlerhafte Blöcke werden ausgeblendet.
- Wenn eine herkömmliche Festplatte (**HDD**) mit einer SSD kombiniert ist, handelt es sich um eine **Hybridfestplatte** (**HHD**: **H**ybrid **H**ard **D**rive).

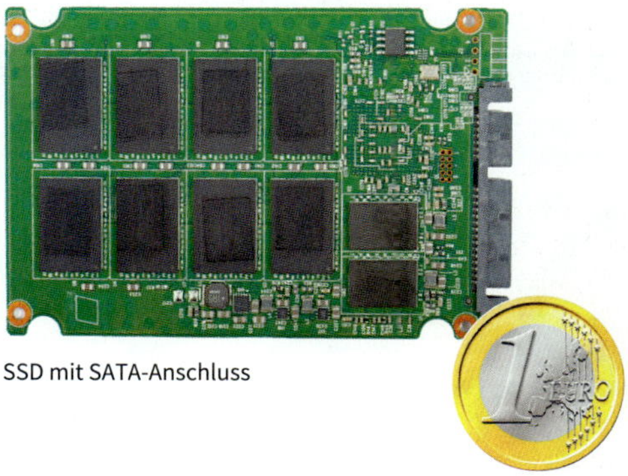

SSD mit SATA-Anschluss

Vergleich mit einer Festplatte (1,0" bis 3,5")

		MLC SSD	HDD
Kapazität in GB		≤ 600	≤ 3000
Datentransferrate in MB/s	Lesen	bis 500	bis 150
	Schreiben	≤ 440	≤ 150
Zugriffszeit in ms (mittlere)	Lesen	ca. 0,2	ca. 3,5
	Schreiben	ca. 0,4	ca. 3,5
Leistung in W	Ruhe	0,1 ... 1,3	≥ 4
	bei Zugriff	0,5 ... 5,8	≥ 6

Speicherchiparten

- **SLC**-Chips (**S**ingle **L**evel **C**ell) speichern 1 Bit pro Speicherzelle.
- **MLC**-Chips (**M**ulti **L**evel **C**ell) speichern 2 Bit pro Speicherzelle.
  - Verwendung hauptsächlich ab 64 GB
  - Beim Lesen sind sie langsamer und beim Schreiben schneller als SLC-Chips.
- **Asynchrone Speicherchips**: Daten werden bei der auf- steigenden Flanke des Taktsignals übertragen.
- **Synchrone Speicherchips**: Daten werden bei der auf- und absteigenden Flanke des Taktsignals übertragen (wie beim DDR-RAM).

Speicherorganisation

- Mehrere Speicherzellen werden zu einer **Page** zusammengefasst, die Kapazitäten von 4 kB oder 8 kB besitzen. Pages lassen sich einzeln beschreiben, können aber nicht einzeln gelöscht werden.
- Pages werden in **Blocks** zusammengefasst, die gelöscht werden können. Beispiele:
  - 128 Pages mit 4 kB ergeben einen Block von 512 kB.
  - 256 Pages mit 8 kB ergeben einen Block von 2 MB.
- Schritte zur Datenspeicherung (**Read-Modify-Write-Zyklus**): 1. Daten des Blocks werden ausgelesen und noch benötigte Daten werden in einem Speicher (Cache) abgelegt.
  2. Daten im Block werden gelöscht.
  3. Neue bzw. gespeicherte Daten werden im gelöschten Block abgelegt.

Speicherbereinigung

- Da die Schnelligkeit der Datenspeicherung abhängig von der Anzahl der freien Pages ist, wird bei SSDs die **Garbage Collection** (wörtlich: „Müllabfuhr“, automatische Speicherbereinigung oder Freispeichersammlung) eingesetzt.
- Prinzip Garbage Collection:
  - Der Controller sammelt Daten aus nur teilweise beschriebenen Blocks.
  - Diese werden anschließend zu wenigen vollen Blocks zusammengefasst.
  - Die jetzt frei gewordenen Blocks werden gelöscht und können bei Bedarf sofort beschrieben werden.

Abnutzungsausgleich

- Die Lebensdauer einer SSD erhöht sich, wenn die Schreibzugriffe gleichmäßig verteilt werden. Deshalb wird ein Abnutzungsausgleich (**Wear Leveling**) hergestellt. Dazu führt die SSD eine interne Statistik darüber, welche Blocks wie oft beschrieben wurden.
- **Dynamic Wear Leveling**: Verteilung der Daten, die sich im Moment ändern oder geschrieben werden.
- **Static Wear Leveling**: Bei Leerlauf Verteilung abgelegter Daten auf verschiedene Blocks.

DVD

Vergleich DVD mit CD

DVD: **D**igital **V**ersatile **D**isc

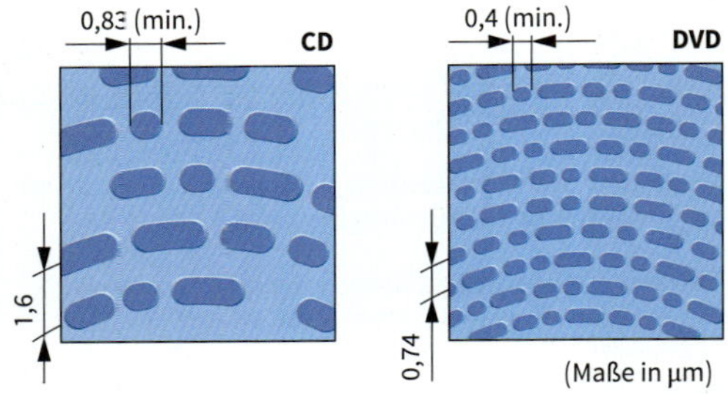

Kenndaten

Kenndaten	
Durchmesser	120 mm (wie CD)
Dicke	1,2 mm (wie CD)
Spurweite	0,74 µm
Laser	635 nm, 650 nm (Rot)
Kapazität (Daten)	4,7 GB; 8,5 GB; 9,4 GB und 17 GB
Fehlerkorrektur	RS-PC (Reed Solomon Product Code)
Datentransferrate	1 bis 10 MB/s (Mittelwert für Audio/Video) MPEG-2
Bildkompression Dateisystem	Micro UDF (M-UDF) und/oder ISO 9660

DVD-5, einseitig und einschichtig (4,7 GB)

- Eine Aufzeichnungsebene
- Ca. 2,2 Stunden Videoaufzeichnung möglich

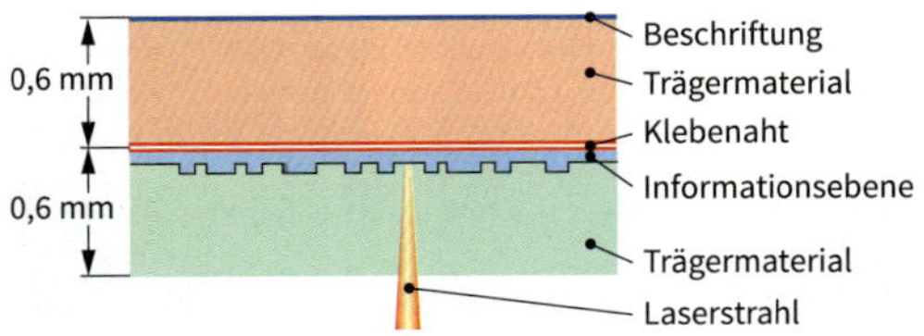

DVD-9, einseitig und zweischichtig (8,5 GB)

- Zwei Aufzeichnungsebenen
- Ca. 4,4 Stunden Videoaufzeichnung möglich

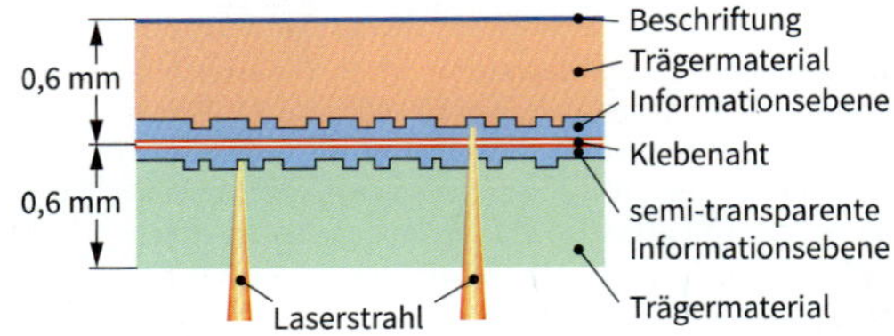

DVD-10, beidseitig und einschichtig (9,4 GB)
Im Prinzip zwei zusammengeklebte einschichtige DVDs, ca. 4 Stunden Videoaufzeichnung möglich

DVD-18, beidseitig und zweischichtig (17 GB)
Im Prinzip zwei zusammengeklebte zweischichtige DVDs, ca. 8 Stunden Videoaufzeichnung möglich.

Blu-ray Disc (BD)

Merkmale

- Verkürzter Name: Blauer Lichtstrahl (Blue ray), blau-violetter Laser
- Nicht kompatibel zu CD und DVD
- 12 cm Durchmesser wie bei CD und DVD
- Im Vergleich zur DVD ist der Abstand des Lasers zum Datenträger verkleinert.
- Die Schutzschicht im Vergleich zur DVD ist verkleinert (0,1 mm) und empfindlich gegen Schmutz.
- Blu-ray Disc ist Nachfolger für die DVD mit erhöhter Speicherkapazität zur Aufnahme von Videos im HDTV-Format.
- Varianten:
  - BD-ROM, nur lesbar
  - BD-R, nur beschreibbar
  - BD-RE, wieder beschreibbar
- Etwa 13 Stunden in DVD-Auflösung von 720 x 576 Pixel (PAL, VHS-Qualität) können gespeichert werden.
- Aufnahme im HDTV-Format ist in Echtzeit ist möglich. Einseitige bzw. doppelseitige, ein- und zweischichtige Disc
- Kapazitäten:
  - Eine Lage: bis 27 GB (25,1 GiB)
  - Zwei Lagen bis 54 GB (50 GiB)
- Eine eindeutige Identifikationsnummer soll für einen besseren Kopierschutz sorgen.
- Es werden die Profile 1.0, 1.1 und 2.0 unterschieden, in denen die Anforderungen an Abspielgeräte festgelegt sind. In das Profil 1.0 lassen sich die meisten Standgeräte einordnen.
- Regionalcode wie bei der DVD (A/1, B/2 und C/3)
- Die Sektorgröße für die aufgezeichneten Daten beträgt wie bei der CD und DVD 2048 Byte.

Vergleich

CD	**DVD**	**Blu-ray Disc**
Abstände der Pits in µm		
1,6 µm	0,74 µm	0,32 µm
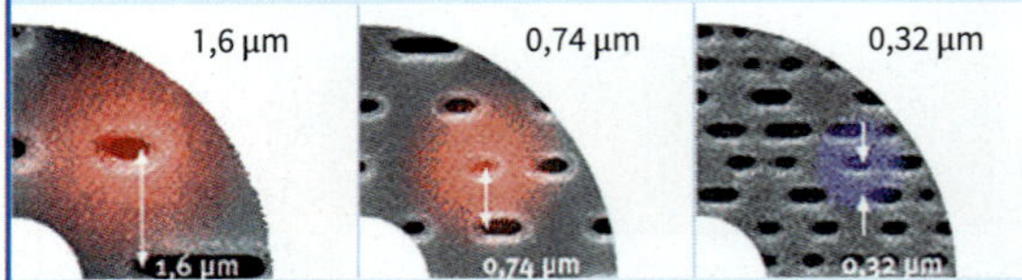		
Speicherkapazität in GB, SL: Single Layer, DL: Double Layer		
0,68–0,8	SL: 4,7; DL: 8,5	SL: 25; DL: 50
Wellenlänge des Lasers, Laserspot-Durchmesser		
780 nm, Infrarot 2,1 µm	650 nm, Rot 1,3 µm	405 nm, Violett 0,6 µm
Datentransferrate in Mbit/s		
Mode 1: 1,2288 Mode 2: 0,6112	11,08	36–54
Video-Codec		
MPEG-1 (VCD) MPEG-2 (SVCD)	MPEG-1 (VCD) MPEG-2 (SVCD)	MPEG-1 (VCD) MPEG-2 (SVCD) VC-1, H.264
Spurweite in µm		
1,6	0,74	0,32
Numerische Apertur		
0,45	0,6	0,85
Schutzschicht in mm		
0,6	0,6	SL: 0,1; DL: 0,075

Merkmale

- SCSI ist ein geräteunabhängiger **paralleler Peripheriebus** (8 Bit oder 16 Bit breit).
- Dient zum Anschluss verschiedenartiger Peripheriegeräte (Festplatten, Scanner, Drucker) an Rechnersysteme (PC, Server).
- Bis zu 16 externe Geräte (SCSI-Devices) sind an ein Bussystem anschließbar.
- Geräte können **Initiatoren** und/oder **Targets** sein.
- Initiator veranlasst die Aktionen.
- Target führt die Aktionen aus.
- Anschluss an Rechner erfolgt über **Host-Adapter** (z. B. PC-Einsteckkarte).
- Adresseinstellung der Teilnehmer erfolgt mit Schaltern, Brücken oder softwaremäßig.
- Jede Adresse darf nur einmal vorkommen.
- **Höchste Priorität** (1) hat in allen Versionen die Ident-Adressse (ID) 7 (in der Regel der Host).
- Über die Entwicklungszeit entstanden mehrere Versionen (SCSI 1, SCSI 2, SCSI 3) mit unterschiedlichen Übertragungsgeschwindigkeiten, Kabellängen und Steckverbindern.

Version	Busgeschwindigkeit in MByte/s	Busbreite in Bit	Peripheriegeräte
SCSI-2	10	8	Scanner, CD-ROM
Ultra	20	8	Tape, DVD-drives
Ultra Wide	40	16	HDD
Ultra2	80	16	HDD
Ultra160	160	16	HDD
Ultra320	320	16	HDD

- Eine Weiterentwicklung von SCSI zu höheren Übertragungsraten ist nur mit einer seriellen Kopplung erreichbar (**SAS**: **S**erial **A**ttached **S**CSI).

Standard-Übersicht

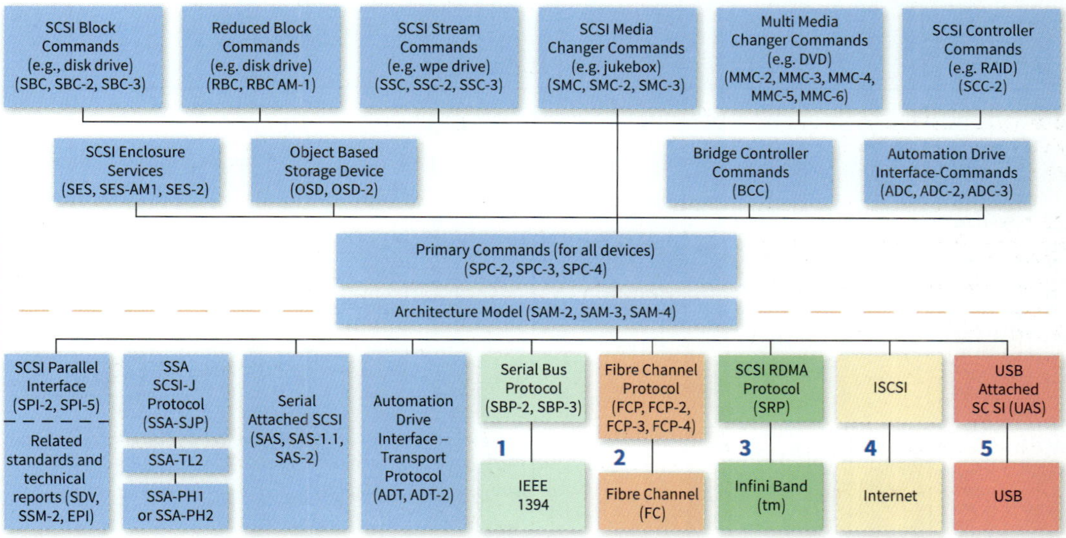

Zuständigkeiten:
1 IEEE **2** INCITS T11 **3** IETF **4** InfiniBand Trade Association **5** USB Implementers Forum
INCITS (**I**nter**N**ational **C**ommitee on **I**nformation **T**echnology **S**tandards) T10 (Technical Committee)

Anschaltung

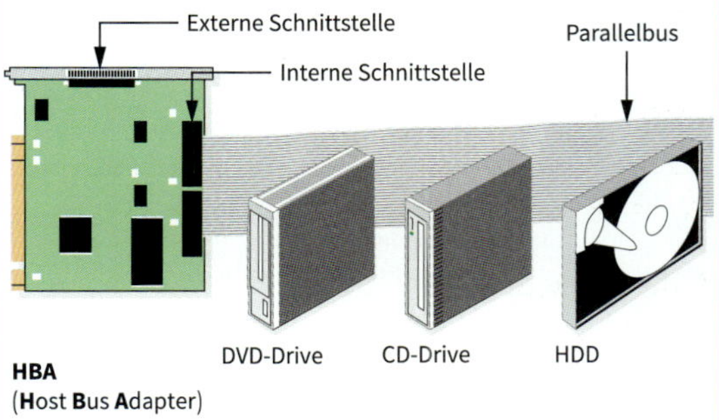

HBA
(**H**ost **B**us **A**dapter)

Steckverbinder

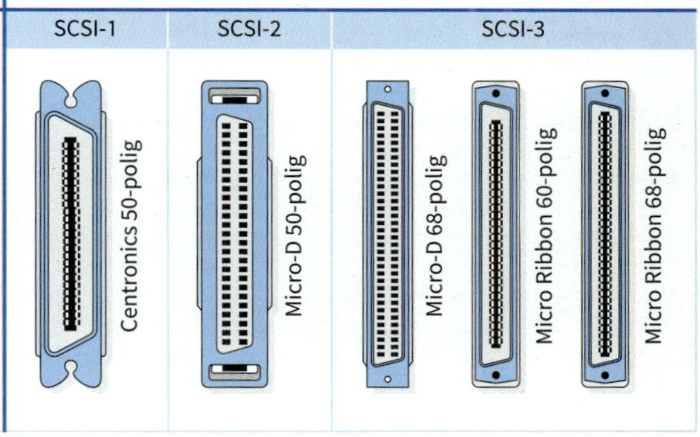

Definition

- Eine Schnittstelle ist festgelegt durch die
  - physikalischen Eigenschaften des Übertragungsmediums (Leitung, Funkstrecke),
  - Signale, die auf der Übertragungsstrecke ausgetauscht werden können,
  - Bedeutung der Signale (Semantik) und
  - Verbindungssysteme (Steckverbindungen).
- Die Kommunikation zwischen den **D**aten**e**nd**e**inrichtungen (**DEE**) erfolgt nach festgelegten Regeln (Protokollen):
  - **unidirektional** (nur in eine Richtung) oder
  - **bidirektional** (in zwei Richtungen).
- Unterschiede:

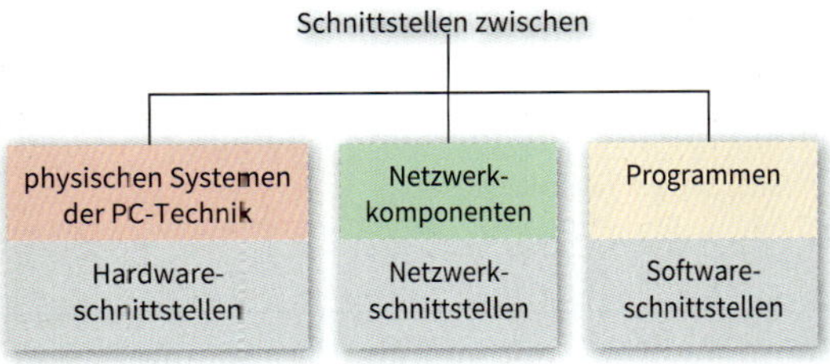

- Die Übertragung der Daten zwischen den Endeinrichtungen kann **seriell** (nacheinander) oder **parallel** erfolgen.
- Serieller Datenstrom

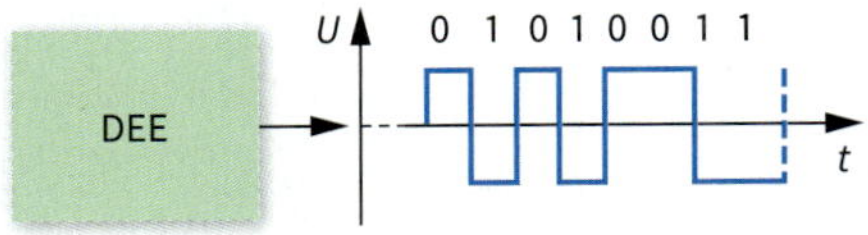

- Paralleler Datenstrom

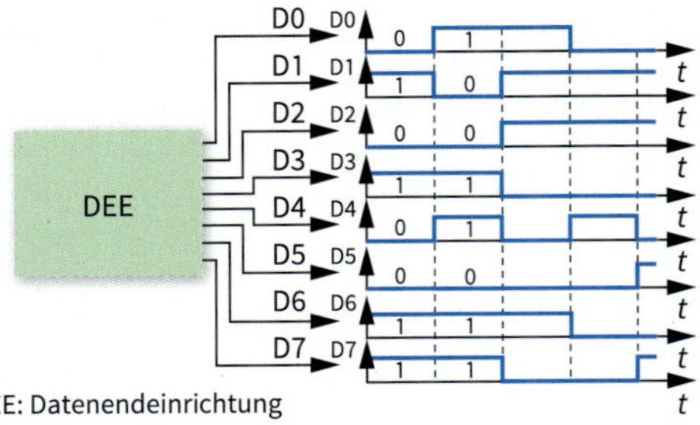

DEE: Datenendeinrichtung

V.24, RS-232

- Serielle Schnittstelle

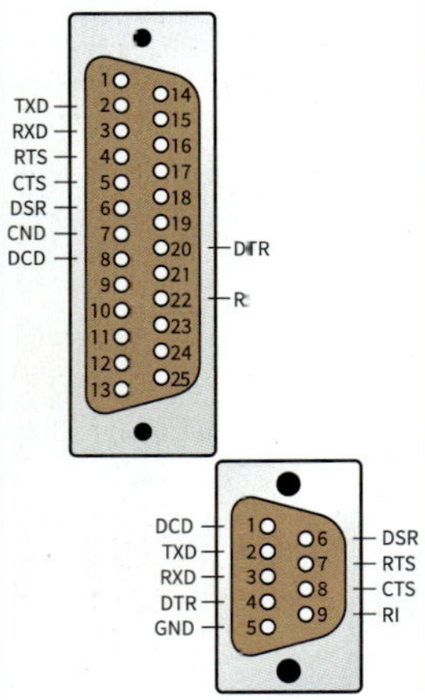

Signal	Bedeutung
DCD	Data Carrier Detect
RXD	Receive Data
TXD	Transmit Data
DTR	Data Terminal Ready
DSR	Data Set Ready
RTS	Ready to Send
CTS	Clear to Send
RI	Ring Indicator
GND	Ground

Signalname	Pegel	Betriebszustand
Datenleitung	−3 V … −15 V +3 V … +15 V	EIN (1) AUS (0)
Steuer- bzw. Meldeleitung	−3 V … −15 V +3 V … +15 V	AUS EIN

- Asynchroner Zeichenrahmen

Beispiel:

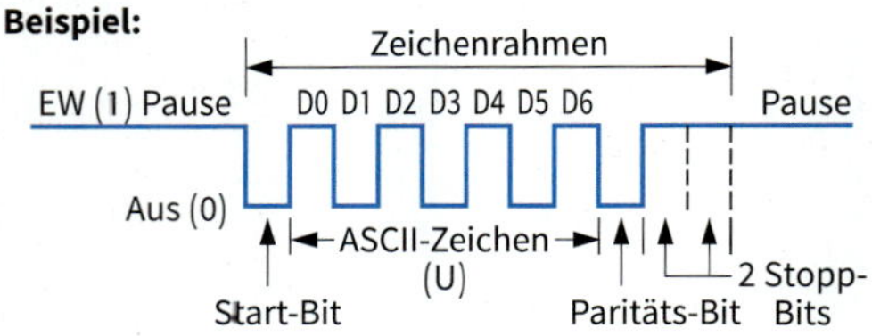

IEEE 1284

- Parallele Schnittstelle (Druckerschnittstelle)
- Steckverbindungen (Buchsenleiste)

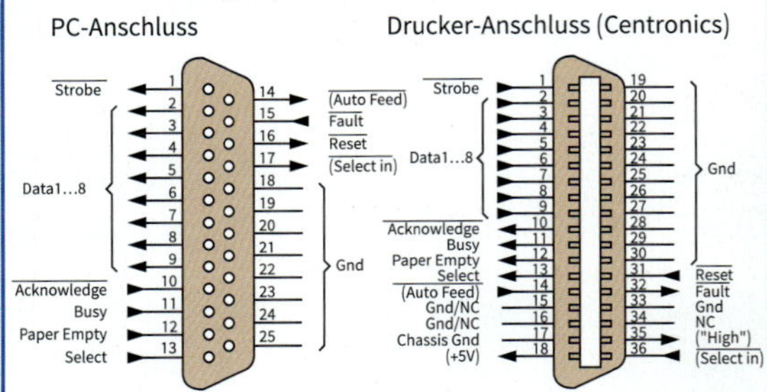

Signale in Klammern werden nicht von allen Druckern ausgewertet. Pfeile geben die Signalrichtung an.

- Signale und ihre Bedeutungen:

Signal	Bedeutung, Funktion
Strobe	Datenübergabe; Daten müssen bei 0-Signal gültig sein
Data 1…8	Datensignale 1…8
Acknowledge	Quittungssignal; Drucker empfangsbereit bei 0-Signal
Busy	Wartesignal: Drucker nicht empfangsbereit bei 1-Signal
Paper Empty	Meldung vom Drucker: Papier zu Ende
Select	Drucker ist online
(Auto feed)	automatischer Zeilenvorschub nach Zeilenende: Ein/Aus
Fault	Fehlermeldung
Reset	Drucker rücksetzen, initialisieren
Gnd	Ground: 0 V
NC	Not connected: nicht angeschlossen
(High)	+5 V, vom Drucker geliefert
(Select in)	Drucker auswählen

Serielle Schnittstelle (RS 232)

Steckverbinder 25-polig

PC-Anschluss (DTE)

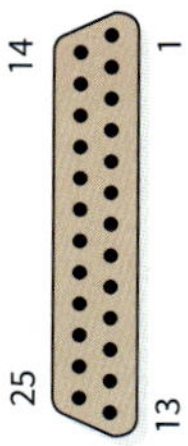

Anschlussbelegung

Stift	Signal	Stift	Signal
1	PG	13	SCTS
2	TxD	14	STxD
3	RxD	15	TxC
4	RTS	16	SRxD
5	CTS	17	RxC
6	DSR	18	NC
7	SG	19	SRTS
8	DCD	20	DTR
9	Test	21	SQ
10	Test	22	RI
11	NC	23	CH/CI
12	SCD	24	XTC
		25	NC

Endgerät (DCE)

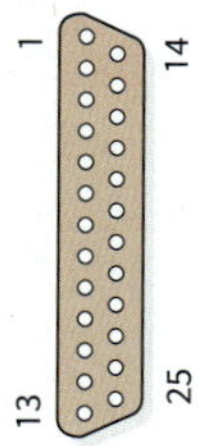

Steckverbinder 9-polig

PC-Anschluss (DTE)

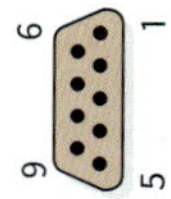

Anschlussbelegung

Stift	Signal
1	DCD
2	RxD
3	TxD
4	DTR
5	GND
6	DSR
7	RTS
8	CTS
9	Test

Endgerät (DCE)

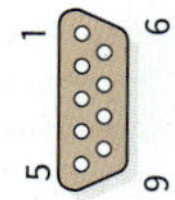

Verbindungsleitungen

Drei-Draht-Kopplung DTE-DTE

DTE

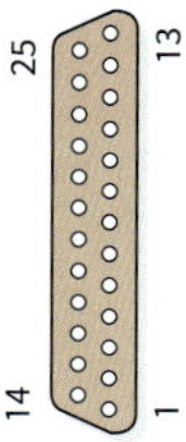

Anschlussbelegung

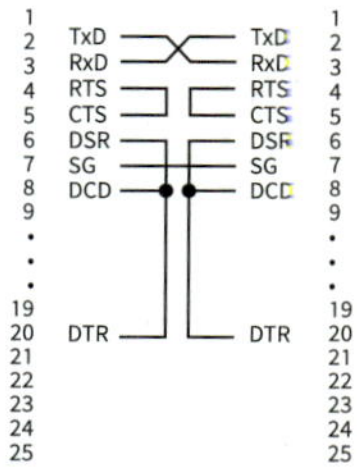

DTE

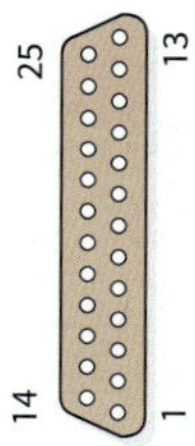

Vollständige Kopplung DTE-DTE

DTE

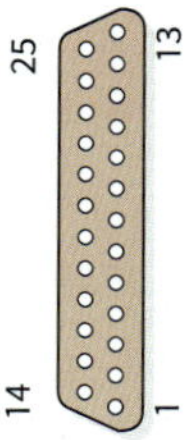

Anschlussbelegung

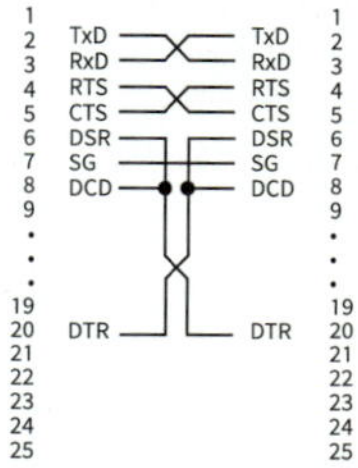

DTE

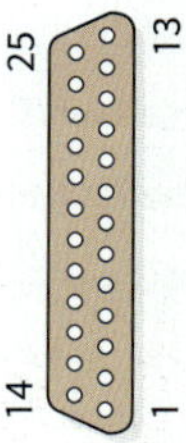

Drei-Draht-Kopplung DTE-DCE

DTE

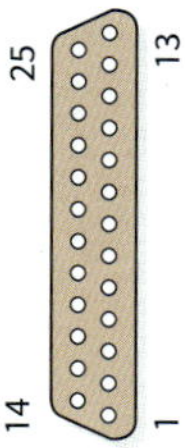

Anschlussbelegung

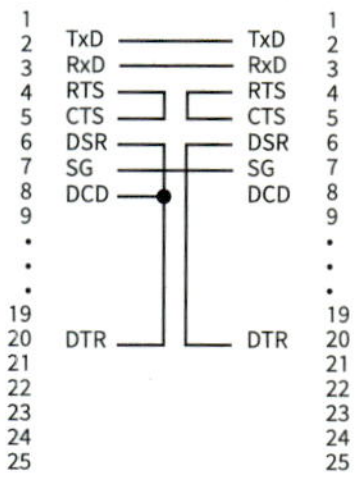

DCE

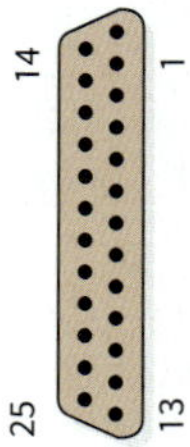

Vollständige Kopplung DTE-DCE

DTE

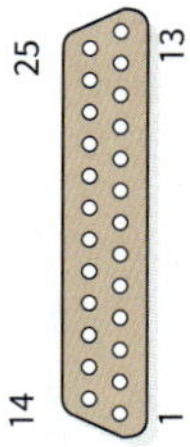

Anschlussbelegung

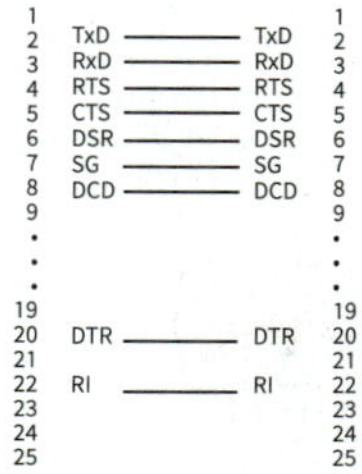

DCE

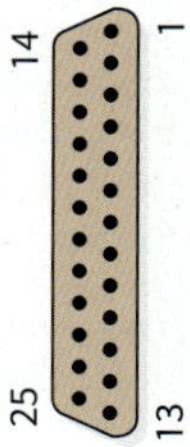

Adapter 25-polig auf 9-polig

25-polig

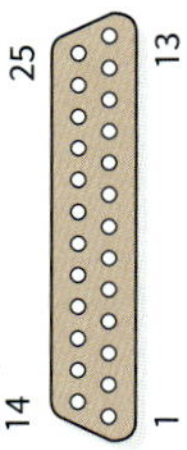

Anschlussbelegung

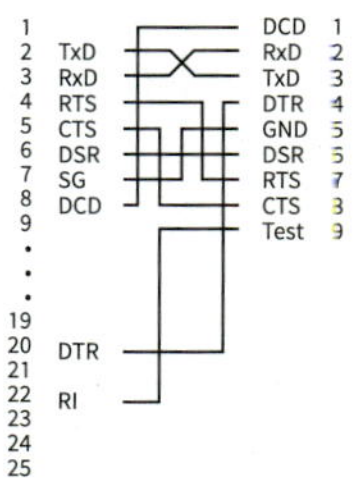

9-polig

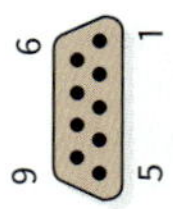

Anschluss nach X.24

15-polig

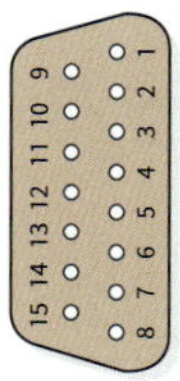

Anschlussbelegung

Stift	Signal	Stift	Signal
1	Betriebserde (G)	9	Rückleiter Kanal A (GA)
2	Datenleitung senden (T)	10	Rückleiter Kanal B (GB)
3	Steuerleitung (C)		
4	Empfangsleitung Kanal A (RA)	11	Empfangsleitung Kanal B (RB)
5	Meldeleitung Kanal A (IA)	12	Meldeleitung Kanal B (IB)
6	Schrittakt Kanal A (SA)	13	Schrittakt Kanal B (SB)
7	Bytetakt Kanal A (BA)	14	Bytetakt Kanal B (BB)
8	Betriebserde (G)	15	frei

Eigenschaften

- Der Universal Serial Bus ist eine **serielle Schnittstelle**, die als Punkt-zu-Punkt Verbindung ausgeführt ist.
- Die Steuerung der Kommunikation erfolgt über den **Hostcontroller**, der als Master arbeitet.
- Über den Hub können insgesamt **127 Geräte** in Form einer Baumstruktur an den Bus angeschlosen weren.
- Pro Port kann nur ein einzelnes Gerät betrieben werden.
- Die Geräte werden **automatisch erkannt** und können im Betrieb am Port entfernt bzw. eingesteckt werden.
- Zusätzlich zu den Datenleitungen sind im Verbindungskabel **Stromversorgungsleitungen** enthalten, die eine Energieversorgung der angeschlossenen Geräte ermöglichen.
- Aufgrund der einfachen Anwendung wird die Schnittstelle zur Anschaltung von **fast allen Peripheriegeräten** (USB-Sticks, Festplatten, WLAN-Adapter, usw.) eingesetzt.

Spezifikationen

Spezifikationen Spannung 5 V	maximale Stromstärke	 Leistung
USB 1.0/1.1 (Low-Powered-Port)	0,1 A	0,5 W
USB 2.0 (High-Powered-Port)	0,5 A	2,5 W
USB 3.0/3.1	0,9 A	4,5 W
USB-BC 1.2 (Battery Charging)[1)]	1,5 A	7,5 W
USB-Typ-C	3,0 A	15,0 W

[1)] Ladeanschluss

USB-Typ-C

- Die Steckverbindung besteht aus zwei Kontaktreihen zu je 12 Kontakten. Die Kontakte sind horizontal und vertikal spiegelsymmetrisch angeordnet. Der Stecker kann somit in beiden Positionen eingeführt werden.
- Das Kabel hat an beiden Enden einen identischen Stecker. Kabel können nicht mehr als "falsch" eingesteckt werden.
- Datenübertragungsrate: 10 Gbit/s.
- Die Signale sind fünf Gruppen zugeordnet.

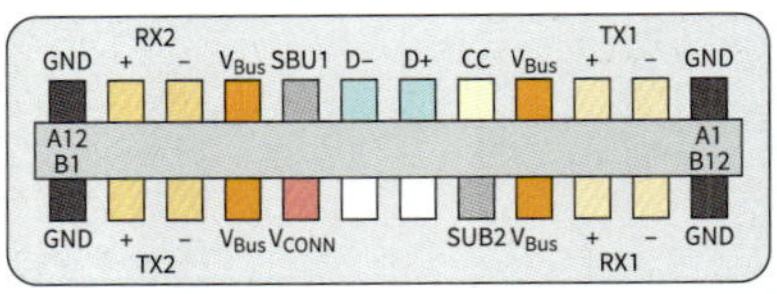

- **SuperSpeed-Link** (TX1+, TX1-, RX1+, RX1- und TX2+, TX2-, RX2+, RX2-) zwei Paar abgeschirmte Twisted-Pair- oder Koaxialleitungen
- **USB 2.0-Link** (D+, D-) einfaches, geschirmtes Twisted-Pair Leitungspaar (Halbduplexübertragung)
- **Konfiguration** (CC1, CC2); CC erkennt das Anstecken eines Kabels und die Orientierung des Steckers.
- **Hilfssignale** (SUB1, SUB2) zur Übertragung analoger Audiosignale
- **Stromversorgung** (4 x V_{BUS}, V_{CONN}, 4 x GND)

USB-PD (Power Delivery)

Über eine USB-Typ-C Steckverbindung lassen sich Geräte mit einer Leistung bis 100 W betreiben. Es werden fünf Profile unterschieden mit den Spannungen 5 V, 12 V und 20 V.

Stecker und Buchsen

Standard

Stecker	Buchse	PIN-Belegung
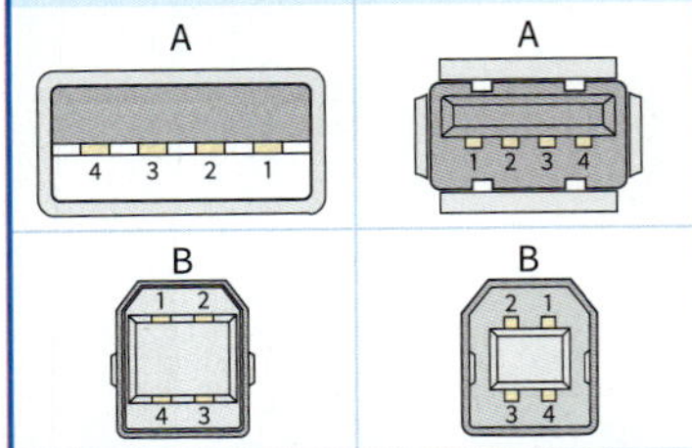		1: + 5 V DC (V_{CC}), rot 2: Daten (D-), weiß 3: Daten (D+), grün 4: GND (Masse, Ground, Abschirmung), schwarz

Mini

Stecker	Buchse	PIN-Belegung
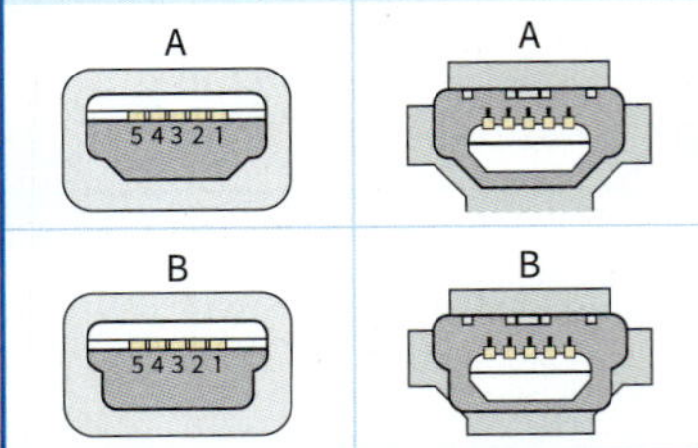		1: + 5 V DC (V_{CC}), rot 2: Daten (D-), weiß 3: Daten (D+), grün 4: ID (frei) 5: GND (Masse, Abschirmung), schwarz ID: Identifikation

Micro

Stecker	Buchse	PIN-Belegung
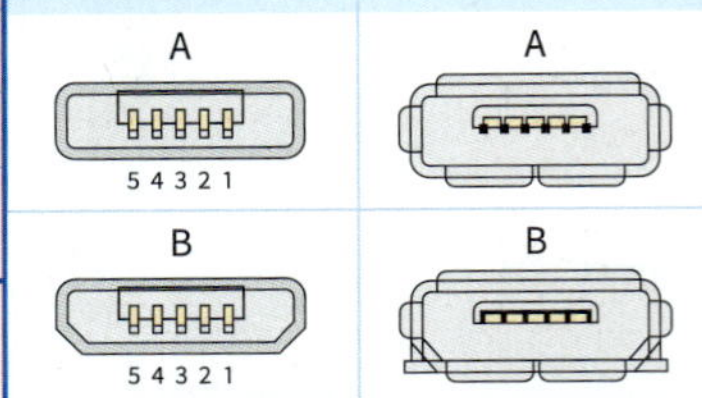		s. Mini-USB

Micro-B USB 3.0 (Stecker)

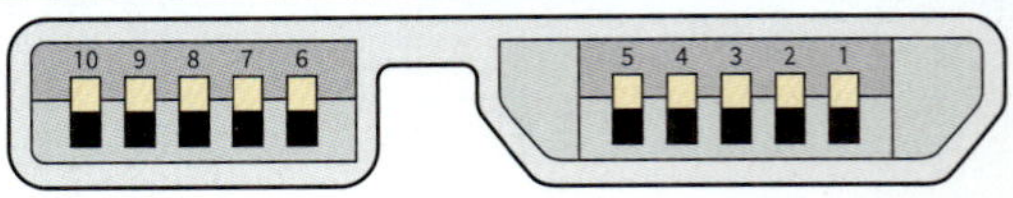

1: + 5 V DC	6: USB 3.0 Senden (-)
2: USB 2.0 (D-)	7: USB 3.0 Senden (+)
3: USB 2.0 (D+)	8: GND
4: USB OTG ID[2)]	9: USB 3.0 Empfangen (-)
5: GND	10: USB 3.0 Empfangen (-)

Datenraten

Spezifikation	**max. Nutzdatenrate**
USB 1.0 Full Speed	1 MB/s
USB 2.0 Hi Speed	40 MB/s
USB 3.0 Super Speed	300 MB/s
USB 3.1 Super Speed +	900 MB/s

USB On-The-Go (USB OTG, OTG)[2)]

USB-Geräte mit dieser Technik tauschen auch untereinander Daten aus – ohne Verbindung zum PC.
Beispiel: Die Digitalkamera kann Bilder direkt an einen Drucker senden. Der Nutzer muss sie nicht auf einen Computer überspielen, um sie auszudrucken.

Merkmale

- IEEE 1394 definiert eine **serielle Schnittstelle** zur Kopplung peripherer Geräte (z. B. externe Festplatten, Videogeräte) an einen Rechner oder zur Kopplung von Geräten untereinander.
- Verwendete Produktnamen sind FireWire (Apple), i.Link (Sony) und mLAN (Yamaha).
- Standard besteht aus mehreren Teilen: IEEE 1394a, IEEE 1394b und IEEE 1394c.
- Allgemeine Bezeichnungen sind FireWire 400 und FireWire 800.
- Basiert auf einer **seriellen Punkt-zu-Punkt**-Datenübertragung (peer to peer) zwischen benachbarten Geräten bzw. über mehrere Geräte hinweg zum Zielgerät.
- Erfordert keinen Host im System (Gegensatz: USB).
- Jedes Gerät kann die Masterfunktion übernehmen.
- Adressierung der Geräte in einem Bus durch 6 Bit; die einzelnen Busstränge werden über zusätzliche 10 Bit adressiert.
- Pro Bussystem sind 63 Geräte (Knoten) adressierbar.
- Geräte werden in Reihe (**Daisy Chain**) geschaltet.
- Bei Verwendung von Kupferverbindungskabeln können max. 17 Geräte (16 Kabelsegemente, je 4,5 m) in eine Reihe geschaltet werden (72 m Gesamtlänge).
- Durch Verwendung von Hubs (oder Mehrport-Geräten) können **Baumtopologien** aufgebaut werden.
- Max. sind 1023 Bussegmente über **Brücken** zusammen schaltbar.
- Realisiert Funktionen, wie z. B.:
  - **plug and play** (keine Adresseinstellung, keine Terminierung erforderlich),
  - **automatische Buskonfiguration** beim Hinzufügen oder Entfernen eines Gerätes,
  - **asynchroner** Datentransfer (zwischen zwei direkt adressierten Geräten, mit variablen Übertragungsintervallen und Handshake-Verfahren),
  - **isochroner** Datentransfer (feste, garantierte Übertragungsintervalle für jede teilnehmende Verbindung, ohne Wiederholung bei Datenverlust; 80 % der Bandbreite für einen oder mehrere isochrone Kanäle verfügbar),
  - bis zu 45 W elektrische Leistung bei Verwendung des 6- und 9-poligen Kabels übertragbar (**bus power**).
- **Übertragungsgeschwindigkeiten** (IEEE 1394a): **S 100** (98,304 Mbit/s), **S 200** (196,608 Mbit/s), und **S 400** (393,216 Mbit/s), bidirektional und halbduplex.
- IEEE 1394b ist abwärtskompatibel zu 1394a über bilinguale Verbindung; realisiert zusätzlich die Übertragungsgeschwindigkeit **S 800** mit 9-poliger Beta-Verbindung, bidirektional und vollduplex.
- IEEE 1394c realisiert Verbindungen mit S 800 (786,432 Mb/s) über Cat. 5e UTP.

Topologie

Daisy Chain-Prinzip

single port dual port

Übertragungszyklus

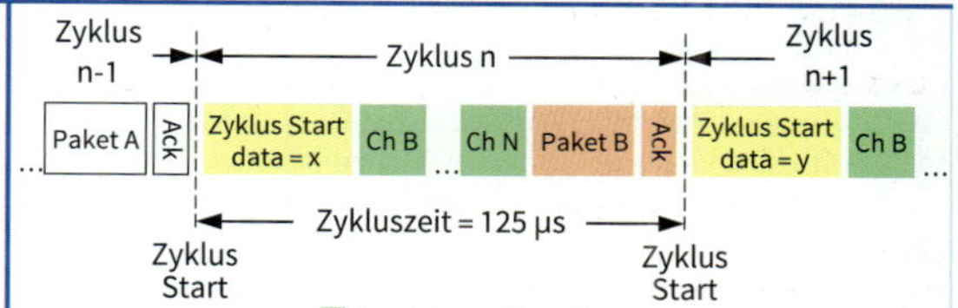

Ack: Acknowledge

Isochroner Transfer

Asynchroner Transfer

Verbindungskabel 6-polig

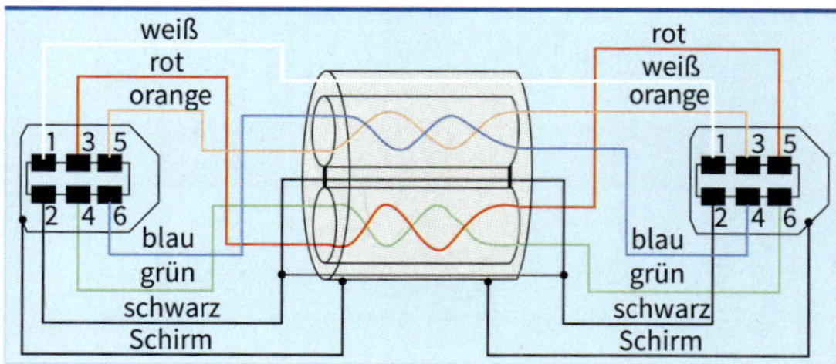

Übertragungsrichtung (DS-mode)

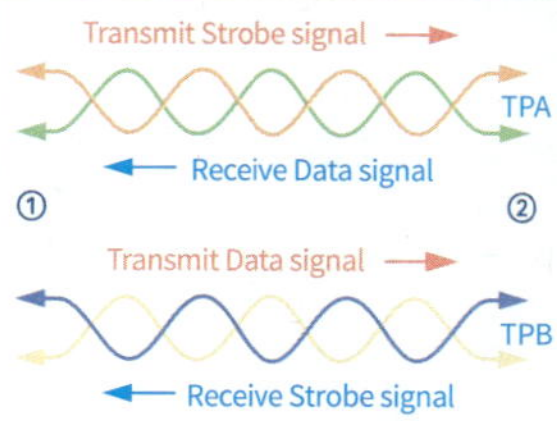

- Im DS-Mode werden Daten- und Strobesignale übertragen.
- Übertragung von ① nach ②: Strobe auf TPA und Daten auf TPB.
- Übertragung von ② nach ①: Strobe auf TPB und Daten auf TBA.

PIN-Nr. (Typ)			Bezeichnung	Funktion	Aderfarbe
(4-pin)	(6-pin)	(9-pin)			
–	1	8	Power	max. 30 V DC ohne Last	weiß
	2	6	Ground	Ground Po. innerer Schirm	schwarz
1	3	1	TPB –	Twisted Pair B	orange
2	4	2	TPB +	Twisted Pair B	blau
3	5	3	TPA –	Twisted Pair A	rot
4	6	4	TPA +	Twisted Pair A	grün
		6/9	A/B shield		
-	-	7	n.c.		
			Gehäuse	Äußerer Schirm	

Geräteschnittstellen

4-polig

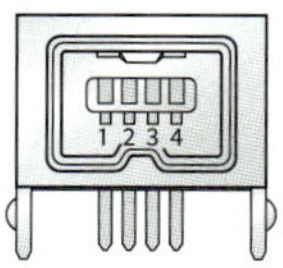

6-polig

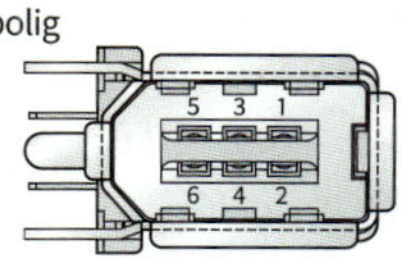

unterschiedlich breite Vertiefungen

9-polig Bilingual

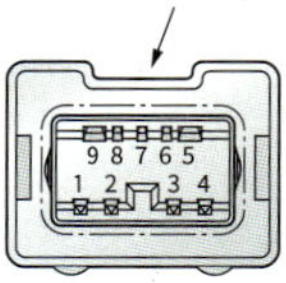

9-polig Beta

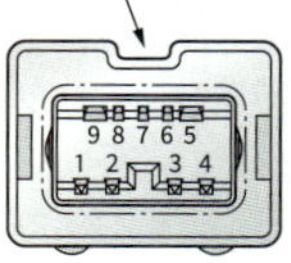

Merkmale

- **Drahtlose** Kommunikationsverbindung für **Kurzstrecken** auf Funkbasis
- Arbeitet im Bereich von 2,402 GHz bis 2,480 GHz (2,4 GHz **ISM-Band**)
- Frequenzband ist unterteilt in **79 Kanäle** mit je 1 MHz Abstand
- Übertragung erfolgt durch **Frequenzsprungverfahren** (**FHSS:** **F**requency **H**opping **S**pread **S**pectrum)
- Insgesamt werden 79 **HOPS** (Sprünge) mit einer maximalen **Hopping-Frequenz** von 1600 Hz realisiert
- **Hopping-Sequenz** wird über die Geräteadresse des Masters ausgewählt
- Kommunikation zwischen Master und Slave erfolgt im **T**ime **D**evision **D**uplex (**TDD**)
- Sendeleistung ist in drei Klassen eingeteilt
  - **Klasse 1:** 100 mW (20 dBm); automatische Sendeleistungsanpassung ist erforderlich
  - **Klasse 2:** 2,5 mW (4 dBm) und
  - **Klasse 3:** 1 mW (0 dBm)
- Reichweite 10 cm bis 10 m (100 m)
- Pro **Pico-Netz** werden 8 aktive Geräte (1 Master und 7 Slaves) unterstützt (zusätzlich noch bis zu 255 passive Slaves möglich)
- Pro System sind maximal 10 Pico-Netze möglich (**Scatter**-Netz)

Datenübertragungsarten

- Punkt zu Punkt (**SCO: S**ynchronous **C**onnection **O**riented)
- Punkt zu Multipunkt (**ACL: A**synchronous **C**onnection**l**ess)
- SCO dient der synchronen Sprachübertragung mit symmetrischen Datenraten (64 kbit/s)
- Sprachcodierung erfolgt mittels **C**ontinous **V**ariable **S**lope **D**elta Verfahren (**CVSD**);
- ACL-Übertragung ist asynchron und verbindungsunabhängig
- Datenpakete können dabei auch 3 oder 5 Zeitschlitze beanspruchen (ohne Frequenzwechsel)
- Symmetrie der Datenraten wird vom Master festgelegt:
  - asymmetrisch: max. 721 kbit/s vorwärts und 57,6 kbit/s rückwärts
  - symmetrisch: 432,6 kbit/s in beiden Richtungen
- Maximal **7 Datenkanäle** und **3 Sprachkanäle** pro Pico-Netz

Schutzmaßnahmen

- Schutz gegen **Übertragungsstörungen** durch
  - **FEC**-Codierung (**F**oreward **E**rror **C**orrection: Vorwärts-Fehlerkorrektur) und
  - **ARQ** (**A**utomatic **R**etransmission **Q**uery: Wiederholungsanforderung)
- Header jedes Paketes grundsätzlich mit FEC geschützt
- Datenschutz für die Übertragung auf physikalischer Schicht durch **Authentifizierung** und **Verschlüsselung**
- Verschlüsselung erfolgt mit **Stream-Cipher**-Verfahren über Schlüssellängen von 40 Bit oder 60 Bit
- Jedes Bluetooth-Gerät verfügt über eine eindeutige **Geräte-Adresse** mit **48 Bit** (ähnlich MAC-Adresse bei LAN-Netzwerken):
  - **LAP** (**L**ower **A**ddress **P**art) 24 Bit
  - **UAP** (**U**pper **A**ddress **P**art) 8 Bit
  - **NAP** (**N**on Significant **A**ddress **P**art) 16 Bit
- **Profile** definieren die gemeinsame Basis für Geräte mit identischen Diensten und ermöglichen damit die Interoperabilität zwischen den Geräten
- Die **Leistungsaufnahme** der Geräte wird über Betriebsarten (Active, Sniff, Park, Hold) gesteuert

Netzstruktur

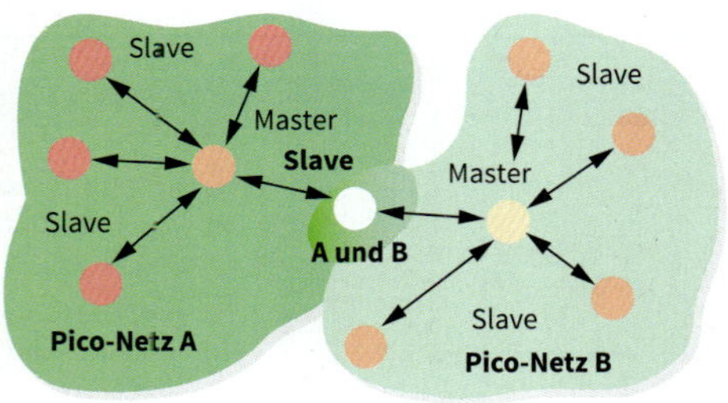

Time Division Duplex

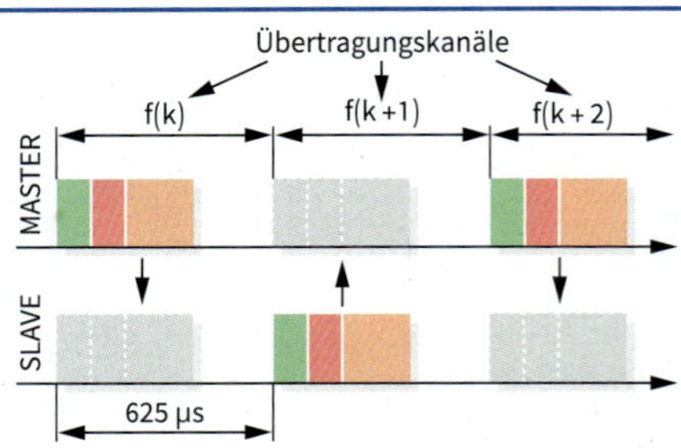

Rahmenformat

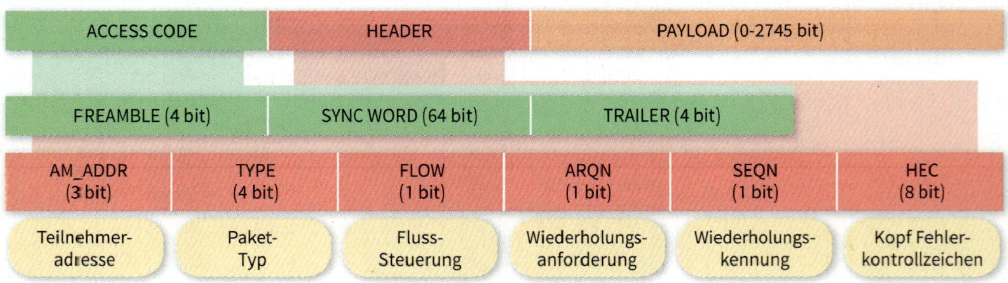

Merkmale

- **IRDA** – Vereinigung für Datenübertragung auf infraroter Basis definiert Standards (IrDA 1.0 und 1.1) für **serielle Datenübertragung** mittels **infrarotem Licht** in Sichtverbindung zwischen Sender und Empfänger.
- **Übertragungsraten** können (bei PC-interner Schnittstelle) im BIOS eingestellt werden.
- **Übertragungsstrecke** beträgt standardmäßig 1 m; größere Entfernungen sind möglich (abhängig von eingesetzten optischen Sendern und Empfängern).
- **Übertragungsart** ist halbduplex; Punkt-zu-Punkt und Punkt-zu Mehrpunkt.
- Grundstandard enhält Spezifikationen für Verbindungszugriff (Link Access Protocol: IrLAP), Verbindungssteuerung (Link Management Protocol: IrLMP) und Physical Interface.
- **Anwenderprotokolle** bieten spezifische Ausführungen für unterschiedliche Anwendungen.
- Durch spezielle Kodierung des optischen Signals wird eine energiesparende und gegenüber optischen Beeinflussungen (Tageslicht, Reflexionen) zuverlässige Übertragung erreicht.
- Preiswerte **kabellose Kopplung** u. a. zwischen PCs, Notebooks, PDAs, Kamera, Drucker, Mobile usw.

Protokoll-Stack

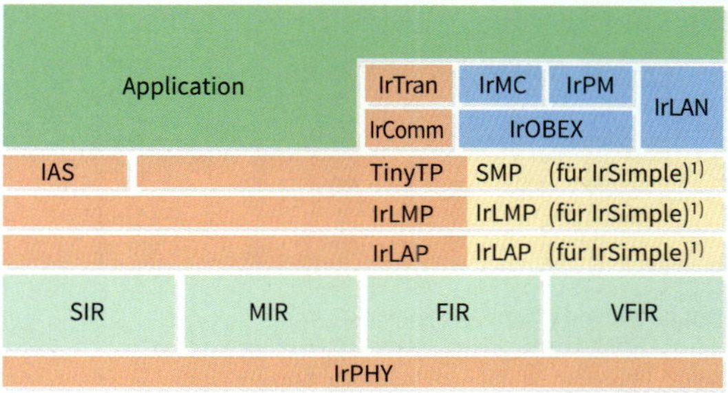

Erläuterungen

IrPHY	**IrDA Phy**sical Layer definiert die physikalischen Übertragungseigenschaften (z. B. Strahlungsstärke, Abstrahlwinkel, Datenrate).
IrLAP	**IrDA L**ink **A**ccess **P**rotocol definiert die Übertragungsrate und Datengröße.
IrLMP	**IrDA L**ink **M**anagment **P**rotocol regelt u. a. den Datenaustausch für mehrere paralell laufende Anwendungen.
Tiny TP	**IrDa T**ransport **P**rotocol verwaltet u. a. die Puffer für jede logische Verbindung.
IrCOMM	**Infrared Comm**unication Protocol emuliert u. a. die RS 232 Schnittstellenfunktion.
IrOBEX	**Infrared Obj**ect **Ex**change Protocol vereinheitlicht die Eigenschaften von Objekten zur Übertragung zwischen unterschiedlichen Geräten.
IrTran-P	**Infrared Tran**sfer **P**rotocol-Picture steuert die Übertragung von Bildern; verwendet UPF (Universal Picture Format).
IrMC	**Infrared M**obile **C**ommunication (mobile Kommunikationsgeräte) definiert die Objekt-Austauscheigenschaften bei mobilen Geräten (z. B. PDA)
IrFM	**Infrared F**inancial **M**essaging steuert elektronische Bezahlverfahren.
IrLAN	**Infrared LAN** definiert LAN-Verbindungen über IrDA.

[1] **IrSimple:** regelt effiziente Übertragung großer Datenmengen (z. B. Bilddateien). Erfordert Ergänzungen: **SMP** (**S**equence **M**anagement **P**rotocol), **Ir LMP** und **IrLAP** (**für IrSimple**). Damit werden hohe Übertragungsraten und vereinfachter Aufbau und Abbau der Verbindung erreicht (z. B. 1 MByte JPEG über VFIR mit IrSimple in 0,6 s).

Übertragungsraten

Bezeichnung		
SIR (**S**low)	kbit/s	2,4; 9,6; 19,2; 38,4; 57,6; 115,2
MIR (**M**edium)	kbit/s	576; 1152
FIR (**F**ast)	Mbit/s	4
VFIR (**V**ery **F**ast)	Mbit/s	16
UFIR (**U**ltra **F**ast)	Mbit/s	100 (in Entwicklung)

Optische Parameter

Abstrahlwinkel

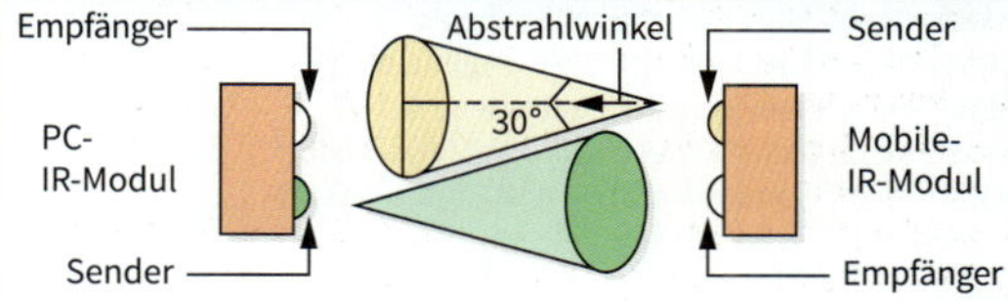

Leistungsparameter

Übertragungsrate in kbit/s	Betriebsart	Sendeleistung in mW/sr	Empfangsempfindlichkeit in µW/cm²
< 115,2	Standard	40	4
	Low Power	3,6	9
> 115,2	Standard	100	10
	Low Power	9	22,5

Modulationsarten

SIR und **MIR** (< 115,2 kbit/s) verwenden RZI
Daten „0“: Lichtimpuls; Daten „1“: Kein Lichtimpuls

SIR sendet Lichtimpuls mit 3/16 T (Impulsdauer)

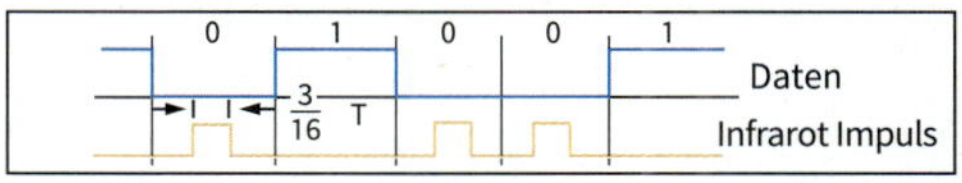

MIR sendet Lichtimpuls mit 1/4 T (Impulsdauer)

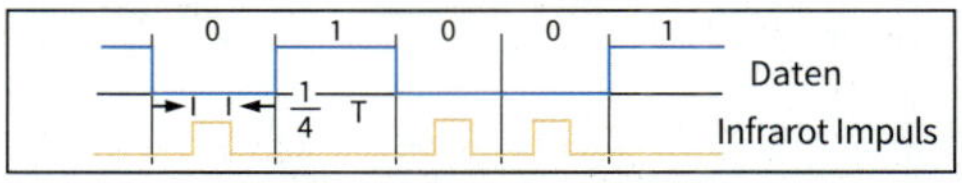

FIR verwendet **4 PPM** (**P**ulse **P**osition **M**odulation).
Jeweils 2 Datenbit werden einer bestimmten Pulsposition im Übertragungsraster zugeordnet.

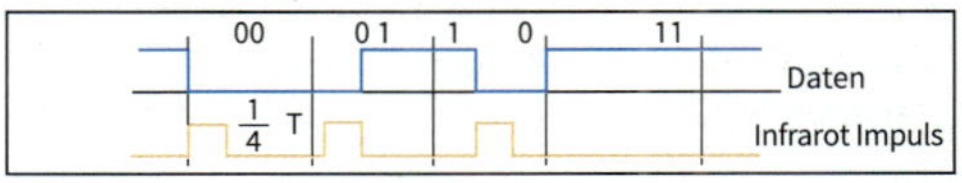

Einteilung

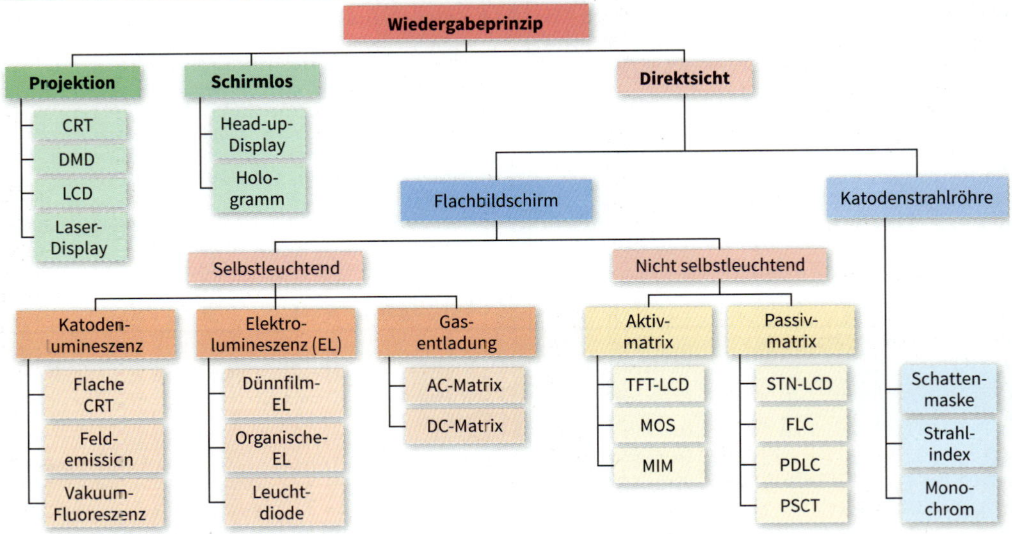

CRT: **C**athode **R**ay **T**ube (Kathodenstrahlröhre)
DMD: **D**ense **M**irror **D**isplay (Mikrospiegel)
LCD: **L**iquid **C**rystal **D**isplay (Flüssigkristall)
FLC: **F**erro **L**iquid **C**rystal (Ferroelektrisch)
MOS: **M**etal **O**xide **S**emiconductor (Metall-Oxid)
MIM: **M**etal **I**solator **M**etal (Metall Isolator Metall)
PDLC: **P**olymer **D**isperged **L**iquid **C**rystal (Polymer dispergierter Flüssigkristall)
PSCT: **P**olymer **S**tabilised **C**holestric **T**exture (Polymer stabilisierte cholestrische Texture)
STN: **S**uper **T**wisted **N**ematic (Super gedreht)
TFT: **T**hin **F**ilm **T**ransistor (Dünnschicht Transistor)

LCD (Liquid Crystal Display)

- Flüssigkristall-Anzeigen
  - basieren auf anorganischen Komponenten mit stäbchenhaften **Molekülen** und benötigen externe Lichtquellen,
  - wirken nach dem **Durchlicht-** oder **Reflexionsverfahren** oder einer Kombination aus beidem,
  - bilden im Temperaturbereich von –20 °C bis +85 °C **Kristallstäbchen**, die verschiebbar sind.
- Durch Anlegen elektrischer Spannungen wird die Ausrichtung der Moleküle beeinflusst.
- **Normal-White Zelle** ist ohne Spannung weiß.
- **Normal-Black Zelle** ist ohne Spannung dunkel.
- **Passiv-Matrix**-Displays beeinflussen auch Nachbarzellen (geringer Kontrast).
- **Aktiv-Matrix**-Displays sind in jeder Zelle mit einem Dünnschichttransistor als Schalter ausgerüstet und werden als **TFT-Displays** (Thin-Film-Transistor) bezeichnet.

Leuchtverfahren

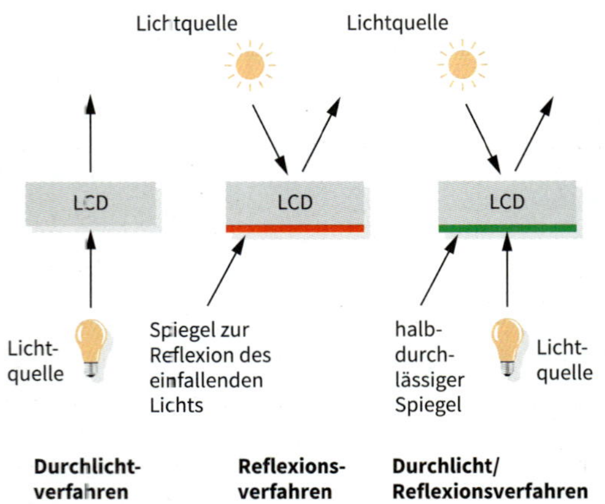

Funktion

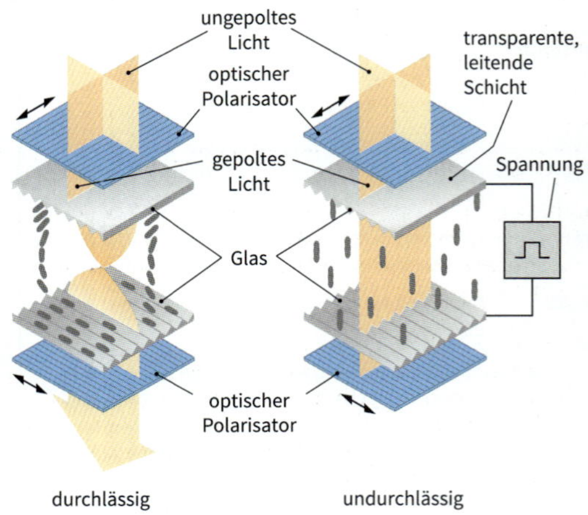

TFT-LCD

Funktion

- **T**F**T**-LCD (**T**hin-**F**ilm-**T**ransistor LCD)
  - bestehen aus LC-Zellen mit einem integrierten **Dünnschicht-Transistor** pro Farbe in jeder Zelle und werden deshalb als **Aktiv-Matrix-Displays** bezeichnet,
  - sind in der Bauform wesentlich dünner als Passiv-Displays.
- Die Transistoren steuern den Grad der Molekülablenkung und somit die Helligkeit der einzelnen Farben.
- Die **Refresh-Rate** liegt annähernd bei der von Bildröhren.
- Defekte Pixel sind entweder dauernd leuchtend bei schwarzem Hintergrund oder dunkel bei weißem Hintergrund.

Aufbau

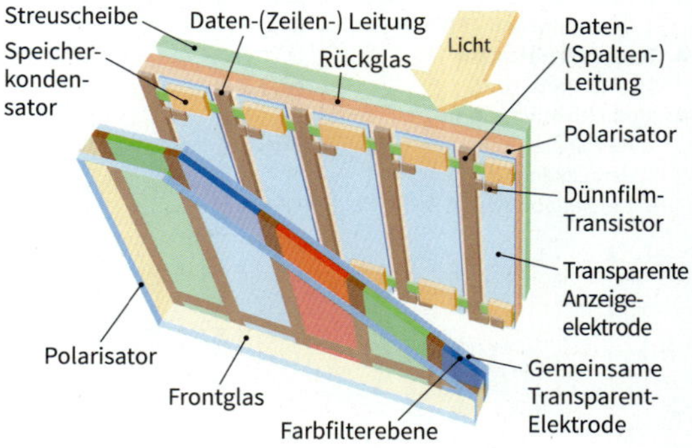

PLD

Funktion

- **Pl**asma-**D**isplays (**PLD**)
  - sind selbstleuchtend,
  - beinhalten eine Mischung aus Edelgasen (Argon, Neon) zur **Plasmaerzeugung**,
  - verwenden Phosphor (rot, grün, blau) als Leuchtmittel,
  - werden über eine x/y-Matrix angesteuert,
  - erzeugen durch **Stoßionisation** frei bewegliche Ionen und Elektronen.
- Gebundene Elektronen im Plasma werden durch die freien Elektronen auf höheres Energieniveau angehoben und erzeugen bei Rückfall auf normales Niveau **Ultraviolett-Strahlung**, die den Phosphor zum Leuchten anregt.
- Die Steuerung der Helligkeit erfolgt durch zeitabhängige Anschaltung der Zellen.

Zellen-Aufbau

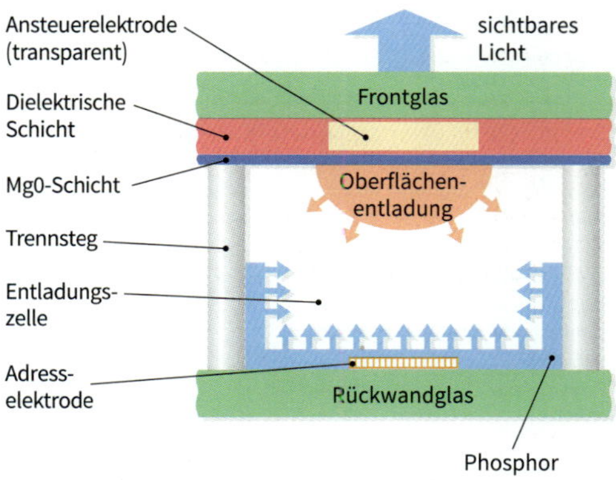

Display-Aufbau

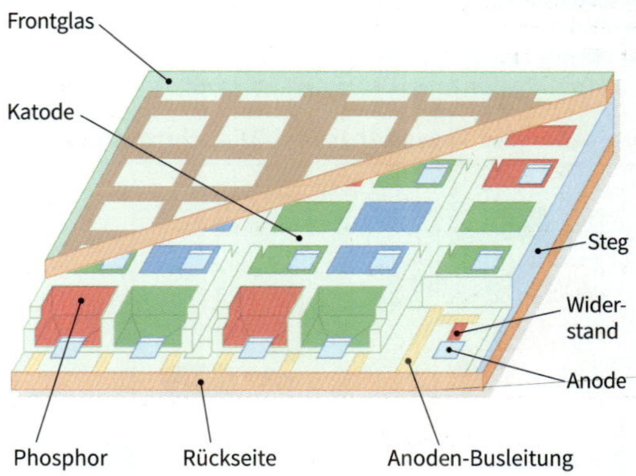

OLED

Funktion

- **O**rganic-**L**ight **E**mitting **D**iodes (**OLED**) verwenden als Leuchtschicht organische Leuchtstoffe, in denen die positiven und negativen Ladungsträger beim Zusammentreffen sichtbares Licht erzeugen.
- OLED
  - sind selbstleuchtend (Elektrolumineszenz),
  - verbrauchen wenig Energie,
  - bieten hohe Kontrastverhältnisse,
  - sind als Passiv- und Aktiv-Matrix Displays eingesetzt (Mobiltelefone, Leuchtsymbole).

Zellen-Aufbau

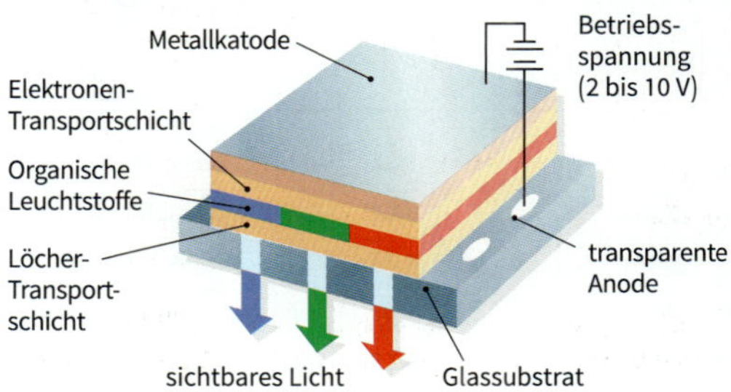

Kenngrößen

- Bildentstehung durch
  - Flüssigkristalltechnik (**LCD: L**iquid **C**rystal **D**isplay)
  - Plasmatechnik (**PDP: P**lasma **D**isplay **P**anel)
- **Seitenverhältnisse**
  5:4, 4:3, 16:9, 16:10
- **Bildschirmdiagonale**
  - Abstand zwischen zwei sich diagonal gegenüberliegenden Ecken
  - Die Angabe erfolgt in der Regel in Zoll.

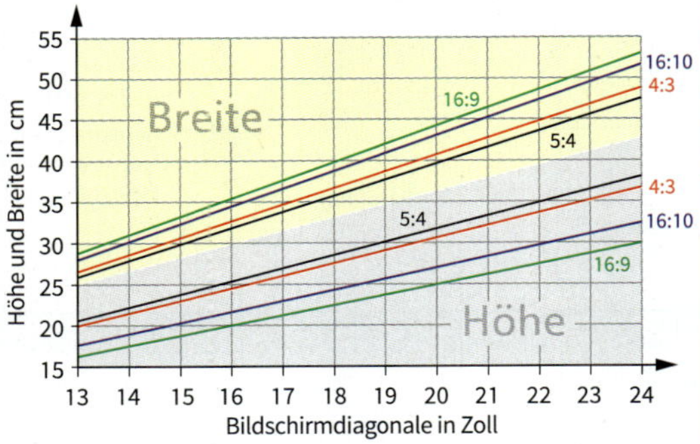

- **Auflösung** (Pixel horizontal x vertikal)
  Beispiele:
  - 15" : 1024 x 768
  - 17" : und 19" 1280 x 1024 bis 1600 x 1200
  - 24" : 1920 x 1200
- **Reaktionszeit:** 2 bis 25 ms
- **Kontrast:** 300 :1 bis 5000 :1
- **Helligkeit:** 200 bis 500 cd/m²
- **Blickwinkel:** z. B. 140° bis 178°
- **Pixeldichte:** Anzahl der physikalischen Pixel pro Zoll

Computergrafikstandards und Bildschirmgröße

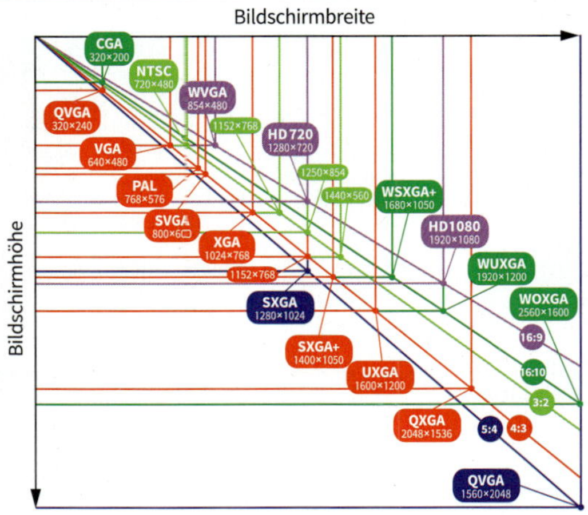

Q:	**Q**uarter	**VGA:**	**V**ideo **G**raphics **A**rray
S:	**S**uper	**XGA:**	E**x**tended **G**raphics **A**rray
U:	**U**ltra	**CGA:**	**C**olour **G**raphics **A**dapter
W:	**W**ide	**HD:**	**H**igh **D**efinition Television
PAL:	**P**hase **A**lternating **L**ine	**NTSC:**	**N**ational **T**elevision **S**ystem **C**ommittee

VGA-Anschluss

- Analoge Video-Datenübertragung
- **VGA: V**ideo **G**raphics **A**rray
- **DDC: D**isplay **D**ata **C**hannel (Anzeigedatenkanal)
  Die Signale dienen der Identifikation des angeschlossenen Monitor-Typs (z. B. Farbe, VGA, SVGA).

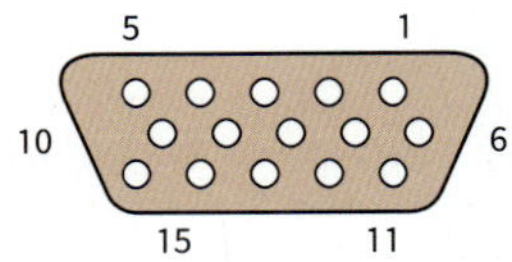

Pin	Signal, Funktion
1	Rot-Signal analog
2	Grün-Signal analog oder analoges Monochrom-Signal
3	Blau-Signal analog
4	Monitor Identifikations-Bit 2, Masse
5	Digitale Masse für DDC
6	Rot-Masse
7	Grün-Masse
8	Blau-Masse
9	Nicht belegt, DDC 1 (+5 V)
10	Synchronisations-Masse
11	Monitor Identifikations-Bit 0
12	Monitor Identifikations-Bit 1, DDC 1-Signal
13	Horizontale Synchronisation
14	Vertikale Synchronisation
16	Monitor Identifikations-Bit 3, DDC 1-Signal

DVI-Anschluss

- Schnittstelle zur Übertragung der digitalen Daten der Grafikkarte z. B. an ein TFT-Display.
- **DVI: D**igital **V**isual **I**nterface
- Pinbelegung:
  - 1…24 digitale Signale
  - C1…C4 analoge Signale
- **DVI-I** (DVI-Integrated):
  Digitale und analoge Übertragung
- **DVI-D:**
  Rein digitale Übertragung (nur Pin 1 bis 24, ohne C1 bis C5)
- **DVI-A:**
  Rein analoge Übertragung (C1 bis C5)

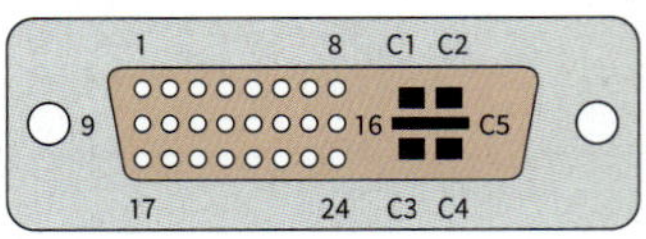

HDMI-Anschluss

- **HDMI: H**igh **D**efinition **M**ultimedia **I**nterface
  Digital arbeitende Schnittstelle für die Übertragung multimedialer Daten (Video, Audio und Steuersignale).
- Datenrate bis zu 5 GB/s
- Farbmodelle YUV und RGB
- Stecker
  Typ A: 19 Pins, 13,9 mm breit; Typ B: 29 Pins, 21,2 mm breit; Typ C: 19 Pins, 10,42 mm breit

Funktionelle Einteilung einer Datenstation

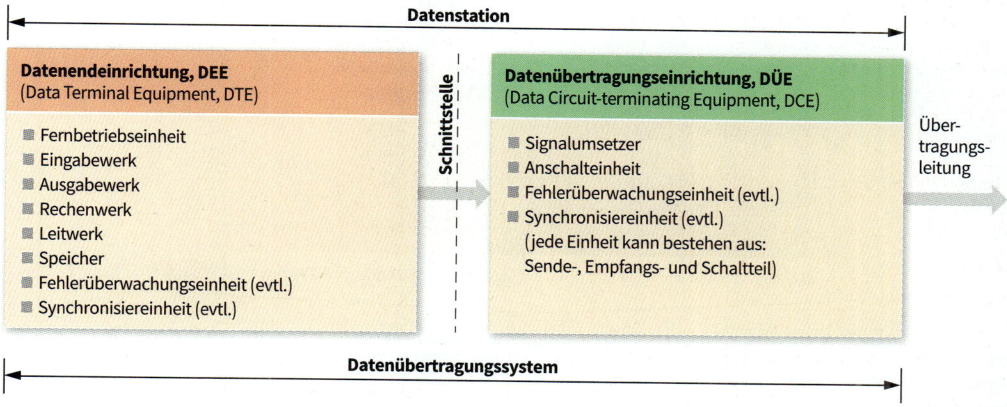

Schrittgeschwindigkeit

$$v_s = \frac{1}{T_s}$$ $[v_s]$ Baud[1)] Baud in $\frac{1}{s}$

T_s: Schrittdauer $[T_s] = \text{s}$

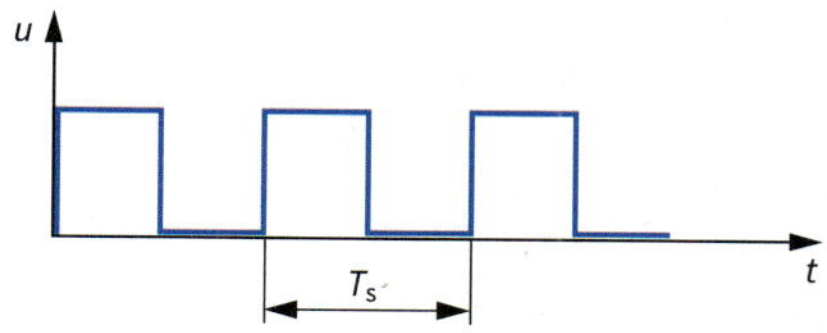

[1)] Abkürzung von Baudot, franz. Telegrafentechniker

Übertragungsgeschwindigkeit (Baudrate)

$$v_ü = v_s \cdot \text{lb}\, n$$

$$v_ü = Z \cdot v_z \cdot \text{lb}\, n$$

$[v_ü] = \frac{\text{bit}}{\text{s}}$

$n = 2$ (binäre Übertragung)

lb: Logarithmus zur Basis 2

lg: Logarithmus zur Basis 10

$$\text{lb}\, n = \frac{\lg n}{\lg 2}$$

Z: Anzahl der Einheitsschritte in einem Zeichenrahmen

v_z: Zeichengeschwindigkeit

Zeichengeschwindigkeit

$$v_z = \frac{1}{T_z} \qquad T_z = Z \cdot T_s$$

T_z: Übertragungsdauer eines Zeichenrahmens
Z: Anzahl der Einheitsschritte in einem Zeichenrahmen

Beispiel:

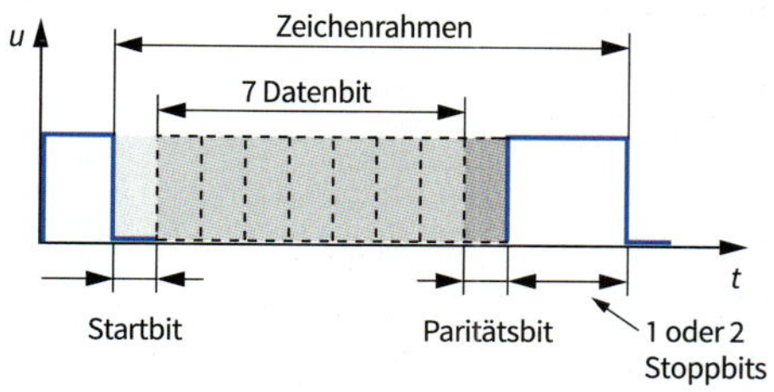

1 Sta. + 7 Dat. + 1 Par. + 1 Sto.: Z = 10

Beispiele

bit/s	Zeichen/s	Bitdauer in µs
1 200	120	833
2 400	240	416
4 800	480	208
9 600	960	104
19 200	1 920	52

Wirkungsgrad (Datendurchsatz)

$$n_ü = \frac{n_{Dat}}{n_{Sta} + n_{Dat} + n_{Par} + n_{Sto}}$$

n_{Dat}: Anzahl der Datenbits

n_{Sta}: Startbit

n_{Par}: Paritätsbit

n_{Sto}: Anzahl der Stoppbits

Maximale Datenübertragungsrate

Im **rauschfreien** Kanal (Nyquist-Theorem)

$$C = 2 \cdot B\, \text{lb}\, (M)$$

C: Übertragungsrate (bit/s)
B: Bandbreite (Hz) z. B. 3 000 Hz bei TK-Leitung
M: Anzahl Signalpegel (bei Digitalsignal = 2)

Im **nicht rauschfreien** Kanal (nach Shannon)

$$C = B \cdot \text{lb}\, (1 + \text{SN})$$

SN: Verhältnis Signal zu Rauschen (noise)
(Angabe in absoluten Werten, nicht in dB;
z. B. 1 000 für 30 dB)

Elektromagnetischer Frequenz- und Wellenlängenbereich

$c = \lambda \cdot f$

c: Ausbreitungsgeschwindigkeit der elektromagnetischen Welle
c = 299792,5 m/s
λ: Wellenlänge
f: Frequenz

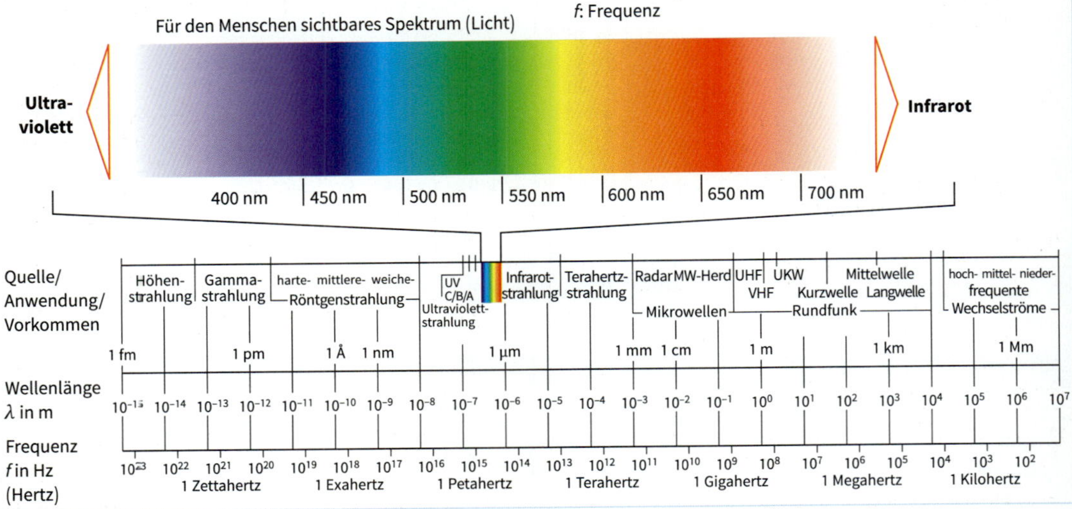

Frequenzbänder von Mobilfunksystemen

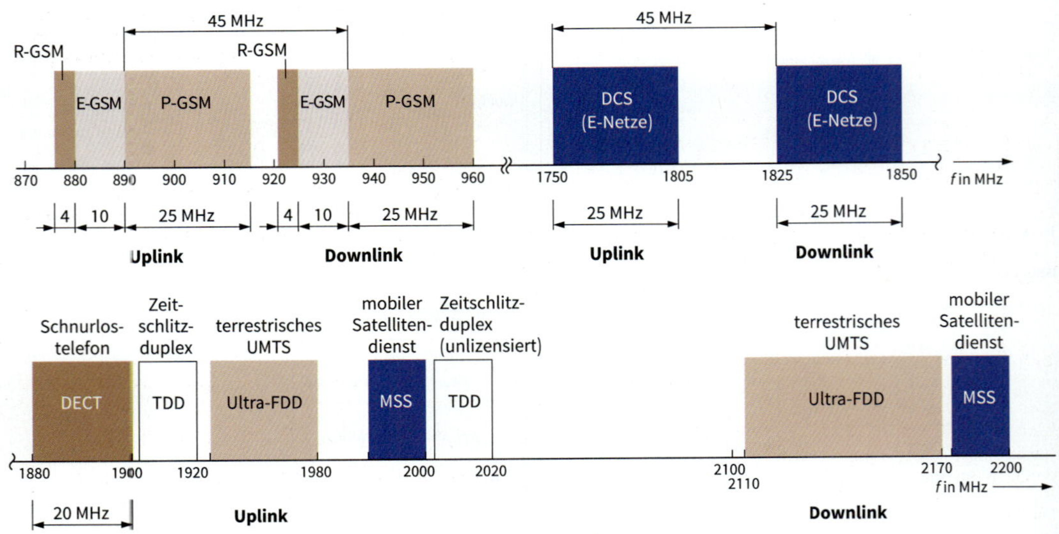

GSM: **G**lobal **S**ystem for **M**obile Communication (Mobilfunksystem)
R-GSM: **R**ail (Eisenbahn) **GSM**
E-GSM: **E**xtended (erweitert) **GSM**
P-GSM: **P**ublic (öffentlich) **GSM**
DCS: **D**igital **C**ommunication **S**ystems (GSM-System im E-Netz)
DECT: **D**igital **E**nhanced **C**ordless **T**elephone (schnurlose Telekommunikation)
TDD: **T**ime **D**ivison **D**uplex (Zeitmultiplex-Zugriff mit zeitgesteuertem Duplexbetrieb)
Ultra-FDD: **U**ltra **F**requency **D**ivision **D**uplexing (Verfahren im Verkehrsfunk)
MSS: **M**obile **S**atellite **S**ervice (Versorgung ländlicher Gebiete mit Internet, Fernsehen und Radio)
UMTS: **U**niversal **M**obile **T**elecommunications **S**ystem

Übertragungseigenschaften

Niedrige Frequenzen	Hohe Frequenzen
■ Die Übertragungseigenschaften sind bestimmt durch – **Leiterwiderstand**, – **Isolationswiderstand** und – **Betriebskapazität**. ■ Der Leiterwiderstand ist abhängig von – dem Leiterquerschnitt, – der Leiterlänge und – der Qualität des Kupfers. ■ Der Isolationswiderstand – wird bestimmt durch den verwendeten Isolierstoff und – wird kleiner bei zunehmender Länge. ■ Die Betriebskapazität – ergibt sich aus den Kapazitäten der Einzeladern untereinander und gegen den Kabelschirm und – steigt linear mit der Kabellänge (längenabhängig).	Bei hohen Frequenzen sind zu berücksichtigen: ■ **Wellenwiderstand** (setzt sich u.a. zusammen aus Kapazitäts- und Induktivitätsbelegen der Leitung; ist unabhängig von der Leitungslänge) ■ **Leitungsdämpfung** (abhängig von Leiterwiderstand und Betriebskapazität; nimmt linear mit der Leitungslänge zu) ■ **Nebensprechen** (gegenseitige Beeinflussung benachbarter Adernpaare durch Induktionsspannungen; abhängig von der Frequenz; unabhängig von der Leitungslänge) ■ **Übersprechdämpfung** (**ACR: A**ttenuation **C**ross **R**atio; Verhältnis des Nutzsignalpegels am Empfängereingang zum Störpegel) ■ **Erdunsymmetrie** (verursacht durch mechanische Unsymmetrien im Kabel oder unterschiedliche Wirkwiderstände)

Beeinflussungen und Gefährdungen

- Nachrichtenkabel werden beeinflusst durch Energieanlagen, Blitzeinschlag, Feuchtigkeit und Brände.
- **Gefährdende elektrische Beeinflussungen** in unsymmetrischen Kreisen von Kabeln (Leiter gegen Erde) werden hervorgerufen durch **Langzeiteinflüsse** (z. B. dauernde Betriebsströme von Bahnanlagen) und/oder **Kurzzeiteinflüsse** (z. B. Erdkurzschlüsse in Energieanlagen).
- **Störende elektrische Beeinflussungen** treten in symmetrischen Kreisen (Leiter gegen Leiter) des Nachrichtenkabels auf.
- Grundlage für **gefährdende** und **störende** Beeinflussung sind **induktive Kopplungen** bei Parallelführung von Energiekabeln oder galvanische Kopplung (gleiche Leitungsabschnitte).
- **Kapazitive Kopplungen** sind für geschirmte Nachrichtenkabel unkritisch, für Fernmeldefreileitungen jedoch möglich (DIN VDE 0228-1).
- **Fremd-** und **Geräuschspannungen** sind **niederfrequente Störungen**.
- **Fremdspannungen** bestehen aus einem Frequenzgemisch mit Oberschwingungen und Grundschwingungen. Es handelt sich um die **effektive Spannungssumme** aus allen Amplituden. Gestört werden hauptsächlich **Signalkreise**.
- Bei **Geräuschspannungen** werden alle Frequenzanteile entsprechend der Empfindlichkeit des menschlichen Ohres im Zusammenhang mit der Übertragungscharakteristik des Fernhörers betrachtet (Bezugsfrequenz ist 800 Hz).
- **Hochfrequente Störungen** entstehen durch Sendeanlagen oder Schaltvorgänge (z. B. Thyristorschalter).
- Für Kabelanlagen sind **Grenzwerte für die zulässigen Beeinflussungsspannungen** zum Schutz von Personen und entsprechende Schutzmaßnahmen festgelegt.

Beeinflussungsspannungen

Gefährdende Spannungen nach	DIN VDE 0228	ITU K.21
Langzeitbeeinflussung von Nachrichtenkreisen ohne Abschluss durch Trennübertrager	65 V	60 V
Langzeitbeeinflussung von Nachrichtenkreisen mit Abschluss durch Trennübertrager	250 V	150 V
Kurzzeitbeeinflussung (max. 0,5 s) von Nachrichtenkreisen mit spannungssicheren Abschlusskreisen	300 V (öffentl. Netze)/500 V	430 V
Bewertete Störspannung		
Fernsprechkreise des öffentlichen Verkehrs	0,5 mV	0,5 mV
Fernsprechkreise des nichtöffentlichen Verkehrs	2,5 mV	2,5 mV

Brandverhalten

Aspekt	Deutsche Norm	Internationale Norm
Einaderbrennprüfung	DIN EN 60332	IEC 60332
Einkabelbrennprüfung	DIN EN 60332	IEC 60332
Mehrkabelbrennprüfung	DIN EN 60332	IEC 60332
Korrosivität	DIN EN 50267	IEC 60754
Halogenfreiheit von Materialien	DIN EN 50267	IEC 69754
Rauchgasdichte	DIN EN 50268	IEC 61034
Toxizität	DIN 53436	IEC 60695-7
Isolationserhalt	DIN VDE 0472-814	IEC 60331

U/UTP Cat.5

U: **U**nshielded (ungeschirmt)
UTP: **U**nshielded **T**wisted **P**air (ungeschirmtes Aderpaar)

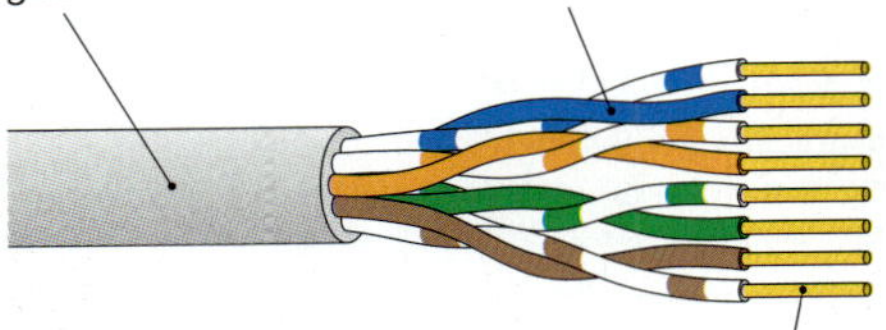

PE: **P**oly**e**thylen

AWG: **A**merican **W**ire **G**auge

F/UTP Cat.5/Cat.5e

F: **F**oiled (Gesamtschirm Folie)
UTP: **U**nshielded **T**wisted **P**air (ungeschirmtes Aderpaar)

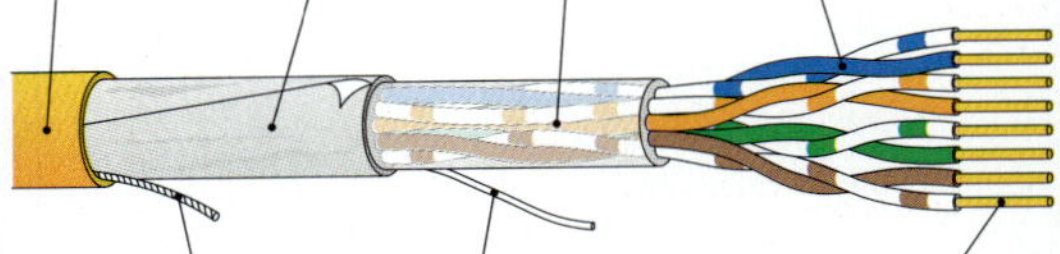

AWG: **A**merican **W**ire **G**auge

U/FTP Cat.6

U: **U**nshielded (ungeschirmt)
FTP: **F**oiled **T**wisted **P**air (Folienschirm je Aderpaar)

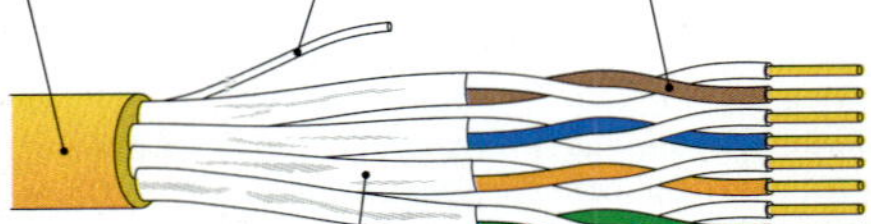

AWG: American Wire Gauge

S/FTP Cat.7_A

S: **S**hielded (Gesamtschirm Schirmgeflecht)
FTP: **F**oiled **T**wisted **P**air (Folienschirm je Aderpaar)

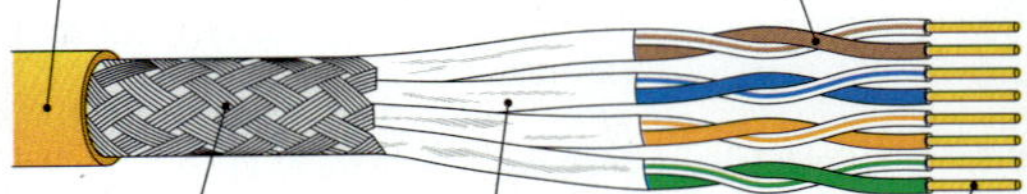

AWG: American Wire Gauge

1) **FR**/PVC: **F**lame **R**etardant/Polyvinylchlorid (flammwidrig/Polyvinylchlorid)
2) **PETP**: **P**oly**e**thyl**e**n**te**re**ph**thalat
3) **FRNC**/LSOH: **F**lame **R**etardant **N**on **C**orrosive/Low Smoke Zero Halogen (flammwidrig, nicht korrosiv/raucharm, halogenfrei)

Anschlussbelegung

RJ 45	EIA/TIA 568A	EIA/TIA 568B
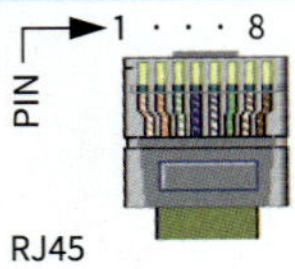 RJ45	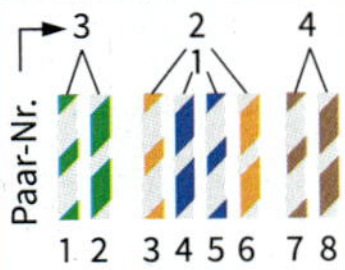	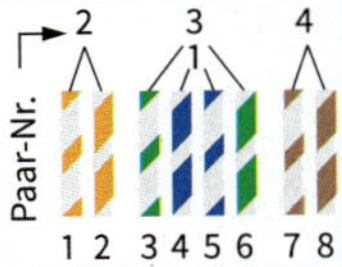

EIA/TIA: Electr.-/Telecomm. Ind. Association

GG 45

- Datenraten ab 10 Gbit/s erfordern geschirmte Steckverbinder (Cat. 7)
- Verfügbar sind TERA, GG 45 und EC 7
- GG 45 Buchse ist kompatibel zu RJ 45 Stecker

GG 45 Stecker

GG 45 Buchse

Kontaktbelegung Endgerät

Dienst	Steckeranschluss-Nr.			
	1 und 2	3 und 6	4 und 5	7 und 8
Analoges Telefon	n	n	T/R	n
ISDN, Token Ring	n	T	R	n
10Base-T (802.3)	T	R	n	n
100Base-TX (802.u)	T	R	n	n
FDDI 100 Mbit/s (TP)	T	O	O	R
ATM User Device	T	O	O	R
ATM Network Equipm.	R	O	O	T
1000Base-T 10GBase-T 40GBase-T	B	B	B	B

T: Transmit; R: Receive; B: Bidirectional; O: Optional
n: nicht verwendet

Verwendung

Verwendung		Hausverlegung					Außen-verlegung	Erdkabel
Koaxialkabel Impedanz 75 Ω								
Innenleiter	Ø in mm	0,75 Cu	0,4 Staku	1,13 Cu	0,75 Cu	1,13 Cu	1,63 Cu	1,1 Cu
Isolation	Ø in mm	3,2 Cell-PE	2,65 PE	4,8 Cell-PE	4,8 PE	4,8 Cell-PE	7,2 Cell-PE	7,25 PE
Außenleiter	Ø in mm	3,8 Al + CuSn[1]	3,3 Al + CuSn[1]	5,3 Al + CuSn[1]	5,5 Al + CuSn[1]	5,3 Al + CuSn[1]	7,9 Al + CuSn[1]	7,5 Cu
Außenmantel	Ø in mm	5,0 PVC weiß	4,1 PVC weiß	6,8 PVC weiß	6,8 PVC weiß	6,8 PE schwarz	10,4 PE schwarz	10,2 PE schwarz
Kupferanteil	in kg/km	10,6	3,6	14,0	8,3	30,0	42,0	41,0
Biegeradius	in mm	≥ 25	≥ 30	≥ 35	≥ 35	≥ 35	≥ 50	≥ 110
Dämpfung in dB/100 m bei 20 °C	5 MHz	2	4	1	3	1	1	1
	50 MHz	7	10	4	6	4	3	4
	100 MHz	9	15	6	9	6	4	5
	450 MHz	18	32	13	19	12	9	12
	1000 MHz	28	48	21	29	19	14	19
	2050 MHz	40	72	31	43	28	21	30
	3000 MHz	50	88	39	53	36	28	–
Gleichstromwiderstand in Ω/km		≤ 90	≤ 375	≤ 45	≤ 100	≤ 30	≤ 20	≤ 25,5
Schirmungsmaß in dB	47–108 MHz	≥ 70	≥ 70	≥ 75	≥ 70			
	108–470 MHz	≥ 75	≥ 75	≥ 75	≥ 75	≥ 90	≥ 90	≥ 90
	1000–2400 MHz	≥ 65	≥ 65	≥ 65	≥ 65			

[1] Folie beidseitig mit Aluminium beschichtet + verzinntes Kupfergeflecht
[2] **IEC: I**nternational **E**lectrotechnical **C**ommission

F-Stecker

schraubbar

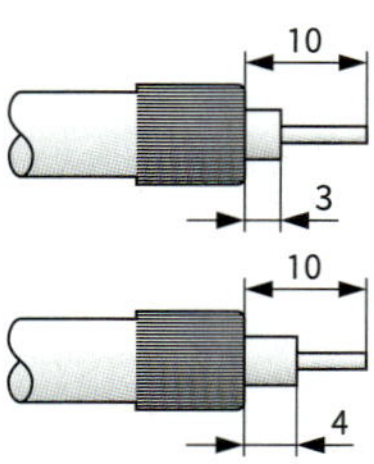

crimpbar

IEC-Stecker[2]

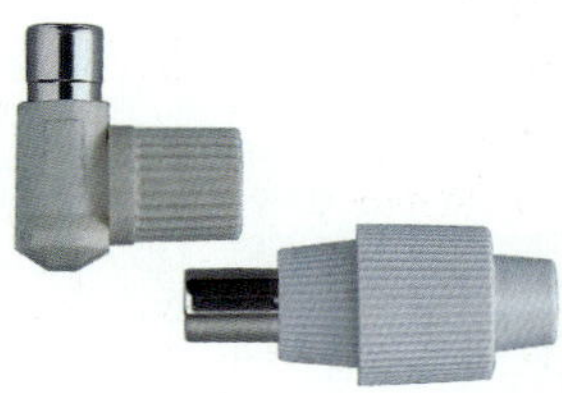

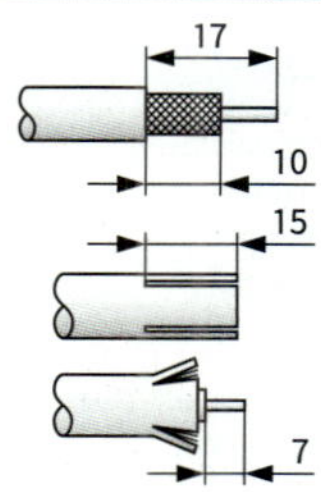

Maße in mm

Begriffe

Brechzahl (Refractive Index)

c: Lichtgeschwindigkeit im Vakuum
c_1: Lichtgeschwindigkeit im Medium

$$n_1 = \frac{c}{c_1}$$

Brechungsgesetz (Law Of Reflection)

$$\frac{\sin\alpha}{\sin\beta} = \frac{c_1}{c_2} = \frac{n_2}{n_1}$$

n_1, n_2: Brechzahl der Medien
c_1, c_2: Lichtgeschwindigkeit in den Medien

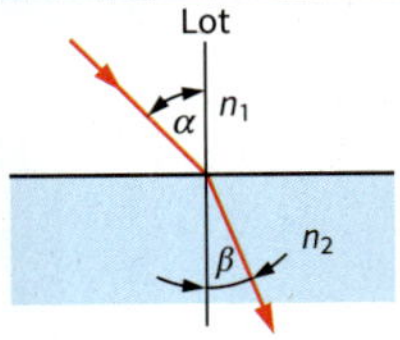

Numerische Apertur (Numerical Aperture) A_N

n: Brechzahl
Θ_A: Akzeptanzwinkel, Öffnungswinkel

$$A_N = n \cdot \sin\Theta_A$$

Moden (Mode)

Mögliche Ausbreitungswege in einem Lichtwellenleiter.

Dispersion (Dispersion)

Streuung der Signallaufzeiten im Lichtwellenleiter.

Modendispersion: Unterschiedliche Ausbreitungswege
Materialdispersion: Hervorgerufen durch wellenlängenabhängige Brechzahl

Akzeptanzwinkel, Öffnungswinkel Θ_A (Acceptance Angle)

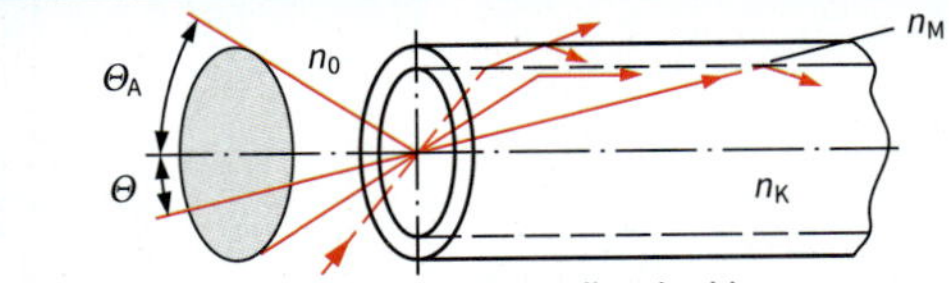

n_K: Kernbrechzahl n_M: Mantelbrechzahl

Dämpfung (Attenuation)

Hervorgerufen durch:
- Absorption
- Streuung
- abstrahlende Moden
- Abstrahlung durch Krümmungen
- Leckmoden

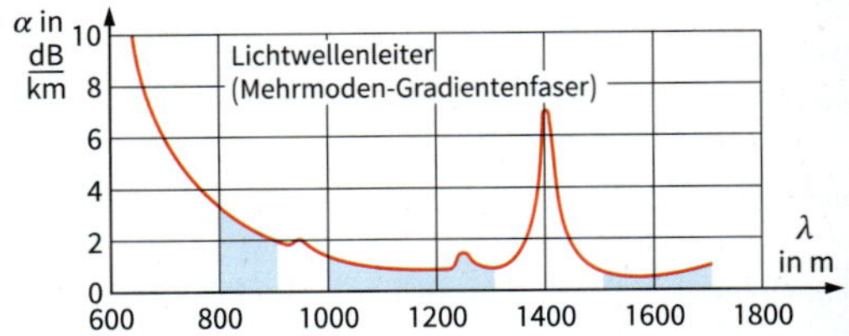

Optische Fenster (Optical Windows)

Wellenlängenbereiche für Lichtwellenleiter mit geringer Dämpfung:
850 nm; 1300 nm; 1550 nm

Empfangselemente

Fototransistor

Einsatzbereich bis einige Kilohertz

Aufbau: Fotodiode mit nachgeschaltetem Verstärker

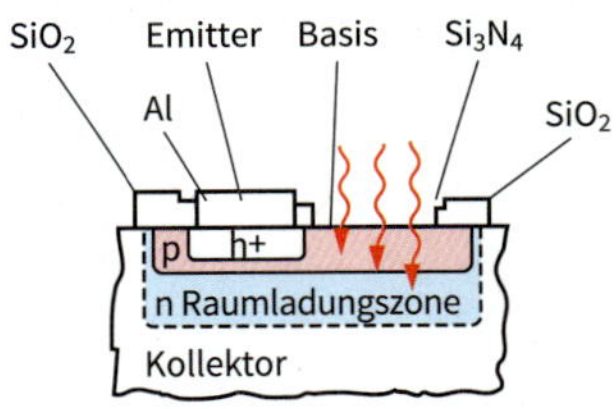

PIN-Fotodiode

Hochdotierte p- und n-Bereiche durch eigenleitende i-Zone getrennt, Spannung in Sperrichtung anlegen. Durch die i-Zone ist die wirksame Raumladungszone, in der durch die Photonen freie Elektronen und Löcher entstehen, erweitert worden.

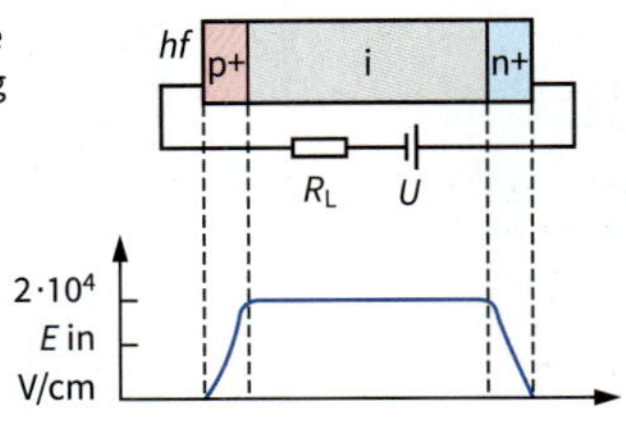

Lawinen-Fotodiode

Durch Stoßionisation werden zusätzliche Elektronen und Löcher erzeugt.

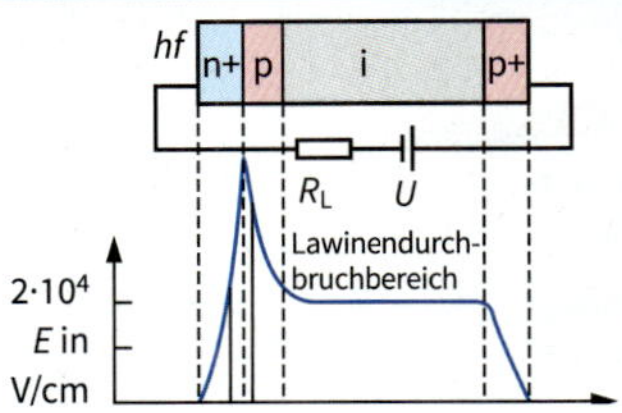

Sendeelemente

Lumineszenz-Diode (LED)	Laser-Diode (LD)
Prinzip	
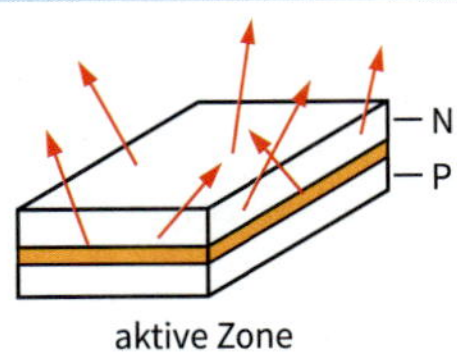	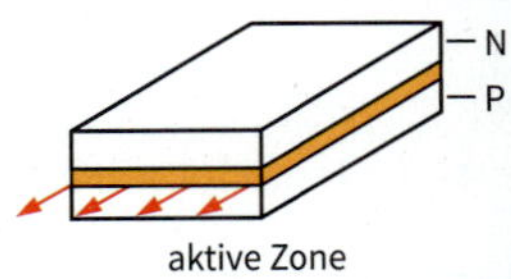
Abstrahlung	
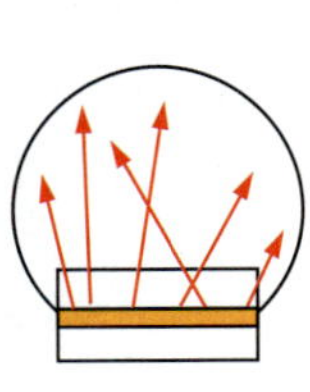	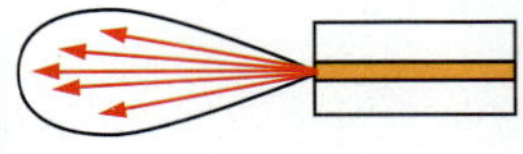
Spektrum	
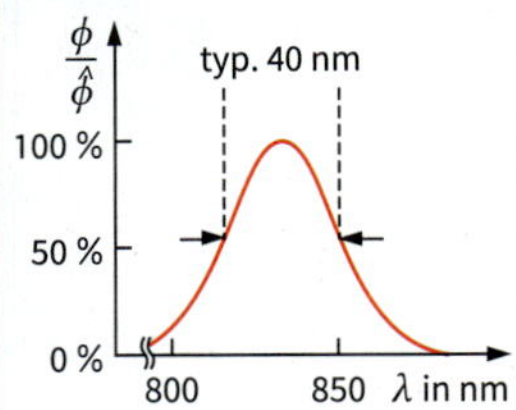	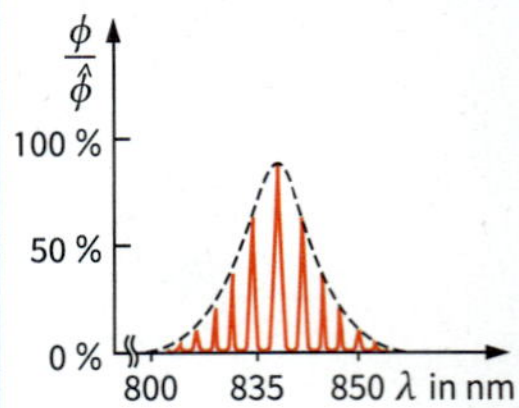

Signalübertragung mit Lichtwellenleitern

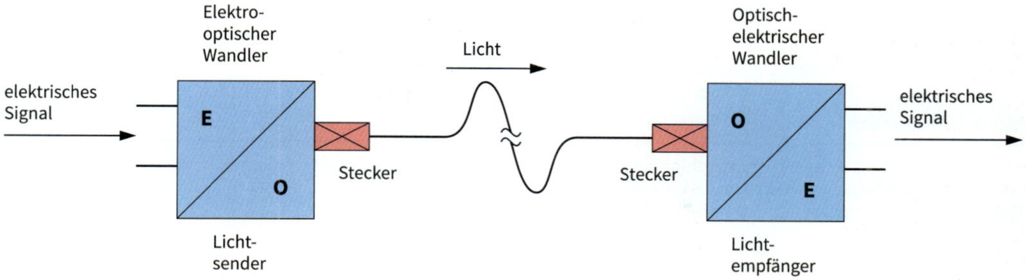

Dämpfung

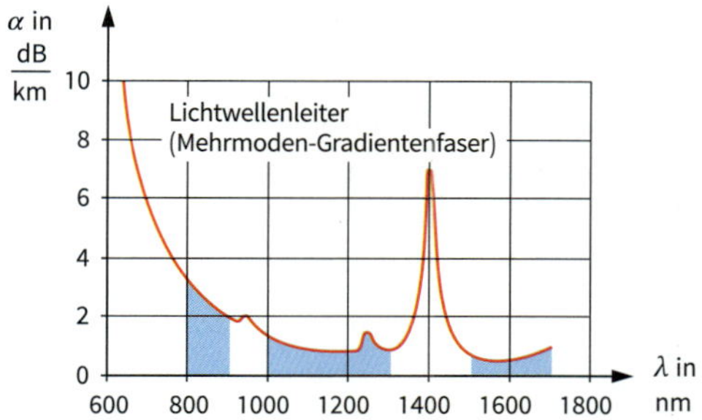

Dämpfung wird hervorgerufen durch:

- Abstrahlende Moden
- Abstrahlung durch Krümmung
- Absorption
- Streuung
- Leckmoden

Optische Fenster:
Wellenlängenbereiche mit geringer Dämpfung bei 850 nm, 1300 nm und 1550 nm.

Querschnitt

Beispiele:
Innenkabel
(Außendurchmesser 5 mm)

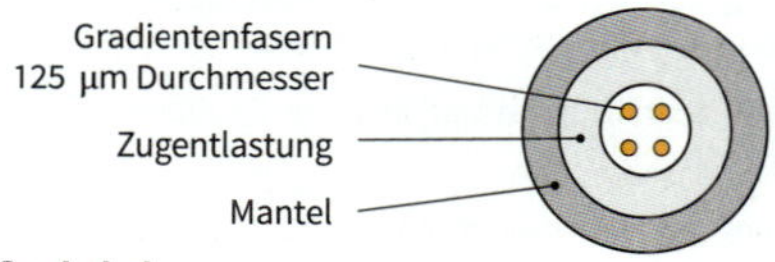

Außenkabel
(Außendurchmesser 12 mm)

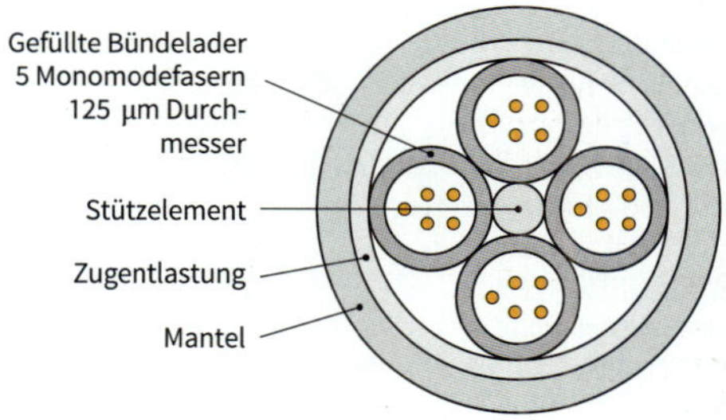

Steckverbinder

Befestigungsarten:
Gewinde, Bajonettverschluss, Schnappvorrichtung Beispiel ST (Single Terminator): Faser wird durch Drücken und Verdrehen des Bajonettverschlusses mit der Kupplung verrastet (in der Regel Drehverhinderung).

Einfügeverluste durch:
Radialer Versatz, Winkelfehler, Lücken

Grundsätzlicher Aufbau:
Der zylinderförmige Steckerhals (**Ferul**) aus Silbermetall, Hartmetall oder Keramik (auch Kombinationen verschiedener Materialien) enthält in einer zentrischen Bohrung die meist eingeklebte Faser. Ein schlupffreier, aber nicht klemmender Sitz zwischen Steckerhals und Kupplung wird durch eine geschlitzte Kupplungshülse gewährleistet.

Simplex (eine einzige Faser)					**Duplex** (zwei Fasern für Sender und Empfänger)		
FC	ST	SC	DIN	FSMA	Escon	SC Duplex	FDDI Duplex
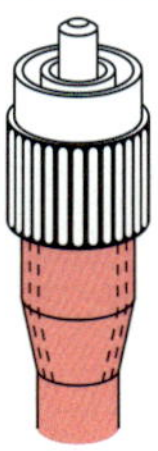		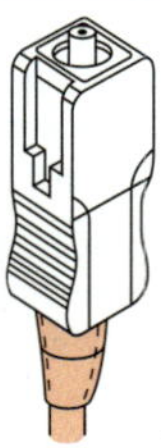		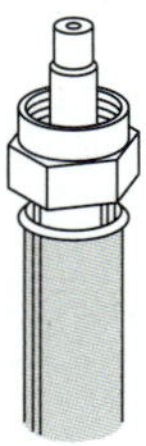	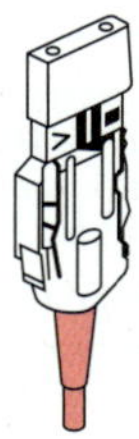	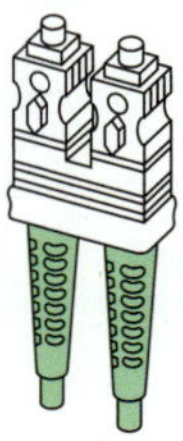	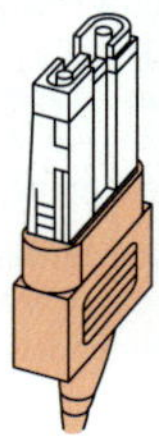

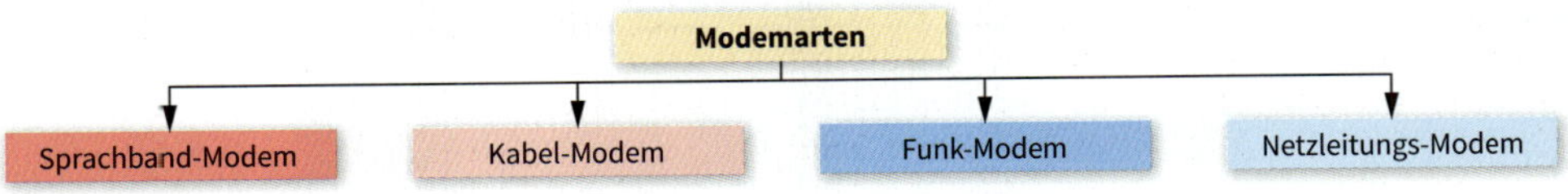

Sprachband-Modem

- Sprachband-Modems werden zur Ankopplung von Endgeräten an das analoge Telefonnetz verwendet und übertragen die Daten zwischen den Endgeräten in serieller Form.
- Sie sind deshalb mit 2 Schnittstellen ausgestattet:
  - **Leitungsschnittstelle** (Analoganpassung),
  - **Endgeräteschnittstelle** (Digitalanpassung).
- Grundlegende Funktionen des Modems sind:
  - Verarbeiten der von der Endgeräteschnittstelle empfangenen Kommandos,
  - Aufbau der Verbindung mit der Gegenstelle,
  - Umwandeln der digitalen elektrischen Signale des Endgerätes in analoge Tonfrequenzen,
  - Geschwindigkeitsanpassung an die Leitungsqualität,
  - Korrektur aufgetretener Übertragungsfehler.
- Die **Übertragungsleitung** verfügt über eine Bandbreite von 3100 Hz (Sprachband).
- Auf der Leitung werden unterschiedliche **Modulationsverfahren** angewendet, z. B.:
  - **AM** (Amplitudenmodulation),
  - **FM** (Frequenzmodulation),
  - **PM** (Phasenmodulation),

  oder Kombinationen daraus (z. B. **QAM**: **Q**uadratur **A**mplituden **M**odulation).
- Je höher die Übertragungsgeschwindigkeit, desto aufwändiger ist das Modulationsverfahren.
- Als **Übertragungsart** werden Halb- oder Vollduplexübertragung angewendet.
- Die **Steuerung** des Modems vom Endgerät erfolgt mit festgelegten Kommandosequenzen (z. B. Hayes-Befehlen).
- Durch Anwendung von **Kompressionsverfahren** kann die Übertragungsgeschwindigkeit erhöht werden.
- Die Datenübertragung zwischen den Endgeräten wird durch **Protokolle** geregelt.
- Modems unterstützen auch das Versenden oder Empfangen von **Fax-Nachrichten**.

  Diese können dann direkt in den PC eingelesen, allerdings nicht als Textdokument weiterverarbeitet werden.
- Modems für **GSM-Netze** bieten die Möglichkeit, Daten und Faxe per Funk zu einem Handy zu übertragen.

  Dazu erforderlich sind spezielle GSM-Modem (z. B. PC-Card im Laptop) oder Daten Service Adapter (DSA) und die Freischaltung des entsprechenden Dienstes vom Dienstanbieter für den jeweiligen Teilnehmeranschluss.
- Die Festlegung der **Übertragungsstandards** für Datenübertragung auf analogen Leitungen werden von der ITU-T in Form von Empfehlungen in der V-Reihe durchgeführt (z. B. V.90).

Modemsteuerung

- Die Modemsteuerung auf der seriellen (V.24) Schnittstelle erfolgt mit Befehlen, die in Konfigurations- und Ausführungsbefehle unterteilt sind.
- Befehlsaufbau bei Anwendung der Hayes-Befehle.

Anschaltung

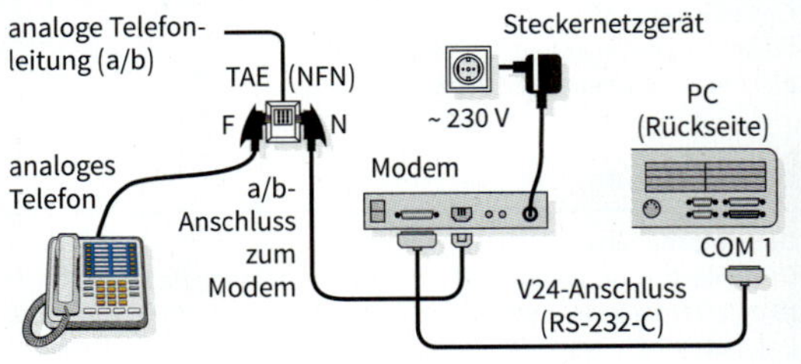

Kabel-Modem

- Kabel-Modems werden am vorhandenen **Breitbandkabel-Netz** betrieben.
- Aufgrund der zur Verfügung stehenden **Bandbreite** in diesem Kabel lassen sich Übertragungsraten von bis zu 50 Mbit/s erzielen.

  Diese **Übertragungsrate** kann allerdings nur im Downstream (Kabelkopfstelle zum Anwender) erreicht werden.
- Für **Internetanwendungen** ist ein getrennter Rückkanal über das Telefonnetz erforderlich.

Funk-Modem

- **Funk-Modems** dienen zur Übertragung von Daten über kurze Entfernungen und werden überwiegend in Bereichen angewendet, wo eine Kabelverlegung unmöglich oder störend (z. B. medizinischer Bereich) ist.
- Die **Betriebsfrequenzen** liegen in der Regel in den genehmigungsfreien Frequenzbändern (433 MHz und 2,4 GHz).
- Die **Datenraten** liegen bei 9600 bit/s und die Übertragungsentfernungen bis zu 300 m (Freiraum).

Netzleitungs-Modem

- Netzleitungs-Modems (auch als **Powerline Modem** bezeichnet) werden zur Übertragung von Daten über die **Energieversorgungsleitungen** eingesetzt.

  Die dafür nach CENELEC Norm EN 50065 definierten **Frequenzbänder** liegen im Bereich von 9 kHz bis 148,5 kHz.
- Die **Übertragungsraten** und -entfernungen werden begrenzt durch Dämpfung und Rauschen und ermöglichen max. 2 Mbit/s bei 500 m.

Merkmale

- Der Standard TIA-EIA-485 (alte Bezeichnung: RS-485) definiert die **elektrischen Eigenschaften** einer Datenübertragungsschnittstelle (Sender, Empfänger, Leitung), die
  - leitungsgebunden,
  - digital (ohne Modulation) und
  - seriell

  arbeitet.
- Übertragungssignal: **differenzielles Signal** (invertiertes und nicht invertiertes Datensignal) über ein verdrilltes, geschirmtes **Aderpaar**.
- Die Signalamplitude beträgt +/- 200 mV bezogen auf die halbe Betriebsspannung.
- **Punkt-zu-Punkt-** und **Multipunktverbindungen** ist realisierbar.
- Multipunktverbindungen: mehrere Teilnehmer an die gemeinsame Verbindungsleitung angeschlossen.
- Halbduplexkommunikation erfordert ein Aderpaar.
- Vollduplexkommunikation benötigt zwei Aderpaare.
- Die Anzahl der gemeinsam an einem Verbindungskabel betreibbaren Transceiver (Transmitter/Receiver) ist abhängig von dem Eingangswiderstand (**Unit Load**) der einzelnen Transceiver.
- Ursprünglich waren max. 32 Transceiver mit je 1 Unit Load spezifiziert.

Aufbaurichtlinie

- Bei Transceivern mit z. B. 1/8 Unit Load sind bis zu 256 Transceiver an einem Bus betreibbar.
- Die max. **Leitungslänge** ist auf 1200 m (max. 90 kbit/s) festgelegt.
- Als max. **Datenrate** sind 10 Mbit/s spezifiziert (Leitungslänge von max. 12 m)
- Der Aufbau des Verbindungsnetzes ist als Liniennetz vorzunehmen (kurze Stichleitungen zulässig).
- Als **Verbindungsleitung** ist eine verdrillte Bauform mit 120 Ω Leitungswiderstand anzuwenden.
- Die Verbindungsleitung ist an beiden Enden mindestens mit je einem **passiven Abschlusswiderstand** (120 Ω) zu versehen, um Signalreflexionen zu vermeiden.
- Bei räumlich ausgedehnten Netzen sind die entsprechenden **Potenzialunterschiede** und **Spannungsfälle** zu berücksichtigen.
- Angewendet werden u. a. die Trennung über Optokoppler oder zusätzliche Masseverbindungen zum Potenzialausgleich (zusätzliche Ausgleichsverbindung).
- Repeater werden zur Reichweitenverlängerung eingesetzt.
- Der Standard spezifiziert **keine Festlegung** für die Art des Datenaustausches (Übertragungsprotokolle) und auch keine Belegung der Verbindungsstecker.
- Diese Informationen sind, sofern erforderlich, aus den einschlägigen Dokumenten zu entnehmen.

Halbduplex-Bus

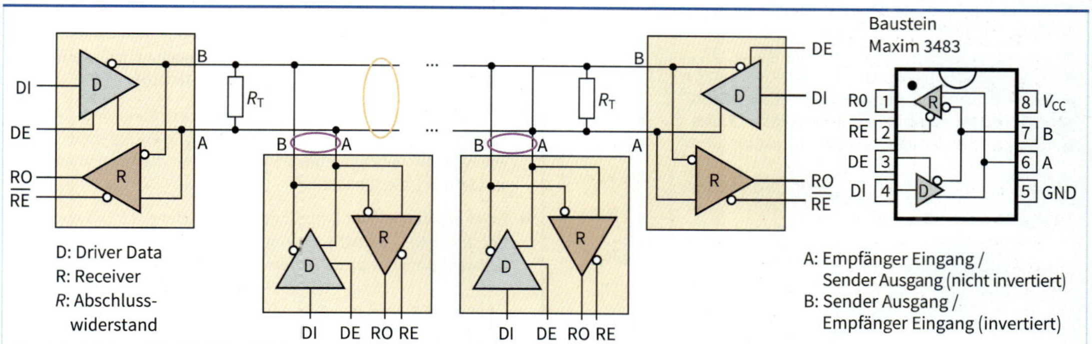

D: Driver Data
R: Receiver
R: Abschlusswiderstand

A: Empfänger Eingang / Sender Ausgang (nicht invertiert)
B: Sender Ausgang / Empfänger Eingang (invertiert)

Vollduplex-Bus

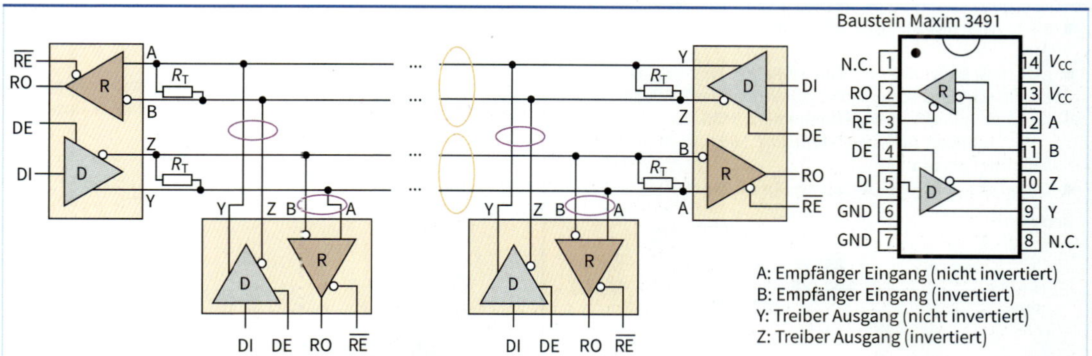

A: Empfänger Eingang (nicht invertiert)
B: Empfänger Eingang (invertiert)
Y: Treiber Ausgang (nicht invertiert)
Z: Treiber Ausgang (invertiert)

Hauptleitung (verdrillt und geschirmt)	GND: Ground (0 V)	DI (Driver Input):	Dateneingang
Stichleitung (verdrillt und geschirmt)	V_{CC}: Versorgungsspannung	DE (Driver Output Enable):	Senderfreigabe
	R_T: Abschlusswiderstand	RO (Receiver Out):	Datenausgang
		RE/Receiver Output Enable:	Empfangsfreigabe

Merkmale

- Bei **ISDN** (**I**ntegrated **S**ervices **D**igital **N**etwork) handelt es sich um ein diensteintegrierendes digitales Telekommunikationsnetz für die Sprach- und Datenübertragung.
- Ab dem Jahr 1997 ist dieses System in der Bundesrepublik Deutschland flächendeckend verfügbar.
- ISDN soll durch die **IP-basierte Telekommunikation** ersetzt werden.

Basisanschluss (BaAs)

NTBA: Network **T**ermination for ISDN **B**asic **A**ccess (Netzabschlussgerät für den ISDN-Basisanschluss)

- U_{k0}: Netzseitige ISDN-Schnittstelle
- S_0: Kundenseitige ISDN-Schnittstelle
- B1, B2: Nutzkanäle mit jeweils 64 kbit/s
- D: Steuer- und Zeichengabekanal mit 16 kbit/s (DSS1-Protokoll)

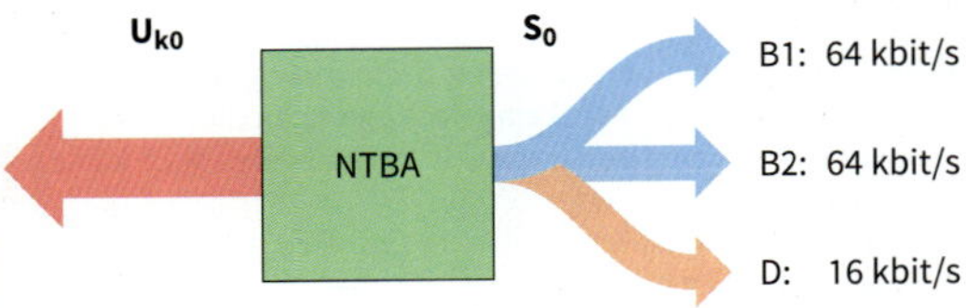

Primärmultiplexanschluss

NTPMA: Network **T**ermination for ISDN-**Prim**ary Rate **A**ccess

- U_{2M}: Netzseitige ISDN-Schnittstelle
- S_{2M}: Kundenseitige ISDN-Schnittstelle
- Synchronisationskanal mit 64 kbit/s
- B1 bis B15: Nutzkanäle mit jeweils 64 kbit/s
- B16 bis B30: Nutzkanäle mit jeweils 64 kbit/s
- D-Kanal: 64 kbit/s (DSS1-Protokoll)

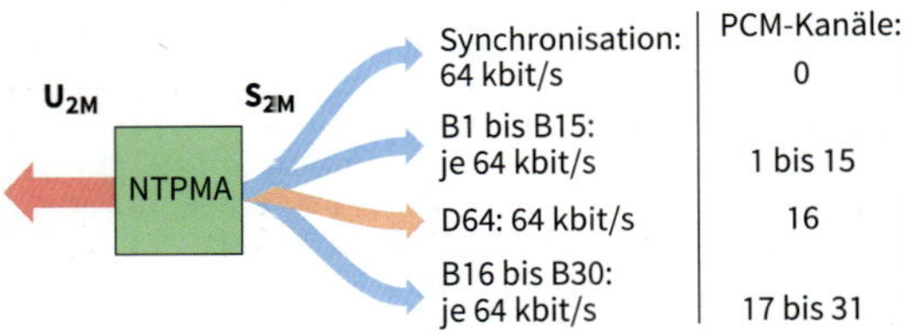

Mehrgeräteanschluss

- Bis zu zwölf Anschlusssteckdosen (IEA) können installiert werden.
- Acht ISDN-Endgeräte oder eine TK-Anlage können gleichzeitig eingesteckt/angeschlossen sein (maximal vier Telefone).
- Drei Rufnummern (**Mehrfachnummern**, **MSN: M**ultiple **S**ubscriber **N**umber) stehen zur Verfügung. Sieben weitere können beantragt werden.
- Entfernung vom NTBA zur letzten Dose: ≤ 180 m

Beispiel:

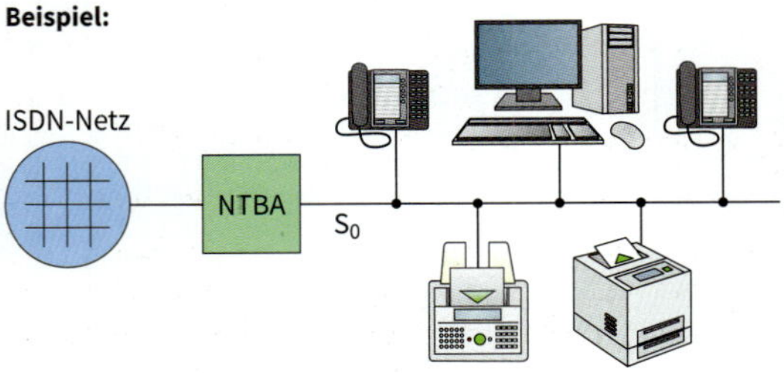

Anlagenanschluss

- Anschluss einer TK-Anlage:
  - Eine Durchwahl zu jedem Teilnehmer der Nebenstelle ist möglich.
  - Entfernung vom NTBA zur letzten Dose: ≤ 1 km
  - Keine Einschränkung der Zahl der anzuschließenden Telefone
  - Kostenlose interne Gespräche
  - Mehrere Basiskanäle sind möglich

Beispiel:

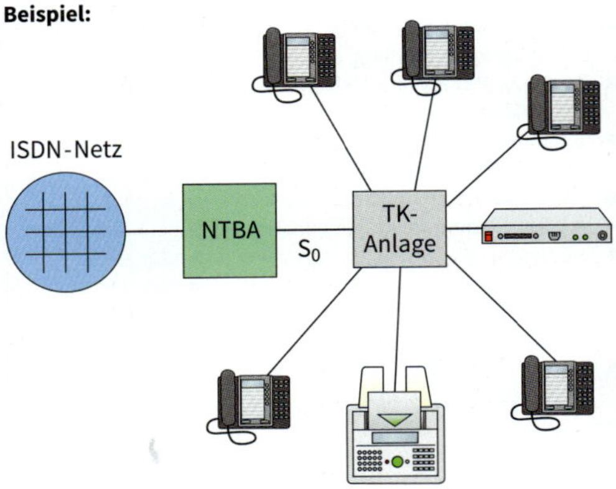

ISDN-Adapter

- Bei einem IP-basierten Telekommunikationsanschluss erfolgt die Telekommunikation über das Internetprotokoll (IP).
- Bezeichnungen dieser Art der Telekommunikation sind auch Voice-over IP (**VoIP**). Die Sprachübertragung erfolgt dabei nicht wie bei einer leitungsgebundenen Übertragung kontinuierlich, sondern in Datenpaketen.
- Diese werden auf der Empfängerseite wieder zu einem kontinuierlichen Datenstrom vereinigt. Zum Ausgleich zeitlicher Schwankungen werden Pufferspeicher verwendet.

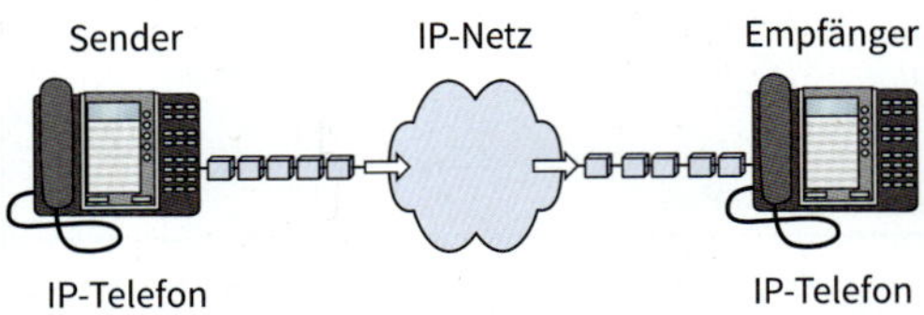

- Um die vorhandenen ISDN-Geräte weiterhin nutzen zu können, steht ein ISDN-Adapter zur Verfügung, z. B. mit zwei S_0-Bussen.

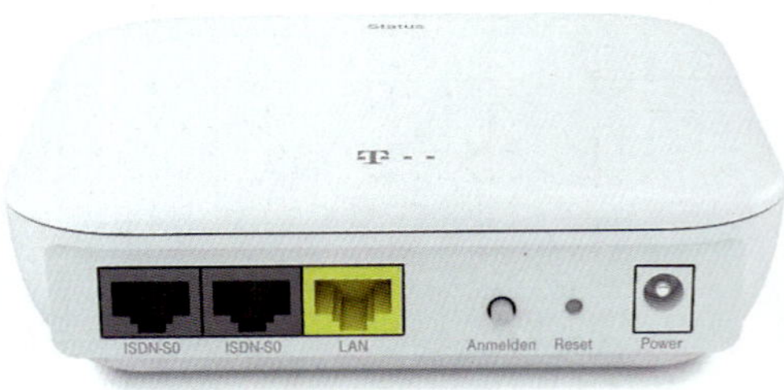

NTBA

NTBA: Network **T**ermination for ISDN **B**asic **A**ccess (Netzabschlussgerät für den ISDN-Basisanschluss)
Mit ihm erfolgt die Umsetzung der 2-Draht-Leitung in eine hausinterne 4-Draht-Leitung (S_0-Schnittstelle).

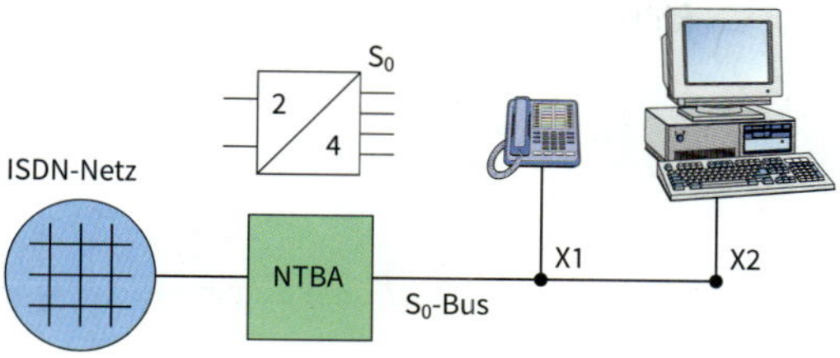

ISDN-Anschlusseinheit IAE

Beispiel: IAE 8 (4) (8-polig, 4 Buchsenkanäle)

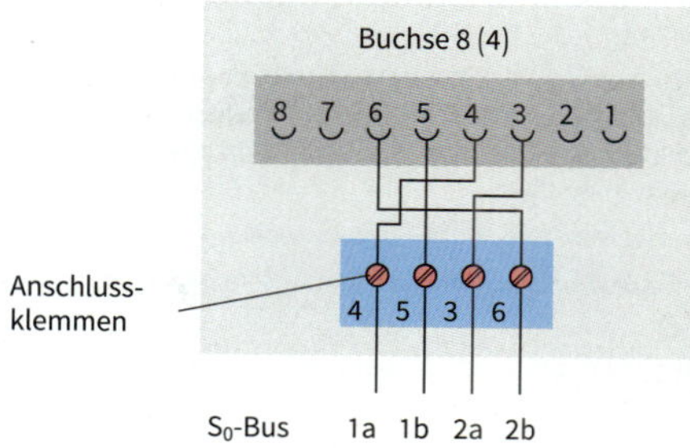

S_0-Bus

- Für die Leitungsverlegung vom NTBA muss die Busstruktur eingehalten werden (s. Abb. unten).
- Leitungen:
  - 1a und 1b (Sendeleitungen)
  - 2a und 2b (Empfangsleitungen)
- Die Anschlussdosen werden mit **IAE** (**I**SDN-**A**nschluss**e**inheiten) bezeichnet.
- Zwölf IAEs sind möglich, acht ISDN-Endgeräte können gleichzeitig angeschlossen sein, zwei können gleichzeitig betrieben werden.
- Die Leitung in der letzten IAE muss mit zwei Widerständen von 100 Ω ± 5 % abgeschlossen werden.
- Die Anschlussleitung für ein Gerät darf 10 m nicht überschreiten.
- Die Gesamtlänge des Busses darf 180 m nicht überschreiten (hängt vom Leitungstyp ab).

Bus-Strukturen

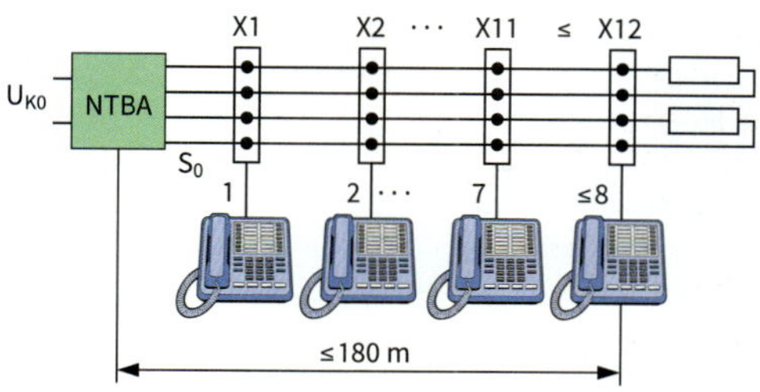

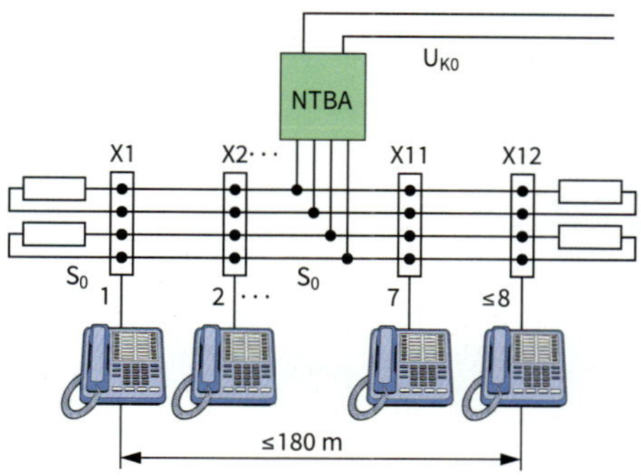

Universal-Anschlusseinheit UAE

UAE: Universal **A**nschluss**e**inheit

Beispiel: UAE 8 (4)
(8-polig, 4 Buchsenkontakte)

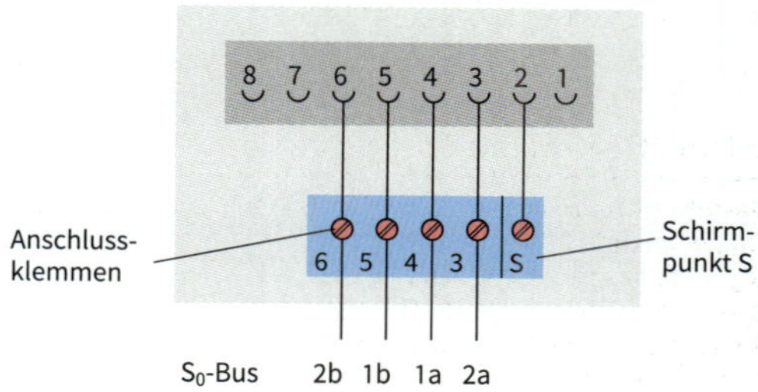

Western-Steckverbinder

- Sie wurden von der US-Telefongesellschaft Western Bell entwickelt.
- Die Steckerform entspricht einem 8-poligen Stecker, wie sie für ISDN-Geräte zum Anschluss an die IAE bzw. UAE verwendet werden.
- Andere Bezeichnung: RJ-45.
- Verwendet werden auch Stecker mit 4 (IAE-Stecker) oder 6 Kontakten.
- Vierpolige Stecker werden auch für Telefonhörer verwendet.

Belegung der Buchsenkontakte

Klemmen-Nummer	4	5	3	6
ISDN-Anschluss	1a	1b	2a	2b
Analoger Anschluss	a	b	E	W

Buchse

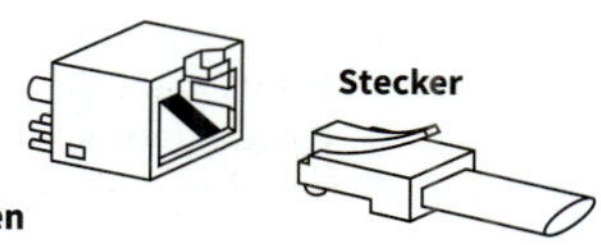

Stecker

Buchsen-Formen

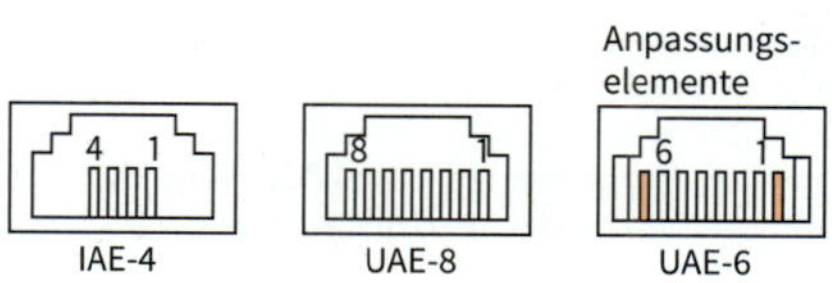

Merkmale

- Die **ADSL**-Technik (**A**symmetric **D**igital **S**ubsciber **L**ine) wird angewendet, um digitale Signale mit hoher Geschwindigkeit zu übertragen.
- Der zur Verfügung stehende Frequenzbereich wird in 224 einzelne Kanäle von jeweils 4,3 kHz unterteilt und die Daten auf einzelne Träger mit unterschiedlichen digitalen Verfahren aufgeprägt (moduliert).

  Dabei werden zwei Kanäle unterschieden:
  - **Upstream**-Kanal (Aufwärtskanal) Sendekanal vom Teilnehmer
  - **Downstream**-Kanal (Abwärtskanal) Empfangskanal zum Teilnehmer

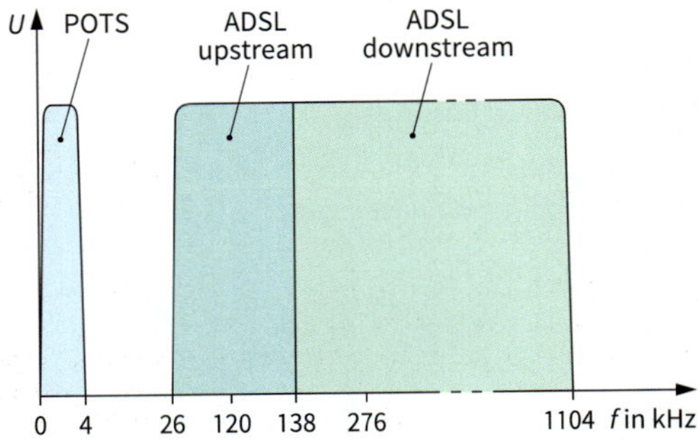

- Mit **POTS** (**P**lain **O**ld **T**elephone **S**ervice) wird der Frequenzbereich für analoge Sprachsignale bezeichnet.
- Für die jeweils angewendete Technik werden vom Netzbetreiber Datenübertragungsraten angegeben. Diese sind jedoch nicht konstant. Sie hängen im Wesentlichen ab von der
  - Leitungsdämpfung,
  - Entfernung des Nutzers bis zur Vermittlungsstelle und
  - induktiven Signalübertragung zwischen den Leitungen (Übersprechen).

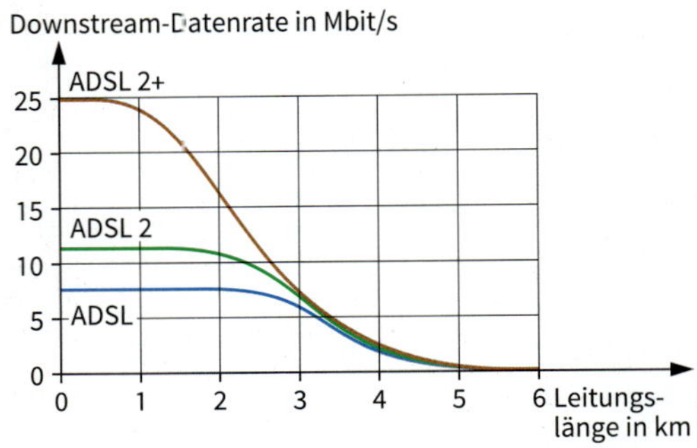

- Da unterschiedliche Frequenzbereiche verarbeitet werden müssen, setzt man Weichen ein, die als **Splitter** oder **Breitbandanschlusseinheit** bezeichnet werden (**BBAE**).
- Auf der Teilnehmerseite wird ein DSL-Modem verwendet, das heute häufig in einem Router integriert ist.
- Das Modem wird auch als **NTBBA** (**N**etzwerk**t**erminationspunkt **B**reit**b**and**a**ngebot) bezeichnet und ist der Netzabschluss (Netzschnittstelle) des Betreibers. Die im NTBBA enthaltenen elektronischen Schaltungen setzen die DSL-Signale von der Netzschnittstelle auf eine für den PC geeignete Schnittstelle um (Modulation bzw. Demodulation).

DSL-Installation mit externen Komponenten

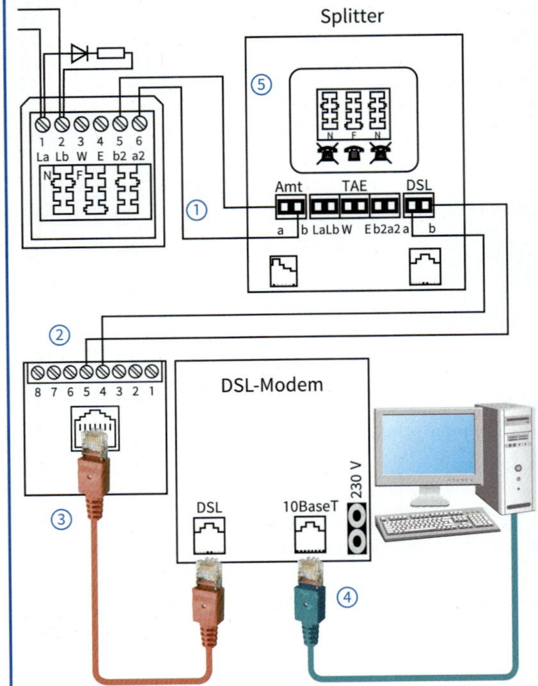

- TK-Anschlussdose TAE ①
- Verbindungsleitung ②
- Datensteckdose RJ45 ③
- DSL-Modem ④
- Splitter ⑤

DSL-Installation mit Router

Technische Weiterentwicklungen haben zu einer höher integrierten Gerätetechnik geführt, sodass nur noch ein IP-basierter Anschluss und ein Router erforderlich sind.

Routerbeispiel:
- IP-basierter TK-Anschluss (TAE) ①
- Integrierter WLAN-Router ②
- Glasfaser-Anschluss ③
- DECT-Basisstation
- Analogtelefon-Anschluss ④
- Ethernet-LAN-Anschlüsse (1 Gbit/s und 100 Mbit/s) ⑤
- USB-Anschluss für Drucker oder Speichermedien ⑥
- UMTS-Zugang über USB-Modem bei DSL-Ausfall

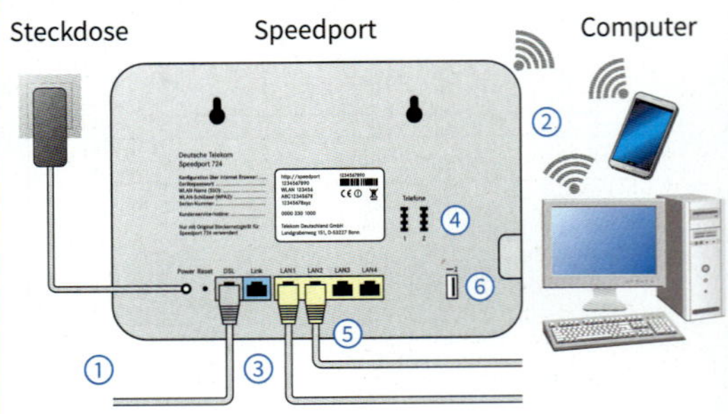

Merkmale

- VDSL-Techniken werden besonders in hybriden Netzen (Glasfaser-/Kupferkabelnetzen) für Datenraten bis 100 Mbit/s bei Downstream (Downlink) und Upstream (Uplink) eingesetzt.
- Die Datenrate von 100 Mbit/s ist ein theoretischer Wert ①. Die tatsächliche Datenrate hängt von der Entfernung sowie von der Länge und Qualität der Kupferleitung vom Kabelverzweiger ② bis zum Teilnehmeranschluss ab.

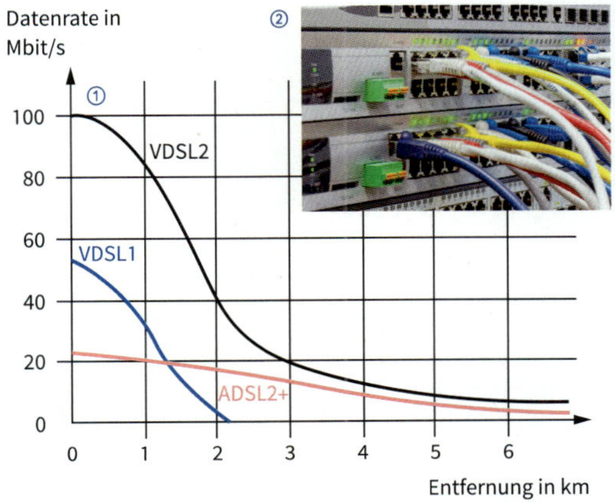

- Das schnelle VDSL-Übertragunsverfahren wird auch als Breitband-Internet bezeichnet und bei **Triple Play** eingesetzt (gemeinsames Angebot von Internet, Telefonie (VoIP) und Fernsehen (IPTV)).
- VDSL1 hat sich in Deutschland nicht durchgesetzt. Es ist nicht kompatibel zu VDSL2.
- VDSL2 reicht bis zum Frequenzbereich von 30 MHz, ist zu ADSL, ADSL2 und ADSL2+ abwärtskompatibel und kann mit symmetrischer oder asymmetrischer Übertragung arbeiten.
- Die symmetrische Übertragung wird vor allem von Unternehmen genutzt, die nicht nur Informationen aus dem Internet beziehen, sondern auch als Informationsanbieter agieren.

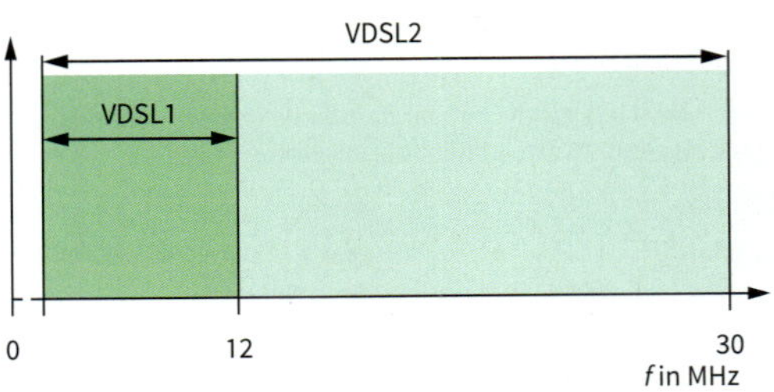

- VDSL2 ermöglicht garantierte Datenraten (**QoS: Q**uality **o**f **S**ervice).
- Das Netz wird vorwiegend in Baumstruktur aufgebaut. Die DSL-Vermittlungsstelle (**DSLAM: D**igital **S**ubscriber **L**ine **A**ccess **M**ultiplexer) befindet sich nicht in der Ortsvermittlungsstelle, sondern in den Kabelverzweigern (KVz, Ortsverteiler), z. B. am Straßenrand (FTTC).
- Ein DSLAM kann ca. 100 Haushalte versorgen.

VDSL-Profile und Frequenzen

- In den Profilen sind u. a. die Grenzfrequenz, der Trägerabstand und die Signalstärke definiert.
- Der Netzbetreiber legt sein jeweiliges Profil fest.
- Zusätzlich zum Profil gibt es einen Frequenzbandplan, in dem die gemeinsame Nutzung der Frequenzen mit POTS, ISDN, ADSL … festgelegt ist.

Profil	Bandbreite in MHz	Anzahl der genutzten Frequenzen ③	Frequenzabstand in kHz ④	Übertragungspegel in dBm[2]	Max. Datenrate ⑤ [1]
8a	8,832	2047	4,3125	+17,5	50
8b	8,832	2047	4,3125	+20,5	50
8c	8,5	1971	4,3125	+11,5	50
8d	8,832	2047	4,3125	+14,5	50
12a	12	2782	4,3125	+14,5	68
12b	12	2782	4,3125	+14,5	68
17a	17,6604	4096	4,3125	+14,5	100
30a	30	3478	8,625	+14,5	200

[1] symmetrisch [2] dB Milliwatt

- Die Modulation erfolgt mit **DMT** (**D**iscrete **M**ultitone **T**ransmission, **QAM: Q**uadratur**a**mplituden**m**odulation). Dabei wird der genutzte Frequenzbereich in bis zu 4096 Träger unterteilt ③. Die Bandbreite beträgt 4,3125 bzw. 8,625 kHz ④.
- Der gesamte Frequenzbereich wird in unterschiedliche Downstream- und Upstream-Bereiche aufgeteilt ⑤.
- In Deutschland wird der Frequenzbereich bis mindestens 138 kHz für POTS (analoges Telefon) und ISDN ausgeblendet, um gegenseitige Störungen zu vermeiden.

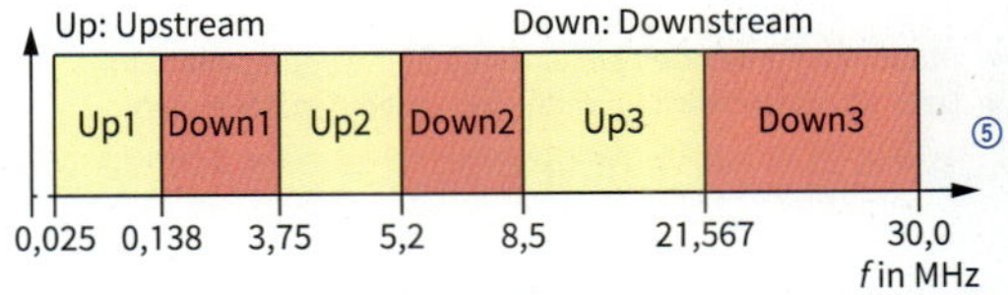

Netzarchitekturen

- **FTTN** (**F**iber-**t**o-**t**he-**n**ode, node: Knoten)
  Das Glasfaserkabel ist weit entfernt vom Endkunden, bis zu mehreren Kilometern.
- **FTTC** (**F**iber-**t**o-**t**he-**c**abinet, cabinet: Schrank)
  Das Glasfaserkabel endet in einer Straße (am Bürgersteig), typischerweise 300 m von dem Standort des Kunden. Die endgültige Anschlussleitung ist aus Kupfer (städtischer Bereich ⑥).
- **FTTP** (**F**iber-**t**o-**t**he-**p**remises, premises: Gelände)
  Glasfaserkabel reicht bis zum Gelände
- **FTTB** (**F**iber-**t**o-**t**he-**b**uilding, building: Gebäude)
  Glasfaserkabel reicht bis zur Grenze des Gebäudes
- **FTTH** (**F**iber-**t**o-**t**he-**h**ome, home: Wohnraum)
  Glasfaserkabel reicht bis zur Grenze des Wohnraums ⑦

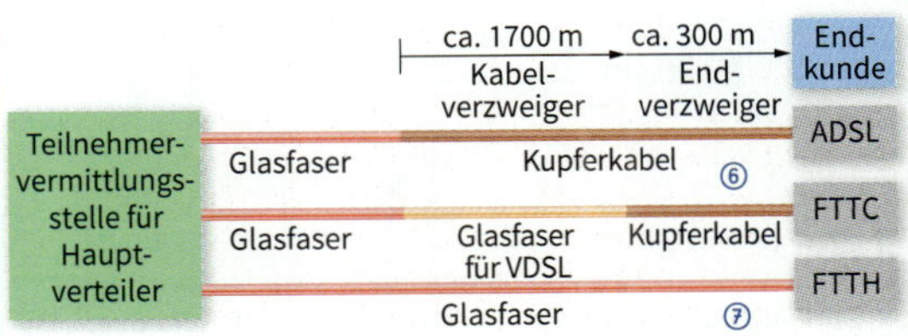

Klassifikation

Einteilungskriterien

- **Vermittlungstechnik**
  - Paketvermittelnde/
  - Leitungsvermittelnde Netze
  - Festgeschaltete Leitungen
- **Dienste**
  - Dienstspezifische Netze (Telex)
  - Diensteintegrierende Netze (ISDN)
- **Übertragungsmedien**
  - Kupfer
  - Glasfaser
  - Funk
- **Übertragungsverfahren**
  - Seriell
  - Parallel
  - Synchron
  - Asynchron
- **Netztopologie**
  - Sternstruktur
  - Baumstruktur
  - Ringstruktur
  - Busstruktur
- **Kommunikationsrichtung**
  - Simplex
  - Halbduplex
  - Vollduplex
- **Übertragungstechnik**
  - Analoge Netze
  - Digitale Netze
- **Übertragungsbandbreite**
  - Schmalbandnetz
  - Breitbandnetz

Netztopologien

Bus (Linie)

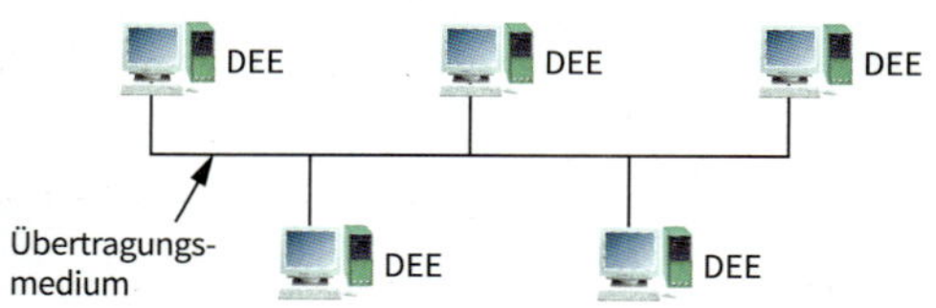

- Stationen verwenden ein einziges Übertragungsmedium.
- Datenaustausch erfolgt direkt zwischen den Stationen.

Ring

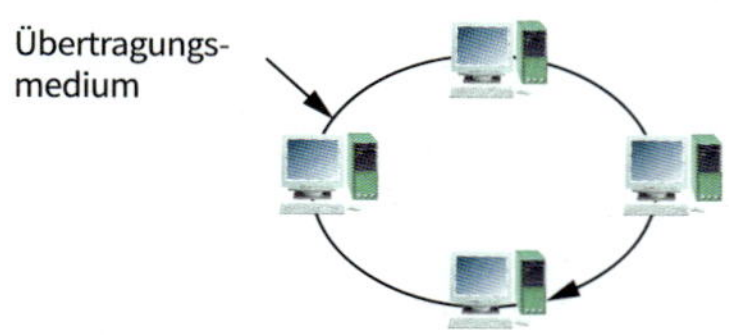

- Stationen sind ringförmig untereinander verbunden.
- Datenaustausch erfolgt von Station zu Station.

Stern

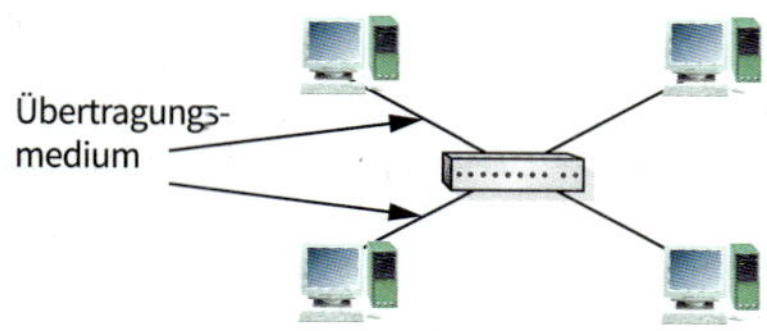

- Stationen sind sternförmig an Zentrale angeschlossen.
- Datenaustausch erfolgt immer über die Zentrale.

Baum

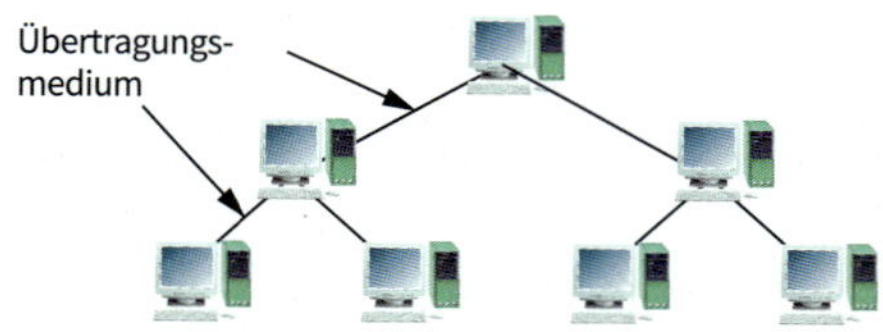

- Stationen sind jeweils mit der darüberliegenden verbunden.
- Datenaustausch erfolgt über die jeweiligen Pfade.

Vermascht

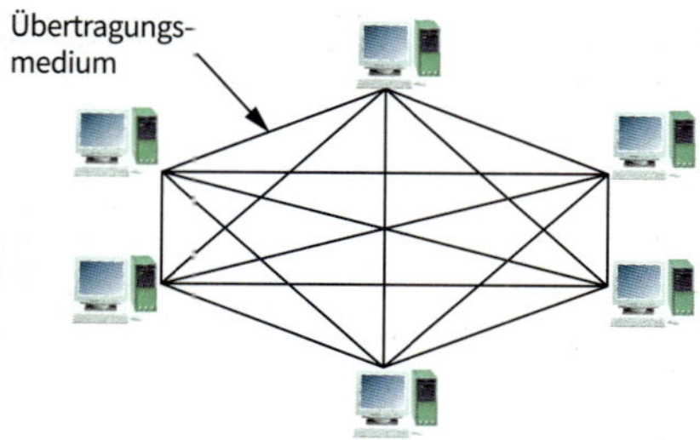

- Stationen sind alle direkt untereinander verbunden.
- Datenübertragung erfolgt als Punkt-zu-Punkt-Verbindung.

Beispiele

Bus (Linie):
- Lokale Netzwerke (**LAN: L**ocal **A**rea **N**etwork)
- **MAN** (**M**etropolitan **A**rea **N**etwork)
- Token Bus Netzwerk
- Mikroprozessor-Bus (z. B. PCI oder **CAN: C**ontroller **A**rea **N**etwork).

Ring: Lokale Netzwerke als Token-Ring.

Stern: Lokale Netzwerke mit Hub oder Switch.

Baum:
- Lokale Netzwerke,
- Terminalnetzwerke,
- Fernsehverteilungsnetze.

Vermascht:
- Fernsprechnetze (voll- oder teilvermascht)

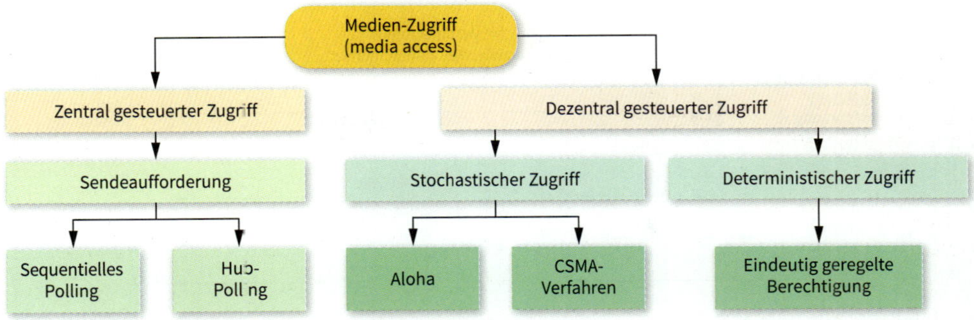

Zentrale Verfahren	Dezentrale Verfahren
■ Zentral gesteuerter Zugriff – setzt eine Station (Zentrale) im Netzwerk als Verwalter für die Kommunikation zwischen den vorhandenen Stationen voraus, – verwendet **Sequentielle-** und **Hub**-Polling-Methoden. ■ Bei sequentiellem Polling ruft die Zentrale die einzelnen Stationen zeitlich nacheinander zur Übertragung der Daten auf. ■ Bei Hub-Polling erfolgt der Aufruf zur Datenübertragung von einer Station zur nächsten.	■ Dezentral gesteuerte Zugriffsverfahren – werden unterschieden in **stochastische** (zufallsgesteuerte) und **deterministische** (vorhersagbare) Verfahren, – verwenden keinen zentralen Koordinator für die Steuerung der Kommunikation. ■ Angewendete stochastische Verfahren sind – Aloha, – CSMA-Verfahren, – Verfahren mit eindeutig geregelter Berechtigung (z. B. priorisierte Teilnehmerklassen).

CSMA-Verfahren

CSMA/CD	CSMA/CA
■ Bei **CSMA/CD** (**C**arrier **S**ense **M**ultiple **A**ccess/**C**ollision **D**etection: Abhören des Trägers mit Mehrfachzugriff/**Kollisionserkennung**) – kann jede Station unabhängig von den anderen eine Datenübertragung starten, – können **Kollisionen** auftreten, wenn Stationen gleichzeitig mit der Aussendung beginnen, – wird die Übertragung durch vorheriges Abhören des Übertragungsmediums auf Vorhandensein einer Übertragung überwacht, – stellt die sendende Station, die eine Kollision von Daten erkennt, die eigene Übertragung durch Aussenden eines **jam**-Signals ein, – beginnt die erneute Übertragung nach Ablauf einer zufälligen Wartezeit, – ist die Laufzeitlänge der Datenpakete mindestens gleich dem zweifachen Stationsabstand.	■ Bei **CSMA/CA** (**C**arrier **S**ense **M**ultiple **A**ccess/Collision Avoidance: Abhören des Trägers mit Mehrfachzugriff/**Kollisionsvermeidung**) – wird Übertragungswunsch den anderen Stationen durch Aussenden eines **RTS**-Signals (**R**eady **t**o **S**end) angezeigt, – führt ein von einer anderen Station empfangenes RTS-Signal zum Aufschub des eigenen Sendewunsches, – übermitteln die mit RTS angesprochenen Stationen ein **CTS**-Signal (**C**lear **t**o **S**end) und reservieren damit die Verbindung, – wird das Ende der Übertragung mit **ACK**-Signal (**Ack**nowledge) allen Stationen angezeigt. ■ Anwendung z. B. bei Wireless LAN.

Leistungsmerkmale

Eigenschaft / Verfahren	Effizienz bei geringem Verkehr	Effizienz bei hohem Verkehr	Determinismus	Priorisierung	Robustheit
CSMA/CD	+	–	–	0	+
CSMA/CA	+	+	+	+	+
Token Ring	+	+	+	+	0
Token Bus	0	+	+	0	0
TDMA	–	+	+	–	–
Polling	–	0	+	–	0
Punkt-zu-Punkt-Verbindung	0	–	+	0	+

TDMA: Time Division Multiple Access

–: weniger gut **0**: normal +: gut

Prinzip

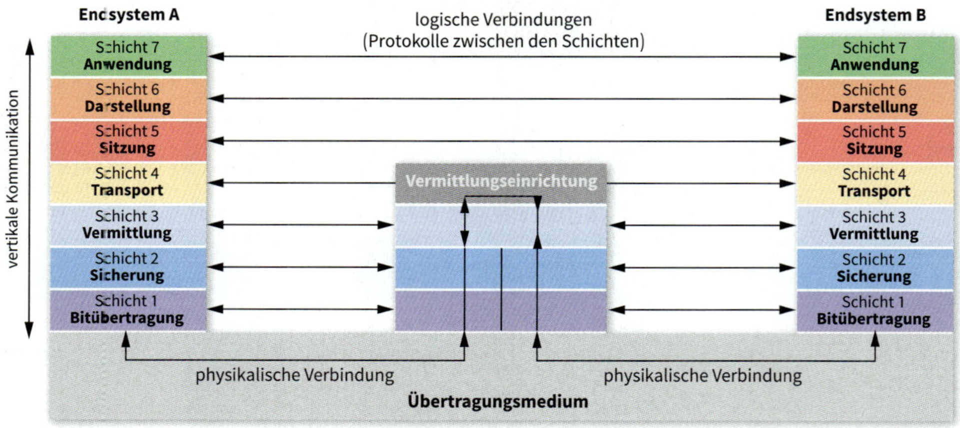

Erläuterungen

- OSI-7 Schichtenmodell ist Referenzmodell für herstellerunabhängige Kommunikationssysteme.
- Jede Schicht bietet der darüberliegenden Schicht definierte Dienste an und seinerseits die Dienste für die darunterliegende Schicht.
- Schichteneinteilung erfolgt mit definierten Schnittstellen.
- Einzelne Schichten können ohne große Gesamtsystemänderungen ausgetauscht und angepasst werden.
- Schichten 1…4 sind die transportorientierten Schichten (physikalischer Datentransport bis zu den physikalischen Endpunkten der Systeme).
- Schichten 5…7 sind anwendungsorientierte Schichten (Handhabung der Schnittstellen).
- Übertragungsmedium (Verbindungskabel) ist nicht im OSI-Modell festgelegt.

Bitübertragungsschicht

Schicht 1 **(Physical)**

- Zuständig für den physikalischen Transport der digitalen Informationen.
- Überwacht die Funktion dieser Schicht durch zyklisches Prüfen von Steuerleitungen (getrennt von den Datenleitungen).

Datensicherungsschicht

Schicht 2 **(Link)**

- Zuständig für den unverfälschten Datentransport über einen einzelnen Übermittlungsabschnitt.
- Flusssteuerung überwacht die vollständige und richtige Übertragung der Daten von der darunter liegenden Schicht.

Vermittlungsschicht

Schicht 3 **(Network)**

- Zuständig für die Überbrückung geografischer Entfernungen zwischen den Endsystemen durch Einbeziehung von Vermittlungssystemen.
- Steuert die zeitlich und logisch getrennte Kommunikation zwischen verschiedenen Endsystemen.

Transportschicht

Schicht 4 **(Transport)**

- Zuständig für die Erweiterung von Verbindungen zwischen Endsystemen zu Teilnehmerverbindungen.
- Bildet die Verbindungsschicht zu den anwendungsorientierten Schichten.

Sitzungsschicht

Schicht 5 **(Session)**

- Zuständig für den geordneten Ablauf des Dialoges zwischen den Endsystemen.
- Festlegen und verwalten der Berechtigungsmarken für die Kommunikation.

Darstellungsschicht

Schicht 6 **(Presentation)**

- Zuständig für den gemeinsamen Zeichensatz und die gemeinsame Syntax.
- Umwandeln der lokalen Syntax in die für den Transport festgelegte Syntax und umgekehrt.

Anwendungsschicht

Schicht 7 **(Application)**

- Zuständig für die Steuerung der untergeordneten Schichten.
- Übernimmt die Anpassung an die jeweilige Anwendung.
- Stellt dem Anwenderprogramm die Verbindung zur Außenwelt zur Verfügung.

Lokale Netze	Möglichkeiten	Standard
■ Sind räumlich abgegrenzt ■ Werden von einem Betreiber verwaltet und organisiert ■ Ermöglichen einen direkten Datenaustausch zwischen den Teilnehmern des Netzes ■ Übertragungsmedien sind Kupferleitungen, Lichtwellenleiter oder Funkwellen. Sie bieten unterschiedliche Übertragungsgeschwindigkeiten und Reichweiten	■ Zentrale Datenhaltung auf großen Massenspeichern ■ Elektronischer Datenaustausch zwischen den einzelnen Stationen untereinander bzw. mit der Zentralstation ■ Gemeinsame Nutzung von Programmen, Geräten und Kommunikationsschnittstellen zu externen Datenübertragungseinrichtungen	■ Standardisiert nach IEEE 802 (Institute of Electrical and Electronic Engineers) in verschiedenen Normenreihen (z. B. IEEE 802.3, IEEE 802.16) ■ Unterschieden anhand der Zugriffsverfahren auf das Übertragungsmedium (z. B. CSMA/CD: Carrier Sense Multiple Access/Collision Detection: Trägerkennung mit Mehrfachzugriff/Kollisionserkennung)

IEEE 802.3

- Bei lokalen, leitungsgebundenen Netzen ist Ethernet die bevorzugt eingesetzte Technologie.
- Gründe dafür sind u.a.
  - stabile und verfügbare Standards,
  - große Produktvielfalt,
  - hohe Konfigurationsflexibilität,
  - große Marktakzeptanz und
  - niedrige Produktkosten.

OSI-Referenzmodell[1]		IEEE-Standard		
Schicht	Funktion	Schicht	Funktion	Standardisiert durch
3	Vermittlungsschicht (Network-Layer) (Packet)	**3 (HILI)**	Netzwerkverwaltung Netz-/Netz-Verwaltung (Higher-Layer-Interface)	IEEE 802.1
2	Sicherungsschicht (Data-Link-Layer) (Frame)	**2b (LLC)**	Logische Verknüpfungssteuerung (Logical-Link-Control)	IEEE 802.2
		2a (MAC)	Mediumszugriff-Steuerung (Medium-Access-Control)	IEEE 802.3
1	Bitübertragungsschicht (Bitstrom) (Physical-Layer)	**1 (Phy)**	Elektronischer und mechanischer Aufbau (Physical-Layer)	Ethernet siehe 802.3 Varianten

IEEE 802.3 Varianten

10 Mb/s	1000 Mb/s (1 Gb/s)	40 Gb/s
10BASE[1] -5, -2, -T, -F, -FL, -FB, -FP	100BASE[1] -X, -SX, -LX, -CX, -T, -KX	40GBASE[1] -KR4, -CR4, -SR4, -LR4, -FR
100 Mb/s	**10 Gb/s**	**100 Gb/s**
1000BASE[1] -T2, -T4, -TX, -FX, -SX	10GBASE[1] -SR, -LR, -ER, -SW, -LW, -EW, -LX4, -CX4, -T, -LRM, -KX4, -KR	100GBASE[1] -CR10, -SR10, -LR4, -ER4

[1] Erläuterungen siehe unter Ethernet-Bezeichnungen

IEEE 802.xxx

IEEE 802.5	IEEE 802.11	IEEE 802.15	IEEE 802.16
Token Ring	Wireless LAN	Wireless Personal Area Network (WPAN)	Broadband Wireless Access

IEEE 802.17	IEEE 802.18	IEEE 802.19	IEEE 802.20	IEEE 802.21	IEEE 802.22
Resilient Packet Ring Access Protocol	LAN/MAN Radio Regulatory	Wireless Coexistance Technical Advisory Group	Mobile Broadband Wireless Access	Media Independent Handover Services	Wireless Regional Networks (WRANs)

[1] OSI; Open System Interconnection: Referenzmodell für allgemeine herstellerunabhängige Kommunikationsstruktur 1983 von der ISO (International Standard Organisation) festgelegt.

Referenzmodell	LAN-Anwendung					WAN-Anwendung	
ISO - OSI	IEEE-Local Area Network	TCP/IP	TCP/IP Protokollstruktur		SNA	Anwendungen	
Anwendungs-schicht	Höhere Protokolle	Process/ Application Layer	FTP SMTP Telnet SNMP	NFS XDR RPC	Transaction Services		
Darstellungs-schicht					Presentation Services		
Kommunikationssteuerungs (sitzungs)-schicht					Data Flow Control		
Transport-schicht		Host-to-Host-Layer	TCP	UDP	Transmission Control		
Vermittlungs-schicht		Internet-Layer	Routing, IP	ICMP	Path Control	X.25 PLP	
Sicherungs-schicht	2d-Bridging 2c-Secure Data Exchange 2b-Logical Link Control (Verbindungssteuerungsschicht) 2a-Media Access Control (MAC) (Medienzugriffsschicht)	Network Access oder Local Network Layer	ARP	RARP	Data Link Control	LAPB	FRAME RELAY, HDLC, PPP, SDLC
			X.25 Arcnet TOKEN BUS (IEEE 802.4) Ethernet CSMA/CD (IEEE 802.3) TOKEN RING (IEEE 802.5) FDDI				
Bitübertragungsschicht	Physical Layer				Physical Layer	X.21 bis	EIA/TIA-232 EIA/TIA-449 V.24/V.35/G.703 HSSI/EIA-530

Abkürzungen

ARP	**A**ddress **R**esolution **P**rotocol	**OSI**	**O**pen **S**ystems **I**nterconnection
CD	**C**ollision **D**etection	**PLP**	**P**acked **L**ayer **P**rotocol
CSMA	**C**arrier **S**ense **M**ultiple **A**ccess	**PPP**	**P**oint-to-**P**oint **P**rotocol
EIA	**E**lectronic **I**ndustry **A**ssociation	**RARP**	**R**emote **A**ddress **R**esolution **P**rotocol
FDDI	**F**ibre **D**istributed **D**ata **I**nterface	**RPC**	**R**emote **P**rocedure **C**all
FTP	**F**ile **T**ransfer **P**rotocol	**DLC**	Synchronous **D**ata **L**ink **C**ontrol Protocol
HDLC	**H**igh **L**evel **D**ata **L**ink **C**ontrol	**SNA**	**S**ystems **N**etwork **A**rchitecture (IBM)
HSSI	**H**igh **S**peed **S**erial **I**nterface	**SMTP**	**S**imple **M**ail **T**ransfer **P**rotocol
IEEE	**I**nstitute of **E**lectrical and **E**lectronic **E**ngineers	**SNMP**	**S**imple **N**etwork **M**anagement **P**rotocol
ICMP	**I**nternet **C**ontrol **M**essage **P**rotocol	**TCP**	**T**ransport **C**ontrol **P**rotocol
IP	**I**nternet **P**rotocol	**Telnet**	**T**erminal **E**mulation
ISO	**I**nternational **S**tandardization **O**rganisation	**TIA**	**T**elecommunication **I**ndustry **A**ssociation
LAPB	**L**ink **A**ccess **P**rotocol **B**alanced	**UDP**	**U**ser **D**atagram **P**rotocol
NFS	**N**etwork **F**ile **S**ystem	**XDR**	E**x**ternal **D**ata **R**epresentation

Merkmale

- **WLAN** (**W**ireless **LAN**: drahtloses LAN) sind lokale Netzwerke, die auf Funkbasis arbeiten.
- Endgeräte werden mit Funkeinrichtungen ausgerüstet.
- Der Zugang zu ortsfestem LAN erfolgt über Zugangspunkte (**AP**: **A**ccess **P**oint).
- Wireless LAN sind spezifiziert nach **IEEE 802.11**, dem **DECT**-Standard oder nach **HIPER** LAN (**Hi**gh **Per**formance LAN) oder **WPAN** (**W**ireless **P**ersonal **A**rea **N**etwork: drahtloses persönliches Netzwerk).
- WLAN-Funktionen sind auf OSI-Schicht 1 und 2 geregelt.
- Gegen **externe Störungen** sind Maßnahmen im Funkkanal und in den Kommunikationsprotokollen realisiert.
- Die **Reichweiten** dieser Netzwerke sind durch HF-Leistungsbeschränkungen begrenzt.
- Bedingt durch die Übertragung der Daten über eine Luftschnittstelle sind besondere **Schutzmaßnahmen** gegen Abhören (z. B. hochwertige Verschlüsselung) vorzusehen.
- **Vorteile** von WLAN-Einrichtungen sind u. a.
  - weltweite Standardisierung,
  - lizenzfreier Betrieb,
  - große Flexibilität (anpassbar z. B. an Baulichkeiten) und
  - einfache Administration in den Endgeräten.

IEEE 802.11

- In WLAN nach IEEE 802.11 sind eine Reihe von Einzelspezifikationen enthalten, die unterschiedliche Anforderungen abdecken.
- Als Grundlage sind folgende Architekturelemente spezifiziert:
  - **BSS** (**B**asic **S**ervice **S**et: Basis-Dienstelement) ist das grundlegende Architekturelement.
  - **STA** (**Sta**tion: Station) ist das Mitglied eines BSS
  - **IBSS** (**I**ndependent **BSS**: unabhängiges BSS) ist ein BSS, in dem die Kommunikation der STA direkt untereinander erfolgt
  - **DS** (**D**istribution **S**ystem: Verteilungssystem) ist das Element zur Verbindung mehrerer BSS untereinander oder der Zugang zum Festnetz.
  - **AP** (**A**ccess **P**oint: Zugangspunkt) ist der Zugang zum DS; nutzt das Wireless Medium (WM) sowie das Distributed System Medium (DSM).
  - **ESS** (**E**xtended **S**ervice **S**et: erweiterte Dienstelemente) ist die Zusammenschaltung mehrerer BSS über DS.
  - **Portal** realisiert den Übergang zu einem anderen LAN.
- Grundsätzlich wird bei IEEE 802.11 das CSMA/CA-Verfahren angewendet (Kollisionsvermeidung).

IEEE 802.11 Standards

Standard	Inhalt	Standard	Inhalt
802.11	1 Mbit/s und 2 Mbit/s im 2,4 GHz Band	802.11k	System Management
802.11ac	bis 6,933 Gbit/s im 5 GHz Band	802.11n	bis 600 Mbit/s im 2,4 und 5 GHz Band
802.11ad	bis 6,75 Gbit/s im 60 GHz Band	802.11p	Drahtloser Zugang für Fahrzeugeinsatz
802.11b	11 Mbit/s im 2,4 GHz Band	802.11r	Schneller Zellenwechsel
802.11c	Wireless Bridging	802.11s	Erweiterte Dienste vermaschter Netze
802.11e	Quality of Service und Streaming-Erweiterung für IEEE 802.11a/g/h	802.11t	Leistungsvorhersage, Testmethoden
802.11g	54 Mbit/s im 2,4 GHz Band	802.11u	Vernetzung mit nicht 802 Netzwerken
802.11h	54 Mbit/s im 5 GHz Band mit Frequency Selection (DFS) und Transmit Power Control (TPC)	802.11v	Netzwerk-Management
		802.11w	Geschützte Managementrahmen
802.11i	Authentifizierung und Verschlüsselung für IEEE 802.11a/g/h	802.11z	Erweiterung für Direktverbindungsaufbau

Buchstaben: l, o, q und x sind nicht verwendet, um Verwechselungen zu vermeiden

Betriebsarten

ad hoc-Mode (IBSS)

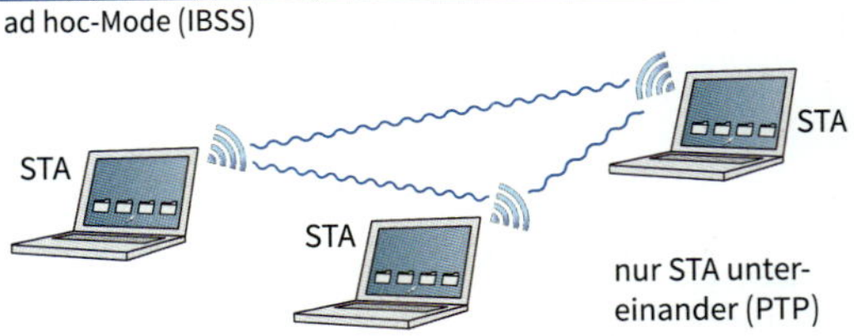

Infrastructur-Mode

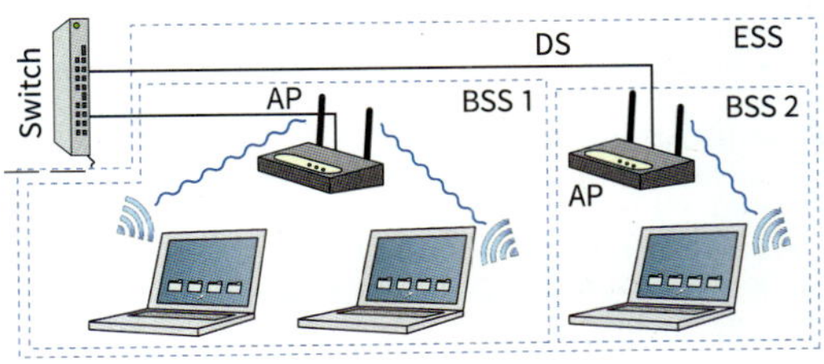

Typische Daten (Europa)

Bezeichnung	802.11a/h	802.11b	802.11g	802.11n
Frequenzbereich in GHz laut Bundesnetzagentur	5,150 … 5,725	2,40 … 2,4835	2,40 … 2,4835	2,40 … 2,4835 5,150 … 5,725
Datenrate brutto (Mbit/s)	54	11	54	bis 600
Codierung	OFDM	DSSS CCK	OFDM CCK DSSS	OFDM CCK DSSS
Kanäle (max.)	19	13	13	13[1)] 19[2)]
(in Europa) ohne Überlappung	19	3	3	13[1)] 19[2)]

1) im 2,4 GHz-Band 2) im 5 GHz-Band

OFDM: **O**rthogonal **F**requency **D**ivision **M**ultiplex
CCK: **C**omplementary **C**ode **K**eying
DSSS: **D**irect **S**equence **S**pread **S**pectrum

Topologien

- Die Struktur von PC-Netzen bezeichnet man als Topologie.
- Die Komponenten sind PCs und verschiedene Kopplungselemente. Die Verbindung erfolgt über Funk oder Leitungen (Kupfer- bzw. Lichtwellenleiter).
- Je nach Aufbau gibt es unterschiedliche Bezeichnungen. Die grünen Kreise in den nachfolgenden Abbildungen werden als Knoten bezeichnet und sind Endgeräte bzw. Kopplungselemente.

Bus (Linie)

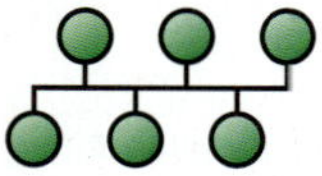

- Alle Teilnehmer sind direkt über dasselbe Übertragungsmedium (Bus) miteinander verbunden.
- Die Übertragung ist auch gewährleistet, wenn ein Teilnehmer ausfällt (nicht bei Koaxialleitung).

Stern

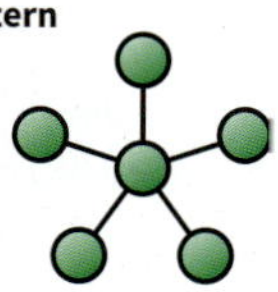

- Im Zentrum befindet sich ein Teilnehmer oder ein Kopplungselement (z. B. Hub, Switch), der die Datensteuerung übernimmt.
- Wenn ein Endgerät ausfällt, hat dieses keine Auswirkung auf die übrigen Teilnehmer.

Baum

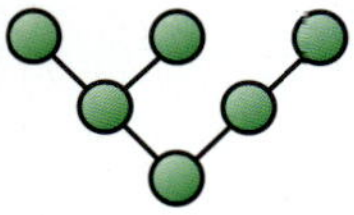

- Das Netz besitzt einen zentralen Ausgangspunkt (Wurzel).
- Alle Teilnehmer sind über Zweige (Sterntopologie) mit der „Wurzel" verbunden.
- Wenn die Wurzel ausfällt, ist keine Kommunikation möglich.

Ring

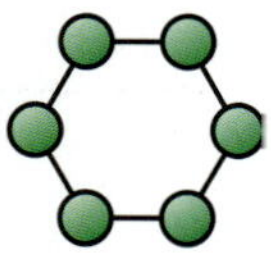

- Jeweils zwei Teilnehmer sind miteinander verbunden. Es entsteht ein Ring.
- Die Informationen werden von Teilnehmer zu Teilnehmer weitergeleitet.
- Bei Ausfall eines Teilnehmers ist die Kreisstruktur unterbrochen.

Masche

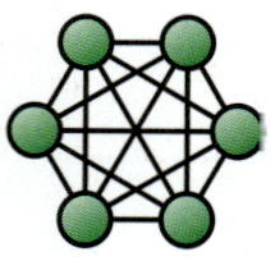

- Jeder Teilnehmer ist mit einem oder mehreren Teilnehmern verbunden.
- Wenn jeder Teilnehmer mit jedem anderen Teilnehmer verbunden ist, handelt es sich um ein vollständig vermaschtes Netz.
- Bei Ausfall eines Teilnehmers ist durch Umleitung eine Kommunikation noch möglich.

Kopplungselemente

- **Repeater (Wiederholer)**
  - dient zur Signalverstärkung aufgrund der Dämpfung durch Übertragungsmedien und
  - Korrektur von Störungen (Signalregeneration).
- **Medienkonverter**
  - wandelt Signale um, z. B. zur Anpassung zwischen Kupfer- und Lichtwellenleitern.
- **Bridge (Brücke)**
  - überbrückt zwei Netzwerkabschnitte mit unterschiedlichen/gleichen Übertragungsmedien und/oder verschiedenen/gleichen Topologien.
  - wertet die Ziel-MAC-Adresse ankommender Daten aus und leitet fehlerfreie Daten entsprechend weiter.
- **Switch (Schalter, Weiche)**
  - schaltet die Verbindung zwischen zwei Teilnehmern temporär innerhalb eines LANs.
  - Für sehr große Netzwerke werden mehrere Switches über ihren Uplink-Port miteinander gekoppelt.

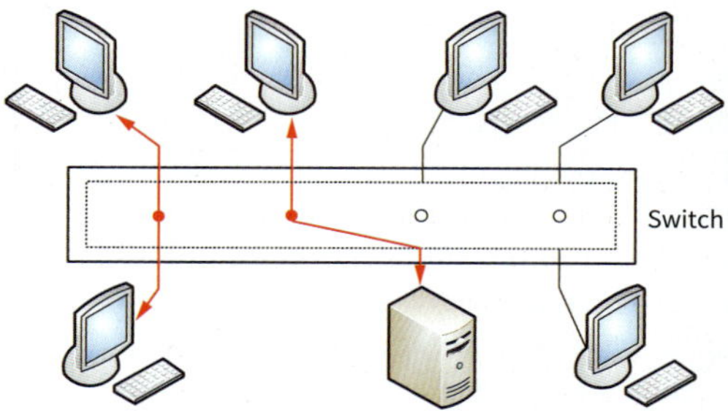

- **Router**
  - Er ermittelt eine Route („Reiseweg") für die Daten (z. B. durch das Internet).
  - Sie sind Schnittstellen zwischen zwei Netzen (z. B. LAN und TK-Netz, Routingtabellen).
  - LANs und WANs werden dabei gekoppelt.
  - Das Routen wird in einer Routingtabelle verwaltet.
- **Gateway**
  - verbindet unterschiedliche Netzwerke miteinander, indem Netzwerkprotokolle umgewandelt werden.
  - Die in Protokolldaten enthaltenen Nutzdaten werden vollständig herausgelöst und in das neue Übertragungsprotokoll eingefügt.

Netzbezeichnungen

- **LAN** (**L**ocal **A**rea **N**etwork)
  - Lokales, eng begrenztes und oft nur auf einen Gebäudekomplex beschränktes Netz
  - LANs haben immer eindeutig zuzuordnende Eigentümer und Betreiber
- **MAN** (**M**etropolitan **A**rea **N**etwork)
  - Stadtnetz oder ein Netz in einer Region
  - Kommunale oder kommerzielle Betreiber unterhalten diese Netze z. B. als Hochgeschwindigkeitsnetze zur Verbindung von Großrechenanlagen.
  - Verbindungen von LANs über MANs sind möglich.
- **WAN** (**W**ide **A**rea **N**etwork)
  - Großflächig angelegtes Netz, dessen Aufgabe die Verbindung von kleineren Netzen ist
  - Betreiber können öffentliche Einrichtungen (z. B. Universitäten) oder kommerzielle Unternehmen (z. B. Telekom) sein.
- **GAN** (**G**lobal **A**rea **N**etwork)
  - Grenzen überschreitendes, oft sogar weltumspannendes Netz (z. B. Internet)
  - Da das GAN alle verbundenen WANs, MANs und LANs umfasst, gehört es niemandem. Es besteht aus vielen einzelnen Betreibern und Eigentümern.

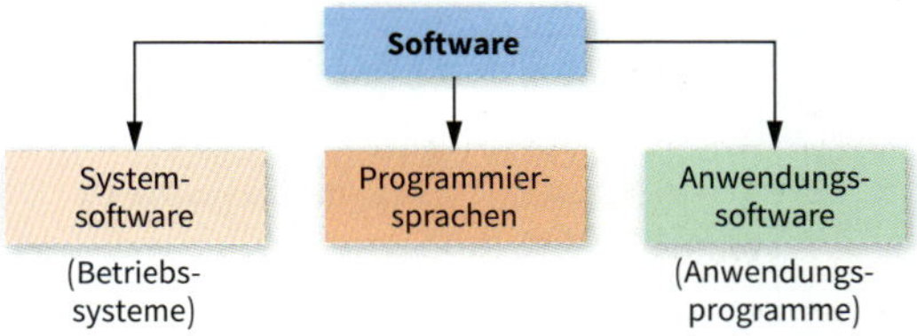

Unter Software versteht man Programme (Anweisungen in Form von Daten), die den Computer zur Ausführung von Aktionen veranlassen.

Dateiformate

Die innerhalb der Anwendersoftware erstellten Dateien werden am Ende des Dateinamens durch einen Punkt und das Dateiformat gekennzeichnet:

Beispiel: **Dateiname.Dateiformat**
Brief.doc

Anwendungssoftware zur Bürokommunikation

- **Textverarbeitungsprogramme**
  z. B. Word (.doc, Document: Dokument)
- **Kalkulationsprogramme**
  z. B. Excel (.xls, **Ex**cel **S**heet: Arbeitsblatt in Excel)
- **Datenbankprogramme**
  Erstellung relationaler Datenbanken, z. B. Access (Zugang).
  Dateiformate: .mdb; .adp; .ade
- **Organisationsprogramme**
  z. B. Outlook (Ausblick) besteht aus Terminplaner, Adressverwaltung, Aufgabenliste (zu erledigende Aufgaben, Termine usw.), Journal (Dokumentation von Aktivitäten und Ereignissen), E-Mail-Programm.
- **Präsentationsprogramme**
  Programm zur Erstellung von Folien- und Bildschirmpräsentationen, z. B. PowerPoint.
  .ppt für PowerPoint-Präsentationen
  .pot für Präsentationsvorlagen
  .pps für Pack-and-go-Präsentationen (selbstlaufend)
  .ppa für Zusatzmodule
- **Office-Programme (Office Pakete)**
  Zusammenfassung verschiedener Programme zur Bürokommunikation, z. B. Access, Excel, Outlook, Word und PowerPoint.

Desktop-Publishing-Programme

DTP: Desk**t**op-**P**ublishing (Publizieren vom Schreibtisch)
Software zur Herstellung von Druckvorlagen. Eingebunden sind Texte, Grafiken, Formeln und Tabellen zu einem gemeinsamen Layout, z. B. Publisher, Quark Xpress, Corel Ventura, Page-Maker.

CAD

CAD: Computer-**A**ided **D**esign (Computergestütztes Zeichnen bzw. Konstruieren)
- Grafikprogramm (Vektorgrafik) für die Erstellung technischer Zeichnungen in professioneller Qualität.
- Mit Layertechnik (Schichten) können verschiedene Zeichnungsebenen unabhängig voneinander erstellt und kombiniert werden.
- Umfangreiche Programmbibliotheken (Zeichenvorlagen) erleichtern die Erstellung der Zeichnungen.
- Z. B. AutoCad

Grafiksoftware

Rastergrafiken, Pixel-Grafiken

- Bilder in Pixel-Formaten werden auch als Bitmaps bezeichnet.
- Die Speicherung erfolgt wie bei einem Mosaik.
  Jedes Pixel (Bildpunkt) wird mit Informationen über Lage (x-y-Achse) und Farbe gespeichert.
- Pixel-Grafiken verlieren beim Skalieren (vergrößern) stark an Qualität, da die Pixel vergrößert werden. Stufungen sind mitunter erkennbar.
- Anwendung: Wiedergabe von Fotos mit feinen Abstufungen.
- Z. B. Photoshop, Photodraw

Beispiele für Dateiformate: **.BMP** (**B**it**m**a**p**); **.JPEG** (**J**oint **P**hotographic **E**xperts **G**roup); **.PDF** (**P**ortable **D**ocument **F**ormat); **.TIF** (**T**aged **I**mage **F**ormat)

Vektor-Grafiken

- Bei Vektor-Grafiken werden geometrische Formen (z. B. Kreise, Rechtecke) gespeichert. Ein Rechteck besitzt z. B. einen Ursprungspunkt und eine Ausdehnung in Form von Längen- und Breitenangaben.
- Vektorgrafiken können deshalb ohne Qualitätsverlust frei gedreht und vergrößert werden (Skalierbarkeit).
- Anwendung im Konstruktionsbereich (CAD).
- Z. B. CorelDraw, Adobe Illustrator

Beispiele für Dateiformate: **.AI** (**A**dobe **I**llustrator); **.CDR** (**C**o**r**el **D**raw); **.EPS** (**E**ncapsulated **P**ost**s**cript)

Programmiersprachen

- **Algol** (**Algo**rithmic **L**anguage)
  Algorithmische Formelsprache zur strukturierten Programmierung
- **Basic** (**B**eginners **A**ll Purpose **S**ymbolic **I**nstruction **C**ode)
  Leicht erlernbare problemorientierte Programmiersprache in naturwissenschaftlichen und technischen Bereichen.
- **C** (entwickelt aus Basic Combined Programming Language)
  Maschinennahe Programmierung mit kompaktem Code für strukturierte Programmierung.
- **C++**
  Objektorientierte Variante von C
- **Cobol** (**Co**mmon **B**usiness **O**riented **L**anguage)
  Problemorientierte Programmiersprache für kaufmännische und administrative Bereiche, Programmcode ist lesbar wie englischer Text.
- **Fortran** (**For**mula **Tran**slation)
  Geeignet für die Programmierung mathematischer Formeln
- **JAVA**
  Plattformunabhängige Programmiersprache, lässt sich mit Browsern ausführen, Anwendung im Internet
- **Pascal** (benannt nach Blaise Pascal)
  Ursprünglich als Universalsprache gedacht, gute Strukturierung möglich, leichte Dokumentation, wenige Grundbefehle
- **PL/1** (**P**rogramming **L**anguage No.**1**)
  Eine problemorientierte Programmiersprache von IBM. Anwendung auf Großrechnern, enthält Elemente von Fortran und Cobol

Zusammenhang zwischen Hardware und Software

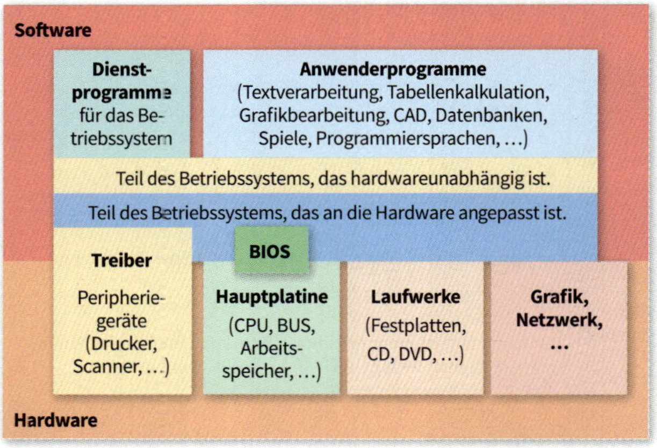

Installation (Computer)

- Installation ist ein Begriff aus der Computertechnik, der für
  - den Anschluss bzw. Einbau einer neuen Komponente bzw. eines Gerätes (**Hardware-installation**) und
  - die Einrichtung eines Programms (**Software-installation**) verwendet wird.
- Das Installationsprogramm für eine Anwendungs-software (**Setup-Programm**) ist in der Regel ein Hilfsprogramm zur Einrichtung der Anwendungs-software und ist im Lieferumfang der Anwendungs-software enthalten.

Schritte einer Hardwareinstallation

1.
- Peripheriegeräte und PC ausschalten
- Hinweise im Benutzerhandbuch beachten

2.
- Netzverbindung noch angeschlossen lassen (PC ist dadurch noch geerdet)
- Mögliche Körperladungen durch Berühren von Metallgehäuseteilen abfließen lassen
- Netzstecker aus Steckdose ziehen

3.
- Gehäuseabdeckung entfernen

4.
- Geeigneten Steckplatz auswählen
- Wenn möglich, Steckplatz nicht unmittelbar neben einer bereits installierten Karte wählen, da diese Störungen aussenden können (z. B. Videokarte kann Soundkarte stören)
- Steckplatzabdeckung am Gehäuse entfernen

5.
- Karte vorsichtig aus Verpackung herausnehmen
- Karte möglichst nur am Rand anfassen
- Bauteile sollten nicht berührt werden, damit ggf. Körperladungen abfließen können, mit einer Hand das metallene PC-Gehäuse anfassen

6.
- Karte in Steckplatz vorsichtig einfügen
- Richtigen Sitz der Karte im Steckplatz kontrollieren

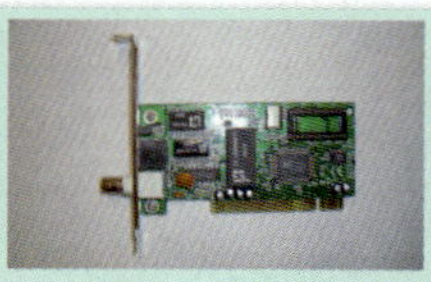

7.
- Ggf. intern Verbindungsleitungen stecken
- Karte mit Schraube am Gehäuse befestigen
- Gehäuseabdeckung wieder anbringen

Softwareinstallation

- **Sicherheitsaspekte**
  Um Software zu installieren, sind bei aktuellen Betriebs-systemen oft administrative Berechtigungen erforderlich.
- **Vorbereitung**
  Es ist mitunter sinnvoll oder erforderlich, alte Software-versionen zu entfernen (**Deinstallation**).
- **Schritte**
  - **Prüfung**
    Das System wird in der Regel überprüft, ob die zu installierende Software für das System geeignet ist (z. B. Überprüfung der Hardwareausstattung, Version des Betriebssystems, bereits installierte Softwarekomponenten).
  - **Kopieren der Dateien**
    Sie werden in der Regel in ein neues Verzeichnis des Computers kopiert.
    Beispiele: Hauptanwendung, Datendateien, Onlinehilfe, Konfigurationsdateien, Bibliotheken, Verweise
  - **Konfiguration**
    Hierdurch erfolgt eine Anpassung der Software an die Gegebenheiten des vorliegenden Systems. Einstellungen können automatisch oder manuell erfolgen.
  - **Abschluss**
    Damit die Änderungen wirksam werden können, muss das System unter Umständen neu gestartet werden (insbesondere beim Austausch von Bibliotheken).

Gerätetreiberinstallation

- Gerätetreiber (kurz: Treiber) sind Programme, mit denen die Interaktion angeschlossener bzw. eingebauter Geräte gesteuert wird. Sie übersetzen die an das Gerät gehenden Steuerbefehle des Betriebssystems.
- Gerätetreiber können auf der CD des Betriebssystems enthalten sein. Wenn dieses nicht der Fall sein sollte oder wenn eine Aktualisierung erforderlich ist, muss die Software des Hardware-herstellers verwendet werden.

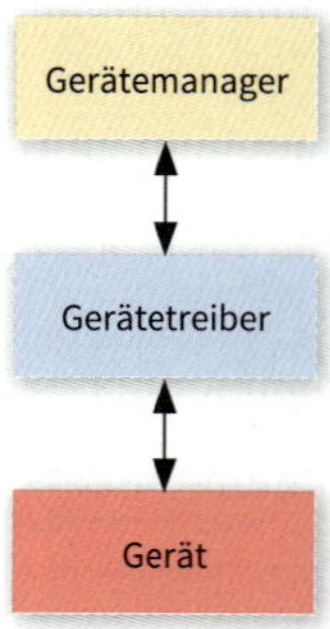

Einstellungen

- **BIOS: B**asic **I**nput **O**utput **S**ystem (Basis-Eingangs-Ausgangs-System)
- Im BIOS werden wichtige Einstellungen für den PC in einem wieder beschreibbaren Speicher (EEPROM, meist als Flash-Speicher, 64 oder 128 Byte) ① auf der Hauptplatine abgelegt. Der Speicher wird permanent durch einen Akku oder eine Batterie ② mit Spannung versorgt. Der Speicher ist oft mit der Echtzeituhr des Systems kombiniert.
- Nach dem Einschalten wird das Programm unmittelbar ausgeführt. Der Start des Betriebssystems wird eingeleitet.
- BIOS-Einstellungen können über das BIOS-Setup vorgenommen werden.
- Das BIOS-Setup kann kurz nach dem Start durch eine bestimmte Tastenkombination aufgerufen werden, z. B.
  - „Press F1 to enter SETUP“ oder
  - „Press DEL (deutsch: Entf) to enter SETUP“ (vom Hersteller abhängig)
- Es gibt verschiedene BIOS-Hersteller, z. B.: AMI, ATI, Award Software, Phoenix Technologies
- Es empfiehlt sich aus Sicherheitsgründen, die bestehenden Einstellungen vor der Änderung zu notieren oder auszudrucken (Taste „Druck“ oder „Print“).
- Beispiel BIOS-Hauptmenü (Hersteller Award):

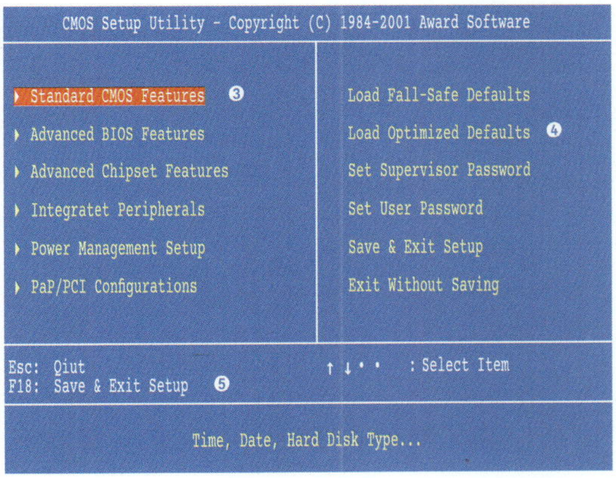

- Es sind Menüeinträge ③ mit Untermenüs vorhanden, bei denen der ausgewählte Eintrag farblich hervorgehoben wird. Der Menüpunkt wird durch „Enter“ gewählt.
- Allgemeine Steuerungsfunktionen ④ (z. B. Speichern der Einstellungen, Verlassen der BIOS-Einstellungen)
- Informationen zur Navigation innerhalb des Menüs ⑤, Bewegung um jeweils einen Schritt nach oben, unten, rechts und links
- Sicherheitsabfragen werden durch die Tasten „Y“ oder „N“ und anschließend durch „Enter“ durchgeführt.
  Achtung: Es wird die englische Tastaturbelegung verwendet, „Y“ und „Z“ sind vertauscht.

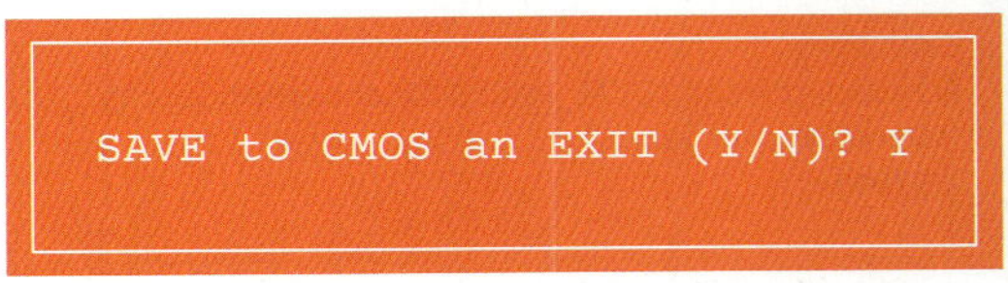

- Mit „ESC“ kann man das Menü bzw. jeden Dialog im BIOS verlassen.

Menüs und ihre Bedeutung (Auswahl)

Award	AMI	Bedeutung
Standard CMOS Features	Standard CMOS Setup	Einstellungen für Datum und Uhrzeit; Parameter für Laufwerke und Grafikkarte
Advanced BIOS Features	Advanced CMOS Setup	Besondere BIOS-Einstellungen: Bootreihenfolge, Cache- und Prozessoreinstellungen, Tastatur, Speicher
Advanced Chipset Features	Advanced Chipset Setup	Einstellungen für den Chipsatz: Speicherzyklus, AGP und PCI-Optionen, Onboardkomponenten
Integrated Peripherals	Peripheral Setup	Kommunikationssteuerung mit angeschlossenen Geräten: Festplatten, Parallelport usw.
Power Management Setup	Power Management Setup	Einstellungen der Stromsparfunktionen im PC
PnP/PCI Configuration	PCI/Plug and Play Setup	Verteilung der Systemressourcen für Erweiterungskarten (IRQ, DMA)

Wichtige Steuerungsfunktionen ④

Award	AMI	Bedeutung
Load Fail-Safe Defaults	Autoconfig. with Fail-Safe Settings	BIOS-Einstellungen werden auf Standardeinstellung zurückgesetzt
Load Optimized Defaults	Autoconfig. with optimal Settings	BIOS-Einstellungen werden auf Optimal-Einstellungen zurückgesetzt
Set Supervisor Password	Change Supervisor Password	Passwort für den Zugang zum BIOS-Setup wird festgelegt (Supervisor)
Set User Password	Change User Password	Passwort für den Zugang zum BIOS-Setup wird festgelegt (User)
Save & Exit Setup	Save Settings and Exit	Verlassen des BIOS-Setup, Speichern der Änderungen

CMOS-Speicher mit Spannungsquelle

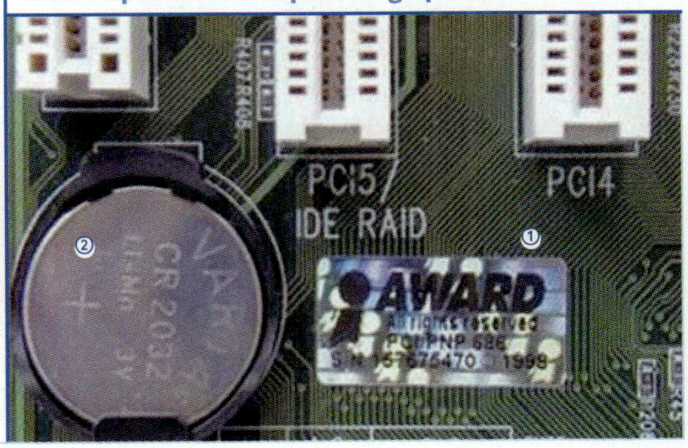

Aufbau und Struktur

- Bei der Registry (Windows Registrierungsdatenbank) handelt es sich um eine Datenbank, in der wichtige Informationen über das Betriebssystem und die installierten Programme gespeichert sind.
- Die Einträge sind in einer Baumstruktur angeordnet und werden als **Schlüssel** (**keys**) bezeichnet. Sie stammen von **fünf Hauptschlüsseln** ab.
- In der Registry können die Schlüssel und ihre Werte angelegt, bearbeitet und gelöscht werden. Teile können exportiert und importiert werden.
  Vorsicht bei Änderungen: Gefahren durch Instabilität des Systems, Sicherheitskopien sind sinnvoll
- Neben direkten Änderungen können Programme verwendet werden, mit denen sich bestimmte Einstellungen bearbeiten lassen (z. B. Gratis-Tool von Microsoft: Tweak UI). Vor Änderungen sollte die ursprüngliche Registry gesichert werden.
- Ein Schutz vor ungewollten Änderungen durch Benutzer erreicht man durch die Funktion „Berechtigungen".

Registry-Editor

- Er wird standardmäßig zur Bearbeitung von Registry-Einträgen verwendet und wird über die Eingabe von **regedit** unter Start/ Ausführen geöffnet.

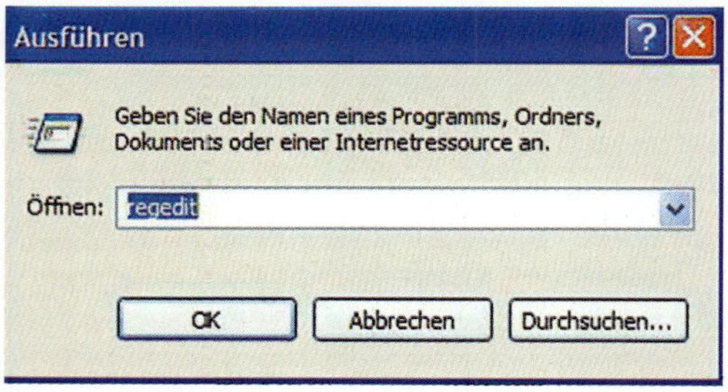

- Eine Schlüsselgruppe bzw. -kategorie kann geöffnet werden, inden man auf das Minuszeichen klickt ① ②.

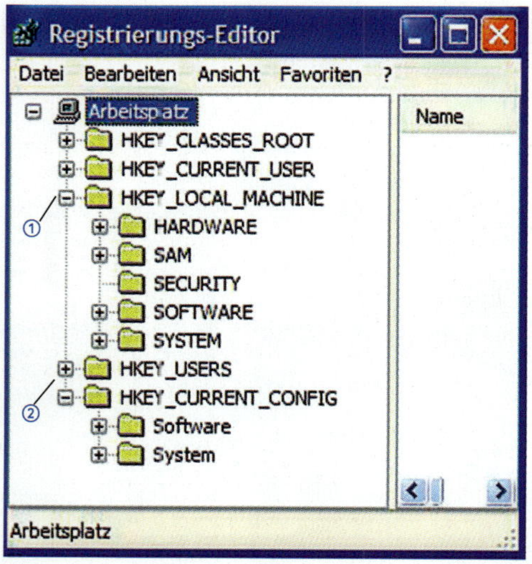

Fünf Schlüsseldateien

Name	Abkürzung
HKEY_CLASSES_ROOT	HKCR

- In dieser „Wurzel" sind alle Verknüpfungen von Dateitypen mit Anwendungen enthalten.
- Zusammengeführt sind HKEY_LOCAL_MACHINE\Software\Classes und HKEY_CURRENT_USER\Software\Classes.
- Jeder Dateityp verfügt über einen Unterschlüssel.
- In der Regel sind hier keine Änderungen erforderlich, da sich diese Einstellungen einfacher über den Explorer vornehmen lassen.

HKEY_CURRENT_USER	HKCU

- Es sind hier die benutzerspezifischen Konfigurationsdaten für aktuell angemeldete Benutzer gespeichert.
- Es handelt sich um einen Teil von HKEY_USERS.
- Der Unterschlüssel „Software" enthält benutzerbezogene Anwendungseinstellungen.
- Für jeden Softwarehersteller wird ein eigener Unterschlüssel angelegt (z. B. Microsoft).

HKEY_LOCAL_MACHINE	HKML

- Enthalten sind alle computerspezifischen Einstellungen (komplette Hardware- und Softwarekonfiguration, einschließlich der peripheren Geräte).

HKEY_USERS	HKU

- Enthalten sind die benutzerspezifische Konfigurationsdaten der Benutzer (Benutzerprofil), die sich im System angemeldet haben, z. B. die Liste der installierten Software.

HKEY_CURRENT_CONFIG	HKCC

- Gespeichert sind hier die Informationen über das jeweilige Hardwareprofil, mit dem der PC gestartet wurde.

- Die Daten werden in mehreren Dateien (Hives) in einem speziellen Datenbank-Format gespeichert.
  Beispiele:
  - HKEY_LOCAL_MACHINE bei Windows XP in den Verzeichnissen „%windir%\System32\Config"
  - HKEY_CURRENT_USER ist im Benutzerprofilverzeichnis gespeichert
- Da die Unversehrtheit dieser Dateien wesentlich für ein funktionierendes System ist, wird bei Windows automatisch eine Sicherheitskopie angelegt.

Registry Einträge finden

- Einträge können vom Typ her als Zeichenkette (REG_SZ ③), Binärwert (REG_BINARY) oder DWORD (REG_DWORD ④) vorkommen.
- Einträge können mit einem Doppelklick oder über das Untermenü (Rechtsklick) über „Ändern" angepasst werden.
- Beispiel für einen Suchvorgang zum Internetexplorer.
  Einstellung:
  Arbeitsplatz\HKEY_LOCAL_MACHINE\Software\Microsoft\ InternetExplorer\Setup\7.0
  Ergebnis:

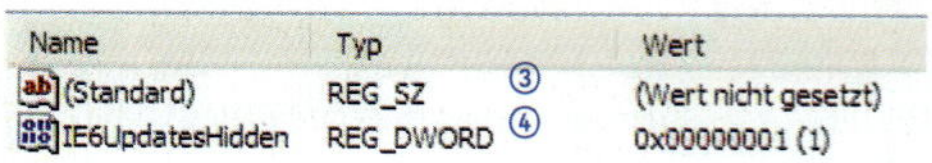

Merkmale

- Betriebssysteme
  - sind Programme, die systemnah (hardwarenah) geschrieben sind
  - ermöglichen eine für den Anwender komfortable Benutzung des Rechnersystems
  - realisieren die **anwendungsunabhängigen** Funktionen des Rechners
  - werden eingeteilt nach ihren Ausführungsformen in z. B. Echtzeit- oder Multi-User-Betriebssysteme

Betriebssystem-Arten

Klassifizierung

- **Betriebsart** des Rechnersystems
  - Batch-Betrieb
  - Dialog-Betrieb
  - Netzwerk-Betrieb
  - Echtzeit-Betrieb
- Anzahl der gleichzeitig laufenden **Programme**
  - Einzelprogramm (**single tasking**)
  - Mehrprogramm (**multi tasking**)
- Anzahl der gleichzeitig arbeitenden **Benutzer**
  - Einzelbenutzer (**single user**)
  - Mehrbenutzer (**multi user**)
- Anzahl der gleichzeitig verwalteten **Prozessoren**
  - Ein-Prozessor-Betrieb (**single processing**)
  - Mehr-Prozessor-Betrieb (**multi processing**)

Architektur

Anwendungen/Bibliotheken
Application Programming Interface (API)
Systemschnittstelle
Prozess-/Resourcenmanagement
Dateisystem/Treiber
Hardware Abstraction Layer (HAL)
Rechnerhardware

Anwendungen: Programme wie z. B. Word, Excel.

Bibliotheken: fertige Programmteile, die in die Anwendungen eingebunden werden.

API: einheitliche Softwareschnittstelle (z. B. Win 32 API) über die Anwendungen freigegebene Betriebssystemfunktionen (z. B. Datei öffnen) ansprechen.

Systemschnittstelle: kapselt den Betriebssystemkern von der Programmierschnittstelle.

Management: realisiert den Ablauf der Systemprozesse (z. B. Zuteilung von CPU-Zeit).

Treiber: Software für die Standard-Hardware (Tastatur, LPT, COM)

HAL: realisiert die Verknüpfung mit einer speziellen Hardwareplattform (z. B. Intel x86).

Echtzeit-Betriebssysteme

- Echtzeitbetrieb eines Rechnersystems ist definiert als die Eigenschaft, dass Verarbeitungsergebnisse innerhalb einer vorgegebenen Zeitspanne verfügbar sind.
- Beispiele für Echtzeitsysteme sind: VxWorks, PSOS, VRTX
- Werden unterschieden in
  - **harte** Echtzeit-Betriebssysteme und
  - **weiche** Echtzeit-Betriebssysteme.
- Weiche Echtzeit-Betriebssysteme
  - besitzen eine dehnbare Zeitgrenze,
  - führen zu keinem schwer wiegenden Systemausfall bei Überschreiten der Deadline.
- Harte Echtzeitsysteme
  - müssen 100 % deterministisch (vorhersagbar) arbeiten,
  - dürfen die Deadline nicht überschreiten,
  - verursachen schwerwiegende Systemausfälle bei Nichteinhaltung der Zeitvorgaben,
  - können nach dem Bearbeiten eines bestimmten Ereignisses auch das Laden eines neuen Rechenprozesses beinhalten.
- Anwendung finden harte Echtzeitsysteme z. B. in Airbags oder Motorsteuerungen.

Harte Echtzeit

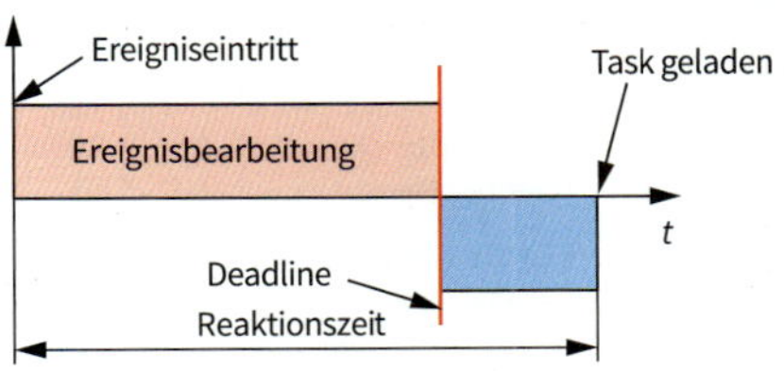

Weiche Echtzeit

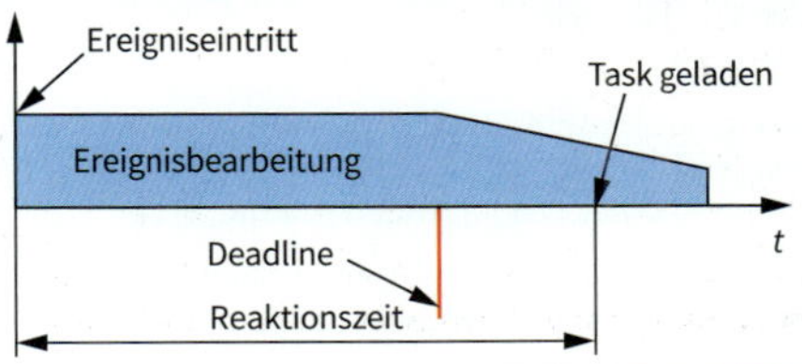

Betriebssysteme
Operating Systems

Aufgaben

Grundsätzlich:
Verwaltung der technischen Komponenten eines Computers sowie Steuerung und Überwachung des Einsatzes der Software (Programme).

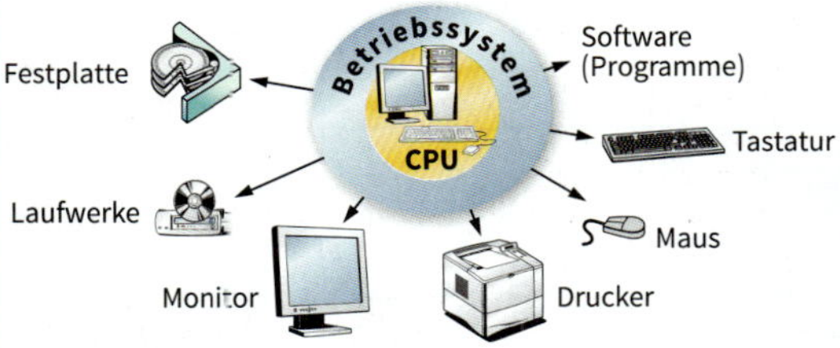

Wichtige Einzelaufgaben

- Starten und Beenden des Computerbetriebs
- Organisation und Verwalten der Arbeitsspeicher
- Verwalten der Dateien in den Verzeichnissen
- Steuern der Hardwarekomponenten (Soundkarte, Drucker, usw.)
- Organisieren und Verwalten der verschiedenen Speicher (z. B. Festplatten, CD-ROM)
- Laden und Kontrollieren der Anwenderprogramme (z. B. Weitergabe von Benutzereingaben, Verwalten von Benutzerrechten)
- Verwaltung und Bedienung mehrerer Nutzer (z. B. Zugriffsrechte, Nutzungsprofil)
- Bereitstellen von Dienstprogrammen (z. B. Datensicherung, Datenfernübertragung)
- **Präemptives Multitasking (Mehrprozessbetrieb)**
  Wenn mehrere Programme benutzt werden, aktiviert das System diese in so kurzen Abständen abwechselnd, so dass für den Benutzer der Eindruck der gleichzeitigen (parallelen) Abarbeitung entsteht.
- **Multithreading (Mehrprozessfähigkeit)**
  Mehrere Ausführungsstränge innerhalb eines Prozesses (Threads) werden ähnlich dem präemptiven Multitasking gleichzeitig abgearbeitet (parallel).
- **Multiusing (Mehrbenutzung)**
  Auf einem PC können sich unterschiedliche Nutzer eine individuelle Arbeitsumgebung schaffen, auf die nur sie passwortgeschützt zugreifen können.

Startvorgang (BOOT-Vorgang)

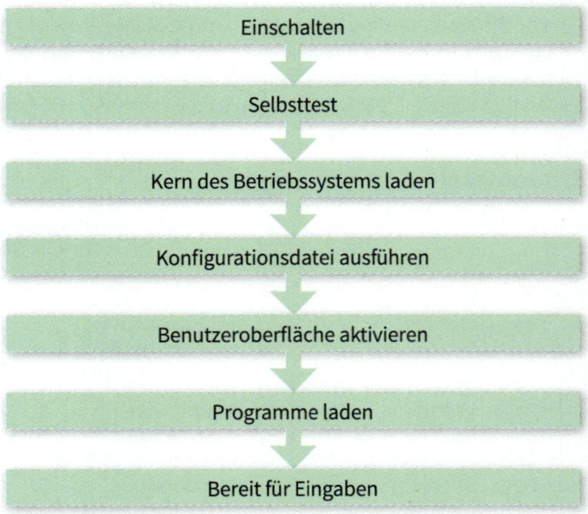

BIOS

BIOS: **B**asic **I**nput **O**utput **S**ystem
(Grundlegendes Eingabe-Ausgabe-System)

- Das BIOS ist ein grundlegendes Systemprogramm im PC, das nach dem Einschalten zur Verfügung steht.
- Es ist im Festwertspeicher (ROM) vom Hersteller abgelegt und dem Betriebssystem vorgelagert.

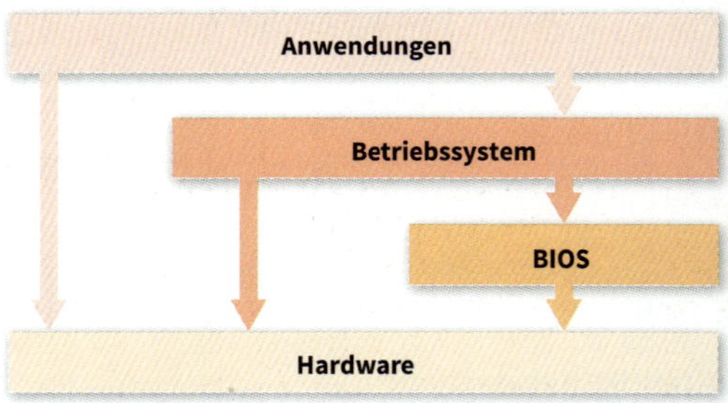

POST: **P**ower **O**n **S**elf **T**est

- Beim Booten führt das BIOS einen Selbsttest durch.
- Es sucht ein Betriebssystem und ruft dieses auf.
- Es lädt grundlegende Treiber (Laufwerk, Grafikkarte und Schnittstellen).

Betriebssysteme

Bei Personal Computern sind folgende Betriebssysteme verbreitet:

- **Windows** (Microsoft), am weitesten verbreitet
  Windows XP (**Exp**erience), Vista, 7, 8, 10
- **macOS** (Apple Macintosh)
  OS X 10.12
- **Linux** (**Linu**s Torwalds UNI**X**, Finnischer Software-Entwickler)
  Derivate: Red-Hat, Fedora, RHEL, Mandriva, SUSE

Sie verfügen über eine grafische Benutzeroberfläche und sind als 32 Bit- bzw. 64 Bit-Versionen erhältlich.

Hardwareanforderungen für Betriebssysteme

Betriebssystem	Empfohlene Systemvoraussetzungen
Windows XP Service Pack 3 Professional	■ Pentium oder kompatibler Prozessor > 300 MHz Taktfrequenz ■ Arbeitsspeicher mindestens 128 MB ■ Festplattenspeicher mind. 1,5 GB
Windows Vista Service Pack 2 Ultimate	■ Prozessor mit mindestens 1 GHz ■ Arbeitsspeicher mindestens 1 GB ■ Festplattenspeicher mind. 15 GB
Windows 10	■ Prozessor mit mindestens 1 GHz ■ Arbeitsspeicher mindestens 2 GB (64 Bit) ■ Festplattenspeicher mind. 20 GB (64 Bit)

UNIX

Merkmale

- Betriebssystem mit Konzepten einer Entwicklung von AT+T aus den 70er Jahren.
- Es existieren mehrere Unix-artige Systeme (MAC OS X, HP-UX, AIX, Linux, …)
- UNIX (Großbuchstaben) wird als Name für zertifizierte Systeme verwendet.
- UNIX ist ein eingetragenes Warenzeichen der Open Group (www.opengroup.org).

Eigenschaften	Komponenten
■ **Multitaskingfähigkeit:** Mehrere Prozesse können gleichzeitig ausgeführt werden. ■ **Multiuserfähigkeit:** Mehrere Bemutzer können gleichzeitig bedient werden (z. B. über serielle Terminals, X-Terminals oder weitere Rechner). Jeder Nutzer erhält einen eigenen Speicherbereich.	■ **Kernel:** Er verwaltet die Prozesse und stellt das Dateisystem zur Verfügung. ■ **Kommandointerpreter (Shell):** Er wird auch automatisch vom Login-Prozess gestartet und ermöglicht die Eingabe von Kommandos.

Timesharing in UNIX

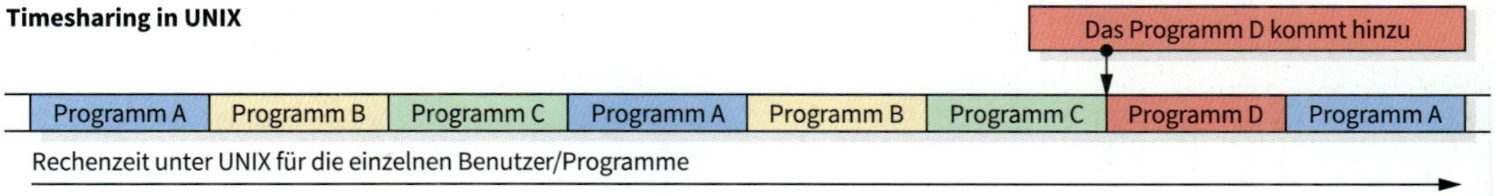

LINUX

Merkmale

- Linus Torvald begann 1991 in Finnland die Entwicklung eines Betriebssystems mit Unix als Vorbild (Linux).
- Quellcode ist veröffentlicht und wird von zahlreichen Programmierern weiterentwickelt (open source project).
- Herstellerunabhängiges Betriebssystem
- Auf mehreren Computersystemen lauffähig (Power Mac, PC, Sparks, …)
- Multitasking-/Multiuserfähiges Betriebssystem
- Frei im Internet verfügbar.
- Über Distributoren zu kaufen, die eine Installationssoftware zur Verfügung stellen.

Befehle (Unix und Linux)

login	Anmeldung am System mit Angabe von Benutzername und Passwort.	**kill**	Beenden eines einzelnen Prozesses.
		ls	(**list**) zeigt den Inhalt des aktuellen Verzeichnisses an.
logout	Abmelden des aktuellen Benutzers.	**cd**	(**ch**ange **d**irectory) Wechsel des aktuellen Verzeichnisses
shutdown	Beenden des Betriebssystems, vor Ausschalten des Computers unbedingt notwendig.	**mkdir**	(**make dir**ectory) erstellt ein neues Verzeichnis.
		rmdir	(**rem**ove **dir**ectory) löscht ein Verzeichnis.
chown	Ändern des Eigentümers einer Datei/Verzeichnis.	**cp**	(**c**o**p**y) kopieren von Dateien
chmod	Ändern der Zugriffsrechte einzelner Dateien oder Verzeichnisse.	**mv**	(**mov**e) verschiebt Dateien/Verzeichnisse oder benennt sie um.
ps	(**proc**e**s**ses) zeigt alle laufenden Prozesse des angemeldeten Benutzers an.	**rm**	(**rem**ove) löscht Dateien

Zugriffsrechte (Unix und Linux)

- Dateien und Verzeichnisse werden Eigentümern zugeordnet.
- Mehrere Nutzer können zu Gruppen zusammengefasst werden.
- Eigentümer kann Zugriffsrechte für jede seiner Dateien und Verzeichnisse bestimmen.
- Rechte können für Eigentümer, Gruppe und Allgemeinheit unterschiedlich vergeben werden.

Struktur

Filetyp	Lesen	Schreiben	Ausführen	Lesen	Schreiben	Ausführen	Lesen	Schreiben	Ausführen
	r	w	x	r	–	x	r	–	–
	Eigentümerrechte			Gruppenrechte			Rechte sonst. Nutzer		

Filetyp: – Datei, d Verzeichnis Links, s socket
Rechte: r read (Lesen), w write (Schreiben),
x execute (Ausführen), – keine Rechte

Beispiel

Anzeige nach Eingabe von ls

drwx- - - - - - 2 paul freund 1024 Dec 17 13:16 data/
-rwxr-xr- - 5 paul gast 1024 Feb 27 17:29 start

Der Benutzer „paul“ ist Besitzer des Verzeichnisses „data“ und darf dort lesen, schreiben und ausführen. Benutzer der Gruppe „freund“ und andere haben in diesem Verzeichnis keine Rechte.
Die Datei „start“ gehört dem Benutzer „paul“. Er darf lesen, schreiben, ausführen. Die Benutzergruppe „gast“ darf nur lesen und ausführen, aber nicht schreiben. Andere Nutzer dürfen nur lesen.

Allgemeines

- Entwicklung Anfang der 70er Jahre in den Bell Laboratories von Dennis Ritchie.
- Maschinennahe Programmierung
- Betriebssystemunabhängig
- Seit 1989 Standard durch ANSI festgelegt.

Nomenklatur

- Groß-/Kleinschreibung wird unterschieden.
- Kommentare werden von /**Kommentar*/ eingeschlossen.
- Befehle mit „;“ abschließen

Programmstruktur

```
Beispiel: # include <stdio.h>     Bibliotheken einbinden
          int main(void)          Beginn des
          {                       Hauptprogramms
            int i;                Variablendeklaration
               i = 1;             Programmcode
               print(„i =“, i);
          }                       Hauptprogrammende
```

Standardbibliotheken

<math.h>	Mathematische Funktionen
<ctype.h>	Charakterbildung
<signal.h>	Signalbehandlung
<stdio.h>	Ein-, Ausgabe-, Dateibehandlung
<string.h>	Zeichenfolge

Datentypen

char	ein Zeichen (z. B. ASCII-Code), meist 1 Byte
int	ganze Zahl (je nach Rechner 2 oder 4 Byte)
float	Gleitkommazahl (meist 4 Byte)
double	Gleitkommazahl (meist 8 Byte)
void	Leeres Element (z. B. bei Zeigern)

Vektoren/Felder arrays

char b [n]	Definition einer eindimensionalen Zeichenvariable b mit n Elementen
int c [n] [m]	Definition einer zweidimensionalen Integervariable c mit n x m Elementen
b [5]	Zugriff auf 5. Element des Vektors b

Bedingte Anweisungen, Verzweigung

if (*Bed.*) Code1 Else Code2	Wenn die Bedingung *Bed.* erfüllt, wird code1 ausgeführt, andernfalls code2. Else-Anweisung kann entfallen
switch (*var*) {case „x“: code1 case „y“: code2 default code3}	Wenn Variable *var* = „x“, dann wird code1 ausgeführt und anschliessend code2. Wenn var = „y“, dann wird nur code2 ausgeführt. Mit „code1 break“ kann ausschließlich code1 ausgeführt werden. Wenn *var* weder „x“ noch „y“, dann Ausführung von code3.

Schleifen

Block (*Code*)	Umklammerter Code wird zu einem Verbund. Im Verbund können lokale Variablen deklariert werden.
while (*Bed.*) Code	Solange die Bedingung *Bed.* erfüllt ist, wird der Programmteil wiederholt. Erst Überprüfung, dann Ausführung.
do Code while (*Bed.*)	Solange die Bedingung *Bed.* erfüllt, wird der Programmteil wiederholt. Erst Ausführung, dann Überprüfung.
break	Innerste Schleife wird sofort verlassen.

Merkmale

Allgemeines

- C++ ist eine um objektorientiertes Programmieren erweiterte Variante von C.
- Für sehr große Softwarepakete geeignet.

Nomenklatur

- Kommentare können durch // eingeleitet werden und enden am Zeilenende.
- Deklarationen sind überall im Quellcode möglich.

Begriffe

Objekte
Sie fassen zusammengehörige Daten und Programmlogik zusammen.

Kapselung
Objekte können gegenseitig nur über definierte Schnittstellen kommunizieren. Zugriff oder Veränderungen interner Objektzustände ist ausgeschlossen.

Klassen
Gleichartige Objekte werden zu Klassen zusammengefasst.
Aus den Klassen können während der Programmlaufzeit neue Objekte definiert werden.

Vererbungen
Objektarten werden auf Basis bestehender definiert
Ergänzung oder Überlagerung vorhandener Definitionen möglich.

Kapselungsarten

- **public:**
  Alle Objekte können zugreifen.
- **private:**
  Nur Objekte der eigenen Klasse können zugreifen.
- **protected:**
  Nur Objekte der eigenen Klasse und Ausprägungen (→ Vererbung) können zugreifen.
- **package:**
  Alle Elemente eines Pakets haben Zugriff.

Klassendefinition

```
class name
 {
 private:
   // klasseninterne Komponenten
 public:
   // allgemein zugängliche Komponenten
 protected:
   // geschützte Abschnitte
 };
```

- **class:** Schlüsselwort zu Beginn einer Klassendefinition mit Name der Klasse (name).

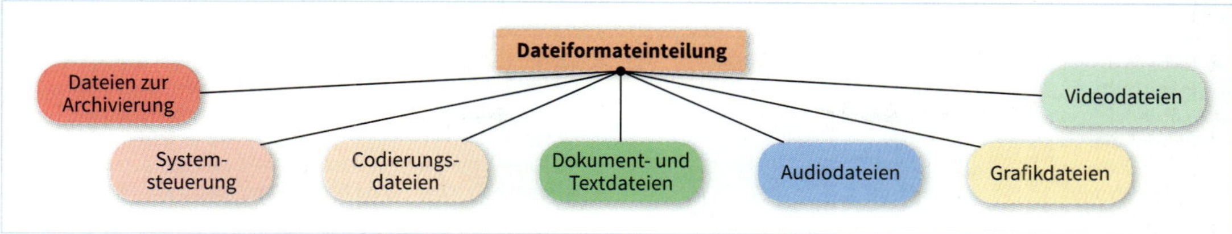

Grafikformate

Rastergrafiken, Pixel-Grafiken

- Bilder in Pixel-Formaten werden auch als Bitmaps bezeichnet.
- Die Speicherung erfolgt wie bei einem Mosaik. Jedes Pixel (Bildpunkt) wird mit Informationen über Lage (x-y-Achsen) und Farbe gespeichert.
- Pixel-Grafiken verlieren beim Skalieren (vergrößern) stark an Qualität, da die Pixel vergrößert werden (Stufungen erkennbar).

Anwendung:
Wiedergabe von Fotos mit feinen Farbunterschieden.

.BMP **Bit** **map** → **Bitmap**	Farbtiefe 24 Bit, viel Speicherplatz, verlustfrei, keine Komprimierung, Windows-spezifisch und OS/2
.FIF **F**ractal **I**mage **F**ormat	Schnelle Ladezeit, verlustfrei, geringer Speicherbedarf, für das Internet geeignet
.GIF **G**raphics **I**nterchange **F**ormat	Bis 8 Bit Farbtiefe (256 Farben), verlustfreie Kompression, schnelle Ladezeit, geringer Speicherbedarf, für das Internet geeignet
.JPEG **J**oint **P**hotographic **E**xperts **G**roup	Schnelle Ladezeit, geringer Speicherbedarf, für das Internet geeignet, verlustfreie Kompression, keine 8-Bit-Farbe möglich, 16,7 Millionen Farben
.PCX **P**aint **B**rush **F**ormat	Farbtiefe bis 8 Bit, 256 Farben pro Bildpunkt, Windows-spezifisch, wurde häufig verändert
.PDF **P**ortable **D**ocument **F**ormat	Adobe, nicht reines Grafikformat: Text und Bild für große Dokumente, hohe Komprimierung, Betrachtungssoftware: Acrobat Reader.
.PNG **P**ortable **N**etwork **G**raphics	254 Farbabstufungen möglich, verlustfreie Kompression, 32 Milionen Farbtöne
.PSD Adobe Photoshop	Adobe, schnelles Laden und Speichern, verlustfreie Komprimierung, Austausch zwischen Windows und MAC, variable Bildbearbeitung
.TIF **T**agged **I**mage **F**ile Format	Plattformübergreifendes Format, Komprimierung möglich, verlustfrei, 8-Bit-Schwarzweiß-Bilder, Grafiken mit 24 Bit Farbtiefe

Vektor-Grafiken

- Bei Vektor-Grafiken werden geometrische Formen (z. B. Kreise, Rechtecke) gespeichert. Ein Rechteck besitzt z. B. einen Ursprungspunkt und eine Ausdehnung in Form von Längen- und Breitenangaben.
- Vektor-Grafiken können deshalb ohne Qualitätsverlust frei gedreht und vergrößert werden (Skalierbarkeit).

Anwendung: Konstruktionsbereich (CAD-Bereich)

.AI **A**dobe **I**llustrator	Adobe, Zeichen- und Konstruktionsprogramme, keine Komprimierung
.CDR **C**orel **Dr**aw	Corel, Zeichen- und Konstruktionsprogramme, keine Komprimierung
.DXF **D**rawing E**x**change **F**ormat	Autodesk, besonders verwendet für Datenaustausch zwischen CAD und CAM
.EPS **E**ncapsulated **P**ost**s**cript	Metagrafikformat, Seitenbeschreibungssprache, Verwendung für Desktop-Publishing, direkte Ausgabe an Drucker
.WMF **W**indows **M**etafile **F**ormat	Windows, Alternative zum EPS-Format, Verwendung für Desktop-Publishing

Audio- und Video-Formate

.AIFF **A**udio **I**nterchange **F**ile **F**ormat	MAC-Format, Abtasttiefe 8 bis 16 Bit (8 kHz bis 48 kHz), Kompression 1:6, leicht in andere Formate konvertierbar
.AU **Au**dio, µLaw, Sun/NeXT	UNIX-Systeme, Internet-Format für digital Audio, hohe Kompression
.MIDI **M**usical **I**nstrument **D**evice **I**nterface	Musik wird in Form von Steuerbefehlen (Noten) abgespielt und gespeichert. Die Qualität ist abhängig vom Synthesizer.
.QT **Q**uick**T**ime (-**MOV**)	Primär MAC, auch für Windows, Mischformat Audio und Video, Internet und Multimedia
.MP3 (MPEG-1 Layer 3)	Neues Musikformat, das das Dateiaufkommen deutlich reduziert (Faktor 1:12), für alle Plattformen.
.WAV **Wav**eform Audio Format	Windows, auch als RIFF-Format bezeichnet, unkomprimiertes Dateiformat
.AVI **A**udio **V**ideo **I**nterleaved	Windows, Multimediabereich, Auflösung von 320 x 320 Bildpunkten und 30 Bilder/s
.MPG, .MPEG **M**oving **P**ictures **E**xpert **G**roup	Für Multimedia, MPEG-1 (vorwiegend Audio), MPEG-2 (Video), verlustbehaftete Kompression

Definition

- Software Engineering („Technik“) ist ein Teilgebiet der Informatik.
- Sie wird definiert als ein systematischer, disziplinierter und bewertbarer Vorgang zur
  - Entwicklung,
  - Betrieb und
  - Pflege (Wartung)

  von Software.
- Sie umfasst eine Reihe von Tätigkeiten und Aufgaben, die über die reine Codierung eines Programmes hinausgehen.
- Verlangt, wie jede andere technische Disziplin, u. a. die, Einhaltung festgelegter Standards und das Verständnis über den Anwendungs- und Einsatzbereich der zu erstellenden Software.
- Software Engineering beinhaltet eine Reihe von sogenannten **Wissensbereichen**. Diese beschreiben bzw. definieren die jeweiligen Aktivitäten (Vorgänge) bzw. die erforderlichen Kenntnisse, die, je nach zu lösender Aufgabenstellung, entsprechend detailliert abgearbeitet werden müssen.
- Die **systematische Vorgehensweise** im Bereich Software-Engineering ist eine wesentliche Voraussetzung für eine erfolgreiche Produktentwicklung.

Inhalte

Wissensbereiche (knowledge areas)

Anforderungen (requirements)

Themen
- Ermittlung
- Analyse
- Spezifikation
- Validierung

Beschreibung von funktionalen und nicht-funktionalen Eigenschaften des zu entwickelnden Systems (Lastenheft)
Aufteilung der Funktionen auf Hard- und Softwarekomponenten.
Anforderungen müssen widerspruchsfrei, konsistent und nachverfolgbar sein.

Konfigurationsmanagement (configuration management)

Themen
- Konfigurations-Kontrolle
- Audit

KM (CM) legt die Vorgehensweisen/Verfahren für die Entwicklung des Softwaresystems fest (z. B. V-Modell, Wasserfall-Modell)
Beeinhaltet die Konfigurationsüberwachung, Versionierung (Releaseplanung), Freigabe und Auslieferung.

Entwurf (design)

Themen
- SW-Struktur
- SW-Architektur
- Strategien
- Methoden

Der Entwurf beinhaltet die Festlegung der Systemarchitektur (Aufteilung der Funktionen auf Hardware und Softwarekomponenten).
Die Softwarearchitektur beinhaltet die Beschreibung des sichtbaren Systemverhaltens nach außen und zwischen den Komponenten innerhalb des Systems.

Entwicklungsmanagement (engineering management)

Themen
- Projekt-Planung
- Projekt-Einführung
- Review

EM beinhaltet planen, steuern und überwachen der Durchführung der Entwicklungstätigkeiten.
Definiert beteiligte Abteilungen/Personen und ordnet diesen Rollen im Entwicklungsprozess zu.
Realisiert das Ressourcemanagement.
Identifiziert Risiken im Prozess und definiert Maßnahmen zur Risikominderung.

Implementierung (construction)

Themen
- Modelle
- Programmier-sprachen
- Methoden

Mit der Implementierung wird die eigentliche Codierung eines Softwaresystems bezeichnet.
Anwendung finden hier die unterschiedlichen Programmiersprachen und Methoden:
- Activity Charts (Aktivitäts-Diagramme)
- Endliche Automaten
- optimiert für automatischen Test

Entwicklungsprozess (engineering process)

Themen
- Prozess
  - Definition
  - Einführung
  - Anpassung
  - Messungen

Planung und Einführung (Umsetzung) des Entwicklungsprozesses. Durchführung des Ressourcen-, Risiko-, Änderungsmanagements (change request) und Qualitäts-Managements.
Durchführung der Prozessüberwachung, Prozesssteuerung und Berichterstattung.

Testen (testing)

Themen
- Ziele
- Techniken
- Prozess
- Messungen

Mit dem Testen soll die Sicherstellung der Korrektheit, Vollständigkeit und Qualität der erstellten Software erreicht werden.
Die Art des Testens ist abhängig von der Art der gewählten Implementierung und kann z. B. auf formaler oder funktionaler Ebene erfolgen. Grundlage sind Testspezifikationen.

Entwicklungs-Tools und -Methoden

Themen
- Tools für
  - Design
  - Implementierung,
  - Methoden

Anwendungsbereiche/Leistungsmerkmale
- SE-Tools für z. B. Anforderungsmodellierung und -nachverfolgung, Implementierung, Engineering Prozess usw.)
- Methoden, wie z. B. Heuristische-(Objektorientiert, Datenorientiert), Formale-Methoden (Spezifikationssprachen, …)

Wartung/Pflege (maintenance)

Themen
- Wartungs-Prozess
- Wartungs-Techniken

Wartung/Pflege ist der Teil des Lebenszyklus eines Systems nach seiner Auslieferung.
Dabei ist ggf. die Korrektur von Fehlern, die Ergänzung von Funktionen oder die Umstellung auf eine andere Systemplattform erforderlich.

Qualität (quality)

Themen
- Management
- Verifikation
- Validierung
- Review
- Audit

Anwendung von
- Qualitätsmodellen (Anwendungsbereiche),
- Verifikations-Methoden/Techniken,
- Validierungs-Methoden/Techniken,
- Review- u. Audit (Organsiation u. Durchführung)

Qualitätskriterien der spezifischen Applikation

Verwandte Disziplinen (related disciplines)

Computertechnk, Informatik, Informationstechnik, Mathematik, Systemengineering, Projektmanagement, Qualitätsmanagement, Softwareergonomie

Merkmale

- Der Programmtest hat die Aufgabe, Fehlerwirkungen in der Software gezielt und systematisch aufzudecken.
- Er dient zum Nachweis der Korrektheit eines Programmes im Sinne der **Validation** und **Verifikation**.
- Die Validierung ist eine Prüfung auf Übereinstimmung von spezifischer Anforderung und implementierter Funktionalität.
- Die Verifikation ist ein formaler Beweis der Korrektheit eines Programmes mit mathematischen Hilfsmitteln.
- Die Basis für Programmtests sind alle Dokumente, aus denen Anforderungen ersichtlich werden, die an das Testobjekt gestellt werden. Hierzu gehören auch die Dokumente, die zur Erstellung der Testfälle verwendet wurden.
- Ein **Testfall** beinhaltet folgende Vorgaben:
  - Notwendige Vorbedingungen für die Ausführung des Testfalls
  - die Menge der Eingabewerte und die Menge der erwarteten Sollwerte
  - die Prüfanweisung, wie Eingaben an das Testobjekt übergeben und Sollwerte abzulesen sind
  - die erwarteten Nachbedingungen
- Das **Testkonzept** beschreibt
  - den Umfang
  - die Vorgehensweise
  - die erforderlichen Ressourcen und
  - die Zeitplanung

  der vorgesehenen Tests (z. B. Inhalt nach IEEE 829)
- Programmtests werden mit verschiedenen Methoden (Verfahren) durchgeführt.

Testverfahren

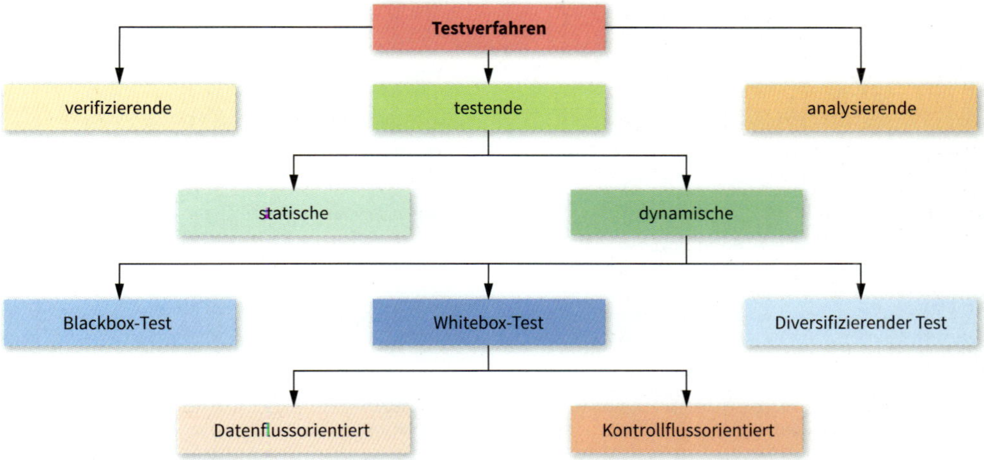

Verifizierende
- Stellen die Korrektheit des Programms sicher
- Werden unterschieden nach der eigentlichen Verifikation (s. o.) und der symbolischen Ausführung (Quellprogramm wird mit symbolischen Eingabewerten durch einen Interpreter getestet)

Analysierende
- Dienen zur Vermessung bzw. Darstellung von Systemkomponenten (z. B. Bindungsart)
- Verwenden **Metriken** zur Darstellung der Eigenschaften, wie z. B.
  - der strukturellen Komplexität
  - der Programmlänge
  - Anzahl der Kommentare

Statische
- Programmkomponenten werden anhand des Quellcodes getestet (Analyse auf Papier)
- Verwendet Methoden wie **Inspection, Review** und **Walkthrough** (Präsentation des Dokuments vor einer Gutachtergruppe)

Testende
- Sollen Fehler im Programm aufdecken
- Werden unterschieden nach dynamischen und statischen Testverfahren

Dynamische
- Übersetzte, ausführbare Programme werden mit konkreten Eingabewerten versehen und in einer realitätsnahen Umgebung getestet

Blackbox-Test
- Wird auch als funktionaler Test bezeichnet
- Testfälle werden aus der Spezifikation der Komponente abgeleitet (z. B. Test spezieller Werte)

Whitebox-Test
- Leitet die Testfälle aus dem Kontroll- oder Datenfluss ab. Verwendet z. B. **Anweisungs-, Zweig**- und **Datenkontext-überdeckung**.

Diversifizierender Test
- Vergleicht Ergebnisse verschiedener Programmversionen (z. B. **Mutationstest, Back-to-Back-Test**)

Merkmale

- In technischen und kommerziellen Softwaresystemen spielt die Qualität der Software eine entscheidende Rolle für den Erfolg von Produkten oder Unternehmen.
- **Qualität** ist definiert als:
  Die Beschaffenheit einer Einheit bezüglich ihrer Eignung, festgelegte und abgeleitete Erfordernisse zu erfüllen.
- Die Qualität einer Software wird durch eine Reihe von **Eigenschaften** bestimmt.
- Hersteller und Benutzer haben unterschiedliche Anforderungen an die Software.
- Einzelne Eigenschaften können in negativer Wechselwirkung zu anderen stehen.
- Die zu erreichende Qualität in einer Software ist in einer **Qualitätszielbestimmung** festzulegen.

Qualitätseigenschaften

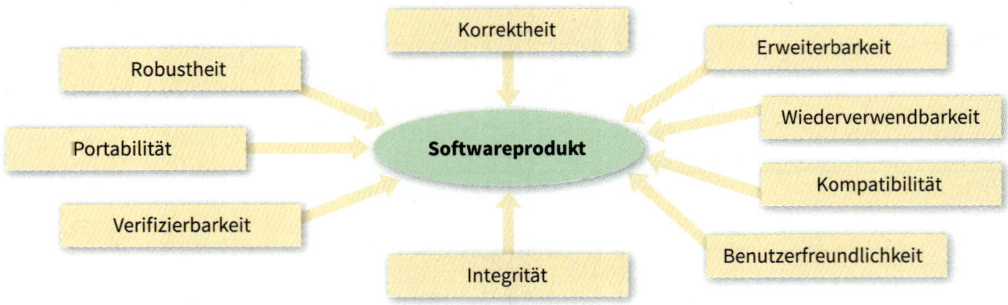

Korrektheit	**Erweiterbarkeit**
Übereinstimmung von Realisierung und Anforderung (exakte Erfüllung der Anforderungen).	Einfachheit der Anpassungsfähigkeit von Software an Spezifikationsänderungen.
Robustheit	**Wiederverwendbarkeit**
Verhalten gegen außergewöhnliche Bedingungen wie z. B. gegenüber Fehlprogrammierung, Fehlbedienung, Fehlerbehandlung.	Eigenschaft der Software, ganz oder teilweise für neue Anwendungen wieder verwendbar zu sein.
Portabilität	**Kompatibilität**
Einsetzbarkeit erstellter Software auf anderen Zielsystemen (andere Hard- und Software).	Einfachheit, mit der Software mit anderer Software verbunden werden kann.
Verifizierbarkeit	**Benutzerfreundlichkeit**
Aufwand, mit dem Abnahmeprozeduren während der Validations- und Betriebsphase durchgeführt werden können.	Einfachheit, mit der die Benutzung von Softwaresystemen (z. B. Bedienung, Art der Dateneingabe, Auswerten von Ergebnissen, Wiederaufsetzen nach Benutzerfehlern) erlernt werden kann.
Integrität	
Schutz der verschiedenen Komponenten gegen unberechtigten Zugriff und Veränderung.	

Software-Messung

- Software-Messung wird verwendet, um definierte **Eigenschaften** von Programmen zu **quantifizieren**.
- Software-Maße **(Metriken)** werden u. a. angewendet in den Bereichen
  - Qualitätskontrolle
  - Komplexitätskontrolle
  - Aufwands-, Kosten- und Zeitabschätzung
  - Definition/Kontrolle der Einhaltung von Standards
  - Vergleich und Beurteilung von Produkten
  - Kontrolle des Software-Entwicklungsprozesses
- Die **Darstellung** von Messwerten erfolgt in der Regel in grafischer Form, z. B. in Linien-, Balken- oder Flächendiagrammen. Eine übersichtliche Darstellung der Werte unterschiedlicher Maße bietet das **KIVIAT**-Diagramm.

Maßtypen werden u. a. unterschieden in
- **Produktmaße** (Eigenschaften des Programms)
- **Prozessmaße** (Eigenschaften des Entwicklungsprozesses)
- **Projektmaße** (Projektsteuerung)

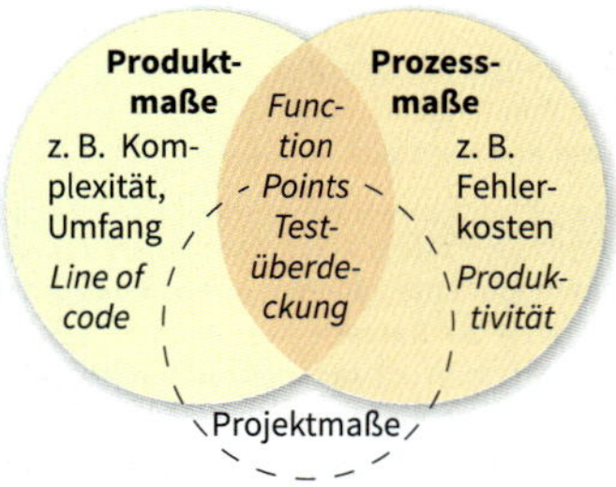

Datenbanksysteme
Database systems

Merkmale

- Dienen zur
  - Beschreibung,
  - Speicherung,
  - Wiedergewinnung

  von Daten, die von Anwendern oder Anwendungsprogrammen gleichzeitig genutzt werden können.
- Bestehen aus
  - **Datenbasis** (Datenbank: data base), die die abgelegten Daten beinhaltet,
  - **Datenbank-Verwaltungsprogramm** (Data Base Management System: DBMS) als Schnittstelle zum Benutzer.
- DBMS
  - speichert und
  - organisiert

  die abgelegten Daten entsprechend der vorgegebenen Beschreibung.
- Datenbanksysteme
  - können große Datenmengen effizient verwalten,
  - bieten parallelen Zugriff durch parallele Benutzer auf einheitliche Datensätze,
  - verhindern Datenredundanz (mehrfaches Speichern derselben Daten),
  - realisieren Datenschutz und Datensicherheit
  - garantieren Datenkonsistenz,
  - ermöglichen beliebige Verknüpfungen der Daten nach inhaltlichen Gesichtspunkten.
- Grundprinzip von DBS beruht auf 3-Ebenen-Architektur (ANSI SPARC-Modell) mit
  - physischer und
  - logischer

  Datenunabhängigkeit.
- **Relationale** DBMS (RDBMS)
  - stellen die Inhalte in Beziehungen und Verhältnisse zueinander dar,
  - speichern die Inhalte in Zeilen und Spalten einer Tabelle ab und
  - stellen den Zugriff über Beziehungen untereinander her.
- **Structured Query Language** (**SQL**): Standardisierte, systemunabhängige Sprache für die Erstellung, Bearbeitung und Anfrage von Datenbanken.
- Beispiele für Datenbanksystem-Anwendungen:
  - Relationale DBS (Buchhaltungs-, Buchungs-Bibliotheks-systeme),
  - Objektorientierte DBS (CAD-Systeme, CASETool-Daten),
  - Deduktive DBS (Expertenwissen).

3-Ebenen-Modell

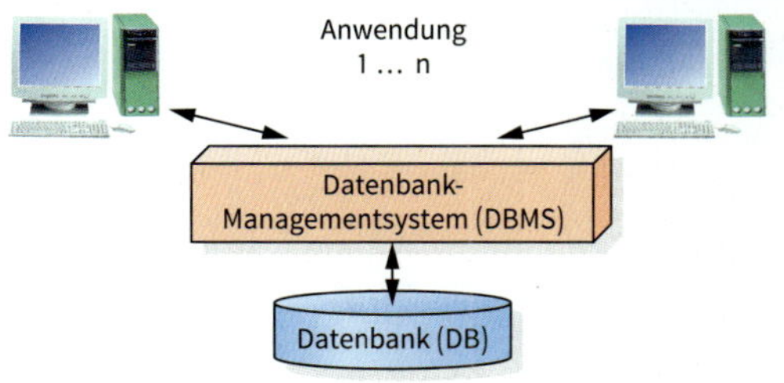

Begriffe

Data Dictionary: Enthält alle Informationen über Struktur und Aufbau einer Datenbank (Informationsquelle für DB Administrator und abrufende Clients).

Open Data Base Connectivity (ODBC): Standardisierte Softwareschnittstelle von Microsoft für Zugriff von Anwendungsprogrammen auf unterschiedliche Datenbanken.

Transaktion: Bearbeitungsvorgang innerhalb der Datenbank.

Systemarchitektur-Komponenten

Beispiel:

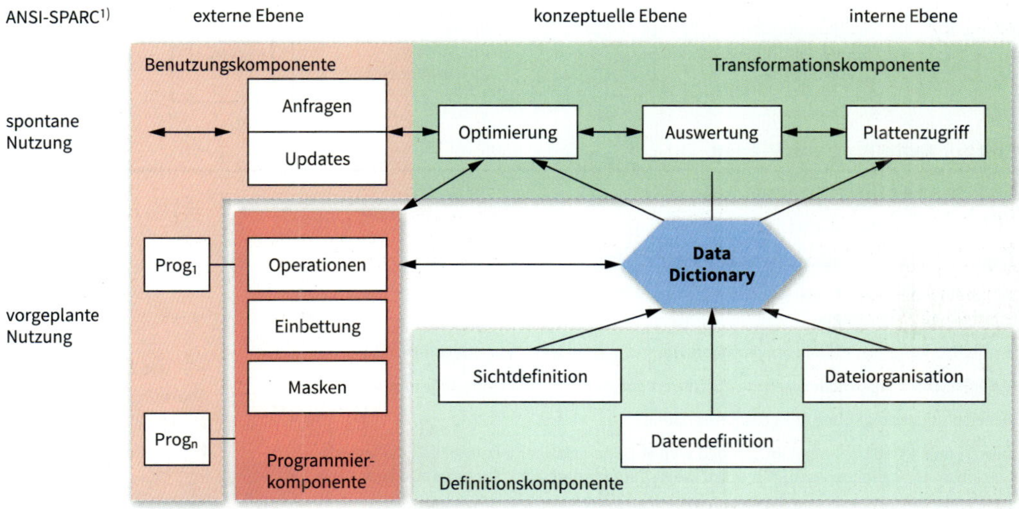

[1)] (American Standards Institute-Standards Planning and Requirements Engineering Committee)

Datenverarbeitungssymbole
Data processing symbols

Symbol	Bedeutung	Symbol	Bedeutung	Symbol	Bedeutung
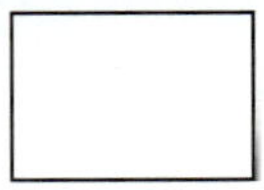	Verarbeitung, Verarbeitungseinheit		Daten, allgemein Datenträgereinheit, allgemein	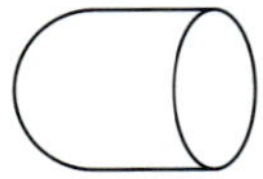	Daten auf Speicher auch mit direktem Zugriff, Datenträgereinheit
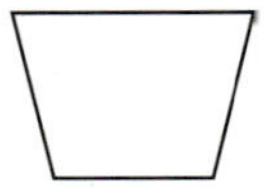	Manuelle Verarbeitung, Verarbeitungsstelle	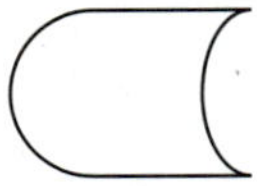	Maschinell zu verarbeitende Daten, Datenträgereinheit	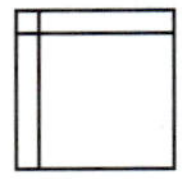	Daten im Zentralspeicher, Zentralspeicher
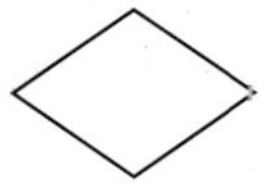	Verzweigung, Auswahleinheit	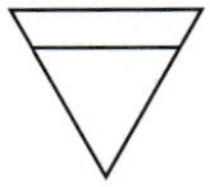	Manuell zu verarbeitende Daten, Manuelle Ablage (z. B. Archiv, Ziehkanal)	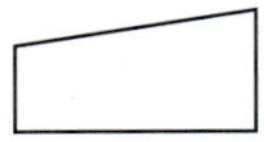	Manuelle optische oder akustische Eingabedaten, Eingabeeinheit
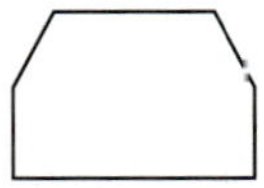	Schleifenbegrenzung Anfang	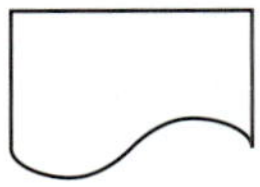	Daten auf Schriftstück (z. B. auf Belegen, Mikrofilm) Ein-/Ausgabeeinheit		Verbindung, Verarbeitungsfolge, Zugriffsmöglichkeit
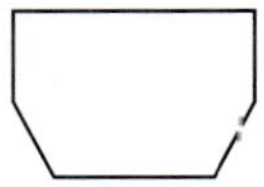	Ende	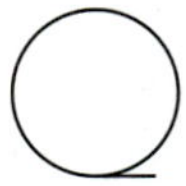	Daten auf Speicher mit nur sequenziellem Zugriff, Datenträgereinheit		Verbindung zur Datenübertragung, Datenübertragungsweg
	Synchronisierung paralleler Verarbeitungen	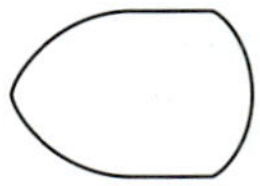	Maschinell erzeugte optische oder akustische Daten, Ausgabeeinheit		Grenzstelle (zur Umwelt), z. B. Anfang, Ende
	Sprung mit/ohne Rückkehr	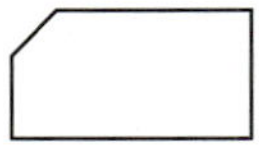	Daten auf Karte (z. B. Magnetkarte)		Verbindungsstelle
				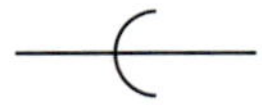	Verfeinerung
	Unterbrechung einer anderen Verarbeitung	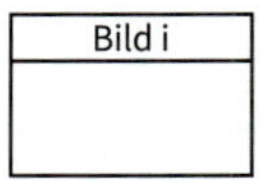	Hinweis auf ergänzende detaillierte Darstellungen	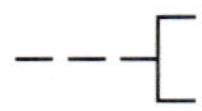	Bemerkung
	Steuerung der Verarbeitungsfolge von außen	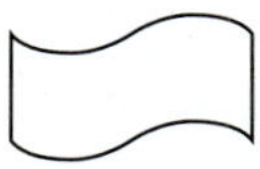	Daten auf Lochstreifen, Lochstreifeneinheit	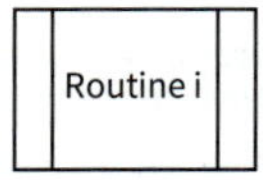	Hinweis auf weitere Dokumentationsstellen

Regeln zur Erstellung von Plänen

- Pfeile geben die Flussrichtung an.
- Zwischen Sinnbildern dürfen mehrere Verbindungen verlaufen.
- Kreuzungen von Verbindungslinien vermeiden.
- Hintereinander gezeichnete Sinnbilder gleicher Art bilden eine Einheit mehrerer gleichartiger Datenträger. ①
- Sinnbilder können miteinander verknüpft werden, z. B. zu einer Ausgabeeinheit. ②
- Innenbeschriftungen sollen weitere Abläufe erkennen lassen und eindeutig zuordnen.
- Bezeichnung erfolgt oben links des Sinnbildes.
- Durch einen Querstrich oben im Sinnbild wird auf eine detaillierte Darstellung derselben Dokumentation hingewiesen, z. B. schrittweise Verfeinerung eines Programmablaufs. ③
- Mit zusätzlichen senkrechten Linien in den Sinnbildern „Daten" und „Verarbeitung" wird auf eine Dokumentation an anderer Stelle hingewiesen.

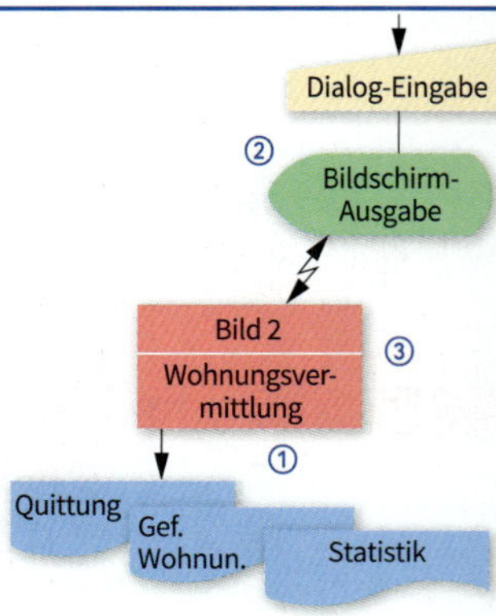

Programmablaufplan, Struktogramm
Program flowchart, structured chart

Programmablaufplan nach DIN 66 001	Nassi-Shneidermann Struktogramm DIN 66 261

Verarbeitung (allgemein, Strukturblock, Elementarblock)

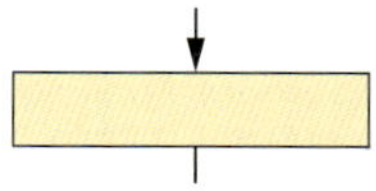

- Aufgabenkurzbeschreibungen
- Unterprogrammnamen
- Anweisungen, Programmiersprachenbefehle

Reihenfolge (Sequenz)

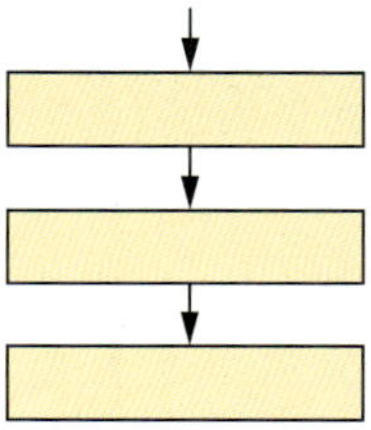
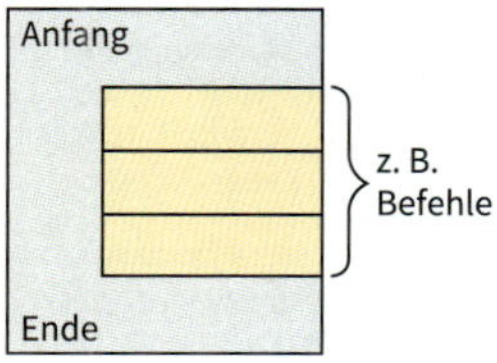

- Aneinanderreihung von mehreren Anweisungen oder Befehlen
- Aufzählung mehrerer nacheinander zu bearbeitender Aufgaben

Bedingte Verzweigung

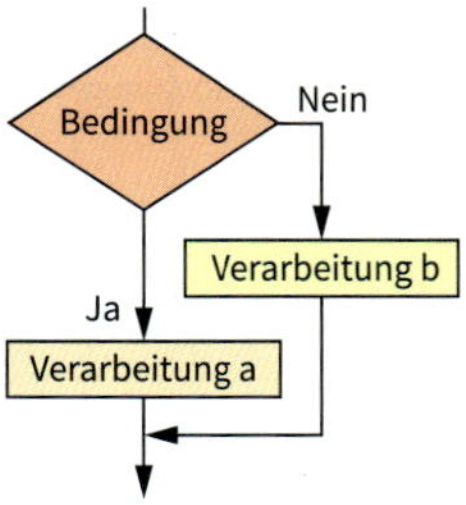

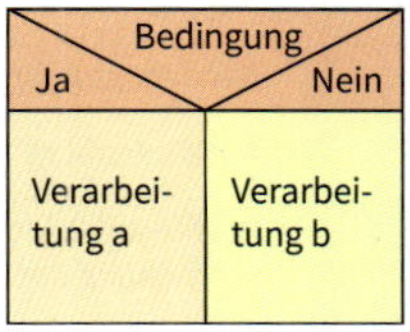

- Auswahl von einer Verarbeitung aus zwei möglichen, aufgrund einer logischen Entscheidung.
- Ist die Abfrage mit Ja beantwortet, dann Verarbeitung a, andernfalls Verarbeitung b. Diese Verzweigung wird auch als **IF** (wenn Bedingung erfüllt) **THEN** (dann Verarbeitung a) **ELSE** (sonst Verarbeitung b) Abfrage bezeichnet.

Fallabfrage, Fallunterscheidung

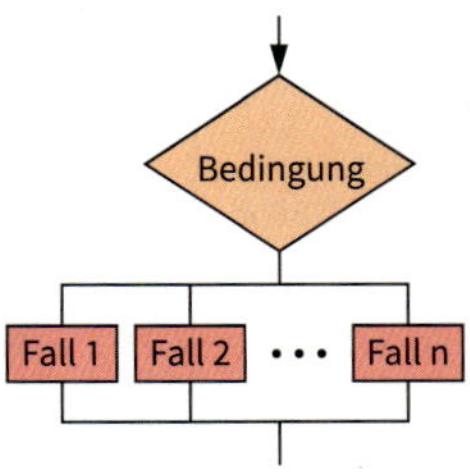

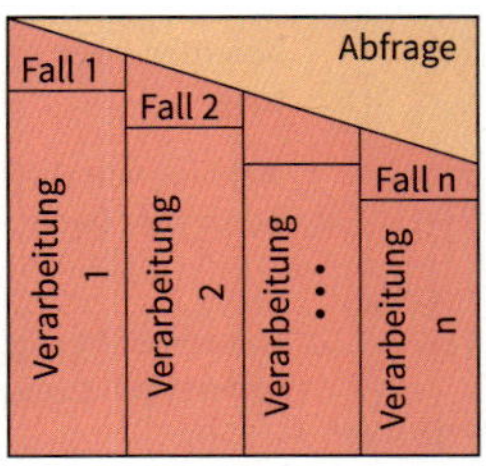

- Auswahl einer Möglichkeit aus mehreren Vorgaben (engl. **Case**-Block)

Wiederholung (kopfgesteuerte Schleife)

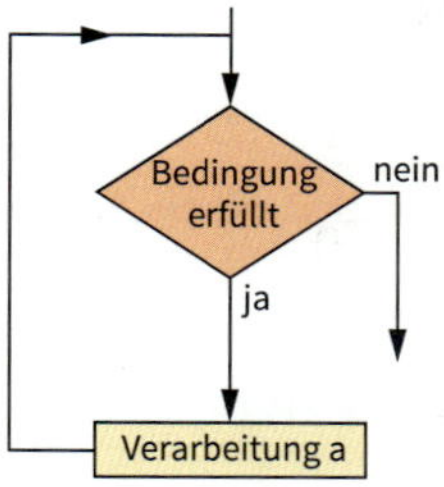

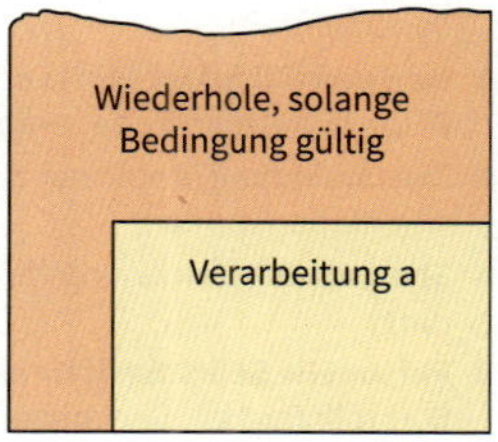

- Schleifendurchläufe
  Abfrage der Bedingung erfolgt vor der Durchführung der Verarbeitung a. Ist die Bedingung bei der ersten Abfrage schon **nicht** erfüllt, erfolgt keine Durchführung der Verarbeitung a (engl. **WHILE**-Schleife).

Wiederholung (fußgesteuerte Schleife)

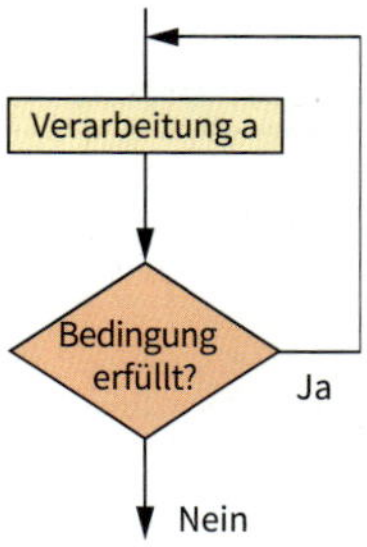

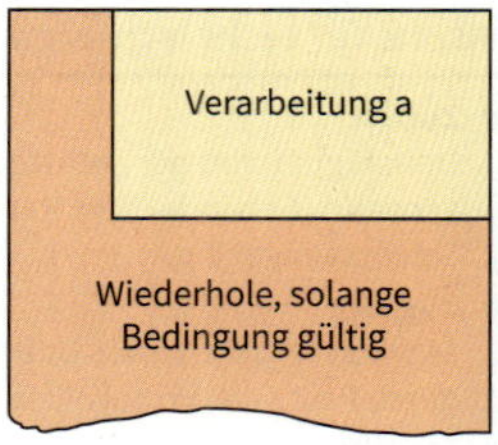

- Schleifendurchläufe
  Abfrage der Bedingung nach dem Durchlauf der Verarbeitung a (engl. **REPEAT**- oder **UNTIL**-Schleife).

Schleife mit Unterbrechung

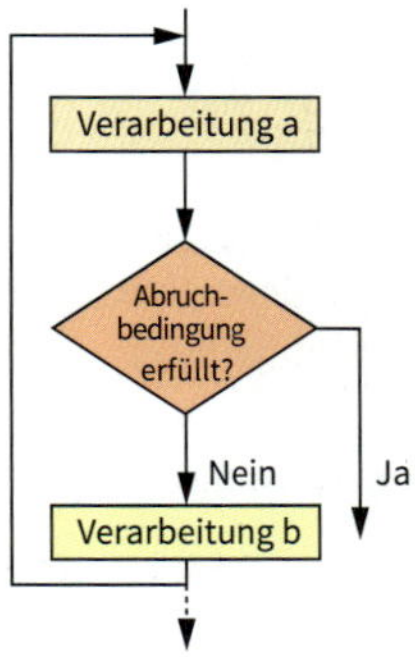

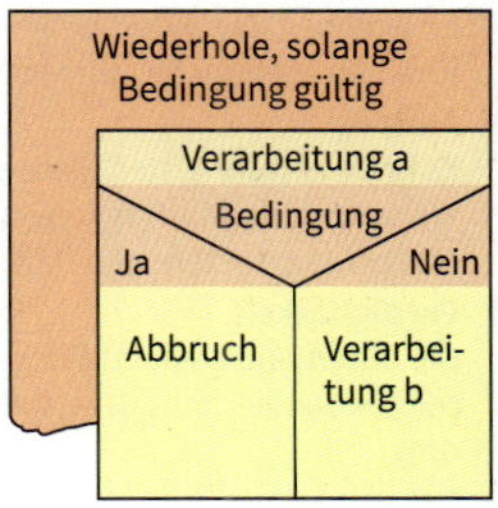

- Schleifendurchläufe
  Die Bedingung (Abbruch-Bedingung) wird während der Verarbeitung abgeprüft (engl. **CYCLE**-Schleife).

Allgemeine Prinzipien

- **Vertraulichkeit** (Daten werden nur von Befugten genutzt)
- **Integrität** (keine Verfälschungen)
- **Authentizität** (eine Zuordnung zum Ursprung ist jederzeit möglich)
- **Transparenz** (Verfahren der Datenerfassung ist vollständig dokumentiert)
- **Revisionsfähigkeit** (Rückverfolgung: Wer hat wann welche Daten in welcher Weise verändert)
- **Zweckbindung** (Daten nur zu dem Zweck verwenden, für den sie erhoben wurden)
- **Sparsamkeit** (nur erforderliche Daten erfassen, keine Exponierung)
- **Personelle Selbstbestimmung** (Einwilligung, Informiertheit, Kontrollfähigkeit, Berichtigung und Löschung)
- **Privatheit** (Es ist gewährleistet: Ungestörtheit, Unbeobachtbarkeit, Unverknüpfbarkeit)

Rechtsgrundlagen

- **EU-Datenschutzgrundverordnung**, **EU-DSGVO** (ab 25. Mai 2018 gültig)
- **Bundesdatenschutzgesetz**, **BDSG** (letzte Änderung 30. Juni 2017), Teil 1 bis 4
  Das BDSG basiert auf der EU-DSGVO.

Beispiel für technisch-organisatorischen Datenschutz

- **Zutritt**
  Unbefugten wird der Zutritt zur Datenverarbeitungsanlage verwehrt (Gebäude- bzw. Raumsicherung, Zutrittsvermerk, Schlüsselregelung, ...).
- **Zugang**
  Es wird verhindert, dass Unbefugte Daten nutzen (Identfika-tion durch Passwort, Protokollierung der Zugänge, ...).
- **Zugriff**
  Es wird gewährleistet, dass nur auf die der Zugriffsberechtigung unterliegenden Daten zugegriffen werden kann (Festlegung und Prüfung der Zugriffsberechtigten, Protokollierung von Zugriffen, zeitliche Verschlüsselung, ...).
- **Weitergabe**
  Es wird gewährleistet, dass bei der Weitergabe Daten nicht unbefugt gelesen, kopiert oder verändert werden können (Festlegung der Transportwege, Quittierung, ...).
- **Eingabe**
  Es muss nachträglich feststellbar sein, ob und von wem Daten eingegeben, verändert oder entfernt worden sind (Dokumentation: Bevollmächtigter, Zeit, Änderungen, ...).
- **Auftrag**
  Es ist zu gewährleisten, dass die Daten nur entsprechend den Weisungen des Auftraggebers bearbeitet werden (Auftragsbeschreibung, Lasten- und Pflichtenheft, ...).
- **Verfügbarkeit**
  Die Daten sind gegen zufällige Zerstörung oder Verlust zu schützen (Gebäudeschutz, Dienstahlschutz, Datensicherung, ...).
- **Organisation**
  Die zu unterschiedlichen Zwecken erhobenen Daten müssen getrennt verarbeitet werden können (Aufgabenteilung, Funktionstrennung, Richtlinien für Verfahren und Dokumentation, ...).

Ausgewählte Paragraphen des BDSG

Teil 2: Kapitel 2:	Duchführungsbestimmungen für Verarbeitungen ... **Rechte der betroffenen Person**
§ 32	Informationspflicht bei Erhebung von personenbezogenen Daten bei der betroffenen Person
§ 33	Informationspflicht, wenn die personenbezogenen Daten nicht bei der betroffenen Person erhoben wurden
§ 34	Auskunftsrecht der betroffenen Person
§ 35	Recht auf Löschung
§ 36	Widerspruchsecht
Teil 3: Kapitel 2:	Bestimmungen für Verarbeitungen ... **Rechtsgrundlagen der Verarbeitung personenbezogener Daten**
§ 48	Verarbeitung besonderer Kategorien personenbezogener Daten
§ 50	Verarbeitung zu archivarischen, wissenschaftlichen und statistischen Zwecken
§ 51	Einwilligung
§ 52	Verarbeitung auf Weisung des Verantwortlichen
§ 53	Datengeheimnis
Teil 3: Kapitel 3:	Bestimmungen für Verarbeitungen ... **Rechte der betroffenen Person**
§ 55	Allgemeine Informationen zu Datenverabeitungen
§ 56	Benachrichtigung betroffener Personen
§ 57	Auskunftsrecht
§ 58	Rechte auf Berichtigung und Löschung sowie Einschränkung der Verarbeitung
§ 59	Verfahren für die Ausübung der Rechte der betroffenen Personen
§ 60	Anrufen der oder des Bundesbeauftragten
Teil 3: Kapitel 4:	Bestimmungen für Verarbeitungen ... **Pflichten der Verantwortlichen und Auftragsverarbeiter**
§ 62	Auftragverarbeitung
§ 63	Gemeinsame Verantwortliche
§ 64	Anforderungen an die Sicherheit der Datenverarbeitung
§ 65	Meldung von Verletzungen des Schutzes personenbezogener Daten an die oder den Bundesbeauftragten
§ 66	Benachrichtigung betroffener Personen bei Verletzungen des Schutzes personenbezogener Daten
§ 67	Durchführung einer Datenschutz-Folgeabschätzung
§ 68	Zusammenarbeit mit der oder dem Bundesbeauftragten

Prinzip

Ordnungsgemäßer Betrieb einer Datenverarbeitung durch Sicherung der

- **Hardware**
- **Software**
- **Daten**

gegen

- **Verlust**
- **Beschädigung**
- **Missbrauch**

Schädigende Einflüsse

- **Wanzen:**
  Fehler in der Software (auch ohne Absicht), keine selbstständige Ausbreitung
- **Manipulationen:**
  Absichtliche Verfälschungen in der Software
- **Hacker:**
  Personen, die in spielerischer, amateurhafter Weise Schwachstellen aufdecken
- **Cracker:**
  Personen, die professionell Schwachstellen aufdecken, um Schäden anzurichten
- **Würmer:**
  Übertragen sich selbstständig von Rechner zu Rechner über Netze, z. B. als Anlage einer E-Mail
- **Trojaner:**
  Programme (z. B. als Bildschirmschoner oder Tools) zum Einschmuggeln von getarnten Viren. Der Virus wird gesondert aktiviert.
- **Viren:**
  Eigenständiges Programmelement in einem Wirtsprogramm. Ein Virus besitzt die Fähigkeit, sich selbst zu kopieren und dadurch in ein zuvor nicht infiziertes Programm einzudringen.
  - Bootsektorviren setzen sich im Bootbereich fest und nehmen damit einen festen Platz in der Konfiguration des Betriebssystems ein.
  - Makroviren sind direkt im Dokument gespeichert.
- **Backdoor:**
  „Hintertür" in einem Anwenderprogramm für eine später erfolgende Manipulation

Sicherheitsmaßnahmen

Virenschutz durch
- Virenscanner (im Server, beim Client)
- Laufwerke sperren
- Organisatorische Maßnahmen

Kryptographie durch
- Verschlüsselung
- Asymmetrische Verfahren (Public key: Öffentlicher Schlüssel, Private key: Privater Schlüssel)
- Signatur (Authentizität, Integrität)

Datensicherung
- Kontinuierlich (Spiegelfestplatten (RAID), Backupserver)
- Periodisch (Voll-/Komplettsicherung, Differenzsicherung)

Schutz vor Computerviren aus dem Internet

Einstellungen am PC

- Sicherheitsfunktionen aktivieren
- Aktuelles Virenschutz-Programm einsetzen
- Anzeige aller Dateitypen aktivieren
- Makro-Virenschutz von Anwenderprogrammen aktivieren
- Sicherheitseinstellungen am Browser auf gewünschte Stufe einstellen (z. B. Deaktivieren von aktiven Inhalten (ActiveX, Java, JavaScript) und Skript-Sprachen (z. B. Visual Basic)).

Verhalten beim Empfang von E-Mails

- Nicht sinnvolle E-Mails von unbekannten Absendern nicht öffnen und löschen (SPAM).
- Prüfen, ob der Text der Nachricht auch zum Absender passt.
- E-Mails mit gleichlautendem „Betreff" prüfen.
- Ausführbare Programme (*.COM, *.EXE), Skript-Sprachen (*.VBS, *.BAT) oder Bildschirmschonern (*.SCR) nicht durch „Doppelklick" öffnen.
- Vorsicht bei Dateien im HTML-Format.
- Datei-Anhänge nur von vertrauenswürdigen Absendern öffnen.

Verhalten beim Versenden von E-Mails

- Öfter prüfen, ob sich E-Mails im Postausgang befinden, die nicht vom Benutzer verfasst sind.
- Der Aufforderung zur Weiterleitung von Warnungen, Mails oder Anhänge an Freunde usw. nicht nachkommen.

Verhalten bei Downloads aus dem Internet

- Programme nur von vertrauenswürdigen Seiten laden.
- Angabe über die Größe der Datei mit der tatsächlichen Größe der Datei nach dem Download überprüfen.
- Vor der Installation Dateien mit aktuellem Viren-Schutzprogramm überprüfen.
- Gepackte Dateien erst entpacken und dann auf Viren überprüfen.

Firewall

Schutzmaßnahme (Filter), die einen unerlaubten Zugriff von außen auf ein privates Netzwerk verhindert.

- **Paketfilterung** (Packet Filter):
  Inhalte der Datenpakete werden nach festgelegten Regeln überprüft.
- **Application Gateway** (in Verbindung auch mit Proxy-Servern):
  PC oder Software, die die Verbindung zwischen zwei Netzen herstellt und Sicherheitsüberprüfungen vornimmt.

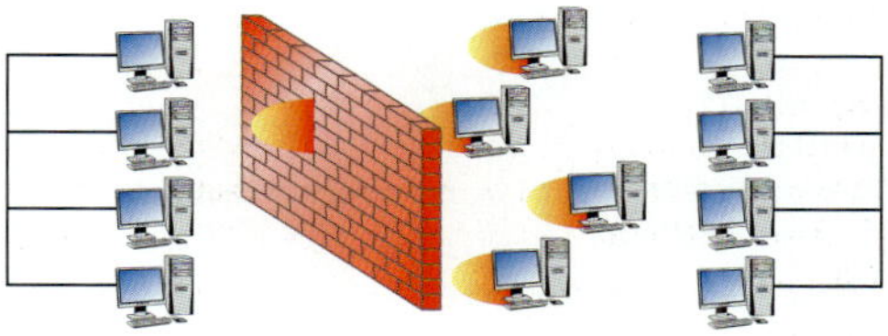

RAID-Systeme

- **RAID: R**edundant **A**rray of **I**nexpensive **D**isks
- Prinzip:
  Festplatten sind über Controller bzw. Software zu Organisationseinheiten zusammengefasst.
- Funktion:
  - Erhöhung der Lesegeschwindigkeit
  - Datensicherung
- Verschiedene Variationen von RAID-Systemen werden als **Raid-Level** bezeichnet (0 bis 5 und Kombinationen).

RAID 0

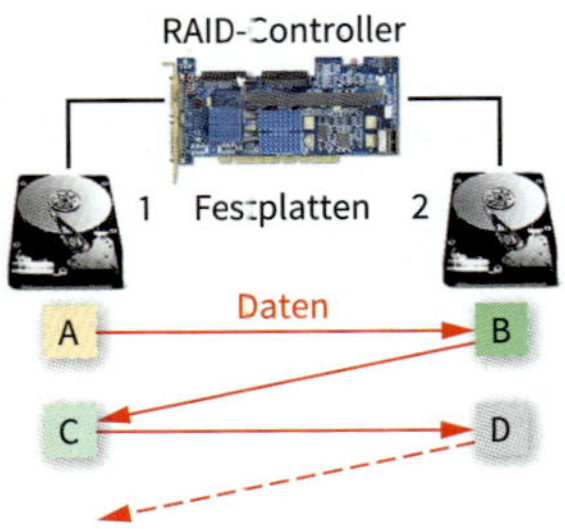

- Mindestens zwei gleichgroße Festplatten
- Daten werden in Datenblöcke (Stripes A, B, …) aufgeteilt und wechselseitig geschrieben
- Lesegeschwindigkeit größer
- Datensicherheit ist geringer

RAID 1

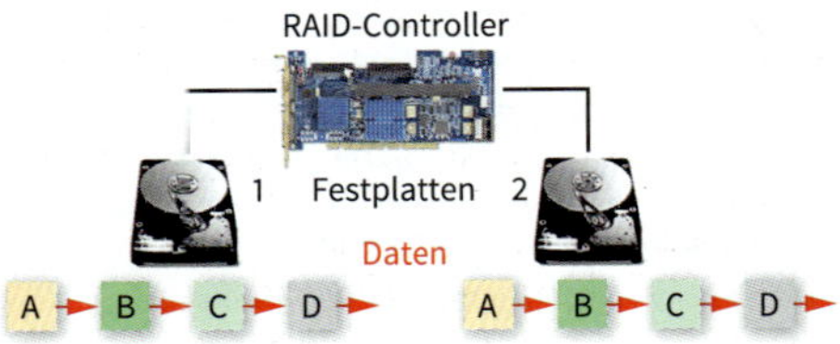

- Mindestens zwei Festplatten sind erforderlich.
- Unterschiedlich große Festplatten sind möglich, die Festplatte mit der kleineren Kapazität bestimmt die Gesamtspeicherkapazität.
- Daten der Festplatte 1 werden auf Festplatte 2 kopiert.
- Datensicherheit ist gewährleistet. Fällt eine Festplatte aus, können die Daten von der gespiegelten Festplatte gelesen werden.

RAID 5

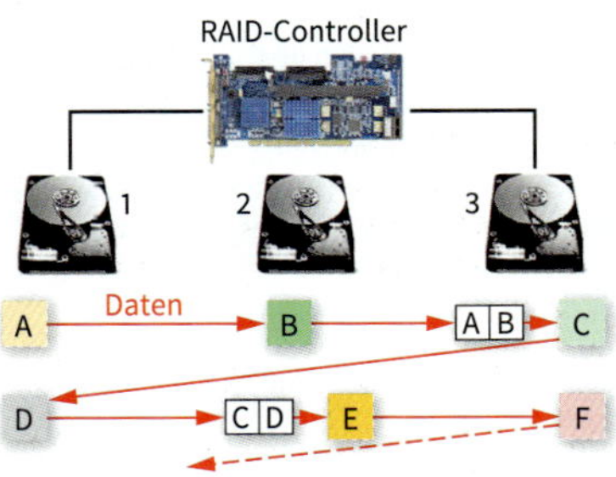

- Mindestens 3 Festplatten werden zu einem Laufwerk zusammengefasst.
- Neben den Daten (z. B. A und B) werden auf der Festplatte 3 aus den Daten A und B Parity-Daten (AB) gespeichert, die das Wiederherstellen verlorener Daten ermöglichen.

RAID 10 (RAID 0 + 1)

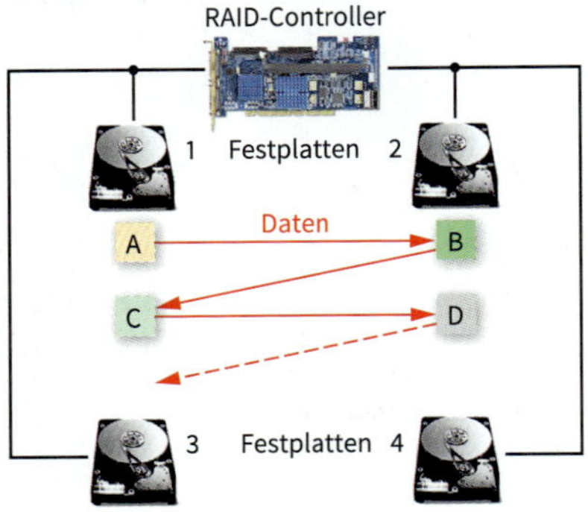

- Kombination aus RAID 0 und 1 mit mindestens 4 Festplatten
- Daten der Festplatten 1 und 2 werden auf Festplatten 3 und 4 gespiegelt
- Erhöhte Lesegeschwindigkeit und Datensicherheit

RAID 1.5

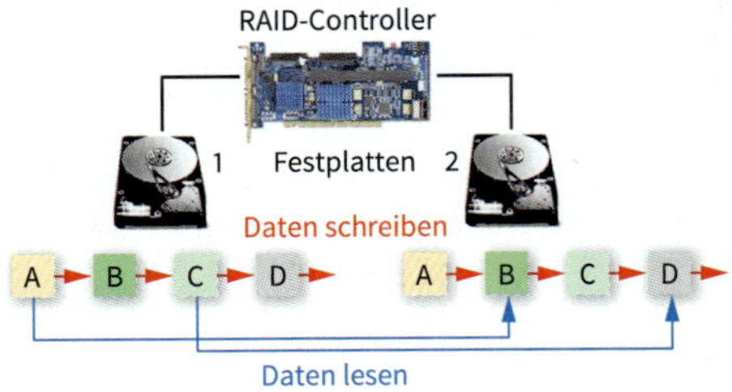

- Zwei identische Festplatten, die wie RAID 1 untereinander gespiegelt werden
- Beim Lesen wird auf beide Festplatten gleichzeitig zugegriffen (erhöhte Lesegeschwindigkeit)

Sicherheit durch Verschlüsselung (Encryption)

Symmetrisch

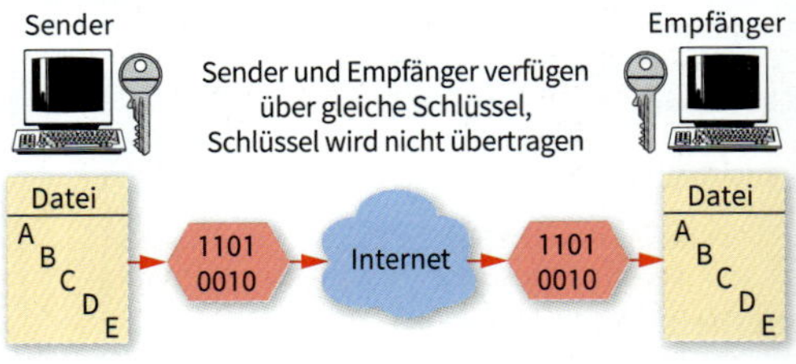

Asymmetrisch

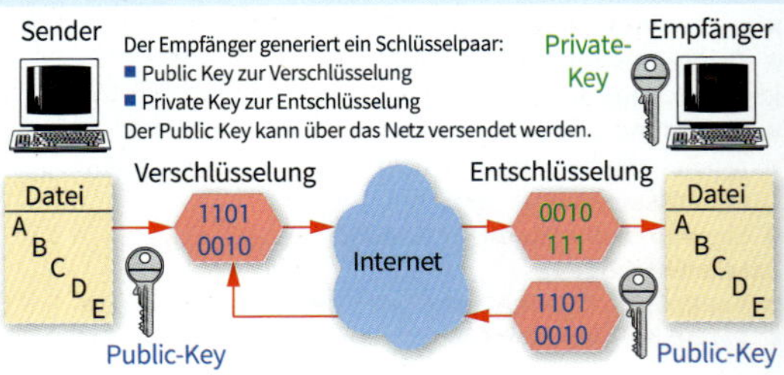

Aufbau und Funktion

- Internet: **Inter**connected **net**work
- Weltumspannendes Netzwerk von Computern durch den Zusammenschluss voneinander unabhängiger internationaler, nationaler, regionaler und lokaler Subnetze
- Nichtkommerzielle Einrichtung
- Keine zentrale Verwaltung oder Koordinierung
- Wesentliche Verwendung: Austausch von Daten über **Internetdienste** (WWW, E-Mail, usw.)
- Einheitliche Netzwerktopologie
- Die Beschreibung der Technik und Funktionen erfolgt durch die **RFC**s (**R**equest **f**or **C**omments) der **IETF** (**I**nternet **E**ngineering **T**ask **F**orce).
- Einheitliches Übertragungsprotokoll (**TCP/IP**, **T**ransmission **C**ontrol **P**rotocol/**I**nternet **P**rotocol)

Browser (Web-Browser)

- Es handelt sich um Anwendungsprogramme zum „Blättern" und Recherchieren im WWW. Die einzelnen und auf verschiedenen Wegen gesendeten Datenpakete (Text, Bild, Ton usw.) werden beim Empfänger entsprechend den übertragenen Vorschriften zusammengesetzt.
- Beispiele:
  Microsoft Internet Explorer,
  Firefox,
  Opera,
  Google Chrome,
  Apple Safari

- Die Seiten sind in der Regel Hypertext-Seiten, da die Informationen durch Querverweise (**Links**) verbunden sind.
- Begonnen werden die Seiten in der Regel mit der Leitseite (Homepage) des jeweiligen Anbieters.

URL

- **URL: U**niform **R**esource **L**ocater
- Über die URL ist ein Dokument im Internet eindeutig identifizierbar (Internetadresse).
- Beispiel: http://www.westermann.de/buecher.html

  - **http://**
    Die Identifizierung und Lokalisierung erfolgt über das verwendete Netzwerkprotokoll, z. B. **HTTP** (**H**yper **T**ext **T**ransfer **P**rotocol als Beschreibungssprache im WWW zur Formatierung von Seiten, Kennzeichnung http://) oder FTP.
    Lässt man den Dienst und die Zeichen :// weg, ergänzen die Browser den Dienst.

  - **www.westermann.de**
    Es handelt sich um den Namen des Servers, auf dem sich das Dokument befindet.
    An Stelle des Namens könnte auch die IP-Adresse stehen.

  - **/buecher**
    Hierdurch wird das Verzeichnis gekennzeichnet, in dem sich die gewünschte Datei auf dem Server befindet. Es können mehrere Verzeichnisnamen angegeben werden (Verzeichnisstruktur .../.../...)

  - **.php**
    Es handelt sich um ein Protokoll zum gesicherten Multicasting.
    Die Empfänger können Datenpakete erneut anfordern, wenn Datenpakete fehlen.

Internetdienste

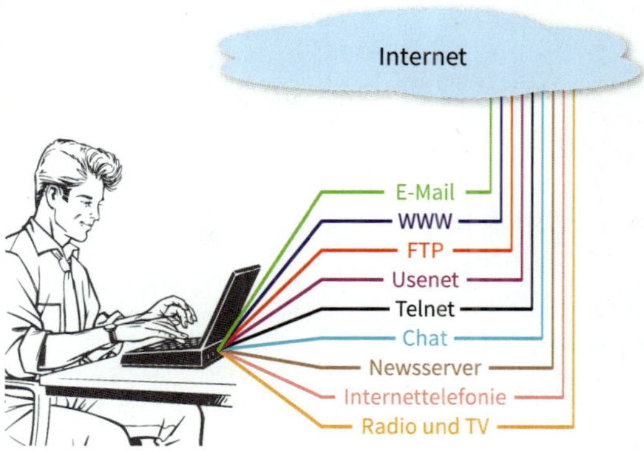

- **E-Mail** (**E**lectronic **M**ail)
  - Elektronisches Versenden oder Empfangen von Nachrichten, die gespeichert, ausgedruckt oder sofort beantwortet werden können.
  - Alle Teilnehmer besitzen eine elektronische Postadresse. Beispiel: Schulservice@westermann.de
- **WWW** (**W**orld-**W**ide-**W**eb)
  - Multimediale Benutzeroberfläche des Internets, deren Angebote und Informationen aufgerufen, gespeichert oder ausgedruckt werden können.
  - Die Informationen können umfassen: Texte, Bilder, grafische Symbole, Ton- und Videosequenzen.
- Dateiverwaltung mit **FTP** (**F**ile-**T**ransfer-**P**rotokoll)
  - Abkürzung für ein Verfahren zur Verwaltung von Dateien und Ordnern sowie zum Datentransfer
  - Mit FTP können aus dem weltweiten Softwarepool des Internets Dateien direkt ausgetauscht werden.
  - Hochschulen und größere Firmen bieten entsprechende Software über ihre FTP-Server an.
- **Usenet** (**Use**rs **Net**work)
  - Im Internet finden sich Gruppen (**Diskussionsforen**) zum Gedanken- und Meinungsaustausch zusammen.
  - In diesen Diskussionsforen stellen Teilnehmer ihre Nachricht für alle anderen als elektronische Post zur Verfügung („schwarzes Brett").
- **Telnet** (**Tel**ecommunication **Net**work)
  - Netzwerkprotokoll, mit dem man sich bei einem beliebigen Host (Gastgeber, Hauptcomputer) einwählen kann, um dort Programme abzuarbeiten, Datenbanken zu nutzen usw.
  - Der eigene PC arbeitet dann wie ein Terminal (Fernbedienung, Fernanzeige) des Gastgeber-Computers.
- **Chat** (engl.: plaudern, sich unterhalten)
  - Schriftliche Kommunikation in Echtzeit mit beliebig vielen Nutzern
- **Newsserver**
  - Es handelt sich um Computer, auf deren Festplatten Nachrichten gespeichert sind und abgerufen werden können oder
  - um die entsprechende Software.
- **Internettelefonie**
  - **VoIP** (**Vo**ice over **IP**), Telefonie über das Internet
- **Radio und Fernsehen**
  - Live-Übertragung (**Livestream**)
  - Übertragung auf Abruf (**Video-on-Demand**)

Online-Provider

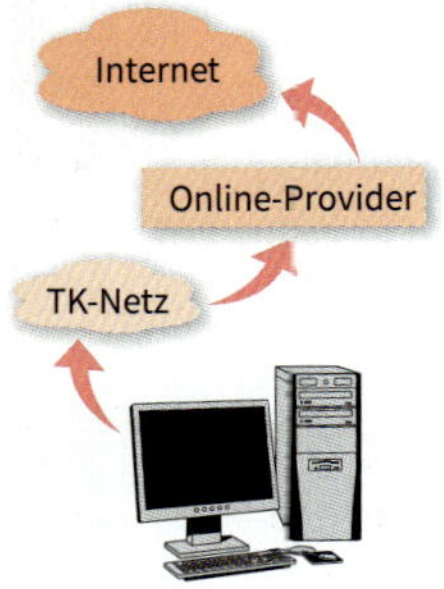

- **Software**
  - Browser
  - E-Mail-Client
  - Anwendungen
  - …

- Die Einwahl erfolgt über Online-Provider. Sie stellen zusätzlich ausgewählte Inhalte (Contents) zur Verfügung.
- Online Provider (Beispiele): T-Online, Kabel Deutschland, Vodafone, Strato, CompuServe
- Die Verbindung wird über einen DSL Zugang, ein Modem oder eine ISDN Karte hergestellt; über Leitungen oder per Funk.
- Bei jeder Verbindung wird vom Provider dem Nutzer eine IP-Adresse zugeteilt.

Internet Service Provider (ISP)

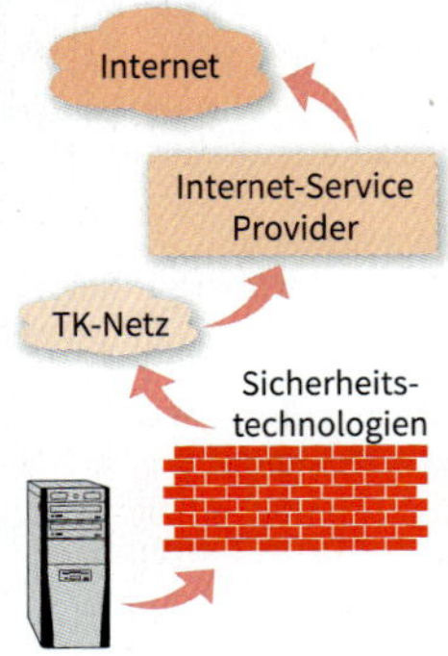

- **Anbieter**
  UUnet, Xlink, Deutsche Telekom, ECRC

Internet Service Provider bieten gegen Entgelt verschiedene Leistungen zusätzlich an, z. B. über

- **Hosting-Provider**
  Registrierung von Domains, Vermietung von Webservern
- **Access-Provider**
  (Zugang) Bereitstellung von Wählverbindungen, Breitbandzugängen, Standleitungen
- **Content-Provider**
  (Inhalt) Bereitstellung ausgewählter Inhalte

Internetprotokoll TCP/IP

- **IP:** Internet **P**rotocol
  Das Protokoll besitzt folgende Merkmale und Funktionen (Auswahl):
  - Adressierung der Daten und deren Fragmentierung
  - Datenaustausch vom Sender zum Empfänger (Routing)
  - Mit dem Protokoll erfolgt keine Absicherung der Übertragung, verbindungslos, unzuverlässig (keine Zustellgarantie)
  - IPv4: 32 Bit-Adressen; IPv6: 128 Bit-Adressen

- **TCP: T**ransmission **C**ontrol **P**rotocol
  - Das Protokoll baut auf IP auf.
  - Es sorgt beim Empfänger für die Einsortierung der Pakete in die richtige Reihenfolge.
  - Die Kommunikation ist durch Bestätigung des Paket-Empfangs sicher.
  - Übertragungsfehler werden automatisch korrigiert.
  - Die Übertragung erfolgt verbindungsorientiert, ist zuverlässig (Zustellgarantie).

- **IP-Adresse**
  - Aufbau: 4 Byte = 32 Bit (2^{32} = 4 294 967 296 mögliche Adressen)
  - Vereinfachung: Umwandlung der Bytes in Dezimalzahlen, die durch Punkte voneinander getrennt sind.
  - Beispiel: 10110011 11000001 10011010 00001011
    179.193.154.11

Netzeinteilung

- Um den Adressbereich effizient zu nutzen, erfolgte ursprünglich eine Aufteilung in **Netzwerkadresse** und PC-(Host) Adresse. Die ersten Bits des IPv4-Adressraums wurden zur Kennzeichnung von Netzklassen (A, B, C) verwendet.

- Die feste Klassenzuordnung wurde durch **CIDR** (**C**lassless **I**nter**d**omain **R**outing) aufgehoben.
  Die Kennzeichnung erfolgt nach einem Schrägstrich unter Angabe der Anzahl der gesendeten Bits (1-Bits) in der Netzmaske.
  Beispiel:
  IP-Adresse (Dezimal) mit Suffix — 172.17.0.0/24 — Suffix: gibt Anzahl (hier 24) der 1-Bits in der Netzmaske an
  Die Angabe 24 bedeutet: 24 Bit der Netzmaske sind auf 1 gesetzt
  (Binär: 11111111.11111111.11111111.00000000)
  Suffix: Angestecktes, Nachsilbe

Domain

- Eine Domain ist ein Begriff, Name, … für eine IP-Adresse. Sie fungiert somit als eine menschliche „Gedächtnishilfe“ für die IP-Adressen.
- Eine Domain darf im Internet nur einmal vorkommen. Die Vergabe und Zuteilung erfolgt über das **NIC** (**N**etwork **I**nformation **C**enter). Für deutsche Domains (.de) ist das **„DENIC“** als zentrale Registrierungsstelle zuständig.
- Das System wird als **Domain Name System** (**DNS**) bezeichnet. Es ist hierarchisch aufgebaut.

Top Level Domain (TLD), z. B. de

Second Level Domain
z. B. …tu-darmstadt
…westermann

- **Top Level Domains** (Beispiele)

ccTLDs (country code)		gTLDs (generic)	
at	Österreich	biz	business
ch	Schweiz	com	commercial
de	Deutschland	edu	education
fr	Frankreich	net	network
us	USA	org	organisation

Bandbreite

Die Geschwindigkeit, mit der die Daten einer Internetverbindung übertragen werden, wird häufig als Bandbreite bezeichnet. Sie wird in Baud oder bit/s (Bit pro Sekunde) angegeben.

Zugang über	Bandbreite
analoges Modem	bis 56 kbit/s
ISDN	64 kbit/s
ISDN zwei Kanäle	128 kbit/s
ISDN Primärmultiplexanschluss	2 Mbit/s
ADSL	1 Mbit/s, 2 Mbit/s, …
ADSL 2+	bis 25 Mbit/s
VDSL	bis 52 Mbit/s

Mechatronische Systeme

8

Sensoren

Antriebe

Steuerungs- und Regelungstechnik

Bussysteme

Sicherheit

Merkmale

- Sensoren (von lat. **sensus**: Gefühl, Empfindung) sind technische Bauteile, die
  - physikalische oder
  - chemische

  Größen erfassen und in auswertbare elektrische Signale (Messwerte) umsetzen.
- Die **Einteilung** von Sensoren kann nach unterschiedlichen Gesichtspunkten erfolgen, z. B.
- Wichtig ist die eindeutige Definition der Messgröße unter Berücksichtigung von Randbedingungen (z. B. Temperatureinflüssen).
- Bei Sensoren ohne Hilfsenergie wird die Messgröße direkt in einen Messwert umgewandelt.
- Bei Sensoren mit Hilfsenergie wird die Messgröße unter Zuführung einer elektrischen Hilfsenergie in einen Messwert umgewandelt.

Sensor ohne Hilfsenergie
Beispiel: Thermoelement

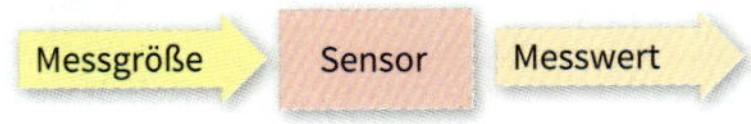

Sensor mit Hilfsenergie
Beispiel: Widerstandsmessbrücke

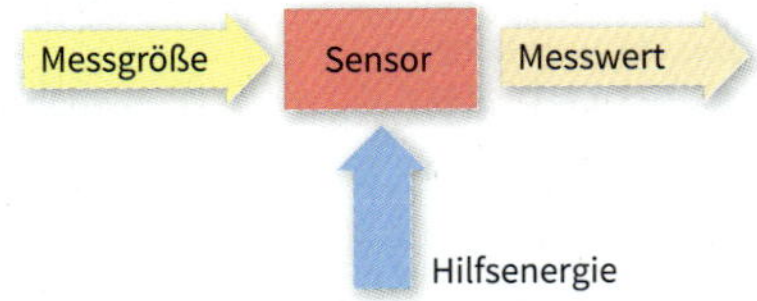

Merkmale

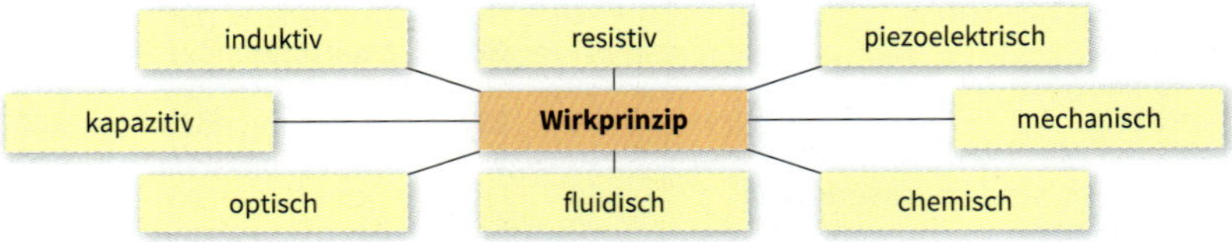

Messgrößen[1]

Geometrisch	Mechanisch	Dynamisch	Thermisch/Kalorisch	Klimatisch/ Meteorologisch
– Länge – Weg – Winkel – Abstand – Entfernung – Durchhang – Größe – Durchmesser – Füllstand – Rautiefe – Rauheit – Anwesenheit – Kontur – Position – Lage – Volumen	– Kraft – Masse – Gewicht – Wägung – Dosierung – Dehnung – mechanische Spannung – Druck – Dichte – Reibung – Dämpfung – Viskosität – mechanische Arbeit – Drehmoment – Härte	– Zeit – Zeitkonstante – Schwingung – Drehimpuls – Wellenlänge – Frequenz – Beschleunigung – Vibration – Schwingung – Ereigniszählung – Radioaktivität – Bewegung – Geschwindigkeit – Durchfluss – Strömungsgeschwindigkeit	– Temperatur – Wärme – Wärmemenge – Temperaturverteilung – Wärmeverbrauch – Wärmeleitfähigkeit – Wärmestromdichte – Wärmefluss – Heizwert – Wobbe-Index – Infrarotstrahlung – Thermische Analyse	– Relative Feuchte – Absolute Feuchte – Taupunkt – Verdunstung – Niederschlag – Raumklima – Staubdichte – Rußdichte – Partikeldichte – Solarstrahlung – Immission – Emission – Windrichtung – Barometrischer Druck – Atmosphärische Gaskonzentration
Optisch	**Akustisch**	**Elektrisch**	**Chemisch/Biologisch**	**Medizin**
– Lichtstärke – Beleuchtungsstärke – Strahlung – Strahlungsdichte – Trübung – Absorption – Transmission – Brechung – Reflexion – Remission – Fluoreszenz – Optische Dichte	– Schallanalyse – Schallintensität – Schallleistung – Modalanalyse – Körperschall – Lautstärke – Dämpfung – Frequenz	– Spannung – Strom – Widerstand – Ladung – Kapazität – Induktivität – elektrische Feldstärke – magnetische Feldstärke – Leitfähigkeit – elektrische Energie – elektrische Leistung – Frequenz	– elektrochemische Leitfähigkeit – pH-Wert – Gase, allgemein – Gaskonzentrationen – Alkohole – Chlor-Kohlenwasserstoffe – Fluor-Chlor-Kohlenwasserstoffe – Ionen – Redox-Potenzial	– Körpertemperatur – Blutdruck – Pulsfrequenz – Blutdurchfluss – elektrische Körperströme – Glukose – Laktat – Permeation – Diffusion

[1] angegebene Größen sind beispielhaft

Aufbau eines digitalen Sensorsystems (dreistufiger AD-Umsetzer)

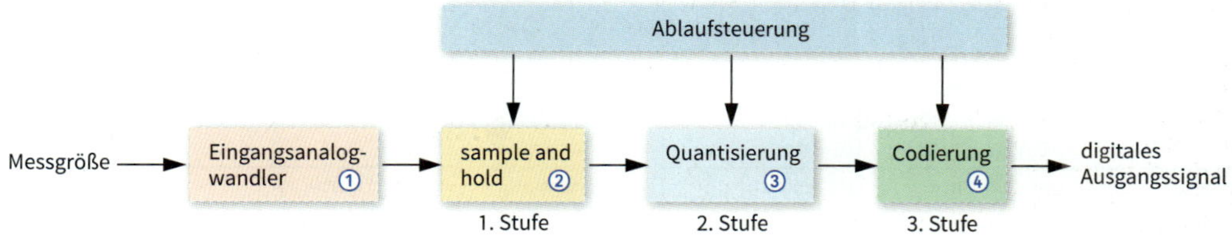

① Umsetzung der nichtelektrischen Messgröße in analoges elektrisches Signal.

② Abtastung des Messwertes in der Zeit t_{ab}, Messwerterhaltung für die Zeit t_{hold}.

③ Messbereichsunterteilung in endliche Zahl von Teilbereichen. Davon abhängig sind Auflösung und Messfehler.

④ Teilbereichsumwandlung in bestimmten Code sowie Anzeige bzw. Weiterleitung.

Widerstandsmessung

Anwendungen für Widerstandsmessungen sind:

- Temperaturmessung (z. B. PT 100)
- Messung mechanischer Spannungen (Dehnungsmessstreifen)
- Strommessung (über Shunt)

Fehlerquellen:
Die Anschlussleitung des Sensors hat einen eigenen Widerstand. Dieser ist abhängig von der Temperatur und der Leitungslänge. Er verfälscht je nach Schaltungsart das Messergebnis. Je kleiner der zu messende Widerstand ist, desto größer ist der Messfehler.

Zweileitermessung

Spannungsgespeiste Messbrücke

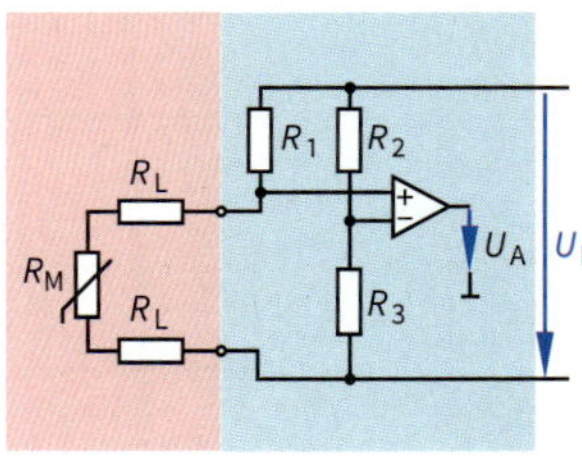

Leitungswiderstand R_L führt zu

- Messfehlern ($R_M + 2\,R_L$)
- Nullpunktverschiebungen bei Widerstandsänderung in der Messleitung (R_L)

Dreileitermessung

Spannungsgespeiste Messbrücke

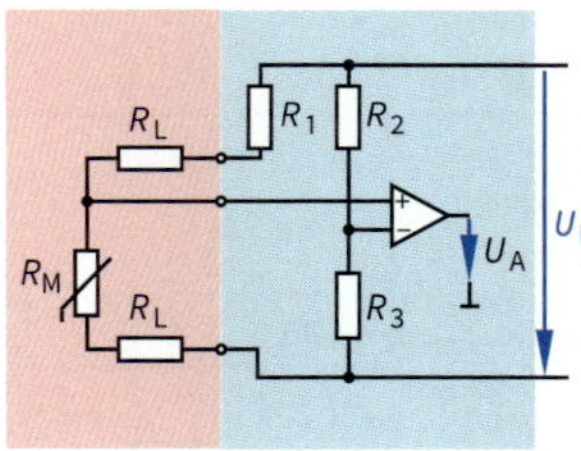

- Leitungswiderstand R_L ist auf obere und untere Brückenhälfte gleich verteilt. Temperatureinflüsse werden dadurch kompensiert.
- Der Messfehler ist geringer als bei der Zweiteilermessung, aber noch vorhanden.

Vierleitermessung

Stromgespeiste Messung

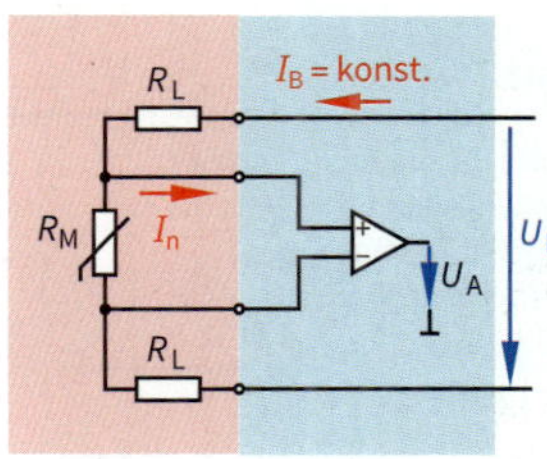

- Messstrom I_B = konstant
- Messstrom zum Operationsverstärker I_n = 0A, da Eingangswiderstand $R_E = \infty$
- $U_A \sim R_M$
- Keine Messfehler durch R_L

Sensorsignalübertragung

Konventionell

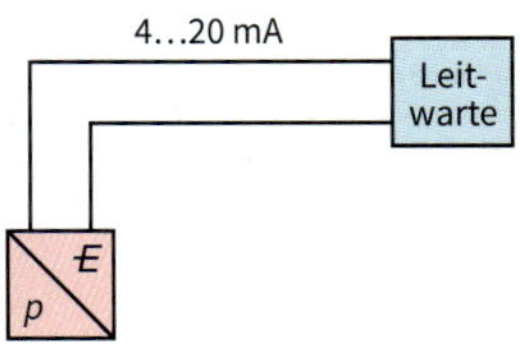

- Digitales Sensorsignal wird in analoges 4…20 mA-Signal umgewandelt und zur Leitwarte übertragen.

Intelligent

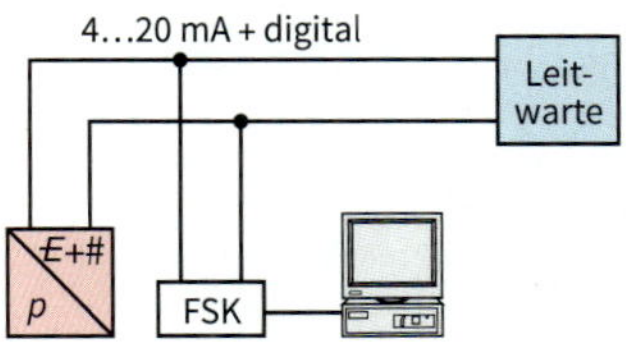

- Analogem 4…20 mA-Signal wird frequenzmoduliertes Signal überlagert (FSK = **F**requency **S**hift **K**eying).
- Speicherung von Werten und Ereignissen zur Prozessoptimierung möglich.

Feldbus (siehe Profibus)

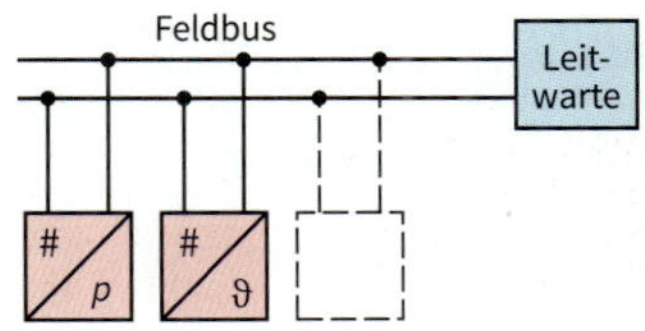

- Digitale Kommunikation zwischen Sensoren und Aktoren möglich.
- Eigensichere Speisung und Datenübertragung von Leitwarte ins Feld.

Kennzeichnung

Beispiel: Stelle 1 2 3 4 5 6: C 3 A30 B F 1

Erfassungsart (1 Zeichen)		Mechanischer Einbau (1 Zeichen)		Bauform Größe (3 Zeichen)		Schaltelement Funktion (1 Zeichen)		Ausgang (1 Zeichen)		Anschlussart (1 Zeichen)	
I	Induktiv	**1**	bündig einbaubar	**A**	zylindrische Gewindehülse	**A**	Schließer	**P**	PNP-Ausgang, 3 oder 4 Anschlüsse DC	**1**	integrierte Anschlussleitung
C	Kapazitiv	**2**	nicht bündig einbaubar	**B**	glatte zylindrische Hülse	**B**	Öffner	**N**	NPN-Ausgang, 3 oder 4 Anschlüsse DC	**2**	Steckanschluss
U	Ultraschall	**3**	nicht festgelegt	**C**	rechteckig, mit quadratischem Querschnitt	**C**	Wechsler (Schließer/Öffner)	**D**	2 Anschlüsse DC	**3**	Schraubanschluss
D	fotoelektrisch diffus; reflektiertes Lichtbündel			**D**	rechteckig, mit rechteckigem Querschnitt FORM: 1 Großbuchstabe GRÖSSE: 2 Ziffern für Durchm. oder Seitenlänge	**P**	programmierbar durch Anwender	**F**	2 Anschlüsse AC	**9**	andere
M	nichtmechanisch-magnetisch					**S**	andere	**U**	2 Anschlüsse AC oder DC		
R	fotoelektrisch reflektiertes Lichtbündel							**S**	andere		
T	fotoelektrisch direktes Lichtbündel										

Schaltzeichen

Induktiver Näherungssensor
Gleichspannung
Halbleiterausgang pnp

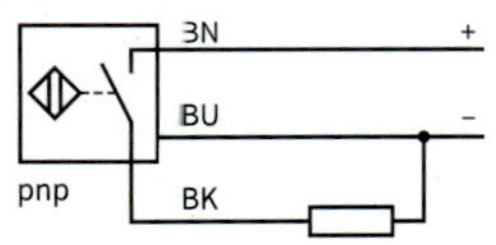

Kapazitiver Näherungssensor
Wechselspannung
Schließerausgang

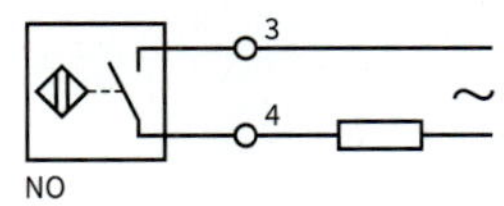

Induktiver Näherungssensor
Wechselspannung
Öffnerausgang

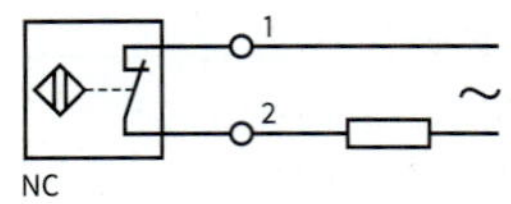

Ultraschall Näherungssensor
Gleichspannung
Ausgang analog
4 mA bis 20 mA, 0 V bis 10 V

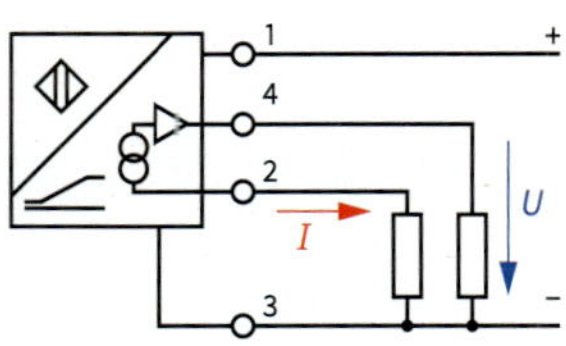

Ultraschall Näherungssensor
Gleichspannung
Ausgang analog
4 mA bis 20 mA

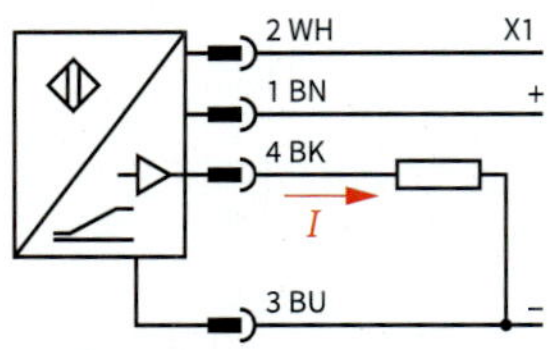

Induktiver Näherungssensor
Gleichspannung
Anschluss an ASI-Bus

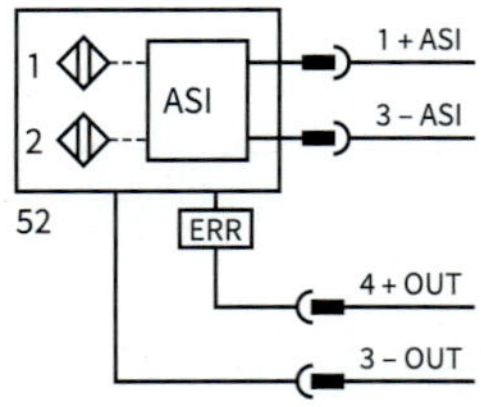

Ultraschall Näherungssensor
Gleichspannung
Halbleiterausgang pnp, npn
Teach-Funktion

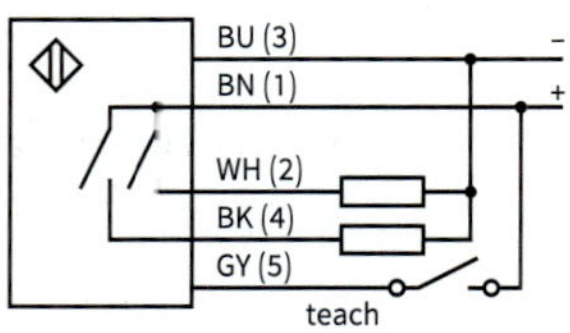

Fotoelektrischer Näherungssensor
Optische Strahlung diffus reflektierend
Ausgang Öffnerkontakt

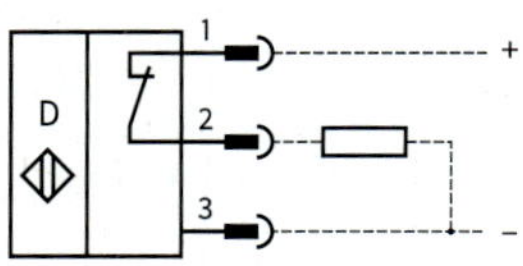

Strömungssensor
(FC: Fluid Control)
Mechanischer Kontaktausgang

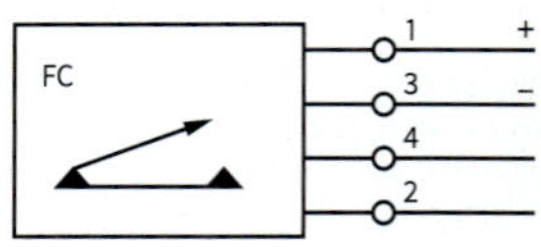

Merkmale und Funktionen

- Sicherheitsschalter sind speziell konstruierte Schalter, die zur Überwachung von Schutzfunktionen eingesetzt werden.
- Sie werden hauptsächlich als **Positionsschalter** mit **Sicherheitsfunktion** eingesetzt.
- Die Sicherheitsfunktion besteht dabei in der
  - Kontaktgabe innerhalb des Schalters (Zwangsöffnung der Kontakte),
  - Funktionsweise (Zwangsbetätigung).
- Sicherheitsschalter sind verfügbar
  - ohne Zuhaltungen,
  - mit Zuhaltungen.
- Werden eingeteilt nach **Bauart 1 bis 4** (EN ISO 14119) in
  - mechanisch (kodiert und unkodiert) und
  - berührungslos (kodiert und unkodiert).
- Anwendung z. B. bei der Überwachung von
  - beweglichen Schutzgittern an Maschinen,
  - Endlagen bei Pressensteuerungen.

Bauarten

Bauart 1 (Sicherheitspositionsschalter)

Verriegelungseinrichtung:
- **mechanisch** betätigter Positionsschalter
- **unkodierter** Betätiger

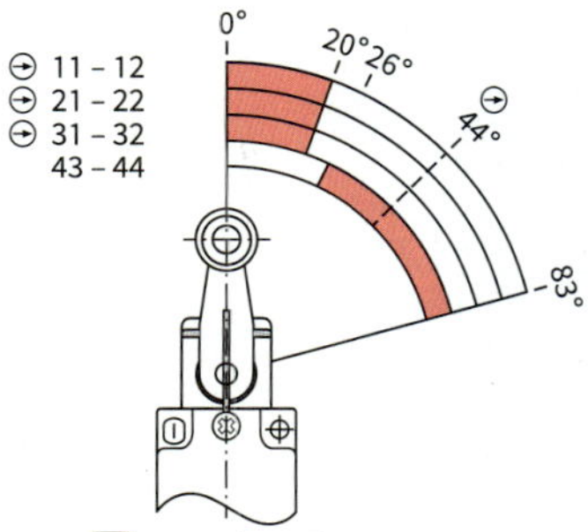

Kontakte offen
Kontakte geschlossen

Bauart 3 (induktiver Sicherheitsschalter)

Verriegelungseinrichtung:
- **berührungslos** betätigter Positionsschalter
- **unkodierter** Betätiger

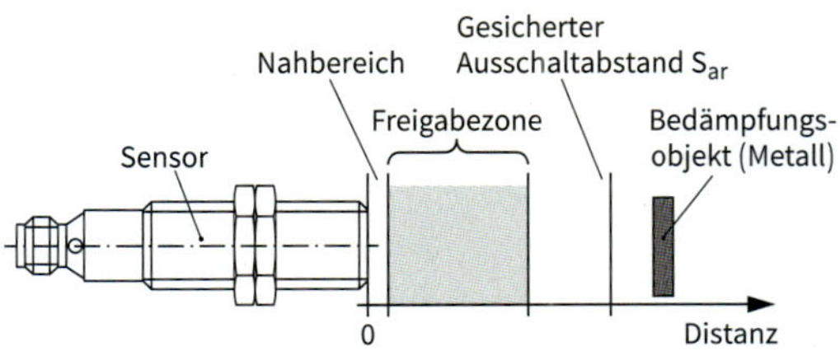

Freigabezone (Beispiele)

Material des Bedämpfungsobjektes	Freigabezone *)	Gesicherter Ausschaltabstand S_{ar}
Stahl FE360	1,0 mm … 8,0 mm	12 mm
Edelstahl 1.4302 (V2a)	0,5 mm … 5,6 mm	

*) Typische Werte bei Bedämpfung mit einer Referenzmessplatte von 24 x 24 x 1 mm und nicht bündigem Einbau nach IEC 60947-5-2 bei einer Umgebungstemperatur von 20 °C.

Bauart 2 (Sicherheitszuhaltung)

Verriegelungseinrichtung:
- **bmechanisch** betätigter Positionsschalter
- **unkodierter** Betätiger ①

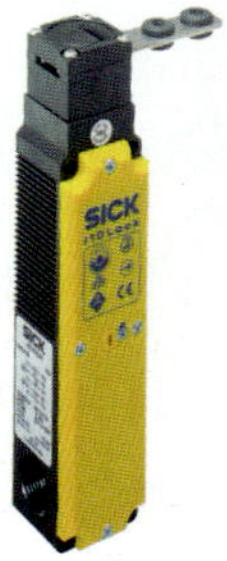

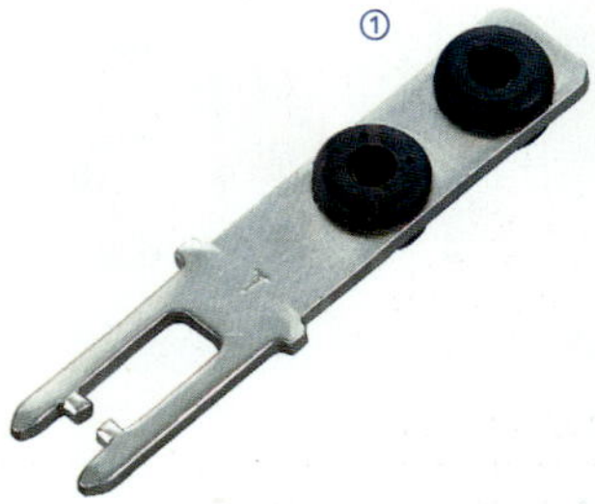

Schaltelement

Betätiger gesteckt		Betätiger gezogen
verriegelt	entriegelt	

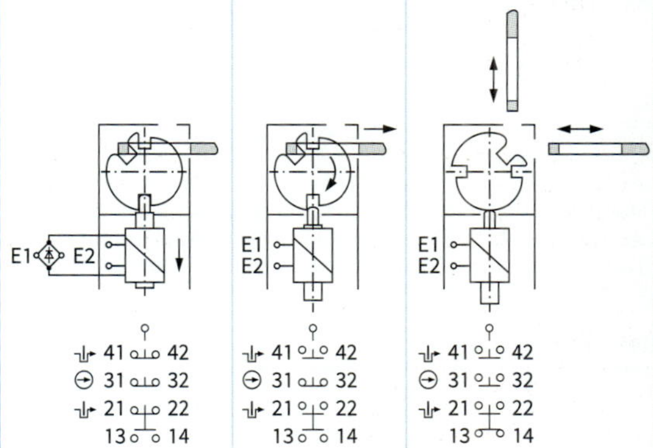

Schaltelement 31:
2 Zwangsöffner (Zuhaltungsüberwachung)
1 Zwangsöffner + 1 Schließer (Türüberwachung)

Bauart 4 (Transponder-Sicherheitsschalter)

Verriegelungseinrichtung:
- **berührungslos** betätigter Positionsschalter
- **kodierter** Betätiger

- Aktive Sensorfläche frontal
- Gesicherter Einschaltabstand: < 10 mm

Merkmale

- Schnappschalter (Mikroschalter) sind mechanische Schalter, die mit einem Sprungmechanismus ausgerüstet sind.
- Der **Schaltvorgang** wird durch Druck auf den Betätiger nach einem
  - bestimmten Weg und
  - mit einer definierten Kraft ausgelöst.
- Die **Schaltgeschwindigkeit** ist weitgehend unabhängig von der Betätigungsgeschwindigkeit.
- Vorteile von Schnappschaltern sind z. B.
  - geringe Abmessungen,
  - Vielzahl von Bauformen,
  - großer Schaltleistungsbereich,
  - kleine Betätigungskräfte,
  - hohe mechanische Lebensdauer.
- Schnappschalter werden u. a. eingesetzt für
  - Positionserkennung,
  - Endlagenabschaltung,
  - Türüberwachung in Maschinensteuerungen.

Aufbau

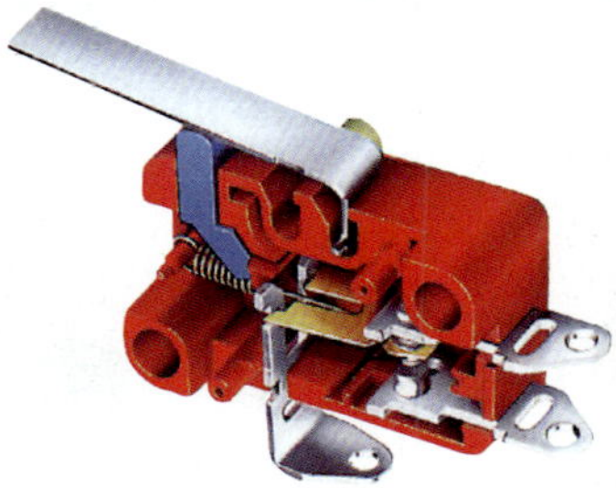

Schaltablauf

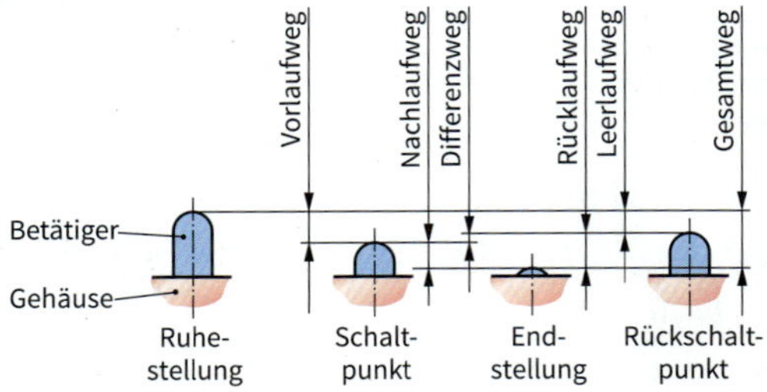

Betätigungskraft-Weg-Diagramm

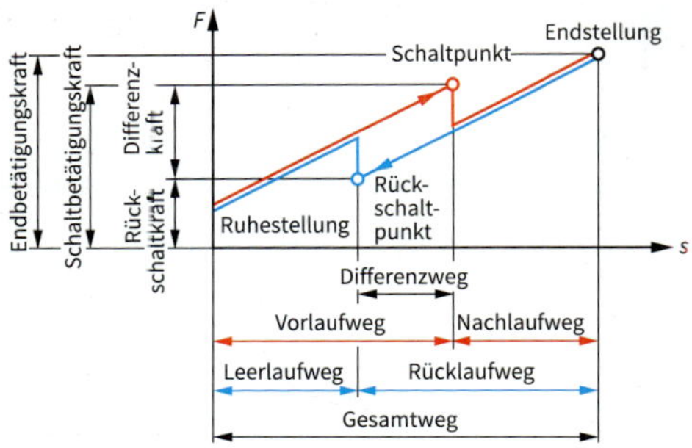

Kontaktkraft-Weg-Diagramm

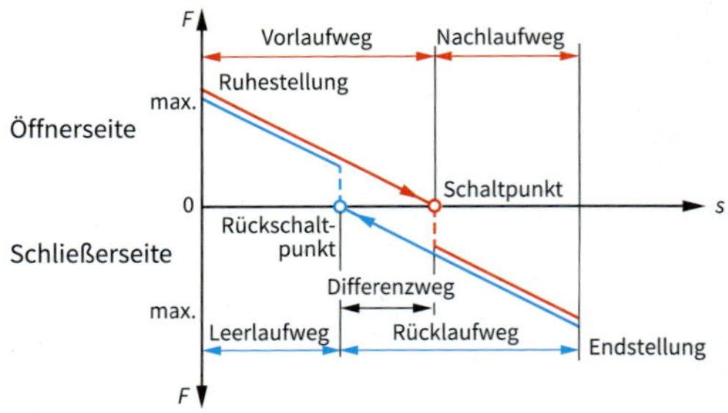

Vorlaufweg: Weg zwischen Ruhestellung und Schaltpunkt
Rücklaufweg: Weg zwischen Endstellung und Rückschaltpunkt
Leerlaufweg: Weg zwischen Rückschaltpunkt und Ruhestellung

Differenzweg: Weg zwischen Schaltpunkt und Rückschaltpunkt
Gesamtweg: Summe aus Vor- und Nachlaufweg bzw. Rücklauf- und Leerlaufweg

Betätigerformen

Standard

Flachhebel

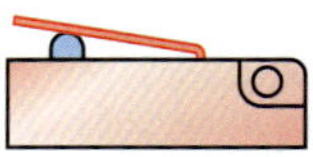

Nockenhebel

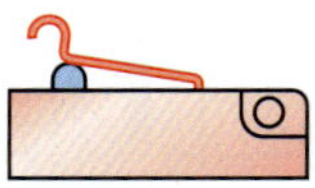

Rollenhebel

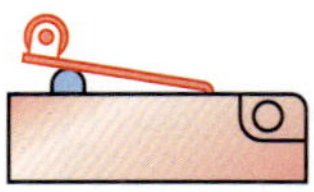

Ausführungsformen

Anwendung

Linealbetätiger

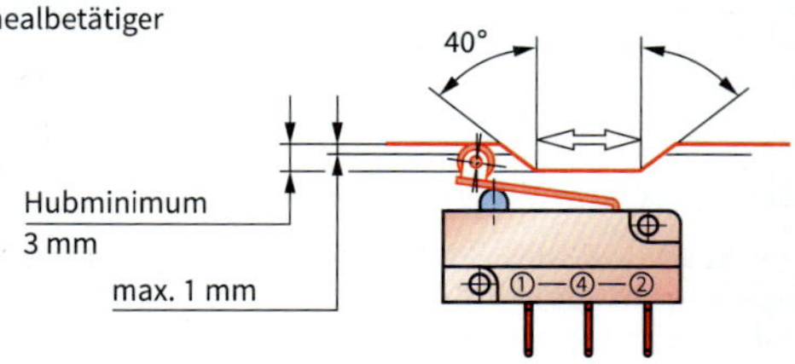

Merkmale

- Reedschalter sind
  - mechanisch arbeitende Kontakte,
  - durch äußere Magnetfelder (Dauermagnet oder Spule mit Magnetfeld) beeinflussbar.
- Aufgebaut aus
  - zwei ferromagnetischen Schaltzungen, die
  - hermetisch dicht in einem Glasröhrchen eingeschmolzen sind.
- Der Kontaktbereich der Schaltzungen
  - ist mit einem harten Kontaktmaterial (z. B. Rhodium oder Rhutinium) beschichtet und
  - garantiert dadurch eine hohe Lebensdauer.
- Reedschalter sind mit folgenden Kontaktvarianten verfügbar
  - Öffner (NC: normally closed),
  - Schließer (NO: normally open),
  - Umschalter (SPST: single pole single throw).
- Wesentliche Vorteile von **Reedkontakten** sind u. a. (ggf. Schutzschaltung)
  - Schaltfähigkeit des Kontaktes bis 10 kV,
  - Schaltströme bis 5 A,
  - geringe Spannungen und Ströme ohne Verluste schaltbar (10 nV, 1 fA),
  - Isolationswiderstand über dem geöffneten Kontakt bis zu 10^{15} Ω.
  - hohe Schaltfrequenzen,
  - kurze Schaltzeiten,
  - unempfindlich gegenüber Wasser, Öl, Fett,
  - gute Hochfrequenzschaltfähigkeit.
- Nachteilig ist die Empfindlichkeit gegenüber mechanischen Belastungen, insbesondere an den Durchführungsstellen der Kontaktzungen im Glaskörper.
- Reedschalter sind auch in Form von Reedrelais erhältlich.
- Angewendet werden Reedschalter im Bereich
  - Füllstandsüberwachung,
  - Schließkontrolle,
  - einfache Stromsensoren,
  - automatischer Testsysteme.

Aufbau

Reedschalter

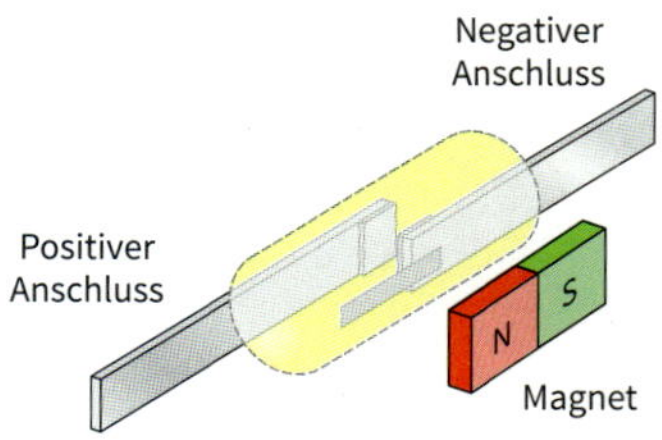

Wirkprinzip

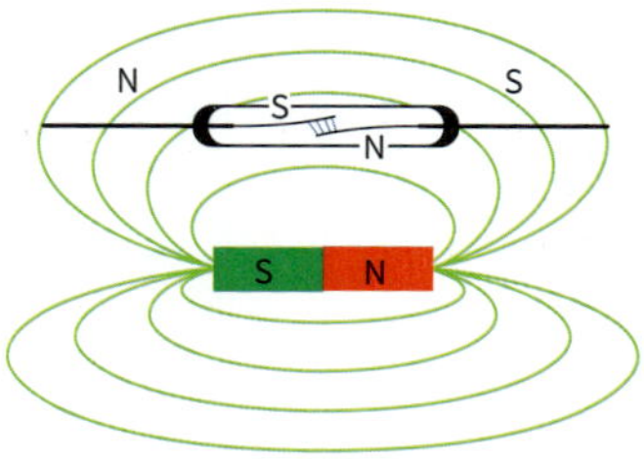

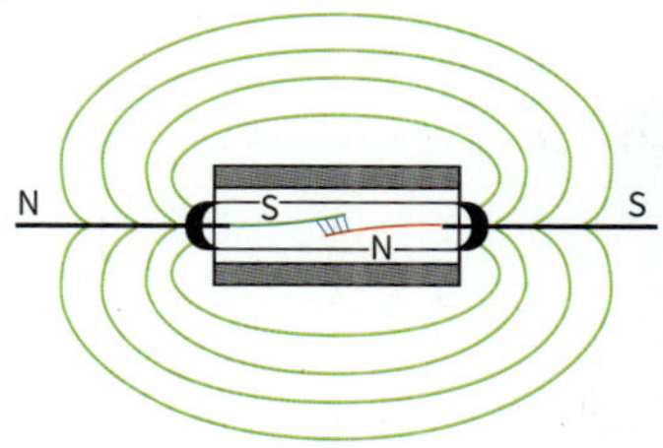

Schaltfunktionen

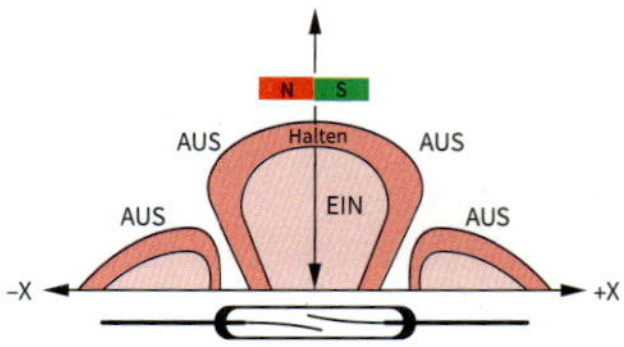

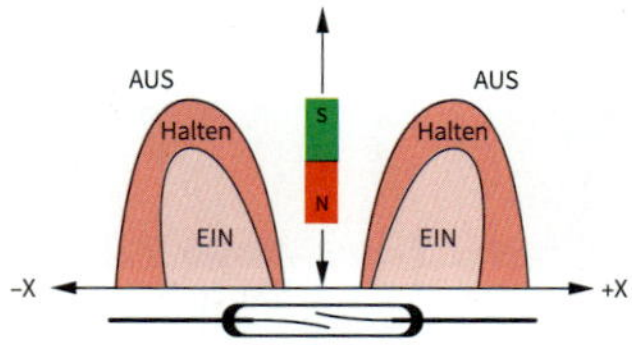

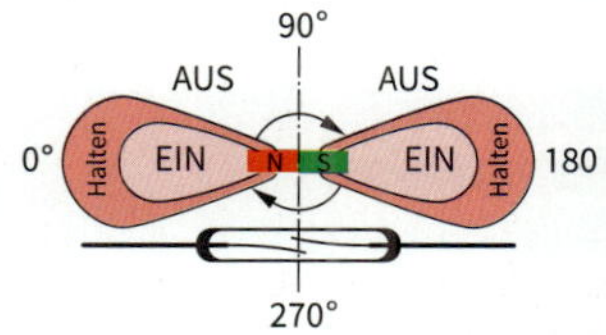

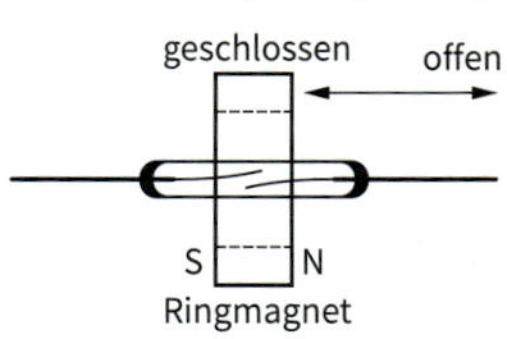

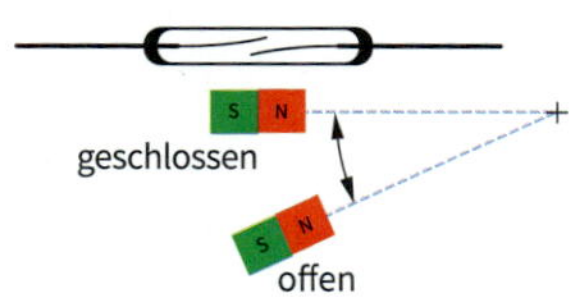

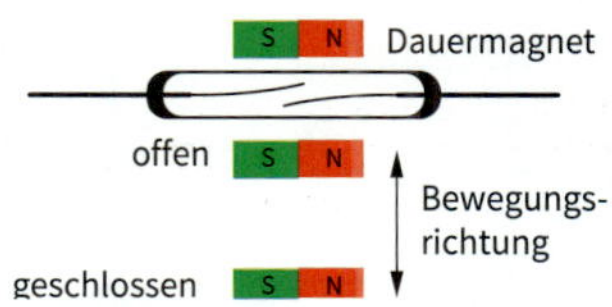

Anwendung

Füllstandsmessung

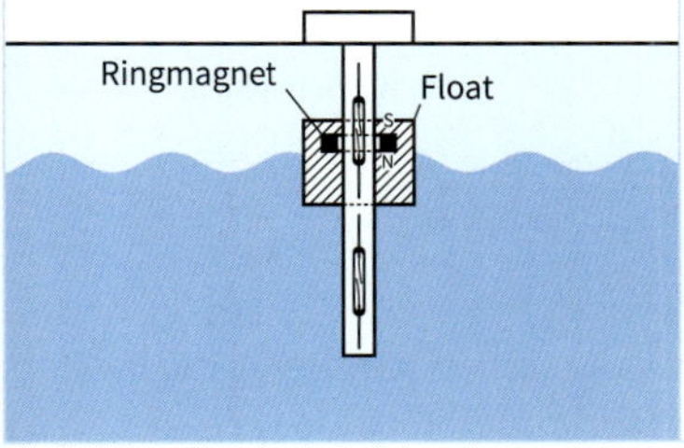

Durchflussmessung

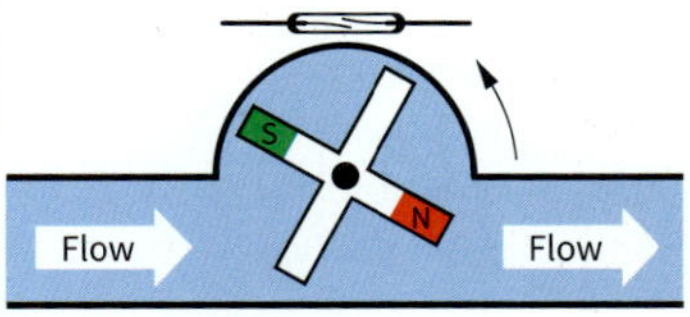

Druckmessung

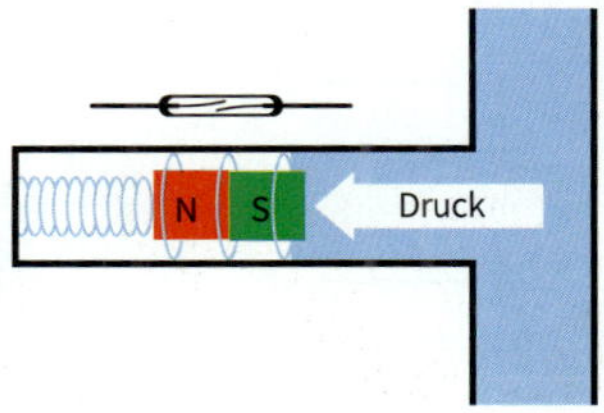

Namur-Sensoren
Namur sensors

Merkmale

- **NAMUR**-Sensoren (**N**ormen **A**usschuss **M**essen **u**nd **R**egeln)
  - sind gepolte 2-Draht Sensoren,
  - ändern ihren Innenwiderstand in Abhängigkeit von der Bedämpfung,
  - sind konzipiert zum Anschluss an externe Schaltverstärker, die die Stromstärkeänderung in ein binäres Ausgangssignal umsetzen.
- Vorteile von NAMUR-Sensoren sind
  - permanente **Drahtbruch**- und **Kurzschlussüberwachung** über Schaltverstärker möglich,
  - einsetzbar in explosionsgefährdeten Bereichen mit entsprechend zugelassenen Trennschaltverstärkern über eigensichere Steuerkreise.
- Spezifiziert in EN 60 947-5-6.

Nennbetriebswerte	
U_0 in Volt (DC)	8,2
R_i in Ω	1000
$I_{betätigt}$ in mA	≤ 1,2
$I_{nicht\ betätigt}$ in mA	≥ 2,1
Hysterese in %	1 bis 20
Temperaturdrift in %	< 20
Wiederholgenauigkeit U in %	< 2

Umgebungsbedingungen	
Schutzart (IEC/EN 60 529)	IP 67
Umgebungstemperatur (bei Betrieb) in °C	–25 bis +70
Verschmutzungsgrad	3
Schockfestigkeit in g	30 x (11 ms)
Vibrationsfestigkeit in Hz	55 (1 mm)
Bei Reihenschaltung addieren sich die Verzögerungszeiten und Spannungsfälle.	

Aufbau

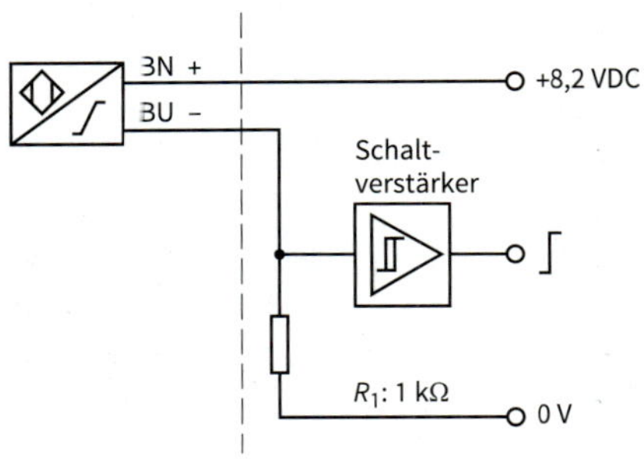

Betriebskennlinie

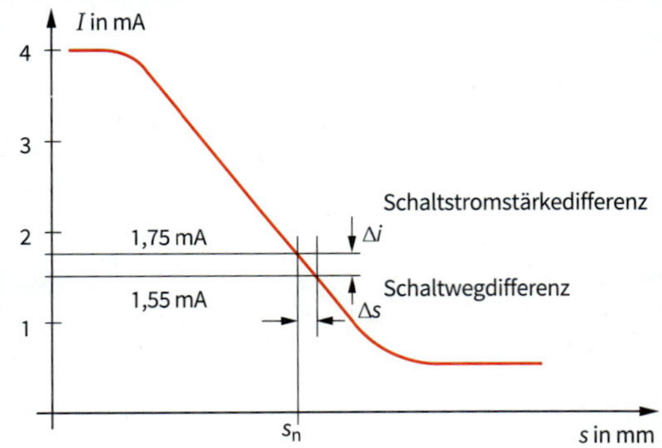

Sensorausgänge
Sensor outputs

Transistorausgang

3-Draht-Sensor

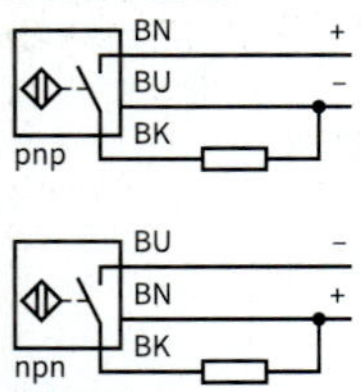

4-Draht-Sensor

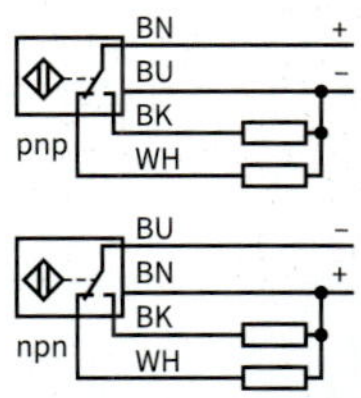

Spannungsversorgung U_B in Volt (DC)	10 bis 30 oder 10 bis 65
Restwelligkeit WSS in %	10
Schaltausgang	Schließer (3-Draht-Sensor) Antivalent (4-Draht-Sensor)
Reststromstärke I_r in mA	< 0,1
Spannungsfall U_d in V	< 1,8
Bemessungsisolationsspannung U_i in V	500
Bedingter Kurzschlussstromstärke in A	100

Kontaktausgang

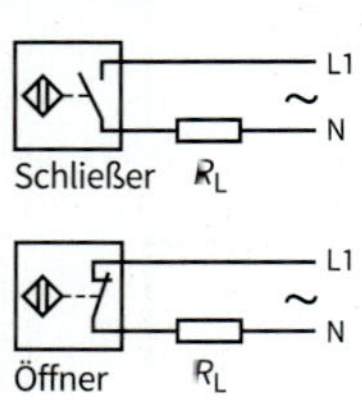

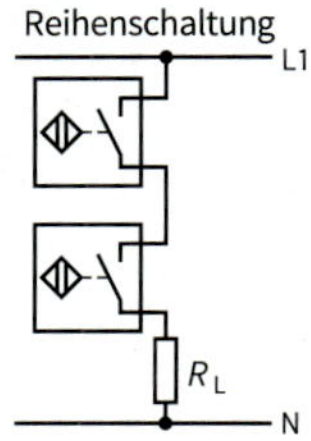

Betriebsspannung U_B in V (AC)	20 bis 250
Schaltausgang	Schließer oder/und Öffner
Reststromstärke I_r in mA	< 1,7
Spannungsfall U_d in V_{eff}	< 7
Hysterese H in %	3 bis 15
Bemessungsisolationsspannung U_i in V	1500
Bei Reihenschaltung der Sensorausgänge addieren sich die Spannungsfälle. Mindestbetriebsspannung an der Last ist zu beachten.	

Merkmale

- Kapazitive Sensoren sind berührungslos wirkende Schalter.
- Sie erkennen sowohl leitende als auch nicht leitende Objekte.
- Arbeiten auf Basis eines elektrischen Feldes, das sich zwischen den frontseitig konzentrisch angeordneten Elektroden des Sensors ausbildet.
- Das Erkennungsprinzip beruht auf der Änderung der Gesamtkapazität der Elektrodenanordnung (**Plattenkondensator**).
- Grundsätzlich ist diese Änderung abhängig von der spezifischen **Dielektrizitätskonstante** (ε_r) des eingeführten Materials.
- Die Kapazität ist im Rückkopplungszweig eines Hochfrequenz-Oszillators angeordnet.
- Bei freier aktiver Fläche schwingt der Oszillator nicht.
- Bei eingeführtem Material erhöht sich die Kopplungskapazität im Schwingkreis und bringt den Oszillator zum Schwingen.
- Die entstehende Schwingungsamplitude wird durch die integrierte Auswerteelektronik erfasst.
- Bei **leitfähigen** Stoffen (z. B. Metallteilen)
  - vergrößert sich die Gesamtkapazität aufgrund der Reihenschaltung der Teilkapazitäten,
  - ergeben sich die höchsten Schaltabstände.
- Bei **festen** und **flüssigen** Stoffen sind die Schaltabstände abhängig von der Höhe der Dielektrizitätskonstanten.
- Einflüsse auf die Sensorfläche (z. B. Benetzung, Betauung oder Vereisung) werden durch eine Hilfselektrode kompensiert.
- Einbaulagen für kapazitive Sensoren sind grundsätzlich beliebig.
- Bei gedrängter Anordnung von Sensoren ist darauf zu achten, dass eine gegenseitige Beeinflussung vermieden wird (minimale Einbauabstände).
- Die Schaltabstände liegen zwischen 3 mm und 50 mm (abhängig von Einbauart).
- Kapazitive Sensoren werden u. a. eingesetzt für die Erfassung von
  - Füllstandserkennung, Positionserfassung,
  - Druckmessung, Feuchtemessung,
  - Weg- und Winkelmessung.

Aufbau

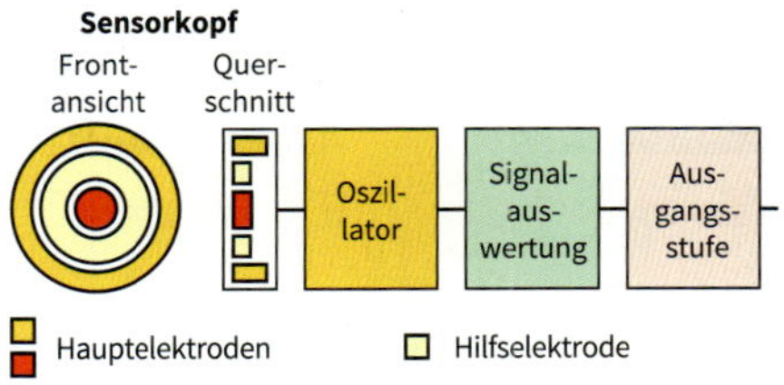

Feldlinienverlauf

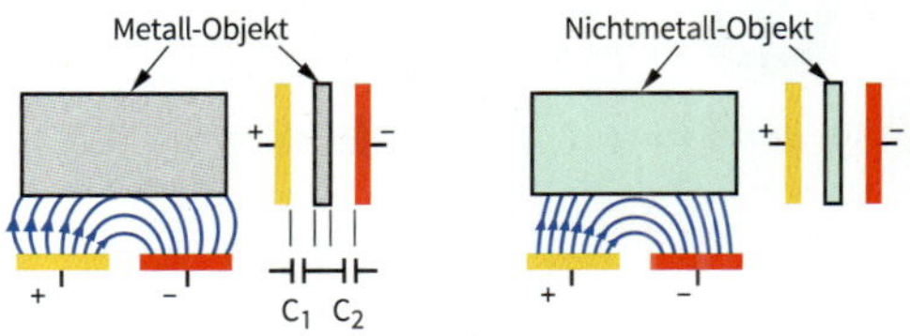

Anwendungen

Füllstandsüberwachung

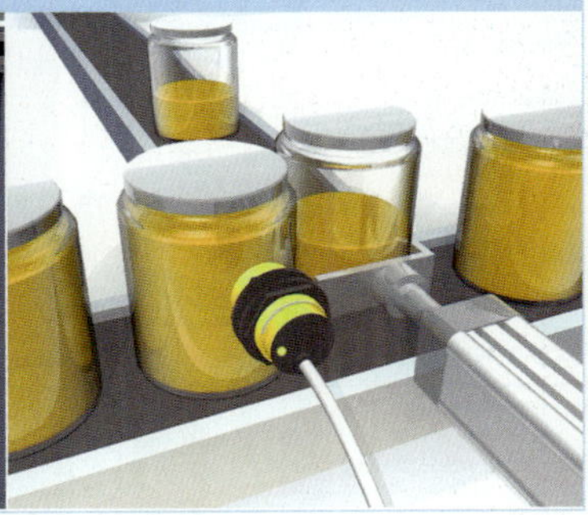

Ausführungsformen

Zylinderform	Quaderform	Rechteckform
	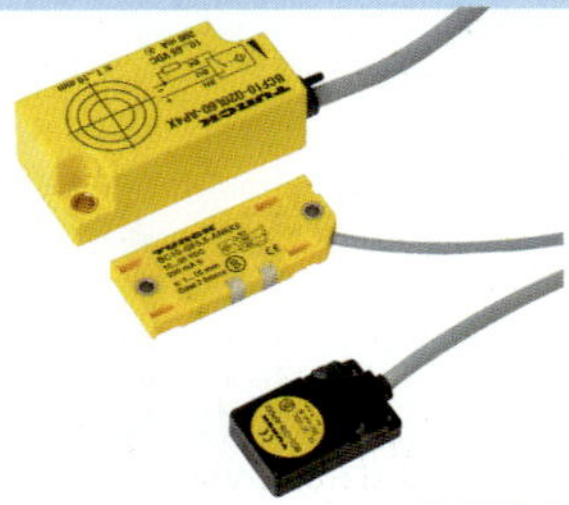	

Induktive Näherungssensoren
Inductive proximity sensors

Merkmale

- Induktive Sensoren sind berührungslos wirkende Schalter.
- Sie erkennen leitende (metallische) Objekte.
- Sie arbeiten auf Basis eines magnetischen Feldes, das sich frontseitig am Sensor in einem offenen Magnetkreis ausbildet.
- Das Erkennungsprinzip beruht auf der Abschwächung (Bedämpfung) des Magnetfeldes durch das leitende Objekt.
- Diese Bedämpfung reduziert die Höhe der Amplitude des internen Schwingkreises und wird als Schaltschwelle ausgewertet.
- Die aktive Fläche des Sensors wird durch die Grundfläche des verwendeten Spulenkerns (offener Schalenkern) bestimmt.
- Die Schaltabstände werden mit einer Normmessplatte (Fe 360) bestimmt.
- Für andere Bedämpfungswerkstoffe sind entsprechende Korrekturfaktoren zu berücksichtigen.
- Die Schaltfrequenz gibt die maximal mögliche Anzahl von Schaltfolgen pro Sekunde an.
- Die Magnetfeldfestigkeit gegenüber magnetischen Störfeldern (z. B. Schweißstrom) wird erreicht durch konstruktive und schaltungstechnische Maßnahmen am Sensor.
- Anwendung finden induktive Näherungssensoren z. B. zur Positionskontrolle an
  - Stellantrieben,
  - Werkzeugmaschinen,
  - Hydraulikaggregaten.
- Vorteile von induktiven Näherungsschaltern sind u. a.
  - unempfindlich gegen Verschmutzung,
  - temperaturfest,
  - große Schaltabstände.

Aufbau

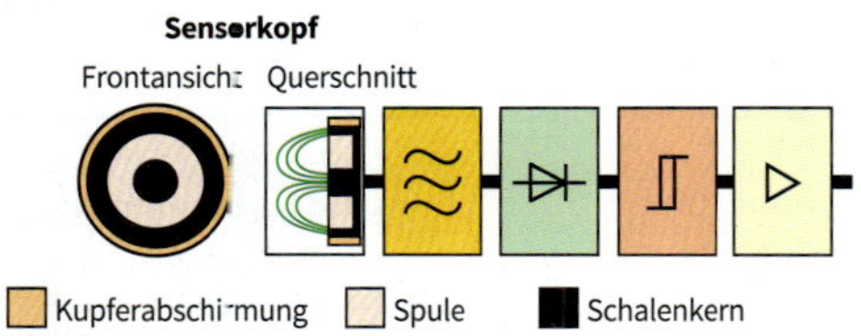

Feldverlauf

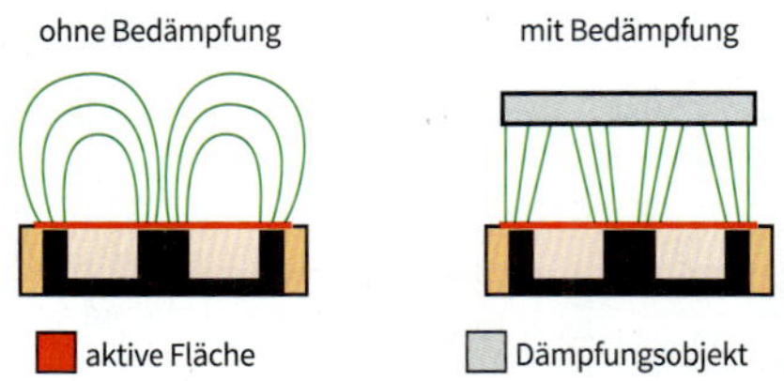

Korrekturfaktor

Werkstoff	Faktor
Stahl	1,0
Kupfer	0,25 … 0,45
Messing	0,35 … 0,50
Aluminium	0,30 … 0,45
Edelstahl	0,60 … 1,00
Nickel	0,65 … 0,75
Gusseisen	0,93 … 1,05

Schaltfrequenz

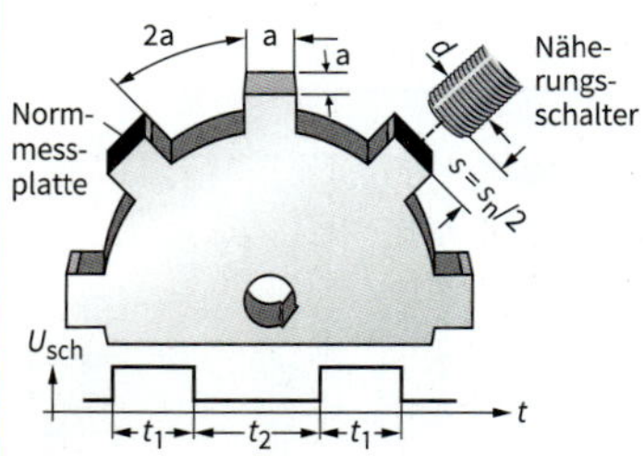

Magnetfeldfestigkeit

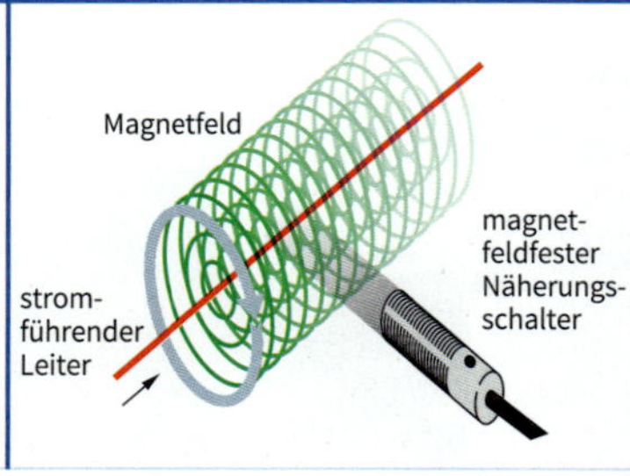

Schaltabstände

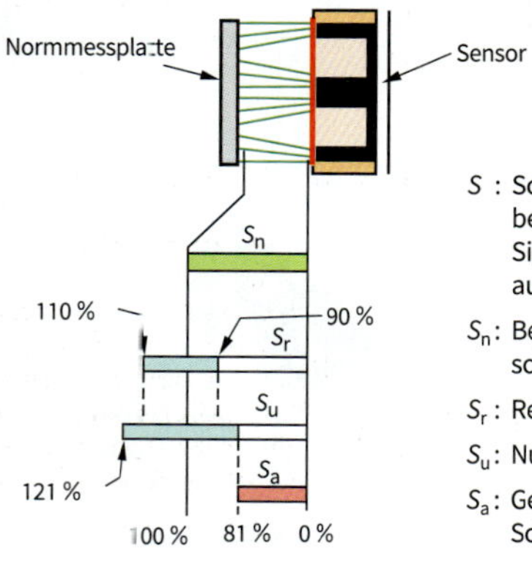

S : Schaltabstand, bei dem ein Signalwechsel ausgelöst wird.

S_n: Bemessungsschaltabstand

S_r : Realschaltabstand

S_u: Nutzschaltabstand

S_a: Gesicherter Schaltabstand

Ausführungsformen

Zylinderform

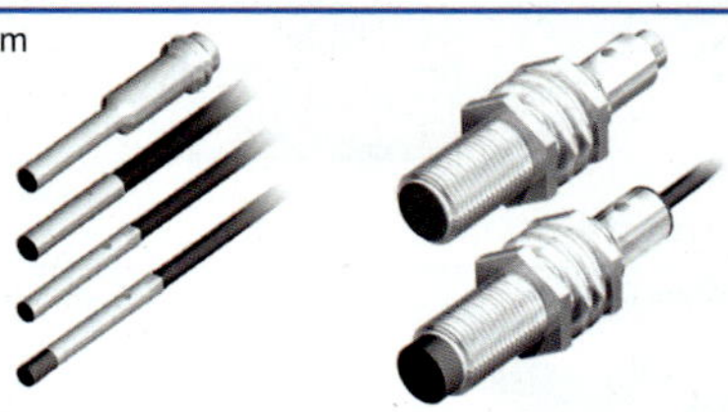

Rechteckform

Ringsensor

Lichtschranken

Reflexions-Lichtschranke

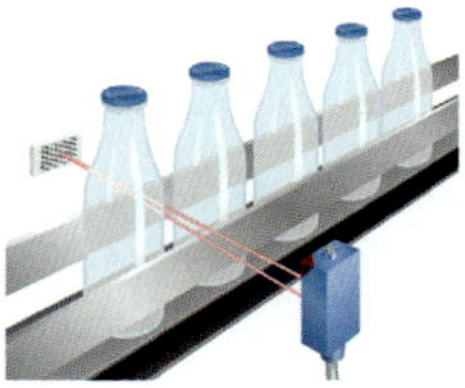

- Sender und Empfänger in einem Gehäuse
- Große Reichweiten, matte Oberflächen werden erkannt, geeignet für transparente Objekte
- Stapelhöhenüberwachung, Abtasten von Objekten auf Förderbändern, Erfassen transparenter Objekte

Reflexions-Lichtschranke mit Polarisationsfiter

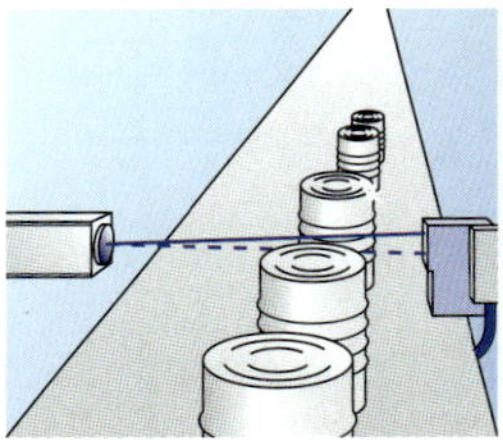

- Sender und Empfänger in einem Gehäuse
- Vom Sender geht polarisiertes Licht aus. Das vom Reflektor in der Polarisationsebene gedrehte Licht löst keinen Schaltvorgang im Sensor aus.
- Erkennbar sind glänzende Objekte, da durch sie keine Drehung der Polarisationsebene erfolgt.

Einweg-Lichtschranke

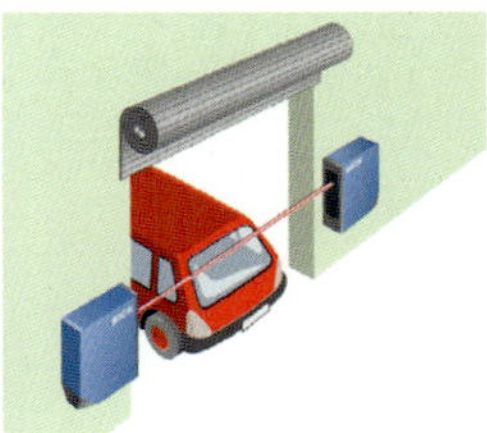

- Sender und Empfänger in getrennten Gehäusen
- Große Reichweiten möglich, Schaltpunkt unabhängig von der Oberfläche des Objektes, hohe Reproduzierbarkeit aufgrund der schmalen aktiven Bereiche
- Überwachung, Zählen, Positionieren von Objekten

Gabellichtschranke

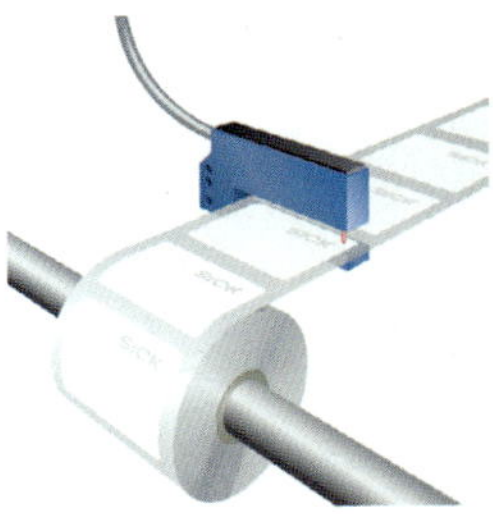

- Einwegprinzip mit Sender und Empfänger in einem Gehäuse
- Fest vorgegebener Abstand zwischen Sender und Empfänger (Gabelweite), präzise gebündelter Lichtaustritt
- Hohe Detektionsgenauigkeit, geringe Lichtdämpfungsunterschiede werden erkannt.

Lichtschranke mit Lichtwellenleitern

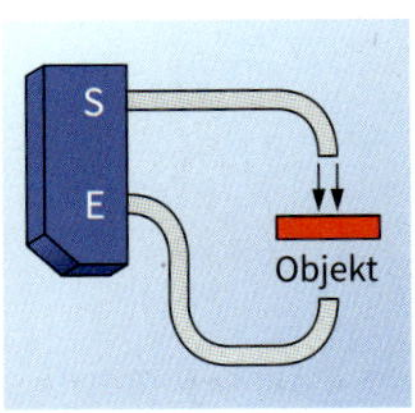

- Ausführung als Einweg- und Reflexionslichtschranke
- Schwer zugängliche Orte sind gut erreichbar.
- Erkennung sehr kleiner Objekte

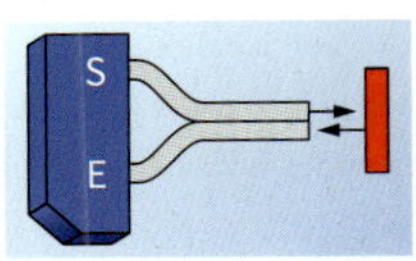

Lichttaster

Reflexions-Lichttaster

- Gemeinsames Gehäuse für Sender und Empfänger
- Tastbereich abhängig vom Reflexionsgrad der Objekte, geeignet zur Unterscheidung von dunklen und hellen Objekten.
- Zählen, Anwesenheitskontrolle von Objekten

Reflexions-Lichttaster mit Hintergrundunterdrückung

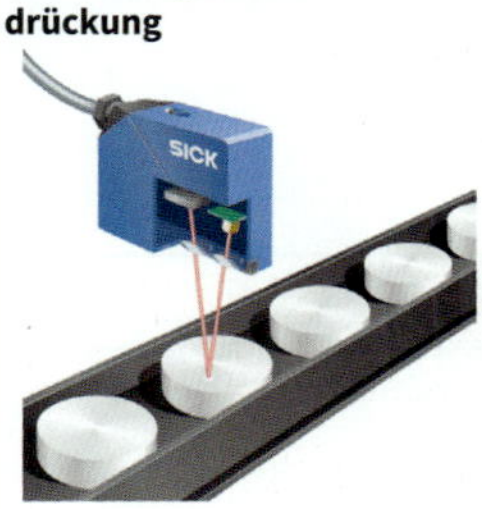

- Einstellung des Winkels zwischen Sende- und Empfangslichtstrahl ergibt definierten Tastbereich
- Objekte außerhalb des Tastbereichs werden ignoriert, Einfluss von Oberfläche und Farbe der Objekte gering
- Erkennen kleiner Gegenstände, Kontrolle der Inhalte von Behältern

Lichtschnittsensor

- Sender und Empfänger in einem Gehäuse
- Laserlinie fährt in definiertem Winkel über das Tastobjekt. Auf dem Empfängerarray wird eine dem Höhenprofil entsprechende Linie als Kontur abgebildet (Bild im Bild).
- Überwachen von Stapelhöhen, Füllständen, Objektorientierungen

Abstandsensor

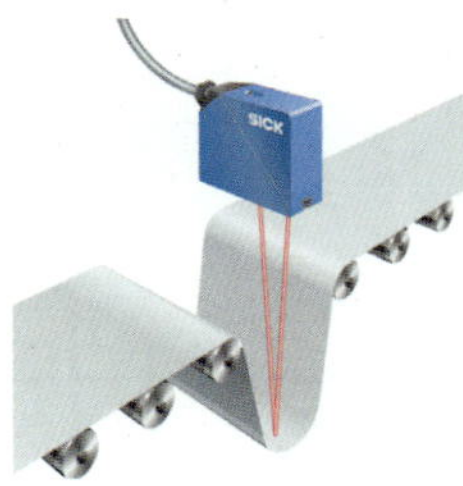

- Sender und Empfänger in einem Gehäuse
- Anwesenheit und Position eines Objektes werden ermittelt (Triangulationsverfahren). Ausgabe kontinuierlicher Entfernungswerte mittels Analogschnittstelle. Digitale Schnittstelle signalisiert vorhandene Objekte.
- Tastweite: ca. 300 bis 3000 mm

Lumineszenztaster

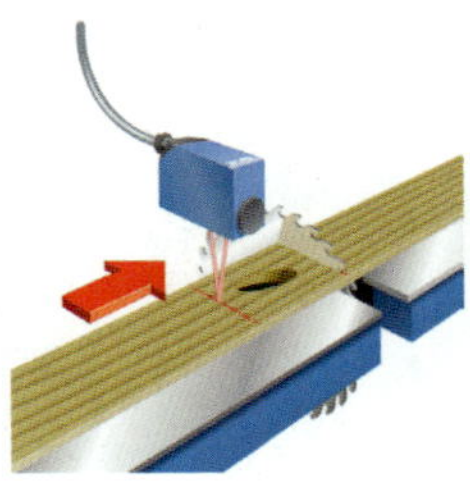

- Sender und Empfänger in einem Gehäuse
- Gesendetes UV-Licht des Tasters trifft auf lumineszierende Pigmente, die zum Leuchten angeregt werden.
- Nur von markierten Objekten zurückgestrahltes Licht wird im Empfänger des Tasters ausgewertet.

Kontrastsensoren

- Die Helligkeitsunterschiede (Graustufen) zwischen dem Testgut und der darauf angebrachten Markierung werden ausgewertet.
- Sender und Empfänger befinden sich auf einer gemeinsamen optischen Achse (Autokollimationsprinzip).
- Anwendungsbereiche:
  Verpackungsindustrie, Etikettiermaschinen

Druckmarkenleser

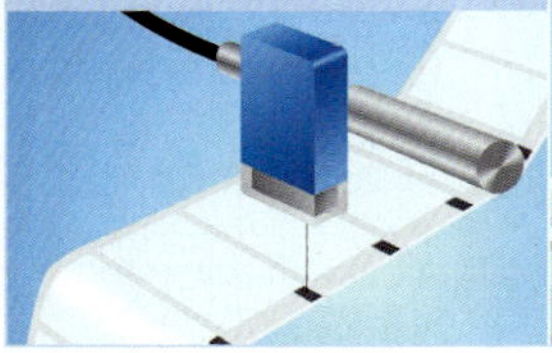

Kontrastmessung

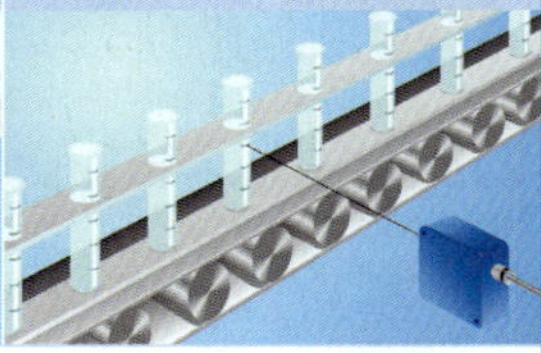

Lichtgitter

- Sonderausführung der Einweg-Lichtschranke
- Parallele Anordnung von mehreren Einweg-Lichtschranken
- Alle Sender sowie alle Empfänger sind jeweils in einem Gehäuse zusammengefasst.
- Die Schaltausgänge sind logisch verknüpft.
- Anwendung: Überwachung größerer Flächen

Roboterabsicherung

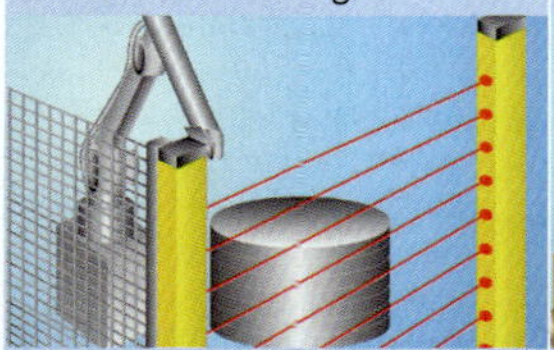

Muting

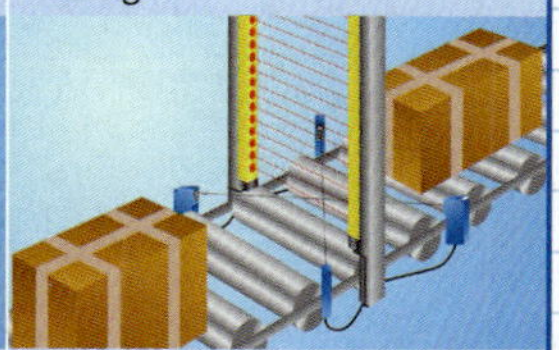

Kaskadierung zweier Lichtgitter

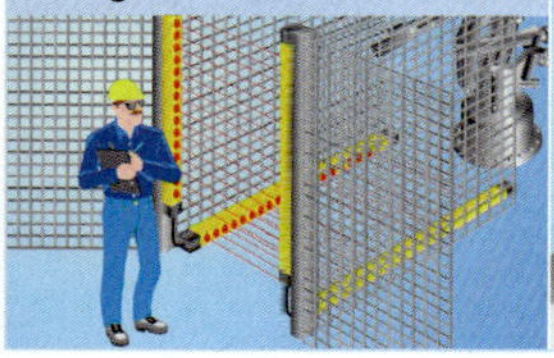

Floating Blanking

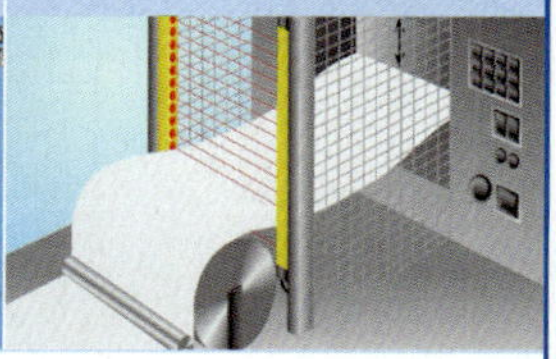

Barcodescanner

- Ein Identifikationssystem für optisch verschlüsselte Informationen
- Laserstrahl wird mit hoher Geschwindigkeit über den Strichcode geführt.
- Die Intensität des reflektierten Lichts hängt davon ab, ob der Laserstrahl auf einen Strich oder eine Lücke fällt.
- Der im Scanner vorhandene Empfänger rekonstruiert aus diesen Lichtschwankungen die gespeicherte Information.

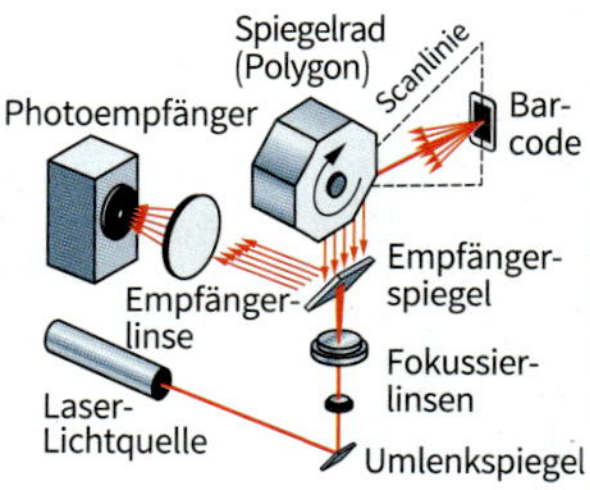

Farbsensoren

- Prinzip: Zerlegung des vom Objekt reflektierten Lichts
- Verfahren:
  - Das Objekt wird mit weißem Licht bestrahlt (z. B. weiße LED). Rote, grüne und blaue Anteile werden herausgefiltert und über die einzelnen Lichtstärken wird die Objektfarbe ermittelt.
  - Das Objekt wird mit den Sendefarben Rot, Grün und Blau sequenziell bestrahlt. Die Lichtstärke des reflektierten Lichts wird für jede Farbe einzeln gemessen. Aus den drei Werten kann die Farbe des Objekts ermittelt werden.

Farbsensor mit Glasfaser

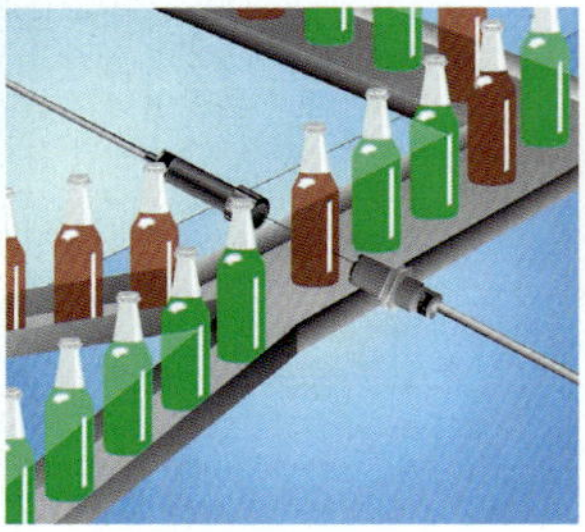

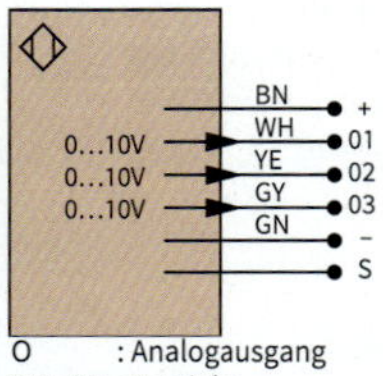

O : Analogausgang
BN, GN : Betriebsspannung
S : Synchronisation

Spektrale Empfindlichkeit	400 nm … 700 nm
Maximal zulässiges Fremdlicht	10^3 lx
Öffnungswinkel	12°
Versorgungsspannung	20 V … 30 V DC
Stromstärke bei U_B = 24 V	< 50 mA
Anzahl der Farbausgänge	3
Analoge Farbwerte für	blau/grün, rot/grün
Analoger Grauwert	ja
Analoger Ausgang	0 V … 10 V

Farbsensor mit Reflektor, für durchsichtige Medien

- Gleichzeitige Auswertung von drei Farben
- Ausgang: Schaltausgang oder Schnittstelle

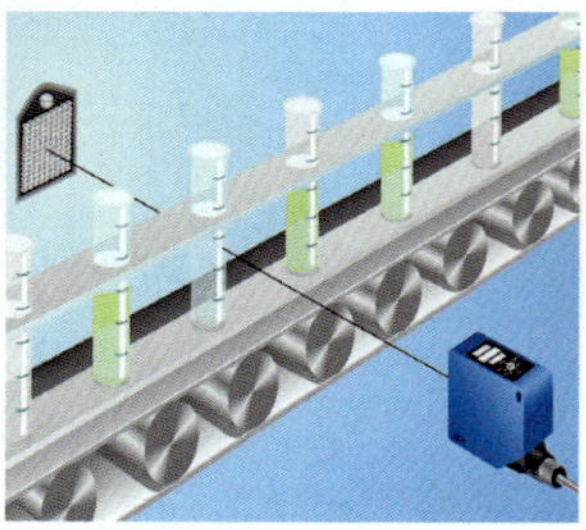

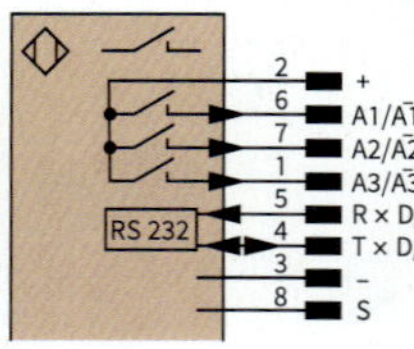

Spektrale Empfindlichkeit	10 nm … 1000 nm
Lichtart	Weißlicht
Lichtfleckdurchmesser	10 mm
Maximal zulässiges Fremdlicht	10^3 lx
Versorgungsspannung	10 V … 30 V DC
Stromstärke bei U_B = 24 V	< 50 mA
Anzahl der Schaltausgänge	3
Schaltausgang kurzschlussfest	PNP, 200 mA
Spannungsfall Schaltausgang	1,5 V
Schnittstelle	RS 232 (RGB-Farbwert)

- Ultraschallsensoren sind berührungslos wirkende Schalter.
- Arbeiten mit akustischen Schallwellen, die oberhalb des menschlichen Hörbereichs (> 20 kHz) liegen.
- Die Erzeugung der Schallwellen erfolgt dabei entweder
  - pneumatisch oder
  - elektrisch (piezoelektrisch oder magnetostriktiv).
- Für messtechnische Anwendungen liegt der Frequenzbereich bei 20 kHz bis 10 MHz.
- Beim **piezoelektrischen** Sensor (von griech. piedein = drücken) wird ein Piezokristall (Quarz, Turmalin oder Bariumtitanat) mit einer extern angelegten hochfrequenten Wechselspannung zum Schwingen angeregt.
- Diese elektrische Schwingung wird in akustische Schallwellen umgesetzt und ausgesendet.
- Nach Aussenden eines kurzen Schallimpulses (ca. 100 μs bis 1 ms) schaltet die sensorinterne Elektronik auf Empfangsbetrieb und der Piezokristall dient jetzt als Empfangsmikrofon zur Aufnahme des reflektierten Schallimpulses (Echo).
- Über entsprechende Filterschaltungen wird die Zuordnung des Empfangssignals zum ausgesendeten Signal garantiert.
- Die Erfassungsbereiche (Reichweite) der Sensoren sind abhängig von der verwendeten Frequenz und den vorherrschenden Umgebungsbedingungen (Lufttemperatur, -druck, -feuchte).
- Die Durchführung der Messaufgabe kann nach folgenden Verfahren durchgeführt werden
  - **Reflexionsverfahren**,
  - **Transmissionsverfahren**,
  - **Resonanzverfahren**.
- Beim Emissionsverfahren werden Ultraschallsignale aus der Umgebung lediglich empfangen und mittels Empfangssensor ausgewertet.
- Ultraschallsensoren werden sowohl als
  - Einkopfsensoren (senden und empfangen über einen Kristall) als auch
  - Zweikopfsensoren (senden und empfangen in getrennten Gehäusen)

  eingesetzt.
- Einkopf-Ultraschallsensoren haben einen Blindbereich (Nahbereich), in dem aufgrund der kurzen Laufzeit keine Detektion durchgeführt werden kann.
- Ultraschallsensoren liefern am Ausgang entweder digitale oder analoge Signale.
- Zur Messung mittels Ultraschall müssen die akustischen Eigenschaften der zu untersuchenden Substanz bekannt sein.
- Ultraschallsensoren werden nicht eingesetzt für
  - Temperaturmessung,
  - Druckmessung.

Aufbau

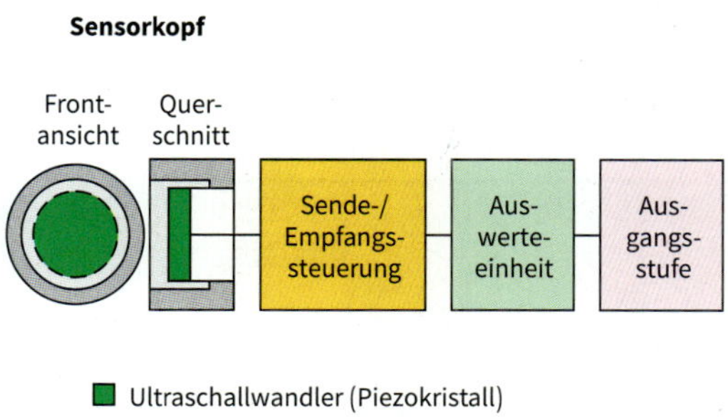

Grundfunktion

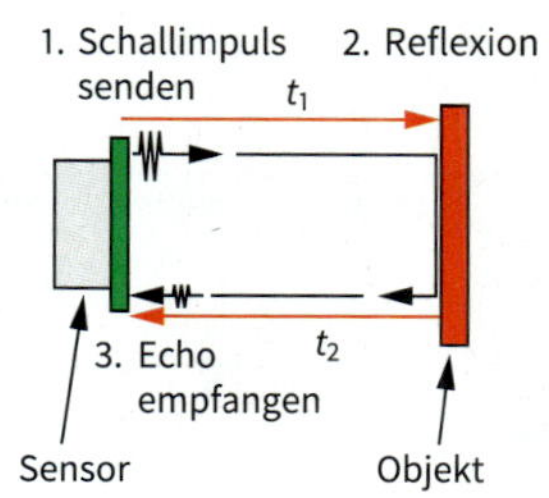

Abstandsmessung

Puls-Echo-Verfahren

$$d = \frac{1}{2} v (t_2 + t_1)$$

d: Abstand
v: Schallgeschwindigkeit
t: Laufzeiten

Einsatzbereiche

Angewendetes Verfahren	Reflexionsverfahren	Transmissionsverfahren	Resonanzverfahren
Prozessparameter	Phase Frequenz Amplitude	Phase Amplitude	Frequenz Amplitude
Anwendungsfälle	Abstand, Füllstand Position, Schallgeschwindigkeit Objektstruktur Objektanwesenheit Dichte, Viskosität Konzentration Bewegung Geschwindigkeit Volumenstrom	Konzentration Partikelgrößen Volumen Massenstrom Dichte Viskosität Temperatur	Masse Viskosität Viskoelastizität Analyse (Chemie, Biologie) Mehrkomponentenanalyse

Erfassungsbereiche

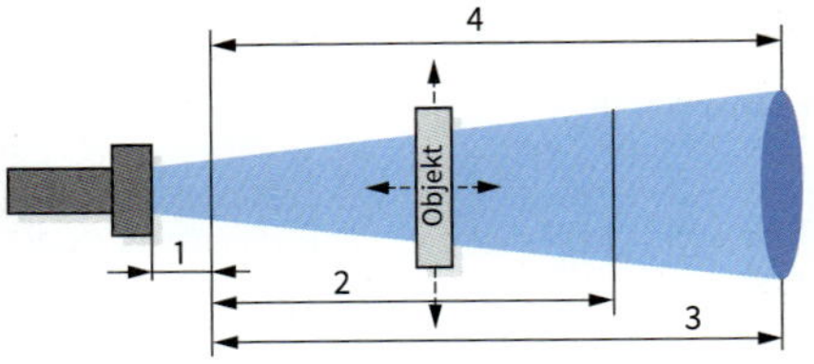

1: Blindzone
2: Betriebstastweite
3: Grenztastweite
4: Erfassungsbereich

Beispiel:
blaue Schallkeule maximaler Erfassungsbereich

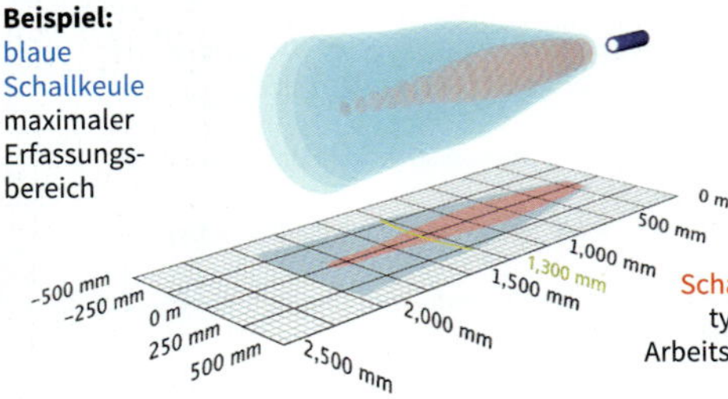

rote Schallkeule typischer Arbeitsbereich

200 mm Blinzone
1.300 mm Betriebstastweite
2.000 mm Grenztastweite

Betriebsarten

Reflexionstaster

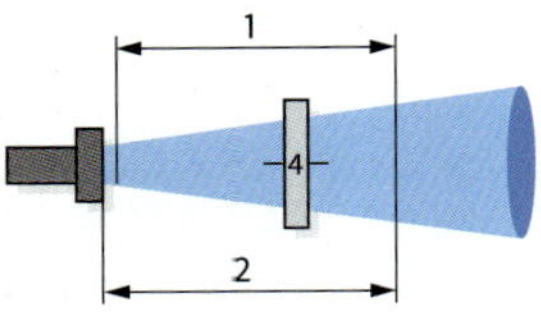

- Ist die klassische Betriebsart.
- Nutzt die Hintergrundausblendung.
- Schaltausgang wird gesetzt, wenn sich das Objekt unterhalb des eingestellten Schaltabstands befindet.

Fensterbetrieb

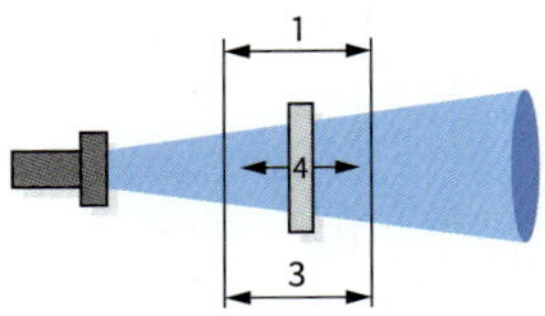

- Ist eine erweiterte Funktion des Reflexionstasters.
- Schaltausgang wird gesetzt, wenn sich das Objekt innerhalb eines Fensters befindet, das durch zwei Fenstergrenzen definiert ist.

Zweiwegschranke

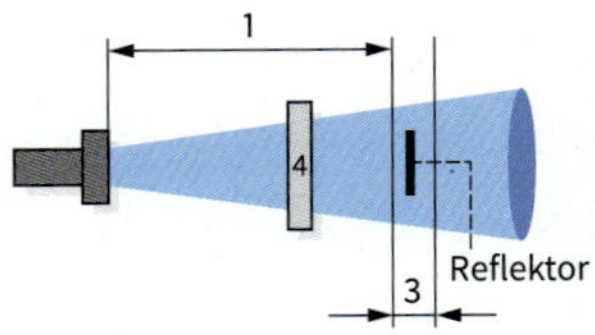

- Funktionsweise ähnelt einer Lichtschranke.
- Arbeitet mit beliebigem Reflektor (z. B. Blechfahne).
- Liefert ein Signal, sobald Objekt den Reflektor vollständig abdeckt.

1: Schaltausgang gesetzt
2: eingestellter Schaltabstand
3: eingestelltes Fenster
4: Objekt

Anwendungen

Anwesenheitserkennung

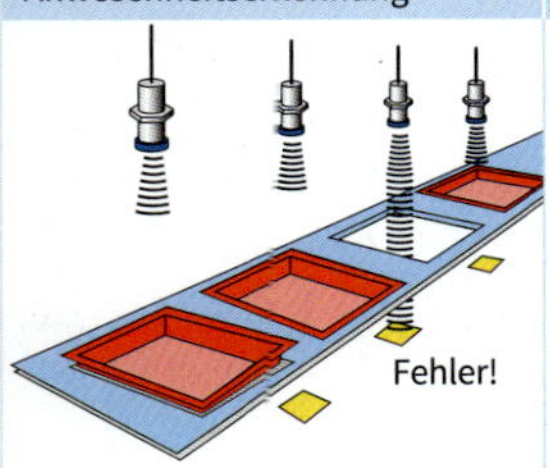

Füllstandshöhenüberwachung

Schlaufenüberwachung

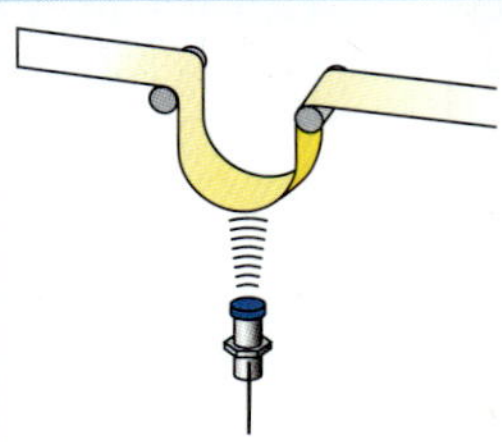

Stapelhöhenüberwachung

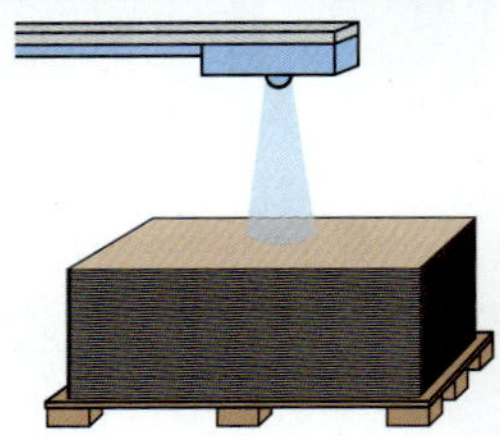

Ausführungsformen

Kombinierte Sende- und Empfangseinheit

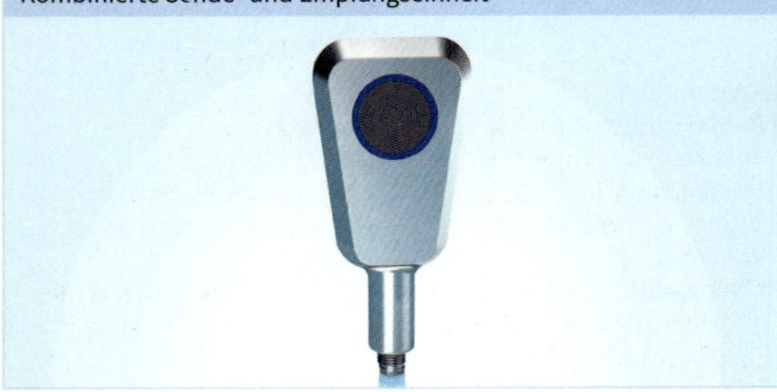

Getrennte Sende- und Empfangseinheit

Merkmale

- Radar-Sensoren (**RA**dio **D**etection **A**nd **R**anging: Funk-Erkennung und Ortung) arbeiten im Frequenzbereich kurzer elektromagnetischer Wellen (Frequenzbereich: 4 GHz bis 120 GHz).
- Sie bestehen aus
  - einem Sender mit Antenne,
  - der Hin-Übertragungsstrecke,
  - dem reflektierenden Objekt,
  - der Rück-Übertragungsstrecke,
  - dem Empfänger mit Antenne.
- Sende- und Empfangsantenne können in einer Antenne zusammengefasst sein.
- Grundprinzip bei der Radaranwendung ist die Auswertung der Laufzeit zwischen ausgesendetem und empfangenem Signal.
- Das Signal wird in eine Entfernung oder in eine Bewegungsgeschwindigkeit umgerechnet.
- Anwendung finden Radar-Sensoren z. B. bei
  - industrieller Füllstandsmessung,
  - Feuchtemessung,
  - Materialanalyse,
  - Navigation,
  - Höhenmessung,
  - Geschwindigkeitserfassung,
  - Abstandswarnung zwischen Fahrzeugen.

Radarverfahren

CW Continuous Wave	Interferometer-Radar	Puls-Radar	FMCW-Radar
■ kontinuierliches Signal ■ Geschwindigkeitsermittlung bewegter Ziele (Dopplerverschiebung)	■ unmoduliertes Signal ■ Abstandsänderung (Phasenauswertung von Empfangs- zu Sendesignal)	■ gepulstes Signal ■ Abstand über Laufzeit ■ Geschwindigkeit über Dopplerverschiebung	■ frequenzmoduliertes Signal (lineare Rampen) ■ Abstandsermittlung

Reflektometer-Radar	Kombinierte Verfahren	TDR-Verfahren
■ komplexer Reflexionskoeffizient ■ liefert Stoffinformationen (z. B. Feuchte von Produkten)	■ z. B. Kombination aus Reflektometer und FMCW ■ Messung absoluter Abstände	■ Leitungsgebunden (elektrische Impulse ohne Trägerfrequenz) (ähnlich Puls-Radar)

Aufbau

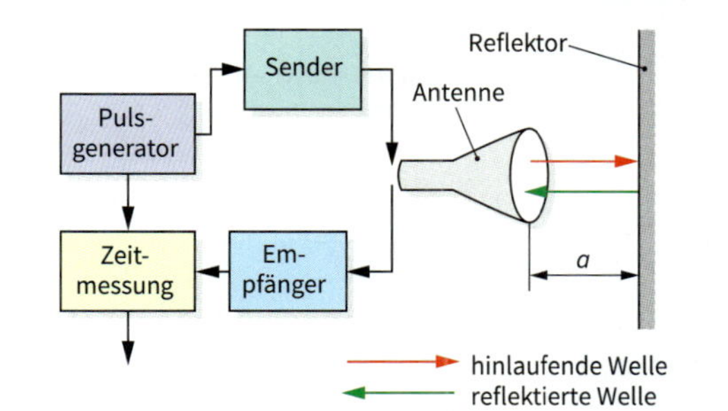

Signalverlauf

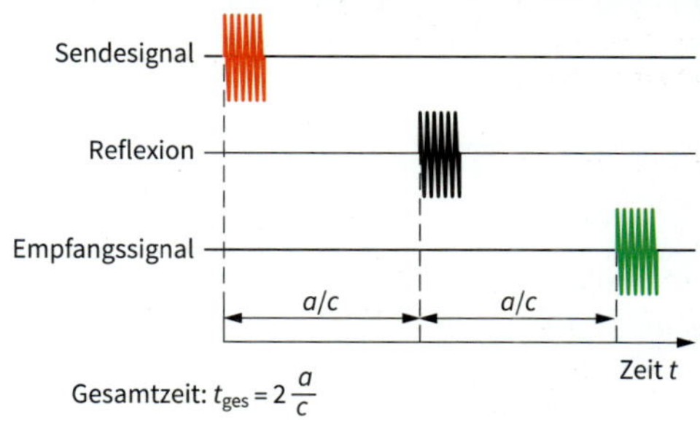

Anwendung

Füllstandsmessung

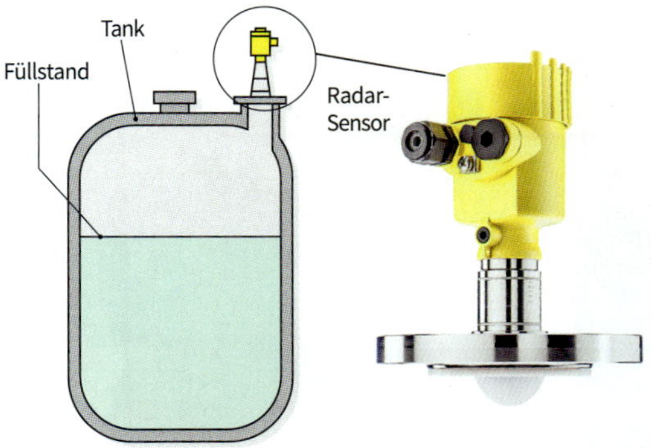

- Füllstandsmesseinrichtungen basieren auf
  - Puls-Radar oder
  - FMCW-Radar.
- Wesentlicher Betriebsparameter bei der Füllstandsmessung ist die Höhe des reflektierten Nutzsignals.
- Die Reflexion erfolgt durch elektromagnetische Wechselwirkung an
  - Metallen und gut leitenden Flüssigkeiten (fast vollständige Reflexion),
  - dielektrischen Fllüssigkeiten (Reflexionsstärke abhängig von ε_r)
- Körnige Schüttgüter mit Korngrößen in der Größenordnung der Wellenlänge der Strahlung erzeugen Streuungen, die zu einer Reflexionsdämpfung führen.

Merkmale

- Lasermesssysteme arbeiten
  - berührungslos,
  - mit Laserstrahlen,
  - nach dem Prinzip der Pulslaufzeitmessung.
- Die gepulst ausgesendeten Laserstrahlen werden dabei von den Objekten reflektiert und im Empfänger des Scanners registriert.
- Die Zeitdifferenz zwischen dem Aussenden des Laserimpulses und dem Empfang ist direkt proportional zur Entfernung (Lichtgeschwindigkeit).
- Der Laserstrahl wird im Sender z. B. durch einen Drehspiegel abgelenkt und erzeugt dadurch eine fächerförmige Abtastung der Umgebung.
- Die Kontur des Objekts wird aus der Abfolge der empfangenen Impulse ermittelt.
- Die horizontale Auflösung ist meist einstellbar (je nach Gerätetyp z. B.: 0,25° oder 1°).
  Die Auflösung in vertikaler Richtung ist meist unveränderlich.
- Einzelne Spots überlappen sich dabei auf dem zu messenden Objekt bzw. bis zu einer bestimmten Entfernung durch
  - die Strahlgeometrie,
  - den Spot-Durchmesser.
- Die Reichweite der Scanner hängt ab von
  - der Sendestärke des Lasers,
  - der Reflektivität (Remission) des Objekts.
- Bei Nebel, Schneefall oder Regen ist eine verringerte Reichweite zu berücksichtigen.

Prinzip horizontale Abtastung

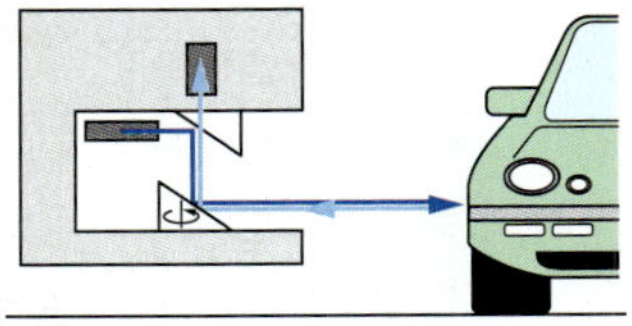

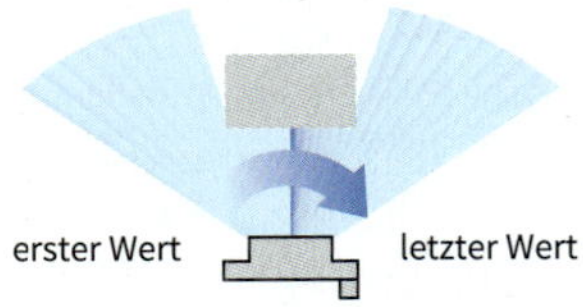

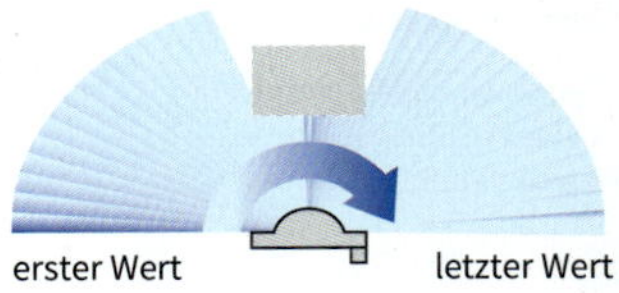

Reichweite

Material	Remission
Photokarton, schwarz matt	10 %
Karton, grau	20 %
Holz (Tanne roh, verschmutzt)	40 %
PVC grau	50 %
Papier, weiß matt	80 %
Aluminium, schwarz eloxiert	110 ... 150 %
Stahl, rostfrei glänzend	120 ... 150 %
Stahl, hochglänzend	140 ... 200 %
Reflektoren	> 2000 %

Beispiel:

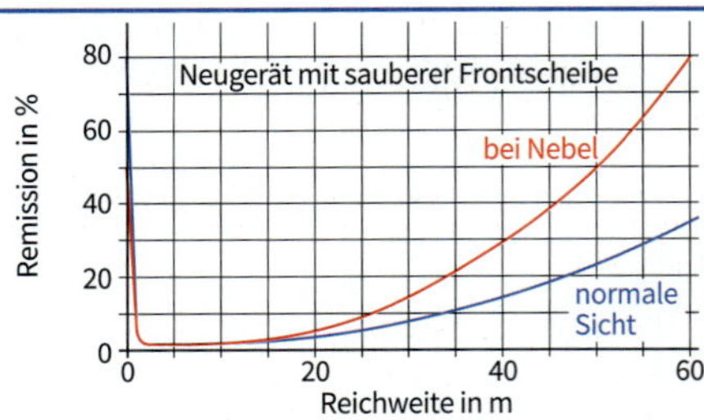

Anwendungen

Objektvermessung	Navigationsunterstützung	Klassifizieren von Fahrzeugen
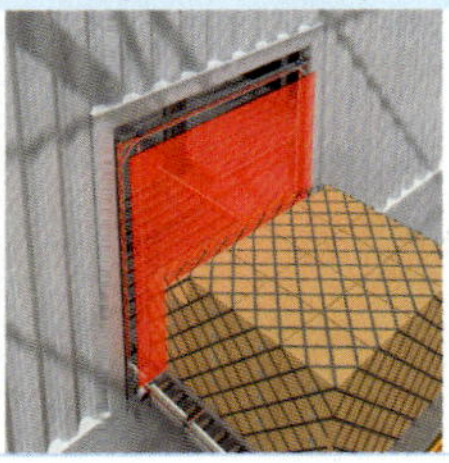	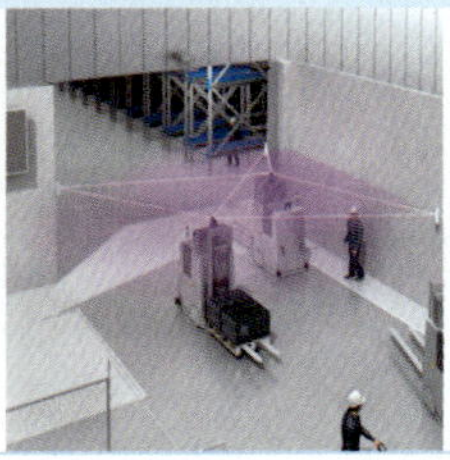	

Ausführungsformen

Widerstandsthermometer

- Normierte Platin-Temperatursensoren (temperaturabhängiger Widerstand) entsprechend DIN EN 60751: 1996-07
- Der Bemessungswert wird bei 0 °C angegeben.
- Widerstandsänderungen bis ca. 100 °C:
  Pt100: 0,4 Ω/K; Pt500: 2,0 Ω/K; Pt1000: 4,0 Ω/K
- Kennlinien

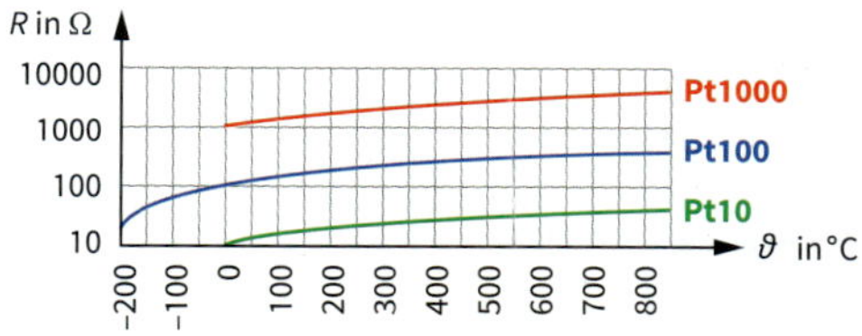

Aufbau

In DIN 43764 bis 43769 sind verschiedene Schutzrohr-Bauformen für unterschiedliche Aufgabenstellungen festgelegt.

Beispiel: Form B

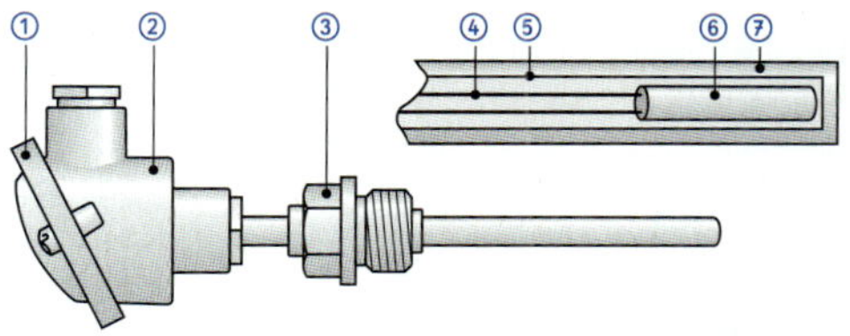

① Anschlusskopf ② Anschlusssockel ③ Verschraubung
④ Anschlussleiter ⑤ Einsatzrohr ⑥ Temperatursensor
⑦ Schutzrohr

Form	Ausführung und Anwendung
A	Emailliertes Rohr, Befestigung mit verschiedenen Anschlagflanschen, Rauchgas-Messung
B	Rohr mit angeschweißtem Gewinde G 1/2A
C	Rohr mit angeschweißtem Gewinde G 1A
D	Druckfestes, dickwandiges Rohr zum Einschweißen
E	Am Ende verjüngtes Rohr für schnell ansprechendes Verhalten, Befestigung durch verschiebbaren Anschlagflansch
F	Rohr wie Form E, jedoch angeschweißter Flansch
G	Rohr wie Form E, jedoch mit angeschweißtem Gewinde G 1A

Anschlussmöglichkeiten

- **Zweileitertechnik**
  Sensor und Auswerteschaltung sind gemeinsam mit einer zweiadrigen Leitung verbunden. Da der Leitungswiderstand und der Sensor in Reihe liegen, kommt es zu einer Messwertverfälschung (Kompensation erforderlich).
- **Dreileitertechnik**
  Ein zusätzlicher Leiter wird zum Sensor geführt, so dass zwei Messkreise entstehen. Der Leitungswiderstand sowie seine Temperaturabhängigkeit lassen sich kompensieren.
- **Vierleitertechnik**
  Durch den Sensor fließt ein Konstantstrom. Der Spannungsfall am Sensor wird abgegriffen und an den Eingang einer hochohmigen Auswerteschaltung geführt. Leitungswiderstände und deren Temperaturabhängigkeit sind weitgehend ohne Einfluss.

Thermoelemente

- Thermoelemente geben eine Spannung (μV) ab, wenn zwischen den Kontaktstellen ein Temperaturunterschied besteht.
- Prinzip:

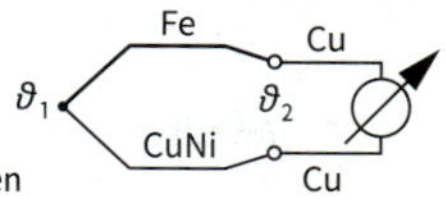

- Kennlinien

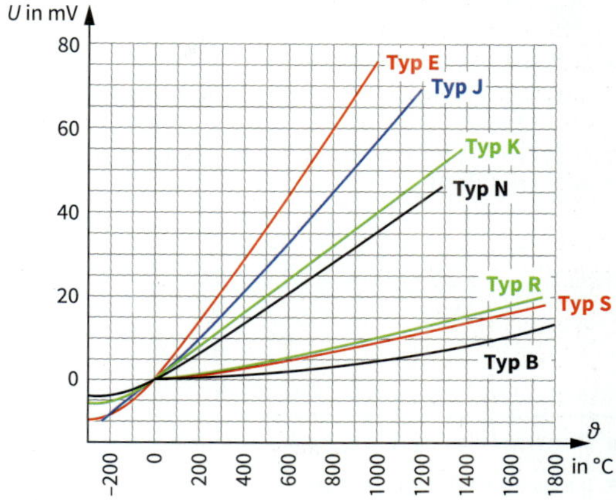

Farbkennzeichnung von Thermoelementen

Typ/Norm/ Werkstoff	Farbcode	Typ/Norm/ Werkstoff	Farbcode
B EN 60584 Pt30 % Rh-Pt	+ −	**L** DIN 43710 Fe-CuNi	+ −
E EN 60584 NiCr-CuNi	+ −	**R** EN 60584 Pt13 % Rh-Pt	+ −
J EN 60584 Fe-CuNi	+ −	**T** EN 60584 Cu-CuNi	+ −
K EN 60584 NiCr-Ni	+ −	**U** DIN 43710 Cu-CuNi	+ −

Anschluss und Bauform

Thermospannungsklemmpaar, Typ K

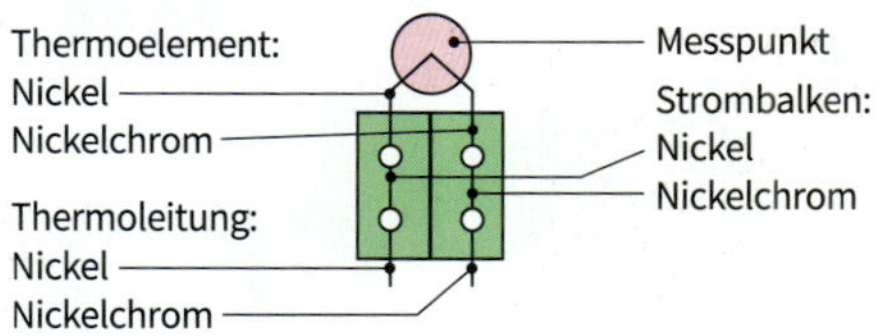

Messprinzip

- Durch Krafteinwirkung (Druck, Zug) auf elektrische Leiter kommt es zu einer Verformung. Dadurch verändern sich der Querschnitt und der spezifische Widerstand (**piezoresistiver Effekt**).

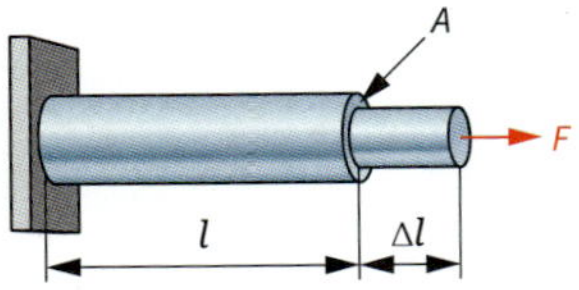

$$\frac{\Delta l}{l} = \varepsilon$$

F: Kraft

ε: Dehnung

$F \sim \varepsilon$ (im elastischen Bereich)

$$\frac{\Delta R}{R} = k \cdot \varepsilon$$

ΔR: Widerstandsänderung

R: Gesamtwiderstand

Material	Konstantan	NiCr	PtW	Si
k	2,05	2,2	4,0	10 … 200

Metallene Dehnmessstreifen (DMS)

- Metallene Leiter (Folien) sind mäanderförmig angeordnet.
- Die Querschnittsveränderung und die Veränderung des spezifischen Widerstandes sind die Ursachen für die Widerstandsänderung.

Dehnung in einer Richtung

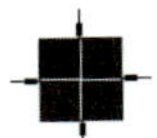

Dehnung in zwei Richtungen

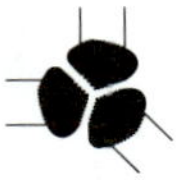

Dehnung in drei Richtungen

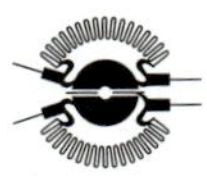

Torsion (Verdrehung)

Werte:
120 Ω
350 Ω
600 Ω
1000 Ω

Halbleiter Dehnmessstreifen

- Der piezoresistive Effekt ist bei Halbleitern größer als bei Metallen. Er hängt von der Orientierung der Halbleiterkristalle und der Dotierung mit Fremdatomen ab.
- Es werden in der Regel 4 Widerstände (R_1 bis R_4) auf einer Membran angeordnet:
  - alle im Randbereich (ca. 3,5 kΩ, ΔR bis 1 kΩ)
  - alle im Zentrum
  - zwei im Randbereich, zwei im Zentrum
- Die Widerstände werden als Messbrücke geschaltet.

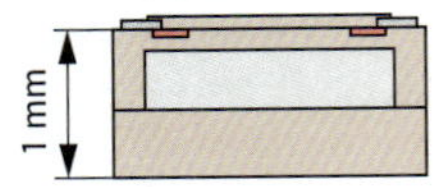

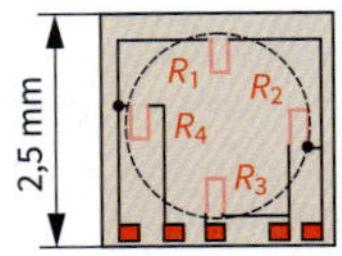

Beispiel: Gekapselter Druckaufnehmer

- Membran mit wenigen hundertstel Millimetern
- Membran ist mit Sicken (konzentrisch eingeprägte Wellen) versehen. Dadurch ist eine spannungsfreie Deformation gewährleistet.
- Der Druck wird über die Membran und über das im Innern befindliche Öl auf die Membran der Druckmesszelle übertragen.

Schaltungen

- Brückenschaltung mit 1 bis 4 DMS als Brückenwiderstände
- Abgeschirmte 4-(6-)adrige Standardleitung mit nachfolgendem Brückenverstärker

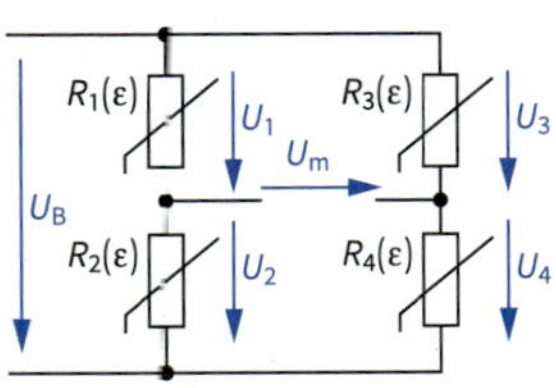

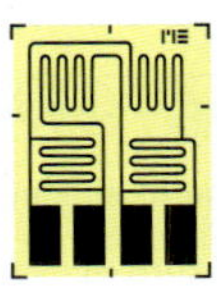

- **Beispiel**
  Zwei DMS zur Torsionsmessung

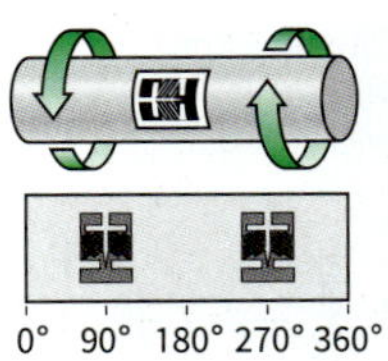

Keramische Drucksensoren

- Die DMS-Vollbrücke wird auf eine Keramik-Membran (Aluminiumoxid) aufgebrannt (1000 °C). Dadurch verschmilzt die Messbrücke mit dem biegsamen Keramik-Substrat.
- Vorteile des Keramikmaterials:
  Extrem hart, sehr elastisch, guter Isolator, große Zugfestigkeit, sehr biegsam
- Die Messbrücke ist im Vergleich zu metallenen DMS und Silizium-DMS hochohmig (→ geringe Leistung).

Piezoelektrischer Effekt

- Bei Krafteinwirkung verschieben sich die im Kristallverband eingelagerten Ladungen.
- Zwischen den Elektroden an der Oberfläche treten durch die Krafteinwirkung Ladungsunterschiede auf.
- Das Ladungssignal wird in ein proportionales Spannungs- oder Stromsignal umgewandelt und zur Anzeige bzw. Steuerung verwendet.

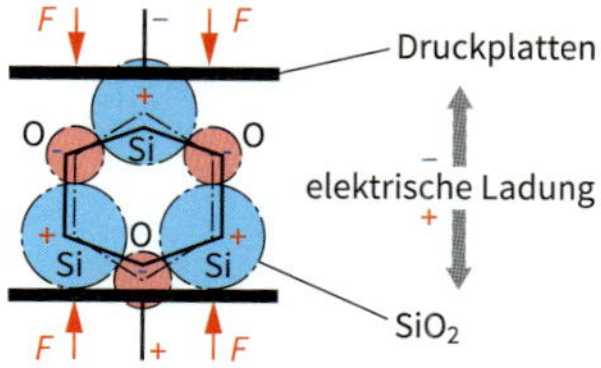

d: Piezoelektrischer Koeffizient (temperaturabhängig)
C: Coulomb N: Newton

Material	*d* in pC/N	Material	*d* in pC/N
Turmalin	1,83	Lithiumtantalat $LiTaO_3$	9,2
Quarz SiO_2	2,3	Piezoelektrische Keramik	590

Aufbau eines Kraftsensors

Messbereich: mN bis 120 kN (Beispiel)

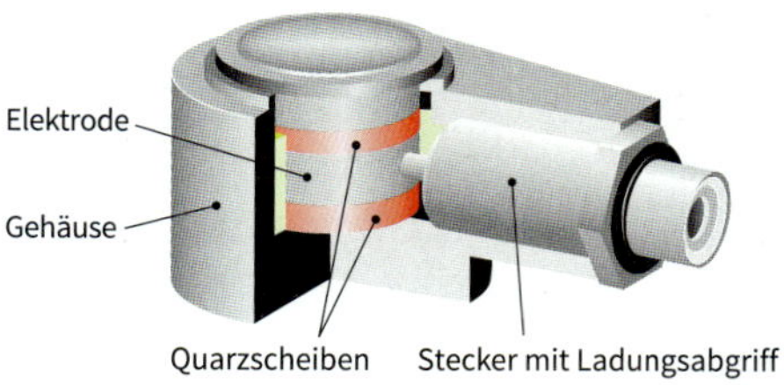

Beispiele für Kraftsensoren

750 kN

10 … 500 kN

Drucksensoren

- Messbereich: 0,1 mbar … 4000 mbar (Beispiel)
- Sie sind eine besondere Form von Kraftsensoren.
- Auf eine Membran (konstante Fläche) wirkt die Kraft, so dass die ausgeübte Kraft proportional zum Druck ist.
- Absolutdruck: Druck wird gegen Vakuum gemessen
- Differenzdruck: Druck wird gegen einen Referenzdruck gemessen

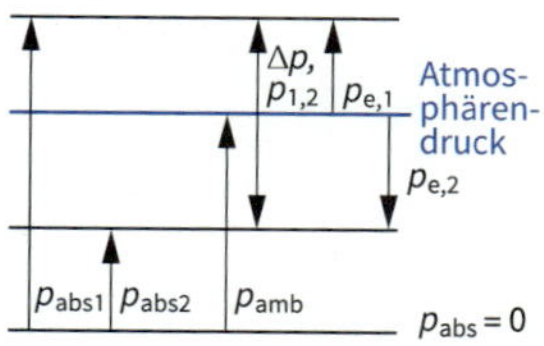

p_{abs}: Absolutdruck (Druck gegenüber dem Vakuum)
p_{amb}: Absolutdruck, Atmosphärendruck
Δp, $p_{1,2}$: Druckdifferenz, Differenzdruck
p_e: Atmosphärische Druckdifferenz

Eigenschaften

- Zum Betrieb wird keine Spannungsquelle benötigt
- Gegen hohe Temperaturen unempfindlich
- Starrer mechanischer Aufbau
- Geringe Eigenschwingungen
- Geeignet für Druckschwankungen > 100 kHz
- Große Empfindlichkeit
- Zur Signalverarbeitung ist ein Verstärker erforderlich
- Nicht geeignet für statische Messungen (Luftdruck, Wasserstand), weil trotz bester Isolierung Ladungen abfließen

Anwendung keramischer Drucksensoren

Axialkraft am Zylinder

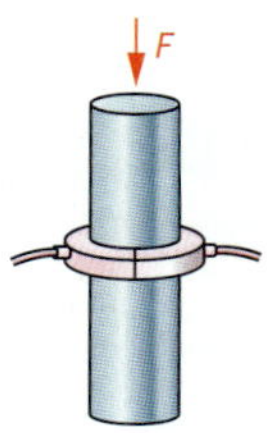

Torsion

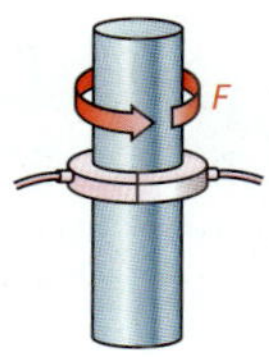

Biegung am Zylinder

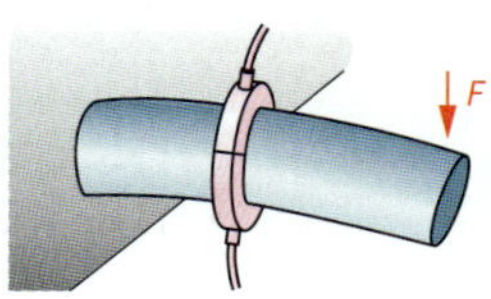

Biegung am Träger

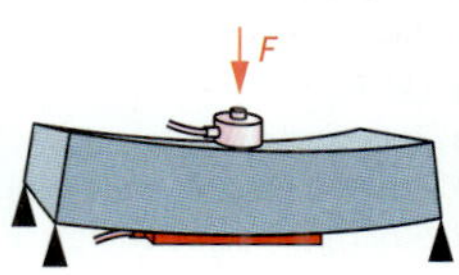

Merkmale

- Beschleunigungssensoren zählen zu den **MEMS-Sensoren** (**M**icro **E**lectro **M**echanical **S**ystem)
- Sie gehören zu der Gruppe der Trägheitssensoren und messen, je nach Ausführung, die Beschleunigung in allen drei Bewegungsachsen (X, Y, Z) gleichzeitig.
- Es handelt sich um ein miniaturisiertes System, das sowohl elektrische/elektronische und mechanische Komponenten enthält.
- Auf einem Mikrochip sind neben dem eigentlichen Sensor zusätzliche Signal- und Auswerteeinheiten enthalten.

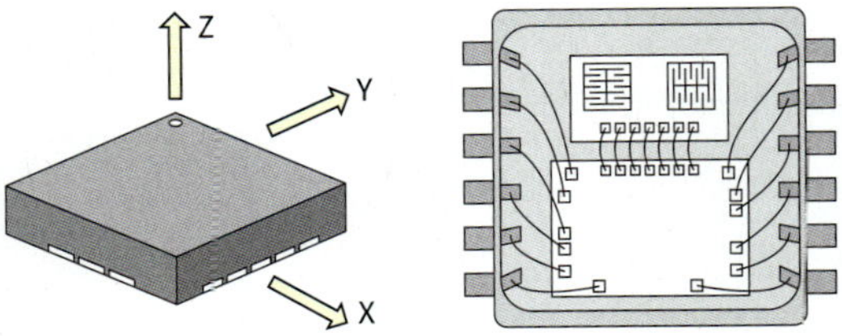

- Die Abmessungen der einzelnen Sensor-Komponenten betragen zwischen 1 µm und 100 µm.

Physikalische Grundlagen

- Die **Beschleunigung *a*** beschreibt die zeitliche Änderungsrate seiner Geschwindigkeit *v*.

$$a = \frac{\Delta v}{\Delta t} \qquad [a] = \frac{m}{s^2}$$

- Der Wert der Beschleunigung ist für die Beschreibung von Bewegungsvorgängen eines Körpers bzw. die auf ihn einwirkenden Kräfte von großer Bedeutung.
- Der Beschleunigungssensor bestimmt die Kraft *F*, die auf eine Testmasse *m* einwirkt und errechnet daraus die Beschleunigung *a*.

$$a = \frac{F}{m}$$

- In der Praxis wird die Beschleunigung häufig als Vielfaches der Erdbeschleunigung $g = 9{,}81\ m/s^2$ angegeben.
  Beispiele:
  - < 0,5 g: Anfangsbeschleunigung eines Sprinters
  - 1 g: Vollbremsung beim Auto
  - 1,5 g: Maximalwert bei einer Kinderschaukel
  - 6 g: Formel-1 Wagen in schnellen Kurven
  - 300 g: Waschmaschine im Schleudergang

Messverfahren

Kapazitives Verfahren

Prinzip:
- Feder-Masse-System
- Kapazitätsänderung zweier Kondensatoren
- Auswertung mit einer Wheatstone-Messbrücke

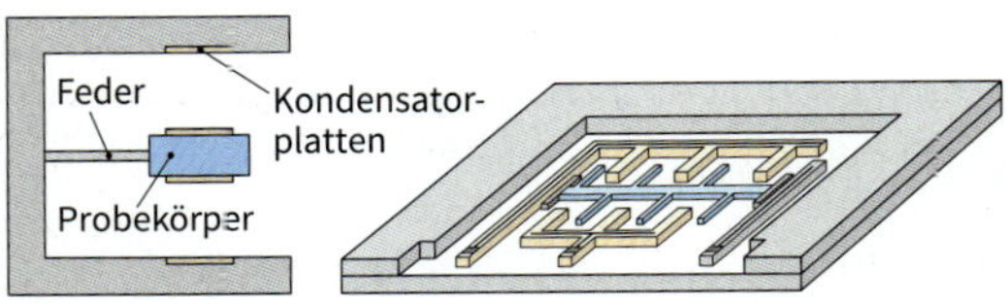

Eigenschaften:
- hohe Empfindlichkeit und Stabilität
- geringer Leistungsbedarf

Piezoelektrisches Verfahren

Prinzip:
- Dehnung/Stauchung des Piezokristalls
- Druck/Zug führt zu einer Ladungsänderung
- Auswertung über einen Ladungsverstärker

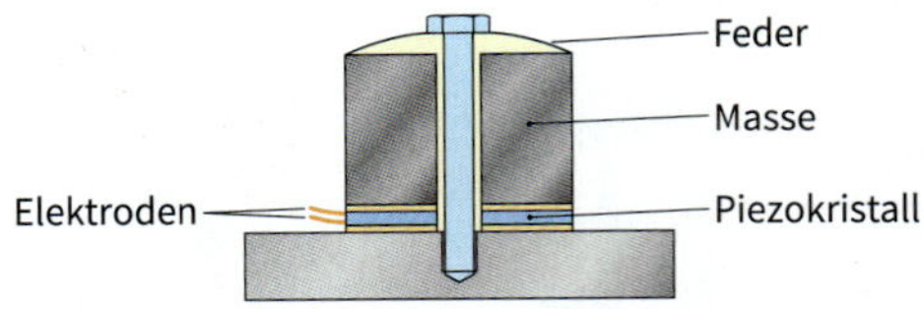

Eigenschaften:
- hohe Linearität und Langzeitstabilität
- sehr robust, da keine beweglichen Teile

Piezoresistives Verfahren

Prinzip:
- Dehnung der piezoresistiven Widerstandsmessstreifen
- Auswertung mit einer Wheatstone-Messbrücke

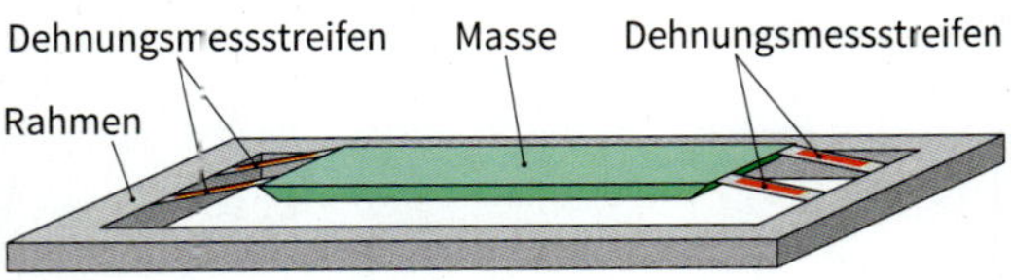

Eigenschaften:
- hohe Empfindlichkeit
- einfache Auswertung (Messbrücke)

Hall-Effekt Verfahren

Prinzip:
- Magnetische Masse an einer Feder
- Bewegung wird durch Hall-Sensor erfasst
- unterhalb montierte Platte dient zur Dämpfung

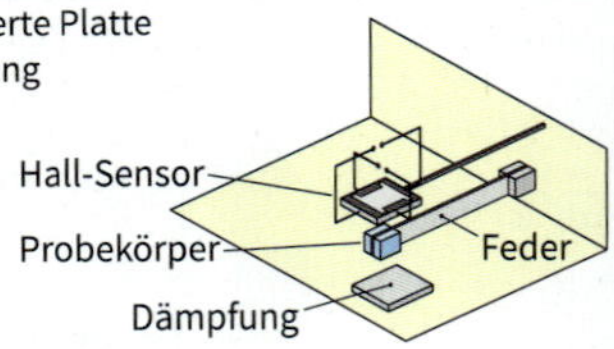

Eigenschaften:
- hohe Zuverlässigkeit
- geringer Energieverbrauch

Einsatzbereiche

- Sicherheitssysteme (z. B. ABS im Auto)
- Vibrationen bei Maschinen oder Gebäuden messen
- Erdbebenüberwachung
- Luftfahrt
- Alarmsysteme
- Computerfestplatten zur Head-Crash Vermeidung
- Smartphone und Digitalkamera
- Steuerung von Videospielen

Beispiel

- Programmierbare Messbereiche: ±2 g; ±4 g; ±8 g; ±16 g
- Auflösung im ±2 g-Bereich: 0,24 mg
- Versorgungsspannung: $U_{DD} = 1{,}62 \ldots 3{,}6\ V$
- Temperaturbereich: $T = -40\ °C \ldots +85\ °C$

Magnetoresistiver Effekt (MR-Effekt)

- Bei magnetoresistiven Materialien (anisotrope ferromagnetische Schichten) ändert sich der elektrische Widerstand durch ein externes Magnetfeld.
- Die Widerstandsänderung ist abhängig von der Richtung des magnetischen Feldes und der Richtung des elektrischen Stromflusses.
- Der kleinste Widerstand stellt sich ein, wenn der Winkel zwischen dem äußeren Magnetfeld und der Stromflussrichtung 90° beträgt (Transversaler MR-Effekt).
- Der größte Widerstand ergibt sich, wenn das äußere Magnetfeld parallel zu der Stromrichtung in der Schicht verläuft (Longitudinaler MR-Effekt).

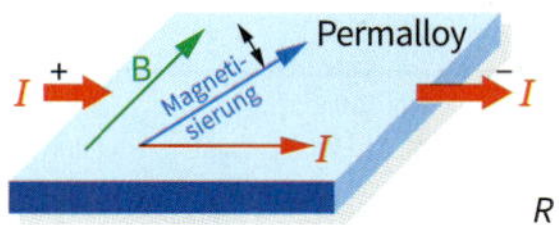

$\alpha = 0° \rightarrow R_{max}$
$\alpha = 90° \rightarrow R_{max}$

$$R = R_0 + \Delta R \cos^2\alpha$$

- Die relative Widerstandsänderung beträgt 2 … 3 %.
- Material: Silizium-Chip als Grundmaterial, auf dem mittels Dünnschichttechnologie Streifen von **Permalloy** ($Ni_{81}Fe_{19}$) aufgebracht ist.
- Die Dünnschichtstreifen werden zu Wheatstone-Brücken zusammengeschaltet.
- Anwendung:
  - Erfassen geometrischer Größen: Länge, Weg, Abstand, Füllstand, Winkel
  - Erfassen dynamischer Größen: Drehzahl, Strömung, Durchfluss
  - Magnetfeldmessung

GMR-Effekt (Giant Magneto-Resistance)

- Riesenmagnetowiderstandseffekt
- Wenn magnetische Materialien (z. B. Co) durch eine sehr dünne (1 nm) nicht magnetische Kupferlage getrennt sind, beeinflussen sich die gegenüberliegenden magnetischen Elementarmagnete. Sie richten sich parallel oder antiparallel aus. Ändert man nun die Richtung (B) eines äußeren Magnetfeldes, dann ändert sich auch die Orientierung der Elementarmagnete (parallel oder antiparallel). Dieser Übergang macht sich durch eine „riesige" (deshalb: giant) Widerstandsänderung (ΔR) im elektrischen Leiter (Cu) bemerkbar.

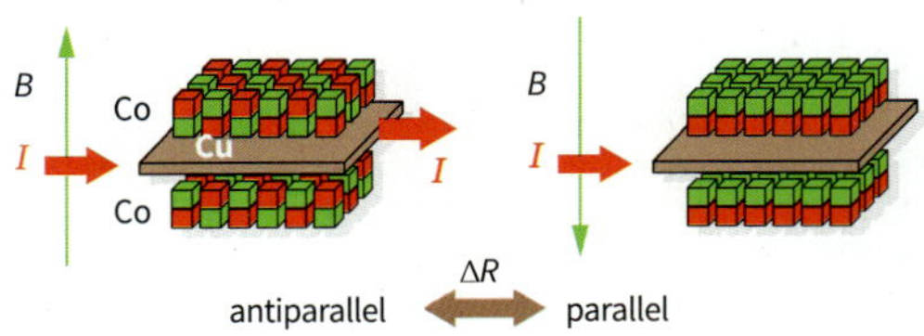

- Material: Mehrlagige Fe-Cr-/Co-Cu-Schichten
- Es treten Widerstandsänderungen von bis zu 50 % bei Feldstärken bei etwa 2 Tesla auf.
- Anwendung: Z. B. für Festplatten-Leseköpfe Strom wird durch die leitfähige Schicht geschickt und dabei der Widerstand gemessen. Wenn Magnetfelder mit bereits sehr kleinen Feldstärken auftreten, kommt es zu einer Widerstandsänderung, die elektronisch ausgewertet wird.

Sensoren zur Weg- und Winkelmessung

- Als Maßstab werden entlang einer Linie (Linearmaßstab < 1 cm bis mehrere 100 m) oder im Ring (Polring) abwechselnd gegensätzlich polarisierte Dauermagnete gleicher Pollänge (zwischen 0,1 und 5 mm) angeordnet

- Der Sensor mit zwei integrierten Wheatstone-Brücken (eine um $\frac{1}{4}$ Periode versetzt) wird in geringem Abstand parallel zu diesem Maßstab entlang geführt. Die Ausgangssignale haben einen sinus- bzw. cosinusförmigen Verlauf.
- Die Ortsbestimmung erfolgt durch Zählen der zurückgelegten Perioden und Bestimmung der Position innerhalb der Pollänge.
- Da $\sin^2\alpha + \cos^2\alpha = 1$ ergibt, kann erkannt werden, ob ein Sensordefekt vorliegt (selbst diagnostizierendes Messsystem).

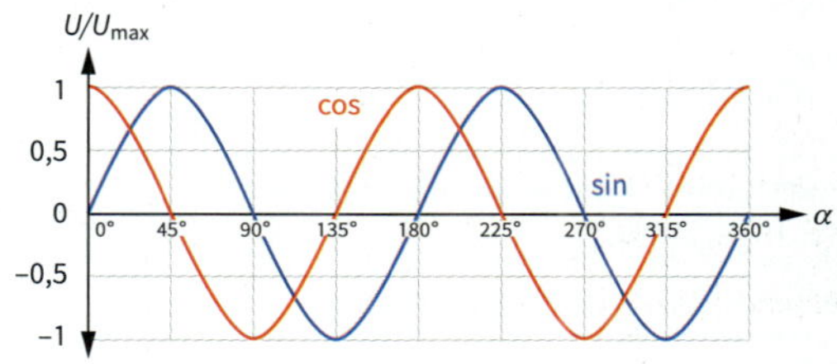

Inkrementales Messsystem

- Die analogen Sinus- und Kosinussignale werden in binäre Signale umgewandelt.
- Die Flanken werden gezählt.
- Die Auflösung entspricht dem Abstand zwischen zwei Flanken.
- Die Messlänge hängt vom gewählten Maßstab und dem verwendeten Zähler ab.

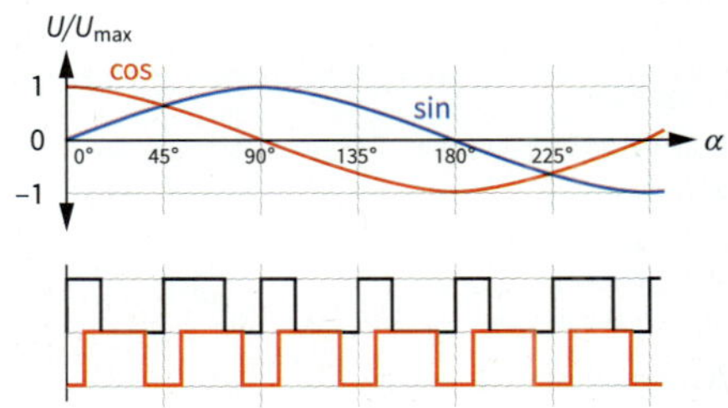

Bauformen

Magnetisch-induktive Durchflussmessung

- Die Flüssigkeit strömt durch ein elektrisch isoliertes Rohr.
- Durch zwei Feldspulen ① wird ein konstantes Magnetfeld erzeugt, das die Flüssigkeit durchdringt.
- Die im fließenden Stoff enthaltenen Ladungen werden abgelenkt, so dass an zwei außen liegenden Elektroden ② eine elektrische Spannung entsteht.
- Die Spannung ist proportional zur Fließgeschwindigkeit.

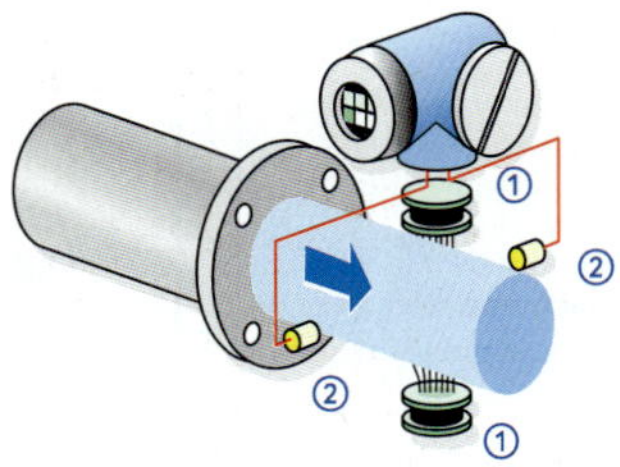

Coriolis-Massedurchflussmessung

- Physikalisches Prinzip: Wenn eine in Bewegung befindliche Masse einer Schwingung quer zur Bewegungsrichtung ausgesetzt wird, treten Corioliskräfte auf.
- Im Sensor werden zwei Messrohre ③ in Schwingung versetzt, so dass Corioliskräfte entstehen.
- Die durch die Kräfte veränderte Rohrschwingungsgeometrie wird erfasst und ausgewertet.

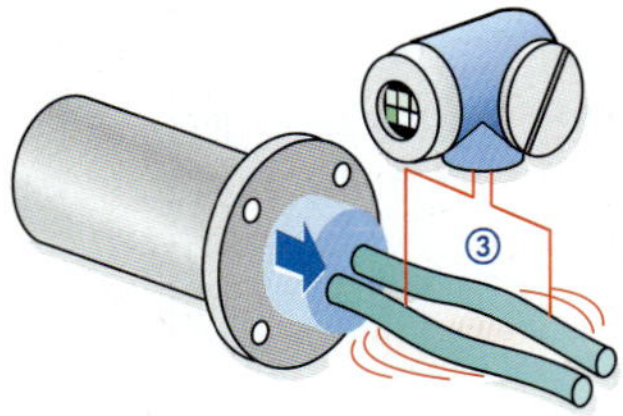

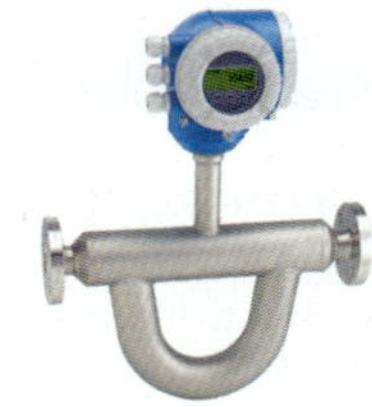

Wirbelzähler-Durchflussmessung

- Physikalisches Prinzip: Nach Hindernissen ④ (Staukörper) in strömenden Flüssigkeiten und Gasen treten Wirbel auf.
- Durch die abgelösten Wirbel entsteht im Messrohr abwechslungsweise ein lokaler Unterdruck.
- Der Unterdruck wird durch einen kapazitiven Sensor ⑤ erfasst.
- Die Frequenz der Wirbelablösung ist proportional zur mittleren Fließgeschwindigkeit.

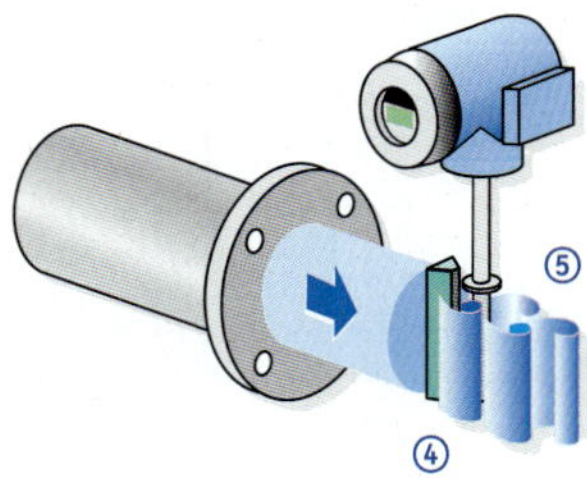

Ultraschall-Durchflussmessung

Doppler-Prinzip

- Die Teilchen reflektieren die Schallwellen.
- Wenn sich die Teilchen bewegen, kommt es zu einer Frequenzverschiebung.
- Je größer die Geschwindigkeit, desto größer die Frequenzverschiebung zwischen abgestrahlten und reflektierten Wellen.

Ein piezokeramischer Wandler (Sender und Empfänger)

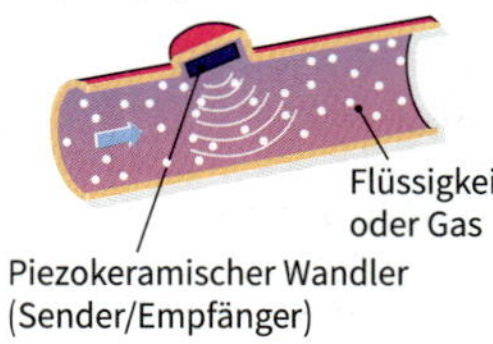

Laufzeitdifferenz-Prinzip

- Die Wandler sind versetzt zur Strömungsrichtung positioniert und senden und empfangen pulsförmige Wellenpakete gegen und mit der Strömung.
- Es kommt zu Schwingungsüberlagerungen (Laufzeitdifferenzen), die ausgewertet werden.

Zwei piezokeramische Wandler (Sender und Empfänger)

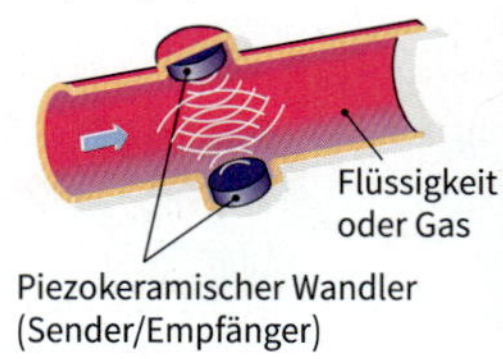

Anwendungsbereiche

Messprinzip	Flüssigkeit, elektrisch		Gas	Dampf
	leitfähig	nicht leitfähig		
Magnetisch-induktive Durchflussmessung	•			
Coriolis-Massedurchflussmessung	•	•	•	
Wirbelzähler-Durchflussmessung	•	•	•	•
Ultraschall-Durchflussmessung	•	•		

Merkmale

- Chemische Sensoren (z. B. Gassensoren) erkennen Atome, Ionen oder Moleküle in Gasen, Flüssigkeiten oder Festkörpern.
- Gassensoren werden angewendet zur
  - Erfassung einzelner Gaskomponenten,
  - Messung der Konzentration einer bekannten einzelnen Komponente in einem Gemisch aus Gasen und Dämpfen.
- Die Bestimmung der Summenkonzentration von Komponentengruppen dient z. B. der Erkennung von explosiven Gemischen.
- Je nach Anwendungsbedingung werden unterschiedliche Messprinzipien (Sensoren) zur Ermittlung der jeweiligen Stoffe angewendet.
- Einsatz finden Gassensoren z. B. in
  - Heizungsanlagen,
  - Batterieladestationen,
  - Gasverarbeitung,
  - Maschinen- und Gerätebau,
  - Chemischer Industrie.

Gassensor Messprinzipien

Prinzip

Wärmetönung	Wärmeleitung	Infrarot	Chemosorption	Elektrochemisch
– hohe Messgenauigkeit – Summenmessung aller brennbaren Gase und Dämpfe	– großer Messbereich (bis 100 Vol%) – querempfindlich	– hohe Selektivität – hohe Messgenauigkeit – nur hetereo-atomige Gase (z. B. CO_2)	– gute Nullpunktstabilität – einfache Handhabung – querempfindlich	– lineares Anzeigeverhalten – hohe Empfindlichkeit – einf. Handhabung

Wärmetönung

Aufbau

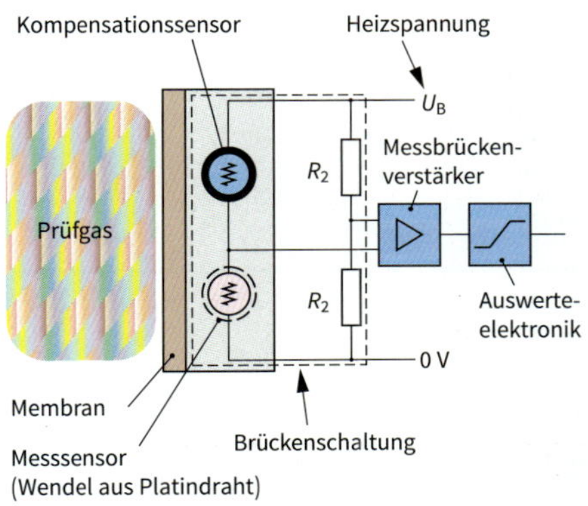

Funktion

- Messsensor (Platindraht) wird über U_B auf ca. 200 °C aufgeheizt und ist katalytisch aktiv.
- Verbrennung des Prüfgases mit Umgebungssauerstoff lässt Wärmemenge entstehen.
- Diese erhöht die Temperatur des Sensors und führt zur Widerstandsänderung.
- Gemessene Brückenspannung ist proportional zu der freigesetzten Wärmemenge.
- Kompensationssensor ist katalytisch inaktiv und kompensiert Störgrößen (Temperatur, Luftdruck und Feuchte).
- Alle brennbaren Gase und Dämpfe werden erkannt.
- Bei Messung eines bestimmten Gases wird die Brückenschaltung entsprechend kalibriert.

Elektrochemisch

Aufbau

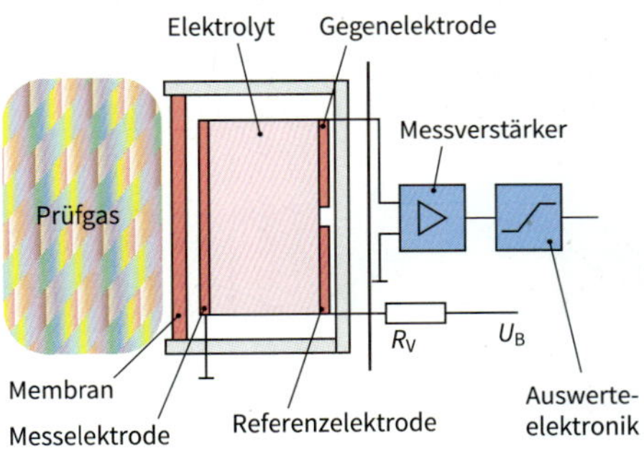

Funktion

- Sensor besteht aus
  - Mess-, Gegen- und Referenzelektrode,
  - flüssigem ionenleitenden Elektrolyten.
- Prüfgas diffundiert durch die Membran zur Messelektrode.
- Hier erfolgt elektrochemische Umsetzung (Elektronen werden freigesetzt).
- Freigesetzte Elektronen diffundieren zur Gegenelektrode.
- Auswertbarer Strom fließt zwischen Mess- und Gegenelektrode (proportional zur umgesetzten Gasmenge).
- Referenzelektrode erzeugt konstante Spannung zwischen Mess- und Gegenelektrode.

Merkmale

- **R**adio **F**requency **I**dentification (funkbasierte Erkennung) gehört zu den kontaktlosen Erkennungssystemen.
- Besteht aus passiven oder aktiven Transpondern (transceive und respond) und Lesegeräten.
- Der Datenaustausch erfolgt über magnetische bzw. elektrische Felder.
- Die Transponder beinhalten dabei codierte Daten von Personen oder Gegenständen, die von den Lesestellen kontaktlos empfangen und ausgewertet werden.

Transponderarten

- **Passive Transponder** [auch als Tag (Anhänger)] bezeichnet
  - bestehen aus einem Siliziumchip
  - einer integrierten Antenne
  - entnehmen die Energie zum Senden aus dem HF-Feld des Lesegerätes
- Bauformen passiver Tags sind u.a.
  - Plastikkarten
  - Münzformen
  - Glasröhrchen
  - Armbänder
- Der Aktivierungsbereich bei passiven Transpondern ist auf kurze Entfernungen zwischen Lesegerät und Transponder begrenzt
- Aktive Transponder
  - beinhalten eine zusätzliche Energiequelle (Batterie), die nach entsprechender Betriebszeit ausgetauscht werden muss
  - bieten größere Reichweiten als passive Transponder
  - beinhalten zusätzliche elektronische Schaltungsteile
  - sind in der Regel mechanisch größer aufgebaut
- Transponder können fest codiert oder wiederbeschreibbar sein
- Arbeitsfrequenzen liegen im Bereich von 100 kHz bis ca. 30 MHz
- Niederfrequente Systeme bieten eine wesentlich geringere Dämpfung als hochfrequente Systeme
- Die Luftschnittstelle wird gegen mögliche Übertragungsstörungen geschützt durch
  - Prüfsummenverfahren oder
  - Mehrfachübertragungen.
- Der zulässige Schreib-Leseabstand zwischen Transponder und Lesegerät ergibt sich aus
  - der verwendeten Frequenz
  - der Geschwindigkeit des Transponders
  - der Aufenthaltsdauer im Ansprechbereich
- Transponder sind im Allgemeinen unempfindlich unter anderem gegen
  - Staub
  - Feuchtigkeit
  - Gase
- Glas- oder Kunststofftransponder sind darüber hinaus
  - vollkommen staub- und wasserdicht
  - werden als Implantate eingesetzt
- Anwendung finden RFID-Systeme u. a. bei
  - Zugangskontrolle
  - Warenverfolgung
  - Dokumentenkennzeichnung
  - Mautstellen (z. B. Skilifte)
  - Personen-Nahverkehr

Systemaufbau

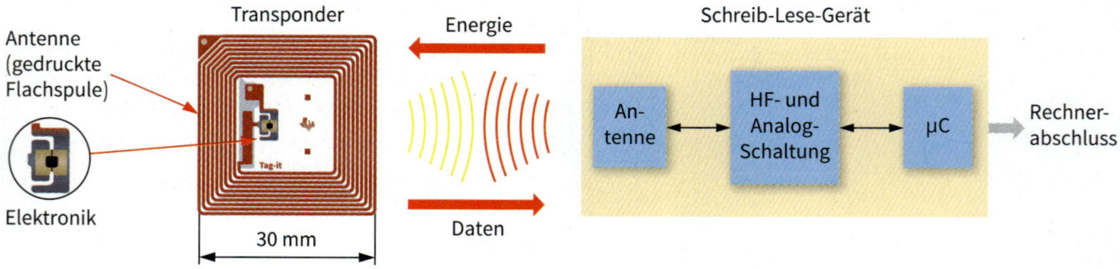

Richtdiagramm

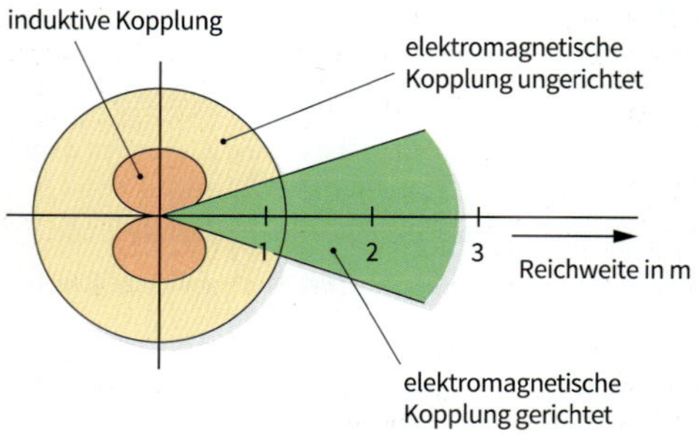

Beispiele

Glas-Tag

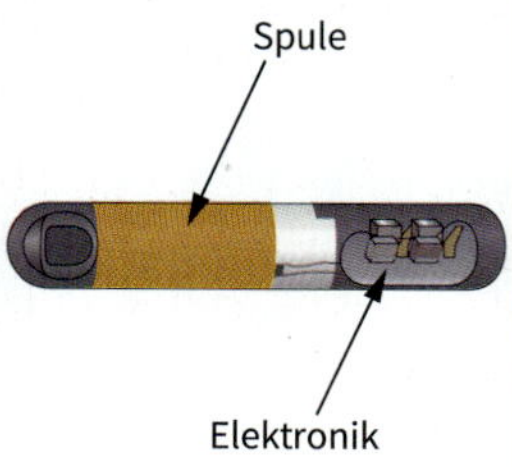

Bekleidungs-Tag

Merkmale:

- Ein Aktor (Aktuator) ist ein System (Stellglied), mit dem eine physikalische Größe beeinflusst wird.
- Die Steuerung (Stellsignal, Eingangsinformation) erfolgt in der Regel mit elektrischen Signalen.
- Die Eingangsinformation wird verarbeitet.
- Zur Funktion muss in der Regel Energie separat zugeführt werden (Hilfsenergie). Die Hilfsenergie wird in eine andere Energie umgewandelt.

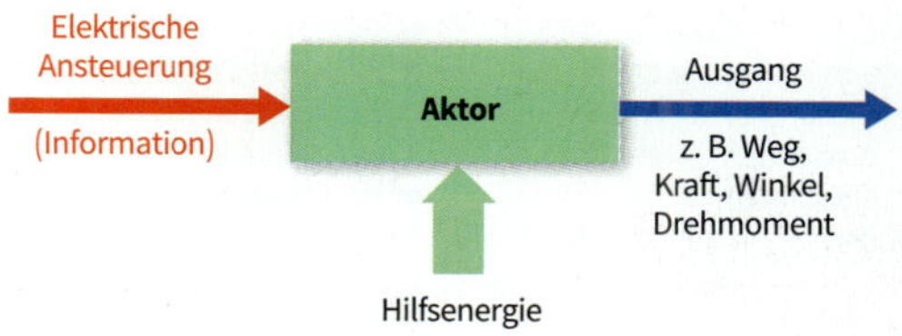

Einteilung nach der Hilfsenergie

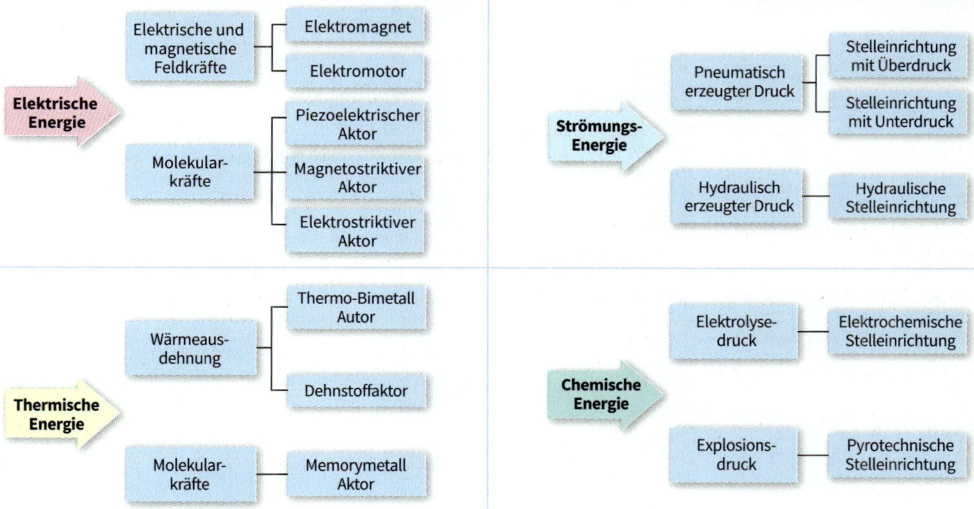

Funktionen von Aktoren

- Bewegen
  - Translation
  - Rotation
  - Schwingung
  - Bremsen
  - Bewegung in Bahnen
  - …
- Halten
- Positionieren
- Bearbeiten
- Fördern
  - Gase
  - Flüssigkeiten
  - feste Körper, Partikel
  - …
- Heizen und Kühlen
- Beschallen
- Beleuchten
- Ionisieren, Bestrahlen
- …

Fluidische Aktoren

Mit Hilfe von gasförmigen oder flüssigen Medien lassen sich Kräfte und Bewegungen erzeugen. Die Medien besitzen dabei kinetische (Strömung) oder potenzielle Energie.

- Geradlinige Bewegung wird erzeugt mit
  - einfachwirkenden und
  - doppeltwirkenden Zylindern.
- Drehbewegung (Rotation) wird erzeugt mit
  - Luft- bzw. Hydromotoren,
  - Drehzylindern und
  - Schwenkantrieben.

Physikalische Effekte bei Aktoren

- **Piezoelektrisch**
  Bei bestimmten Kristallen lassen sich durch ein äußeres elektrisches Feld geometrische Veränderungen hervorrufen.
- **Elektrodynamisch**
  Auf einen stromdurchflossenen Leiter im Magnetfeld wirkt eine Kraft (z. B. Motor).
- **Elektromagnetisch**
  Zwischen ungleichnamigen Polen eines Magneten treten Anziehungskräfte und zwischen gleichnamigen Polen Abstoßungskräfte auf (z. B. Reluktanzmotor, Hubmagnet).
- **Elektrostriktiv**
  Durch ein externes elektrisches Feld kommt es zur Polarisation in bestimmten Kristallen. Die Symmetrie der Kristalle ändert sich und es verändern sich die geometrischen Abmessungen.
- **Magnetostriktiv**
  Durch ein externes Magnetfeld werden Moleküle in bestimmten ferromagnetischen Werkstoffen (z. B. Terfenol TbDyFe) ausgerichtet. Es kommt zu geometrischen Veränderungen.
- **Magneto- und elektrorheologisch**
  Die Viskosität von Flüssigkeiten lässt sich durch magnetische bzw. elektrische Felder verändern.

Übersicht

IP-Code	IM-Code	IC-Code	IK-Code
■ DIN EN 60034-5: 2007-09 ■ Schutzarten aufgrund der Gesamtkonstruktion von drehenden elektrischen Maschinen ■ **IP:** **I**nternational **P**rotection	■ DIN EN 60034-7: 2001-12 ■ Klassifizierung der Bauarten, der Aufstellungsarten und der Klemmkasten-Lage ■ **IM:** **I**nternational **M**ounting	■ DIN EN 60034-6: 1996-08 ■ Einteilung der Kühlverfahren ■ **IC:** **I**nternational **C**ooling	■ DIN EN 50102: 1997-09 ■ Schutzarten durch Gehäuse für elektrische Betriebsmittel gegen äußere mechanische Beanspruchungen ■ **IK:** K ist die phonetische Ableitung von „CA" (casser = zerbrechen)

Einteilung der Kühlverfahren (IC-Code)

- Bezeichnungssystem (Beispiel)

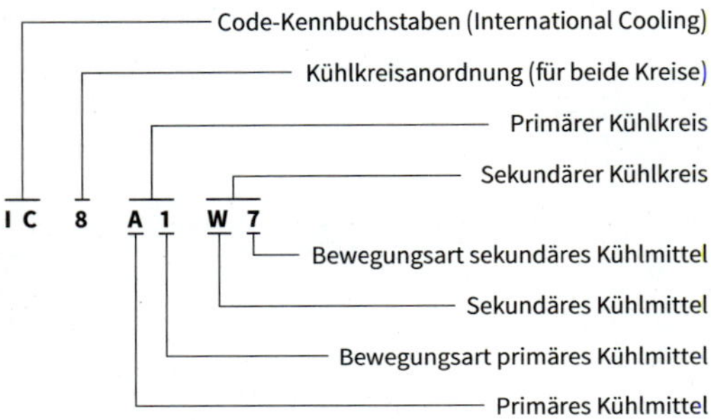

- **Beispiel:** IC 6 (Fremdinnenkühlung)
  Die Kühlluft wird durch ein Fremdluftgebläse durch den Motor geblasen.

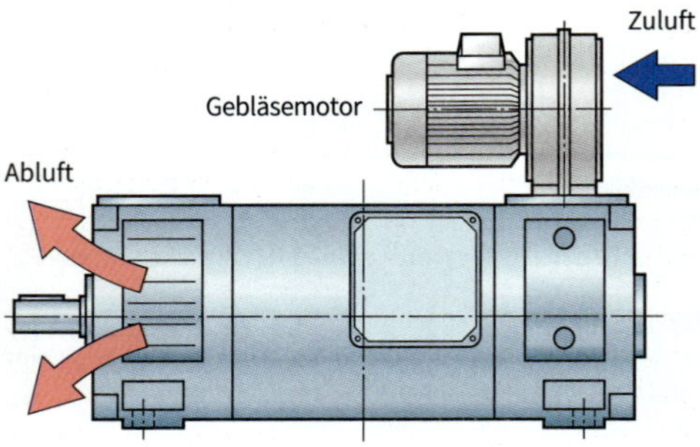

Kennziffern für Kühlkreisanordnung	
0	Freier Kühlkreis
1	Kühlkreis mit Zuführung über Rohr oder Kanal
2	Kühlkreis mit Abführung über Rohr oder Kanal
3	Kühlkreis mit Zu- und Abführung über Rohre oder Kanäle
4	Oberflächenkühlung
5	Eingebauter Wärmetauscher (umgebendes Kühlmittel)
6	Angebauter Wärmetauscher (umgebendes Kühlmittel)
7	Eingebauter Wärmetauscher (zugeführtes Kühlmittel)
8	Angebauter Wärmetauscher (zugeführtes Kühlmittel)
9	Getrennter Wärmetauscher (umgebendes oder nicht umgebendes Kühlmittel)

Kennbuchstaben für das Kühlmittel	
A	Luft
F	Frigen
H	Wasserstoff
N	Stickstoff
C	Kohlendioxid
W	Wasser
U	Öl
S	Alles andere

Kennziffern für Bewegungsart des Kühlmittels	
0	Freie Kühlung
1	Eigenkühlung
2, 3, 4	Nicht festgelegt
5	Eingebaute, unabhängige Baugruppe
6	Angebaute, unabhängige Baugruppe
7	Getrennte, unabhängige Baugruppe oder Kühlmittel-Betriebsdruck
8	Antrieb durch relative Bewegung
9	Antrieb durch sonstige Bewegungsarten

Schutz gegen äußere mechanische Beanspruchung (IK-Code)

- Bezeichnungssystem (Beispiel)

[1] 1 J (Joule) = 1 Nm

IK	Energie in Joule[1]
IK 00	0
IK 01	0,15
IK 02	0,2
IK 03	0,35
IK 04	0,5
IK 05	0,7
IK 06	1
IK 07	2
IK 08	5
IK 09	10
IK 10	20

- **Beispiel:**
  Schlagprüfung mit Freifallhammer
- Auftreffende Energie:
  $W = m \cdot g \cdot h$
- Weitere Prüfgeräte:
  Pendelhammer und Federhammer
  (DIN EN 60 068-2-2: 2008-05, Teil 62 und 63)

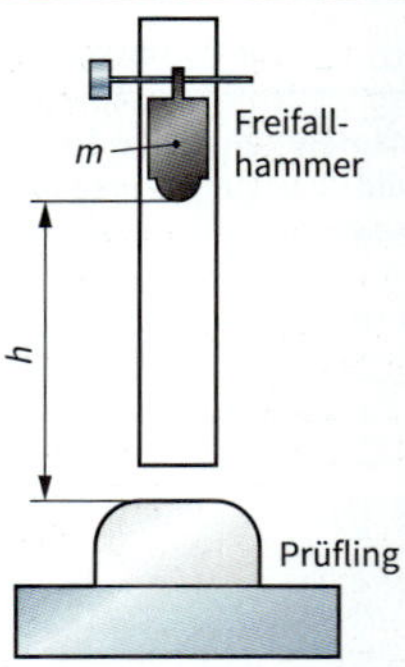

Bezeichnungssystem

- Die Bauformen und Aufstellungsarten werden durch **IM-Codes** (**I**nternational **M**ounting) klassifiziert.

Code I (alphanumerische Bezeichnung)

Maschinen mit Lagerschild – Lager und nur einem Wellenende

Grundzeichen IM ① ②

① B: Mit Lagerschildern und horizontaler Welle; V: Mit Lagerschildern und vertikaler Welle
② Angabe über Lagerung, Befestigung und Art des Wellenendes

Beispiele: IM B3 Fußbefestigung, waagerechte Lage, zwei Lagerschilde, mit Füßen
IM V5 Fußbefestigung, senkrechte Lage, mit Füßen, zwei Lagerschilde, Wandbefestigung

Code II (numerische Bezeichnung)

Dieser Code deckt einen größeren Bereich der Maschinen ab und beinhaltet Maschinen nach Code I

Grundzeichen IM ① ② ③ ④

① 1: Fußanbau, Schildlager; 2: Fuß- und Flanschanbau, Schildlager; 3: Schildlager, Flanschanbau (am Lagerschild); 4: wie 3, Flansch am Gehäuse; 5: ohne Lager; 6: Schildlager und Stehlager; 7: nur Stehlager; 8: vertikal (nicht durch 1 bis 4 abgedeckt); 9: besondere Aufstellung
② Art der Befestigung und Lagerung (z. B. 6)
③ Lage des Wellenendes und der Befestigung (z. B. 3) ④ Art des Wellenendes (z. B. 1)

Arten

Motoren mit Füßen Code		Motoren mit Flansch und Durchgangslöchern Code		Motoren mit Flansch und Gewindebohrungen Code	
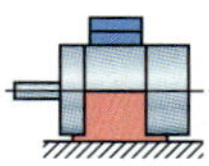 IM B3 IM 1001	Fußbefestigung, waagerechte Lage, zwei Lagerschilde	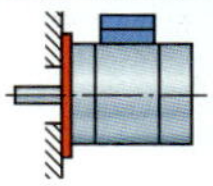 IM B5 IM 3001	Flanschbefestigung auf Antriebsseite, waagerechte Lage, zwei Lagerschilde, ohne Füße	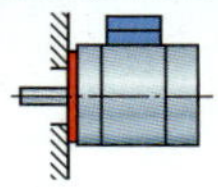 IM B14 IM 3601	Flanschbefestigung auf Antriebsseite, waagerechte Lage, zwei Lagerschilde, ohne Füße
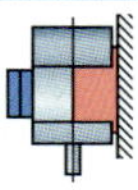 IM V5 IM 1011	Fußbefestigung, senkrechte Lage, zwei Lagerschilde, Wandbefestigung, Antriebsseite unten	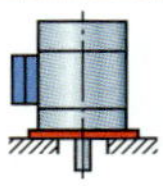 IM V1 IM 3011	Flanschbefestigung auf Antriebsseite, senkrechte Lage, zwei Lagerschilde, Antriebsseite unten, ohne Füße	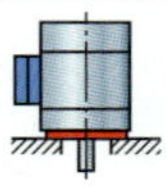 IM V18 IM 3611	Flanschbefestigung auf Antriebsseite, senkrechte Lage, Antriebsseite unten, ohne Füße
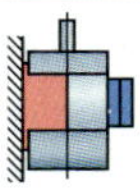 IM V6 IM 1031	Fußbefestigung, senkrechte Lage, zwei Lagerschilde, Wandbefestigung, Antriebsseite oben	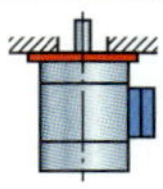 IM V3 IM 3031	Flanschbefestigung auf Antriebsseite, senkrechte Lage, zwei Lagerschilde, Antriebsseite oben, ohne Füße	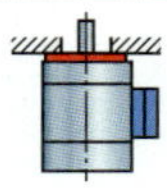 IM V19 IM 3631	Flanschbefestigung auf Antriebsseite, senkrechte Lage, Antriebsseite oben, ohne Füße
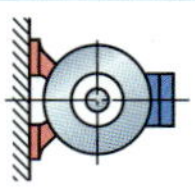 IM B6 IM 1051	Fußbefestigung, waagerechte Lage, zwei Lagerschilde, Füße links (von Antriebsseite aus gesehen) Wandbefestigung	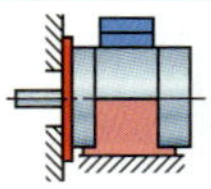 IM B35 IM 2001	Fußbefestigung mit zusätzlichem Flanschanbau auf Antriebsseite, waagerechte Lage, Füße unten, zwei Lagerschilde	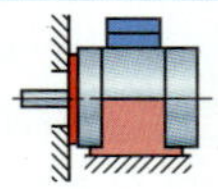 IM B34 IM 2101	Fußbefestigung mit zusätzlichem Flanschanbau auf Antriebsseite, waagerechte Lage, mit Füßen, zwei Lagerschilde
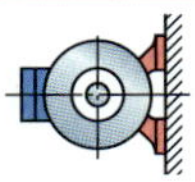 IM B7 IM 1061	Fußbefestigung, waagerechte Lage, zwei Lagerschilde, Füße rechts (von Antriebsseite aus gesehen) Wandbefestigung	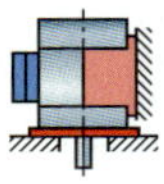 IM V15 IM 2011	Fußbefestigung mit zusätzlichem Flanschanbau auf Antriebsseite, Antriebsseite unten, senkrechte Lage, zwei Lagerschilde	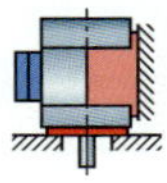 IM V15 IM 2111	Fußbefestigung mit zusätzlichem Flanschanbau auf Antriebsseite, senkrechte Lage, Antriebsseite unten, mit Füßen, zwei Lagerschilde
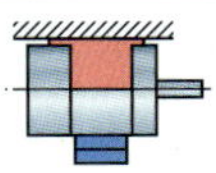 IM B8 IM 1071	Fußbefestigung, zwei Lagerschilde, waagerechte Lage, Deckenbefestigung (Füße oben)	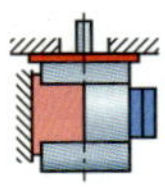 IM V36 IM 2031	Fußbefestigung mit zusätzlichem Flanschanbau auf Antriebsseite, Antriebsseite oben, senkrechte Lage, zwei Lagerschilde	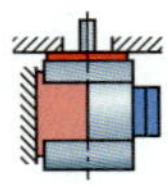 IM V36 IM 2131	Fußbefestigung mit zusätzlichem Flanschanbau auf Antriebsseite, senkrechte Lage, Antriebsseite oben, mit Füßen, zwei Lagerschilde

Kennzeichnungen: Fuß Klemmenkasten Flansch

Motoren

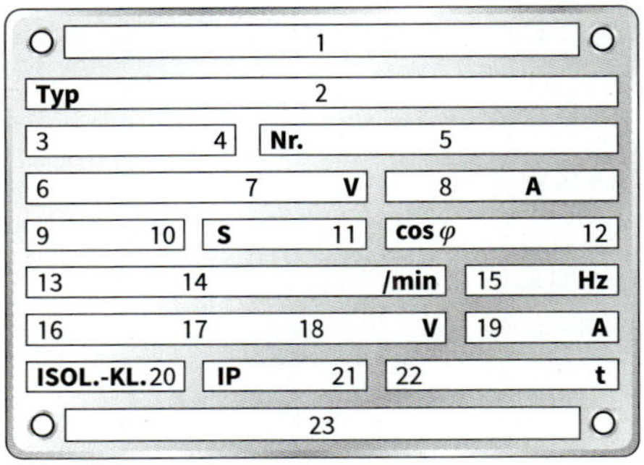

1 Name des Herstellers
2 Maschinentyp, ergänzt durch Bauform und -größe
3 Stromart
4 Arbeitsweise z. B. Motor, Generator
5 Fertigungsnummer
6 Kennzeichnung der Schaltart der Wicklung
7 Bemessungsspannung
8 Bemessungsstromstärke
9 Bemessungsleistung[1)]
10 Einheit der Leistung
11 Betriebsart
12 Leistungsfaktor
13 Drehrichtung
14 Drehzahl
15 Bemessungsfrequenz
16 „Err" (Erreger) bei Gleichstrom- und Synchronmaschinen, „Lfr" (Läufer) bei Asynchronmaschinen
17 Schaltart der Läuferwicklung
18 Erregerspannung (bei Gleichstrom- und Synchronmaschinen), Läuferspannung (bei Schleifringläufermotoren)
19 Erregerstromstärke (bei Gleichstrom- und Synchronmaschinen), Läuferstromstärke (bei Schleifringläufermotoren)
20 Isolierstoffklasse
21 Schutzart
22 Masse
23 VDE-Nr., evt. zusätzliche Vermerke

Beispiel: Drehstrom-Asynchronmotor

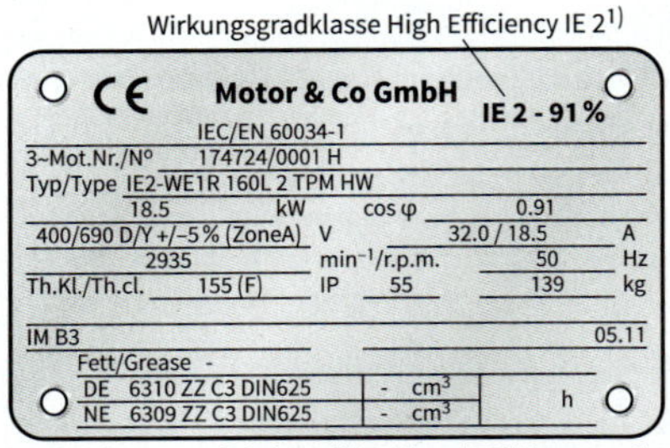

1) Die Teilwirkungsgrade bei 100 %/75 % und 50 % Last werden aus Platzgründen in den Dokumentationsunterlagen angegeben.

■ **Schaltbilder**

– Sternschaltung

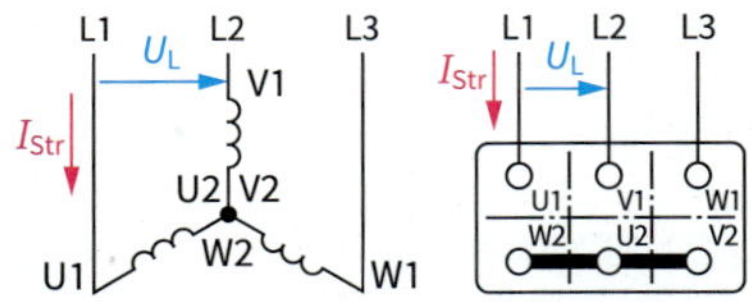

– Dreieckschaltung

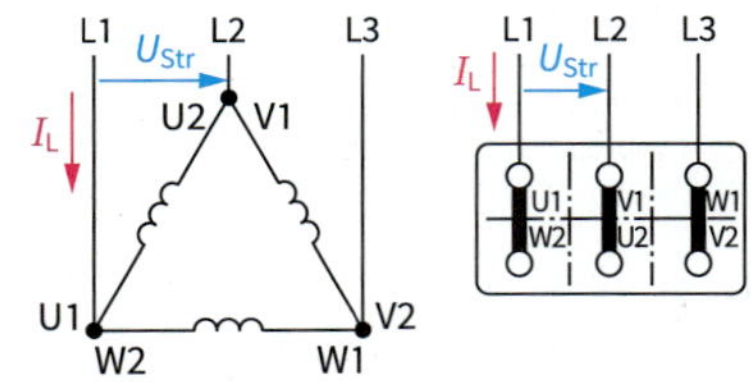

1) Auf Motor-Typenschildern wird immer die abgegebene Bemessungsleistung, d. h. die mechanische Leistung an der Welle angegeben.

Transformatoren

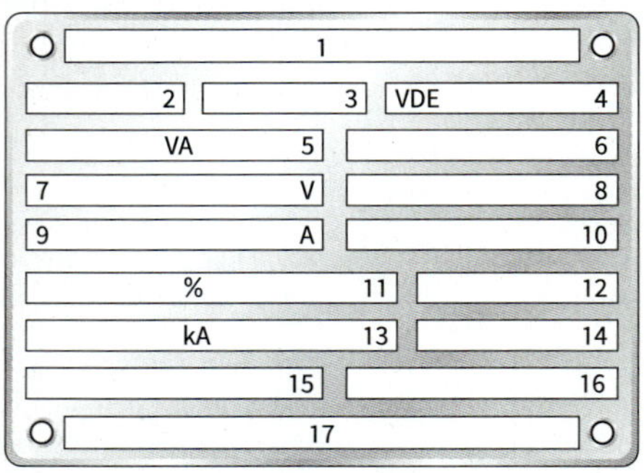

1 Name des Herstellers
2 Art des Transformators
3 Baujahr
4 VDE-Nummer
5 Scheinleistung[2)]
6 Bemessungsfrequenz
7 Bemessungsspannung
8 Schaltgruppe
9 Bemessungsstromstärke
10 Isolierklasse
11 Bemessungskurzschlussspannung
12 IP-Schutzart
13 Dauerkurzschlussstromstärken
14 Gesamtgewicht (Masse)
15 Isolierklasse
16 weitere Angaben z. B. Isolierflüssigkeit
17 weitere Angaben

Beispiel: Drehstromtransformator

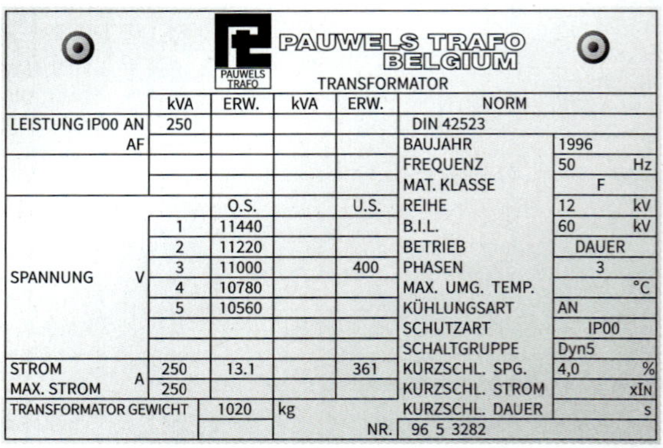

	kVA	ERW.	kVA	ERW.	NORM	
LEISTUNG IP00 AN	250				DIN 42523	
AF					BAUJAHR	1996
					FREQUENZ	50 Hz
					MAT. KLASSE	F
		O.S.		U.S.	REIHE	12 kV
	1	11440			B.I.L.	60 kV
	2	11220			BETRIEB	DAUER
SPANNUNG V	3	11000		400	PHASEN	3
	4	10780			MAX. UMG. TEMP.	°C
	5	10560			KÜHLUNGSART	AN
					SCHUTZART	IP00
					SCHALTGRUPPE	Dyn5
STROM A	250	13.1		361	KURZSCHL. SPG.	4,0 %
MAX. STROM	250				KURZSCHL. STROM	xIN
TRANSFORMATOR GEWICHT	1020	kg			KURZSCHL. DAUER	s
				NR.	96 5 3282	

2) Auf Transformator-Typenschildern wird immer die abgegebene Scheinleistung angegeben.

Wechselstrommotoren

Motoren mit Betriebskondensator 230 V/50 Hz

	Baugröße	P_n in kW	n_n in min^{-1}	I_n in A	cos ϱ	$\frac{I_A}{I_n}$	$\frac{M_A}{M_n}$	C_B in ϱF	U_C in V	m in kg
$n_f = 3000\ min^{-1}$	63	0,120	2800	1,2	0,9	3,0	0,6	4	400	5
	71	0,3	2760	2,4	0,98	3,0	0,45	10	400	7
	71	0,5	2790	3,6	0,95	3,5	0,46	12	400	8
	80	0,9	2800	6,2	0,95	4,0	0,35	20	400	11
	90S	1,1	2740	7,4	0,97	3,4	0,38	30	400	14
	90L	1,7	2700	11	0,97	3,5	0,35	40	400	17
$n_f = 1500\ min^{-1}$	63	0,12	1390	1,3	0,98	2	0,54	5	400	5
	63	0,18	1390	1,85	0,86	2,8	0,51	6	400	5
	71	0,3	1380	3	0,92	2,6	0,52	12	400	8
	80	0,55	1380	4,2	0,91	3,3	0,64	16	400	11
	90S	0,9	1370	6,0	0,97	3,3	0,38	30	400	14
	90L	1,25	1380	8,5	0,95	3,8	0,42	40	400	17

Drehstrommotoren

Anwendungen

- Motoren mit einer Drehzahl
  - Direktanlauf vom Versorgungsnetz
- Motoren mit mehreren Drehzahlen mit
  - Mehrfachwicklungen,
  - umschaltbaren Wicklungen oder
  - unterschiedlichen Polzahlen.
- Getriebemotoren
  - ohne Kupplung direkt am Getriebe
- Motoren mit veränderbarer Drehzahl durch
  - Änderungen der Bemessungsspannung oder
  - Frequenzänderung
- Bremsmotoren
  - mit elektromechanischer Bremsrichtung direkt an der Welle
- Pumpenmotoren
  - ohne Kupplung direkt an der Pumpe

Wirkungsgrade nach Effizienzklassen (Auswahl)

P_n in kW	IE 1 Wirkungsgrad in %				IE 2 Wirkungsgard in %				IE 3 Wirkungsgrad in %			
	$p=2$	$p=4$	$p=6$	$p=8$	$p=2$	$p=4$	$p=6$	$p=8$	$p=2$	$p=4$	$p=6$	$p=8$
0,75	72,1	72,1	70,0	61,2	77,4	79,6	75,9	66,2	80,7	82,5	78,9	75,0
1,1	75,0	75,0	72,9	66,5	79,6	81,4	78,1	70,8	82,7	84,1	81,0	77,7
1,5	77,2	77,2	75,2	70,2	81,3	82,8	79,8	74,1	84,2	85,3	82,5	79,7
2,2	79,7	79,7	77,7	74,2	83,2	84,3	81,8	77,6	85,9	86,7	84,3	81,9
3	81,5	81,5	79,7	77,0	84,6	85,5	83,3	80,0	87,1	87,7	85,6	83,5
4	83,1	83,1	81,4	79,2	85,8	86,6	84,6	81,9	88,1	88,6	86,8	84,8
5,5	84,7	84,7	83,1	81,4	87,0	87,7	86,0	83,8	89,2	89,6	88,0	86,2
7,5	86,0	86,0	84,7	83,1	88,1	88,7	87,2	85,3	90,1	90,4	89,1	87,3
11	87,6	87,6	86,4	85,0	89,4	89,8	88,7	86,9	91,2	91,4	90,3	88,6
15	88,7	88,7	87,7	86,2	90,3	90,6	89,7	88,0	91,9	92,1	91,2	89,6
18,5	89,3	89,3	88,6	86,9	90,9	91,2	90,4	88,6	92,4	92,6	91,7	90,1
22	89,9	89,9	89,2	87,4	91,3	91,6	90,9	89,1	92,7	93,0	92,2	90,6
30	90,7	90,7	90,2	88,3	92,0	92,3	91,7	89,8	93,3	93,6	92,9	91,3
37	91,2	91,2	90,8	88,8	92,5	92,7	92,2	90,3	93,7	93,9	93,3	91,8
45	91,7	91,7	91,4	89,2	92,9	93,1	92,7	90,7	94,0	94,2	93,7	92,2
55	92,1	92,1	91,9	89,7	93,2	93,5	93,1	91,0	94,3	94,6	94,1	92,5
75	92,7	92,7	92,6	90,3	93,8	94,0	93,7	91,6	94,7	95,0	94,6	93,1
90	93,0	93,0	92,9	90,7	94,1	94,2	94,0	91,9	95,0	95,2	94,9	93,4
110	93,3	93,3	93,3	91,1	94,3	94,5	94,3	92,3	95,2	95,4	95,1	93,7
132	93,5	93,5	93,5	91,5	94,6	94,7	94,6	92,6	95,4	95,6	95,4	94,0
160	93,8	93,8	93,8	91,9	94,8	94,9	94,8	93,0	95,6	95,8	95,6	94,3
200 – 1000	94,0	94,0	94,0	92,5	95,0	95,1	95,0	93,5	95,8	96,0	95,8	94,6

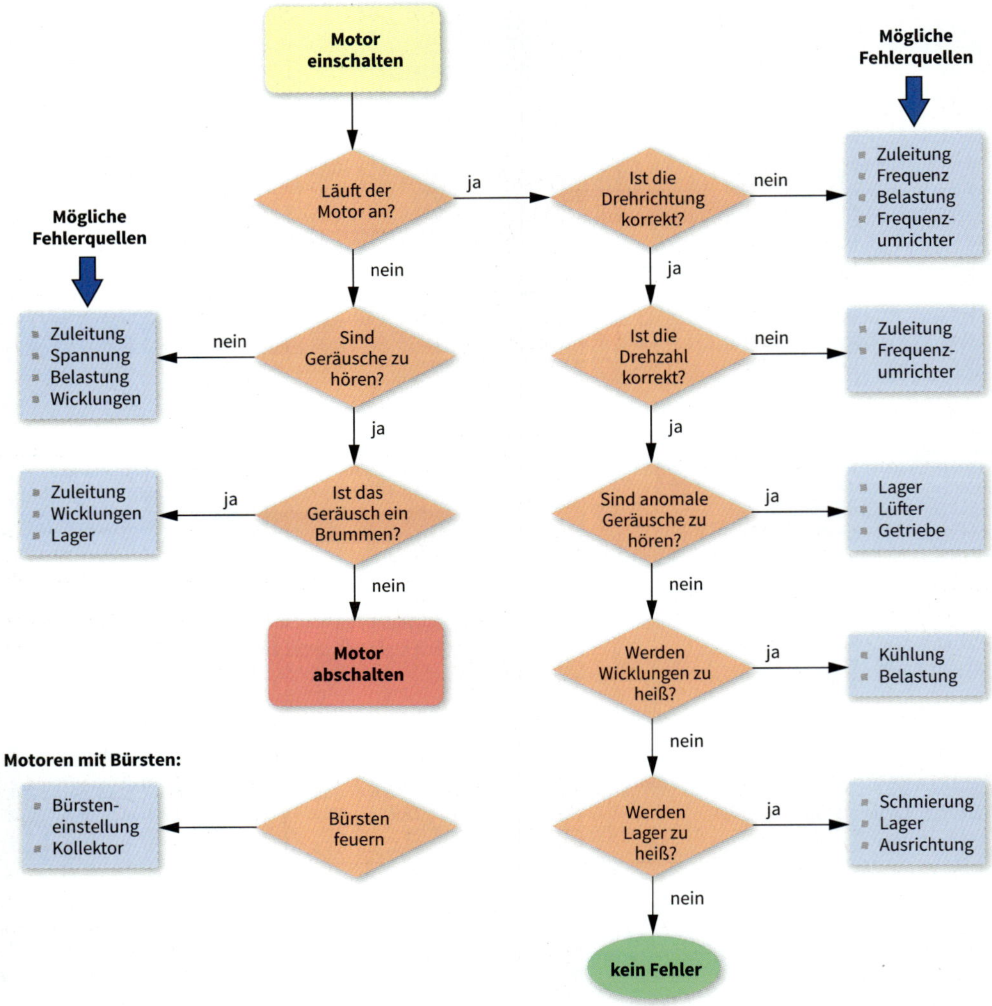

Institute of Electrical and Electronics Engineers (IEEE)[1)]

Häufigkeiten von Fehler bei Motoren (Untersuchung aus dem Jahr 2004)

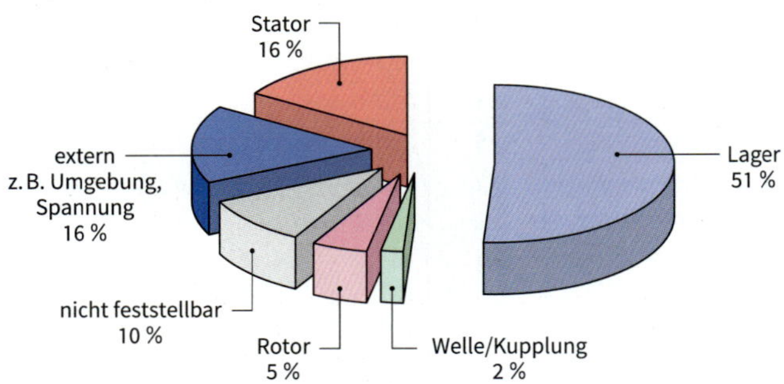

[1)] Die Organisation ist ein internationaler Zusammenschluss von Beschäftigten im Bereich der Elektrotechnik und Informatik.

Aufbau

- Kompensationswicklung[1]
- Wendepolwicklung[1]
- Ankerwicklung
- Feldwicklung

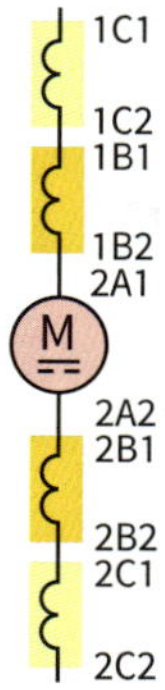

D2 D1 — Reihenschlusswicklung

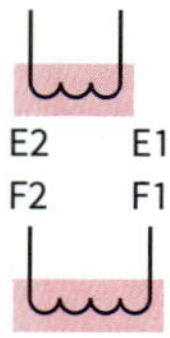

E2 E1 — Nebenschlusswicklung
F2 F1 — Fremderregte Wicklung

R_A: Widerstand der Ankerwicklung
R_K: Widerstand der Kompensationswicklung

$$P_{zu} = U \cdot I_a + U_f \cdot I_f$$ [2]

$$\eta = \frac{P}{U \cdot I + U_f \cdot I_f}$$ [2]

$$R_i = R_A + R_W + R_K$$

R_f: Widerstand der Feldwicklung
R_W: Widerstand der Wendepolwicklung

[1] Sind linksherum gewickelt, damit das Ankerquerfeld aufgehoben wird.

[2] Die Erregerleistung $U_f \cdot I_f$ ist nur dann zu berücksichtigen, wenn das Feld separat erzeugt wird.

Motorarten

Fremderregter Motor	Nebenschlussmotor	Reihenschlussmotor	Doppelschlussmotor
Eigenschaften			
■ Geringfügige Drehzahländerung bei Belastungsänderung ■ Drehzahlsteuerung über Ankerspannung oder Feldstrom ■ Ankerwicklung und Feldwicklung haben eventuell unterschiedliche Spannungen.		■ Hohes Anlaufdrehmoment ■ Drehzahl lastabhängig ■ Geht bei Leerlauf eventuell durch ■ Drehzahlsteuerung über Ankerspannung oder Feldstrom	■ Je nach Kompoundierung vorwiegend Reihenschluss- oder Nebenschlussverhalten. ■ Bei Gegenkompoundierung kommt es zur Instabilität.
Schaltungen			
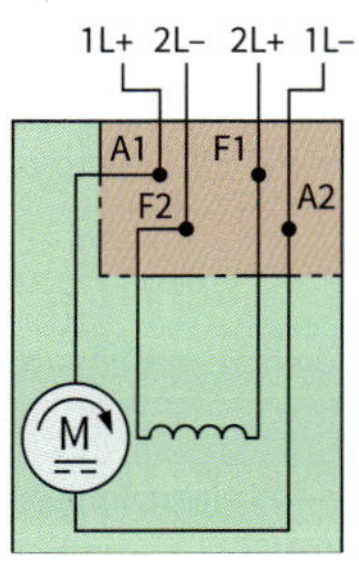	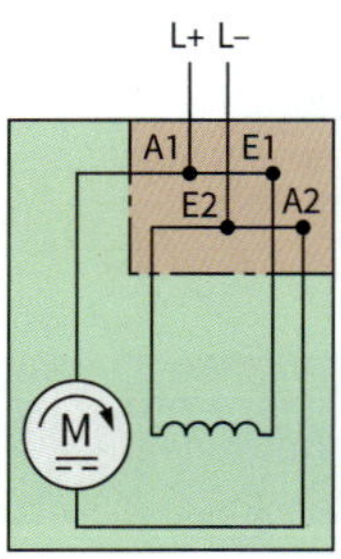	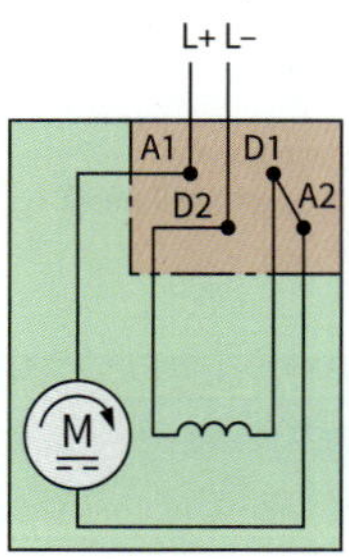	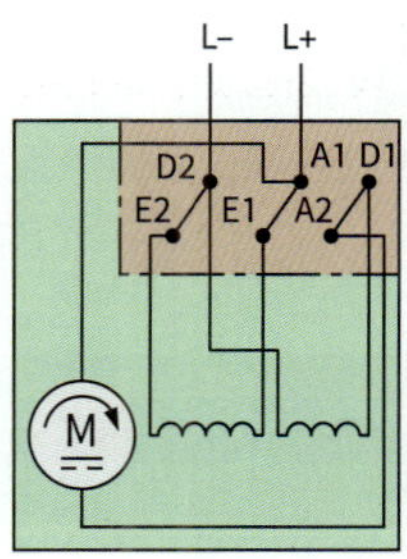
Kennlinien			
$I_A = \frac{U}{R_i}$	$I_A = \frac{U}{R_i} + \frac{U}{R_f}$	$I_A = \frac{U}{R_i + R_f}$	$I_A = \frac{U}{R_i + R_{f,ser}} + \frac{U}{R_{f,par}}$
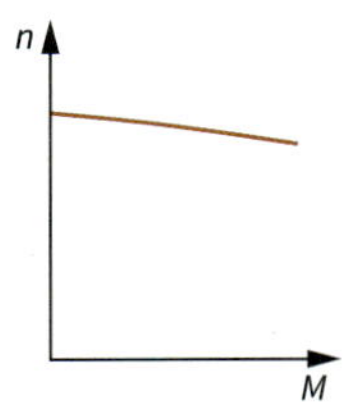	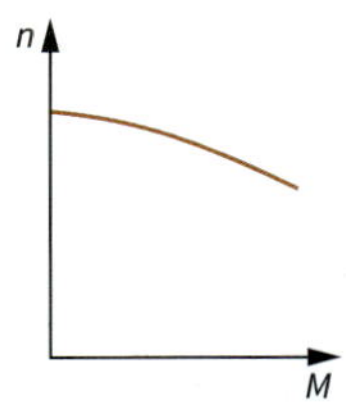	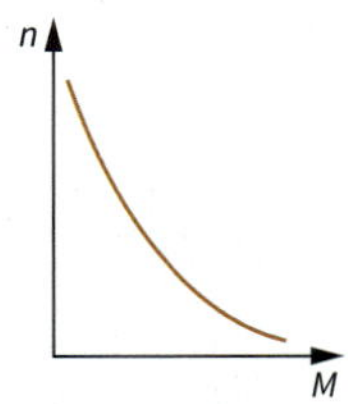	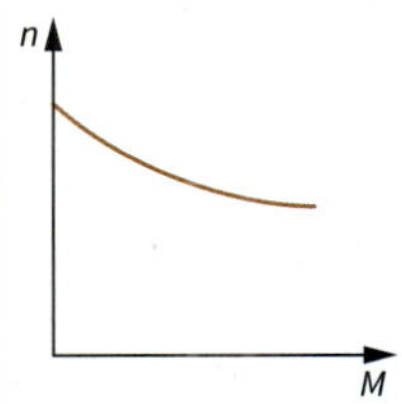
Anwendungen			
– Drehzahlsteuerung über Leonard-Umformer oder gesteuerte Gleichrichter	– Werkzeugmaschinen – Förderanlagen	– Elektrische Fahrzeuge – Hebezeuge – Anlasser im Kraftfahrzeug	– Werkzeugmaschinen – Antrieb von Schwungmassen z. B. Pressen, Stanzen, Scheren – Walzwerkantriebe

Motorarten

Drehstrommotor an Wechselspannung	Kondensatormotor	Spaltpolmotor	Universalmotor
Eigenschaften			
■ Nebenschlussverhalten ■ schlechter Wirkungsgrad	■ Nebenschlussverhalten ■ mit C_A hohes Anlaufdrehmoment	■ Nebenschlussverhalten ■ einfache Bauweise ■ schlechter Wirkungsgrad	■ Reihenschlussverhalten
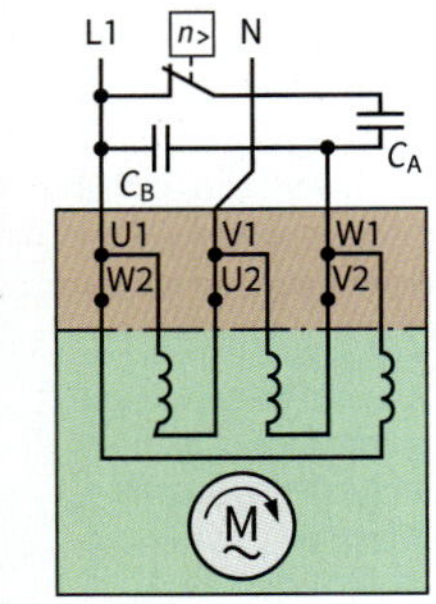	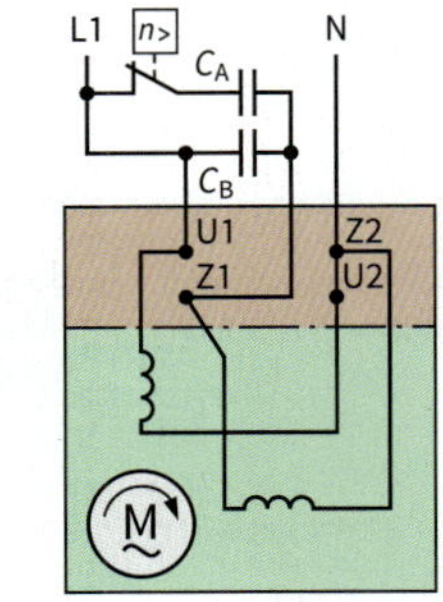	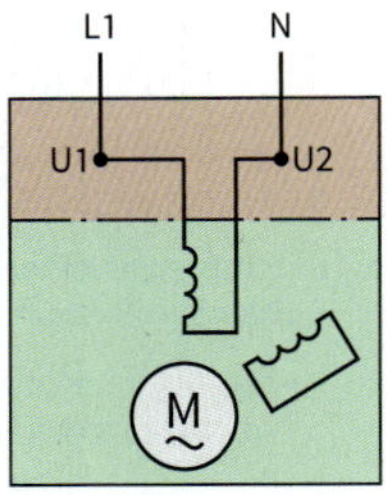	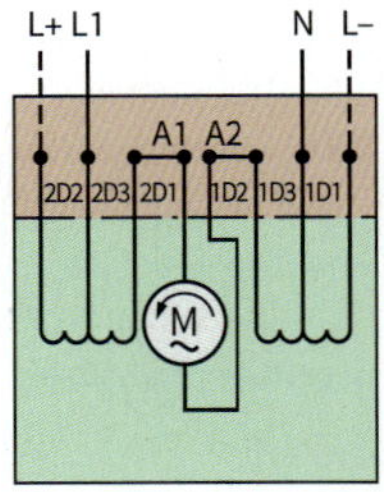
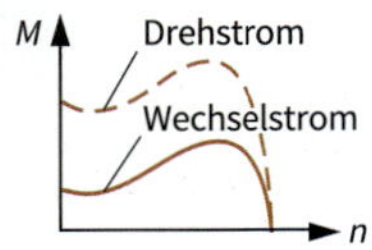	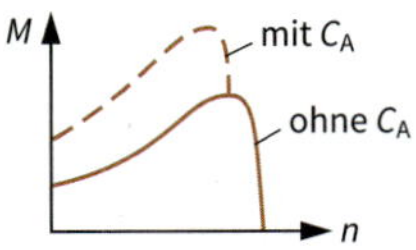	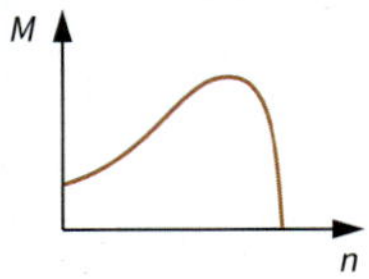	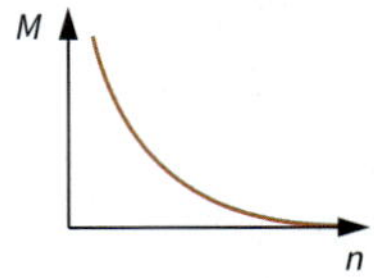
$U = 230\text{V} \quad C_B = 70\,\frac{\mu\text{F}}{\text{kW}} \cdot P$ $U = 400\text{V} \quad C_B = 20\,\frac{\mu\text{F}}{\text{kW}} \cdot P$ $C_A = 2 \cdot C_B$	$Q_{CB} = \frac{1\,\text{kvar}}{\text{kW}} \cdot P$ $C_A = 3 \cdot C_B$		
Anwendungen			
Baumaschinen	Haushaltsgeräte (z. B. Waschmaschinen)	Haushaltsgeräte mit kleiner Leistung	Haushaltsgeräte, Elektrowerkzeuge

Bemessungsspannungen und Prüfspannungen für Maschinen
Rated voltages and test voltages for machines

DIN EN 60034-1: 2011-02; DIN 40030: 1993-09

Bemessungsspannungen

Gleichspannungen für stromrichtergespeiste Motoren				
Netzanschluss einphasig		dreiphasig		
Netzspannung in V				
260	400	400	500	690
160 180	280 310	420 470	520 600	720 810
empfohlene Erregerspannungen in V				
200	310	310		

Prüfspannungen

Maschinenart		Effektivwerte
$P \leq 1$ kW bzw. 1 kVA oder $U < 100$ V		$2 \cdot U_n + 500$ V
$P < 10$ MW bzw. 10 MVA		$2 \cdot U_n + 1000$ V
$P \geq 10$ MW bzw. 10 MVA	$U \leq 24$ kV	$2 \cdot U_n + 1000$ V
	$U > 24$ kV	nach Vereinbarung
Fremderregte Erregerwicklung Gleichstrommaschinen		$2 \cdot U_f + 1000\text{ V} \geq 1500$ V
Erregerwicklung von Synchronmaschinen	$U_f \leq 500$ V $U_f > 500$ V	$10 \cdot U_n$ mind. 1500 V $4000\text{ V} + 2\,U_f$
Läuferwicklung von Schleifringläufer-Motoren		$2 \cdot U_r + 1000\text{ V} \geq 1500$ V
Erregermaschinen		$2 \cdot U_n + 1000\text{ V} \geq 1500$ V
Maschinensätze und Geräte		Entsprechend der Art der verwendeten Maschinen und Geräte

Kurzschlussläufer-Motor

- **Eigenschaften**
  - robust
  - wartungsarm
  - kompakt
  - schlechtes Anlaufverhalten
  - Drehzahlsteuerung über Umrichter
  - Nebenschlussverhalten

- **Schaltung**

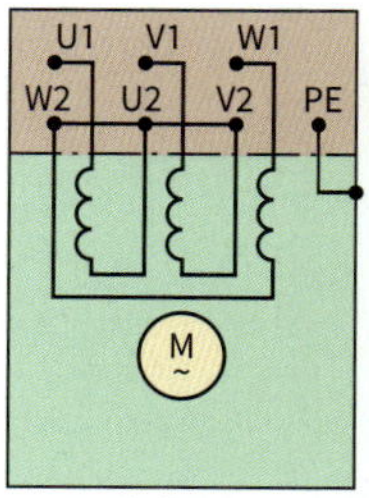

Sternschaltung

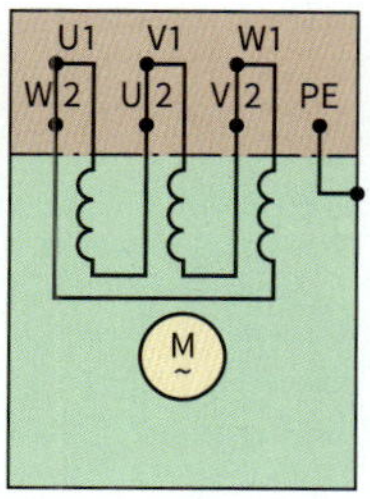

Dreieckschaltung

- **Hochlaufkennlinien**

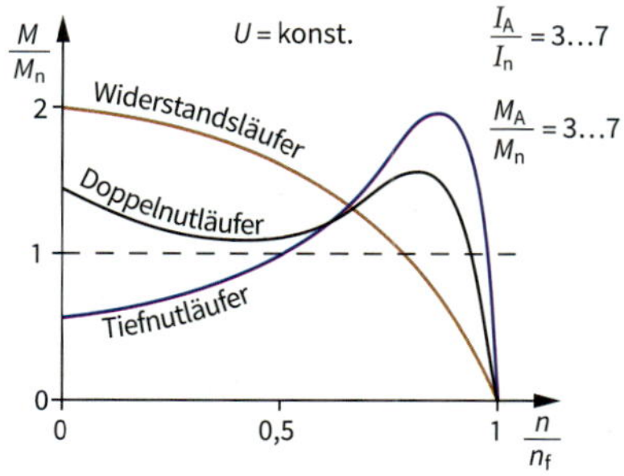

- **Anwendungen**
  - Werkzeugmaschinen
  - kleine Hebezeuge
  - Verarbeitungsmaschinen
  - landwirtschaftliche Maschinen

Schleifringläufer-Motor

- **Eigenschaften**
  - relativ wartungsarm
  - guter Anlauf
  - Drehzahlsteuerung durch einen Widerstand im Ankerkreis möglich
  - Nebenschlussverhalten

- **Schaltung**

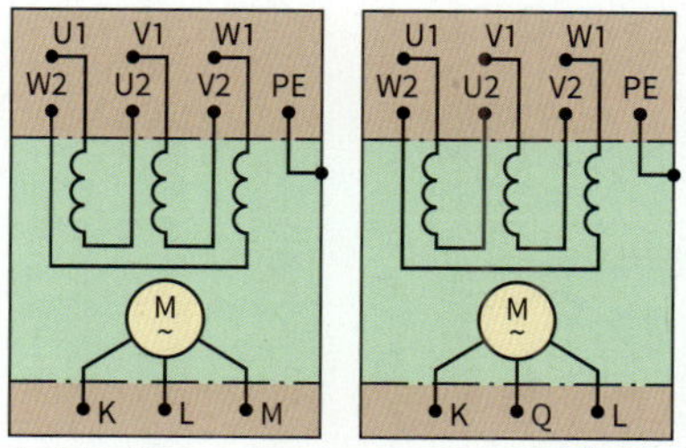

dreiphasige Läuferwicklung zweiphasige

- **Hochlaufkennlinien**

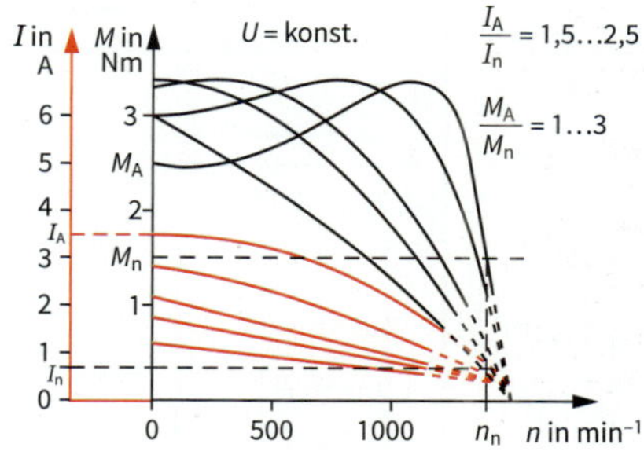

- **Anwendungen**
  - große Werkzeugmaschinen
  - Hebezeuge
  - Schweranlauf
  - Maschinen mit großen Schwungmassen

Betriebskenngrößen und Kennlinien

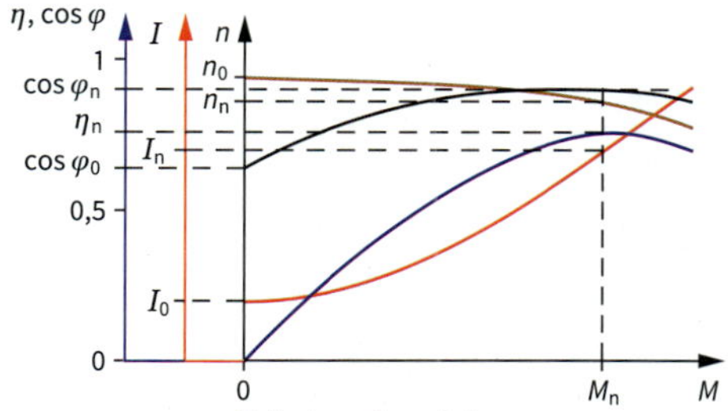

Belastungskennlinien

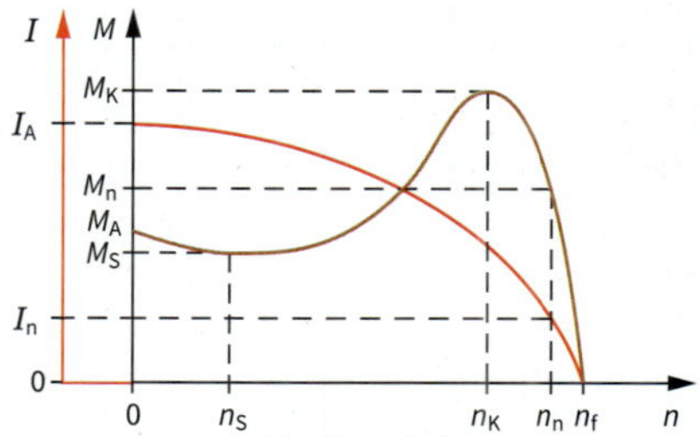

Hochlaufkennlinien

$$n_f = \frac{f}{p}$$

$$n_s = n_f - n$$

$$s = \frac{n_f - n}{n_f}$$

$$s_{\%} = \frac{n_f - n}{n_f} \cdot 100\,\%$$

$$f_r = s_r \cdot f$$

$$\eta = \frac{P_{ab}}{P_{zu}}$$

$$P_{zu} = U \cdot I \cdot \sqrt{3} \cdot \cos\varphi$$

$$P = P_{ab} = U \cdot I \cdot \sqrt{3} \cdot \cos\varphi \cdot \eta$$

Direktes Schalten von Drehstrommotoren

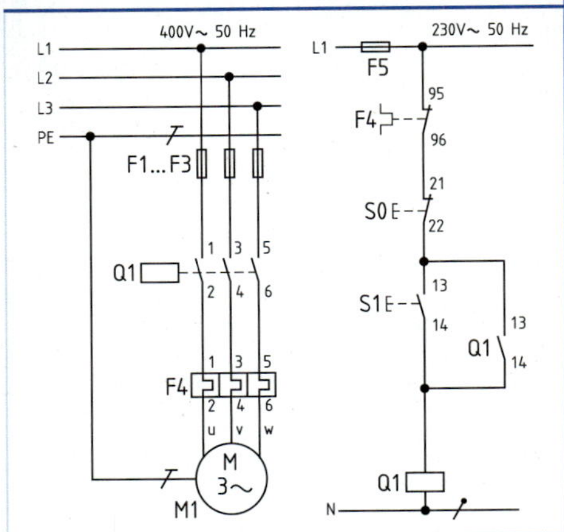

Umsteuern der Drehrichtung von Drehstrommotoren

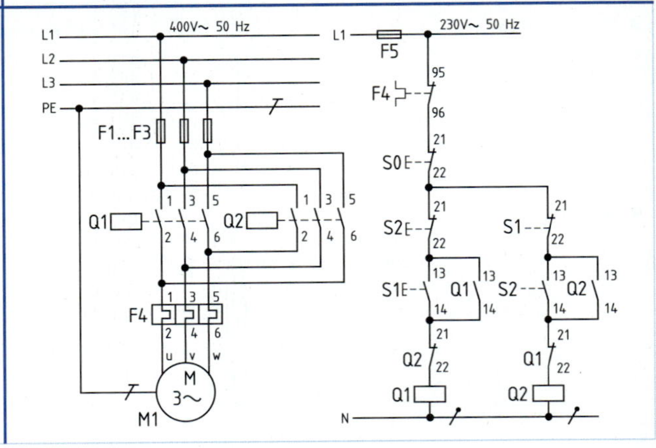

Stern-Dreieck-Anlassen

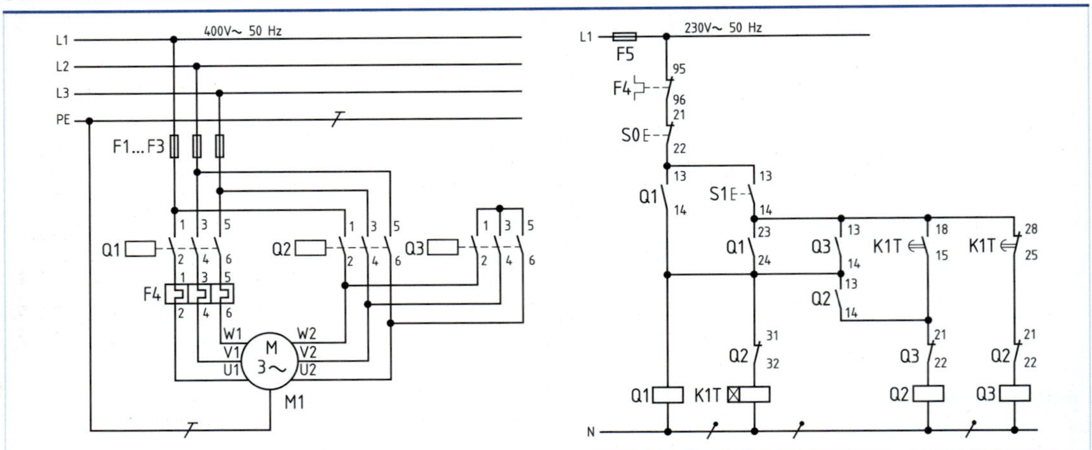

Polumschaltbarer Drehstrommotor in Dahlander-Schaltung

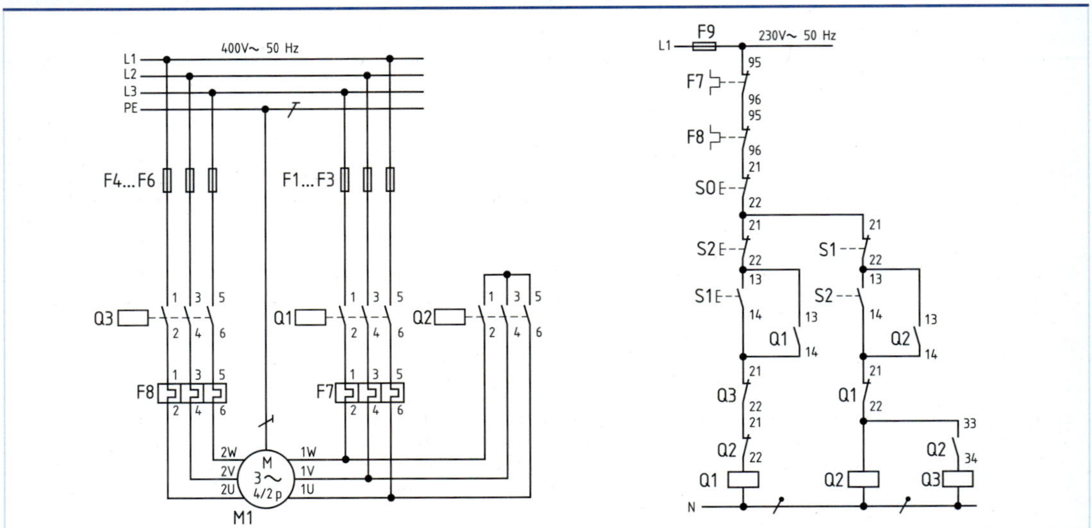

Arten

Anlassart	Direktstart	Stern-Dreieck Start	Softstart	Frequenzumrichter
Merkmale	■ Starke Beschleunigung bei hoher Anlaufstromstärke ■ Hohe mechanische Belastung ■ Hochlaufzeit: – Normalanlauf 0,2 s ... 5 s – Schweranlauf 5 s ... 30 s	■ Anlauf mit reduzierter Stromstärke und Drehmoment ■ Stromstärke- und Drehmomentspitze beim Umschalten ■ Hochlaufzeit: – Normalanlauf 2 s ... 15 s – Schweranlauf 15 s ... 60 s	■ Einstellbare Anlaufcharakteristik ■ Gesteuerter Auslauf möglich ■ Hochlaufzeit: – Normalanlauf 0,5 s ... 10 s – Schweranlauf 10 s ... 60 s	■ Hohes Drehmoment bei geringer Stromstärke ■ Anlaufcharakteristik einstellbar ■ Hochlaufzeit: – Normalanlauf 0,5 s ... 10 s – Schweranlauf 5 s ... 60 s
Spannungen	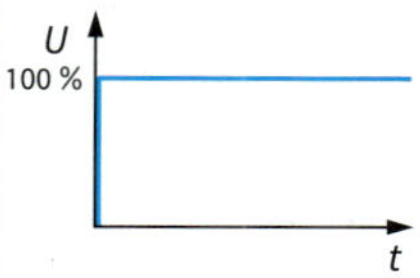	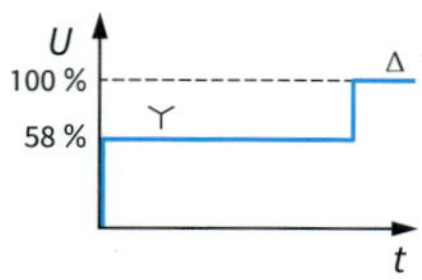	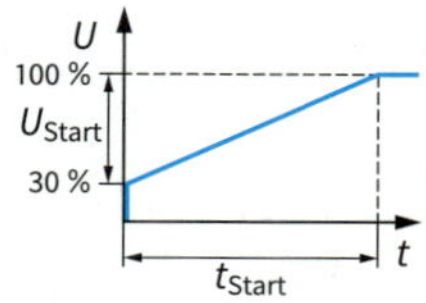	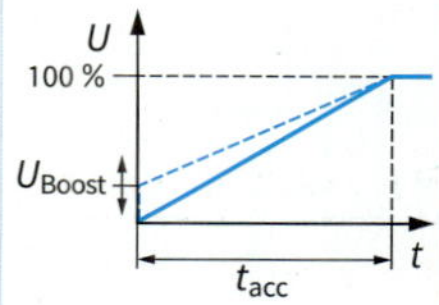
	U: Motorspannung	t_{Start}: Startzeit	t_{acc}: Hochlaufzeit	1) U_{Boost}: Spannungsanhebung
Stromstärken	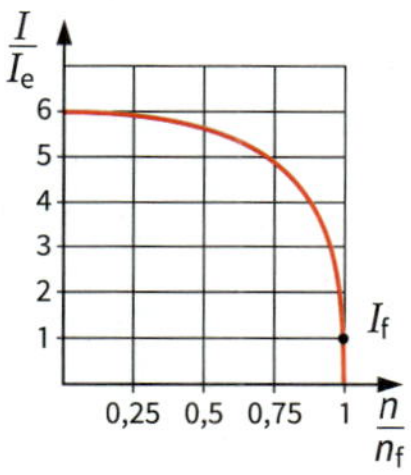	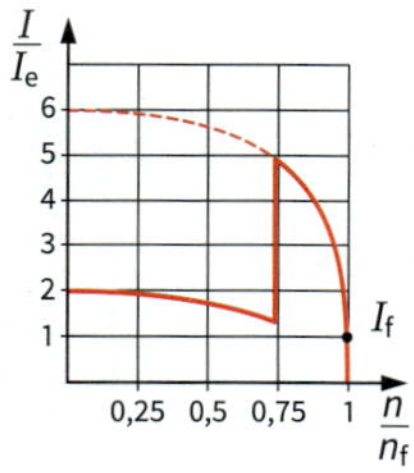	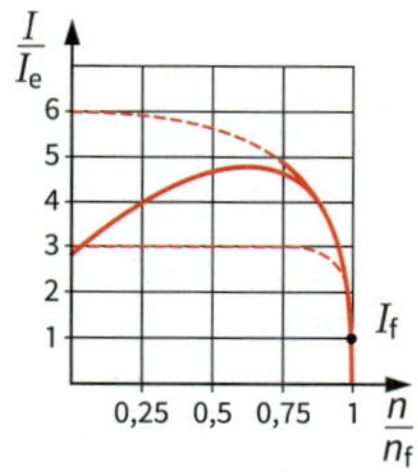	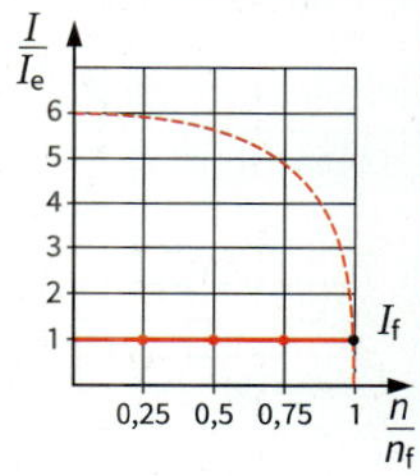
Relative Anlaufstromstärken	$I_A = I_{AD} = 4 \cdot I_e \dots 8 \cdot I_e$ (motorabhängig)	$I_A = 0{,}33 \cdot I_{AD}$ ($I_A = 1{,}3 \cdot I_e \dots 2{,}7 \cdot I_e$)	$I_A = k \cdot I_{AD}$ (typ. $2 \cdot I_e \dots 6 \cdot I_e$)	$I_A \leq 1 \cdot I_e \dots 2 \cdot I_e$ (einstellbar)
	I_A: Motoranlaufstromstärke I_e: Bemessungsstromstärke des Motors		I_{AD}: Motoranlaufstromstärke bei Direkteinschaltung k: Spannungsreduktionsfaktor	
Drehmomente	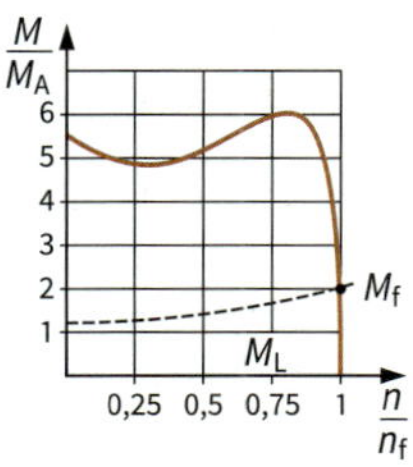	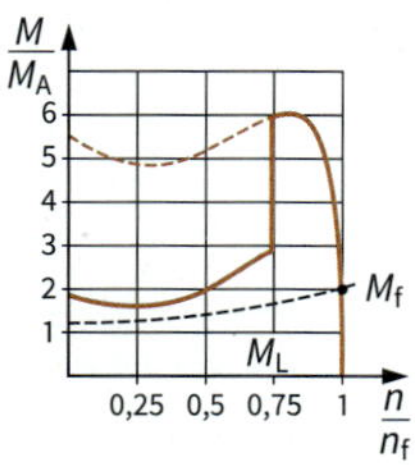	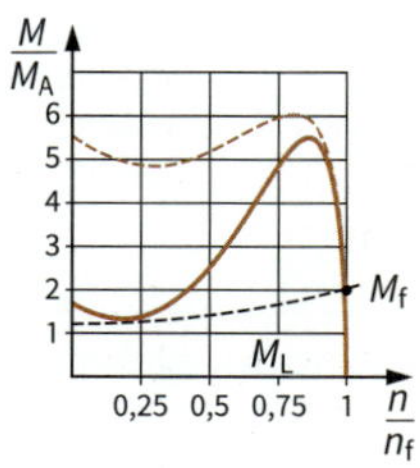	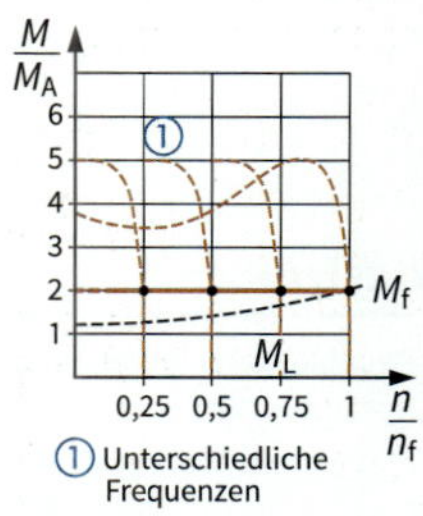
Relative Anlaufdrehmomente	$M_{AD} = 1{,}5 \cdot M_e \dots 3 \cdot M_e$ (motorabhängig)	$M_A = 0{,}33 \cdot$ MAD ($M_A = 0{,}5 \cdot M_e \dots 1{,}0 \cdot M_e$)	$M_A = k^2 \cdot M_{AD}$	$M_A \sim 0{,}1 \cdot M_{AD}$ ($M \sim U/f$, einstellbares Drehmoment)
	M_{AD}: Anlaufdrehmoment bei Direkteinschaltung M_A: Anlaufdrehmoment	k: Spannungsreduktionsfaktor	M_e: Bemessungsdrehmoment M_L: Lastdrehmoment	
Anwendungen	Antriebe an starren Netzen, die hohe Anlaufströme (Anlaufmomente) zulassen.	Antriebe, die erst nach dem Hochlauf belastet werden bei begrenzter Leistungsfähigkeit des Netzes.	Antriebe, die einen sanften Drehmomentverlauf oder Stromreduzierung erfordern.	Antriebe, die einen geführten Sanftanlauf und eine stufenlose Drehzahlverstellung erfordern.

Anwendung

- Ersatz für konventionelle Anlassverfahren (Direktanlauf, Stern-Dreieck-Anlauf)
- Verminderung von hohen Anlaufstromstärken, Strom-/Drehmomentspitzen
- Funktionsprinzip der Phasenanschnittsteuerung
- Kostengünstiger als Frequenzumformer

Anlaufverhalten

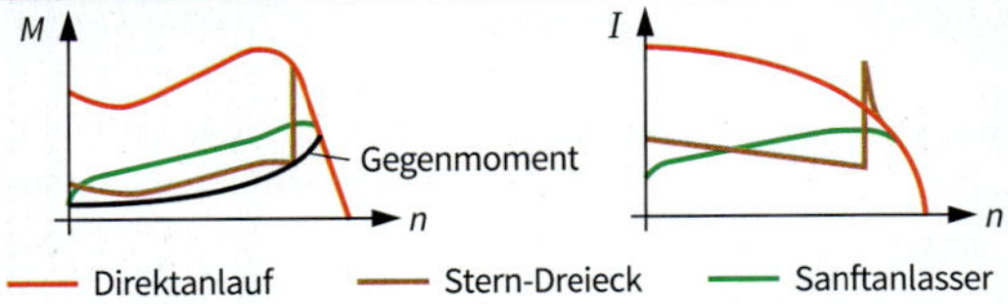

Schaltungsvarianten

Sparschaltung

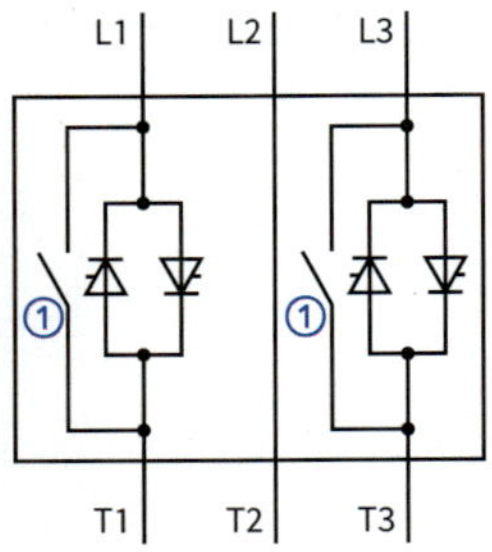

- **Vorteile:**
  - Günstiger als Vollbrücken
- **Nachteile:**
  - Unsymmetrie zwischen Phasen-stömen möglich
  - Gleichstromanteil im Motorstrom möglich
  - Erhöhte Geräusche und Verluste beim Anlauf

Vollbrücke

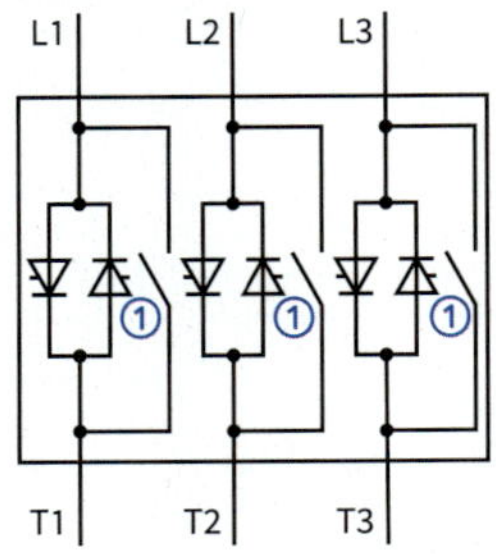

- **Vorteile:**
  - Symmetrischer Betrieb
- **Nachteile:**
  - Teurer als Sparschaltung

Kontakte des Bypass-Schütz ① werden geschlossen, wenn der Anlauf abgeschlossen.
→ Vermeidung der Verluste in Halbleitern. Nicht bei allen Sanftanlassern integriert.

Anschlussvarianten

Standardschaltung

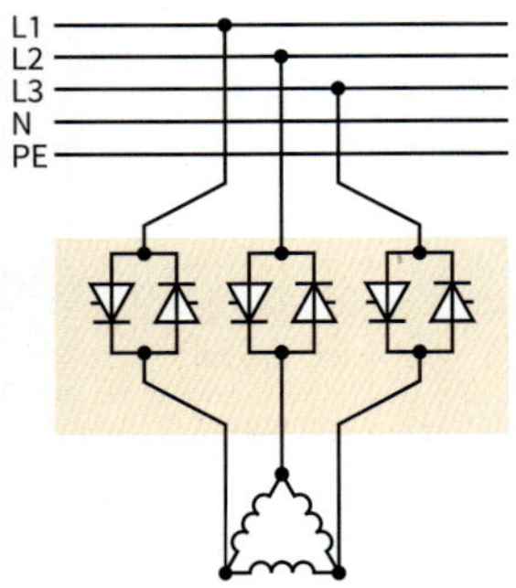

Vorteile:
- Geringer Verdrahtungsaufwand
- Bremsbetrieb möglich

Nachteile:
- Sanftanlasser muss auf Motorbemessungsstrom ausgelegt sein.

$I_{rG} = I_{rM}$

I_{rG}: Bemessungsstrom, Sanftanlasser
I_{rM}: Bemessungsstrom, Motor

√3-Schaltung

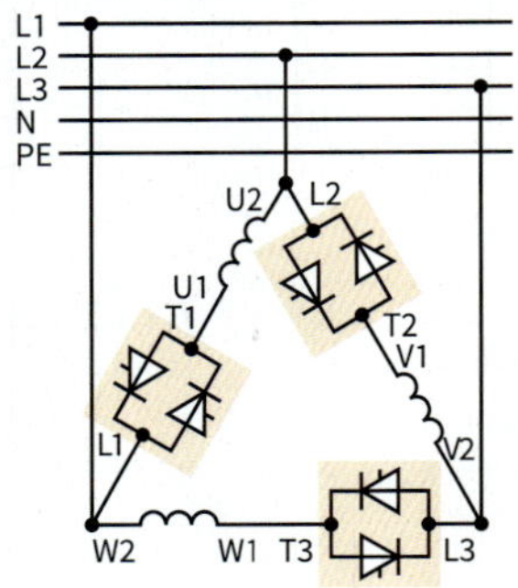

Vorteile:
- Sanftanlasser muss nur auf ca. 58 % des Motorbemessungsstroms ausgelegt sein.

$I_{rG} = 58\,\% \cdot I_{rM}$

Nachteile:
- Erhöhter Verdrahtungsaufwand
- Kein Bremsbetrieb möglich

Regelgrößen

Regelgrößen können durch Sanftanlasser begrenzt werden bzw. über eine parametrierbare Rampe ohne Sprung verändert werden.

Spannung	*Stromstärke*	*Wirkleistung (Drehmoment)*
■ Einfachste Variante (häufig nur als Steuerung nicht als Regelung ausgeführt) ■ Spannung wird über Veränderung des Zündwinkels langsam gesteigert.	■ Strombegrenzung auf Maximalwert möglich. ■ Anwendung wenn Anlaufströme wegen Netzrückwirkungen oder TAB-Anforderungen begrenzt werden müssen.	■ Drehmoment kann begrenzt bzw. langsam geändert werden. ■ Einsatz bei empfindlicher Mechanik

Option als Zusatzfunktionen

- Integrierter Motor-Überlastschutz
- Kompensation von Gleichstromanteilen
- Programmierbare Grenzwerte und Rampen *U*, *I*, *M*
- Feldbusanbindung

Wechselrichterprinzip

Beispiel

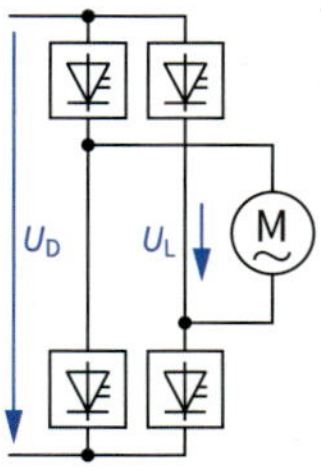

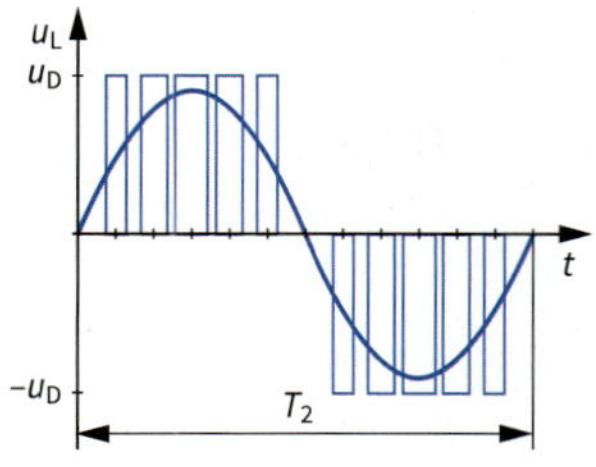

Eigenschaften

- Jede Phase wird wechselweise auf + oder – geschaltet.
- U-Umrichter: Eingeprägte Spannung am Eingang
- I-Umrichter: Eingeprägter Strom am Eingang
- Rechteckförmige Strom-/Spannungsverläufe am Ausgang
- Bei hoher Schaltfrequenz Glättung durch Lastinduktivitäten und -kapazitäten.
- Der Lastfluss ist in beiden Richtungen möglich.
- Bei Antriebsanwendung ist 4-Quadrantenantrieb möglich.

Einteilung

- **Wechselrichter/Frequenzumrichter**
  - ohne Zwischenkreis
    - **Direktumrichter**
  - mit Zwischenkreis
    - Gleichspannungszwischenkreis
      - **U-Umrichter**
        - Zwischenkreisspannung
          - variabel
          - konstant
    - Gleichstromzwischenkreis
      - **I-Umrichter**

Direktumrichter

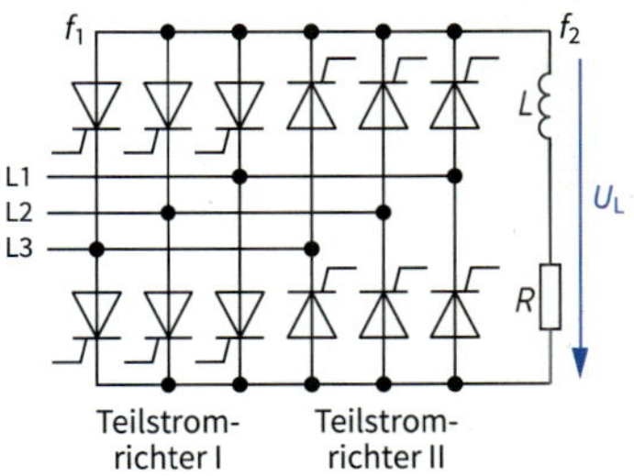

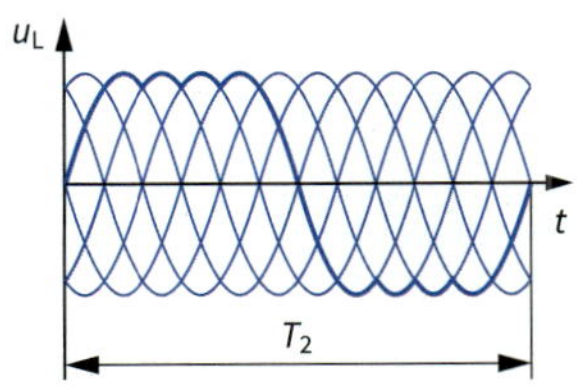

- Zwei antiparallele Teilstromrichter erzeugen eine Ausgangswechselspannung ($f_2 < f_1$).
- Für Drehstromerzeugung sind sechs Teilstromrichter erforderlich.

Zwischenkreisumrichter
Gleichrichter (GR) + Zwischenkreis (ZK) + Wechselrichter (WR)

	I-Umrichter	U-Umrichter (variabel)	U-Umrichter (konstant)
GR	– vollgesteuert, – selbstgeführt	– vollgesteuert, – selbstgeführt	– ungesteuert – vollgesteuert – selbstgeführt
ZK	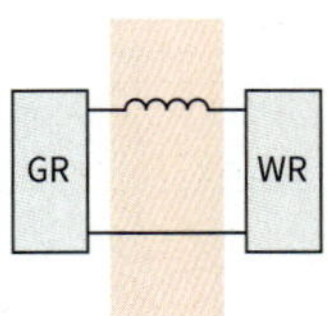	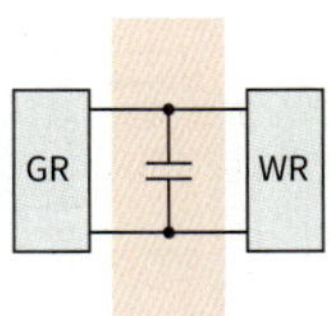	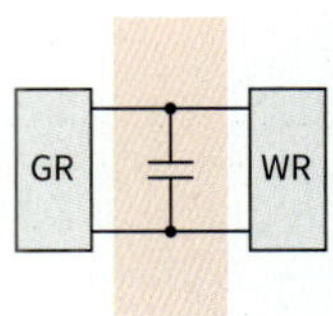
WR	Brückenschaltung mit abschaltbaren Bauelementen		
Bremsen/ Energie-rückspei-sung	Vollgesteuerte oder selbstgeführte Gleichrichter können zwei Leistungsflussrichtungen einstellen. Dadurch kann Bremsenergie ins Netz zurück gespeist werden. Bei netzgeführten Gleichrichtern ist ein Bremschopper mit Widerstand oder Rückspeisestromrichter erforderlich.		Bremsen mit Bremschopper und Widerstand oder separatem Rückspeisestromrichter.

Fehler am Motor

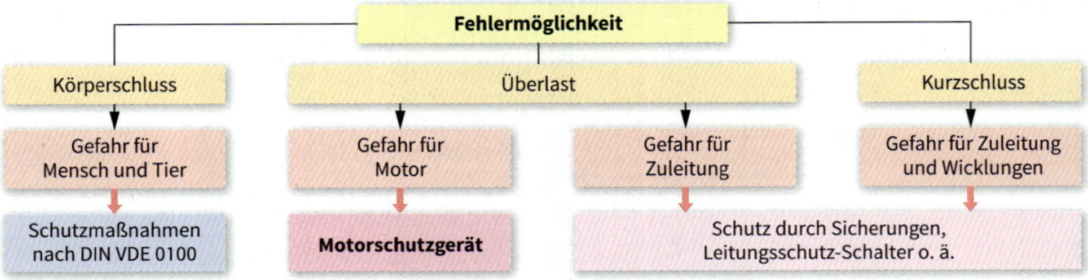

Anforderungen

Motoren müssen bei Bemessungsspannung und -frequenz die 1,6-fache Bemessungsstromstärke 15 s lang aushalten

↓

Motorschutz

Anforderungen an Motorschutzgeräte:

- Belastbarkeit: dauernd mit I_n (Bemessungsstromstärke)
- Überwachung: alle Strompfade
- Einstellstromstärke: veränderbar
- Thermischer Aufbau: wie bei Motor

Verfahren

Schutzart	Schaltungen	Besonderheiten
Motorschutzschalter	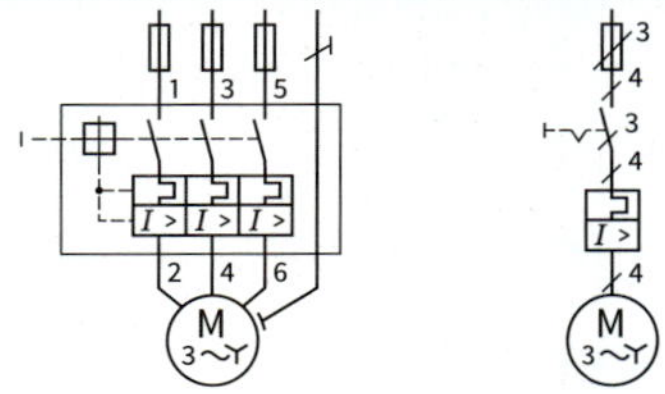	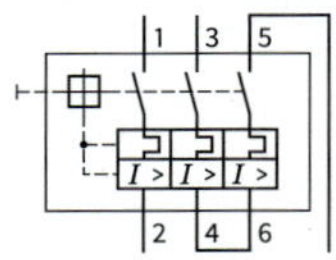 zweipolige Belastung 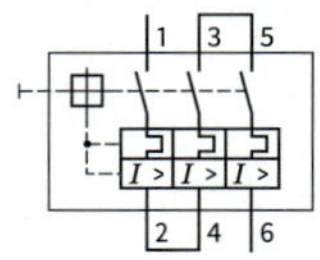 einpolige Belastung
Motorschutzrelais	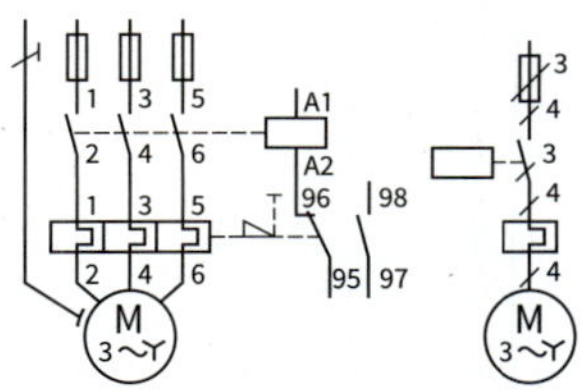	Motorschutzrelais haben eine mechanische Wiedereinschaltsperre, denn sonst würde nach dem Erkalten der Bimetalle das Relais wieder selbsttätig einschalten. Die Sperre wird durch Entsperrungstaste wieder aufgehoben.
Thermischer Motorschutz (Motorvollschutz)	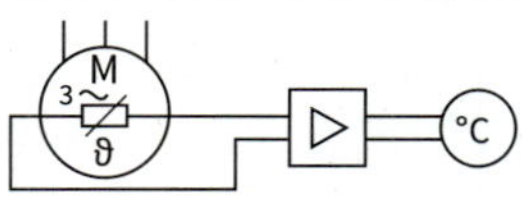	**Widerstandsthermometer** Dienen zum Überwachen der Wicklungs- und Lagertemperaturen
	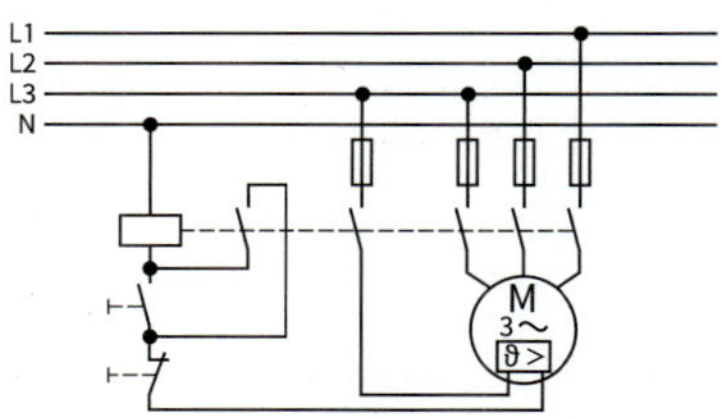	**Thermostat** Die Bimetall-Temperatursensoren mit Öffner oder Schließer sind in die Wicklung eingebaut. Diese schalten das Motorschütz.
	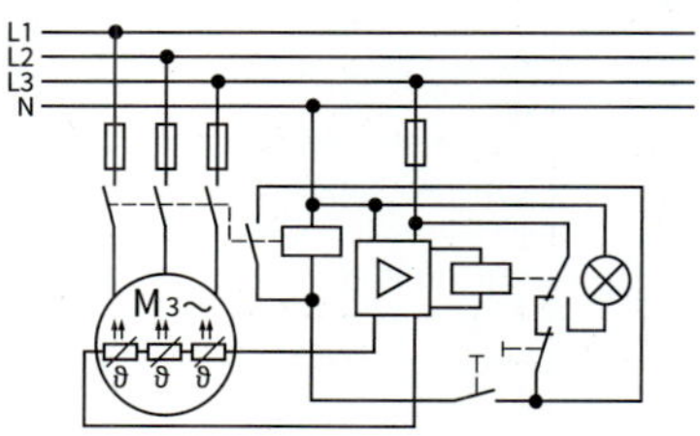	**Thermistor-Motorschutz** Die Halbleiter-Temperatursensoren, die in der Motorwicklung eingebaut sind, wirken auf das Auslösegerät ein. Das schaltet das Motorschütz.

Prinzipien

- Wicklungsteil: Lateinische Großbuchstaben zuordnen
- Gleichstrommaschinen und Einphasen-Wechselstrom-Kommutatormaschinen: A bis J
- Kommutatorlose Wechselstrommaschinen: K bis Z mit Ausnahme von O
- Anfang, Ende und Anzapfungen durch nachgestellte Zahlen kennzeichnen:
  Anfang: 1
  Ende: 2

Anzapfungen:
1. Wicklung 11; 12; 13; …
2. Wicklung 31; 32; 33; …
3. Wicklung 51; 52; 53; …

⋮

Mit niedrigster Ziffer neben dem Wicklungsanfang beginnen.

- Räumlich getrennte oder verschiedenen Stromsystemen angehörende Wicklungsteile mit ähnlicher Aufgabe durch vorgesetzte Zahlen kennzeichnen.
- Zahlen weglassen, wenn Missverständnisse ausgeschlossen sind.

Wicklungskennzeichnung

Kommutatorlose Wechselstrommaschinen		
Wicklung		**Kennbuchstabe**
primär	Strang 1	U
	Strang 2	V
	Strang 3	W
	Sternpunkt	N
sekundär	Strang 1	K
	Strang 2	L
	Strang 3	M
	Sternpunkt	Q
sonstige		R, S, T, X, Y, Z
gleichstromdurchflossen		F

Rechtslauf: Alphabetische Reihenfolge der Buchstaben und zeitliche Phasenfolge der Spannungen stimmen überein.

Wicklung einer Drehstrom-Asynchronmaschine

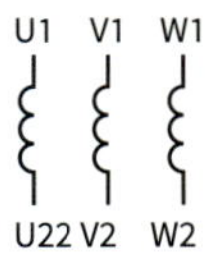

Schleifringläufermotor

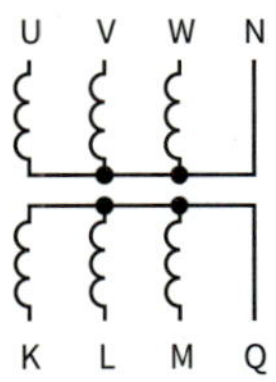

Synchronmaschine

Wechselstrommotor mit Hilfsphase

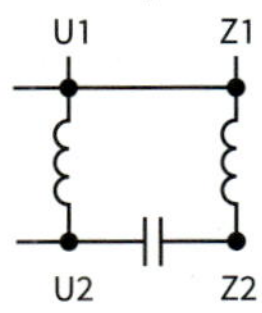

Gleichstrommaschinen	
Wicklung	**Kennbuchstabe**
Ankerwicklung	A
Wendepolwicklung	B
Kompensationswicklung	C
Reihenschlusswicklung	D
Nebenschlusswicklung	E
fremderregte Wicklung	F
Hilfswicklung (Längsachse)	H
Hilfswicklung (Querachse)	J

Rechtslauf: Ankerwicklung und Feldwicklung werden von einem Strom gleicher Richtung durchflossen.

Beispiel: Kompoundierter Gleichstromgenerator mit Kompensations- und Wendepolwicklung

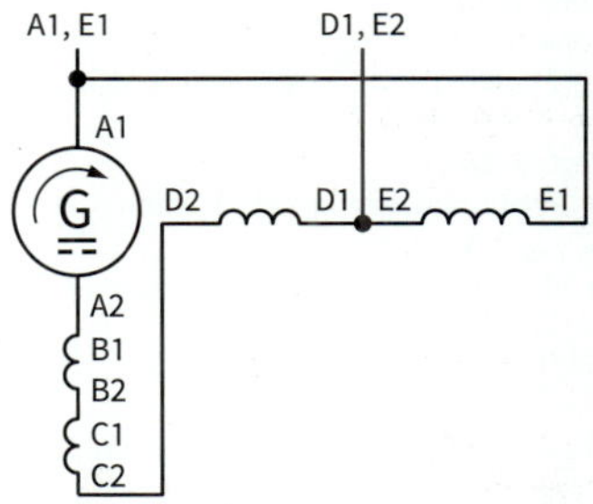

Beispiel: Gleichstrom-Nebenschluss-motor für Rechtslauf geschaltet

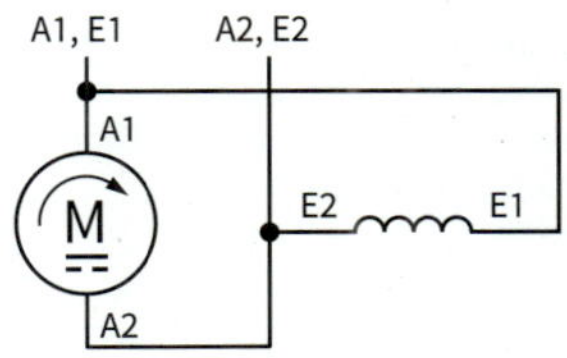

Drehsinn

Wellenart	Blickrichtung auf	Rechtsdrehung
Ein Wellenende	Stirnseite des Wellenendes	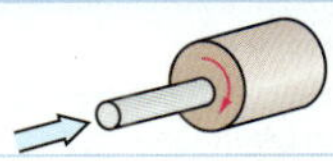
Zwei ungleiche Wellenenden	Stirnseite des dickeren Wellenendes	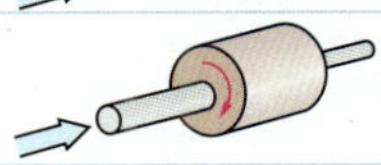
Zwei gleiche Wellenenden	Stirnseite des Wellenendes, das nicht auf der Seite des Kommutators oder der Schleifringe liegt; sonst Vereinbarung treffen	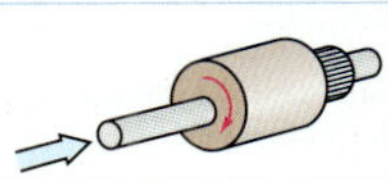

Anwendungen

- Antriebe kleiner mechatronischer Systeme, z. B. Werkzeugmaschinen, Kfz-Anwendungen, Medizin-/Labortechnik, Fotooptik, usw.
- Häufig sind klassische Bauformen von Motoren in kleinen Anwendungen nicht mehr zu realisieren

Auswahlkriterien

- Drehzahl/Geschwindigkeit, Drehmoment/Kraft
- Linear-/Drehantrieb
- Integrationsmöglichkeit in Gesamtsysteme
- Bedienungs- Wartungsmöglichkeit
- Zuverlässigkeit
- Schwingungsarmut, Geräuscharmut

Funktionsprinzipien

- Antrieb mit begrenzter Bewegung
  - Elektromagnet
  - Elektrodynamischer
  - Linearantrieb
  - Hybridschrittantrieb
- Antrieb mit kontinuierlicher Bewegung
  - Kommutatormotor
  - bürstenlose Remanenzmotoren
  - geschaltete Reluktanzmotoren
  - Drehfeldmotor
- Schrittmotor
- Piezoelektrischer Antrieb
  - Wurmmotor
  - Schreitmotoren
  - Ultraschallmotor
  - Wanderwellenmotor

Piezoelektrische Antriebe

Wurmmotor

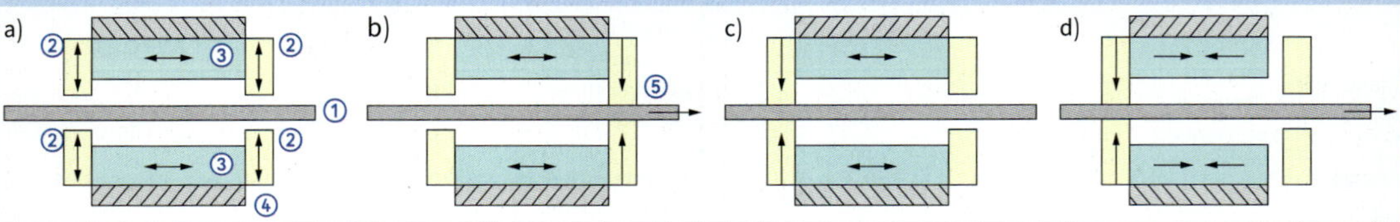

Komponenten:
beweglicher Läufer ①, Klemmaktor ②, Translationsaktor ③, mech. Befestigung ④

Kenndaten:
- Positioniergenauigkeit: 2 ...4 nm
- v_{max} = 0,5 ... 2 mm/s
- Fixierung oder Freilauf des Läufers möglich

Funktion:
a) Sind alle Aktoren im Ruhezustand, ist der Läufer frei beweglich.
b) Zunächst wird der Läufer einseitig festgeklemmt ⑤. Anschließend dehnt sich der Piezoaktor ①. Der Läufer wird nach rechts bewegt.
c) Der Läufer wird auf der Gegenseite eingeklemmt.
d) Der Aktor ① geht in Ruhezustand und zieht sich zusammen. Der Läufer bewegt sich nach rechts.

Schreitmotor

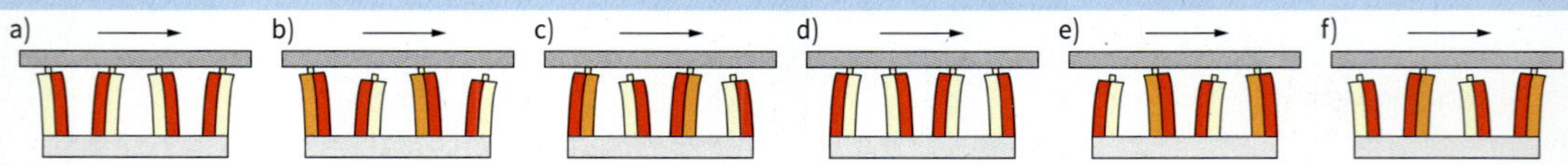

Komponenten:
Je zwei Piezoaktoren bilden ein Bein. Durch unterschiedliche Ansteuerung ist die Länge der Beine veränderbar und ein Biegemoment ist möglich.

Kenndaten:
- Schrittweite: 3 μm
- v_{max} = 12,5 mm/s
- Im Stillstand fixiert
- Haltekraft: 7 N

Funktion:
- Mindestens zwei Beine heben den Läufer an (b).
- Die tragenden Beine biegen sich und bewegen so den Läufer (c).
- Die anderen Beine sind entgegengesetzt gebogen und übernehmen den Läufer (d)
- Die anderen Beinpaare bewegen den Läufer weiter (e).

Wanderwellenmotor

Komponenten:
Der Aktor besteht aus sehr vielen aneinander gereihten Piezoaktoren. Diese können ringförmig oder linear angeordnet sein.

Funktion:
- Alle Piezoaktoren werden zum Schwingen angeregt.
- Durch Überlagerung der Schwingungen entsteht eine Wellenbewegung.
- Jeder Aktor führt an der Spitze eine elliptische Bewegung durch. Diese bewegt den Rotor.

Kenndaten:
- Drehzahl: 0 ... 80 U/min
- Drehmoment: 0 ... 4 Nm
- Hohes Drehmoment bei allen Drehzahlen

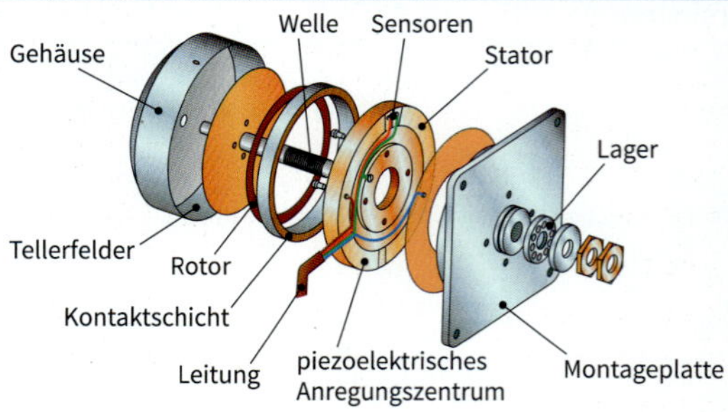

Prinzip

Aufbau
Ständer und Läufer eines Elektromotors sind auf einer Ebene ausgebreitet („abgewickelt"). Sie werden als Primär- (beweglich) und Sekundärelement (fest) bezeichnet.
An Stelle eines Drehfeldes entsteht ein lineares Wanderfeld.

- **Asynchronprinzip**
  - Beweglicher Schlitten mit dreiphasiger „Ständerwicklung"
  - Maschinenbett (Stahl) mit Kurzschlussgitter aus Aluminiumstäben
- **Synchronprinzip**
  - Permanentmagnete (Neodyn) bzw. Elektromagnete im Maschinenbett

Systemkomponenten

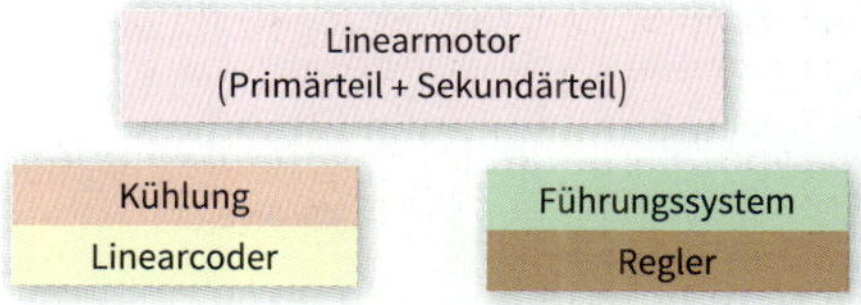

- **Linearcoder**
  - Maßstab mit Abtastkopf (optisch, magnetisch oder induktiv)
  - Inkrementelle Positionsinformation aus zwei sinusförmigen 90° phasenverschobenen Analogsignalen
- **Regler**
  Motorstrom, Geschwindigkeit, Position

Eisenbehaftet (Ironcore)

- Sekundärteil (Stator) besitzt eine ein- oder zweiseitige Magnetanordnung ①.
- Primärteil (Läufer ②) besteht aus einer dreiphasigen Wicklung, die in Nuten eines Blechlaminats eingelegt und vergossen ist. Sie wird durch einen Servoregler angesteuert.

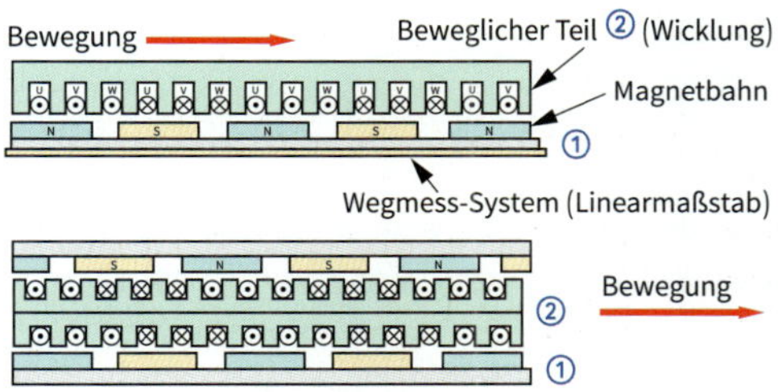

Beispiel: Hauptachsen für Werkzeugmaschinen

Bauformen

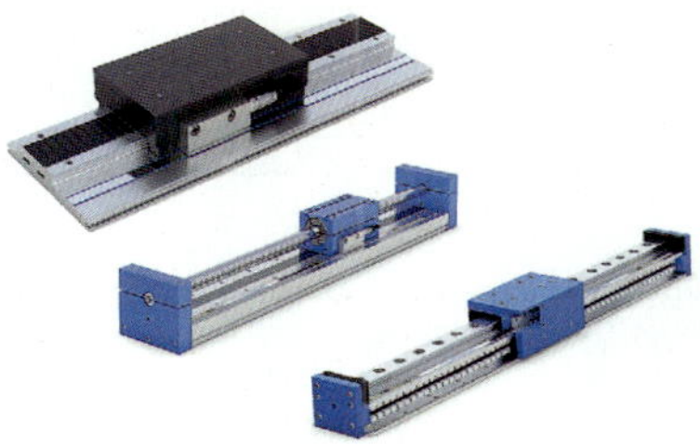

Eisenlos (Ironless)

- Sekundärteil (Stator ①) besteht aus einem U-förmigen Profil, das auf beiden Seiten mit Magneten bestückt ist. Nord- und Südpole sind abwechselnd angeordnet.
- Primärteil (Läufer ②) besteht aus einer dreiphasigen Wicklung, die in Epoxidharz eingegossen ist. Sie wird von einem Servoregler angesteuert.
- Das Kommutierungssignal wird über ein angebrachtes Längenmesssystem oder durch Hallsensoren erzeugt (im Läufer integriert).

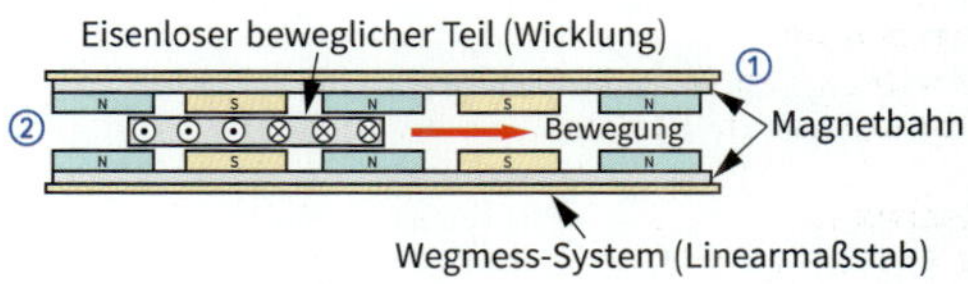

Beispiel: Schnelle und hochgenaue Aufgaben, z. B. für Bestückungsmaschinen

Bauformen

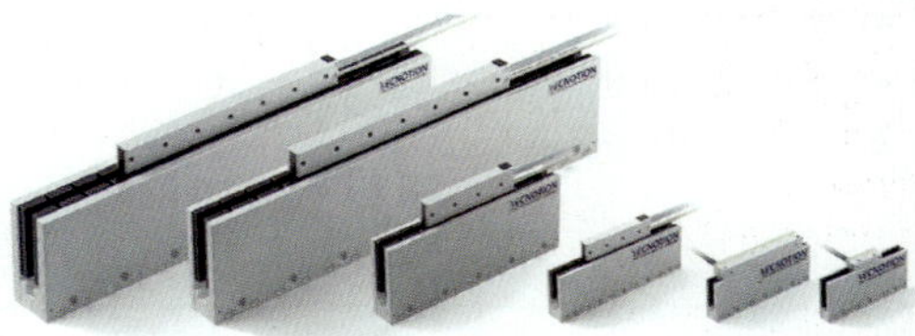

Gegenüberstellung

Merkmale	Ironcore	Ironless
	Beispiele	
Bewegbare Masse	> 50 kg	< 5 kg
Beschleunigung	2 *g*	10 *g*
Kraft	> 1 kN	< 500 N
Geschwindigkeit	> 3 m/s	7 m/s
Verfahrweg	2 m	0,5 m
Positionierungsgenauigkeit	5 μm	0,5 μm
Bewegbare Masse	groß	klein
Dauerleistung	hoch	gering

Qualitätskriterien

- Genauigkeit (DIN EN ISO 9283)
  - Punkt-zu-Punkt-Bewegung
  - Bewegung entlang der Bahn
- Positionssteifigkeit
  - Statisch: Fähigkeit, die aktuelle Position auch unter dauerhaft wirkender Kraft zu halten (z. B. Bearbeitungskräfte)
  - Dynamisch: Verhalten des Systems bei einem impulsartigen Krafteinfluss
- Einschwingverhalten
  Zeitraum zwischen dem erstmaligen Erreichen der Soll-Position und dem endgültigen Verbleib in der Endposition

Begriffe und Formelzeichen

n	Drehzahl, Umdrehungsfrequenz
z	Schrittzahl, Schritte je Umdrehung
α	Schrittwinkel, Winkel je Steuerimpuls
p	Polpaarzahl
m	Phasenzahl
f_z	Schrittfrequenz, Schritte je Sekunde (f_s = konstant)
f_s	Steuerfrequenz entspricht f_z, wenn kein Schrittfehler
f_{AOm}	Maximale Steuerfrequenz, höchste Steuerfrequenz, bei welcher der unbelastete Motor ohne Schrittfehler starten und stoppen kann.
M_L	Lastdrehmoment
J_{Lm}	Grenz-Lastträgheitsmoment im Startbereich

$$n = 60\frac{f_z}{z} \qquad \alpha = \frac{360°}{z} \qquad \alpha = \frac{360°}{2 \cdot m \cdot p}$$

Kennlinien

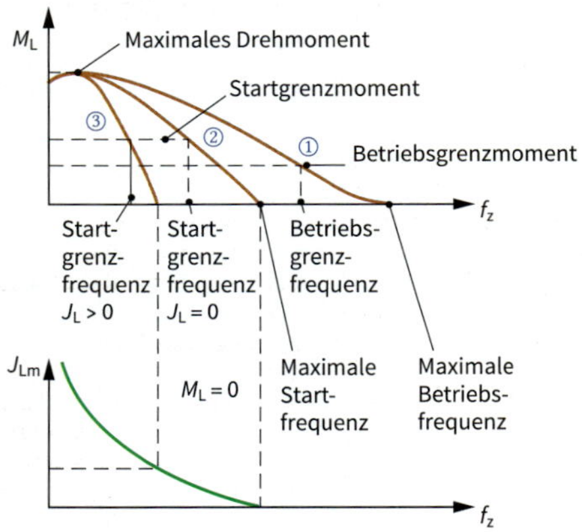

① Begrenzung für Betriebsbereich

② Begrenzung für Startbereich, $J_L = 0$

③ Begrenzung für Startbereich, $J_L > 0$

Eigenschaften der Ansteuerungsarten

Ansteuerungsart	Vorteile
unipolar	Einfache Leistungsschaltstufen (einfacher Umschalter)
bipolar	Cu-Volumen gut genutzt, höheres Drehmoment, höhere Schrittfrequenz
Konstantspannungs-(L/R-)Steuerung	Höhere Schrittfrequenz durch kleinere Zeitkonstante L/R, preiswerte Stromstärkebegrenzung durch Widerstand
Konstantstrom-(Chopper-)Steuerung	Optimale Motorleistung, hohe Schrittfrequenz, hohes Drehmoment, hoher Wirkungsgrad
Vollschrittbetrieb	Höheres Drehmoment
Halbschrittbetrieb	Doppelte Schrittzahl gegenüber Vollschrittbetrieb, geringeres Überschwingen

Ansteuerungsarten

unipolar
mit R_S: L/R-Steuerung

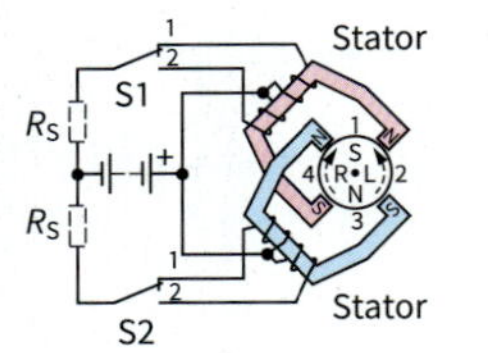

bipolar
mit R_S: L/R-Steuerung

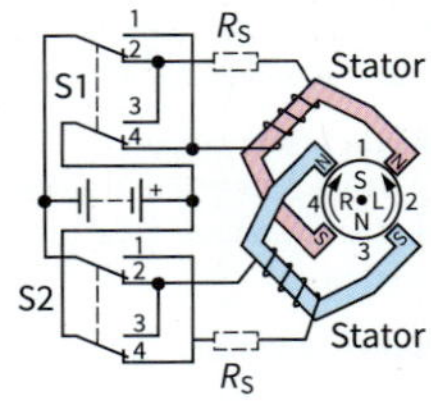

Schritt-Nr. bei Drehrichtung		Halbschrittbetrieb							
		unipolar				bipolar			
		S1	S1	S2	S2	S1	S1	S2	S2
R	L	1	2	1	2	1,3	2,4	1,3	2,4
1	1	x	–	x	–	–	x	–	x
1½	½	x	–	–	–	–	x	–	–
2	4	x	–	–	x	–	x	x	–
2½	3½	–	–	–	x	–	–	x	–
3	3	–	x	–	x	x	–	x	–
3½	3½	–	x	–	–	x	–	–	–
4	2	–	x	x	–	x	–	–	x
½	1½	–	–	x	–	–	–	–	x
1	1	x	–	x	–	–	x	–	x

Vollschrittbetrieb ergibt sich, wenn die roten Zahlen entfallen.

Konstantstrom-(Chopper-)Steuerung

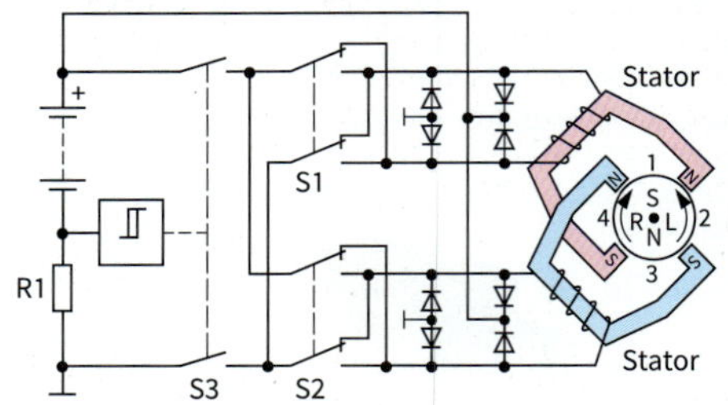

Schalter S3 wird nach Erreichen des zulässigen Steuerstromes geöffnet. Die Freilaufdioden führen den abklingenden Strom, bis S3 nach Erreichen der unteren Schaltschwelle schließt usw.

Schrittmotorsteuerung, bipolar

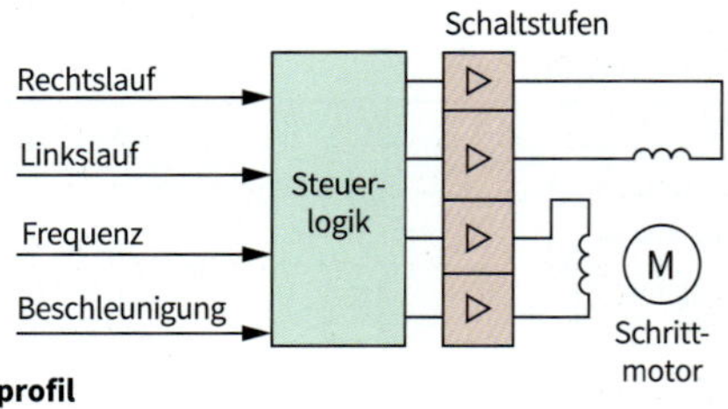

Fahrprofil

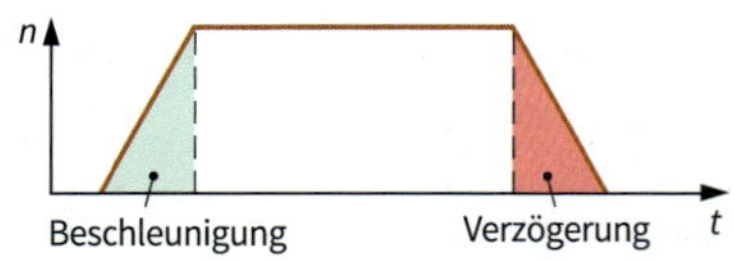

Komponenten

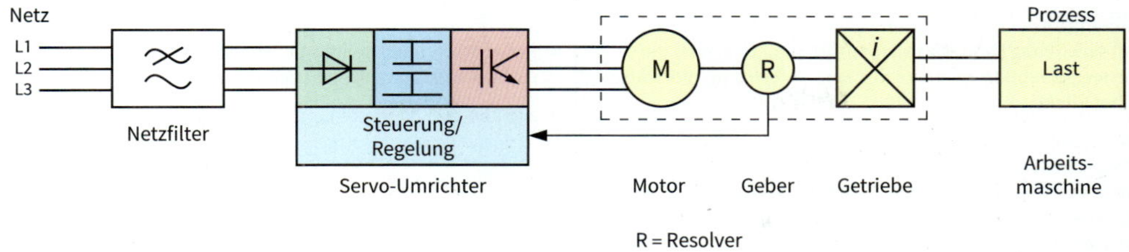

Servo-Umrichter	Motor	
Schrittmotor-Ansteuerung	**Schrittmotor** (Geber kann entfallen, Sonderanwendungen)	
2- oder 4-Quadranten Gleichstromsteller	**Gleichstrommotor** (nur noch bei Sonderanwendungen wegen Wartungsaufwand der Bürsten)	
3 separate Wechselrichter mit integriertem Brems-Chopper oder rückspeisefähigem Zwischenkreis-gleichrichter	**Asynchronmotor** ■ geringes Trägheitsmoment ■ hohe Überlastfähigkeit ■ hohe Maximaldrehzahl	**Synchronmotor** ■ hohes Beschleunigungsvermögen ■ hoher Wirkungsgrad ■ kleines Bauvolumen mit hohem Drehmoment
Geber		
digital		analog
Inkrementalgeber	Absolutwertgeber (Winkel als Absolutwert erfassbar)	
Inkrementalgeber ■ Lichtschranke wird durch Lochblende ① unterbrochen. ■ Jeder Lichtimpuls entspricht einem definierten Winkelschritt. ■ Zweite Spur ist um ¼ der Schrittweite c versetzt. Mit Auswertelogik ist Drehrichtungserkennung möglich. ■ Absoluter Messwert ist nur im Speicher vorhanden. Nach Spannungsunterbrechung muss der Messwert neu justiert werden.	**Encoder** ■ Codescheibe ② enthält die Information des Winkels in Helldunkel-Feldern ■ Lichtschranken ③ werten den Wert der Codescheibe aus. ■ Aus dem Digitalwert lässt sich der aktuelle Winkel errechnen.	**Resolver** ■ Zwei Statorwicklungen sind geometrisch um 90° versetzt. ■ Drehwinkel zwischen 0 und 360° absolut bestimmbar ■ u_{S1} und u_{S2} haben eine Phasenverschiebung von 90°. ■ Je nach Drehwinkel der Rotorwicklung ergibt sich eine Phasenlage zwischen u_R und u_{S1} in Abhängigkeit des Drehwinkels φ.
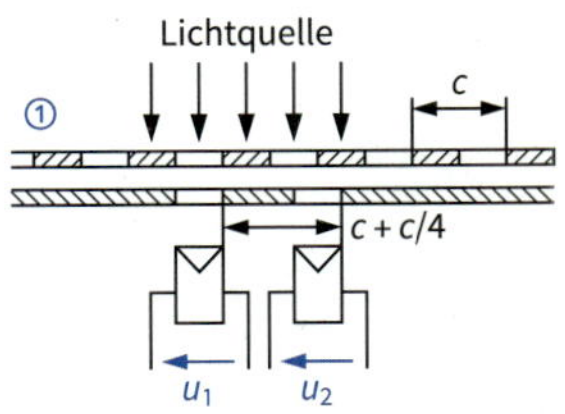	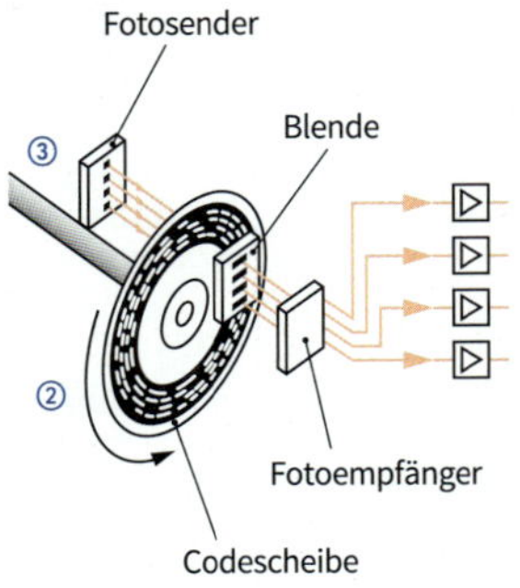	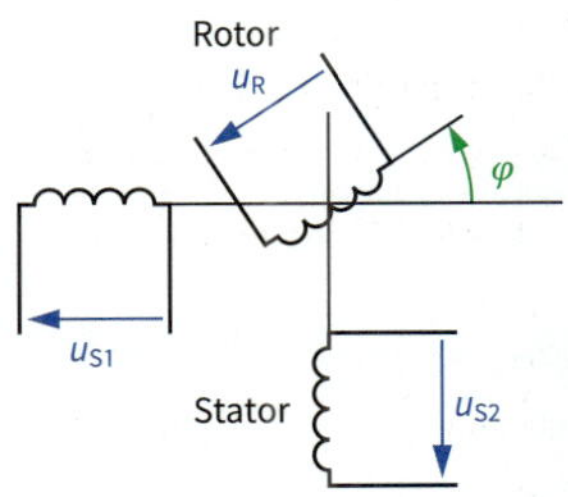

Merkmale

- Großer Drehzahlstellbereich 0,01 ...10000 1/min
- Hohes Drehmoment und Dynamik (kurzzeitige Spitzendrehmomente)
- Hohe Kurzzeitüberlastbarkeit
- Gute Rundlaufeigenschaften im gesamten Drehzahlbereich
- Hohe Genauigkeit bei Positionierung bzw. Winkelgleichlauf
- Hohe Schutzart

Anwendungen

- Antriebssysteme mit mehreren zu koordinierenden Bewegungen
- Positionieraufgaben mit hoher Genauigkeit (z. B. Roboter, Werkzeugmaschinen, Handhabungsgeräte)
- Verkettung mehrerer Antriebe mit hohen Anforderungen an Winkelgleichlauf (z. B. Druckmaschinen, Transportanlagen, Schneideeinrichtungen)
- Elektronische Kurvenscheiben

Piezo-Effekt

- Piezo (griechisch): Druck
- Bestimmte Kristalle (z. B. Quarz) und Keramiken geben bei Krafteinwirkung Ladungen ab (Sensor). Der Effekt wird durch Ionenverschiebung im Innern des Kristalls erreicht (piezoelektrischer Effekt).
- Umkehrung (inverser piezoelektrischer Effekt): Wenn Ladungen (elektrisches Feld) auf die Oberfläche gebracht werden, deformieren sich die Kristalle (Aktor). Unter Einfluss des elektrischen Feldes verändern sich die Abmessungen. Wenn die Verformung behindert wird, treten entsprechende Kräfte auf.
- Werkstoffe:
  - Natürliche Kristalle: Quarz, Turmalin, Seignettesalz
  - Synthetische Keramiken: z. B. PZT (Blei-Zirkonat-Titanat)

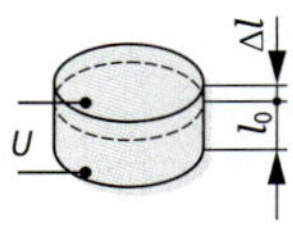

- Legt man eine Wechselspannung an, beginnt das Material zu schwingen (Schwingquarz).
- Längenänderung: $\Delta l / l_0 = 10^{-3}$
  - Hochvolt-Aktoren (…1500 V): Anfangslänge 1 mm → $\Delta l = 1\,\mu$m
  - Niedervolt-Aktoren (ab 60 V): Anfangslänge 0,1 mm → $\Delta l = 0{,}1\,\mu$m

Merkmale

- Bei großen Kräften können geringe Stellwege realisiert werden (z. B. Stapelbauweise).
- Bei relativ großen Stellwegen können nur geringe Kräfte realisiert werden (Biegewandler).
- Nichtlineares Verhalten:

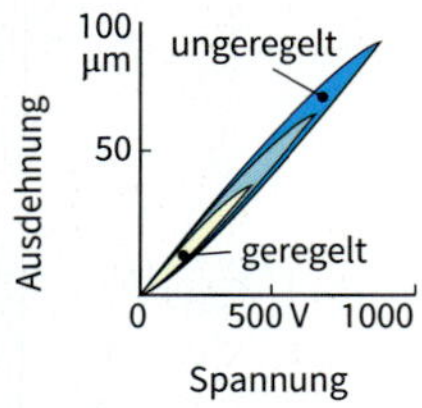

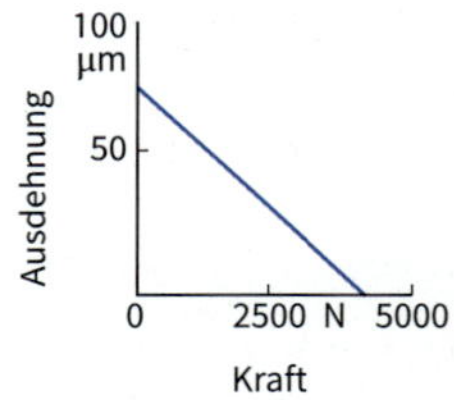

- Elektrische Ansteuerung
- Geringe Leistung, Dichte, geringes Gewicht
- Hohe Steifigkeit
- Sehr kleine Positionsänderungen (nm-Bereich)
- Große Ausdehnungsgeschwindigkeit
- Keine Verschleißteile
- Hoher Wirkungsgrad (etwa 50 %)
- Relativ hohe Betriebsspannung

Bauformen

Stapel

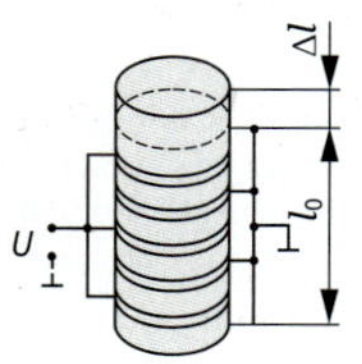

$\Delta l = 20\,\mu$m … $200\,\mu$m
$F \leq 30$ kN
U … 1 kV

Stapel mit Hebelübersetzung

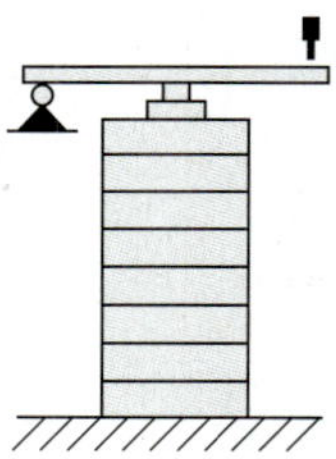

$\Delta l \leq 1$ mm
$F \leq 3{,}5$ kN
U … 1 kV

Streifen

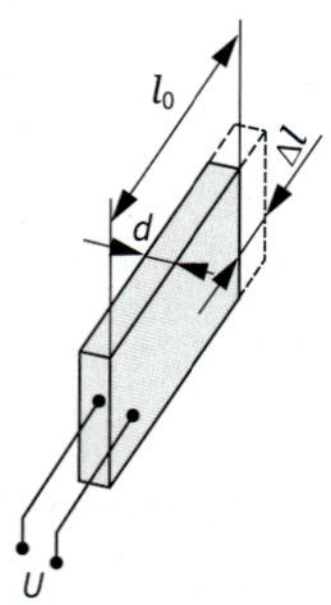

$\Delta l \leq 50\,\mu$m
$F \leq 1$ kN
U … 500 V

Biegescheibe, -wandler

Aufbau: bimorphe Bauweise
Streifen ①: z. B. Stahl
Streifen ②: Piezokeramik

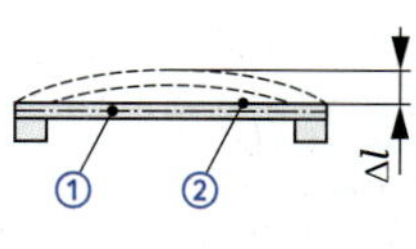

$\Delta l \leq 0{,}5$ mm; $F \leq 50$ N
U … 500 V

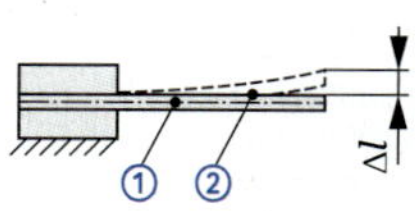

$\Delta l \leq 1$ mm; $F \leq 5$ N
U … 400 V

Ausgangsschaltungen Gleichspannung

- Schalter
  Vorteile: geringes Gewicht, geringes Volumen, keine magnetischen Felder
  Nachteile: last- und temperaturabhängig

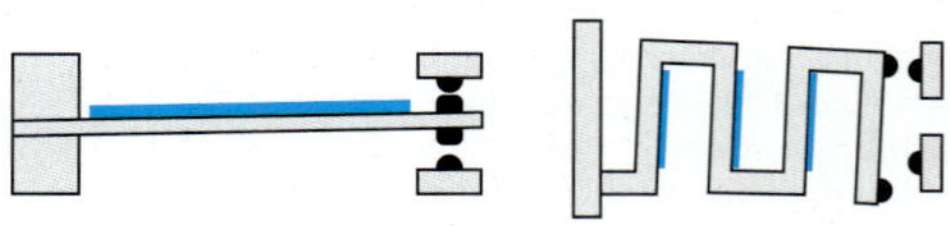

- Mikropositionierung
- Schwingungsdämpfung
- Rotationsantriebe

Beispiele

- Ventilsteuerung
  - Monolithischer Vielschichtaktor
  - Kräfte im kN-Bereich
  - Stellwege bis $50\,\mu$m
  - Ansprechzeiten < 1 ms (erheblich geringer als bei magnetischen Akoren)

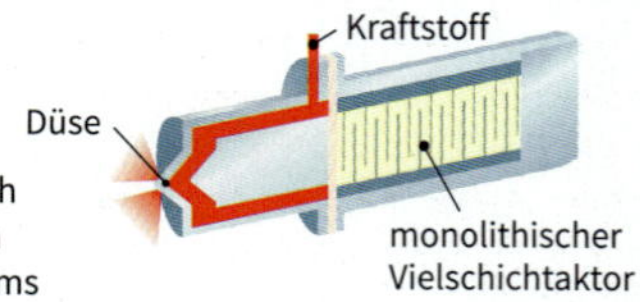

- Lichtwellenleiterjustierung

  Wenn Lichtwellenleiter mit wenigen μm Durchmesser miteinander verbunden werden müssen, muss die Positionierung durch eine Regelung auf $0{,}1\,\mu$m möglich sein.

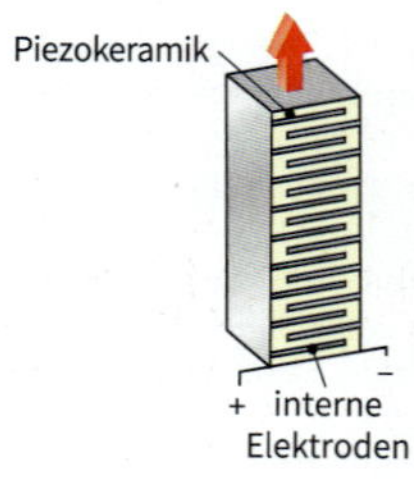

Thermobimetalle

Aufbau und Verhalten

- Thermobimetalle sind Verbundstoffe aus mindestens zwei Metallen mit unterschiedlichen Wärmeausdehnungskoeffizienten α.
- Bei Temperaturänderung kommt es zu einer Krümmung. Diese Krümmung kann je nach Aufbau zu einer Hub- oder Drehbewegung führen.

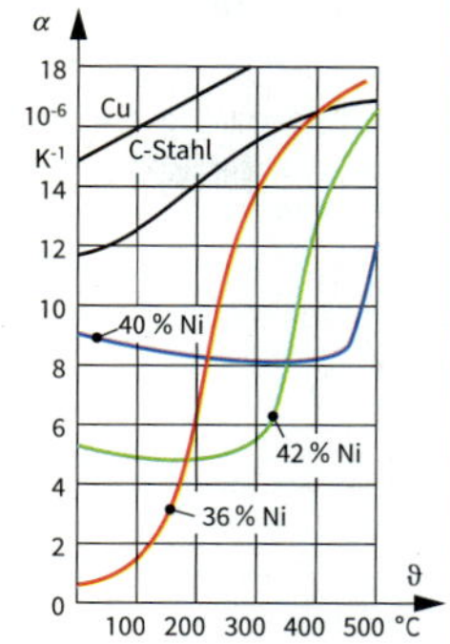

Material:
Nickel-Eisen-Legierungen
- FeNi36 (Handelsname Invar)
- FeNi42, FeNi48 (für höhere Temperaturen)

Merkmale:
Große Stabilität, geringer Preis, geringe Stellkraft

Ausführungsformen

Streifen	Streifen in U-Form	Spirale
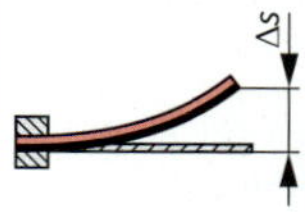	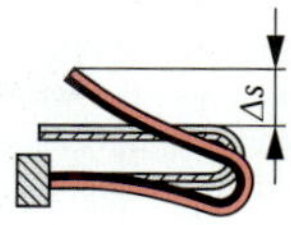	

Anwendungsbeispiel

Thermoschalter

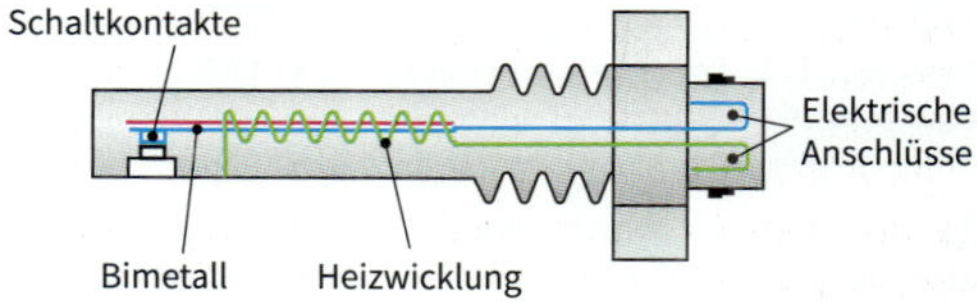

Dehnstoff Aktoren

Funktion

- Der Druckbehälter ist mit einem Stoff gefüllt, der einen großen Volumenausdehnungskoeffizienten γ besitzt, z. B. Wachs, Paraffin, Silikonöl.
- Bei Erwärmung (z. B. Schmelzen) nimmt das Volumen zu. Es wirkt eine Kraft auf den Kolben und es kommt zu einer Hubbewegung.
- Bei Abkühlung wird der Kolben durch eine Rückholfeder in die Ausgangslage zurückgeführt.

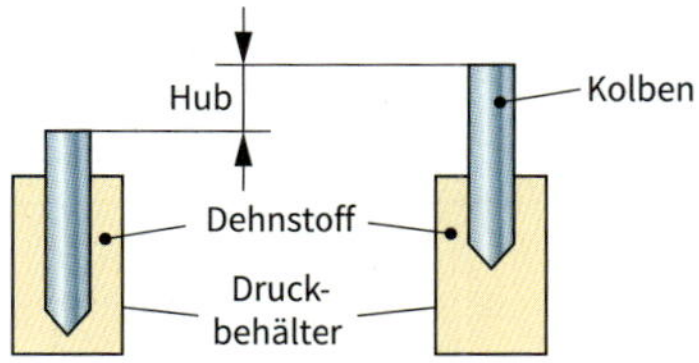

Anwendungsbeispiel

Dehnstoffantrieb (Kolben mit Hubbewegung)

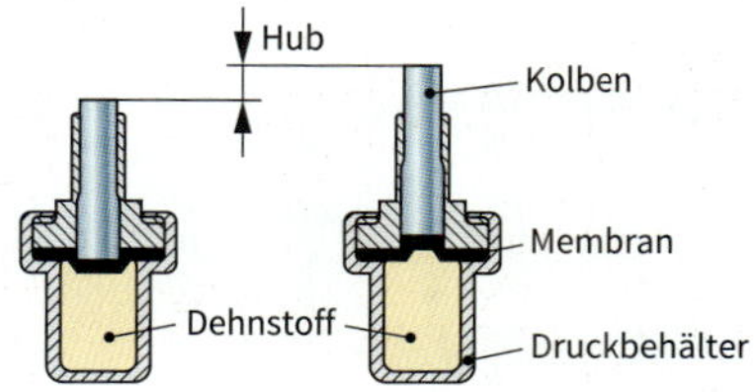

Merkmale:
- Mechanisch robust
- Kein Einfluss von elektromagnetischen Feldern
- Großer Hub, große Stellkraft
- Geringe Dynamik
- Einsatz in begrenzten Temperaturbereichen

Formgedächtnis-Legierungen

- Legierungen mit Formgedächtnis (**SMA: S**hape **M**emory **A**lloy) aus Nickel-Titan (Handelsname Nitinol)
- **Erscheinung**
  Ein plastisch verformter Draht oder Blechstreifen kann verbogen werden, nimmt aber durch Erwärmung wieder seine ursprüngliche Form an.
- **Erklärung**
  - Der thermische Formgedächtniseffekt (Shape-Memory) wird durch rasches Abkühlen des Werkstoffes eingestellt. Dabei erfolgt eine Gefügeumwandlung des Austenits in Martensit. Bei Erwärmung stellt sich das ursprünglich austenitische Gefüge wieder ein.
  - Die Umwandlung der Struktur ist mit einem Energieumsatz verbunden. Zur Bildung von Austenit wird während der Erwärmung Energie benötigt. Sie wird beim Abkühlen und der Umwandlung in Martensit wieder frei.
  - Bei Behinderung der Rückverformung können große Kräfte erzeugt werden (Aktor).

- **Umwandlungsbeispiel**

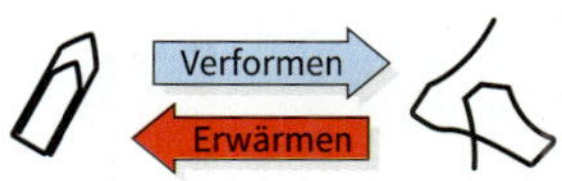

- **Einsatzgebiet**
  Mikroaktorik (Medizin-, Elektro-, Automobil-, Mess- und Regelungstechnik)
- **Probleme und Einschränkungen**
  - Stabilität des Formgedächtniseffektes (zur Zeit begrenzte Zyklenzahl)
  - Begrenzter Temperaturbereich (bis ca. 100 °C)
- **Anwendung**
  - Aktor zur Erzeugung großer Kräfte bei großen Stellwegen
  - Die Betätigung kann durch eine elektrische Direktheizung über die Formgedächtnislegierung erfolgen.

Elektro- und magnetorheologische Aktoren
Electro- and magnetorheological actuators

Merkmale

- **Rheologie:** Teilgebiet der Physik, das sich mit dem Fließverhalten von Substanzen (insbesondere Flüssigkeiten) befasst.
- Elektrorheologische (**ERF**) bzw. magnetorheologische Flüssigkeiten (**MRF**) sind Flüssigkeiten, deren Fließverhalten durch äußere elektrische bzw. magnetische Felder beeinflussbar ist. Der Fließwiderstand steigt mit der elektrischen bzw. magnetischen Feldstärke. Der Effekt tritt bei Gleich- und Wechsel feldern auf.
- Nach Abschalten der Felder wird der ursprüngliche Zustand wieder eingenommen. Die Reaktionszeiten betragen wenige Millisekunden (2–3 ms).
- Zusammensetzung: Isolierende Silikonöle- und synthetische Öle (Suspensionen), Stabilisator und polarisierte bzw. ferromagnetische Partikel (20 % bis 60 %, Durchmesser 1 bis 10 μm).
- Anforderungen an Stoffe: Alterungsstabilität, Wasserfreiheit, geringe elektrische Leitfähigkeit, einfache Entsorgung usw.

Anwendungsmöglichkeiten des rheologischen Effektes

Schermodus	Fließmodus	Quetschmodus
■ Flüssigkeit befindet sich zwischen zwei entgegengesetzt gepolten Platten. Eine Platte ist beweglich. ■ Die Flüssigkeit wird zwischen zwei parallelen Platten geschert. Der Strömungswiderstand zwischen den Flüssigkeitsschichten ist veränderbar. ■ Anwendung: Übertragenes Moment ist steuerbar → Kupplung	■ Flüssigkeit befindet sich zwischen zwei entgegengesetzt gepolten und feststehenden Platten. ■ Der Strömungswiderstand wird in einem Kanal beeinflusst. ■ Anwendung: Ventil	■ Flüssigkeit befindet sich zwischen zwei entgegengesetzt gepolten Platten. ■ Eine Platte ist in zwei Richtungen beweglich (Quetschvorgang). ■ Anwendung: Druckpolster → Dämpfung von Schwingungen

Elektrorheologische Flüssigkeiten

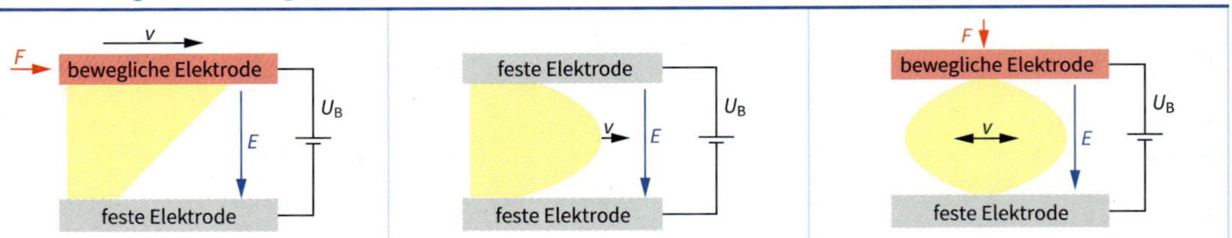

Magnetorheologische Flüssigkeiten

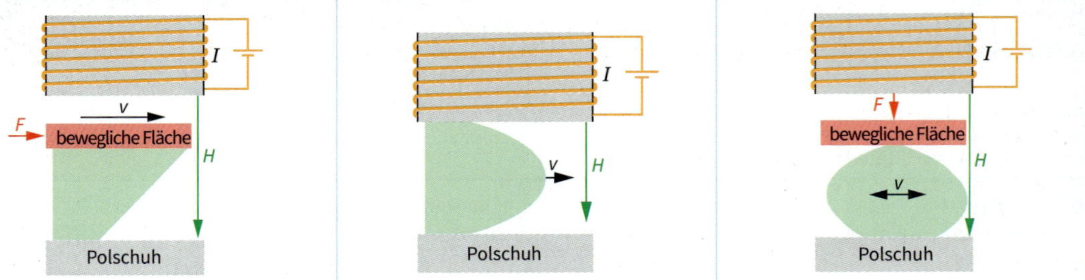

Prinzip Scheibenkupplung mit ERF

Anwendung

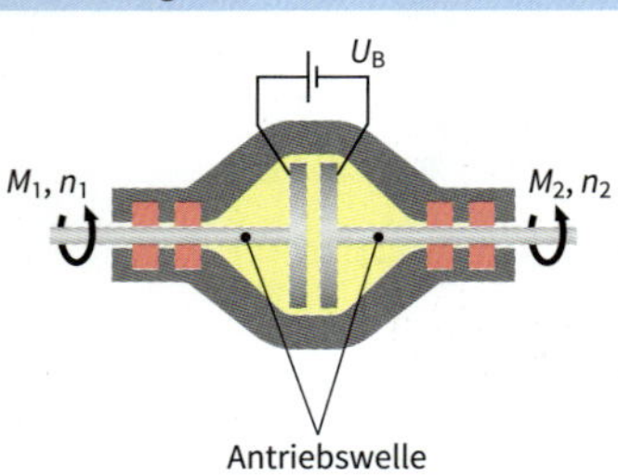

Fließkurve MRF

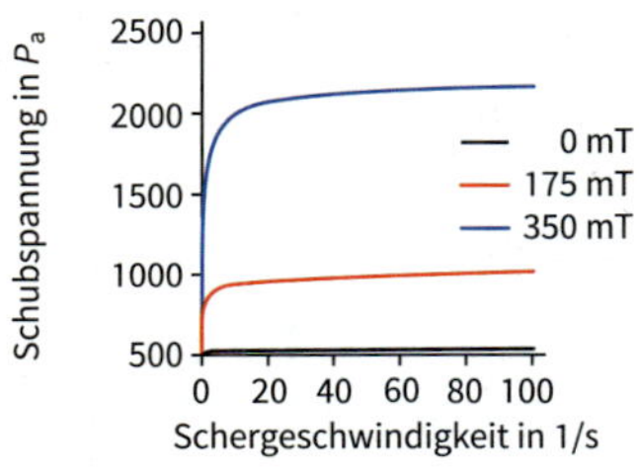

Prinzip Dämpfer mit MRF

Anwendung

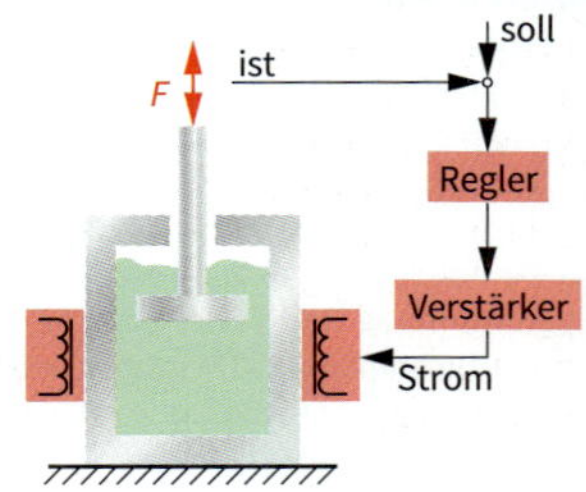

Magnetostriktive Aktoren
Magnetostrictive actuators

Merkmale magnetostriktiver Materialien

- **Magnetostriktion**
  Änderung der mechanischen Abmessungen (volumeninvariante Längenänderungen) eines ferromagnetischen Materials auf Grund eines äußeren Magnetfeldes (maximal ca. 80 kA/m)

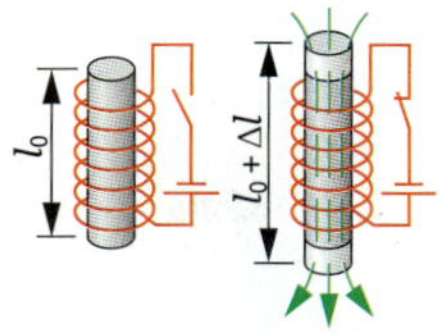

- **Längenänderungen**
  $\Delta l / l_0 = 0{,}15 \dots 0{,}2$ %

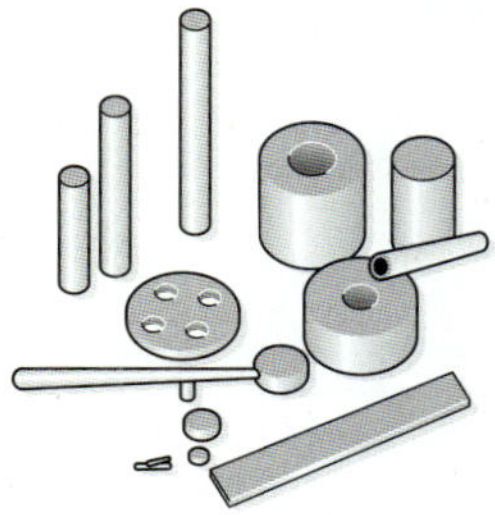

- **Werkstoff**
  - Eisen-Selten-Erden-Verbindungen (Handelsname z. B. Terfenol-D: Terbium-Ferrum-Dysprosium, $Tb_{0,3}Dy_{0,7}Fe_2$)
  - Amorphe Einzel- und Viellagenschichten (Stäbe, Rohre)
  - Spröde (keine spanende Bearbeitung) und zugkraftempfindlich
  - Korrosionsgefährdet
  - Schlecht zu bearbeiten
  - Zulässige Druckbelastung erheblich größer als Zugbelastung
  - Temperaturabhängigkeit:
    Bei $\Delta\vartheta$ von 100 °C liegt die thermische Dehnung im Bereich der Längenänderung durch Magnetostriktion
  - Permeabilität ist klein, $\mu_r < 10$

Aktoren

- **Eigenschaften**
  - Große Kräfte (z. B. 500 N) und große Dynamik
  - Kurze Stellwege mit hoher Positionsgenauigkeit (Ansteuerung von Ventilen und Stellelementen in Maschinen)
  - Bei gewünschter positiver und negativer Auslenkung muss das Material mechanisch vorgespannt und vormagnetisiert werden (Permanent- oder Elektromagnet)
  - Sehr kurze Reaktionszeiten (μs-Bereich)
  - Hoher Wirkungsgrad (75 %)
  - Effekt bis ca. 400 °C nutzbar
  - Starke Magnetfelder, kein leistungsloses Halten
  - Nichtlinearität (Sättigung, Hysterese) → Kompensation durch nichtlineare Regelung
- **Anwendungen**
  - Mikropositionierung
  - Linearmotor
  - Wurmmotor
  - Rotatorische Antriebe
  - Servoventile
  - Einspritzventile
  - Aktive Schwingungsdämpfung

Beispiel

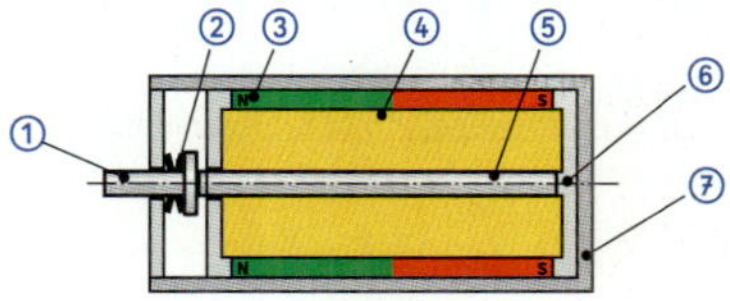

① Abtrieb ② Vorspannfeder ③ Permanentmagnet ④ Wicklung ⑤ Terfenol-D-Stab ⑥ Magnetischer Kreis ⑦ Gehäuse

Linearantriebe
Linear drives

Direkte lineare Bewegung

- **Pneumatik- und Hydraulikzylinder**
  Die Kolbenbewegung wird kraftschlüssig mit einer magnetischen Kupplung auf den Außenläufer übertragen.
- **Linearmotor**
  Mechanische Übersetzungselemente entfallen, Achse des Linearmotors besteht aus einer einfachen Konstruktion mit geringer Masse (große Dynamik), minimale Wartung.

Umformung einer Drehbewegung

- **Gewindespindel**
  Eine Mutter wird durch die Drehbewegung einer Spindel linear bewegt.
- **Kugelgewindeantrieb**
  Kugeln wälzen sich durch Laufrillen in der Spindel und der Mutter (mit Rückführkanal).
- **Zahnstangenantrieb**
  Zahnstange wird durch die Drehbewegung eines Zahnrades verschoben.
- **Bandgetriebe**
  Ein Flachriemen oder eine Kette wird durch einen Motor angetrieben.

Beispiele für Umformungseinheiten

Linearantrieb mit Kugelgewindetrieb

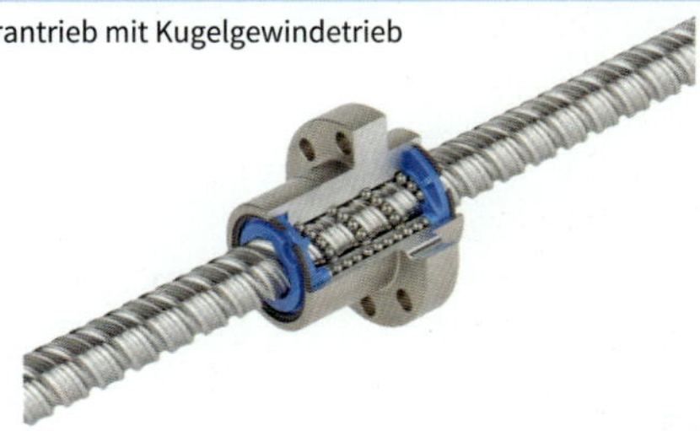

Linearantrieb mit Gewindespindel

Bauformen

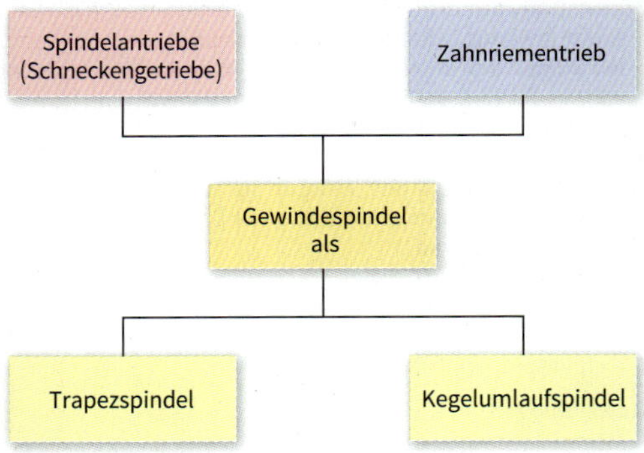

Spindelarten

Trapezgewindespindeln

Kugelumlaufspindel

Linearantrieb mit Spindelantrieb

- Ein Servomotor treibt direkt oder über ein Getriebe die Spindel an.
- Die Mutter überträgt die Kraft auf die zu bewegende Masse
- Kraftübertragung:
  - Spitzenwerte: 500 N bis 20 kN
  - Dauerwerte: 200 N bis 10 kN
- Geschwindigkeiten: 0,2 m/s bis 2 m/s
- Anwendung: Kurze Fahrwege, große Kräfte, niedrige Geschwindigkeiten

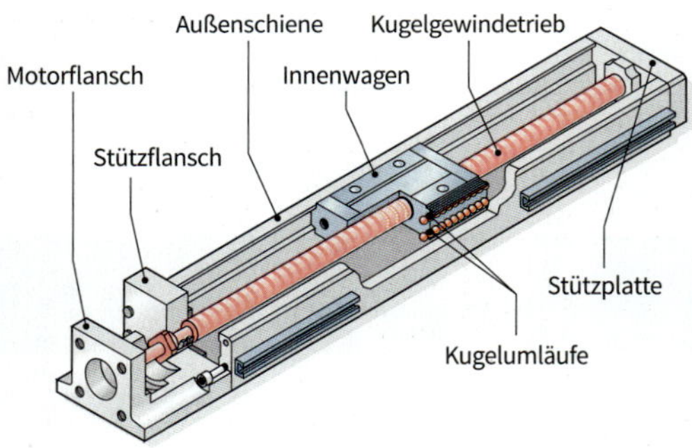

Laufmutter

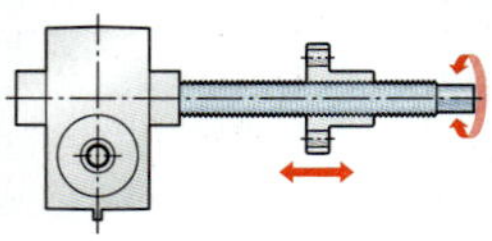

- Durch das Schneckengetriebe wird die Spindel in Rotation versetzt.
- Die Laufmutter fährt die Spindel ab und verursacht den Hub.
- Die Spindel verändert ihre Position nicht.

Hubspindel

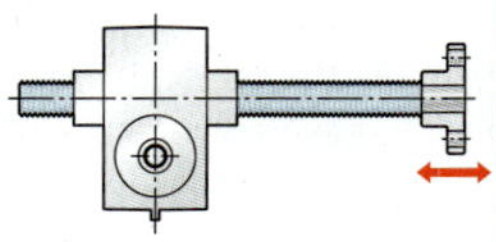

- Mit dem Schneckengetriebe wird das innen liegende Getrieberad in Rotation versetzt und dreht sich um die Spindel.
- Die Spindel verursacht den Hub.

Linearantrieb mit Zahnriementrieb

- Ein Servomotor treibt direkt oder über ein Getriebe die Zahnriemenrolle mit Zahnriemen an.
- Der Zahnriemen überträgt die Kraft auf die zu bewegende Masse.
- Kraftübertragung:
  - Spitzenwerte: 200 N bis 5 kN
  - Dauerwerte: 100 N bis 2 kN
- Geschwindigkeiten: 1 m/s bis 10 m/s
- Anwendung: Lange Fahrwege, hohe Geschwindigkeiten

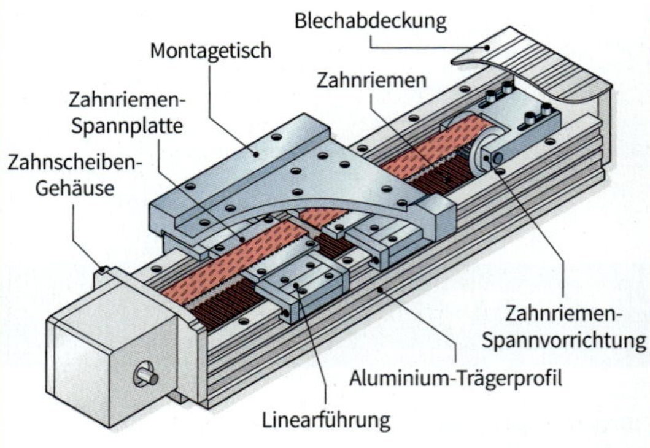

Vergleich

Positioniergenauigkeiten:

- Linearmotor: ± 1 μm
- Spindelantrieb: ± 10 μm
- Zahnriementrieb: ± 100 μm

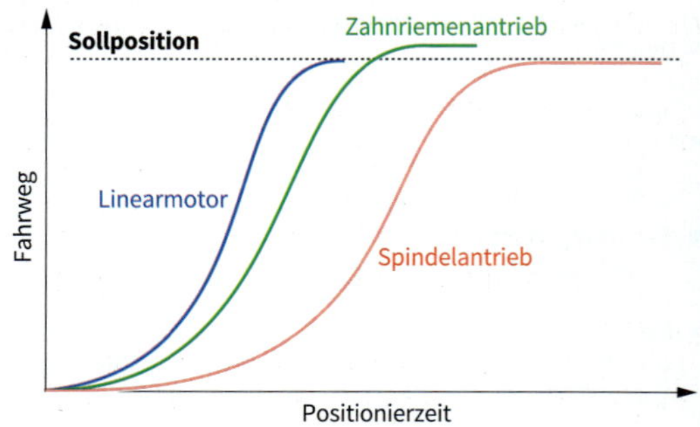

Merkmale

- Elektronische Systeme werden zum Schutz gegen Umwelteinflüsse (z. B. Staub, Hitze, Kälte, Feuchtigkeit) in der Regel in Schaltschränke oder Gehäuse eingebaut.
- Bedingt durch die damit verbundene Leistungsdichte innerhalb des Schrankes entstehen Temperaturen, die die Lebensdauer der eingebauten Komponenten verkürzen.
- Zum Schutz der Komponenten ist eine entsprechende Kühlung bzw. Klimatisierung des Schrankes erforderlich.
- Die Wärmeabfuhr kann dabei auf verschiedene Arten realisiert werden und ist abhängig von der abzuführenden Wärmemenge.
- Grundsätzlich erfolgt die Wärmeübertragung nach drei Prinzipien:
  - Konvektion
  - Wärmeleitung
  - Strahlung

Wärmeübertragung

- **Konvektion**
  - Transportiert thermische Energie mittels Teilchen, die die Wärme mitführen (Materialtransport)
  - Tritt in der Regel bei Flüssigkeiten und Gasen (z. B. Luft) auf

Beispiel: Schaltschrank

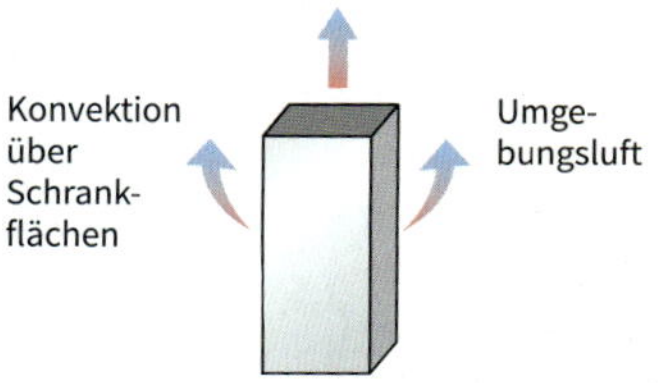

- **Wärmeleitung**
  - Transportiert thermische Energie **ohne** Transport von Teilchen
  - Energie wird durch ungeordnete Teilchenstöße übertragen
  - Gute Leiter sind z. B. Metalle

Beispiel: Kühlkörper

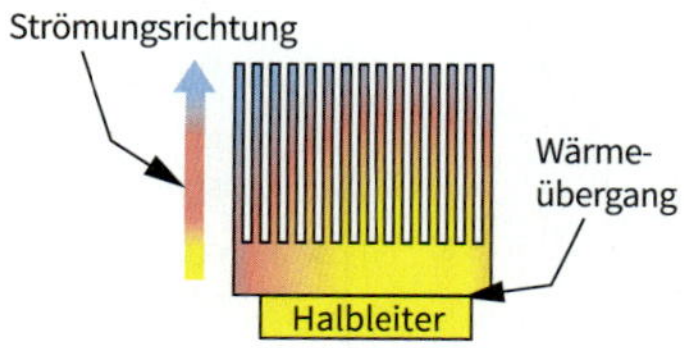

- **Wärmestrahlung**
  - Transportiert thermische Energie **ohne** Transport von Teilchen
  - Ist auch im Vakuum vorhanden
  - Je heißer ein Körper, desto intensiver die Strahlung (z. B. Sonne)

Beispiel: Glühlampe

Vorauswahl Schrankkühlverfahren

- Die Vorauswahl für das einzusetzende Kühlverfahren ist abhängig von der
  - Umgebungstemperatur am Aufstellort bzw.
  - gewünschten (erforderlichen) Innentemperatur und
  - erforderlichen Schutzart (IP-Klasse) des Schrankes.

T: Temperatur

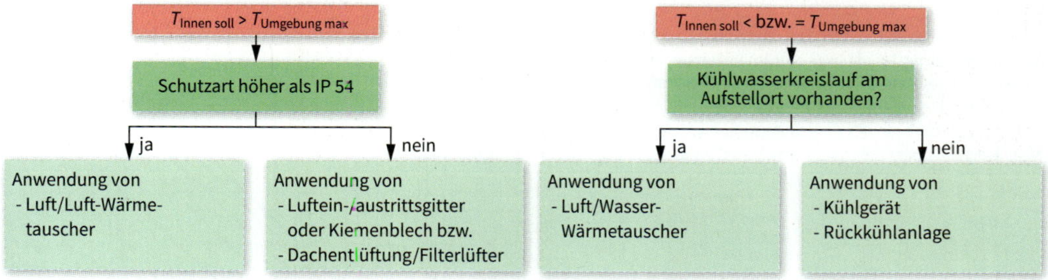

Effektive Schaltschrankoberfläche

- Die effektive Schaltschrankoberfläche ist die wirksame Oberfläche des Schrankes unter Berücksichtigung des Aufstellortes im Raum. Die Formeln zur Berechnung der effektiven Oberfläche Oberfläche berücksichtigen deshalb die spezifischen Aufstellbedingungen (siehe Tabelle).

Einzelgehäuse allseitig freistehend	$A = 1{,}8 \times H \times (B + T)$	$+ 1{,}4 \times B \times T$
Einzelgehäuse für Wandanbau	$A = 1{,}4 \times B \times (H + T)$	$+ 1{,}8 \times T \times H$
Anfangs- oder Endgehäuse freistehend	$A = 1{,}4 \times T \times (H + B)$	$+ 1{,}8 \times B \times H$
Anfangs- oder Endgehäuse für Wandanbau	$A = 1{,}4 \times H \times (B + T)$	$+ 1{,}4 \times B \times T$
Mittelgehäuse freistehend	$A = 1{,}8 \times B \times H$	$+ 1{,}4 \times B \times T + T \times H$
Mittelgehäuse für Wandbau	$A = 1{,}4 \times B \times (H + T)$	$+ T \times H$
Mittelgehäuse für Wandbau, abgedeckte Dachflächen	$A = 1{,}4 \times B \times H$	$+ 0{,}7 \times B \times T + T \times H$

A: Effektive Schaltschrankoberfläche in m^2
B: Schaltschrankbreite in m
H: Schaltschrankhöhe in m
T: Schaltschranktiefe in m

Filterlüfter

- **Außentemperatur ist niedriger als Innentemperatur**
- Die erzeugte Wärme wird über die Schaltschrankwände nach außen abgeführt.
- Konvektion entsteht als **freie Konvektion** (freie Luftströmung) oder **erzwungene Konvektion** (z. B. durch Einsatz von Lüftereinschüben).

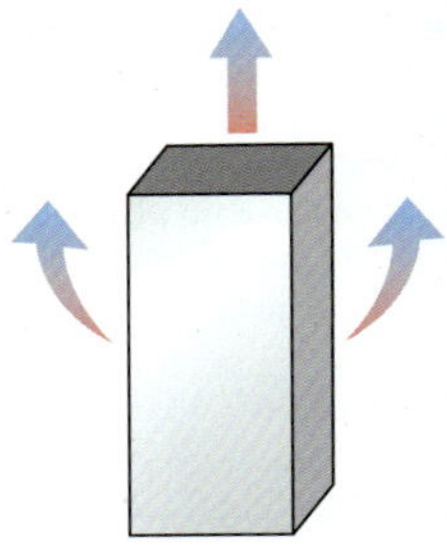

Luft/Luft-Wärmetauscher

- **Außentemperatur ist niedriger als Innentemperatur**
- Sie verfügen über zwei vollständig getrennte Luftkreisläufe mit Wärmetauscher (indirekte Schaltschrankkühlung).
- Die eingebauten Komponenten sind somit gegen Umgebungseinflüsse geschützt.

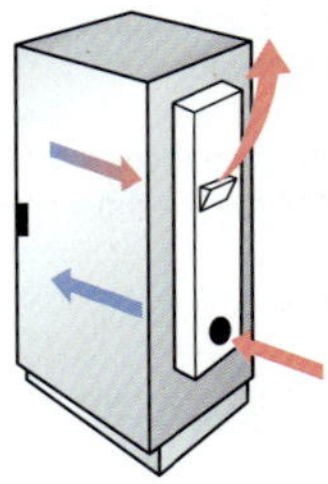

Luft/Wasser-Wärmetauscher

- **Innentemperatur ist niedriger als Außentemperatur**
- Kühlung der Innenluft erfolgt über ein außen am Schrank installiertes Kühlgerät.
- Wärme wird über Wärmerücklaufleitung zur Wärmerückgewinnungsanlage transportiert und dort wieder gekühlt.
- Zu beachten sind
  - Qualität des Kühlwassers (z.B. Wasserhärte)
  - Kühlwasserrichtlinie (VGB-R 455P).

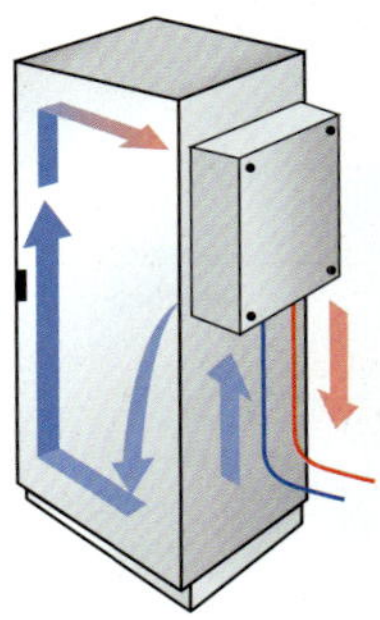

Schaltschrankkühlgeräte

- **Innentemperatur ist niedriger als Außentemperatur**
- Arbeitsprinzip: Kältekompressionsmaschine
- Kühlmedium: Kältemittel
- Die Innentemperatur kann konstant gehalten werden.
- Kühlende Luft wird am Verdampfer entfeuchtet.
- Die Menge des anfallenden Kondenswassers ist abhängig von der relativen Luftfeuchte, der Lufttemperatur im Schaltschrank und am Verdampfer und der im Schrank vorhandenen Luftmenge.

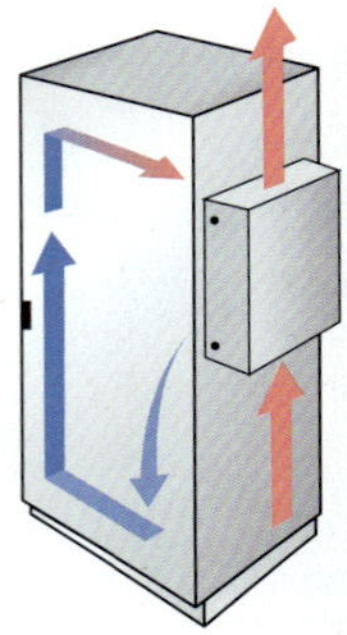

Filterlüfter

- **Außentemperatur ist niedriger als Innentemperatur**
- Eingesetzt bei kleinen abzuführenden Wärmeleistungen
- Ungünstig bei Staubanfall, Feuchtigkeit oder chemischen Stoffen in der Umgebungsluft, da diese lediglich über Filtermatten angesaugt wird.

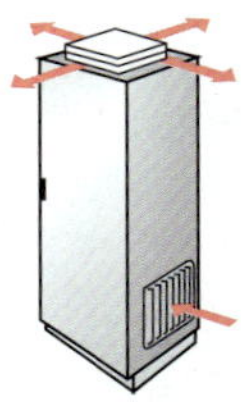

Dimensionierungsbeispiel

Vorgaben:

1. $P_V = 940$ W $\quad P_S = 340$ W $\quad \Rightarrow P_V - P_S = 600$ W
2. $T_U = 30$ °C $\quad T_I = 50$ °C $\quad \Rightarrow \Delta T = 20$ °C $= 20$ K

Ergebnis (aus Nomogramm):

3. Erforderlicher Volumenstrom: V_{min} 90 m³/h

Nomogramm

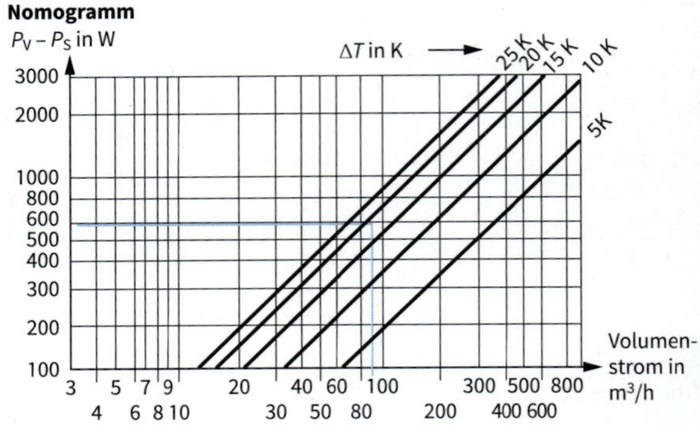

P_V: Wärmeabgabe der Geräte im Schrank
P_S: Strahlungsleistung Schrank
V: Luftfördermenge (Volumenstrom) Filterlüfter
ΔT: Differenz Schrankinnentemperatur und Umgebungstemperatur ($\Delta T = T_I - T_U$)

Schaltschrankheizungen

- Schaltschrankheizungen werden eingesetzt, wenn die internen Geräte für einen bestimmten minimalen Temperaturbereich spezifiziert sind, der praktische Einsatz aber niedrigere Außentemperaturen erwarten lässt
- Ziel: Erreichen der Mindesttemperatur und Vermeidung von Kondenswasser

Prinzipien

- Die Eingangsgrößen werden auf der Steuerstrecke durch Störgrößen beeinflusst. Die Ausgangsgröße ist eine beeinflusste Eingangsgröße.
- Die **Steuerkette** besteht aus einer **Steuereinrichtung**, einem **Stellglied** und der **Steuerstrecke**.
- Die Art der Beeinflussung der Ausgangsgröße ist von der Steuerstrecke abhängig.
- Im Gegensatz zur Regelungstechnik besitzt die Steuerkette einen **offenen Wirkungskreis**.

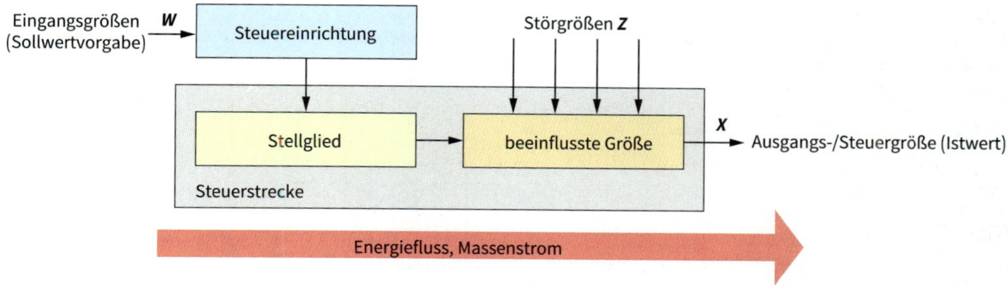

Bezeichnung	Erklärung	Beispiele
Steuereinrichtung	Die Steuereinrichtung bildet in Abhängigkeit der Sollwertvorgaben am Eingang die Stellgröße.	Taster, logische Schaltung, Zeitglied
Stellglied	Das Stellglied wird von der Stellgröße beeinflusst und steuert so den Energiefluss der Steuerstrecke. Es ist ein Teil der Steuerstrecke.	Relais, Transistor, Triac
Steuerstrecke	Die Steuerstrecke ist ein Anlagenteil, der das Stellglied und die aufgabenmäßig beeinflussten Größen enthält.	elektrischer Antrieb

Steuerungsarten

Unterscheidung	Erklärung	Unterscheidung	Erklärung
Signalverarbeitung		Programmierung	
Synchrone Steuerung	Die Signalverarbeitung erfolgt taktsynchron.	Verbindungsprogrammierte Steuerung (**VPS**)	Die Funktion der Steuerung wird durch die Verdrahtung der Elemente realisiert.
Asynchrone Steuerung	Die Signaländerungen werden nur von der Änderung der Eingangssignale ausgelöst. Es gibt kein Taktsignal.	Speicherprogrammierbare Steuerung (**SPS**)	Die Steuerungsfunktion wird durch die Ausführung eines Steuerungsprogramms ausgelöst. Das Steuerungsprogramm ist in einem Speicher abgelegt.
Verknüpfungssteuerung	Den Zuständen der Eingangsgrößen werden über Boolsche Verknüpfungen definierte Zustände der Ausgangssignale zugeordnet.	Steuerungen mit Mikrocontroller	Die Steuerfunktion wird durch die Befehlsfolge des Mikrocontrollers realisiert.
Steuerungsablauf		Hierarchische Zuordnung	
Ablaufsteuerung	Steuerungen, die einen schrittweisen Ablauf voraussetzen. Die Übergangsbedingungen steuern die Abfolge von einem Schritt zum Nachfolgenden.	Einzelsteuerung	Es handelt sich um eine Funktionseinheit zur Steuerung eines einzelnen Stellgliedes.
Zeitgeführte Ablaufsteuerung	Ablaufsteuerung, deren Übergangsbedingung nur von der Zeit abhängt	Gruppensteuerung	Funktionseinheit zur Steuerung eines Teilprozesses, der aus mehreren Einzelsteuerungen besteht
Prozessabhängige Ablaufsteuerung	Ablaufsteuerungen, deren Übergangsbedingungen von den zu steuernden Prozesssignalen abhängen	Prozesssteuerung	Eine Funktionseinheit zur Steuerung eines Prozesses, die den Gruppensteuerungen übergeordnet ist.

Kennzeichen des Regelns

- Fortlaufende Erfassung der zu regelnden Größe
- Vergleichen der Regelgröße mit der Führungsgröße
- Angleichen der Regelgröße an die Führungsgröße
- Geschlossener Wirkungsablauf (Regelkreis)

Elemente der Regelungstechnik

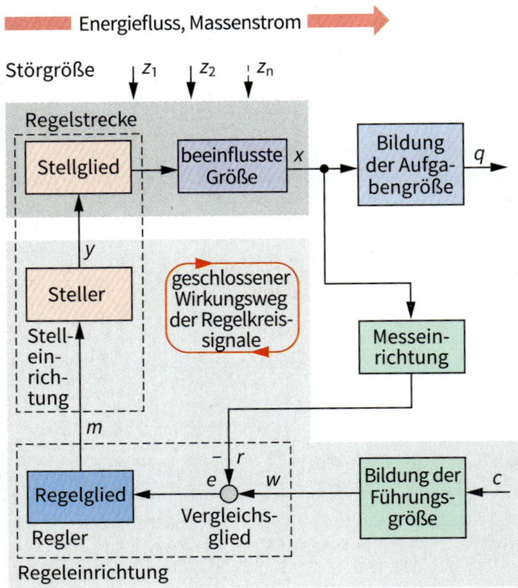

Beispiel: Drehzahlregelung

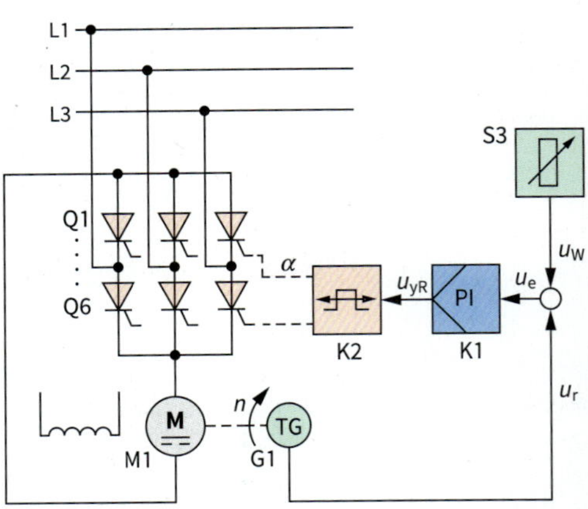

Bezeichnung	Erklärung	Beispiel
Regelstrecke	Sie ist Teil des Systems oder Wirkungsplans, der beeinflusst werden soll.	Q1 … Q6, M1
Regler	Er besteht aus Vergleichsglied und Regelglied.	K1
Regeleinrichtung	Teil des Wirkungsweges, der die aufgabengemäße Beeinflussung der Strecke über das Stellglied bewirkt.	Vergleichsglied, K1, K2, S3
Steller	Er ist eine Funktionseinheit, in der aus der Reglerausgangsgröße die zur Aussteuerung des Stellgliedes erforderliche Stellgröße gebildet wird.	K2
Stellglied	Es ist eine Funktionseinheit am Eingang der Regelstrecke, die in den Massenstrom oder Energiefluss eingreift. Das Stellglied gehört zur Strecke.	Q1 … Q6

Größen der Steuerungs- und Regelungstechnik

Regelgröße	*x*	Größe der Regelstrecke, die zum Regeln erfasst und der Messeinrichtung zugeführt wird.
Aufgabengröße	*q*	Von der Steuerung oder Regelung zu beeinflussende Größe, die mit der Regelgröße verknüpft sein muss, aber nicht unbedingt zum Regelkreis gehört.
Stellgröße	*y*	Ausgangsgröße der Steuer- oder Regeleinrichtung, zugleich Eingangsgröße der Strecke. Sie überträgt die steuernde Wirkung der Einrichtung auf die Strecke.
Reglerausgangsgröße	*m*	Ausgangsgröße des Reglers und Eingangsgröße der Stelleinrichtung
Störgröße	*z*	Von außen wirkende Größe, die die beabsichtigte Beeinflussung in der Steuerung oder Regelung beeinträchtigt.
Führungsgröße	*w*	Von der Steuerung oder Regelung unbeeinflusste Größe, der die Steuerung oder Regelung folgen soll. Sie wird dem Regelkreis von außen zugeführt.
Rückführgröße	*r*	Aus der Messung der Regelgröße hervorgegangene und dem Vergleichsglied zugeführte Größe.
Regeldifferenz	*e*	Differenz zwischen der Führungsgröße *w* und der Rückführgröße *r* $e = w - r$
Zielgröße	*c*	Sollwert für die Aufgabengröße *q*

Zeitverhalten von Führungsgrößen

Bezeichnung	Erklärung	Beispiel
Folgeregelung	Die Regelgröße folgt der von außen vorgegebenen, zeitlich veränderlichen Führungsgröße.	Witterungsgeführte Heizungsregelung
Zeitplanregelung	Die Führungsgröße wird nach einem Zeitplan vorgegeben.	Heizungsregelung mit tage- oder wochenweiser Programmierung
Festwertregelung	Die Führungsgröße ist auf einen festen Wert eingestellt bzw. innerhalb des Führungsbereiches einstellbar.	Drehzahlregelung, Spannungsstabilisierung

Zeitverhalten von Regelkreisgliedern

Um optimales Zusammenwirken von Regelstrecke und Regeleinrichtung zu erreichen, ist die Kenntnis des zeitlichen Verhaltens der einzelnen Glieder notwendig. Zur Untersuchung wird vorzugsweise die Regelstrecke mit verschiedenartigen Änderungen der Eingangsgröße beaufschlagt und die Ausgangsgröße im zeitlichen Verlauf beobachtet.

Verfahren	Erklärung	Zeitlicher Verlauf
Sprungantwort	Zeitlicher Verlauf der Ausgangsgröße ① nach einer sprungartigen Änderung der Eingangsgröße ②.	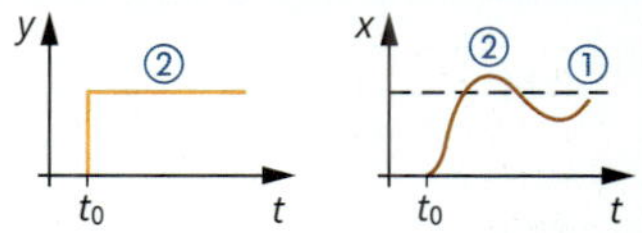
Impulsantwort	Zeitlicher Verlauf der Ausgangsgröße ① bei einem Nadelimpuls ③ der Eingangsgröße.	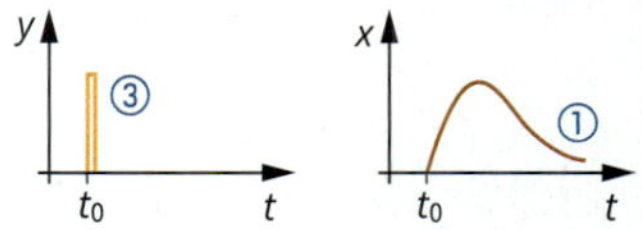
Anstiegsantwort	Zeitlicher Verlauf der Ausgangsgröße ① bei einer Anstiegsfunktion mit definierter Änderungsgeschwindigkeit ④ als Eingangsgröße.	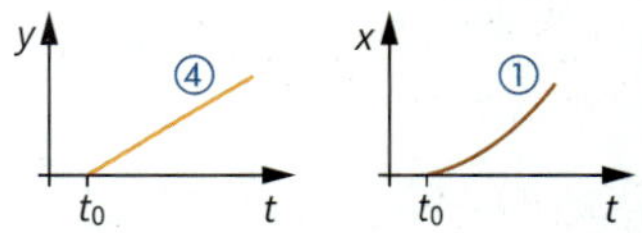
Sinusantwort	Zeitlicher Verlauf der Ausgangsgröße ① bei sinusförmigem Verlauf ⑤ und Durchfahren der Frequenzen $\omega = 0$ bis $\omega = \infty$, ($\omega = 2\pi f$, Kreisfrequenz) der Eingangsgröße. Der Frequenzgang ($\lvert G(\omega)\rvert = \lvert x/y \rvert$) und der Phasengang (Phasenwinkelverlauf $\varphi = f(\omega)$) werden im Bode-Diagramm zur Beurteilung der Stabilität des Regelkreises dargestellt.	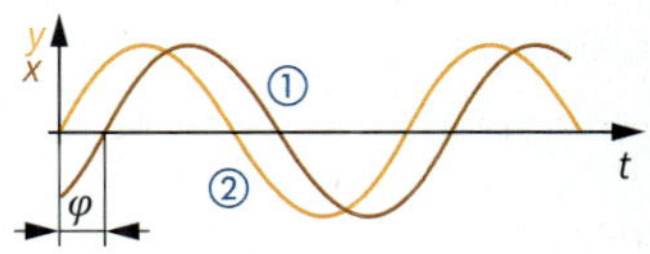

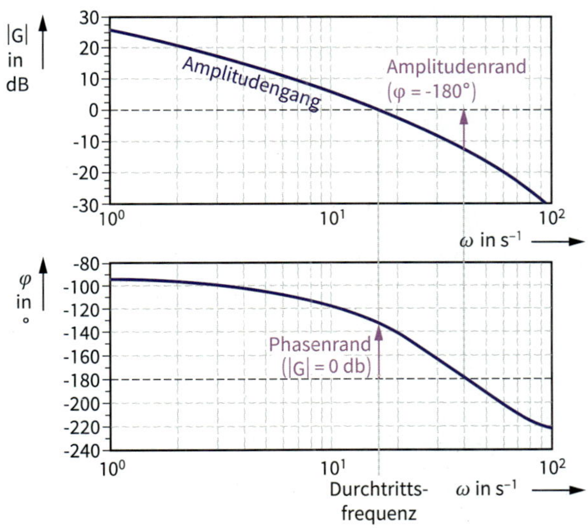

Regelkreisverhalten:

- Es werden der Betrag der Übertragungsfunktion (Amplitudengang) und der Phasenwinkel (Phasengang) bei verschiedenen Frequenzen der Sinusanregung dargestellt.

Reglerauslegung/Stabilitätsbetrachtung:

- **Reihenschaltung** mehrerer Strecken und Regler können durch Addition der Einzelkurven dargestellt werden.
- Größen zur Reglerauslegung
  - Durchgangsfrequenz: *f* bei $\lvert G \rvert = 0$
  - Phasenrand: bei Durchtrittsfrequenz
- Bei **positivem Phasenrand** ist der Regler stabil.
- **Höherer Phasenrand** ergibt Stabilitätsreserven.
  20 % ... 50 %: gutes Störungsverhalten
  40 % ... 70 %: gutes Führungsverhalten
- **Durchtrittsfrequenz** ist Maß für die Reglerschnelligkeit.

Sprungantwort-Verfahren
Dem Sprungantwort-Verfahren kommt in der Praxis die größte Bedeutung zu, da sich damit die Übergangsfunktion meist mit geringem Aufwand experimentell ermitteln lässt.

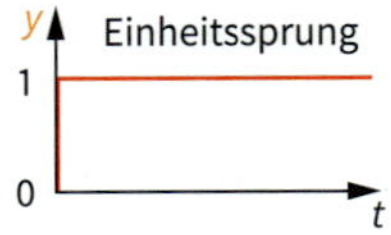

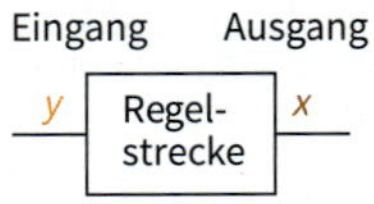

	Bezeichnung, Kenngrößen	Sprungantwort	Beispiel	Übergangsverhalten
P-Strecken (Strecken mit Ausgleich)	**P_0-Strecke** Proportional-Beiwert $K_P = x/y$	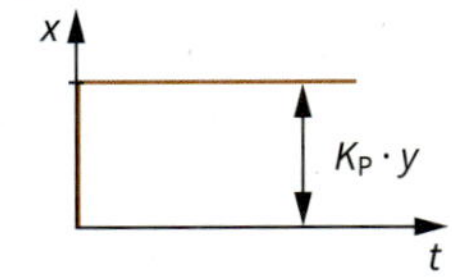	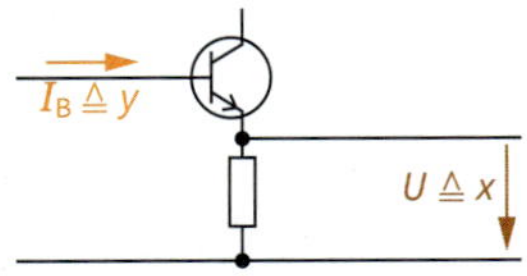	*x* folgt proportional unverzögert der Eingangsgröße *y*.
	PT_1-Strecke Proportional-Beiwert $K_{PS} = x_\infty/y$ *T*: Zeitkonstante $x = 63\,\%$ von x_∞	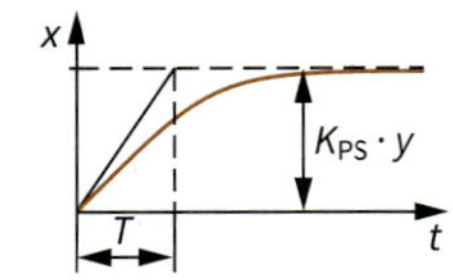	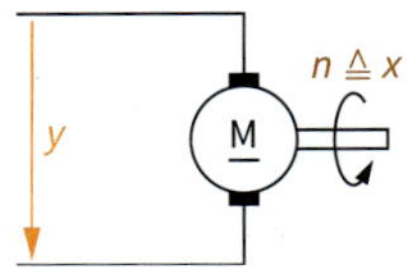	*x* folgt proportional, nach einer e-Funktion verzögert, der Eingangsgröße *y*.
	PT_2-Strecke Proportional-Beiwert $K_{PS} = x_\infty/y$ T_e: Verzugszeit T_b: Ausgleichszeit *p*: Wendepunkt	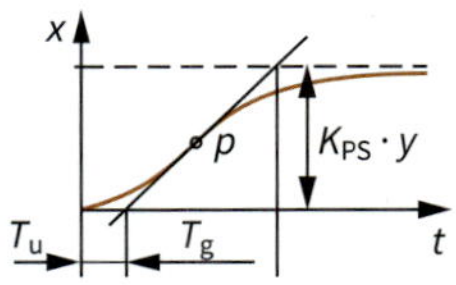	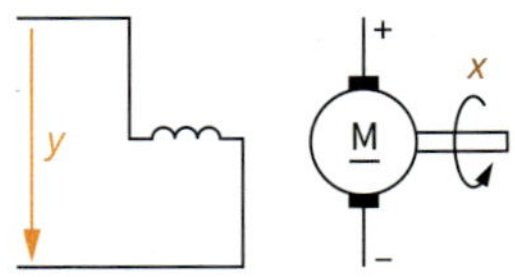	*x* folgt proportional, mit zwei Zeitkonstanten verzögert, der Eingangsgröße *y*.
	PT_t-Strecke Proportional-Beiwert $K_{PS} = \Delta x/\Delta y$ T_t: Totzeit	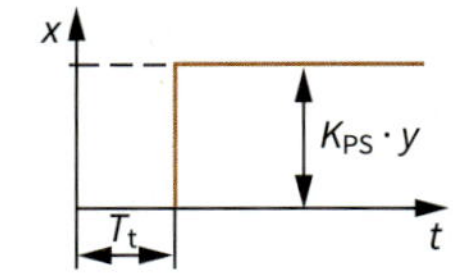	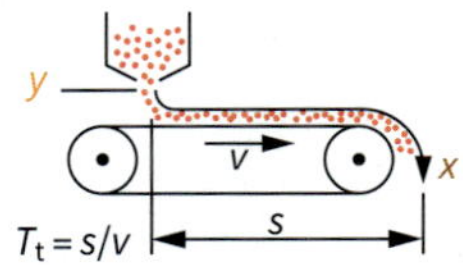	*x* folgt proportional, um die Zeit T_t verzögert, der Eingangsgröße *y*.
	PT_t-T_1-Strecke Proportional-Beiwert $K_{PS} = x_\infty/y$ T_t: Totzeit *T*: Zeitkonstante	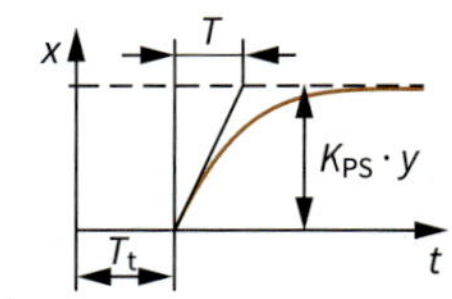		*x* folgt proportional, mit einer e-Funktion und einer Totzeit verzögert, der Eingangsgröße *y*.
I-Strecken (Strecken ohne Ausgleich)	**I_0-Strecke** Integrierzeit T_{IS} Integrierbeiwert $K_{IS} = v_x \cdot \frac{1}{y}$ $v_x = \frac{\Delta x}{\Delta t}$	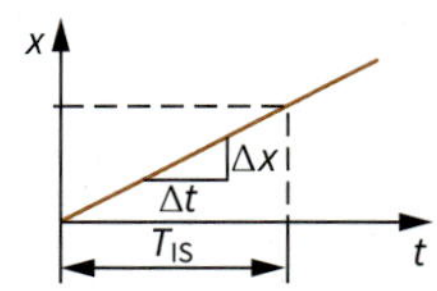	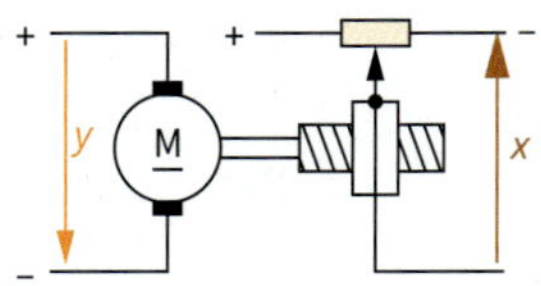	*x* ist das Zeitintegral der Eingangsgröße *y*.
	IT_1-Strecke T_{IS}: Integrierzeit *T*: Verzögerungszeitkonstante	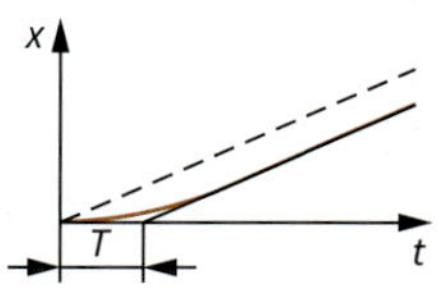	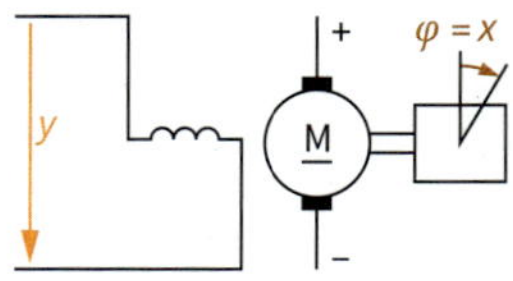	*x* ist das Zeitintegral, verzögert mit einer Zeitkonstanten, der Eingangsgröße *y*.
	IT_t-Strecke T_{IS}: Integrierzeit T_t: Totzeit	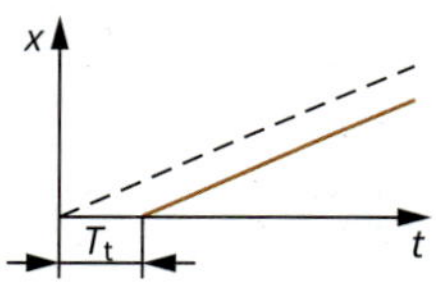	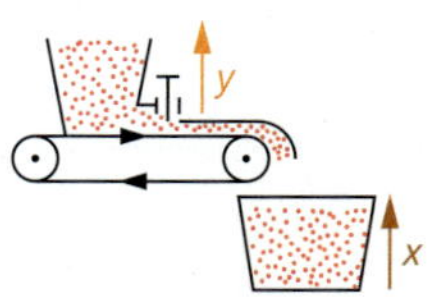	*x* ist das Zeitintegral, verzögert mit der Totzeit T_t, der Eingangsgröße *y*.

Bei stetig wirkenden Regeleinrichtungen kann die Stellgröße y innerhalb des Stellbereiches Y_h jeden Wert annehmen. Die mit elektronischen Reglern relativ einfach realisierbaren gewünschten Eigenschaften werden hier stellvertretend auch für nicht elektronisch (mechanisch, pneumatisch, hydraulisch) arbeitende Regeleinrichtungen behandelt.

<table>
<tr><th colspan="2">Regler</th><th rowspan="2">Reglerantwort</th><th rowspan="2">Erklärung</th></tr>
<tr><th>Typ</th><th>Kenngrößen</th></tr>
<tr><td>P</td><td>
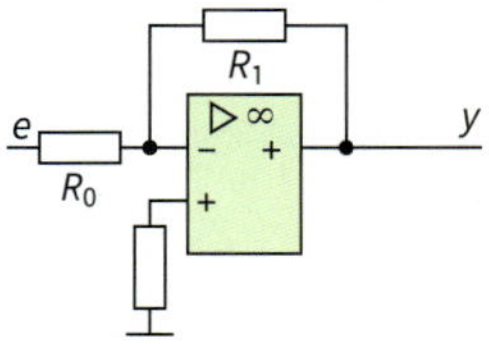

$K_p = \frac{R_1}{R_0} = \frac{y - y_0}{e}$</td><td>
Sprungantwort

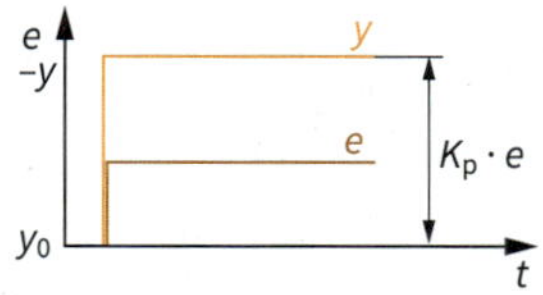
</td><td>Die Regeldifferenz bewirkt eine proportionale Stellgröße.

K_p: Proportionalbeiwert</td></tr>
<tr><td>D</td><td>
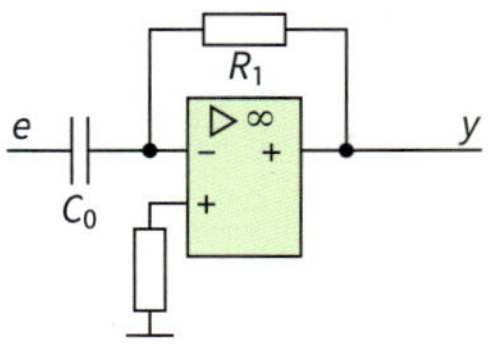

$K_D = (y - y_0)\frac{\Delta t}{\Delta e}$

$K_D = R_1 \cdot C_0 = T_D$</td><td>
Anstiegsantwort

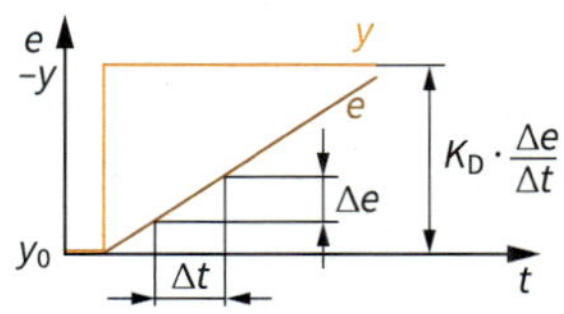
</td><td>Die Änderungsgeschwindigkeit der Regeldifferenz bewirkt einen bestimmten Wert der Stellgröße.

K_D: Differenzierbeiwert
T_D: Differenzierzeit</td></tr>
<tr><td>I</td><td>
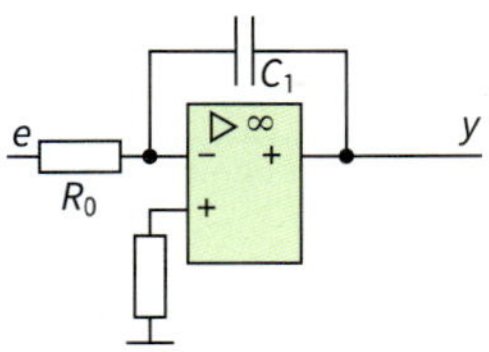

$K_I = \frac{1}{e} \cdot \frac{\Delta y}{\Delta t}$

$K_I = \frac{1}{R_0 \cdot C_1} = \frac{1}{T_I}$</td><td>
Sprungantwort

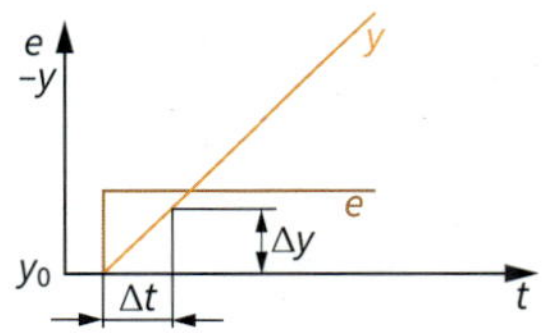
</td><td>Die Regeldifferenz bewirkt eine bestimmte Änderungsgeschwindigkeit der Stellgröße.

K_I: Integrierbeiwert
T_I: Integrierzeit</td></tr>
<tr><td>PD</td><td>
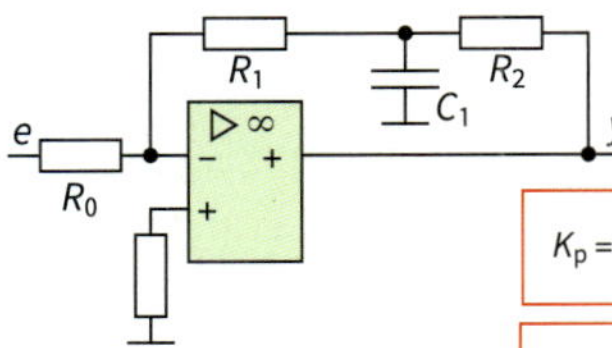

$K_p = \frac{R_1 + R_2}{R_0} = \frac{K_D}{T_v}$

$T_v = \frac{R_1 \cdot R_2}{R_1 + R_2} \cdot C_1$</td><td>
Anstiegsantwort

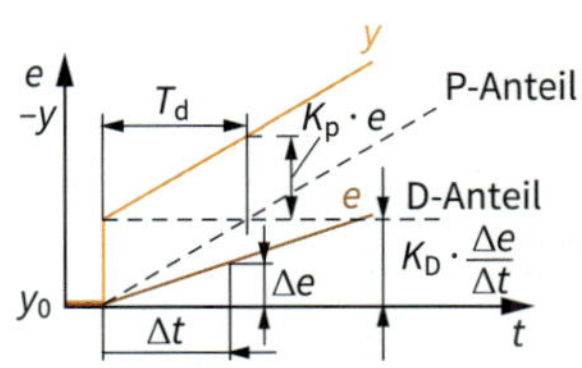
</td><td>Die Regeldifferenz bewirkt eine Stellgrößenänderung mit P- und D-Anteil.

K_p: Proportionalbeiwert
T_d: Vorhaltezeit</td></tr>
<tr><td>PI</td><td>
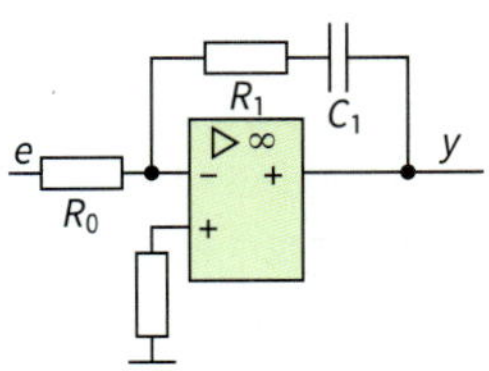

$T_n = R_1 \cdot C_1$

$T_I = R_0 \cdot C_1$

$K_p = \frac{y_p}{e} = \frac{R_1}{R_0}$

$K_I = \frac{K_p}{T_n} = \frac{1}{R_0 \cdot C_1}$</td><td>
Sprungantwort

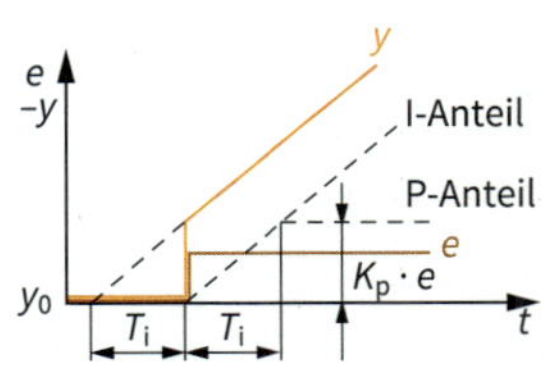
</td><td>Die Regeldifferenz bewirkt eine Stellgrößenänderung mit P- und I-Anteil.

T_i: Nachstellzeit</td></tr>
<tr><td>PID</td><td>
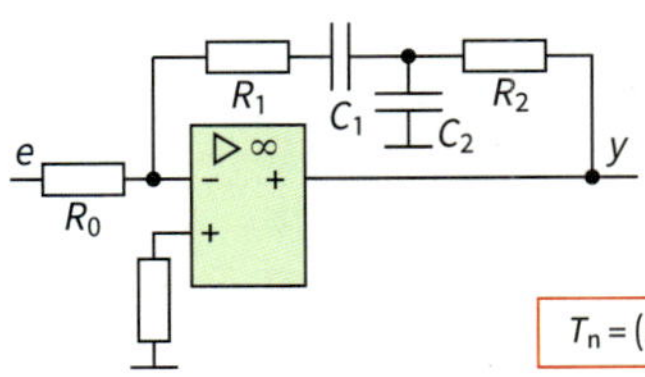

$T_n = (R_1 + R_2)\, C_1$

$K_p = \frac{R_1 + R_2}{R_0}$

$T_v = \frac{R_1 \cdot R_2}{R_1 + R_2} \cdot C_2$</td><td>
Sprungantwort

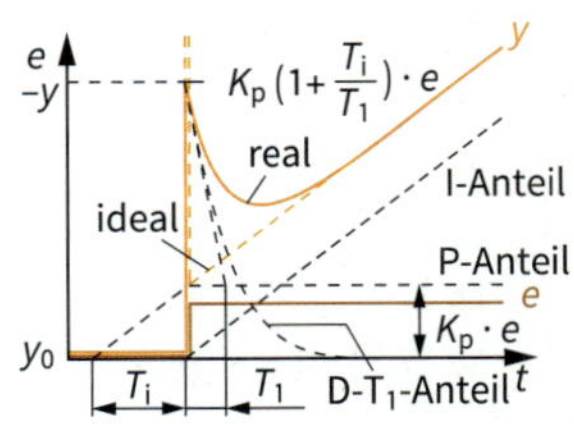
</td><td>Die Regeldifferenz bewirkt eine Stellgrößenänderung mit P-, I- und D-Anteil (idealer Regler). Ein realer Regler besitzt die Zeitkonstante T_1, die mit zusätzlichem R (in Reihe zu C_2, nicht dargestellt) gezielt eingestellt werden kann.

PI (D − T_1) -Verhalten</td></tr>
</table>

- **Zweipunkt-Regeleinrichtung**
  - Die Stellgröße kann beim Zweipunktregler nur zwei Zustände annehmen: EIN und AUS.
  - Zweipunktregler eignen sich aufgrund des unstetigen Verhaltens nur zum Betrieb an solchen Regelstrecken, deren Veränderung der Regelgröße zeitbehaftet (verzögert) erfolgt.
- **Dreipunkt-Regeleinrichtung**
  - Dreipunktregeleinrichtungen verfügen über drei Schaltzustände: Zustand I – AUS – Zustand II.
  - Auch diese Reglerart kann nur an verzögerten Regelstrecken und Regelstrecken mit I-Verhalten betrieben werden.

Zweipunktregler

Kennlinie, Kenngrößen

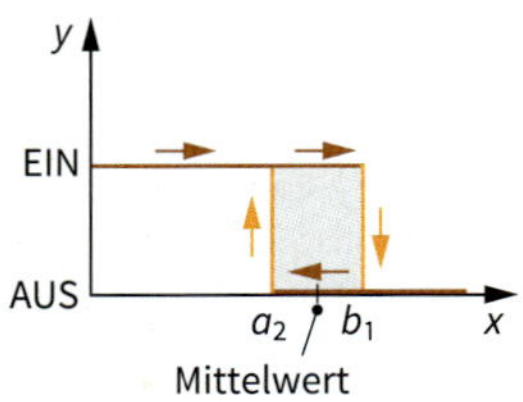

T_t: Totzeit
T: Zeitkonstante der Regelstrecke

Zeitverhalten

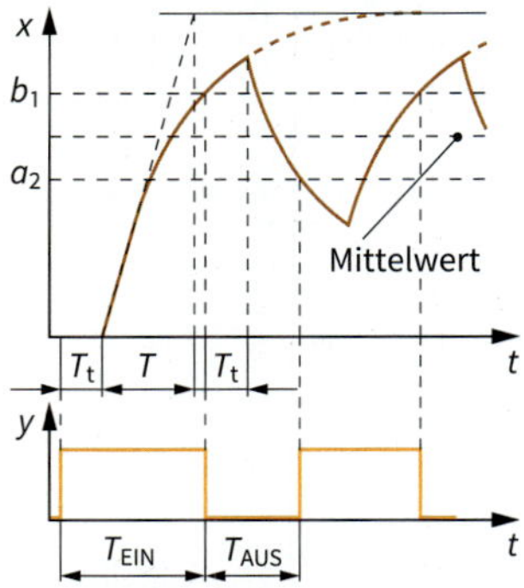

Elektronische Ausführung

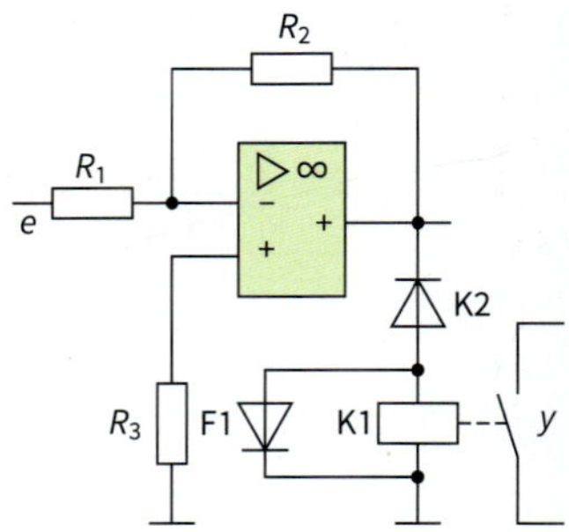

Dreipunktregler

Kennlinie, Kenngrößen

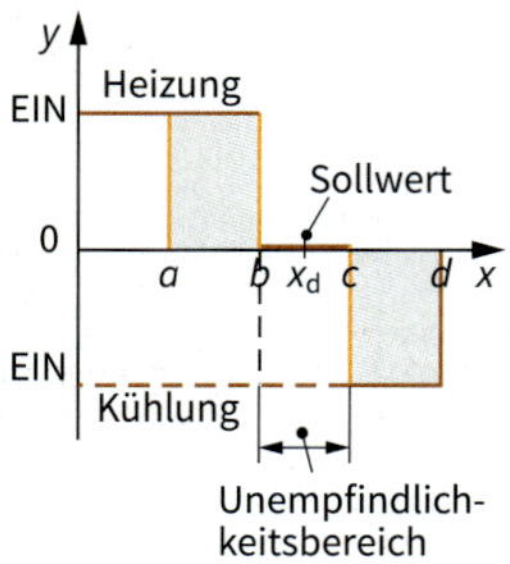

T_t: Totzeit
T: Zeitkonstante der Regelstrecke

Zeitverhalten

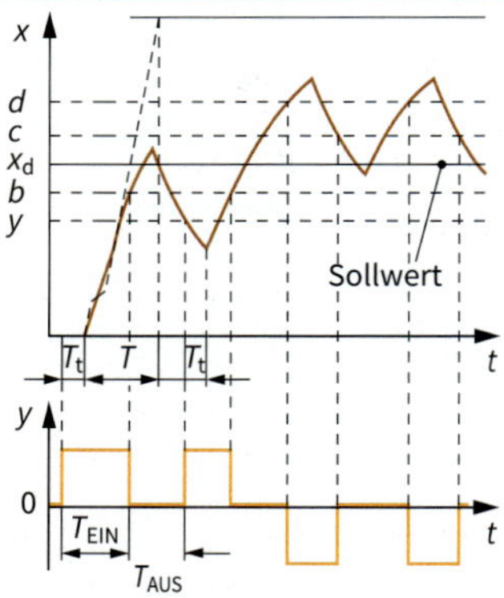

Elektronische Ausführung

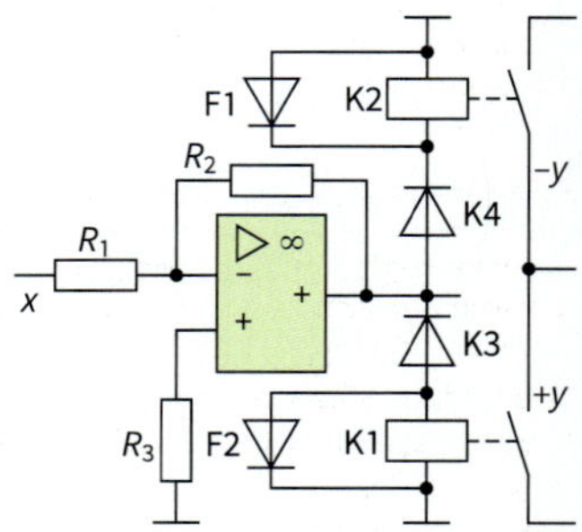

Eignung von Reglern bei gegebener Strecke

Strecke			Regler: P	I	PI	PD	PID	2-Punktregler
P-Strecken	P_0		ungeeignet	geeignet	besonders geeignet	ungeeignet	ungeeignet	ungeeignet
	PT_1		geeignet	geeignet	geeignet	ungeeignet	ungeeignet	geeignet
	PT_2		ungeeignet	ungeeignet	geeignet	ungeeignet	besonders geeignet	geeignet
	PT_T		ungeeignet	geeignet	besonders geeignet	ungeeignet	ungeeignet	ungeeignet
	PT_tT_1	$\tau \gg T_t$	geeignet	ungeeignet	besonders geeignet	geeignet	geeignet	geeignet
		$\tau > T_t$	ungeeignet	ungeeignet	geeignet	ungeeignet	geeignet	ungeeignet
I-Strecken	I_0		geeignet	ungeeignet	geeignet	ungeeignet	ungeeignet	geeignet
	IT_1		ungeeignet	ungeeignet	geeignet	geeignet	besonders geeignet	geeignet
	IT_t		ungeeignet	ungeeignet	ungeeignet	geeignet	geeignet	ungeeignet

■ besonders geeignet ■ geeignet ■ ungeeignet

Kriterien

- Eine Regeleinrichtung ist um so besser eingestellt,
  - je kleiner die bleibende Regeldifferenz e,
  - je kürzer die Einschwingzeit und
  - je kleiner die Überschwingweite x_m ist.

Bei zu großer (Regel-)Kreisverstärkung kann der Regelkreis instabil werden.

$V_0 = K_{PR} \cdot K_{PS}$

K_{PR}: P-Beiwert (Regler) T_b: Ausgleichszeit [1] T_{cr}: Ausgleichszeit
K_{PS}: P-Beiwert (Strecke) T_e: Verzugszeit T_{cs}: Ausgleichszeit

[1] Zur Reglereinstellung werden diese Werte an der Regelstrecke ermittelt (offener Regelkreis).

Sprungantwort des Regelkreises

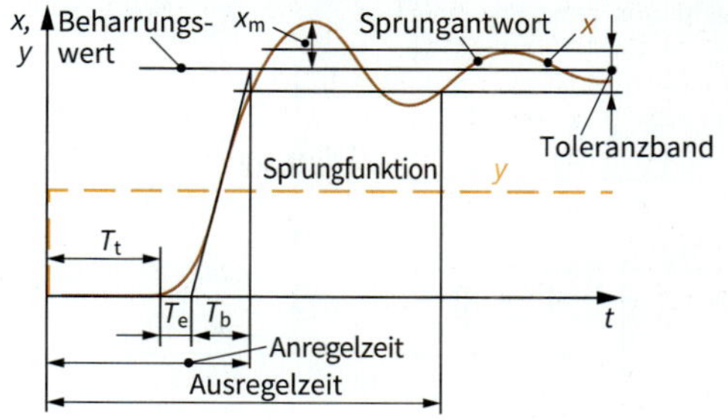

Verläufe von Regelungsvorgängen

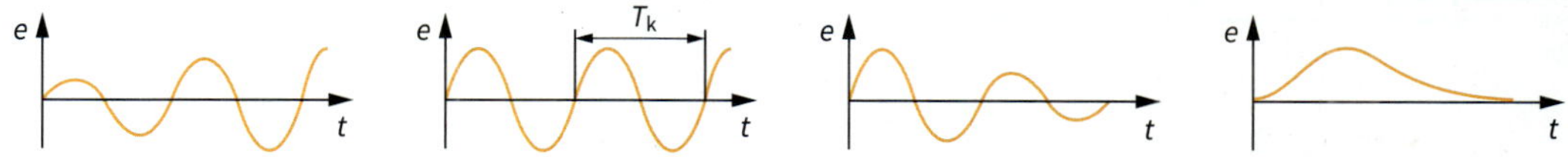

1. instabil 2. Stabilitätsgrenze 3. stabil, periodisch 4. stabil, aperiodisch

Verfahren von Ziegler und Nichols

Anwendung des Verfahrens bei nicht bekannten Kennwerten.

1. Regler als P-Regler im geschlossenen Regelkreis betreiben ($T_i = \infty$; $T_d = 0$ eingestellt).
2. Proportionalbeiwert K_{PR} erhöhen bis Regeldifferenz e Dauerschwingungen mit konstanter Amplitude ausführt.
3. In diesem Zustand Schwingungsdauer T_K und kritischen P-Beiwert K_{PRK} bestimmen.
4. Geeignete Reglereinstellung aus Tabelle entnehmen.

Reglertyp	P-Wert K_{PR}	Vorhaltzeit T_d	Nachstellzeit T_i
P	$0{,}5 \cdot K_{PRK}$	–	–
PD	$0{,}8 \cdot K_{PRK}$	$0{,}12 \cdot T_K$	–
PI	$0{,}45 \cdot K_{PRK}$	–	$0{,}85 \cdot T_K$
PID	$0{,}6 \cdot K_{PRK}$	$0{,}12 \cdot T_K$	$0{,}5 \cdot T_K$

Verfahren von Chien, Hrones und Reswick

- Kennwerte einer Regelstrecke ggf. durch Sprungantwort ermitteln und in nachstehender Tabelle einsetzen. Dabei unterscheiden, ob
  - der Regelverlauf aperiodisch oder periodisch, mit ca. 20 % Überschwingen erfolgen soll, bzw. ob
  - der Regelverlauf, aperiodisch oder periodisch sein soll.
  - Optimierung auf Ausregeln von Störungen (durch Störgrößen) oder Änderung der Führungsgröße

Angestrebt wird die kleinstmögliche Dauer des Ausregelvorganges.

Totzeit T_t und Verzugszeit T_e, die bei Strecken mit PT_t-T_n-Charakter zusammen die Ersatztotzeit T_{tE} bilden ($T_t + T_e = T_{tE}$), beeinträchtigen die Regelbarkeit einer Strecke, wenn sie im Verhältnis zur Ausgleichszeit T_b groß sind.

Richtwerte: gut regelbar: $T_b / T_e > 10$
mäßig regelbar: $T_b / T_e > 4 \dots 9$
schlecht regelbar: $T_b / T_e < 3$

Ist keine Totzeit vorhanden, wird für T_{tE} in den Gleichungen (siehe Tabelle) T_e eingesetzt.

Bei Regelstrecken ohne Ausgleich $\frac{1}{K_I}$ für $\frac{T_b}{K_{PS}}$ einsetzen.

Reglertyp	Störung		Führung	
	Aperiodischer Regelungsvorgang	Periodisch mit ≈ 20 % Überschwingen	Aperiodischer Regelungsvorgang	Periodisch mit ≈ 20 % Überschwingen
P	$K_{PR} = 0{,}3 \cdot \frac{T_b}{K_{PS} \cdot T_e}$	$K_{PR} = 0{,}7 \cdot \frac{T_b}{K_{PS} \cdot T_e}$	$K_{PR} = 0{,}3 \cdot \frac{T_b}{K_{PS} \cdot T_e}$	$K_{PR} = 0{,}7 \cdot \frac{T_b}{K_{PS} \cdot T_e}$
PI	$K_{PR} = 0{,}6 \cdot \frac{T_b}{K_{PS} \cdot T_e}$	$K_{PR} = 0{,}7 \cdot \frac{T_b}{K_{PS} \cdot T_e}$	$K_{PR} = 0{,}35 \cdot \frac{T_b}{K_{PS} \cdot T_e}$	$K_{PR} = 0{,}6 \cdot \frac{T_b}{K_{PS} \cdot T_e}$
	$T_n = 4 \cdot T_{tE}$	$T_n = 2{,}3 \cdot T_{tE}$	$T_n = 1{,}2 \cdot T_{tg}$	$T_n = T_b$
PID	$K_{PR} = 0{,}95 \cdot \frac{T_b}{K_{PS} \cdot T_e}$	$K_{PR} = 1{,}2 \cdot \frac{T_b}{K_{PS} \cdot T_e}$	$K_{PR} = 0{,}6 \cdot \frac{T_b}{K_{PS} \cdot T_e}$	$K_{PR} = 0{,}95 \cdot \frac{T_b}{K_{PS} \cdot T_e}$
	$T_v = 0{,}42 \cdot T_e$	$T_v = 0{,}42 \cdot T_e$	$T_v = 0{,}5 \cdot T_e$	$T_v = 0{,}47 \cdot T_e$
	$T_n = 2{,}4 \cdot T_e$	$T_n = 2 \cdot T_e$	$T_n = T_b$	$T_n = 1{,}35 \cdot T_b$

Signalformen

wertdiskret-zeitkontinuierlich	wertdiskret-zeitdiskret

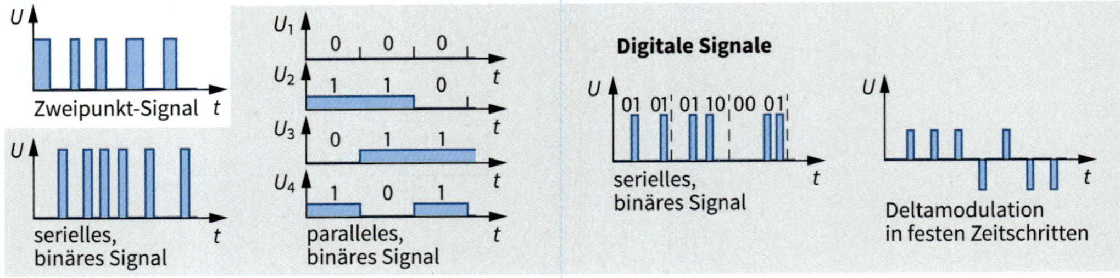

Arbeitsprinzip

Regelkreis mit Digitalregler

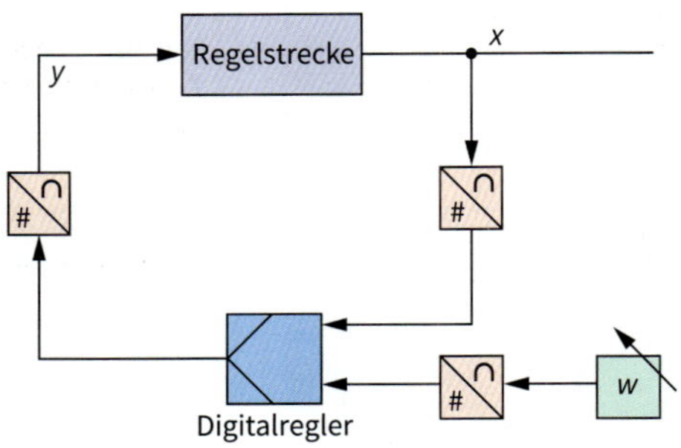

- Führungsgröße *w* und Regelgröße *x* sind in Form digital codierter Zahlenwerte erforderlich.
- Eventuell müssen diese Größen mittels Analog-/Digital-umsetzern erzeugt werden.
- Die Berechnung der Stellgröße *y* benötigt eine endliche Zeit.
- Die Regelgröße wird in zeitlichen Abständen gemessen und gespeichert.
- Bei der Rechnerregelung sind der Regelalgorithmus und die Regelparameter in Form eines Programms im Speicher des Digitalreglers abgelegt.
- Die errechnete Stellgröße *y* wird bis zum nächsten Schritt gespeichert, ggf. digital/analog umgesetzt und der Regelstrecke.

Begriffe

Begriff	Erklärung	Begriff	Erklärung
Abtastregelung, zyklisch (polling)	Messstelle wird in festen Zeitabständen T_A abgefragt.	Algorithmus	Vollständig festgelegte endliche Folge von Vorschriften, nach denen aus zulässigen Eingangsgrößen eines Systems gewünschte Ausgangsgrößen erzeugt werden.
Abtastregelung, azyklisch (interrupt)	Messstelle wird nur bei Bedarf abgefragt (Programmunterbrechung).		
Adaptive Regelung	Regeleinrichtung passt sich dem veränderlichen Betriebsbedingungen (auch Struktur- und Parameteränderungen in der Regelstrecke) selbsttätig an.	Parameteridentifizierung	Ermittlung von Systemparametern aus der Messung zeitveränderlicher Größen des Systems.

Selbstoptimierung (Adaption)

Erklärung	Regelkreis mit adaptivem Regler

Verfahren zur selbsttätigen Anpassung der Reglerparameter an die Regelstrecke.
Die Anpassung kann einmalig erfolgen (bei invariablen Regelstrecken) oder ständig mit volladaptiven Reglern an Regelstrecken mit veränderlichen Streckenparametern.
Mögliche Verfahren:

- Nach Ziegler/Nichols werden K_{PRK} und T_K gemessen, die Reglerparameter errechnet und der Regler eingestellt.
- Im Sprungantwortverfahren werden die Regelstreckenparameter aufgenommen, für die der Regler optimal angepasst wird.
- Optimierung mit Parameterschätzung und mathematischen Modellen (Prozessrechner).

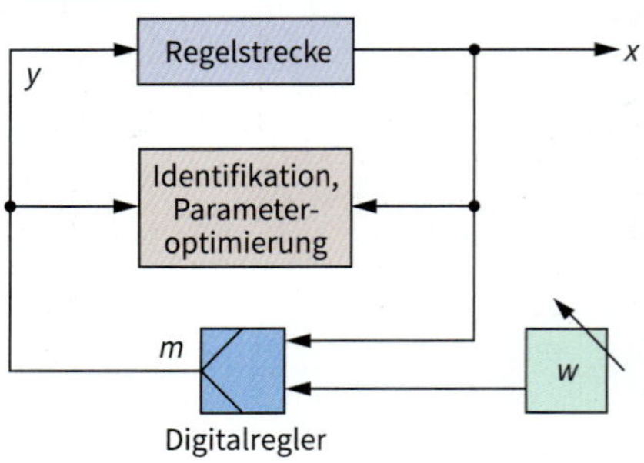

Begriffe

Prozess

Gesamtheit von aufeinander einwirkenden Vorgängen in einem System, durch die Materie, Energie oder auch Informationen umgeformt, transportiert oder auch gespeichert werden.

Beispiele:
- Erzeugung elektrischer Energie im Kraftwerk
- Verteilung von Energie
- Verarbeitung von Daten in einer Rechenanlage
- Fertigung in einem Betrieb

Leitteinrichtung

Zur Leiteinrichtung gehören alle für die Aufgaben des Leitens verwendeten Geräte und Programme.

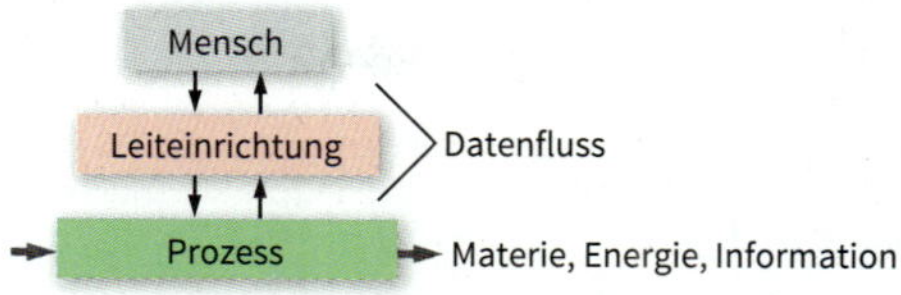

Leittechnik

Es handelt sich dabei um ein gezieltes Einwirken auf den Ablauf eines Prozesses durch technische Einrichtungen.

Leiten

Leiten ist die Gesamtheit aller Maßnahmen, die einen im Sinne festgelegter Ziele erwünschten Ablauf eines Prozesses bewirken. Die Maßnahmen werden vorwiegend unter Mitwirkung des Menschen aufgrund der aus dem Prozess erhaltenen Daten mit Hilfe einer Leiteinrichtung getroffen.

Aufgaben des Leitens

Priorität:
1. Schützen
2. Eingreifen
3. Steuern
4. Regeln
5. Optimieren

Weitere Aufgaben:
Messen, Zählen, Überwachen, Auswerten, Anzeigen, Melden, Aufzeichnen, Protokollieren, Stellen, Daten erfassen, Daten eingeben, Daten verarbeiten, Daten übertragen, Daten ausgeben

Beispiel für die Struktur eines Prozessleitsystems

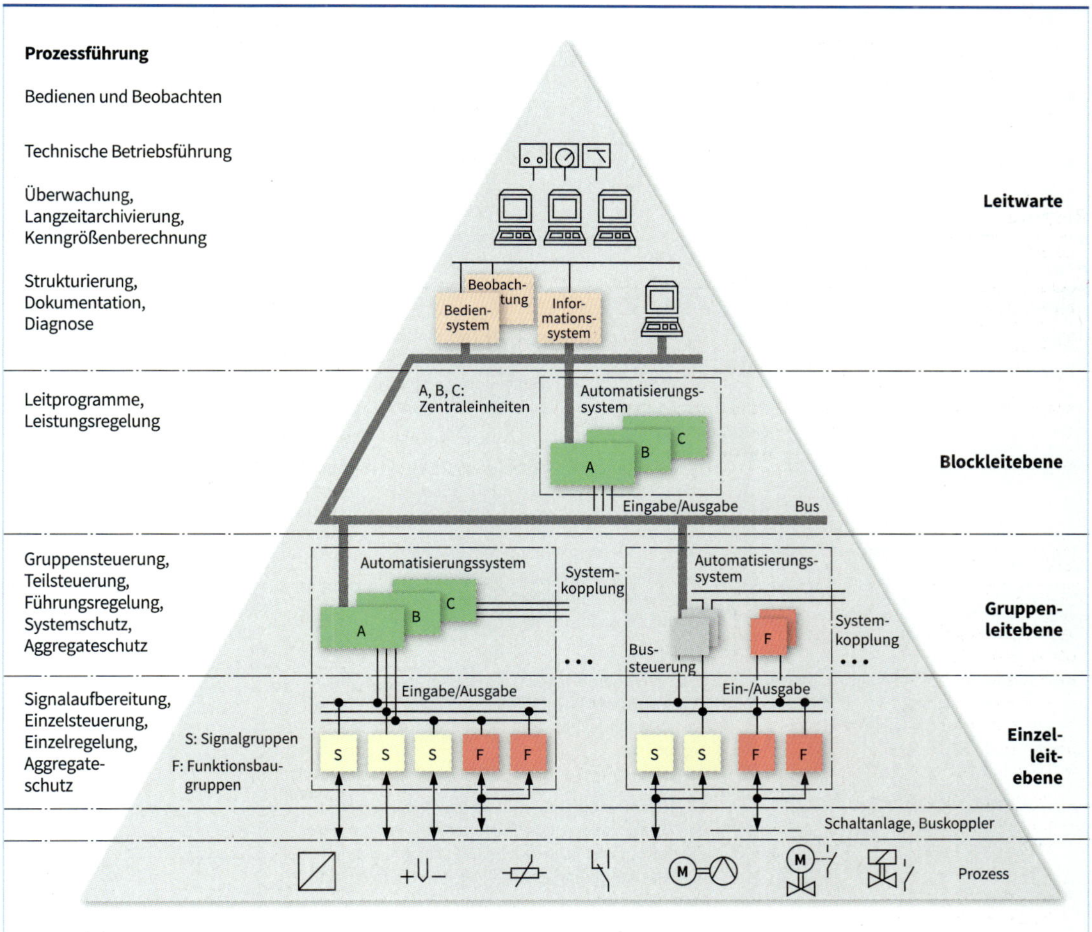

Aufbau

- Eine einfache Form einer speicherprogrammierbaren Steuerung (z. B. SIMATIC S7-1500 besteht aus den Baugruppen
  - **PS** ① (**Po**wer **S**upply: Stromversorgung),
  - **CPU** ② (**C**entral **P**rocessing **U**nit: Zentraleinheit)
  - **SM** ③ (**S**ignal **M**odule: Signalbaugruppe)
- Die Eingangssignale der Sensoren werden von der SPS erfasst, im Steuerungsprogramm verarbeitet und die Ausgänge gesteuert.
- Die Zentralbaugruppe beinhaltet folgende Bereiche:

Funktionsbereiche

PAE: Prozess**a**bbild der **E**ingänge

PAA: Prozess**a**bbild der **A**usgänge

Interner Bus: Informationsaustausch in der Zentralbaugruppe

Steuerwerk: Verarbeitung des Steuerprogramms

Speicherbereiche

Programmspeicher: Enthält das Anwenderprogramm

Merker: Speicherung der programmspezifischen Zwischenergebnisse

Zähler: Speicherung der Ergebnisse aus Zähloperationen

Zeitglieder: Speicherung der Ergebnisse aus Zeitoperationen

- Übertragung des Programms vom PC zur SPS über eine Netzwerkverbindung (z. B. LAN)
- Einsatz von Bussystemen (PROFIBUS, ASI-Bus, Industrial Ethernet) zur Ankopplung der externen Prozessperipherie an die SPS

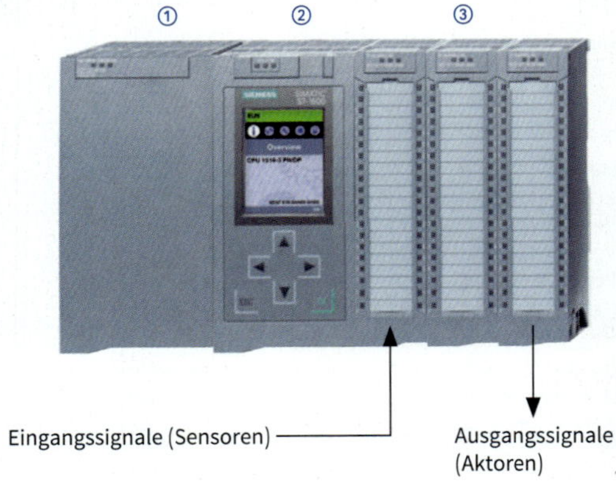

Zentralbaugruppe

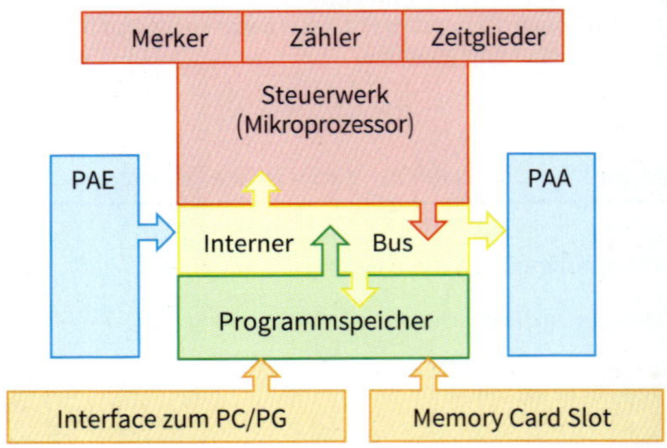

Programmiersprachen für SPS

Bezeichnung	Abk.	Eigenschaften	Beispiel

Anweisungs**li**ste	**AWL**	Die Anweisungen werden als Text formuliert und in der Reihenfolge notiert, in der sie von der CPU abgearbeitet werden. Die Beispielanweisungen entsprechen der Step7-Syntax, die sich von der Norm IEC 61131-3 unterscheidet.	`U E 0.1`
			`U E 0.2`
			`O E 0.3`
			`= A 0.1`

Strukturierter **T**ext	**ST**	Textorientierte Hochsprache zur Realisierung komplexer Funktionen und mathematischer Algorithmen.	`A0.1 := E0.1 & E0.2` `OR E0.3`
Funktions**b**au**s**teinsprache	**FBS**	Grafisch orientierte Programmiersprache, die die aus der boolschen Algebra bekannten Logiksymbole verwendet. Sie ist besonders für Verknüpfungssteuerungen geeignet.	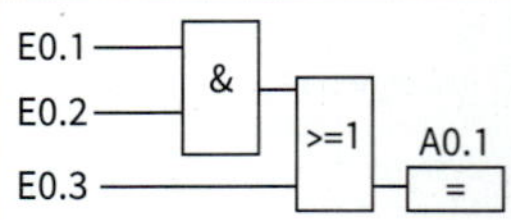
Kontakt**p**lan	**KOP**	Grafisch orientierte Programmiersprache, die der Darstellung in Stromlaufplänen nachempfunden ist. Sie ist besonders für Verknüpfungssteuerungen geeignet.	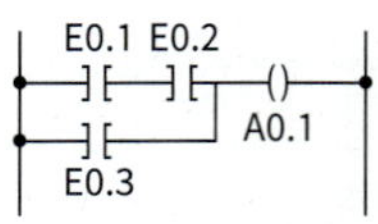
Ablauf**s**prache	**AS**	Grafisch orientierte Darstellung zur Realisierung von Ablaufsteuerungen. Die Einzelschritte (Aktionen) werden in einer Schrittkette aufgelistet, die durch Weiterschaltbedingungen (Transitionen) miteinander verbunden sind.	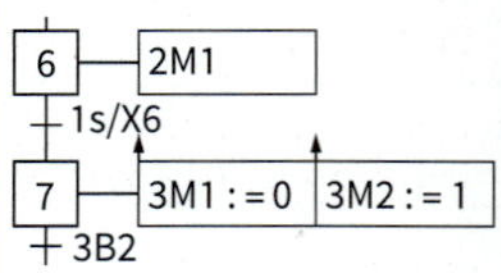

Programmierung

- Jede Programmanweisung enthält neben der eigentlichen **Operation** (Befehl) zusätzliche Angaben bezüglich der **Operanden**.
- Die Operanden geben an, womit die Verknüpfung durchgeführt wird, z. B.:
  - Ein-/Ausgangssignale der SPS
  - Merker
  - Timer
  - Zähler
- In Abhängigkeit von der verwendeten Programmdarstellung (FBS, KOP, AWL) erfolgt die Angabe der Operation und der Operanden in unterschiedlicher Form.

Beispielbefehl in AWL:

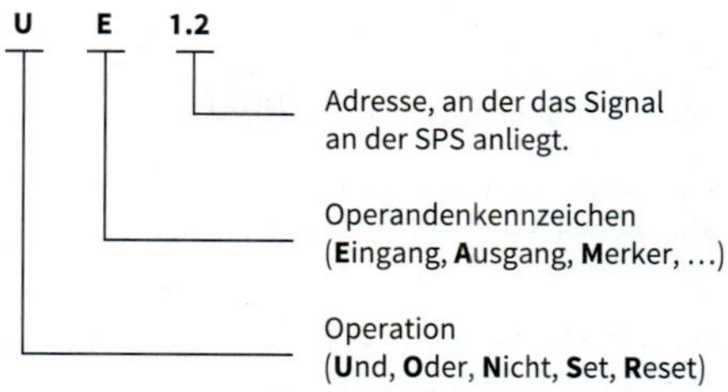

Übersicht

Operation	FBS	KOP	AWL
Logische Verknüpfung	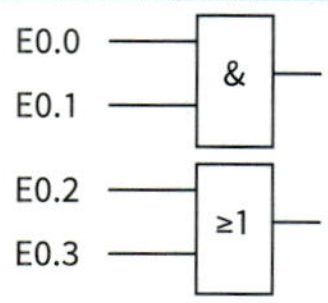	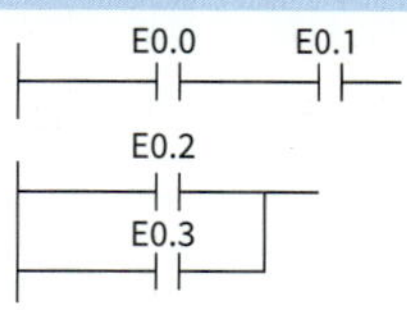	U E 0.0 U E 0.1 ... O E 0.2 O E 0.3 ...
Zuweisung	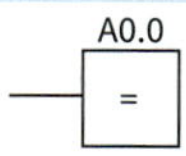	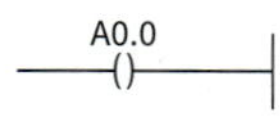	... = A 0.0
Invertierung	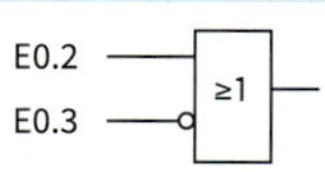	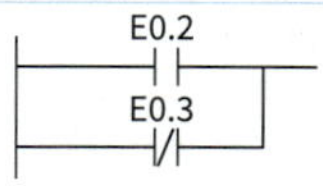	O E 0.2 ON E 0.3 ...
Speicheroperation Set/Reset	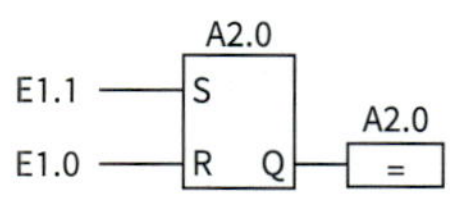 Das Beispiel zeigt vorrangiges Rücksetzen, wenn S = R = 1	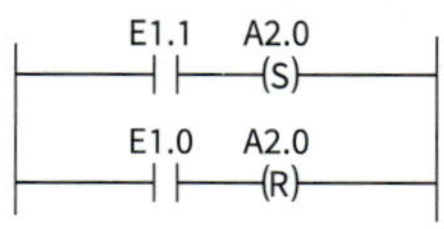	U E 1.1 S A 2.0 U E 1.0 R A 2.0

Bibliotheksfähige Bausteine

- Als bibliotheksfähig wird ein Baustein bezeichnet, wenn er sich in jedem anderen Programm mit gleicher Funktion wiederverwenden lässt.
- Der Programmcode muss frei von anlagen-spezifischen Bedingungen sein (z. B. Operanden, Ein-/Ausgänge usw.).
- Globale Variablen werden nur im OB1 verwendet.
- In einer Funktion (FC) bzw. im Funktionsbaustein (FB) werden nur lokale Variablen verwendet.
- Jede Variable ist einem Variablentyp und einem Datentyp (z. B. BOOL, BYTE, WORD, REAL, INT, CHAR, TIME) zugeordnet.
- Jeder Datentyp belegt einen bestimmten Speicherbereich. Hierüber kommuniziert der Baustein mit seinen aufrufenden Instanzen.
- Gemäß DIN EN 61131-3 hat eine Funktion (FC) nur einen Rückgabewert #RET_VAL vom Typ RETURN.
- Über den Befehl CALL wird der Baustein aufgerufen.

Variablentyp		Verwendung
STEP 7	DIN EN 61131-3	
IN	VAR_INPUT	**Eingangsparameter**, Variable wird im Baustein nur gelesen.
OUT	VAR_OUTPUT	**Ausgangsparameter**, Variable wird im Baustein nur beschrieben.
IN_OUT	VAR_IN_OUT	**Durchgangsparameter**, Variable wird im Baustein gelesen und beschrieben.
TEMP	VAR_TEMP	**Lokalvariable**, zur temporären Speicherung innerhalb des Bausteins

Beispieldeklaration

```
Netzwerk 1: Aufruf von FC1

CALL  FC 1
AUS       :=E0.0
EIN       :=E0.1
MELDER    :=A4.1
LUEFTER   :=A4.0
```

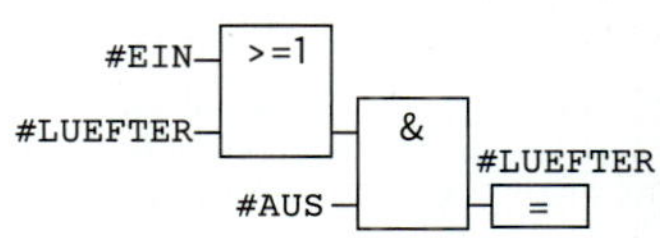

Prinzipien

- Ein Prozess kann mit Hilfe einer Ablaufsteuerung beschrieben werden, wenn dessen Ablauf als eine Abfolge eindeutiger Zustände beschrieben werden kann.
- In der Ablaufsteuerung ist definiert, wann ein bestimmter Zustand auftritt, welche Folgezustände es gibt und wodurch sie ausgelöst werden.
- Die Ablaufsteuerung kann durch **GRAFCET** (**GRA**phe **F**onctionnel de **C**ommande **E**tape **T**ransition) unabhängig von der verwendeten SPS und der Programmiersoftware dargestellt werden.
- Die Programmierung einer **Ablaufsteuerung** erfolgt nach DIN EN 61131-3 in der Ablaufsprache (AS) oder in S7-Graph (Step 7).
- Die Abfolge der Prozessschritte wird in einer **Schrittkette** beschrieben. Der Initialschritt kennzeichnet den Startpunkt.
- Die Weiterschaltbedingungen zwischen den Schritten werden als **Transitionen** bezeichnet.
- Die Eigenschaften der Aktionen eines Schrittes werden im **Aktionsblock** beschrieben.

Beispiel:

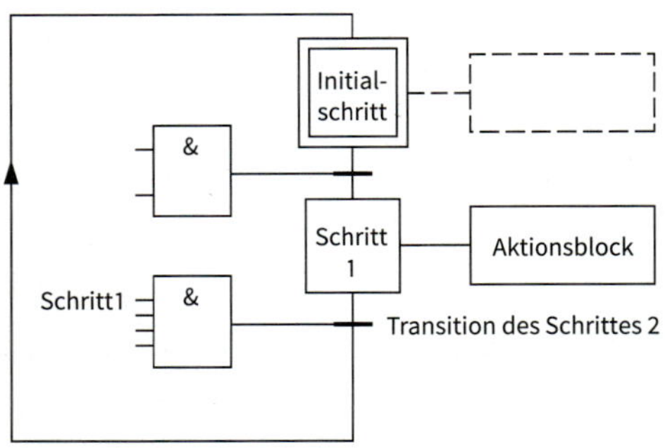

Ablaufsteuerungsarten

- Es wird zwischen zwei Arten der Ablaufsteuerung unterschieden:
  - **Zeitgeführte Ablaufsteuerung**
    Die abzuarbeitenden Schritte werden nur von der Zeit gesteuert.
  - **Prozessgeführte Ablaufsteuerung**
    Die Weiterschaltung zwischen den Schritten wird von den Zuständen der SPS beeinflusst.
- Die Programmstruktur der Abläufe kann linear, verzweigt oder als Schleife programmiert werden.
- Bei der **linearen Struktur** ist immer nur ein Schritt aktiv.
- Die **verzweigte Ablaufsteuerung** kann als Simultanverzweigung (mehrere parallele Schritte sind aktiv) oder als Alternativverzweigung (nur ein Schritt von mehreren Alternativen ist aktiv) vorkommen.

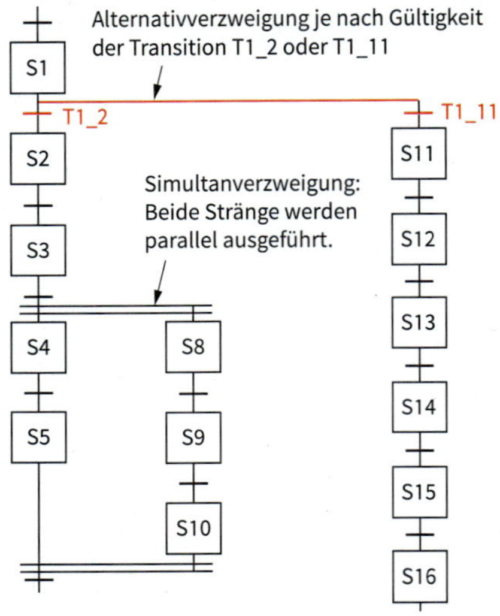

Betriebsarten einer Steuerung

- Betriebsarten definieren die Art und den Umfang, in der das Bedienpersonal in ein Steuerungssystem eingreift bzw. Rückmeldung aus der Anlage erhält.
- Die gewünschte Betriebsart wird über Bedienpanels, Wahlschalter oder Taster eingestellt.
- Die für die Realisierung der Betriebsarten erforderlichen Bedingungen und Verriegelungen werden in einem eigenen Betriebsartenteil programmiert.

Betriebsarten

Bezeichnung	Merkmal	Bezeichnung	Merkmal
Automatik	Der Steuerungsablauf arbeitet programmgemäß ohne Eingriff des Bedienpersonals. Der Startbefehl erfolgt z. B. über einen Taster.	Einrichtung	Die Stellglieder werden einzeln durch das Einrichtungspersonal unter Umgehung vorhandener Verriegelungen gesteuert.
Teilautomatik	Nur Teile des Steuerungsablaufes arbeiten selbsttätig ohne Eingriff des Bedienpersonals. Nachfolgende Schritte müssen von Hand gestartet werden.	Schritt setzen	Die Schrittkette innerhalb einer Ablaufsteuerung kann durch das Bedienpersonal auf einen beliebigen Schritt gesetzt werden.
Hand	Der Steuerungsablauf arbeitet nur durch den Eingriff des Bedienpersonals unter Berücksichtigung etwaiger Verriegelungen.	Tippen	Die Weiterschaltung der Ablaufsteuerung in den folgenden Schritt wird durch das Bedienpersonal ausgelöst, z. B. über einen Taster.

Ausgangsstellung

Wenn in einem Pneumatikplan ein Ventil in der Ausgangsstellung betätigt ist, wird dieses durch die Darstellung eines Schaltnockens verdeutlicht.

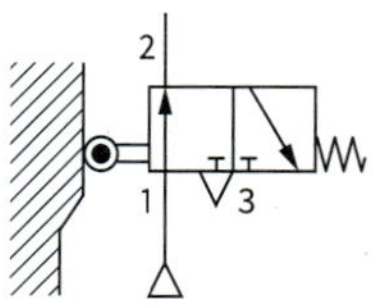

Energieversorgung

Die Energieversorgung ist in den nachfolgenden Schaltungen nicht dargestellt.
- Energiequelle ①
- Einschaltventil ②

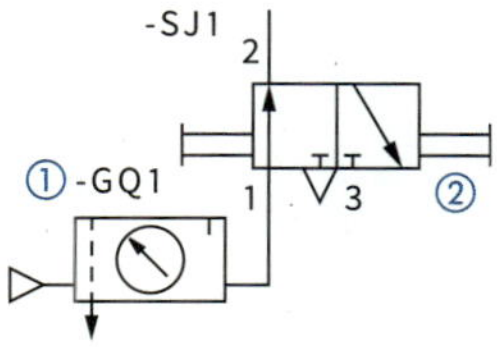

Direkte Ansteuerung

Einfachwirkender Zylinder

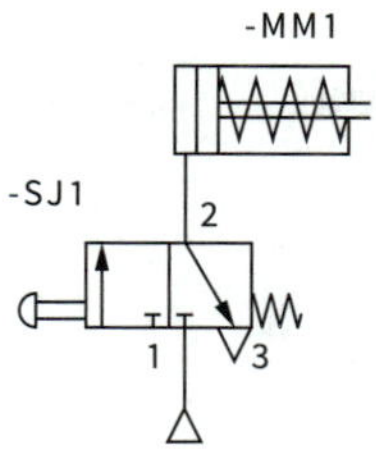

Doppeltwirkender Zylinder

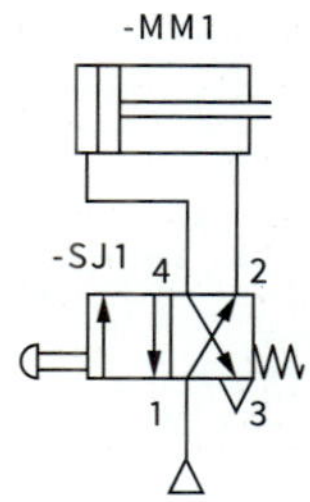

Indirekte Ansteuerung

Einfachwirkender Zylinder

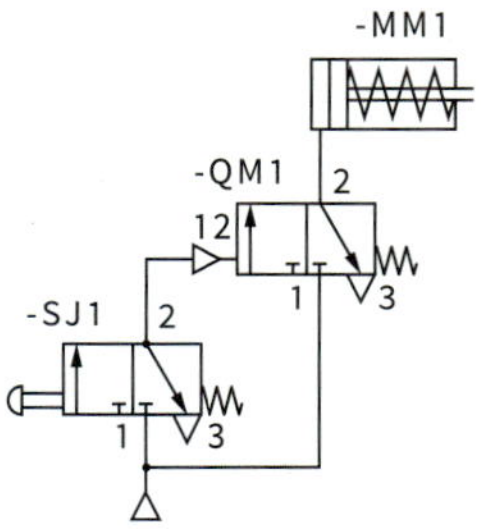

Doppeltwirkender Zylinder

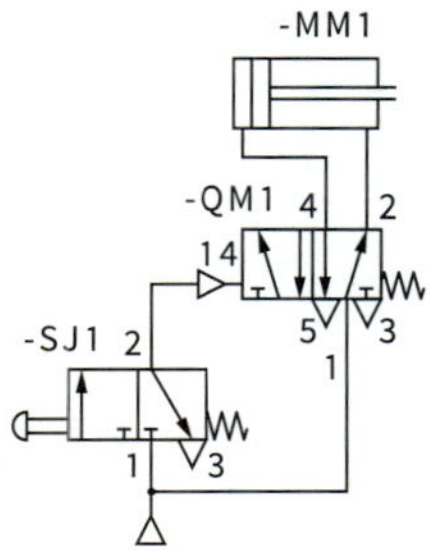

Zwei Eingabeglieder

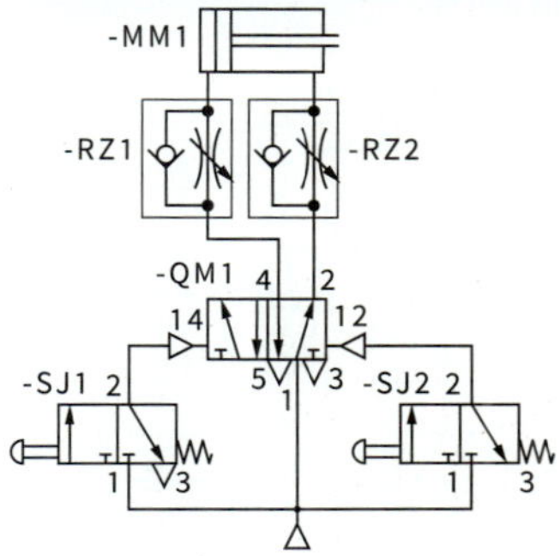

UND-Funktion

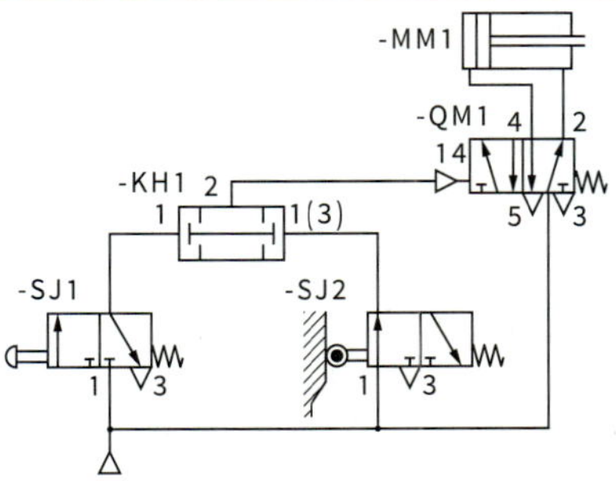

ODER-Funktion

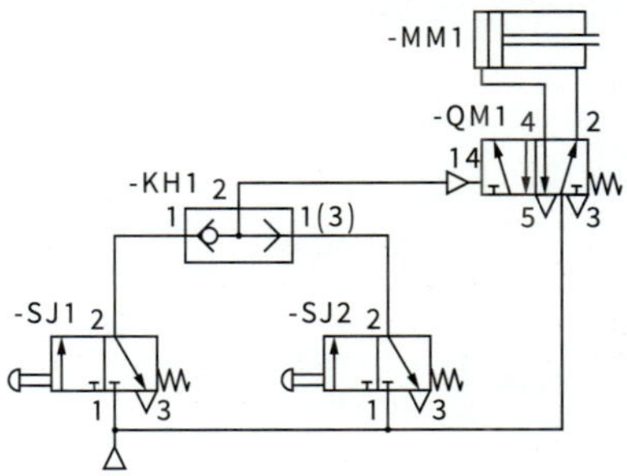

Luftdrosselung bei doppeltwirkendem Zylinder

Zuluft

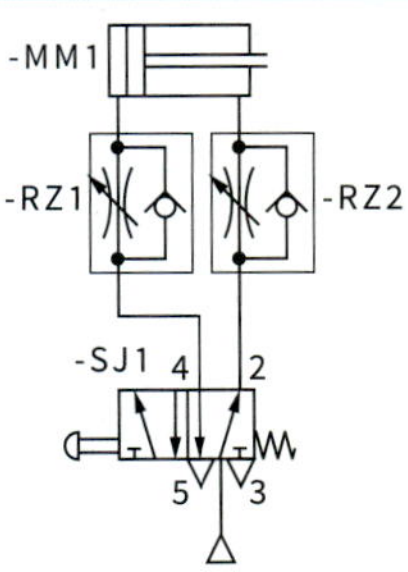

Abluft

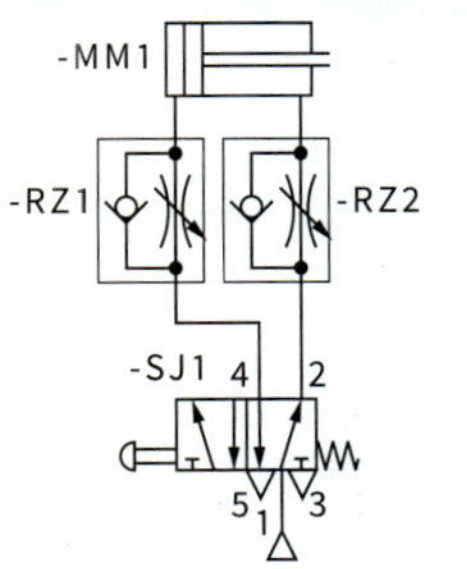

Schnellentlüftung

Einfachwirkender Zylinder

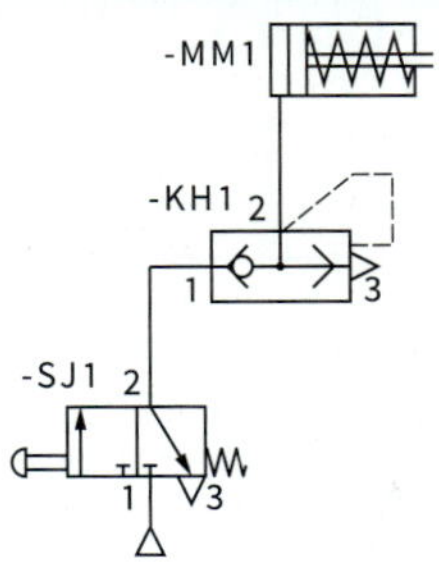

Doppeltwirkender Zylinder

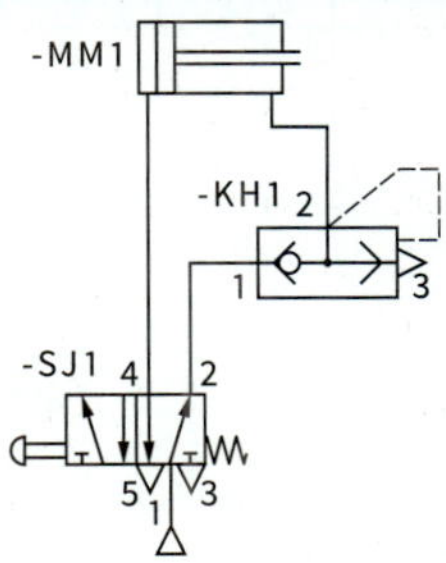

Drei Eingabeglieder

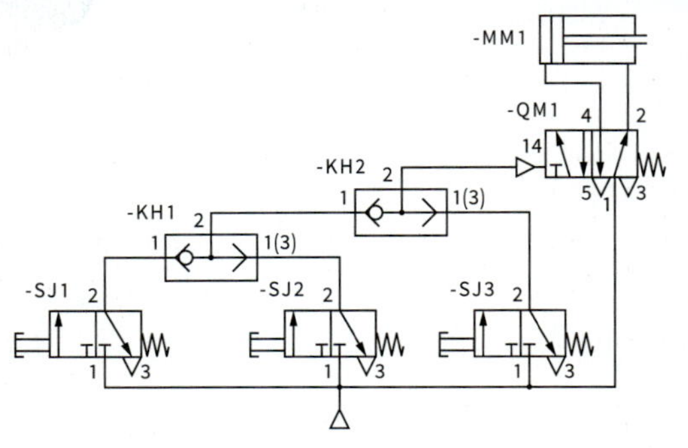

Druckabhängige Steuerung

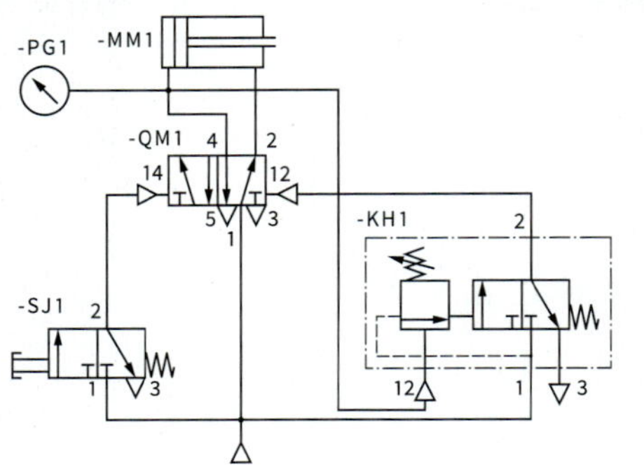

Anzugsverzögerung mit 3/2 Wegeventil

Sperrnullstellung

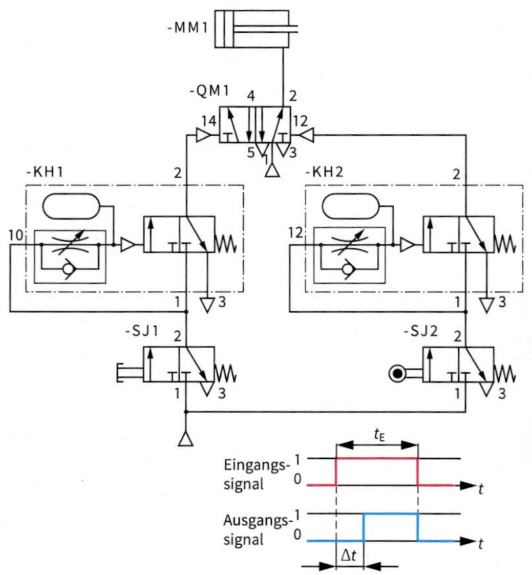

t_E: Eingangsimpulszeit
Δt: Verzögerungszeit

Durchflussnullstellung

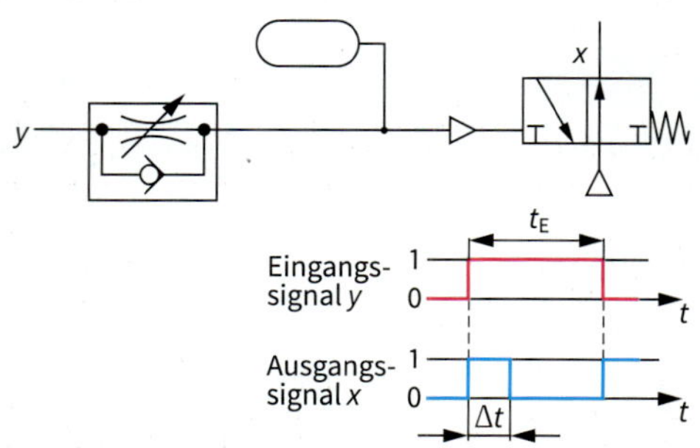

t_E: Eingangsimpulszeit
Δt: Verzögerungszeit

Abfallverzögerung mit 3/2 Wegeventil

Durchflussnullstellung

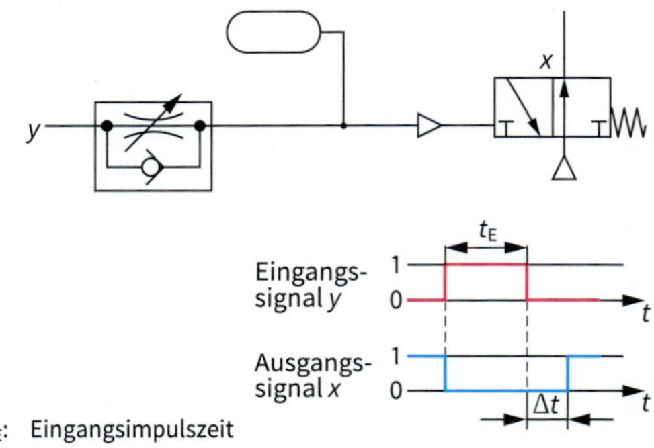

t_E: Eingangsimpulszeit
Δt: Verzögerungszeit

Anzugs- und Abfallverzögerung mit 3/2 Wegeventil

Sperrnullstellung

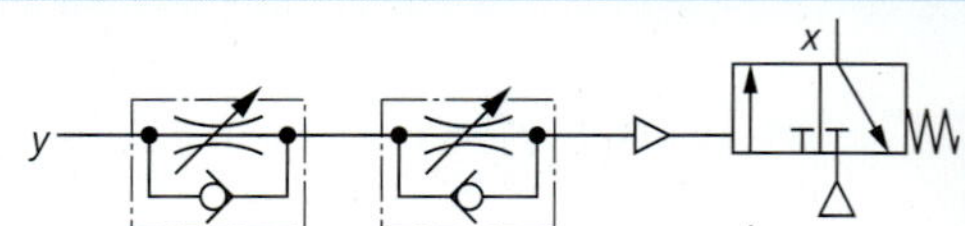

$\Delta t_1, \Delta t_2$:
Verzögerungszeiten der Drosselrück-- schlagventile
t_E: Eingangsimpulszeit
t_A: Ausgangsimpulszeit

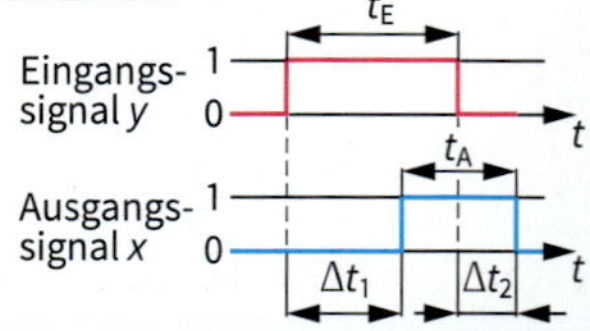

Durchflussnullstellung

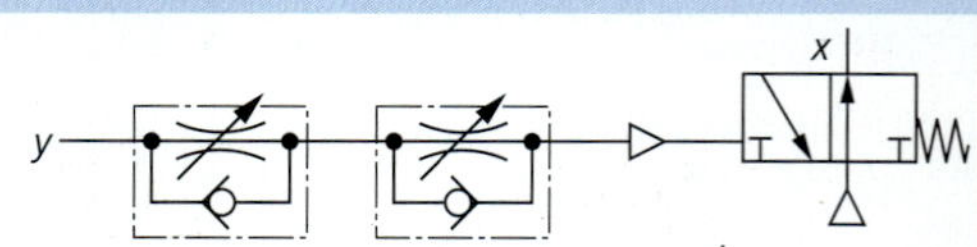

$\Delta t_1, \Delta t_2$:
Verzögerungszeiten der Drosselrück- schlagventile
t_E: Eingangsimpulszeit
t_A: Ausgangsimpulszeit

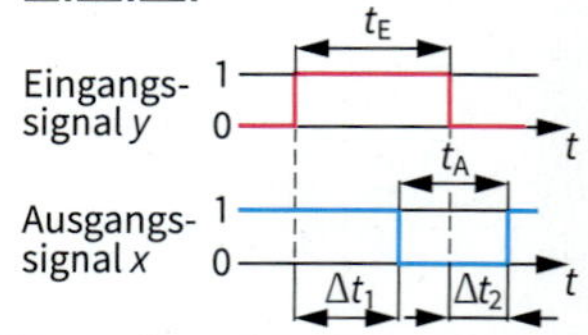

Einfachwirkender Zylinder

3/2 Wegeventil

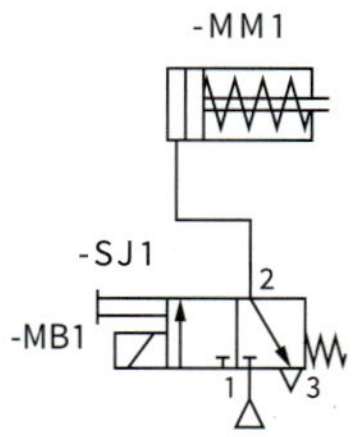

Doppeltwirkender Zylinder

4/2 Wegeventil

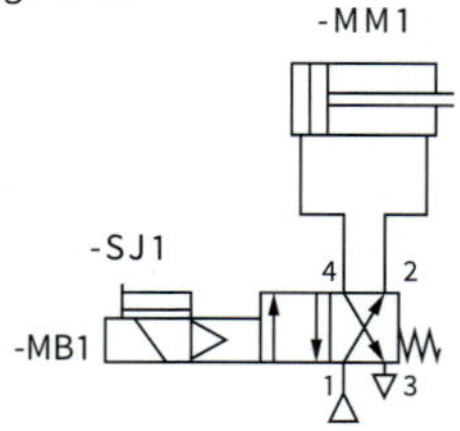

5/2 Wegeventil

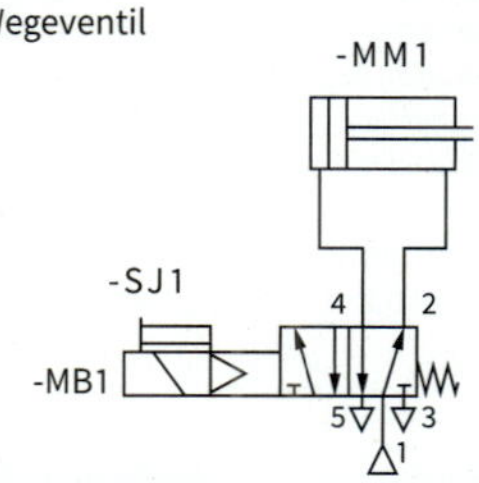

Direkte Ansteuerung einfach- und doppeltwirkender Zylinder über die Wegeventile 3/2, 4/2 oder 5/2

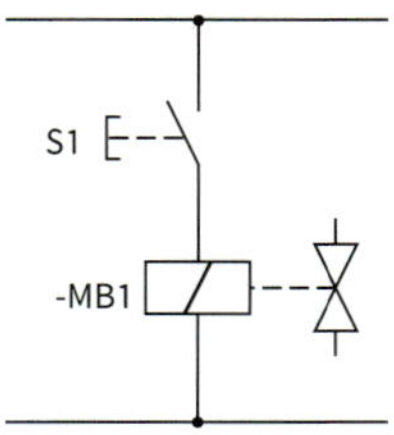

ODER-Verknüpfung

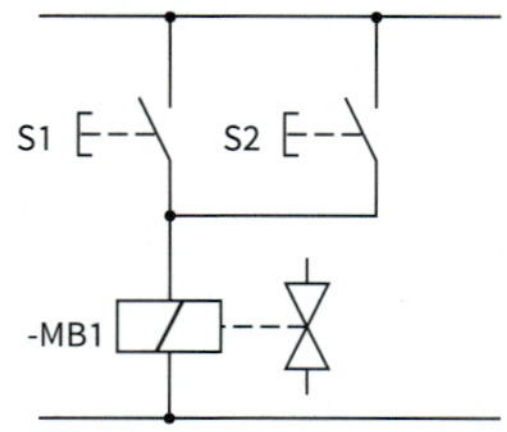

UND-Verknüpfung

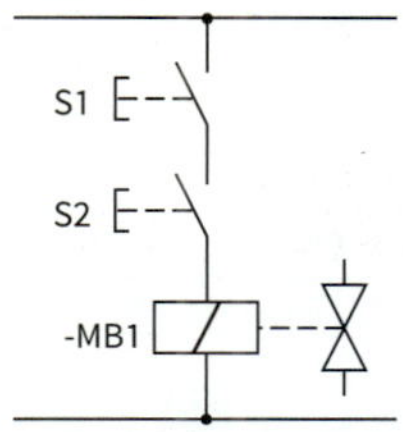

Indirekte Ansteuerung einfach- und doppeltwirkender Zylinder über die Wegeventile 3/2, 4/2 oder 5/2

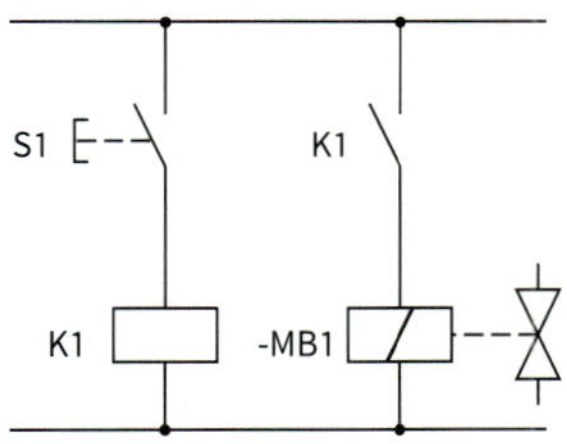

ODER-Verknüpfung

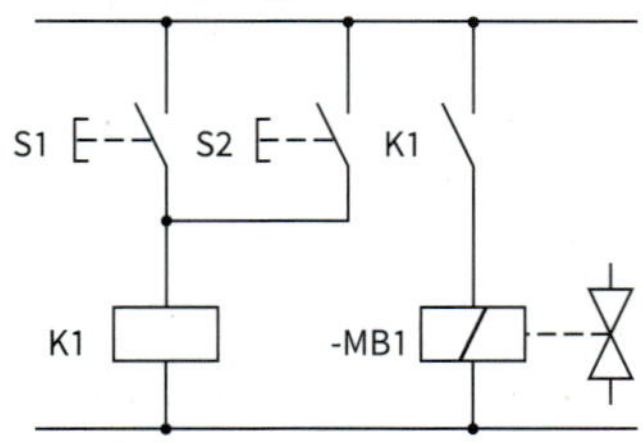

UND-Verknüpfung

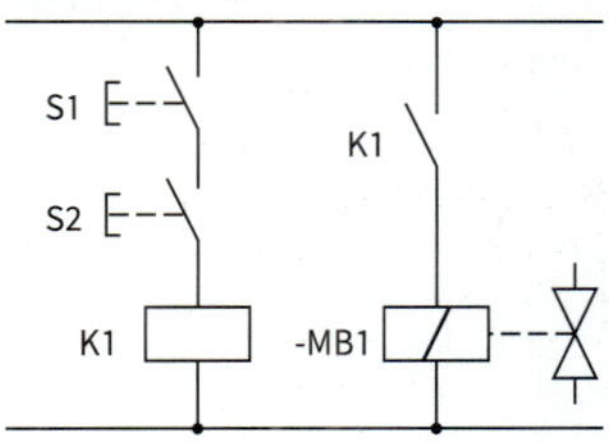

Selbsthaltung

3/2 Wegeventil

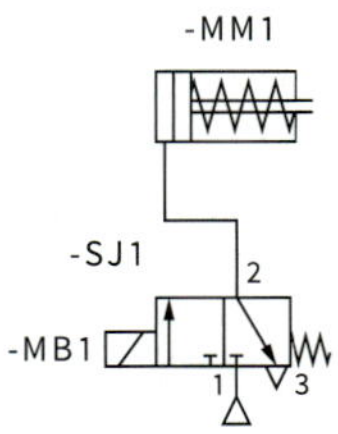

Dominierendes Rücksetzen

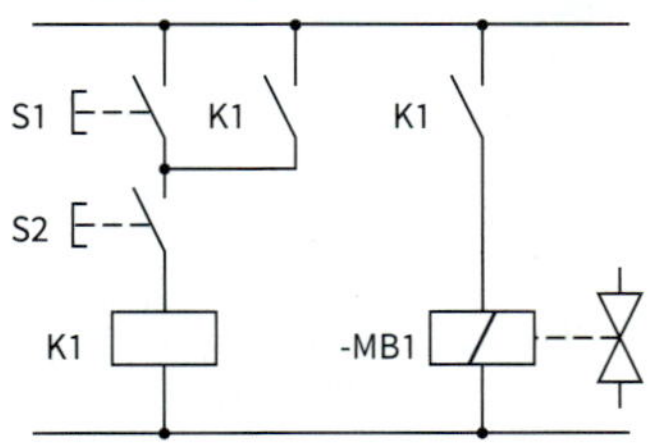

Dominierendes Setzen

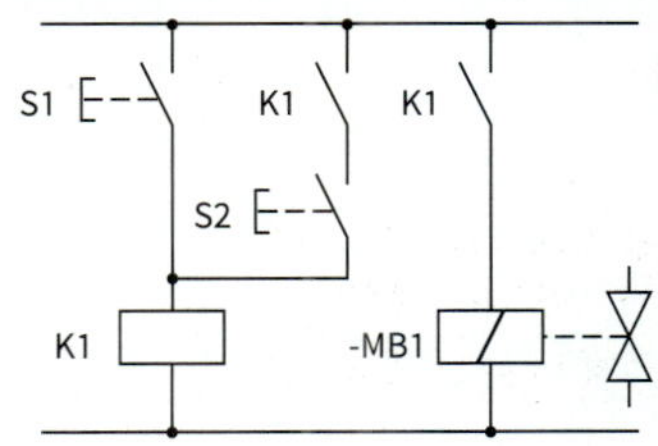

Manuelle Vor- und Rückhubsteuerung

3/2 Wegeventil

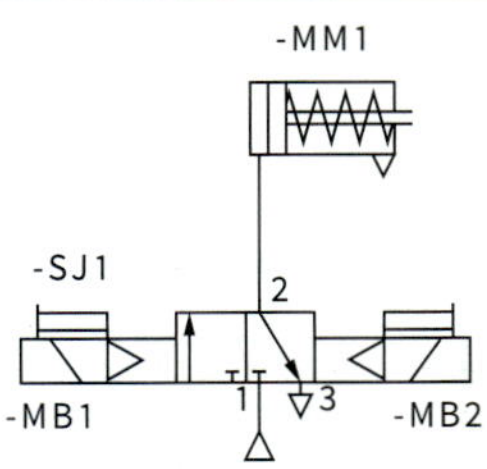

5/2 Wegeventil

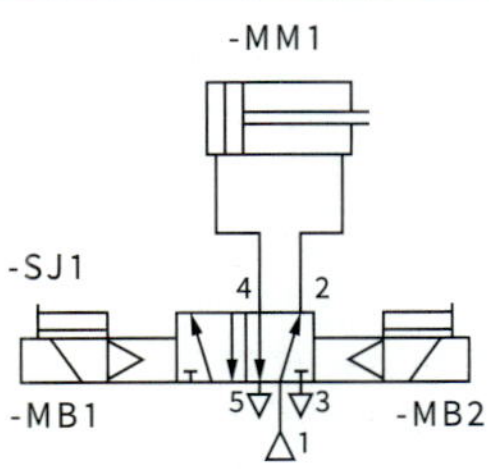

Direkte Steuerung

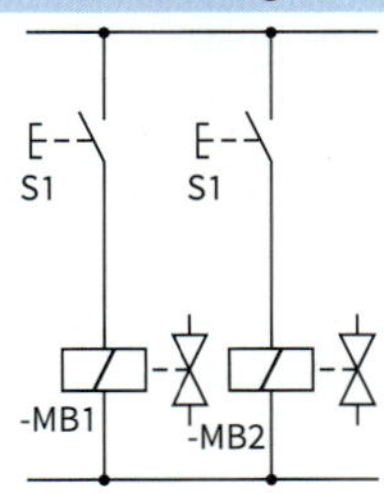

Indirekte Steuerung

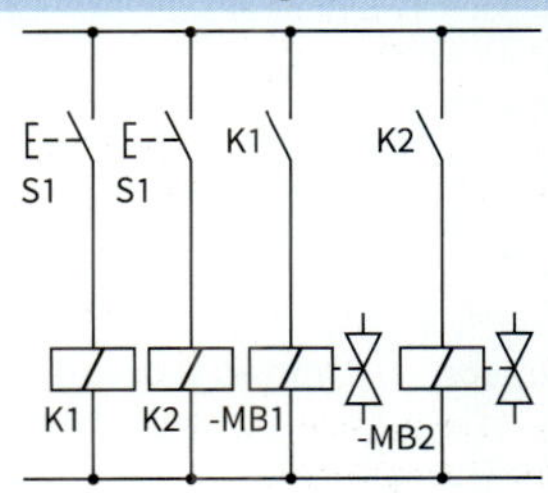

Begriffe

VDI 2860: 1990-05

Handhaben ist das Schaffen, definierte Verändern oder vorübergehende Aufrechterhalten einer vorgegebenen räumlichen Anordnung[1] von geometrisch bestimmten Körpern in einem Bezugskoordinatensystem.

Es können weitere Bedingungen – wie z. B. Zeit, Menge und Bewegungsbahn – vorgegeben sein.

1)
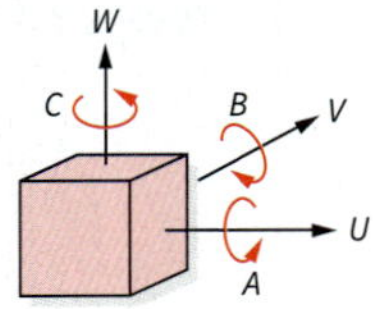

VDI 2861 Bl. 1

Die räumliche Anordnung eines Körpers ergibt sich aus seinen sechs Freiheitsgraden der Bewegung in einem Bezugskoordinatensystem.

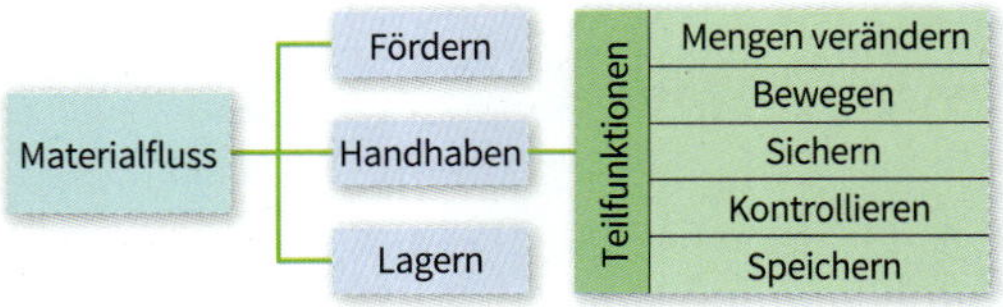

Teilfunktionen der Handhabungstechnik bestehen aus Elementarfunktionen und zusammengesetzten Funktionen.

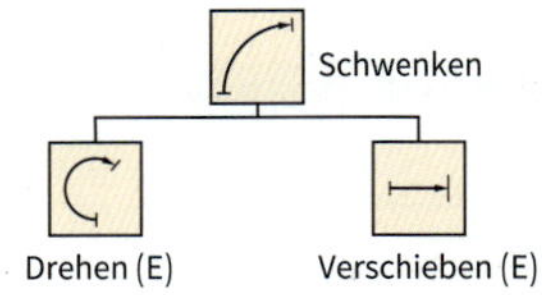

Symbolische Darstellung von Handhabungsfunktionen

Teilfunktion	Elementarfunktionen	zusammengesetzte Funktionen
Mengen verändern	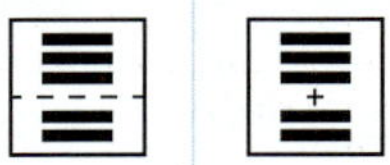 Teilen, Vereinigen	 Abteilen, Zuteilen, Verzweigen, Zusammenführen, Sortieren
Bewegen	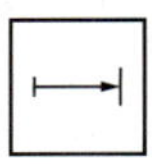 Verschieben	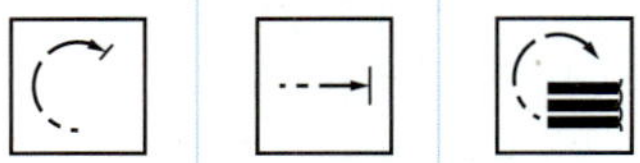 Orientieren, Positionieren, Ordnen
	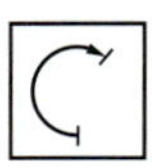 Drehen	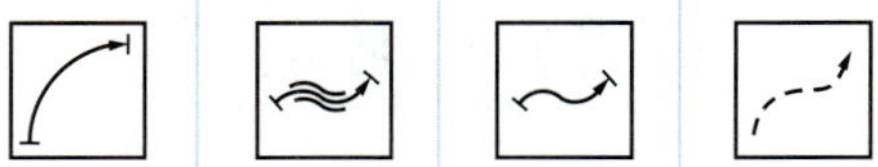 Schwenken, Führen, Weitergeben, Fördern
Sichern	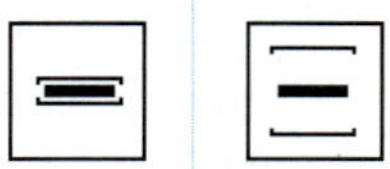 Halten, Lösen	 Spannen, Entspannen
Kontrollieren	 Prüfen	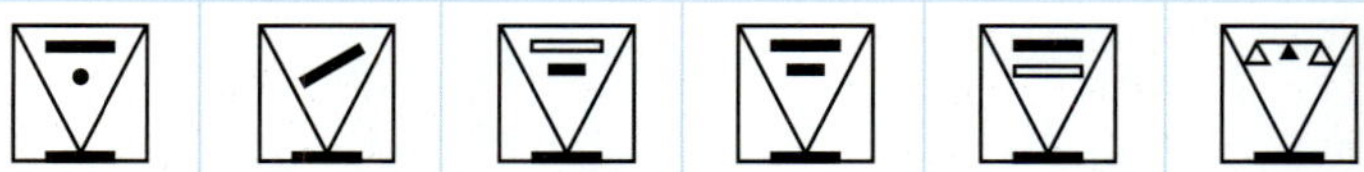 Form prüfen, Anwesenheit prüfen, Identität prüfen, Größe prüfen, Farbe prüfen, Gewicht prüfen
		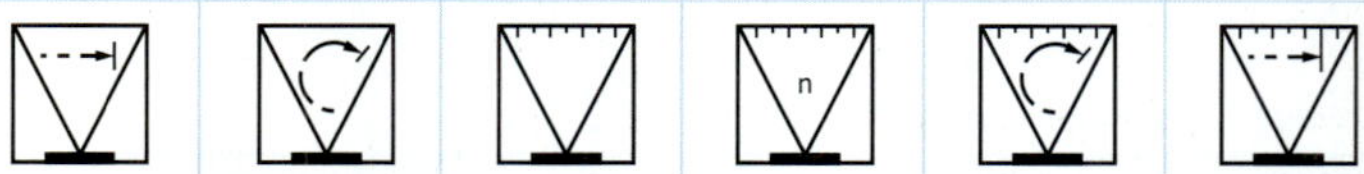 Position prüfen, Orientierung prüfen, Messen, Zählen, Orientierung messen, Position messen
Speichern	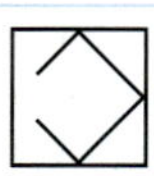	 geordnetes Speichern, teilgeordnetes Speichern, ungeordnetes Speichern
Aufgabe	**Verbal:** Ordnen und weiterführen von ungeordneten Kleinteilen	**Symbolisch:** 

Programmaufbau für CNC-Maschinen

DIN 66 025-1: 1983-01

Ein Programm besteht aus Daten, die in Form von Programmsätzen in die Steuerung eingegeben werden. Jeder Satz kann aus mehreren Wörtern bestehen. Die Wörter eines Satzes können enthalten: programmtechnische Anweisungen, geometrische Anweisungen, technologische Anweisungen. Jedes Wort besteht aus einem Adressbuchstaben und einer Schlüsselzahl; z. B. G01

Number	**G**o		**F**eed	**S**peed	**T**ool	**M**iscellaneous
N40	G00	X50 Z-120	F0.35	S1400	T05	M03
Satznummer (40)	Wegbedingung (Eilgang)	Koordinaten des Zielpunktes	Vorschub (0,35 mm)	Umdrehungs-frequenz (1400 $\frac{1}{\text{min}}$)	Werkzeug (Nr. 5)	Zusatzfunktion (Spindel dreht im Uhrzeigersinn)
programmtechn. Anweisungen	geometrische Anweisungen		technologische Anweisungen			

Adressbuchstaben

Buchstabe	Bedeutung	Buchstabe	Bedeutung
A	Drehung um die X-Achse	M	Zusatzfunktion
B	Drehung um die Y-Achse	N	Satz-Nr.
C	Drehung um die Z-Achse	O	frei verfügbar
D	Werkzeugkorrekturspeicher (oder frei verfügbar)	P	dritte Bewegung parallel zur X-Achse
E	zweiter Vorschub (oder frei verfügbar)	Q	dritte Bewegung parallel zur Y-Achse
F	Vorschub	R	dritte Bewegung parallel zur Z-Achse
G	Wegbedingung	S	Spindelumdrehungsfrequenz oder Schnittgeschwindigkeit
H	frei verfügbar	T	Werkzeug-Nr.
I	Interpolationsparameter oder Gewindesteigung parallel zur X-Achse	U	zweite Bewegung parallel zur X-Achse
J	Interpolationsparameter oder Gewindesteigung parallel zur Y-Achse	V	zweite Bewegung parallel zur Y-Achse
		W	zweite Bewegung parallel zur Z-Achse
K	Interpolationsparameter oder Gewindesteigung parallel zur Z-Achse	X	Bewegung in Richtung X-Achse
		Y	Bewegung in Richtung Y-Achse
L	frei verfügbar	Z	Bewegung in Richtung Z-Achse

DIN- und PAL-Zusatzfunktionen (Vergleich)

Code	DIN 66 025[2)]	PAL-Drehen	PAL-Fräsen
M00 [4)]	Programmierter Halt	Programmierter Halt	Programmierter Halt
M01 [4)]	Wahlweiser Halt		
M02 [4)]	Programmende		
M03 [3)]	Arbeitsspindel EIN im Uhrzeigersinn	Spindel einschalten; Drehrichtung rechts (Uhrzeigersinn)	Spindel einschalten; Drehrichtung rechts (Uhrzeigersinn)
M04 [3)]	Arbeitsspindel EIN im Gegenuhrzeigersinn	Spindel einschalten; Drehrichtung links (Gegenuhrzeigersinn)	Spindel einschalten; Drehrichtung links (Gegenuhrzeigersinn)
M05 [4)]	Arbeitsspindel HALT	Spindel ausschalten	Spindel ausschalten
M06	Werkzeugwechsel		Werkzeugwechsel
M07 [3)]	Kühlschmiermittel Nr. 2 EIN	2. Kühlmittelpumpe einschalten	2. Kühlmittelpumpe einschalten
M08 [3)]	Kühlschmiermittel Nr. 1 EIN	Kühlmittelpumpe einschalten	Kühlmittelpumpe einschalten
M09 [4)]	Kühlschmiermittel AUS	Kühlmittelpumpe ausschalten	Kühlmittelpumpe ausschalten
M10	Klemmen	Reitstock-Pinole lösen[4)]	
M11	Lösen	Reitstock-Pinole setzen[3)]	
M13	vorläufig frei verfügbar		Spindeldrehung rechts + Kühlmittel ein
M14	vorläufig frei verfügbar		Spindeldrehung links + Kühlmittel ein
M15	vorläufig frei verfügbar		Spindel und Kühlmittel ausschalten
M17	vorläufig frei verfügbar	Unterprogramm Ende[4)]	Unterprogramm Ende[4)]
M30 [4)]	Programmende mit Rücksetzen	Hauptprogramm Ende	Hauptprogramm Ende
M60	Werkstückwechsel[4)]		Konstanter Vorschub[3)] (Werkzeugschneide)
M61	vorläufig frei verfügbar		Konstanter Vorschub mit Beeinflussung an Innen- und Außenecken[3)]

[1)] **P**rüfungs**A**ufgaben- und **L**ehrmittelentwicklungsstelle
[2)] Auswahl für Fräs- und Bohrmaschinen, Lehrenbohrwerke, Drehmaschinen, Bearbeitungszentren
[3)] sofort wirksam [4)] wirksam nach Abarbeitung der anderen Satzinhalte; (grau) gespeichert wirksam; (gelb) satzweise wirksam

DIN- und PAL-Wegbedingungen (Vergleich)

Code	DIN 66025	PAL-Drehen	PAL-Fräsen
G00	Punktsteuerungsverhalten	Verfahren im Eilgang	
G01	Geraden-Interpolation	Linear-Interpolation im Arbeitsgang	
G02	Kreis-Interpolation im Uhrzeigersinn	Kreis-Interpolation im Uhrzeigersinn	
G03	Kreis-Interpolation Gegenuhrzeigersinn	Kreis-Interpolation Gegenuhrzeigersinn	
G04	Verweilzeit	Verweildauer	
G08	Geschwindigkeitszunahme		
G09	Geschwindigkeitsabnahme	Genauhalt	
G10	vorläufig frei verfügbar		Verfahren im Eilgang in Polarkoordinaten
G11	vorläufig frei verfügbar		Linear-Interpolation mit Polarkoordinaten
G12	vorläufig frei verfügbar		Kreis-Interpolation Uhrzeigers. Polarkoord.
G13	vorläufig frei verfügbar		Kreis-Interpol. Gegenuhrzeigers. Polarkoord.
G14	vorläufig frei verfügbar	Konfig. Werkzeugwechselpunkt anfahren	
G17	Ebenenauswahl XY	Stirnseitenbearbeitungsebenen	Ebenenanwahl 2½D-Bearbeitung
G18	Ebenenauswahl ZX	Drehebenenanwahl	Ebenenanwahl 2½D-Bearbeitung
G19	Ebenenauswahl YZ	Mantelflächenbearbeitungsebenen	Ebenenanwahl 2½D-Bearbeitung
G22	vorläufig frei verfügbar	Unterprogrammaufruf	
G23	vorläufig frei verfügbar	Programmteilwiederholung	
G29	vorläufig frei verfügbar	Bedingte Programmsprünge	
G31	vorläufig frei verfügbar	Gewindezyklus	
G32	vorläufig frei verfügbar	Gewindebohrzyklus	
G33	Gewindeschneiden	Gewindestrehlgang	
G40	Aufheben der Werkzeugkorrektur	Abwahl der Schneidenradiuskorrektur	Abwahl der Fräserradiuskorrektur
G41	Werkzeugbahnkorrektur, links	Schneidenradiuskorrektur, links	Anwahl der Fräserradiuskorrektur links
G42	Werkzeugbahnkorrektur, rechts	Schneidenradiuskorrektur, rechts	Anwahl der Fräserradiuskorrektur rechts
G45	vorläufig frei verfügbar		Lineares tangent. Anfahren an die Kontur
G46	vorläufig frei verfügbar		Lineares tangent. Abfahren von der Kontur
G47	vorläufig frei verfügbar		Tangent. Anfahren an die Kontur im ¼-Kreis
G48	vorläufig frei verfügbar		Tangent. Abfahren von der Kontur im ¼-Kreis
G50	vorläufig frei verfügbar	Aufheben von inkrementellen Nullpunktverschiebungen und Drehungen	
G53	Aufheben der Verschiebung	Alle Nullpunktverschiebungen und Drehungen aufheben	
G54–G57	Verschiebung 1 … 4	Einstellbare absolute Nullpunkte	
G58	Verschiebung 5		Inkrem. Nullpunktversch. polar und Drehung
G59	Verschiebung 6	Inkrementelle Nullpunktverschiebung kartesisch und Drehung	
G66	vorläufig frei verfügbar		Spiegeln um X- und/oder Y-Achse
G67	vorläufig frei verfügbar		Skalieren (Vergrößern/Verkleinern/ Aufheben)
G70	Maßangaben in Inch	Umschalten auf Maßeinheit Inch	
G71	Maßangaben in Millimeter	Umschalten auf Maßeinheit Millimeter	
G72	vorläufig frei verfügbar		Rechtecktaschenfräszyklus
G73	vorläufig frei verfügbar		Kreistaschen- und Zapfenfräszyklus
G74	Anfahren Referenzpunkt		Nutenfräszyklus
G75	vorläufig frei verfügbar		Kreisbogennut-Fräszyklus
G76	vorläufig frei verfügbar		Mehrfachzyklusaufruf auf einer Geraden
G77	vorläufig frei verfügbar		Mehrfachzyklusaufruf auf einem Teilkreis
G78	vorläufig frei verfügbar		Zyklusaufruf an einem Punkt (Polarkoordin.)
G79	vorläufig frei verfügbar		Zyklusaufruf an Punkt (kartes. Koordinaten)
G80	Aufheben Arbeitszyklus	Abschluss einer Bearbeitungszyklus-Konturbeschreibung	
G81	Arbeitszyklus 1	Längsschruppzyklus	Bohrzyklus
G82	Arbeitszyklus 2	Planschruppzyklus	Tiefbohrzyklus
G83	Arbeitszyklus 3	Konturparalleler Schruppzyklus	Tiefbohrzyklus mit Spanbruch und Entspänen
G84	Arbeitszyklus 4	Bohrzyklus	Gewindebohrzyklus
G85	Arbeitszyklus 5	Freistichzyklus	Reibzyklus
G86	Arbeitszyklus 6	Radialer Stechzyklus	Ausdrehzyklus
G87	Arbeitszyklus 7	Radialer Konturstechzyklus	Bohrfräszyklus
G88	Arbeitszyklus 8	Axialer Stechzyklus	Innengewindefräszyklus
G89	Arbeitszyklus 9	Axialer Konturstechzyklus	Außengewindefräszyklus
G90	absolute Maßangaben	Absolutmaßangabe einschalten	Absolutmaßangabe einschalten
G91	inkrementale Maßangaben	Kettenmaßangabe einschalten	Kettenmaßangabe einschalten
G92	Speicher setzen	Drehzahlbegrenzung	
G94	Vorschubgeschwindigkeit in mm/min	Vorschub in Millimeter pro Minute	Vorschub in Millimeter pro Minute
G95	Vorschub in mm/U	Vorschub in Millimeter pro Umdrehung	Vorschub in Millimeter pro Umdrehung
G96	Konstante Schnittgeschwindigkeit	Konstante Schnittgeschwindigkeit	Konstante Schnittgeschwindigkeit
G97	Angabe der Spindeldrehzahl in 1/min	Konstante Drehzahl	konstante Drehzahl

gespeichert wirksam (selbsthaltend) satzweise wirksam

Elementare Arbeitsbewegungen

G00 Verfahren im Eilgang

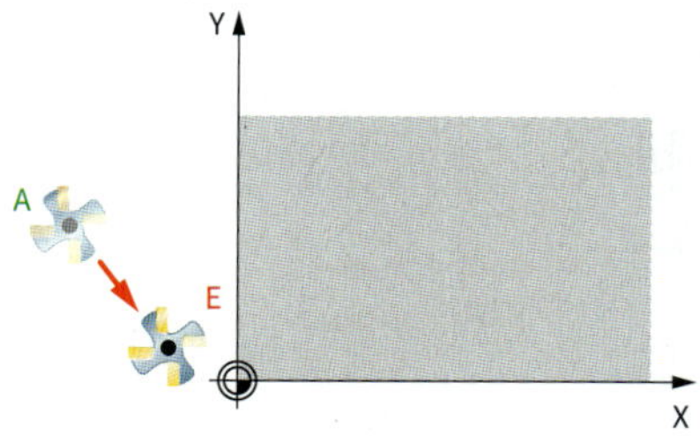

G01 Linearinterpolation im Arbeitsgang

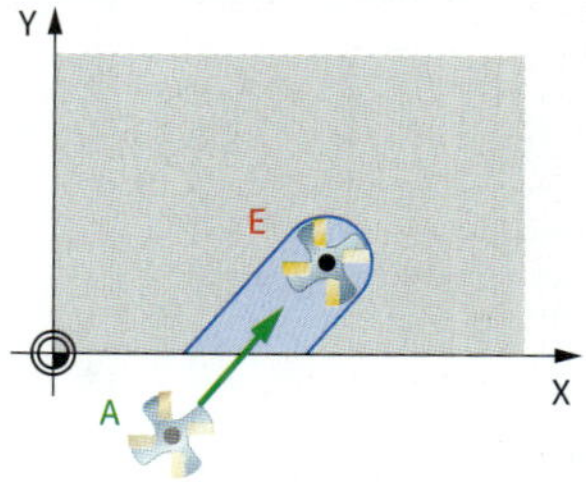

G02 Kreisinterpolation im Uhrzeigersinn

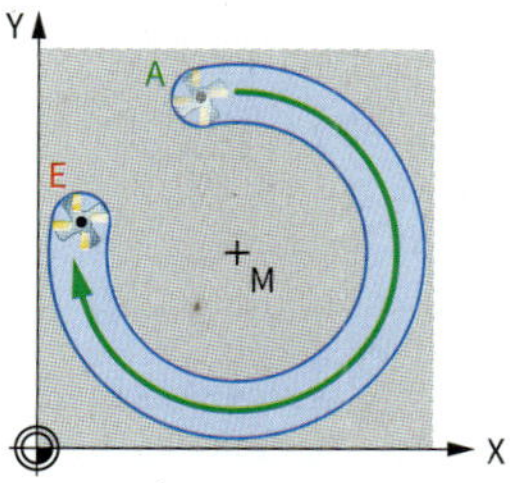

G03 Kreisinterpolation im Gegenuhrzeigersinn

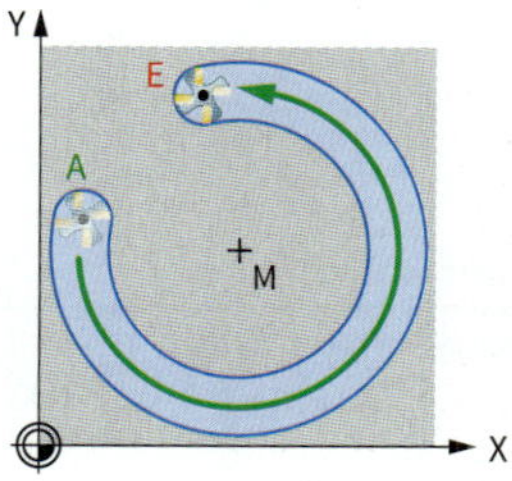

Bahnkorrekturen

G41 Fräserradiuskorrektur links

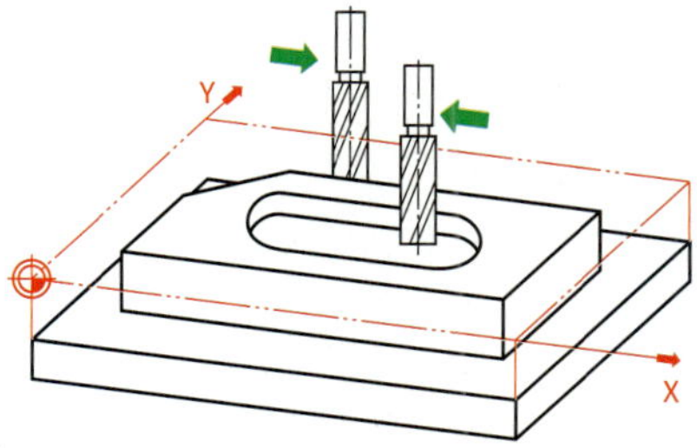

G42 Fräserradiuskorrektur rechts

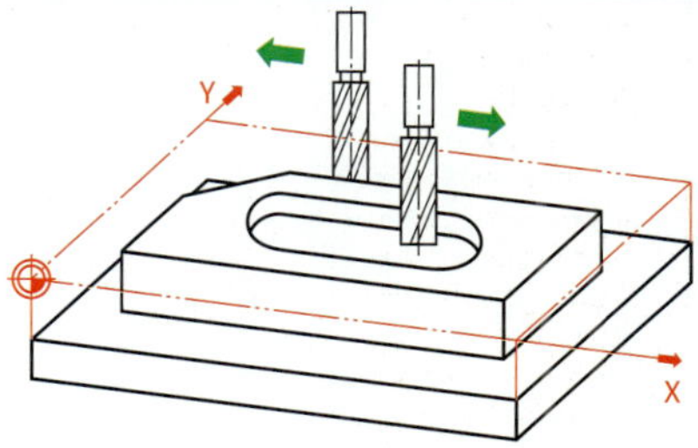

Werkzeugkorrekturen (nicht genormt)

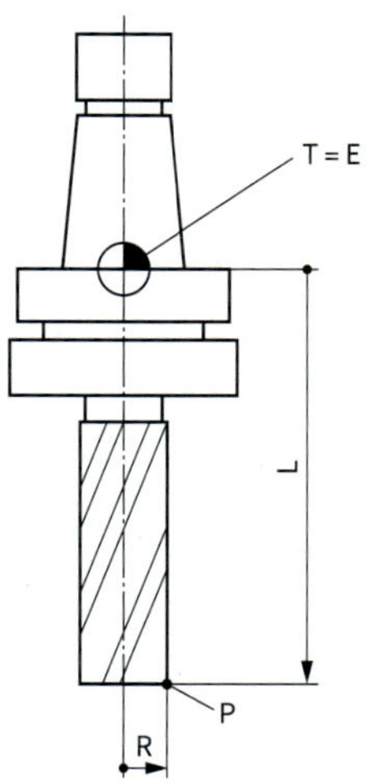

L: Werkzeuglänge
R: Werkzeugradius
T: Werkzeugträger-Bezugspunkt
E: Werkzeugeinstellpunkt
P: Werkzeugschneidenpunkt

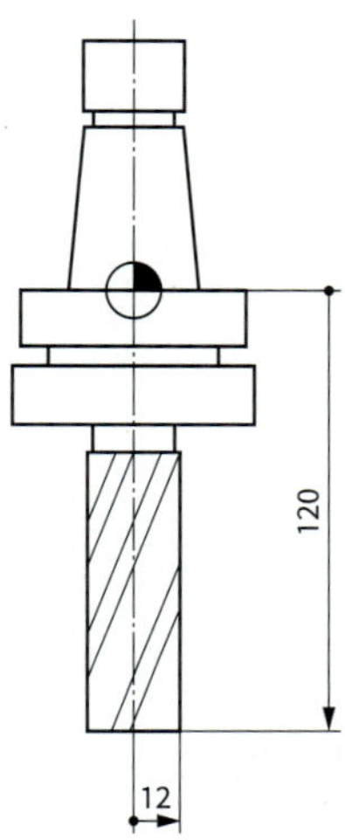

Werkzeugkorrekturspeicher

TC …	
L	120
R	12

Für jedes Werkzeug gibt es neun Korrekturspeicher (TC1 – TC9)

Im Werkzeugspeicher werden abgelegt Werkzeuglänge L und Werkzeugradius R

Linearinterpolation G00/G01

G90 (Werkstückkoordinatensystem)

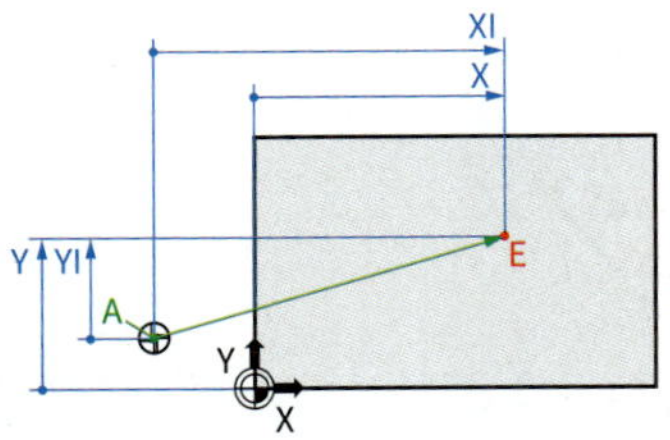

G91 (Werkzeugkoordinatensystem)

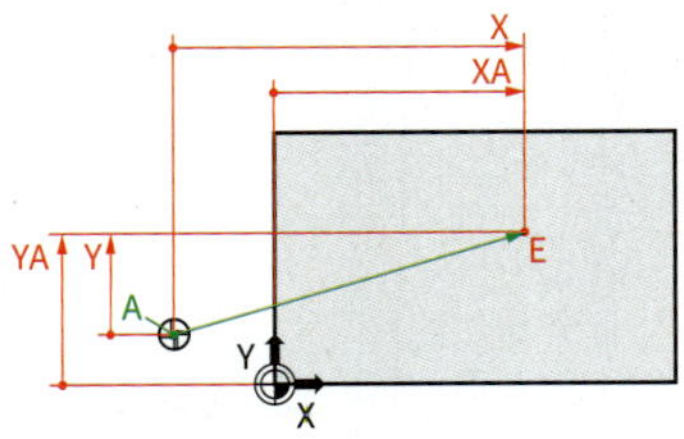

Adressen

bei G90 (Werkstückkoordinatensystem):

- X absolute X-Koordinate
- Y absolute Y-Koordinate
- XI inkrementale X-Koordinate
- YI inkrementale Y-Koordinate

bei G91 (Werkzeugkoordinatensystem):

- X inkrementale X-Koordinate
- Y inkrementale Y-Koordinate
- XA absolute X-Koordinate
- YA absolute Y-Koordinate

Kreisinterpolation G02/G03

G90 (Werkstückkoordinatensystem)

G02

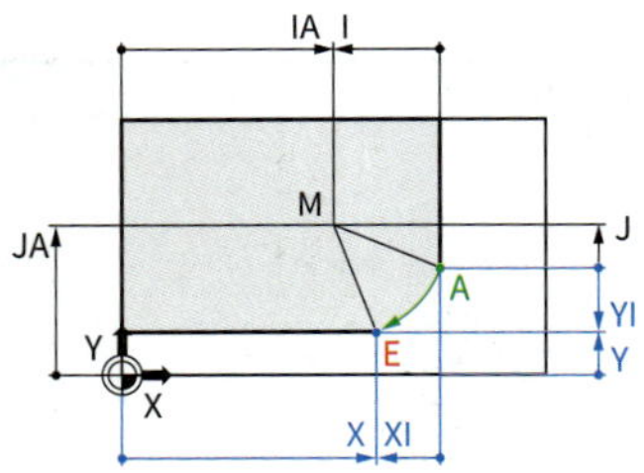

G03

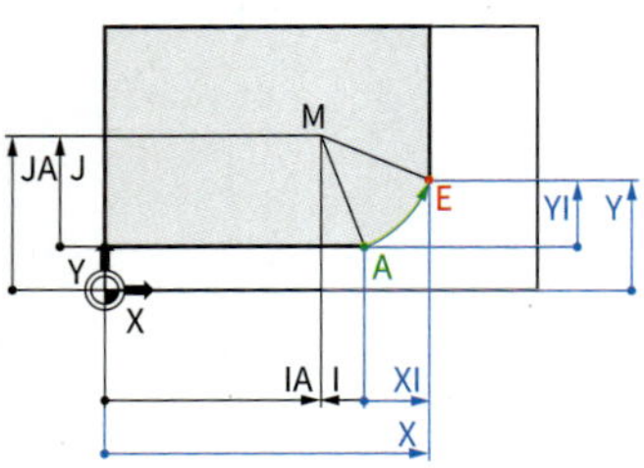

G91 (Werkzeugkoordinatensystem)

G02

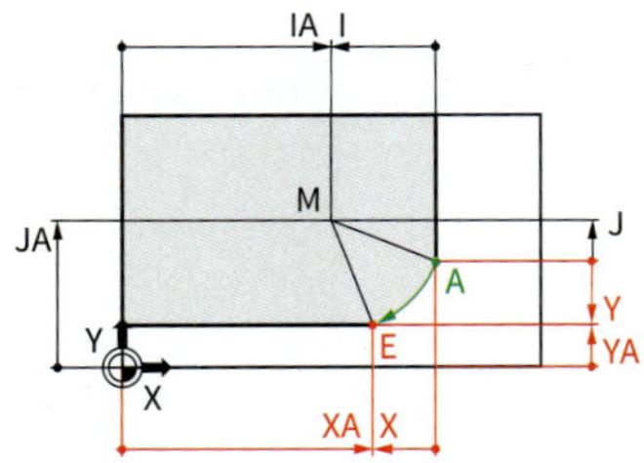

G03

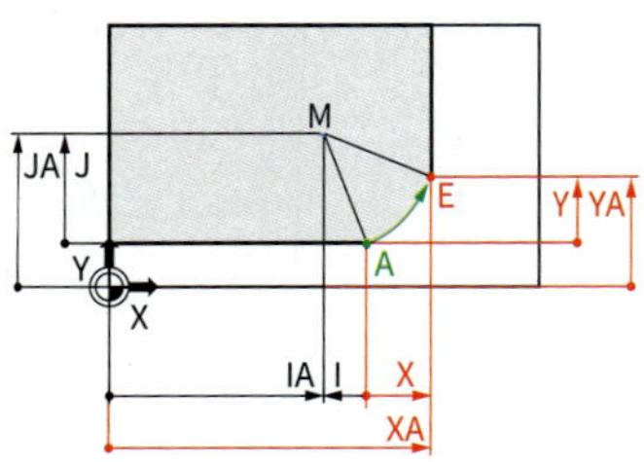

Adressen

bei G90 (Werkstückkoordinatensystem):

- X absolute X-Koordinate
- Y absolute Y-Koordinate
- XI inkrementale X-Koordinate
- YI inkrementale Y-Koordinate

bei G91 (Werkzeugkoordinatensystem):

- X inkrementale X-Koordinate
- Y inkrementale Y-Koordinate
- XA absolute X-Koordinate
- YA absolute Y-Koordinate

bei G90 und G91:

- I inkrementale X-Koordinatendifferenz zwischen Anfangspunkt A und Kreismittelpunkt M
- J inkrementale Y-Koordinatendifferenz zwischen Anfangspunkt A und Kreismittelpunkt M
- IA absolute X-Mittelpunktkoordinate in Werkstückkoordinaten
- JA absolute Y-Mittelpunktkoordinate in Werkstückkoordinaten

- A Anfangspunkt der Bewegung (= aktuelle Werkzeugposition)
- E Endpunkt der Bewegung

Elementare Arbeitsbewegungen

G00 Verfahren im Eilgang

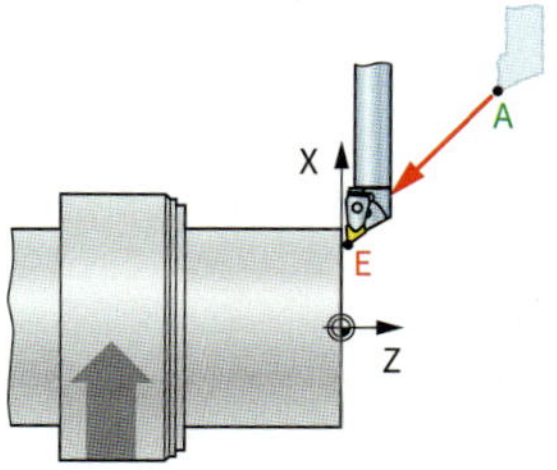

G01 Linearinterpolation im Arbeitsgang

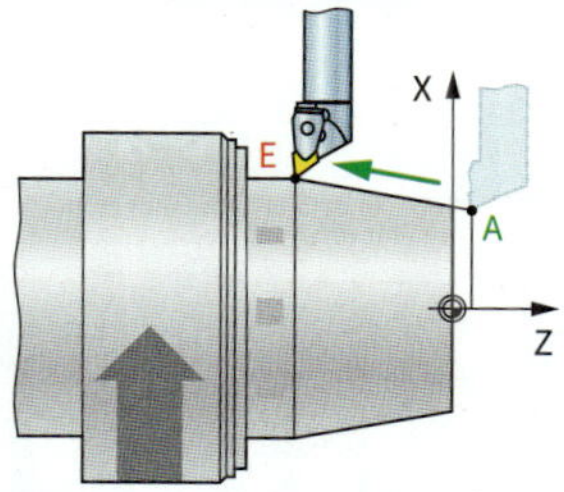

G02 Kreisinterpolation im Uhrzeigersinn

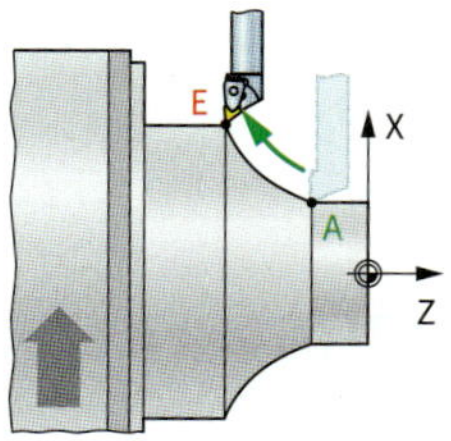

G03 Kreisinterpolation im Gegenuhrzeigersinn

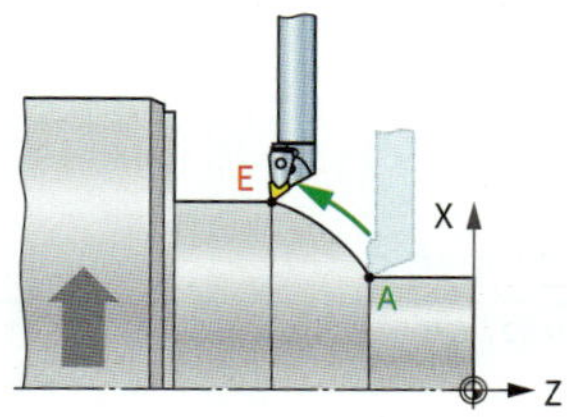

Bahnkorrekturen

G41 Schneidenradiuskorrektur links

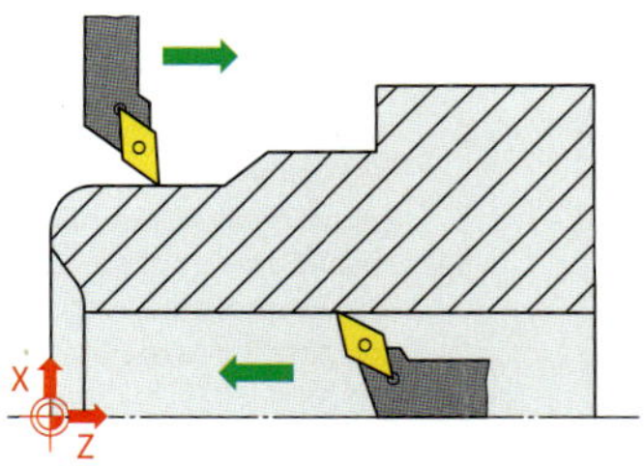

G42 Schneidenradiuskorrektur rechts

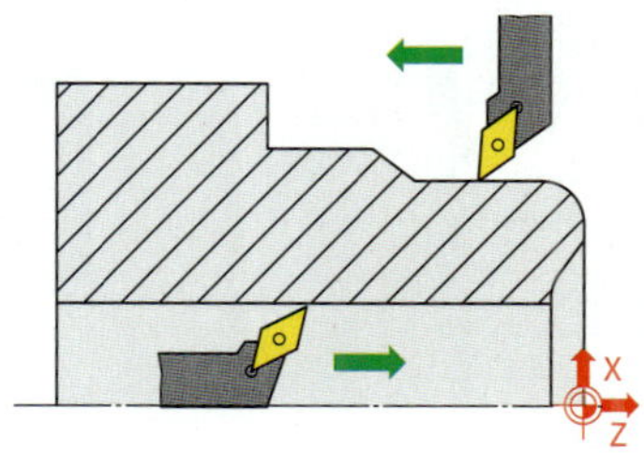

Werkzeugkorrekturen (nicht genormt)

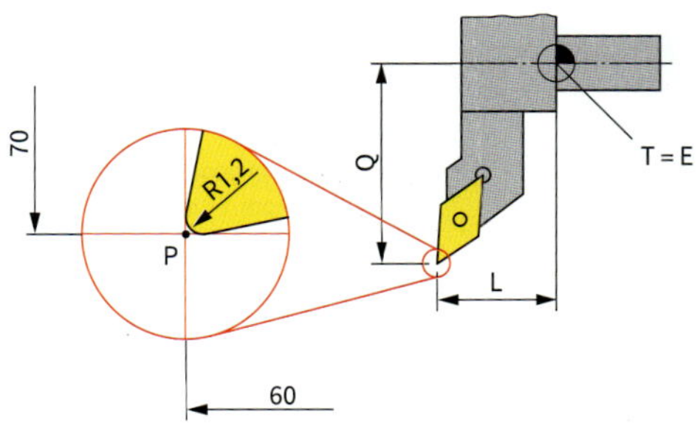

L: Ausspannlänge in Z-Richtung
Q: Querablage in X-Richtung
r_ε: Schneidenradius
T: Werkzeugträger-Bezugspunkt
E: Werkzeugeinstellpunkt
P: theoretischer Schneidenpunkt

Lagekennzahlen K

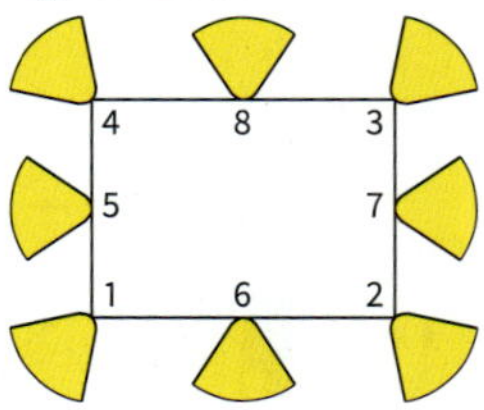

Werkzeugkorrekturspeicher

TC …	
L	60
Q	70
r_ε	1,2
Lagekennzahl	3

Für jedes Werkzeug gibt es neun Korrekturspeicher (TC1–TC9).

Im Werkzeugspeicher werden abgelegt Ausspannlänge L, Querablage Q, Schneidenradius r_ε und die Lagekennzahl K der Werkzeugschneide.

Durch die Angabe von Lagekennzahl K und Schneidenradius r_ε wird bei Bearbeitungen mit Bahnkorrektur an Stelle des theoretischen Schneidenpunktes P der tatsächliche Bearbeitungspunkt berücksichtigt.

Linearinterpolation G00/G01

G90 (Werkstückkoordinatensystem)

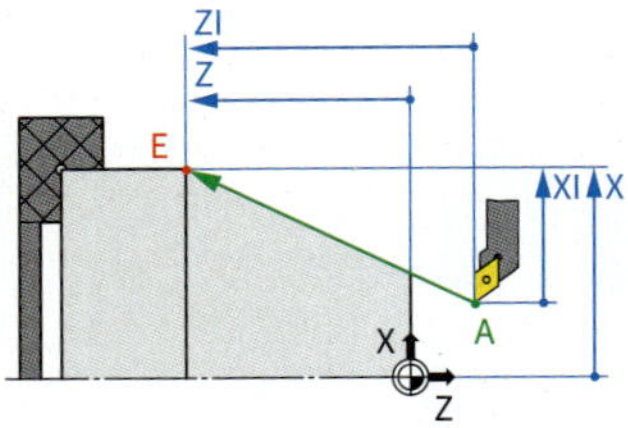

G91 (Werkzeugkoordinatensystem)

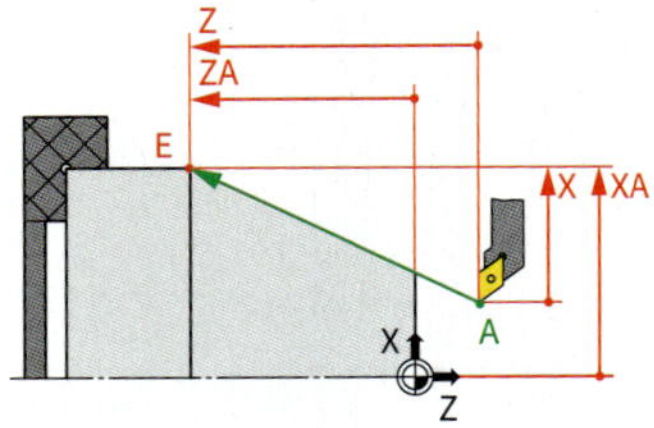

Adressen

bei G90 (Werkstückkoordinatensystem):

- X absolute X-Koordinate als Durchmessermaß
- Z absolute Z-Koordinate
- XI inkrementale X-Koordinate als Radiusmaß
- ZI inkrementale Z-Koordinate

bei G91 (Werkzeugkoordinatensystem):

- X inkrementale X-Koordinate als Radiusmaß
- Z inkrementale Z-Koordinate
- XA absolute X-Koordinate als Durchmessermaß
- ZA absolute Z-Koordinate

Kreisinterpolation G02/G03

G90 (Werkstückkoordinatensystem)

G02

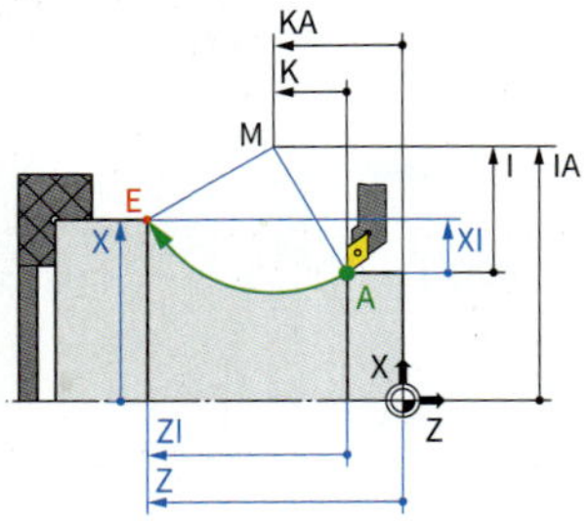

G03

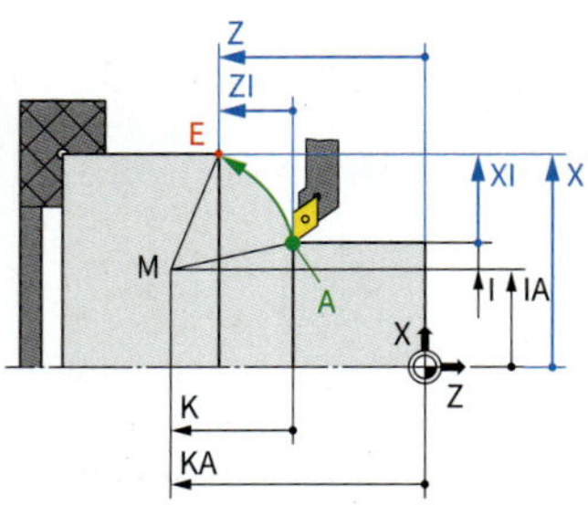

G91 (Werkzeugkoordinatensystem)

G02

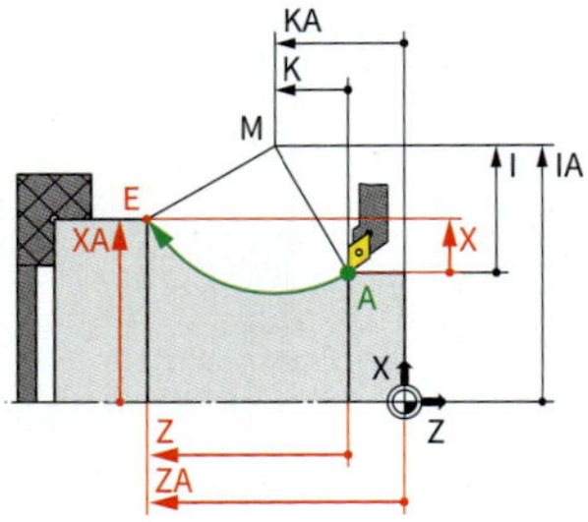

G03

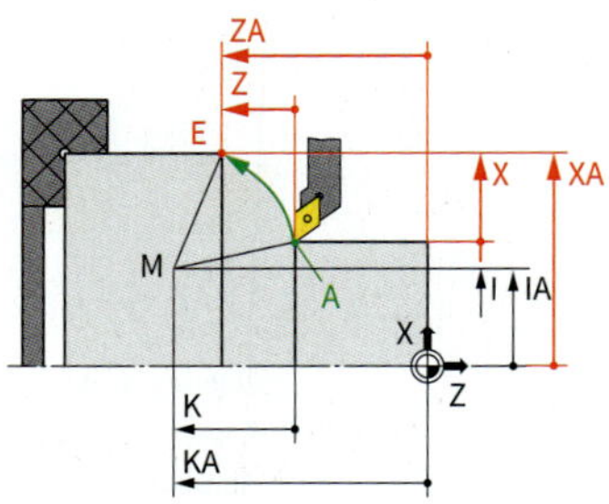

Adressen

bei G90 (Werkstückkoordinatensystem):

- X absolute X-Koordinate als Durchmessermaß
- Z absolute Z-Koordinate
- XI inkrementale X-Koordinate als Radiusmaß
- ZI inkrementale Z-Koordinate

bei G91 (Werkzeugkoordinatensystem):

- X inkrementale X-Koordinate als Radiusmaß
- Z inkrementale Z-Koordinate
- XA absolute X-Koordinate als Durchmessermaß
- ZA absolute Z-Koordinate

bei G90 und G91:

- I inkrementale X-Koordinatendifferenz zwischen Anfangspunkt A und Kreismittelpunkt M als Radiusmaß
- K inkrementale Z-Koordinatendifferenz zwischen Anfangspunkt A und Kreismittelpunkt M
- IA absolute X-Mittelpunktkoordinate in Werkstückkoordinaten als Durchmessermaß
- KA absolute Z-Mittelpunktkoordinate in Werkstückkoordinaten

- A Anfangspunkt der Bewegung (= aktuelle Werkzeugposition)
- E Endpunkt der Bewegung

Freiheitsgrade

VDI 2860: 1990-05; VDI 2861: 1988-06

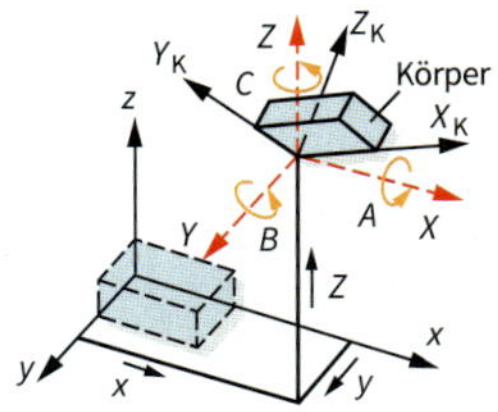

X, Y, Z:	Bezugskoordinatensystem
X_K, Y_K, Z_K:	„Körpereigenes“ Koordinatensystem
A, B, C:	Drehungen

Soll der Körper in das Bezugs-Koordinatensystem überführt werden, sind **drei** Drehungen *A, B, C* und **drei** Verschiebungen in *X, Y, Z* erforderlich.

Ein frei im Raum bewegter Körper lässt sich auf den Achsen *X, Y, Z* translatorisch bewegen. Um jede Achse ist wiederum eine rotatorische Bewegung (Drehungen *A, B, C*) möglich. Die Summe der möglichen unabhängigen Bewegungen (translatorisch und rotatorisch) gegenüber einem Bezugskoordinatensystem bezeichnet man als **Freiheitsgrad** (*f*); $f_{max.} = 6$

Achsen

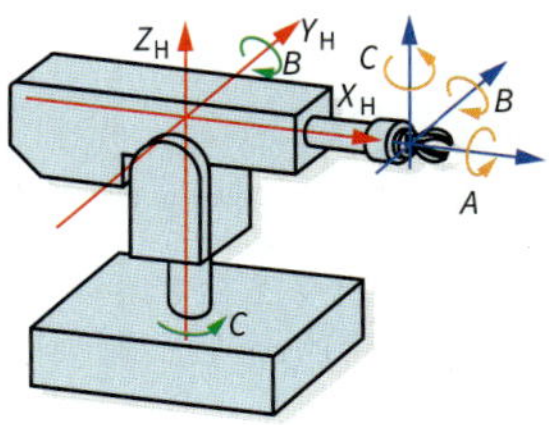

8-Achsen Industrieroboter

8 Bewegungsmöglichkeiten (Achsen)

- translatorisch in den **Haupt**achsen: X_H, Y_H, Z_H (3)
- rotatorisch in den **Haupt**achsen: *B, C* (2)
- rotatorisch in den **Neben**achsen: *A, B, C* (3)

Achsen sind geführte, unabhängig voneinander angetriebene Glieder. Mit translatorischen und rotatorischen Achsen werden definierte Bewegungen zum Positionieren und Orientieren von Objekten ausgeführt.

Hauptachsen: Bestimmen den Arbeitsraum des Roboters

Nebenachsen: Im Verhältnis zu den Hauptachsen sind hier nur kleine Positionsänderungen möglich (Drehung des Objektes).

Symbolik und Darstellung

Darstellung

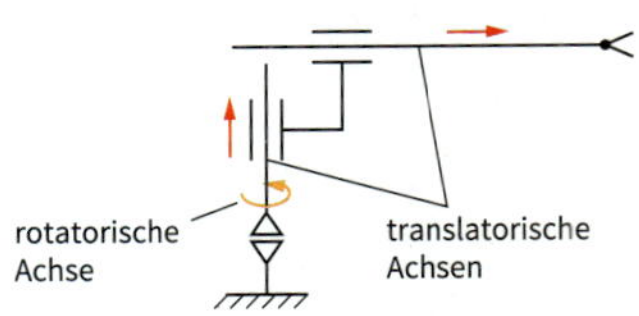

Achsen DIN 66217

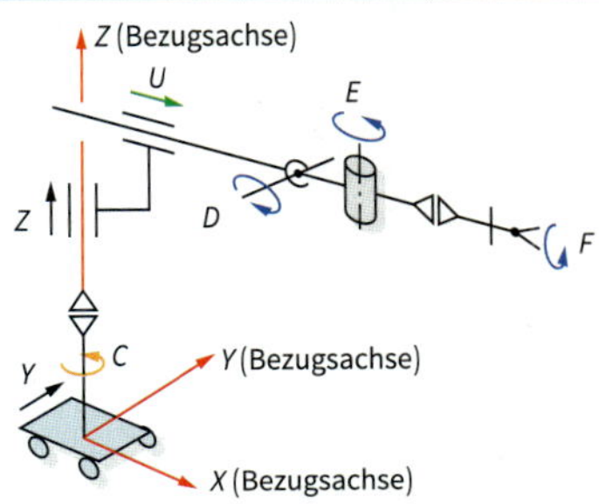

X, Y, Z	● Haupttranslationsachsen, parallel zum Bezugskoordinatensystem
… U, V, W	● Nebentranslationsachse, parallel zu *X, Y, Z* oder beliebiger Achse
A, B, C	● Hauptrotationsachsen, um *X, Y, Z* oder andere Achsen drehend
D, E, F …	● rotatorische Nebenachsen

Bezeichnung	Symbol	Beispiel
Translationsachse		
Translation fluchtend (Teleskop)	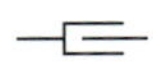	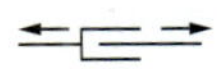
Translation nicht fluchtend	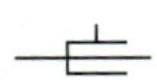	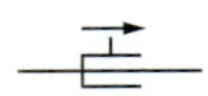
Verfahrachse	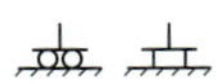	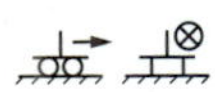
Rotationsachse		
Rotation fluchtend		
Rotation nicht fluchtend	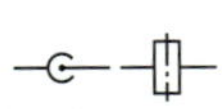	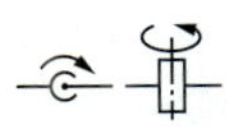
Werkzeuge		Spritzpistole, Schweißzange
Greifer		Zangengreifer
Kennzeichnung von **Systemgrenzen**		echte Schnittstelle, z. B. auswechselbare Werkzeuge
Trennung zwischen Haupt- und Nebenachsen	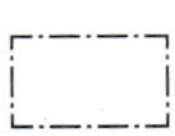	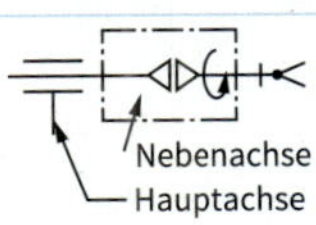

Koordinatensysteme und Drehbewegungen

DIN EN ISO 9787: 2000-07

Alle Koordinatensysteme dieser internationalen Norm werden durch die **DIN 66 217** (Rechte-Hand-Regel und Kartesisches Koordinatensystem) dargestellt. Darüber hinaus bestehen das Weltkoordinatensystem, das Basiskoordinatensystem, das Koordinatensystem der mechanischen Schnittstelle und das Werkzeugkoordinatensystem.

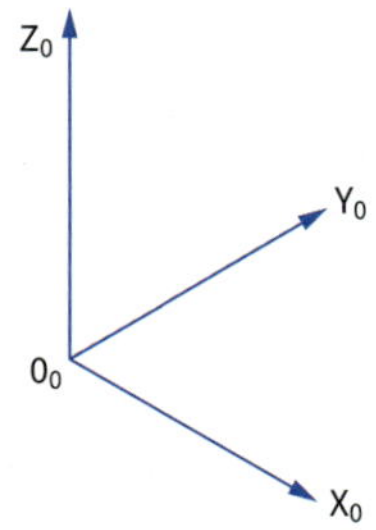

Weltkoordinatensystem

Der Nullpunkt 0_0 und die Achsen sind von den Anwendern entsprechend den Anforderungen zu definieren.

Schreibweise: $0_0 - X_0 - Y_0 - Z_0$

Werkzeugkoordinatensystem (TCS)

Das TCS ist ein Koordinatensystem, bezogen auf den Endeffektor, angebracht an der mechanischen Schnittstelle

Schreibweise: $0_t - X_t - Y_t - Z_t$

Nullpunkt 0_t = Werkzeugmittelpunkt (TCP)

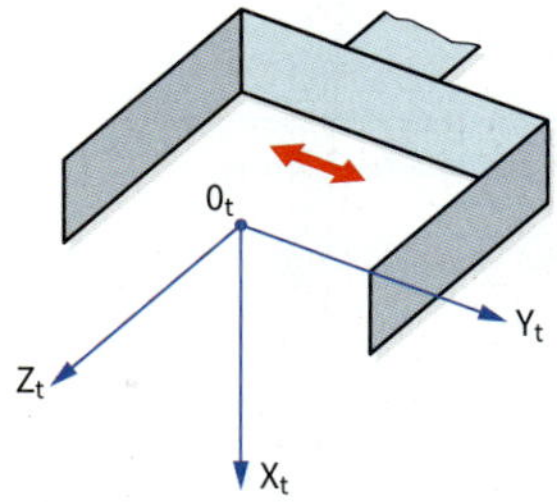

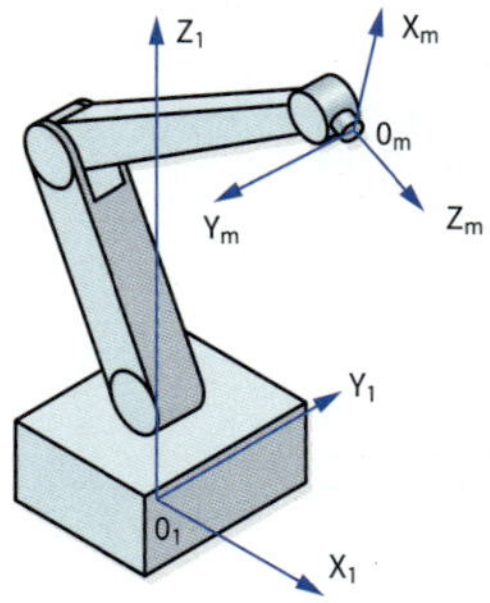

Koordinatensystem der mechanischen Schnittstelle

Schreibweise: $0_m - X_m - Y_m - Z_m$

Nullpunkt 0_m = Mitte der mechanischen Schnittstelle

Anwendungsformen

Basiskoordinatensystem

Das Koordinatensystem bezieht sich auf die Basisaufstellfläche des Roboters.

Schreibweise: $0_1 - X_1 - Y_1 - Z_1$

Der Nullpunkt des Basiskoordinatensystems 0_1, muss vom Hersteller des Roboters definiert werden.

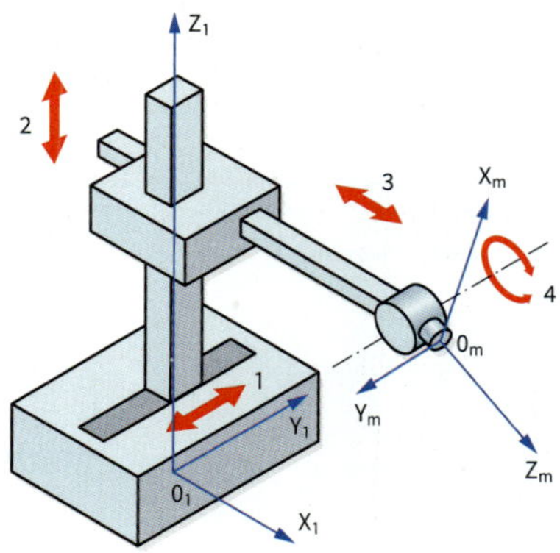

Kartesischer Roboter

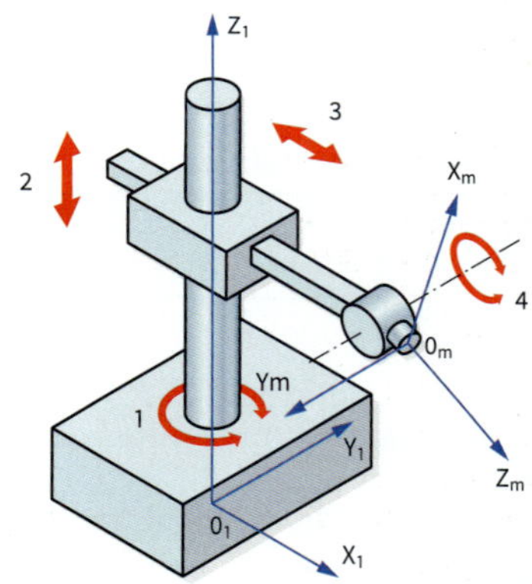

Zylindrischer Roboter

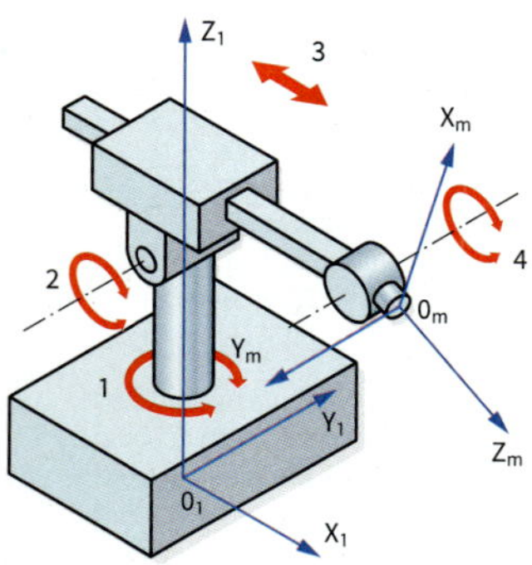

Polarroboter

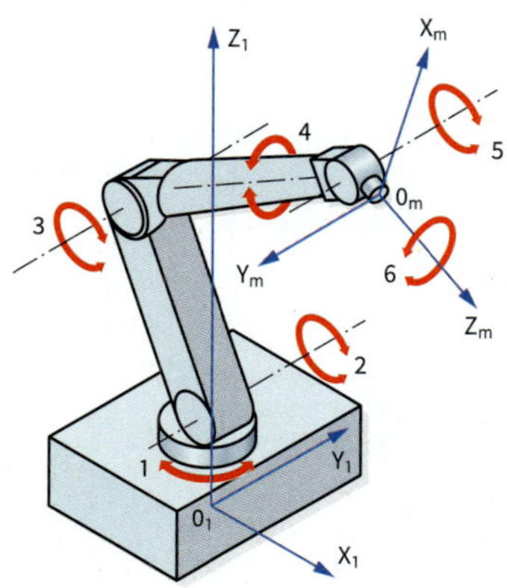

Gelenkroboter

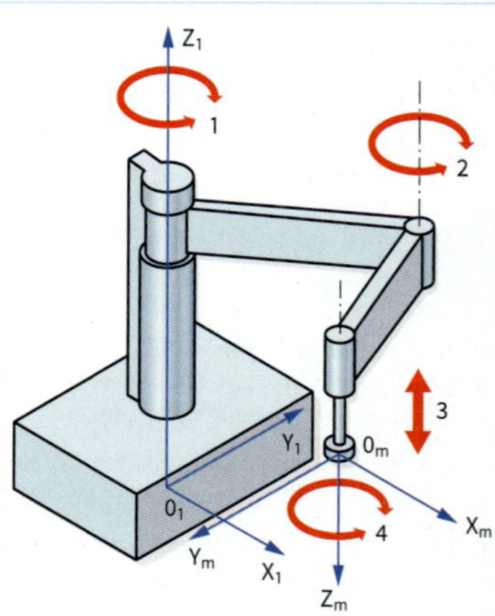

Scararoboter

Merkmale

- 3D ist die Abkürzung für dreidimensional.
- 3D-Druck ist ein Produktionsverfahren, bei dem physische 3D-Objekte durch schichtenweisen Materialauftrag von formlosen Stoffen erzeugt werden.
- Das Verfahren
  - zählt zu den additiven Fertigungsverfahren und
  - benötigt keine zusätzlichen formgebenden Fertigungswerkzeuge.
- Die Herstellung der Objekte erfolgt auf Basis digitaler 3D-CAD-Daten.

Anwendungen

- **Rapid Prototyping** (schneller Prototypenbau): Modellherstellung zu Anschauungszwecken und Vermeidung von Entwicklungsfehlern
- **Rapid Tooling** (schneller Werkzeugbau): Herstellung von Prototypen und Vorserien für Werkzeuge und Formen (z. B. Spritzgussformen)
- **Rapid Manufacturing** (schnelle Fertigung): Herstellung von Produkten mit (Klein-)Seriencharakter (z. B. Zahnimplantate, Hörgeräte)
- **Special Manufacturing** (spezielle Fertigung): Formenherstellung, die mit Zerspanung nicht machbar ist

Druckverfahren

Stereolithographie (STL)

- Material:
  - Lichtaushärtender Kunststoff in Wannenbad (z. B. Epoxidharz)
- Schichtenerzeugung:
  - Laserstrahl belichtet die der Form entsprechenden Bereiche, die dabei aushärten.
  - Objektplattform wird entsprechend der gewählten Schichtdicke abgesenkt.
  - Neues, flüssiges Material wird gleichmäßig über die Oberfläche verteilt und erneut belichtet.
- Schichtdicken: 10 µm bis 100 µm
- Vorteile:
  - Sehr hohe Auflösung (nm-Bereich)
  - Hohlräume möglich
- Nachteile:
  - Geringe Materialauswahl
  - Teilweise Stützstrukturen erforderlich

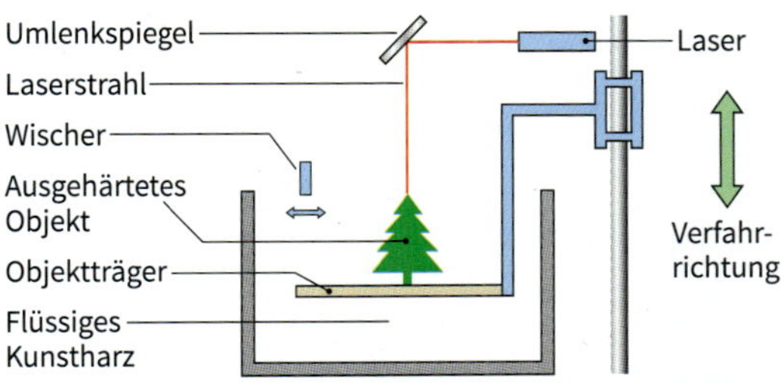

Schmelzschichtung (Fused Deposition Modelling – FDM)

- Material:
  - Diverse Kunststoffe (z.B. **A**crylnitril-**B**utadien-**S**tyrol, PolyLactic Acid, Nylon), Wachs und Metalle, die bei niedrigen Temperaturen schmelzen.
- Schichtenerzeugung:
  - Schichtenweiser Materialauftrag durch Extrudieren des drahtförmigen Werkstoffs (Filament).
- Schichtdicken: 25 µm bis 1200 µm
- Vorteile:
  - Große Materialpalette
  - Gleichzeitige Verwendung mehrerer (unterschiedlicher) Materialien durch mehrere Extruder.
  - Heizdüse in der Fertigungsebene frei verfahrbar.
- Nachteile:
  - Auflösung abhängig von Extrusionsbreite
  - Düsen können verstopfen
  - Objekte bei Standard-Kunststoffen nicht sehr belastbar

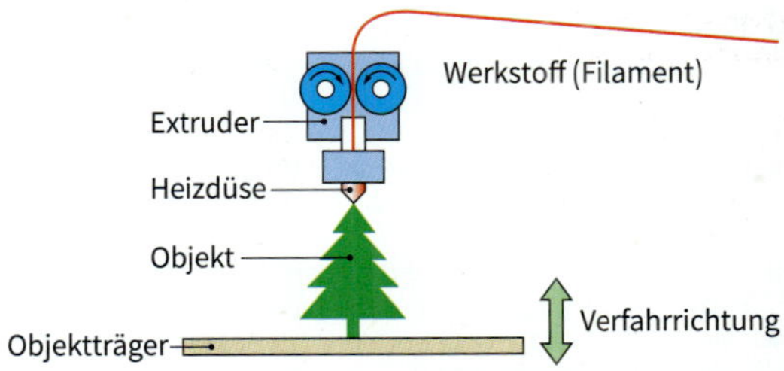

Selektives Lasersintern (SLS)
Selektives Laserschmelzen (SLM)

- Material:
  - Pulverförmige Rohmaterialien aus Kunststoff, Metall, Metall-Polymeren, Quarz-/Zirkonsand.
- Schichtenerzeugung:
  - Schichtenweise Bestrahlung und Aushärtung des Pulvers (siehe STL) mittels Laser.
- Schichtdicken: 20 µm bis 100 µm
- Vorteile:
  - Thermisch und mechanisch hochbelastbare Objekte möglich
  - Thermisch nicht belastetes Pulver kann wiederverwendet werden
- Nachteile:
  - Stützstrukturen bei Metallen
  - Materialspannungen durch Temperaturdifferenzen

Weitere Druckverfahren

- **M**ulti**J**et-**M**odeling (**MJM**):
  - Material: Polymere (z. B. ABS)
  - Verwendet InkJet-Druckknöpfe, die Polymere schichtweise ausdrucken und mit UV-Licht aushärten
  - Mehrere Druckknöpfe mit unterschiedlichen Materialien möglich
  - Typische Auflösung liegt bei 600 dpi.
- **S**elective **D**eposition **L**aminating (**SDL**):
  - Verwendet Papierseiten, die lagenweise mittels Klebstoff aufeinander geklebt werden
  - Objektform wird für jede Seite mittels Messer ausgeschnitten
  - Farbige 3D-Objekte möglich

IEC-Bus
IEC-bus

Struktur (z. B. Messdatenerfassung)

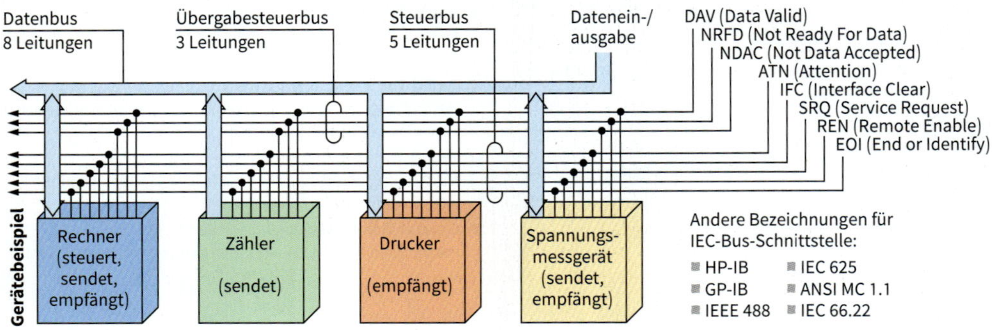

Andere Bezeichnungen für IEC-Bus-Schnittstelle:

- HP-IB
- GP-IB
- IEEE 488
- IEC 625
- ANSI MC 1.1
- IEC 66.22

Steckverbinderbelegung

IEEE 488

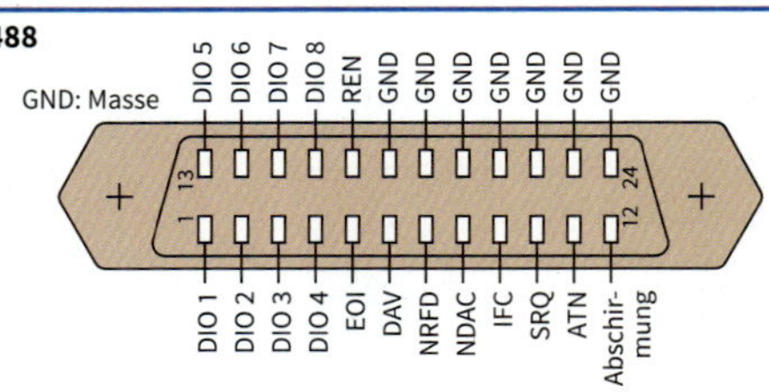

IEC 625

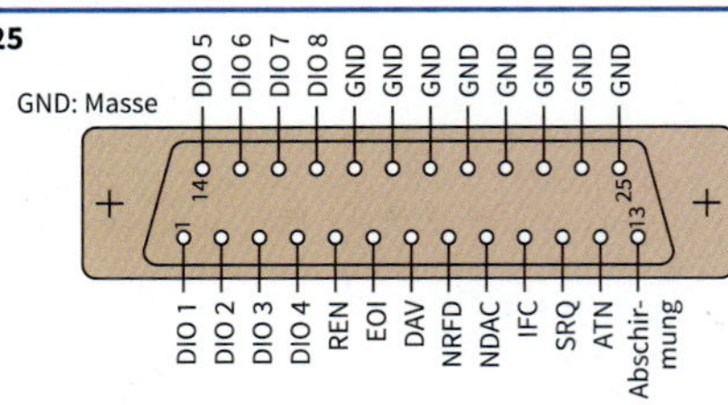

I²C-Bus

Merkmale

- **I²C:** Inter-**IC**-Bus; serielles Bussystem zur Kopplung von ICs über kurze Entfernungen (innerhalb von Geräten, z. B. Telefon, Kopierer, Mikrocontroller).
- Datenrate: max. 100 kbit/s.
- Bussystem besteht aus Datenleitung **SDA** (**S**erial **D**ata **L**ine: serielle Datenleitung) und **SCL** (**S**erial **C**lock **L**ine: Serielle Taktleitung).
- Takt- und Datenleitungen werden über Pull-up-Widerstände an positive Versorgungsspannung geschaltet.
- Signal-Pegel sind abhängig von Versorgungsspannung der eingesetzten Treiber.
- Alle Busteilnehmer sind als **wired and** (verdrahtetes UND) an das Bussystem angeschaltet (0-Signal ist beherrschend).
- Teilnehmer am Bus werden nach Funktion bezeichnet.
- **Transmitter** sendet Daten auf den Bus
- **Receiver** empfängt Daten vom Bus
- **Master** initiiert Übertragung, sendet Taktimpulse und schließt Übertragung ab
- **Slave** Teilnehmer, wird vom Master adressiert
- **Multimaster** mehr als ein Master im System, von denen jeder die Kontrolle übernehmen kann
- Versorgungsspannung für NMOS: +5 V ± 10 %
  0-Signal ≙ max. 1,5 V; 1-Signal ≙ min. 3,0 V
- Versorgungsspannung für C-MOS (variable U_B)
  0-Signal ≙ max. 0,3 x U_B; 1-Signal ≙ min. 0,7 x U_B
- Ausgangsspannung für beide Technologien: max. 0,4 V bei 3 mA Sink-Strom.
- Kabelkapazität: max. 400 pF (einschließlich der Teilnehmeranschlüsse)

Aufbau

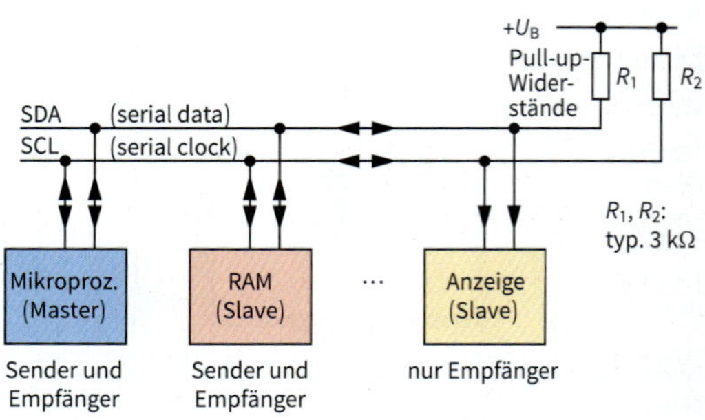

Innenschaltung der Schnittstelle

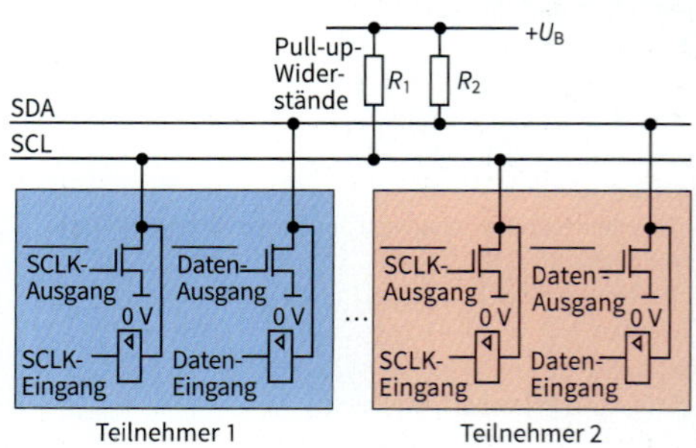

Herkömmliche Automatisierungs-Struktur

- Feldgeräte ① sind z. B. Sensoren, Aktoren, Ein- und Ausgabegeräte, die in einem Automatisierungsprozess eingesetzt werden.
- Sie sind über Schnittstellen (z. B. 4 … 20 mA) an Rangierverteiler ② angeschlossen (parallele Verdrahtung).
- Regler ③ übertragen die Ein- bzw. Ausgangssignale an die Rechner ④ (**DCS: D**ata **C**ollecting **S**ystem).
- Nachteile:
  - Aufwändige Verdrahtung
  - Eingeschränkte Kommunikation, sie erfolgt vorwiegend nur in eine Richtung (unidirektional) z. B.: Sensor → Steuerung, Steuerung → Aktor

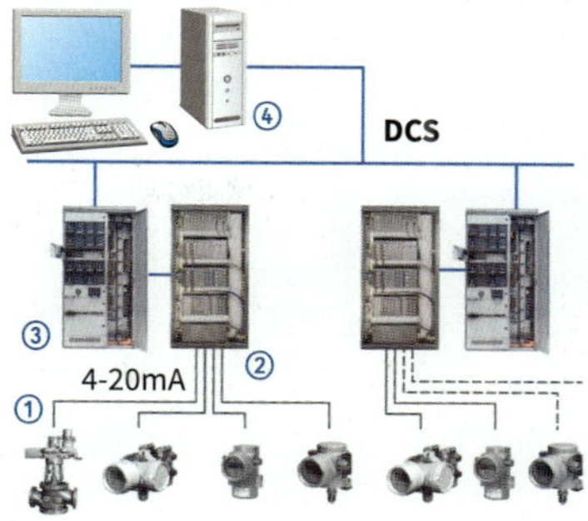

Feldbus

- Es gibt zahlreiche Feldbusausführungen. Deshalb ist „Feldbus" ein Gattungsbegriff.
- Für die Feldgeräte wird ein Bus ⑤ zur Datenübertragung verwendet (eine Busleitung).
  → geringer Verdrahtungsaufwand
- Busse mit unterschiedlichen Datenraten können über ein Verbindungsmodul ⑥ vernetzt werden.
- Die Daten werden digital in Form von Telegrammen übertragen.
- Die Kommunikation erfolgt bidirektional.
- Die Gesamtheit aller Vorgänge kann erfasst und beeinflusst werden (z. B. Prozessdaten, Zustandsdaten, Wartungs- und Störungssignale).
- Je nach Feldbus werden 2, 4 oder 5-adrige Leitungen verwendet.
- Vorteile:
  - Geringere Installationskosten
  - Flexible Handhabung (z. B. Konfiguration im Offline-Betrieb, Erweiterung)

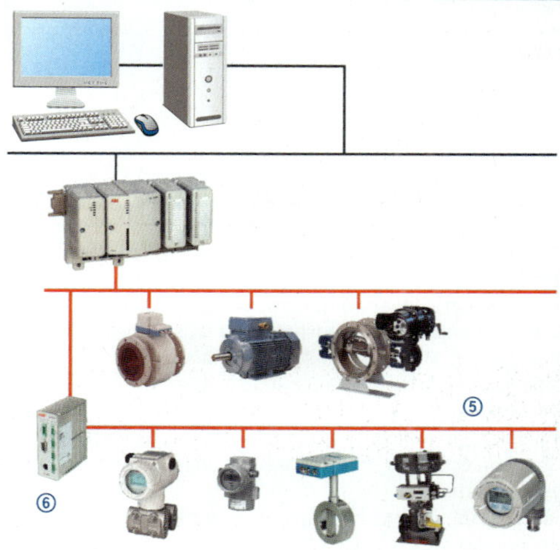

Feldbusarten

Bezeichnung		Anwendungsbereiche
ARCNET:	**A**ttached **R**esources **C**omputer **Net**work	Automotive-Bereich[1], Industrieautomatisierung, Medizintechnik
ASI, AS-i:	**A**ctuator-**S**ensor-**I**nterface	Anschluss von Sensoren und Aktoren
BACnet:	**B**uilding **A**utomation and **C**ontrol **Net**work	Gebäudeautomation
BITBUS		Automatisierungstechnik
ByteFlight		Sicherheitskritische Anwendungen im Automotive-Bereich[1]
CAN:	**C**ontroller **A**rea **N**etwork	Vernetzung von Steuergeräten im Automotive-Bereich[1]
CANopen		Basiert auf CAN, Automotive-Bereich[1], Embedded Systems
DALI:	**D**igital **A**ddressable **L**ighting **I**nterface	Beleuchtungstechnik in der Gebäudeautomatisierung
DIN-Messbus		Fertigungstechnik, Qualitätssicherung, Prozesskontrolle
EIB (KNX):	**E**uropean **I**nstallation **B**us	Hausinstallation
FlexRay		Automotive-Bereich[1]
Foundation Fieldbus		Prozessautomatisierung
Interbus		Maschinenbau, Anlagenbau
LCN:	**L**ocal **C**ontrol **N**etwork	Universelles Gebäudeleitsystem
LIN:	**L**ocal **I**nterconnect **N**etwork	Kommunikation von intelligenten Sensoren und Aktoren im KFZ
LON:	**L**ocal **O**perating **N**etwork	Gebäudeautomation
M-Bus:	**M**eter-**Bus**	Verbrauchserfassung (Wärme, Wasser, Strom, Gas)
MOST:	**M**edia **O**riented **S**ystems **T**ransport	Multimedia im Automotive-Bereich[1]
P-NET:	**P**rocess **Net**	Prozessautomation, Vernetzung verteilter Prozesskomponenten
PROFIBUS:	**Pro**cess **Fi**eld **Bus**	Maschinen- und Anlagenbau, Prozessautomation
SafetyBUS		Sicherheitsrelevante Anwendungen in der Steuerungstechnik
TCN:	**T**rain **C**ommuncation **N**etwork	Fernsteuerung, Eisenbahnfahrzeuge

[1] Oberbegriff für Fahrzeuge, die von Kraftmaschinen angetrieben werden, spurgebunden oder nicht spurgebunden

DIN EN 61 158-2: 2008-09; DIN EN 50 170-2: 1996

Busstruktur

Process **Fi**eld **Bus**

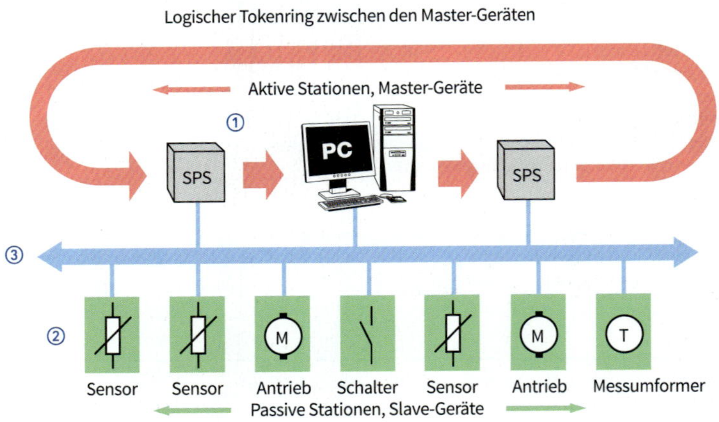

Varianten:
- PROFIBUS-FMS
- PROFIBUS-DP
- PROFIBUS-PA

PROFIBUS-FMS (Fieldbus Message Specification)

- Entwickelt von 14 Herstellern und 5 wissenschaftlichen Instituten
- Anwendung: Feldnahe Automatisierungstechnik zur Datenkommunikation zwischen Automatisierungs- und Feldgeräten, Master-Slave-Zugriffsverfahren
- Linienstruktur mit passiver Buskopplung, keine Verzweigungen
- Der Buszugriff erfolgt nach dem Token-Passing-Verfahren. Sendeberechtigung wird durch einen umlaufenden „Token" zyklisch erteilt.
- Multi-Master-Bus mit logischem Tokenring unter den aktiven Teilnehmern (Busmaster z. B. SPS, PC ①)
  - Busmaster kann mit passiven Teilnehmern (Slave, Sensoren, Aktoren ②) kommunizieren.
  - Dauer der Kommunikation hängt von der Token-Soll-Umlaufzeit ab. Sie wird mit der vom Master gemessenen (tatsächlichen) Umlaufzeit verglichen.
  - Wenn die Token-Soll-Umlaufzeit noch nicht überschritten ist, darf jeder Master mindestens eine Nachricht höchster Priorität und weitere normale Nachrichten absenden.
  - Buszykluszeit: < 100 ms
  - Reaktionszeit: Minimal 1,9 ms; bis 10 ms
- Aktive Teilnehmer: max. 32
- Teilnehmerzahl: Maximal 124 (4 Bussegmente mit je 32 Teilnehmern)
- RS485 Schnittstelle, 9-polige SUB-D-Steckverbindung
- Buslänge 1200 m (ohne Repeater), bis 4800 m erweiterbar
- Codierung: NRZ-Code
- Übertragungsleitung:
  - Zweidrahtleitung (geschirmt und verdrillt), Lichtwellenleiter,
  - Kurze Stichleitungen
  - Abschlusswiderstände an beiden Leitungsenden (Cu-Leiter ③)
- Datenrate: 9,6 kbit/s bis 500 kbit/s
- An- und Abkopplung der Slaves ist im laufenden Betrieb möglich (nicht bei LWL).
- Konfiguration und Parametrieren der Peripheriegeräte mit STEP 7 und COM PROFIBUS

PROFIBUS-DP (Dezentrale Peripherie)

- Erweiterung des PROFIBUS-FMS (objektnaher Systembereich, anspruchsvolle Sensoren, weit verteilte Sensoren/Aktoren)
- Erweiterungen gegenüber PROFIBUS-FMS; max. Ausdehnung:
  - Cu-Leiter: 9,6 km
  - LWL: 90 km
- Schneller zyklischer Datenaustausch mit Feldgeräten bis 12 Mbit/s
- Die Aufteilung des Bussystems kann in max. 5 Bussegmente erfolgen.
- Umfangreiche Diagnosemöglichkeiten
- Codierung: NRZ-Code

PROFIBUS-PA (Prozessautomatisierung)

- Erweiterung gegenüber dem PROFIBUS-DP
- Linien und/oder Baumstruktur
- Ankopplung an Profibus DP durch Segmentkoppler ④ mit Trenner für die Spannungsversorgung

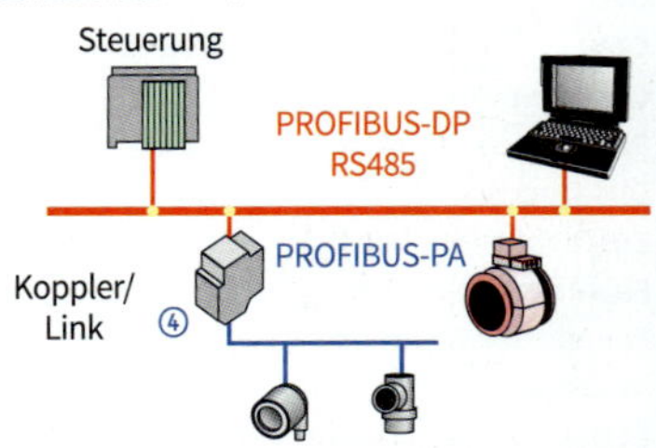

- Anwendungen:
  - Prozessautomatisierung, insbesondere chemische Industrie
  - Eigensicherer Bereich (explosionsgefährdeter Bereich)
  - Schneller zyklischer Datenaustausch mit Feldgeräten
- Explosions-Gruppe IIC: 6 bis 12 Teilnehmer; Explosions-Gruppe IIB: 20 Teilnehmer (Stromversorgung über den Bus, Fernspeisung)
- Datenrate: 31,25 kbit/s, bitsynchron
- Codierung: Manchester-Codierung

Busstruktur

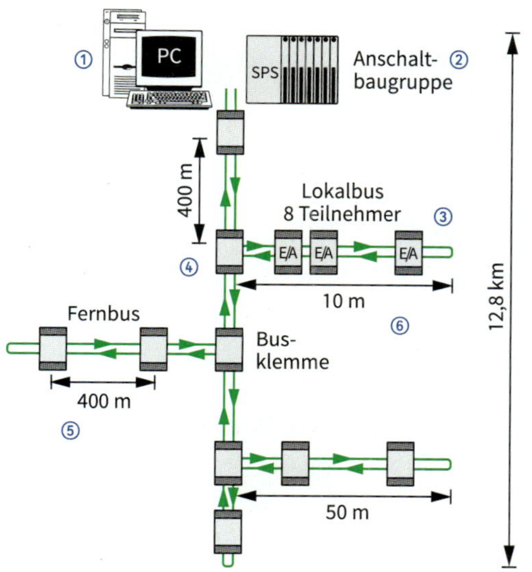

Merkmale

- Aktive Ringstruktur (Ring-Topologie) aus Master ① (SPS, PC) und Anschaltbaugruppen (Slaves) ② mit Ein-/Ausgabemodulen ③. Sie bilden zusammen ein großes Schieberegister, dessen Daten einmal pro Zyklus vollständig verschoben werden. Die Daten des Masters befinden sich dann in allen Slaves und die Daten der Slaves befinden sich im Master.
- Maximal 512 Teilnehmer (Slaves), pro Slave max. 8 Sensoren bzw. Aktoren.
  → Maximal 4096 Ein-/Ausgabepunkte
- Busklemmen ④ (Buskoppler) schaffen Verzweigungen, die ein An- und Abkoppeln von Teilnehmern zulassen.
- Anwendung:
  Anschluss von Sensoren und Aktoren im Maschinen- und Anlagenbau, Verfahrenstechnik
- Hohe Datensicherheit, mehrere Schutzmechanismen
- Jeder Teilnehmer regeneriert das ankommende Signal und leitet es weiter.
- Feste Telegrammlänge, Adressierung der Teilnehmer entsprechend der Anordnung ihrer Reihenfolge im Ring
- Buslänge
  - Fernbus ⑤: 400 m zwischen zwei Teilnehmern
  - Gesamtlänge: Kupfer 13 km, LWL 100 km
  - Lokalbus ⑥: 10 m, Abstand zwischen zwei Geräten maximal 1,5 m
- Übertragungsrate
  - Fernbus: 500 kbit/s, RS485
  - Lokalbus: 300 kbit/s, 4 Adernpaare CMOS-Pegel
- Keine Abschlusswiderstände erforderlich, da Punkt-zu-Punkt Verbindung.

Einzelkomponenten (Beispiel)

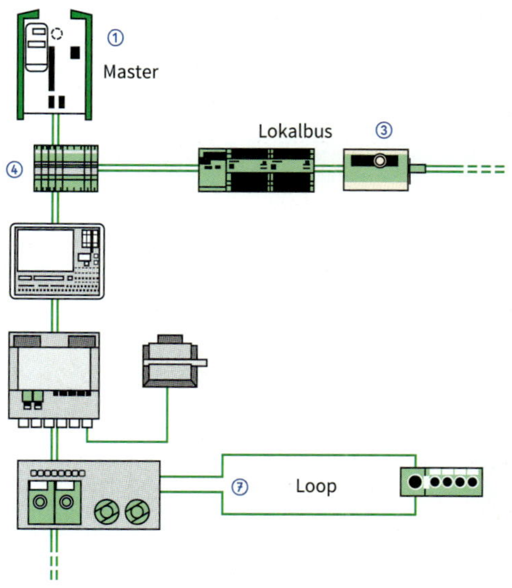

Loop ⑦:
Einsatz für dezentral an Maschinen und Anlagen verteilte Sensoren und Aktoren. Eine zweiadrige und ungeschirmte Leitung übernimmt gleichzeitig den Datentransport und die Energieversorgung der Teilnehmer.

Summenrahmenverfahren

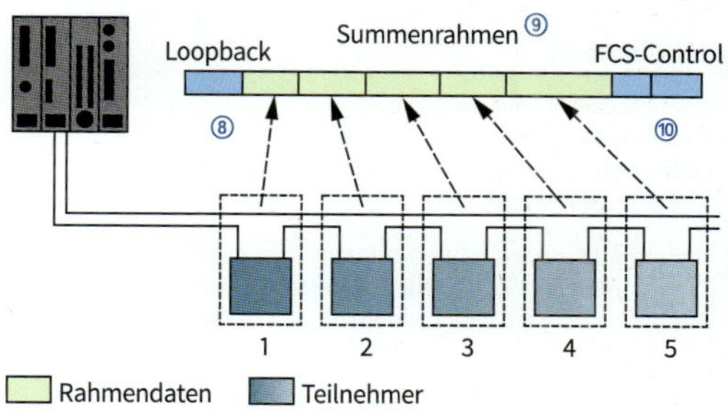

- Es wird ein Protokollrahmen für die Nachrichten aller Teilnehmer verwendet. Die Daten aller verbundenen Teilnehmer sind also zu einem Block zusammengefasst.
- Zusatzinformationen werden nur einmal pro Zyklus übertragen.
- Gleichzeitiges Senden und Empfangen (Vollduplexbetrieb) ist möglich.
- Konstante Abtastintervalle für Soll- und Istwerte
- Datenrahmen:
  - Anfangskennung (Loopback-Wort ⑧)
  - Summenrahmen (total frame ⑨)
  - Datensicherungs- und Endinformation (FCS Control ⑩)
- Datensicherung durch **CRC**-Register (**C**yclic-**R**edundancy **C**heck)

Busstruktur

CAN

- **CAN: C**ontroller **A**rea **N**etwork
- Ursprünglich für den Automobilbereich von Intel und Bosch (1981) entwickelt. Zielsetzung: Gewichtsverringerung, vereinfachte Kabelführung, einfache Erweiterung
- Heute offenes System. Beispiele: Haushaltsgeräte, Textilmaschinen, Medizintechnik, Automatisierungstechnik, Automobilbereich.
- Durch hohe Stückzahlen sind Komponenten für die Busankopplung preisgünstig.

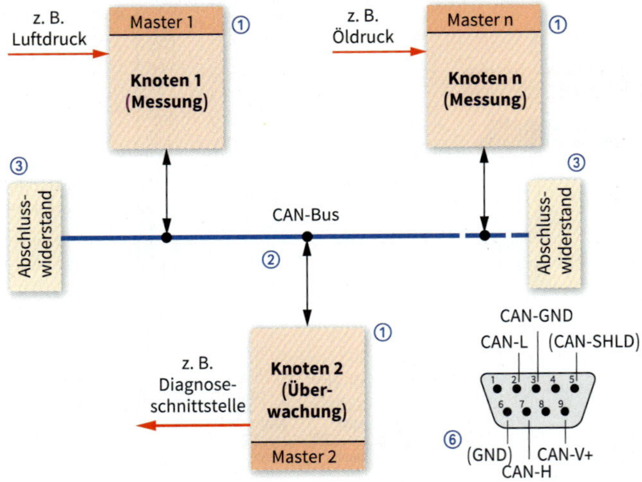

Merkmale

- **Multimaster-Betrieb**
  Jeder Teilnehmer (Knoten) ① kann über den seriellen Bus ② mit jedem Teilnehmer kommunizieren, 9-polige Sub-D-Steckverbinder ⑥.
- Die Ankopplung (Sende-/Empfangsstufe) an den Bus erfolgt durch CAN-Controller („intelligente" Ein-/Ausgabeeinheiten, Sensoren, Aktoren) ④.
- **Objektorientierte Adressierung:** Der Sender der Nachricht ordnet seiner Nachricht eine eindeutige Nachrichtennummer (**Identifier**) zu und sendet diese. Er legt also die Priorität seiner Nachricht fest. Aufgrund der Software entscheiden die Teilnehmer (Einzel- oder Mehrfachempfang), ob die Nachricht für sie bedeutsam ist.
- Busteilnehmer sind gleichberechtigt.
  Bus wird ständig überwacht, ob gleichzeitig gesendet wird (**CSMA/CD**-Verfahren, **C**arrier **S**ense **M**ultiple **A**ccess with **C**ollision **D**etection).
- **Datenkollision** wird durch rezessive (nachgebend „1") und dominante (überschreibend „0") Bits vermieden. Wenn zwei Teilnehmer gleichzeitig senden, dominiert derjenige, dessen Bitkombination in der ersten Stelle eine „0" aufweist (CSMA/**CA**; ... with **C**ollision **A**voidance).
- Topologie in Linienstruktur (Zweidrahtleitung, ungeschirmt bzw. geschirmt, LWL) mit Abschlusswiderständen (Bus-Termination) ③ bei Zweidrahtleitung.
- Die Teilnehmerzahl wird nur durch die Leistungsfähigkeit der angekoppelten Bausteine begrenzt.
- Passive Abschlüsse: CAN-High (CANH) und CAN-Low (CANL). Die Datenübertragung erfolgt durch Spannungsdifferenzsignale zwischen den Busleitungen (dadurch hohe Störsicherheit).
- Übertragungsraten:
  - 1 Mbit/s bei 40 m
  - 50 kbit/s bei 1 km
    (CAN High-Speed 125 kbit/s bis 1 Mbit/s; CAN Low-Speed bis 125 kbit/s)

Physikalische Bus-Ankopplung

Beispiel:

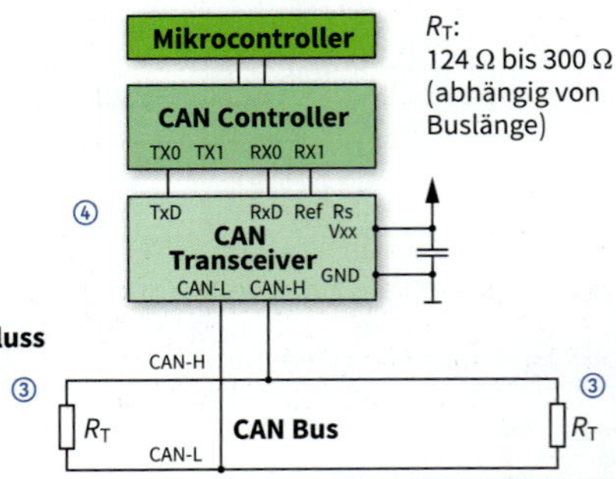

R_T:
124 Ω bis 300 Ω (abhängig von Buslänge)

Bus Abschluss

Datenrahmen

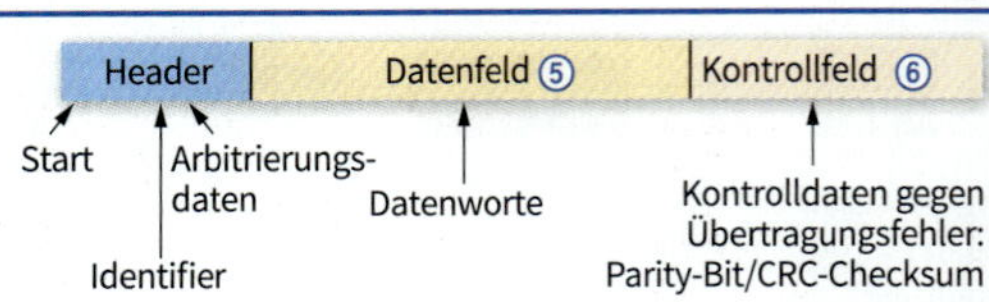

- Zwei Standards: CAN 2.0 A (Identifier 11 Bit) und 2.0 B (Identifier 29 Bit)
- Arbitration ist ein Zugangsverfahren, bei dem sich die Nutzer nach einer gegenseitigen Vereinbarung das Zugangsrecht übertragen.
- Datenwort ⑤: bis 64 Bit (8 Byte)
- Kontrollfeld: 27 Bit ⑥
- Es werden kurze Nachrichten von 110 Bit (CAN 2.0 A) gesendet, jedoch mit geringer Datenübertragungszeit (z. B. bei 40 m Buslänge und 1 Mbit/s und hochpriorer Nachricht 134 μs). Dadurch sind Echtzeit-Anwendungen möglich.
- Bitcodierung: NRZ-Verfahren (Non-Return-to-Zero, Buspegel bleibt konstant)
- OSI-Schichten 1, 2 und 7

Kommunikationszyklus

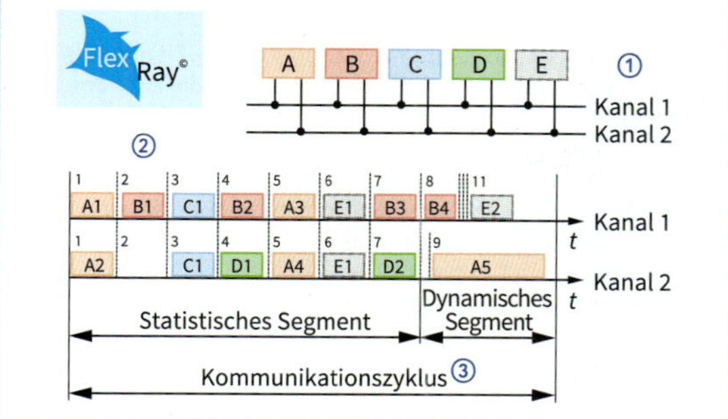

Struktur eines FlexRay-Netzknotens

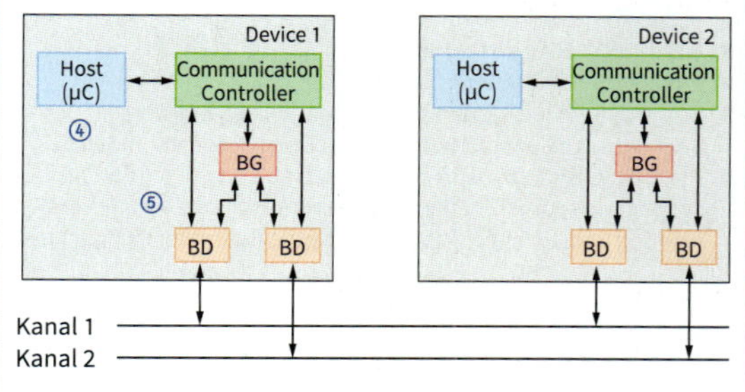

Merkmale

- Entwicklung ab 1999, Ersatz für CAN-Bus.
- Schnelles, deterministisches und fehlertolerantes Bussystem im Automobil.
- Datenübertragungsrate bis zu 10 Mbit/s über zwei getrennte Leitungen (elektrisch bzw. optisch). Funktion der beiden Kanäle ①:
  - Übertragung der redundanten und damit fehlertoleranten Daten
  - Übertragung unterschiedlicher Daten
- Verschiedene Vernetzungstopologien werden unterstützt.
- Den Komponenten bzw. Nachrichten sind feste Zeitschlitze ② zugewiesen, in denen sie einen exklusiven Zugriff auf den Bus haben (**TDMA: T**ime **D**ivision **M**ultiple **A**ccess). Die Zeitschlitze wiederholen sich in einem festen Zyklus.
- Die Datenübertragung ist in Kommunikationszyklen organisiert. Der Kommunikationszyklus ③ unterscheidet feste und dynamische Segmente.
  Im dynamischen Teil werden die Zeitschlitze dynamisch vergeben (nach Priorität).
- FlexRay-Netzknoten:
  Host-Prozessor ④ teilt Bus Guardian ⑤ mit, welche Zeitschlitze der FlexRay-Controller belegt hat. Bus-Guardian (BG) erlaubt dann dem FlexRay-Controller den Sendezugriff (Bus-Guardian überwacht den Zugriff auf den Bus). Empfang von Daten ist jederzeit möglich.

MOST

Anwendungsbereiche

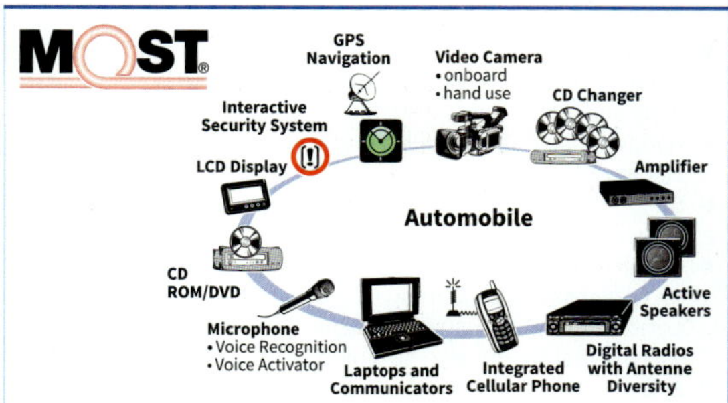

Frame (Beispiel)

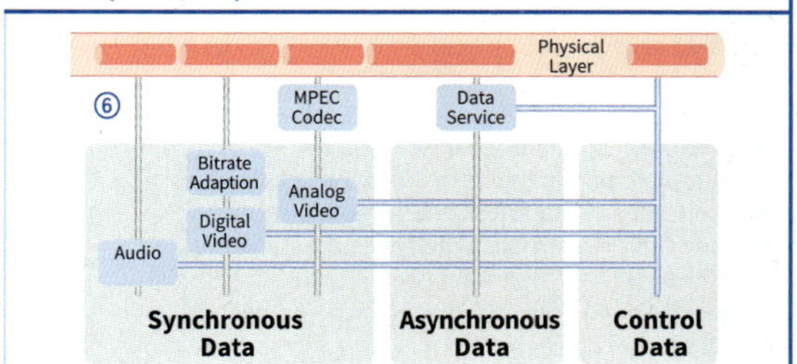

Merkmale

- **MOST: M**edia **O**riented **S**ystems **T**ransport
- Seit 1998 in der Entwicklung.
- Multi-Master-Bus für Multimedia-Anwendungen, Multimedia-Daten, Navigation und Telekommunikation im Automobil.
- Bis zu 64 Geräte über MOST-Transceiver anschließbar.
- Jedem Knoten wird eine Adresse zugeordnet.
- Die Knoten werden kontinuierlich über Zeitmaster synchronisiert.
- Power-Management und Plug & Play werden unterstützt.
- Übertragung von Audio- und Videodaten in Echtzeit (kompatibel mit PC, Streaming-Formate)
- Datenübertragung:
  - synchron bis 24,8 Mbit/s (hauptsächlich Audio- und Video in Echtzeit),
  - asynchron bis 14,4 Mbit/s (hauptsächlich Nachrichten),
  - asynchroner Steuerkanal mit bis zu 700 kbit/s.
- Datenübertragung erfolgt in Kommunikationszyklen (Frames ⑥)
- Framebereiche:
  Synchronisierung, synchrone und asynchrone Datenübertragung, Fehlererkennung
- Fehlererkennung: Parity-Bits, Status-Flags, CRC-Prüfsumme, ACK-Flags

Bitbus
Bitbus

Busstruktur

BEUG:
Bitbus **E**uropean **U**sers **G**roup (Nicht-kommerzielle Organisation zur Verbreitung der Bitbus-Technologie)

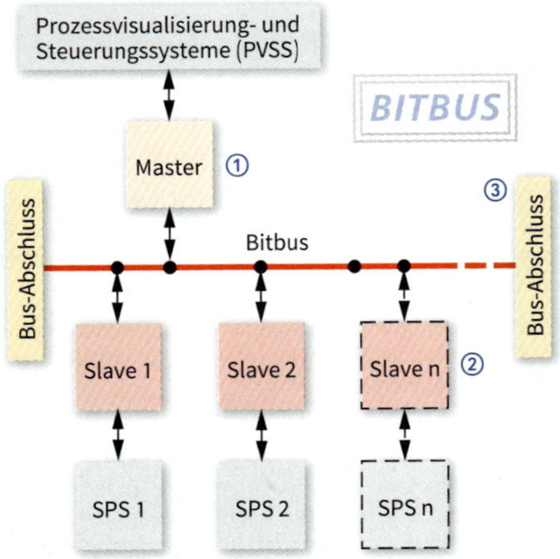

Merkmale

- 1983 von Intel entwickelt, seit 1991 IEEE 1118
- Anwendungsbereich: Automatisierungstechnik, Datentransport von Datenblöcken mittlerer Größe zwischen autonomen Stationen
- Master-Slave serieller Bus mit einem Master ①, Dialog zwischen den Slaves ② nur über den Master möglich
- Verstärkung/Regenerierung der Signale bei Übergabe von einem Segment auf das nächste.
- Leitungen:
  - Verdrillte Zweidrahtleitungen (120 Ω) mit Signalmasse und Abschirmung; bei Repeatereinsatz zweites Aderpaar nötig; beidseitig terminiert ③.
  - Koaxialkabel
  - Lichtwellenleiter
- RS 485 (0/5 V Differenzsignale)
- Datenraten:
  - 375 kbit/s bei 300 m
  - 62,5 kbit/s bei 1200 m
- Maximal 32 Teilnehmer/Segment
- 9-polige D-Sub Steckverbinder
- Busstruktur: Linie (Baum über Repeater bzw. Splitter), Stichleitungen und Verlängerungen durch Repeater möglich
- Protokoll: **SDLC** (**S**ynchronous **D**ata **L**ink **C**ontrol) bitsynchrone selbstgetaktete NRZ-Übertragung mit Abschlussflags, Adressprüfung und 16 Bit **CRC**-Prüfwort (**C**yclic **R**edundancy **C**heck)

DIN-Messbus
DIN measurement bus

Busstruktur

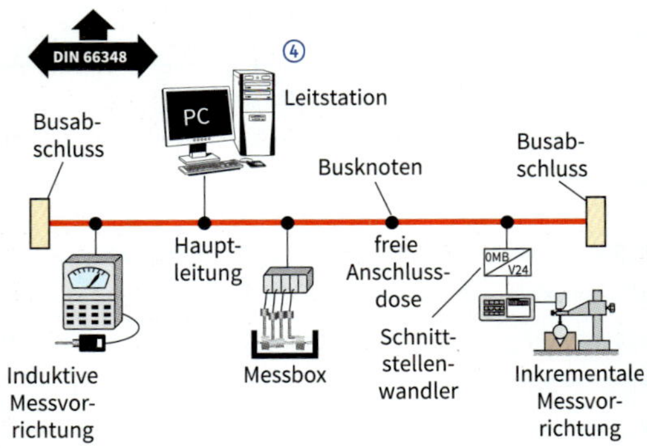

- DIN 66 348, ab 1989 Teil 2: Schnittstellen und Steuerungsverfahren für die serielle Messdatenübermittlung, Start-Stop-Übertragung, 4-Draht-Bus.
- OSI-Schichten 1, 2 und 7.
- Preisgünstiger Bus für Mess- und Prüftechnik (Kosten entsprechend der seriellen Schnittstelle nach RS 232 C bzw. V.24).
- Einsatzbereiche:
  Fertigungstechnik, Qualitätssicherung, Prozesskontrolle, Betriebs- und Maschinendatenerfassung
- Einsatz in eichpflichtigen Anlagen (z. B. Tankanlagen).
- Einfache Installation, Inbetriebnahme, Wartung und Fehlerbeseitigung im Störungsfall.

Merkmale

- Master-Slave-Struktur, zentralgesteuert
- Bis zu 31 Teilnehmer, kann durch Kaskadierung auf 961 erhöht werden
- Stichleitungen und Verlängerbarkeit der Vernetzung ermöglicht eine flexible Anpassung an räumliche Bedingungen.
- Handelsübliche PCs können als Leitstationen eingesetzt werden ④.
- Die Leitstation ist gleichzeitig Zugangspunkt für übergeordnete Netze.
- Flexibles Busmanagement erfasst hinzukommende und fehlende Teilnehmer ohne Störungen und ohne die Notwendigkeit zur erneuten Initialisierung des Systems. Teilnehmer können rückwirkungsfrei am Bus zu- und abgeschaltet werden.
- Einfache Pegel- und Protokollwandler erlauben den Anschluss verschiedenartigster Geräte.
- 4-Draht-Bus, getrennte Sende- und Empfangskanäle (Voll-Duplex-Übertragung)
- Bus-Leitungslänge bis zu 500 m bei maximaler Übertragungsrate
- Start-Stop-Übertragung, ASCII-Zeichensatz mit gerader Parität (7-Bit-Code)
- Quittierter Datenaustausch:
  Aufforderung, Datenübermittlung, Abschluss
- Übertragungsrate 110 bit/s bis 1 Mbit/s
- Hohe Übertragungssicherheit auch bei starken elektromagnetischen Störungen durch physikalische Eigenschaften und Sicherungsschicht (Erkennung fehlerhafter Blöcke)

Aktuator-Sensor-Interface (ASI)

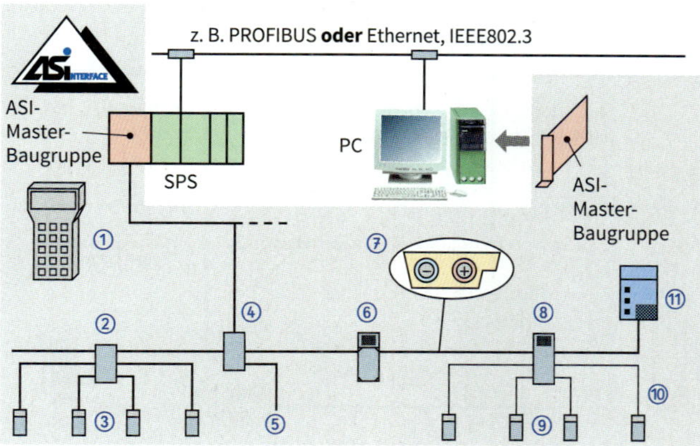

① Adressprogrammier- und Diagnosegerät
② Passives ASI-Modul (ohne Slave-IC)
③ Binäre Sensoren/Aktoren (mit Slave-IC)
④ Aktives oder passives ASI-Modul
⑤ Abzweigung der ASI-Profilleitung
⑥ Aktor/Sensor mit Direktanschluss und Slave-IC; integrierter Slave
⑦ ASI-Profilleitung, Energie und Daten
⑧ Aktives Slave-Modul (mit Slave-IC)
⑨ Aktor/Sensor (ohne Slave-IC)
⑩ Herkömmliche Leitung
⑪ ASI-Netzteil (versorgt Slaves)

Eigenschaften

- Master/Slave-Prinzip für untere Prozessebene
- Busstruktur, keine Parallelverdrahtung
- Verbindung der Komponenten über zweiadrige Profilleitung, zugleich Datenleitung und Energieversorgung
- Betrieb von binären Aktoren und Sensoren und solchen mit ASI-Modul an PC oder SPS
- Übertragung von z. B. Diagnosedaten aus Selbsttest möglich
- Kontaktierung mit Durchdringungselementen (Schneid-klemmen)

Komponenten

ASI-Modul
4 Eingänge

Master
für SPS

Motorstarter mit
ASI-Ankopplung

Module

Aktives ASI-Modul

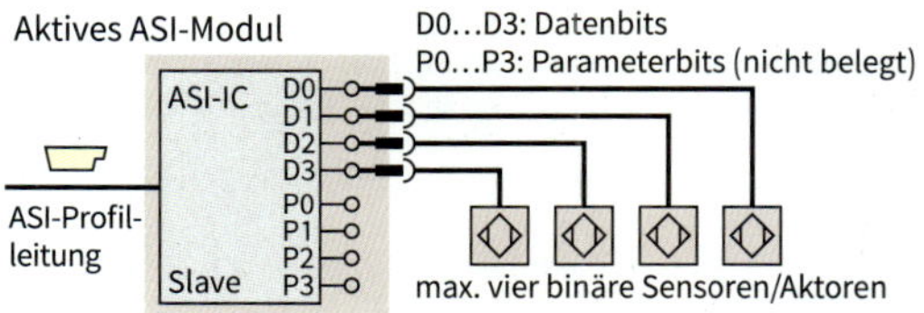

Passives ASI-Modul

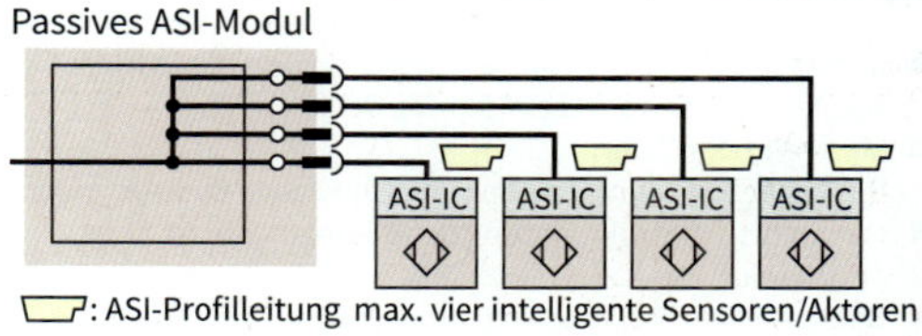

Kenndaten, Funktionen

Begriff	Erklärung
Netzstruktur Übertragungs-medium	Linien- und Baumstruktur, ungeschirmte geometrisch codierte Zweidrahtleitung
Leitungslänge	max. 100 m, darüber mit Repeater bzw. Extender
Zahl der Slaves	max. 31 je Segment
Zahl anschließ-barer Sensoren/ Aktuatoren	Bis zu vier je Slave (max. 124 Binärelemente je Segment)
Adressierung	Feste Adresse je Teilnehmer,
Nachrichten	Einstellung über Adressiergerät, Nachricht vom Master mit direkter Antwort des Slave
Nettodatenrate	4 Bit pro Aufruf eines Slave,
Zykluszeit	< 5 ms bei 31 Slaves
Fehlersicherung	Identifikation und Wiederholung gestörter Telegramme

Begriff	Erklärung
Geräteschnitt-stelle	Vier konfigurierbare Ein-/Ausgänge für Daten sowie vier Parameterausgänge und zwei Steuerausgänge (Strobe)
Dienste des Masters	Zyklische Abfrage aller Teilnehmer (Polling), zyklische Datenweitergabe an bzw. Übernahme von SPS und PC.
Management-funktionen des Masters	Initialisierung des Netzes, Identifikation der Teilnehmer, azyklische Vergabe von Parameterwerten an die Teilnehmer, Diagnose der Datenübertragung und der ASI-Slaves, Fehlermeldung an die Steuerung, Adressierung neuer oder ausgewechselter Slaves

Busstruktur

P-NET

- **Multimaster-Feldbus** für die Prozessautomation zur Vernetzung verteilter Prozesskomponenten (PCs, „intelligente“ Sensoren und Aktoren, Ein- und Ausgabemodule)
- 32 Master pro Bussegment
- Multinetfähiger Feldbus
- Antwortzeiten bis zu einigen Millisekunden
- Buslänge bis zu einem Kilometer

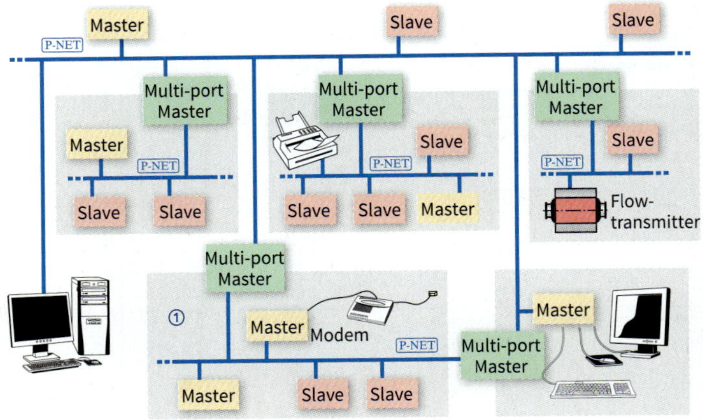

Merkmale

- Anwendungen:
  - Übertragung digitaler Prozessdaten (Messwerte, Statusinformationen, Grenzwerte, Fehlermeldungen, ...)
  - Datenerfassung
  - Konfiguration von Modulen, Sensoren
  - Download von Programmen
- Die Busstruktur besteht aus einzelnen Zellen ①, die bestimmten Abschnitten einer Anlage entsprechen. Zellen können ausfallen, ohne dass andere beeinflusst werden.
- Innerhalb jeder Zelle werden Daten erfasst und Regelungen vorgenommen (verteilte „Intelligenz“). Dadurch verringert sich der Datenaustausch mit „höheren“ Ebenen.
- Rechenleistung des gesamten Systems kann durch Hinzufügen zusätzlicher Master vergrößert werden.
- **Multi-Net-Struktur**:
  Direkte Adressierung zwischen verschiedenen Bussegmenten
- Hierarchische Strukturierung der Bussegmente ist nicht erforderlich.
- Daten können als komplette Prozesswerte (z. B. Temperatur, Druck, Stromstärke) oder als Blöcke (typisch 32 unabhängige binäre Signale) übertragen werden.
- Slaves können Daten verarbeiten und parallel Datenrahmen übertragen. Die Bearbeitung einer Anfrage wird vom Slave gestartet, sobald das erste Datenbyte empfangen wird.
- Slave muss auf eine Anfrage innerhalb von 390 μs antworten (dadurch keine Notwendigkeit für Mehrfachanfragen).
- Kommunikation: Master sendet Anfrage und adressierter Slave gibt Anwort sofort zurück. Anfragetypen: Lesen oder Schreiben
- Zugriffsberechtigung auf den Bus geschieht durch „virtuelles token passing“ (benötigt keine über den Bus zu versendende Nachricht). Jeder Master erhält eine Adresse (zwischen 1 und Gesamtzahl der vorhandenen Master). Wenn ein Master seinen Buszugriff beendet hat, wird der Token automatisch an den nächsten Master durch einen zyklischen und zeitbasierten Mechanismus weitergegeben. Komponenten – einschließlich der Master – können abgeschaltet werden, ohne dass das verbleibende Bussystem beeinflusst wird. Programmausführung kann innerhalb einer Zelle auf einen anderen Prozessor übertragen werden.
- Geschirmte Zweidrahtleitung
- RS485
- Buslänge von bis zu 1200 m ohne Repeater
- Asynchrone Daten im NRZ-Code
- OSI-Schichten 1, 2, 3, 4 und 7
- Datenrahmen ist auf 56 Bytes begrenzt. Wenn größere Datenmengen erforderlich sind, werden die Daten automatisch auf mehrere nachfolgende Übertragungen aufgeteilt.
- Datenrate bis zu 76,8 kbit/s

P-NET-Modul (Beispiel)

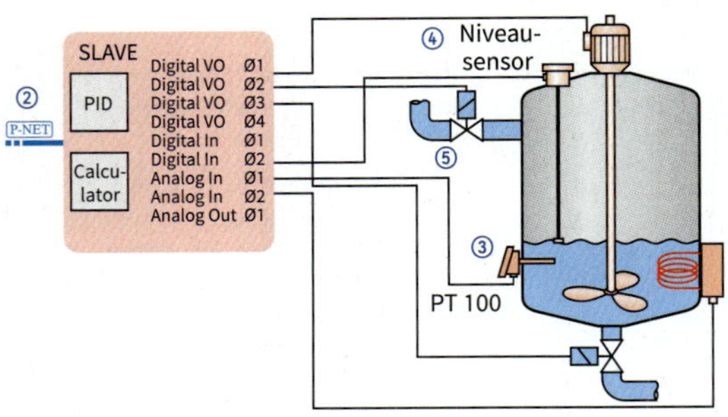

- Vom Master werden die Sollwerte für Temperatur und Füllstand über den Bus vorgegeben ②.
- Das Modul übernimmt folgende selbstständige Aufgaben:
  - Temperaturregelung ③
  - Füllstandsregelung ④
  - Steuerung des Befüllvorgangs ⑤

LON – Local Operating Network

Merkmale:

- Weitverzweigte dezentrale Netze
- Ausführung des Datennetzes als Linien-, Ring oder Sternnetz
- Knoten bilden kleine Funktionseinheiten mit eigener „Intelligenz".
- Maximal 127 Knoten bilden ein Teilnetz; mehrere Teilnetze werden zu einem Bereich zusammengefasst.
- Integration unterschiedlicher Gewerke (Subnet)
- Anbindung an das Internet/Intranet möglich
- Die LONWORKS-Technologie wird von einem Standardisierungsgremium (LONMARK) überwacht.

LONWORKS-Bausteine:
Alle Geräte basieren auf speziellen Mikroprozessoren (Neuron-Chip), die über Transceiver an die unterschiedlichen Übertragungsmedien angeschlossen werden. Die Sprache innerhalb des LON heißt Lon-Talk. Die Programmierung erfolgt über die Entwicklungswerkzeuge LonBuilder oder Node-Builder.

Vorteile:

- Sensoren und Aktoren besitzen eigene „Intelligenz"
- Informationsverarbeitung findet vor Ort statt
- Minimaler Verdrahtungsaufwand
- Keine zentrale Verarbeitungseinheit erforderlich

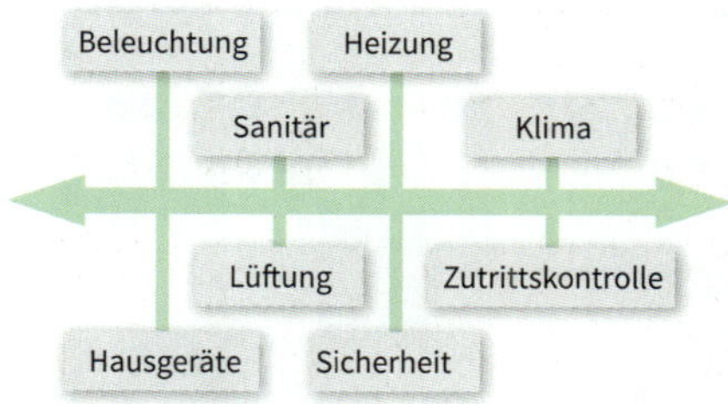

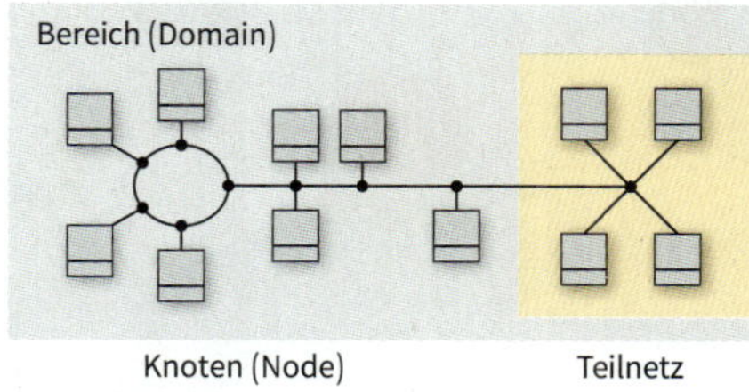

LON-Netzwerk		
deutsch	englisch	Zahlenbereich
Bereichs-Nr.	Domain-ID	$1 \ldots 2^{48}$
Teilnetz-Nr.	Subnet-ID	1 … 255
Konten-Nr.	Node-ID	1 … 127

LCN – Local Control Network

Merkmale:

- LCN ist sowohl in Großobjekten als auch im Ein- oder Mehrfamilienhaus einsetzbar.
- Alle LCN-Module werden an 230 V angeschlossen.
- Es ist kein getrennt verlegtes Busnetz erforderlich.
- Die Kommunikation erfolgt über einen zusätzlichen Leiter, der zusammen mit der 230 V-Versorgungsleitung geführt werden darf.
- Die Ausbaugrenze liegt bei 30000 Modulen.

Funktion:
Die Nachrichten werden über eine Ader und den N-Leiter zwischen den Geräten ausgetauscht. Alle LCN-Module verfügen über zwei Aus- und zwei bzw. drei Eingänge, Zeitgeber und Verknüpfungsbausteine. Maximal 250 Module können über eine Datenader zu einem Segment zusammengeschaltet werden.

Vorteile:

- Kein separates Datennetz notwendig.
- Sensoren und Aktoren sind in einem Gerät vereint.
- Die LCN-Module stellen standardmäßig mehrere Funktionen zur Verfügung (z. B. schalten, regeln, dimmen).
- Kostengünstig in der Erstausrüstung und bei Nachrüstung bestehender Installationen.

LCN-Modul

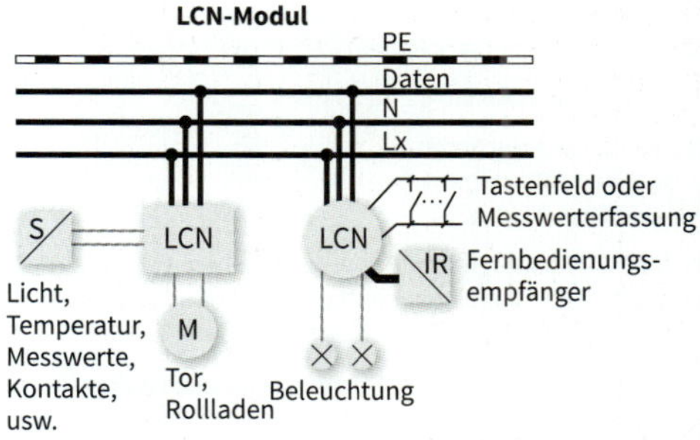

Unterputzmodul

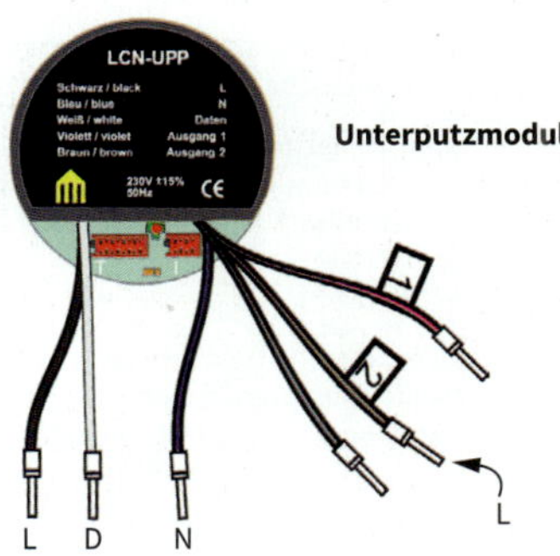

Busstruktur

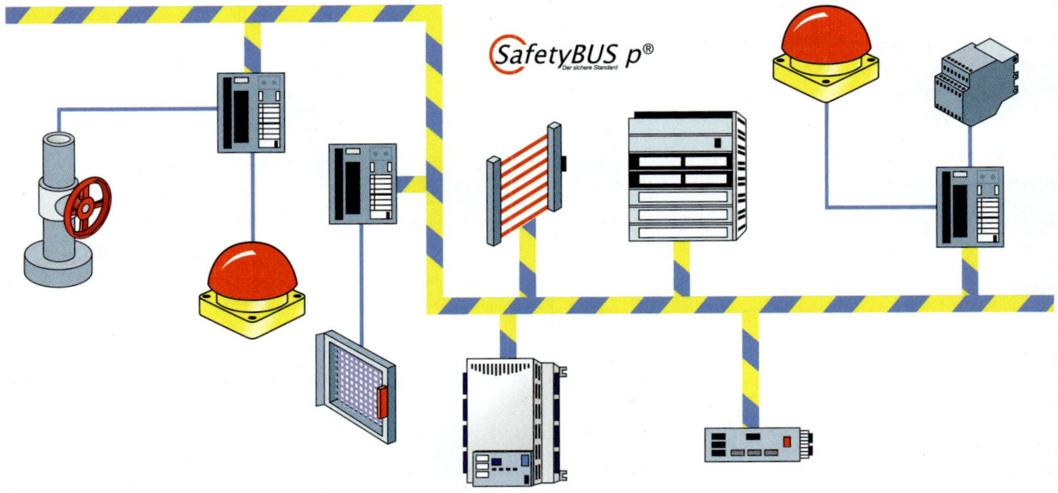

Merkmale

- Offenes und sicheres Bussystem entsprechend der Sicherheitskategorie 4 der EN 954-1 (ein Fehler darf nicht zum Verlust der Sicherheitsfunktion führen). Der SafetyBUS erfüllt SIL 3 der IEC 61508.
- Verwendbar für sicherheitsgerichtete Anwendungen
- Ereignisorientiertes Multi-Master System (Nachrichten werden nur gesendet, wenn sich ein Zustand geändert hat), basierend auf dem CAN-Bus. Die Kontaktbelegung der 9-poligen Sub-D-Steckverbinder entspricht dem CAN-Bus.
- Kurze Reaktionszeiten, bis zu 25 ms
- Datenübertragungsraten
  - Bei 100 m 500 kbit/s
  - Bei 3500 m 20 kbit/s
- Lineare Bustopologie, der Bus wird mit einem Widerstand abgeschlossen. Mit einem Router kann der Bus verlängert oder in logische Segmente aufgeteilt werden.
- Durch Netzstrukturelemente (Active Junction) können Stern- und Baumstrukturen aufgebaut werden (bis zu 64 Teilnehmer, in 32 Gruppen unterteilbar).
- Zusammenhängende Komponenten können als Gruppen konfiguriert und im Störfall abgeschaltet werden.
- Die Anbindung der Aktoren erfolgt zweikanalig. Die Busverbindung ist einkanalig und erfolgt über ein sicheres Telegramm. Die Auswertung in der Sicherheitssteuerung erfolgt zwei- oder dreikanalig.
- Prinzipien:
  - Die Dezentralisierung der Sicherheitssteuerung erfolgt über dezentrale Ein-/Ausgabeeinheiten.
  - Es wird eine Direktanbindung der sicherheitsgerichteten Sensoren und Aktoren an den Bus vorgenommen.
  - Es erfolgt eine sicherheitsgerichtete Kopplung mehrerer Sicherheitssteuerungen.

Leitungen

- Mehrfachgeschirmte Vierdrahtleitung (+ Schirmleitung)
  - Daten: braun und grün
  - Energie: rot (+) und schwarz (GND)
    30 m: max. 2,5 A; 100 m: max. 0,8 A

Beispiel:
High-Current-Ausführung
für feste Installationen
(z. B. Kabelkanal)

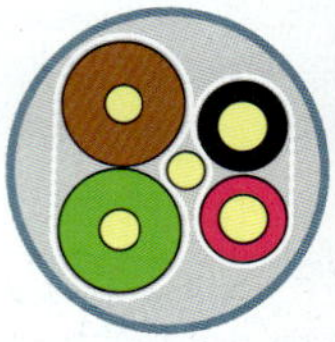

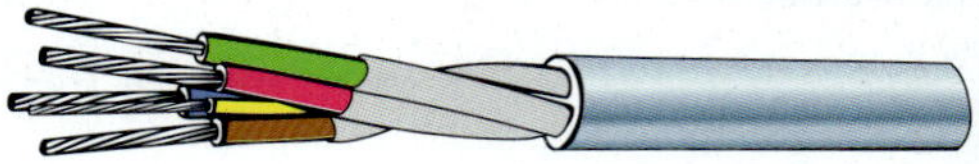

Busstecker (Beispiel)

Stecker zum Anschluss von SafetyBUS p-Teilnehmern an ein Buskabel aus Kupfer (9-poliger Sub-D-Steckverbinder)

Merkmale:
- Von außen zuschaltbarer Abschlusswiderstand (automatische Trennung des abgehenden Busstranges)
- Integrierte Zugentlastung
- Robustes Kunststoffgehäuse

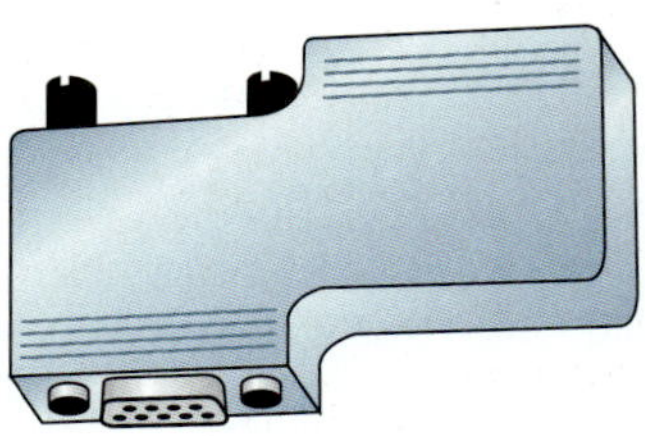

Merkmale

- Mit dem ASIsafe-Konzept (**AS-I**nterface **S**afety at Work) lassen sich sicherheitsgerichtete Komponenten in ein ASI-Netz integrieren.
- Die Komponenten ersetzen elektromechanische Einrichtung durch ein Sicherheitssystem über den ASI-Bus.
- Beispiele für sicherheitsgerichtete Komponenten:
  - Not-Halt-Schalter
  - Schutztür-Schalter, Sicherheits-Lichtgitter
- Die Komponenten sind voll kompatibel zu den bekannten ASI-Komponenten (Master, Slaves, Netzteil usw.) und können gemeinsam an der gelben ASI-Leitung betrieben werden.
- Die Sicherheitsschaltgeräte besitzen entweder einen ASI-Chip zum direkten Busanschluss oder werden über Sicherheits-Slaves angeschlossen.

Komponenten

Funktion

- Kernstück von ASIsafe ist der **Sicherheitsmonitor**, der unabhängig von der SPS ständig die Sicherheits-Slaves und ihre Signale überwacht.
- Sendet ein Sicherheitsschaltgerät ein Signal, schaltet der Monitor die geführten Anlagenteile über seine Freigabekontakte in max. 40 ms ab.
- Mehrere Sicherheitsmonitore sind möglich, um eine Anlage selektiv abschalten zu können.
- Die Sicherheitsapplikation (z. B. Not-Halt-Funktion) wird mittels Software erstellt und in den Monitor geladen.
- Sollen die Monitorsignale über den ASI-Master in die SPS übertragen und weiterverarbeitet werden, braucht der Monitor eine ASI-Adresse.
- Sicherheitsmonitor und Sicherheits-Slaves können an beliebiger Stelle an das ASI-Netz angeschlossen werden.

Beispiel für ein Sicherheits-Slave mit Not-Halt-Taster

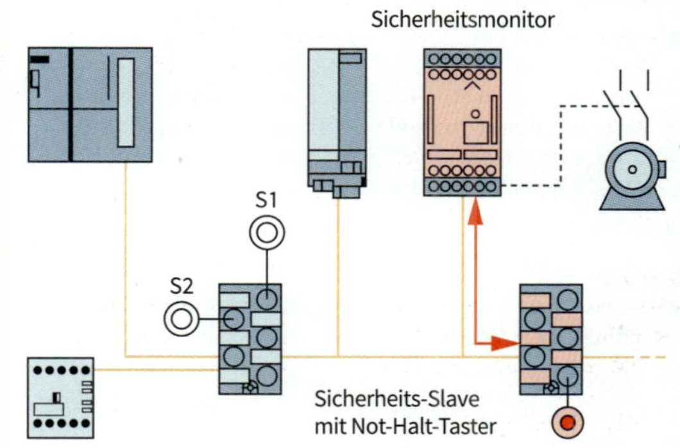

Merkmale und Funktion

- PROFIsafe wird für eine fehlersichere Kommunikation über PROFINET und PROFIBUS genutzt (IEC 61508) und erfüllt die höchsten Sicherheitsanforderungen für die Prozess- und Fertigungsindustrie.
- PROFIsafe ist eine Softwarelösung, die als zusätzliche Schicht **(PROFIsafe Layer)** in den Geräten (z. B. Betriebssystem der fehlersicheren CPU 315F-2PN/DP) eingefügt ist.
- Die Sicherheitsdaten werden zusätzlich zu den Standarddaten in das Telegramm aufgenommen und bilden so das PROFIsafe-Telegramm. Dadurch können Standarddaten und fehlersichere Daten über denselben Bus ohne zusätzliche Hardware übertragen werden.
- Fehlermöglichkeiten beim Übertragen von Daten (z. B. Adressverfälschung, Verlust, Verzögerung) begegnet das System mit folgenden Maßnahmen:
  - Fortlaufende Durchnummerierung der PROFIsafe-Daten
  - Zeitüberwachung (Watch-Dog)
  - Kennung zwischen Sender und Empfänger, z. B. über eindeutige PROFIsafe-Adressen
  - Optimierte Erkennung verfälschter Datenbits eines Telegramms (CRC: Cyclic-Redundancy-Check)

PROFIsafe Layer

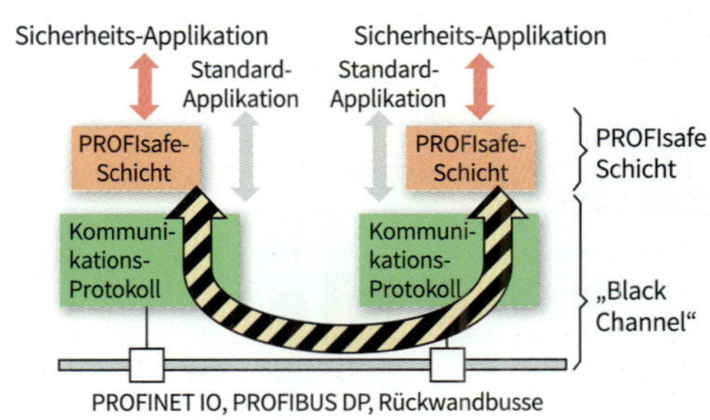

- Sicherheitsbezogene Telegrammstruktur

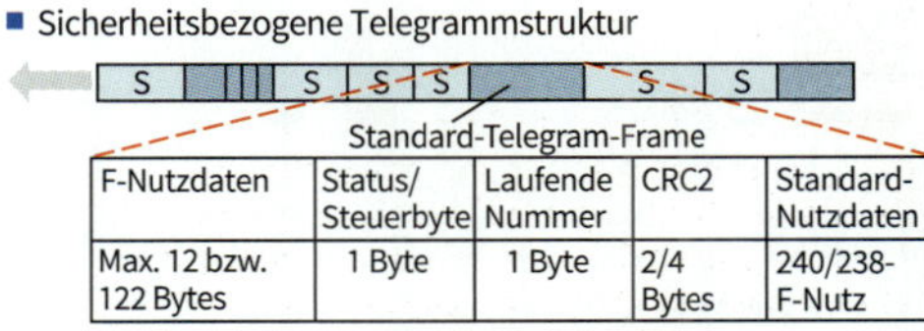

F-Nutzdaten	Status/ Steuerbyte	Laufende Nummer	CRC2	Standard-Nutzdaten
Max. 12 bzw. 122 Bytes	1 Byte	1 Byte	2/4 Bytes	240/238-F-Nutz

Max. 244 Bytes DP-Nutzdaten

Merkmale

- Bei IO-Link handelt es sich um ein **standardisiertes Kommunikationssystem** zwischen Sensoren und Aktoren.
- Die Standardisierung umfasst
  - die elektrischen Anschlussdaten und
  - das Kommunikationsprotokoll.
- Die „Intelligenz" der Sensoren ist gekennzeichnet durch z. B. Seriennummern oder Parameterdaten (z. B. Empfindlichkeiten, Schaltverzögerung, Kennlinie).
- IO-Link lässt sich in gängige Feldbus- und Automatisierungssysteme integrieren.
- Ein IO-Link-System besteht aus einem Master ①, entsprechenden Sensoren ② und Aktoren.
- Der IO-Master ist die Schnittstelle zur übergeordneten Steuerungseinheit (z. B. SPS ③) und kann in die SPS integriert oder separat eingefügt sein ④. Der IO-Master ist verantwortlich für die Kommunikation mit den angeschlossenen Geräten.
- Der IO-Master besitzt einen oder mehrere Ports ⑤. An jedem Port kann ein IO-Link-Gerät angeschlossen werden. Dadurch kann zwischen der E/A-Baugruppe und seinem Sensor oder Aktor eine **Punkt-zu-Punkt-Verbindung** hergestellt werden. Es handelt sich dabei nicht um eine Busverdrahtung, sondern um eine **Parallelverdrahtung**.
- Durch einheitliche und ungeschirmte 3-Leiter-Verbindungen für Sensoren und Aktoren ist der Verdrahtungsaufwand gering.
- Steckverbinder und ihre Pinbelegung entsprechen Standardsensoren ⑥.
- Möglichkeiten/Vorteile durch IO-Link:
  - Zentrale Fehlerdiagnose und -ortung bis zur Sensor-/Aktorebene
  - Die Inbetriebnahme und Instandhaltung werden erleichtert, indem sich Parameter direkt aus der Applikation dynamisch ändern lassen.
  - Durch zentral verwaltete Daten und die Reproduzierbarkeit von Parametern ist eine schnellere Projektierung möglich.
  - Umrüst-/Stillstandszeiten lassen sich reduzieren.
  - Abwärtskompabilität mit Standardkomponenten ist gegeben.
  - Einfacher Austausch ohne zusätzliche Softwareänderung ist möglich.

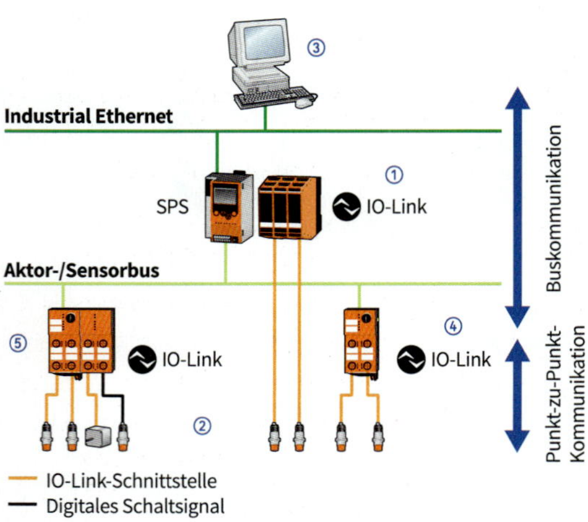

Anwendungsbeispiel IO-Link und E/A-Module

1. Sensor parametrieren

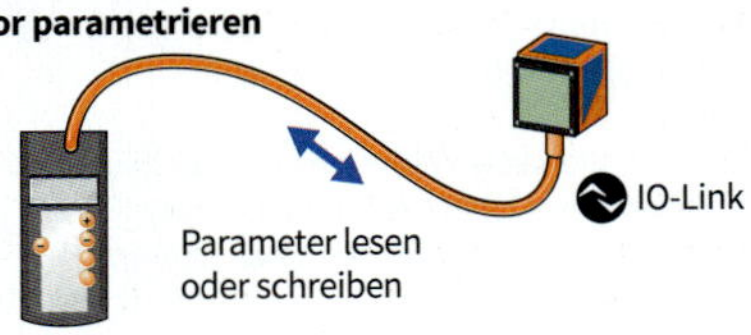

2. Sensor an IO-Link anschließen

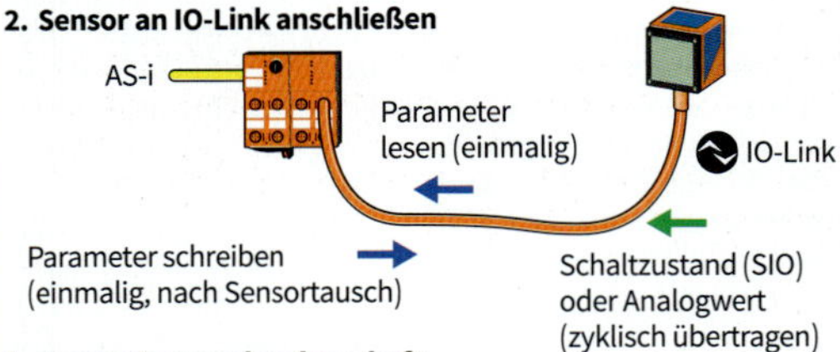

3. Parameter werden dauerhaft im IO-Link-Modul gespeichert

Betriebsarten der IO-Link-Schnittstelle

- Die Kommunikation erfolgt über Pin 4 ⑥ (M12-Stecker). Der Signalpegel liegt bei standardisierten 24 V DC. Über Pin 4 sind zwei Betriebsarten möglich, die sich beliebig kombinieren lasssen:
  - **SIO**-Modus (**S**tandard **IO** Modus) ⑦
    Damit lassen sich Schaltzustände realisieren.
  - **COM**-Modus ⑧
    Kommunikation der Prozessdaten, Geräteparameter mit drei unterschiedlichen Datenraten
- Kommunikationsbeispiel:
  - Ein optischer Entfernungssensor wird azyklisch und seriell mit Parameterdaten über den IO-Master versorgt.
  - Danach kann bei einer Objekterkennung der Sensor ein zyklisch binäres Signal liefern.

Betriebsarten	Datenaustausch	Nettodaten (typisch)	Übertragungszeit bei 38,4 kbit/s
SIO	zyklisch binär	1 Bit	< 0,1 s
Prozessdaten	zyklisch seriell	1 … 32 Byte	2,3 … 32 ms
Geräteparameter	azyklisch seriell	1 … 32 Byte	2,3 … 32 ms

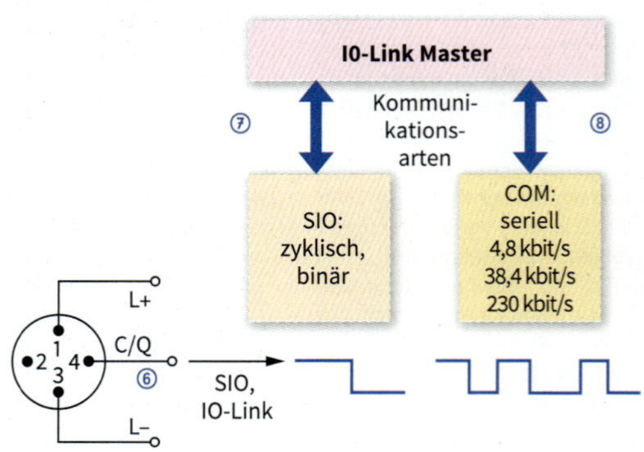

- Sicherheitsgerichtete Systeme sind Systeme, die **Sicherheitsfunktionen** (z. B. Überwachung einer Brennersteuerung) ausführen.
- **E/E/PES**-Systeme (**E**lectrical/**E**lectronic/**P**rogrammable **E**lectronic **S**ystems), die zur Realisierung von Schutzfunktionen eingesetzt werden, sind in der jeweils spezifischen Umgebung im Rahmen einer Sicherheitsstrategie für das Gesamtsystem zu betrachten.
- **Sicherheits-Integritätslevel** (**S**afety **I**ntegrity **L**evel: **SIL**) definieren die notwendigen funktionalen Sicherheitsanforderungen.
- Wesentlicher Inhalt ist die Festlegung eines **tolerierbaren Risikos** und der Massnahmen, die zur Risikominderung erforderlich sind.
- Das tolerierbare Risiko für eine spezifische Anwendung (z. B. Anzahl der Verletzten, Schwere der Verletzungen, Häufigkeit mit der Personen der Gefahr ausgesetzt sind) ist von vielen Faktoren abhängig, wie z. B. gesetzliche Anforderungen.
- Die Risikominderung kann dabei qualitativ oder quantitativ bestimmt werden.
- Eine **quantitative Festlegung** ist z. B., dass ein gefährlicher Vorfall, der eine bestimmte Auswirkung zur Folge hat, nicht mit einer Häufigkeit von mehr als einmal in 107 Stunden auftreten darf. Die quantitative Festlegung erfolgt mittels **Risikograph** (DIN EN 61 508).

Risikominderung

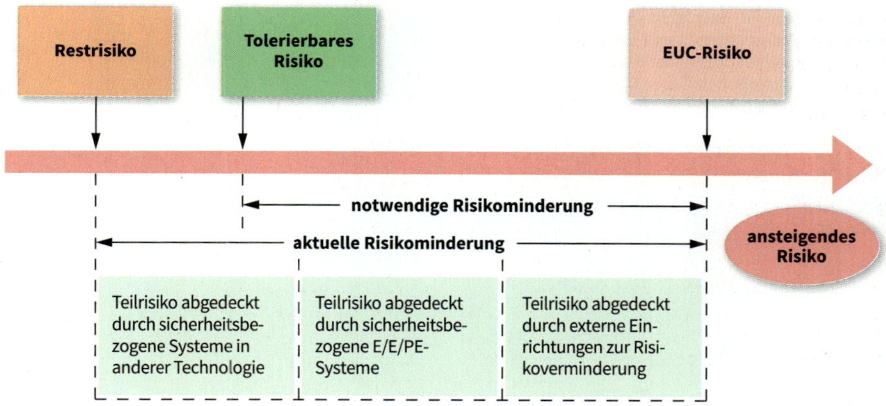

EUC: Equipment **U**nder **C**ontrol – Kontrollierte Einrichtung

Risikograph (allgemein)

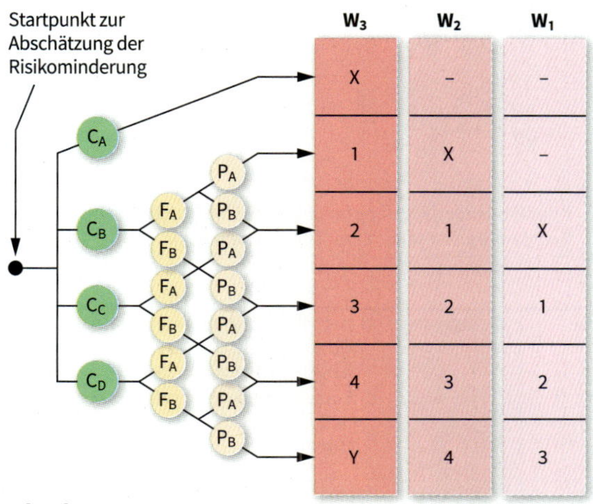

$C_A < C_B < C_C < C_D$

$F_A < F_B$ $P_A < P_B$ $W_1 < W_2 < W_3$

C: Risikoparameter der Auswirkung

F: Risikoparameter der Häufigkeit und Aufenthaltsdauer

P: Risikoparameter der Möglichkeit, den gefährlichen Vorfall zu vermeiden

W: Wahrscheinlichkeit des unerwünschten Ereignisses (W3 = höchste Wahrscheinlichkeit)
– keine Sicherheitsanforderungen

X: keine speziellen Sicherheitsanforderungen

Y: ein einzelnes E/E/PES ist nicht ausreichend

1, 2, 3, 4: Sicherheits-Integritätsstufen (safety integrety level), wobei SIL 4 die höchsten Anforderungen stellt.

Merkmale

- Industrielle Kommunikationsnetze sind **Kommunikationsverbindungen**, die im Industriebereich zur Kopplung von z. B. Speicherprogrammierbaren Steuerungen (SPS) oder Antriebssteuerungen eingesetzt werden.
- Als **Übertragungsmedium** kommen die aus anderen Anwendungsbereichen (z. B. Informations -Technik) bekannten Medien zum Einsatz, wie
  - Kupferleitungen, Lichtwellenleiter (Glasfaser, Plastikfaser), Funk.
- Als **Kommunikationsstruktur** werden bevorzugt realisiert
  - Linie, Stern, Ring (einfach und redundant)
- Als **gemeinsame Basis** für die verschiedenen Kommunikationslösungen werden verwendet
  - die Ethernet-Übertragungstechnik, das Bus-zugriffsverfahren (CSMA/CD), die TCP-/IP- und UDP-Protokolle,
  - bekannte Funktionen aus der Informationstechnik wie z. B. Webserver und File-Transfer.

Unterschiede

- Wesentliche Unterschiede zur IT-Kommunikation sind die in industriellen Netzen härteren Anforderungen u. a. an
  - die Gerätetechnik (z. B. Umweltbedingungen) und
  - die eingesetzte Kommunikationssoftware (z. B. Echtzeitverhalten, Sicherheit, Verfügbarkeit).
- Speziell für die Übertragung **sicherheitsgerichteter Informationen** bestehen hohe Anforderungen an die Korrektheit und Zuverlässigkeit der Daten, damit keine gefährdenden Funktionen aufgrund fehlerhafter oder fehlender Daten entstehen.
- Bedingt durch diese Anforderungen sind für industrielle Netzwerke spezifische Applikationsprotokolle entwickelt worden.
- Diese Applikationsprotokolle beinhalten Maßnahmen, die geeignet sind, fehlerhafte Datenübertragungen zu erkennen bzw. zu unterbinden.

Sicherheitsgerichteter Protokollaufbau

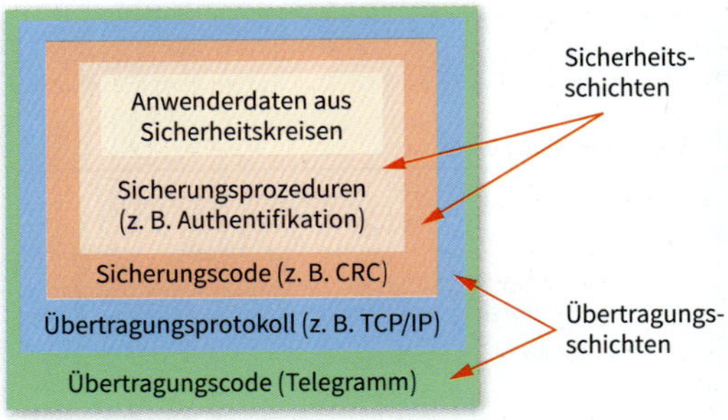

Sicherheitsmaßnahmen

Maßnahme zur Fehler-Offenbarung / Möglicher Fehler	laufende Nummer	Zeitmarke	Zeiterwartung	Empfangsbestätigung	Kennung für Sender und Empfänger	Datensicherung	Redundanz mit Kreuzvergleich	Unterschiedliche Datensicherung für sichere und nicht sichere Nachrichten
Wiederholung einer Nachricht	X	X					X	
Verlust einer Nachricht	X			X			X	
Einfügung einer Nachricht	X			X[2]	X[3]		X	
Falsche Reihenfolge einer Nachricht	X	X					X	
Verfälschung einer Nachricht				X		X	[4]	
Verzögerung einer Nachricht		X	X[1]					
Vermischung von sicherheitsrelevanten und nicht sicherheitsrelevanten Nachrichten				X[2]	X			X

[1] Grundsätzlich erforderlich (Ruhestromprinzip)
[2] anwendungsabhängig
[3] nur für Sender-Kennung (erkennt nur Einfügung einer ungültigen Quelle)
[4] eingeschränkt möglich (nur bei seriellem Bus)

Erklärungen

Wiederholung	Wiederholen alter, nicht aktueller Nachrichten zur falschen Zeit.
Verlust	Löschen einer Nachricht.
Einfügung	Einfügen einer zusätzliche Nachricht.
Falsche Reihenfolge	Verändern bzw. vertauschen der Reihenfolge von Nachrichten.
Verfälschung	Verfälschen einer Nachricht durch Kommunikationsteilenehmer oder durch Fehler auf dem Übertragungsmedium.
Verzögerung	a) Betriebsmäßiger Datenaustausch überlastet die Übertragungsstrecke, so dass die Sicherheitsfunktion verzögert oder verhindert wird. b) Einzelner Busteilnehmer täuscht falsche Nachrichten vor und verursacht Überlastung der Übertragungsstrecke.
Vermischung	Vermischen von sicherheitsrelevanten und nicht sicherheitsrelevanten Nachrichten.

Aufgaben und Ziele

- Gefahren entstehen z. B. durch Fehlfunktion einer Anlage, fehlerhaftes zu bearbeitendes Material, Fehlbedienung usw.
- Aufkommende bzw. bestehende Gefahren für Personen, Maschinen oder Arbeitsgut abwenden bzw. mindern
- Nach Betätigen der Not-Aus-Einrichtung muss die Gefahr automatisch und in bestmöglicher Weise abgewendet werden.
- Not-Aus schaltet die elektrische Energieversorgung ab, um elektrische Gefährdungen abzuwenden.
- Not-Halt stoppt eine gefahrbringende Bewegung

Anwendungen

- Pumpeinrichtungen für brennbare Flüssigkeiten (z. B. Tankstellen, Tanklager)
- Lüftungsanlagen
- Prüf- und Forschungseinrichtungen
- Räume für Ausbildungszwecke, Laboratorien
- Heizungs-, Kesselanlagen
- Großküchen
- Maschinen

Elektrische Maschinen

- Bei elektrischen Maschinen werden Handlungen für den Notfall unterschieden.
  Diese sollen eine bestehende Gefährdung abwenden.
- Sollen Maschinen stillgesetzt werden, sind unterschiedliche Stopp-Kategorien zu unterscheiden.

Handlungen im Notfall
■ Stillsetzen im Notfall[1] (Risiko durch einen Prozessablauf oder eine Bewegung), Stopp-Kategorie auswählen ■ Ausschalten im Notfall[1] (Risiko durch elektrische Gefährdung) ■ Einschalten im Notfall (Warneinrichtungen, Schutzeinrichtungen) ■ Ingangsetzen im Notfall (Gefahrenabwendung durch Starten einer Bewegung, z. B. Abheben eines Werkstücks)

[1] Wird umgangssprachlich als Not-Aus bezeichnet.

Stopp-Kategorie	Bedeutung
0	■ Unverzögertes Ausschalten der Versorgungsspannung ■ Stillsetzung durch natürliches Gegenmoment, Auslösen ungesteuerter Bremsen
1	■ Einsatz bei Gefahr: Anlage wird gesteuert stillgesetzt. ■ Anlage bleibt unter Spannung bis Stillstand eingetreten ist. ■ Mit Energieeinsatz Gefährdung abwenden (aktives Bremsen, Abheben von Walzen, …)
2	■ Die Anlage wird gesteuert stillgesetzt. ■ Die Energiezufuhr wird nicht abgeschaltet. ■ Nur für betriebsmäßiges Stillsetzen, nicht für Handlung im Notfall zugelassen.

Anforderungen

- Die Not-Aus-Einrichtung muss jederzeit verfügbar sein.
- Einmalige Betätigung muss zu unverzögertem, nicht verhinderbarem Abschalten bzw. Stillsetzen führen.
- Rückstellung der Not-Aus-Betätigung darf keinen Wiederanlauf verursachen.
- Stromkreise ausschließen, deren Abschaltung eine zusätzliche Gefährdung verursacht (z. B. Licht).
- Eine einzige Handlung durch eine Person muss Not-Aus ermöglichen.
- Not-Aus-Einrichtung darf ausreichende Schutzmaßnahmen sowie automatische Sicherheitseinrichtungen nicht ersetzen.
- Bedienelemente sind Taster (Pilz- oder Palmenkopf), Zugschalter, Trittschalter.
- Eindeutige Kennzeichnung (vorzugsweise rot); bei Maschinen rot mit gelbem Hintergrund.
- Schaltgerät muss nach Betätigung verklinken oder verrasten. Ausnahme: Geräte für Not-Aus-Betätigung und Wiedereinschaltung unter Aufsicht einer Person.
- Bedienelemente an den Gefahrenstellen und leicht zugänglich anordnen; ggf. auch an entfernten Stellen (z. B. Ausgang).

Beispiel

Anordnung in einer Kfz-Werkstatt:

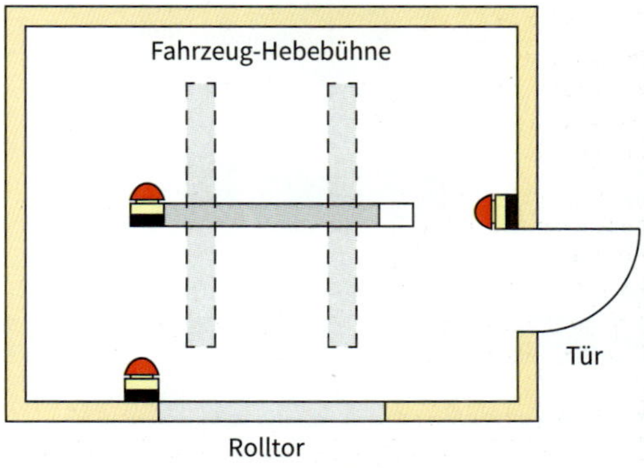

Bedienelement:

Anwendung

- Anforderung an sichere Maschinensteuerung ermitteln
- Validierung (Nachweis über erfüllte Anforderungen), ob Maschinensteuerung die Sicherheitsanforderungen erfüllt
- Sicherheit wird durch mehrere Einflussgrößen beeinflusst.
- DIN EN ISO 13849-1 ist eine harmonisierte Norm und anerkannt zur Erfüllung der Maschinenrichtlinie.

Einflussgrößen

Ziel-Performance Level

- Mögliche Schwere von Verletzungen
- Häufigkeit und Dauer der Gefährdungen
- Möglichkeiten der Gefahrenvermeidung

Ist-Performance Level

- Ausführung der Steuerung (Steuerungskategorie)
- Zuverlässigkeit $MTTF_d$ (**M**ean **T**ime to **D**angerours **F**ailure)
- Diagnosedeckungsgrad **DC** (**D**iagnostic **C**overage)
- Fehler mit gemeinsamer Ursache **CCF** (**C**ommon **C**ause **F**ailure)

Bewertungsablauf

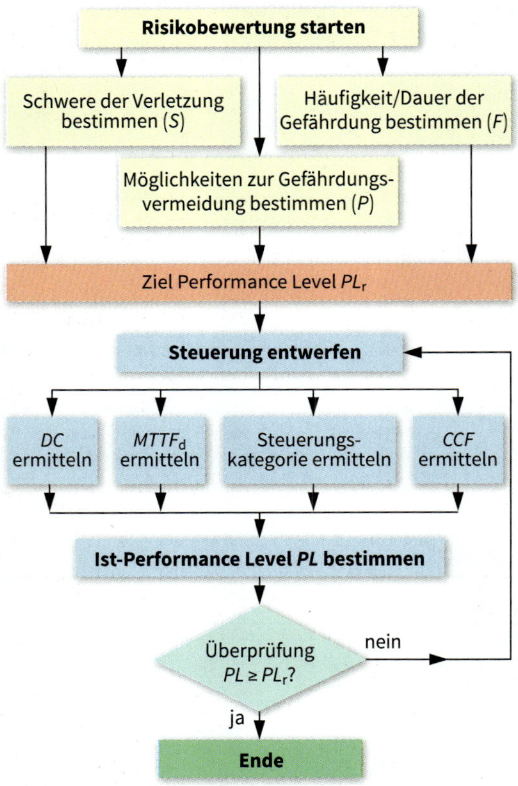

Erforderlicher Performance Level

Risikograph

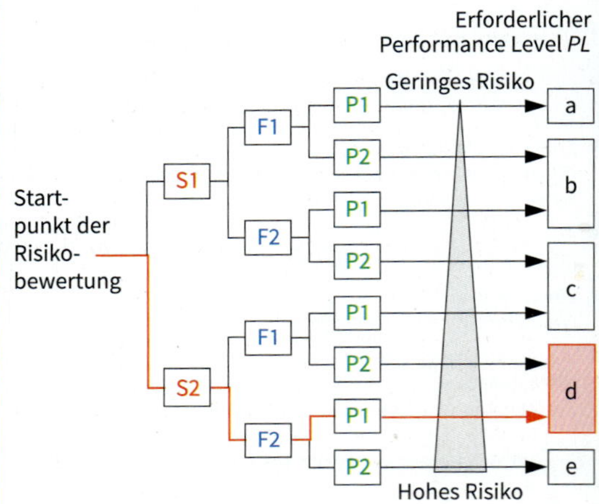

S Schwere der Verletzung
S1: Leicht (z. B. Prellung, Schnittverletzung)
S2: Schwer (z. B. Amputation, Tod)

F Häufigkeit und/oder Dauer der Gefährdung
F1: Selten bis öfter bzw. von kurzer Dauer
F2: Häufig bis dauernd bzw. von langer Dauer

P Möglichkeit zur Vermeidung der Gefährdung
P1: Möglich unter bestimmten Bedingungen
P2: Kaum möglich

Ausfälle aufgrund gemeinsamer Ursache (*CCF*)

Bewertung

Ziel:

- Vermeidung systematischer Einflüsse und systematischer Fehler
- Vermeidung von Ausfällen mehrerer Komponenten aufgrund einer Ursache

Ablauf:

- Bewertung von Einzelanforderungen
- Summierung der Einzelbewertungen
- *CCF* ist ab Steuerungskategorie 2 zu berücksichtigen, Ziel: *CCF* > 65 %

Einzel-Anforderung	Bewertung
physikalische Trennung zwischen den Sicherheitskreisen und zu anderen Kreisen	15 %
Diversität (Anwendung unterschiedlicher Technologien)	20 %
Erfahrung mit Entwurf/Applikation	20 %
Beurteilung/Analyse	5 %
Kompetenz/Ausbildung	5 %
Umwelteinflüsse (EMV, Temperatur, …)	35 %
CCF: Summe erfüllter Anforderungen	Σ

Diagnose-Deckungsgrad (*DC*)

- Steuerungen können einzelne, gefährliche Ausfälle selbsttätig erkennen.
- Bewertung wie viel der gefährlichen Ausfälle erkannt werden = Diagnose-Deckungsgrad *DC*.

Einfache Systeme:

$$DC = \Sigma\lambda_{DD} / \Sigma\lambda_{Dtotal}$$

Komplexe Systeme:

$$DC_{avg} = \frac{\frac{DC_1}{MTTF_{d1}} + \frac{DC_2}{MTTF_{d2}} + \ldots + \frac{DC_N}{MTTF_{dn}}}{\frac{1}{MTTF_{d1}} + \frac{1}{MTTF_{d2}} + \ldots + \frac{1}{MTTF_{dn}}}$$

λ_{DD}: Fehlerrate der erkannten gefährlichen Ausfälle
λ_{Dtotal}: Fehlerrate aller gefährlichen Ausfälle

DC_{avg}	Deckungsgrad
< 60 %	ohne
60 % … < 90 %	niedrig
90 % … < 99 %	mittel
≥ 99 %	hoch

Steuerungskategorien

Kat.	Anforderungen an die Steuerungskategorien eines SRP	Vorgesehen Architektur
B	■ nach Norm gebaut ■ müssen den zu erwartenden Einflüssen standhalten	Einkanalig ohne Test oder Überwachung der Sicherheitsfunktion
1	Zusätzlich zu Kategorie B: ■ Anwendung bewährter Bauteile und Sicherheitsprinzipien	
2	Zusätzlich zu Kategorie B und Sicherheitsprinzipien (Kat. 1): ■ Prüfung der Sicherheitsfunktion durch die Maschinensteuerung in regelmäßigen Abständen	Einkanalig mit Testeinrichtung für die Sicherheitsfunktion
3	Zusätzlich zu Kategorie B und Sicherheitsprinzipien (Kat. 1): ■ Kein Verlust der Sicherheitsfunktion durch einen einzelnen Fehler ■ Erkennung einzelner, aber nicht aller Fehler	Mehrkanalig mit Überwachung der Sicherheitsfunktion
4	Zusätzlich zu Kategorie B und Sicherheitsprinzipien (Kat. 1): ■ Kein Verlust der Sicherheitsfunktion durch einen einzelnen Fehler ■ Kein Verlust der Sicherheitsfunktion durch eine Fehleranhäufung	Mehrkanalig mit höherer Überwachung der Sicherheitsfunktion

Erreichter Performance Level

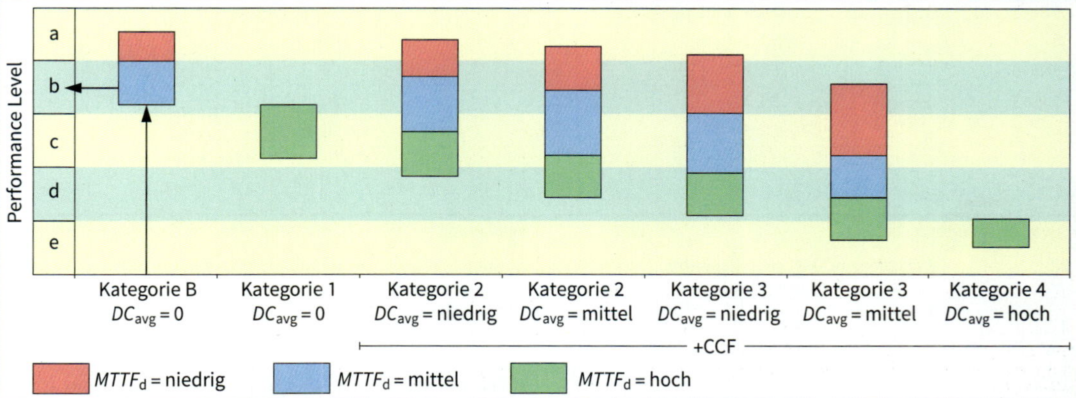

Begriffe

Abk.	Bedeutung	Abk.	Bedeutung
CCF	**C**ommon **C**ause **F**ailure: Anteil der Fehler mit gemeinsamer Ursache	$MTTF_d$	**M**ean **T**ime **t**o **D**angerous **F**ailure: Mittlere Zeit bis zu einem gefährlichen Fehler
DC	**D**iagnostic **c**overage: Diagnosedeckungsgrad	*PL*	**P**erformance **L**evel: Leistungsniveau
DC_{avg}	Average Diagnostic Coverage: Durchschnittlicher Diagnosedeckungsgrad	PFH_D	**P**robability of **d**angerous **f**ailure per **h**our: Wahrscheinlichkeit gefährlicher Ausfälle pro Stunde
HFT	**H**ardware **F**ehler**t**oleranz	*SFF*	**S**afe **F**ailure **F**raction: Anteil sicherer Ausfälle
SRP	**S**afety **R**elated **P**orts		

Anwendung

- DIN EN 62061 ist eine harmonisierte Norm, die bei Einhaltung als anerkannte Maßnahme zur Erfüllung der Maschinenrichtlinie gilt.
- Risikoabschätzung und Validierung (Nachweis über erfüllte Anforderungen) von sicherheitsbezogenen elektrischen, elektronischen oder programmierbaren Steuerungssystemen
- Davon abweichend wird in der Prozessindustrie (Chemie, Verfahrenstechnik) häufig DIN EN 61508 angewendet, um SIL zu realisieren. Diese ist jedoch keine harmonisierte Norm.

Einflussgrößen

Verschiedene Einflussgrößen können die durchschnittliche Zeit bis zum nächsten Fehler (*MTBF*: Mean Time Between Failure) reduzieren:

- Ausfälle aufgrund gemeinsamer Ursache *CCF* (Common Cause Failure); eine störende Einflussgröße soll sich auf möglichst wenige Funktionen auswirken.
- Anteil der Ausfälle, die zu einem sicheren Zustand führen (*SFF*: Safe Failure Fraction)
- Hardware Fehlertoleranz: Fähigkeit des Systems auch bei Auftreten eines oder mehrerer Fehler, die geforderte Funktion auszuführen

Risikoabschätzung

- Aus der Addition von drei Größen (*F, W, P*) wird die Risikoklasse bestimmt.
- Aus der Risikoklasse und möglichen Auswirkungen der Gefahren ergibt sich der SIL.

Häufigkeit und/oder Aufenthaltsdauer ***F***		Eintrittswahrscheinlichkeit des Gefährdungsereignisses ***W***		Möglichkeit zur Vermeidung ***P***	
≤ 1 Stunde	5	sehr hoch	5	unmöglich	5
> 1 Stunde bis ≤ 1 Tag	5	wahrscheinlich	4	selten	3
> 1 Tag bis ≤ 2 Wochen	4	möglich	3	wahrscheinlich	1
> 2 Wochen bis ≤ 1 Jahr	3	selten	2		
> 1 Jahr	2	vernachlässigbar	1		

Auswirkung	Tod, Verlust von Auge oder Arm	Permanent, Verlust von Fingern	Reversibel, medizinische Behandlung	Reversibel, Erste Hilfe
Schadensausmaß	4	3	2	1
Klasse $K = F + W + P$				
4	SIL 2	X[1]	X[1]	X[1]
5… 7	SIL 2	X[1]	X[1]	X[1]
8…10	SIL 2	SIL 1	X[1]	X[1]
11…13	SIL 3	SIL 2	SIL 1	X[1]
14…15	SIL 3	SIL 3	SIL 2	SIL 1

SIL Einstufung der Steuerung

Zuverlässigkeitsanforderung

SIL	Wahrscheinlichkeit eines gefahrbringenden Ausfalls pro Stunde (PFH_D)
3	$\geq 10^{-8} \ldots 10^{-7}$
2	$\geq 10^{-7} \ldots 10^{-6}$
1	$\geq 10^{-6} \ldots 10^{-5}$

Validierung

- Kombinationen von *SFF* und Hardware-Fehlertoleranz begrenzt SIL-Einstufung der Steuerung.
- Die Zuordnung von Hardwarefehlertoleranz, Steuerungskategorie, *DC*, PFH_D und *SFF* ergibt den erreichten SIL.
- Häufig erfolgt die Validierung mit Softwareunterstützung.

Begrenzung der SIL-Einstufung

	Hardware Fehlertoleranz (HFT)		
SFF	0	1	2
< 60 %	X[1]	SIL 1	SIL 2
60 %…< 90 %	SIL 1	SIL 2	SIL 3
90 %…< 99 %	SIL 2	SIL 3	SIL 3[2]
99 %	SIL 2	SIL 3[2]	SIL 3[2]

[1] nicht zulässig [2] zu SiL4 siehe iEC 61508-1

SIL Einstufung

PFH_D	Kat	*SFF*	HFT	*DC*	SIL
$\geq 10^{-6}$	≥ 2	≥ 60 %	≥ 0	≥ 60 %	1
$\geq 2 \cdot 10^{-7}$	≥ 3	≥ 0 %	≥ 1	≥ 60 %	1
$\geq 2 \cdot 10^{-7}$	≥ 3	≥ 60 %	≥ 1	≥ 60 %	2
$\geq 3 \cdot 10^{-8}$	≥ 4	≥ 60 %	≥ 2	≥ 60 %	3
$\geq 3 \cdot 10^{-8}$	≥ 4	≥ 90 %	≥ 1	≥ 90 %	3

Kategorie, *DC*: vgl. Performance Level

Bearbeiten, Messen, Prüfen

9

Fertigungstechnik

Messtechnik

Prüfen

Schutzmaßnahmen

Bohren

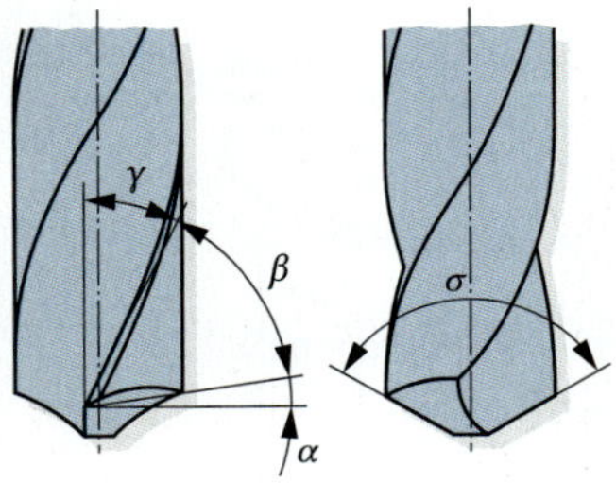

α_f = Seitenfreiwinkel
β_f = Seitenkeilwinkel
γ_f = Seitenspanwinkel
σ = Spitzenwinkel

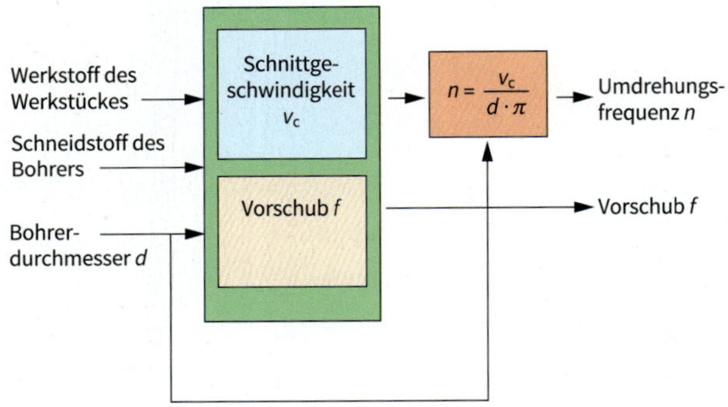

Drehen

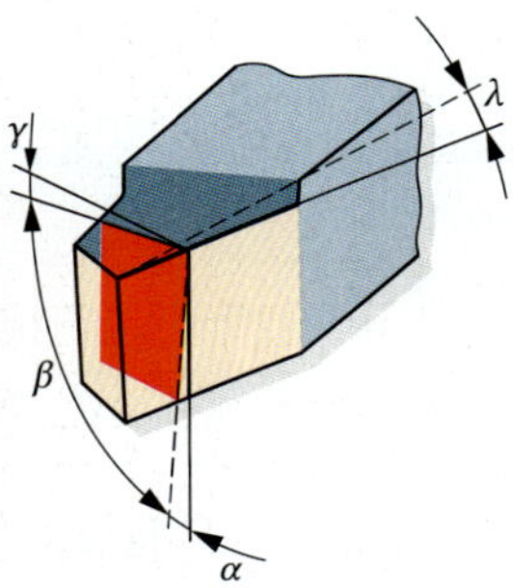

α = Freiwinkel
β = Keilwinkel
γ = Spanwinkel
λ = Neigungswinkel

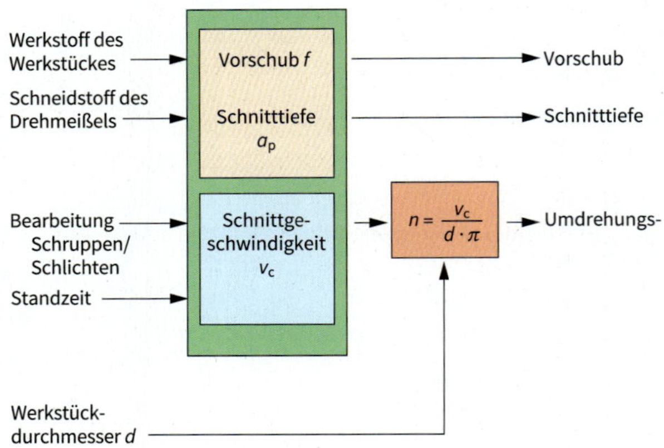

Fräsen

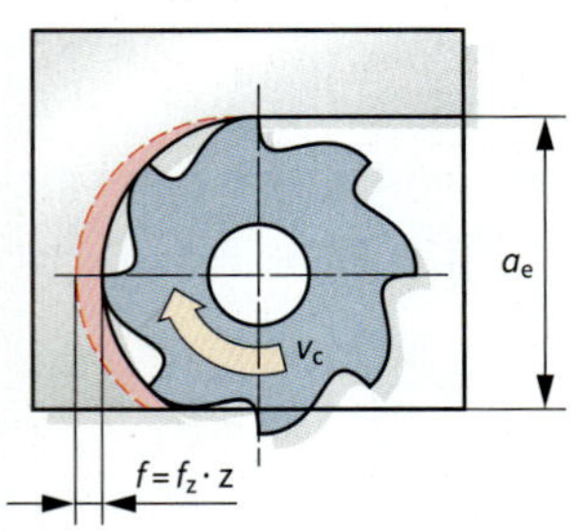

f = Vorschub
f_z = Vorschub pro Zahn
z = Anzahl der Zähne
a_e = Arbeitseingriff

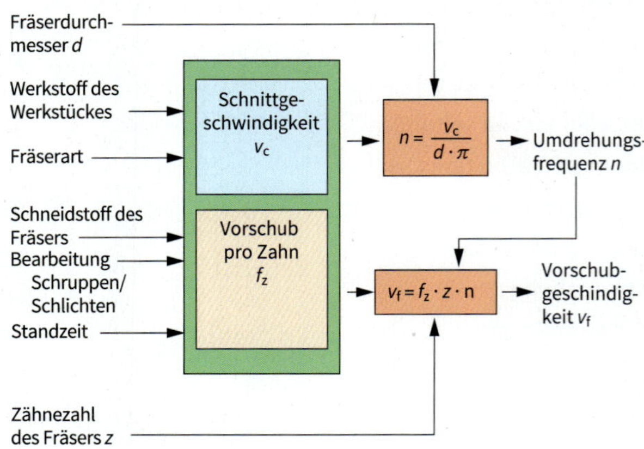

Geometrische Stufung der Umdrehungsfrequenzen, logarithmische Achsenteilung

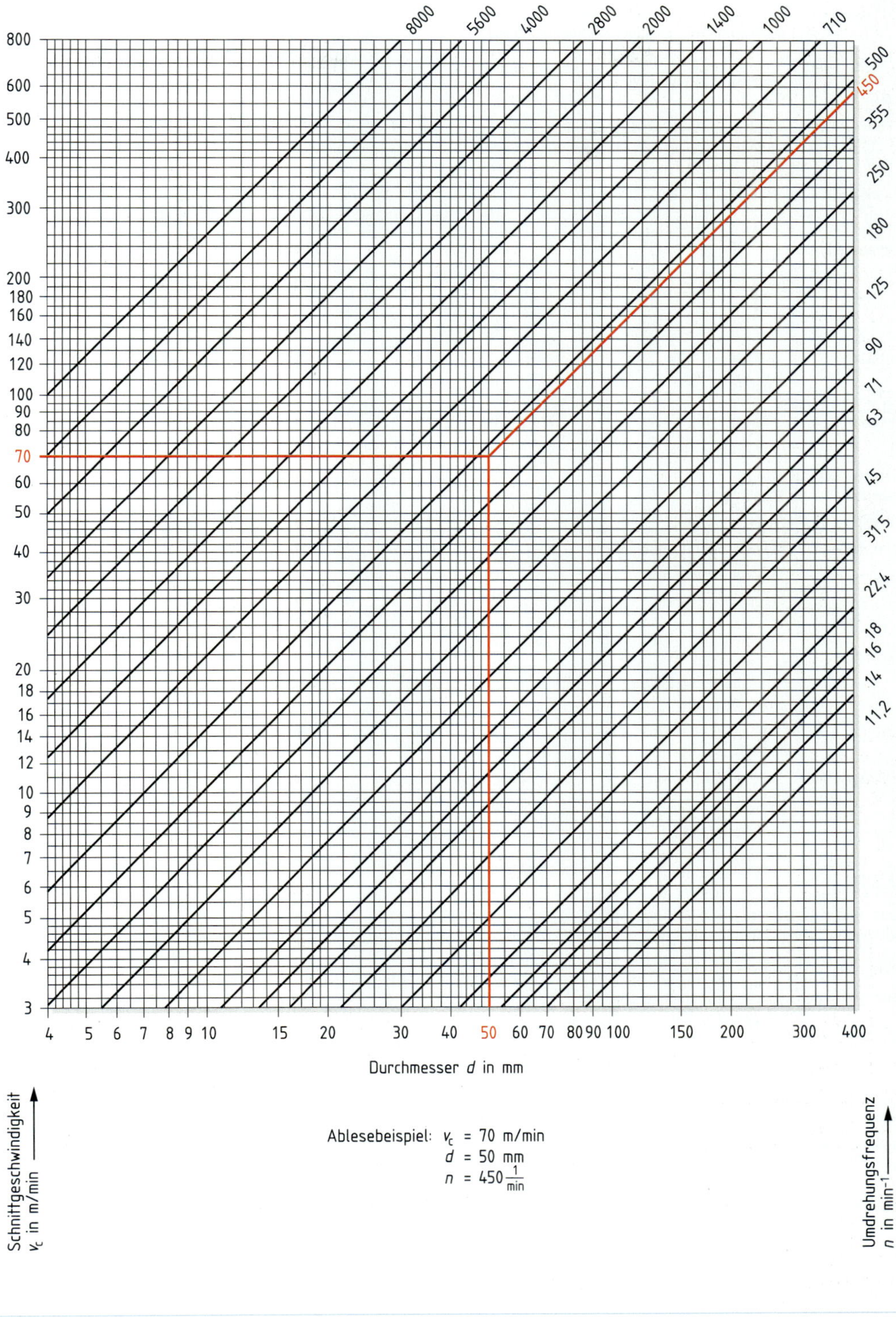

Ablesebeispiel: v_c = 70 m/min
d = 50 mm
$n = 450 \frac{1}{min}$

Werkzeug-Anwendungsgruppen für Zerspanwerkzeuge aus Schnellarbeitsstahl

DIN 1836: 1984-01

Allgemeine Werkzeug-Anwendungsgruppen	
WZ-Anwendungsgruppe	Anwendungsbereich
N	Werkstoffe mit normaler Festigkeit und Härte
H	Harte und zähharte Werkstoffe
W	Weiche und zähe Werkstoffe und/oder langspanende Werkstoffe und/oder kurzspanende Werkstoffe

Allgemeine Werkzeug-Anwendungsgruppen		
WZ-Anwendungsgruppe	Form des Spanteilers an der Schneide des Schruppfräsers	
NF HF	Spanteiler mit flachem Profil	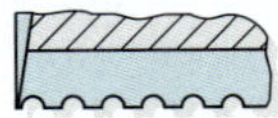
NR HR	Spanteiler mit rundem Profil	

Zu bearbeitender Werkstoff		Zugfestigkeit R_m in N/mm² oder Härte HB	Werkzeug-Anwendungsgruppe[1]				
			N	H	W	NF/NR	HF/HR
Automatenstahl		370 … 600	🔴		🔵	🔴	
		550 … 1000	🔴	🔵		🔴	🔵
Baustahl		… 600	🔴		🔵	🔴	
		500 … 900	🔴			🔴	
Einsatzstahl	unlegiert	… 600	🔴		🔵	🔴	
	legiert	500 … 800	🔴			🔴	
Nitrierstahl	weichgeglüht	700 … 900	🔴			🔴	
	vergütet	800 … 1250	🔴	🔵		🔴	🔴
Nichtrostender Stahl und nichtrostender Stahlguss		450 … 950	🔴			🔴	
Stahlguss		400 … 1100	🔴			🔴	
Vergütungsstahl	weich- oder normalgeglüht	500 … 750	🔴			🔴	
	unlegiert, vergütet	700 … 1000	🔴			🔴	
	legiert, vergütet	700 … 1000	🔴			🔴	
		900 … 1250	🔴	🔵		🔴	🔴
Werkzeugstahl	legiert, vergütet	900 … 1250	🔴	🔵		🔴	🔴
	unlegiert oder legiert, weichgeglüht,	180 … 240 HB	🔴			🔴	
	hochgekohlt und/oder legiert, weichgeglüht	220 … 300 HB	🔵	🔴		🔵	🔴
Gusseisen	mit Lamellengrafit	100 … 240 HB	🔴			🔴/🔴	
		230 … 320 HB	🔵	🔴		🔴/🔵	🔴
	mit Kugelgrafit	100 … 240 HB	🔴			🔴/🔵	🔵
		230 … 320 HB	🔵	🔴		🔴/–	🔴
Temperguss		100 … 270 HB	🔴			🔴/🔵	🔵
Al-Knet- und Al-Gusslegierungen (Si-Gehalt ≤10 %)		… 180	🔵		🔴		
Al-Gusslegierungen (Si-Gehalt >10 %)		150 … 250	🔴		🔵	🔵/–	
Kupfer		200 … 400	🔵		🔴		
Kupferlegierungen	hoher Cu-Gehalt, geringe Festigkeit	200 … 550	🔵		🔴		
	geringer oder hoher Cu-Gehalt und hohe Festigkeit	250 … 850	🔴		🔵	–/🔵	
	mit spanbrechenden Zusätzen (Pb, P, Te)	250 … 500	🔵	🔴			
Mg-Knet- und Mg-Gusslegierungen		150 … 300	🔴		🔵		
Titanlegierungen	mittlere Festigkeit	… 700	🔴		🔵	🔴/🔴	
	hohe Festigkeit	600 … 1100	🔵	🔴		🔵/–	🔴

[1] 🔴 = Regelfall, 🔵 = Sonderfall

Bezeichnung harter Schneidstoffe

DIN ISO 513: 2014-05

Kurzzeichen	Schneidstoffgruppe
HW	Unbeschichtetes Hartmetall, Hauptbestandteil Wolframcarbid (WC) mit Korngröße ≥ 1 µm
HF	Unbeschichtetes Hartmetall, Hauptbestandteil Wolframcarbid (WC) mit Korngröße ≥ 1 µm
HT	Unbeschichtetes Hartmetall, Hauptbestandteil Titancarbid (TiC) oder Titannitrit (TiN) oder beides (Cermets)
HC	Hartmetalle wie oben, jedoch beschichtet
BL	Kubisch-kristallines Bornitrid mit niedrigem Bornitritgehalt
BH	Kubisch-kristallines Bornitrid mit hohem Bornitritgehalt
BC	Kubisch-kristallines Bornitrid wie oben, jedoch beschichtet

Kurzzeichen	Schneidstoffgruppe
CA	Schneidkeramik, Hauptbestandteil Aluminiumoxid (Al_2O_3)
CM	Mischkeramik, Hauptbestandteil Aluminiumoxid (Al_2O_3), zusammen mit anderen Bestandteilen als Oxiden
CN	Siliziumnitridkeramik, Hauptbestandteil Siliziumnitrit (Si_3N_4)
CR	Schneidkeramik, Hauptbestandteil Aluminiumoxid (Al_2O_3), verstärkt
CC	Schneidkeramik wie oben, jedoch beschichtet
DP	Polykristalliner Diamant mit Bindemittel
DD	Polykristalliner Diamant ohne Bindemittel
DM	Monokristalliner Diamant

Bezeichnungsbeispiele: **HW-P10, HC-K20, CA-K10**

i **Cermets:** Verbundwerkstoff aus Kermaik (**cer**amic) in einem metallischen Bindemittel (**met**al)

Klassifizierung harter Schneidstoffe

Hauptanwendungsgruppen	Anwendungsgruppen		Werkstoff	
P Kennfarbe blau	P01 P10 P20 P30 P40 P50	 P05 P15 P25 P35 P45	Stahl und Stahlguss, ausgenommen nichtrostender Stahl mit austenitischem Gefüge	↑ ↓
M Kennfarbe gelb	M01 M10 M20 M30 M40	 M05 M15 M25 M35	Nichtrostender austenitischer und austenitisch-ferritischer Stahl und Stahlguss	↑ ↓
K Kennfarbe rot	K01 K10 K20 K30 K40	 K05 K15 K25 K35	Gusseisen mit Lamellengraphit, Gusseisen mit Kugelgraphit, Temperguss	↑ ↓
N Kennfarbe grün	N01 N10 N20 N30	 N05 N15 N25	Aluminium und andere Nichteisenmetalle, Nichtmetallwerkstoffe	↑ ↓
S Kennfarbe braun	S01 S10 S20 S30	 S05 S15 S25	Hochwarmfeste Speziallegierungen auf der Basis von Eisen, Nickel und Kobalt. Titan und Titanlegierungen	↑ ↓
H Kennfarbe grau	H01 H10 H20 H30	 H05 H15 H25	Gehärteter Stahl, gehärtete Gusseisenwerkstoffe, Gusseisen für Kokillenguss	↑ ↓

↑ zunehmende Schnittgeschwindigkeit v_c
zunehmende Verschleißfestigkeit

↓ zunehmender Vorschub *f*
zunehmende Zähigkeit

Richtwerte für das Drehen mit Schnellarbeitsstahl

Werkstoff	R_m in N/mm²	Schneidstoff	f in mm	a_p in mm	v_c in m/min	Freiwinkel α_0 in °	Spanwinkel γ_0 in °	Neigungswinkel λ_s in °	Standzeit T in min
Unlegierte Baustähle Einsatzstähle Vergütungsstähle Werkzeugstähle	… 500	HS 10-4-3-10	0,1	0,5	75 … 60	8	18	0 … 4	60
			0,5	3	65 … 50				
		HS 18-1-2-10	1,0	6	50 … 35	8	18	−4	
	500 … 700	HS 10-4-3-10	0,1	0,5	70 … 50	8	14	0 … 4	60
			0,5	3	50 … 30			0	
		HS 18-1-2-10	1,0	6	35 … 25	8	14	–	
	700 … 900	HS 10-4-3-10	0,1	0,5	45 … 30			0	60
		HS 18-1-2-10	0,5	3	30 … 22	8	14	−4	
			1,0	5	22 … 18				
	900 … 1100	HS 10-4-3-10	0,1	0,5	30 … 20	8	14	−4	60
			0,4	3	20 … 15				
			0,8	6	18 … 10				
Rost-, säure-, hitzebeständige Stähle	–	HS 10-4-3-10	0,1	0,5	55 … 45	8 … 10	14 … 18	0	60
			0,5	3	45 … 35				
			1,0	6	35 … 25				
Automatenstähle	≤ 700	HS 10-4-3-10 und HS 18-1-2-10	0,1	0,5	90 … 60	8	… 20	0 … 4	240
			0,3	3	75 … 50				
			0,6	6	55 … 35				
	> 700	HS 10-4-3-10 und HS 18-1-2-10	0,1	0,5	70 … 40	8	… 20	0	240
			0,3	3	50 … 30				
			0,5	6	40 … 20			−4	
Unlegierter Stahlguss niedriglegierter Vergütungsstahlguss warmfester Stahlguss	… 500	HS 10-4-3-10	0,1	0,5	70 … 50	8	18	0 … 4	60
			0,5	3	50 … 30				
			1,0	6	35 … 25			−4	
	500 … 700	HS 10-4-3-10	0,1	0,5	50 … 30	8	14	0 … 4	60
			0,5	3	30 … 20			0	
		HS 18-1-2-10	1,0	6	22 … 15	8	14	−4	
Rost-, säurehitze-beständiger Stahlguss	–	HS 10-4-3-10	0,1	0,5	25 … 20	8	14 … 18	0 … 4	60
			0,5	3	20 … 15				
			1,0	6	15 … 10				
Gusseisen	… 250	HS 12-1-4-5	0,1	0,5	40 … 32	8	0 … 6	0	60
			0,3	3	32 … 23			–	
			0,6	6	23 … 15				
Temperguss, schwarz	… 220	HS 12-1-4-5	0,1	0,5	70 … 45	8	10	0	–
			0,3	3	60 … 40			−4	
			0,6	6	40 … 25				
Temperguss, weiß	… 240	HS 12-1-4-5	0,1	0,5	60 … 40	8	10	0	60
			0,3	3	50 … 35			−4	
			0,6	6	35 … 20				
Kupfer, Kupferlegierungen	–	HS 10-4-3-10	0,3	3	150 … 100	10	18 … 30	4	120
			0,6	6	120 … 80				
Aluminium, Al-Knetlegierungen	nicht ausgehärtet	HS 10-4-3-10	0,6	6	180 … 120	10	25 … 35	4	240
	ausgehärtet	HS 10-4-3-10	0,1	1	140 … 100	10	18 … 30	4 … 0	240
			0,6	6	120 … 80				

Richtwerte für das Drehen mit Hartmetall (Standzeit 15 min)

Werkstoff	R_m in N/mm^2	HM-Sorte	f in mm	a_p in mm	v_c in m/min
Stahl und Stahlguss, unlegiert und legiert	< 500	HW-P10	0,10 0,25 0,50	1	290 … 380 240 … 320 210 … 280
			0,10 0,25 0,50	3	260 … 340 220 … 280 190 … 250
			0,10 0,25 0,50	5	250 … 320 200 … 260 180 … 230
			0,10 0,25 0,50	8	230 … 300 195 … 250 170 … 220
	500 … 900	HW-P10	0,10 0,25 0,50	1	195 … 350 140 … 280 110 … 240
			0,10 0,25 0,50	3	170 … 310 120 … 250 100 … 210
			0,10 0,25 0,50	5	160 … 290 110 … 230 90 … 200
			0,10 0,25 0,50	8	150 … 280 110 … 225 85 … 190
	900 …1200	HW-P10	0,10 0,25 0,50	1	170 … 240 120 … 170 90 … 130
			0,10 0,25 0,50	3	150 … 210 100 … 150 80 … 110
			0,10 0,25 0,50	5	140 … 190 90 … 140 70 … 105
			0,10 0,25 0,50	8	130 … 180 90 … 130 65 … 100
Stahl und Stahlguss, hochlegiert und nicht rostend	< 900	HW-P25	0,25 0,50	1	105 … 160 90 … 130
			0,25 0,50	3	90 … 140 80 … 115
			0,25 0,50	5	85 … 130 70 … 110
			0,25 0,50	8	80 … 120 70 … 100
	> 900	HW-P25	0,25 0,50	1	70 … 100 60 … 90
			0,25 0,50	3	60 … 90 50 … 75
			0,25 0,50	5	55 … 85 45 … 70
			0,25 0,50	1	55 … 80 45 … 65
Gusseisen, Temperguss	< 700	HW-K10	0,25 0,50	1	160 … 210 145 … 195
			0,25 0,50	3	140 … 190 130 … 180
			0,25 0,50	5	135 … 180 120 … 165
			0,25 0,50	8	130 … 170 115 … 160
	> 700	HW-K10	0,25 0,50	1	110 … 140 100 … 125
			0,25 0,50	3	100 … 120 90 … 110
			0,25 0,50	5	90 … 115 80 … 105
			0,25 0,50	8	90 … 110 80 … 100
Titan und Titanlegierungen	–	HW-K20	0,10 0,20	2 8	30 … 80 15 … 30
Kupfer und Kupferlegierungen	–	HW-K10	0,1 0,25 0,5	1 3 5	350 … 600 300 … 500 200 … 400
Aluminium, nicht aushärtbare Knetwerkstoffe	–	HW-K10	… 0,8	… 6	… 2000
Aluminium, ausgeh. Knetwerkstoffe, Gusswerkstoffe mit ≤ 10 % Si-Geh.	–	HW-K10	… 0,6	… 6	… 1200
Aluminium, Gusswerkstoffe mit > 10 % Si-Geh.	–	HW-K10	… 0,6	… 4	… 400

Werkzeugwinkel beim Drehen mit Hartmetall

Werkstoff	R_m in N/mm^2 (HB)	Freiwinkel α_0 in °	Spanwinkel γ_0 in °	Neigungswinkel λ_s in °
Baustahl, Einsatzstahl	< 500	6 … 8	12 … 18	–4
	500 … 800		12	
Baustahl, Vergütungsstahl	750 … 900	6 … 8	12	–4
Vergütungsstahl	850 … 1000	6 … 8	8 … 12	–4
	1000 … 1400		6	
Stahlguss	300 … 350	6 … 8	12	–4
Gusseisen	… 2200 HB	6 … 8	8 … 12	–4
Kupferlegierungen	… 1200 HB	10	12	0
Aluminium-Legierungen	… 1000 HB	10	12	–4

Drehmeißel – Übersicht

Benennung	Drehmeißel mit HS-Schneide Norm	Drehmeißel mit gelöteter HM-Schneidplatte, DIN 4982 Norm	 Kennzahl nach ISO
Gerader Drehmeißel	DIN 4951	DIN 4971	1
Gebogener Drehmeißel	DIN 4952	DIN 4972	2
Innendrehmeißel	DIN 4953	DIN 4973	8
Inneneckdrehmeißel	DIN 4954	DIN 4974	9
Spitzer Drehmeißel	DIN 4955	DIN 4975	–
Breiter Drehmeißel	DIN 4956	DIN 4976	4
Abgesetzter Drehmeißel	–	DIN 4977	5
Abgesetzter Eckdrehmeißel	–	DIN 4978	3
Abgesetzter Seitendrehmeißel	DIN 4960	DIN 4980	6
Stechdrehmeißel	DIN 4961	DIN 4981	7
Innen-Stechdrehmeißel	DIN 4963	–	–

Ausführung eines Drehmeißels aus Schnellarbeitsstahl	
V	Drehmeißel vollständig aus Schnellarbeitsstahl
S	Drehmeißel mit stumpfgeschweißtem Schneidkopf aus Schnellarbeitsstahl
P	Drehmeißel mit einer Schneidplatte aus Schnellarbeitsstahl

Anwendung der Drehmeißel

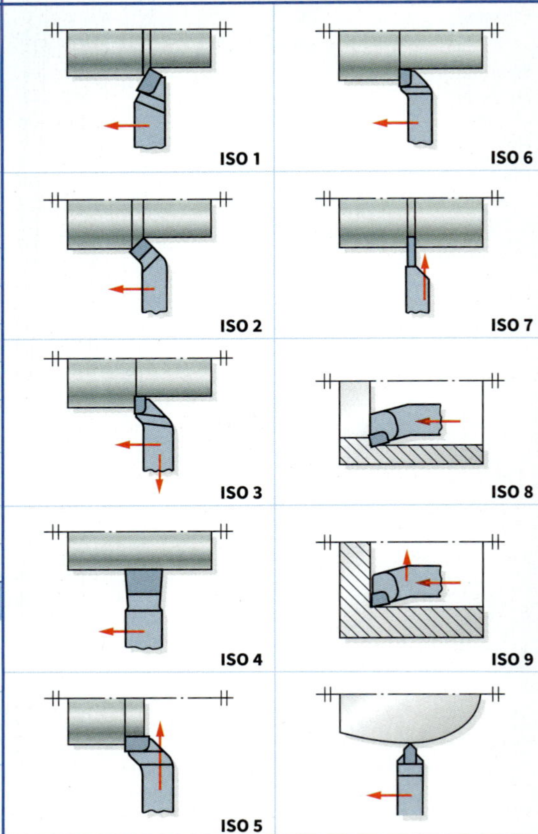

Bezeichnung eines Drehmeißels mit einer Schneide aus HS

Drehmeißel DIN 4960 – R 20 20 V

- Drehmeißel: Benennung
- DIN 4960: DIN-Haupt-Nr.
- R: rechter Drehmeißel
- 20 20: Schaft 20 x 20
- V: Ausführung

Bezeichnung eines Drehmeißels mit HM-Schneidplatte

Drehmeißel DIN 4971 – R 32 32 – K 20

- Drehmeißel: Benennung
- DIN 4971: DIN-Haupt-Nr.
- R: rechter Drehmeißel
- 32 32: Schaft 32 x 32
- K 20: Zerspanungshauptgruppe

Wendeschneidplatten für verschiedene Dreharbeiten

Außenlängsdrehen

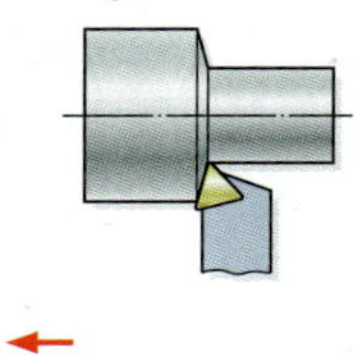

Außenplandrehen

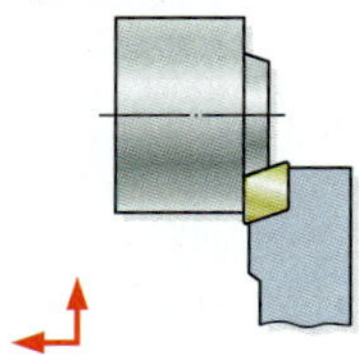

Innenlängsdrehen

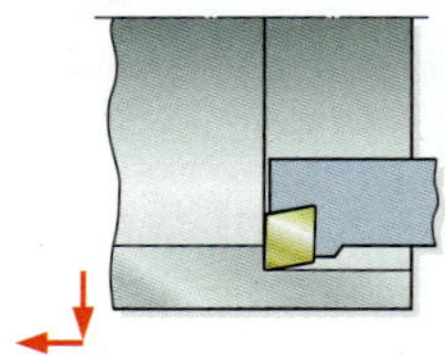

Außenkonturdrehen

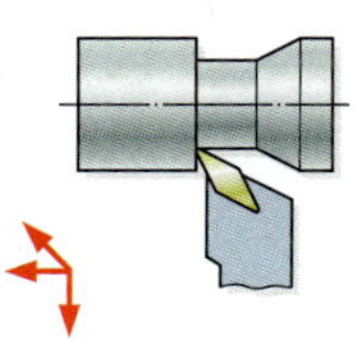

Einstechdrehen

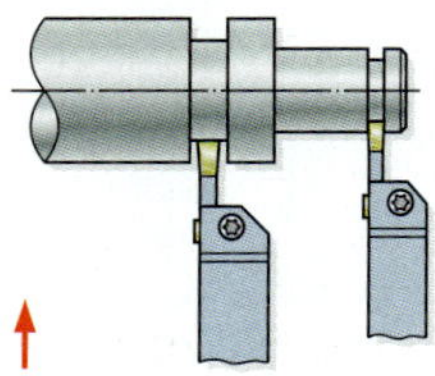

Außengewindedrehen

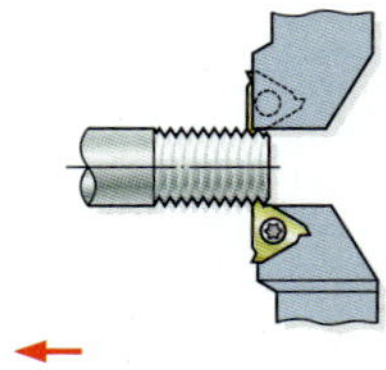

Richtwerte für Spiralbohrer aus Schnellarbeitsstahl

Werkstoff	R_m in N/mm² (HB, HRC)	v_c in m/min	*f* in mm für Bohrerdurchmesser *d* in mm								
			2	4	6	10	16	25	40	63	80
unlegierte Stähle											
(C < 0,2 %)	500	30 … 40	0,04	0,08	0,10	0,16	0,20	0,30	0,40	0,60	0,80
(C 0,2 … 0,3 %)	600	25 … 30	0,05	0,10	0,12	0,20	0,25	0,30	0,50	0,80	1,00
(C 0,3 … 0,4 %)	700	25 … 30	0,05	0,10	0,12	0,20	0,25	0,40	0,50	0,80	1,00
(C 0,4 … 0,5 %)	800	20 … 30	0,03	0,06	0,08	0,12	0,16	0,25	0,30	0,50	0,60
legierte Stähle	700	20 … 30	0,03	0,06	0,08	0,12	0,16	0,25	0,30	0,50	0,60
	800	15 … 25	0,03	0,06	0,08	0,12	0,16	0,25	0,30	0,50	0,60
	900	15 … 20	0,02	0,04	0,05	0,08	0,10	0,16	0,20	0,30	0,40
	1000	10 … 20	0,02	0,04	0,05	0,08	0,10	0,16	0,20	0,30	0,40
rost-, säure-,	500	8 … 12	0,02	0,04	0,05	0,08	0,12	0,16	0,20	0,30	0,40
hitzebeständige Stähle	600 … 750	6 … 10									
	900	4 … 8									
Gusseisen, Temperguss	150 … 200 HB	18 … 25	0,05	0,10	0,12	0,20	0,25	0,40	0,50	0,80	1,00
	200 … 220 HB	15 … 22	0,05	0,10	0,12	0,20	0,25	0,40	0,50	0,80	1,00
	220 … 250 HB	12 … 18	0,04	0,08	0,10	0,16	0,20	0,30	0,40	0,60	0,80
	250 … 320 HB	5 … 15	0,03	0,06	0,08	0,12	0,16	0,25	0,30	0,50	0,60
Titan und Titanlegierungen	–	3 … 6	0,02	0,04	0,05	0,08	0,10	0,16	0,20	0,30	0,40
Stahl, behärtet	48 … 64 HRC	3 … 5	0,02	0,04	0,05	0,08	0,10	0,16	0,20	0,30	0,40
Kupfer	–	40 … 60	0,05	0,10	0,12	0,20	0,25	0,40	0,50	0,80	1,00
Kupferlegierungen	–	20 … 50									
Al-Knetlegierungen	–	… 100	0,05	0,10	0,12	0,20	0,25	0,40	0,50	0,80	1,00
Al-Legierungen ≤ 10 % Si	–	… 65									
> 10 % Si	–	… 30									
Magnesiumlegierungen	–	… 100	0,08	0,10	0,12	0,16	0,20	0,30	0,50	0,80	1,00

Richtwerte für Spiralbohrer aus Hartmetall oder Wendeplattenbohrer

Werkstoff	R_m in N/mm² (HB, HRC)	v_c in m/min		*f* in mm für Bohrerdurchmesser *d* in mm								
				2	4	6	10	16	25	40	63	80
unlegierte Stähle												
(C < 0,2 %)	500	100 … 150	200 … 450	–	–	0,04	0,08	0,16	0,06	0,08	0,12	0,12
(C 0,2 … 0,3 %)	600	100 … 150	180 … 400	–	–	0,04	0,08	0,16	0,06	0,08	0,12	0,12
(C 0,3 … 0,4 %)	700	80 … 130	150 … 350	–	–	0,04	0,08	0,12	0,06	0,08	0,12	0,12
(C 0,4 … 0,5 %)	800	80 … 130	120 … 300	–	–	0,04	0,08	0,12	0,06	0,08	0,12	0,12
legierte Stähle	700	80 … 130	120 … 300	–	–	0,04	0,08	0,12	0,06	0,08	0,12	0,12
	800	80 … 130	120 … 300	–	–	0,04	0,08	0,12	0,08	0,12	0,16	0,16
	900	70 … 120	120 … 250	–	–	0,04	0,08	0,12	0,08	0,12	0,16	0,16
	1000	60 … 100	100 … 200	–	–	0,04	0,08	0,12	0,08	0,12	0,20	0,20
rost-, säure-,	500	60 … 120	150 … 300	–	–	0,03	0,06	0,10	0,04	0,06	0,10	0,10
hitzebeständige Stähle	600	60 … 120	130 … 280	–	–							
	750	40 … 80	100 … 200	–	–							
	900	20 … 40	30 … 70	–	–							
Gusseisen,	150 … 220 HB	80 … 100	80 … 140	–	–	0,06	0,12	0,20	0,10 … 0,40			
Temperguss	220 … 250 HB	60 … 80	70 … 130	–	–	0,06	0,12	0,20				
	250 … 320 HB	40 … 70	70 … 110	–	–	0,04	0,08	0,16				
Titan und Titanlegierungen	–	20 … 40	30 … 80	–	–	0,02	0,04	0,08	0,04	0,05	0,10	0,12
Stahl, gehärtet	48 … 64 HRC	10 … 30	–	–	–	0,02	0,04	0,08	–	–	–	–
Kupfer Kupferlegierungen	–	… 180	… 500	–	–	0,02	0,04	0,08	0,03	0,04	0,06	0,06
	–	… 150	… 350	–	–	0,05	0,08	0,16	0,16	0,25	0,50	0,50
Al-Knetlegierungen	–	… 150	… 600	–	–	0,04	0,06	0,10	0,04	0,08	0,16	0,20
Al-Legierungen ≤ 10 % Si	–	… 180	… 600	–	–							
> 10 % Si	–	… 140	… 450	–	–							
Magnesiumlegierungen	–	… 180	… 600	–	–	0,04	0,06	0,10	0,04	0,08	0,16	0,20

(rosa): Richtwerte für Spiralbohrer aus Hartmetall (blau): Richtwerte für Spiralbohrer mit Wendeplatten

Einsatzbereiche der Bohrertypen

Werkzeugtyp DIN 1836 1984-01	Werkstoff		Seitenspanwinkel γ_f in °	Spitzenwinkel σ in °
N	Werkstoffe mit mittlerer Härte und Festigkeit	unlegierter und niedriglegierter Stahl, Gusseisen	19 … 40	118
		Kupferlegierungen hoher Festigkeit, Al-Legierungen (> 10 % Si)		130
H	harte und zähharte oder kurzspanende Werkstoffe	hochlegierter Werkzeugstahl	10 … 19	118
		Hartguss		130
		Thermoplaste		80
W	weiche, zähe oder langspanende Werkstoffe	Kupfer und Kupferlegierungen geringer Festigkeit, Aluminium, Al-Legierungen (< 10 % Si)	27 … 45	130

Richtwerte für das Gewindebohren mit Maschinen-Gewindebohrern

Werkstoff	R_m in N/mm²	Schneidstoff: Schnellarbeitsstahl	
		Spanwinkel γ_0 in °	v_c in m/min
unlegierte Stähle	< 700	10 … 12	16
unlegierte Stähle	> 700	6 … 8	10
legierte Stähle	< 1000		
legierte Stähle	> 1000	8 … 10	5
Gusseisen	< 250	5 … 6	10
	> 250	0 … 3	8
Cu-Legierungen			
– spröde	–	2 … 4	25
– zäh	–	12 … 14	16
Al-Legierungen			
– langspanend	–	20 … 22	20
– ≤ 10 % Si	–	16 … 18	16

Richtwerte für das Reiben mit Maschinenreibahlen aus Schnellarbeitsstahl

Werkstoff	R_m in N/mm²	v_c in m/min	f in mm für Reibahlendurchmesser d in mm				
			5	12	16	25	40
unlegierter Stahl	… 700	8 … 10	0,10	0,20	0,25	0,35	0,40
	700 … 900	6 … 8	0,10	0,20	0,25	0,35	0,40
legierter Stahl	> 900	4 … 6	0,08	0,15	0,20	0,25	0,35
Gusseisen	≤ 250	8 … 10	0,15	0,25	0,30	0,40	0,50
	≥ 250	4 … 6	0,10	0,20	0,25	0,35	0,40
Cu-Legierungen	–	15 … 20	0,15	0,25	0,30	0,40	0,50
Al-Legierungen	–	… 40	0,10	0,30	0,40	0,60	1,00

Richtwerte für das Reiben mit hartmetallbestückten Reibahlen

Werkstoff	R_m in N/mm²	v_c in m/min	f in mm und a_p in mm für Reibahlendurchmesser d in mm					
			< 10		10 … 24		> 24 … 40	
			f	a_p	f	a_p	f	a_p
Stahl	≤ 1000	8 … 12	0,15 … 0,25	0,02 …	0,20 … 0,40	0,05 …	0,30 … 0,50	0,12 …
	> 1000	6 … 10	0,12 … 0,20	0,05 …	0,15 … 0,30	0,12	0,20 … 0,40	0,20
Stahlguss	≤ 500	8 … 12	0,15 … 0,25	0,02 …	0,20 … 0,40	0,05 …	0,30 … 0,50	0,12 …
	> 500	6 … 10	0,12 … 0,20	0,05 …	0,50 … 0,30	0,12	0,20 … 0,40	0,20
Gusseisen	≤ 200 HB	8 … 15	0,20 … 0,30	0,03 …	0,30 … 0,50	0,06 …	0,40 … 0,70	0,15 …
	> 200 HB	6 … 12	0,15 … 0,25	0,06 …	0,20 … 0,40	0,15	0,30 … 0,50	0,25
Cu-Legierungen	–	15 … 30	0,20 … 0,30	0,03 …	0,30 … 0,50	0,06 …	0,40 … 0,70	0,15 …
				0,06 …		0,15		0,25
Al-Legierungen	–	15 … 20	0,20 … 0,30	0,03 …	0,30 … 0,50	0,06 …	0,40 … 0,70	0,15 …
				0,06 …		0,15		0,25

Spiralbohrer

DIN 338: 2006-11

Spiralbohrer mit Zylinderschaft

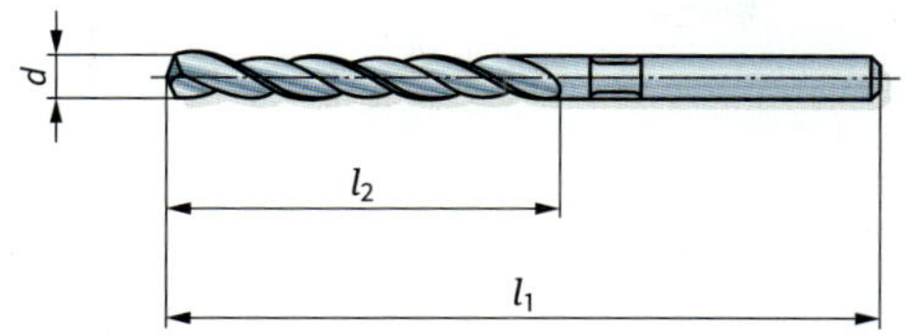

Bezeichnung:

Bohrer DIN 338-8-HSS

Spiralbohrer mit Zylinderschaft
Durchmesser *d*
Legierungsgruppe des Schnellarbeitsstahles[1]

d in mm	l_1 in mm	l_2 in mm	*d* in mm	l_1 in mm	l_2 in mm	*d* in mm	l_1 in mm	l_2 in mm
1	34	12	5,5	93	57	10	133	87
2	49	24	6	93	57	11	142	94
2,5	57	30	6,5	101	63	12	151	101
3	61	33	7	109	69	13		
3,5	70	39	7,5			14	160	108
4	75	43	8	117	75	16	178	120
4,5	80	47	8,5			18	191	130
5	86	52	9	125	81	20	205	140

Reibahlen

DIN 212-2: 1981-10

Maschinenreibahle mit Zylinderschaft

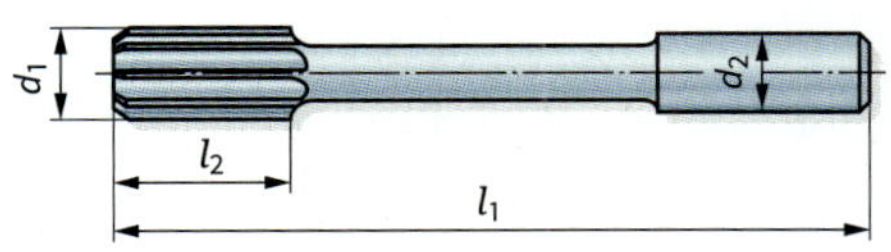

Form A: geradgenutet
Form B: drallgenutet

Bezeichnung:

Reibahle DIN 212- A 6H7 – HSS-E

Maschinenreibahle mit Zylinderschaft
Form C
Durchmesser d_1, Toleranzklasse H7
Legierungsgruppe des Schnellarbeitsstahles[1]

d_1 in mm	d_2 in mm	l_1 in mm	l_2 in mm	d_1 in mm	d_2 in mm	l_1 in mm	l_2 in mm
4	4	75	19	11	10	142	41
4,5	4,5	80	21	12		151	44
5	5	86	23	13			
5,5	5,6	93	26	14	12,5	160	47
6				15		162	50
6,5	6,3	101	28	16		170	52
7	7,1	109	31	17	14	175	54
8	8	117	33	18		182	56
9	9	125	36	19	16	189	58
10	10	133	38	20		195	60

[1] HSS: Schnellarbeitsstahl mit < 4,5 % Co und < 2,6 % V (DIN ISO 11 054)

Richtwerte für das Fräsen mit Schnellarbeitsstahl (Standweg L = 15 m)

Werkstoff	R_m in N/mm²	Walzenfräser			Walzenstirnfräser			Scheibenfräser			Schaftfräser		
		f_z 1) in mm	a_p in mm	v_c in m/min	f_z 1) in mm	a_p in mm	v_c in m/min	f_z 1) in mm	b in mm	v_c in m/min	f_z 1) in mm	d in mm	v_c in m/min
Unlegierte Baustähle, Einsatzstähle, Vergütungsstähle	< 500	0,22	1 8	33 24	0,22	1 8	30 20	0,12	≤ 20	16	0,10	≤ 20 > 20	28 24
	500 … 800	0,18	1 8	33 20	0,18	1 8	30 18	0,12	≤ 20	14	0,08	≤ 20 > 20	24 20
	750 … 900	0,12	1 8	28 15	0,12	1 8	25 14	0,09	≤ 20	12	0,06	≤ 20 > 20	12 18
	850 … 1000	0,12	1 8	25 10	0,12	1 8	18 9	0,08	≤ 20	16	0,08	≤ 20 > 20	20 16
	1000 … 1400	0,09	1 8	13 8	0,09	1 8	12 7	0,07	≤ 20	10	0,06	≤ 20 > 20	24 20
Stahlguss	450 … 520	0,18	1 8	16 12	0,12	1 8	14 10	0,09	≤ 20	12	0,08	≤ 20 > 20	20 18
Gusseisen	100 … 300	0,22	1 8	25 15	0,22	1 8	22 13	0,12	≤ 20	14	0,08	≤ 20 > 20	20 18
	250 … 400	0,22	1 8	18 10	0,18	1 8	16 9	0,09	≤ 20	12	0,07	≤ 20 > 20	18 14
Kupfer und Cu-Legierungen	–	0,22	1 8	75 35	0,18	1 8	70 32	0,08	≤ 20	40	0,08	≤ 20 > 20	60 50
Aluminium, Al-Legierungen (< 10 % Si)	–	0,12	1 8	200 80	0,12	1 8	180 70	0,09	≤ 20	180	0,06	≤ 20 > 20	240 200

1) Die Werte für f_z, Vorschub je Fräserzahn, gelten für eine Schruppbearbeitung. Für eine Schlichtbearbeitung gilt: 0,5 f_z … 0,6 f_z.

Richtwerte für das Fräsen mit hartmetallbestückten Messerköpfen

Werkstoff	R_m in N/mm²	HM-Sorte	f_z in mm	v_c in m/min	Werkzeugwinkel			Einstellwinkel $\varkappa_r$ in °
					α_0 in °	γ_0 in °	λ_s in °	
Baustähle Einsatzstähle Vergütungsstähle	< 850	HM-P 25 bis HM-P 40	0,1 … 0,5	100 … 200	8 … 12	5 … 10	−8	45 … 90
	> 850		0,1 … 0,5	70 … 180	8 … 12	5 … 10	−8	
hochlegierte Stähle	… 1100		0,1 … 0,4	50 … 120	8 … 10	5	−8	
Stahlguss	450 … 520		0,1 … 0,4	60 … 120	8 … 10	5 … 10	−8	
Gusseisen	250 … 400	HM-K 10 bis HM-K 20	0,2 … 0,5	60 … 140	8 … 12	0 … 8	−8	
Kupfer und Cu-Legierungen	–		0,1 … 0,4	80 … 150	8 … 10	10 … 12	−8	
Aluminium, Al-Legierungen (< 10 % Si)	–		0,05 … 0,6	300 … 900	8 … 12	12 … 20	−4 … +4	

Richtwerte für das Fräsen mit Schaftfräsern aus Vollhartmetall

Werkstoff	R_m in N/mm²	v_c in m/min	Vorschub pro Zahn f_z in mm für Fräserdurchmesser in mm				
			2,5 … 4	5 … 8	9 … 12	13 … 16	17 … 20
Stahl	600 … 900	50 … 90	0,005 … 0,02	0,02 … 0,04	0,02 … 0,06	0,02 … 0,06	0,02 … 0,06
Nicht rostender Stahl	450 … 900	30 … 70					
Gusseisen, Temperguss	330 HB	40 … 80	0,02	0,03 … 0,06	0,03 … 0,08	0,03 … 0,10	0,03 … 0,10
Aluminium, Kupfer	350	150 … 450	0,005 … 0,02	0,02 … 0,04	0,02 … 0,06	0,02 … 0,08	0,02 … 0,08

Walzenstirnfräser

DIN 1880-1: 1993-11

Walzenstirnfräser
Werkzeug-Anwendungsgruppe N

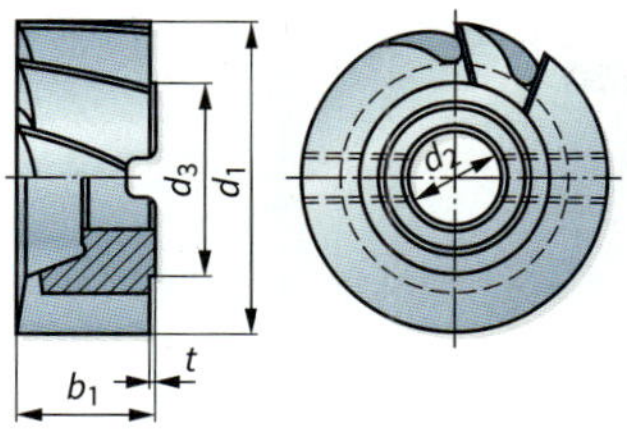

Bezeichnung:

Fräser DIN 1880 – 63 N – HSS

Walzenstirnfräser
Durchmesser d_1
Werkzeug-Anwendungsgruppe
Legierungsgruppe des Schnellarbeitsstahles

d_1 in mm	b_1 in mm	b_2 in mm	d_2 in mm H7	d_3 in mm min.	t in mm max.
40	32	19	16	–	–
50	36	21	22		
63	40	23	27		
80	45	23	27	49	0,5
100	50	26	32	59	
125	56	29	40	71	
160	63	32	50	91	

Schaftfräser

DIN 844-1: 1989-04

Schaftfräser mit Zylinderschaft
Form A, Werkzeug-Anwendungsgruppe N

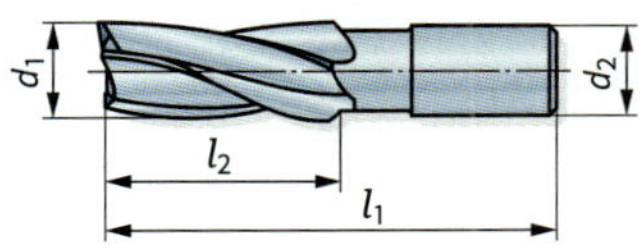

Form A, Werkzeug-Anwendungsgruppe H

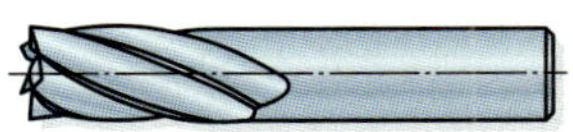

Bezeichnung:

Fräser DIN 844- A 18 K – N – HSS

Scheibenfräser
mit Zylinderschaft
Form A
Durchmesser d_1
kurze Ausführung
Werkzeug-Anwendungsgruppe
Legierungsgruppe des Schnellarbeitsstahles

d_1 in mm	d_2 in mm	kurz l_1 in mm	kurz l_2 in mm	lang l_1 in mm	lang l_2 in mm	d_1 in mm	d_2 in mm	kurz l_1 in mm	kurz l_2 in mm	lang l_1 in mm	lang l_2 in mm
4	6	55	11	63	19	20	20	104	38	141	75
5		57	13	68	24	22					
6						25	25	121	45	166	90
7	10	66	16	80	30	28					
8		69	19	88	38	32	32	133	53	186	106
10		72	22	95	45	36					
12	12	83	26	110	53	40	40	155	63	217	125
14						45					
16	16	92	32	123	63	50	50	177	75	252	150
18						56					
						63		192	90	282	180

Richtwerte für das Zerspanen von Kunststoffen
Recommended values for machining of plastics

VDI 2003: 1976-01

Kunststoff	Schneidstoff	Drehen: Freiwinkel α_0 in °	Drehen: Spanwinkel γ_0 in °	Drehen: Einstellwinkel $\varkappa_r$ in °	Drehen: v_c in m/min	Drehen: f in mm	Drehen: a_p in mm	Fräsen: Freiwinkel α_0 in °	Fräsen: Spanwinkel γ_0 in °	Fräsen: v_c in m/min
Duroplaste Schichtpressstoffe und Pressstoffe mit organischen Füllstoffen	HS	5 … 10	15 … 25	45 … 60	… 80	0,05 … 0,5	… 10	… 15	15 … 25	… 80
	HM	5 … 10	10 … 15	45 … 60	… 400	0,05 … 0,5	… 10	… 10	5 … 15	… 1000
Schichtpressstoffe und Pressstoffe mit anorganischen Füllstoffen	HM	5 … 11	0 … 12	45 … 60	… 40	0,05 … 0,5	… 10	… 10	5 … 15	… 1000
Thermoplaste PMMA	HS	5 … 10	0 … 4	≈ 15	200 … 300	0,1 … 0,2	… 6	2 … 10	1 … 5	… 2000
PS SAN ABS SB		5 … 10	0 … 2	≈ 15	50 … 60	0,1 … 0,2	… 2	2 … 10	1 … 5	… 2000
POM		5 … 10	0 … 5	45 … 60	200 … 500	0,1 … 0,5	… 6	5 … 10	… 10	… 400
PC		5 … 10	0 … 5	45 … 60	200 … 500	0,1 … 0,5	… 6	5 … 10	… 10	… 1000
PTFE		10 … 15	15 … 20	9 … 11	100 … 300	0,05 … 0,25	… 6			
PVC, CA		5 … 10	0 … 5	45 … 60	200 … 500	0,1 … 0,2	… 6	5 … 10	… 15	… 1000
CAB								5 … 25		
PE, PP, PA		5 … 15	0 … 10	45 … 60	200 … 500	0,1 … 0,2	… 6	5 … 15	… 15	… 1000

Kunststoff	Schneidstoff	Bohren: Freiwinkel α_0 in °	Bohren: Seitenspanwinkel γ_f in °	Bohren: Spitzenwinkel σ in °	Bohren: v_c in m/min	Bohren: f in mm	Sägen: Freiwinkel α_0 in °	Sägen: Spanwinkel in ° γ_K[1)]	Sägen: Spanwinkel in ° γ_B[1)]	Sägen: Zahnteilung t in mm	Sägen: v_{cK}[1)] in m/min	Sägen: v_{cB}[1)] in m/min
Duroplaste Schichtpressstoffe und Pressstoffe mit organischen Füllstoffen	HS	6 … 8	6 … 10	100 … 120	30 … 40	0,4 … 0,6	30 … 40	5 … 8	5 … 8	4 … 8	… 3000	… 2000
	HM	6 … 8		100 … 120	100 … 120	0,4 … 0,6	10 … 15	3 … 6	5 … 8	8 … 18	… 5000	
Schichtpressstoffe und Pressstoffe mit anorganischen Füllstoffen	HM	6 … 8	0 … 6	80 … 100	20 … 40	0,4 … 0,6	Diamantkorn				1000 … 2000	… 3000
	Diamant	–		–	20 … 40	0,4 … 0,6						
Thermoplaste PMMA	HS (HM)	3 … 8	0 … 4	60 … 90	20 … 60	0,1 … 0,5	30 … 40	0 … 4	0 … 8	2 … 8	–	… 3000
PS		3 … 8	3 … 5	60 … 90	20 … 60	0,1 … 0,5	30 … 40 (10 … 15 bei HM)	5 … 8 (0 … 5 bei HM)	0 … 8	2 … 8	–	… 3000
SAN, ABS		5 … 8	3 … 5	60 … 90	30 … 80	0,1 … 0,5						
SB		8 … 10	3 … 5	60 … 75	30 … 80	0,1 … 0,5						
POM		5 … 8	3 … 5	60 … 90	50 … 100	0,1 … 0,5						
PC		5 … 8	3 … 5	60 … 90	50 … 120	0,2 … 0,5						
PTFE		16	3 … 5	130	100 … 300	0,1 … 0,3						
PVC, CA, CAB		8 … 10	3 … 5	80 … 110	30 … 80	0,1 … 0,5						
PE, PP, PA		10 … 12	3 … 5	60 … 90	50 … 100	0,2 … 0,5						

1) K: Kreissägen, B: Bandsägen

Arbeitsposition beim Schweißen

DIN EN ISO 6947: 2011-08

Benennung	Kurzz.	bisher	Beschreibung
Wannenposition	PA	w	waagerechtes Arbeiten, Nahtmittellinie senkrecht, Decklage oben
Horizontalposition	PB	h	horizontales Arbeiten, Decklage nach oben
Steigposition	PF	s	steigendes Arbeiten
Fallposition	PG	f	fallendes Arbeiten
Querposition	PC	q	horizontales Arbeiten, Nahtmittellinie horizontal
Überkopfposition	PE	ü	horizontales Arbeiten, Überkopf, Nahtmittellinie senkrecht, Decklage unten
Horizontale Überkopfposition	PD	hü	horizontales Arbeiten, Überkopf, Decklage nach unten

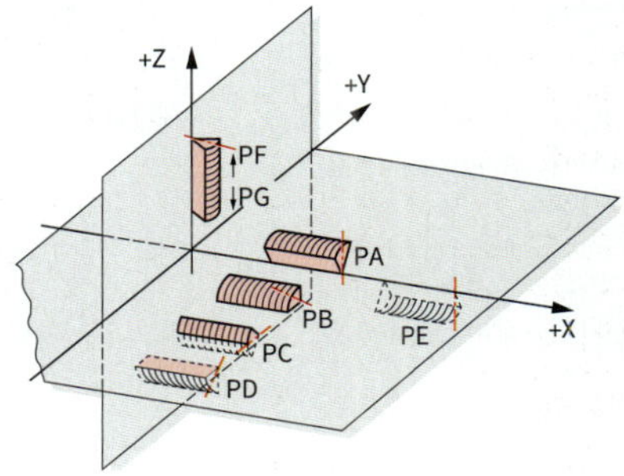

Druckgasflaschen

Gasart	Farbkennzeichnung der Flasche nach DIN EN 1089-3: 2011-10	bisher	Anschlüsse der Ventile DIN 477-1: 2012-06	Volumen in l	Druck in bar	Füllmenge
Sauerstoff	weiß	blau	G ¾	40 50	150 200	6000 l 10000 l
Acetylen	kastanienbraun	gelb	Spannbügel	40 50	18 19	6,3 kg 10 kg
Propan	rot	rot	W 21,80 × $\frac{1}{14}$ – LH [1]	10 50	8,53	4,25 kg 21,25 kg
Wasserstoff	rot	rot	W 21,80 × $\frac{1}{14}$ – LH [1]	10 50	200	1800 l 8900 l
Stickstoff	schwarz	grün	W 24,32 × $\frac{1}{14}$ [1]	40 50	150 200	6000 l 10000 l
Kohlendioxid	grau	grau	W 21,80 × $\frac{1}{14}$ [1]	13,4 40	57,29	10 kg 30 kg
Argon Helium	dunkelgrün braun	grau	W 21,80 × $\frac{1}{14}$ [1]	10 50	200	2000 l 10000 l
Druckluft	leuchtend grün	grau	G ⅝ Innengewinde	40 50	150 200	6000 l 10000 l

[1] W: Kurzzeichen für Withworth-Gewinde (Nenndurchmesser in mm × Steigung in ''), LH: Linksgewinde

Richtwerte für das Gasschmelzschweißen

Werkstoff: unlegierter Baustahl, Schweißposition: PA

Werkstückdicke t in mm	Größe des Schweißeinsatzes	Nahtart	Betriebsdruck in bar Sauerstoff	Betriebsdruck in bar Acetylen	Schweißstabdurchmesser mm	Schweißrichtung	Verbrauchswerte Sauerstoff l/h	Verbrauchswerte Acetylen l/h	Verbrauchswerte Schweißstab g/m	Schweißzeit min/m	Schweißleistung m/h
0,5	1	⋏	2,5	0,03 … 0,8	–	NL	80	80	–	4	15
1	1	⋏			–	NL	80	80	–	9	6,7
1	1	‖			1	NL	160	160	12	10	6
1,5	1 … 2	⋏			–	NL	160	160	–	10	6
2	1 … 2	‖			2	NL	160	160	35	11	5,5
3	2 … 4	‖			2	NR	315	315	65	12	5
4	2 … 4	V			3	NR	315	315	115	15	4
6	4 … 6	V			4	NR	500	500	250	22	2,7

NL: Nachlinksschweißen; NR: Nachrechtsschweißen

Schweißstäbe für das Gasschweißen – Eignung

DIN EN 12 536: 2000-08

Grundwerkstoff		Geeignete Schweißstabklasse					
Stahlart	Stahlsorte	O I	O II	O III	O IV	O V	O VI
Stähle nach DIN EN 10 025	S 235 JRG 1, S 235 JRG 2, S 235 J0			×	×		
Stähle für Rohre nach DIN 1615	St 33	×	×	×	×		
Stähle für Rohre nach DIN 1626, DIN 1629	U St 37.0, St 37.0, St 44.0, St 52.0	×	×	×	×		
Stähle für Rohre nach DIN 1628, DIN 1630	St 37.4, St 44.4, St 52.4			×	×		
Stähle nach DIN EN 10 028	P 235 GH, P 265 GH, P 295 GH			×	×		
	16 Mo 3				×		
	13 Cr Mo 4-5					×	
	10 Cr Mo 9-10						×
Schweißverhalten	Fließverhalten	dünn fließend	weniger dünn fließend	zäh fließend			
	Spritzer	viele	wenig	keine			
	Poreneingang	ja		nein			

Lieferformen: Durchmesser in mm: 2 – 2,5 – 3 – 4 – 5, Längen in mm: 1000
Bezeichnung eines Schweißstabes der Schweißstabklasse IV: **Stab EN 12 536-O IV**

Richtwerte für das Lichtbogenhandschweißen

Kehlnähte	Werkstoff: unlegierter Baustahl, Schweißposition: PB; Schweißgut: EN 499-E 42 0 RR					
	Kehlnahtdicke *a* in mm	Elektrodenabmessungen in mm	Strom *I* in A	Leistungswerte: Schweißgut *m* in g/m	Abschmelzzeit der Elektrode *t* in s	Elektrodenverbrauch *n* in 1/m
	2	2,5 x 350	85	48	58	4
	4	4,0 x 450	180	155	89	3
	6			325		4
	8			575		4
	10			905		4

Stumpfnähte (V-Nähte)	Werkstoff: unlegierter Baustahl, Schweißposition: PA; Schweißgut: EN 499-E 38 2 RA 12							
	Werkstückdicke *t* in mm	Öffnungswinkel *α* in °	Spalt *b* in mm	Elektrodenabmessungen in mm	Strom *I* in A	Leistungswerte: Schweißgut *m* in g/m	Abschmelzzeit der Elektrode *t* in s	Elektrodenverbrauch *n* in 1/m
	4	60	1,0	2,5 x 350	75	103	58	8,5
	6		1,0	3,25 x 450	140	209	79	4,0
	8		1,5			382		
	10		2,0			608		
	15		2,0	4,0 x 450	180	1250	98	
	20		2,0			2125		

Richtwerte für das Punktschweißen von Stahlblechen

Einzelblechdicke *t* in mm	Schweißzeit *t* in s: Vorhaltezeit	Stromzeit	Nachhaltezeit	Gesamt	Schweißstrom *I* in kA	Elektrodenhaltekraft *F* in KN	Durchmesser Schweißpunkt d_{Sp} in mm
0,5	0,3	0,01	0,4	0,71	6,5	1,3	3,5
0,8	0,3	0,16	0,4	0,86	8	2	5,5
1,0	0,3	0,2	0,4	0,9	9,5	2,5	6
1,5	0,3	0,28	0,4	0,98	10	3,1	7
2,0	0,3	0,32	0,4	1,02	12	3,5	8
2,5	0,3	0,4	0,4	1,1	13	4	9
3,0	0,3	0,48	0,4	1,18	14	4,5	10

Drahtelektroden und Schweißgut zum Metall-Schutzgasschweißen von unlegierten Stählen und Feinkornstählen

DIN EN ISO 14341: 2011-04

Schweißgut					Drahtelektrode				
Festigkeit			Kerbschlagarbeit		Chemische Zusammensetzung				
Kennziffer	Streckgrenze $R_{e\,min}$ in MPa	Bruchdehnung A_{min} in %	Kennzeichen	Temperatur in °C	Kurzzeichen	C	Si	Ni	Ti + Zr
					2Si		0,5 … 0,8	0,15	0,15
35	355	22	2	−20	3Si1	0,06 … 0,14	0,7 … 1,0	0,15	0,15
38	380	20	3	−30	4Si1		0,8 … 1,2	0,15	0,15
42	420	20	4	−40	3Ni1		0,5 … 0,9	0,8 … 1,5	0,15
46	460	20	5	−50	2Ni2		0,4 … 0,8	2,1 … 2,7	0,15
50	500	18	6	−60	2Ti	0,04 … 0,14	0,4 … 0,8	0,15	0,05 … 0,25

Bezeichnung eines Schweißgutes: **Schweißgut ISO 14341-A-G 46 5 M21 3Si1**
Nummer der internationalen Norm, A: Einteilung nach Streckgrenze und Kerbschlagarbeit von 47 J, G: Drahtelektrode für Metall-Schutzgasschweißen, 46: Festigkeit, 5: Kerbschlagarbeit, M21: Schutzgas, 3Si1: chemische Zusammensetzung

Gase und Mischgase für das Lichtbogenschweißen

DIN EN ISO 14175: 2008-06

Hauptgruppe	Untergruppe	Komponenten in Vol.-%						Anwendung	Bemerkung
		oxidierend		inert		reduzierend	reaktionsträge		
		CO_2	O_2	Ar	He	H_2	N_2		
I	1	–	–	100	–	–	–	MIG, WIG, Al, Cu, Ni und deren Legierungen	inert
	2	–	–	–	100	–	–		
	3	–	–	Rest[1]	0,5 … 95	–	–		
M1	1	0,5 … 5,0		Rest[1]	–	0,5 … 5,0	–	MAG, hochlegierte Cr-, CrNi-Stähle	
	2	0,5 … 5,0		Rest[1]	–	–	–		schwach
	3	–	0,5 … 3,0	Rest[1]	–	–	–		
	4	0,5 … 5,0	0,5 … 3,0	Rest[1]	–	–	–		
M2	1	> 15 … 25		Rest[1]	–	–	–	MAG, unlegierte und niedriglegierte Stähle	
	2	–	> 3,0 … 10	Rest[1]	–	–	–		reduzierend
	3	0,5 … 5,0	> 3,0 … 10	Rest[1]	–	–	–		
	4	> 5,0 … 15	0,5 … 3,0	Rest[1]	–	–	–		
C	1	100		–	–	–	–	MAG, unlegierte Stähle	stark
R	1	–		Rest[1]	–	0,5 … 15	–	WIG, hochlegierte CrNi-Stähle	reduzierend
	2	–		Rest[1]	–	> 15 … 50	–		
N	1	–		–	–	–	100	Plasmaschneiden, Wurzelschutz	reaktionsträge
	5	–		–	–	0,5 … 50	Rest		reduzierend
Z	Mischgase mit Komponenten, die nicht in der Tabelle aufgeführt sind oder Mischgase mit einer Zusammensetzung außerhalb der angegebenen Bereiche								

[1] Argon darf teilweise oder vollständig durch Helium ersetzt werden.

Richtwerte für das MAG-Schweißen

Werkstoff: unlegierte und niedriglegierte Stähle, Elektrode: ISO 14341-A-G 46 5 M21 3Si1, Schweißposition: PA

Nahtform	Werkstückdicke t in mm	Spaltbreite b in mm	Drahtdurchmesser d in mm	Drahtvorschub v_f in m/min	Stromstärke I in A	Spannung U in V	Lagen
V-Naht	6	2	1,0	4,3	125	19	erste
				8,4	205	22	zweite
	8	2	1,2	3,1	135	18	erste
				8,1	270	28	zweite/dritte
	10	2,5	1,2	3,2	135	19	erste
				9,0	290	28	zweite/dritte
Kehlnaht	2	–	0,8	7,3	130	19	eine
	4	–	1,0	10,7	220	23	eine
	6	–	1,2	9,5	300	29	eine
	8	–	1,2	9,5	300	29	drei
	10	–	1,2	9,5	300	29	drei

Flussmittel zum Weichlöten

DIN EN ISO 9454-1: 2016-07

ISO-Code	Typ-Beschreibung	Halogenid-Anteil in % 1)	Anwendungsbeispiele
1122	auf Kolophoniumbasis mit organischem, halogenidhaltigem Aktivator	< 0,15	Elektronik, Elektrotechnik, Elektrogerätebau, Metallwaren
1224	auf Basis von modifiziertem Harz mit organischem halogenidhaltigem Aktivator	> 2,0	
2123	auf Basis von organischen halogenidhaltigen Aktivatoren	0,15 … 2,0	Elektronik, Elektrotechnik, Metallwaren
2131	auf Basis organischer Aktivatoren	< 0,01	Aluminiumlöten
3114	auf Basis von Zink- und/oder Metallchloriden	> 2,0	Wärmetauscher, Metallwaren
3214	auf Basis von Zink- und/oder anderen Metallchloriden und Ammoniumchlorid in organischer Verbindung	> 2,0	Metallwaren, Metallhandwerk, Armaturen, Kupferrohrinstallationen

1) **Halogenide** sind chemische Verbindungen zwischen Elementen der 17. Gruppe des Periodensystems, den so genannten Halogenen, und Elementen anderer Gruppen.

Bezeichnung eines Flussmittels auf der Basis organischer Aktivatoren mit Halogenid-Anteil < 0,01 %:
Flussmittel ISO 9454-2131

Lötzusätze für das Weichlöten

DIN EN ISO 9453: 2006-12

Gruppe	Legierungs-Nr. 1)	Legierungskurzzeichen 2)	bisheriges Kurzzeichen nach DIN 1707	Schmelztemperatur in °C 3)	Verwendung
Zinn-Blei-Legierungen	101	S-Sn 63 Pb 37	L-Sn 63 Pb	183	Miniaturtechnik, Feinwerktechnik, Elektroindustrie
	103	S-Sn 60 Pb 40	L-Sn 60 Pb	183 … 190	Verzinnung, Elektroindustrie, gedruckte Schaltungen
	111	S-Pb 50 Sn 50	L-Sn 50 Pb	183 … 215	Verzinnung, Elektroindustrie
	113	S-Pb 55 Sn 45	–	183 … 226	
	114	S-Pb 60 Sn 40	L-Pb Sn 40	183 … 235	Feinblechpackungen, Metallwaren
	115	S-Pb 65 Sn 35	–	183 … 245	Klempnerarbeiten
Zinn-Antimon-Legierung	201	S-Sn 95 Sb 5	L-Sn Sb 5	230 … 240	Kälteindustrie
Zinn-Blei-Bismuth-Legierungen	141	S-Sn 60 Pb 38 Bi 2	–	180 … 185	Feinlötungen
	142	S-Pb 49 Sn 48 Bi 3	–	178 … 205	
	301	S-Bi 58 Sn 42	–	139	Niedertemperaturlot
Zinn-Blei-Cadium-Legierungen	151	S-Sn 50 Pb 32 Cd 18	L-Sn Pb Cd 18	145	Feinlötungen, Zinnwaren, Kondensatoren, Schmelzsicherungen
Zinn-Kupfer- und Zinn-Blei-Kupfer-Legierungen	401	S-Sn 99 Cu 1	–	230 … 240	Kupferrohrinstallation,
	161	S-Sn 60 Pb 39 Cu 1	L-Sn 60 Pb Cu 2	183 … 190	Elektronik, gedruckte Schaltungen,
	162	S-Sn 50 Pb 49 Cu 1	L-Sn 50 Pb Cu	183 … 215	Elektrogerätebau
Zinn-Silber- und Zinn-Blei-Silber-Legierungen	701	S-Sn 96 Ag 4	(L-Sn Ag 5) 4)	221	Kupferrohrinstallation, Kältetechnik
	702	S-Sn 97 Ag 3	–	221 … 230	
	171	S-Sn 62 Pb 36 Ag 2	(L-Sn 63 Pb Ag) 4)	179	Elektrogerätebau, Miniaturtechnik gedruckte Schaltungen
Blei-Silber- und Blei-Zinn-Silber-Legierungen	181	S-Pb 98 Ag 2	–	304 … 305	Elektroindustrie
	182	S-Pb 95 Ag 5	L-Pb Ag 5	304 … 365	für hohe Betriebstemperaturen
	191	S-Pb 93 Sn 5 Ag 2	–	296 … 301	Elektrotechnik, Elektromotoren

1) Legierungsnummern sind Ersatz für die Werkstoffnummern
2) Vorsatz S- von englisch solder = Lot
3) Die Temperaturen dienen der Information. Sie sind keine festgelegten Anforderungen für die Legierungen. Der kleinere Wert entspricht der Solidustemperatur, der größere Wert der Liquidustemperatur.
4) annähernd vergleichbar mit den neuen Legierungen

Bezeichnung eines Weichlotes mit dem Kurzzeichen S-Sn 60 Pb 38 Cu 2
Weichlot ISO 9453 – Sn 60 Pb 39 Cu 1 oder Weichlot ISO 9453 – 161

Merkmale

- Beim Löten von bestückten Leiterplatten (Flachbaugruppen) werden die Anschlüsse der Bauelemente mit den auf der Leiterplatte vorhandenen leitenden Verbindungen (Leiterbahnen) mittels Lötzinn verbunden.
- Die Lötstellen erfüllen somit mindestens die Funktionen:
  - elektrische Verbindung zu den leitenden Verbindungen
  - mechanische Stabilisierung der Bauelemente auf der Leiterplatte.
- Die **Qualität** der Lötverbindung, als wesentliches Merkmal der gesamten Flachbaugruppe, trägt in hohem Maße zur **Gesamtzuverlässigkeit** (Funktionsfähigkeit, Lebensdauer, Ausfallrate) der Flachbaugruppe bei.
- Die eingesetzten **Lötverfahren** sind dabei u. a. abhängig von
  - der Art der Flachbaugruppe (ein- oder zweiseitig),
  - der Art der Bestückung (SMD, bedrahtet, gemischt) und
  - den spezifischen Vorgaben der Bauelementehersteller.
- Neben dem Lötverfahren mit bleihaltigen Loten (Sn-37Pb-Basis) wird in zunehmenden Maße das **bleifreie Löten** (RoHS-Richtlinie) gefordert und realisiert. Dieses Verfahren erfordert **bleifreie Lote** (z. B. Sn- 0,7 Cu) und, gegenüber bleihaltigen Loten, eine um ca. 20 °C bis 30 °C höhere Löttemperatur.
- Die Lötung erfolgt in Lötöfen oder Lötstraßen.

Lötverfahren

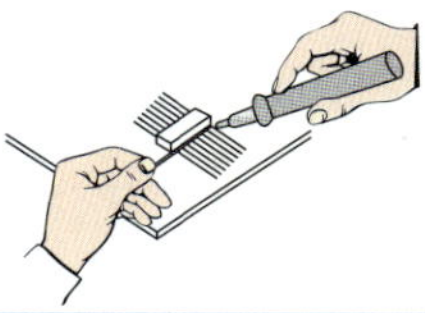

Handlötung
(manual soldering)
- Schwierig: vielpolige Bauelemente und Temperaturkontrolle

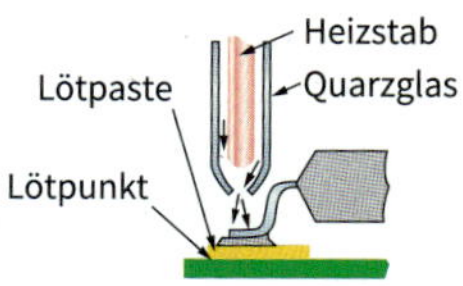

Heißluftlötung
(hot air soldering)
- Einzelne Bereiche lötbar
- Hohe Temperaturstabilität erreichbar

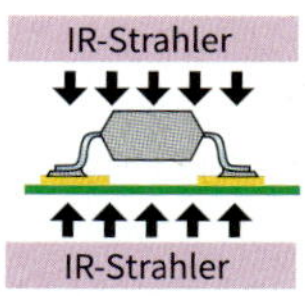

Infrarot-Schmelzlötung
(infrared reflow soldering)
- Geringe Betriebskosten
- Kurze Lötzeiten
- Thermische Belastung durch abgedeckte Bereiche

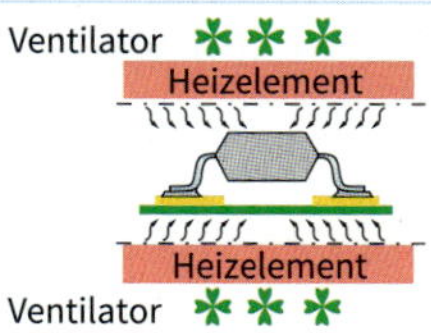

Strahlungs-Schmelzlötung
(convection reflow soldering)
- Relativ geringe thermische Beanspruchung
- Längere Lötzeit als Infrarot-Schmelzlötung

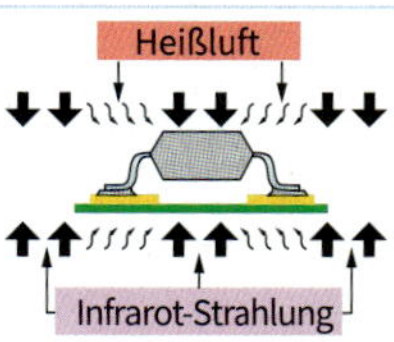

Strahlungs-Infrarot-Schmelzlötung
(convection-infrared reflow soldering)
- Kürzerer Zeitbedarf als Strahlungs-Schmelzlötung

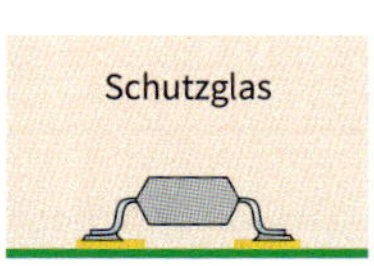

Schutzgasschmelzlötung
(vapour phase reflow soldering)
- Geringe thermische Belastung
- Gleichmäßige Erwärmung
- Hohe Betriebskosten

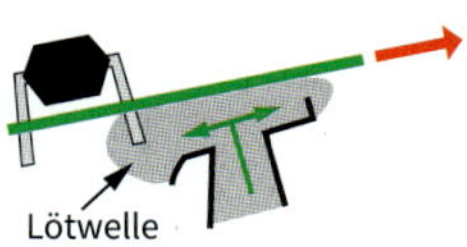

Schwalllötung
(flow wave soldering)
- Hohe Fertigungsrate
- Schwierig bei bestimmten Gehäuseformen

Kombination aus Reflow- und Flow-Lötung

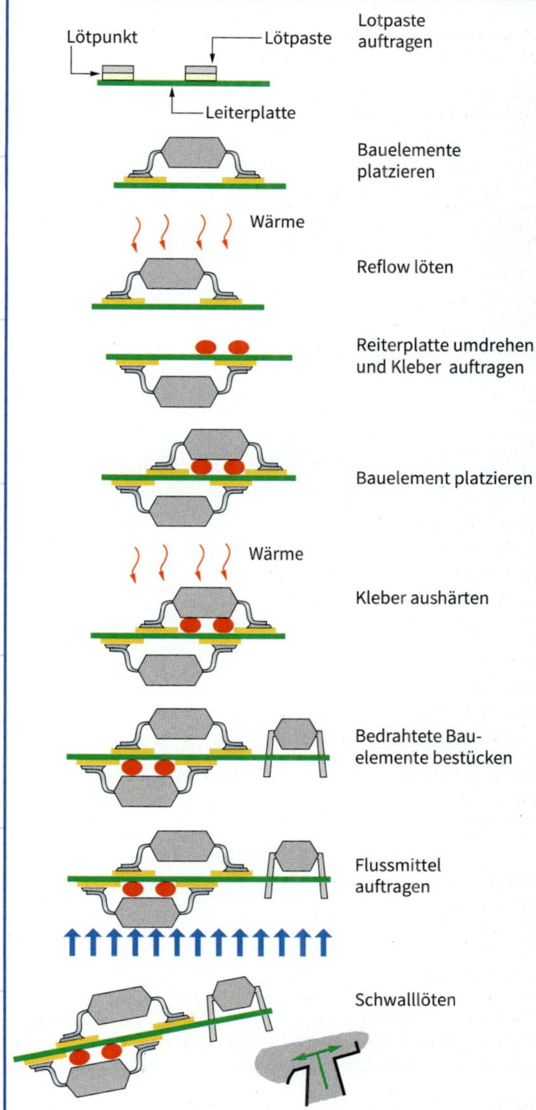

Anmerkung: Prüfschritte sind nicht dargestellt

Richtwerte für das Laserstrahlschneiden mit CO_2-Laser

Werkstoff	Werkstückdicke t in mm	Leistung P_{exi} in W	Laserstrahldurchmesser d in mm	Schnittgeschwindigkeit v_c in m/mm	Schneidgas
Unlegierter Stahl	1 3 2,2	200 200 850	0,1 0,2 0,3	30 6 57,5	O_2
Nichtrostender Stahl	1 3 5 9	200 850 850 850	0,1 0,3 0,3 0,3	15 25 12 1	O_2
Titanlegierung	2	200	0,2	35	O_2
Acrylglas	3 10 32	200 200 850	0,4 0,7 0,3	45 8 9	N_2 N_2 Ar

Werkstoff	Werkstückdicke t in mm	Leistung P_{exi} in W	Laserstrahldurchmesser d in mm	Schnittgeschwindigkeit v_c in m/mm	Schneidgas[1]
PVC-hart Polystyrol Polyester	3,2 3,2 10	200 200 200	0,5 0,4 0,5	12 42 26	N_2 N_2 N_2
Nylon	0,1 0,75	200 200	0,1 –	300 50	N_2 O_2
Quarzglas	2	200	0,2	6	O_2
Keramik	6,5	850	0,3	6,5	Ar

[1] Bei allen Nichtmetallen kann an Stelle der angegebenen Schneidgase auch Luft verwendet werden.

Wasserstrahlschneiden

Werkstoff	Dicke t in mm	Vorschubgeschwindigkeit v_c in m/min
Aluminium	1,0 2,0	1,2 0,2
Glasfaserverstärkter Kunststoff	3,5 15,0	2,4 0,2
Kohlefaserverstärkter Kunststoff	2,5 6,0	2,3 0,1
Polyamid	6,5	1,2
Polyethylen	3,0	0,3
Polycarbonat	8,0	0,2
Wellpappe	6,25 14,0	180,0 80,0
Gummi	1,5 25,0	30,0 7,5

Plasmaschneiden

Werkstückdicke t in mm	Stromstärke I in A	Düsendurchmesser s in mm	Schneidgase		Schnittgeschwindigkeit v_c in mm/min	
			Ar l/min	H_2 l/min	Güteschnitt	Trennschnitt
Hochlegierte Stähle						
10	200	2,0	15	10	1250	3500
20	200	2,0	15	12	650	2000
30	280	2,5	20	12	500	1000
40	280	2,5	20	12	350	700
50	280	2,5	20	12	200	600
Aluminium						
10	200	2,0	15	10	4000	6000
20	200	2,0	15	12	1400	3500
30	200	2,0	20	12	750	2500
40	200	2,0	20	12	450	2000
50	280	2,5	20	12	600	1200

Richtwerte für das funkenerosive Schneiden (Drahterodieren)

Werkstück: X 210 Cr 12 (1.2080); Draht: Cu, Durchmesser 0,25 mm; Dielektrium: entsalztes Wasser

Schnittart	Schnellschnitt						Qualitätsschnitt						Präzisionsschnitt					
Werkstückdicke t in mm	10	20	30	50	70	100	10	20	30	50	70	100	10	20	30	50	70	100
Arbeitsstrom I_e in A	15						13	13	13	15	15	15	15	15	15	15	15	11
Drahtgeschwindigkeit v_d in m/min	200						90	90	120	120	120	120	200					
Schneidvorschub v_f in mm/min	12,5	7,2	5,3	3,55	2,15	1,3	3,9	2,45	1,8	1,2	0,9	0,61	8,5	5,5	4,0	2,5	1,7	0,95
Schneidrate A_c in mm²/min	125	144	159	177	150	130	39	48	54	59	63	61	3,45	2,63	1,88	1,25	0,94	0,6
Ra/Rz in µm	1,8/10						1,8/9,5						1,4/7,5					

Richtwerte für das Senkerodieren

Werkstück: X 210 CrW12 (1.2436) (–); Elektrode: Cu-ETP (+); Dielektrium: Mineralöl																
Stromstufe	1	2	3	4	5	6	7	8	9	10	11	12	13	14	15	16
Arbeitsstrom I_e in A[1)]	< 1	2	3	4,5	6	8	12	15	21	26	30	35	42	52	68	77
Spannung U in V	135															
Funkenspalt S_L in µm	19	31	41	44	51	59	65	82	99	129	155	165	190	210	230	260
spez. Abtragsvolumen Q_w in mm³/min	0,08	1,6	4,8	12	17	25	47	59	104	159	188	217	258	327	265	626
Mittenrauwert Ra in µm	1	1,25	1,6	2,7	3,15	4	5	8	9	10	12	14	16	17	18	19
Rautiefe Rz in µm	6	9	12	17	20	25	29	34	41	44	52	55	62	70	72	74

Werkstück: 55 Ni Cr Mo V 7 (1.2714) (–); Elektrode: Grafit (+); Dielektrium: Mineralöl																
Stromstufe	1	2	3	4	5	6	7	8	9	10	11	12	13	14	15	16
Arbeitsstrom I_e in A[1)]	–	1,5	2,2	3,8	6,5	8	9,5	13	17	20	24	29	37	47	57	67
Spannung U in V	135															
Funkenspalt S_L in µm	–	29	47	52	60	75	84	99	106	116	124	133	145	157	165	220
spez. Abtragsvolumen Q_w in mm³/min	–	1,5	1,4	2,1	9	16	32	43	72	123	158	205	280	377	412	462
Mittenrauwert Ra in µm	–	2,2	3,15	4	5	6,3	8	8,5	9	9	10	12	13	15	16	18
Rautiefe Rz in µm	–	14	21	25	27	31	35	38	40	42	46	50	53	58	61	71

	Werkstück: HM G 20 (+) Elektrode: Cu-ETP (–) Dielektrium: Mineralöl							Werkstück: HM G 55; Dielektrium: Mineralöl – Elektrode: Wolfram-Kupfer (+)					Elektrode: Cu-ETP (+)		
Stromstufe	1	3	7	13	13	16	16	2	5	7	9	13	4	7	9
Arbeitsstrom I_e in A[1)]	1	1	3	6	10	8	18	1	4,5	9	17,5	31	4,5	11	20
Spannung U in V	250		135	75				135					135		
Funkenspalt S_L in µm	25	26	28	29	32	33	40	15	30	35	45	60	25	50	70
spez. Abtragsvolumen Q_w in mm³/min	0,11	0,9	2,5	4,5	10	7	20	1,5	4,5	6	13	41	1,5	7	22
Mittenrauwert Ra in µm	1	1,25	2,5	1,6	2	1,6	2,2	1,25	1,5	2	2,5	3,4	1,25	2,5	3,4
Rautiefe Rz in µm	7	8	10	12	13	12	14	8	10	13	15	22	9	15	22

	Werkstück: EN AW-Al Cu 4 Pb Mg Mn (–) Elektrode: Cu-ETP (+) Dielektrium: Mineralöl					Werkstück: EN AW-Al Cu 4 Pb Mg Mn (–) Elektrode: Grafit (+) Dielektrium: Mineralöl									
Stromstufe	3	7	7	13	13	2	2	3	3	5	5	9	9	13	13
Arbeitsstrom I_e in A[1)]	3	9	11	> 40	> 40	1,5	2,5	3	4	5	7	15	20	41	43
Spannung U in V	135					135									
Funkenspalt S_L in µm	50	85	115	260	310	40	50	45	55	65	75	180	210	320	420
spez. Abtragsvolumen Q_w in mm³/min	25	130	140	1050	800	7	13	20	12	45	45	220	300	870	800
Mittenrauwert Ra in µm	3	7	12	20	22	2,2	3,2	3,0	3,15	6,3	8,2	8	20	17	25
Rautiefe Rz in µm	19	33	50	85	95	14	21	16	20	31	36	35	84	65	115

1) Der Arbeitsstrom stellt sich bei optimalen Erodierverhältnissen unter den jeweiligen Einstellparametern ein.

Merkmale

- Die **Laser**technik (**L**ight **A**mplification **S**timulated **E**mission of **R**adiation: Lichtverstärker durch induzierte Emission) ist ein Verfahren zur Materialbearbeitung und arbeitet auf optischer Basis.
- Die Laserstrahlen (Laserlicht) werden in einer Laserquelle (**aktives Medium**) durch stimulierte Emission erzeugt.
- Als **Laserquelle** kommen dabei z. B. zum Einsatz
  - Gase (Gaslaser)
  - Festkörper (Festkörperlaser) oder
  - Halbleiterdioden (Diodenlaser)
- Folgende Eigenschaften kennzeichnen das Laserlicht
  - Monochromatisch (einfarbig)
  - Kohärent (zusammenhängend)
  - Gerichtet (Photonen in gleicher Richtung)
- Anwendungen im industriellen Bereich sind u. a.
  - Laserschweißen
  - Lasertrennen
  - Oberflächenbearbeitung
  - Feinschneiden
  - Markieren

Einteilung

Lasertyp	Gaslaser	Festkörperlaser	Diodenlaser
Aktives Medium	Gase oder Gasgemische	Kristalle/Gläser dotiert mit optisch aktiven Ionen	Halbleiterdioden
Laserbezeichnung (Beispiel)	CO_2-Laser (Kohlendioxid)	Nd: YAG (Neodym: Yttrium-Aluminium-Granat)-Laser	GaInP (Gallium-Indium-Phosphid)-Laser
Wellenlänge in µm	10,6	1,064	0,67 bis 0,68
Einsatzbereich	Schneiden/Schweißen von Metallen	Schweißen/Schneiden von Metallen; Löten; Beschriften	Wärmeleitungsschweißen; Löten; Härten

CO_2-Laser

Aufbau

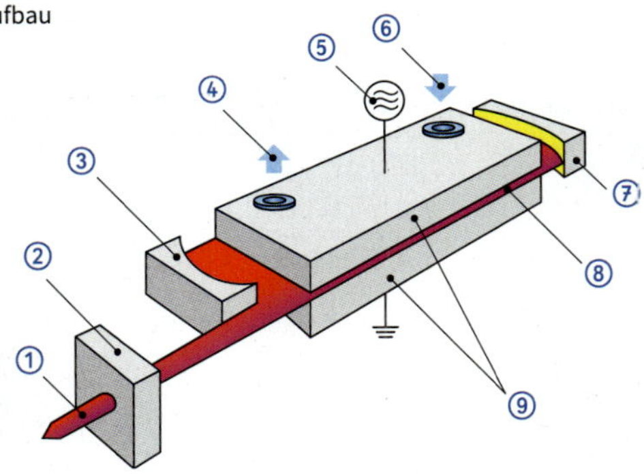

① Laserstrahl
② Laserstrahlformung
③ Auskoppelspiegel
④ Kühlwasser
⑤ Hochfrequenz
⑥ Kühlwasser
⑦ Rückspiegel
⑧ Lasergasentladung
⑨ HF-Elektroden

Funktionsprinzip

- Der vordere und hintere Metallspiegel bilden den **optischen Resonator**.
- Zwischen den wassergekühlten Elektrodenplatten erfolgt die Anregung des Lasergases mittels Hochfrequenz.
- Die bei der Anregung entstehende Wärme wird von den Elektrodenplatten aufgenommen (Diffusionskühlung) und über das Kühlwasser abgeleitet.
- Der aus dem optischen Resonator austretende Stahl erhält durch eine im Laserkopf integrierte Optik seine rotationssymmetrische Form.

Nd: YAG-Laser

Aufbau

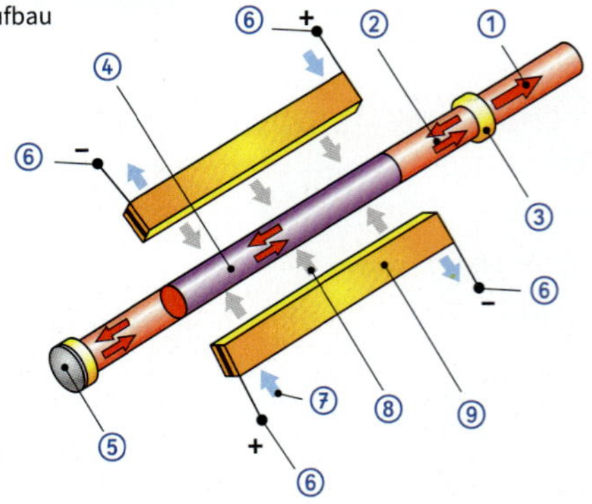

① Laserstrahl
② Stimulierte Emission
③ Auskoppelspiegel
④ Nd: YAG-Kristall
⑤ Rückspiegel
⑥ Elektrische Versorgung
⑦ Kühlwasser
⑧ Pumplicht
⑨ Anregung (Laserdioden)

Funktionsprinzip

- Bei den **diodengepumpten** Nd: YAG-Laser erfolgt die optische Anregung mittels Hochleistungs-Laserdiodenmodulen, die radial um den Nd: YAG-Kristall angeordnet sind.
- Der Laserresonator wird in der Stablängsachse durch einen totalreflektierenden Rückspiegel und einen teildurchlässigen Auskoppelspiegel aufgebaut.
- Zur Realisierung von Multi-kW-Lasern können mehrere mit Laserdioden gepumpte Stäbe in einem Resonator kombiniert werden.
- Der Laserstrahl kann durch eine oder mehrere Lichtleitfasern geführt werden.

Merkmale

- Im industriellen Bereich werden Laser für unterschiedliche Materialbearbeitungen eingesetzt.
- Neben dem Schweißen von Metallen (eisenhaltige Metalle und Buntmetalle) können sowohl Metalle als auch Nichtmetalle mit der Lasertechnik getrennt werden (Laserschneiden).
- Das Schweißen von Metallen wird dabei unterschieden in
  - **Wärmeleitungsschweißen (Fusion Welding)**
  - **Tiefschweißen (Keyhole Welding)**.
- Beim Laserschneiden wird u. a. unterschieden zwischen Brennschneiden, Schmelzschneiden und Plasmaschneiden.
- Typische Betriebsarten der Laser sind
  - **Dauerstrichbetrieb** (**CW**-Betrieb: **C**ontinous **W**ave)
  - **Pulsbetrieb**
  - **Pulsbetrieb mit Pulsüberhöhung**
- Dauerstrichbetrieb: Das aktive Medium wird kontinuierlich angeregt und erzeugt einen stetigen Laserstrahl.
- Pulsbetrieb: Das aktive Medium wird mit Impulsen angeregt und erzeugt kurze (ms) Laserimpulse.
- Pulsüberhöhung: Die Pulsleistung übersteigt die kontinuierliche Anregungsleistung.
- Vorteile bei der Laserbearbeitung sind u. a.
  - Hohe Präzision durch einstellbare Strahldicke und automatisierte Steuerung
  - Hohe Verarbeitungsgeschwindigkeiten
  - Keine Werkzeugabnutzung
  - Kleine Serien produzierbar
  - Materialschonendes Arbeiten durch gute Fokussierbarkeit und gezielte Wärmeeinleitung
  - Geringe thermische Belastung des Werkstücks
  - Keine Nachbearbeitung des Werkstücks

Bearbeitungsverfahren

Anwendungsbereich	Härten/Löten	Wärmeleitungsschweißen	Tiefschweißen/ Schneiden	Bohren	Abtragen/ Gravieren	Strukturieren
Wirkprinzip	Erwärmen	Schmelzen	Schmelzen und Verdampfen	Verdampfen	Verdampfen und Ionisieren	Sublimieren
Leistung pro mm^2 ca.	30 W	1 kW	10 kW	2 MW	10 MW	10 GW
Einwirkdauer	s	ms	ms	ms	ns	ps

Laserschweißen

Wärmeleitungsschweißen

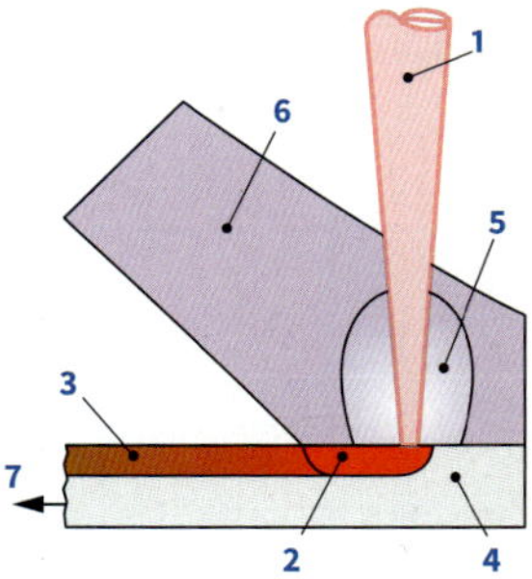

1 Laserstrahl
2 Schmelzbad
3 Schweißnaht
4 Werkstück
5 Angeregtes Prozessgas
6 Prozessgas[1)]
7 Bewegungsrichtung

Einsatz: Festkörperlaser

Prinzip:
- Das Werkstück wird auf die Temperatur oberhalb der Schmelztemperatur aufgeheizt.
- Es erfolgt keine Dampfbildung an der Schweißstelle.
- Die Einschweißtiefe ist dabei abhängig von der Wärmeleitung des Materials.

Eigenschaften:
- Geringe Einschweißtiefe
- Geringes Aspektverhältnis
- Geringer Einkopplungswirkungsgrad

Anwendungsbereiche:
- Dünne Werkstücke wie z. B. Folien, Drähte und dünnwandige Rohre
- Eindringtiefe einige Zehntel Millimeter

Tiefschweißen

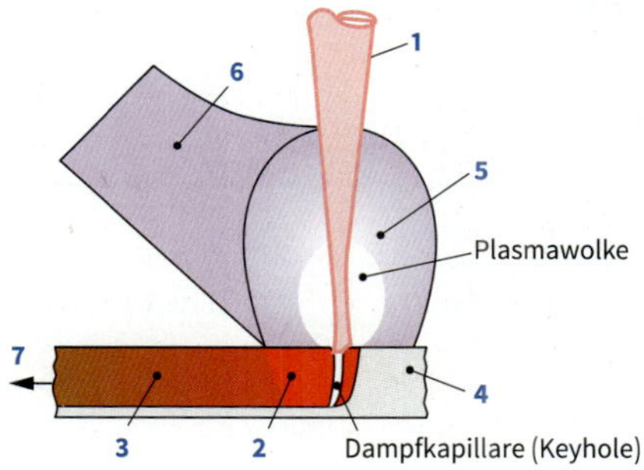

Einsatz: CO_2-Laser

Prinzip:
- Das Werkstück wird über die Verdampfungstemperatur aufgeheizt.
- Durch den Ablationsdruck des abströmenden Metalldampfes bildet sich Dampfkapillare, die unter dem Laser mitwandert.

Eigenschaften:
- Große Einschweißtiefe
- Hoher Einkoppelwirkungsgrad
- Großes Aspektverhältnis

Anwendungsbereiche:
- Dickwandige Werkstücke bei hohen Arbeitsgeschwindigkeiten
- Eindringtiefe einige Millimeter

[1)] Prozessgas verhindert Oxidation der Schweißstelle durch Sauerstoff, Feuchtigkeit oder Kohlendioxid

Spleißen

Herstellen einer nicht lösbaren Verbindung von Lichtwellenleitern durch Schmelzspleiß

Vorbereitung des LWL → **Faser schneiden** → **Schmelzspleiß erstellen** → **Spleiß schützen**

Vorbereitung des LWL

1. Ablängen mit Spezialschere für Kevlarfasern
2. Bewehrung/Mantel entfernen ①
3. Füllelemente z. B. Röhrchen entfernen

Faser schneiden

1. Faserbeschichtung (Coating) mit Spezialwerkzeug ② entfernen
2. Faser mit Alkohol reinigen
3. Faser in Cleaver (Schneidgerät) einlegen
4. Faser einritzen und brechen

Schmelzspleiß erstellen

1. Spleißmaschine verwenden ③
2. Fasern einlegen und ausrichten
3. Fasern erhitzen und fügen
4. automatischer Schweißablauf

Spleiß schützen

- erhitzte Fasern sind spröde
- Sicherung z. B. durch
  - Klebemasse in Aluprofil
  - Schrumpfschlauch mit Draht und Kleber
  - Spleißkassette für mehrere Fasern ④

Werkzeuge

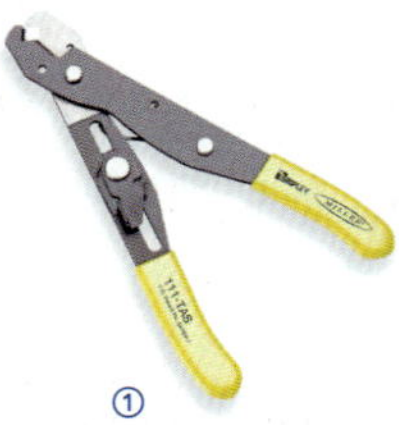

①

einstellbares Abmantelungswerkzeug für simplex und duplex LWL

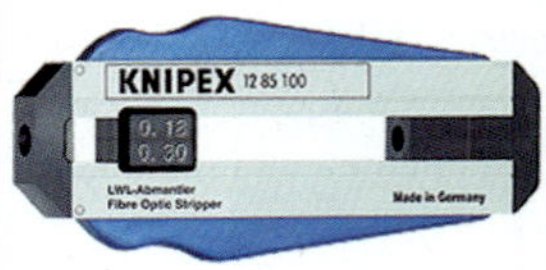

②

Absetzwerkzeug zum Entfernen des Primärcoating

③

automatisches Spleißgerät

④

Spleißkassette zum Schutz der Spleißstelle vor mechanischer Beschädigung

Steckverbinder montieren

Vorbereitung des LWL → **Vorbereitung der Stecker** → **Steckermontage** → **Faserbehandlung**

Vorbereitung des LWL

1. Ablängen mit Spezialschere für Kevlarfasern
2. Mantel entfernen ①
3. Primärcoating entfernen ②
4. Faser reinigen

Vorbereitung der Stecker

1. Knickschutz ③ über LWL ziehen
2. Crimphülse ④ über LWL ziehen

Steckermontage

1. Faser einführen
2. Zweikomponenten-Kleber mischen und Faser fixieren
3. Knickschutz und Crimphülse überziehen
4. Crimpen

Faserbehandlung

1. überstehende Faser anritzen und abbrechen
2. grob schleifen (Körnung ...)
3. Schleifstelle reinigen
4. fein schleifen (Körnung ...)

Steckverbinder

FDDI-Steckverbinder für Duplexverbindung (zwei Fasern/Übertragungsrichtung je Steckverbinder)

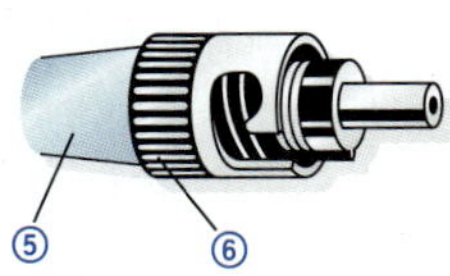

ST-Steckverbinder für Simplexverbindung (eine Faser je Steckverbinder)

Merkmale

- **L**icht**w**ellen**l**eiter **K**ommunikations**s**ysteme (**LWLKS**) sind Bestandteile heutiger Datenübertragungssysteme.
- Sie werden eingesetzt im Nah- und Weitverkehrsbereich sowie im LAN-Bereich (**FTTH: F**ibre **T**o **T**he **H**ome, **FTTD: F**ibre **T**o **T**he **D**esk, Ethernet usw.).
- Bestandteile sind u. a. Sendeelemente auf Basis von **LED** (**L**ight **E**mitting **D**iode), Laserdioden (**L**ight **A**mplification by **S**timulated **E**mission of **R**adiation), optische Verstärker und Pumplaser.
- Wesentliche Eigenschaft dieser Komponenten ist die Erzeugung von energiereichen und schmalbandigen optischen Strahlungen im sichtbaren und unsichtbaren Wellenlängenbereich, die über Lichtwellenleiter (Kunststofffaser oder Glasfaser) übertragen werden.
- Diese optische Strahlung (zugänglich z. B. am Kabelende, stellt primär eine Gefahrenquelle für das menschliche Auge und die menschliche Haut dar.
- Der Grund dafür ist Fokussierung des kohärenten (gleichförmigen) Lichtstrahls durch die Augenlinse auf die Netzhaut.
- Die Höhe der Gefährdung ist u. a. abhängig von der Wellenlänge, dem Betrachtungsabstand zur Austrittsquelle, der Betrachtungsdauer, der Strahlungsleistung.

Definitionen

- Zum Schutz gegen diese Gefährdung sind Maßnahmen zu treffen, die die Bereiche Betrieb, Wartung, Instandhaltung, Entwicklung und Herstellung abdecken.
- **MZB** (**M**aximal **z**ulässige **B**estrahlung) definiert den Grenzwert von Laserstrahlung (400 nm bis 1400 nm), dem Personen ausgesetzt werden dürfen, ohne schädliche Folgen zu erleiden.
- **GZB** (**G**renzwerte **z**ugänglicher **B**estrahlung) ist der Maximalwert zugänglicher Strahlung, der innerhalb einer bestimmten Klasse zugelassen ist (abgeleitet aus MZB).
- Grundsätzlich sind sämtliche Systeme auf Basis optischer Übertragungstechnik zu bewerten und zu klassifizieren.
- Für Lasersysteme sind deshalb Laserklassen festgelegt.
- **Zusätzlich** sind für LWLKS **Gefährdungsgrade** definiert.
- Standorte mit **uneingeschränktem Zugang** müssen den Gefährdungsgrad 1, 1M, 2 oder 2M haben.
- Standorte mit **eingeschränktem Zugang** müssen den Gefährdungsgrad 1, 1M, 2, 2M oder 3R haben.
- Standorte mit **kontrolliertem Zugang** müssen den Gefährdungsgrad 1, 1M, 2, 2M, 3R oder 3B haben.
- Die erforderlichen Schutzmaßnahmen ergeben sich aus dem Gefährdungsgrad und einer kategorisierten Zugänglichkeit des jeweiligen Standortes.
- Folgende Schutzmaßnahmen (in der Rangfolge) sind einzuhalten
  1. technische (z. B. Abschirmung)
  2. organisatorische (z. B. Betriebsanweisung)
  3. persönliche (z. B. Schutzbrillen)

Laser-Klassifizierung

Steigende Gefährdung ↓

Laser-Klasse	Wellenlänge in nm	Potenzielle Gefahren	**G**renzwerte **z**ulässiger **B**estrahlung (**GZB**)
1	alle	Augensicher (auch bei längerer Bestrahlung)	40 µW im blauen Spektralbereich 40 µW im roten Spektralbereich
		Gekapselte Laser höherer Leistung	Kein Strahlaustritt
1M	302,5 … 4000	Augensicher für das freie Auge (Augenschaden möglich bei Betrachtung mit Lupen)	wie Klasse 1 (Messblende für das freie Auge)
2	400 … 700	Augensicher innerhalb 0,25 s (Lidschlussreflex) (auch bei Betrachtung mit Lupen)	max. 1 mW
2M	400 … 700	Augensicher innerhalb 0,25 s (Lidschlussreflex)	wie Klasse 2; max. 1 mW auf Netzhaut
3R	400 … 700 302,5 … 1×10^6	Praktisch keine Gefahr bei kurzzeitiger unabsichtlicher Bestrahlung Gefahr bei unsachgemäßer Verwendung	5-facher Wert von Klasse 2 im sichtbaren Bereich 5-facher Wert von Klasse 1 außerhalb des sichtbaren Bereichs
3B	200 … 1×10^6	Gefahr für Augen durch direkten Strahl und spiegelnde Reflexionen; geringfügige Hautverletzungen nahe der Leistungsobergrenze	< 500 mW
4	alle	Gefahr für Augen durch direkten und diffus reflektierten Strahl; Gefahr für Haut; Brandgefahr	nach oben hin offen

Kennzeichnung

Zugänglicher Gefährdungsgrad	Standort		
	uneingeschränkt	eingeschränkt	kontrolliert
1	–	–	–
1M	–	X	–
2	X	X	X
2M	X	X	X
3R	nicht zulässig	X	X
3B	nicht zulässig	nicht zulässig	X
4	nicht vorgesehen		

Beispiel

Laser Klasse 2
Standort uneingeschränkt, eingeschränkt oder kontrolliert

allg. Gefahrensymbo

Hinweisschild (zusätzlich)

Hinweise

- Planung des Leitungsweges unter Berücksichtigung anderer Installationen (z. B. Wasser, Heizung).
- Waagerechte und senkrechte Leitungsführung bei verdeckter Verlegung z. B. im oder unter Putz (Installationszonen beachten).
- Damit verdeckt liegende Leitungen nicht beschädigt werden, muss vor Nachinstallationen die Montagefläche mit einem Leitungssuchgerät geprüft werden.
- Schutz vor mechanischen Beschädigungen bei Leitungsverlegung unter Putz durch Installationsrohre.

Verlegung

Flexible Isolierrohre

- Ausführungen als leichtes Wellrohr oder Panzer-Wellrohr
- Verlegung des Installationsrohres bei unterschiedlichen Biegeradien
- Leitungsverlegung und Kabelführung auf örtliche Bedingungen anpassbar
- Wellrohre für Verlegung im und unter Putz, in Hohlwänden, in Zwischendecken, im Estrich und in Schüttbeton geeignet
- Kabelschutz hinsichtlich Stabilität, Kälte und Hitze
- Beständig gegen Wasser, Salze, Laugen und Säuren
- Rohre sind flammwidrig und selbstverlöschend.

Starre Isolierrohre

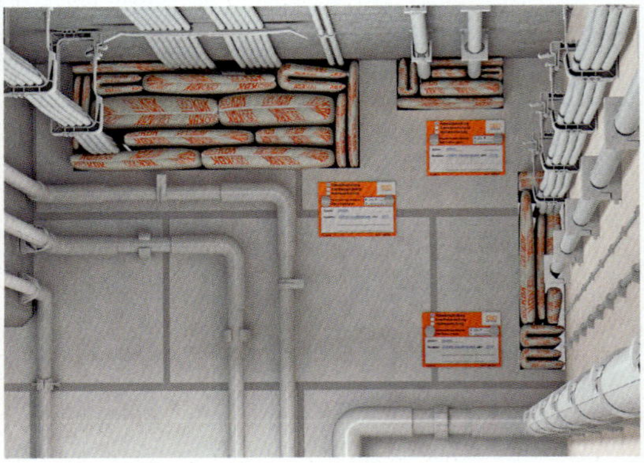

- Geschützte Leitungsverlegung in starren Installationsrohren, an freien Wänden, in Hohlwänden und in Zwischendecken
- Rohrteile sind gemufft und dadurch steckbar.
- Befestigung der Isolierrohre in größeren Abständen mit Klemmschellen möglich
- Material ist flammwidrig, selbstverlöschend und korrosionsbeständig.
- Separate Muffen und 90°-Bögen ermöglichen die gewünschte Leitungsführung.

Montage der Nagelschelle

- Befestigung von Installationsleitungen auf verschiedenen Untergründen, z. B. Holz, Beton, Stein
- Nagelschellen für unterschiedliche Spannbereiche je nach Leitungsdurchmesser
- Nagellängen je nach Art des Untergrundes auswählen
- Fixierung von Installationsleitungen in Mauerschlitzen oder auf Mauerwerk, die dann verputzt werden
- Kennzeichnung des Leitungsweges mit Hilfe von Wasserwaage und Schnur (Schnurschlag)

Auf Putz im Rohr

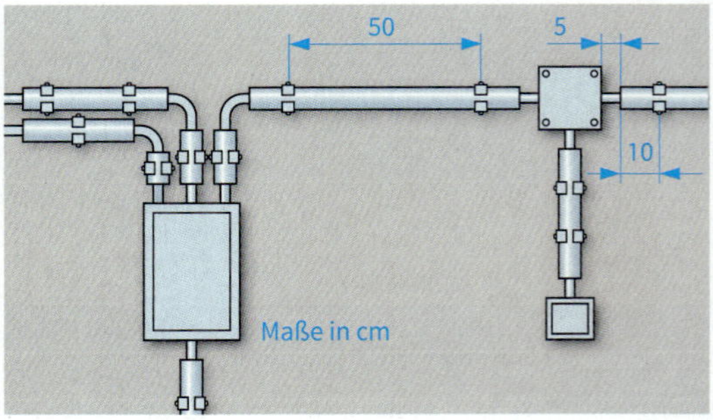

- Montage in feuchten und nassen Räumen, z. B. in Kellerräumen und Garagen
- Empfohlene Verlegung in waagerechter und senkrechter Montage
- Kennzeichnung des Leitungsweges mit Hilfe von Wasserwaage und Schnur (Schnurschlag)
- Einhalten des Mindestbiegeradius (4facher Leitungsdurchmesser)

Verlegung

Im Kanal

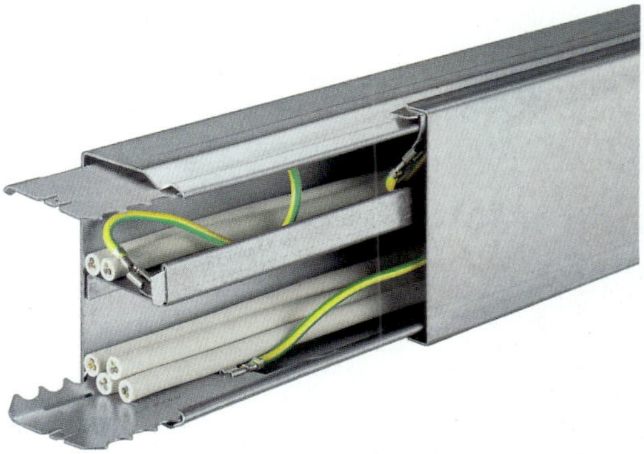

- Verlegung in Installationskanälen aus Kunststoff oder Metall, z.B. NYM
- Kanäle aus verzinktem Stahlblech:
  - Leitende Verbindung der metallenen Kanäle mit Schutzleiteranschluss,
  - Verbindungsstellen und Steckvorrichtungen im Metallkanal in Schutzmaßnahmen einbeziehen (Anschluss an PE-Leiter),
  - Trennung der Daten- und Energieleitungen durch Abstand oder Trennsteg.

Auf Gitterrinne

- Verlegung in Kabelschutzrohren oder direkt auf Kabelpritschen
- Kabelschutzrohre in Steck- und Gewindeausführung, z. B. aus Aluminiumlegierung (AlMgSi 0,5)
- Anwendung bei aggressiven Umgebungsbedingungen (Nässe, Gase oder Dämpfe), z. B. in chemischen Betrieben, Betrieben in Meeresnähe, Kläranlagen und in Müllverbrennungsanlagen

Im Fußboden

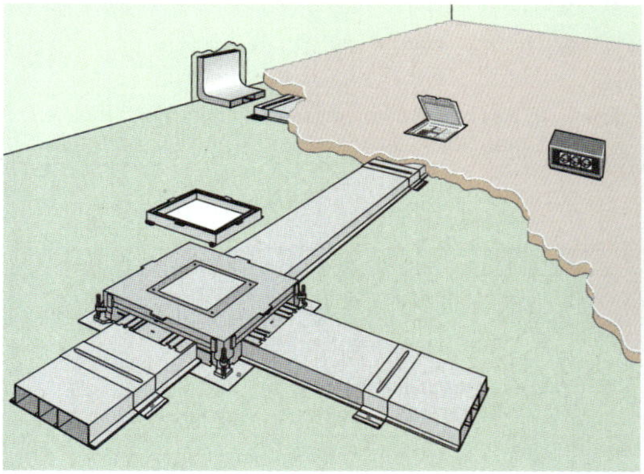

- Leitungskanäle im Fußboden (z. B. Großraumbüros)
- Erforderliche Anschlüsse über Montageöffnungen im Fußboden
- Für Ausstellungsräume und Messestände, die je nach Bedarf umgebaut werden können
- Verteilung und Aufsplittung der Leitungen über Sammelpunkte
- Verlegung von Datenleitungen: Abstand zu Energieleitungen beachten

Auf Kabelrinne

- Ausreichende Leitfähigkeit der Systeme zur Durchführung des Schutzpotenzialausgleichs vorhanden, besonders an den Stoßstellen
- Korrosionsbeständig, durch verzinkte Ausführung
- Farbliche Beschichtung der Sichtflächen mit RAL-Farben zur Anpassung an die Umgebung bei offener Verlegung
- Trennung der verschiedenen Leitungen für Kommunikations- und Energieleitungen möglich
- Tragfähigkeit (Belastbarkeit) berücksichtigen

Bearbeitungsschritte

- Schneiden
- Abmanteln
- Abisolieren
- Crimpen
- Klemmen
- Schrauben

Schneiden

Anwendung	Einadrige Leitungen mit Cu- oder Al-Leiter	Ein- und mehradrige Leitungen bzw. Kabel mit Cu- oder Al-Leiter		
Werkzeuge	Seitenschneider	Kabelscheren	Kabelschneider	Schneider
Eigenschaften	■ Hohe Schneidenhärte ■ Ergonomisch gebaute Griffe ①, großes Übersetzungsverhältnis ↓ geringer Kraftaufwand	■ Klemmschutz, ■ Doppelschneide ② ↓ Vor- und Nachschnitt ↓ kein Verformen der Leiter ■ Große Schneidkraft durch Hebelübersetzung, z. B. Drahtseile, Rundstahl	■ Spezielle Bauweise ③ ↓ Einhandbetätigung ■ Ratschenprinzip ↓ kein Verformen der Leiter	■ Gratfreies Schneiden, z. B. Kunststoffrohre für Elektroinstallation ④ ■ Anschlagwinkel zum rechtwinkligen Schneiden, z. B. Flachbandkabel
Beispiele	 ①	 ②	 ③	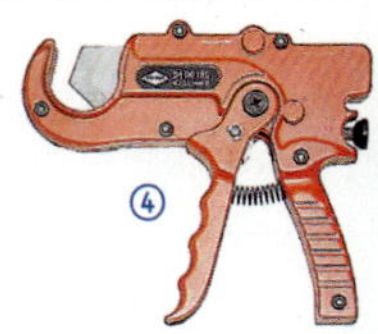 ④
Hinweise	■ Bearbeitung verschiedener Leitermaterialien möglich		■ Maximale Durchmesser- und Querschnittsangaben nach Herstellerangaben	

Abmanteln

Anwendung	Rund- und Feuchtraumleitungen bis $d \approx 13$ mm	Leitungen mit Isolierungen aus PVC, Gummi oder Silikon
Werkzeuge	Universal-Abmantelungswerkzeuge	Abmantelungswerkzeuge
Eigenschaften	■ Hakenklinge, Schutzkappe und Sicherheitsgriff ⑤ ■ Zweischaliges, aufklappbares Werkzeug mit Öffnungsfeder und Sperrklinke ■ Einsatz in Abzweig- und Verteilerdosen ⑥	■ Selbstspannender Festhaltebügel ■ Selbstdrehendes Messer für Umfangs- und Längsschnitt, variable Schnitttiefeneinstellung ■ Spiralschnitt für längere Abmantelungen ⑦ ■ Rundkabel ab $d = 25$ mm ■ Einstellbare Schnitttiefe von 0 bis 5 mm ■ Verwendung für Längs- und Kreisschnitt ⑧ ■ Jokarimesser
Beispiele	 ⑤ 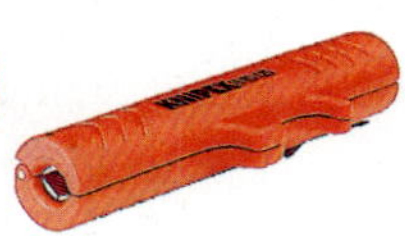 ⑥	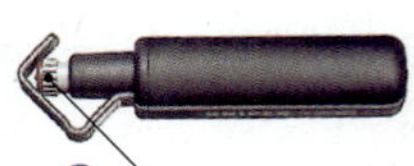 ⑦ 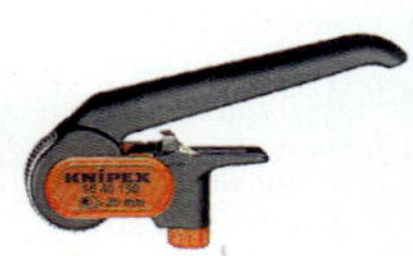 ⑧

Abisolieren

Anwendung	Ein-, mehr- und feindrähtige Leitungen			
Werkzeuge	Abisolier-Seitenschneider	Abisolierzangen		
		mit Stellschraube	automatisch	selbsteinstellend
Eigenschaften	■ Abisolierlöcher für ein- und mehrdrähtige Leiter (1,5 mm² und 2,5 mm²)	■ Einstellen des Leiterdurchmessers mit Rändelschraube (Hinweis: Ader nicht einschneiden!)	■ Festhalten des Drahtes durch Klemmbacken ■ Gleiche Abisolierlängen durch Längenanschlag ■ Automatische Rückstellung in Ausgangsposition	■ Selbsttätiges Anpassen an verschiedene Isolationsdicken
Beispiele		Stellrad 	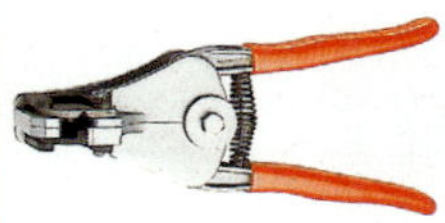	Verletzungsgefahr 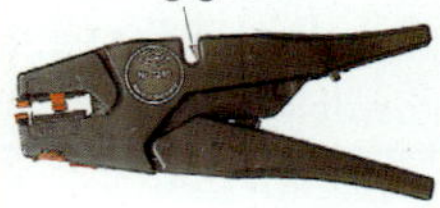
Hinweise	■ Maximale Durchmesser- und Querschnittsangaben des Herstellers beachten. ■ Mantelstärke der Leitung einstellen.			

Crimpen

■ **Arbeitsvorgang**
- Handzangen mit Crimpprofilen je nach Leiterquerschnitt
- Mechanisches Zusammendrücken einer Hülse um einen Leiter
- Herstellen einer elektrischen und mechanischen Verbindung zwischen Verbinder und Leiter

Beispiel: Handcrimpzange

Crimpprofil  Crimpquerschnitt: 0,5 mm² bis 10 mm²

■ **Gasdichtheit der Verbindung**
- **Nicht ausreichende** Verpressung führt zur Oxidation und somit zur Erhöhung des Übergangswiderstandes.
- **Korrekte Verpressung** wird erreicht durch ausreichenden Druck beim Crimp-Vorgang.

■ **Anforderungen an Crimpverbindungen**
- Gleiche Abmessungen von Leiter und Verbinder
- Abstimmung von Abisolierlänge und Positionierung des Leiters im Verbinder
- Crimpzangen sind auf definierten Crimpdruck eingestellt, um Crimpdruck gleichmäßig auszuüben.
- Prüfen des Crimpkontaktes (DIN 60352-5)

■ **Crimpverbindung**

Korrekte Verbindung	Abisolierter Leiter ragt in die Kontaktzone	Isolierung nicht korrekt erfasst
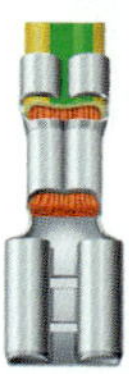	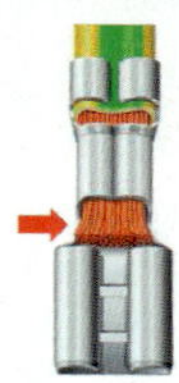	

■ **Crimphöhe**
- Elektrischer Leitwert (G) und Auszugskraft (F) sind durch die Crimphöhe definiert.
- Optimaler Bereich zwischen G_{max} und F_{max}
- Kontrollmessung z. B. mit Crimphöhen-Messschieber

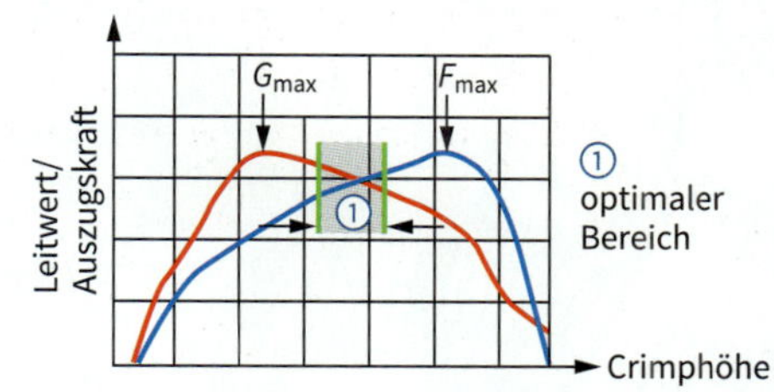

■ **Farbcode von Crimpverbindungen nach DIN 46228**
Beispiel: Isolierte Aderendhülsen

Querschnitt in mm²						
0,5	0,75	1,00	1,5	2,5	4,00	6,00

Leitungsverbindungen

- **Vorgaben** (DIN VDE 0100-520)
  - Anschlussklemmen:
    Anschluss nur eines Leiters
  - Verbindungsklemmen:
    Anschluss mehrerer Leiter
  - Anschlussstellen mit mechanischen Erschütterungen:
    Keine Löt- oder Schweißverbindungen
  - Verbindungen bei Ein- und Mehraderleitungen in Installationsrohren:
    Kästen, Dosen, Muffen
  - Mehr- und feindrähtige Leitungen:
    Schutz vor Abspleißen und Abquetschen durch Aderendhülsen oder Kabelschuhe
  - Anschluss- und Verbindungsstellen:
    Auswahl nach Anzahl und Querschnitt der Leiter

- **Installationsdosen** (DIN VDE 0606-1)
  - Gerätedosen:
    Einbau von Steckdosen und Schaltern
  - Geräteanschlussdosen:
    Fester Anschluss eines Gerätes über eine flexible Leitung
  - Deckenleuchten-Verbindungsdosen:
    Anschluss von Leuchten und Einbau von Verbindungsklemmen
  - Deckenleuchten-Anschlussdosen:
    Anschluss von Leuchten
  - Verbindungsdosen:
    Verbindung und Abzweigung von Leitern
  - Verbindungsmuffen:
    Verbindung von zwei Leitungen

Beispiele

- **Leuchtenklemme**

  - Anschluss für ein-, mehr- und feindrähtige Leiter
  - Querschnitt: 0,5 mm^2 … 2,5 mm^2
  - Abisolierlänge: 9 mm … 11 mm
  - Anschluss: Eckige Öffnung zusammendrücken und Leiter einstecken.
  - Lösen: Öffnung zusammendrücken und Leiter herausziehen.

- **Verbindungsklemme**

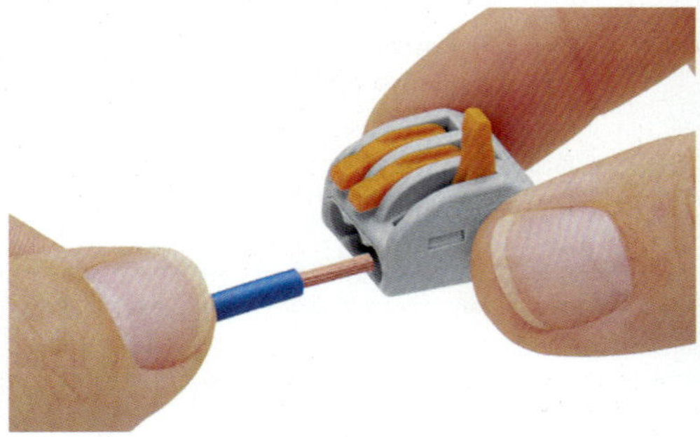

  - Anschluss für bis zu fünf abisolierte feindrähtige Leiter bzw. ein- oder mehrdrähtige Leiter
  - Querschnitt: 0,08 mm^2 … 2,5 mm^2 bzw. bis 4 mm^2
  - Abisolierlänge: 9 mm … 10 mm
  - Anschluss: Betätigungshebel öffnen, Leiter einstecken und Hebel in Ausgangslage zurückführen.
  - Lösen: Mit Schraubendreher Feder runterdrücken.

- **Dosenklemme**

  - Anschluss für eindrähtige Leiter
  - Querschnitt: 1,5 mm^2 … 2,5 mm^2
  - Abisolierlänge: 5 mm … 6 mm
  - Anschluss: Leiter bis zum Anschlag einstecken.
  - Lösen: Leiter festhalten und Klemme durch Drehen vom Leiter lösen

- **Reihenklemme**

  - Anschluss für eindrähtige Leiter, Käfigzugfederanschluss
  - Querschnitt: Massiv- und Litzenleiter bis 1,5 mm^2, je nach Hersteller auch bis 16 mm^2
  - Anschluss: Mit Schraubendreher Feder eindrücken und abisolierten Leiter (4 mm … 7 mm) in Kontaktelement einstecken ①, Schraubendreher herausziehen.
  - Lösen: Schraubendreher einstecken u. Leiter herausziehen.

Kabelschuhe
Cable lugs

Merkmale

Kabelschuhe werden eingesetzt zur Verbindung von Leitern an Schraubanschlüssen. Sie unterscheiden sich in den mechanischen Abmessungen, der Bauform und den zulässigen Einsatzbereichen (Verbindungen von Kupferleitern, Aluminiumleitern, Kombination Kupfer- und Aluminiumleiter oder Edelstahlausführungen).

Einteilung

Grundsätzlich können Kabelschuhe wie folgt eingeteilt werden:
- Presskabelschuhe (DIN 46235) ①
- Rohrkabelschuhe (handelsübliche Normalausführungen) ② und
- Quetschkabelschuhe (DIN 46234) ③.

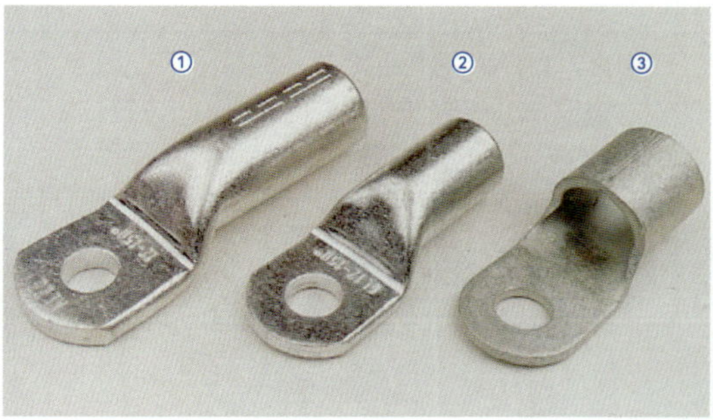

■ **Presskabelschuhe**

Die Norm erlaubt die Verwendung dieser Kabelschuhe für die Pressverbindung von ein-, mehr-, fein- und feinstdrähtigen Kupferleitern.

Anwendungen: Vornehmlich bei Installationen im Bereich der Versorgungsnetzbetreiber.

Der Hersteller und der Einsatz des Presskabelschuhs ist an den eingeprägten Markierungen zu erkennen.

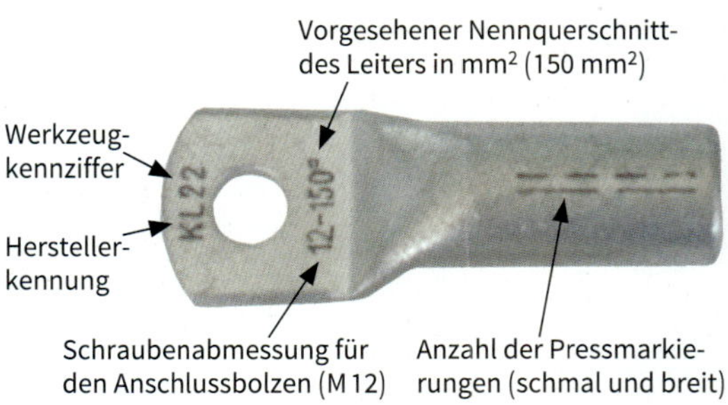

■ **Rohrkabelschuhe**

Diese werden auch als handelsübliche Normalausführung bezeichnet. Sie sind kürzer als Presskabelschuhe und haben andere Rohrabmessungen.

Es gibt keine Unterschiede bei der Haltbarkeit der elektrischen und mechanischen Verbindung gegenüber den Presskabelschuhen.

■ **Quetschkabelschuhe**

Diese bestehen aus geformten Blechen mit einer Lötnaht. Anwendung für mehr-, fein- und feinstdrähtige Leiter.

Im Gegensatz zu Presskabelschuhen nach DIN 46235 **nicht** für eindrähtige Massivleiter.

Pressformen

Bei DIN-Kabelschuhen sind die Presswerkzeuge mit Kennziffereinsätzen zu verwenden (DIN 48083).

Für die Verarbeitung von Rohrkabelschuhen sind die Verarbeitungsangaben der Hersteller einzuhalten.

■ **Sechskantpressung**

Dieses ist die häufigste Verpressung, sowohl für Kupfer- als auch für Aluminiumleiter. Es entsteht **keine** gasdichte Verpressung.

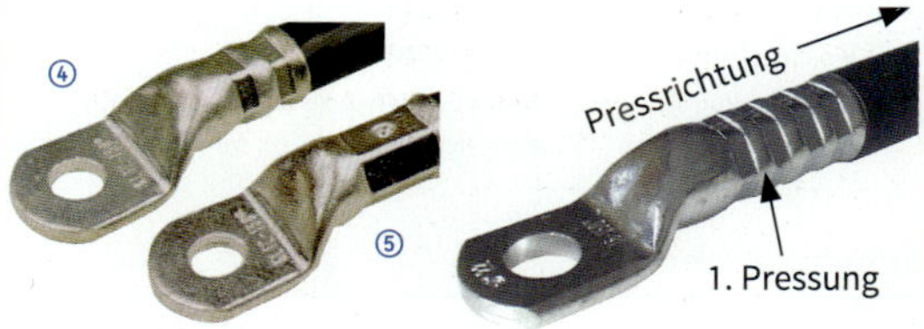

④ Schmalpressung
⑤ Breitpressung

■ **Ovalpressung**

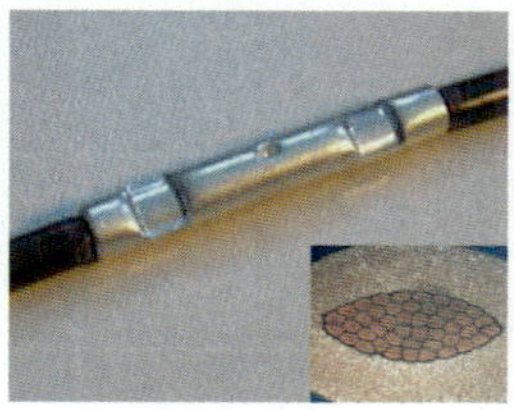

Die Verbindung ist gasdicht. Keine Oxidation zwischen den Einzeldrähten unter normalen atmosphärischen Bedingungen. Dauerhaft hoher Leitwert.

■ **Kerbung**

Sie wird angewendet für fein- und feinstdrähtige Leiter (häufig im Schaltschrankbau). Nur für Kupferleiter. Keine genormte Pressform.

■ **Dornpressung**

Angewendet bei der Verbindung mit Quetschkabelschuhen. Geeignet für isolierte Kabelschuhe. Keine genormte Pressform.

Verbindung von Aluminium- und Kupferleitern

Hierfür sind spezielle Pressverbinder (Al/Cu-Kabelschuhe bzw. Kabelverbinder) einzusetzen und die materialspezifischen Verabeitungsvorgaben (Werkzeuge und Pressvorgaben je Materialseite) unbedingt einzuhalten.

Beispiel: Al/Cu-Reduzierverbinder

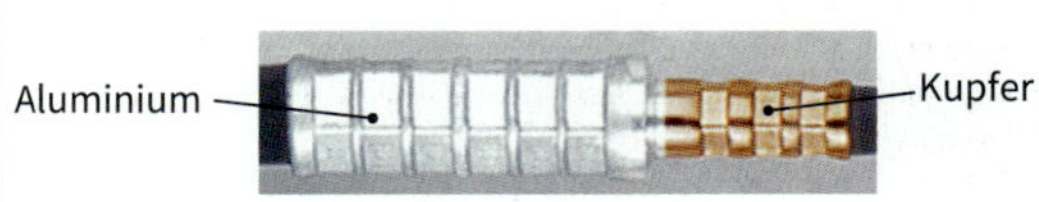

Merkmale

- Das 19"-Aufbausystem umfasst mechanische und elektromechanische Bauteile, die maßlich aufeinander abgestimmt sind.
- Es dient zur Aufnahme von **Flachbaugruppen**, **Kassetten** und **Einschüben**, die mit elektrischen und/oder elektronischen Komponenten bestückt sind.
- Die Bezeichnung leitet sich ab aus der maximalen äußeren Breite eines Baugruppenträgers mit 482,6 mm (einschließlich Befestigungsflansch).
- Die Breite hinter dem Befestigungsflansch ist festgelegt auf max. 449 mm (einschließlich Schrauben).
- Die Breite der **Baugruppenträgeröffnung** wird durch **Teilungseinheiten** (TE) festgelegt: 1 TE = 5,08 mm (2/10").
- Die **Baugruppenträgerhöhe** wird durch ein Vielfaches einer Höheneinheit (HE) definiert: 1 HE = 44,45 mm (13/4").
- Die **Tiefe** ist nicht festgelegt und u.a. abhängig von der Baugruppenlänge oder den rückseitigen Eingangs-/Ausgangsbaugruppen.
- Die **Steckplatzbreite (Slot)**, in den eine Baugruppe eingesteckt werden kann, ist das Vielfache einer horizontalen Teilungseinheit und hängt ab von der „Dicke" (Angabe in TE) der Baugruppe.
- Je nach Anforderung können die Baugruppenträger mit speziellem Zubehör wie z. B. zusätzlicher EMV-Schutz in Form von horizontalen Abdeckblechen ausgerüstet werden.

Komponenten

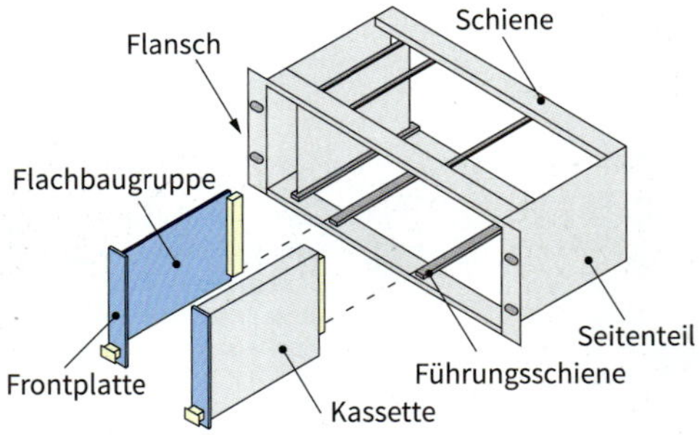

Abmaße

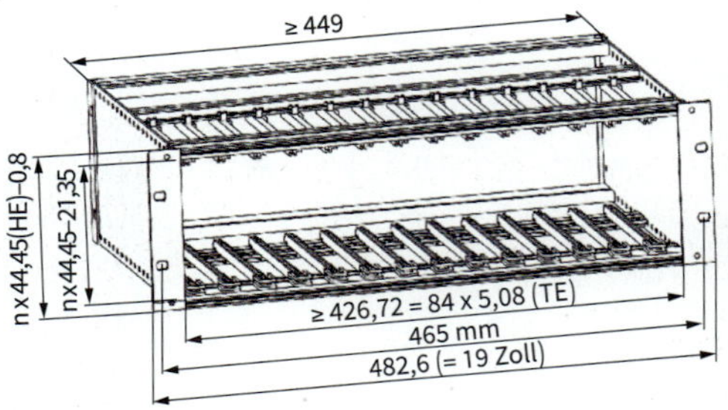

Grundmaße Frontansicht

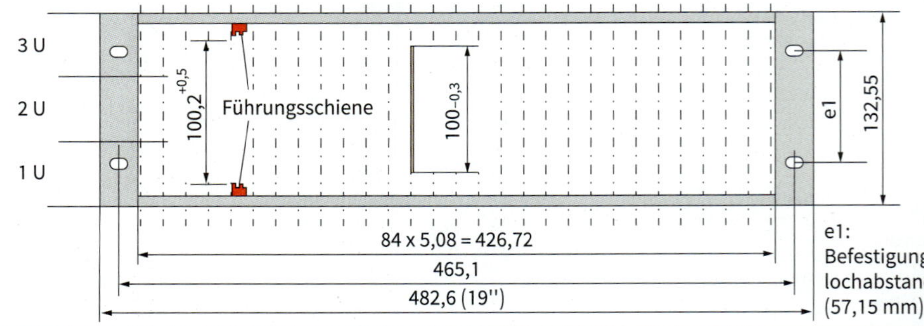

Führungsschienen

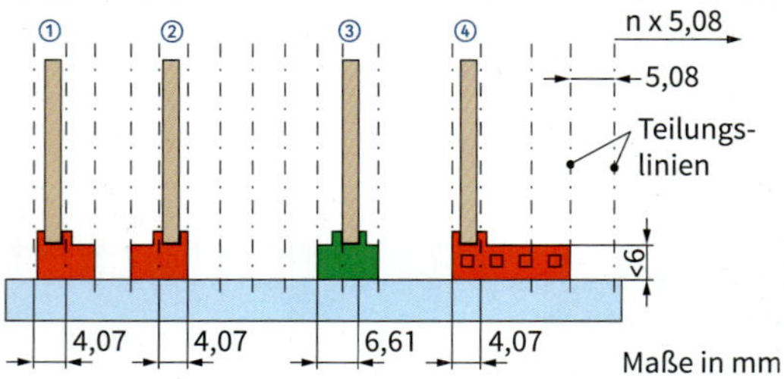

① Führungsschiene für Steckbaugruppen
② Spiegelbildlich zu 1, z. B. Ausbau von rechts
③ Führungsschienen mit versetzter Position
④ Führungsschiene mit Codierkeilen und Zentrierpin

Codierungen/Zentrierung

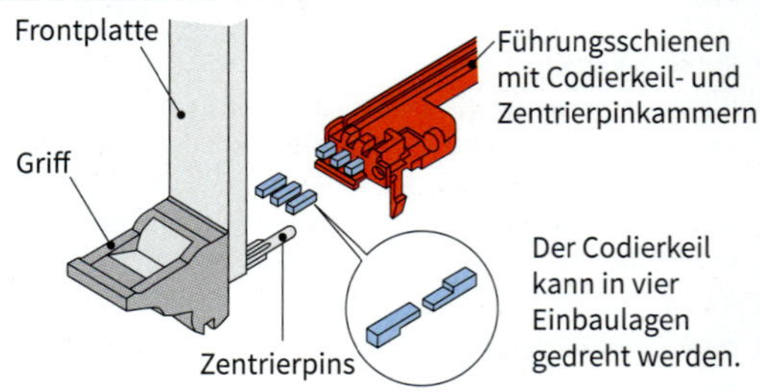

- Codierkeile ermöglichen eine Codierung der jeweiligen Baugruppe für einen spezifischen Einbauplatz.
- Zentrierpins dienen der richtigen Positionierung der Frontplatte.

Grundbegriffe der Messtechnik
Basic terms in measurement technique

- **Messen**
  Experimenteller Vorgang zur Ermittlung eines speziellen Wertes einer physikalischen Größe als Vielfaches einer Einheit oder eines Bezugswertes
- **Messgröße**
  Durch Messung erfasste physikalische Größe, z. B. Spannung
- **Messwert**
  Speziell zu ermittelnder Wert der Messgröße in Zahlenwert und Einheit, z. B. 12 kWh
- **Messprinzip**
  Nutzung einer charakteristischen physikalischen Erscheinung zur Messung, z. B. Drehmomentbildung beim elektrodynamischen Motorzähler zur Messung der elektrischen Arbeit
- **Messverfahren**
  Praktische Anwendung und Auswertung eines Messprinzips
- **Direktes Messverfahren**
  Messwertlieferung durch unmittelbaren Vergleich mit einem Bezugswert derselben Messgröße, z. B. Massenvergleich mit Gewichten
- **Indirektes Messverfahren**
  Rückführung des gesuchten Messwertes auf andere physikalische Größen, z. B. drehzahlproportionale Arbeit beim Motorzähler
- **Messeinrichtung** (Messanordnung)
  Besteht aus einem oder mehreren zusammenhängenden Messgeräten mit Zusatzeinrichtungen und Zubehör
- **Analoges Messverfahren**
  Eindeutige punktweise stetige Darstellung der Messgröße, z. B. stetig veränderbare Zeigerstellung
- **Digitales Messverfahren**
  Zahlenmäßige Darstellung der Messgröße bei gegebenem kleinsten Messschritt
- **Zählen**
  Ermittlung der Anzahl von gleichartigen Elementen oder Ereignissen, die bei der Untersuchung eines Vorganges auftreten
- **Prüfen**
  Feststellung, ob Prüfgegenstand eine oder mehrere vereinbarte oder vorgeschriebene Bedingungen erfüllt

Skalensymbole
Scale symbols

Beispiel:

Messwerke

Symbol	Bedeutung
	Drehspulmesswerk mit Dauermagnet, allgemein
	Eingebauter Zusatz:
	Gleichrichter
	nicht isolierter Thermoumformer
	isolierter Thermoumformer
	Drehspul-Quotientenmesswerk
	Drehmagnet-messwerk
	Drehmagnet-Quotientenmesswerk
	Elektrodynamisches Messwerk, eisenlos
	Elektrodynamisches Messwerk, eisengeschlossen
	Elektrodynamisches Quotientenmesswerk, eisenlos
	Dreheisen-messwerk
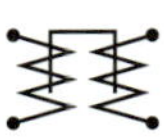	Dreheisen-Quotienten-messwerk
	Induktions-messwerk
	Hitzdraht-messwerk
	Bimetall-messwerk
	Elektrostatisches Messwerk
	Vibrations-messwerk
	Magnetische Schirmung

Stromarten

Symbol	Bedeutung
	Gleichstrom
	Wechselstrom
	Gleich- und Wechselstrom
	Drehstrominstrument mit einem Messwerk
	mit zwei Messwerken
	mit drei Messwerken

Prüfspannungen

Symbol	Bedeutung
	Prüfspannung 500 V
	Prüfspannung höher als 500 V, z. B. 2000 V
	Keine Spannungsprüfung

Genauigkeitsklasse[1]

Symbol	Bedeutung
1,5	Klassenzeichen für Anzeigefehler, z. B. ±1,5 %, bezogen auf den Messbereich-Endwert

Gebrauchslagen

Symbol	Bedeutung
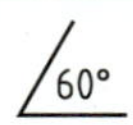	Schräge Gebrauchslage Neigungswinkel, z. B. 60°
	Waagerechte Gebrauchslage
	Senkrechte Gebrauchslage

Hinweise

Symbol	Bedeutung
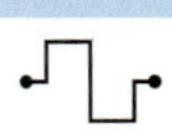	Getrennter Nebenwiderstand
	Getrennter Vorwiderstand
	Getrennter Scheinwiderstand

Besonderer Hinweis

Symbol	Bedeutung
	Achtung! Gebrauchsanweisung beachten

Nennbedingungen

z. B. Nenntemperatur 25 °C,

Symbol	Bedeutung
25°C	Einflussbereich 15 bis 25 °C und 25 bis 35 °C

[1] Feinmessgeräte: Klassen 0,1; 0,2; 0,5 Betriebsmessgeräte: Klassen 1; 1,5; 2,5

Gleichspannung

Messschaltung

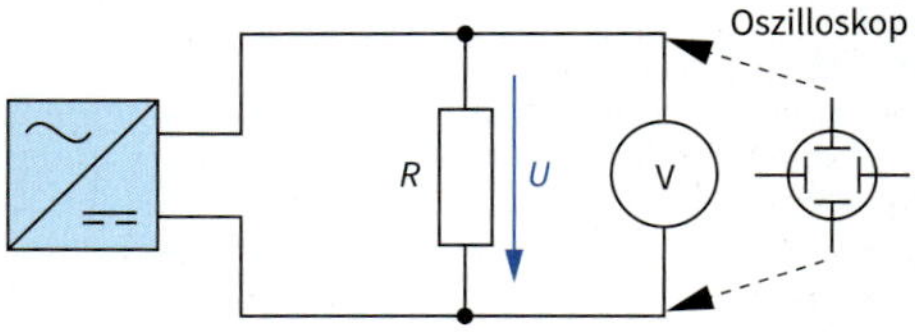

Form der Messspannung:

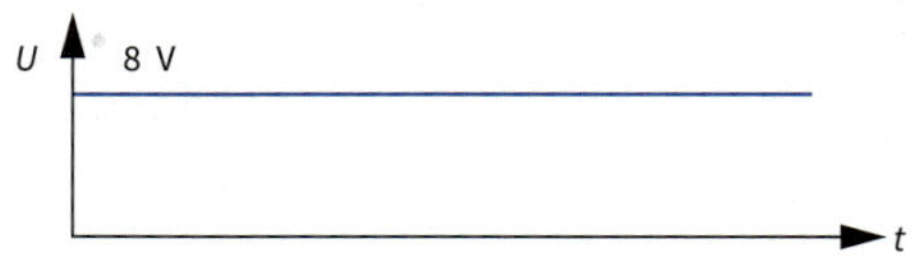

Messergebnisse:
Drehspulmessinstrument

Gleichspannungsbereich  $U = 8\,V$

Oszilloskop:

Stellung DC
$A_Y = 2\,V/cm$ $U = 8\,V$

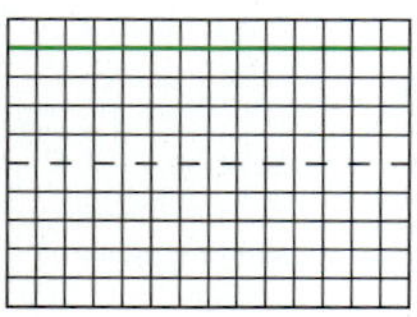

Stellung AC
$A_Y = 2\,V/cm$ $U = 0\,V$

Wechselspannung

Messschaltung

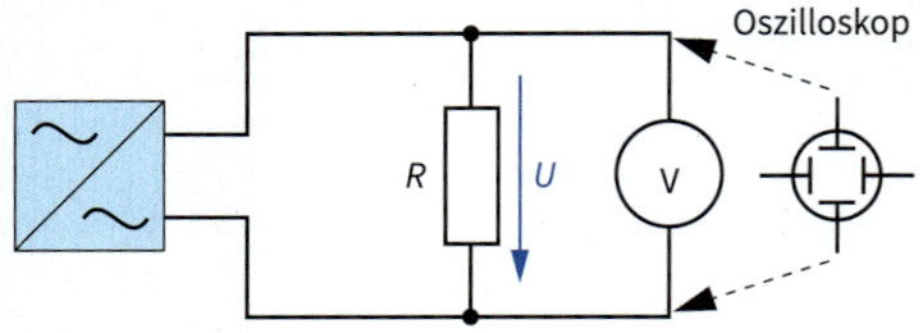

Form der Messspannung:

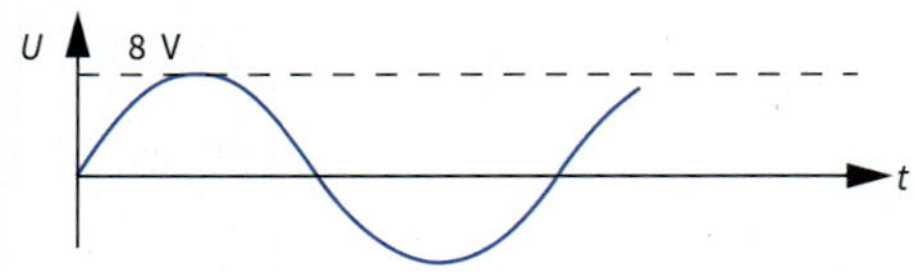

Messergebnisse:
Drehspulmessinstrument

Gleichspannungsbereich  $U = 0\,V$

Wechselspannungsbereich  $U = 5{,}7\,V$ Effektivwert

Oszilloskop:

Stellung AC bzw. DC
$A_Y = 2\,V/cm$ $\hat{u} = 8\,V$

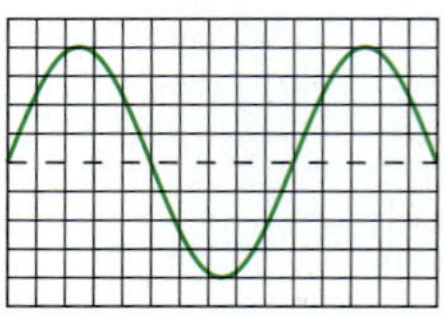

Stromstärke und Spannung

- Das Stromstärkemessgerät wird in Reihe direkt in den Stromkreis geschaltet.

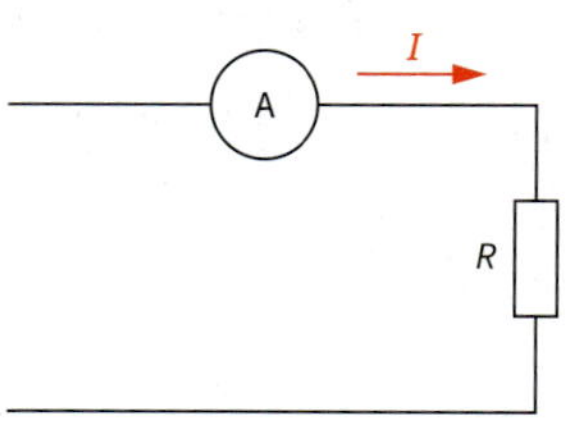

- Das Spannungsmessgerät wird parallel geschaltet.

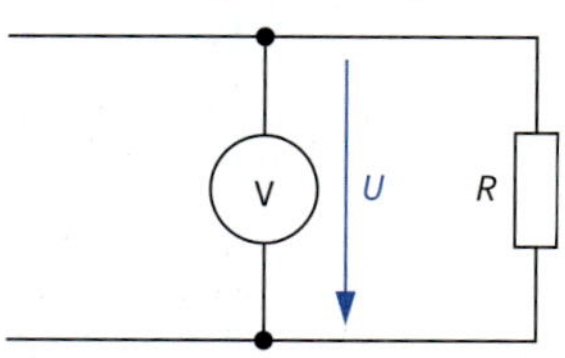

Leistung (Wirkleistung)

- Im Leistungsmessgerät werden Spannung und Stromstärke gleichzeitig gemessen, das Produkt gebildet und als Leistung angezeigt.
  Es sind drei bzw. vier Anschlüsse vorhanden.

Beispiel:
Messung einer Geräteleistung (z. B. Monitor) im Wechselstromkreis.

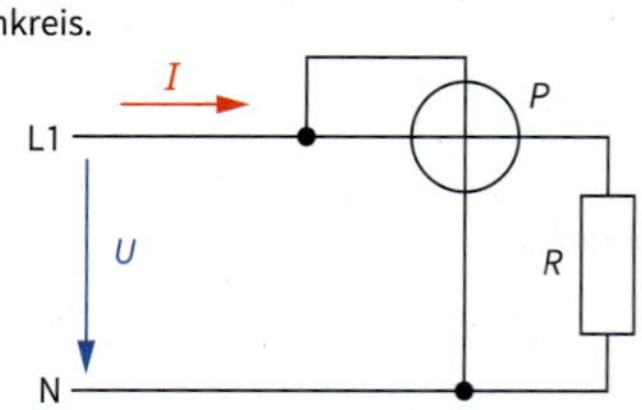

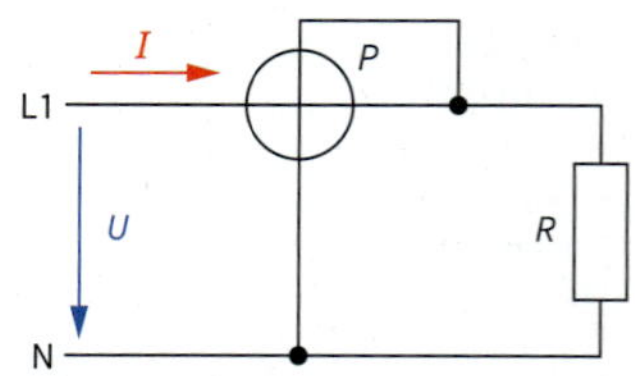

Stromstärke- und Spannungsmessung

Messschaltung		Messgrößen	Einheit	Auswerteformel
Spannungsfehlerschaltung (für große Widerstände)	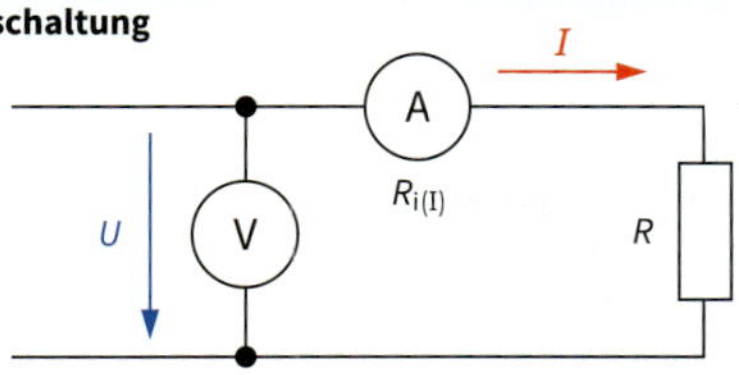	U: gemessene Spannung I: gemessene Stromstärke $R_{i(I)}$: Widerstand des Stromstärkemessgerätes	V A Ω	$R = \frac{U - I \cdot R_{i(I)}}{I}$
Stromfehlerschaltung (für kleine Widerstände)	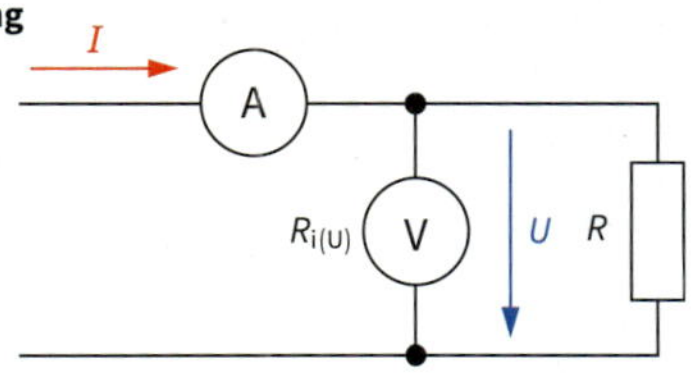	U: gemessene Spannung I: gemessene Stromstärke $R_{i(U)}$: Widerstand des Spannungsmessgerätes	V A Ω	$R = \frac{U}{I - \frac{U}{R_{i(U)}}}$

Direkte Widerstandsmessung

Arbeitsweise	Prinzipschaltung
■ Die Stromstärke wird gemessen und angezeigt. ■ Auf der Skala sind entsprechend der Stromstärke die dazugehörigen Widerstände angegeben. ■ Die Anzeige 0 Ω erhält man bei Vollausschlag. ■ Aufgrund der Alterung der Spannungsquelle muss der Nullpunkt nachgestellt werden. 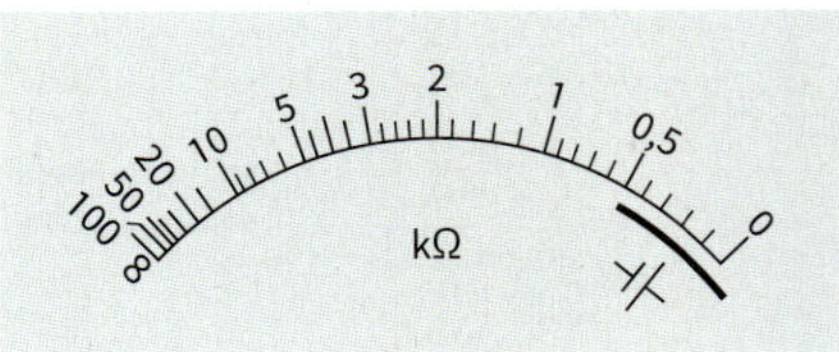	Widerstandsmessgerät 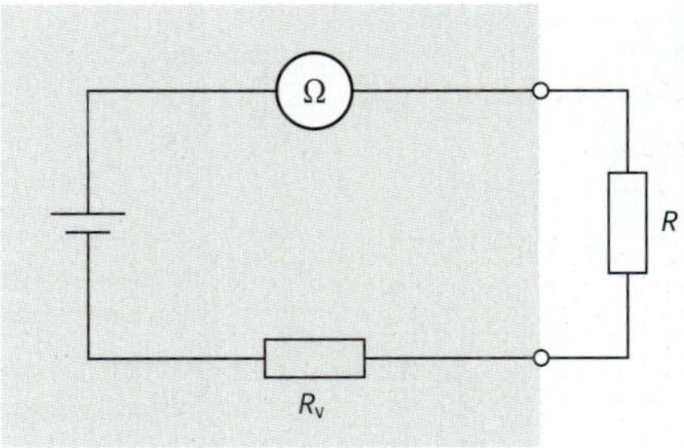

Messbrücken

	Eigenschaften	Anwendungen
Wheatstone-Messbrücke 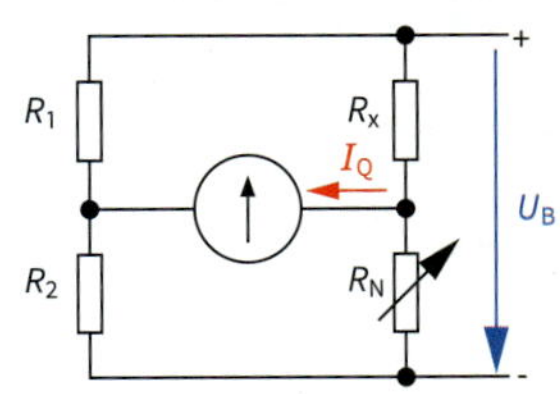	■ Messbedingung $I_Q = 0$ A (abgeglichene Brücke): $R_X = R_N \cdot \frac{R_1}{R_2}$ ■ Messgenauigkeit hängt u. a. von der Messgeräteempfindlichkeit und Genauigkeit der Vergleichswiderstände ab.	■ Einsatz zur Widerstandsmessung für $R_X = 1\ \Omega \ldots 1\ \text{M}\Omega$ bis zu einer Messgenauigkeiten von 0,02 %. ■ Ausschlagmessbrücken ($I_Q \neq 0$ A) für Gleich- oder Wechselstrom zur Messung anderer physikalischer Größen
Wien-Messbrücke 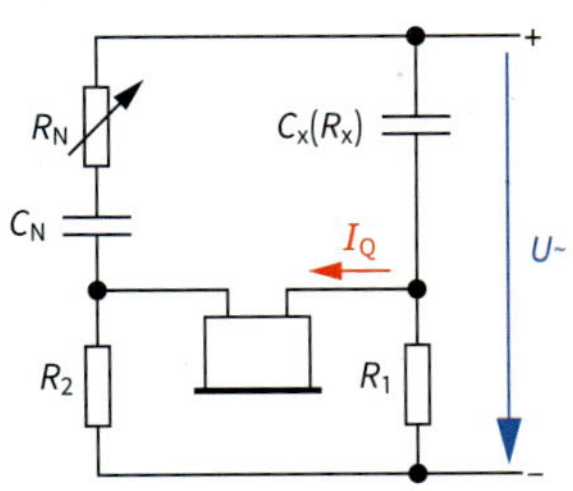	■ Messbedingung $I_Q = 0$ A (Tonlosigkeit): $\tan \varphi_x = \tan \varphi_N$ $C_x = C_N \cdot \frac{R_1}{R_2}$ $\tan \delta_x = \omega \cdot C_N \cdot R_N$ $R_x = R_N \cdot \frac{R_2}{R_1}$ ■ Brückenabgleich durch R_N, der auch parallel zu C_N geschaltet werden kann.	■ Kapazitätsmessungen für $C_X = 1\ \text{nF} \ldots 100\ \mu\text{F}$ bei NF und bei HF $C_X \geq 100$ pF mit Fehlergrenzen bis 0,1 % ■ Verlustfaktor ($\tan \delta$)-Messungen bis 1 % Messgenauigkeit ■ Wien-Maxwell-Messbrücke zur Messung größerer Kapazitäten bei kleiner Spannung

Messwandler: Transformator zur Speisung von Messgeräten, Elektrizitätszählern, Schutzrelais u.ä.

Begriffe	Stromwandler	Spannungswandler
U-/I-Wandler	Wandler, bei dem der Sekundärstrom dem Primärstrom proportional ist.	Wandler, bei dem die Sekundärspannung der Primärspannung proportional ist.
Bürde	Admittanz *Y* des Sekundärkreises in S	Impedanz *Z* des Sekundärkreises in Ω
Bemessungsgrößen, Normwerte (primär)	Bemessungsstromstärken in A **10** 12,5 **15** **20** 25 **30** 40 **50** 60 **75** sowie dezimale Teile oder Vielfache	■ Bemessungsspannungen bis 1 kV in V 230/400 277/480 400/690 1000 (gegen Neutralleiter/zwischen Außenleiter) ■ Bemessungsspannungen über 1 kV in kV 3,6 7,2 12 (17,5) 24 36 40,5 (Spannung zwischen Außenleitern)
(sekundär)	1 2 **5** Bei im Dreieck geschalteten Sekundärwicklungen sind auch die durch 3 geteilten Werte genormt.	Europa: **100** 110 200 (bei erweiterten Sekundärkreisen) USA/Kanada: 120 (Verteilungsnetze) 115 (Übertragungsnetze) 230 (bei erweiterten Sekundärkreisen)
Bemessungsleistung	Wert der Scheinleistung in VA bei festem Leistungsfaktor, Bemessungsbürde und sekundärer Bemessungsstromstärke. Normwerte bei Leistungsfaktor 0,8 induktiv: **10** 15 **25** 30 **50** 75 **100** 150 **200** 300 400 **500**	Der Wert der Scheinleistung in VA ist festgelegt bei festem Leistungsfaktor, Bemessungsbürde und sekundärer Bemessungsspannung.
Anschlussbezeichnungen (primär) (sekundär)	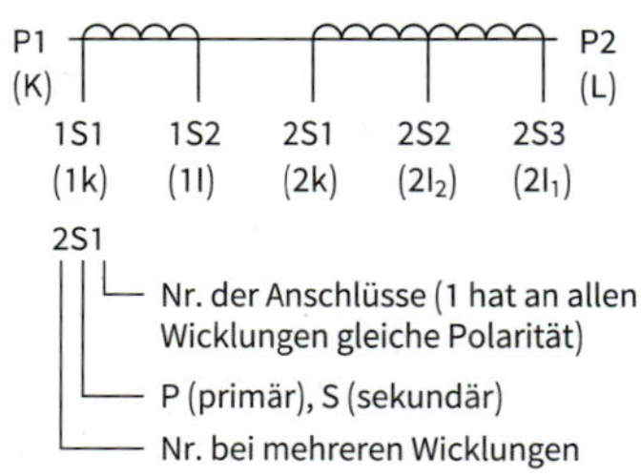	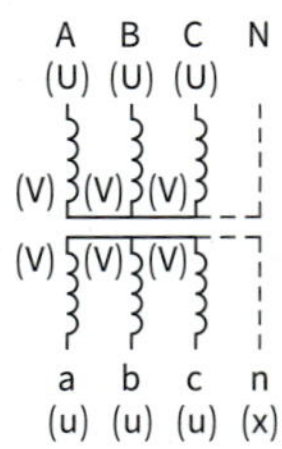 mehrere Sekundärwicklungen 1a, 2a, …, 1b, 2b, … Sekundärwicklung mit Anzapfungen a1, a2, …, b1, b2, … Anschluss zur Erdschlusserfassung (Dreieckschaltung) da, dn

Messen von Mischspannungen und Mischströmen
Measuring of pulsating voltages and pulsating currents

- Elektrische Spannungen und Ströme werden je nach Messwerk durch den arithmetischen Mittelwert (AV) oder durch den Effektivwert (RMS) charakterisiert.

Formfaktor: $F = \frac{I_{RMS}}{I_{AV}}$ $F = \frac{U_{RMS}}{U_{AV}}$

- Der Formfaktor gibt das Verhältnis von Effektivwert zu arithmetischem Mittelwert an. Als Crest-Faktor (Scheitelfaktor) gilt das Verhältnis von Spitzenwert zu Effektivwert.

Scheitelfaktor: $F_{Crest} = \frac{\hat{i}}{I_{RMS}}$ $F_{Crest} = \frac{\hat{u}}{U_{RMS}}$

Spannungsform	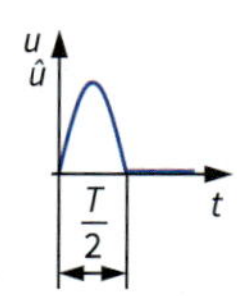	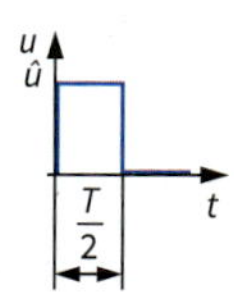	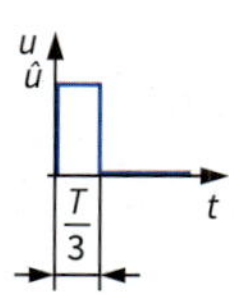	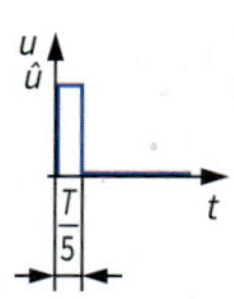	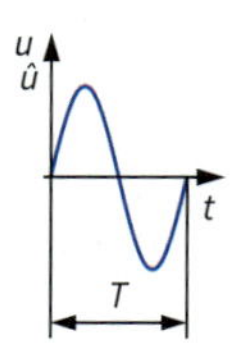	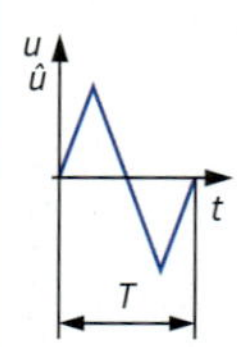	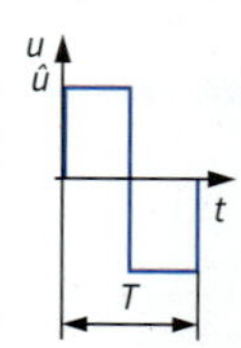
U_{AV}	$0{,}318 \cdot \hat{u}$	$0{,}5 \cdot \hat{u}$	$0{,}333 \cdot \hat{u}$	$0{,}167 \cdot \hat{u}$	[1] $0{,}636 \cdot \hat{u}$	[1] $0{,}5 \cdot \hat{u}$	[1] $1{,}0 \cdot \hat{u}$
U_{RMS}	$0{,}5 \cdot \hat{u}$	$0{,}707 \cdot \hat{u}$	$0{,}578 \cdot \hat{u}$	$0{,}408 \cdot \hat{u}$	$0{,}707 \cdot \hat{u}$	$0{,}578 \cdot \hat{u}$	$1{,}0 \cdot \hat{u}$
F	1,57	1,41	1,73	2,45	1,11	1,16	1,0
F_{Crest}	2,0	1,41	1,73	2,45	1,41	1,73	1,0

[1] Nach Gleichrichtung

Definitionen

Begriff	Bedeutung
Wahrer Wert x_W	Es handelt sich um den Wert der physikalisch vorliegt. Dieser kann aufgrund von Messfehlern in der Praxis nicht exakt ermittelt werden.
Angezeigter Messwert x_a	Wert der Messgröße und die Ausgabe eines Messgerätes
absoluter Fehler F	$F = x_a - x_W$
relativer Fehler f	$f = \frac{F}{x_W}$
Echteffektivwert/True RMS	Einfache Messgeräte sind auf vorgegebene Strom-/Spannungsformen (DC oder Sinusform) geeicht. Abweichende Kurvenformen wie bei Oberschwingungsbelastung führen zu Messfehlern. Geräte mit True RMS berücksichtigen unterschiedliche Kurvenformen.

Fehlerursachen

Systematische Fehler

- Sie ergeben bei Wiederholung der Messung gleiche Abweichungen (Größe und Vorzeichen).
- Sie entstehen z. B. durch unvollkommene Messgeräte oder Messverfahren.
- Beispiel:

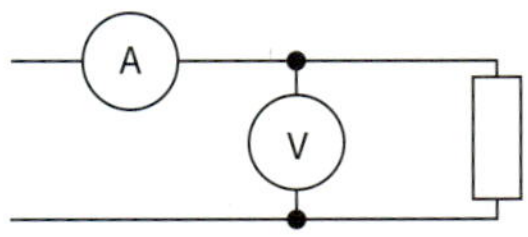

Spannungsrichtige Messung führt zu systematischem Messfehler bei Strommessung

Zufällige Fehler

- Bei wiederholenden Messungen ergeben sich auch bei konstanten Bedingungen unterschiedliche Abweichungen.
- Ursachen sind nicht erfassbare Änderungen bei Messgeräten, Messobjekt oder Beobachter.
- Die Messwerte streuen und die Fehler unterscheiden sich in Betrag und Vorzeichen.
- Beispiel:
  - letztes Bit bei Digitalanzeigen
  - Ableseungenauigkeit bei Zeigerinstrumenten

Grobe Fehler

- Sind im allgemeinen vermeidbare Fehler
- Sie sind von Vorzeichen und Betrag nicht zu bestimmen.
- Beispiele:
  - Irrtümer
  - Fehlüberlegungen
  - Missverständnisse
  - Schreibfehler bei der Dokumentation
  - Programmierfehler bei der Auswertungen

Messgenauigkeit (Beispiele)

Digitales Multimeter

Anzeige

- 4stellige Anzeige
- Messbereich: 2000 V (größtmögliche Anzeige = 1 999,9 V)
- Anzeigenumfang: 19 999 Digits (20 000 Messschritte á 0,1 V)

Fehlerrechnung

- Fehler: +/– 0,5 %, +/– 4 Digits[1]
- Anzeige: 600,0 V
- minimaler Messwert:

$$600\ \text{V} - 600\ \text{V}\,\frac{0{,}5}{100} - 0{,}4\ \text{V} = 596{,}6\ \text{V}$$

- maximaler Messwert:

$$600\ \text{V} + 600\ \text{V}\,\frac{0{,}5}{100} + 0{,}4\ \text{V} = 603{,}4\ \text{V}$$

[1] Digit: kleinster anzuzeigender Messschritt (im Beispiel 0,1 V)

Analoges Multimeter

Anzeige

- Maximalwert je nach Messbereichseinstellung
- Ablesefehler minimieren, durch senkrechten Blick auf den Zeiger (Zeiger und Zeigerspiegelbild in Deckung)
- Je nach Messaufgabe lineare/logarithmische Skala benutzen.
- Absoluter Fehler ist im ganzen Messbereich gleich.
- Relativer Fehler wird umso kleiner, je weiter die Skala ausgenutzt wird.

Fehlerrechnung

- Güteklasse gibt den absoluten Fehler an.
- $F = \frac{\text{Güteklasse}}{100} \cdot MBEW$

  MBEW: Messbereichsendwert

Beispiel:

- Güteklasse 2,5
- Messbereichsendwert = 1,5 A

  $F = \frac{2{,}5}{100} \cdot 1{,}5\ \text{A}$

  $F = 0{,}0375\ \text{A}$
- Anzeige: 0,9 A

  Minimaler Messwert

  0,9 A – 0,0375 A = 0,8625 A

  Maximaler Messwert

  0,9 A + 0,0375 A = 0,9375 A

Oszilloskop
Oscilloscope

- Messgerät zur Darstellung zeitlicher Spannungsverläufe
- Kennliniendarstellung (eine Spannung wirkt auf X-Ablenkung)
- Mit Wandlervorsätzen können auch andere physikalische Größen erfasst werden.

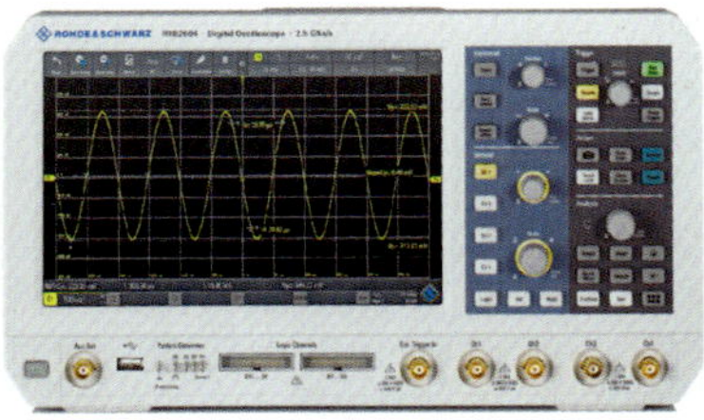

digital
- Darstellung einzelner Messpunkte (begrenzte Auflösung)
- Bei hohen Frequenzen können durch Aliasing (zu geringe Abtastrate) nicht vorhandene überlagerte Signale angezeigt werden.
- Möglichkeit von mehrfarbiger Darstellung, Rechen-, Speicherfunktionen, …

analog
- kontinuierliche Darstellung
- nur periodisch widerkehrende Signale darstellbar (keine einmaligen Verläufe)
- einfarbige Bildschirmdarstellung

Bedienelemente

Beschriftung	Bedeutung
POWER	Netzschalter, Ein-Aus, Rasterbeleuchtung
INTENS HELLIGK	Helligkeitssteuerung des Oszillogrammes
FOCUS	Schärfeeinstellung des Oszillogrammes
INPUT A (B)	Eingangsbuchse für Kanal A (Kanal B), oft Kanal 1 und 2
AC-DC-GND	Eingang: über Kondensator – direkt – auf Masse geschaltet
CHOP	Strahlumschaltung mit Festfrequenz von einem Vertikalkanal zum anderen
ALT	Strahlumschaltung am Ende des Zeitablenkzykluses von einem Vertikalkanal zum anderen
INVERT CH.B	Messsignal auf Kanal B wird invertiert
ADD	Addition der Signale von Kanal A und B
POSITION ↕	Vertikale Bildverschiebung
↔	Horizontale Bildverschiebung

Beschriftung	Bedeutung
X-MAGN	Dehnung der Zeitablenkung
Triggerung: A; B EXT TRIG Line	Zeitablenkung wird getriggert durch – Signal von Kanal A (B) – externes Triggersignal – Signal von der Netzspannung
LEVEL NIVEAU	Einstellung des Triggersignalpegels
AUTO	Endstellung der LEVEL-Einstellungen; Automatische Triggerung der Zeitablenkung beim Spitzenpegel. Ohne Triggersignal ist die Zeitablenkung frei laufend.
+ / –	Triggerung auf positiver bzw. negativer Flanke
TIME/DIV ZEIT/Skt	Zeitmaßstab in µs/DIV, ms/Skt oder ms/cm
VOLTS/DIV V/SkT; V/cm	Vertikalabschwächer für Kanal A und B in mV/DIV oder mV/SkT oder V/cm
CAL	Eichpunkt für Maßstabsfaktoren bei Rechtsanschlag

Funktionen eines Digitaloszilloskops

- **Pre-Trigger**
  Durch fortlaufende Messwertspeicherung können Signale vor dem Triggerzeitpunkt dargestellt werden.
- **Speicher**
  Die Speicherung der Messwerte ermöglicht die Darstellung von einmaligen Signalverläufen.
- **Mathematische Funktion**
  Die Eingangsgrößen können z. B. addiert oder subtrahiert werden.
- **Zoom**
  Nach der Messung können Signalverläufe vergrößert werden.
- **Cursormessung**
  Mit Hilfe eines Cursors können die Messwerte eines Punktes genau ermittelt werden (kein Ablesefehler).
- **Externe Schnittstellen**
  z. B. für Fernbedienung, externe Datenspeicherung/-übertragung

Auswahlkriterien

Allgemein
- Eingangsempfindlichkeit
- Eingangsimpedanz
- Eingangskopplung
- Anstiegzeit
- Bandbreite
- Anzahl der Kanäle
- Triggermöglichkeiten
- Baugröße

Digitaloszilloskop
- Abtastrate
- Speichertiefe
- Binäre Wortlänge
- Schnittstellen
- Displayauflösung

Begriffe

- Messen ist das Ermitteln (vergleichen) des Wertes einer physikalischen Größe mit einer festgelegten gleichartigen **Bezugsgröße**.
- Die **Messgröße** ist eine physikalische Größe, die durch eine Messung erfasst wird.
- **Messwert** ist der zu ermittelnde Wert der Messgröße (Produkt aus Zahlenwert und Einheit).
- **Messergebnisse** sind die Messwerte einer Messgröße einschließlich der Messunsicherheit oder Fehlergrenzen.
- **Messverfahren** werden unterschieden in
  - analoge Messverfahren,
  - digitale Messverfahren,
  - direkte Messverfahren und
  - indirekte Messverfahren.

Messverfahren

Einteilung

analog	digital	direkt	indirekt
Messwert der Messgröße ist eine eindeutig, punktweise stetige Darstellung (z. B. Drehspulmessgerät).	Messwert der Messgröße ist eine zahlenmäßige mit fest gegebenen kleinsten Schritten quantisierbare Darstellung (z. B. Digitalspannungsmesser).	Messwert der Messgröße wird durch Vergleich mit Bezugswert derselben Messgröße gewonnen (z. B. Längenmessung mit Maßstab).	Messwert der Messgröße wird auf andersartige physikalische Größen zurückgeführt (z. B. Widerstandsbestimmung durch Stromstärke und Spannungsmessung).

Messwerte und Messergebnisse

- Messwerte sind mit Messfehlern behaftet.
- Die Ursachen hierfür sind u. a.
  - **systematische** Messfehler (erfasste Ursachen),
  - **zufällige** Messfehler (nicht erfasste Ursachen) und
  - **grobe** Messfehler (vermeidbare Ursachen).
- Die Angabe eines Messergebnisses beinhaltet auch die Angabe der Messunsicherheit (Toleranz).

Messwert	Vollständiges Messergebnis
$x = x_w + e_r + e_s$	$y = M \pm u$
x: Messwert x_w: wahrer Wert e_r: zufällige Messabweichung e_s: systematische Messabweichung	y: Messgröße M: Messergebnis u: Messunsicherheit Beispiel: 2,5 V ± 0,3 V

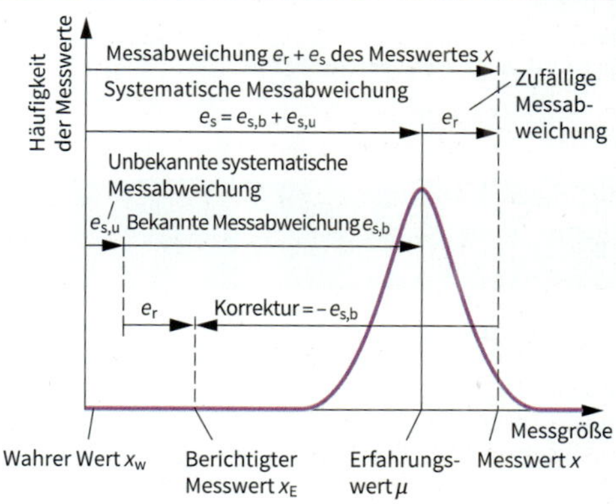

Eichen, Kalibrieren

- Bei der **Kalibrierung** wird der Zusammenhang zwischen dem Messwert der Ausgangsgröße und dem zugehörigen wahren Wert der als Eingangsgröße vorliegenden Messgröße ermittelt.
- Es erfolgt bei der Kalibrierung kein Eingriff in das Messgerät zwecks Einstellung.
- Kalibrieren dient zur Erstellung einer Korrektionstabelle oder zur Ermittlung von Kalibrierfaktoren.
- Bei der **Eichung** werden Messgeräte nach den gesetzlich vorgegebenen Eichvorschriften (Eichgesetz) überprüft. Dabei wird u. a. überprüft, ob die Beträge der Messabweichung die Eichfehlergrenzen nicht überschreiten.
- Die Gültigkeit der Eichung ist zeitlich befristet.
- Die Eichung kann nur bei Geräten erfolgen, die von der PTB (Physikalisch Technischen Bundesanstalt) eine entsprechende Zulassung haben.

Kennzeichnungsbeispiele

Hauptstempel für nationale Eichung

Messgeräte-Eichzeichen (z. B. Elektrozähler)

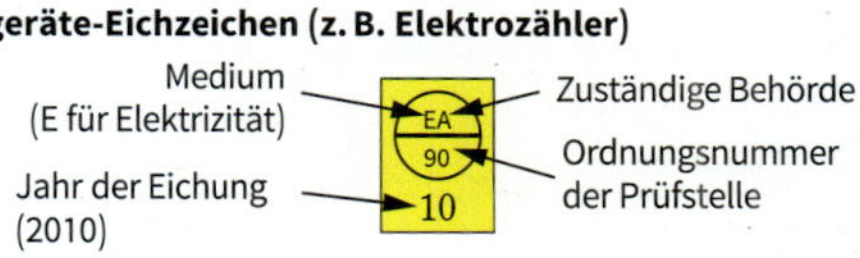

EG-Ersteichung

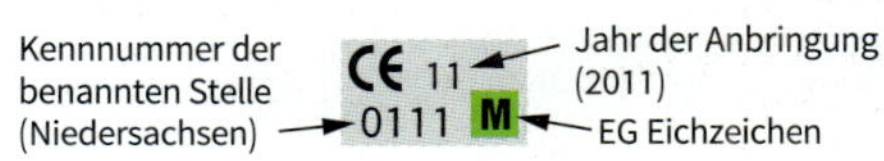

Dynamische Fehlersuche
Dynamic fault locating

Prinzip

Stufenweise Signalzuführung

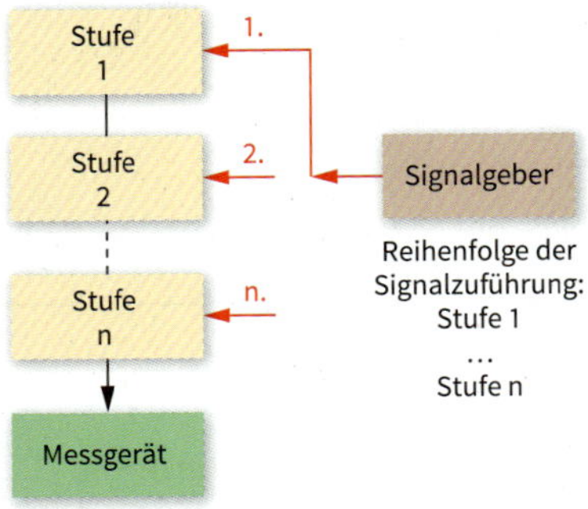

- Ziel: Überprüfung der Funktion einzelner Stufen.
- Das Messgerät befindet sich am Ende einer Signalkette.
- Signale werden den einzelnen Stufen zugeführt.
- Signalgeber darf keine unzulässige Belastung für die Stufen verursachen.

Stufenweise Signalmessung

Beispiel:
- Signalgeber: Wechselspannungsgenerator
- Stufen: z. B. Antennensteckdosen einer Gemeinschaftsantennenanlage
- Messgerät: Wechselspannungsmessgerät

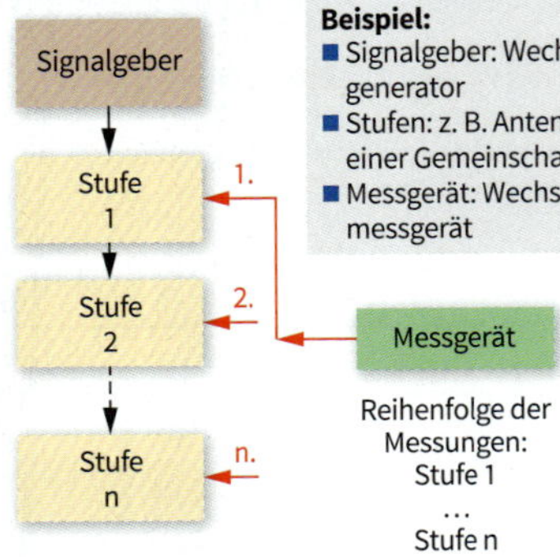

- Ziel: Überprüfung der Funktion einzelner Stufen.
- Das Signal wird der Eingangsstufe zugeführt.
- Der Signalgeber muss so an die Eingangsstufe angepasst sein, dass keine Verfälschungen auftreten.
- Das Signal wird nach den einzelnen Stufen gemessen.

Merkmale

- Voraussetzungen:
  Gerät, Baugruppe, Stufe müssen sich im Betriebszustand befinden.
- Anwendung:
  Signale durchlaufen mehrere Stufen.
- Signalgeber:
  Generatoren für Spannungen, Impulse, Logikpegelgeber, ...
- Messgeräte:
  Spannungsmessgerät, Oszilloskop, Logikanalysator, ...

Statische Fehlersuche
Static fault locating

Durchgangsprüfung

- Anwendung:
  Reihenschaltung von Widerständen, Leitungen usw.
- Messgeräte:
  Einfaches Widerstandsmessgerät oder Durchgangsprüfer
- Auswertung:
  Durchgang ①...② vorhanden, ja/nein

Fehlerfall: R_3 hat Unterbrechung
①...⑥: Messpunkte

Fälle	Reihenfolge der Durchgangsmessung →			
A	① nein	② nein	③ nein	④ ja
B	⑥ ja	⑤ ja	④ ja	③ nein
C	③ ja	④ nein		

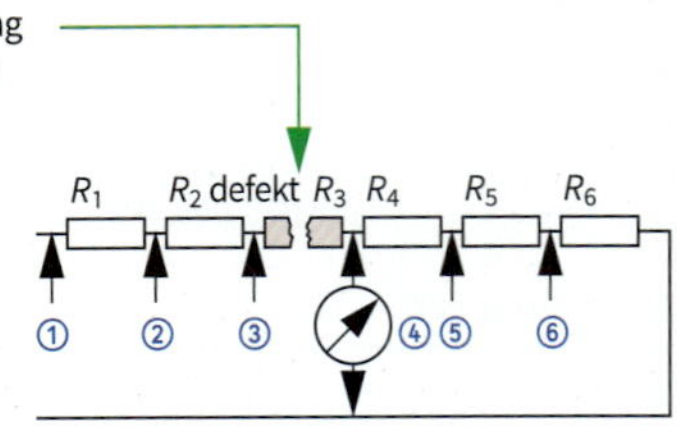

Fehler gefunden

Schlussprüfung

- Anwendung:
  Parallelschaltung von Widerständen, Geräten, Anlagen usw.
- Messgeräte:
  Einfaches Widerstandsgerät, Durchgangsprüfer
- Unterbrechungen ① ... vornehmen, Messgerät beobachten.
  Auswertung: Schluss vorhanden, ja/nein; Ausschlag ändert sich, wenn defektes Element abgetrennt wird.

Fehlerfall: R_3 hat Schluss
①...⑥: Unterbrechungen herstellen

Fälle	Reihenfolge der Schlussmessung →			
A	① ja	② ja	③ nein	
B	⑥ ja	⑤ ja	④ ja	③ nein
C	② ja	③ nein		

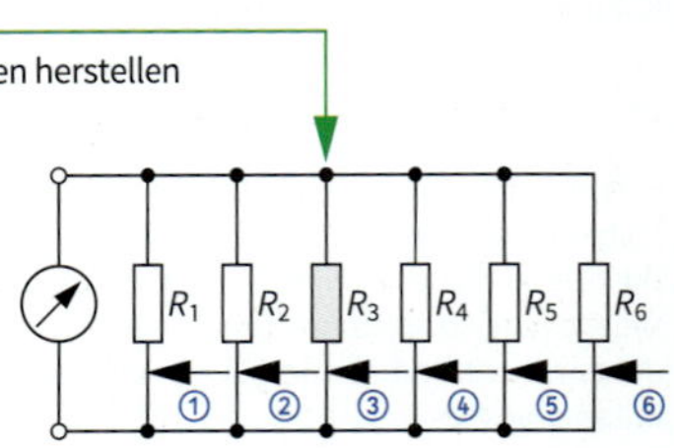

Fehler gefunden

Mechatronisches System

- Mechatronische Systeme sind in der Regel modular aufgebaut.
- Module sind in vielen Fällen autonom funktionsfähig, sie lassen sich separat überprüfen.
- Module haben definierte Schnittstellen.
- Ausgangsgrößen sind eine Funktion von Eingangsgrößen.

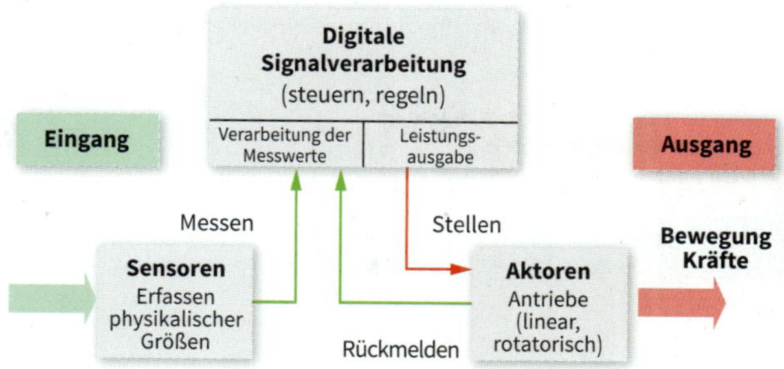

Fehlersuchstrategie

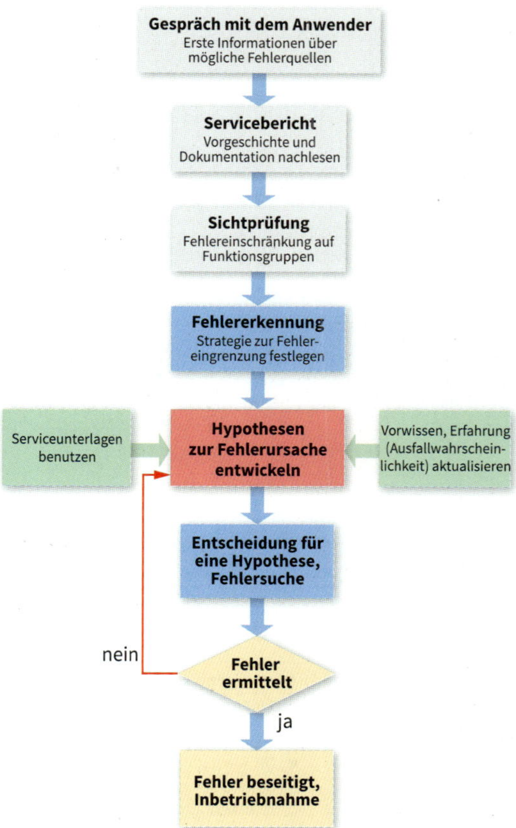

Beispiel für die Reihenfolge einer Inbetriebnahme:

- Sichtprüfung der mechanischen und elektrischen Komponenten
- Hauptschalter auf „EIN“
- Überprüfung der Leistungsteile (Pneumatik, Hydraulik, Elektrik)
- Sicherheitsfunktionen prüfen
- Steuerungssoftware laden
- Feldbus prüfen
- System in Grundstellung fahren
- Gesamtfunktion für verschiedene Betriebsarten erproben

Fehlerbaumanalyse

- **FTA: F**ault **T**ree **A**nalysis (DIN 25 424)
- Methode zum Auffinden von Fehlern
- Sie dient zur Abbildung der Funktionszusammenhänge und zur Quantisierung der Systemzuverlässigkeit.
- Ausgegangen wird von einem „unerwünschten Ereignis“ (Systemausfall). Von „TOP down“ werden die Ausfallzustände der Komponenten und die Bedienungsmaßnahmen ermittelt. Labile und kritische Zustände des Systems müssen erkannt und dargestellt werden.
- Das Ergebnis wird in einer baumähnlichen Struktur dargestellt.
- Die Eintrittswahrscheinlichkeit der Ereignisse kann abschließend mit Hilfe statistisch abgesicherter Daten berechnet werden.

Beispiel:

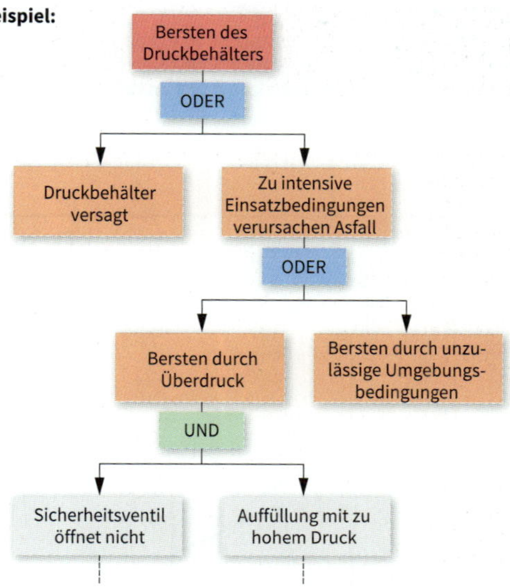

Ereignisablaufanalyse

Ausgegangen wird von einem Anfangsereignis (z. B. Ausfall einer Pumpe). Daraus ergeben sich entsprechende Folgeereignisse, deren Ablauf graphisch dargestellt wird. Die Eintrittswahrscheinlichkeit von Endzuständen kann bei bekannten Wahrscheinlichkeitsdaten ermittelt werden.

Anwendungsbereiche

- Analog zur elektrischen Messtechnik gibt es für die optische Messtechnik eine Reihe von Geräten für die unterschiedlichen Messaufgaben.
- Die Anwendung der Geräte erfolgt u. a.
  - an optischen Bauelementen und
  - Lichtwellenleiter-Übertragungsstrecken

Sicherheitshinweis

Grundsätzlich sollten die Test- und Messanschlüsse der Geräte niemals direkt mit dem Auge betrachtet werden, da durch die austretende Strahlungsleistung irreparable Schäden am Auge entstehen können.

Gerät \ Funktion	Optische Leistung	Lichtquellen-Wellenlänge	Leistungsverlust	Optische Erkennung	Anpassungsdämpfung	Lichtwellenleiteruntersuchung
Leistungsmesser	✓		✓		✓	✓
Dämpfungsmesser	✓		✓	✓	✓	✓
Spektrumanalysator	✓	✓	✓		✓	
Wellenlängenmultiplex-Tester	✓	✓	✓			
Optisches Rückstreumessgerät	✓		✓	✓	✓	✓

Optisches Rückstreumessgerät

- Optische Rückstreumessgeräte (**O**ptical **T**ime **D**omain **R**eflectometer [**OTDR**]) messen die Reflexionen eines in den Lichtwellenleiter eingekoppelten Impulses.
- Reflexionen im Lichtwellenleiter entstehen u. a. durch
  - Steckverbinder
  - mechanische Spleiße
  - Faserbeschädigungen (Anriss)
  - Faserende
- Nicht reflektierende Zustände entstehen zum Beispiel beim
  - Schmelzspleißen
  - unzulässigen Biegungen der Faser
- Die auf dem Messgerät dargestellte Kurve zeigt sowohl die Reflexionsstellen als auch die nicht reflektierenden Ereignisse in Abhängigkeit von der jeweiligen örtlichen Lage (Entfernung von der Messstelle).
- Die ermittelte Dämpfung gibt die Gesamtdämpfung der Übertragungsstrecke wieder (keine absolute Leistungsmessung).
- Als Messimpulse werden optische Impulse mit unterschiedlichen Impulsbreiten verwendet.
- Kurze Impulse (5 ns bis 1 µs)
  - ergeben bessere Entfernungsauflösung, allerdings mit höherem Rauschen
  - dienen zur Verlustmessung an Spleißen oder Steckverbindern in der mittelbaren Nähe
- Lange Impulse (100 ns bis 10 µs)
  - ergeben geringere Auflösung
  - dienen zur Erkennung von Unterbrechungen

Messkurve

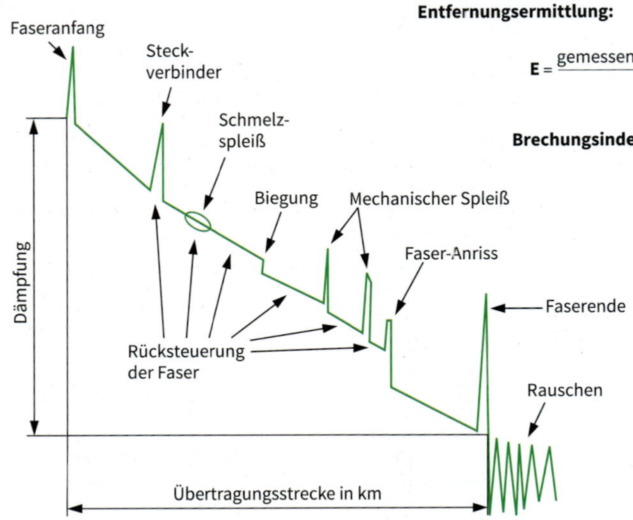

Entfernungsermittlung:

$$\mathbf{E} = \frac{\text{gemessene Rücklaufzeit x Lichtgeschwindigkeit im Vakuum}}{\text{Brechungsindex der Faser}}$$

$$\mathbf{Brechungsindex}^{1)} = \frac{\text{Lichtgeschwindigkeit im Vakuum}}{\text{Geschwindigkeit des Lichtempulses in der Faser}}$$

- Die Messungen erfolgen von beiden Seiten, um z. B. Geister-Reflexionen zu erkennen.
- Diese Reflexionen enstehen u. a. bei der Verbindung von zwei Fasern mit unterschiedlichen Brechungsindizes.

[1)] Der Brechungsindex ist abhängig vom verwendeten Fasermaterial und wird vom Faserhersteller mitgeteilt.

Messprinzip

- Die Messanordnung besteht aus dem Messgerät ① (Senden, Empfangen, Auswerten) und der Remote-Einheit ②.
- Die Messergebnisse werden mit Normwerten verglichen und als erfüllt (pass) oder nicht erfüllt (fail) gekennzeichnet.
- **Channel Link:** Messung der Übertragungsstrecke ohne Steckverbinder
- **Permanent Link:** Messung der Übertragungsstrecke mit Steckverbinder auf beiden Seiten

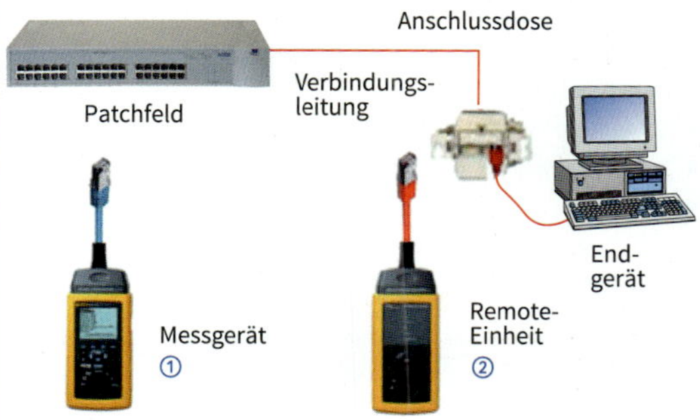

Dämpfung

- **Leitungsdämpfung**
  - Logarithmisches Maß in dB
  - Abhängig von Länge, Frequenz, Wirkwiderstand, induktivem und kapazitivem Belag der Leitung
- **Rückflussdämpfung** (return loss)
  - Leitung wird mit einem Widerstand abgeschlossen

Die Dämpfung der Übertragungsstrecke ändert sich z. B. durch Klemmen oder Anschlüsse in Dosen; Signale werden teilweise reflektiert.

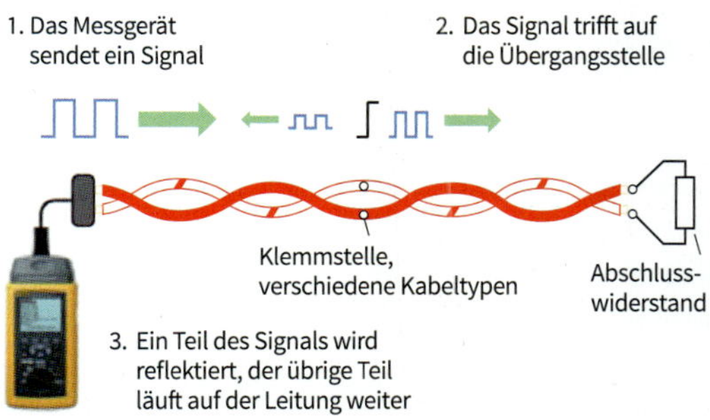

Laufzeit und Länge

- Offener Ausgang
- Über die Signallaufzeit wird die Länge der einzelnen Adernpaare ermittelt und angezeigt.

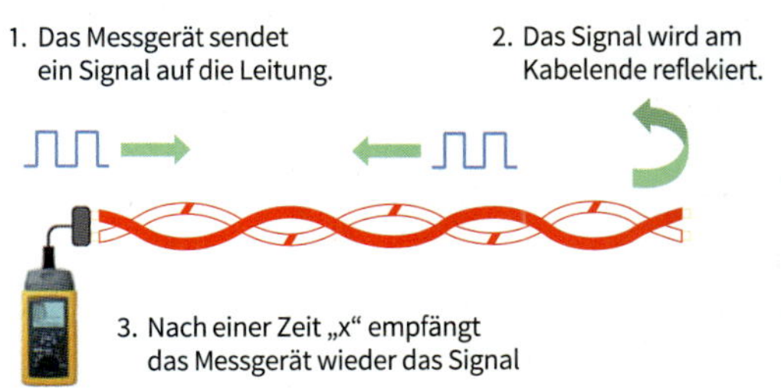

Nebensprechen

- **Nebensprechen** (crosstalk)
  - Das sendende Signal (Leitung 1) induziert eine Spannung in die Leitungspaare 2, 3 und 4.
  - Durch die Kabeldämpfung wird das Nebensprechen mit zunehmender Leitungslänge geringer.

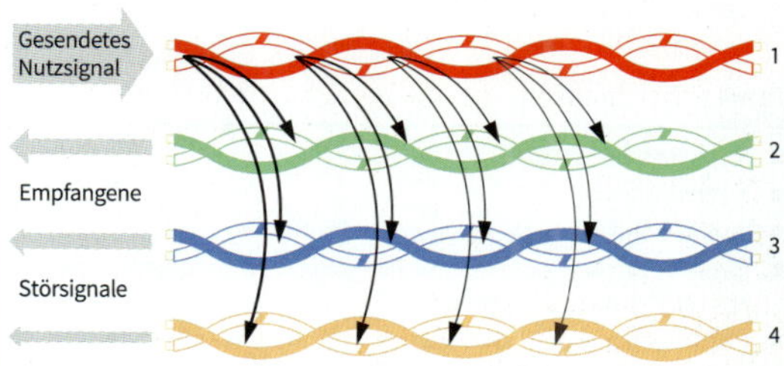

- **Nahes Nebensprechen** (**NEXT**, near end crosstalk)
  - NEXT entsteht zwischen anliegenden Leitungspaaren, z. B. Leitungspaar 1 und 2,
  - ist frequenzunabhängig und verursacht die häufigsten Fehler in Datennetzen.
- **Fernes Nebensprechen** (**FEXT**, far end crosstalk)
  - wird am fernen Ende gemessen und entspricht dem Nahen Nebensprechen (NEXT).

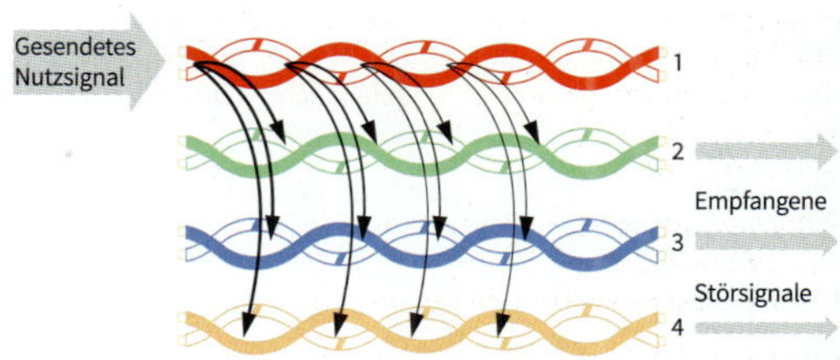

- **Längenabhängiges Nebensprechen am fernen Ende** (**ELFEXT**, equal level far end crosstalk)
  - Den ELFEXT-Wert erhält man, wenn man die Differenz zwischen FEXT und Dämpfung bildet.
  - Der ELFEXT-Wert ist längenunabhängig und kann mit verschieden langen Leitungen verglichen werden.

Rausch-Signal-Abstand

- **ACR: A**ttenuation to **C**rosstalk **R**atio
- Differenz aus dem NEXT-Wert ① und der Dämpfung (ACR = NEXT – Dämpfung)
- Abstand zwischen Nutzsignal und Störsignal
- Je größer der ACR-Wert, desto besser kann das Nutzsignal erkannt werden.
- Der ACR-Wert ist ein Maßstab für die Qualität der gesamten Verbindung.

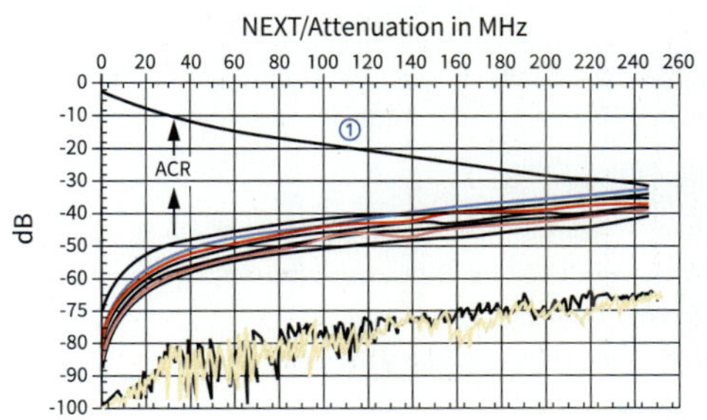

Was ist zu prüfen?

- Elektrische Geräte mit Bemessungsspannung bis 1000 V (Wechselspannung) und 1500 V (Gleichspannung)
- Z. B. Laborgeräte, Mess-/Steuer-/Regelgeräte, Haushaltsgeräte, Elektrowerkzeuge, Verlängerungsleitung, …

Wann ist zu prüfen?

- Nach Instandsetzung
- Nach Änderung
- Wiederkehrend nach festgelegten Prüffristen
- Der Arbeitgeber muss eine Gefährdungsbeurteilung durchführen und Prüffristen festlegen.
- Prüffristen aus der DGUV Vorschrift 3 dienen nur noch als Erfahrungswert und ersetzen die Prüffristermittlung nicht!

Sichtprüfung

Prüfen auf sichtbare Mängel und Eignung für den Einsatzort:

- Schäden an Anschlussleitung
- Schäden an Isolierung
- Mängel an Knick-, Biegeschutz
- Bestimmungsgemäße Verwendung von Stecker und Leitungen
- Mängel an Zugentlastung
- Gehäuse/Schutzabdeckung unbeschädigt
- Anzeichen von Überlastung
- Unzulässige Eingriffe
- Verschmutzung
- Zustand von Luftfiltern
- Dichtigkeit von Behältern für Wasser, Luft, …
- …

Messungen

Schutzleiterwiderstand

- Ordnungsgemäßer Zustand der elektrischen Verbindung zwischen Geräteanschluss und allen mit dem Schutzleiter verbundenen berührbaren leitfähigen Teilen.
- Bei Messung Anschlussleitungen bewegen.

Betriebsstromstärke	Grenzwert
> 16 A	berechneter Widerstand des Schutzleiters
< 16 A	abhängig von Leitungslänge

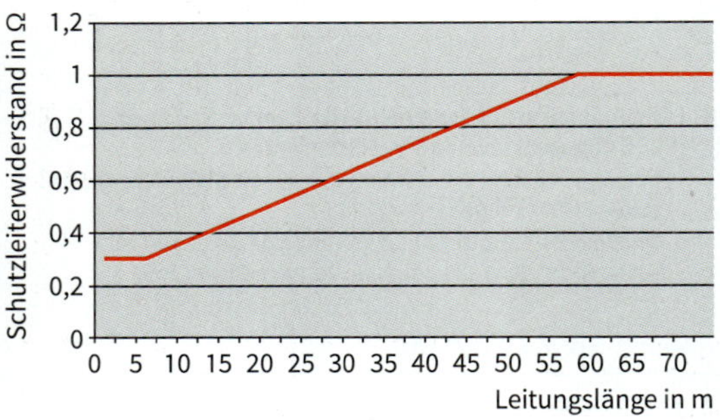

Isolationswiderstand

- Messung zwischen aktiven Teilen und jedem berührbaren leitfähigem Teil
- Grenzwerte für Prüfobjekte:

Prüfobjekt		Grenzwert
Aktive Teile, die nicht zu SELV- oder PELV-Stromkreisen gehören, gegen den Schutzleiter und die mit dem Schutzleiter verbundenen berührbaren leitfähigen Teile.	allgemein	1,0 MΩ
	Geräte mit Heizelementen	0,3 MΩ
	Geräte mit Heizelementen und $P > 3{,}5$ kW	0,3 MΩ [1]
Aktive Teile gegen die nicht mit dem Schutzleiter verbundenen berührbaren leitfähigen Teile (hauptsächlich bei Schutzklasse II, aber auch bei Schutzklasse I möglich)		2,0 MΩ
Aktive Teile, die nicht zu SELV- oder PELV-Stromkreisen gehören, gegen berührbare leitfähige Teile mit der Schutzmaßnahme SELV/PELV (außer Geräte der Schutzklasse III)		
Bei der Instandsetzung/Änderung zwischen den aktiven Teilen eines SELV-/PELV-Stromkreises und den aktiven Teilen des Primärstromkreises		
Aktive Teile mit der Schutzmaßnahme SELV/PELV		0,25 MΩ

[1] Wird der Grenzwert verletzt, ist die Prüfung dennoch bestanden, falls der Schutzleiterstrom den Grenzwert einhält.

Schutzleiterstrom

- Messung mit direktem Verfahren oder Differenzstromverfahren.
- Ersatzableitstromverfahren nur in Sonderfällen
- Grenzwerte:
  - allgemein: ≤ 3,5 mA
  - Geräte mit eingeschaltetem Heizelement > 3,5 kW: 1 mA/kW; maximal 10 mA
  - Bei Überschreitung prüfen, ob gegebenenfalls Produktnormen andere Werte vorgeben.

Berührungsstrom

- Messung an jedem berührbaren leitfähigen Teil, das nicht mit dem Schutzleiter verbunden ist.
- Messung mit direktem oder Differenzstromverfahren
- Ersatzableitstromverfahren nur in Sonderfällen
- Grenzwerte
  - allgemein 0,5 mA
  - Geräte mit Schutzklasse III: Messung nicht erforderlich

weitere Prüfschritte

- Nachweis der sicheren Trennung (SELV und PELV)
- Wirksamkeit weiterer Schutzeinrichtungen
- Funktionsprüfung
- Aufschriften (Typenschild, Sicherheitshinweise)

Auswertung und Dokumentation

- Die Prüfung ist bestanden, wenn alle Einzelprüfungen bestanden sind.
- Durchgefallene Prüflinge kennzeichnen und Betreiber informieren.
- Dokumentation mit Prüfplakette oder elektronische Systeme inkl. Messwerte und Prüfgerät

Schutzleiterwiderstand

Direkte Messung

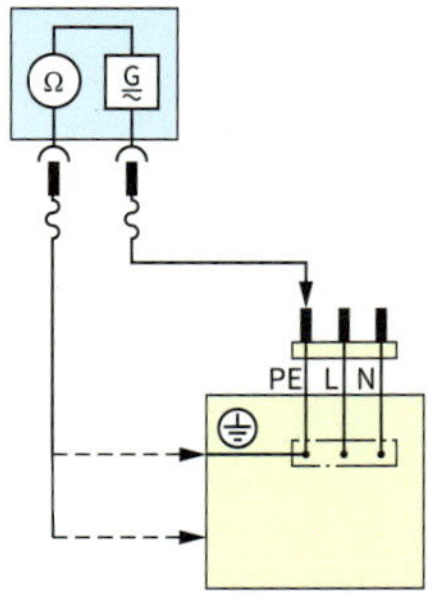

- Prüfling muss außer Betrieb genommen und vom Netzanschluss getrennt werden.

Externer Messpunkt

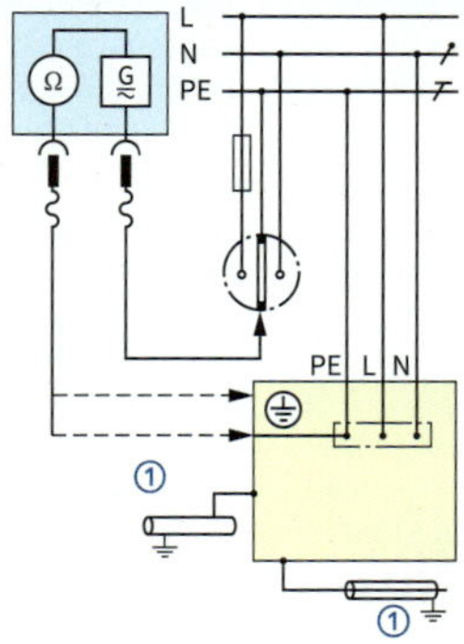

- Prüfling ist fest angeschlossen oder kann nicht außer Betrieb genommen werden.
- Als Zugang zum Schutzleiter ist ein Messpunkt zu suchen, z. B. benachbarte Steckdose.
- Achtung!
  Parallele Erdverbindungen können das Messergebnis beeinflussen (z. B. Schirm von Datenleitungen, Wasserrohre) ①
- Im Extremfall können parallele Erdverbindungen einen Schutzleiter vortäuschen, obwohl dieser fehlt bzw. defekt ist.

Messspannung: AC oder DC, $U_0 = 4\,V \dots 24\,V$; Messstromstärke: maximal 0,2 A

Isolationswiderstand

Mit Schutzleiter

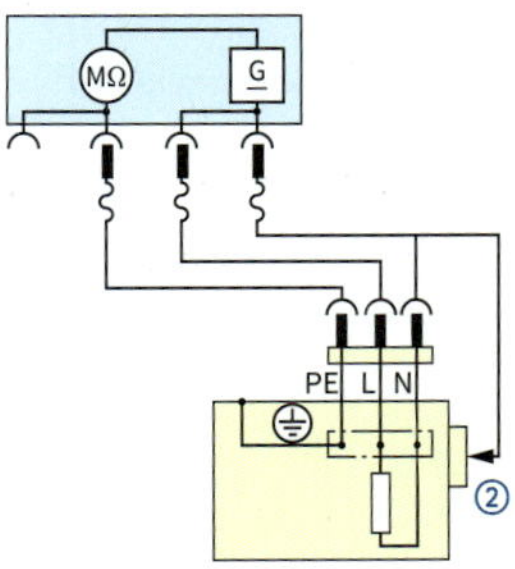

- Messung zwischen PE und aktiven Leitern.
- Zusätzlich leitfähige Teile abtasten, die nicht mit dem Schutzleiter verbunden sind ②.

Ohne Schutzleiter

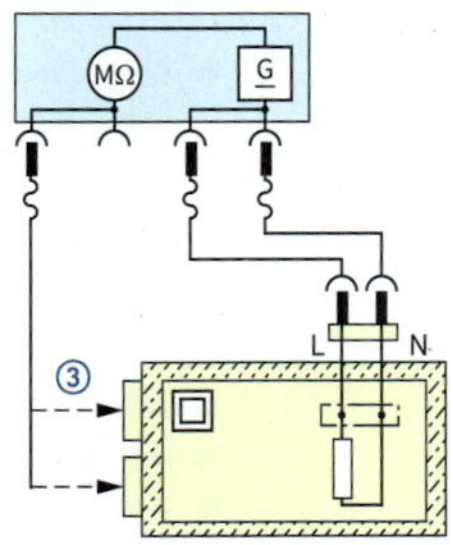

- Berührbare, leitfähige Teile werden mit Prüfsonde abgetastet ③.

Nachweis sicherer Trennung

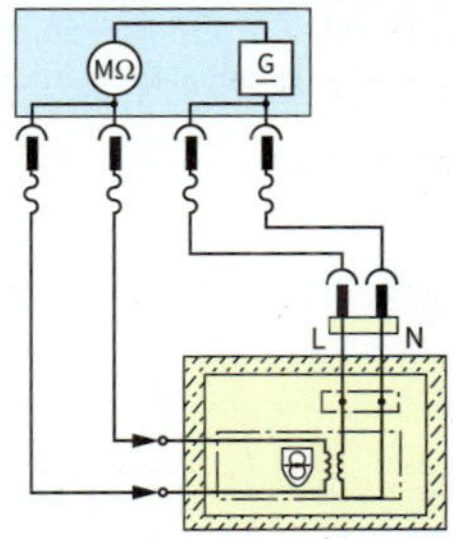

- Isolationswiderstand zwischen Primär-/Sekundärseite gewährleistet die sichere Trennung (Sicherheitskleinspannung).

Schutzleiter-/Berührungsstrom

Schutzleiterstrom

Direktes Messverfahren

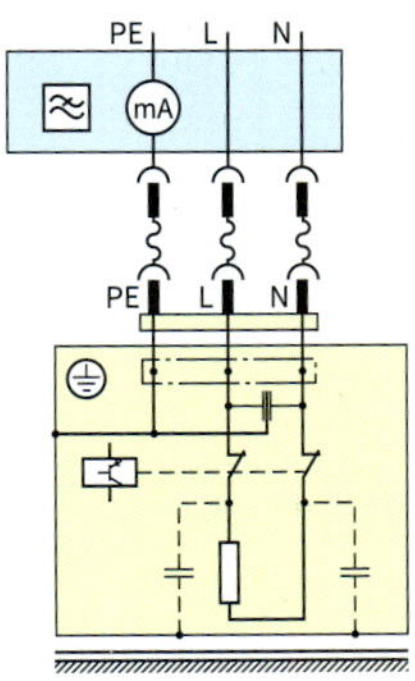

- Gerät muss isoliert zum Erdpotenzial stehen.

Differenzstromverfahren

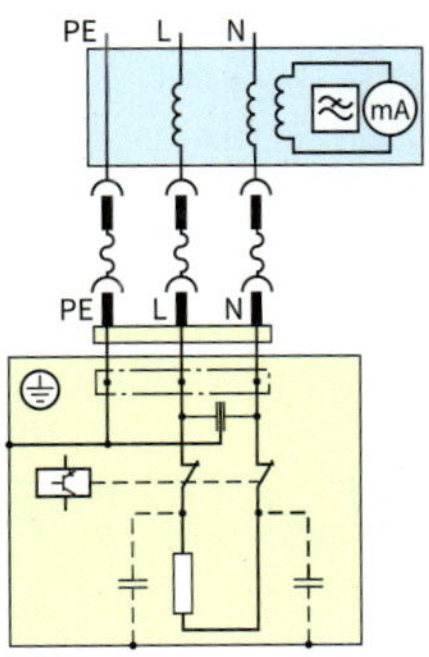

- Bei Festanschluss kann die Messung auch mit Strommesszange erfolgen.

Berührungsstrom

Direktes Messverfahren

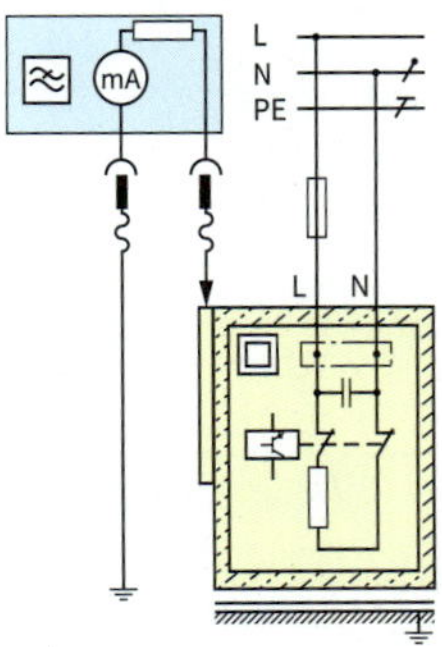

- Gerät muss isoliert zum Erdpotenzial stehen.

Differenzstromverfahren

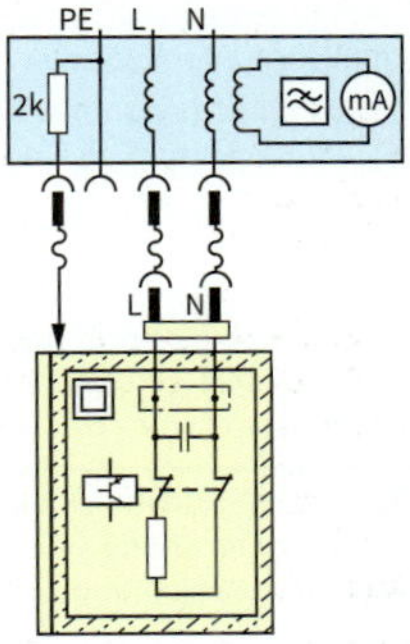

Prüfgrundlage		Dokumentation
Energiewirtschaftsgesetz (EnWG) – Es fordert, Energieanlagen so zu errichten und zu betreiben, dass die technische Sicherheit gewährleistet ist. – Die Einhaltung der anerkannten Regeln der Technik wird durch Anwendung des VDE-Regelwerkes erreicht.	**Berufsgenossenschaften** – Sie fordern in der DGUV Vorschrift 3, dass elektrische Anlagen auf ordnungsgemäßen Zustand geprüft werden. – Prüfanlass: – vor der ersten Inbetriebnahme, – nach einer Änderung, – vor Wiederinbetriebnahme und – in bestimmten Zeitabständen.	– Name, Anschrift und Auftraggeber und Auftragnehmer – Bezeichnung des Prüfobjekts – Verwendete Mess-/Prüfgeräte – Prüfergebnisse einschließlich relevanter Messwerte – Prüfstelle, Prüfer, Prüfdatum – Unterschrift des Prüfers

Prüfablauf	Anforderungen	Grundregel
1. Besichtigen 2. Erproben 3. Messen	– Prüfer muss Elektrofachkraft sein. – Prüfer muss Berufserfahrung haben. – Prüfgeräte müssen DIN EN 61557 (VDE 0413) entsprechen.	Durch Vorkehrungen bei den Prüfungen sind Gefahren für Personen oder Nutztiere auszuschließen sowie Beschädigungen an fremdem Eigentum sowie Betriebsmitteln zu vermeiden. Dies gilt auch, falls im Stromkreis ein Fehler vorliegt.

Prüfinhalte

Allgemeine Hinweise

Erstprüfung	Wiederholungsprüfung
■ Anlagen während der Errichtung und nach Fertigstellung prüfen, bevor sie dem Nutzer übergeben werden. ■ Es ist zu prüfen, ob Anforderungen aus der Normreihe DIN VDE 0100 eingehalten werden.	■ Bestätigung, dass keine Beschädigungen oder Zustandsverschlechterungen vorliegen, welche die Sicherheit beeinträchtigen. ■ Beurteilen, ob sich Umgebungsbedingungen verändert haben und die Anlage noch geeignet ist. ■ Die Prüfungen dürfen stichprobenartig sein, wenn der Anlagenzustand dadurch zu beurteilen ist.

Besichtigen und Bewerten (Auswahl)	Erproben / Messen
■ Prüfen, ob die Anlage – den Sicherheitsanforderungen für Betriebsmittel entspricht, – gemäß DIN VDE 0100 ausgewählt und errichtet wurde und – ohne sichtbare Mängel und Beschädigung ist. ■ Ordnungsgemäße Dokumentation ■ Schutzmaßnahmen eingehalten ■ Eignung von Kabeln, Leitungen und Stromschienen[1)] ■ Eignung und Einstellung von Schutz-/Überwachungsgeräten[1)] ■ Vorhandensein und Anordnung von Trenn-/Schaltgeräten[1)] ■ Eignung elektrischer Betriebsmittel und Schutzmaßnahme bezüglich äußerer Einflüsse ■ Ordnungsgemäße Kennzeichnung von Neutral- und Schutzleiter ■ Anordnung einpoliger Schaltgeräte in Außenleitern ■ Vorhandensein von Schaltungsunterlagen, Warnhinweisen und ähnlichen Informationen ■ Zuordnung Überstromschutz zu Leiterquerschnitt ■ Brandschotts bezüglich Ausführung, Belegung ■ Schaltpläne, Beschriftung, Kennzeichnung vorhanden und aktuell	**Erproben** ■ Isolationsüberwachung ■ RCD durch Prüftaste[2)] ■ Not-Abschaltung ■ Verriegelungen ■ Anzeige-/Meldeleuchten ■ Allgemeine Funktions- und Betriebsprüfungen **Messen** ■ Durchgängigkeit der Leiter[1)] ■ Isolationswiderstand der Anlage ■ Schutz durch SELV, PELV oder Schutztrennung ■ Widerstand von isolierenden Fußböden/Wänden ■ Schutz durch automatische Abschaltung ■ Zusätzlicher Schutz ■ Spannungspolarität ■ Phasenfolge der Außenleiter ■ Spannungsfall[1)] ■ Abschaltbedingungen prüfen durch Messung von – Schleifenwiderstand, – Schutzleiterwiderstand, Erdungswiderstand (TT-System) und – Auslöse-Fehlerstromstärke und Abschaltzeit der RCD.

[1)] vorzugsweise Erstprüfung [2)] vorzugsweise Wiederholungsprüfung

Prüffristen

- Prüffristen sind individuell vom Betreiber zu ermitteln.
- Auftretende Fehler müssen rechtzeitig erkannt werden.
- DGUV Vorschrift 3 ist Richtlinie, muss jedoch an betriebliche Anforderungen angepasst werden.

Anlagen	Maximale Frist
Elektrische Anlagen und ortsfeste Betriebsmittel	4 Jahre
Räume, Anlagen besonderer Art	1 Jahr
RCD in nichtstationären Anlagen (z. B. Baustelle) auf Wirksamkeit	1 Monat
RCD, Differenzstrom-, Fehlerspannungs-Schutzschalter auf Funktion – stationäre Anlagen – nichtstationäre Anlagen	– 6 Monate – arbeitstäglich

Entstörung durch

Geräteauswahl	**Zusatzschaltungen**	**Abschirmung**
Funkenbildung vermeiden	Spannungsspitzen vom Gerät fernhalten und abbauen	Elektromagnetische Fremdfelder vom Gerät fernhalten

Maßnahmen

- Kurzschlussläufer statt Kommutatorläufermotoren einsetzen.
- Elektrische Geräte mit Drosselspulen, Siebgliedern, Widerständen und Funkenlöscheinrichtungen beschalten.
- Leitungen, Geräte und Räume mit Metallfolien umgeben.

Beispiel: Starter für Leuchtstofflampen mit eingebautem Entstörkondensator (Folienwickelkondensator)

Begriffe

- **Funkstörung** ist eine hochfrequente Störung (0,15 MHz … 300 MHz) des Funkempfanges.
- Eine **Dauerstörung** ist eine Funkstörung, die länger als 200 ms andauert.
- **Grenzwertpegel** L (s. Diagramm)
- Die **Knackrate** N ist die Anzahl der Funkstörungen pro Minute.
- Die **Knackstörung** ist eine Funkstörung, die weniger als 200 ms dauert. Der Grenzwertpegel L_Q ist wie folgt zu berechnen:

  $L_Q = L + 44$ für $N < 0{,}2$
  $L_Q = L + 20 \lg \frac{30}{N}$ für $0{,}2 < N < 30$
  $L_Q = L$ für $30 < N$

  Einheit für L_Q:
  – dB (µV) für 0,15 MHz < 1 < 30 MHz
  – dB (pW) für 30 MHz < 1 < 300 MHz

- Der **Funkstörgrad** ist eine frequenzabhängige Grenze für Funkstörungen.
  0 funkstörfrei
  N funkentstört (Normalstörgrad)
  K funkentstört (Kleinststörgrad)
  G grobentstört (Einsatz beschränkt)

Funkschutzzeichen mit Angabe des Störgrades

Grenzwertpegel

a: **Haushaltsgeräte**
b: **Halbleiterstellglieder**
1: am Netz
2: am Verbraucher

c: **Elektrowerkzeuge**
1: bis 700 W
2: 700 W … 1 000 W
3: 1000 W … 2 000 W

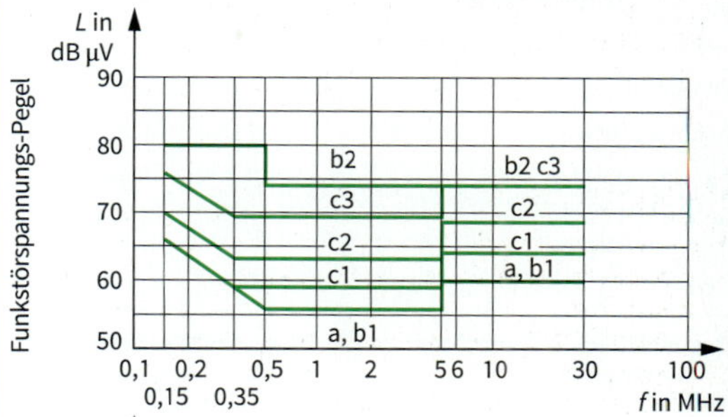

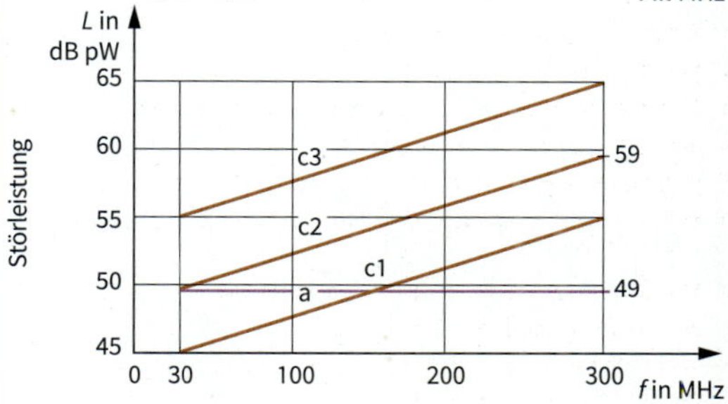

Schaltungen

Beispiel: Funkentstörung am Wechselstrommotor

Störquelle

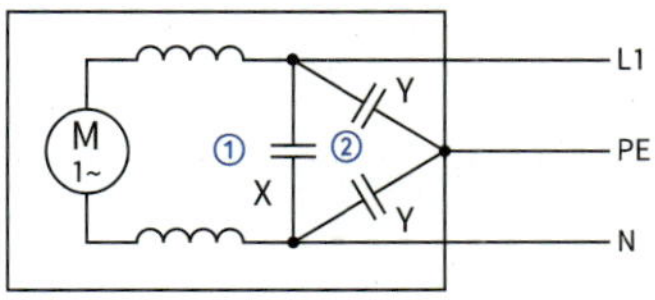

Beispiel: Funkenlöschung bei Schaltern

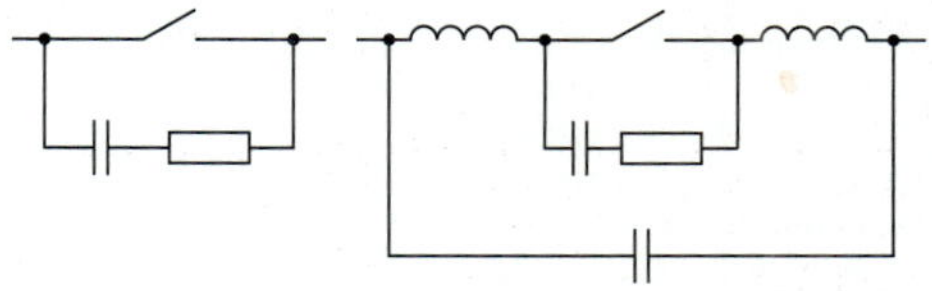

Es ist nur die Verwendung spezieller Funkentstörkondensatoren nach DIN VDE 0565 zulässig:

- **Klasse X**, parallel zum Netz ①
  – X1 für Spitzenspannung $u_{max} \geq 1200$ V
  – X2 für $u_{max} < 1200$ V
- **Klasse Y**, Schaltung zwischen Außenleiter und Neutralleiter sowie Außenleiter und Schutzleiter ②

Merkmale

- Halbleiterbauelemente sind empfindlich gegen die Beeinflussung durch **statische Elektrizität**.
- Statische Elektrizität entsteht durch ein Ungleichgewicht elektrischer Ladungen an der Oberfläche von Materialien.
- Dieses Ungleichgewicht erfolgt in der Regel durch Berühren und Trennen von Materialien (**triboelektrische** Aufladung).
- Die Höhe der dabei entstehenden Spannung ist unter anderem abhängig von den Materialeigenschaften und der umgebenden Luftfeuchtigkeit.
- Beim Ausgleich dieser unterschiedlichen Potenziale entstehen elektrostatische Entladungen (**ESD: E**lectro **S**tatic **D**ischarge).
- Werden diese Entladungen in einen Halbleiter eingeleitet, so entstehen
  - dauerhafte Schäden (Totalausfall) oder
  - eine Veränderung der charakteristischen Werte (Vorschädigung), die zu einem Frühausfall führen.
- Die Schädigungen werden vermieden, wenn entsprechende Maßnahmen bei
  - Fertigung,
  - Lieferung, Lagerung,
  - Verarbeitung, Prüfung und
  - Reparatur

  berücksichtigt werden.
- Maßnahmen sind mindestens:
  - geeignete Bekleidung (keine Kunststoffe)
  - leitfähige Verpackungsmaterialien
  - entsprechend ausgestattete Arbeitsplätze
  - Unterweisung der Mitarbeiter

ESD-Empfindlichkeit

Halbleitertyp	Spannung in Volt
VMOS	30…1200
Mosfet, GaAsfet, EPROM	100… 300
JFET	150…7000
OP-AMP	190…2500
Schottky Diode	300…2500
Film Widerstand	300…3000
Schottky TTL	1000…2500

Spannungen

Vorgang	Relative Luftfeuchtigkeit	
	10–25 %	65–90 %
Laufen über Teppich	35 000 V	1500 V
Laufen über Kunststoffbelag	12 000 V	250 V
Arbeiter am Arbeitsplatz	6 000 V	100 V
Aufnehmen einer Plastiktüte vom Arbeitsplatz	20 000 V	1200 V
Stuhl mit Schaumsitz	18 000 V	1500 V

Arbeitsplatzausstattung

Beispiel: EPA (ESD protected area): ESD-geschützter Bereich

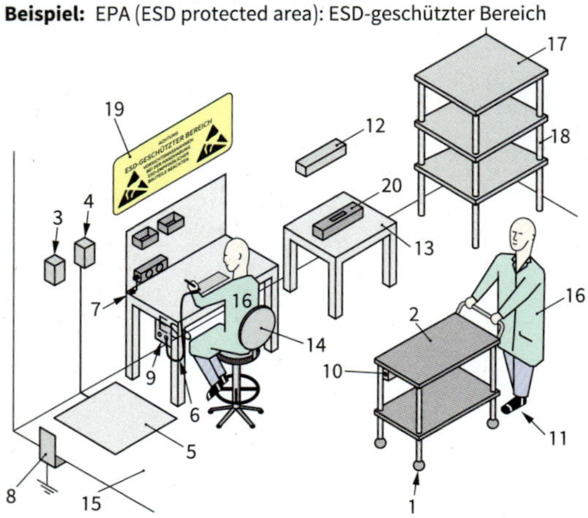

ESD Schutzelemente	Ableitwiderstand in Ω
Arbeitsoberflächen, Lagerregale, Transportwagen und Karren	$1 \times 10^4 \leq R_p \leq 1 \cdot 10^{10}$
Fußböden	$R_g \leq 1 \times 10^9$ (1 GΩ)
Sitzgelegenheit	$R_g \leq 1 \times 10^{10}$ (10 GΩ)
Kleidung	$R_p \leq 1 \times 10^{12}$ (1000 GΩ)
Handgelenkbänder	$R_p \leq 1 \times 10^5$ (100 GΩ)

R_p: Punkt-zu-Punkt-Widerstand
R_g: Erdungspunkt (EPA-Erde)

19

1 Erdungsfähige Rollen
2 Erdungsfähige Oberfläche
3 Prüfgerät für das Handgelenkerdungsband, muss außerhalb der EPA ausliegen
4 Prüfgerät für das Schuhwerk, muss außerhalb der EPA ausliegen
5 Schuhelektrode für Schuhwerkstester
6 Handgelenkband und -kabel (Handgelenkerdungsband)
7 EPA-Erdungskabel
8 EPA-Erde
9 Erdanschlusspunkt (EBP)
10 Erdanschlusspunkt des Wagens
11 ESD-Schutzschuhwerk
12 Ionisator
13 Arbeitsoberflächen
14 Sitzgelegenheit mit erdungsfähigen Füßen und Beinen
15 Fußboden
16 Kleidung
17 Regal mit geerdeter Oberfläche
18 Erdungsfähiges Regal
19 EPA-Schild
20 Maschine

Definitionen

- **EMV** ist die Fähigkeit eines Betriebsmittels,
  - in seiner elektromagnetischen Umgebung funktionsgerecht zu arbeiten und
  - selbst keine elektromagnetischen Störungen zu verursachen, die andere Betriebsmittel in der Nähe stören.
- **Störfestigkeit** beschreibt die Unempfindlichkeit des Gerätes gegen äußere elektromagnetische Beeinflussungen.
- **Störaussendung** beschreibt die elektromagnetische Ausstrahlung des Gerätes in die Umwelt.

Merkmale

- Die **EMV-Richtlinie 2004/108/EG** berücksichtigt ein breites Spektrum an elektrischen Apparaten, Geräten und Systemen (Betriebsmittel).
- Im Einzelfall ist zu klären, ob für das Betriebsmittel diese Richtlinie zur Anwendung kommt.

Störungen

Strahlungskopplung

- Die Strahlungskopplung erfolgt über elektromagnetische Wellen (Fernfeld).
- Elektrische und magnetische Felder können dabei nicht mehr getrennt betrachtet werden (keine quasistationären Felder).
- Der Grenzabstand zwischen Nah- und Fernfeld ist frequenzabhängig (ca. 3 m bei 10 MHz).

Beispiel: Sendeanlagen, Mikrowellengeräte

- **Technische Störursachen**
  - Spannungsschwankungen, z. B. durch Schweißgeräte
  - Spannungseinbrüche, z. B. beim Anlaufen leistungsstarker Motoren
  - Spannungsunterbrechungen, z. B. durch Zuschalten von Leistungstransformatoren
  - Überspannungen, z. B. durch Schalthandlungen im Mittelspannungsnetz
- **Systemfremde Störquellen**
  - Blitzentladungen mit Direkt-, Nah- oder Ferneinschlägen
  - Elektrostatische Entladungen in Form von Gleit-, Büschel-, Funken- oder blitzähnlichen Entladungen
  - Schalten von Sammelschienen mittels Kontakten
  - Kurz-, Erd- und Doppelerdschlüsse
  - Abschalten leerlaufender Hochspannungsleitungen
  - Prellvorgänge an mechanischen Kontakten (Bursts)
  - Ein- und Ausschalten von Leuchtstofflampen
  - Betrieb von Lichtbogenschmelzöfen
  - Zuschalten leerlaufender Kabel
- **EMV-gerechter Anschluss in elektrischen Anlagen**
  - Geschirmte Leitungen: Metallschirm in den Schutzpotenzialausgleich einbeziehen und mit Haupterdungsschiene verbinden
  - Räumliche Trennung von Energie- und Signalleitungen, Verlegung der Leitungen in getrennten Kabelkanälen, Verwendung von Kanälen mit metallener Trennwand
  - Masseverbindungen zum Schutzpotenzialausgleich, Verbindung von unterbrochenen Metallkanälen mit Masseband und Kontaktlack, damit Einbeziehung in die Erdung

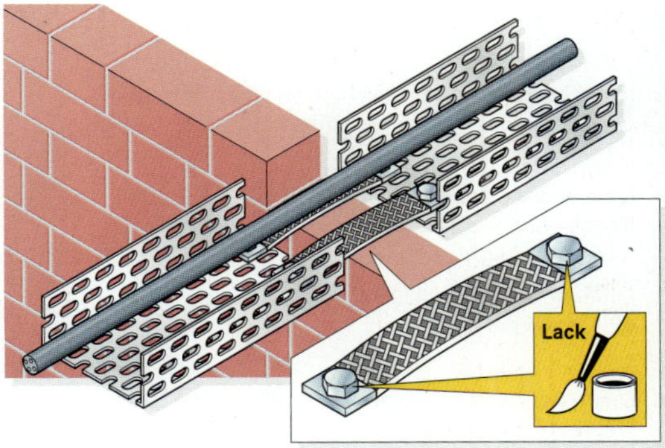

Elektromagnetische Umgebungsklassen

Festlegung der Umgebungsklassen (IEC 61000-2-5)

Klassen	Gültigkeitsbereiche
1	Ländliches Wohngebiet
2	Städtisches Wohngebiet
3	Geschäftsviertel, dicht besiedeltes Wohngebiet
4	Gewerbe- und Industriegebiet
5	Schwerindustriegebiet
6	Verkehrsbereiche
7	Telekommunikationszentren
8	Medizinische Bereiche, Krankenhäuser

Freigabe der Anlage zur Arbeit
durch die verantwortliche Aufsichtsperson
- nach Aufstellen des Sicherheitsschildes und
- Befolgen der Sicherheitsregeln.

5 Sicherheitsregeln

1. **Freischalten**
   Das Anlagenteil muss allpolig und allseitig abgeschaltet werden.
2. **Gegen Wiedereinschalten sichern**
   Nur die an der Anlage tätigen Personen dürfen das betreffende Anlagenteil wieder in Betrieb nehmen.
3. **Spannungsfreiheit feststellen**
   Durch Messung mit Messgerät oder zweipoligem Spannungsprüfer vergewissern, dass keine Spannung gegen Erde am betreffenden Anlagenteil vorhanden ist.
4. **Erden und Kurzschließen** [1)]
   Von der Erdungsklemme ausgehend alle Leiter untereinander verbinden.
5. **Benachbarte, unter Spannung stehende Teile abdecken oder abschranken**
   Durch Abdecken, Abschranken oder Isolieren von spannungsführenden Anlagenteilen soll verhindert werden, dass diese Teile berührt werden können.

1) In Anlagen mit Bemessungsspannungen bis 1 kV darf unter bestimmten Umständen hiervon abgewichen werden (vgl. DIN VDE 0105-100, Punkt 6.2.4.2)

Verhalten bei Unfällen durch Strom
- Schnelle Hilfe für den Verunglückten, da lebensbedrohende Folgen bei längerer Stromeinwirkung auf den Körper.

Erste Hilfe je nach Notfallsituation

Spannung abschalten.

Verunglückten aus dem Gefahrenbereich bringen.

Arzt oder Rettungsdienst rufen.

Verletzung feststellen.

Bei Atmung Verunglückten in stabile Seitenlage bringen.

Bei Atem- oder Kreislaufstillstand Atemspende oder Herzmassage veranlassen.

Bei Schock Verunglückten in Schocklage bringen.

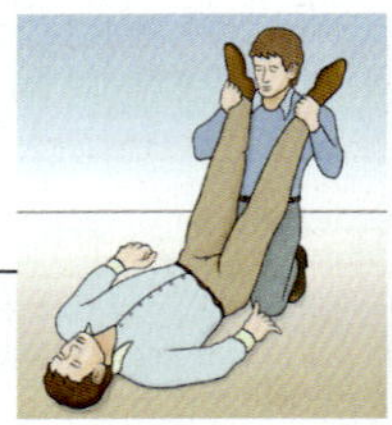

Maßnahmen vor dem Wiedereinschalten nach beendeter Arbeit

1. Werkzeug und Hilfsmittel entfernen.
2. Gefahrenbereich verlassen.
3. Kurzschließung und Erdung zuerst an der Arbeitsstelle, dann an den übrigen Stellen aufheben **1**.
4. Anlagenteile und Leitungen ohne Erdungsseil dürfen nicht berührt werden.
5. Entfernte Schutzverkleidungen **2** und Sicherheitsschilder wieder anbringen.
6. Schutzmaßnahmen an den Schaltstellen erst nach Freimeldung von den Arbeitsstellen aufheben.

2

1

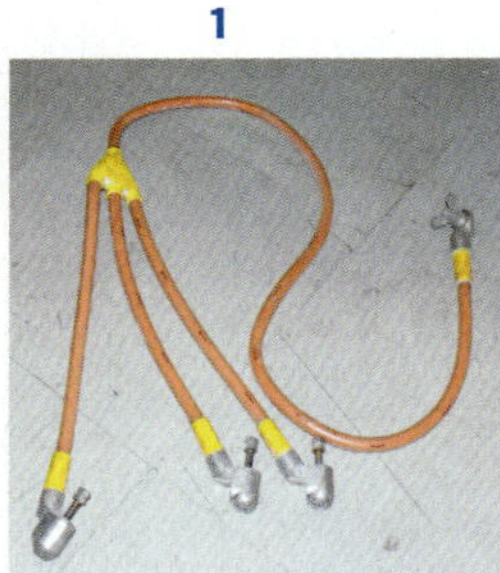

Arbeitsbedingungen

- ohne Spannung
- unter Spannung
- in der Nähe unter Spannung stehender Teile

Arbeit unter Spannung

Ausführung nur unter folgenden Bedingungen:
- Keine Brand- oder Explosionsgefahr
- Keine ungünstigen Witterungsverhältnisse (z. B. hohe Luftfeuchtigkeit)

Voraussetzungen für Elektrofachkraft und Werkzeug:
- Spezielle Ausbildung
- Vorgeschriebene persönliche Schutzausrüstung
- Geeignetes Werkzeug für die Betriebsspannung
- Regelmäßige Überprüfung von Werkzeug und Schutzausrüstung
- Spezielle Anweisung an die ausführende Person durch den Verantwortlichen

Merkmale zur Schutzausrüstung

- **PSA** (**P**ersönliche **S**chutz**a**usrüstung)
  - Arbeitsmittel, die vom Arbeitgeber bereitgestellt werden.
  - Dienen zur Verminderung von Gefährdungen bei Arbeiten in elektrischen Anlagen (z. B. Instandhaltung TRBS 1112)
  - Anwendung bei Arbeiten **in der Nähe von** bzw. **an unter Spannung stehender Anlagen**.
  - **Kennzeichnung** des zulässigen Anwendungsbereichs, z. B. Eignung für **A**rbeiten **u**nter **S**pannung (**AuS**).
  - **Prüfung** vor jeder Benutzung auf augenfällige Mängel (äußere erkennbare Schäden) durch Anwender.
  - Beachtung der Prüffristen für Wiederholungsprüfung DGUV Vorschrift 3.

Arbeiten in der Nähe unter Spannung stehender Teile

Arbeiten in elektrischen Anlagen, bei denen Personen mit Körperteilen, Werkzeug oder anderen Gegenständen in die Annäherungszone gelangen können, die Gefahrenzone aber nicht erreichen.

- **Annäherungszone**
  - hängt ab von der Bemessungsspannung U_N und
  - wird begrenzt durch den Abstand D_V von unter Spannung stehenden Teilen.

  Dabei müssen alle unter Spannung stehenden Anlagenteile sicher abgedeckt werden (vgl. Sicherheitsregel 5).

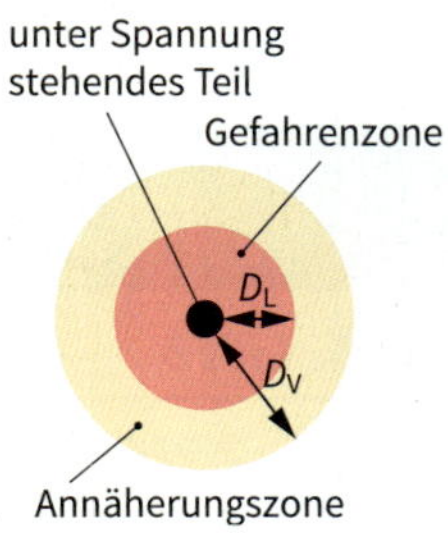

Arbeiten von Nicht-Elektrofachkräften innerhalb der Annäherungszone dürfen nur unter Aufsicht von Elektrofachkräften durchgeführt werden.

- **Gefahrenzone**
  - ist der Bereich, der durch Abstand D_L begrenzt wird und
  - in dem **keine Arbeiten** vorgenommen werden dürfen.
- **Richtwerte für die Abstände D_V und D_L** (Auswahl)

Bemessungsspannung U_N in kV	Mindestabstände in Luft	
	D_V in mm	D_L in mm
≤ 1	300	–
6	1120	90
10	1150	120
20	1220	220
110	2000	1000

- **Besondere Anforderungen**
  - Elektrofachkraft muss Zusatzqualifikation besitzen.
  - Arbeitsverantwortliche muss vor Ort die Arbeitenden einweisen und beaufsichtigen.
  - Arbeitsstelle muss nach außen durch Abschrankungen und Schilder kenntlich gemacht werden.

Arten (Auswahl)

Elektrisch isoliertes Handwerk	DIN EN 60900 VDE 0682-201
NH-Sicherungsaufsteckgriff	DIN 57680-4 VDE 0680-4
Elektrisch isolierende Handschuhe	DIN EN 60903 VDE 0682-311
Elektrisch isolierende Schuhe	DIN EN 50321 VDE 0682-331
Elektrisch isolierende Matte	DIN EN 61111 VDE 0682-512
Elektrisch isolierende Abdecktücher	DIN EN 61112 VDE 0682-511
Elektrisch isolierender Arbeitsschutzhelm	DIN EN 50365 VDE 0682-321

Gesundheitliche Risiken nach **ICNIRP**:
(**I**nternational **C**ommission on **N**on-**I**onizing **R**adiation)

- Gewebeerwärmung durch HF-Absorbtion
- Wirkung induzierter Ströme (f < 500 kHz) auf Nerven- und Muskelzellen
- Verbrennungen und Elektroschocks durch Berühren von leitenden Gegenständen
- Höreffekte
- Krebsentstehung und -förderung
- Wirkungen bei Modulation von HF-Strahlung mit ELF-Frequenzen

Spezifische Absorbtionsrate SAR

$$SAR = \frac{\text{absorbierte HF-Leistung}}{\text{Körpermasse}} \text{ in } \frac{\text{W}}{\text{kg}}$$

SAR-Grenzwerte
(Absorbierte HF-Energie während 6 min) in W/kg

Gesamter Körper		Körperteile je 10 g Masse
Allgemein	Arbeitsbereich	
0,08	0,4	2

Warnung vor elektromagnetischem Feld

Gefahren von Personen bestehen
- **unmittelbar** durch direkte Einwirkung
- **mittelbar** durch Berühren von elektrisch leitfähigen Gegenständen

Schutzmaßnahmen:
- Bereiche, in denen die Grenzwerte überschritten werden, absperren und auf die Gefahr hinweisen
- Von unterwiesenen Personen zugängliche Bereiche durch Kennzeichnung abgrenzen.
- Leistungsreduzierung, Abschirmung u. a.

Beispiele

Quelle	f in MHz	Abstand in m	S in W/m²	Grenzwerte[1)] in W/m²
UKW	100	500	0,160	2,0
VHF	80	500	0,959	2,0
UHF	600	500	4,543	3,1
D-Netz-Stataion	950	10	0,798	4,8
E-Netz-Station	1840	20	0,100	9,4
UMTS-Station	2140	20	0,079	10,9

[1)] Grenzwerte laut 26. Bundesemissionsschutzverordnung (BlmSchV)

S: Exposition Leistungsflussdichte

Strahlenschutz
Radiation protection
Strahlenschutzverordnung (Strl.SchV)/2017-01

Aktivität A

$$\text{Aktivität} = \frac{\text{Anzahl der Kernumwandlungen}}{\text{Zeit}}$$

$A = \frac{\Delta N}{\Delta t}$ $[A] = 1\ \text{Bq} = 1\ \text{s}^{-1}$ $1\ \text{Ci} = 3{,}7 \cdot 10^{10}\ \text{s}^{-1} = 3{,}7 \cdot 10^{10}\ \text{Bq}$

Bq: Bequerel Ci: Curie

Warnung vor gefährlicher Strahlung

Energiedosis D

$$\text{Energiedosis} = \frac{\text{absorbierte Energie}}{\text{Masse}}$$

$D = \frac{\Delta W}{\Delta m}$ $[D] = 1\ \text{Gy} = 1\ \text{J/kg}$ Gy: Gray

Äquivalentdosis H; Qualitätsfaktor $\overline{Q}$

Äquivalentdosis = Energiedosis · Qualitätsfaktor
$H = D \cdot \overline{Q}$ $[H] = 1\ \text{Sv} = 1\ \text{J/kg}$ $1\ \text{rem} = 10^{-2}\ \text{Sv}$
Sv: Sievert

Strahlenart	$\overline{Q}$
Röntgenstrahlen, Gammastrahlen	1
Beta- und Elektronenstrahlen	1
Thermische (langsame) Neutronen	2,3
Schnelle Neutronen, Protonen	10

Grenzwerte der Körperdosis (Berufslebensdosis)

Körperteile	Maximalwerte in mSv		Körperteile	Maximalwerte in mSv	
	Mit strahlendem Material arbeitende Personen[1)]	Bevölkerung		Mit strahlendem Material arbeitende Personen[1)]	Bevölkerung
Keimdrüsen, Knochenmark (rot)	50	–	Haut, Hände, Füße, Knöchel	500	50 (Haut)
Augenlinse	150	15	Effektive Dosis	20	1

[1)] Die Summe aller effektiven Dosen darf 400 mSv nicht überschreiten.

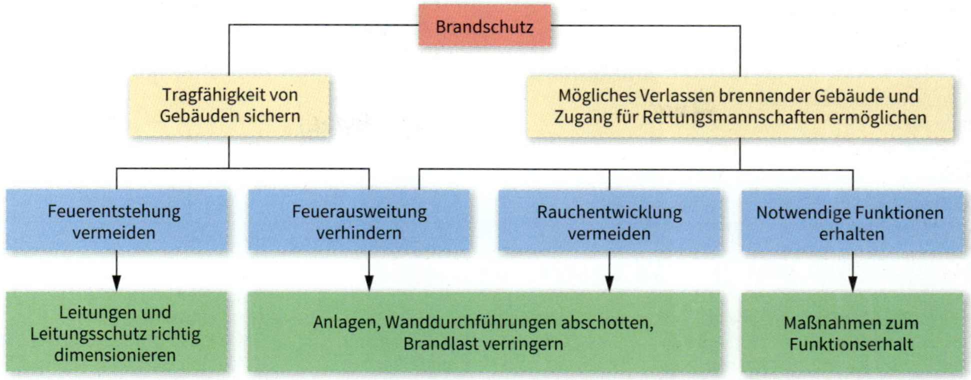

Begriffe

Brandabschnitt	Abschnitt eines Gebäudekomplexes, der durch Brandwände abgegrenzt ist.	Feuerwiderstandsklasse	Mindestdauer, die ein Bauteil genormter Anforderungen bei definiertem Brandversuch widersteht.
Brandwand	Wand zwischen Brandabschnitten mit dem Ziel, die Ausbreitung von Feuer und Rauch zu verhindern.	Kurzzeichen	**Beispiel:** F 90 (Dauer in Min.) F: Brandwände T: Türen, Tore, Klappen S: Kabelabschottungen E: Funktionserhalt elektrische Leitungen I: Installationsschächte/-kanäle
Brandlast	Energiemenge von Baustoffen, die bei Verbrennung freigesetzt wird.		

Durchführung durch Brandwände

Brandschutzrahmen	Brandschutzmörtel/-spachtel	Brandschutzkissen
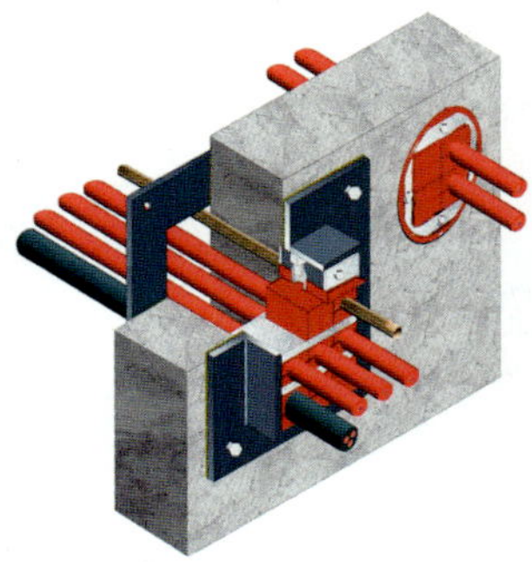		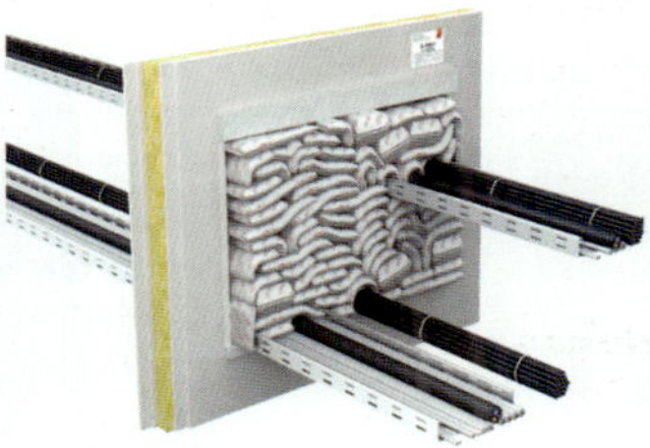
■ Rahmen kann geöffnet und wieder verschlossen werden. ■ Einfache Nachinstallation möglich.	■ Dauerhafte Schottungen, nur durch Zerstören zu öffnen.	■ Einzelne Kissen werden um die Kabel gelegt. ■ Einfache Nachinstallation möglich. ■ Kissen quellen im Brandfall auf und verschließen die Durchführung.
Installationen müssen von Fachfirmen durchgeführt und mit Firmenname, Funktionserhaltungsklasse, Prüfzeugnisnummer und Herstellungsjahr gekennzeichnet sein.		

Brandlast verringern

Kabel geringer Brandlast	Abschottung
■ sind schwer entflammbar, ■ setzen wenig toxische und korrosive Gase frei und ■ hemmen Brandfortleitung.	■ Anlage wird durch schwer entflammbare Materialien umbaut. ■ Brände können Leitungen nicht entflammen. ■ Unterbau (Wand, Decke) muss massiver Beton sein.

Voraussetzungen

- Zündwillige Gemische aus Sauerstoff und brennbaren Stoffen (Gase, Dämpfe, Stäube) und
- Zündquelle mit ausreichender Zündenergie

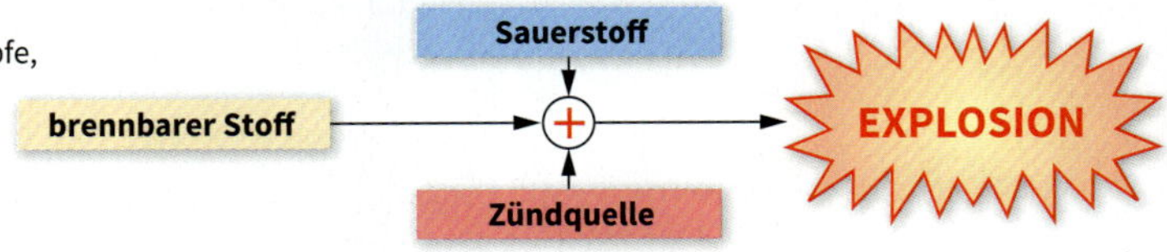

Schutzkonzepte

Primär	Sekundär	Tertiär
■ Bildung einer explosionsfähigen Atmosphäre vermeiden durch: – Substitution brennbarer Stoffe – Inertisierung (Sauerstoff verdrängen durch z. B. Stickstoff oder Kohlendioxid) – Konzentration des brennbaren Stoffes begrenzen – natürliche oder technische Lüftung	■ Zündung der explosionsfähigen Atmosphäre verhindern. ■ Beispielmaßnahmen: – EX-Zonen geben Wahrscheinlichkeit und Dauer des Auftretens von EX-Atmosphäre an. – Explosionsgeschütze Geräte vermeiden die Bildung einer wirksamen Zündquelle	■ Anlagen halten einer Explosion stand und stellen keine Gefahr dar. ■ Beispielmaßnahmen: – explosionsdruckstoßfeste Geräte halten einmalig Explosionsdruck aus – explosionsfeste Anlagen halten Explosionsdruck mehrmals ohne Beschädigung stand.

Explosionskenngrößen (Auswahl)

- Stoffe unterscheiden sich bezüglich ihrer Explosionseigenschaften.
- Für die Beurteilung der Explosionsgefahr sind die Explosionskenngrößen erforderlich.
- Sie werden für Stäube und Gase/Dämpfe unterschieden und sind aus Stoffdatenblättern oder Datenbanken zu entnehmen.

Gase und Dämpfe	Stäube
■ **Zündtemperatur** gibt an, ab welcher Temperatur ein zündfähiges Gemisch explodiert. Die Zündtemperaturen sind in Temperaturklassen (T1 ... T6) eingeteilt. ■ **Explosionsgruppen** geben an, welche Zündenergie (z. B. bei Funken) nötig ist, um das Gemisch zu zünden. Sie sagt auch aus, welche Zündspaltweiten vor Ausbreitung der Explosion schützt.	■ **Glimmtemperatur** gibt an, ab welcher Temperatur sich eine 5 mm dicke Staubschicht entzünden kann. Sie reduziert sich mit zunehmender Staubdicke. Geräte müssen mindestens 75 K kühler als die Glimmtemperatur sein. ■ **Mindestzündtemperatur** gibt an, bei welcher Temperatur das Staub-Luftgemisch zündet. Gerätetemperatur darf maximal ⅔ der Mindestzündtemperatursein.

Kenngrößen von Gasen und Dämpfen

Temperaturklasse	Explosionsgruppen				Zündtemperatur der Stoffe
	I	II A	II B	II C	
T1	Methan	Aceton, Aethan, Ethylacetat, Ammoniak, Benzol (rein), Essigsäure, Kohlenoxyd, Methanol, Propan, Toluol	Stadtgas (Leuchtgas)	Wasserstoff	> 450 °C
T2	–	Ethylalkohol, i-Amylacetat, n-Butan, n-Butylalkohol	Ethylen	Acetylen	300 °C ... 450 °C
T3	–	Benzin, Dieselkraftstoff, Flugzeugkraftstoff, Heizöl, n-Hexan	–	–	200 °C ... 300 °C
T4	–	Acetaldehyd, Ethylether	–	–	135 °C ... 200 °C
T5	–	–	–	–	100 °C ... 135 °C
T6	–	–	–	Schwefelkohlenstoff	85 °C ... 100 °C

Zoneneinteilung

Gerätegruppe I		Gerätegruppe II				
für den Einsatz unter Tage		Häufigkeit vorhandener explosionsfähiger Atmosphäre	brennbare Gase, Dämpfe und Nebel	Gerätekategorie	brennbare Stäube	Gerätekategorie
M1	Betrieb bei EX-Atmosphäre	ständig, langzeitig	Zone 0	II 1G	Zone 20	II 1D
M2	Abschaltung beim Auftreten explosionsfähiger Atmosphäre	gelegentlich	Zone 1	II 2G	Zone 21	II 2D
		selten, kurzzeitig	Zone 2	II 3G	Zone 22	II 3D

Zündschutzarten elektrischer Geräte

	Schutzart, Kurzzeichen		Zone	Funktionsprinzip, Anwendung
Gase/Dämpfe	erhöhte Sicherheit 	e eb[1)]	1	■ Nur bei Geräten einsetzbar, die im Flüssigkeitsbetrieb keine Funken bilden. Funkenbildung bei Fehlern wird durch verstärkte Konstruktion vermieden ■ Verstärkte Ausführung von Querschnitten, mechanischer Beständigkeit, elektrostatischer Ableitfähigkeit, … ■ Anwendung bei Geräten mit nichtfunkenden Komponenten z. B. Kurzschlussläufer-Motoren, Klemmendosen, …
	druckfeste Kapselung 	d db[1)]	1	■ Gehäuse hält möglichen Explosionen stand. ■ Über definierte Spalte baut sich der Explosionsdruck nach außen ab und begrenzt bei der Explosionsausbreitung die Energie. So wird die Zündung der EX-Atmosphäre außerhalb des Gerätes vermieden. ■ Anwendung bei funkenden Geräten, z. B: Stecker, Schalter, Leuchten
	Überdruck-Kapselung 	px pxb[1)] py pyb[1)] pz pzb[1)]	1 1 2	■ Gehäuse wird mit Luft oder inertem Gas gespült, so dass innerhalb keine EX-Atmosphäre besteht. ■ Elektrische Komponenten werden erst nach vorgegebener Spülzeit zugeschaltet. Bei Ausfall der Spülung oder Öffnen des Gehäuses erfolgt eine Abschaltung. ■ Anwendung z. B. von Standardgeräten (Schütze, Drucker, Regler, große Motoren …) in explosionsgefährdeten Bereichen.
	Eigensicherheit 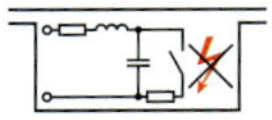	ia ib ic	0 1 2	■ Die Energie im eigensicheren Stromkreis ist so gering, dass die Zündenergie der Gase/Dämpfe nicht erreicht wird. ■ Mögliche Funken bei Kurzschluss oder Leiterunterbrechung führen nicht zur Explosion. ■ Anwendung bei Mess-, Steuer- und Regelungsanwendungen
	Ölkapselung 	o ob[1)]	1	■ Zündfähige Komponenten werden in einem Ölbad gehalten. ■ Der Zündfunke ist damit von der EX-Atmosphäre entkoppelt und wird bei seiner Ausbreitung vom Ölbad gekühlt. ■ Anwendung z. B. bei Transformatoren, Anlasswiderständen
	Sandkapselung 	q qb[1)]	1	■ Zündfähige Komponenten werden in einem Gehäuse von Sand oder Glaskörnern umgeben. ■ Zündfunke muss durch die Zwischenräume und verliert Energie ■ Anwendung bei elektronischen Schaltungen, Kondensatoren, …
	Vergusskapselung 	ma mb mc	0 1 2	■ Zündfähige Komponenten werden vergossen. ■ Die EX-Atmosphäre wird so von der Zündquelle entkoppelt. ■ Anwendung, z. B. bei elektronischen Schaltungen
	„n“	nA nC nR	2 2 2	■ Reduzierte Anforderungen für Zone 2 ■ Ausschließlich für nichtfunkende Betriebsmittel ■ Anwendung z. B. bei Leuchten, Klemmdosen, …
	optische Strahlung 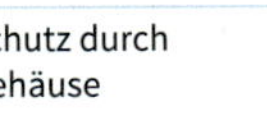	op opA[1)] opB[1)] opB[1)]	0 1 2	■ Optische Strahlung wird entweder in der Energie begrenzt (Vergleichbar mit Eigensicherheit), gegen Beschädigung geschützt oder so abgesperrt, dass sie nicht zündwirksam wird. ■ Anwendung z. B. bei Laserübertragungen, LWL-Anbindungen, …
Staub	Schutz durch Gehäuse	ta tb tc	20 21 22	■ Gehäuse wird vor Eindringen explosionsfähiger Atmosphäre geschützt. ■ Oberflächentemperatur wird begrenzt. ■ Anwendung bei Klemmkästen, Leuchten, Motoren

■ Zündschutzarten werden einzeln oder kombiniert angewendet. [1)] Alternatives Kurzzeichen der Zündschutzart

Kennzeichnung explosionsgeschützter Geräte

Beispiel:

①	CEAG	eLLK 98766/36
	CEAG Sicherheitstechnik GmbH. Senator-Schwartz-Ring 26, 59494 Soest	
②	S. Nr.: D 123456 ③ 2016 ④ Ex	⑤ II 2 G ⑥ CE 0102
	PTB 15 ATEX 1243 ⑦	⑩ 110-254 V 50-60 Hz
	Ex de IIC T4 Gb ⑧	⑩ 110-230 V DC
⑨	Lampe: G13 81-IEC-1305-2	Ta ≤ 50 °C ⑩

Typenschild nach ATEX-Richtlinie 2014/34/EU

① Herstellername, -anschrift (ggf. Internetadresse) und Logo
② Seriennummer
③ Baujahr
④ Kennzeichnung für explosionsgeschützte Geräte in Verbindung mit ⑤
⑤ Gerätegruppe
⑥ CE-Zeichen mit Nr. der Prüfstelle für Fertigungsüberwachung
⑦ Prüfnummer
⑧ Zündschutzart, Temperaturklasse
⑨ Betriebsmittelkennzeichnung
⑩ Betriebsparameter

Richtlinie 2014/34/EU (ATEX)

- Diese Richtlinie regelt das Inverkehrbringen von Geräten, Schutzsystemen, Sicherheits-, Kontroll- und Regelvorrichtungen zur Verwendung im explosionsgefährdeten Bereich.
- Die Richtlinie 2014/34/EU richtet sich an Hersteller, Händler, Importeure und Betreiber mit Eigenverwendung selbst hergestellter Produkte.
- Sie wird umgangssprachlich mit ATEX (**at**mosphere **ex**plosible) bezeichnet.

Begriffe

- **Geräte**: Maschinen, Betriebsmittel, Vorrichtungen, die u. a. zur Erzeugung, Übertragung, Speicherung, Messung, Regelung und Umwandlung von Energien und/oder zur Verarbeitung von Werkstoffen bestimmt sind und die eigene potentielle Zündquellen aufweisen.
- **Schutzsysteme**: Vorrichtungen, die anlaufende Explosionen umgehend stoppen und/oder den von einer Explosion betroffenen Bereich begrenzen.

Zündquellenanalyse

- Für Geräte muss eine Zündquellenanalyse durchgeführt werden.
- Liegt eine potenzielle Zündquelle vor,
  - unterliegt das Gerät der RL 2014/34/EU,
  - sind Zündschutzmaßnahmen zu treffen.

Mögliche Zündquelle
(theoretisch denkbare Zündquellen, siehe EN 1127-1)

gerätebezogene Zündquelle
(Zündquellen die am Gerät vorhanden sind)

potenzielle Zündquelle
(gerätebezogene Zündquellen, die in der Lage sind, eine explosionsfähige Atmosphäre zu zünden)

wirksame Zündquelle
(potenzielle Zündquellen, die eine vorhandene explosionsfähige Atmosphäre zündet)

- Elektrischer Funke
- Mechanischer Funke
- Elektrostatische Entladung
- Heiße Oberfläche
- Elektrische Ausgleichsströme
- Kathodischer Korrosionsschutz
- Adiabatische Kompression
- Offenes Feuer/Licht
- Chemische Reaktion, Selbstentzündung
- Optische Strahlung
- Ultraschall
- Elektromagnetische Strahlung
- Ionisierende Strahlung

Konformitätsbewertungsverfahren

Kategorie	Geräteart	Verfahren	Qualitätssicherung
3	alle Gerätearten	Eigenbewertung	Interne Fertigungskontrolle
2	Nichtelektrische Geräte ohne Verbrennungsmotor	Hinterlegung technischer Dokumentation bei notifizierter Stelle	
2	Geräte mit Verbrennungsmotor	Baumusterprüfung durch eine notifizierte Stelle (z. B. PTB, DEKRA EXAM, TÜV, BAM, VDE, IBEXU, …)	Zertifizierte Qualitätssicherung
2	Elektrische Geräte		
1	alle Gerätearten		

Zündschutzarten - nichtelektrische Geräte

Schutzart	Kurzzeichen	Funktionsprinzip, Anwendung
Allgemeine Anforderungen	–	■ Maximale Oberflächentemperatur muss begrenzt sein. ■ Angabe als Temperaturklasse (Gas/Dampf) oder Temperaturangabe in °C (Staub)
konstruktive Sicherheit 	h c*	■ Durch Art der Betriebsweise, Dimensionierung, Bauteilausgabe werden mögliche Gerätefehler vermieden. ■ Häufig sind besondere Betriebsweisen durch den Betreiber sicher zu stellen. (Bei Pumpen z. B. Vermeidung von Trockenlauf oder Betrieb gegen geschlossene Schieber) ■ Anwendung bei Kupplungen, Förderbändern, Pumpen, …
Zündquellenüberwachung 	h b*	■ Potenzielle Zündquellen werden messtechnisch überwacht und schalten ggf. ab. Hierzu muss eine Trendanalyse möglich sein, um die Abschaltung vor dem Wirksamwerden der Zündquelle zu erreichen. ■ Anwendung bei Getrieben, Pumpen, …
Flüssigkeitskapselung 	h k*	■ Bewegte Teile werden mit Flüssigkeitsfilm überzogen oder getaucht. So wird Kontakt von Reib-/Schlagstellen mit EX-Atmosphäre vermieden. ■ Der Flüssigkeitsfilm/die Tauchung begrenzt die Oberflächentemperatur. ■ Anwendung bei (Tauch-)Pumpen, Getrieben, Gleitringdichtungen, …
Druckfeste Kapselung 	d	■ Gehäuse hält möglichen Explosionen stand. ■ Schutzprinzip wie bei elektrischen Geräten. ■ Anwendung bei Bremsen, Kupplungen, …
Überdruckkapselung 	p	■ Schutzprinzip wie bei elektrischen Geräten. ■ Anwendung bei Pumpen, …
Schutz durch Gehäuse	t	■ Gehäuse schützt vor Eindringen explosionsfähiger Atmosphäre ■ Oberflächentemperatur wird begrenzt. ■ Anwendung nur bei Staub-EX-Anforderung der Zone 22.

*: Kennzeichnung nach bisheriger Norm EN 13463

Prozesse, Qualität, Methoden

10

Qualitätssicherung

Arbeits- und Umweltschutz

Merkmale

- Die Organisationsformen in Firmen und Unternehmen haben sich in der Vergangenheit entwickelt von der
  - Funktions-Organisation über die
  - Ablauf-Organisation zur
  - **Geschäftsprozess-Organisation.**
- Diese heute überwiegend angewendete Form einer Unternehmens-Organisation ist u. a. entstanden durch
  - zunehmenden Konkurrenzdruck,
  - Internationalisierung des Handels,
  - kurze Produktlebenszyklen und
  - Kostenoptimierung.
- Vorteile (Ziele) dieser **Prozessorientierung** sind u. a.
  - strikte Kundenorientierung,
  - funktionsüberschreitende Verkettung wertschöpfender Aktivitäten,
  - Flexibilität in der Reaktion auf Kundenanforderungen,
  - Kostentransparenz und
  - wenige definierte Schnittstellen im Durchlauf.
- Der Begriff Prozess beschreibt dabei alle Aktivitäten
  - die inhaltlich abgeschlossen und
  - zeitlich und sachlogisch aufeinander folgend ein betriebswirtschaftliches Objekt bearbeiten.
- In der Regel binden Geschäftsprozesse auch die Aktivitäten von Zulieferern, Kunden und ggf. von Konkurrenten mit ein.
- Grundsätzlich gibt es die drei Prozesstypen:
  - Kernprozesse
  - Supportprozesse (unterstützende Prozesse)
  - Managementprozesse
- Kernprozesse
  - haben direkten Bezug zum Produkt oder der Dienstleistung,
  - tragen zur direkten Wertschöpfung des Unternehmens bei und
  - werden vom externen Kunden direkt wahrgenommen.
- Supportprozesse
  - sind für den Ablauf der Kernprozesse notwendig,
  - werden vom externen Kunden nicht direkt wahrgenommen, und
  - bringen keine direkte Wertschöpfung.
- Managementprozesse
  - steuern und koordinieren die Supportprozesse, und
  - sorgen insgesamt für das Zusammenspiel aller Teilprozesse.
- Grundsätzlich erzeugen die in einem Prozess strukturiert verbundenen Aktivitäten das für einen externen Kunden gewünschte Resultat.
- Beispiele für Geschäftsprozesse sind u. a.
  - Bearbeitung eines Kundenauftrages
  - Abwicklung einer Reklamation
  - Durchführung einer Entwicklung

Übersicht

Beispiele:

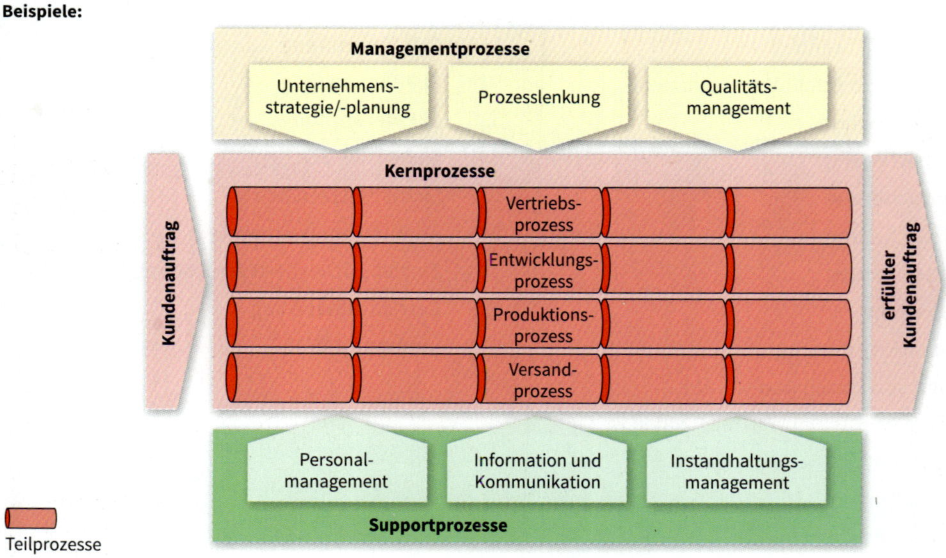

Geschäftsprozessmodelle

- Geschäftsprozessmodelle sind in der Regel unternehmensspezifisch zu modellieren.
- Grundlage für die Modellierung ist dabei immer die Definition der **Kernleistung** eines Unternehmens.
- Große Unternehmen mit mehreren Geschäftseinheiten verwenden in der Regel standardisierte Modelle.
- Die durchgängige Prozesslandschaft ermöglicht damit einen effizienten Leistungsaustausch.

Kennzeichen

- Unter **Qualitätsmanagement** werden alle Maßnahmen **organisatorischer Art** verstanden, mit dem Ziel die Effektivität und Effizienz
  - einer Arbeit (Arbeitsqualität) und/oder
  - von Geschäftsprozessen

  zu erhöhen.
- Qualitätsmanagement führt nicht zwangsläufig zu einem höheren wirtschaftlichen Betriebsergebnis, sondern stellt nur die vorgegebene Qualität sicher.
- Beispiele für **Qualitätsmanagementmodelle** sind:
  - ISO/TS 16949: 2002 (Automobilindustrie)
  - **C**apability **M**aturity **M**odel **I**ntegration (**CMMI**) (Familie von Referenzmodellen, z. B. Reifegradmodell)
  - DIN EN ISO 9000 ff. (Qualitätsmanagementsysteme)
- Die DIN EN ISO 9000 ff. beinhaltet folgende Teilnormen:
  - **DIN EN ISO 9000**
    Qualitätsmanagementsysteme
    (Definiert Grundlagen und Begriffe zu Qualitätsmanagementsystemen und erläutert die acht Grundsätze des Qualitätsmanagements.)
  - **DIN EN ISO 9001**
    Qualitätsmanagementsysteme
    (Anforderungen an ein Qualitätsmanagementsystem)
  - **DIN EN ISO 9004**
    Leiten und Lenken für den nachhaltigen Erfolg einer Organisation – Ein Qualitätsmanagementansatz.
    (Effizienz des Qualitätsmanagementsystems)
- Die DIN EN ISO 9001 ist eine weltweit akzeptierte QM-Norm, die sich am **PDCA**-Zyklus (**P**lan-**D**o-**C**heck-**A**ct) orientiert.

Prozessmodell DIN EN ISO 9001

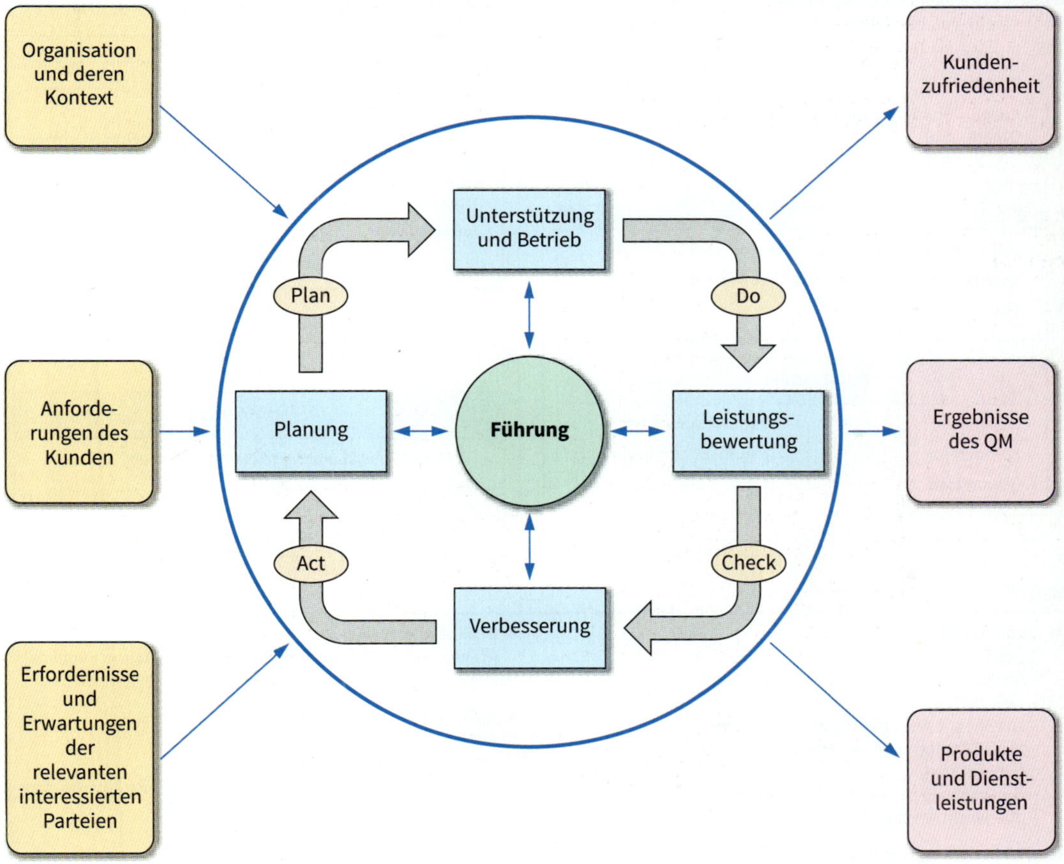

- **Qualitätssicherung**
  - ist Teil des Qualitätsmanagements und
  - gerichtet auf das Erzeugen von Vertrauen, dass Qualitätsanforderungen erfüllt werden.
- **Ständige Verbesserungen**
  sind wiederkehrende Tätigkeiten zum Erhöhen der Fähigkeiten, Anforderungen zu erfüllen.
- **Zertifizierung**
  erfolgt durch akkreditierte Zertifizierungsstellen.
- **Nationale Akkreditierungsstelle in Deutschland**:
  Deutsche Akkreditierungsstelle GmbH (DAkkS)
- **Konformität**
  ist Erfüllung einer Anforderung.

DIN EN ISO 9001

Inhalt

1. Anwendungsbereich

2. Normative Verweisungen

3. Begriffe (s. DIN EN ISO 9000: 2015)

Plan

4. Kontext der Organisation

- Verstehen der Organisation und ihres Kontextes
- Verstehen der Erfordernisse und Erwartungen interessierter Parteien
- Festlegen des Anwendungsbereichs des QM-Systems
- QM-System und dessen Prozesse

5. Führung

- Führung und Verpflichtung
- Kundenorientierung
- Politik
- Rollen, Verantwortlichkeiten und Befugnisse in der Organisation

6. Planung

- Maßnahmen zum Umgang mit Risiken und Chancen
- Qualitätsziele und Planung zu deren Erreichung
- Planung von Änderungen

7. Unterstützung

- Ressourcen
- Kompetenz
- Bewusstsein
- Kommunikation
- Dokumentierte Information

Do

8. Betrieb

- Betriebliche Planung und Steuerung
- Anforderungen an Produkte und Dienstleistungen
- Entwicklung von Produkten und Dienstleistungen
- Steuerung von extern bereitgestellten Prozessen, Produkten und Dienstleistungen
- Produktion und Dienstleistungserbringung
- Freigabe von Produkten und Dienstleistungen
- Steuerung nicht konformer Prozessergebnisse

Check

9. Bewertung der Leistung

- Überwachung, Messung, Analyse und Bewertung
- Internes Audit
- Managementbewertung

Act

10. Verbesserung

- Nichtkonformität und Korrekturmaßnahmen
- Fortlaufende Verbesserung

Begriffe und Definitionen

- **Qualitätsziele**
  Sie **müssen**
  - im Einklang mit der Qualitätspolitik stehen,
  - messbar sein,
  - zutreffende Anforderungen berücksichtigen,
  - für die Konformität von **Produkten** und **Deinstleistungen** relevant sein,
  - zur Erhöhung der Kundenzufriedenheit dienen,
  - überwacht, vermittelt und ggf. aktualisiert werden.

- **Wissen der Organisation**
  - Das Wissen einer Organisation wird benötigt, um ihre Prozesse durchzuführen und um die Konformität von Produkten und Dienstleistungen zu erreichen.
  - Das Wissen basiert auf **internen** Quellen (z. B. Erfahrung) und **externen** Quellen (z. B. Normen, Wissenserwerb von externen Anbietern).

- **Risikobasierter Ansatz**
  Risiken und Chancen in Bezug auf Konformität und Kundenzufriedenheit sind zu berücksichtigen.

- **Risiken**:
  - Vermeidung von Risiken
  - Beseitigung der Risikoquelle
  - Beibehaltung des Risikos durch eine fundierte Entscheidung

- **Chancen**:
  - Einsatz neuer Techniken
  - Neukundengewinnung
  - Markteinführung neuer Produkte
  - Aufbau von Partnerschaften

Quelle: DIN EN ISO 9001: 2015

Rechtsgeschäfte
Legal transactions

Einteilung

Mehrseitige Rechtsgeschäfte (Verträge)

Sie werden rechtswirksam durch
- mindestens **zwei** übereinstimmende Willenserklärungen (Antrag und Annahme).

Beispiele für Vertragsarten:
- Darlehensvertrag
- Dienstvertrag
- Kaufvertrag
- Leihvertrag
- Mietvertrag
- Pachtvertrag
- Reisevertrag
- Schenkung
- Tauschvertrag
- Werklieferungsvertrag

Einseitige Rechtsgeschäfte

Sie werden rechtswirksam durch
- die Willenserklärung einer Person.

Empfangsbestätigung erforderlich	**Empfangsbestätigung nicht erforderlich**
Rechtsgeschäft	
wird erst wirksam, wenn sie der anderen Person zugeht. **Beispiele:** Kündigung, Mahnung	wird gültig, ohne dass sie einer anderen Person zugeht. **Beispiel:** Testament

Nichtigkeit von Rechtsgeschäften

Ein Rechtsgeschäft ist von Anfang an ungültig bei einer **Willenserklärung**
- von Geschäftsunfähigen,
- von beschränkt Geschäftsfähigen gegen den Willen des gesetzlichen Vertreters,
- die bei Störung der Geistesfähigkeit abgegeben wurde,
- die gegenüber einer anderen Person, mit deren Einverständnis nur zum Schein (Scheinvertrag) abgegeben wurde,
- die nicht ernst gemeint war,
- die nicht in der vorgeschriebenen Form abgeschlossen wurde,
- die gegen Gesetze verstößt,
- die gegen gute Sitten verstößt.

Anfechtung von Rechtsgeschäften

Rechtsgeschäfte können im Nachhinein durch Anfechtung ungültig werden.
Sie sind jedoch bis zur Klärung gültig!

Anfechtungsgründe bei:
- Irrtum
  - in Erklärungen (z. B. Mengenbestellung);
  - über die Eigenschaften einer Person oder Sache;
  - bei der Übermittlung (z. B. falsche Weitergabe).
- Drohungen zur Abgabe einer Willenserklärung.
- Arglistiger Täuschung (z. B. gebrauchter PKW wird als unfallfrei angegeben, obwohl dieses nicht zutrifft.)

Möglichkeiten der Entstehung von Kaufverträgen

Antrag (1. Willenserklärung) — Annahme (2. Willenserklärung)

Verkäufer → **Angebot** → Bei Übereinstimmung entsteht **Kaufvertrag** ← **Bestellung** ← **Käufer**

Verkäufer macht Angebot. — Käufer nimmt Angebot durch Bestellung an.

Antrag (1. Willenserklärung) — Annahme (2. Willenserklärung)

Käufer → **Bestellung** → Bei Übereinstimmung entsteht **Kaufvertrag** ← **Bestellungsannahme oder sofortige Lieferung** ← **Verkäufer**

Antrag geht vom Käufer aus, ohne dass ein Angebot vorliegt. — Verkäufer nimmt Antrag an (Auftragsbestätigung) oder liefert sofort.

Grundsätze

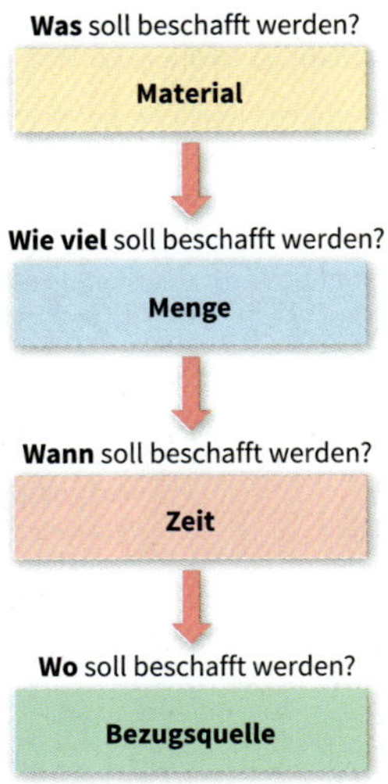

Anfrage

Form

Es ist keine bestimmte Form vorgeschrieben, z. B.
- mündlich, telefonisch
- schriftlich (Brief, Fax, E-Mail)

Rechtliche Bedeutung

Sie ist stets unverbindlich, eine Kaufverpflichtung besteht nicht.

Unterscheidung

- **Allgemein** gehaltene Anfrage
  Beispiele:
  Warenprobe, Muster, Katalog, Preisliste
- **Bestimmt** gehaltene Anfrage
  Beispiele:
  Artikelnummer, Beschaffenheit, Lieferzeit, Zahlungsbedingung, Lieferbedingung

Aufbau einer bestimmt gehaltenen Anfrage

1. Grund
2. Gewünschte Ware
3. Erforderliche Menge
4. Preis, Lieferungs- und Zahlungsbedingungen
5. Gewünschter Liefertermin

Angebotsvergleich

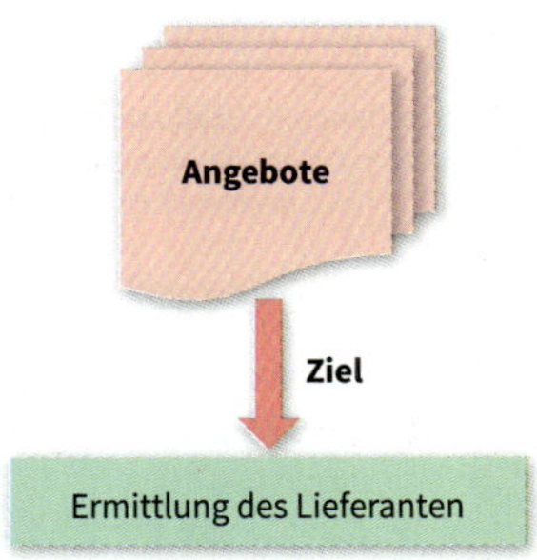

Beschaffungskreislauf

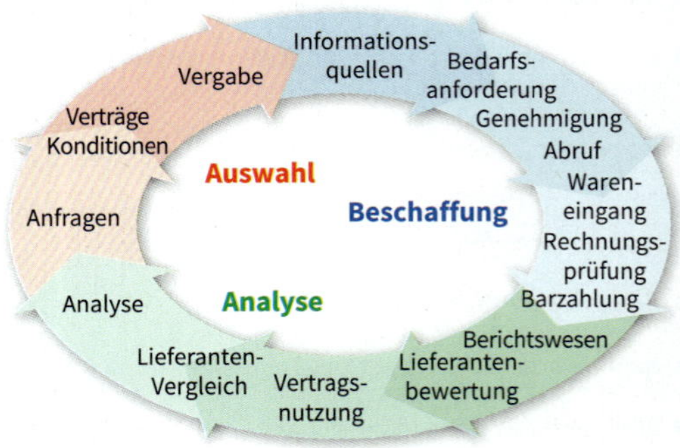

Entscheidungen

quantitativ	qualitativ
■ Listenpreis	■ Warenqualität
■ Liefermenge	■ Zuverlässigkeit des Lieferanten
■ Lieferzeit	■ Verhalten bei Reklamationen
■ Lieferrabatt	■ Kulanz
■ Lieferskonto	■ Kundendienst, Service
■ Zahlungsziel	■ …
■ Bezugskosten – Verpackungskosten – Transportkosten – …	
Ziel ↓ Möglichst günstiger Einstandspreis	**Ziel** ↓ Möglichst „reibungslose“ Beschaffung

Beschaffung und Lager

Lager als „Gelenkstelle“

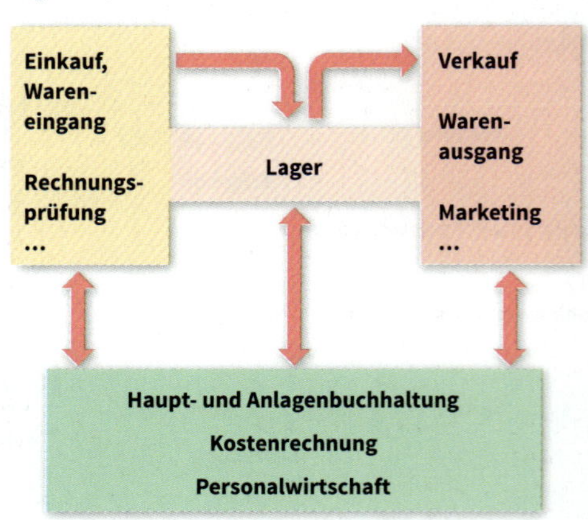

Merkmale

Prinzipien einer soliden Betriebsführung sind:

- einwandfreie Wertarbeit,
- tragbare und angemessene Preisgestaltung,
- Kostenrechnung und Kalkulation (Teilgebiete des betrieblichen Rechnungswesens),
- Ermittlung der Selbstkosten und
- marktgerechte Preisgestaltung bei Leistungs- oder Produktionseinheiten.

Zuschlagskalkulation

Sie eignet sich besonders für Betriebe mit unterschiedlichen Produkten bzw. Leistungen (z. B. Montagebetrieb).
Dabei werden die gesamten Jahreskosten auf die Kundenleistungen bzw. das Produkt umgelegt und aufgeteilt nach:

- **Einzelkosten**
  Diese zeichnen sich durch Auftragsnähe aus. Sie sind direkt verrechenbar (Material, Lohn).
- **Gemeinkosten**
  Sie haben keinen unmittelbaren Auftragsbezug und können nur indirekt (aus Betriebsabrechnungen; BAB) ermittelt werden.
- **Zuschlagsätze**
  Sie sind Prozentsätze, mit denen die Gemeinkosten anteilig auf die Einzelkosten pro Auftrag umgelegt werden.

Beispiel:

	100,00 €	Materialkosten
+	5,00 €	5 % Materialgemeinkosten
=	105,00 €	**Materialgesamtkosten**
+	500,00 €	Arbeitslohn
+	35,00 €	7 % Lohngemeinkosten
+	150,00 €	Produktionssonderkosten
=	790,00 €	**Herstellungskosten**
+	23,70 €	3 % Zuschlag für Verwaltung und Vertrieb
=	813,70 €	**Selbstkosten**
+	40,69 €	5 % Zuschlag für Gewinn und Wagnis
=	854,39 €	**Nettopreis des Angebotes**
+	162,33 €	19 % Umsatzsteuer
=	**1016,72 €**	**Bruttopreis des Angebotes**

Kostenrechnungsarten

Vollkostenrechnung

- Alle Kosten werden dem Produkt bzw. der Leistung (auch Kostenträger) zugerechnet.
- Die Genauigkeit der Kalkulation ist umso besser, je differenzierter die Zuschlagsätze der einzelnen Kalkulationen sind.
- Nachteil: Durch Ermittlung der Zuschlagsätze aus dem zurückliegenden Geschäftsjahr werden laufende Veränderungen der betrieblichen Gegebenheiten nicht erfasst. Dennoch ist die Vollkostenrechnung im Handwerk noch dominierend.

Teilkostenrechnung

- Die Mängel der Vollkostenrechnung werden vermieden, indem man dem Produkt oder Auftrag nur die variablen Kosten anlastet.
- **Variable Kosten** steigen oder sinken mit der Veränderung der Auftragslage linear, progressiv oder degressiv.
- **Fixe Kosten** sind unabhängig vom Beschaffungsgrad.
  Der Fixkostenanteil ist dann am geringsten, wenn der Betrieb maximal ausgelastet ist.

Deckungsbeitragsrechnung

- **Deckungsbeitrag** ist bei der Teilkostenrechnung die Differenz von Auftragserlös und variablen Kosten.
- **Gewinn** entsteht dann, wenn im Abrechnungszeitraum die Deckungsbeiträge höher sind als die Fixkosten.
- **Konkurrenzsituation** erfordert die Kenntnis der unteren Kosten- und Preisgrenze.
- **Kalkulatorischer Ausgleich** liegt dann vor, wenn Aufträge mit relativ hohem Deckungsbeitrag solche ausgleichen, bei denen nur ein geringer Teil der Fixkosten gedeckt wird.

Beispiel:

Auftrag	Erlös	variable Kosten	Deckungsbeitrag (D)	fixe Kosten (F)	Gewinn (=D–F)
1	9 500,00 €	6 500,00 €	3 000,00 €	–	–
2	11 500,00 €	7 500,00 €	4 000,00 €	–	–
3	6 000,00 €	4 500,00 €	1 500,00 €	–	–
4	8 500,00 €	6 000,00 €	2 500,00 €	–	– ①
Summe	35 500,00 €	24 500,00 €	11 000,00 €	11 100,00 €	**–100,00 €**
⋮	⋮	⋮	⋮	⋮	⋮
5	10 000,00 €	9 000,00 €	1 000,00 €	–	– ②
Summe	45 500,00 €	33 500,00 €	12 000,00 €	11 100,00 €	**900,00 €**

Aufträge 1 … 4 ergeben Verlust ①.
Ausführung des 5. Auftrages führt zum Gewinn ②.

Mängel und Haftung
Defects and liability

Mängelarten

Falsche Lieferung	
Menge Quantitätsmangel, zu viel bzw. zu wenig geliefert.	**Art** Gattungsmangel, andere Ware geliefert als bestellt.
Sach- oder Qualitätsmangel	
Beschaffenheit Die Ware ist beschädigt, verdorben, …	**Güte** Die zugesicherte Eigenschaft fehlt.

Erkennbarkeit

Offener Mangel
- sofort erkennbar

Versteckter Mangel
- nicht sofort erkennbar,
- stellt sich später heraus

Arglistig verschwiegener Mangel
- vom Verkäufer bewusst verschwiegen

Gewährleistung

- Die Gewährleistung ist ein **gesetzlich verankertes Recht** (24 Monate für bewegliche, 36 für unbewegliche Sachen), vom Vertragspartner (Übergeber) ein Einstehen für Mängel an der Sache zu fordern.
- Eine Gewährleistung kann nicht durch AGB beschränkt werden.
- Der Übergeber (z. B. Verkäufer) trägt innerhalb der ersten sechs Monate ab Übergabe die Beweislast dafür, dass die Mängel nicht schon bei Übergabe vorhanden waren.
- Gewährleistung gilt nicht bei Verschleiß und Abnutzung.

Garantie

- Die Garantie ist ein **vertraglich eingeräumtes Versprechen**
  - in der Regel des Herstellers (und nicht des Vertragspartners)
  - für Mängel, die an einer Sache während der Garantiezeit auftreten, entsprechend der Garantieerklärung einzustehen.
- Mängel werden während der festgelegten Garantiezeit behoben.
- Garantieleistungen können, müssen aber nicht kostenlos sein.

Rechte des Käufers bei mangelhafter Lieferung

Bedingung: Mangel wurde rechtzeitig gemeldet.

Vorrangig: Nacherfüllung (§ 439 BGB)

Nachbesserung ← **Wahlrecht des Käufers** → **Neulieferung**

Zusätzlicher Anspruch besteht, wenn ein Verschulden vorliegt.

Schadenersatz neben der Leistung

Nachrangig
In der Regel erst nach dem erfolglosen Ablauf einer zur Nacherfüllung gesetzten Frist.

Rücktritt vom Vertrag (Wandlung)	**Minderung des Kaufpreises**	**Schadenersatz statt Leistung**	**Ersatz vergeblicher Aufwendungen**
§ 440, 323, 326 BGB	§ 441 BGB	§ 280, 281, 440 BGB	§ 284 BGB
Gilt nicht bei geringfügigen Mängeln		Gilt nicht bei geringfügigen Mängeln	

Voraussetzungen

Eine angemessene Nachfrist ist entbehrlich, wenn
- der Verkäufer die Nacherfüllung verweigert,
- zwei Nacherfüllungsversuche fehlgeschlagen sind und
- für Verkäufer bzw. Käufer Nacherfüllung unzumutbar ist.

Eine angemessene Nachfrist ist entbehrlich, wenn
- der Verkäufer die Nacherfüllung verweigert,
- zwei Nacherfüllungsversuche fehlgeschlagen sind und
- für Verkäufer Nacherfüllung unzumutbar ist.

Beschreibung

- Informationsübermittlung an einen bestimmten Adressatenkreis.
- Adressaten zeigen im Wesentlichen passives und konsumierendes Informationsverhalten.
- Hohe Behaltensrate wird erreicht durch Kombination von visuellen und verbalen Informationen.
- Vertiefung und Festigung der Präsentation wird erreicht durch
  - Dialog
  - Diskussion
  - Beantwortung zusätzlicher Fragen

Ziele

- Information
- Motivation
- Darstellung komplexer Sachverhalte
- Überzeugen
- Repräsentieren
- Aufbau eines Images
- Handlungen auslösen

Voraussetzungen

- Geeignete technische Hilfsmittel
  - Metaplanwand und -karten, Nadeln, Stifte, ...
  - Flipchart mit Papier, Stifte, ...
  - Schreibtafel mit Kreide, Karten, Plakate, Klebeband, ...
  - Overhead-Projektor mit Folien, Stifte, Tuch zum Löschen, ...
  - PC, Software, Daten-/Video-Projektor mit Leinwand, Laserpointer, ...
  - Whiteboards, Activeboards
- Übung im Umgang mit den technischen Hilfsmitteln

Vorbereitung

1. Ziel bzw. Absicht formulieren
2. Sammeln von Ideen, Informationen, Materialien
3. Auswählen geeigneter Materialien im Hinblick auf das Ziel
4. Sortieren der Materialien: Kernaussagen, Hintergrundinformationen
5. Gewichtung, Strukturierung
6. Geeignete Methoden und Medien für die Präsentation auswählen.
7. Besonderheiten der Adressaten und des Raumes beachten.
8. Informationen wirkungsvoll aufbereiten.
9. Präsentationsmanuskript erstellen
10. Abfolge „durchspielen", Probelauf, Test, ...

Medien

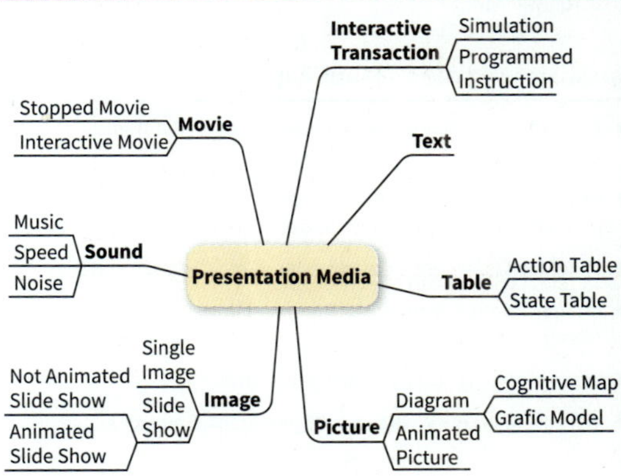

Durchführung

- „**Roten Faden**" einhalten
- Zusammenspiel zwischen **verbalen Aussagen** und **Visualisierungen** einhalten
- Dramaturgie und Dynamik durch **Sprache** und geeignete Medien herstellen
- Funktion von **Sprechpausen**:
  Gelegenheit zum Atmen, eigene Gedanken neu ordnen, Denkpausen für Zuhörer, Aufmerksamkeit und Spannung
- Medien nacheinander (z. B. durch Aufdecken) präsentieren (**Abfolge**).
- Verschiedene menschliche Sinne ansprechen
- **Haltung, Körpersprache**
  - Stehend:

    Leicht geöffnete Füße auf gleicher Höhe, Gewicht gleichmäßig verlagern, nicht schaukeln oder wippen, mit Händen und Armen ruhig die Visualisierung unterstützen

  - Sitzend:

    Aufrechte Haltung, Arme und Hände ruhig halten, nicht mit Gegenständen spielen
- Nicht zum Medium, sondern zu den Zuhörern sprechen (**Konzentration**).

Visualisierung
Visualization

Visualisierungs-Regeln

- Zuhörer müssen alle Materialien gut sehen und Texte gut lesen können, evtl. Sitzordnung ändern. Materialien zielgerichtet einsetzen.
- Wirkung der Materialien bedenken (Pausen zum Betrachten einplanen).
- Texte übersichtlich und gut lesbar gestalten (Größe, Form, Farbe, Druckbuchstaben). Weniger ist oft mehr!
- Innere Ordnung muss durch Überschriften und Textanordnung deutlich werden.
- Dramaturgie durch geeignete Reihenfolge der Elemente herstellen.
- Verknüpfung verbaler Aussagen mit bildhaften Darstellungen herstellen.
- Blickkontakt während des Medieneinsatzes herstellen.
- Wenn Medien nicht mehr benötigt werden, diese entfernen.

Vorteile

- Sprachaussagen werden anschaulicher und verständlicher.
- Zusammenhänge werden deutlicher.
- Kernaussagen treten deutlich hervor.
- Redeanteil lässt sich verkürzen.
- Struktur tritt hervor.
- Bilder können komplexe Zusammenhänge auf „einen Blick“ verdeutlichen.

Visualisierung durch MindMap

- Bildhafte Darstellung von Gedankengängen (bildhafte Gedankenstütze).
- Grafische Strukturierung von Sachverhalten, Zusammenhängen, Ideen und Denkprozessen (Überblick).
- MindMaps lassen sich einzeln oder durch Gruppen erstellen.
- Innere Ordnung: Vom Abstrakten zum Konkreten, vom Allgemeinen zum Speziellen.
- Vielseitig verwendbar, fördert Kreativität.
- Viel auf einen „Blick“, nichts geht „verloren“. Geringer Aufwand.

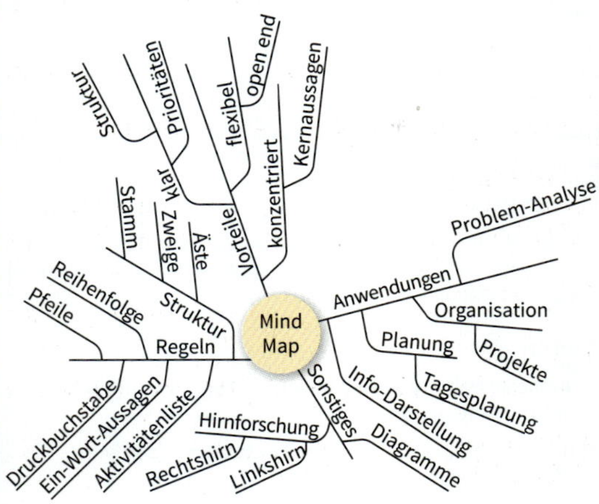

Möglichkeiten

Text:	Unterstützung der Sprache durch Folien, Plakate, Karten.
Tabellen:	„Ordnung“ von Zahlen
Bilder:	Veranschaulichung komplexer Beziehungen, Assoziationen wecken.
Schaubilder:	Strukturen und Abhängigkeiten
Symbole:	Reduzierung auf das „Wesentliche“

Anordnung und Gestaltung von Textkarten

Reihung

Themenstruktur wird deutlich

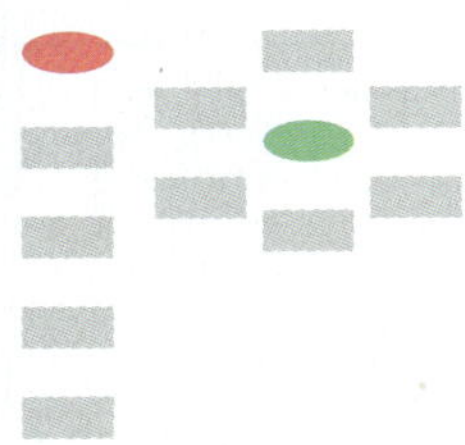

Rhythmus

Erfassung von Zusammenhängen

Betonung

Blick wird auf wichtige Aussagen gelenkt.

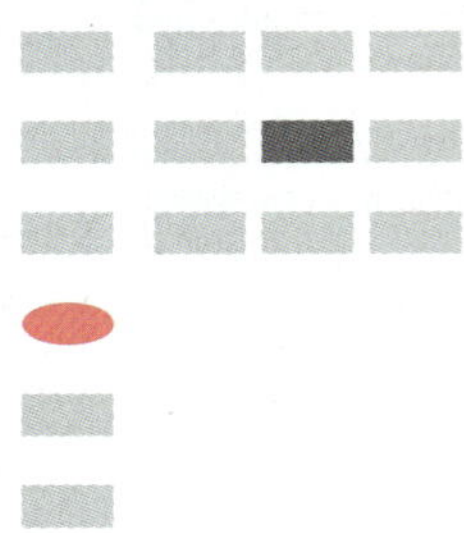

Ballung und Streuung

Bearbeitungsschwerpunkte treten hervor.

Symmetrie und Asymmetrie

Ähnlichkeiten und Unterschiede treten hervor.

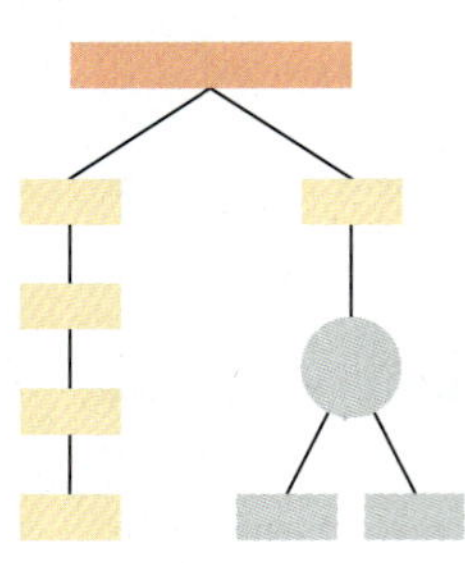

Dynamik

Offene Struktur

Merkmale

Die **Moderation** wird angewendet, um selbst organisiert und gemeinsam zielgerichtet Themen, Aufgaben, Probleme, … in einer hierarchiefreien Atmosphäre zu bearbeiten.
Das Ziel ist dabei eine möglichst vielfältige, breite und effektive Beteiligung unter Berücksichtigung der Bedürfnisse und Interessen der Gruppenmitglieder.

Der **Moderator**, die **Moderatorin**

- ist nur methodischer Helfer (Katalysator, Leiter ohne Funktion eines Vorgesetzten),
- ist Prozess- bzw. Lern-Helfer (und erbringt eine Dienstleistung),
- „öffnet" die Gruppe für das Thema,
- stellt eigene Meinungen und Ziele zurück,
- bewertet keine Meinungsäußerungen oder Verhaltensweisen,
- nimmt eine fragende Haltung ein (Aktivierung der Gruppe),
- hat Geduld und hört aufmerksam zu,
- stellt aktivierende Fragen und gibt Denkanstöße,
- verhindert Abschweifungen,
- fasst zusammen,
- visualisiert und akzentuiert,
- vergewissert sich, ob seine Visualisierungen mit den Beiträgen übereinstimmen,
- arbeitet in der Regel mit einer weiteren Person zusammen,
- nimmt Rücksicht auf natürliche Bedürfnisse der Teilnehmerinnen und Teilnehmer (sinnvoller Wechsel von Arbeitsphasen und Pausen),
- hat den Raum angemessen vorbereitet (Sitzordnung, Material, …).

Moderationsphasen

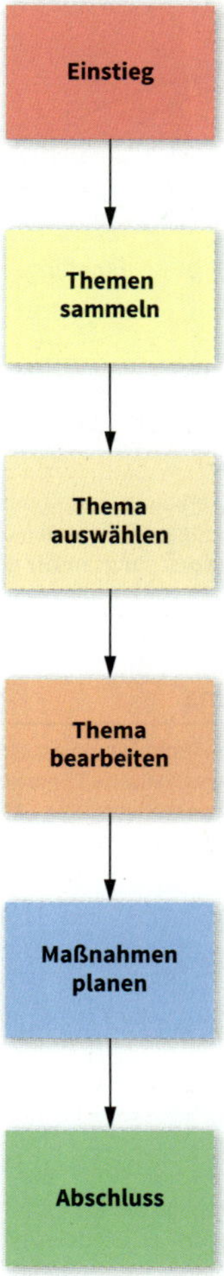

Beispiel:

Eröffnung,
Kennenlernen,
Abklärung von Erwartungen

Themen sammeln,
ordnen,
gewichten

Entscheidung,
Reihenfolgen festlegen

Arbeitsschritte festlegen,
Informationen sammeln,
Problem analysieren,
Problem lösen

Maßnahmen beschreiben,
Verantwortlichkeiten festlegen,
Termine planen

Rückbesinnung,
Vergleich mit Zielsetzung,
Würdigung der Arbeitsweise
und des Ergebnisses

Medien und Methoden

- Visualisierungskarten (Rechtecke, Kreise, Ovale, …), Nadeln, Klebestifte, Schere, große Papierbögen, Klebepunkte, Stifte in verschiedenen Ausführungen, …
- Flip-Chart, Pinnwand
- Fragetechnik:
  Offene und geschlossene Fragen, Frage zurückgeben, Suggestivfrage, Gegenfrage, rhetorische Frage, …
- Kennenlernen:
  Wir berichten über uns, „Steckbrief", …
- Erwartungen:
  Brainstorming, Kartenabfrage, was soll passieren – nicht passieren, ich erwarte, …
- Sammlung:
  Themenspeicher, Ein-Punkt- oder Mehrpunkt-Frage, …
- Problemanalyse:
  Ursache-Wirkungs-Diagramm, Gegenüberstellungen, Netzbilder, Matrix, Mind-Map, …
- Bearbeitung:
  Ablaufplan, Maßnahmenkatalog (z. B. was, wer, wozu, wann), …
- Abschluss:
  Reflexion, Stimmungsbarometer, Punktabfrage, Blitzlicht, …
- Nachbereitung:
  Vergleich Soll-Ist, Konsequenzen, …

Modelle

- Im täglichen Umgang der Menschen untereinander ist Kommunikation (communicare: mitteilen) ein selbstverständlicher Vorgang, bei der Informationen (Zeichen) zwischen Sendern und einem Empfänger ausgetauscht werden.

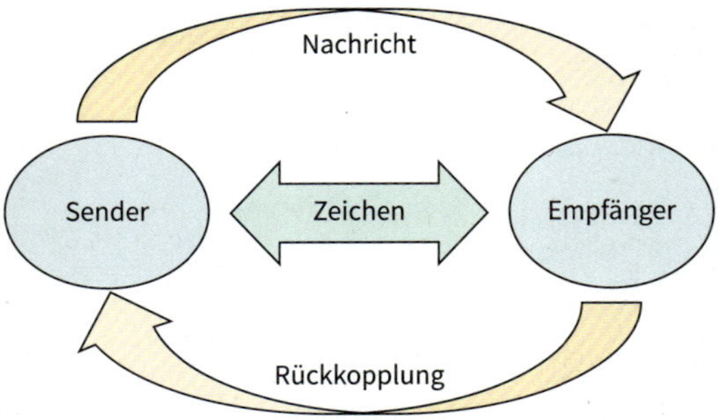

- Mit Kommunikationsmodellen lässt sich erklären, was Kommunikation ist, wie sie abläuft, welche Störungen vorkommen und wie man diese beseitigen kann. Je nach Forschungsansatz gibt es verschiedene Modelle.

Modell der Nachrichtenübertragung

In diesem Modell orientiert man sich an den technischen Aspekten der Signalübertragung und verwendet mathematische Theorien der Kommunikation der Mathematiker Warren Weaver (1894 – 1978) und Claude E. Shannon (1916 – 2001).

Kommunikation läuft damit wie folgt ab:

- Die codierte Nachricht wird vom Sender ausgesendet.
- Auf dem Weg zum Empfänger können „Störungen" die Nachricht verändern.
- Die Nachricht enthält sprachliche und nichtsprachliche (nonverbale) Anteile.
- Der Empfänger decodiert die Nachricht entsprechend seiner Wahrnehmung, mit seinem eigenen „Vorrat" an Decodiermöglichkeiten.
- Eine ungestörte Kommunikation kann nur dann stattfinden, wenn Sender und Empfänger den angewendeten Code aufeinander abstimmen.

Störungen

psychologische, semantische, technische, organisatorische, …

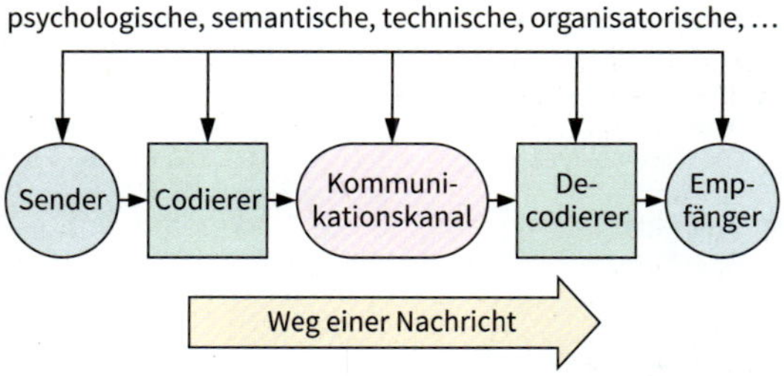

- Auf Grund der mehr „technischen" Sichtweise der Kom-munikation werden die sozialen Aspekte der Kommunikation mit diesem Modell nicht berücksichtigt.

Modell der vier Seiten

Das Vier-Seiten-Modell ist vom Kommunikationspsychologen Friedemann Schulz von Thun (geb. 1944) entwickelt worden. Danach kann eine Nachricht im Kommunikationsprozess vier Seiten (Aspekte, Ebenen) besitzen:

Sachebene	**Appell**
Selbstoffenbarung	**Beziehungsebene**

- **Erklärungsbeispiel**

  Bevor in einer Reparaturwerkstatt für IT-Geräte ein Auszubildender das Gerät aufschraubt, sagt der Werkstattleiter laut und deutlich: „Sicherheitsaspekte beachten!"

  Der Werkstattleiter hat also eine Nachricht gesendet, die der Auszubildende empfangen hat. Je nach Vorerfahrungen mit dem Auszubildenden, den vorherrschenden Stimmungen usw. kann diese Nachricht auf verschiedene Weise vom Auszubildenden aufgenommen (decodiert) werden als:

- **Sachebene**

  Erinnerung an die Gefährlichkeit, reine Sachinformation („worüber ich informiere")

- **Appell**

  Aufforderung, dass auf jeden Fall Sicherheitsmaßnahmen einzuhalten sind („wozu ich dich veranlassen möchte")

- **Selbstoffenbarung**

  Ausdruck von Sorge und Angst, damit nichts passiert („was ich von mir selbst kundgebe")

- **Beziehungsebene (Beziehungsbotschaft)**

  Verantwortung und Fürsorgepflicht („was ich von dir halte, oder wie wir zueinander stehen")

- **Verallgemeinerung**

  Diese vier Interpretationsmöglichkeiten zeigen, dass man beim Aufnehmen von Nachrichten gewissermaßen mit „vier Ohren" hören kann. Je nach Absicht des Senders können die verschiedenen Aspekte unterschiedlich stark in Erscheinung treten (codiert sein) bzw. wahrgenommen werden.

Vier-Ohren-Modell

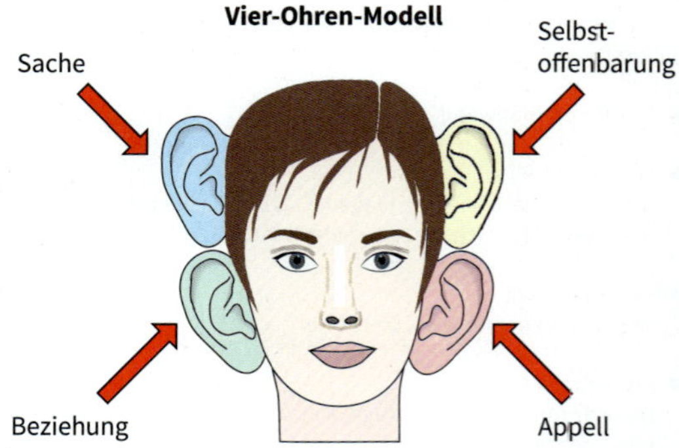

Kundengespräch
Customer conversation

Ablauf

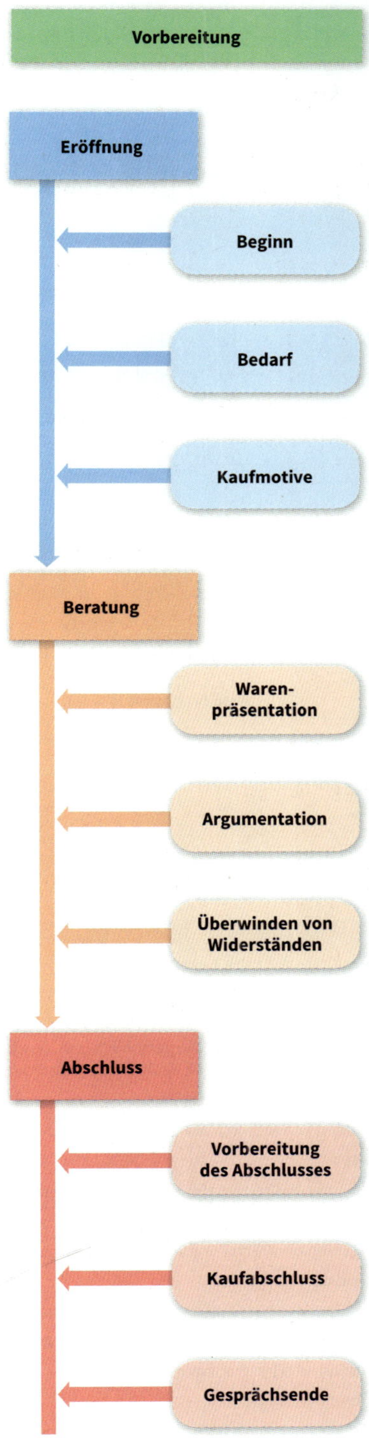

Erläuterungen

Vorbereitung
- Intensive Auseinandersetzung mit dem Gesprächsziel und dem möglichen Kunden
- Gesprächsstrategie entwickeln

Beginn
- Kunden zur Kenntnis nehmen (Blickkontakt)
- Kontakt aufnehmen, ihn positiv ansprechen
- Beratung anbieten
- Fachkundige Erstinformationen

Bedarf
- Offene Fragen zum Bedarf stellen
- Offene Fragen zum Nutzen stellen
- Präzisierung der Wünsche vornehmen
- Keine peinlichen oder indiskreten Fragen stellen
- Fragen nach Preisvorstellungen noch vermeiden

Kaufmotive
- Aufmerksam zuhören, Verständnisfragen stellen
- Kaufmotive erforschen
- Kaufmotive rationaler und emotionaler Art unterscheiden
- Argumente kundenorientiert und motivationsfördernd einbringen

Warenpräsentation (evtl. Originiale oder Modelle)
- Präsentation dem Auffassungsvermögen des Kunden anpassen
- Auswahl und Vergleich ermöglichen
- Unterstützende Materialien (Prospekte usw.) zur Veranschaulichung einsetzen
- Vielfältige Sinne ansprechen
- Beginn mit mittlerer Preisklasse

Argumentation
- Preis-Nutzen-Relation herausstellen
- Entscheidungshilfen vorbereiten
- Kenntnisse über Produkte gezielt einsetzen

Überwinden von Widerständen
- Argumente des Kunden wahrnehmen
- Argumentationsketten aufbauen (Behauptung mit Begründung)
- Qualitätsbestimmende Merkmale und Eigenschaften hervorheben
- Nutzungsargumente betonen
- Zusatzangebote, Serviceleistungen hervorheben

Vorbereitung des Abschlusses
- Einwände beachten und eventuell entkräften
- Dem Kunden die Entscheidung überlassen

Kaufabschluss
- Zügige Abwicklung
- Kaufentscheidung positiv herausstellen
- Zufriedenheit artikulieren

Gesprächsende
- Dank aussprechen und Verabschiedung
- Wunsch für weitere Besuche zum Ausdruck bringen

Übersicht

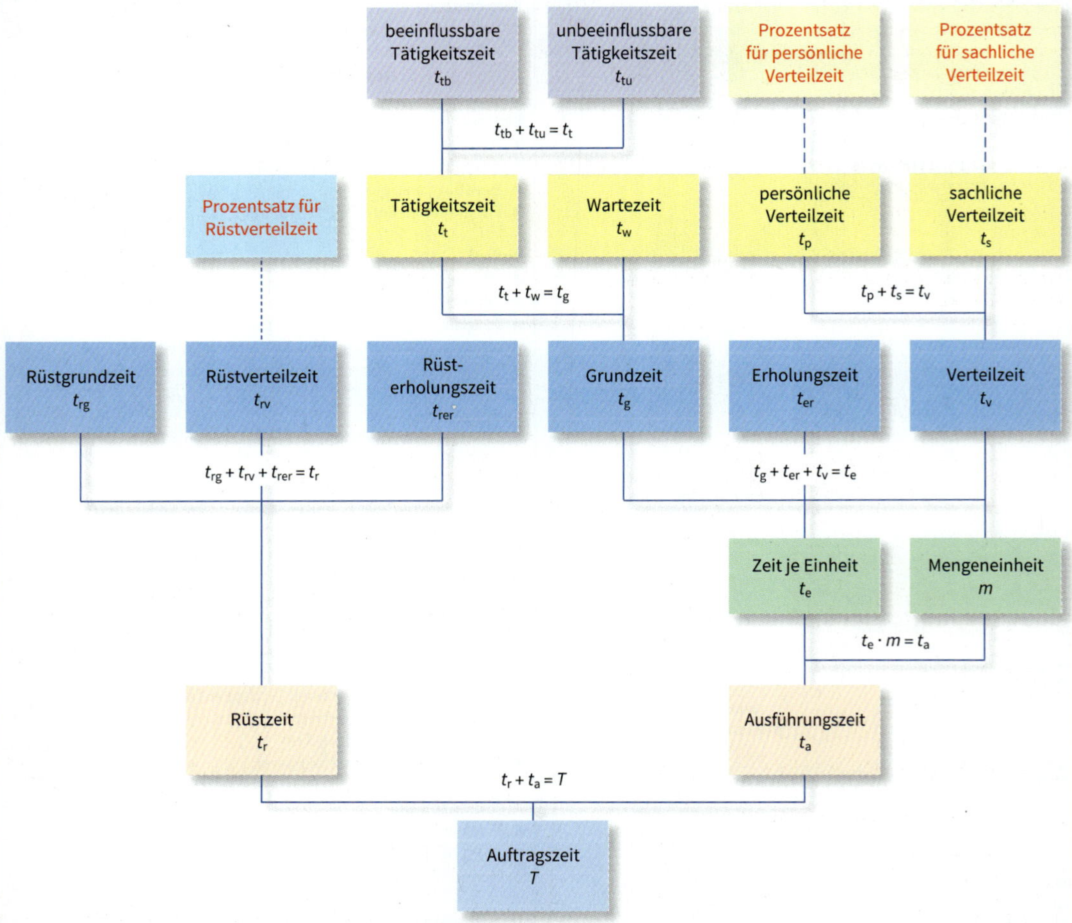

Begriff	Kurzzeichen	Bedeutung
Tätigkeitszeit	t_t	Vorgabezeit, durch die ein Fortschritt am Werkstück entsteht
beeinflussbare/ unbeeinflussbare Tätigkeitszeit	t_{tb}/t_{tu}	Vorgabezeiten, die durch Anstrengung und Geschicklichkeit beeinflusst/ nicht beeinflusst werden können
persönliche/sachliche Verteilzeit[2)]	t_p/t_s	Gelegentlich vorkommende, unvorhersehbare Zeiten, die persönlich (z. B. Gespräch mit Vorgesetzten)/sachlich (z. B. zwischenzeitliches Reinigen des Arbeitsplatzes) bedingt sind
Wartezeit	t_{tw}	Vorgabezeit, bei der fertigungsbedingt gewartet werden muss
Rüstzeit	t_r	Vorgabezeit für Vor- und Nachbereiten von Arbeitsplatz, Werkzeugen und Maschinen
Rüstgrundzeit	t_{rg}	Vorgabezeit für planmäßiges Rüsten
Rüstverteilzeit[2)]	t_{rv}	Unregelmäßige, unvorhersehbare, über das regelmäßige Rüsten hinausgehende Zeit
Rüsterholungszeit	t_{rer}	Planmäßige Erholungszeit während des Rüstens
Grundzeit	t_g	Vorgabezeit für planmäßiges Ausführen ohne Erholungs- und Verteilzeiten
Erholungszeit	ter	Planmäßige Erholungszeit während des Ausführens
Verteilzeit	t_v	Unregelmäßige, unvorhersehbare, über das regelmäßige Ausführen hinausgehende Zeit
Zeit je Einheit	t_e	Vorgabezeit für den arbeitsausführenden Menschen an einer Einheit des Auftrages
Ausführungszeit	t_a	Vorgabezeit zur Ausführung der Arbeit an allen Einheiten des Auftrages
Auftragszeit	T	Vorgabezeit für den arbeitsausführenden Menschen

[1)] REFA: Verband für Arbeitsstudien und Betriebsorganisation (1924 in Berlin als „**Re**ichsausschuss **f**ür **A**rbeitszeitermittlung" gegründet).
[2)] Unregelmäßig auftretende und unvorhersehbare Zeiten (Gespräch mit Vorgesetztem, Stromausfall, Zusatzarbeiten) werden durch einen prozentualen Zuschlag zu den Grundzeiten berücksichtigt.

Projekt

Definition

- Ein **Projekt** ist ein Vorhaben
  - das ein bestimmtes Ziel realisieren soll (**Sachziele**),
  - dessen Anfangs- und Endpunkte festgelegt sind (**Termine**),
  - das über begrenzte personelle und materielle Ressourcen verfügt (**Kosten**).
- Weitere Kennzeichen für Projekte sind:
  - **einmalig** und **neuartig** im Ablauf,
  - **komplex** in den Zusammenhängen,
  - **interdisziplinär** in der Zusammenarbeit.
- Projekte werden von **Projektleitern** mittels **Projektmanagementmethoden** geführt.

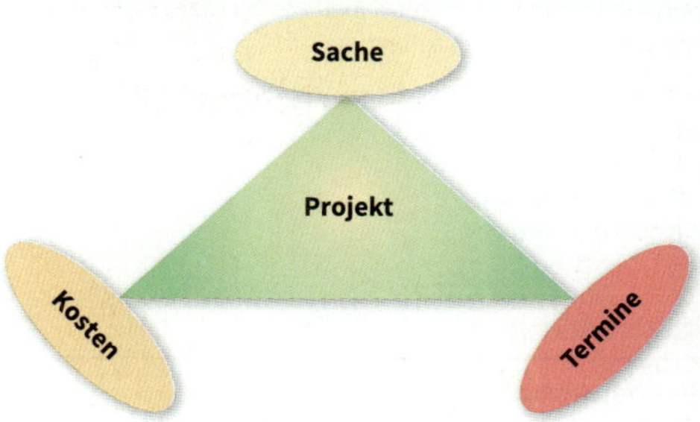

Projekt-Organisationsformen

Reine Projektorganisation

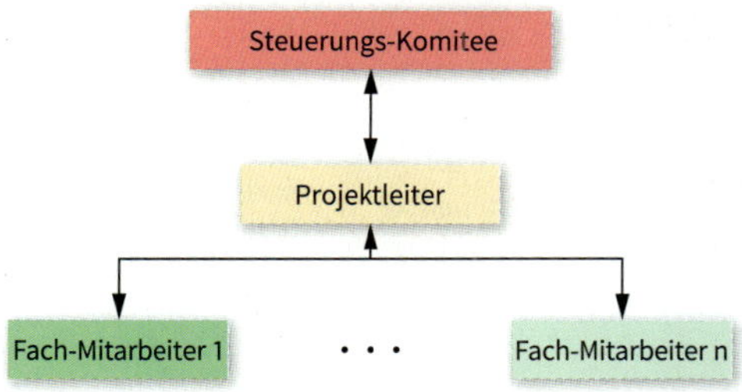

- **Vorteile:**
  - 100 % Zuteilung der Mitarbeiter,
  - klare Kompetenzteilung,
  - klare Verantwortlichkeiten.
- **Nachteile:**
  - Spezialisierungsgefahr,
  - zeitweise Überkapazitäten, wenn keine Projekte
  - Ausgliederung aus Firmenhierarchie.

Stab-Linien-Projektorganisation

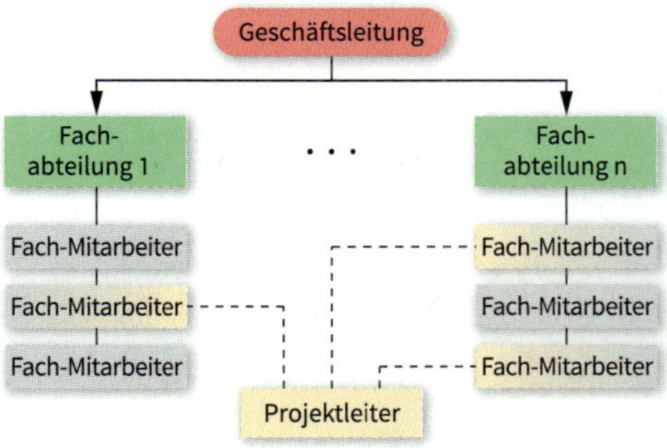

- **Vorteile:**
  - unwesentliche organisatorische Umstellung,
  - hohe Flexibilität durch Mitarbeiter-Pool in den Fachabteilungen,
  - kostengünstig,
  - Wiedereingliederung der Mitarbeiter nach Projektende entfällt.
- **Nachteile:**
  - ggf. umständliche Entscheidungsfindung,
  - Interessenkonflikte zwischen Abteilungsleitung und Projektmitarbeitern,
  - durch Dezentralisierung der Aufgaben ist starke Kontrolle erforderlich.

Projektmanagement

Definition

- Das **Projektmanagement** ist eine Methodik zur optimalen Abwicklung von Projekten und wird vom **Projektleiter** angewendet zur
  - **Führung** der Projektmitarbeiter,
  - **Planung** der erforderlichen Projektaktivitäten,
  - **Koordinierung** der beteiligten internen und externen Projektbeteiligten,
  - **Kontrolle** der erreichten Projektziele.
- Das Projektmanagement ist die **zentrale Funktion** im Rahmen einer Projektabwicklung.

Funktionale Anordnung

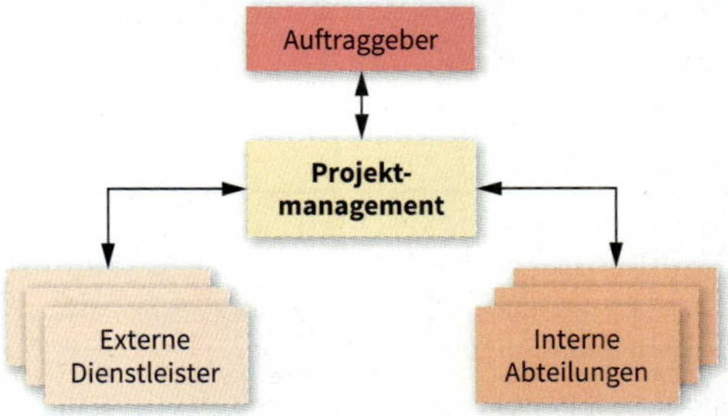

Projektstrukturierung
Project structuring

Merkmale

- Zur Verbesserung der **Übersichtlichkeit** und **Steuerbarkeit** werden Projekte in der Regel in überschaubare und handhabbare Teilaufgaben zerlegt.
- Bedingt durch unterschiedliche Anforderungen und Sichtweisen erfolgt die Zerlegung in eine
  - **Produktstruktur**,
  - **Projektstruktur**,
  - **Kontenstruktur**.
- Diese Strukturierungen sind die Grundlage für die **Projektplanung** und **Projektkontrolle** im Rahmen des **Projektmanagements**.
- Alle Plandaten und Istdaten des Projekts müssen auf diese Strukturkomponenten beziehbar bzw. daraus ableitbar sein.
- Je sorgfältiger die Planung zu Beginn des Projekts durchgeführt wird, desto größer ist der Projekterfolg.

Produktstruktur

- Die **Produktstruktur**
  - ist eine Gliederung des Produkts/Systems aus technischer Sicht,
  - sie enthält alle zu entwickelnden Produkt-/Systemteile (z. B. Hard- und Software) und beschreibt die **Realisierungsstruktur**,
  - wird top-down bis auf die kleinste in sich geschlossene Komponente gegliedert,
  - kann in grafischer Form als **Produktstrukturplan** und/oder in tabellarischer Form erstellt werden.
- Abhängig von der Art des Projekts kann der Produktstrukturplan ausgerichtet sein als
  - **Funktionsstrukturplan** (beschreibt die Funktionen des geplanten Produkts/Systems),
  - **Anlagenstrukturplan** (beschreibt die technischen Komponenten innerhalb einer Anlagenentwicklung),
  - **Systemstrukturplan** (beschreibt die Komponenten von z. B. Hardware-/Software-Entwicklungen).

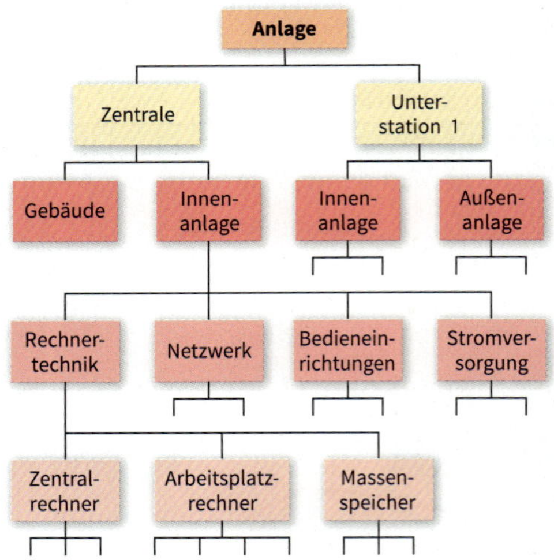

Projektstruktur

- Die **Projektstruktur**
  - beinhaltet eine **aufgabenmäßige Strukturierung** des Projekts (**was** ist zu **tun**),
  - umfasst alle für die Realisierung des Vorhabens erforderlichen Aufgabenpakete und wird auch **Aufgabenbaum** genannt,
  - wird soweit detailliert, bis einzelne Arbeitspakete einer Arbeitsgruppe oder einzelnen Mitarbeitern zugeordnet werden können.

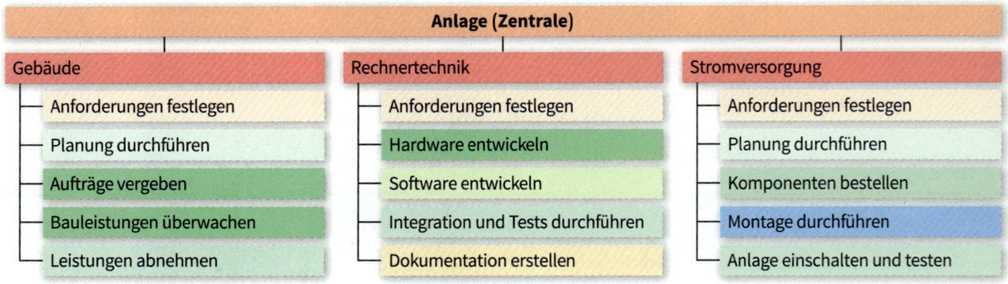

Kontenstruktur

- Die **Kontenstruktur**
  - beinhaltet eine **Konteneinteilung** aus kaufmännischer Sicht,
  - kann entsprechende Unterkontenbildung oder Kontenzusammenfassung beinhalten,
  - kann grundsätzlich aufgebaut sein nach Art des Auftrages als **vertriebsorientiert** (Kundenauftrag) oder **entwicklungsorientiert** (interner Entwicklungsauftrag),
  - kann gegliedert sein z. B. nach **Kostenverursacher**, **Kostenkomponenten** oder orientiert am **Terminplan**.

Lastenheft, Pflichtenheft
Requirement specification, system specification

VDI/VDE 3694: 2008-01

Lastenheft

Definition

- Das Lastenheft enthält alle Forderungen des Auftraggebers (Kunden) an die Lieferungen und/oder Leistungen eines Auftragnehmers.
- Die Forderungen sind aus Anwendersicht einschließlich aller Randbedingungen zu beschreiben. Diese sollten quantifizierbar und prüfbar sein.
- Im Lastenheft wird definiert, was für eine Aufgabe vorliegt und wofür diese zu lösen ist.

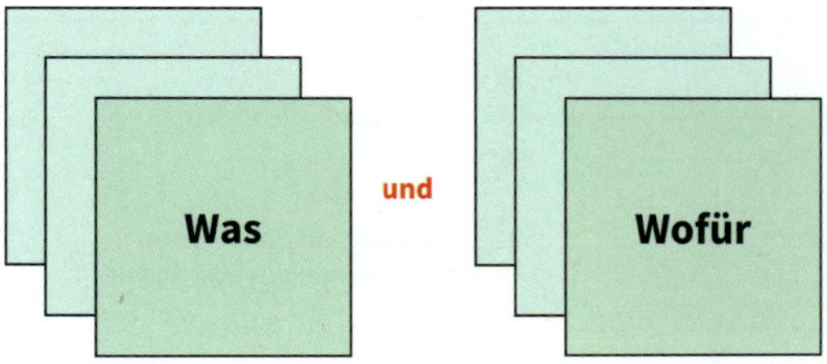

Pflichtenheft

Definition

- Das Pflichtenheft enthält das vom Auftragnehmer erarbeitete Realisierungsvorhaben auf der Grundlage des Lastenheftes.
- Das Pflichtenheft enthält als Anlage das Lastenheft.
- Im Pflichtenheft werden die Anwendervorgaben detailliert und in einer Erweiterung die Realisierungsforderungen unter Berücksichtigung konkreter Lösungsansätze beschrieben.
- Im Pflichtenheft wird definiert, wie und womit die Forderungen zu realisieren sind.

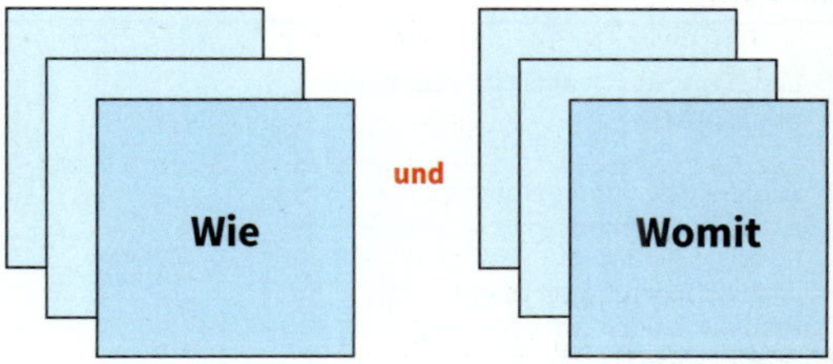

Voraussetzungen für die Erstellung

- Guten Kontakt zwischen allen Beteiligten herstellen
- Wesentliche Anforderungen durch Markt-, Kunden- und Umfeldanalyse ermitteln

Funktion

- „Roter Faden" während des Ablaufs der Entwicklung, Produktion, ...

Durchführung

- Keine allgemeingültigen Vorgaben
- Umfang und Inhalt ist stark von der Zielsetzung abhängig. Beispiele: Ermittlung der
  - Anforderungsträger
  - Produktfaktoren aus Kundensicht
  - Kaufentscheidende Faktoren
  - Anforderungen aus dem Umfeld
  - Anforderungen aus dem Unternehmen
  - Anforderungen des Vertriebs
  - Anforderungen von Lieferanten und von Kooperationspartnern
  - Produktionsprofile

Vorteile

- Einheitliche Vorgabe für alle am Entwicklungsprozess Beteiligten
- Weniger Missverständnisse und Versäumnisse durch eine systematische Dokumentation
- Rechtsverbindliche Festlegungen

Nachteile

- Hoher Aufwand
- Individuelle Erstellung (keine Standardisierung)
- Statische Problemlösungsstruktur

Einsatzbereiche

- Dokumentation der Anforderungen als Abschluss der Planung eines Produktes bzw. einer Dienstleistung
- Prinzipiell für alle Produkte bzw. Dienstleistungen einsetzbar

Wesentliche Bestandteile

Beispiele:

- Name des Prozesses, Projektes, Vorhabens, ...
- Verfasser des Pflichtenheftes
- Version
- Ablage der Datei, Dokumentation
- Ziele
  Beschreibung, Nutzen für den Auftraggeber (Kunden), aktuelle Situation (z. B. bisheriges System)
- Anforderungen
  - **Vollständigkeit**
    Alle Details der Anforderungen sind zu definieren. Es sollten so wenig wie möglich Aspekte als selbstverständlich eingeschätzt werden.
  - **Eindeutigkeit**
    Damit keine Missverständnisse entstehen, sind die Anforderungen möglichst mit einfachen Worten zu definieren.
  - **Testbarkeit**
    Alle Anforderungen müssen überprüfbar sein. Dieses ist eine Voraussetzung für die Abnahme durch den Auftraggeber.
- Schnittstellen
  (Verbindungen zu anderen Systemen, Projekten usw.)
- Randbedingungen
- Service- und Wartungshinweise
  (Kontaktadressen)
- Unterschriften
  (Projektauftraggeber/Projektleiter/...)

Merkmale

- **QFD** (**Q**uality **F**unction **D**eployment)
  - ist eine strukturierte Methode zur systematischen und ganzheitlichen Produkt- und Qualitätsplanung
  - wird angewendet zur gezielten Umsetzung von **Kundenwünschen** (Forderungen) in Produktmerkmale und in Prozessabläufe
  - hat bei konsequenter Anwendung einen hohen Einfluss auf die Qualität
  - wird eingesetzt in den Phasen von der **Produktidee** bis zur **Prozessplanung**
- Ziele von QFD sind:
  - Gewinnung zufriedener Kunden
  - Optimierung des Kundennutzens
  - Verbesserung der relativen Wettbewerbsposition
  - Gewinnung von Marktanteilen
- Aus der Orientierung an den Kundenwünschen (Stimme des Kunden) werden alle Anforderungen an das Produkt in Form eines Lastenheftes für alle betroffenen Abteilungen innerhalb einer Firma zur Realisierung als verbindlich vorgegeben.

Qualitätshaus

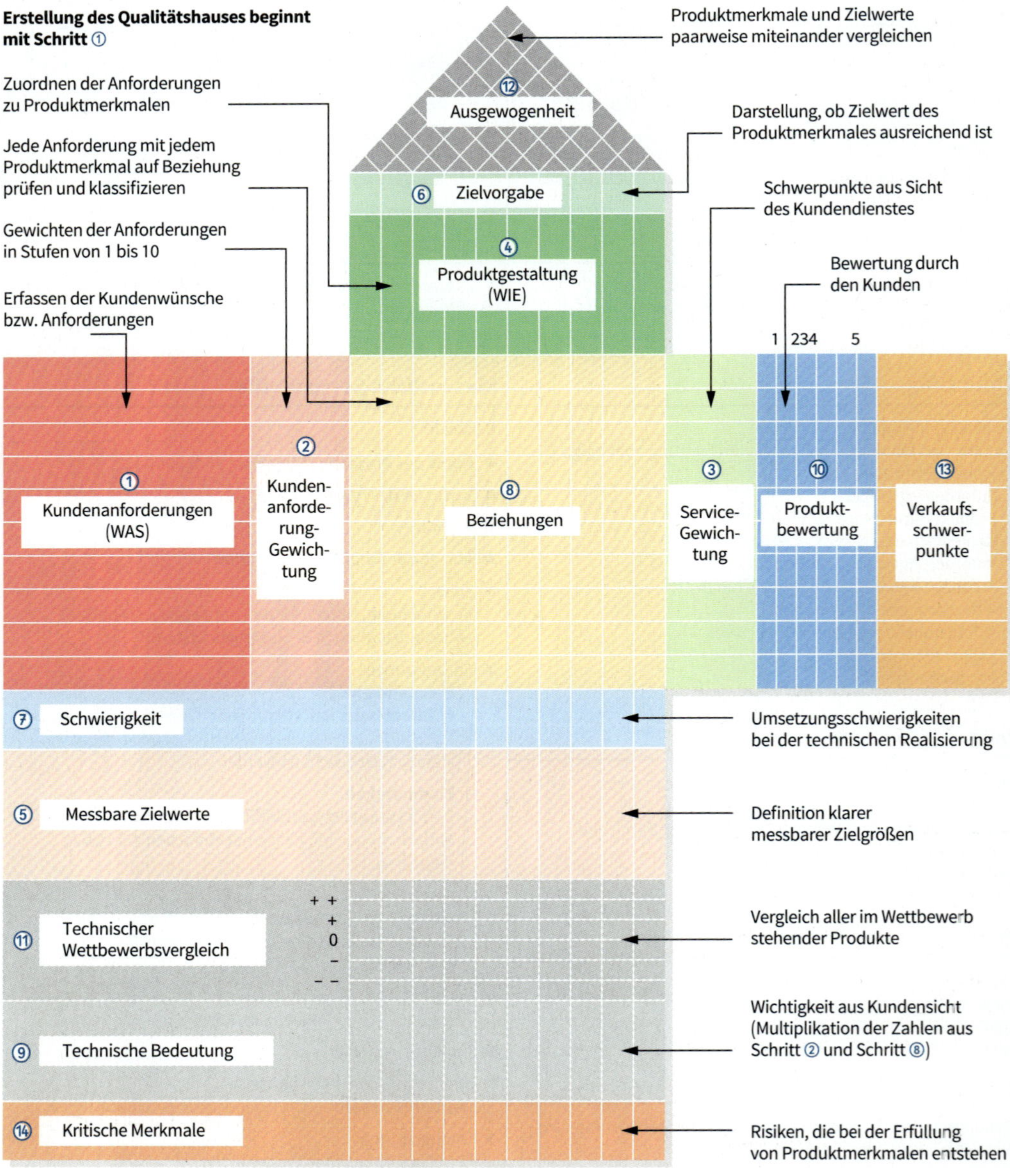

Merkmale

- Die Fehlerbaumanalyse **FTA** (**F**ault **T**ree **A**nalysis) dient zur systematischen Ermittlung der logischen Verknüpfung von Komponenten- und Teilsystemausfällen, die zu einem **unerwünschten Ereignis** (TOP-EVENT) führen.
- Die Vorgehensweise bei der Fehlerbaumanalyse umfasst dabei alle möglichen Ausfallkombinationen, die zu dem unerwünschten „Top"-Ereignis (z. B. Totalausfall) führen.
- Die **Ausfallkombinationen** werden durch einen endlichen Grafen mit endlich vielen Eingängen und einem Ausgang (Top-Ereignis) dargestellt.
- FTA Basiert auf der mathematischen Theorie der Boolschen Algebra.
- Ziel ist die Ermittlung von **Zuverlässigkeitskenngrößen** wie z. B.:
  - Eintrittshäufigkeit der Ausfallkombinationen
  - Nichtverfügbarkeiten des Systems/Produkts bei den gestellten Anforderungen
  - Aufstellen eines grafischen Systemmodells

Ablaufvorgang

Systemanalyse	Detaillierte Untersuchung des Systems (z. B.: Identifikation der Funktionen, verschiedener Betriebszustände, Zusammenwirken der Komponenten)
Erstellung des Fehlerbaums	Festlegung des unerwünschten Ereignisses und der Ausfallkriterien Bestimmung der Ausfallarten der Komponenten Aufstellung des Fehlerbaums Bewertung der Eingänge des Fehlerbaums
Auswertung des Fehlerbaums	Analyse des Fehlerbaums nach qualitativen oder quantitativen Gesichtspunkten

Bildzeichen

	**Standardeingang** steht für Funktionselementausfall, wenn primäres Versagen möglich ist.
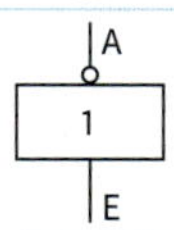	**NICHT-Verknüpfung** steht für Negation
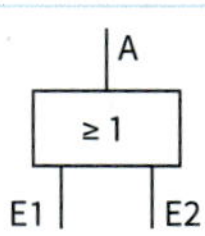	**ODER-Verknüpfung** steht für logische Vereinigung
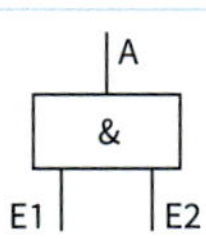	**UND-Verknüpfung** steht für logischen Durchschnitt
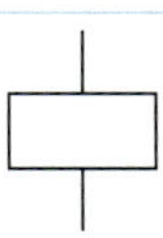	**Kommentar** Beschreibung von Ein-, Ausgängen und Verknüpfungen
	**Übertragung-Eingang** **Übertragung-Ausgang** Abbruch bzw. Fortsetzung des Fehlerbaums an anderer Stelle

Struktur

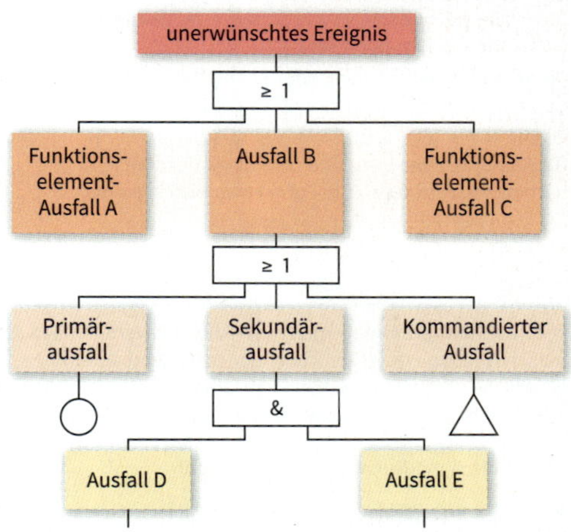

Primärausfall
Ausfall ist durch innewohnende Schwäche verursacht.

Sekundärausfall
Folgeausfall eines Teilsystems (Komponente) durch unzulässige Einsatzbedingungen oder Umgebungsbedingungen.

Kommandierter Ausfall
Ausfall infolge einer falschen oder fehlenden Ansteuerung oder Ausfall einer Hilfsquelle.

Statistische Prozessregelung

Die Statistische Prozessregelung

- wird in der **Serienfertigung** mit dem Ziel der **Fehlervermeidung** angewendet,
- zeigt die aktuelle Produktqualität auf und sichert diese in der laufenden Produktion,
- erkennt Prozesseinflüsse und kompensiert negative Einflüsse des Prozesses.

Prozesseinflüsse

	Systematische Einflüsse	Zufällige Einflüsse
Prüfwerte (möglicher Werteverlauf)	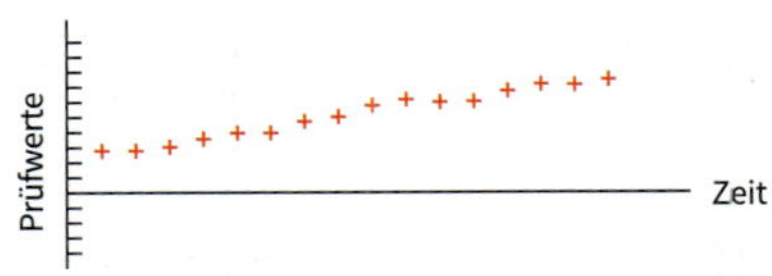	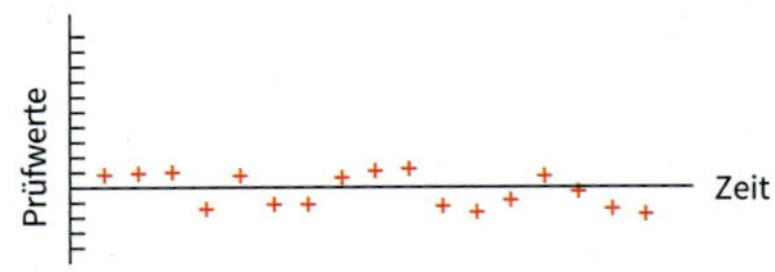
Ursachen (Beispiele)	■ Fehler in der Messzeugkalibrierung ■ Werkzeugverschleiß	■ unterschiedliche Temperaturen der Werkstücke beim Prüfen
Wirkung	unsymmetrische Häufung der Messwerte bei Wiederholung der Messung	symmetrische Häufung der Messwerte um einen bestimmten Wert
Maßnahme	Eichung/Justierung des Messzeugs, andere Messverfahren, Korrekturtabellen	Wiederholungsmessung bei Prüftemperatur 20 °C

Fehlerauswertung

Fehlersammelliste

- Für die Fehlersammelliste müssen Fehler
  1. wahrgenommen,
  2. definiert und
  3. tabellarisch erfasst werden.
- Die Fehler sollen nach Art und Schwere verständlich und eindeutig formuliert sein.
- Die während der Fertigung oder Endprüfung festgestellten Fehler werden als Zählstriche in die Liste eingetragen.
- Die Ergebnisse der Liste sind Grundlage der statistischen Auswertung z. B. in Form eines Histogramms.

Beispiel:

Nr.	Fehlerart	Serie 111	Serie 112	Gesamt
1	Schalter defekt	𝍸 |	𝍸 𝍸	16
2	Spindel schwergängig	||	|||	5
3	Gehäusefehler, Sichtkontrolle	𝍸 𝍸𝍸 ||||	𝍸 𝍸𝍸	34
4	Rechts-Linkslauf nicht o.k.	𝍸 |	𝍸 ||||	15
5	Futterschlüssel nicht vorh.	||	||||	6

Prüfgegenstand: Bohrmaschine, Nr. 3327 — Uhrzeit: 8:00–16:00
Endprüfung: Serien 111 und 112 — Datum: 2006-03-22

Histogramm

- In einem **Histogramm** werden die Häufigkeitsverteilungen von Daten in Klassen zusammengefasst.
- Die Darstellung erfolgt als Säulen- oder Balkendiagramm.
- Grundlage ist eine ausreichende Anzahl von Daten bzw. Messungen.
- 50–100 Messungen sind von Vorteil, um Aussagen über die Datenverteilung zu erhalten.

Beispiel: Bolzen mit Nenndurchmesser 10 mm

Häufigkeitstabelle $n = 50$ (Messungen)

Klasse	w	n_j	h_j (%)
1	> 9,93 … 9,95	2	4 %
2	> 9,95 … 9,97	5	10 %
3	> 9,97 … 9,99	12	24 %
4	> 9,99 … 10,01	15	30 %
5	> 10,01 … 10,03	11	22 %
6	> 10,03 … 10,05	4	8 %
7	> 10,05 … 10,07	1	2 %
		Σ 50	Σ 100 %

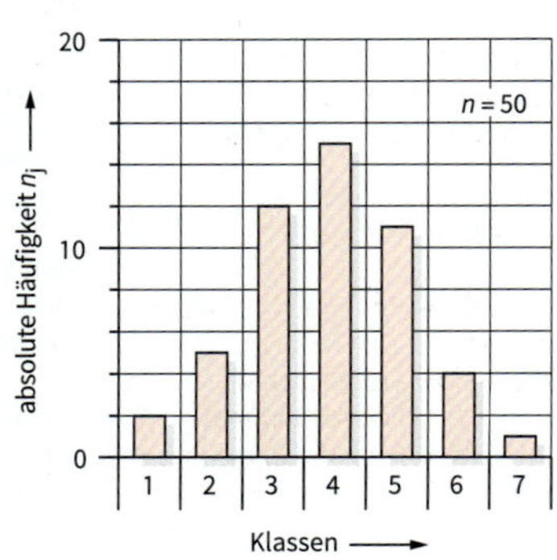

n = Anzahl der Einzelwerte
n_j = absolute Häufigkeit
h_j = relative Häufigkeit in [%]
k = Anzahl der Klassen
w = Klassenweite
R = Spannweite
x_{max} = größter Messwert
x_{min} = kleinster Messwert

$$k \approx \sqrt{n} \qquad w \approx \frac{R}{k}$$

$$R = x_{max} - x_{min}$$

$$h_j = \frac{n_j}{n} \cdot 100\,\%$$

Gaußsche Normalverteilung

- Die Normalverteilungskurve nach Gauß ist ein Hilfsmittel, die **Häufigkeitsverteilung** von Mess- bzw. **Merkmalswerten** aufzuzeigen.
- Grundlage der Berechnung ist eine aus mehreren Messungen bestehende **Stichprobe**.
- Mittels der Stichprobe wird der arithmetische Mittelwert $\bar{x}$ und die Standardabweichung s bestimmt.
- Weicht die Auswertung einer Stichprobe stark von der Normalverteilung ab, so liegt ein systematischer Prozessfehler vor.

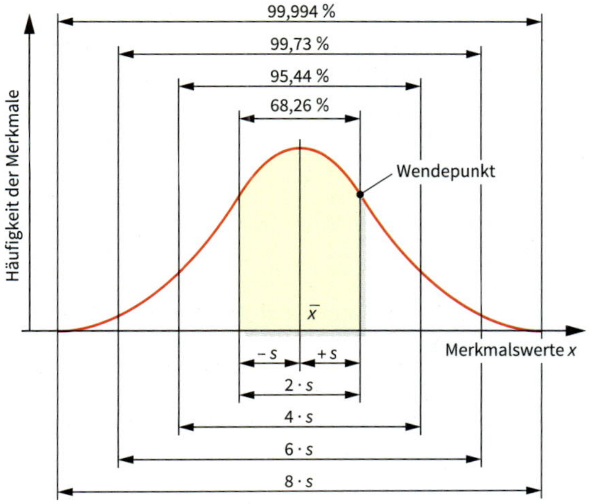

Stichprobenverteilung:

- Der höchste Punkt der Normalverteilungskurve, die Maximumstelle, entspricht dem arithmetischen Mittelwert $\bar{x}$.
- Der Abstand des Wendepunktes von der Maximumstelle entspricht der Standardabweichung *s*. Je größer der Wert *s*, desto größer ist die Streuung der Messwerte *x*.
- Die Standardabweichungen + s und – s kennzeichnen den Bereich, der 68,26 % aller Mess- bzw. Merkmalswerte beinhaltet.
- Wird nicht auf eine Stichprobe, sondern auf die **Grundgesamtheit** Bezug genommen, so wird der arithmetische Mittelwert mit μ und die Standardabweichung mit σ bezeichnet.

Statistische Berechnungen

Arithmetischer Mittelwert

Der Durchschnitt aller erfassten Einzelwerte einer Stichprobe wird als arithmetischer Mittelwert bezeichnet.

$$\bar{x} = \frac{x_1 + x_2 + \ldots + x_n}{n_1}$$

$\bar{x}$: Arithmetischer Mittelwert einer Stichprobe
x : Einzelwert einer Stichprobe
n_1 : Umfang einer Stichprobe

Einzelwerte einer Stichprobe $x_1 = 10{,}02$; $x_2 = 10{,}04$; $x_3 = 10{,}01$; $x_4 = 9{,}99$; $x_5 = 10{,}01$; $x_6 = 10{,}00$ [mm], $n_1 = 6$; $\bar{x} = ?$ [mm]

$$\bar{x} = \frac{x_1 + x_2 + x_3 + x_4 + x_5 + x_6}{6}$$

$$\bar{x} = \frac{10{,}02 + 10{,}04 + 10{,}01 + 9{,}99 + 10{,}01 + 10{,}00}{6}$$

$\bar{x} = 10{,}01$ mm

Gesamtmittelwert

Der Mittelwert der arithmetischen Mittelwerte aller Stichproben wird als Gesamtmittelwert oder auch Prozessmittelwert bezeichnet.

$$\bar{\bar{x}} = \frac{\bar{x}_1 + \bar{x}_2 + \ldots + \bar{x}_n}{n_2}$$

$\bar{\bar{x}}$: Gesamtmittelwert aller Stichproben
$\bar{x}$: Arithmetischer Mittelwert einer Stichprobe
n_2 : Anzahl der Stichproben

Einzelwerte einer Stichprobe $\bar{x}_1 = 10{,}01$; $\bar{x}_2 = 10{,}02$; $\bar{x}_3 = 10{,}00$; $\bar{x}_4 = 10{,}01$ [mm], $n_2 = 4$; $\bar{\bar{x}} = ?$ [mm]

$$\bar{\bar{x}} = \frac{\bar{x}_1 + \bar{x}_2 + \bar{x}_3 + \bar{x}_4}{n_2}$$

$$\bar{\bar{x}} = \frac{10{,}01 + 10{,}02 + 10{,}00 + 10{,}01}{4}$$

$\bar{\bar{x}} = 10{,}01$ mm

Spannweite

Der Unterschied zwischen dem größten und dem kleinsten Messwert wird als Spannweite bezeichnet. Der Mittelwert der Spannweiten aller Stichproben wird als Gesamtspannweite (Prozessspannweite) bezeichnet.

$$R = x_{max} - x_{min}$$

$$\bar{R} = \frac{R_1 + R_2 + \ldots + R_n}{n_2}$$

R : Spannweite einer Stichprobe
$\bar{R}$: Mittelwert der Spannweiten aller Stichproben
x_{max} : Maximaler Messwert
x_{min} : Minimaler Messwert
n_2 : Anzahl der Stichproben

Standardabweichungen

Das Maß für die Streuung eines Prozesses wird als Standardabweichung bezeichnet.

$$s = \sqrt{\frac{1}{n-1} \cdot \sum_{i=1}^{n} (x_i - \bar{x})^2}$$

s : Standardabweichung einer Stichprobe
x_i : Wert des messbaren Merkmals, z. B. Einzelwert x_1
$\bar{x}$: Arithmetischer Mittelwert der Stichprobe
n : Anzahl der Messwerte der Stichprobe

Lage und Streuung von Prozessen (Prozessfähigkeit)

- Sind die Werte einer Stichprobe mit ihrem arithmetischen Mittelwert weitestgehend deckungsgleich mit der Normalverteilung, dann spricht man von einem zentrierten Prozess.
- Der zentrierte Prozess weist einen stabilen Verlauf innerhalb der Toleranzgrenzen auf und muss nicht beeinflusst werden.
- Bei starker Abweichung von der Normalverteilung muss in den Prozess eingegriffen werden.

Lage bzw. Streuung des Prozesses	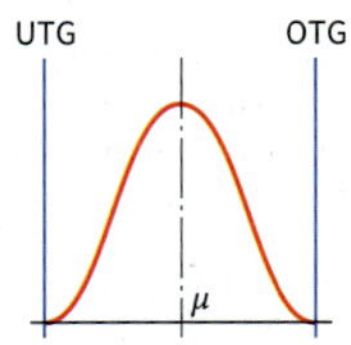 zentriert	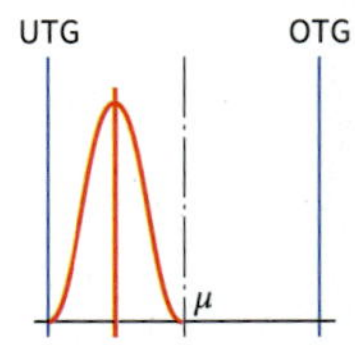 versetzt, innerhalb der Toleranz	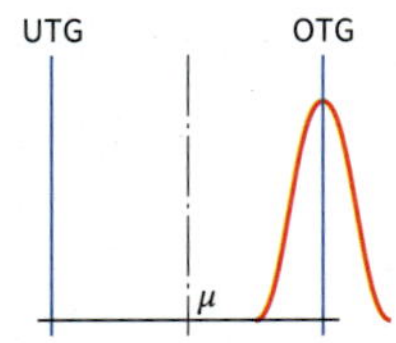 versetzt, außerhalb der Toleranz	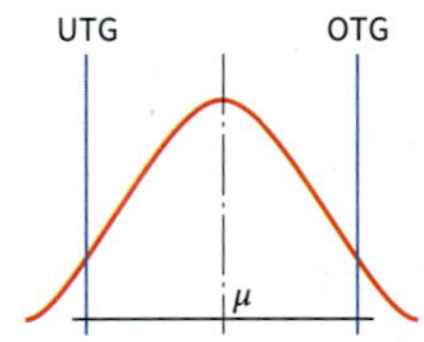 breite Streuung
Prozessfähigkeit	fähig	nicht fähig	nicht fähig	nicht fähig
Maßnahme	kein Eingriff	nachstellen bzw. zentrieren	nachstellen bzw. zentrieren	Streuung verkleinern

OTG = obere Toleranzgrenze, UTG = untere Toleranzgrenze, μ = Prozessmittelwert

Qualitätsregelkarten (QRK)

- Qualitätsregelkarten werden zur ständigen Prozessüberwachung eingesetzt. Sie zeigen Prozessänderungen an, die systematischen Ursprungs sind.
- Die Aufzeichnung von systematischen Streuungsursachen macht es möglich, notwendige Maßnahmen zur Fehlervermeidung zu ergreifen bzw. ein wiederholtes Auftreten von Fehlern zu vermeiden.
- Grundlage sind regelmäßige und ausreichend häufige Stichproben, um schnell auf Veränderungen im Fertigungsprozess reagieren zu können.
- Wegen der Vergleichbarkeit muss der Stichprobenumfang zu einer Qualitätsregelkarte stets gleich sein.
- In der QRK werden zudem alle gezielten Prozesseinflüsse (z. B. Änderung der Schnittwerte) dokumentiert.

Qualitätsregelkarte nach Shewhart

- Beim Erreichen einer Warngrenze UWG/OWG werden vermehrt Stichproben entnommen.
  Beim Erreichen einer Eingriffsgrenze UEG/OEG muss in den Prozess eingegriffen werden.

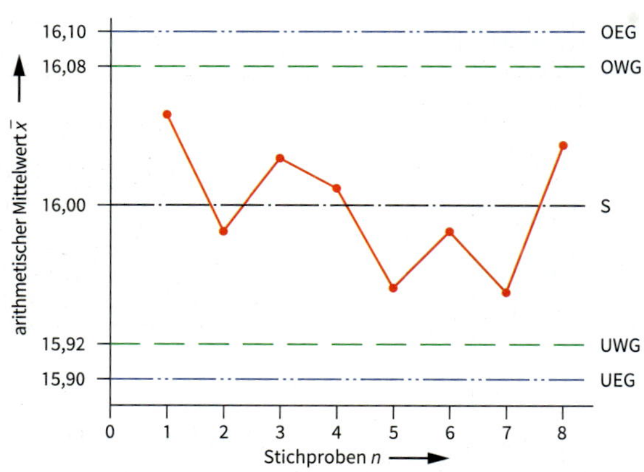

Mittelwertkarte:

OEG: obere Eingriffsgrenze
UEG: untere Eingriffsgrenze
OWG: obere Warngrenze
UWG: untere Warngrenze
S: Sollwert

Aus jeder Stichprobe wird der arithmetische Mittelwert errechnet und in die Qualitätsregelkarte eingetragen.

Zusätzliche Angaben:

Kartenart: Mittelwertkarte	Bezeichnung: z. B. Nut	Merkmal: Nutbreite	Nennmaß: 16,00 mm	OEG = 16,10 mm UEG = 15,90 mm	Stichproben: $n = 8$	Stichprobenumfang: 5	Kontrollintervall: 35 min	Prüfbeginn: 06:00 Uhr 2006-03-12

Qualitätsregelkarten – Eingriffsgrenzen für Mittelwertkarten

- Die Eingriffsgrenzen entsprechen der Standardabweichung ± 3 · s. Dadurch liegen 99,73 % aller Messwerte innerhalb der Eingriffsgrenzen (Normalverteilung).
- In der Praxis werden die Tabellenwerte A_2 und A_3 zur vereinfachten Berechnung der oberen und unteren Eingriffsgrenze verwendet.
- Die $\bar{x}$/s-Karte bietet genauere Ergebnisse, erfordert aber eine aufwendigere Berechnung.

$$OEG = \bar{\bar{x}} + A_2 \cdot \bar{R}$$
$$UEG = \bar{\bar{x}} - A_2 \cdot \bar{R}$$

Obere und untere Eingriffsgrenzen der **$\bar{x}/\bar{R}$-Karte**

$$OEG = \bar{\bar{x}} + A_3 \cdot \bar{s}$$
$$UEG = \bar{\bar{x}} - A_3 \cdot \bar{s}$$

Obere und untere Eingriffsgrenzen der **$\bar{x}/\bar{s}$-Karte**

$\bar{\bar{x}}$: Gesamtwertmittelwert aller Stichproben (Prozessmittelwert)
A_2 : Konstante zur Berechnung der $\bar{x}/R$-Karte
A_3 : Konstante zur Berechnung der $\bar{x}/s$-Karte
$\bar{R}$: Mittelwert der Spannweiten
$\bar{s}$: Mittelwert der Standardabweichungen
n : Anzahl der Stichproben
OEG : Obere Eingriffsgrenze
UEG : Untere Eingriffsgrenze

Faktor	Stichprobenumfang n								
	2	3	4	5	6	7	8	9	10
A_2	1,880	1,023	0,729	0,577	0,483	0,419	0,373	0,337	0,308
A_3	2,659	1,954	1,628	1,427	1,287	1,182	1,099	1,032	0,973

PreControl-Regelkarte

- Die PC-Regelkarte ist eine einfache Regelkarte, bei der keine komplizierten Berechnungen erfolgen.

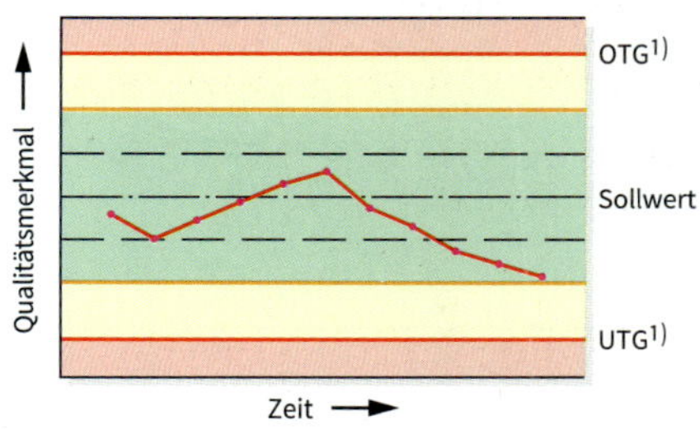

OTG : obere Toleranzgrenze
UTG : untere Toleranzgrenze

- Startbedingung: 5 aufeinander folgende geprüfte Teile, die im grünen Bereich liegen.
- Die Regelkarte wird mit 2er Stichproben weitergeführt
- Kontrollintervall: 1/6 der Zeit zwischen zwei Nachstellungen am Prozess

Bereiche grün/gelb: Prozess läuft ohne Eingriff bis zur nächsten Stichprobe weiter

Bereich rot: 1. Prozess unterbrechen; 2. Prozess justieren und neu starten

1) Erfahrungswerte

Prozessverläufe

Natürlicher Verlauf

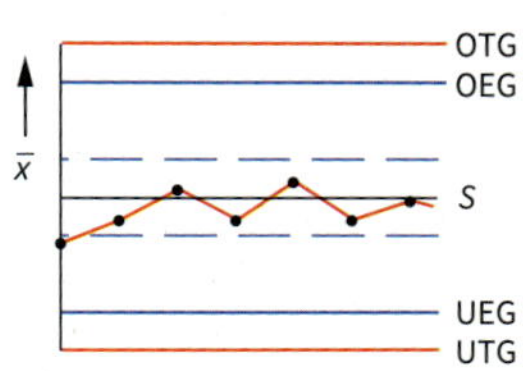

Prozess ist ungestört

Weniger als 6 Punkte liegen oberhalb oder unterhalb des Sollwertes S. 70 % der Punkte liegen im mittleren Drittel zwischen UEG und OEG.

Run

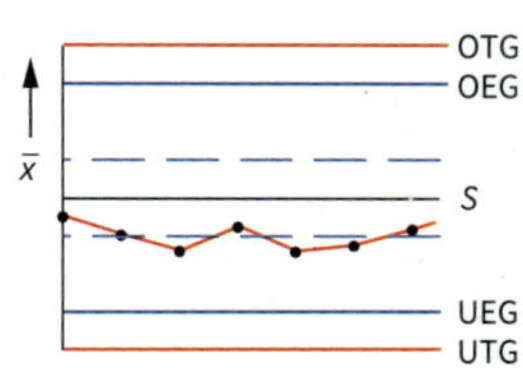

Prozess ist gestört.

Mehr als 6 Punkte liegen unterhalb des Sollwertes S. Sofort weitere Stichproben entnehmen, gegebenenfalls muss der Prozess sofort korrigiert werden.

Eingriffsgrenze überschritten

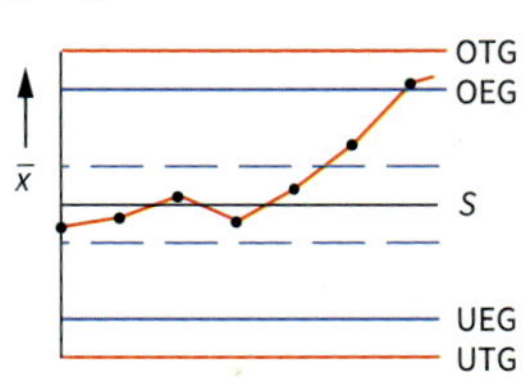

Prozess ist gestört

Die Eingriffsgrenze OEG ist überschritten, der Prozess muss sofort korrigiert werden. Fehlerhafte Teile müssen aussortiert werden.

Trend

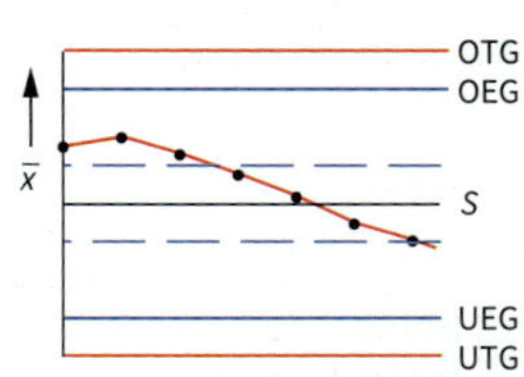

Prozess ist gestört.

Es ist zu erwarten, dass mehr als 6 Punkte unterhalb des Sollwertes liegen. Der Prozess muss sofort korrigiert werden, da das Erreichen von UEG wahrscheinlich ist.

Instandhaltungselemente

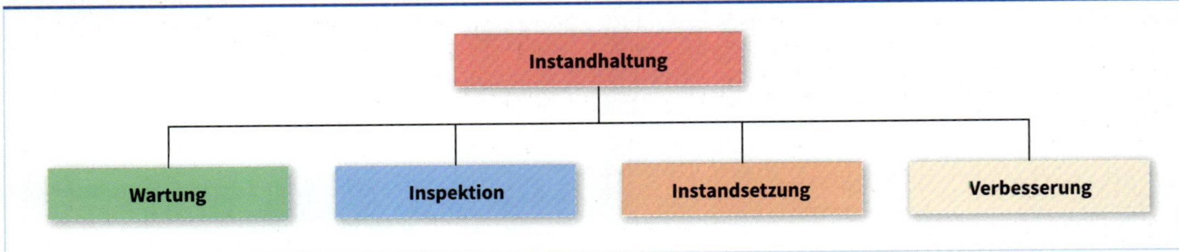

Begriffe

Instandhaltung	Kombination aller Maßnahmen (technisch, administrativ, Management) zur Erhaltung oder Wiederherstellung des funktionsfähigen Zustandes
Wartung	Maßnahmen zur Verzögerung des Abbaus eines vorhandenen Abnutzungsvorrates
Inspektion	Feststellung und Beurteilung des Ist-Zustandes einschließlich Ursachenbestimmung der Abnutzung und Ableitung notwendiger Konsequenzen
Instandsetzung	Wiederherstellung des funktionsfähigen Zustandes (außer Verbesserungen)
Verbesserung	Kombination aller Maßnahmen zur Steigerung der Funktionsfähigkeit, ohne die geforderte Funktion zu ändern
Abnutzung	Abbau des Abnutzungsvorrates durch physikalische/chemische Einwirkungen (z. B. Verschleiß, Alterung, Rost, …)
Abnutzungsvorrat	Vorrat möglicher Abnutzung bei gleichzeitiger Funktionserfüllung
Funktion	Durch den Verwendungszweck bedingte Aufgabe (z. B. Pumpen von mind. 50 l/min)
Fehler	Zustand, in dem das System unfähig ist, die geforderte Funktion zu erfüllen
Fehleranalyse	Nach Fehlerdiagnose (Erkennung, Ortung, Ursachenermittlung) erfolgt eine Prüfung, ob eine Verbesserung machbar und wirtschaftlich ist
Schwachstelle	System, bei dem ein Ausfall häufiger auftritt, als dies nach der geforderten Verfügbarkeit zu erwarten ist

Einfluss der Instandhaltung

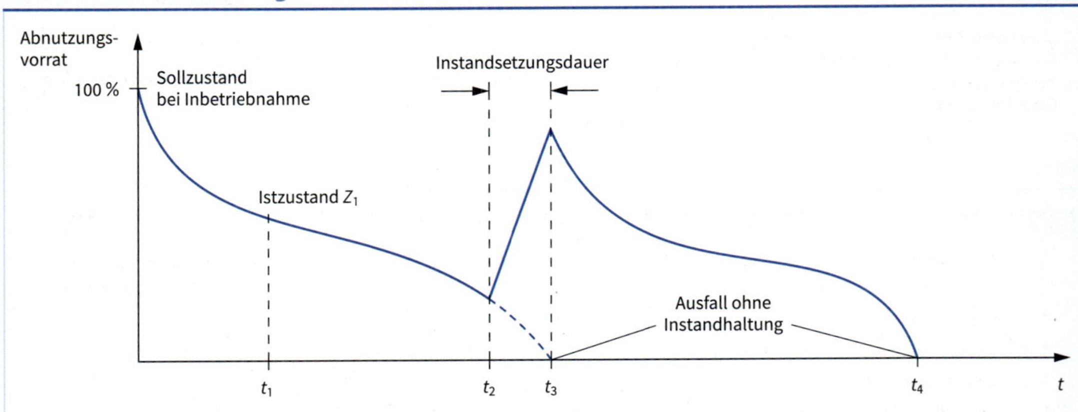

Instandhaltungsstrategien

vorbeugend		störungsbedingt
■ **zeitorientiert** Instandhaltungsmaßnahmen in festen Zeitabständen (z. B. durch Hersteller vorgegeben).	■ **zustandsorientiert** Instandhaltungsmaßnahmen sind abhängig vom technischen Zustand des Systems; erfordert Überwachung, Inspektionen oder Abnutzungsmodelle.	■ **ereignisorientiert** Instandhaltungsmaßnahmen bei Störungen des Systems.

RCM (**R**eliability **C**entered **M**aintenance): zuverlässigkeitsorientierte oder auch vorausschauende Instandhaltung kombiniert die o. g. Strategien zu einem wirtschaftlichen Optimum.

- Die Maschinenrichtlinie (Richtlinie 2006/42/EG) dient zur Angleichung der Rechts- und Verwaltungsvorschriften der EU-Mitgliedsstaaten für den Bereich Maschinen.
- Die Richtline ist durch die nationale **Maschinenverordnung** (9. ProdSV) in nationales Recht umgesetzt und muss durch den Maschinenhersteller mit Wirkung vom 29. Dezember 2009 angewendet werden.
- Ziel der Richtlinie/Verordnung ist die Realisierung grundlegender Sicherheits- und Gesundheitsschutzanforderungen beim Einsatz von Maschinen.
- Grundlegender Bestandteil im Rahmen der Entwicklung einer Maschine ist die Durchführung einer Risikoermittlung und Risikobeurteilung für die Maschine.
- Bei der Konstruktion sind die Ergebnisse dieser Risikoermittlung/-beurteilung zu berücksichtigen und entsprechend der Richtlinie/Verordnung zu reduzieren.
- In der Maschinenrichtlinie sind u. a. Definitionen enthalten
  - zu Maschine,
  - zu unvollständige Maschine,
  - zu Sicherheitsbauteilen (Bauteil mit Sicherheitsfunktion),
  - zum Anwendungsbereich der Richtlinie und
  - zu Ausnahmen (Maschinen oder Einrichtungen, die nicht unter die Maschinenrichtlinie fallen).

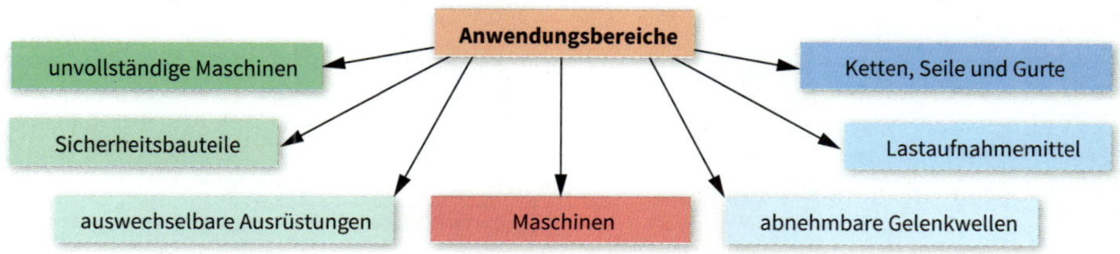

Richtlinienstruktur

- Die Maschinenrichtlinie ist in die drei Teile gegliedert:
  - Erwägungsgründe,
  - Rechtstexte und
  - Anhänge.
- Der **erste Teil** (Erwägungsgründe) ist **nicht rechtsverbindlich.**
- Der **zweite Teil** (Rechtstext) und der **dritte Teil** (Anhänge) sind **rechtsverbindliche** Ausführungen, die im Fall der Anwendung der Maschinenrichtlinie zu berücksichtigen sind.

Teil 1 (Erwägungsgründe)
Beinhaltet Erläuterungen zum Zweck der Richtlinie.

Teil 2 (Rechtstexte)
Definiert die rechtlichen Anforderungen für das Inverkehrbringen von Maschinen im europäischen Binnenmarkt.

Teil 3 (Anhänge)
Dient zur Verdeutlichung und Klarstellung der Aussagen, die in den Artikeln zum Rechtstext gemacht werden.

Rechtstexte (Auszüge)

Artikel	Inhalt
1	Anwendungsbereich
2	Begriffsbestimmungen
3	Spezielle Richtlinien
5	Inverkehrbringen und Inbetriebnahme
7	Konformitätsvermutung und harmonisierte Normen
9	Besondere Maßnahmen für Maschinen mit besonderem Gefahrenpotenzial
12	Konformitätsbewertungsverfahren für Maschinen
13	Verfahren für unvollständige Maschinen
15	Installation und Verwendung der Maschinen
16	CE-Kennzeichnung
17	Nicht vorschriftsmäßige Kennzeichnung
23	Sanktionen
25	Aufgehobene Rechtsvorschriften
27	Ausnahmen
28	Inkrafttreten

Anhänge (Auszüge)

Anhang	Inhalt
I	Grundlegende Sicherheits- und Gesundheitsschutzanforderungen für die **Konstruktion** und den **Bau** von Maschinen
V	Liste der Sicherheitsbauteile
VI	Montageanleitung für eine unvollständige Maschine
VII	Technische Unterlagen für Maschinen
IX	EG-Baumusterprüfung

Ausnahmen

- Sicherheitsbauteile, die als Ersatzteile zum Ersetzen identischer Bauteile bestimmt sind
- Hochspannungsausrüstungen
- Maschinen zu Forschungszwecken
- Elektrische und elektronische Erzeugnisse (z. B. Haushaltsgeräte, informationstechnische Geräte, Transformatoren)

Merkmale

- Ausgangspunkt für die Sicherheit von Maschinen ist die Maschinenrichtlinie 2006/42/EG (seit 29.12.2009).
- Die anzuwendenden Sicherheitsnormen werden eingeteilt in
  - Sicherheitsgrundnormen (**Typ A**-Normen),
  - Sicherheitsgruppennormen (**TYP B1**- und **Typ B2**-Normen) und
  - Maschinenspezifische Fachnormen (**Typ C**-Normen).
- Typ A-Normen
  - sind für alle Maschinen verbindlich und
  - beinhalten u. a. Anleitungen zur Ermittlung von Risiken, Verfahrenweisen und Reihenfolgen zur Vermeidung von Risiken.
- Typ B1-Normen beinhalten allgemeine Sicherheitsaspekte und dazu gehörende Lösungen (z. B. Ausgestaltung von Schutzzäunen).
- Typ B2-Normen beinhalten normative Anforderungen an spezielle Schutzeinrichtungen (z. B. NOT-AUS-Taster).
- Typ C-Normen beschreiben spezifische Risiken und Maßnahmen zur Reduzierung dieser Risiken von einzelnen Maschinen bzw. Maschinengattungen.
- Eine Typ C-Norm für eine Maschinenart hat Vorrang vor einer Typ A- oder Typ B-Norm.

Hierarchie Sicherheitsnormen

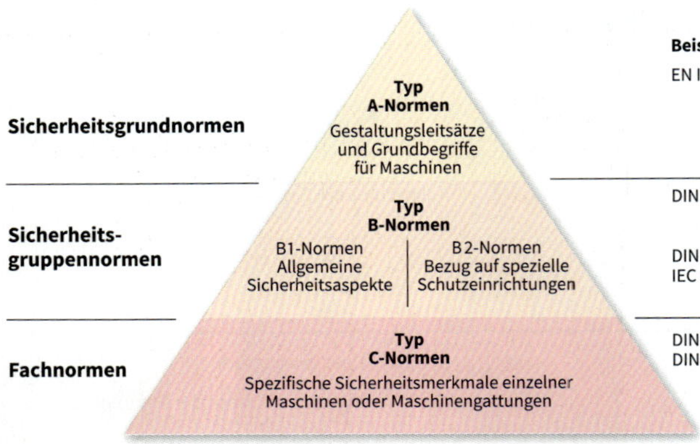

Beispiele:

EN ISO 12100	Sicherheit von Maschinen Grundsätzliche Terminologie, Methodologie Sicherheit von Maschinen – Technische Leitsätze
DIN EN ISO 13849-1	Sicherheit von Maschinen – sicherheitsbezogene Teile von Steuerungen – Teil 1: Allgemeine Gestaltungsleitsätze
DIN EN62061/ IEC 62061	Funktionale Sicherheit sicherheitsbezogener elektrischer, elektronischer und programmierbarer Steuerungssysteme
DIN EN ISO 10218	Industrieroboter – Sicherheit
DIN EN ISO 11553-1	Sicherheit von Maschinen – Laserbearbeitungsmaschinen

Risikobeurteilung

- Im Rahmen der Maschinenkonstruktion gibt es eine definierte Vorgehensweise, um die geforderte Sicherheit zu erreichen.
- Am Anfang steht dabei die **Risikobeurteilung**, die Aussagen darüber liefert, welche Risiken von der Maschine bzw. den einzelnen Teilen der Maschine ausgehen.
- Abhängig von der Höhe des Risikos werden dann entsprechende Maßnahmen (z. B. konstruktive Änderungen) zur größtmöglichen **Risikominderung** unter Berücksichtigung verschiedener Faktoren definiert.
- Diese Vorgehensweise ist ein iterativer (wiederholender) Prozess.
- Die **Rangfolge** der Maßnahmen zur Risikoreduzierung ist dabei wie folgt zu realisieren
  - Reduzierung durch den Entwurf (höchste Priorität)
  - Reduzierung durch Schutzeinrichtungen und ergänzende Schutzmaßnahmen
  - Reduzierung durch Bereitstellung der Benutzerinformation über das Restrisiko (niedrigste Priorität)
- Werden **elektrische** oder **elektronische Steuerungen** (z. B. SPS) zur Steuerung von sicherheitsrelevanten Funktionen eingesetzt, ist der Entwurf dieser Steuerungen ein Bestandteil des Entwurfsprozesses für die Maschine.
- Das sicherheitsrelevante Steuerungssystem stellt somit die Sicherheitsfunktionen bereit.
- Die erreichbare **Sicherheitsstufe** eines sicherheitsrelevanten Steuerungssytems wird dabei eingestuft nach
  - EN IEC 62061 in **SIL1** bis **SIL3** (**S**afety **I**ntegrity **L**evel: Sicherheitsstufe) oder
  - EN ISO 13849-1 in **PLa** bis **PLe** (**P**erformance **L**evel: Leistungsklasse).

Vorgehensweise

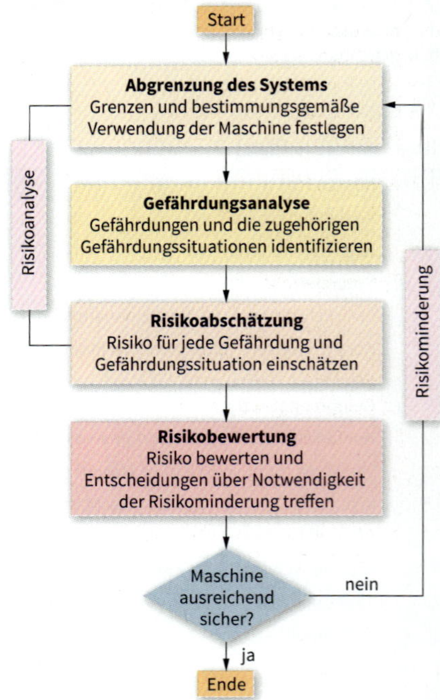

Elektrische Ausrüstung von Maschinen
Electrical equipment of machines

DIN EN 60 204-1: 2010-05

Merkmale

- Die elektrische Ausrüstung einer Maschine muss u. a. unter Berücksichtigung der
  - **physikalischen Umgebungsbedingungen** (z. B. Umgebungstemperatur am Aufstellort),
  - **Betriebsbedingungen** (z. B. Dauerbetrieb),
  - **elektrischen Versorgung** (z. B. Anschlussleistung) und
  - Transport und Lagerung

  ausgelegt sein.
- Die Anforderungen an die elektrische Ausrüstung sind Teil der Gesamtanforderungen an die Sicherheit von Maschinen und daher im Rahmen der **Risikobeurteilung** der Maschine zu bewerten.
- Die eingesetzten elektrischen Komponenten müssen somit
  - für den vorgesehenen Einsatz geeignet sein (Auswahl geeigneter Komponenten),
  - die jeweiligen Normen erfüllen und
  - entsprechend der Vorgaben der Lieferanten angewendet werden.
- **Spezielle Anforderungen** (z. B. Wartungsvorgaben oder Errichtungsanforderungen) sind grundsätzlich zwischen dem Maschinenhersteller und dem Maschinenbetreiber zu vereinbaren.

Übersicht

Ausrüstungsaspekte

- **Netzanschluss**
  - Anschluss an das externe Schutzerdungssystem
  - Netz-Trenneinrichtung
  - Ausschalteinrichtungen zur Verhinderung von unerwartetem Anlauf
  - Einrichtungen zum Trennen der elektrischen Ausrüstung
  - Schutz vor unbefugtem, unbeabsichtigtem und/oder irrtümlichem Schließen
- **Elektrische Schutzmaßnahmen**
  - Basisschutz (Schutz gegen elektrischen Schlag/direktes Berühren)
  - Fehlerschutz (Schutz bei indirektem Berühren)
  - Schutz durch PELV
- **Potenzialausgleich**
  - Schutzleitersystem
  - Funktions-Potenzialausgleich
  - Begrenzung der Auswirkungen hoher Ableitströme
- **Geräteschutz**
  - Überstrom/Überhitzung (Motoren)/anomale Temperaturen
  - Unterbrechung der Versorgung/Spannungseinbruch und Spannungswiederkehr
  - Motor-Überdrehzahl
  - Erdschluss-/Fehlerstrom
  - Drehfeldüberwachung
  - Überspannungen durch Blitzeinschlag/Schalthandlungen
- **Steuerungskreise**
  - Steuerstromkreise/Steuerfunktionen, Steuerfunktionen im Fehlerfall
  - Schutzverriegelungen
- **Bedienerschnittstelle/an der Maschine montierte Steuergeräte**
  - Drucktaster/Leuchtdrucktaster
  - Anzeigeleuchten und Anzeigen
  - Drehbare Bedienelemente
  - Starteinrichtungen
  - Geräte für NOT-HALT/NOT-AUS
  - Geräte zur Freigabesteuerung
- **Schaltgeräte**
  - Anordnung/Aufbau/Gehäuse
  - Schutzgrad
  - Gehäuse, Türen und Öffnungen
  - Zugang zu Schaltgeräten
- **Elektrische Verbindungen**
  - Anschlussklemmen
  - Leiter/Isolierung
  - Strombelastbarkeit im Normalbetrieb
  - Spannungsfall auf Leitern/Kabeln/Leitungen
  - Flexible Leitungen
  - Schleifleitungen und Schleifringkörper
- **Verdrahtungstechnik**
  - Anschlüsse und Leitungsverlauf
  - Identifizierung von Leitern
  - Verdrahtung innerhalb/außerhalb von Gehäusen
  - Leitungskanäle/Verbindungskästen
- **Elektromotoren**
  - Motorgehäuse/Motorabmessungen
  - Motoranordnung und -einbauräume
  - Kriterien für die Motorauswahl
  - Schutzgeräte für mechanische Bremsen
- **Kennzeichnung**
  - Warnschilder/Funktionskennzeichnung
  - Kennzeichnung der Ausrüstung
  - Referenzkennzeichen (Betriebsmittelkennzeichen)
- **Sonstiges**
  - Zubehör
  - Arbeitsplatzbeleuchtung

Merkmale

- Der Einsatz elektrotechnischer und elektronischer Geräte erfolgt weltweit in unterschiedlichen Umgebungsbedingungen.
- **Umgebungsbedingungen** sind in diesem Zusammenhang u. a. klimatische Bedingungen (z. B. Temperatur, Luftfeuchte usw.), aber auch die Arten des Einsatzes, (z. B. ortsfester oder ortsveränderlicher Einsatz) einer Einrichtung.
- Im Rahmen der Planung für die Errichtung einer Anlage ist deshalb eine genaue Kenntnis der zu erwartenden Umgebungsbedingungen erforderlich und zu berücksichtigen.
- Gegebenenfalls sind spezielle Maßnahmen zu treffen, wie z. B. die Errichtung einer Klimaanlage, um den zuverlässigen Betrieb der Gesamtanlage zu garantieren.
- Umgebungsbedingungen sind über einen längeren Zeitraum in den Regionen der Welt ermittelt worden und z. B. in der DIN IEC 60721 bzw. in der CENELEC HD 478xxx nach verschiedenen Kriterien (s. u.) klassifiziert.

Einteilung

IEC 60721 **Klassifizierung von Umweltbedingungen** (classification of environmental conditions)	IEC 60721 - 1	Vorzugswerte für Einflussgrößen (environmental parameters and their severities)
	IEC 60721 - 2 - 1	Temperatur und Luftfeuchte (temperature and humidity)
	IEC 60721 - 2 - 2	Niederschlag und Wind (precipitation and wind)
	IEC 60721 - 2 - 3	Luftdruck (air pressure)
	IEC 60721 - 2 - 4	Sonnenstrahlung (solar radiation)
	IEC 60721 - 2 - 5	Staub, Sand, Salz (dust, sand, salt mist)
	IEC 60721 - 2 - 6	Seismische Einflüsse (earthquake, vibration and shock)
	IEC 60721 - 2 - 7	Fauna und Flora (fauna and flora)
	IEC 60721 - 3 - 0	Klassen von Einflussgrößen; Einführung (classification of groups of environmental parameters and their severities); introduction
	IEC 60721 - 3 - 1	Langzeitlagerung (storage)
	IEC 60721 - 3 - 3	Ortsfester Einsatz, wettergeschützt (stationary use at weather protected locations)
	IEC 60721 - 3 - 4	Ortsfester Einsatz, nicht wettergeschützt (stationary use at non-weather protected locations)
	IEC 60721 - 3 - 6	Einsatz auf Schiffen (ship environment)
	IEC 60721 - 3 - 7	Ortsveränderlicher Einsatz (portable and non-stationary use)
	IEC 60721 - 3 - 9	Mikroklimate innerhalb von Erzeugnissen (microclimates inside products)

Technoklimate

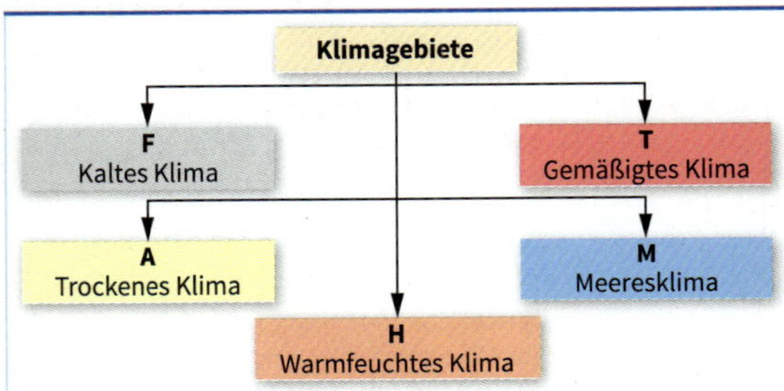

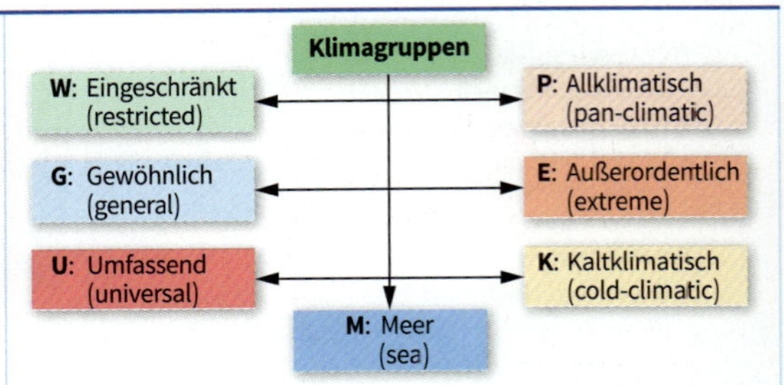

Klimauntergebiete

- Die **Klimagebiete** werden nach **mittleren Extremtemperaturen** unterteilt
  - bei **Landklimaten** der mittlere Jahrestiefstwert der Lufttemperatur t_n und
  - bei den **Meeresklimaten** der Normalwert des Jahresmittels der Meeresoberflächen-Wassertemperatur t_a an der unteren Grenze des jeweiligen Meeresklimas.
- **Bezeichnungsbeispiele:**
  - H_5: Ausgeglichenes warmfeuchtes Klima.
  - A_{55}: Winterextremes trockenes Klima.

Zuordnung	t_n in °C	Klassierende Eigenschaft
Landklimate	–85	winterexzessiv
	–55	winterextrem
	–40	winterkalt
	–25	winterrauh
	–15	winterkühl
	5	ausgeglichen

Zuordnung	t_a in °C	Klassierende Eigenschaft
Meeresklimate	–2	kalt
	5	gemäßigt
	18	warm

Merkmale

- Umweltprüfungen werden in Form von **Umweltsimulationen** für Komponenten, Geräte und Systeme druchgeführt und dienen zum Nachweiß der
  - **Funktionsfähigkeit** (Entwicklungsbereich) und
  - **Langzeittauglichkeit** (praktischer Einsatz)

  unter bestimmten, definierten Umweltbedingungen.
- Die Inhalte und Vorgehensweisen für die Umweltsimulationen sind abhängig vom geplanten Einsatzfall der technischen Einrichtung (z. B. ortfester/mobiler Einsatz).
- Die Definition der Umweltanforderungen ist somit ein fester Bestandteil der Produktentwicklung und wird bei der Lastenhefterstellung mit berücksichtigt.
- Die Teststrategie für komplette Geräte wird dabei unterschieden nach
  - **HALT** (**H**ighly **A**ccelerated **L**ife **T**est: hoch beschleunigter Lebensdauer Test) und
  - **HASS** (**H**ighly **A**ccelerated **S**tress **S**creen hoch beschleunigter Belastungstest).
- Der HALT-Test wird in der Phase der Produktentwicklung eingesetzt und identifiziert die Funktions- und Zerstörungsgrenzen des Prüflings. Damit werden die schwächsten Komponenten, die zum Ausfall des Prüflings führen, identifiziert und können im Redesign geändert werden.
- Der HASS-Test wird in der Phase der Produktendkontrolle zur Überprüfung der Einhaltung der Grenzwerte verwendet.
- Die Grenzwerte entsprechen dabei den Werten, bei denen im HALT-Test noch das ordnungsgemäße Funktionieren des Prüflings gewährleistet ist.
- Normen, nach denen die Prüfungen durchgeführt werden, sind unter anderem die DIN EN 60068.

Prüfbereiche

Klimatische Prüfung
DIN EN 60068-2-1 Prüfung A: Kälte
DIN EN 60068-2-2 Prüfung B: Trockene Wärme
DIN EN 60068-2-14 Prüfung N: Temperaturwechsel

Mechanische Prüfung
DIN EN 60068-2-6 Prüfung Fc: Schwingen, sinusförmig
DIN EN 60068-2-64 Prüfung Fh: Schwingen, Breitbandrauschen (digital geregelt) und Leitfaden
DIN EN 60068-2-75 Prüfung Eh: Hammerprüfungen

Chemische Prüfung
IEC/EN/DIN EN 60068-2-11 – Salznebel
IEC/EN/DIN EN 60068-2-42 – Schwefeldioxid

Biologische Prüfung
DIN EN 10993-1 2008 Biologische Beurteilung von Medizinprodukten – Teil 1: Beurteilung und Prüfung

Brandverhalten
IEC 60332-3-24 /DIN VDE 0472 – Teil 804 C): Brandfortleitung am Kabelbündel

HALT-Test

- Alle betriebsrelevanten Funktionen werden während des Testlaufs überwacht.
- Die **Intensität** der Prüfungen wird **stufenweise** erhöht.
- Kontrolliert werden dabei z. B.
  - Änderung der Eingangsspannung
  - Änderung der Ausgangsbelastung
  - Ein-/Ausschalten der Netzspannung
- **Stufentemperaturprüfung** testet die Betriebsgrenzwerte zunächst mit Kältebelastung und danach mit Wärmebelastung (falls möglich bis zur Zerstörung).
- **Schneller Temperaturwechsel** realisiert extreme Temperaturwechsel mit bis 80 K/min. Die Grenzwerte liegen innerhalb der Betriebsgrenzwerte (5 K).
- **Schwingprüfungen** regen den Prüfling mit 2 Hz bis 10 kHz auf einem Schwingprüfstand in sechs Achsen gleichzeitig an (stochastisches Breitbandrauschen; Beschleunigung mit stufenweiser Erhöhung um $5 \cdot g_{rms}$[1]). Damit werden sowohl massenintensive Bauelemente (z. B. SMD) als auch kleine Bauelemente erfasst.
- **Kombinationsprüfungen** realisieren gleichzeitig rauschförmiges Schwingen und extreme Temperaturwechsel (künstliche Alterung des Prüflings).

[1] = root-mean-square acceleration (Effektive Beschleunigung)

Temperatur- und Klimaprüfschrank

Technische Daten

Temperaturbereich	−42 °C ... +180 °C
	−72 °C ... +180 °C
Aufheizgeschwindigkeiten	3,0 ... 4,0 K/min
Abkühlgeschwindigkeiten	2,3 ... 4,0 K/min
Temperaturänderung linear	1,0 K/min
Maximale Wärmekompensation	1500 ... 4200 W
Leistungsdaten für Klimaprüfungen	
Temperaturbereich	+10 °C ... +95 °C
Taupunkttemperatur	+4 °C ... +94 °C
Feuchtebereich	10 ... 98 % relat. F.
Maximale Wärmekompensation	400 ... 500 W

Kombinierte Vibrationsprüfung mit schnellem Temperaturwechsel

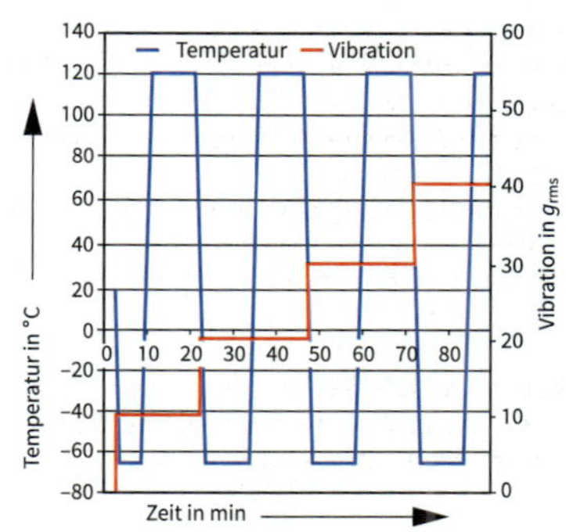

CE-Richtlinien
CE-Directives

Merkmale

- **CE**-Richtlinien (**C**omité **E**uropéen) sind Richtlinien,
  - die im EU-Wirtschaftsraum verbindlich sind,
  - werden vom Rat der EU erlassen und
  - müssen in allen Ländern der EU in nationales Recht umgesetzt werden.
- Sie definieren grundlegende **Sicherheits**- und **Gesundheits-anforderungen** für technische Produkte.
- Ziel der CE-Kennzeichnung ist der freie Warenverkehr in der Europäischen Gemeinschaft.
- Die CE-Kennzeichnung ist
  - gesetzlich vorgeschrieben und
  - darf nur auf Produkten angebracht werden, für die sie rechtlich vorgeschrieben ist.
- Die Gültigkeit der CE-Kennzeichnung besteht in
  - allen EU-Mitgliedsländern und in
  - Norwegen, Island, Liechtenstein und der Schweiz.
- CE-Richtlinien werden in Deutschland in deutsche Gesetze umgesetzt.
- Die grundlegenden Anforderungen können durch harmonisierte Normen konkretisiert werden.
- CE-konforme Produkte werden mit dem CE-Symbol gekennzeichnet.
- Die Überwachung auf Einhaltung der CE-Kennzeichnung erfolgt z. B. durch staatliche Marktaufsichtsbehörden.

CE-Richtlinien

Richtlinien-Benennung (Stand: Juli 2018)	Bezeichnung EU (Umsetzung in D)
General Product Safety (Allgemeine Produktsicherheit)	2001/95/EC (ProdSG)
Lifts (Aufzüge)	2014/33/EU (12. ProdSV)
Pressure Equipment (Druckgeräte)	2014/68/EU (14. ProdSV)
Simple Pressure Vessels (Einfache Drückbehälter)	2014/29/EU (6. ProdSV)
Electromagnetic Compatibility (EMC) (Elektromagnetische Verträglichkeit)	2014/30/EU (EMV Gesetz)
Radio Equipment Directive (RED) (Funkanlagenrichtlinie)	2014/53/EU
Equipment Explosives Atmospheres (ATEX) (Geräte in Ex-Bereichen)	2014/34/EU (11. ProdSV)
Noise Emission in the Environment (Geräuschemissionen)	2005/88/EG (32. BImSchV = G)

Richtlinien-Benennung (Stand: Juli 2018)	Bezeichnung EU (Umsetzung in D)
Machinery (Maschinenrichtlinie)	2006/42/EC (9. ProdSV)
Medical Devices (Medizinprodukte)	2014/104/EG (Medizinproduktegesetz MPG)
Measuring Instruments (Messgeräte)	2014/32/EU (MessEG u. MessEV)
Non-automatic Weighing Instruments (Nichtselbsttätige Waagen)	2014/31/EU (MessEG u. MessEV)
Low Voltage (Niederspannungsrichtlinie)	2014/35/EU (1. ProdSV)
Personal Protective Equipment (PPE) (Persönliche Schutzausrüstung)	2016/425/EU (8. ProdSV)
Construction Products Regulation (Bauprodukteverordnung)	2011/305/EU
Cableway Installations Designed to Carry Person (Seilbahnen)	2016/424/EU (Bundeslandspezifische Umsetzung)
Ecodesign Requirements for Energy-Related Products (Ökodesign Richtlinie)	2009/125/EC (Energieverbrauchsrelevante-Produkte-Gesetz EVPG, November 2011)

ProdSG: Produktsicherheitsgesetz

ProdSV: Produktsicherheitsverordnung

Sicherheitsnormen

- Die Normen-Typen im Bereich Sicherheitstechnik sind hierarchisch gegliedert in
  - **A**-Normen,
  - **B**-Normen (B1 und B2) und
  - **C**-Normen.
- A-Normen (**Grundnormen**) beschreiben
  - allgemeine Aspekte,
  - Grundbegriffe und
  - Gestaltungsleitsätze.
- B-Normen (**Gruppennormen**) beschreiben Sicherheitsaspekte für Produktgruppen.
  - B1-Normen behandeln spezielle **Sicherheitsaspekte** (z. B. Sicherheitsabstände, elektrische Sicherheit von Maschinen).
  - B2-Normen behandeln **Sicherheitseinrichtungen** (z. B. Verriegelungseinrichtungen, Zweihandschaltung, trennende Schutzeinrichtungen).
- C-Normen (**Produktnormen**) formulieren Sicherheitsanforderungen für
  - eine spezielle Maschine oder
  - Maschinenbauart,
  - haben Vorrang gegenüber einer A- oder B-Norm und
  - können Bezug nehmen auf A- oder B-Norm.
- Existiert keine C-Norm, kann die Konformität auf Grund der A- oder B-Norm nachgewiesen werden (wenn damit die Maschinenrichtlinie erfüllt wird).

Lärmschutz

TRLV Lärm: 2010-01

Begriffsbestimmung

Begriff	Erklärung
Lärm	Schall im Frequenzbereich von 16 Hz bis 16 kHz (Hörschall), der zu einer Beeinträchtigung des Hörvermögens oder zu einer sonstigen mittelbaren oder unmittelbaren Gefährdung von Gesundheit und Sicherheit der Beschäftigten führen kann.
Maximal zulässige Expositionswerte	Auf das Gehör des Beschäftigten einwirkende Tages-Lärmexpositionspegel bzw. Spitzenschalldruckpegel, die nicht überschritten werden dürfen
Tages-Lärmexpositionspegel $L_{EX,8h}$ in dB(A)	Personenbezogener Dauerschallpegel für einen Achtstundentag, der alle am Arbeitsplatz auftretenden Schallereignisse umfasst
Wochen-Lärmexpositionspegel $L_{EX,40h}$ in dB(A)	Der über die Zeit gemittelte Tages-Lärmexpositionspegel für eine 40-Stundenwoche, der nur bei erheblichen Schwankungen der Lärmexposition von einem Arbeitstag zum anderen anzuwenden ist
Spitzenschalldruckpegel $L_{pC,peak}$ in dB(C)	Höchstwert des Schalldruckpegels für das lauteste Schallereignis innerhalb einer Arbeitsschicht
Lärmbereich	Arbeitsbereiche, in denen der ortsbezogene Lärmexpositionspegel oder der Spitzenschalldruckpegel einen der oberen Auslösewerte erreicht bzw. überschreitet

Auslösewerte für Präventionsmaßnahmen

Untere Auslösewerte		Obere Auslösewerte	
Tages-Lärmexpositionspegel $L_{EX,8h}$	Spitzenschalldruckpegel $L_{pC,peak}$	Tages-Lärmexpositionspegel $L_{EX,8h}$	Spitzenschalldruckpegel $L_{pC,peak}$
80 dB(A)	135 dB(C)	85 dB(A)	137 dB(C)

Maßnahmen beim Erreichen bzw. Überschreiten von unteren bzw. oberen Auslösewerten

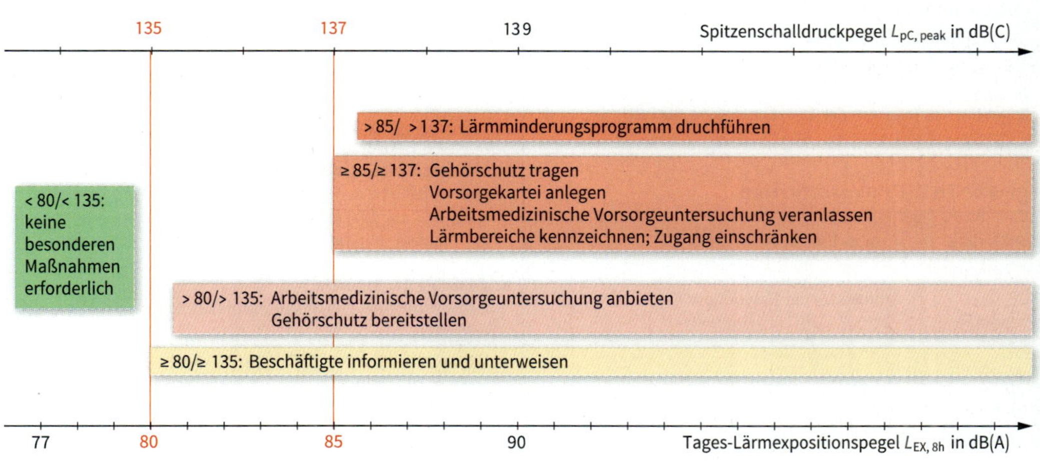

Maßnahmen von Lärmminderungsprogrammen

Maßnahmen an der Lärmquelle	Maßnahmen auf dem Übertragungsweg	Organisatorische Maßnahmen
Mechanische Geräusche: ■ Minderung oder zeitliche Dehnung von Krafteinwirkungen ■ Versteifung von Strukturen im Kraftfluss ■ Beeinflussung der Schallabstrahlung Strömungsmechanische Geräusche: ■ Vermeidung von Turbulenzen ■ Minderung von Druckschwankungen	■ Körperschallisolierung (z. B. Aufstellung von Maschinen auf Schwingelementen) ■ Kapselung von Maschinen ■ Einsatz von Schalldämpfern ■ Abschirmung durch Stellwände ■ Schallschutzkabine, (z. B. Maschinen-kontrollstand)	■ Verlagerung lärmintensiver Arbeiten und Maschinen in einen separaten Raum ■ Verlagerung lärmintensiver Arbeiten in personalarme Schichten ■ Koordinierung von lärmarmen und lärmintensiven temporären Arbeiten
In regelmäßigen Abständen müssen Wirksamkeitskontrollen durchgeführt werden. Lärmminderungsprogramme sind solange durchzuführen, bis die oberen Auslösewerte nicht mehr überschritten werden.		

Versicherungsschutz

- Die Berufsgenossenschaften sind die Träger der gesetzlichen Unfallversicherung für die Unternehmen der Privatwirtschaft und deren Beschäftigte
- Sie haben die Aufgabe, Arbeitsunfälle und Berufskrankheiten sowie arbeitsbedingte Gesundheitsgefahren zu verhüten.
- Der Versicherungsschutz erstreckt sich auf:

  Arbeitsunfälle
  Wegunfälle
  Berufskrankheiten

- Die Berufsgenossenschaft und die Unfallkassen sind in der **DGUV** (**D**eutschen **G**esetzlichen **U**nfall**v**ersicherung) als gemeinsamem Dachverband organisiert.
- Das bestehende Vorschriften- und Regelwerk wurde ab dem 01.05.2014 in ein neues Bezeichnungssystem überführt. Dabei werden vier Kategorien unterschieden:
  - DGUV-Vorschriften
  - DGUV-Regeln
  - DGUV-Informationen
  - DGUV-Grundsätze

DGUV
Deutsche Gesetzliche Unfallversicherung
Spitzenverband

- Jede Publikation erhält eine eigene, in der Regel sechsstellige Kennzahl:
  - Vorschriften 1 bis 99
  - Regeln 100 bis 199
  - Informationen 200 bis 299
  - Grundsätze 300 und aufwärts

  Jeweils die zweite und dritte Stelle jeder Kennzahl zeigt die Zugehörigkeit in einem der 15 Fachbereiche der DGUV an.

Ausgewählte DGUV-Vorschriften

Bezeichnung	Titel, Erläuterungen
DGUV Vorschrift 1	Grundsätze der Prävention
DGUV Vorschrift 3	Elektrische Anlagen und Betriebsmittel
	Geregelt ist in der Vorschrift die Prüfung von in Betrieben verwendeten Elektrogeräten.
DGUV Vorschrift 6	Arbeitsmedizinische Vorsorge
	Arbeitsmedizinische Vorsorgeuntersuchungen sind aufgeführt.
DGUV Vorschrift 9	Sicherheits- und Gesundheitsschutzkennzeichnung am Arbeitsplatz
	Die Vorschrift enthält Gefahrensymbole, Gebots- und Verbotszeichen sowie Vorschriften über die Kennzeichnung von Fluchtwegen, Erste-Hilfe-Einrichtungen usw.

Verhalten bei Unfällen

Betriebsanweisung zum Verhalten bei Unfällen:

Verhalten bei Unfällen
Ruhe bewahren

1. Unfall melden	Telefon (Tel.-Nr. einfügen) oder/und .... **Wo** geschah es? **Was** geschah? **Wie viele** Verletzte? **Welche** Arten von Verletzungen? **Warten** auf Rückfragen!
2. Erste Hilfe	Absicherung des Unfallortes Versorgung der Verletzten Anweisungen beachten
3. Weitere Maßnahmen	Rettungsdienste einweisen Schaulustige entfernen

- Die **Betriebsanweisung** ist eine Anweisung an die Beschäftigten im Rahmen der Pflichten des Arbeitsgebers innerhalb des Arbeitsschutzgesetzes.
- Es wird darin das arbeitsplatz- und tätigkeitsbezogene Verhalten im Betrieb geregelt, mit dem Ziel, Unfall- und Gesundheitsverfahren zu vermeiden.

Hinweise zum Ausfüllen einer Unfallanzeige

- Die **Beschreibung des Unfallgeschehens** soll genaue Angaben zum Unfall und zu den näheren Umständen enthalten.
  Beispiele: wo, wie, warum, unter welchen Umständen, Angabe der beteiligten Geräte oder Maschinen
- **Wichtige Angaben** sind:
  Betriebsteil bzw. Organisationseinheit, in dem sich der Unfall ereignete.
  Beispiele: Büro, Werkstatt, Verkauf, Lager
- **Tätigkeit**, die die verletzte Person ausübte.
  Beispiele: Kundenberatung, Leitungsinstallation, Reparatur eines Servers in der Werkstatt
- **Umstände**, die den Verlauf des Unfalls besonders kennzeichnen (unfallauslösende Umstände, welche Arbeitsmittel wurden benutzt bzw. an welchen Maschinen und Anlagen wurde gearbeitet).
  Beispiele: ... beugte sich zu weit zur Seite, dadurch rutschte die Leiter weg, ... rutschte auf dem Fußboden aus, ...
- **Arbeitsbedingungen**, die mit dem Unfall im Zusammenhang stehen könnten.
  Beispiele: Hitze, Kälte, Lärm, Staub
- **Gefahrstoffe**, die mit dem Unfall im Zusammenhang stehen.
  Beispiele: Akkusäure, Lösungsmittel
- **Verletzte Körperteile** genau bezeichnen
  Die Unfallbeschreibung kann auf der Rückseite des Vordrucks oder auf einem separaten Beiblatt erfolgen.

Logo: Erste Hilfe

Rettungsdienste:

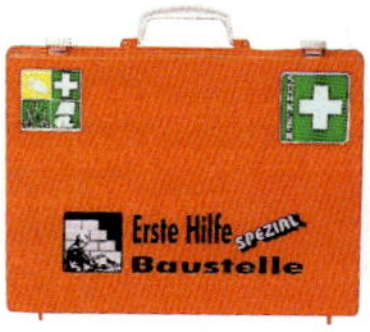

Erste-Hilfe-Kasten

Notfall-Rettungskette

1. Sofortmaßnahme
2. Notruf
3. Erste Hilfe
4. Rettungsdienst
5. Krankenhaus

Notruf
- **Wo** ist was geschehen?
- **Was** ist geschehen?
- **Wie** viele Verletzte gibt es?
- **Welche** Verletzungen sind vorhanden?
- **Warten** auf Rückfragen!

Kostenfreie Rufnummern:
110 und 112

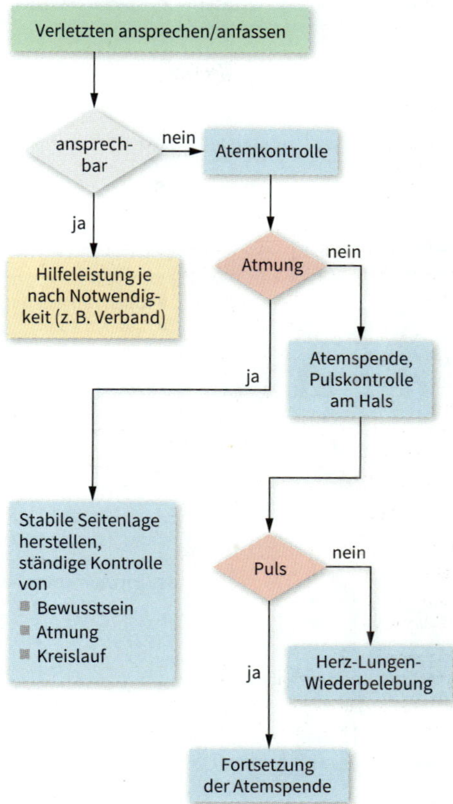

	Versagen der Atmung/ Atemstillstand	**Herzversagen/ Herzstillstand**	**Kreislaufversagen/Schock**	**Starke Blutung**
Symptome	■ Flache, unregelmäßige Atmung bzw. keine Atembewegung mehr wahrnehmbar ■ keine Atemgeräusche hörbar ■ bläuliche Verfärbung der Haut (Lippen, Ohrläppchen) ■ Bewusstlosigkeit	■ Bewusstlosigkeit ■ erweiterte Pupillen ■ blaue oder weißliche (blasse) Verfärbung der Haut	■ Schwacher, beschleunigter Puls ■ feuchte, blasse, kalte Haut ■ Unruhe, Angst	■ Bei Verletzung der Schlagader pulsierender Blutaustritt ■ hellrote Farbe des Blutes
Maßnahmen	■ Verletzten in stabile Seitenlage bringen ■ Mund- und Rachenraum von Fremdkörpern (Speisereste, Erbrochenes) säubern ■ Bei Atemstillstand mit der Atemspende beginnen ■ Atmung überwachen	■ Sofort mit Herzdruckmassage beginnen ■ Achtung: Ersthelferausbildung ist hierfür unbedingt erforderlich	■ Schocklage herstellen (Oberkörper flach legen, Beine schräg nach oben) ■ Achtung: Schocklage nicht bei Verletzung der Beine oder Wirbelsäule ■ vor Unterkühlung schützen ■ durch Ansprache beruhigend wirken ■ Atmung und Puls kontrollieren	■ Druckverband anlegen, sterile Auflage (Einmalhandschuh verwenden!) ■ leichte Blutung aus Nase: Kopf nach vorne neigen, Kinn in die Hand stützen lassen, kalter Umschlag auf den Nacken ■ bei verletzter Schlagader die Ader abdrücken bzw. abbinden

Beurteilung der Arbeitsbedingungen beim Heben und Tragen von Lasten

1. Lastwichtung

Wirksame Last für Frauen	Wirksame Last für Männer	Lastwichtung
< 5 kg	< 10 kg	1
5 ... 10 kg	10 ... 20 kg	2 ①
10 ... 15 kg	20 ... 30 kg	4
15 ... 25 kg	30 ... 40 kg	7
> 25 kg	> 40 kg	25

2. Ausführungswichtung

Ausführungsbedingungen	Wichtung
gute ergonomische Bedingungen (z. B. ausreichend Platz)	0
Bewegungsfreiheit eingeschränkt (z. B. geringe Arbeitshöhe und -fläche)	1 ②
Bewegungsfreiheit stark eingeschränkt	2

3. Haltungswichtung

Lastposition und Körperhaltung		Haltungswichtung
	■ Oberkörper aufrecht und nicht verdreht ■ Last am Körper	1
	■ geringe Vorneigung oder Verdrehung des Körpers ■ Last am Körper bzw. körpernah	2
	■ tiefes Beugen oder weites Vorneigen ■ Last körperfern oder über Schulterhöhe	4 ③
	■ weites Vorneigen mit gleichzeitigem Verdrehen des Oberkörpers ■ Last körperfern ■ hocken oder knien	8

4. Zeitwichtung

Tragen (> 5 m)		Halten (> 5 s)		Hebe- oder Umsetzvorgänge	
Gesamtweg pro Arbeitstag	Zeitwichtung	Gesamtdauer pro Arbeitstag	Zeitwichtung	Anzahl pro Arbeitstag	Zeitwichtung
< 300 m	1	< 5 min	1	< 10	1
300 m ... 1 km	2	5 ... 15 min	2	10 ... 40	2
1 km ... 4 km	4	15 min ... 1 h	4	40 ... 200	4
4 km ... 8 km	6	1 h ... 2 h	6	200 ... 500	6 ④
8 km ... 16 km	8	2 h ... 4 h	8	500 ... 1000	8
> 16 km	10	> 4 h	10	> 1000	10

5. Bewertung

Beispiel: Umsetzen von 300 Leuchten (12 kg) in 1,50 m Höhe

	2 ①	Lastwichtung
+	1 ②	Ausführungswichtung
+	4 ③	Haltungswichtung
=	7	× 6 ④ (Zeitwichtung) = 42 (Punktwert) →

Punktwert	Beschreibung
< 10	geringe Belastung
10 ... 25	erhöhte Belastung
25 ... 50	wesentlich erhöhte Belastung
> 50	hohe Belastung

Der tätigkeitsbezogene Punktwert gibt Aufschluss über die jeweilige Belastung.
Bei einem Punktwert > 10 sind Maßnahmen (Gewichtsverminderung, geringe zeitliche Belastung) erforderlich.

[1] Verordnung über Sicherheit und Gesundheitsschutz bei der manuellen Handhabung von Lasten bei der Arbeit

Anforderungen für Aufstiegshilfen

Bezeichnung	Tritt (DIN EN 14183) ①	Sprossen-/Stufenanlegeleiter ②	Schiebeleiter ohne Seilzug ③	Sprossen-/Stufenstehleiter ④	Stufenstehleiter ⑤	Mehrzweckleiter ⑥
Eigenschaften	bis 1 m Höhe mit einer zug- bzw. druckfesten Verbindung; obere Fläche zum Betreten geeignet	Leiter ohne eigene Abstützung; wird zur Benutzung angelegt; mit Sprossen oder Stufen	zwei- oder mehrteilige Sprossenanlegeleiter; obere Leiterteile von Hand ausschiebbar	zweischenklige freistehende Leiter; einseitig oder beidseitig besteigbar; mit Sprossen oder Stufen	mit Plattform und Haltevorrichtung; einseitig oder beidseitig besteigbar; mit Sprossen oder Stufen	Stehleiter mit aufgesetzter Schiebeleiter
Spreizsicherung erforderlich (z. B. Gurt)	–	–	–	ja	ja	ja
Benutzerinformation erforderlich	ja	ja	ja	ja	ja	ja
Hinweise	Schenkel fest miteinander verbunden; kein Verschieben beim Betreten	Anlegewinkel: $\alpha = 65° \dots 75°$ lichte Weite: min. 280 mm Sprossenabstand; Standsicherheit: bei Leiterlängen > 3 m ist eine Quertraverse oder konische Bauform für höhere Standsicherheit erforderlich.	Länge von Sprosse zu Sprosse verstellbar; nur an sicheren Stützpunkten anlegen; lösbares Schiebeteil > 3 m: Schiebeteil muss ebenfalls mit Quertraverse ausgeführt sein.	Leiterschenkel durch Gelenke verbunden; Sicherung gegen Auseinandergleiten	Leiterschenkel durch Gelenke verbunden; Sicherung gegen Auseinandergleiten; waagerechte Lage der Stufen in Gebrauchsstellung	Verwendung als Schiebeleiter, Stehleiter oder Stehleiter mit aufgesetzter Schiebeleiter

① ② ③ ④ ⑤ ⑥

Umgang mit Leitern und Gerüsten

Der Vorgesetzte

- stellt die richtige Leiter (z. B. Steh- oder Anlegeleiter) mit notwendigem Zubehör für sicheren Stand bereit,
- bringt Hinweise für die Benutzung der Leitern und Gerüste an und unterweist Mitarbeiter in deren Handhabung,
- garantiert einwandfreie Beschaffenheit und kontrolliert sichere Funktion und
- lässt beschädigte Teile reparieren bzw. ersetzen und untersagt einen bestimmungswidrigen Einsatz.

Der Mitarbeiter

- prüft ordnungsgemäßen Sicherheitszustand vor **jedem** Gebrauch,
- achtet auf Standsicherheit und zulässige Belastungen (Benutzungshinweise),
- setzt nach Möglichkeit Gerüste statt Leitern ein,
- berücksichtigt die Kraftrückwirkung, z. B. bei Stemmarbeiten auf einer Leiter,
- steigt nicht über das Ende einer Stehleiter hinaus und
- lehnt sich bei der Arbeit nicht seitlich hinaus.

Kennzeichnung von Rohrleitungen nach dem Durchflussstoff

DIN 2403: 2014-06

Anwendungsbereich: Die Kennzeichnung nichterdverlegter Rohrleitungen nach dem Durchflussstoff dient der Verhinderung von Unfällen und gesundheitlichen Schäden sowie der wirksamen Brandbekämpfung und der sachgerechten Instandsetzung.

Anforderungen an die Kennzeichnung:

- Kennzeichnung durch Anstrich, Beschriftung, Bänder (z. B. selbstklebende Folienbänder) oder Schilder (z. B. Kunststoff-, Metall-, Email- oder Folienschilder)
- deutlich erkennbar, dauerhaft, aus gegen Umgebungseinflüsse widerstandsfähigen Werkstoffen
- Wiederholung der Kennzeichnung an betriebswichtigen und gefahrenträchtigen Punkten (Anfang, Ende, Wanddurchführungen, Rohrkrümmungen, Armaturen)
- Kennzeichnung durch vorgeschriebene Gruppenfarbe **1** und Zusatzfarbe **2** des Durchflussstoffes
- Angabe der Durchflussrichtung durch Richtungspfeil **3**
- Angabe des Durchflussstoffes durch Wortangabe **4**, chemische Formel oder Kennzahl in der vorgeschriebenen Schriftfarbe **5** (Bei Angabe von chem. Formel oder Kennzahl ist eine Erklärung an den betriebwichtigen Punkten auszulegen.)
- Bei Gefahrstoffen zusätzliche Angabe der Gefahrensymbole **6** nach Gefahrstoffverordnung
- Bei radioaktiven Durchflussstoffen zusätzliche Angabe des Sicherheitszeichens „Warnung vor radioaktiven Stoffen oder inonisierenden Strahlen" nach DIN 4844-2
- Bei Bedarf Ergänzungen durch Angaben über andere Kenngrößen **7** (z. B. Druck, Temperatur u. a.) mittels Formelzeichen nach DIN 1304 und/oder Sicherheitszeichen nach DIN 4844-2 (z. B. Warnung vor Kälte, heißer Oberfläche oder Biogefährdung)

Zuordnung der Farben zu den Durchflussstoffen

Die durch die Rohrleitungen geförderten Durchflussstoffe werden nach ihren allgemeinen Eigenschaften in 10 durch Gruppenfarben gekennzeichnete Gruppen eingeteilt.

Durchflussstoff	Gruppe	Gruppenfarbe	Zusatzfarbe	Schriftfarbe
Wasser	1	Signalgrün (RAL 6032)		Signalweiß (RAL 9003)
Wasserdampf	2	Signalrot (RAL 3001)		Signalweiß (RAL 9003)
Luft	3	Signalgrau (RAL 7004)		Signalschwarz (RAL 9004)
Brennbare Gase	4	Signalgelb (RAL 1003)	Signalrot (RAL 3001)	Signalschwarz (RAL 9004)
Nichtbrennbare Gase	5	Signalgelb (RAL 1003)	Signalschwarz (RAL 9004)	Signalschwarz (RAL 9004)
Säuren	6	Signalorange (RAL 2010)		Signalschwarz (RAL 9004)
Laugen	7	Signalviolett (RAL 4008)		Signalweiß (RAL 9003)
Brennbare Flüssigkeiten und Feststoffe	8	Signalbraun (RAL 8002)	Signalrot (RAL 3001)	Signalweiß (RAL 9003)
Nichtbrennbare Flüssigkeiten und Feststoffe	9	Signalbraun (RAL 8002)	Signalschwarz (RAL 9004)	Signalweiß (RAL 9003)
Sauerstoff	0	Signalblau (RAL 5005)		Signalweiß (RAL 9003)

Beispiele:

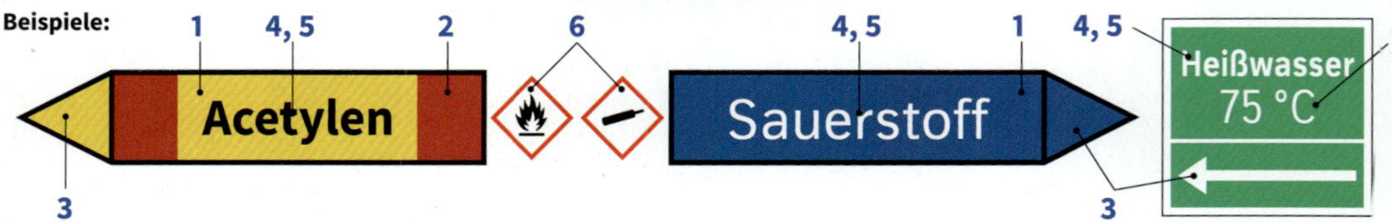

Kernnzeichnung besonderer Rohrleitungen

- Feuerlöschleitungen (Beispiele)

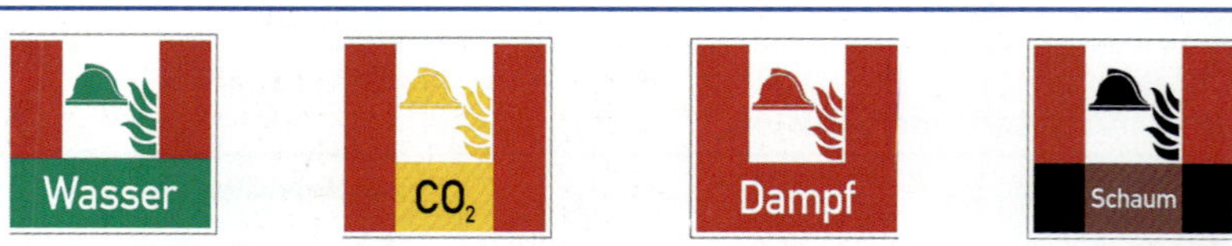

Löschmittel: Wasser | Löschmittel: nichtbrennbares Gas | Löschmittel: Wasserdampf | Löschmittel: sonstiges

- Rohrleitungen in Wasserversorgungsanlagen (Beispiele)

Durchflussstoff: Trinkwasser | Durchflussstoff: Trinkwasser, kalt | Durchflussstoff: Trinkwasser, warm | Durchflussstoff: Trinkwasser, warm, Zirkulation | Durchflussstoff: Nichttrinkwasser | Durchflussstoff: Nichttrinkwasser, Betriebswasser

Grundlagen

- Die **Bildschirmarbeitsverordnung** (BildscharbV) wurde durch die DGUV Information 215 – 410 konkretisiert.
- **DGUV Information 215 – 410**
  Ein Leitfaden als praktische Hilfen für die Gestaltung der Arbeit an Bildschirm- und Büroarbeitsplätzen (im Rahmen der Schriftenreihe „Prävention“)
- **DIN EN ISO 9241**
  Ergonomie der Mensch-System-Interaktion, Ergonomische Anforderungen für Bürotätigkeiten mit Bildschirmgeräten
- **DIN EN 1335-1: 2002-08**
  Büromöbel – Büro-Arbeitsstuhl (Maße; Bestimmung der Maße)
- **DIN EN 527-1: 2011**
  Büromöbel – Büroarbeitstische

Sehraum

- Der Sehraum ist der Bereich, in dem Objekte durch Augen- und Kopfbewegungen wahrgenommen werden.

  A: bevorzugt B: zulässig

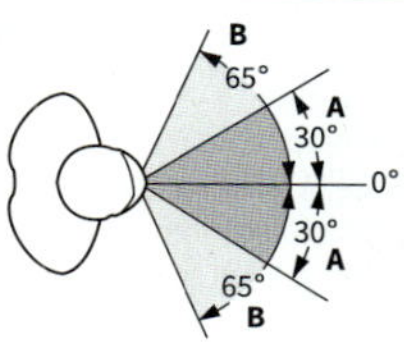

Greifraum

- Abmessungen für den Greifraum werden bestimmt aus den Maßen für die „Reichweite nach vorn“ und die „Schulter- breite“
- DIN 33 402-2:2005-12, Ergonomie – Körpermaße des Menschen

A: Bevorzugter Greifraum B: Zulässiger Greifraum

A_b: beidhändig

A_l: linke Hand

A_r: rechte Hand

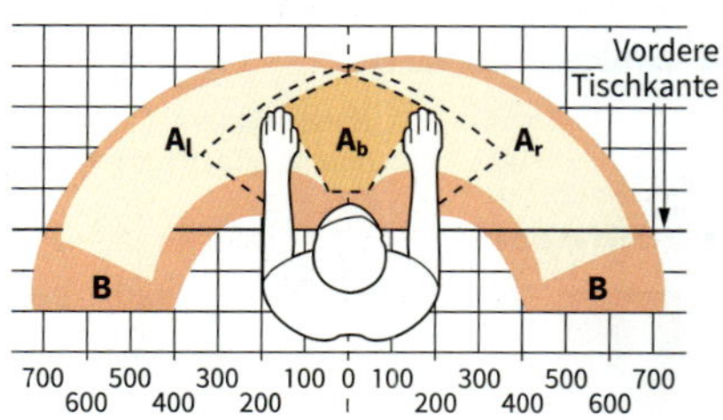

Beispiel für einen Büroarbeitsplatz

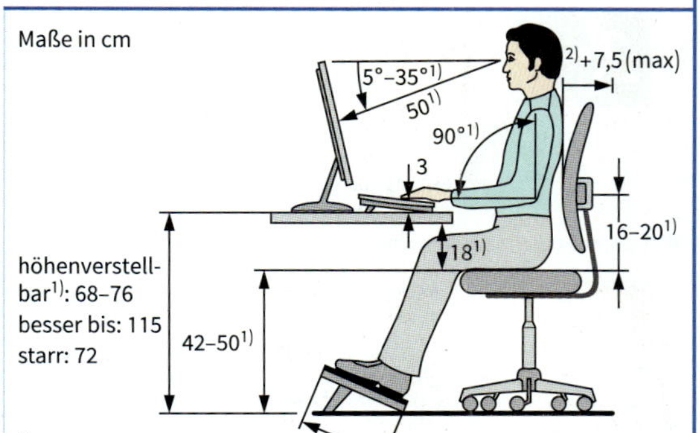

1) Mindestmaße
2) Kippsicherheitsmaß (19,5 1))

Ergonomische Anforderungen

- **Bildschirmgeräte**
  - Bildschirmdiagonale: 19 bis 21 Zoll (bei Grafik)
  - Bildschirm frei von Reflexionen und Blendungen
  - Bildschirm frei drehbar und neigbar (25 bis 30 Grad)
  - Bild stabil, flimmerfrei, ohne Verzerrungen
  - Zeichen scharf, deutlich und ausreichend groß, keine „verwaschenen“ Konturen

Zeichenbreite:	mind. 50 % der Schrifthöhe
Strichstärke:	10 % ... 20 % der Zeichenhöhe
Zeichenabstand:	mind. 15 % der Schrifthöhe
Zeilenabstand:	mind. 15 % der Schrifthöhe
Rasterung:	mind. 5 x 7 Punkte

  - Schrifthöhe

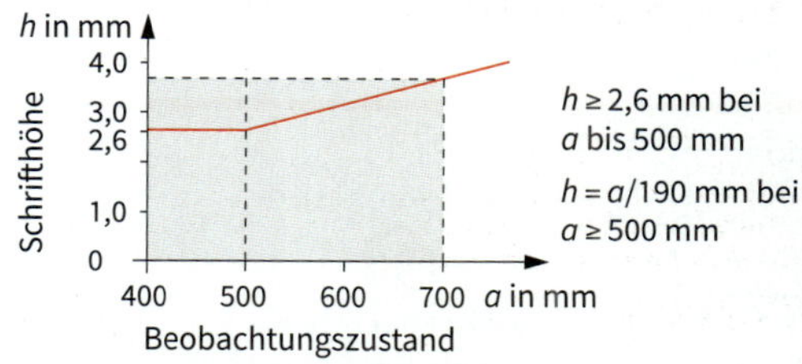

  - Helligkeit und Kontrast leicht der Umgebung anpassbar
  - Kontrast:
    Helle Zeichen auf dunklem Grund 5:1 bis 10:1
    Dunkle Zeichen auf hellem Grund: > 5:1
  - Farbwahl der Funktion angepasst (Verzicht auf gesättigte Farben bei großen Flächen)
- **Tastatur**
  - Ergonomische Bedienung
  - Vor Bildschirmgerät getrennt neigbar (bis 15 Grad)
  - Variabel anzuordnen
  - Auflegen der Hände möglich
  - Reflexionsarme Oberfläche (20 bis 50 %)
  - Tastendurchmesser 12 mm bis 15 mm
  - Tastenhub 2 mm bis 4 mm
- **Arbeitstisch**
  - Schreibfläche mindestens 1600 mm x 800 mm mit reflexionsfreier Oberfläche
  - Abgerundete Ecken, Tischplatte max. 30 mm stark
  - Ausreichender Raum für ergonomisch günstige Arbeitshaltung
  - Beinraum ohne Einschränkungen
  - Kabelkanäle zur einwandfreien Führung der Gerätezuleitungen
- **Arbeitsstuhl**
  - Ergonomisch gestaltet sowie stand- und kippsicher
  - Fünf Rollen, gegen unbeabsichtigtes Wegrollen gesichert
  - Rollenwiderstand angepasst an Fußbodenbelag
  - Sitzflächenhöhe 40 cm bis 50 cm, verstellbar
  - Verstellbare Armauflagen
- **Arbeitsumgebung**
  - Ausreichender Raum für wechselnde Arbeitshaltungen und Bewegungen
  - Beleuchtung der Sehaufgabe und an das Sehvermögen angepasst
  - Lichtschutzvorrichtungen verhindern Blendungen und Reflexionen
  - Kein Lärm durch Arbeitsmittel
  - Keine erhöhten Wärmebelastungen durch Arbeitsmittel

Funktion

- Die Brandschutzordnung soll das Verhalten der Personen innerhalb eines Gebäudes oder Betriebes im Brandfall regeln. In ihr werden Maßnahmen zur Verhütung von Bränden angegeben. Sie gilt als Hausordnung bzw. allgemeine Geschäftsbedingung.
- Die Brandschutzordnung steht im Zusammenhang mit einem Branschutzplan
- Die DIN 14096: 2013-01 enthält Vorgaben für eine Brandschutzordnung und ist in die Teile A, B und C gegliedert.

DIN 14096, Teil A

- Es handelt sich um einen **Aushang**, der sich an **alle** im Gebäude aufhaltenden **Personen** (Beschäftigte, Besucher usw.) richtet.

Brandschutzordnung Teil A

Brände verhüten

Offenes Feuer verboten

Verhalten im Brandfall

Ruhe bewahren

Brand melden Wo brennt es? Was passiert? Wieviele Verletzte? Welche Arten von Verletzungen?	Druckknopfmelder Pförtner 211	
In Sicherheit bringen	Gefährdete Personen warnen Hilflose mitnehmen Türen schließen Gekennzeichneten Fluchtwegen folgen Auf Anweisungen achten	
Löschversuch unternehmen	Feuerlöscher benutzen Brandschutzmittel benutzen	

DIN 14096, Teil B

- Teil B richtet sich vor allem an die **Mitarbeiter des Betriebes** und wird allen Miarbeitern in schriftlicher Form ausgehändigt.
- Aufgeführt sind wichtige Regeln zur Verhinderung von Brand- und Rauchausbreitung, zur Freihaltung der Flucht- und Rettungswege und Regeln über das Verhalten im Brandfall.

DIN 14096, Teil C

- Teil C richtet sich an die **Mitarbeiter des Betriebes**, die mit **Brandschutzaufgaben** betraut sind (Fachkräfte für Arbeitssicherheit, Sicherheitsbeauftragte, Brandschutzbeauftragte usw.)

Regeln zum Verhindern von Brand und Rauch

- **Brandverhütung**

Rauchen und Umgang mit offenem Licht und Feuer ist in allen Gebäudeteilen verboten.

- **Brand- und Rauchausbreitung**

Brandschutztür – Brandschutztüren befinden sich in den Fluren zwischen Alt- und Neubau.

Rauchschutztür – Sie dürfen nicht durch Verkeilen, Anbinden oder vorgestellte Gegenstände offengehalten werden.

Rauchabzug – Rauchabzugseinrichtungen befinden sich im Alt- und Neubau. Sie werden durch Rauchmelder ausgelöst.

- **Fluchtwege**

Feuerwehrzufahrt – Zufahrten und Aufstellflächen für Feuerwehr-Einsatzfahrzeuge sind unbedingt freizuhalten.

Flucht- und Rettungswege sind unbedingt freizuhalten.

Hinweise und Verbotsschilder dürfen nicht verdeckt oder verstellt werden.

- **Meldeeinrichtungen**

Nächstgelegenes Telefon oder Druckknopfmelder in den Fluren und Treppenhäusern.

- **Löscheinrichtungen**

Feuerlöscher in den Fluren

Löschdecke in den Fluren zwischen Alt- und Neubau

- **Verhalten im Brandfall**

Ruhe bewahren!
Keine Panik durch unüberlegtes Handeln!

- **Brand melden**

Feuerwehr
Telefon 112
Wo brennt es
Was brennt

Einschlagen des Glases und betätigen des Druckknopfes

- **Meldeeinrichtungen**

Gefahrenbereich über gekennzeichnete Fluchtwege verlassen. Behinderte und verletzte Personen mitnehmen.

Aufzüge nicht benutzen.
Verqualmte Räume gebückt verlassen.
Am Sammelplatz einfinden.

- **Löschversuche unternehmen**

Feuerlöscher benutzen. Von vorne nach hinten und von unten nach oben löschen. Mehrere Löscher gleichzeitig einsetzen.

Personen mit brennender Kleidung am Fortlaufen hindern, sofort auf den Boden legen und die Flammen mit Löschdecken, … ersticken.

Brandbekämpfung
Fire fighting

Brände

- Brände werden nach den brennenden Stoffen in **Brandklassen** eingeteilt. Diese Klassifizierung ist notwendig, um geeignete Löschmittel zu verwenden.
- In der Europäischen Norm **DIN EN 2: 2005-01** werden die Brandklassen A, B, C, D und F unterschieden.
- Die Farbe der Symbole ist nicht festgelegt. Üblich ist Schwarz auf weissem Grund, bei Handfeuerlöschern häufig Weiß auf rotem Grund.

Brandklasse A

Brände von festen Stoffen, hauptsächlich organisch; Verbrennung erfolgt normalerweise unter Glutbildung

- **Beispiele**: Holz, Papier, Kohle, Heu, Stroh, Kunststoffe, Textilien, Autoreifen
- **Löschmittel**: Wasser, wässrige Lösungen, Schaum, ABC-Pulver[1], Gase, Löschdecken

Brandklasse B

Brände von flüssigen oder flüssig werdenden Stoffen; auch Stoffe, die durch Temperaturerhöhung flüssig werden

- **Beispiele**: Benzin, Öle, Alkohol, Teer, Wachs, viele Kunststoffe, Ether, Lacke, Harz, Fette
- **Löschmittel**: Wasser, wässrige Lösungen, Schaum, ABC-Pulver[1], Gase, Löschdecken

Brandklasse C

Brände von Gasen

- **Beispiele**: Methan, Propan, Butan, Acetylen, Wasserstoff, Erdgas, Stadtgas
- **Löschmittel**: ABC-Pulver[1], BC-Pulver, Kohlenstoffdioxid nur in Ausnahmefällen (hierfür gibt es sehr selten speziell konstruierte Sonderfeuerlöscher mit Gasstrahldüse), Gaszufuhr durch Abschiebern der Leitung unterbinden
- **Hinweis**: Brände von Gasen sind in der Regel erst dann zu löschen, wenn die Gaszufuhr unterbunden werden kann, da sich sonst ein explosionsfähiges Gas-Luft-Gemisch bilden kann.

[1] Trockenlöschmittel in Pulverform, sehr fein zerteilter Feststoff

Brandklasse D

Brände von Metallen

- **Beispiele**: Aluminium, Magnesium, Natrium, Kalium, Lithium und deren Legierung
- **Löschmittel**: Metallbrandpulver (D-Pulver), Trockener Sand, trockenes Streu- oder Viehsalz, trockener Zement, Grauguss-Späne
- **Hinweis**: Niemals Wasser als Löschmittel verwenden

Brandklasse F

Brände von Speiseölen/-fetten (pflanzliche oder tierische Öle und Fette) in Frittier- und Fettbackgeräten und anderen Kücheneinrichtungen und -geräten

- **Beispiele**: Speiseöle und Speisefette
- **Löschmittel**: Fettbrand-Löscher mit Speziallöschmittel zur Verseifung, Pulver-Löscher nur bedingt
- **Hinweis**: Niemals Wasser als Löschmittel verwenden

Einsatz von Handfeuerlöschern

- Feuerlöscher mindestens all zwei Jahre prüfen lassen.
- Sicherheitsabstände zu elektrischen Anlagen einhalten.
- Alle Mitarbeiter in die Bedienung der Feuerlöscher einweisen
- Brände **immer in Windrichtung** bekämpfen.

- **Flächenbrände** immer von unten nach oben bekämpfen.

- **Tropfbrände** immer von oben nach unten ablöschen.

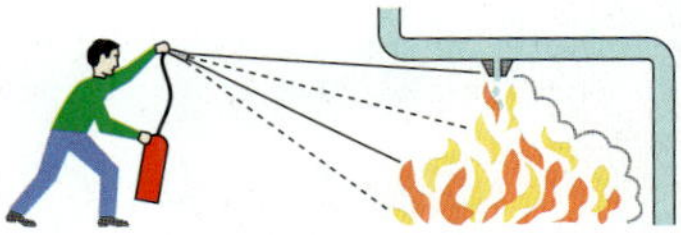

- Bei **mehreren Feuerlöschern**, alle gleichzeitig einsetzen.

Ökobilanz

Eine Ökobilanz ist das Umweltprotokoll eines Produktes, eines Herstellungs- oder Verfahrensprozesses, einer Dienstleistung oder eines Produktionsstandortes. Sie fasst das vorhandene Wissen über deren Auswirkungen auf die Umwelt zusammen. Man unterscheidet Produkt-Ökobilanzen und Betriebs-Ökobilanzen.

Ökobilanz

Sachbilanz

Produkt-Ökobilanz

Es werden untersucht:
- Rohstoffgewinnung
- Herstellung
- Verarbeitung
- Transport
- Gebrauch
- Nachnutzung
- Entsorgung

Betriebs-Ökobilanz

Es werden untersucht:
- Rohstoffströme
- Energieströme
- Abfallmengen
- Abwassermengen
- Luftemission
- Energieverbrauch

Wirkungsbilanz

Vom Umweltbundesamt benutzte Wirkungskategorien sind:
- Treibhauseffekt
- Abbau des stratosphärischen Ozons (Ozonloch)
- Photochemische Oxidantienbildung (Sommersmog)
- Überdüngung in Boden und Gewässer
- Versauerung
- Beanspruchung fossiler Ressourcen
- Naturraumbeanspruchung
- direkte Gesundheitsschädigung durch gesundheitsgefährdende Stoffe oder Lärm
- direkte Schädigung von Ökosystemen

Bei der Auswertung der Ökobilanz werden die Ergebnisse der Sachbilanz und der Wirkungsbilanz zusammengeführt. Daraus werden Schlussfolgerungen und Empfehlungen für die Politik, die Produzenten und andere Beteiligte abgeleitet.

Ökobilanz für eine Dose aus Aluminium

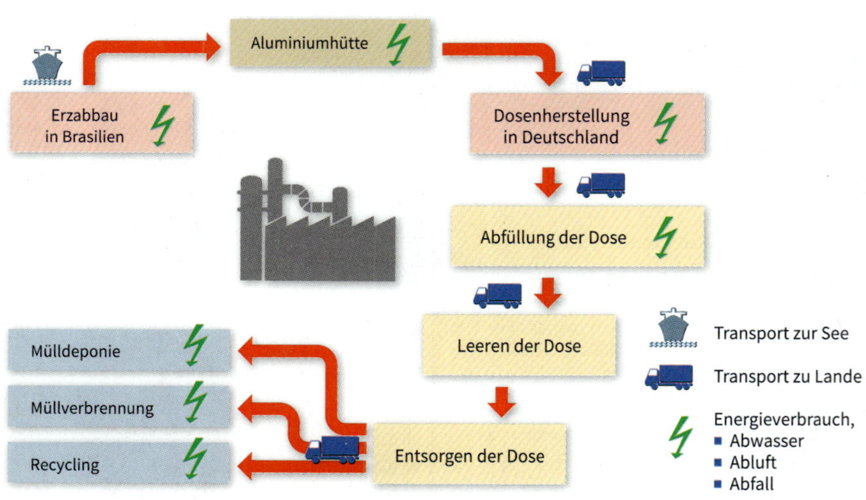

Begriffe

Verpackung
Umhüllung einer Ware aus Gründen der Zweckmäßigkeit (z. B. Schutz vor Beschädigung, Feuchtigkeit).
Packung
Zusätzliche, über die Zweckmäßigkeit hinausgehende Verpackung, die den Verkauf fördern und Anreize schaffen soll (z. B. einprägsame Bilder, Farben, durchsichtige Folien).

Verpackungsverordnung

Verordnung über die Vermeidung von Verpackungsabfällen vom 21.06.1991.

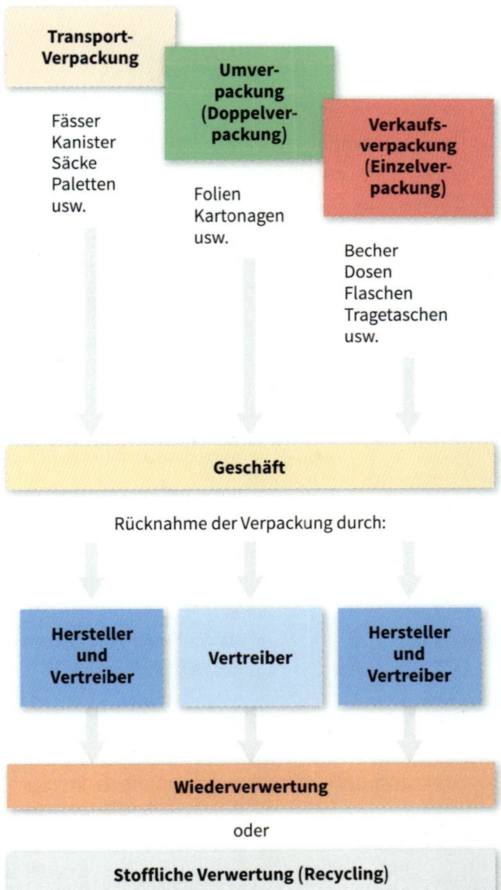

Duales System
Gebrauchte Verpackungen werden beim Verbraucher gesammelt und der stofflichen Verwertung (Recycling) zugeführt.

Grüner Punkt
Hersteller, die sich am dualen System beteiligen, kennzeichnen ihre Produkte mit dem grünen Punkt.

DER GRÜNE PUNKT

Recycling

Um eine sortenreine Sammlung zu ermöglichen, sind Produkte durch das Pfeildreieck und einen Recyclingcode gekennzeichnet.

Pfeildreieck

Recyclingcode		
01	PET	Polyethylenterephtalat
02	HDPE	Polyethylen hoher Dichte
03	PVC	Polyvinylchlorid
04	LDPE	Polyethylen niedriger Dichte
05	PP	Polypropylen
06	PS	Polystyrol
07	0	andere Kunststoffe
20	PAP	Wellpappe
21	PAP	sonstige Pappe
22	PAP	Papier
40	FE	Stahl
41	ALU	Aluminium
50	FOR	Holz
51	FOR	Kork
60	TEX	Baumwolle
61	TEX	Jute
70	GL	Farbloses Glas
71	GL	Grünes Glas
72	GL	Braunes Glas
80	–	Papier + Pappe/versch. Metalle
81	–	Papier + Pappe/Kunststoffe
82	–	Papier + Pappe/Aluminium
83	–	Papier + Pappe/Weißblech
84	–	Papier + Pappe/Kunststoff/Aluminium
85	–	Papier + Pappe/Kunststoff/Aluminium/Weißblech
90	–	Kunststoff/Aluminium
91	–	Kunststoff/Weißblech
92	–	Kunststoff/versch. Metalle
95	–	Glas/Kunststoff
96	–	Glas/Aluminium
97	–	Glas/Weißblech
98	–	Glas/versch. Metalle

Kennzeichnungsbeispiel:

03
PVC

Kreislaufwirtschaft

1

Abfälle verringern

- **Produktion:**
  - „Abfallstoffe“ der Produktion wieder zuführen.
  - „Abfallarme“ Produktion durch Materialeinsparung, Einsatz langlebiger Produkte, „sparsame“ Verpackung usw.
- **Verbraucher:**
  Veränderung der Einstellungen gegenüber Abfällen (jeder kann etwas zur Verringerung beitragen).

2

Abfälle verwerten

- **Recycling:**
  Wiederverwertung von Abfallstoffen
  - im gleichen Produktionskreislauf,
  - in einem anderen Produktionsprozess.
- **Energetische Verwertung:**
  Abfälle als Ersatzbrennstoffe umweltverträglich nutzen.

3

Abfälle verwerten

- **Trennung:**
  Sortengerechte Trennung und Lagerung
- **Lagerung:**
  Umweltschonende Lagerung auf entsprechenden Deponien.
- **Verbrennung:**
  Umweltschonende Verbrennung

Arbeitsweise Duales System Deutschland GmbH

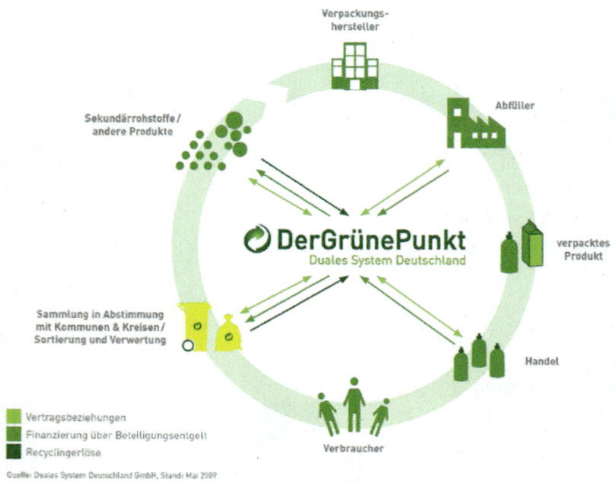

Elektro- und Elektronikgerätegesetz ElektroG: 2017-06

Elektro- und Elektronikgerätegesetz

- EG-Richtlinie 2011/65 „Beschränkung der Verwendung bestimmter gefährlicher Stoffe in Elektro- und Elektronikgeräten“ (RoHS[1])
- EG-Richtlinie 2012/19 „Elektro- und Elektronikaltgeräte“ (WEEE[2])

Beschränkung der Verwendung bestimmter gefährlicher Stoffe in Elektro- und Elektronikgeräten	
Giftige Substanzen dürfen in der Elektronik nur noch in maximal festgelegten Gewichtsprozenten verwendet werden.	
Cadmium	0,01
Blei	0,1
Quecksilber	
sechswertiges Chrom	
Polybromierte Biphenyle (PBB)	
Polybromierte Diphenylether (PBDE)	
Weichmacher (DEHP, BBP, DBP, DIBP)	0,1

Elektro- und Elektronikaltgeräte

Stationäre Händler und Online-Händler sind zur Rücknahme von Elektroaltgeräten und Lampen verpflichtet. Hersteller und Importeure sind verpflichtet, die Sammlung und das Recycling der Altgeräte zu organisieren und zu finanzieren.

Gruppen	Beispiele
große Haushaltsgeräte	Backofen, Kühlschrank, Elektrische Heizgeräte
kleine Haushaltsgeräte	Staubsauger, Toaster, Bügeleisen, Haartrockner
Informations- und Kommunikationsgeräte	Computer, Drucker, Faxgeräte, Kopiergeräte, Telefone, Mobiltelefone
Geräte der Unterhaltungselektronik	Radiogeräte, Fernseher, HiFi-Anlagen, Videokamera
Leuchtmittel	stabförmige Leuchtstofflampen, Kompaktleuchtstofflampen
Elektrowerkzeuge	Bohrmaschinen, Nähmaschinen, Rasenmäher, Schweiß- und Lötwerkzeuge
Spiel- und Freizeitgeräte	Videospielkonsolen, Fitnessgeräte, Geldspielautomaten
Überwachungsgeräte	Rauchmelder, Thermostate
Ausgabesysteme	Geldautomaten, Getränkeautomaten

Elektro- und Elektronikgeräten müssen für die getrennte Sammlung mit einem sichtbaren, erkennbaren und dauerhaften Symbol – durchgestrichener Abfallbehälter – gekennzeichnet sein.

[1] RoHS: Restriction of the use of certain hazardous substances in electrical and electronic equipment
[2] WEEE: Waste Electrical and Electronic Equipment

- Mit der **Gefährdungsbeurteilung** [1] hat der Arbeitgeber die Gefährdungen für die Beschäftigten beim Einrichten und Betreiben von Arbeitsstätten zu beurteilen.
- Zu beurteilen sind alle möglichen Gefährdungen der Gesundheit und Sicherheit.
- Die Gefährdungsbeurteilung muss fachkundig durchgeführt werden.
- Verfügt der Arbeitgeber nicht selbst über die entsprechenden Kenntnisse, hat er sich fachkundig beraten zu lassen.
- Die Gefährdungsbeurteilung ist **vor Aufnahme** der Tätigkeiten zu dokumentieren (Arbeitgeber).
- In der Dokumentation ist anzugeben:
  - Art der Gefährdungen am Arbeitsplatz
  - durchzuführende Maßnahmen
- Rechtliche Grundlage der Gefährdungsbeurteilung:
  - § 3 der Betriebssicherheitsverordnung
  - § 5 Abs. 1 des Arbeitssicherheitsgesetzes
  - § 4 Arbeitsschutzgesetz (regelt speziell die Rangfolge der Schutzmaßnahmen)

[1] Beispiele siehe: BG ETM / Gefährdungsbeurteilung / Praxisgerechte Lösungen

Ablauf der Gefährdungsbeurteilung

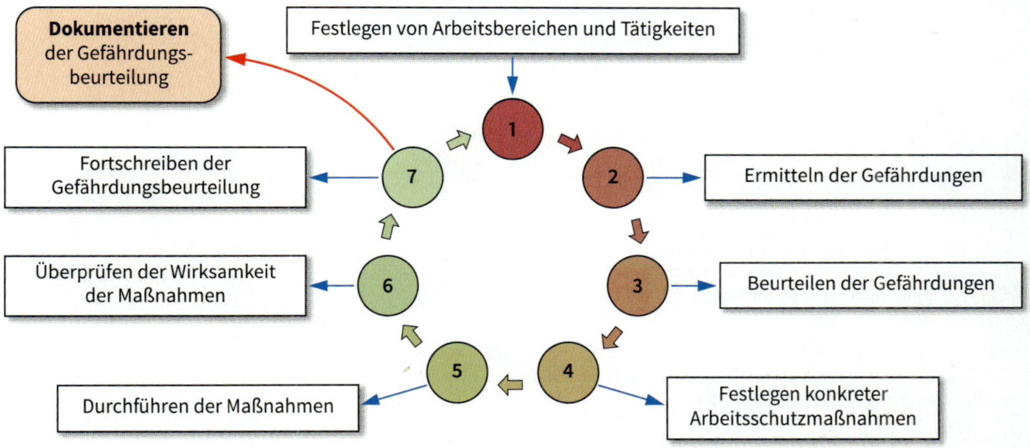

Beispiele für mögliche Gefährdungen

- **Organisatorische Mängel**
  - Arbeitsablauf (Koordination, Absprache)
  - Arbeitsschutzorganisation
  - keine Vor-Ort-Einweisung
  - ungenügend qualifizierte Mitarbeiter
- **Mechanische Gefährdungen**
  - Teile mit gefährlichen Oberflächen (Ecken, Kanten, Spitzen)
  - Abstürzen (offene Schächte, Kanäle) und Einbrechen (Dach)
  - Ungeschützte bewegte Maschinenteile
- **Elektrische Gefährdung**
  - Gefährliche Körperströme (durch Berühren unter Spannung stehender Teile, schadhafte Isolationen)
  - Lichtbögen
  - Elektromagnetische Felder
  - Elektrostatische Aufladung
- **Gefährdung durch Stoffe**
  - Gefahrstoffe
  - Biologische, chemische Stoffe
  - Hautbelastungen
  - Staubbelastung
  - Belastung durch Gerüche
  - Asbest
- **Brand- und/oder Explosionsgefährdung**
  - Brandgefährdung durch Feststoffe, Flüssigkeiten, Gase
  - Zündquellen bei Brand- bzw. Explosionsgefahr
  - Brandfördernde Stoffe
  - offene Flamme (Schweißen) oder heiße Flächen (Löten)
- **Thermische Gefährdung**
  - Kontakt mit heißen oder kalten Medien
- **Gefährdung/Belastung durch Arbeitsumgebung**
  - Nässe, Kälte
  - Luftgeschwindigkeit
  - Lärm
  - Staub, Abgase
  - schlechte Beleuchtung
  - enge Räume/Behälter
- **Physikalische Einwirkungen**
  - Lärm
  - Ultraschall
  - Nichtionisierende Strahlung
  - Ionisierende Strahlung
  - Hand-Arm-Schwingungen
- **Sonstige Gefährdungen**
  - Andere Betriebe auf der Baustelle

Abfallvermeidung, -verwertung, -entsorgung

AbfG § 1a ff.: 2007-07

Abfälle sind zu vermeiden, z. B. durch Einsatz reststoffarmer Verfahren oder Rücknahme von Reststoffen.
Abfälle sind zu verwerten, z. B. durch Wiederaufbereitung von Reststoffen.
Abfälle sind zu entsorgen, dass das Wohl der Allgemeinheit nicht beeinträchtigt wird.

An die Entsorgung von gesundheits- und umweltgefährdenden Abfällen sind besondere Anforderungen zu stellen.

Sie dürfen nicht mit dem hausmüllartigen Gewerbemüll entsorgt werden.

Eine Übergabe der Abfälle an ein Entsorgungsunternehmen darf nur erfolgen, wenn behördliche Transport- und Entsorgungsgenehmigungen vorliegen.

Bezeichnung und Einstufung von Abfall

AVV 2001/118/EG

Abfall-[1] schlüssel	Abfallart	Beispiele für die Herkunft von Abfällen (Auswahl)	Entsorgungsmöglichkeiten[2]					
			CPB	HMV	SAD	SAV	UTD	REC
03 01 04*	Sägemehl, Holz, Abschnitte, Späne; ölgetränkt oder mit schädlichen Verunreinigungen	Abfälle aus der Holzbearbeitung, Rückstände aus Holzimprägnierungsanlagen				● (rot)		● (blau)
06 01 02*	Salzsäure	Abfälle aus chemischen Prozessen	● (rot)					● (blau)
03 02 03*	Ammoniaklösungen	Beizen, Reinigungsmittel	● (rot)					● (blau)
06 03 11*	cyanidhaltige feste Salze und Lösungen	Wärmebehandlung von Metallen			● (rot)			● (blau)
06 03 13*	schwermetallhaltige feste Salze und Lösungen	Eisenchlorid, Eisensulfat			● (rot)			● (blau)
08 03 17*	Tonerabfälle, die gefährliche Stoffe enthalten	Reste von Tonerpulver, Tonerkartuschen						● (blau)
10 09 07*	Gießformen/-sande nach dem Gießen von Eisen und Stahl, die gefährliche Stoffe enthalten	Form- und Kernsande, aushärtende und mineralische Formstoffe				● (rot)		● (blau)
11 01 08	Phosphatierschlämme	aus Al- und Zn-Phosphatierung	● (blau)					● (blau)
12 01 01	Eisenfeil- und -drehspäne	Kfz-Werkstätten, Getriebebau		● (rot)				● (blau)
12 01 03	NE-Metallfeil- und -drehspäne	Al-, Pb-, Cu-, Zn-Späne		● (rot)				● (blau)
12 01 05	Kunststoffspäne und Kunststoffdrehspäne	Abfälle aus der mechanischen Formgebung		● (rot)				● (blau)
12 01 14*	Bearbeitungsschlämme, die gefährliche Stoffe enthalten	Erodier-, Galvanikschlämme			● (rot)	● (rot)		● (blau)
13 01 01*	Hydrauliköle, die PCB enthalten	Transformatoren, Hydrauliksysteme			● (blau)			
13 02 06*	synthetische Maschinen-, Getriebe- und Schmieröle	Öle für Korrosions- und Verschleißschutz, Motorenschmieröle				● (rot)		● (blau)
17 02 01	Holz	Gebraucht-, Rest- und Bauholz		● (rot)				● (blau)
19 12 05	Glas			● (rot)			● (rot)	● (blau)
20 01 21*	Leuchtstoffröhren							● (blau)

[2] Bedeutung der Kurzzeichen für die Entsorgungsmöglichkeiten

Kurzzeichen	Entsorger
CPB	chemische/physikalische, biologische Behandlungsanlage
HMV	Hausmüllverbrennungsanlage
SAD	Sonderabfalldeponie
SAV	Sondermüllverbrennungsanlage
UTD	Untertagedeponie
REC	Recycling (stoffliche/energetische, wertschöpfene Abfallnutzung)

● (blau) Regelfall der Entsorgung
● (rot) Entsorgung nur bedingt möglich

[1] Abfallschlüssel mit
*: gefährliche Stoffe

Kennzeichnungselemente der CLP-Verordnung

Aufbau der Kennzeichnungsetiketten	Merkmale
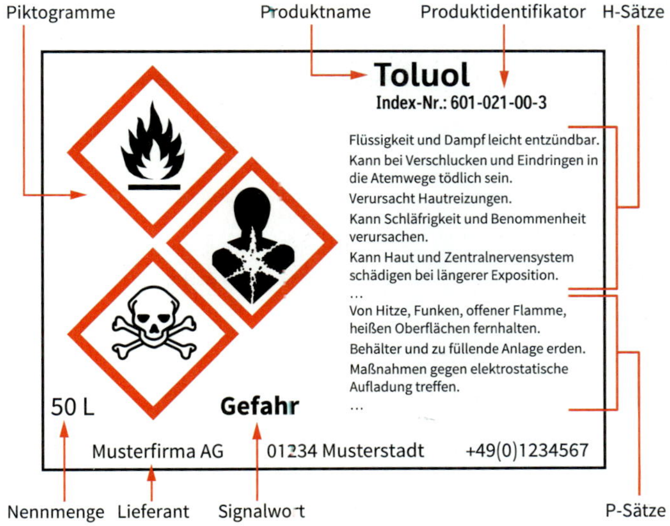	9 Gefahrenpiktogramme (GHS01 … GHS09) 2 Signalworte (Achtung/Gefahr) – Achtung: geringere Gefahren/Risiken – Gefahr: erhebliche Gefährdungen 86 Gefahrenhinweise – H-Sätze (Hazard Statements) 136 Sicherheitshinweise – P-Sätze (Precautionary Statements) Produktidentifikatoren (alternativ) – EG- Index-Nr. (Identifizierungs-Code für Gefahrstoffe nach CLP-Verordnung) – EG-Nr. (Ordnungs-Nr. der EU-Chemikalienverordnung EG 1907/2006 – REACH) – CAS-Nr. (Internationaler Bezeichnungsstandard für jeden bekannten chemischen Stoff) Angaben zum Lieferanten Die Codes von Piktogrammen und H- und P-Sätzen müssen nicht im Kennzeichnungsetikett aufgenommen werden.

CLP-Verordnung: Gefahrenhinweise (H-Sätze/Hazard Statements)

Code	Bedeutung
H200-Reihe: Physikalische Gefahren	
H200	Instabil, explosiv
H201	Explosiv, Gefahr der Massenexplosion
H202	Explosiv, große Gefahr durch Splitter, Spreng- und Wurfstücke
H203	Explosiv, Gefahr durch Feuer, Luftdruck oder Splitter, Spreng- und Wurfstücke
H204	Gefahr durch Feuer oder Splitter, Spreng- und Wurfstücke
H205	Gefahr der Massenexplosion bei Feuer
H220	Extrem entzündbares Gas
H223	Entzündbares Aerosol
H224	Flüssigkeit und Dampf extrem entzündbar
H225	Flüssigkeit und Dampf leicht entzündbar
H226	Flüssigkeit und Dampf entzündbar
H228	Entzündbarer Feststoff
H240	Erwärmung kann Explosion verursachen
H241	Erwärmung kann Brand oder Explosion verursachen
H250	Entzündet sich in Berührung mit Luft von selbst
H251	Selbsterhitzungsfähig; kann in Brand geraten
H252	In großen Mengen selbsterhitzungsfähig; kann in Brand geraten
H260	In Berührung mit Wasser entstehen entzündbare Gase, die sich spontan entzünden können
H261	In Berührung mit Wasser entstehen entzündbare Gase
H270	Kann Brand verursachen oder verstärken; Oxidationsmittel
H271	Kann Brand oder Explosion verursachen oder verstärken; starkes Oxidationsmittel
H272	Kann Brand verstärken; Oxidationsmittel
H280	Enthält Gas unter Druck; kann bei Erwärmung explodieren
H281	Enthält tiefgekühltes Gas; kann Kälteverbrennungen oder –verletzungen verursachen
H290	Kann gegenüber Metallen korosiv sein
H300-Reihe: Gesundheitsgefahren	
H300	Lebensgefahr bei Verschlucken
H301	Giftig bei Verschlucken
H302	Gesundheitsschädlich bei Verschlucken
H304	Kann bei Verschlucken und Eindringen in die Atemwege tödlich sein
H310	Lebensgefahr bei Hautkontakt
H311	Giftig bei Hautkontakt
H312	Gesundheitsschädlich bei Hautkontakt
H314	Verursacht schwere Verätzungen der Haut und schwere Augenschäden
H315	Verursacht Hautreizungen
H317	Kann allergische Hautreaktionen verursachen
H318	Verursacht schwere Augenschäden
H319	Verursacht schwere Augenreizungen
H330	Lebensgefahr bei Einatmen
H331	Giftig bei Einatmen
H332	Gesundheitsschädlich bei Einatmen
H334	Kann bei Einatmen Allergie, asthmaartige Symptome oder Atembeschwerden verursachen
H335	Kann die Atemwege reizen

CLP-Verordnung: Gefahrenhinweise (H-Sätze/Hazard Statements)

Code	Bedeutung
H300-Reihe: Gesundheitsgefahren	
H336	Kann Schläfrigkeit oder Benommenheit verursachen
H340	Kann genetische Defekte verursachen[1)]
H341	Kann vermutlich genetische Defekte verursachen[1)]
H350	Kann Krebs erzeugen[1)]
H351	Kann vermutlich Krebs erzeugen[1)]
H360	Kann die Fruchtbarkeit beeinträchtigen oder das Kind im Mutterleib schädigen[1)]
H361	Kann vermutlich die Fruchtbarkeit beeinträchtigen oder das Kind im Mutterleib schädigen[1)]
H362	Kann Säuglinge oder die Muttermilch schädigen
H370	Schädigt die Organe[1)2)]
H371	Kann die Organe schädigen[1)2)]
H372	Schädigt die Organe bei längerer oder wiederholter Exposition[1)2)]
H373	Kann die Organe schädigen bei längerer oder wiederholter Exposition[1)2)]
H400-Reihe: Umweltgefahren	
H400	Sehr giftig für Wasserorganismen
H410	Sehr giftig für Wasserorganismen, mit langfristiger Wirkung
H411	Giftig für Wasserorganismen, mit langfristiger Wirkung
H412	Schädlich für Wasserorganismen, mit langfristiger Wirkung
H413	Kann für Wasserorganismen schädlich sein, mit langfristiger Wirkung

[1)] Expositionsweg angeben, sofern schlüssig belegt ist, dass diese Gefahr bei keinem anderen Expositionsweg besteht

[2)] alle betroffenen Organe nennen, sofern bekannt

CLP-Verordnung: Sicherheitshinweise (P-Sätze/Precautionary Statements)

Code	Bedeutung
P100-Reihe: Allgemeines	
P101	Ist ärztlicher Rat erforderlich, Verpackung oder Kennzeichnungsetikett bereithalten
P102	Darf nicht in die Hände von Kindern gelangen
P103	Vor Gebrauch Kennzeichnungsetikett lesen
P200-Reihe: Prävention	
P201	Vor Gebrauch besondere Anweisungen einholen
P202	Vor Gebrauch alle Sicherheitshinweise lesen und verstehen
P210	Von Hitze/Funken/offener Flamme/heißen Oberflächen fernhalten. Nicht rauchen
P211	Nicht gegen offene Flamme oder andere Zündquelle sprühen
P220	Von Kleidung/…/ brennbaren Materialien fernhalten/ entfernt aufbewahren
P221	Mischen mit brennbaren Stoffen/… unbedingt verhindern
P222	Kontakt mit Luft nicht zulassen
P223	Kontakt mit Wasser wegen heftiger Reaktion und möglichem Aufflammen nicht zulassen
P230	Feucht halten mit …
P231	Unter inertem Gas handhaben
P232	Vor Feuchtigkeit schützen
P233	Behälter dicht verschlossen halten
P234	Nur im Originalbehälteraufbewahren
P235	Kühl halten
P240	Behälter und zu füllende Anlage erden
P241	Explosionsgeschützte elektrische Betriebsmittel/ Lüftungsanlagen/Beleuchtung/… verwenden
P242	Nur funkenfreies Werkzeug verwenden
P243	Maßnahmen gegen elektrostatische Aufladung treffen
P244	Druckminderer frei von Fett und Öl halten
P250	Nicht schleifen/stoßen/…/reiben
P251	Behälter steht unter Druck: nicht durch stechen oder verbrennen, auch nicht nach der Verwendung
P260	Staub/Rauch/Gas/Nebel/Dampf/Aerosol nicht einatmen
P261	Staub/Rauch/Gas/Nebel/Dampf/Aerosol vermeiden
P262	Nicht in die Augen, auf die Haut oder auf die Kleidung gelangen lassen
P263	Kontakt während der Schwangerschaft/und der Stillzeit vermeiden
P264	Nach Gebrauch gründlich waschen
P270	Bei Gebrauch nicht essen, trinken oder rauchen
P271	Nur im Freien oder in gut belüfteten Räumen verwenden
P272	Kontaminierte Arbeitskleidung nicht außerhalb des Arbeitsplatzes tragen
P273	Freisetzung in die Umwelt vermeiden
P280	Schutzhandschuhe/Schutzkleidung/Augenschutz/ Gesichtsschutz tragen
P281	Vorgeschriebene persönliche Schutzausrüstung verwenden

CLP-Verordnung: Gefahrenhinweise (P–Sätze/Precautionary Statements)

Code	Bedeutung
P200-Reihe: Prävention	
P282	Schutzhandschuhe/Gesichtsschild/Augenschutz mit Kälteisolierung tragen
P283	Schwer entflammbare/flammhemmende Kleidung tragen
P284	Atemschutz tragen
P285	Bei unzureichender Belüftung Atemschutz tragen
P231+ P232	Unter inertem Gas handhaben. Vor Feuchtigkeit schützen
P235+ P410	Kühl halten. Vor Sonnenbestrahlung schützen
P300-Reihe: Reaktion	
P301	Bei Verschlucken:
P302	Bei Berührung mit der Haut:
P303	Bei Berührung mit der Haut (oder dem Haar):
P304	Bei Einatmen:
P305	Bei Kontakt mit den Augen:
P306	Bei Berührung mit der Kleidung:
P307	Bei Exposition:
P308	Bei Exposition oder Verdacht:
P309	Bei Exposition oder Unwohlsein:
P310	Sofort Giftinformationszentrum oder Arzt anrufen
P311	Giftinformationszentrum oder Arzt anrufen
P312	Bei Unwohlsein Giftinformationszentrum oder Arzt anrufen
P313	Ärztlichen Rat einholen/ärztliche Hilfe hinzuziehen
P314	Bei Unwohlsein ärztlichen Rat einholen/ ärztliche Hilfe hinzuziehen
P315	sofort ärztlichen Rat einholen/ärztliche Hilfe hinzuziehen
P320	Besondere Behandlung dringend erforderlich (siehe… auf diesem Kennzeichnungsetikett)
P321	Besondere Behandlung (siehe… auf diesem Kennzeichnungsetikett)
P322	Gezielte Maßnahmen (siehe… auf diesem Kennzeichnungsetikett)
P330	Mund ausspülen
P331	Kein Erbrechen herbeiführen
P332	Bei Hautreizung
P333	Bei Hautreizung oder -ausschlag
P334	In kaltes Wasser tauchen/nassen Verband anlegen
P335	Lose Partikel von der Haut abbürsten
P336	Vereiste Bereiche mit lauwarmem Wasser auftauen. Betroffenen Bereich nicht reiben
P337	Bei anhaltender Augenreizung:
P338	Eventuell vorhandene Kontaktlinsen nach Möglichkeit entfernen. Weiter ausspülen
P340	Die betroffene Person an die frische Luft bringen und in einer Position ruhigstellen, die das Atmen erleichtert
P341	Bei Atembeschwerden an die frische Luft bringen und in einer Position ruhigstellen, die das Atmen erleichtert
P342	Bei Symptomen der Atemwege:
P350	Behutsam mit viel Wasser und Seife waschen
P351	Einige Minuten lang behutsam mit Wasser ausspülen
P352	Mit viel Wasser und Seife waschen
P353	Haut mit Wasser abwaschen/duschen
P360	Kontaminierte Kleidung und Haut sofort mit viel Wasser abwaschen und danach Kleidung ausziehen
P361	Alle kontaminierten Kleidungsstücke sofort ausziehen
P362	Kontaminierte Kleidung ausziehen und vor erneutem Tragen waschen
P363	Kontaminierte Kleidung vor erneutem Tragen waschen
P370	Bei Brand:
P371	Bei Großbrand und großen Mengen:
P372	Explosionsgefahr bei Brand
P373	Keine Brandbekämpfung, wenn das Feuer explosive Stoffe erreicht
P374	Brandbekämpfung mit üblichen Vorsichts maßnahmen aus angemessener Entfernung
P375	Wegen Explosionsgefahr Brand aus der Entfernung bekämpfen
P376	Undichtigkeit beseitigen, falls gefahrlos möglich
P377	Brand bei Gasleckage: Nicht löschen, bis Undichtigkeit gefahrlos gestoppt werden kann
P378	… zum Löschen verwenden
P380	Umgebung räumen
P381	Alle Zündquellen entfernen, wenn gefahrlos möglich
P390	Verschüttete Mengen aufnehmen, um Materialschäden zu vermeiden
P391	Verschüttete Mengen aufnehmen
P301+ P310	Bei Verschlucken: Sofort Giftinformations-zentrum oder Arzt anrufen
P301+ P312	Bei Verschlucken: Bei Unwohlsein Gift informations-zentrum oder Arzt anrufen
P301+	Bei Verschlucken: Mund ausspülen.
P330+ P331	Kein Erbrechen herbeiführen
P302+ P334	Bei Kontakt mit der Haut: In kaltes Wasser tauchen/nassen Verband anlegen
P302+ P350	Bei Kontakt mit der Haut: Behutsam mit viel Wasser und Seife waschen

CLP-Verordnung: Gefahrenhinweise (P–Sätze/Precautionary Statements)

Code	Bedeutung
P300-Reihe: Reaktion	
P302+ P352	Bei Kontakt mit der Haut: Mit viel Wasser und Seife wasche und Seife waschen
P303+ P361+ P353	Bei Kontakt mit der Haut (oder dem Haar): Alle beschmutzten, getränkten Kleidungsstücke sofort ausziehen. Haut mir Wasser abwaschen/duschen
P304+ P340	Bei Einatmen: An die frische Luft bringen und in einer Position ruhigstellen, die das Atmen erleichtert
P304+ P341	Bei Einatmen: Bei Atembeschwerden an die frische Luft bringen und in einer Position ruhigstellen, die das Atmen erleichtert
P305+ P351+ P338	Bei Kontakt mit den Augen: Einige Minuten lang behutsam mit Wasser spülen. Eventuell vorhandene Kontaktlinsen nach Möglichkeit entfernen. Weiter spülen
P306+ P360	Bei Kontakt mit der Kleidung: Vor Ablegen der Kleidung kontaminierte Kleidung und Haut sofort mit viel Wasser waschen
P307+ P311	Bei Exposition: Giftinformationszentrum oder Arzt anrufen
P308+ P313	Bei Exposition oder Verdacht: Ärztlichen Rat einholen/ärztliche Hilfe hinzuziehen
P309+ P311	Bei Exposition oder Unwohlsein: Giftinformationszentrum oder Arzt anrufen
P332+ P313	Bei Hautreizung: Ärztlichen Rat einholen/ ärztliche Hilfe hinzuziehen
P333+ P313	Bei Hautreizung oder -ausschlag: Ärztlichen Rat einholen/ärztliche Hilfe hinzuziehen
P335+ P334	Lose Partikel von der Haut abbürsten. In kaltes Wasser tauchen/nassen Verband anlegen
P337+ P313	Bei anhaltender Augenreizung: Ärztlichen Rat einholen/ärztliche Hilfe hinzuziehen
P342+ P311	Bei Symptomen der Atemwege: Gift informationszentrum oder Arzt anrufen
P370+ P376	Bei Brand: Undichtigkeit beseitigen, falls gefahrlos möglich

Code	Bedeutung
P370+ P378	Bei Brand: … zum Löschen verwenden
P370+ P380	Bei Brand: Umgebung räumen
P370+ P380+ P375	Bei Brand: Umgebung räumen. Wegen Explosionsgefahr Brand aus der Entfernung bekämpfen
P371+ P380+	Bei Großbrand und großen Mengen: Umgebung räumen. Wegen Explosionsgefahr
P375	Brand aus der Entfernung bekämpfen
P400-Reihe: Aufbewahrung	
P401	… aufbewahren
P402	An einem trockenen Ort aufbewahren
P403	An einem gut belüfteten Ort aufbewahren
P404	In einem geschlossenen Behälter aufbewahren
P405	Unter Verschluss aufbewahren
P406	In korrosionsfestem/… Behälter mit korrosionsfester Auskleidung aufbewahren
P407	Luftspalt zwischen Stapeln/Paletten lassen
P410	Vor Sonnenbestrahlung schützen
P411	Bei Temperaturen von nicht mehr als …°C/… °F aufbewahren
P412	Nicht Temperaturen von mehr als 50 °C/122 °F aussetzen
P413	Schüttgut in Mengen von mehr als … kg/… lbs bei Temperaturen nicht über …°C/… °F aufbewahren
P420	Von anderen Materialien entfernt auf bewahren
P422	Inhalt in/unter … aufbewahren
P500-Reihe: Entsorgung	
P501	Inhalt/Behälter … zuführen
P502	Informationen zur Wiederverwendung/Wiederverwertung beim Hersteller/Lieferanten erfragen

Gliederung der H-Sätze

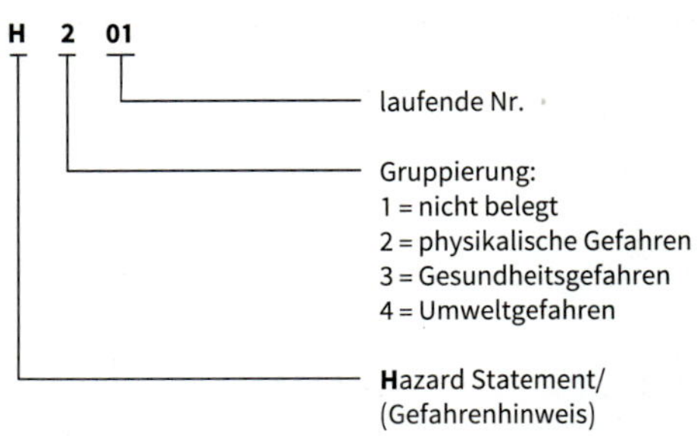

Gliederung der P-Sätze

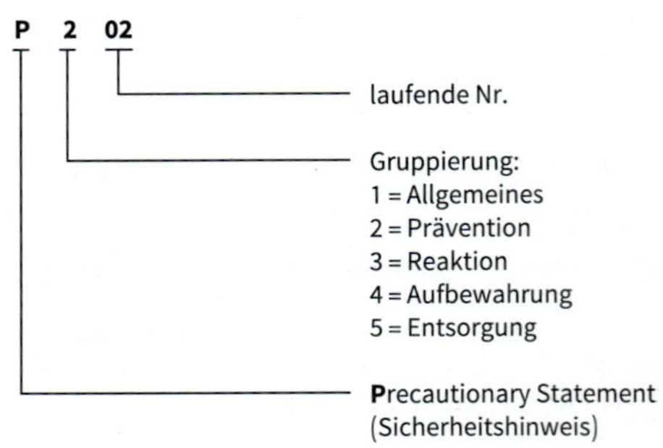

Merkmale von Sicherheitszeichen

DIN 4844-1: 2012-06

Form	Kreis mit Diagonalbalken 	Kreis 	Gleichseitiges Dreieck 	Quadrat/ Rechteck 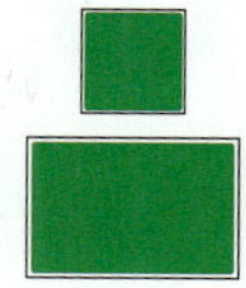	Quadrat/ Rechteck 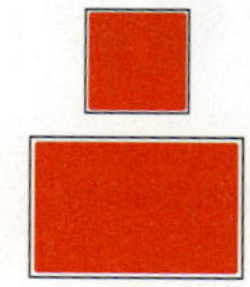
Bedeutung	Verbot	Gebot	Warnung	Gefahrlosigkeit Erste Hilfe Fluchtwege	Brandschutz
Sicherheitsfarbe	rot	blau	gelb	grün	rot
Kontrastfarbe	weiß	weiß	schwarz	weiß	weiß
Farbe des graph. Symbols	schwarz	weiß	schwarz	weiß	weiß
Anwendungsbeispiel	■ Rauchen verboten ■ Berühren verboten	■ Kopfschutz benutzen ■ Atemschutz benutzen	■ Warnung vor giftigen Stoffen ■ Warnung vor Laserstrahl	■ Erste Hilfe ■ Sammelstelle	■ Brandmelder ■ Wandhydrant ■ Feuerlöscher

Verbotszeichen

DIN EN ISO 7010: 2012-10

 Rauchen verboten	 Feuer, offenes Licht und Rauchen verboten	 Für Fußgänger verboten	 Mit Wasser löschen verboten	 Kein Trinkwasser	 Berühren verboten
 Für Flurförderzeuge verboten	 Abstellen oder Lagern verboten	 Hineinfassen verboten	 Verbot für Personen mit Herzschrittmacher	 Mobilfunk verboten	 Essen und Trinken verboten

Warnzeichen

DIN EN ISO 7010: 2012-10

 Allgemeines Gefahrenzeichen	 Warnung vor explosionsgefährlichen Stoffen	 Warnung vor giftigen Stoffen	 Warnung vor ätzenden Stoffen	 Warnung vor radioaktiven Stoffen	 Warnung vor schwebender Last
 Warnung vor Flurförderfahrzeugen	 Warnung vor gefährlicher elektrischer Spannung	 Warnung vor feuergefährlichen Stoffen	 Warnung vor Laserstrahl	 Warnung vor Absturzgefahr	 Warnung vor Quetschgefahr

Gebotszeichen

DIN EN ISO 7010: 2012-10

Allgemeines Gebotszeichen	Augenschutz benutzen	Kopfschutz benutzen	Gehörschutz benutzen	Atemschutz benutzen	Fußschutz benutzen

Handschutz benutzen	Schutzkleidung benutzen	Gesichtsschutz benutzen	Rückhaltesystem benutzen	Fußgängerweg benutzen	Anleitung beachten

Rettungszeichen

DIN EN ISO 7010: 2012-10

Notausgang (links)	Notausgang (rechts)	Erste Hilfe	Notruftelefon	Arzt	Sammelstelle

Zusatzzeichen: Notausgang (links)	Zusatzzeichen: Notausgang (rechts)	Automatisierter externer Defibrilator	Notausgangsvorrichtung	Notausstieg mit Fluchtleiter	Rettungsausstieg

Brandschutzzeichen

DIN EN ISO 7010: 2012-10

Brandmelder	Mittel und Geräte zur Brandbekämpfung	Brandmeldetelefon	Feuerlöscher	Löschschlauch	Feuerleiter

Zusätzliche nationale Sicherheitszeichen (international nicht genormt)

DIN 4844-2: 2012-12

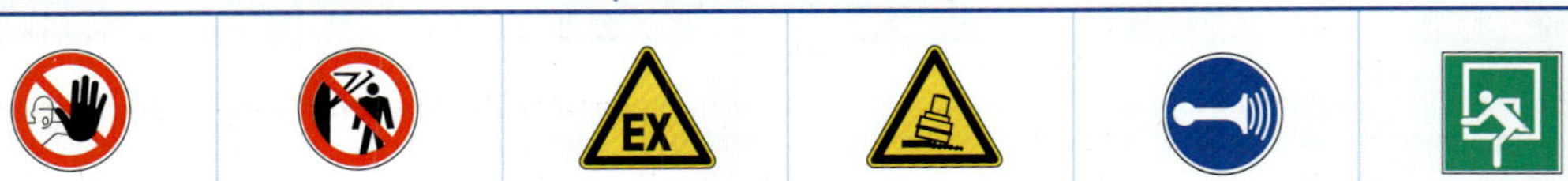

Zutritt für Unbefugte verboten	Hinter den Schwenkarm treten verboten	Warnung vor explosionsfähiger Atmosphäre	Warnung vor Kippgefahr beim Walzen	Hupen	Notausstieg

Besteigen für Unbefugte verboten	Mit Wasser spritzen verboten	Warnung vor Fräswelle	Sperren	Rettungsweste benutzen	Öffentliche Rettungsausrüstung

Arbeitsplatzgrenzwerte (AGW)

TRGS 900: 2006-01

Arbeitsplatzgrenzwert: die zetilich gewichtete Konzentration eines Stoffes in der Luft am Arbeitsplatz in Bezug auf einen gegebenen Referenzzeitraum. Er gibt an, bei welcher Konzentration eines Stoffes akute oder chronische schädliche Auswirkungen auf die Gesundheit im Allgemeinen nicht zu erwarten sind. Es handelt sich um Schichtmittelwerte bei täglicher achtstündiger Einwirkung an 5 Tagen pro Woche während der Lebensarbeitszeit. Für kurzzeitige Einwirkungen sind Spitzenbegrenzungen nach Höhe und Dauer festgelegt.

Stoff	Arbeitsplatzgrenzwert				Einstufung			
	mg/m³ 1	ml/m³	Spitzenbegr. 2	Bemerkungen 3	K 4	M 5	R_E 6	R_F 7
Acrylaldehyd	0,2	0,09	2 (I)	H				
allgemeiner Staubgrenzwert[1)]	3E 10A		2 (II)					
Ameisensäure	9,5	5	2 (I)	Y				
Amitrol	0,2E		8 (II)	Y			3	
Ammoniak	14	20	2 (I)					
Anilin	7,7	2	2 (II)	H, S, Y	3	3		
Arsenwasserstoff	0,016	0,005	8 (II)					
(Roh)-Baumwollstaub	1,5E		1 (I)	Y				
Benzol	3,25	1		H	1	2		
Blei	0,15E						1	3
Bleitetramethyl	0,05		2 (II)	H			1	3
Brom	0,7	0,1	1 (I)					
Butan	310	100	1 (I)	Y				
Chlor	1,5	0,5	1 (I)	Y				
Chlorethan	110	40	2 (II)	H, Y	3			
Chlorierte Biphenyle	1,1	0,1	8 (II)	H, Z	3		2	2
Chlormethan	100	50	2 (II)	H, Z	3			
Cyanamid	1E	0,58	2 (II)	H, S, Z				
Dichloridfluormethan	5000	1000	2 (II)	Y				
Dichlormethan	260	75	4 (II)		3			
Eichenholzstaub	5E				1			
Essigsäure	25	10	2 (I)	Y				
Ethanol	960	500	2 (II)	Y				
Ethylbenzol	440	100	2 (II)	H				
Fluor	1,6	1	2 (I)					
Heptachlor	0,5E		2 (II)	H	3			
Heptan	2100	500	1 (I)					
Kohlenstoffdioxid	9100	5000	2 (II)					
Kohlenstoffmonoxid	35	30	1 (II)	Z			1	
Kohlenstoffdisulfid	30	10	2 (II)	H			3	3
Methanol	270	200	4 (II)	H, Y				
Nikotin	0,5E		2 (II)	H				
Nitrobenzol	1	0,2	2 (II)	H	3			3
Phosphorsäure	2E		2 (I)	Y			2	
Polychlorierte Biphenyle (PCB)	1,1	0,1	2 (II)	H	3		2	2
Quecksilber	0,1		8 (II)	H				
Salzsäure	3	2	2 (I)	Y				
Selen	0,05E		1 (II)	Y				
Styrol	86	20	2 (II)	Y				
Tetrachlormethan	3,2	0,5	2 (II)	H, Y	3			
Toluol	190	50	4 (II)	H, Y			3	
Trichlorbenzol	38	5	2 (II)	H, Y				
Trichlorethan	55	10	2 (II)	H	3			
Trichlormethan	2,5	0,5	2 (II)	H, Y	3	3	3	

[1)] allgemeiner Staubgrenzwert gilt für: Aluminium, Aluminiumhydroxid, Aluminiumoxid, Bariumsulfat, Eisen(II)oxid, Eisen(III)oxid, Graphit, Magnesiumoxid, Polyvinylchlorid, Siliciumcarbid, Tantal und Titandioxid.

1 Gewichts- bzw. Volumenanteil eines Gefahrstoffes in der Luft am Arbeitsplatz

- A alveolengängiger Aerosolanteil: Anteil, der sich in den Alveolen (Lungenbläschen) ablagert
- E einatembarer Aerosolanteil

2 Spitzenbegrenzung

- 1…8 Überschreitungsfaktor für Kurzzeitwerte
- I Stoffe, bei denen die lokale Wirkung grenzwertbestimmend ist, oder atemwegssensibilisierende Stoffe
- II resportiv wirkende Stoffe

3 Bemerkungen

- H hautresorptive Stoffe: Stoffe, die durch die Haut in den Körper gelangen können
- S sensibilisierende Stoffe: Stoffe, die die Haut und/oder die Atemwege sensibilisieren
- Y Stoffe, bei denen bei Einhaltung des AGW eine Fruchtschädigung (Schwangerschaft) nicht zu befürchten ist
- Z Stoffe, bei denen bei Einhaltung des AGW eine Fruchtschädigung (Schwangerschaft) nicht ausgeschlossen ist

4 K krebserzeugende Stoffe

- 1 Stoffe, die beim Menschen Krebs erzeugen
- 2 Stoffe, die beim Menschen als krebserzeugend angesehen werden sollten
- 3 Stoffe, die wegen möglicher krebserzeugender Wirkung Anlass zur Besorgnis geben

5 M erbgutverändernde Stoffe

- 1 Stoffe, die beim Menschen erbgutverändernd wirken
- 2 Stoffe, die beim Menschen als erbgutverändernd angesehen werden sollten
- 3 Stoffe, die wegen möglicher erbgutverändernder Wirkung Anlass zur Besorgnis geben

6 R_E fruchtschädigende (entwicklungschädigende) Stoffe

- 1 Stoffe, die beim Menschen fruchtschädigend wirken
- 2 Stoffe, die als fruchtschädigend angesehen werden sollten
- 3 Stoffe, die wegen möglicher fruchtschädigender Wirkung Anlass zur Besorgnis geben sollten

7 R_F Beeinträchtigung der Fortpflanzungsfähigkeit

- 1 Stoffe, die beim Menschen die Fortpflanzungsfähigkeit beeinträchtigen
- 2 Stoffe, die als beeinträchtigend für die Fortpflanzungsfähigkeit angesehen werden sollten
- 3 Stoffe, die wegen möglicher Beeinträchtigung der Fortpflanzungsfähigkeit Anlass zur Besorgnis geben sollten

Betriebssicherheitsverordnung (BetrSichV)
Ordinance on industrial safety and health

- Ziel der Verordnung ist es, die Sicherheit und den Gesundheitsschutz von Beschäftigten bei der Verwendung von Arbeitsmitteln zu gewährleisten.
- Dies soll besonders durch drei Kernaspekte erreicht werden:

1. Auswahl geeigneter Arbeitsmittel und deren Verwendung
2. Geeignete Gestaltung von Arbeits- und Fertigungsverfahren
3. Qualifikation und Unterweisung von Beschäftigten

Abschnitt 1 – Anwendungsbereich und Begriffsbestimmungen

§1 Anwendungsbereich
§2 Begriffsbestimmung

- **Arbeitsmittel (AM)**
  sind Werkzeuge, Geräte, Maschinen oder Anlagen, die für die Arbeit verwendet werden, sowie überwachungsbedürftige Anlagen.
- **Verwendung**
  Jegliche Verwendung von AM, insbesondere Montieren, Installieren, Bedienen, An-/Abschalten, Einstellen, Gebrauchen, Betreiben, Instandhalten, Reinigen, Prüfen, Umbauen, Erproben, Demontieren, Transportieren und Überwachen
- **Überwachungsbedürftige Anlagen** sind
  - Dampfkessel-, Druckbehälter-, Füllanlagen, Rohrleitungen
  - Aufzugsanlagen,
  - Anlagen in explosionsgefährdeten Bereichen,
  - Lageranlagen, Füllstellen, Tankstellen, Entleerstellen für entzündliche, leicht- oder hochentzündliche Stoffe

Abschnitt 2 – Gefährdungsbeurteilung und Schutzmaßnahmen

§3 Gefährdungsbeurteilung
§4 Grundpflichten des Arbeitgebers
§5 Anforderungen an die zur Verfügung gestellten AM
§6 Grundlegende Schutzmaßnahmen bei der Verwendung von AM
§7 Vereinfachte Vorgehensweise bei der Verwendung von AM
§8 Schutzmaßnahmen bei Gefährdungen durch Energien, Ingangsetzen und Stillsetzen
§9 Weitere Schutzmaßnahmen bei der Verwendung von AM
§10 Instandhaltung und Änderung von Arbeitsmitteln
§11 Besondere Betriebszustände, Betriebsstörungen und Unfälle
§12 Unterweisung und besondere Beauftragung von Beschäftigten
§13 Zusammenarbeit verschiedener Arbeitgeber
§14 Prüfung von Arbeitsmitteln

Abschnitt 3 – Zusätzliche Vorschriften für überwachungsbedürftige Anlagen

§15 Prüfung vor Inbetriebnahme und vor Wiederinbetriebnahme nach prüfpflichtigen Änderungen
§16 Wiederkehrende Prüfung
§17 Prüfaufzeichnungen und -bescheinigungen
§18 Erlaubnispflicht

Abschnitt 4 – Vollzugsregelungen und Ausschuss für Betriebssicherheit

§19 Mitteilungspflichten, behördliche Ausnahmen
§20 Sonderbestimmungen für überwachungsbedürftige Anlagen des Bundes
§21 Ausschuss für Betriebssicherheit

Abschnitt 5 – Ordnungswidrigkeiten und Straftaten

§22 Ordnungswidrigkeiten
§23 Straftaten
§24 Übergangsvorschriften

Anhänge

Anhang 1 – Besondere Vorschriften für bestimmte AM
Anhang 2 – Prüfvorschriften für überwachungsbedürftige Anlagen
Anhang 3 – Prüfvorschriften für bestimmte Arbeitsmittel

Technische Regel zur Betriebssicherheit (TRBS)

Bedeutung

- TRBSen konkretisieren die Anforderungen der BetrSichV.
- Sie geben den Stand der Technik und arbeitswissenschaftliche Erkenntnisse für die Bereitstellung und Benutzung von Arbeitsmitteln wieder.
- Veröffentlichung unter www.baua.de
- Bei Einhaltung der genannten Maßnahmen kann der Arbeitgeber von der Einhaltung der Vorschriften der BetrSichV ausgehen (juristisch: Vermutungswirkung).

Gefährdungsbeurteilung (TRBS 1111)

- Der Arbeitgeber muss mögliche Gefahren ermitteln und bewerten. Hieraus muss die Auswahl geeigneter Arbeitsmittel, sowie Festlegung von Maßnahmen zur sicheren Benutzung erfolgen.
- Informationen (rechtliche Grundlagen, Herstellerinformationen, Erfahrungen der Beschäftigten, …) sind zu berücksichtigen.
- Gefährdungen sind z. B.
  - mechanische, elektrische Gefährdungen und
  - Absturz von Personen, Lasten, Materialien.
- Maßnahmen sind festzulegen und umzusetzen, z. B.
  - zur Vermeidung der Gefährdung,
  - Schutz durch technische Maßnahmen,
  - Personen von Gefahrenbereich fern halten sowie Schulen und Unterweisen.
- Die Wirksamkeit der festgelegten Maßnahmen ist zu überprüfen, indem festgestellt wird, ob die Maßnahmen geeignet sind und ob sich keine neuen Gefährdungen ergeben.

Zur Prüfung befähigte Personen (BetrSichV/TRBS 1203)

- Prüfungen von AM dürfen nur von zur Prüfung befähigten Personen (b. P.) durchgeführt werden.
- B. P. unterliegen bei der Prüfung keinen fachlichen Weisungen und dürfen wegen ihrer Tätigkeit nicht benachteiligt werden.
- Allgemeine Anforderungen an die b. P.:
  - Berufsbildung
  - Berufserfahrung
  - zeitnahe berufliche Tätigkeit
- Spezielle Anforderungen bei elektrischen Prüfungen:
  - elektrotechnische Berufsausbildung
  - mindestens einjährige Erfahrung mit Errichtung, Zusammenbau oder Instandsetzung elektrischer Arbeitsmittel/Anlagen
  - relevante technische Regeln müssen verfügbar sein, Kenntnisse sind zu aktualisieren.
- Für Prüfungen bei Druck- und Explosionsgefahren bestehen weitere, spezielle Anforderungen.

Ziele

- Personenschutz,
- Sachschutz und
- Umweltschutz

Grundsätze

- Betriebsanweisung (BA) in Schriftform erstellen.
- Die Betriebsanweisung ist den Arbeitnehmern zugänglich machen (z. B. Aushang) und regelmäßig unterweisen.

Arbeitgeberpflichten

- Durchführung einer Gefährdungsbeurteilung
- Unterweisung der Mitarbeiter über Sicherheit und Gesundheitsschutz (insbesondere mit der Arbeit verbundene Gefahren)
- Unterweisung muss mindestens jährlich wiederholt und dokumentiert werden.
- Bereitstellung von persönlicher Schutzausrüstung (PSA)
- Vorsätzliche oder fahrlässige Verstöße sind Ordnungswidrigkeiten.

Arbeitnehmerpflichten

- Die Beschäftigten sind verpflichtet, die Anweisungen zur Vermeidung von Unfällen, Krankheiten und Gefahren zu befolgen.
- Die Nichtbeachtung von Betriebsanweisungen kann arbeitsrechtliche Konsequenzen haben.
- Der Arbeitnehmer muss an regelmäßigen Unterweisungen teilnehmen.
- Vorsätzliche oder fahrlässige Verstöße sind Ordnungswidrigkeiten.

Arten von Betriebsanweisungen

- Betriebsanweisungen für gefährliche Arbeitsstoffe
  - chemisch nach § 14 GefStoffV sowie TRGS 555
  - biologisch nach § 12 BioStoffV
- Betriebsanweisungen für Arbeiten an Maschinen bzw. für besonders gefährliche Tätigkeiten (nach § 9 ArbSchG und § 9 BetrSichV)

Inhalte von Betriebsanweisungen

- Anwendungsbereich
- Gefahren für Mensch und Umwelt
- Schutzmaßnahmen und Verhaltensregeln
- Verhalten bei Störungen
- Verhalten bei Unfällen, Erste Hilfe
- Instandhaltung
- Folgen der Nichtbeachtung

Beispiel (Auszug aus Betriebsanweisung für gefährliche Tätigkeiten)

Nummer: 01234 Datum: 12.10.20.. Bearbeiter: Herr Müller Verantwortlich: Herr Meyer Arbeitsbereich: FB 6/FG 12 Arbeitsplatz/Tätigkeit: MA018/03	**Betriebsanweisung für Arbeiten an Maschinen**	Betrieb/Unterschrift Ersteller:

ANWENDUNGSBEREICH

Diese Betriebsanweisung enthält allgemeine Regeln für den Umgang mit Drehmaschinen.

GEFAHREN FÜR MENSCH UND UMWELT

Gefahren beim Arbeiten an CNC-Fräsmaschinen bestehen durch das mögliche Einziehen durch schnell rotierende Teile.

SCHUTZMAẞNAHMEN UND VERHALTENSREGELN

- Beachten Sie die in Ihrem Arbeitsbereich gegebenen Anweisungen. Hierzu gehören auch Aushänge und Verbots-, Warn-, Gebots- und Hinweisschilder.
- Passen Sie auf, dass Sie durch Ihre Arbeit nicht sich selbst oder andere gefährden.
- Nehmen Sie während der Arbeitszeit keine alkoholischen Getränke zu sich.
- Halten Sie Ordnung an Ihrem Arbeitsplatz.

VERHALTEN BEI STÖRUNGEN

Bei Störungen und Auffälligkeiten die Maschine abschalten, sichern und den nächsten Vorgesetzten benachrichtigen.

Definition und Ziel

- **Industrie 4.0** ist ein Metabegriff und steht für die vierte industrielle Revolution.
- Damit wird eine neue Stufe der Organisation und Steuerung der gesamten Wertschöpfungskette über den Lebenszyklus von Produkten definiert.
- Durch die Verbindung von Menschen, Objekten und Systemen entstehen dynamische, echtzeitoptimierte und selbst organisierende, unternehmensübergreifende Wertschöpfungsnetzwerke.
- Diese lassen sich nach unterschiedlichen Kriterien wie z. B. Kosten, Verfügbarkeit und Ressourcenverbrauch optimieren.

Voraussetzungen

- Verfügbarkeit der relevanten Informationen in Echtzeit durch Vernetzung aller an der Wertschöpfung beteiligten Instanzen.
- Fähigkeit aus den Daten zu jedem Zeitpunkt optimalen Wertschöpfungsfluss abzuleiten.
- Sensoren und Aktoren sind als intelligente Systeme auszuführen.
- Daten (Informationen) von Fertigungsstraßen, Maschinen, Werkzeugen oder Vormaterialien müssen in Echtzeit bereitgestellt, abgerufen und verarbeitet werden können.
- Die gesamte Infrastruktur muss durch ein leistungsfähiges Sicherheitssystem geschützt werden.

Hierarchie

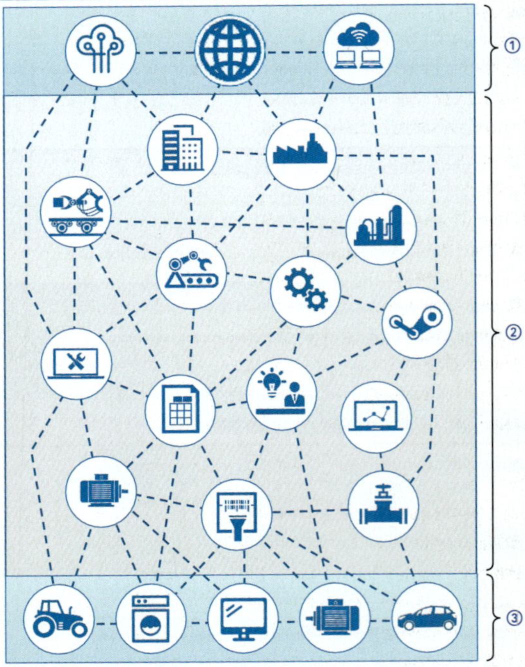

① Vernetzte Welt (Connected World)
② Intelligente Fabrik (Smart Factory)
③ Intelligente Produkte (Smart Products)

Begriffe [1)]

- **Asset**
  Gegenstand, der einen Wert für eine Organisation hat.
- **CPS**
  - Ein **CPS** (**C**yber-**P**hysical **S**ystem) ist ein System, bei dem mechanische / elektrische / elektronische (Teil-)Systeme mit informationstechnischen Systemen zu eigenständigen Einheiten zusammengefügt sind.
  - Diese Systeme können über Kommunikationsnetzwerke (Internet) autonom miteinander kommunizieren.
  - Kann lokal oder entfernt verfügbare Dienste nutzen, verfügt über Mensch-Maschine-Schnittstellen und bietet die Möglichkeit zur dynamischen Anpassung des Systems zur Laufzeit.
  - Hierzu gehören u. a. mobile und bewegliche Einrichtungen, Geräte und Maschinen (Roboter, Cobot), eingebettete Systeme und vernetzte Gegenstände (**IoT**: **I**nternet **o**f **T**hings).
- **CPPS**
  (**C**yber **P**hysical **P**roduction **S**ystem) ist ein CPS, das nach Industrie 4.0 bereits realisiert ist.
- **I4.0-Plattform**
  Implementierung einer (standardisierten) Kommunikations- und Systeminfrastruktur mit erforderlichen Management- und Produktivdiensten und definierten Quality of Service-Eigenschaften.
- **I4.0-Komponente**
  Weltweit eindeutig identifizierbarer kommunikationsfähiger Teilnehmer bestehend aus Verwaltungsschale und Asset (Gegenstand) mit digitaler Verbindung eines I4.0-Systems, der dort Dienste mit definierten **QoS** (**Q**uality **o**f **S**ervice)-Eigenschaften anbietet.
- **Virtuelle Repräsentation**
  Digitale Modelle der I4.0-Komponente über den gesamten Lebenszyklus.
- **Verwaltungsschale**
  Virtuelle digitale und aktive Repräsentanz einer I4.0-Komponente im I4.0-System.
- **Smart Factory**
  Fabrik, deren Integrationsgrad eine Tiefe erreicht hat, die Selbstorganisationsfunktionen in der Produktion und in allen die Produktion betreffenden Geschäftsprozessen ermöglicht.
- **Smart Product**
  Hergestelltes Produkt, das in einer Smart Factory die Kommunikationsfähigkeit (nach außen) zur Vernetzung und intelligente Interaktion mit anderen Produktionsteilnehmern mitbringt.
- **Smart Production**
  Dialog zwischen Smart Factory und Smart Product.

[1)] Begriffe nach VDI/VDE-Gesellschaft Mess- und Automatisierungstechnik. Aktuelle Versionen unter: http://i40.iosb.fraunhofer.de/

Symbole

A

B

C

D

G

H

J

K

L

N

O

P

S

T

U

V

W

Z

|ABB STOTZ-KONTAKT GmbH, Heidelberg: 217 (2 Fotos). |AIRTEC Pneumatic GmbH, Kronberg: 250 (2 Fotos). |Balluff GmbH, Neuhausen a.d.F.: 342 (4 Fotos). |Bosch Rexroth AG, Lohr am Main: 260 (8 Fotos). |Bundesministerium der Finanzen, Berlin: 281. |Comat AG, Schweiz/Worb: 204 (3 Fotos). |deckermedia GbR, Vechelde: alle Grafiken 6 - 11, 14 - 28, 31, 32, 34, 36 - 50, 52 - 59, 61, 62, 67 - 71, 73 - 82, 84 - 89, 91, 92, 94, 96, 99 - 105, 109 - 114, 116, 117, 119 - 121, 123 - 158, 160 - 167, 169 - 179, 181 - 189, 191, 192, 194 - 202, 204, 206, 211, 212, 214, 216, 221, 223, 225, 229, 229, 230, 234 - 244, 247 - 262, 267, 270 - 273, 275, 276, 278, 282, 283, 285, 287 - 294, 298 - 301, 303, 305 - 308, 312 - 314, 317, 319, 321 - 327, 329 - 332, 334 - 336, 338 - 342, 344 - 351, 353 - 355, 357, 358, 362, 365, 366, 368 - 383, 391, 393, 394, 397, 398, 401 - 406, 408, 410 - 422, 428 - 431, 434, 437, 439, 441, 445, 448 - 451, 454, 459 - 461, 463, 465 - 469, 473, 476, 479, 484, 488, 490 - 493, 495, 497, 498, 500 - 513, 515, 516, 518, 522 - 524, 527, 531, 532. |DEHN + SÖHNE GmbH + Co. KG., Neumarkt i.d.OPf.: 226 (2 Fotos), 477. |Der Grüne Punkt - Duales System Deutschland GmbH, Köln-Porz-Eil: 524. |DIN-Deutsches Institut für Normung e.V, Berlin: 518 (4 Fotos). |Dzieia, Michael Dr., Darmstadt-Arheilgen: 220 (2 Fotos). |E-T-A Elektrotechnische Apparate GmbH, Altdorf: 219 (3 Fotos). |Eaton Industries GmbH, Bonn: 199, 203 (2 Fotos). |Eichenberger Gewinde AG, Burg: www.gewinde.ch 379, 380. |Endress+Hauser Messtechnik GmbH+Co.KG, Weil am Rhein: 354 (3 Fotos). |Festo AG & Co. KG, Esslingen: 254. |Festo Didactic SE, Denkendorf: 251 (3 Fotos), 253 (4 Fotos). |Fluke Deutschland GmbH, Glottertal: 463. |fotolia.com, New York: Gudellaphoto 281; Henrie (Henning Riedinger) 476; photo 5000 452; Thomas Zagler 476. |GMC-I Messtechnik GmbH, Nürnberg: 463. |Gustav Klauke GmbH, Remscheid: 457 (12 Fotos). |Hager Vertriebsgesellschaft mbH und Co. KG, Blieskastel: 218, 223, 453. |Hans Turck GmbH & Co. KG, Mühlheim an der Ruhr: 341 (6 Fotos). |Helukabel GmbH, Hemmingen: 209 (8 Fotos), 210 (9 Fotos), 212 (6 Fotos). |Hübscher, Heinrich, Lüneburg: 276, 315, 316 (3 Fotos). |Hymer-Leichtmetallbau GmbH & Co. KG, Wangen im Allgäu: 517 (6 Fotos). |Hytec Hydraulik OHG, Helmstedt: 256. |INELTA Sensorsysteme GmbH & Co., Taufkirchen: Michael Fiala 351 (2 Fotos). |ismet AG, Villingen-Schwenningen: 186. |Kempf, Wolfgang, Suhl: 314. |Klaus Faber AG, Saarbrücken: Faber Kabel 213. |KNIPEX-Werk C. Gustav Putsch KG, Wuppertal: 450, 454 (6 Fotos), 455 (4 Fotos). |Layher AG, Kirchberg/Murr: 350. |Levy, Marco, Berlin: 476. |Lithos, Wolfenbüttel: alle Grafiken 35, 68, 83, 90, 102, 122, 158, 180, 189 - 192, 200, 203, 204, 207, 208, 215, 217 - 220, 222, 224, 226, 227, 228, 231 - 233, 246, 264 - 266, 274, 277, 279, 280, 284, 286, 296, 302, 304, 305, 311, 312, 314, 318, 337, 343, 349, 351, 352, 356, 359, 360, 363, 364, 367, 372, 384 - 390, 392, 394 - 396, 407, 409, 423 - 425, 452, 453, 455, 458, 462, 470, 471, 474 - 478, 480 - 482, 485, 491, 494, 514, 519 - 521, 525, 535, 536. |Marley Werke GmbH, Wunstorf: 453 (2 Fotos). |microsonic GmbH, Dortmund: 346 (3 Fotos). |OBO BETTERMANN GmbH & Co. KG, Menden: 452 (2 Fotos). |Pagus e.K., Zschepplin: 379, 380. |Panther Media GmbH (panthermedia.net), München: Titel; ivan.m 305; popovaphoto 356. |PeakTech Prüf- und Messtechnik GmbH, Ahrensburg: 234. |Petersen, Sebastian, Helmstedt: 162. |PHOENIX CONTACT GmbH & Co. KG, Blomberg: 200, 226. |Plattform Industrie 4.0, Berlin: Anna Salari 536. |PULS GmbH, München: 234. |Rheintacho Messtechnik GmbH, Freiburg: 353. |Ripley Europe Limited, West Midlands: 450. |Rittal GmbH & Co. KG, Herborn: 475. |Rohde & Schwarz GmbH & Co. KG, München: 464. |SATAGear, Clearwater: 280. |Seeed Inc.: 167. |Sendo Sensors, Ningbo: 350. |SFC Smart Fuel Cell AG, Brunnthal-Nord: 242. |Shutterstock.com, New York: Apple_Foto 450; Carson, Rose 331; D1min 176; FUN FUN PHOTO 247; Kalinovsky, Dmitry 476. |Sick AG, Waldkirch: 337 (5 Fotos), 343 (8 Fotos), 348 (6 Fotos). |Siemens AG, München: 190 (2 Fotos), 214, 222, 349, 415 (3 Fotos), 419. |SIKO GmbH, Buchenbach: 373. |svt Brandschutz Vertriebsgesellschaft mbH International, Seevetal: 479 (2 Fotos). |TDK-Lambda Germany GmbH, Achern: 234. |TECNOTION, München: 373. |Telekom Deutschland GmbH, Bonn: 302. |TKM GmbH, Mönchengladbach: 450. |TÜV Rheinland Cert GmbH, Köln-Poll: ID Nr. 1000000000, www.tuv.com 83. |VARTA Consumer Batteries GmbH & Co. KGaA, Ellwangen: 240 (2 Fotos). |VARTA Microbattery GmbH, Ellwangen: 240 (3 Fotos). |VEGA Grieshaber KG, Schiltach: 347 (2 Fotos). |WAGO Kontakttechnik GmbH & Co. KG, Minden: 214 (2 Fotos), 456 (4 Fotos). |Weiss Umwelttechnik GmbH, Reiskirchen-Lindenstruth: 511. |Wenglor Sensoric GmbH, Tettnang: 344 (8 Fotos). |Wieland Electric GmbH, Bamberg: 202. |wikimedia.commons: Iain Fergusson 167. |www.gim-brandschutz.de, Neusäß: 479. |ZF Friedrichshafen AG, Auerbach: 338 (3 Fotos).